Teilzeit- und Befristungsgesetz

HAUFE RECHT KOMMENTAR

TEILZEIT- UND BEFRISTUNGSGESETZ

Praxiskommentar zum TzBfG und zu angrenzenden Vorschriften mit Gestaltungshinweisen und Beispielen

4. überarbeitete und ergänzte Auflage

Manfred Arnold
Edith Gräfl
(Hrsg.)

HAUFE.

Bibliografische Information der Deutschen Bibliothek

Die Deutsche Bibliothek verzeichnet diese Publikation in der Deutschen Nationalbibliografie; detaillierte bibliografische Daten sind im Internet über http://dnb.d-nb.de abrufbar.

Teilzeit- und Befristungsgesetz
ISBN 978-3-648-05598-4
Bestell-Nr. 04211-0003

Zitiervorschlag
Das vorliegende Werk kann wie folgt zitiert werden:
Arnold/Gräfl/*Bearbeiter*, TzBfG, 4. Aufl. 2016, § 1 TzBfG, Rz. 1

Anschrift
Haufe-Lexware GmbH & Co. KG
Munzinger Straße 9
D-79111 Freiburg

E-Mail: online@haufe.de
Internet: http://www.haufe.de

Kommanditgesellschaft, Sitz Freiburg
Registergericht Freiburg, HRA 4408
Komplementäre: Haufe-Lexware Verwaltungs GmbH, Sitz Freiburg,
Registergericht Freiburg, HRB 5557; Martin Laqua

Geschäftsführung: Isabel Blank, Markus Dränert, Jörg Frey, Birte Hackenjos, Randolf Jessl, Markus Reithwiesner, Joachim Rotzinger, Dr. Carsten Thies
Beiratsvorsitzende: Andrea Haufe

Steuernummer: 06392/11008
Umsatzsteuer-Identifikationsnummer: DE 812398835

Chefredaktion: Ass. jur. Christina Mayer
Redaktionsassistenz: Roswitha Heckle, Sarina Schüle

Druck: CPI books GmbH, Leck

Autoren

Herausgeber
Manfred Arnold
Vorsitzender Richter am Landesarbeitsgericht Baden-Württemberg
§§ 11, 12, 13, 15 TzBfG

Edith Gräfl
Vorsitzende Richterin am Bundesarbeitsgericht
§§ 3, 14 TzBfG

Autoren
Dr. Andreas Imping
Rechtsanwalt und Fachanwalt für Arbeitsrecht, DLA Piper, Köln
§§ 2, 23 TzBfG

Annabel Lehnen
Rechtsanwältin und Fachanwältin für Arbeitsrecht, Osborne Clarke, Köln
§ 8 Abs. 1–3 TzBfG

Dr. Peter H. M. Rambach
Rechtsanwalt und Fachanwalt für Arbeitsrecht, Dr. Fettweis & Sozien, Freiburg
§§ 1, 4, 5, 6, 21, 22 TzBfG, §§ 11, 30 TVöD, §§ 1–8 WissZeitVG

Dr. Günter Spinner
Richter am Bundesarbeitsgericht
§§ 7, 10, 16, 17, 18, 19, 20 TzBfG

Prof. Dr. Reinhard Vossen
Vorsitzender Richter am Landesarbeitsgericht Düsseldorf a.D., Honorarprofessor an der Heinrich-Heine-Universität Düsseldorf
§ 8 Abs. 4–7, § 9 TzBfG

Vorwort

Teilzeitarbeitsverhältnisse und befristete Arbeitsverträge haben seit Inkrafttreten des Teilzeit- und Befristungsgesetzes an Bedeutung gewonnen. Das Gesetz bietet die Möglichkeit, für Arbeitnehmer und Arbeitgeber ein Arbeitsverhältnis flexibel gestalten zu können.

Wer sich in der Praxis mit dem Teilzeit- und Befristungsrecht befasst (z. B. Personalverantwortliche oder der beratende Anwalt), sollte die durch das Gesetz eröffneten Möglichkeiten, aber auch die vorgegebenen Grenzen kennen, z. B. wann befristete Arbeitsverträge zulässig sind oder wann ein Teilzeitwunsch des Arbeitnehmers berechtigt ist. Bei dieser praktischen Anwendung des TzBfG möchte der Kommentar eine Hilfe sein.

Der Kommentar orientiert sich an der höchstrichterlichen Rechtsprechung und verdeutlicht dem Leser mit zahlreichen Praxisbeispielen und Gestaltungshinweisen die Anwendung der einzelnen Vorschriften. Damit bietet der Kommentar sowohl für die betriebliche Praxis als auch für die anwaltliche Beratung eine verlässliche Entscheidungsgrundlage und stellt die aktuellen Entwicklungen zur Thematik von Teilzeitarbeit und befristeten Arbeitsverhältnissen übersichtlich dar.

Die vorliegende 4. Auflage des Kommentars berücksichtigt die am 17. März 2016 in Kraft getretene Änderung des Wissenschaftszeitvertragsgesetzes sowie die Fortführung und Weiterentwicklung der höchstrichterlichen Rechtsprechung, u. a. zum Teilzeitanspruch nach § 8 TzBfG, zur Arbeit auf Abruf, zur Wirksamkeit von Altersgrenzen, auflösenden Bedingungen insbesondere bei Erwerbsminderung des Arbeitnehmers, zum Sachgrund des gerichtlichen Vergleichs sowie zur rechtsmissbräuchlichen Nutzung der Möglichkeit zur sachgrundlosen Befristung und zur Unwirksamkeit einer Befristung trotz bestehenden Sachgrunds nach den Grundsätzen des institutionellen Rechtsmissbrauchs.

Die Herausgeber danken den Autoren und Haufe-Lexware, insbesondere Frau Mayer als Chefredakteurin, für die hervorragende Zusammenarbeit.

Anregungen und Kritik zu dem vorliegenden Kommentar sind unter recht@haufe.de jederzeit willkommen.

Freiburg, Erfurt, im Mai 2016

Die Herausgeber:
Manfred Arnold
Edith Gräfl

Inhaltsverzeichnis

Literaturverzeichnis

Annuß/Thüsing,	Annuß, Georg/Thüsing, Gregor, Teilzeit- und Befristungsgesetz, 3. Aufl. 2012.
APS,	Ascheid, Reiner/Preis, Ulrich/Schmidt, Ingrid, Großkommentar zum gesamten Recht der Beendigung von Arbeitsverhältnissen, 4. Aufl. 2012 (3. Aufl. 2007).
Arnold,	Arnold, Manfred, Änderungsvorbehalte zur Arbeitszeitdauer, in: Festschrift für Manfred Löwisch zum 70. Geburtstag, 2007.
ArbR-BGB,	Schliemann, Harald (Hrsg.), Das Arbeitsrecht im BGB, 2. Aufl. 2002.
Bauer/Krieger,	Bauer, Jobst-Hubertus/Krieger, Steffen, Allgemeines Gleichbehandlungsgesetz, 4. Aufl. 2015.
Baumbach/Lauterbach/ Albers/Hartmann,	Baumbach, Adolf/Lauterbach, Wolfgang/Albers, Jan/Hartmann, Peter, Zivilprozessordnung, 73. Aufl. 2015.
Boewer,	Boewer, Dietrich, Teilzeit- und Befristungsgesetz, 1. Aufl. 2008.
Brand,	Brand, Jürgen, SGB III, Sozialgesetzbuch Arbeitsförderung, 7. Aufl. 2015.
Breier/Dassau/Kiefer/ Lang/Langenbrinck,	Breier, Alfred/Dassau, Anette/Kiefer, Karl-Heinz/Lang, Helmut/Langenbrinck, Bernhard, TVöD, Tarif- und Arbeitsrecht im öffentlichen Dienst, Stand: 02/2016.
Bremecker/Hock,	Bremecker, Dieter/Hock, Klaus, Haufe TVöD Lexikon Verwaltung, Stand: 03/2016.
Burger,	Burger, Ernst, TVöD/TV-L, Tarifverträge für den öffentlichen Dienst, 1. Aufl. 2009.
Buschmann/Dieball/ Stevens-Bartol,	Buschmann, Rudolf/Dieball, Heike/Stevens-Bartol, Eckart, TZA, Das Recht der Teilzeitarbeit, 2. Aufl. 2001.

Clemens/Scheuring/Steingen/Wiese, Clemens, Horst/Scheuring, Ottheinz/Steingen, Werner/Wiese, Friedrich, TV-L Kommentar zum Tarifvertrag für den öffentlichen Dienst der Länder (TV-L), 78. Ergänzungslieferung, Stand: 01/2016.

Clemens/Scheuring/Steingen/Wiese, Clemens, Horst/Scheuring, Ottheinz/Steingen, Werner/Wiese, Friedrich, Kommentar zum Bundesangestelltentarifvertrag, Stand: 06/2006.

Dassau/Wiesend-Rothburst/Baeck/Hoß, Dassau, Anette/Wiesend-Rothburst, Edeltraut/Baeck, Ulrich/Hoß, Axel, TVöD, Verwaltung - VKA, 6. Aufl. 2009.

Dassau/Wiesend-Rothburst, Dassau, Anette/Wiesend-Rothburst, Edeltraut, BAT-Kompaktkommentar, 4. Aufl. 2004.

Dornbusch/Fischermeier/Löwisch, Dornbusch, Gregor/Fischermeier, Ernst/Löwisch, Manfred (Hrsg), Kommentar zum gesamten Arbeitsrecht, 7. Aufl. 2015.

Dörring/Kutzki, Dörring, Werner/Kutzki, Jürgen (Hrsg.), TVöD-Kommentar, Arbeitsrecht für den öffentlichen Dienst, 1. Aufl. 2006.

Dörner/Luczak/Wildschütz, Dörner, Klemens/Luczak, Stefan/Wildschütz, Martin, Handbuch des Fachanwalts Arbeitsrecht, 12. Aufl. 2015.

Dörner, Dörner, Hans-Jürgen, Der befristete Arbeitsvertrag, 2. Aufl. 2011.

ErfK, Dieterich, Thomas/ Müller-Glöge, Rudi/Preis, Ulrich/Schaub, Günter, Erfurter Kommentar zum Arbeitsrecht, 16. Aufl. 2016.

Erman/Westermann, Erman, Walter/Westermann, Harm P., Handkommentar zum Bürgerlichen Gesetzbuch, 14. Aufl. 2014.

EU ArbR, Franzen, Martin/Gallner, Inken/Oetker, Hartmut, Kommentar zum europäischen Arbeitsrecht, 1. Aufl. 2016.

Fitting, Fitting, Karl/Engels, Gerd/Schmidt, Ingrid/Linsenmaier, Wolfgang/Treber, Yvonne, Betriebsverfassungsgesetz, 27. Aufl. 2014.

Geis,	Geis, Max-Emanuel, Hochschulrecht in Bund und Ländern, Stand: 12/2015.
Germelmann/Matthes/ Prütting/Müller-Glöge,	Germelmann, Claas-Hinrich/Matthes, Hans-Christoph/ Prütting, Hanns/Müller-Glöge, Rudi, Arbeitsgerichtsgesetz (ArbGG), 8. Aufl. 2013.
GK-BetrVG,	Kraft, Alfons/Wiese, Günther/Kreutz, Peter/Oetker, Hartmut/Raab, Thomas/Weber, Christoph/Franzen, Martin, Gemeinschaftskommentar zum Betriebsverfassungsgesetz: GK-BetrVG, 10. Aufl. 2014.
GK-TzA,	Becker, Friedrich/Danne, Harald Th./Lang, Walter/Lipke, Gert A./Mikosch, Ernst/Steinwedel, Ulrich, Gemeinschaftskommentar zum Teilzeitarbeitsrecht (GK-TzA), 1987.
GKöD,	Fürst, Walther, Recht der Arbeitnehmer im öffentlichen Dienst (GKÖD IV), Stand 12/2015.
Görg/Guth,	Görg, Axel/Guth, Martin, Tarifvertrag für den öffentlichen Dienst, 6. Aufl. 2015.
HaKo,	Gallner, Inken/Mestwerdt, Wilhelm/Nägele, Stefan, Handkommentar Kündigungsschutzgesetz, 5. Aufl. 2015.
Hansen/Kelber/Zeißig,	Hansen, Jessica/Kelber, Markus/Zeißig, Rolf, Neues Arbeitsrecht, 1. Aufl. 2002.
Hartmer/Detmer,	Hartmer, Michael/Detmer, Hubert, Hochschulrecht, 2. Aufl. 2011.
Haufe HBVO,	Haufe Betriebsverfassung Office, Praxiskommentar zum Betriebsverfassungsgesetz.
HK-ArbR,	Däubler, Wolfgang/Hjort, Jens Peter/Schubert, Michael/Wolmerath, Martin, Arbeitsrecht, 3. Aufl. 2013.
HK-TzBfG,	Boecken, Winfried/Joussen, Jacob, Teilzeit- und Befristungsgesetz, 3. Aufl. 2012 (2. Aufl. 2010).
Holwe/Kossens/Pielenz/ Räder,	Holwe, Joachim/ Kossens, Michael/Pielenz, Cornelia/ Räder, Evelyn, Teilzeit- und Befristungsgesetz, Basiskommentar, 4. Aufl. 2014.
v. Hoyningen-Huene/Linck,	v. Hoyningen-Huene, Gerrick/Linck, Rüdiger, Kündigungsschutzsgesetz (KSchG), 15. Aufl. 2013.

HWK,	Henssler, Martin/Willemsen, Heinz Josef/Kalb, Heinz-Jürgen (Hrsg.), Arbeitsrecht Kommentar, 6. Aufl. 2014.
Imping,	Imping, Andreas, Pflegereform und Pflegezeit, 1. Aufl. 2008.
Kaiser/Dunkl/Hold/ Kleinsorge,	Kaiser, Heinrich/Dunkl, Hans/Hold, Dieter/Kleinsorge, Georg, Entgeltfortzahlungsgesetz, 5. Aufl. 2000.
Kittner/Däubler/Zwanziger,	Kittner, Michael/Däubler, Wolfgang/Zwanziger, Bertram, Kündigungsschutzrecht, 9. Aufl. 2014.
Kossens/von der Heide/Maaß	Kossens, Michael/von der Heide, Dirk/Maaß, Michael, SGB IX, 4. Aufl. 2015.
KR,	Etzel, Gerhard/Fischermeier, Ernst u. a., Gemeinschaftskommentar zum Kündigungsschutzgesetz und sonstigen kündigungsschutzrechtlichen Vorschriften (KR), 11. Aufl. 2016 (7. Aufl. 2004).
Küttner,	Küttner, Wolfdieter, Personalbuch 2015, 22. Aufl. 2015.
Laux/Schlachter,	Laux, Helga/Schlachter Monika, Teilzeit- und Befristungsgesetz, 2. Aufl. 2011.
Lindemann,	Lindemann, Viola, Flexible Gestaltung von Arbeitsbedingungen nach der Schuldrechtsreform, 1. Aufl. 2003.
Löwisch/Kaiser,	Löwisch, Manfred/Kaiser, Dagmar, Betriebsverfassungsgesetz Kommentar, 6. Aufl. 2010.
Löwisch/Rieble,	Löwisch, Manfred/Rieble, Volker, Tarifvertragsgesetz, 3. Aufl. 2012.
Löwisch/Spinner/Wertheim,	Löwisch, Manfred/Spinner, Günter/Wertheim, Frank, Kommentar zum Kündigungsschutzrecht, 10. Aufl. 2013.
Meinel/Heyn/Herms,	Meinel, Gernod/Heyn, Judith/Herms, Sascha, Teilzeit- und Befristungsgesetz (TzBfG), 5. Aufl. 2015.
MünchArbR,	Richardi, Reinhard/Wlotzke, Otfried, Münchener Handbuch zum Arbeitsrecht, Bd. 1, §§ 1-113; Bd. 2, §§ 114-239, 3. Aufl. 2009.

MünchKomm,	Rebmann, Kurt/Säcker, Franz Jürgen (Hrsg.), Münchener Kommentar zum BGB, Bd. 2, 7. Aufl. 2005; Bd. 4, 6. Aufl. 2012; Bd. 5, 6. Aufl. 2013; Bd. 11, 6. Aufl. 2015.
Palandt,	Palandt, Otto, Bürgerliches Gesetzbuch, 75. Aufl. 2016.
Preis,	Preis, Ulrich, Der Arbeitsvertrag, 5. Aufl. 2015.
Preis,	Preis, Ulrich (Hrsg.), Innovative Arbeitsformen, 1. Aufl. 2005.
Preis,	Preis, Ulrich, Wissenschaftszeitvertragsgesetz, 1. Aufl. 2007.
Ranke,	Ranke, Friedbert, Mutterschutz Elterngeld Betreuungsgeld Elternzeit, 4. Aufl. 2015.
Rauschenberg,	Rauschenberg, Hans-Jürgen, Flexibilisierung und Neugestaltung der Arbeitszeit, 1997.
Reich,	Reich, Andreas, Beamtenstatusgesetz, 2. Aufl. 2012.
Reich,	Reich, Andreas, Hochschulrahmengesetz mit Wissenschaftszeitvertragsgesetz, 11. Aufl. 2012.
Reinecke,	Reinecke, Gerhard, Flexible Beschäftigung aufgrund von Rahmenvereinbarungen in der Rechtsprechung, in: Festschrift für Wolfgang Däubler, Recht und Arbeitswelt 1999, S. 127 ff.
Reiserer,	Reiserer, Kerstin, Das gilt für die neue Teilzeitarbeit ab 2001, 1. Aufl. 2001.
Ring,	Ring, Gerhard, Gesetz über Teilzeitarbeit und befristete Arbeitsverträge, 2001.
Rohr,	Rohr, Teresa, Teilzeitarbeit und Kündigungsrecht, 1. Aufl. 2003.
Rolfs,	Rolfs, Christian, Teilzeit- und Befristungsgesetz, 1. Aufl. 2002.
Schaub,	Schaub, Günter (Hrsg.), Arbeitsrechts-Handbuch, 16. Aufl. 2015.
Schiefer/Müller,	Schiefer, Bernd/Müller, Carsten, Teilzeitarbeit, 2. Aufl. 2005.

Schmitt,	Schmitt, Jochem, Entgeltfortzahlungsgesetz Aufwendungsausgleichsgesetz, 7. Aufl. 2012.
Schunder,	Schunder, Achim in: Festschrift zum 25-jährigen Bestehen der Arbeitsgemeinschaft Arbeitsrecht im DAV, 2006.
Schüren/Hamann,	Schüren, Peter/Hamann, Wolfgang, Arbeitnehmerüberlassungsgesetz, 4. Aufl. 2010.
Schüren,	Schüren, Peter, Job-Sharing, 1. Aufl. 1983.
Sievers,	Sievers, Jochen, TzBfG, Kommentar zum Teilzeit- und Befristungsgesetz, 5. Aufl. 2015.
SPV,	Stahlhacke, Eugen/Preis, Ulrich/Vossen, Reinhard, Kündigung und Kündigungsschutz im Arbeitsverhältnis, 11. Aufl. 2015.
Stein/Jonas,	Stein, Friedrich/Jonas, Martin, Kommentar zur Zivilprozessordnung (ZPO), 22. Aufl. 2006.
Stoffels,	Stoffels, Markus, AGB-Recht, 3. Aufl. 2015.
Thüsing/Laux/Lembke,	Thüsing, Gregor/Laux, Helga/Lembke, Mark, Kündigungsschutzgesetz, 3. Aufl. 2014.
Wiedemann,	Wiedemann, Herbert, Tarifvertragsgesetz, 7. Aufl. 2007.
Zöller,	Zöller, Richard, Zivilprozessordnung (ZPO), 31. Aufl. 2015.

Abkürzungsverzeichnis

a. A.	anderer Ansicht
a. A.	anderer Ansicht
a. a. O.	am angegebenen Ort
a. F.	alte Fassung
ÄarbVtrG	Gesetz über befristete Arbeitsverträge mit Ärzten in der Weiterbildung
ABl.	Amtsblatt
ABM	Arbeitsbeschaffungsmaßnahme
Abs.	Absatz
AFG	Arbeitsförderungsgesetz
AGB	Allgemeine Geschäftsbedingungen
AGG	Allgemeines Gleichbehandlungsgesetz
AiB	Arbeitsrecht im Betrieb
Allg.	allgemein
Anm.	Anmerkung
AP	Arbeitsrechtliche Praxis
ArbG	Arbeitsgericht
ArbGG	Arbeitsgerichtsgesetz
ArbPlSchG	Arbeitsplatzschutzgesetz
ArbR	Arbeitsrecht
ArbRB	Der Arbeits-Rechts-Berater
ArbuR oder AuR	Arbeit und Recht
ArbZG	Arbeitszeitgesetz
Art.	Artikel
ATG	Altersteilzeitgesetz
AuA	Arbeit und Arbeitsrecht
Aufl.	Auflage
AÜG	Arbeitnehmerüberlassungsgesetz
AuR	siehe ArbuR
b. b.	bereits benannt
BAG	Bundesarbeitsgericht
BAGE	Entscheidungen des Bundesarbeitsgerichts
BAT	Bundesangestelltentarifvertrag
BAT-O	Bundesangestelltentarifvertrag-Ost

BB	Betriebsberater
BBiG	Berufsbildungsgesetz
BEEG	Bundeselterngeld- und Elternzeitgesetz
BErzGG	Bundeserziehungsgeldgesetz
BeschFG	Beschäftigungsförderungsgesetz
BeschSchG	Beschäftigtenschutzgesetz
BetrAVG	Gesetz zur Verbesserung der betrieblichen Altersversorgung
BetrVG	Betriebsverfassungsgesetz
BGB	Bürgerliches Gesetzbuch
BGBl.	Bundesgesetzblatt
BGH	Bundesgerichtshof
BGleichG	Bundesgleichstellungsgesetz
BKGG	Bundeskindergeldgesetz
BMT-G II	Bundesmanteltarifvertrag für Arbeiter gemeindlicher Verwaltungen und Betriebe
BPersVG	Bundespersonalvertretungsgesetz
BR-Drucks.	Drucksachen des Deutschen Bundesrats
BSG	Bundessozialgericht
BSGE	Entscheidungen des Bundessozialgerichts
BSHG	Bundessozialhilfegesetz
bspw.	beispielsweise
BT	Bundestag
BT-Drucks.	Drucksachen des Deutschen Bundestags
BUrlG	Bundesurlaubsgesetz
BVerfG	Bundesverfassungsgericht
BVerfGE	Entscheidungen des Bundesverfassungsgerichts
bzw.	beziehungsweise
CEEP	Europäischer Zentralverband der öffentlichen Wirtschaft
d. h.	das heißt
DB	Der Betrieb
DZWiR	Deutsche Zeitschrift für Wirtschafts- und Insolvenzrecht
e. V.	eingetragener Verein
EFZG	Entgeltfortzahlungsgesetz
EignÜG	Eignungsübungsgesetz
EStG	Einkommensteuergesetz
EuGH	Europäischer Gerichtshof
EWG	Europäische Wirtschaftsgemeinschaft
EzA	Entscheidungssammlung zum Arbeitsrecht

FA	Fachanwalt Arbeitsrecht
GbR	Gesellschaft bürgerlichen Rechts
GewO	Gewerbeordnung
GG	Grundgesetz
ggf.	gegebenenfalls
GKG	Gerichtskostengesetz
GmbH	Gesellschaft mit beschränkter Haftung
GmS-OGB	Gemeinsamer Senat der obersten Gerichtshöfe des Bundes
GS	Großer Senat
GVG	Gerichtsverfassungsgesetz
h. M.	herrschende Meinung
HdaVÄndG	Gesetz zur Änderung dienst- und arbeitsrechtlicher Vorschriften im Hochschulbereich
HGB	Handelsgesetzbuch
HGrG	Haushaltsgrundsätzegesetz
HmbPersVG	Personalvertretungsgesetz Hamburg
HRG	Hochschulrahmengesetz
HRK	Hochschulrektorenkonferenz
Hs. / HS	Halbsatz
i. R. d.	im Rahmen des/der
i. S. d.	im Sinne des/der
i. S. e.	im Sinne einer/eines
i. S. v.	im Sinne von
i. V. m.	in Verbindung mit
InsO	Insolvenzordnung
JArbSchG	Jugendarbeitsschutzgesetz
JuS	Juristische Schulung
Kap.	Kapitel
KAPOVAZ	kapazitätsorientierte variable Arbeitszeit
KSchG	Kündigungsschutzgesetz
LAG	Landesarbeitsgericht
LAGE	Entscheidungssammlung der Landesarbeitsgerichte
lit.	littera
LPartG	Lebenspartnerschaftsgesetz
LPersVG/LPVG	Landespersonalvertretungsgesetz

LPVG Brandenburg	Landespersonalvertretungsgesetz Brandenburg
LPVG NW	Landespersonalvertretungsgesetz Nordrhein-Westfalen
Ls.	Leitsatz
LuftBO	Betriebsordnung für Luftfahrtgeräte
m. w. N.	mit weiteren Nachweisen
m. W. v.	mit Wirkung vom
MDR	Monatsschrift für Deutsches Recht
MTArb	Manteltarifvertrag für Arbeiterinnen und Arbeiter des Bundes und der Länder
MTArb-O	Manteltarifvertrag-Ost für Arbeiter
MTV	Manteltarifvertrag
MuSchG	Mutterschutzgesetz
n. F.	neue Fassung
n. v.	nicht veröffentlicht
NachWG	Nachweisgesetz
NJW	Neue Juristische Wochenschrift
NZA	Neue Zeitschrift für Arbeitsrecht
NZA-RR	Neue Zeitschrift für Arbeitsrecht, Rechtsprechungs-Report
OdW	Ordnung der Wissenschaft
PartGG	Partnerschaftsgesellschaftsgesetz
RdA	Recht der Arbeit
RL	Richtlinie
Rspr.	Rechtsprechung
Rz.	Randziffer
RzK	Rechtsprechung zum Kündigungsrecht
S.	Satz
s.	siehe
s. a.	siehe auch
s. o.	siehe oben
s. u.	siehe unten
SAE	Sammlung arbeitsrechtlicher Entscheidungen der Arbeitgeberverbände
SchwbG	Schwerbehindertengesetz
SGB	Sozialgesetzbuch
SGB I	Sozialgesetzbuch 1. Buch, Allgemeiner Teil

SGB II	Sozialgesetzbuch 2. Buch, Grundsicherung für Arbeitssuchende
SGB III	Sozialgesetzbuch 3. Buch, Arbeitsförderung
SGB IV	Sozialgesetzbuch 4. Buch, Gemeinsame Vorschriften für die Sozialversicherung
SGB VI	Sozialgesetzbuch 6. Buch, Gesetzliche Rentenversicherung
SGB VII	Sozialgesetzbuch 7. Buch, Gesetzliche Unfallversicherung
SGB IX	Sozialgesetzbuch 9. Buch, Rehabilitation und Teilhabe behinderter Menschen
SGB X	Sozialgesetzbuch 10. Buch, Verwaltungsverfahren
SGB XI	Sozialgesetzbuch 11. Buch, Soziale Pflegeversicherung
SGG	Sozialgerichtsgesetz
Slg.	Sammlung
sog.	so genannt
st. Rspr.	ständige Rechtsprechung
ThürPersVG	Thüringer Personalvertretungsgesetz
TVG	Tarifvertragsgesetz
TVK	Tarifvertrag für Musiker in Kulturorchestern
TV-L	Tarifvertrag für den öffentlichen Dienst der Länder
TVöD	Tarifvertrag für den öffentlichen Dienst
TVöD/AT	Tarifvertrag für den öffentlichen Dienst/Allgemeiner Teil
TVöD-B	Durchgeschriebene Fassung des TVöD für den Dienstleistungsbereich Pflege- und Betreuungseinrichtungen im Bereich der Vereinigung der kommunalen Arbeitgeberverbände
TVöD-K	Durchgeschriebene Fassung des TVöD für den Dienstleistungsbereich Krankenhäuser im Bereich der Vereinigung der kommunalen Arbeitgeberverbände
TzBfG	Teilzeit- und Befristungsgesetz
u. a.	unter anderem/und andere
u. U.	unter Umständen
UmwG	Umwandlungsgesetz
vgl.	vergleiche
WissZeitVG	Wissenschaftszeitvertragsgesetz
z. B.	zum Beispiel
ZfA	Zeitschrift für Arbeitsrecht

Ziff.	Ziffer
ZIP	Zeitschrift für Wirtschaftsrecht und Insolvenzpraxis
ZPO	Zivilprozessordnung
ZTR	Zeitschrift für Tarifrecht

Teil 1: Gesetzestext
Gesetz über Teilzeitarbeit und befristete Arbeitsverträge

Teilzeit- und Befristungsgesetz
Vom 21.12.2000
BGBl. I 2000, S. 1966
Zuletzt geändert durch Gesetz zur Verbesserung der Eingliederungschancen am Arbeitsmarkt vom 20.12.2011 (BGBl. I 2011, S. 2854)

Erster Abschnitt: Allgemeine Vorschriften

§ 1 Zielsetzung

Ziel des Gesetzes ist, Teilzeitarbeit zu fördern, die Voraussetzungen für die Zulässigkeit befristeter Arbeitsverträge festzulegen und die Diskriminierung von teilzeitbeschäftigten und befristet beschäftigten Arbeitnehmern zu verhindern.

§ 2 Begriff des teilzeitbeschäftigten Arbeitnehmers

(1) [1]Teilzeitbeschäftigt ist ein Arbeitnehmer, dessen regelmäßige Wochenarbeitszeit kürzer ist als die eines vergleichbaren vollzeitbeschäftigten Arbeitnehmers. [2]Ist eine regelmäßige Wochenarbeitszeit nicht vereinbart, so ist ein Arbeitnehmer teilzeitbeschäftigt, wenn seine regelmäßige Arbeitszeit im Durchschnitt eines bis zu einem Jahr reichenden Beschäftigungszeitraums unter der eines vergleichbaren vollzeitbeschäftigten Arbeitnehmers liegt. [3]Vergleichbar ist ein vollzeitbeschäftigter Arbeitnehmer des Betriebes mit derselben Art des Arbeitsverhältnisses und der gleichen oder einer ähnlichen Tätigkeit. [4]Gibt es im Betrieb keinen vergleichbaren vollzeitbeschäftigten Arbeitnehmer, so ist der vergleichbare vollzeitbeschäftigte Arbeitnehmer auf Grund des anwendbaren Tarifvertrages zu bestimmen; in allen anderen Fällen ist darauf abzustellen, wer im jeweiligen Wirtschaftszweig üblicherweise als vergleichbarer vollzeitbeschäftigter Arbeitnehmer anzusehen ist.
(2) Teilzeitbeschäftigt ist auch ein Arbeitnehmer, der eine geringfügige Beschäftigung nach § 8 Abs. 1 Nr. 1 des Vierten Buches Sozialgesetzbuch ausübt.

§ 3 Begriff des befristet beschäftigten Arbeitnehmers

(1) [1]Befristet beschäftigt ist ein Arbeitnehmer mit einem auf bestimmte Zeit geschlossenen Arbeitsvertrag. [2]Ein auf bestimmte Zeit geschlossener Arbeitsvertrag (befristeter Arbeitsvertrag) liegt vor, wenn seine Dauer kalendermäßig bestimmt ist (kalendermäßig befristeter Arbeitsvertrag) oder sich aus Art, Zweck oder Beschaffenheit der Arbeitsleistung ergibt (zweckbefristeter Arbeitsvertrag).

(2) [1]Vergleichbar ist ein unbefristet beschäftigter Arbeitnehmer des Betriebes mit der gleichen oder einer ähnlichen Tätigkeit. [2]Gibt es im Betrieb keinen vergleichbaren unbefristet beschäftigten Arbeitnehmer, so ist der vergleichbare unbefristet beschäftigte Arbeitnehmer auf Grund des anwendbaren Tarifvertrages zu bestimmen; in allen anderen Fällen ist darauf abzustellen, wer im jeweiligen Wirtschaftszweig üblicherweise als vergleichbarer unbefristet beschäftigter Arbeitnehmer anzusehen ist.

§ 4 Verbot der Diskriminierung

(1) [1]Ein teilzeitbeschäftigter Arbeitnehmer darf wegen der Teilzeitarbeit nicht schlechter behandelt werden als ein vergleichbarer vollzeitbeschäftigter Arbeitnehmer, es sei denn, dass sachliche Gründe eine unterschiedliche Behandlung rechtfertigen. [2]Einem teilzeitbeschäftigten Arbeitnehmer ist Arbeitsentgelt oder eine andere teilbare geldwerte Leistung mindestens in dem Umfang zu gewähren, der dem Anteil seiner Arbeitszeit an der Arbeitszeit eines vergleichbaren vollzeitbeschäftigten Arbeitnehmers entspricht.

(2) [1]Ein befristet beschäftigter Arbeitnehmer darf wegen der Befristung des Arbeitsvertrages nicht schlechter behandelt werden als ein vergleichbarer unbefristet beschäftigter Arbeitnehmer, es sei denn, dass sachliche Gründe eine unterschiedliche Behandlung rechtfertigen. [2]Einem befristet beschäftigten Arbeitnehmer ist Arbeitsentgelt oder eine andere teilbare geldwerte Leistung, die für einen bestimmten Bemessungszeitraum gewährt wird, mindestens in dem Umfang zu gewähren, der dem Anteil seiner Beschäftigungsdauer am Bemessungszeitraum entspricht. [3]Sind bestimmte Beschäftigungsbedingungen von der Dauer des Bestehens des Arbeitsverhältnisses in demselben Betrieb oder Unternehmen abhängig, so sind für befristet beschäftigte Arbeitnehmer dieselben Zeiten zu berücksichtigen wie für unbefristet beschäftigte Arbeitnehmer, es sei denn, dass eine unterschiedliche Berücksichtigung aus sachlichen Gründen gerechtfertigt ist.

§ 5 Benachteiligungsverbot

Der Arbeitgeber darf einen Arbeitnehmer nicht wegen der Inanspruchnahme von Rechten nach diesem Gesetz benachteiligen.

Zweiter Abschnitt: Teilzeitarbeit

§ 6 Förderung von Teilzeitarbeit

Der Arbeitgeber hat den Arbeitnehmern, auch in leitenden Positionen, Teilzeitarbeit nach Maßgabe dieses Gesetzes zu ermöglichen.

§ 7 Ausschreibung; Information über freie Arbeitsplätze

(1) Der Arbeitgeber hat einen Arbeitsplatz, den er öffentlich oder innerhalb des Betriebes ausschreibt, auch als Teilzeitarbeitsplatz auszuschreiben, wenn sich der Arbeitsplatz hierfür eignet.

(2) Der Arbeitgeber hat einen Arbeitnehmer, der ihm den Wunsch nach einer Veränderung von Dauer und Lage seiner vertraglich vereinbarten Arbeitszeit angezeigt hat, über entsprechende Arbeitsplätze zu informieren, die im Betrieb oder Unternehmen besetzt werden sollen.

(3) [1]Der Arbeitgeber hat die Arbeitnehmervertretung über Teilzeitarbeit im Betrieb und Unternehmen zu informieren, insbesondere über vorhandene oder geplante Teilzeitarbeitsplätze und über die Umwandlung von Teilzeitarbeitsplätzen in Vollzeitarbeitsplätze oder umgekehrt. [2]Der Arbeitnehmervertretung sind auf Verlangen die erforderlichen Unterlagen zur Verfügung zu stellen; § 92 des Betriebsverfassungsgesetzes bleibt unberührt.

§ 8 Verringerung der Arbeitszeit

(1) Ein Arbeitnehmer, dessen Arbeitsverhältnis länger als sechs Monate bestanden hat, kann verlangen, dass seine vertraglich vereinbarte Arbeitszeit verringert wird.

(2) [1]Der Arbeitnehmer muss die Verringerung seiner Arbeitszeit und den Umfang der Verringerung spätestens drei Monate vor deren Beginn geltend machen. [2]Er soll dabei die gewünschte Verteilung der Arbeitszeit angeben.

(3) [1]Der Arbeitgeber hat mit dem Arbeitnehmer die gewünschte Verringerung der Arbeitszeit mit dem Ziel zu erörtern, zu einer Vereinbarung zu gelangen. [2]Er hat mit dem Arbeitnehmer Einvernehmen über die von ihm festzulegende Verteilung der Arbeitszeit zu erzielen.

(4) [1]Der Arbeitgeber hat der Verringerung der Arbeitszeit zuzustimmen und ihre Verteilung entsprechend den Wünschen des Arbeitnehmers festzulegen, soweit betriebliche Gründe nicht entgegenstehen. [2]Ein betrieblicher Grund liegt insbesondere vor, wenn die Verringerung der Arbeitszeit die Organisation, den Arbeitsablauf oder die Sicherheit im Betrieb wesentlich beeinträchtigt oder unverhältnismäßige Kosten verursacht. [3]Die Ablehnungsgründe können durch Tarifvertrag festgelegt werden. [4]Im Geltungsbereich eines solchen Tarifvertrages können nicht tarifgebundene Arbeitgeber und Arbeitnehmer die Anwendung der tariflichen Regelungen über die Ablehnungsgründe vereinbaren.

(5) [1]Die Entscheidung über die Verringerung der Arbeitszeit und ihre Verteilung hat der Arbeitgeber dem Arbeitnehmer spätestens einen Monat vor dem gewünschten Beginn der Verringerung schriftlich mitzuteilen. [2]Haben sich Arbeitgeber und Arbeitnehmer nicht nach Absatz 3 Satz 1 über die Verringerung der Arbeitszeit geeinigt und hat der Arbeitgeber die Arbeitszeitverringerung nicht spätestens einen Monat vor deren gewünschtem Beginn schriftlich abgelehnt, verringert sich die Arbeitszeit in dem vom Arbeitnehmer gewünschten Umfang. [3]Haben Arbeitgeber und Arbeitnehmer über die Verteilung der Arbeitszeit kein Einvernehmen nach Absatz 3 Satz 2 erzielt und hat der Arbeitgeber nicht spätestens einen Monat vor dem gewünschten Beginn der Arbeitszeitver-

ringerung die gewünschte Verteilung der Arbeitszeit schriftlich abgelehnt, gilt die Verteilung der Arbeitszeit entsprechend den Wünschen des Arbeitnehmers als festgelegt. [4]Der Arbeitgeber kann die nach Satz 3 oder Absatz 3 Satz 2 festgelegte Verteilung der Arbeitszeit wieder ändern, wenn das betriebliche Interesse daran das Interesse des Arbeitnehmers an der Beibehaltung erheblich überwiegt und der Arbeitgeber die Änderung spätestens einen Monat vorher angekündigt hat.
(6) Der Arbeitnehmer kann eine erneute Verringerung der Arbeitszeit frühestens nach Ablauf von zwei Jahren verlangen, nachdem der Arbeitgeber einer Verringerung zugestimmt oder sie berechtigt abgelehnt hat.
(7) Für den Anspruch auf Verringerung der Arbeitszeit gilt die Voraussetzung, dass der Arbeitgeber, unabhängig von der Anzahl der Personen in Berufsbildung, in der Regel mehr als 15 Arbeitnehmer beschäftigt.

§ 9 Verlängerung der Arbeitszeit
Der Arbeitgeber hat einen teilzeitbeschäftigten Arbeitnehmer, der ihm den Wunsch nach einer Verlängerung seiner vertraglich vereinbarten Arbeitszeit angezeigt hat, bei der Besetzung eines entsprechenden freien Arbeitsplatzes bei gleicher Eignung bevorzugt zu berücksichtigen, es sei denn, dass dringende betriebliche Gründe oder Arbeitszeitwünsche anderer teilzeitbeschäftigter Arbeitnehmer entgegenstehen.

§ 10 Aus- und Weiterbildung
Der Arbeitgeber hat Sorge zu tragen, dass auch teilzeitbeschäftigte Arbeitnehmer an Aus- und Weiterbildungsmaßnahmen zur Förderung der beruflichen Entwicklung und Mobilität teilnehmen können, es sei denn, dass dringende betriebliche Gründe oder Aus- und Weiterbildungswünsche anderer teilzeit- oder vollzeitbeschäftigter Arbeitnehmer entgegenstehen.

§ 11 Kündigungsverbot
[1]Die Kündigung eines Arbeitsverhältnisses wegen der Weigerung eines Arbeitnehmers, von einem Vollzeit- in ein Teilzeitarbeitsverhältnis oder umgekehrt zu wechseln, ist unwirksam. [2]Das Recht zur Kündigung des Arbeitsverhältnisses aus anderen Gründen bleibt unberührt.

§ 12 Arbeit auf Abruf
(1) [1]Arbeitgeber und Arbeitnehmer können vereinbaren, dass der Arbeitnehmer seine Arbeitsleistung entsprechend dem Arbeitsanfall zu erbringen hat (Arbeit auf Abruf). [2]Die Vereinbarung muss eine bestimmte Dauer der wöchentlichen und täglichen Arbeitszeit festlegen. [3]Wenn die Dauer der wöchentlichen Arbeitszeit nicht festgelegt ist, gilt eine Arbeitszeit von zehn Stunden als vereinbart. [4]Wenn die Dauer der täglichen Arbeitszeit nicht festgelegt ist, hat der Arbeitgeber die Arbeitsleistung des Arbeitnehmers jeweils für mindestens drei aufeinander folgende Stunden in Anspruch zu nehmen.

(2) Der Arbeitnehmer ist nur zur Arbeitsleistung verpflichtet, wenn der Arbeitgeber ihm die Lage seiner Arbeitszeit jeweils mindestens vier Tage im Voraus mitteilt.
(3) [1]Durch Tarifvertrag kann von den Absätzen 1 und 2 auch zuungunsten des Arbeitnehmers abgewichen werden, wenn der Tarifvertrag Regelungen über die tägliche und wöchentliche Arbeitszeit und die Vorankündigungsfrist vorsieht. [2]Im Geltungsbereich eines solchen Tarifvertrages können nicht tarifgebundene Arbeitgeber und Arbeitnehmer die Anwendung der tariflichen Regelungen über die Arbeit auf Abruf vereinbaren.

§ 13 Arbeitsplatzteilung

(1) [1]Arbeitgeber und Arbeitnehmer können vereinbaren, dass mehrere Arbeitnehmer sich die Arbeitszeit an einem Arbeitsplatz teilen (Arbeitsplatzteilung). [2]Ist einer dieser Arbeitnehmer an der Arbeitsleistung verhindert, sind die anderen Arbeitnehmer zur Vertretung verpflichtet, wenn sie der Vertretung im Einzelfall zugestimmt haben. [3]Eine Pflicht zur Vertretung besteht auch, wenn der Arbeitsvertrag bei Vorliegen dringender betrieblicher Gründe eine Vertretung vorsieht und diese im Einzelfall zumutbar ist.
(2) [1]Scheidet ein Arbeitnehmer aus der Arbeitsplatzteilung aus, so ist die darauf gestützte Kündigung des Arbeitsverhältnisses eines anderen in die Arbeitsplatzteilung einbezogenen Arbeitnehmers durch den Arbeitgeber unwirksam. [2]Das Recht zur Änderungskündigung aus diesem Anlass und zur Kündigung des Arbeitsverhältnisses aus anderen Gründen bleibt unberührt.
(3) Die Absätze 1 und 2 sind entsprechend anzuwenden, wenn sich Gruppen von Arbeitnehmern auf bestimmten Arbeitsplätzen in festgelegten Zeitabschnitten abwechseln, ohne dass eine Arbeitsplatzteilung im Sinne des Absatzes 1 vorliegt.
(4) [1]Durch Tarifvertrag kann von den Absätzen 1 und 3 auch zuungunsten des Arbeitnehmers abgewichen werden, wenn der Tarifvertrag Regelungen über die Vertretung der Arbeitnehmer enthält. [2]Im Geltungsbereich eines solchen Tarifvertrages können nicht tarifgebundene Arbeitgeber und Arbeitnehmer die Anwendung der tariflichen Regelungen über die Arbeitsplatzteilung vereinbaren.

Dritter Abschnitt: Befristete Arbeitsverträge

§ 14 Zulässigkeit der Befristung

(1) [1]Die Befristung eines Arbeitsvertrages ist zulässig, wenn sie durch einen sachlichen Grund gerechtfertigt ist. [2]Ein sachlicher Grund liegt insbesondere vor, wenn
1. der betriebliche Bedarf an der Arbeitsleistung nur vorübergehend besteht,
2. die Befristung im Anschluss an eine Ausbildung oder ein Studium erfolgt, um den Übergang des Arbeitnehmers in eine Anschlussbeschäftigung zu erleichtern,
3. der Arbeitnehmer zur Vertretung eines anderen Arbeitnehmers beschäftigt wird,
4. die Eigenart der Arbeitsleistung die Befristung rechtfertigt,
5. die Befristung zur Erprobung erfolgt,
6. in der Person des Arbeitnehmers liegende Gründe die Befristung rechtfertigen,

7. der Arbeitnehmer aus Haushaltsmitteln vergütet wird, die haushaltsrechtlich für eine befristete Beschäftigung bestimmt sind, und er entsprechend beschäftigt wird oder
8. die Befristung auf einem gerichtlichen Vergleich beruht.

(2) [1]Die kalendermäßige Befristung eines Arbeitsvertrages ohne Vorliegen eines sachlichen Grundes ist bis zur Dauer von zwei Jahren zulässig; bis zu dieser Gesamtdauer von zwei Jahren ist auch die höchstens dreimalige Verlängerung eines kalendermäßig befristeten Arbeitsvertrages zulässig. [2]Eine Befristung nach Satz 1 ist nicht zulässig, wenn mit demselben Arbeitgeber bereits zuvor ein befristetes oder unbefristetes Arbeitsverhältnis bestanden hat. [3]Durch Tarifvertrag kann die Anzahl der Verlängerungen oder die Höchstdauer der Befristung abweichend von Satz 1 festgelegt werden. [4]Im Geltungsbereich eines solchen Tarifvertrages können nicht tarifgebundene Arbeitgeber und Arbeitnehmer die Anwendung der tariflichen Regelungen vereinbaren.

(2a) [1]In den ersten vier Jahren nach der Gründung eines Unternehmens ist die kalendermäßige Befristung eines Arbeitsvertrages ohne Vorliegen eines sachlichen Grundes bis zur Dauer von vier Jahren zulässig; bis zu dieser Gesamtdauer von vier Jahren ist auch die mehrfache Verlängerung eines kalendermäßig befristeten Arbeitsvertrages zulässig. [2]Dies gilt nicht für Neugründungen im Zusammenhang mit der rechtlichen Umstrukturierung von Unternehmen und Konzernen. [3]Maßgebend für den Zeitpunkt der Gründung des Unternehmens ist die Aufnahme einer Erwerbstätigkeit, die nach § 138 der Abgabenordnung der Gemeinde oder dem Finanzamt mitzuteilen ist. [4]Auf die Befristung eines Arbeitsvertrages nach Satz 1 findet Absatz 2 Satz 2 bis 4 entsprechende Anwendung.

(3) [1]Die kalendermäßige Befristung eines Arbeitsvertrages ohne Vorliegen eines sachlichen Grundes ist bis zu einer Dauer von fünf Jahren zulässig, wenn der Arbeitnehmer bei Beginn des befristeten Arbeitsverhältnisses das 52. Lebensjahr vollendet hat und unmittelbar vor Beginn des befristeten Arbeitsverhältnisses mindestens vier Monate beschäftigungslos im Sinne des § 138 Absatz 1 Nummer 1 des Dritten Buches Sozialgesetzbuch gewesen ist, Transferkurzarbeitergeld bezogen oder an einer öffentlich geförderten Beschäftigungsmaßnahme nach dem Zweiten oder Dritten Buch Sozialgesetzbuch teilgenommen hat. [2]Bis zu der Gesamtdauer von fünf Jahren ist auch die mehrfache Verlängerung des Arbeitsvertrages zulässig.

(4) Die Befristung eines Arbeitsvertrages bedarf zu ihrer Wirksamkeit der Schriftform.

§ 15 Ende des befristeten Arbeitsvertrages

(1) Ein kalendermäßig befristeter Arbeitsvertrag endet mit Ablauf der vereinbarten Zeit.

(2) Ein zweckbefristeter Arbeitsvertrag endet mit Erreichen des Zwecks, frühestens jedoch zwei Wochen nach Zugang der schriftlichen Unterrichtung des Arbeitnehmers durch den Arbeitgeber über den Zeitpunkt der Zweckerreichung.

(3) Ein befristetes Arbeitsverhältnis unterliegt nur dann der ordentlichen Kündigung, wenn dies einzelvertraglich oder im anwendbaren Tarifvertrag vereinbart ist.

(4) [1]Ist das Arbeitsverhältnis für die Lebenszeit einer Person oder für längere Zeit als fünf Jahre eingegangen, so kann es von dem Arbeitnehmer nach Ablauf von fünf Jahren gekündigt werden. [2]Die Kündigungsfrist beträgt sechs Monate.

(5) Wird das Arbeitsverhältnis nach Ablauf der Zeit, für die es eingegangen ist, oder nach Zweckerreichung mit Wissen des Arbeitgebers fortgesetzt, so gilt es als auf unbestimmte Zeit verlängert, wenn der Arbeitgeber nicht unverzüglich widerspricht oder dem Arbeitnehmer die Zweckerreichung nicht unverzüglich mitteilt.

§ 16 Folgen unwirksamer Befristung

[1]Ist die Befristung rechtsunwirksam, so gilt der befristete Arbeitsvertrag als auf unbestimmte Zeit geschlossen; er kann vom Arbeitgeber frühestens zum vereinbarten Ende ordentlich gekündigt werden, sofern nicht nach § 15 Abs. 3 die ordentliche Kündigung zu einem früheren Zeitpunkt möglich ist. [2]Ist die Befristung nur wegen des Mangels der Schriftform unwirksam, kann der Arbeitsvertrag auch vor dem vereinbarten Ende ordentlich gekündigt werden.

§ 17 Anrufung des Arbeitsgerichts

[1]Will der Arbeitnehmer geltend machen, dass die Befristung eines Arbeitsvertrages rechtsunwirksam ist, so muss er innerhalb von drei Wochen nach dem vereinbarten Ende des befristeten Arbeitsvertrages Klage beim Arbeitsgericht auf Feststellung erheben, dass das Arbeitsverhältnis auf Grund der Befristung nicht beendet ist. [2]Die §§ 5 bis 7 des Kündigungsschutzgesetzes gelten entsprechend. [3]Wird das Arbeitsverhältnis nach dem vereinbarten Ende fortgesetzt, so beginnt die Frist nach Satz 1 mit dem Zugang der schriftlichen Erklärung des Arbeitgebers, dass das Arbeitsverhältnis auf Grund der Befristung beendet sei.

§ 18 Information über unbefristete Arbeitsplätze

[1]Der Arbeitgeber hat die befristet beschäftigten Arbeitnehmer über entsprechende unbefristete Arbeitsplätze zu informieren, die besetzt werden sollen. [2]Die Information kann durch allgemeine Bekanntgabe an geeigneter, den Arbeitnehmern zugänglicher Stelle im Betrieb und Unternehmen erfolgen.

§ 19 Aus- und Weiterbildung

Der Arbeitgeber hat Sorge zu tragen, dass auch befristet beschäftigte Arbeitnehmer an angemessenen Aus- und Weiterbildungsmaßnahmen zur Förderung der beruflichen Entwicklung und Mobilität teilnehmen können, es sei denn, dass dringende betriebliche Gründe oder Aus- und Weiterbildungswünsche anderer Arbeitnehmer entgegenstehen.

§ 20 Information der Arbeitnehmervertretung

Der Arbeitgeber hat die Arbeitnehmervertretung über die Anzahl der befristet beschäftigten Arbeitnehmer und ihren Anteil an der Gesamtbelegschaft des Betriebes und des Unternehmens zu informieren.

§ 21 Auflösend bedingte Arbeitsverträge

Wird der Arbeitsvertrag unter einer auflösenden Bedingung geschlossen, gelten § 4 Abs. 2, § 5, § 14 Abs. 1 und 4, § 15 Abs. 2, 3 und 5 sowie die §§ 16 bis 20 entsprechend.

Vierter Abschnitt: Gemeinsame Vorschriften

§ 22 Abweichende Vereinbarungen

(1) Außer in den Fällen des § 12 Abs. 3, § 13 Abs. 4 und § 14 Abs. 2 Satz 3 und 4 kann von den Vorschriften dieses Gesetzes nicht zuungunsten des Arbeitnehmers abgewichen werden.

(2) Enthält ein Tarifvertrag für den öffentlichen Dienst Bestimmungen im Sinne des § 8 Abs. 4 Satz 3 und 4, § 12 Abs. 3, § 13 Abs. 4, § 14 Abs. 2 Satz 3 und 4 oder § 15 Abs. 3, so gelten diese Bestimmungen auch zwischen nicht tarifgebundenen Arbeitgebern und Arbeitnehmern außerhalb des öffentlichen Dienstes, wenn die Anwendung der für den öffentlichen Dienst geltenden tarifvertraglichen Bestimmungen zwischen ihnen vereinbart ist und die Arbeitgeber die Kosten des Betriebes überwiegend mit Zuwendungen im Sinne des Haushaltsrechts decken.

§ 23 Besondere gesetzliche Regelungen

Besondere Regelungen über Teilzeitarbeit und über die Befristung von Arbeitsverträgen nach anderen gesetzlichen Vorschriften bleiben unberührt.

Teil 2: Kommentierung zum Teilzeit- und Befristungsgesetz

Teilzeit und Befristungsgesetz
Vom 21.12.2000
BGBl. I 2000, S. 1966
Zuletzt geändert durch:
Gesetz zur Verbesserung der Eingliederungschancen am Arbeitsmarkt vom 20. Dezember 2011 (BGBl I 2011, S. 2854)

Erster Abschnitt: Allgemeine Vorschriften

§ 1 Zielsetzung

Ziel des Gesetzes ist, Teilzeitarbeit zu fördern, die Voraussetzungen für die Zulässigkeit befristeter Arbeitsverträge festzulegen und die Diskriminierung von teilzeitbeschäftigten und befristet beschäftigten Arbeitnehmern zu verhindern.

Übersicht	Rz.
1. Allgemeines	1–6
2. Anwendungsbereich des Gesetzes	7–10
3. Bedeutung der Zielvorgabe	11–13

1. Allgemeines

1 Art. 1 des Gesetzes über Teilzeitarbeit und befristete Arbeitsverträge und zur Änderung und Aufhebung arbeitsrechtlicher Bestimmungen enthält das TzBfG[1]. Nach der amtlichen Anmerkung zu diesem Gesetz dient dieses der Umsetzung von 2 EG-Richtlinien in das innerstaatliche Recht der Bundesrepublik.

2 Dabei handelt es sich zum einen um die **EG-Richtlinie 1997/81/EG** des Rates vom 15.12.1997 über Teilzeitarbeit[2] (**Teilzeitrichtlinie**). Mit dieser wurde die am 6.6.1997

---

1 BGBl I S. 1966.

2 ABl. v. 20.1.1998, Nr. L 14/9.

zwischen den europäischen Sozialpartnern, d. h. der Union der Industrie- und Arbeitgeberverbände Europas (UNICE), des Europäischen Sozialverbandes der öffentlichen Wirtschaft (CEEP) und des Europäischen Gewerkschaftsbundes (EGB) geschlossene Rahmenvereinbarung über Teilzeitarbeit[3] durchgeführt, d. h. in das geltende Gemeinschaftsrecht inkorporiert.

3 Zum anderen wurde die **Richtlinie 1999/70/EG** des Rates vom 28.6.1999 über befristete Arbeitsverhältnisse[4] (**Befristungsrichtlinie**) in innerstaatliches Recht umgesetzt. Mit dieser Richtlinie hat wiederum die EU die Rahmenvereinbarung über befristete Arbeitsverträge der UNICE, des CEEP und des EGB[5] in das Gemeinschaftsrecht inkorporiert.

4 Vor dem Hintergrund der Umsetzung der EG-Richtlinien entspricht die vom Gesetzgeber in § 1 TzBfG aufgenommene Zielsetzung des Gesetzes folgerichtig im Wesentlichen den in den EG-Richtlinien festgelegten Vorgaben:

Die **Richtlinie 1999/70 EG verpflichtet** die **Mitgliedstaaten**, eine oder mehrere der folgenden Maßnahmen zu ergreifen[6]:

- Festlegung sachlicher Gründe, welche die Verlängerung eines befristeten Arbeitsvertrags rechtfertigen;
- Festlegung der Höchstdauer aufeinander folgender befristeter Arbeitsverträge;

Festlegung der zulässigen Zahl der Verlängerungen eines befristeten Arbeitsvertrags.

5 Das grundsätzliche **Erfordernis eines sachlichen Grunds** für die Befristung eines Arbeitsvertrags war – von Regelungen für besondere Personengruppen abgesehen – bis zum In-Kraft-Treten des TzBfG nicht gesetzlich geregelt, sondern ergab sich – allein – aus der Rechtsprechung des BAG. Dies reichte zur Umsetzung der EG-Richtlinie nicht aus. Durch die Regelung in § 14 Abs. 1 TzBfG hat sich der nationale Gesetzgeber für das Erfordernis sachlicher Gründe (§ 5 Nr. 1 Buchst. a der Rahmenvereinbarung) entschieden. Für den Bereich der Befristungen stellt das TzBfG in Deutschland damit auch weitgehend den vorläufigen Abschluss einer durch das BAG und die begleitende Gesetzgebung, insbesondere das Beschäftigungsförderungsgesetz geprägten Rechtsentwicklung dar[7].

6 Nach der **Richtlinie 1997/81** über Teilzeitarbeit sollen u. a.

- die **Mitgliedstaaten** Hindernisse rechtlicher oder verwaltungstechnischer Natur, die Teilzeitarbeitsmöglichkeiten beschränken können, identifizieren und prüfen und sie gegebenenfalls beseitigen[8];
- die **Sozialpartner** innerhalb ihres Zuständigkeitsbereichs durch tarifvertraglich vorgesehene Verfahren Hindernisse, die die Teilzeitarbeitsmöglichkeiten beschränken können, identifizieren und prüfen und sie gegebenenfalls beseitigen[9];

---

[3] ABl. v. 20.1.1998, Nr. L 14/12.

[4] ABl. v. 10.7.1999, Nr. L 175/43.

[5] ABl. v. 10.7.1999, Nr. L 175/45.

[6] § 5 Abs. 1 der EGB-UNICE-CEEP Rahmenvereinbarung über befristete Arbeitsverträge.

[7] Dörner, Der befristete Arbeitsvertrag, 2. Aufl. 2011, Rz. 26.

[8] § 5 Abs. 1 der UNICE-EGB-CEEP Rahmenvereinbarung über Teilzeitarbeit.

[9] § 5 Abs. 2 der UNICE-EGB-CEEP Rahmenvereinbarung über Teilzeitarbeit.

- die **Arbeitgeber** – soweit möglich – Anträge von Vollzeitbeschäftigten auf Wechsel in ein im Betrieb zur Verfügung stehendes Teilzeitarbeitsverhältnis berücksichtigen und Maßnahmen, die den Zugang zur Teilzeitarbeit auf allen Ebenen des Unternehmens, einschließlich qualifizierten und leitenden Stellungen, erleichtern und in geeigneten Fällen auch Maßnahmen, die den Zugang von Teilzeitbeschäftigten zur beruflichen Bildung erleichtern, zur Förderung des beruflichen Fortkommens und der beruflichen Mobilität in Erwägung ziehen[10].

2. Anwendungsbereich des Gesetzes

Ausweislich der Begründung zum Regierungsentwurf gilt das Gesetz für **alle Arbeitsverhältnisse** bei **privaten und öffentlichen Arbeitgebern.** Die hierarchische Einordnung des Arbeitnehmers ist irrelevant, d. h. das TzBfG gilt auch für Arbeitsverhältnisse mit Arbeitnehmern in leitenden Positionen. Das TzBfG gilt auch für (befristete) Arbeitsverträge zwischen Verleihern und Leiharbeitnehmern. Anders als die Richtlinie 1999/70/EG des Rates vom 28.6.1999 zu der EGB-UNICE-CEEP-Rahmenvereinbarung über befristete Arbeitsverträge vom 18.3.1999, die nach der Rechtsprechung des Gerichtshofs der Europäischen Union weder auf das befristete Arbeitsverhältnis zwischen einem Leiharbeitnehmer und einem Leiharbeitsunternehmen noch auf das befristete Arbeitsverhältnis zwischen einem Leiharbeitnehmer und einem entleihenden Unternehmen Anwendung findet (vgl. EuGH, Urteil v. 11.4.2013, C-290/12, Della Rocca) ist der Geltungsbereich des TzBfG insoweit nicht eingeschränkt (BAG, Urteil v. 23.7.2014, 7 AZR 853/12[11]; BAG, Urteil v. 15.5.2013, 7 AZR 525/11[12]). 7

Grundsätzlich gilt das Gesetz **auch für Berufsausbildungsverhältnisse**[13]. Der deutsche Gesetzgeber hat von der in § 2 Abs. 2a der Rahmenvereinbarung über befristete Arbeitsverträge eingeräumten Möglichkeit, Berufsausbildungsverhältnisse ausdrücklich vom Anwendungsbereich des Gesetzes auszunehmen, keinen Gebrauch gemacht. 8

Hinweis

Zu beachten ist allerdings, dass nach § 10 Abs. 2 BBiG die für Arbeitsverträge geltenden Rechtsvorschriften auf Ausbildungsverhältnisse nur insoweit anzuwenden sind, als die jeweilige Norm mit dem Wesen und dem Zweck des Berufsausbildungsverhältnisses vereinbar ist. Damit scheidet die Anwendung der Kernvorschrift des

---

10 § 5 Abs. 3 der UNICE-EGB-CEEP Rahmenvereinbarung über Teilzeitarbeit.

11 NZA 2015, S. 46.

12 NZA 2013, S. 1214.

13 A. A. DFL/*Schüren*, 7. Aufl. 2015, § 1 TzBfG, Rz. 7.

Teilzeitrechts, § 8 TzBfG, praktisch aus, da im Vordergrund des Ausbildungsverhältnisses das Erlernen des Berufs in planmäßig, zeitlich und sachlich gegliederter Form steht[14].

Die zulässige Befristung, d. h. die Dauer von Ausbildungsverträgen richtet sich nicht nach dem TzBfG sondern ist von der jeweiligen Ausbildungsordnung festgelegt, (§ 5 Abs. 1 Nr. 2 BBiG). Der Ausbildende hat nach § 14 Abs. 1 Nr. 1 BBiG dafür zu sorgen, dass das Ausbildungsziel in der vorgesehenen Ausbildungszeit erreicht werden kann[15].

9 In Bezug auf befristete Arbeitsverträge kommt es für die Anwendung des Gesetzes auf das Arbeitszeitvolumen nicht an[16].

10 Das Gesetz will das Recht der Teilzeitarbeit und der befristeten Arbeitsverhältnisse **nicht abschließend** regeln. Dies ergibt sich aus § 23 TzBfG, wonach besondere Regelungen über Teilzeitarbeit und über die Befristung von Arbeitsverträgen nach anderen gesetzlichen Vorschriften unberührt bleiben.

3. Bedeutung der Zielvorgabe

11 Für den **Bereich der befristeten Arbeitsverträge** beschränkt sich das Gesetz auf die **Nennung seines Zwecks**, nämlich der Festlegung der **Zulässigkeitsvoraussetzungen** und **der Verhinderung der Diskriminierung** befristet beschäftigter Arbeitnehmer. Der Schutz vor Diskriminierung ist Gegenstand der besonderen Regelung in § 4 Abs. 2 TzBfG. Zur Frage, ob der Abschluss befristeter Arbeitsverträge gefördert oder eingeschränkt werden soll, findet sich keine Aussage. Nach der Gesetzesbegründung soll allerdings das unbefristete Arbeitsverhältnis (aus sozialpolitischen Gründen) den „Normalfall der Beschäftigung“ darstellen, was auch in Zukunft so bleiben soll. Dem entspricht die Auffassung der europäischen Sozialpartner, wonach unbefristete Arbeitsverträge „die übliche Form des Beschäftigungsverhältnisses“ seien und zur Lebensqualität der betreffenden Arbeitnehmer und zur Verbesserung ihrer Leistungsfähigkeit beitrügen[17]. Diese Auffassung hat sich der für das Befristungsrecht zuständige 7. Senat des BAG zu eigen gemacht. Unter Hinweis auf die Gesetzesbegründung geht das BAG davon aus, dass nicht der befristete, sondern der **unbefristete Arbeitsvertrag** der sozialpolitisch erwünschte **Normalfall** ist. Demgegenüber stelle bereits **§ 14 Abs. 1 TzBfG** einen **Ausnahmetatbestand** dar. Der Abschluss eines befristeten Arbeitsvertrags sei zwar zulässig, aber grundsätzlich nur mit Sachgrund möglich. Mit der durch **§ 14 Abs. 2 TzBfG** eröffneten sachgrundlosen Befristung habe der Gesetzgeber aus arbeitsmarktpolitischen Gründen einen über § 14 Abs. 1 TzBfG **hinausgehenden weiteren Ausnahmetatbestand** gegenüber

---

[14] Wie hier KR/*Bader*, 11. Aufl. 2016, § 1 TzBfG, Rz. 6; a. A. Laux/Schlachter/*Schlachter*, TzBfG, 2. Aufl. 2011, § 1 TzBfG, Rz. 5l, wonach eine Ausnahme immer dann anzuerkennen sei, wenn die gewünschte Verkürzung dem Ausbildungszweck nicht widerspreche.

[15] Meinel/Heyn/Herms/*Herms*, TzBfG, 5. Aufl. 2009, § 1 TzBfG, Rz. 5; Annuß/Thüsing/*Annuß*, TzBfG, 3. Aufl. 2012, § 1 TzBfG, Rz. 2.

[16] KR/*Bader*, 11. Aufl. 2016, § 1 TzBfG, Rz. 6.

[17] Erwägungsgrund Nr. 6 der Rahmenvereinbarung über befristete Arbeitsverträge.

dem Normalfall eines unbefristeten Arbeitsverhältnisses geschaffen (BAG, Urteil v. 25.3.2009, 7 AZR 710/07[18]).
Daraus ist zu schließen, dass eine Förderung befristeter Arbeitsverhältnisse nicht Ziel des Gesetzes ist[19].

Für den **Bereich der Teilzeitarbeit** ist Ziel des Gesetzes die **Förderung der Teilzeitarbeit** (BAG, Urteil v. 20.1.2015, 9 AZR 735/13[20]). Nach der Gesetzesbegründung[21] soll das Gesetz einen effektiven Beitrag zur Beschäftigungssicherung und zum Beschäftigungsaufbau leisten, die Chancengleichheit zwischen Männern und Frauen und die bessere Vereinbarkeit von Beruf und Familie fördern, sowie die unterschiedlichen Lebensentwürfe der Arbeitnehmer berücksichtigen. Das TzBfG will den Wechsel von einem Vollzeit- in ein Teilzeitarbeitsverhältnis oder umgekehrt erleichtern (BAG, Urteil v. 18.8.2009, 9 AZR 517/08)[22]. Arbeitgeber haben Arbeitnehmern, auch in leitenden Positionen (BAG, Urteil v. 18.8.2009, 9 AZR 517/08[23]), Teilzeitarbeit nach Maßgabe des TzBfG zu ermöglichen (§ 6 TzBfG). Sie sollen dafür sorgen, dass Teilzeitarbeit als Arbeitsform attraktiver wird BAG, Urteil v. 16.9.2008, 9 AZR 781/07[24])[25]. Der **Schutz vor Diskriminierung** ist Gegenstand der besonderen Regelung in § 4 Abs. 1 Satz 5 TzBfG. 12

Ein eigenständiger Regelungsgehalt kommt der Vorschrift nicht zu, insbesondere ist **§ 1 TzBfG keine Anspruchsgrundlage**[26]. Die genannte Zielsetzung für den Bereich der Teilzeitarbeit kann (lediglich) zur (teilzeitfreundlichen) Auslegung der Bestimmungen des Gesetzes, insbesondere von dessen unbestimmten Rechtsbegriffen herangezogen werden. In diesem Zusammenhang sind die in der Gesetzesbegründung genannten Ziele[27], insbesondere die Förderung der **Chancengleichheit von Männern und Frauen** von Bedeutung. Nach Auffassung des für das Teilzeitrecht zuständigen 9. Senats des BAG verlangt der in §§ 1 und 6 TzBfG ausgedrückte Gesetzeszweck der Förderung der Teilzeitarbeit eine möglichst weitgehende Flexibilisierung nicht nur der Dauer, sondern auch der Verteilung der Arbeitszeit (BAG, Urteil v. 16.12.2008, 9 AZR 893/07[28]; BAG, Urteil v. 16.9.2008, 9 AZR 781/07[29]). 13

---

18 NZA 2009, S. 1417.

19 So auch HK-TzBfG/*Boecken*, 2. Aufl. 2010, § 1 TzBfG, Rz. 13; Annuß/Thüsing/*Annuß*, TzBfG, 2. Aufl. 2006, § 1 TzBfG, Rz. 1.

20 NZA 2015, S. 816.

21 BT-Drucks. 14/4374, S. 11.

22 BT-Drucks. 14/4374, S. 11 und 18.

23 NZA 2009, S. 1207.

24 NZA 2008, S. 1285.

25 BT-Drucks. 14/4374, S. 16.

26 KR/*Bader*, 11. Aufl. 2016, § 1 TzBfG, Rz. 1; MünchKomm/*Müller-Glöge*, Bd. 4, 6. Aufl. 2012, § 4 TzBfG, Rz. 2.

27 S. Rz. 4, 5.

28 NZA 2009, S. 565.

29 NZA 2008, S. 1285.

§ 2 Begriff des teilzeitbeschäftigten Arbeitnehmers

(1) [1]Teilzeitbeschäftigt ist ein Arbeitnehmer, dessen regelmäßige Wochenarbeitszeit kürzer ist als die eines vergleichbaren vollzeitbeschäftigten Arbeitnehmers. [2]Ist eine regelmäßige Wochenarbeitszeit nicht vereinbart, so ist ein Arbeitnehmer teilzeitbeschäftigt, wenn seine regelmäßige Arbeitszeit im Durchschnitt eines bis zu einem Jahr reichenden Beschäftigungszeitraums unter der eines vergleichbaren vollzeitbeschäftigten Arbeitnehmers liegt. [3]Vergleichbar ist ein vollzeitbeschäftigter Arbeitnehmer des Betriebes mit derselben Art des Arbeitsverhältnisses und der gleichen oder einer ähnlichen Tätigkeit. [4]Gibt es im Betrieb keinen vergleichbaren vollzeitbeschäftigten Arbeitnehmer, so ist der vergleichbare vollzeitbeschäftigte Arbeitnehmer auf Grund des anwendbaren Tarifvertrages zu bestimmen; in allen anderen Fällen ist darauf abzustellen, wer im jeweiligen Wirtschaftszweig üblicherweise als vergleichbarer vollzeitbeschäftigter Arbeitnehmer anzusehen ist.
(2) Teilzeitbeschäftigt ist auch ein Arbeitnehmer, der eine geringfügige Beschäftigung nach § 8 Abs. 1 Nr. 1 des Vierten Buches Sozialgesetzbuch ausübt.

Übersicht **Rz.**

1. Allgemeines

1 Die Vorschrift des § 2 TzBfG setzt § 3 der Rahmenvereinbarung über Teilzeitarbeit (Richtlinie 97/81/EG) in nationales Recht um. Die Regelung des § 2 knüpft an die bis zum 31.12.2000 geltende Bestimmung des § 2 Abs. 2 BeschFG an. Diese hatte folgenden Wortlaut:

2 *„Teilzeitbeschäftigt sind die Arbeitnehmer, deren regelmäßige Wochenarbeitszeit kürzer ist als die regelmäßige Wochenarbeitszeit vergleichbarer vollzeitbeschäftigter Arbeitnehmer des Betriebs. Ist eine regelmäßige Wochenarbeitszeit nicht vereinbart, so ist die regelmäßige Arbeitszeit maßgeblich, die im Jahresdurchschnitt auf eine Woche entfällt.“*

Im Vergleich zu der ursprünglichen Regelung des Beschäftigungsförderungsgesetzes wird in § 2 TzBfG die Methode der Ermittlung eines vergleichbaren teilzeitbeschäftigten Arbeitnehmers konkretisiert[1]. Dementsprechend wurde die bisherige Definition im Hinblick auf die Vergleichbarkeit um eine abgestufte Regelung für die Fälle ergänzt, dass es im Betrieb keine vergleichbaren typischen Vollzeitbeschäftigten gibt. Damit hat der Gesetzgeber die im Schrifttum als unzulänglich bewertete Definition des früheren § 2 Abs. 2 BeschFG im Wesentlichen bereinigt[2]. 3

2. Bedeutung der Vorschrift

§ 2 TzBfG hat die Funktion, den für das TzBfG geltenden Begriff des teilzeitbeschäftigten Arbeitnehmers einheitlich festzulegen. § 2 definiert demgemäß, ob ein Arbeitnehmer teilzeitbeschäftigt ist oder nicht[3]. Die Gesetzesdefinition steht in unmittelbarem Zusammenhang mit den Vorschriften der §§ 4 Abs. 1, 9 und 10 TzBfG, in denen ausdrücklich der teilzeitbeschäftigte Arbeitnehmer benannt ist. Ein Bezug besteht darüber hinaus aber auch zu den Regelungen in den §§ 6, 7 Abs. 1 und 3 sowie 11 TzBfG, in denen von der Teilzeitarbeit, dem Teilzeitarbeitsplatz bzw. dem Teilzeitarbeitsverhältnis die Rede ist. 4

Im juristischen Schrifttum – eine obergerichtliche Entscheidung liegt insoweit noch nicht vor – besteht Streit über die Frage, ob der entsprechend § 2 TzBfG zu ermittelnde **vergleichbare Vollzeitbeschäftigte** übereinstimmen muss mit dem im Rahmen des Diskriminierungsverbots nach § 4 TzBfG ebenfalls zu ermittelnden vergleichbaren Vollzeitbeschäftigten. 5

Die wohl herrschende Meinung geht davon aus, dass der Begriff des Vollzeitarbeitnehmers in § 2 TzBfG nicht anders bestimmt werden kann, als in § 4 TzBfG[4]. Auch das Bundesarbeitsgericht (BAG) scheint von einem einheitlichen Begriff auszugehen, wenn es vergleichbare vollzeitbeschäftigte Arbeitnehmer i. S. d. § 4 Abs. 1 TzBfG als Arbeitnehmer nach § 2 Abs. 1 Satz 3 TzBfG „mit derselben Art des Arbeitsverhältnisses und der gleichen oder einer ähnlichen Tätigkeit" definiert[5]. 6

Demgegenüber wird die Auffassung vertreten, der Unterscheidung zwischen der abstrakten Vergleichbarkeit zur Feststellung einer Teilzeitbeschäftigung an sich sowie der konkreten Vergleichbarkeit zur Feststellung eines Verstoßes gegen das Diskriminierungsverbot komme entscheidende Bedeutung für das Verständnis der Vorschriften zu[6]. Dieser differenzierenden Auffassung kann nicht zugestimmt werden. Der Gesetzgeber hat in § 2 TzBfG eine Legaldefinition in das Gesetz übernommen, deren Sinn und Zweck es gerade ist, für das gesamte TzBfG einen einheitlichen Begriff des Teilzeitbeschäftigten zu formulieren. Dem Bedürfnis, im Rahmen des Diskriminierungsverbots nach § 4 über die

---

1 Annuß/Thüsing/*Annuß*, TzBfG, 3. Aufl. 2012, § 2 TzBfG, Rz. 1.
2 Meinel/Heyn/Herms/*Herms*, TzBfG, 5. Aufl. 2015, § 2 TzBfG, Rz. 1 m. w. N.
3 Holwe/Kossens/Pielenz/Räder, TzBfG-Basiskommentar, 4. Aufl. 2014, § 2 TzBfG, Rz. 1.
4 Annuß/Thüsing/*Annuß*, TzBfG, 3. Aufl. 2012, § 2 TzBfG, Rz. 4; *Lakies*, NJW 2001, S. 70.
5 BAG, Urteil v. 28.5.2013, 3 AZR 266/11, AP Nr. 17 zu § 1 BetrAVG Teilzeit.
6 Meinel/Heyn/Herms/*Herms*, TzBfG, 5. Aufl. 2015, § 2 TzBfG, Rz. 3.

abstrakte Feststellung eines Teilzeitarbeitsverhältnisses hinaus die konkrete Vergleichbarkeit festzustellen, wird durch das mehrstufige Prüfungsschema in § 2 Abs. 1 Satz 3 und 4 TzBfG hinreichend Rechnung getragen[7]. Korrespondierend hierzu können im Rahmen des § 4 TzBfG die besonderen Umstände des Einzelfalls im Rahmen der sachlichen Rechtfertigung einer Ungleichbehandlung berücksichtigt werden.

3. Erscheinungsformen der Teilzeitarbeit

7 In der betrieblichen Praxis hat sich eine Vielzahl von Erscheinungsformen der Teilzeitarbeit herausgebildet. In der Regel arbeiten Beschäftigte im Rahmen einer täglich gleichmäßig verkürzten Wochenarbeitszeit, bei ungleichmäßig verkürzter Arbeitszeit auf die einzelnen Wochentage sowie tageweise oder wochenweise. Teilzeitarbeit kann auch im Rahmen von Teilzeitschichten erbracht werden, die an die Stelle der Vollzeitschicht treten oder eine solche ergänzen[8]. Die Teilzeitarbeit kann ferner – sofern der betriebliche Personalbedarf es erfordert – auch in einem Abrufarbeitsverhältnis (§ 12 TzBfG) geleistet werden[9]. Ebenso stellt die sog. Arbeitsplatzteilung nach § 13 TzBfG eine besondere Form eines Teilzeitarbeitsmodells dar.

4. Begriff des Teilzeitbeschäftigten (Abs. 1)

8 § 2 Abs. 1 TzBfG definiert den Arbeitnehmer als teilzeitbeschäftigt, dessen regelmäßige Arbeitszeit innerhalb einer Woche oder eines bis zu einem Jahr reichenden Referenzzeitraums unterhalb der eines vergleichbaren vollzeitbeschäftigten Arbeitnehmers liegt.

4.1 Anwendungsbereich

9 Die damalige Legaldefinition des § 2 Abs. 2 BeschFG mit ihrer Vergleichsberechnung gegenüber vollzeitbeschäftigten Arbeitnehmern desselben Betriebs versagte immer dann, sofern alle vergleichbaren Tätigkeiten von Teilzeitbeschäftigten ausgeübt wurden. In diesen Fällen wurde dann auf die allgemein übliche Wochenarbeitszeit abgestellt[10]. Der Gesetzgeber hat dieses Bestimmungsverfahren verfeinert. **Nach § 2 Abs. 1 Satz 3 TzBfG ist zunächst auf den Betrieb abzustellen**. Erst wenn hier kein vollzeitbeschäftigter Arbeitnehmer mit der gleichen Tätigkeit vorhanden ist, kommt es auf die Bestimmung im einschlägigen **Tarifvertrag** und notfalls darauf an, wer im jeweiligen **Wirtschaftszweig** üblicherweise als vergleichbarer vollzeitbeschäftigter Arbeitnehmer angesehen wird[11]. Vergleichbar ist ein vollzeitbeschäftigter Arbeitnehmer des Betriebs, also nicht des Unternehmens oder des Konzerns, mit derselben Art des Arbeitsverhältnisses und der gleichen oder einer ähnlichen Tätigkeit.

---

[7] Annuß/Thüsing/*Annuß*, TzBfG, 3. Aufl. 2012, § 2 TzBfG, Rz. 5.
[8] Vgl. hierzu Boewer, TzBfG, 1. Aufl. 2002, § 2 TzBfG, Rz. 19 ff.
[9] Vgl. hierzu *Reiserer*, NZA-Beil. 2010, S. 39.
[10] Rolfs, TzBfG, 1. Aufl. 2002, § 2 TzBfG, Rz. 3.
[11] *Kliemt*, NZA 2001, S. 63, 64.

Der Begriff des Teilzeitbeschäftigten ist demgemäß allein für **Arbeitnehmer** festgelegt. 10
Die Regelung gilt **nicht für freie Mitarbeiter und sonstige außerhalb von Arbeitsverhältnissen Beschäftigte**.
Des Weiteren bestätigt der Gesetzgeber die auch bislang herrschende Meinung in Rechtsprechung und Literatur, dass das Vorliegen eines Arbeitsverhältnisses nicht davon abhängig ist, in welchem Umfang eine Arbeitsleistung erbracht wird. Überdies kann bei der Subsumtion dahinstehen, inwieweit der Zeitpunkt der Arbeitsleistung im Vorhinein festgelegt ist. Auch die flexible Teilzeitarbeit kann im Rahmen eines Arbeitsverhältnisses erbracht werden. Bei der flexiblen Arbeitszeit muss allein der Umfang der Arbeitsleistung festgelegt sein[12], nicht jedoch die Lage, d. h. die Verteilung der Arbeitszeit[13].

4.2 Regelmäßige betriebliche Wochenarbeitszeit

Wesentliches Element des Teilzeitarbeitsvertrages ist die Vereinbarung einer im Ver- 11
gleich zur Vollzeitarbeit reduzierten Arbeitszeit. Lässt sich den Vereinbarungen der Arbeitsvertragsparteien eine Teilzeitabrede nicht mit hinreichender Deutlichkeit entnehmen, steht der Arbeitnehmer in einem Vollzeitarbeitsverhältnis (BAG, Urteil v. 8.10.2008, 5 AZR 715/07, NZA 2009, S. 920)[14]. Eine Vertragsklausel, die mit 150 Stunden „im monatlichen Durchschnitt" eine Durchschnittsarbeitszeit bestimmt, ohne den für die Ermittlung des Durchschnitts maßgeblichen Zeitraum anzugeben, ist nicht hinreichend klar und verständlich im Sinne von § 307 Abs. 1 Satz 2 BGB und berechtigt den Arbeitnehmer, entsprechend der regelmäßigen (tariflichen) Vollarbeitszeit beschäftigt zu werden (BAG, Urteil v. 19.6.2012, 9 AZR 736/10, AP Nr. 66 zu § 307 BGB)[15].
Die Feststellung, ob ein Arbeitnehmer teilzeitbeschäftigt ist, setzt zunächst an dessen von ihm tatsächlich erbrachter **regelmäßiger wöchentlicher Arbeitszeit** an. Abzustellen ist dabei zunächst auf die **individual- oder tarifvertragliche Abrede**, wobei gelegentliche Überstunden oder eine Kurzarbeit nach §§ 169 ff. SGB III unberücksichtigt bleiben. Erst wenn z. B. die Überstunden regelmäßig erbracht werden und im Ergebnis zu einer Veränderung der regelmäßigen Arbeitszeit führen, sind sie ggf. bei der Bestimmung der vereinbarten Arbeitszeit i. S. v. § 2 TzBfG zu berücksichtigen (vgl. LAG Sachsen, Urteil v. 31.7.2002, 2 Sa 983/01).

Hinweis

Die Tatsache, dass ein Arbeitnehmer vom Arbeitgeber - auch längere Zeit - unter Überschreitung der vertraglich vorgesehenen Arbeitszeit eingesetzt wird, beinhaltet für sich genommen jedoch noch keine einvernehmliche Vertragsänderung. Bei einem

[12] S. Arnold, § 12.
[13] Meinel/Heyn/Herms/*Herms*, TzBfG, 5 Aufl. 2015, § 2 TzBfG, Rz. 5.
[14] So auch *Bruns*, BB 2010, S. 956.
[15] S. *Ebert*, ArbRB 2012, S. 123.

> entsprechenden Arbeitseinsatz handelt es sich um ein tatsächliches Verhalten, dem nicht notwendig ein bestimmter rechtsgeschäftlicher Erklärungswert in Bezug auf den Inhalt des Arbeitsverhältnisses zukommt. Es ist auf die Absprachen abzustellen, die dem erhöhten Arbeitseinsatz zugrunde liegen. Die Annahme einer dauerhaften Vertragsänderung mit einer erhöhten regelmäßigen Arbeitszeit setzt vielmehr die Feststellung entsprechender Erklärungen der Parteien voraus (BAG, Urteil v. 22.4.2009, 5 AZR 133/08[16])[17].

12 Für den Fall, dass ein festes Arbeitsvolumen zwischen den Parteien weder vereinbart noch – bei der Abrufarbeit (§ 12 Abs. 1 Satz 3 TzBfG) – kraft Gesetzes feststellbar ist, muss für die anzustellende Vergleichsberechnung auf die durchschnittliche regelmäßige Arbeitszeit innerhalb eines **„bis zu einem Jahr reichenden" Beschäftigungszeitraums** abgestellt werden. Mit diesem langfristigen Vergleichsmaßstab wird dem Umstand Rechnung getragen, dass insbesondere in saison- oder witterungsabhängigen Branchen gelegentlich flexible Arbeitszeitvereinbarungen mit einem großzügigen Verteilzeitraum anzutreffen sind, die wiederum dem unterschiedlichen jahreszeitlich bedingten Beschäftigungsbedarf entsprechen[18].

13 Im Schrifttum werden zuweilen unterschiedliche Auffassungen über die **Bestimmung des relevanten Jahreszeitraums** vertreten. Der verlängerte Referenzzeitraum, auf den in Ermangelung einer regelmäßigen Wochenarbeitszeit abzustellen ist, muss nach ganz herrschender Auffassung auf maximal 1 Jahr beschränkt sein. Er kann wegen der Formulierung des Gesetzestexts („bis zu …") aber auch kürzer sein, sofern sich innerhalb dieses unterjährigen Zeitraums eine regelmäßige Arbeitszeit feststellen lässt[19]. Nach anderer Auffassung ist indes auf den Zeitraum abzustellen, der aufgrund einer repräsentativen Beurteilung des Arbeitsverhältnisses am besten geeignet erscheint, wobei in Vor- und Rückschau 1 Jahr nicht überschritten werden darf und in Zweifelsfällen auf das Kalenderjahr abzustellen ist[20]. Letztgenannte Auffassung ist abzulehnen, da diese einschränkende Beurteilung keinen Anknüpfungspunkt in der Gesetzesformulierung findet.

4.3 Vergleichbarkeit

14 Das Gesetz gibt zur Bestimmung des vergleichbaren Arbeitnehmers eine **3-stufige Prüfungsreihenfolge** vor, die strikt einzuhalten ist[21].

---

16 NZA 2010, S. 120.

17 So auch LAG Köln, Urteil v. 11.11.2009, 9 Sa 584/09, BB 2010, S. 955.

18 Rolfs, TzBfG, 1. Aufl. 2002, § 2 TzBfG, Rz. 2.

19 Holwe/Kossens/Pielenz/Räder, TzBfG-Basiskommentar, 4. Aufl. 2014, § 2 TzBfG, Rz. 7; Annuß/Thüsing/*Annuß*, TzBfG, 3. Aufl. 2012, § 2 TzBfG, Rz. 3.

20 Ring, TzBfG, 1. Aufl. 2001, § 2 TzBfG, Rz. 5.

21 Sievers, TzBfG, 5. Aufl. 2015, § 2 TzBfG, Rz. 6.

1. Stufe: Betrieb

Im Rahmen des nach Abs. 1 Satz 2 vorzunehmenden Vergleichs ist zunächst auf die **betriebliche Ebene** abzustellen. 15

Dem Gesetz ist es nicht zu entnehmen, was unter **derselben Art des Arbeitsverhältnisses** zu verstehen ist. 16

Nach der Gesetzesbegründung sind **befristete und unbefristete Arbeitsverhältnisse** jedenfalls **nicht artgleich**[22]. Die insoweit zuweilen kritischen Anmerkungen in der Literatur[23] unter Hinweis auf § 3 Abs. 2 Satz 1 TzBfG überzeugen nicht. Bereits das BAG hat deutlich gemacht, dass eine vorübergehende Beschäftigung aufgrund eines befristeten Vertrags nicht als Teilzeitarbeit anzusehen ist (BAG, Urteil v. 6.12.1990, 6 AZR 159/89[24]).

Unbestritten ist jedoch, dass eine Differenzierung zwischen **Arbeitern und Angestellten** in diesem rechtlichen Zusammenhang ohne Relevanz ist.

Ferner sind auch **tarifgebundene und nicht tarifgebundene Arbeitnehmer** nicht ohne Weiteres miteinander vergleichbar (BAG, Urteil v. 14.3.2007, 5 AZR 791/05[25]). Tarifgebundene Arbeitnehmer können durchaus eine andere „Art“ von Arbeitsverhältnis als nicht einem Tarifvertrag unterworfene Arbeitnehmer haben.

Gleiches gilt für vor einem **Betriebsübergang** beschäftigte und **übergegangene Arbeitnehmer**. Aufgrund von § 613a Abs. 1 Satz 2 BGB können in einem Betrieb durchaus Vollzeitarbeitsverhältnisse mit unterschiedlicher Dauer der Arbeitszeit bestehen (BAG, Urteil v. 14.3.2007, 5 AZR 420/06[26]). Der von einem Betriebsübergang betroffene Arbeitnehmer, der vor dem Übergang nach der Art seines Arbeitsverhältnisses stets Vollzeitarbeitnehmer war, bleibt dies auch nach dem Betriebsübergang, insbesondere auch dann, wenn er ein Änderungsangebot des Erwerbers abgelehnt hat[27].

Bei der Prüfung, ob die **Tätigkeit** von 2 Arbeitnehmern **gleich oder ähnlich** ist, muss auf alle sonstigen, für die Tätigkeit charakteristischen Merkmale abgestellt werden. Indizien für die Gleichartigkeit und damit die Vergleichbarkeit von Tätigkeiten sind u. a. die **Gleichartigkeit der Stellen- oder Arbeitsplatzbeschreibung sowie die Eingruppierung in dieselbe tarifvertragliche Vergütungsgruppe**. Die Eingruppierung in unterschiedliche tarifvertragliche Vergütungsgruppen besagt indes nicht zwingend, dass eine Vergleichbarkeit ausscheidet, da andernfalls die unterschiedliche Eingruppierung eine Differenzierung zwischen unterschiedlichen Arbeitnehmergruppen rechtfertigen würde[28]. 17

---

[22] BT-Drucks. 14/4374, S. 15.

[23] Vgl. z. B. Holwe/Kossens/Pielenz/Räder, TzBfG-Basiskommentar, 4. Aufl. 2014, § 2 TzBfG, Rz. 10.

[24] DB 1991, S. 866, 867.

[25] NZA 2007, S. 981, 982.

[26] NZA 2007, S. 862, 865.

[27] LAG Düsseldorf, Urteil v. 24.9.2010, 10 Sa 488/10; LAG Hamm, Urteil v. 26.8.2008, 14 Sa 1761/07, Juris.

[28] Meinel/Heyn/Herms/*Herms*, TzBfG, 5. Aufl. 2015, § 2 TzBfG, Rz. 12 m. w. N.

18 Nach dem Gesetzeswortlaut ist der **Umfang einer Vollzeitbeschäftigung nicht betriebseinheitlich, sondern allein für Gruppen jeweils miteinander vergleichbarer Arbeitnehmer zu ermitteln**. Demzufolge können innerhalb eines Betriebs mit dem Begriff der Vollzeitbeschäftigung verschiedene Arbeitszeitvolumen bezeichnet werden[29]. Indes stellt sich die Frage, ob vor dem Hintergrund des § 23 Abs. 1 Satz 4 KSchG vergleichbare Vollzeitarbeitnehmer mit einem Arbeitszeitvolumen von nicht mehr als 30 Stunden bestehen können[30]. Im berechtigten Interesse eines einheitlichen Begriffs des teilzeitbeschäftigten Arbeitnehmers wird man von einer Vollzeitbeschäftigung unterhalb der 30 Stunden-Grenze nur ausnahmsweise ausgehen können, wenn sie auch von den Tarifvertragsparteien als Regelarbeitszeit anerkannt wird oder dem Bild der Branche entspricht (z. B. bei Reinigungsunternehmen).

2. Stufe: Tarifvertrag

19 Sofern im Betrieb **kein vergleichbarer vollzeitbeschäftigter Arbeitnehmer** vorhanden ist, gilt in einem 2. Schritt zu prüfen, ob ein **anwendbarer Tarifvertrag existiert**. Dies ist der Fall, wenn die Tätigkeit des Arbeitnehmers vom räumlichen, zeitlichen, sachlichen und persönlichen Geltungsbereich eines Tarifvertrags erfasst wird sowie zumindest der Arbeitgeber hinsichtlich dieses Tarifvertrages nach § 3 Abs. 1 TVG tarifgebunden ist[31]. Maßgeblich ist nach § 2 Absatz 1 Satz 4 TzBfG folglich der auf das Arbeitsverhältnis anwendbare Tarifvertrag, in Ermangelung eines solchen der im Wirtschaftszweig übliche Tarifvertrag (LAG Köln, Urteil v. 15.6.2009, 5 Sa 1454/08[32]).

20 Sofern ein **anwendbarer Tarifvertrag nicht existiert**, muss also differenziert werden, ob zwar ein einschlägiger Tarifvertrag existiert, dieser aber mangels Tarifgebundenheit des Arbeitgebers im konkreten Fall nicht anwendbar ist oder ob die Anwendbarkeit bereits daran scheitert, dass für die betreffende Branche überhaupt kein Tarifvertrag vorhanden ist. Im ersten Fall ist auf den hypothetisch anwendbaren, branchenüblichen Tarifvertrag und die darin normierte Regelarbeitszeit für die betreffende oder ähnliche Tätigkeit abzustellen[33].

3. Stufe: Wirtschaftszweig

21 Sofern kein Tarifvertrag besteht, der als Vergleichsmaßstab herhalten könnte, muss darauf abgestellt werden, mit welcher Arbeitszeit ein Arbeitnehmer nach den **in der be-**

---

29 Annuß/Thüsing/*Annuß*, TzBfG, 23 Aufl. 2012, § 2 TzBfG, Rz. 2; LAG Düsseldorf, Urteil v. 24.9.2010, 10 Sa 488/10, Juris.

30 Vgl. hierzu Holwe/Kossens/Pielenz/Räder, TzBfG-Basiskommentar, 4. Aufl. 2014, § 2 TzBfG, Rz. 22.

31 Vgl. hierzu Küttner, Personalbuch 2015, 22. Aufl. 2015, Tarifvertrag, Rz. 5 ff.

32 NZA-RR 2010, S. 174.

33 *Lindemann/Simon*, BB 2001, S. 146; LAG Köln, Urteil v. 15.6.2009, 5 Sa 1454/08, NZA-RR 2010, S. 174.

treffenden Branche herrschenden Anschauungen normalerweise als vollzeitbeschäftigt anzusehen ist[34].

Abschließend ist die regelmäßige Arbeitszeit des Arbeitnehmers, bei dem sich die Frage stellt, ob er nach § 2 teilzeitbeschäftigt ist, der regelmäßigen Arbeitszeit eines vergleichbaren Vollzeitbeschäftigten gegenüberzustellen. Die Gegenüberstellung gestaltet sich möglicherweise dann als schwierig, wenn den jeweiligen regelmäßigen Arbeitszeiten unterschiedliche Bezugszeiträume (Woche, Monat, Jahr) zugrunde liegen. In diesen Fällen ist eine Umrechnung vorzunehmen. Sofern keine tarifvertraglichen Umrechnungsfaktoren existieren, ist die Umrechnung von Woche zu Monat oder umgekehrt mit dem Faktor 4,3 von der Woche auf ein Jahr und umgekehrt mit 52 vorzunehmen[35]. 22

Beispiel

Der Arbeitnehmer A arbeitet unregelmäßig 1.250 Stunden im Jahr. Der vergleichbare Vollzeitarbeitnehmer B arbeitet bei 6 Wochen Urlaub (bezogen auf eine 5-Tage-Woche) 38 Stunden pro Woche.

Ist Herr A als Teilzeitbeschäftigter anzusehen?

1. Schritt:	Ermittlung der Arbeitswochen des Herrn B
	52 ./. 6 (Urlaub) = 46 Wochen
2. Schritt:	Ermittlung der Jahresarbeitsstunden des Herrn B
	46 Wochen á 38 Std. = 1.748 Std.
3. Schritt:	Vergleich der Jahresarbeitsstunden
	Herr A: 1.250 Std.
	Herr B: 1.748 Std.
4. Ergebnis:	Herr A ist als teilzeitbeschäftigt anzusehen.

5. Geringfügig Beschäftigte (Abs. 2)

5.1 Grundlagen

§ 2 Abs. 2 TzBfG stellt klar, dass – entsprechend der Richtlinie 76/207/EWG sowie der einschlägigen Rechtsprechung des Europäischen Gerichtshofs (EuGH)[36] - **auch geringfügig Beschäftigte** i. S. v. § 8 Abs. 1 **Nr. 1** SGB IV **teilzeitbeschäftigte Arbeitnehmer** nach dem TzBfG sind (ArbG Bocholt, Urteil v. 13.6.2003, 4 Ca 1598/02). Die Vorschrift hat demgemäß allein deklaratorische Bedeutung, verfügt indes über **keinen eigenständigen Regelungscharakter**[37]. 23

[34] *Kliemt*, NZA 2001, S. 63, 64.

[35] Holwe/Kossens/Pielenz/Räder, TzBfG-Basiskommentar, 4. Aufl. 2014, § 2 TzBfG, Rz. 29.

[36] Vgl. hierzu Rolfs, TzBfG, 1. Aufl. 2002, § 2 TzBfG, Rz. 4.

[37] Meinel/Heyn/Herms/*Herms*, TzBfG, 5. Aufl. 2015, § 2 TzBfG, Rz. 19.

24 Geringfügige Beschäftigungen existieren seit dem 1.4.2003 in 3 Erscheinungsformen, nämlich als regelmäßige Tätigkeiten gegen geringes Entgelt (§ 8 Abs. 1 Nr. 1 SGB IV, geringfügig entlohnte Beschäftigung), als kurzfristige Tätigkeiten (§ 8 Abs. 1 Nr. 2 SGB IV) und als geringfügige Beschäftigungen in Privathaushalten (§ 8a SGB IV).

5.1.1 Geringfügig entlohnte Beschäftigung (§ 8 Abs. 1 Nr. 1 SGB IV)

25 Die frühere zeitliche Begrenzung auf weniger als 15 Wochenstunden existiert nicht mehr. Die **Entgeltgrenze** beträgt gegenwärtig **monatlich 450 EUR**[38]. Die Entgeltgeringfügigkeit kommt **auch** für solche Personen in Betracht, die einer **berufsmäßigen** und damit regelmäßigen Tätigkeit nachgehen. Dies ist der Fall, wenn eine Beschäftigung ausgeübt wird, die von vornherein auf ständige Wiederholung gerichtet ist und über mehrere Jahre hinweg ausgeübt werden soll.

Zum Arbeitsentgelt zählen hierbei alle laufenden und einmaligen Einnahmen. Einmalzahlungen wie Weihnachts- und Urlaubsgeld sind nicht nur in dem Monat, in dem sie gezahlt werden zu berücksichtigen, sondern sind auf den gesamten Zeitraum, für den sie gewährt werden, umzulegen. Allerdings hat der Gesetzgeber insoweit folgende Korrektur vorgenommen: Beiträge auf Einmalzahlungen (§ 23a SGB IV) wie Weihnachts- oder Urlaubsgeld sind nur noch dann, wenn die Leistungen tatsächlich an den Arbeitnehmer ausgezahlt wurden (§ 22 Abs. 1 Satz 2 SGB IV), zu entrichten.

5.1.2 Kurzfristige Beschäftigung (§ 8 Abs. 1 Nr. 2 SGB IV)

26 Eine solche kurzfristige Beschäftigung liegt dann vor, wenn sie **innerhalb eines Kalenderjahres** (also nicht mehr innerhalb eines Zeit-Jahres) auf **längstens 2 Monate oder 50 Arbeitstage** begrenzt ist und **nicht berufsmäßig** ausgeübt wird. Entgeltgrenzen gibt es hierbei nicht.

Wichtig in diesem Zusammenhang ist die Beachtung des Schriftformerfordernisses für befristete Arbeitsverhältnisse nach § 14 Abs. 4 TzBfG. Demgemäß können Beschäftigungsverhältnisse, die nicht schriftlich vereinbart worden sind, auch nicht geringfügig im Sinne vom § 8 Abs. 1 Nr. 2 SGB IV sein.

27 Die **kurzfristigen Beschäftigungen** nach § 8 Abs. 1 Nr. 2 SGB IV sind in § 2 Abs. 2 TzBfG nicht erwähnt. Sie sind deshalb **keine teilzeitbeschäftigten Arbeitnehmer** i. S. d. TzBfG. Der überwiegende Teil der Kommentatoren erklärt dies mit der Tatsache, dass eine solche Beschäftigung auch in Vollzeit ausgeübt werden kann[39].

28 Weitergehend wird indes vereinzelt auch die Auffassung vertreten, dass die Nichtnennung der Kurzfristbeschäftigten diesen Arbeitnehmern es ebenso verwehrt, sich auf das Diskriminierungsverbot nach § 4 Abs. 2 TzBfG zu berufen[40]. Hierfür spricht die Überlegung, dass die ausdrückliche Ausklammerung der Kurzfristbeschäftigten aus dem Anwendungsbereich des § 2 Abs. 2 TzBfG wenig Sinn machen würde, wenn sie gleichwohl

[38] S. Besgen, B+P 2015, S. 235.

[39] Meinel/Heyn/Herms/*Herms*, TzBfG, 5. Aufl. 2015, § 2 TzBfG, Rz. 20.

[40] *Hanau*, NZA 2001, S. 1168, 1173 ff.

dem Diskriminierungsverbot der Befristungsregelung unterliegen sollten. Die Ausklammerung der kurzzeitig Beschäftigten aus der Teilzeitregelung beruhe - so Hanau - auf der Annahme, dass die begrenzte Natur dieser Beschäftigung eine Ungleichbehandlung rechtfertige und dies nicht weniger unter dem Aspekt der Befristung gelte. Bestätigung finde diese Beurteilung durch die Richtlinie 97/81/EG über die Teilzeitarbeit, auf deren § 2 Nr. 2 die Ausnahmeregelung für kurzzeitige Beschäftigungen beruhe. Dort ist nämlich bestimmt, dass die Mitgliedstaaten aus sachlichen Gründen Teilzeitbeschäftigte, die nur gelegentlich arbeiten, ganz oder teilweise aus dem Geltungsbereich herausnehmen können[41]. Andererseits stehen die Gesetzesmotive der vorstehend skizzierten Auffassung entgegen. Das TzBfG verfolgt die Zielsetzung, Teilzeitarbeit zu fördern, die Zulässigkeit des Abschlusses befristeter Arbeitsverträge zu regeln und die Diskriminierung von teilzeitbeschäftigten und befristet beschäftigten Arbeitnehmern zu verhindern[42]. Diesem Zweck widerspräche es jedoch, wenn der kurzfristig Beschäftigte von dem gesetzlichen Diskriminierungsverbot ausgenommen werden würde. Deshalb bestehen ernste Bedenken, dass die von Hanau vertretene Auffassung sich in der Rechtsprechung durchsetzen wird.

5.1.3 Geringfügige Beschäftigung in Privathaushalten (§ 8a SGB IV)

Auch geringfügig Beschäftigte in Privathaushalten sind in § 2 Abs. 2 TzBfG nicht er- 29
wähnt und deshalb **keine teilzeitbeschäftigten Arbeitnehmer**. Der Vollständigkeit halber sei erwähnt, dass auch die Entgelthöhe bei geringfügig entlohnten Beschäftigungen in Privathaushalten maximal 450 EUR beträgt. Der einzige Unterschied zu sonstigen geringfügig entlohnten Tätigkeiten besteht darin, dass der Pauschalbeitrag zur Kranken- und Rentenversicherung nur jeweils 5 % des Arbeitsentgelts beträgt. Hinzu kommt auch hier die 2 %-ige Pauschalsteuer nach § 40a Abs. 2 EStG. Die Abgabenbelastung dieser Arbeitsverhältnisse wird damit auf insgesamt 12 % reduziert. Diese Privilegierung beschränkt sich lediglich auf solche, wie sie typisch in privaten (Familien-) Haushalten anfallen. Bei kurzfristigen Beschäftigungen gelten auch in Privathaushalten die üblichen Regeln ohne jede Besonderheit.

5.2 Abweichungen

Wegen § 22 Abs. 1 TzBfG kann selbst in Tarifverträgen nicht von § 2 Abs. 2 TzBfG 30
abgewichen werden. Dementsprechend ist z. B. der Ausschluss geringfügig Beschäftigter vom Anwendungsbereich des BAT (ehemals § 3n BAT) inzwischen ersatzlos gestrichen und auch in den TVöD nicht mehr eingefügt worden.

Als einzige Ausnahme wird in der einschlägigen Literatur die betriebliche Altersversorgung anerkannt. Sofern eine Gesamtversorgungszusage die Lücke zwischen Sozialversicherungsrente und einem definierten Versorgungsgrad schließen soll, der geringfügig Beschäftigte indes wegen seiner Versicherungsfreiheit keine Ansprüche auf gesetzliche

[41] *Hanau*, NZA 2001, S. 1169, 1173 f.

[42] BT-Drucksache 14/4374, S. 15.

Altersversorgung zu erwarten hat, wird die Differenzierung ausnahmsweise für sachlich gerechtfertigt erachtet[43].

Diese Auffassung muss angesichts des zunehmenden Einflusses der EU-Richtlinien auf die nationale Rechtsprechung kritisch bewertet werden. Das BAG hatte ursprünglich zwar einleuchtende Gründe für die Ausnahme von geringfügig Beschäftigten von der Zusatzversorgung anerkannt, weil der Ausschluss insbesondere der Ergänzungsfunktion der Zusatzversorgung Rechnung trage. Auch entspreche die Verzahnung mit dem Rentenversicherungsrecht gerade dem Sinn und Zweck des Gesamtversorgungssystems (BAG, Urteil v. 27. 2. 1996, 3 AZR 886/94[44]). Mit Blick auf die geänderte sozialrechtliche Behandlung der geringfügig Beschäftigten nach §§ 8, 8a SGB IV seit dem 1.4.1999 überzeugt die vorstehend skizzierte Rechtfertigung jedoch nicht mehr[45], zumal diese Personengruppe ausdrücklich im TzBfG benannt und als teilzeitbeschäftigte Arbeitnehmer definiert ist.

5.3 Geringfügige Beschäftigung und Mindestlohn

31 Zum 1.1.2015 ist ein allgemeiner, gesetzlicher Mindestlohn eingeführt worden. Der **Mindestlohnanspruch** steht **jedem Arbeitnehmer**, folglich auch geringfügig beschäftigten Arbeitnehmern zu. Dieser beträgt derzeit brutto 8,50 EUR je Zeitstunde (§ 1 Abs. 2 Satz 1 MiLoG). Die Vereinbarung eines Stück- oder Akkordlohns bleibt zulässig. Allerdings muss gewährleistet sein, dass der Mindestlohn pro tatsächlich geleisteter Arbeitsstunde mindestens gezahlt wird. Das gilt auch in den Fällen, in denen keine konkrete Arbeitszeit und/oder ein festes Monatsgehalt vereinbart worden ist. In solchen Fällen ist die Monatsvergütung unter Berücksichtigung der tatsächlichen Arbeitszeit in den effektiven Bruttostundenlohn umzurechnen und darf nicht niedriger sein als der Mindestlohn. Der Arbeitgeber darf ein zusätzliches Urlaubsgeld und eine jährliche Sonderzahlung jedoch nicht auf den gesetzlichen Mindestlohn anrechnen. Eine Änderungskündigung, mit der eine derartige Anrechnung erreicht werden sollte, ist unwirksam[46].

32 Die Mindestlohnregelungen gelten - wie erwähnt - auch für geringfügige Beschäftigungen. Bei diesen Minijobs wird häufig ein **Pauschalbetrag** (seit 1.1.2013 maximal 450 EUR) vereinbart, ohne einen Stundensatz oder eine konkrete Arbeitszeit zu vereinbaren. Bei der **Vereinbarung von 450 EUR** sind unter Beachtung des Mindeststundenlohns von 8,50 EUR **maximal 53 Arbeitsstunden im Monat** geschuldet. Werden mehr Stunden tatsächlich geleistet, sind diese zusätzlich mit dem Mindestlohn zu vergüten.

33 Das Mindestlohngesetz sowie die auf seiner Grundlage erlassenen Verordnungen definieren über die Pflicht zur Zahlung des Mindestlohns weitere Verpflichtungen des Arbeitgebers. Diese sind nicht speziell auf die geringfügige Beschäftigung bezogen und sollen daher nachstehend nur skizziert werden.

---

43 Rolfs, TzBfG, 1. Aufl. 2002, § 2 TzBfG, Rz. 15; *Ackermann*, NZA 2000, S. 465, 466 ff. - jeweils m. w. N.; a. A. ErfK/*Preis*, 16. Aufl. 2016, § 4 TzBfG, Rz. 56; *Thüsing*, ZfA 2000, S. 249, 266.

44 NZA 1996, S. 992.

45 *Ackermann*, NZA 2000, S. 465, 466; vgl. auch BAG, Urteil v. 22.5.2001, 3 AZR 515/00, NZA 2002, S. 54.

46 Vgl. LAG Berlin-Brandenburg, Urteil v. 11.8.2015, 19 Sa 819/15, FD-ArbR 2015, 372818.

Zum einen stipuliert § 17 Abs. 1 Satz 1 MiLoG eine **Dokumentationspflicht** 34

- für alle Arbeitnehmer, die in den in § 2a SchwarzArbG genannten Wirtschaftssektoren (derzeit das Baugewerbe, das Gaststätten- und Beherbergungsgewerbe, das Personenbeförderungsgewerbe, das Speditions-, Transport- und damit verbundenes Logistikgewerbe, das Schaustellergewerbe, die Forstwirtschaft, das Gebäudereinigungsgewerbe, Auf- und Abbau von Messen und Ausstellungen sowie die Fleischwirtschaft und
- alle geringfügig Beschäftigten in sämtlichen Branchen.

Danach sind Beginn, Dauer und Ende der täglichen Arbeitszeit aufzuzeichnen. Die Aufzeichnung muss spätestens bis zum Ablauf des 7. auf den Tag der Arbeitsleistung folgenden Kalendertages erfolgen und mindestens 2 Jahre, beginnend ab dem für die Aufzeichnung maßgeblichen Zeitpunkt, aufbewahrt werden. Zur Art der Aufzeichnung machen das Gesetz sowie seine Begründung keinerlei Vorgaben. Es sind damit weder eine elektronische Arbeitszeiterfassung noch separat geführte schriftliche Unterlagen oder Unterlagen in Dateiform erforderlich. Manuelle Aufzeichnungen reichen aus. Wichtig ist jedoch, dass die **tatsächlich geleistete Ist-Arbeitszeit** erfasst wird. Arbeitszeit ist gem. § 2 Abs. 1 ArbZG die Zeit vom Beginn bis zum Ende der Arbeit ohne die Ruhepausen. Pausenzeiten gehören damit nicht zur Arbeitszeit und müssen herausgerechnet werden. Die konkrete Dauer und Lage der jeweiligen Pausen muss jedoch nicht aufgezeichnet werden[47]. Die Aufzeichnungspflicht kann auf die einzelnen Arbeitnehmer delegiert werden. Unterschriften des Arbeitgebers oder des Arbeitnehmers sind nicht erforderlich. Der Arbeitgeber bleibt aber für die Vollständigkeit und Richtigkeit der Aufzeichnungen verantwortlich und muss diese sicherstellen. Teilweise wird deshalb gefordert, der Arbeitgeber müsse die Aufzeichnungen regelmäßig durch Stichproben überprüfen[48].

Darüber hinaus müssen gem. § 17 Abs. 2 MiLoG die für die Kontrolle der ordnungsge- 35
mäßen Mindestlohnzahlung **erforderlichen Unterlagen** im Inland in deutscher Sprache für die gesamte Dauer der tatsächlichen Beschäftigung der Arbeitnehmer, mindestens für die Dauer der gesamten Werk- oder Dienstleistung, insgesamt jedoch nicht länger als 2 Jahre, **bereitgehalten werden**. Hierzu zählen neben dem Arbeitsvertrag die Dokumente, aus denen sich die wesentlichen Inhalte des Beschäftigungsverhältnisses ergeben (Arbeitszeitnachweise, Lohnabrechnungen und Nachweise über erfolgte Lohnzahlungen)[49].

Die vom BMF erlassende Mindestlohnaufzeichnungsverordnung (MiLoAufzV) **redu-** 36
ziert die Aufzeichnungspflicht auf die Dauer der tatsächlichen täglichen Arbeitszeit, soweit der Mitarbeiter eine „**mobile Tätigkeit**" ausübt. § 1 Abs. 2 MiLoAufzV definiert mobile Tätigkeiten als eine Tätigkeit, die nicht an einen Beschäftigungsort gebunden ist und führt insbesondere Tätigkeiten im Rahmen des Transportgewerbes (z. B. Abfallsammlung, Gütertransport) und der Erbringung von Dienstleistungen (z. B. Zustellung von Briefen, Paketen und Druckerzeugnissen) auf. Demgegenüber werden Tätigkeiten, bei denen sich Beschäftigte zu verschiedenen Objekten begeben müssen, ausdrücklich

[47] Schmitz-Witte/Killian, NZA 2015, S. 415 f.

[48] Maschmann, NZA 2014, S. 929, 936.

[49] Schmitz-Witte/Killian, NZA 2015, S. 415 f.

nicht unter „mobile Tätigkeiten“ im Sinne der Verordnung subsumiert[50]. Die Mindestlohndokumentationspflichten-Verordnung (MiLoDokV) nimmt ferner diejenigen Arbeitnehmer von der Aufzeichnungspflicht aus, deren Verdienst nicht im mindestlohnrelevanten Bereich liegt. Danach besteht bei einem monatlichen Bruttogehalt von 2.958 EUR kein nennenswertes Risiko eines Mindestlohnverstoßes. Die Verordnung ist für geringfügige Beschäftigungen damit ohne praktische Relevanz, da die vorstehend genannte Entgeltgrenze auch für diese Arbeitnehmergruppe gilt. Von der Dokumentationspflicht ist ein „Minijob“ folglich selbst dann nicht ausgenommen, wenn der Mitarbeiter 20 EUR pro Arbeitsstunde, also mehr als den doppelten Mindestlohn, erhalten sollte.

6. Betriebliche Mitbestimmung

37 Die Mitbestimmung des Betriebsrats hinsichtlich der zeitlichen Organisation der Arbeitszeit (vgl. § 87 Abs. 1 Nr. 2, 3 BetrVG) unterscheidet nicht zwischen Voll- und Teilzeitbeschäftigten. Der Unterschied besteht allein in dem Umfang der jeweiligen Arbeitsverpflichtung. Hinsichtlich beider Beschäftigtengruppen besteht kein Mitbestimmungsrecht über die Dauer der vereinbarten oder tariflich festgelegten wöchentlichen oder auf andere Zeiträume fixierten Arbeitszeit (BAG, Beschluss v. 13.10.1987, 1 ABR 10/86[51]).

Das **Mitbestimmungsrecht** bezieht sich vielmehr auf die **Lage der vorgegebenen wöchentlichen Arbeitszeit** und umfasst die Verteilung der Arbeitszeit auf die einzelnen Wochentage einschließlich der Bestimmung arbeitsfreier Tage, ferner auf die Frage, ob an einem Arbeitstag zusammenhängend oder in mehreren Schichten gearbeitet werden soll, schließlich auf die Festlegung der Mindestdauer der täglichen Arbeitszeit im Gegensatz zur mitbestimmungsfreien Dauer der wöchentlichen Arbeitszeit[52]. Das Mitbestimmungsrecht bezieht sich auch auf die Frage, ob Teilzeitbeschäftigte zu festen Zeiten oder nach Bedarf (KAPOVAZ) beschäftigt werden[53]. Für die nach Bedarf beschäftigten Arbeitnehmer können die Betriebspartner den frühesten Beginn und das Ende der täglichen Arbeitszeit festlegen[54].

38 Im Hinblick auf § 8 TzBfG besteht durchaus Konfliktpotential zwischen dem Mitbestimmungsrecht des Betriebsrats und dem Begehren des Arbeitnehmers nach Teilzeitbeschäftigung. Das Recht des Betriebsrats, an der Organisation der Teilzeitarbeit im Betrieb mitzuwirken, wird durch das Individualrecht des Einzelnen jedoch nicht beschränkt. Die Arbeitszeitwünsche des Arbeitnehmers stehen folglich hinter einer betrieblichen Vereinbarung über die Lage der Arbeitszeit zurück[55].

---

50 Kritisch hierzu: Schmitz-Witte/Killian, NZA 2015, S. 416.

51 NZA 1988, S. 251; Haufe, HBVO, § 87 BetrVG, Rz. 63.

52 Haufe, HBVO, § 87 BetrVG, Rz. 59; Fitting, BetrVG, 27. Aufl. 2014, § 87 BetrVG, Rz. 124; Boewer, TzBfG, 1. Aufl. 2002, § 2 TzBfG, Rz. 24 – jeweils m. w. N.

53 S. Arnold, § 12, Rz. 95 ff.

54 Haufe, HBVO, § 87 BetrVG, Rz. 59; Fitting, BetrVG, 257 Aufl. 2014, § 87 BetrVG, Rz. 126.

55 Preis/*Gotthardt*, DB 2001, S. 146, 149; *Rieble/Gutzeit*, NZA 2002, S. 7, 8.

§ 3 Begriff des befristet beschäftigten Arbeitnehmers

(1) [1]Befristet beschäftigt ist ein Arbeitnehmer mit einem auf bestimmte Zeit geschlossenen Arbeitsvertrag. [2]Ein auf bestimmte Zeit geschlossener Arbeitsvertrag (befristeter Arbeitsvertrag) liegt vor, wenn seine Dauer kalendermäßig bestimmt ist (kalendermäßig befristeter Arbeitsvertrag) oder sich aus Art, Zweck oder Beschaffenheit der Arbeitsleistung ergibt (zweckbefristeter Arbeitsvertrag).

(2) [1]Vergleichbar ist ein unbefristet beschäftigter Arbeitnehmer des Betriebes mit der gleichen oder einer ähnlichen Tätigkeit. [2]Gibt es im Betrieb keinen vergleichbaren unbefristet beschäftigten Arbeitnehmer, so ist der vergleichbare unbefristet beschäftigte Arbeitnehmer auf Grund des anwendbaren Tarifvertrages zu bestimmen; in allen anderen Fällen ist darauf abzustellen, wer im jeweiligen Wirtschaftszweig üblicherweise als vergleichbarer unbefristet beschäftigter Arbeitnehmer anzusehen ist.

Übersicht **Rz.**

1. Allgemeines

§ 3 Abs. 1 TzBfG definiert den **befristet beschäftigten Arbeitnehmer** (Satz 1) und den **befristeten Arbeitsvertrag** (Satz 2). Damit bestimmt die Vorschrift zugleich den Anwendungsbereich des befristungsrechtlichen Teils des Gesetzes[1]. 1

[1] BT-Drucks. 14/4374, S. 15.

Nach der Gesetzesbegründung nimmt die Begriffsbestimmung die Definition in § 3 der EGB-UNICE-CEEP-Rahmenvereinbarung über befristete Arbeitsverträge vom 18.3.1999 auf und gestaltet sie in Übereinstimmung mit dem bisher geltenden Recht[2] aus[3]. Allerdings ist die Definition des befristet beschäftigten Arbeitnehmers in § 3 Nr. 1 der Rahmenvereinbarung weiter gefasst als in § 3 Abs. 1 TzBfG. Die Rahmenvereinbarung definiert den befristet beschäftigten Arbeitnehmer als eine Person mit einem direkt zwischen dem Arbeitgeber und dem Arbeitnehmer geschlossenen Arbeitsvertrag oder -verhältnis, dessen Ende durch objektive Bedingungen wie das Erreichen eines bestimmten Datums, die Erfüllung einer bestimmten Aufgabe oder das Eintreten eines bestimmten Ereignisses bestimmt wird. Dies schließt den auflösend bedingt geschlossenen Arbeitsvertrag ein, der beim Eintritt eines zukünftigen Ereignisses endet.
Demgegenüber bezeichnet § 3 Abs. 1 Satz 1 TzBfG den **befristet Beschäftigten** als Arbeitnehmer mit einem auf bestimmte Zeit geschlossenen Arbeitsvertrag, wobei ein auf bestimmte Zeit geschlossener Arbeitsvertrag nach § 3 Abs. 1 Satz 2 TzBfG ein kalendermäßig befristeter oder zweckbefristeter Arbeitsvertrag ist. § 3 Abs. 1 TzBfG erfasst daher die **auflösende Bedingung** nicht. Allerdings erklärt § 21 TzBfG die befristungsrechtlichen Bestimmungen des Gesetzes für auflösend bedingte Arbeitsverträge zum Großteil für entsprechend anwendbar. Damit sind kalendermäßig befristete, zweckbefristete und auflösend bedingte Arbeitsverträge rechtlich weitgehend gleichgestellt.
Dennoch ist die zutreffende Einordnung der konkreten vertraglichen Vereinbarung von Bedeutung, weil einzelne befristungsrechtliche Vorschriften für auflösende Bedingungen nicht gelten (z. B. die Regelungen über sachgrundlose Befristungen in § 14 Abs. 2, Abs. 2a und Abs. 3 TzBfG) oder ausschließlich auf Zeitbefristungen anzuwenden sind (z. B. § 14 Abs. 2 TzBfG und § 14 Abs. 3 TzBfG) oder weil bestimmte Vorschriften nur Zweckbefristungen und auflösende Bedingungen erfassen (z. B. § 15 Abs. 2 TzBfG).

2 § 3 Abs. 2 TzBfG definiert in Anlehnung an § 3 Nr.2 der Rahmenvereinbarung den **vergleichbaren unbefristet beschäftigten Arbeitnehmer**. Die Vorschrift hat Bedeutung für das Diskriminierungsverbot in § 4 Abs. 2 TzBfG[4].

2. Anwendungsbereich

3 Die Vorschrift des § 3 TzBfG und damit der gesamte befristungsrechtliche Teil des Gesetzes erfasst **nur Arbeitsverhältnisse**. Dazu gehören Vertragsverhältnisse mit arbeitnehmerähnlichen Personen (z. B. freien Mitarbeitern) nicht. Für Berufsausbildungsverhältnisse gelten die Bestimmungen des Berufsbildungsgesetzes[5].

4 Aus § 3 Abs. 1 TzBfG ergibt sich, dass die Vorschrift nur die Befristung des gesamten Arbeitsvertrags betrifft, **nicht** die **Befristung einzelner Vertragsbedingungen**. Diese Materie ist im Teilzeit- und Befristungsgesetz nicht geregelt. Die Wirksamkeit der **Befristung einzelner Vertragsbedingungen** richtete sich daher auch nach Verabschiedung

---

[2] § 620 BGB.
[3] BT-Drucks.14/4374, S. 15.
[4] BT-Drucks. 14/4374, S. 15.
[5] ErfK/*Müller-Glöge*, 16. Aufl. 2016, § 3 TzBfG, Rz. 2.

des Teilzeit- und Befristungsgesetzes zunächst nach den von der bisherigen Rechtsprechung dazu entwickelten Grundsätzen (BAG, Urteil v. 14.1.2004, 7 AZR 342/03[6]; BAG, Urteil v. 14.1.2004, 7 AZR 213/03[7]). Seit Inkrafttreten des Schuldrechtsmodernisierungsgesetzes am 1.1.2002, durch das das Recht Allgemeiner Geschäftsbedingungen in das Bürgerliche Gesetzbuch integriert wurde (§§ 305 ff. BGB n. F.) und die bis dahin geltende Bereichsausnahme für Verträge auf dem Gebiet des Arbeitsrechts gestrichen wurde, richtet sich die Kontrolle der Befristung einzelner Vertragsbedingungen nach § 307 Abs.1 BGB (BAG, Urteil v. 27.7.2005, 7 AZR 486/04[8]; BAG, Urteil v. 18.1.2006, 7 AZR 191/05[9]).

3. Befristeter Arbeitsvertrag

Nach § 3 Abs.1 Satz 2 TzBfG liegt ein befristeter Arbeitsvertrag vor, wenn seine Dauer 5
kalendermäßig bestimmt ist (kalendermäßig befristeter Arbeitsvertrag) oder sich aus Art, Zweck oder Beschaffenheit der Arbeitsleistung ergibt (zweckbefristeter Arbeitsvertrag). Das Gesetz unterscheidet daher, ebenso wie die bisherige Rechtsprechung, zwischen der Zeitbefristung und der Zweckbefristung.

3.1 Kalendermäßige Befristung

Eine kalendermäßige Befristung des Arbeitsvertrags liegt vor, wenn sich das Vertrags- 6
ende aus der vertraglichen Vereinbarung mit Hilfe eines Kalenders ermitteln lässt. Dabei kann im Vertrag das Datum des Vertragsendes genannt sein (z. B. 31.12.2015). Es kann auch eine bestimmte Zeitdauer vertraglich festgelegt werden, sofern sich der Zeitpunkt des Vertragsendes daraus zweifelsfrei ergibt (z. B. „6 Wochen ab dem 1.1.2016“ oder „für die Dauer des Oktoberfests“). Lediglich vage Formulierungen (z. B. „für ca. 1 Jahr“) reichen dazu nicht aus[10].

Um eine kalendermäßige Befristung handelt es sich auch bei einer **tariflichen oder ver-** 7
traglichen Altersgrenzenregelung, die die Beendigung des Arbeitsverhältnisses bei Vollendung des 65. Lebensjahres des Arbeitnehmers bzw. dem Erreichen der Regelaltersgrenze oder bei bestimmten Berufsgruppen auch zu einem früheren Zeitpunkt, z. B. bei Flugzeugführern bei Vollendung des 60. Lebensjahres vorsehen (BAG, Urteil v. 14.8.2002, 7 AZR 469/01)[11].

---

6 AP TzBfG § 14 Nr. 8.

7 AP TzBfG § 14 Nr. 10.

8 AP BGB § 307 Nr. 6.

9 S. *Gräfl*, § 14, Rz. 12-22.

10 Annuß/Thüsing/Annuß, TzBfG, 3. Aufl. 2012, § 3 TzBfG, Rz. 3; APS/*Backhaus*, 4. Aufl. 2012, § 3 TzBfG, Rz. 4; KR/*Bader*, 11. Aufl. 2016, § 3 TzBfG, Rz. 19; Dörner, Der befristete Arbeitsvertrag, 2. Aufl. 2011, Rz. 39; Meinel/Heyn/Herms/*Herms*, TzBfG, 5. Aufl. 2015, § 3 TzBfG, Rz. 5; Rolfs, TzBfG, 1. Aufl. 2002, § 3 TzBfG, Rz. 2; Sievers, TzBfG, 5. Aufl. 2015, § 3 TzBfG, Rz. 9.

11 AP BGB § 620 Altersgrenze Nr. 20 unter Aufgabe der bisherigen Rechtsprechung, die Altersgrenzenregelungen als auflösende Bedingungen ansah.

8 Ist das Vertragsende nach der vertraglichen Vereinbarung **nicht zweifelsfrei bestimmbar** und kann die Vereinbarung auch nicht als Zweckbefristung ausgelegt werden, entsteht nach § 16 Satz 1 TzBfG ein unbefristetes Arbeitsverhältnis[12].

9 Ob eine Befristung vereinbart ist oder ob die Parteien einen unbefristeten Arbeitsvertrag abgeschlossen haben, ist durch **Auslegung** der vertraglichen Abreden nach §§ 133, 157 BGB zu ermitteln. Es gibt keine Regel, dass im Zweifel ein unbefristetes Arbeitsverhältnis vereinbart ist[13]. Aus Gründen der Rechtssicherheit und Rechtsklarheit muss eine eindeutige und unmissverständliche Vereinbarung über die Beendigung des Vertrags bei Fristablauf getroffen sein. Etwaige Unklarheiten in AGB gehen zu Lasten des Verwenders, d. h. in der Regel des Arbeitgebers (§ 305c Abs. 2 BGB)[14].

10 Danach liegt z. B. allein in der Vereinbarung einer **Probezeit** in der Regel keine Befristung des Arbeitsvertrags. Eine Probezeit kann auch in einem unbefristeten Arbeitsverhältnis vereinbart werden.

Hinweis

Deshalb muss im Arbeitsvertrag eindeutig und zweifelsfrei zum Ausdruck kommen, wenn der Vertrag nur für die Dauer der Probezeit abgeschlossen wird und danach ohne Weiteres enden soll. Andernfalls handelt es sich um ein unbefristetes Arbeitsverhältnis.

11 Auch wenn vereinbart ist, dass der Arbeitnehmer nur zur **Aushilfe** eingestellt wird, liegt darin allein keine Befristung des Arbeitsvertrags (BAG, Urteil v. 12.6.1996, 5 AZR 960/94[15]).

12 Enthält ein **Formulararbeitsvertrag** neben einer durch Fettdruck und vergrößerte Schrift optisch hervorgehobenen sachgrundlosen Befristung für die Dauer eines Jahres im folgenden Text **ohne besondere Hervorhebung** eine **weitere Befristung zum Ablauf einer 6-monatigen Probezeit**, ist die Befristung zum Ablauf der Probezeit eine überraschende Klausel i. S. v. § 305c Abs. 1 BGB. Die Probezeitbefristung wird daher nicht Vertragsbestandteil und bewirkt nicht die Beendigung des Arbeitsverhältnisses. Zudem verstößt eine solche Klausel gegen das Transparenzgebot (§ 307 Abs. 1 BGB), da sie nicht zweifelsfrei erkennen lässt, zu welchem Zeitpunkt das Arbeitsverhältnis enden soll (BAG, Urteil v. 16.4.2008, 7 AZR 132/07, AP BGB § 305c Nr. 10).

---

[12] KR/*Bader*, 11. Aufl. 2016, § 3 TzBfG, Rz. 19; Dörner, Der befristete Arbeitsvertrag, 2. Aufl. 2011, Rz. 39; Sievers, TzBfG, 5. Aufl. 2015, § 3 TzBfG, Rz. 10.

[13] KR/*Bader*, 11. Aufl. 2016, § 3 TzBfG Rz. 8; Dörner, Der befristete Arbeitsvertrag, 2. Aufl. 2011, Rz. 32; a. A. APS/*Backhaus*, 4. Aufl. 2012, § 3 TzBfG, Rz. 5; HK-TzBfG/*Joussen*, 3. Aufl. 2012, § 3 TzBfG, Rz. 16.

[14] KR/*Bader*, 11. Aufl. 2016, § 3 TzBfG, Rz. 9; ErfK/*Müller-Glöge*, 16. Aufl. 2016, § 3 TzBfG, Rz. 5; Laux/Schlachter/*Laux*, TzBfG, 2. Auf. 2011, § 3 TzBfG, Rz. 6.

[15] AP BGB § 611 Werkstudent Nr. 4.

Wird in einem **Formulararbeitsvertrag** eine Befristungsabrede getroffen, nach der das Arbeitsverhältnis vor Ablauf der vereinbarten kalendermäßigen Befristung durch Eintritt einer **auflösenden Bedingung** enden kann, muss die vorzeitige Beendigungsmöglichkeit im Vertragstext **deutlich hervorgehoben** werden (BAG, Urteil v. 8.8.2007, 7 AZR 605/06, AP TzBfG § 21 Nr. 4). 13

3.2 Zweckbefristung

Bei der Zweckbefristung ergibt sich die Befristung aus Art, Zweck oder Beschaffenheit der Arbeitsleistung. Eine Zweckbefristung liegt vor, wenn die Parteien die Beendigung des Arbeitsverhältnisses vom Eintritt eines künftigen Ereignisses abhängig machen, dessen Eintritt sie für gewiss halten; ungewiss ist nur, zu welchem Zeitpunkt das Ereignis eintreten wird (BAG, Urteil v. 19.1.2005, 7 AZR 250/04[16]). 14

So verhält es sich z. B. bei einer Vereinbarung, wonach der Arbeitnehmer für die Dauer der Spargelernte oder bis zur Wiederaufnahme der Tätigkeit eines erkrankten oder beurlaubten Arbeitnehmers oder bis zum Auslaufen der Förderung und Zuweisung des Arbeitnehmers seitens der Arbeitsverwaltung im Rahmen einer ABM beschäftigt wird (vgl. zu letzterem BAG, Urteil v. 19.1.2005, 7 AZR 250/04[17]).

Eine Zweckbefristung setzt voraus, dass die Parteien den **Zweck des Arbeitsvertrags vereinbart** haben. Dazu ist eine **eindeutige und zweifelsfreie Einigung** erforderlich, dass das Arbeitsverhältnis bei Zweckerreichung ohne Weiteres enden soll. Die Beendigung des Arbeitsverhältnisses bei Zweckerreichung muss Vertragsinhalt geworden sein. Dazu reicht eine bloße auf einem vorübergehenden Mehrbedarf an Arbeitskräften beruhende Motivation des Arbeitgebers zum Abschluss des Arbeitsvertrags nicht aus. Auch allein die Zuweisung von Arbeiten, die einem bestimmten Zweck dienen, z. B. einem vorübergehenden Projekt, genügt nicht (BAG, Urteil v. 16.3.2000, 2 AZR 196/99)[18]. Das dürfte sich nach Inkrafttreten des Teilzeit- und Befristungsgesetzes bereits aus dem **Schriftformerfordernis** für die Befristung in § 14 Abs. 4 TzBfG ergeben, das der konkludenten Vereinbarung einer Zweckbefristung entgegensteht[19]. Das Schriftformerfordernis gilt auch für die Zweckbefristung. Deshalb muss der Vertragszweck, aus dem sich 15

[16] AP SGB III § 267 Nr. 1; APS/*Backhaus*, 4. Aufl. 2012, § 3 TzBfG, Rz. 13; KR/*Bader*, 11. Aufl. 2016, § 3 TzBfG, Rz. 22; Dörner, Der befristete Arbeitsvertrag, 2. Aufl. 2011, Rz. 48; Meinel/Heyn/Herms/*Herms*, TzBfG, 5. Aufl. 2015, § 3 TzBfG, Rz. 10; ErfK/*Müller-Glöge*, 16. Aufl. 2016, § 3 TzBfG, Rz. 10; Sievers, TzBfG, 5. Aufl. 2015, § 3 TzBfG, Rz. 11; vgl. zur Rechtslage vor Inkrafttreten des Teilzeit- und Befristungsgesetzes: BAG, Urteil v. 26.3.1986, 7 AZR 599/84, AP BGB § 620 Befristeter Arbeitsvertrag Nr.103; BAG, Urteil v. 24.9.1997, 7 AZR 669/96, AP BGB § 620 Befristeter Arbeitsvertrag Nr. 192; BAG, Urteil v. 16.3.2000, 2 AZR 196/99; BAG, Urteil v. 27.6.2001, 7 AZR 157/00, EzA BGB § 620 Nr.179.

[17] AP SGB III § 267 Nr. 1.

[18] APS/*Backhaus*, 4. Aufl. 2012, § 3 TzBfG, Rz. 15; Dörner, Der befristete Arbeitsvertrag, 2. Aufl. 2011, Rz. 52; Meinel/Heyn/Herms/*Herms*, TzBfG, 5. Aufl. 2015, § 3 TzBfG, Rz. 11; Sievers, TzBfG, 5. Aufl. 2015, § 3 TzBfG, Rz. 13.

[19] KR/*Bader*, 11. Aufl. 2016, § 3 TzBfG, Rz. 25 und 26.

der Beendigungstatbestand ergibt, schriftlich vereinbart sein (BAG, Urteil v. 21.12.2005, 7 AZR 541/04[20]).

16 Voraussetzung für die **Zweckbefristung** ist, dass der Zweck, mit dessen Erreichung das Arbeitsverhältnis enden soll, so genau bezeichnet sein muss, dass hieraus das Ereignis zweifelsfrei feststellbar ist, mit dessen Eintritt das Arbeitsverhältnis enden soll (BAG, Urteil v. 16.3.2000, 2 AZR 196/99; BAG, Urteil v. 21.12.2005, 7 AZR 541/04[21]). Es genügt nicht, dass der Vertragszweck nur ganz allgemein und vage bezeichnet ist oder die Zweckerreichung nur im Wege einer wertenden Betrachtung durch den Arbeitgeber festgestellt werden kann. Dies ist z.B. der Fall bei einer Vereinbarung, der Arbeitnehmer werde „für die Dauer des Mehrbedarfs" oder „bis zur Sanierung des Unternehmens" eingestellt[22].

17 Die Wirksamkeit einer Zweckbefristung setzt nicht voraus, dass das künftige Ereignis, bei dessen Eintritt das Arbeitsverhältnis enden soll, in einem überschaubaren Zeitraum eintreten wird[23]. Gegen eine sofortige Beendigung des Arbeitsverhältnisses bei Eintritt des Ereignisses ist der Arbeitnehmer jedenfalls in gewissem Umfang durch § 15 Abs. 2 TzBfG geschützt.

4. Mindest-, Höchst-, Doppelbefristung

4.1 Vereinbarung einer Mindestdauer

18 Treffen die Parteien eine Vereinbarung, wonach das Arbeitsverhältnis **mindestens für einen bestimmten Zeitraum**, z. B. für 6 Monate, bestehen soll, handelt es sich **nicht** um einen **befristeten Arbeitsvertrag**. Dadurch wird vielmehr ein unbefristetes Arbeitsverhältnis begründet, das innerhalb der Mindestzeit nicht ordentlich gekündigt werden kann[24]. Gleiches gilt, wenn vereinbart ist, dass das Arbeitsverhältnis **frühestens zu einem bestimmten Zeitpunkt gekündigt** werden kann oder dass das Arbeitsverhältnis zu einem bestimmten Zeitpunkt endet, wenn zu diesem Zeitpunkt eine Kündigung ausgesprochen wird[25]. In diesen Fällen endet das Arbeitsverhältnis nicht mit Fristablauf, son-

---

20 AP TzBfG § 14 Nr. 18.

21 AP TzBfG § 14 Nr. 18.

22 APS/*Backhaus*, 4. Aufl. 2012, § 3 TzBfG, Rz. 18; KR/*Bader*, 11. Aufl. 2016, § 3 TzBfG, Rz. 27 bis 30; Dörner, Der befristete Arbeitsvertrag, 2. Aufl. 2011, Rz. 52; HK-TzBfG/*Joussen*, 3. Aufl. 2012, § 3 TzBfG, Rz. 15.

23 APS/*Backhaus*, 4. Aufl. 2012, § 3 TzBfG, Rz. 23; KR/*Bader*, 11. Aufl. 2016, § 3 TzBfG, Rz. 31; Dörner, Der befristete Arbeitsvertrag, 2. Aufl. 2011, Rz. 50; HK-TzBfG/*Joussen*, 3. Aufl. 2012, § 3 TzBfG, Rz. 14; Laux, Schlachter/Laux, TzBfG, 2. Aufl. 2011, §3 TzBfG, Rz. 14, a. A. Rolfs, TzBfG, 1. Aufl. 2002, § 3 TzBfG, Rz. 8 bis 10; HWK/*Schmalenberg*, 6. Aufl. 2014, § 3 TzBfG, Rz. 5.

24 Annuß/Thüsing/*Maschmann*, TzBfG, 3. Aufl. 2012, § 3 TzBfG, Rz. 9; APS/*Backhaus*, 4. Aufl. 2012, § 3 TzBfG, Rz. 31; Boewer, TzBfG, 1. Aufl. 2002, § 3 TzBfG, Rz. 19; Sievers, TzBfG, 5. Aufl. 2015, § 3 TzBfG, Rz. 19.

25 KR/*Bader*, 11. Aufl. 2016, § 3 TzBfG, Rz. 36; Dörner, Der befristete Arbeitsvertrag, 2. Aufl. 2011, Rz. 40; ErfK/*Müller-Glöge*, 16. Aufl. 2016, § 3 TzBfG, Rz. 7.

dern nur, wenn eine Kündigung ausgesprochen wird, ansonsten besteht es auf unbestimmte Zeit fort. Auch wenn die Parteien vereinbaren, dass das Arbeitsverhältnis **für eine bestimmte Zeit**, z. B. für 1 Jahr, bestehen soll und es sich **automatisch** um einen weiteren Zeitraum, z. B. um ein weiteres Jahr, **verlängert**, sofern es nicht zuvor gekündigt wird, handelt es sich nicht um einen befristeten Vertrag. Denn das **Arbeitsverhältnis endet** nicht aufgrund der Befristung, sondern nur, **wenn** es **gekündigt** wird[26].

Anders verhält es sich, wenn die Parteien vereinbaren, dass das Arbeitsverhältnis zu einem bestimmten Zeitpunkt enden soll und dass vor Fristablauf über die Fortsetzung des Arbeitsverhältnisses verhandelt werden soll. In diesem Fall liegt ein befristeter Arbeitsvertrag vor[27]. 19

4.2 Vereinbarung einer Höchstdauer

Eine Höchstdauer ist vereinbart, wenn das Arbeitsverhältnis bis zu einem bestimmten Zeitpunkt bestehen soll, aber eine vorherige ordentliche Kündigung möglich ist. Dabei muss die ordentliche Kündigungsmöglichkeit nicht unbedingt ausdrücklich vereinbart sein. Es genügt, wenn sich ein entsprechender Vertragswille der Parteien aus den Umständen ergibt[28]. Das wird zum Teil angenommen bei einer Vereinbarung, wonach das Arbeitsverhältnis „spätestens" zu einem bestimmten Zeitpunkt endet[29]. 20

Hinweis

Im Hinblick auf § 15 Abs. 3 TzBfG empfiehlt es sich jedoch, die ordentliche Kündbarkeit für die Dauer der Vertragslaufzeit ausdrücklich zu vereinbaren.

Bei der Vereinbarung einer Höchstdauer handelt es sich um eine **Befristung** i. S. v. § 3 Abs. 1 TzBfG, denn das Arbeitsverhältnis endet ohne Weiteres aufgrund der Befristung, wenn es nicht bereits zuvor gekündigt wird. 21

4.3 Doppelbefristung

Eine sog. Doppelbefristung ist die **Kombination** von **Zweckbefristung und Zeitbefristung**. Diese Vertragsgestaltung ist in der Praxis häufig anzutreffen in **Vertretungsfällen**, 22

26 Annuß/Thüsing/Annuß, TzBfG, 3. Aufl. 2012, § 3 TzBfG, Rz. 9; KR/*Bader*, 11. Aufl. 2016, § 3 TzBfG, Rz. 37; Boewer, TzBfG, 1. Aufl. 2002, § 3 TzBfG, Rz. 20; Dörner, Der befristete Arbeitsvertrag, 2. Aufl. 2011, Rz. 41; HK-TzBfG/*Joussen*, 3. Aufl. 2012, § 3 TzBfG, Rz. 26; ErfK/*Müller-Glöge*, 16. Aufl. 2016, § 3 TzBfG, Rz. 7.

27 Dörner, Der befristete Arbeitsvertrag, 2. Aufl. 2011, Rz. 42; HK-TzBfG/*Joussen*, 3. Aufl. 2012, § 3 TzBfG, Rz. 26; ErfK/*Müller-Glöge*, 16. Aufl. 2016, § 3 TzBfG, Rz. 7.

28 Dörner, Der befristete Arbeitsvertrag, 2. Aufl. 2011, Rz. 43; Sievers, TzBfG, 5. Aufl. 2015, § 3 TzBfG, Rz. 20; vgl. zur Rechtslage vor Inkrafttreten des Teilzeit- und Befristungsgesetzes: BAG, Urteil v. 19.6.1980, 2 AZR 660/78, AP BGB § 620 Befristeter Arbeitsvertrag Nr. 55; BAG, Urteil v. 7.12.1995, 2 AZR 1049/94.

29 HK-TzBfG/*Joussen*, 3. Aufl. 2012, § 3 TzBfG, Rz. 28; Annuß/Thüsing/Annuß, TzBfG, 3. Aufl. 2012, § 3 TzBfG, Rz. 10.

wobei der Arbeitnehmer eingestellt wird bis zur Wiederaufnahme der Tätigkeit durch den Vertretenen, längstens aber bis zu einem bestimmten Zeitpunkt. Sie enthält 2 Beendigungstatbestände, die auf unterschiedliche Rechtfertigungsgründe gestützt werden können (BAG, Urteil v. 16.7.2008, 7 AZR 322/07).
Ist die Zweckbefristung unzulässig, hat dies auf die Wirksamkeit der Zeitbefristung keinen Einfluss. Dies führt nur dazu, dass das Arbeitsverhältnis nicht mit der Zweckerreichung endet, sondern bis zum Ablauf der kalendermäßig bestimmten Frist fortbesteht (BAG, Urteil v. 13.6.2007, 7 AZR 700/06, AP TzBfG § 14 Nr. 39; BAG Urteil v. 4.5.2011, 7 AZR 252/10).
Die Doppelbefristung war nach der bis zum 31.12.2000 geltenden Rechtslage ohne weiteres möglich (vgl. etwa BAG, Urteil v. 21.4.1993, 7 AZR 388/92[30]; BAG, Urteil v. 15.8.2001, 7 AZR 263/00[31]). Dadurch konnte das Arbeitsverhältnis zu dem zuerst eintretenden Beendigungszeitpunkt beendet werden. Das Arbeitsverhältnis konnte aber auch über diesen Zeitpunkt hinaus bis zum Eintritt des 2. Beendigungstatbestands fortgesetzt werden und endete dann. Durch die Weiterbeschäftigung über den 1. Beendigungszeitpunkt hinaus wurde kein unbefristetes Arbeitsverhältnis nach § 625 BGB fingiert, weil die Rechtsfolge des § 625 BGB vertraglich abdingbar war und die Vereinbarung einer Doppelbefristung als Abbedingungstatbestand angesehen wurde.

23 Nach Inkrafttreten des Teilzeit- und Befristungsgesetzes gilt im Ergebnis nicht anderes. Zwar ist im Gegensatz zur Vorgängerregelung des § 625 BGB die **Rechtsfolge aus** § 15 Abs. 5 TzBfG **nicht abdingbar** (§ 22 Abs. 1 TzBfG). Dies führt jedoch nicht dazu, dass aufgrund einer Weiterbeschäftigung über den 1. Beendigungszeitpunkt hinaus ein unbefristetes Arbeitsverhältnis entsteht, obwohl der 2. Beendigungstatbestand noch nicht eingetreten ist[32]. Denn aus dem **Zweck der Regelung** ergibt sich, dass § 15 Abs. 5 TzBfG im Falle einer wirksam vereinbarten Doppelbefristung bei der Weiterbeschäftigung über den 1. Beendigungszeitpunkt hinaus auf den nur befristeten Fortbestand des Arbeitsverhältnisses bis zum 2. Beendigungstatbestand beschränkt ist[33]. Die Fiktion des § 15 Abs. 5 TzBfG kann daher erst bei einer Weiterbeschäftigung über den 2. Beendigungszeitpunkt hinaus eintreten.

5. Auflösende Bedingung

24 Bei einer auflösenden Bedingung ist die Beendigung des Arbeitsverhältnisses, ebenso wie bei der Zweckbefristung, von dem Eintritt eines zukünftigen Ereignisses abhängig. Der Unterschied zwischen beiden besteht darin, dass die Parteien bei der Zweckbefristung den Eintritt des zukünftigen Ereignisses für gewiss halten, nur der Zeitpunkt, wann es eintreten wird, ist ungewiss, wohingegen bei der **auflösenden Bedingung ungewiss** ist, **ob das Ereignis überhaupt eintreten wird** (BAG, Urteil v. 20.12.1984, 2 AZR

---

[30] AP BGB § 620 Befristeter Arbeitsvertrag Nr. 148.

[31] AP BErzGG § 21 Nr. 5.

[32] A. A. APS/*Backhaus*, 4. Aufl. 2012, § 3 TzBfG, Rz. 30; HK-TzBfG/*Joussen*, 3. Aufl. 2012, § 3 TzBfG, Rz. 32.

[33] BAG, Urteil v. 29.6.2011, 7 AZR 6/10.

3/84[34]; BAG, Urteil v. 14.8.2002, 7 AZR 469/01[35]). Ebenso wie bei der Zweckbefristung muss der **Beendigungstatbestand** der auflösenden Bedingung **eindeutig und zweifelsfrei** vertraglich vereinbart sein[36].

> **Beispiel**
>
> Als auflösende Bedingung sind z. B. tarifliche Vorschriften über die Beendigung des Arbeitsverhältnisses bei Feststellung der Erwerbsminderung durch den zuständigen Rentenversicherungsträger (vgl. etwa § 33 Abs. 2 TVöD; bis 30.9.2005: § 59 BAT) anzusehen[37]. Auch die tariflich vorgesehene Beendigung des Arbeitsverhältnisses im Falle der Feststellung der Fluguntauglichkeit bei fliegerischem Personal ist eine auflösende Bedingung[38].

Es ist grundsätzlich zulässig, eine Zeitbefristung mit einer auflösenden Bedingung zu kombinieren[39]. Dabei darf allerdings, anders als bei der Doppelbefristung, der Sachgrund für die Befristung nicht derselbe sein wie für die auflösende Bedingung[40]. 25

6. Betriebliche Mitbestimmung

6.1 Mitbestimmung des Betriebsrats

Nach § 99 Abs. 1 BetrVG hat der Betriebsrat in Unternehmen mit in der Regel mehr als 20 wahlberechtigten Arbeitnehmern ein Mitbestimmungsrecht bei der Einstellung von Arbeitnehmern. Dieses **Mitbestimmungsrecht** besteht auch **bei der befristeten Einstellung**. Eine Einstellung liegt auch vor, wenn ein befristetes Arbeitsverhältnis verlängert oder in ein unbefristetes Arbeitsverhältnis umgewandelt wird (BAG, Beschluss v. 7.8.1990, 1 ABR 68/89[41]). Der Betriebsrat ist daher bei **wiederholten Befristungen** grundsätzlich stets **erneut** nach § 99 Abs. 1 BetrVG **zu beteiligen.** 26

Ausnahmsweise ist eine erneute Beteiligung nicht erforderlich, wenn der Arbeitnehmer im Anschluss an ein befristetes Probearbeitsverhältnis unbefristet weiterbeschäftigt werden soll und der Arbeitgeber dem Betriebsrat bereits vor Abschluss des befristeten Probearbeitsvertrags mitgeteilt hatte, er beabsichtige, den Arbeitnehmer bei Bewährung im 27

---

34 AP BGB § 620 Bedingung Nr. 9.

35 AP BGB § 620 Altersgrenze Nr. 20.

36 APS/*Backhaus*, 4. Aufl. 2012, § 3 TzBfG, Rz. 27.

37 BAG, Urteil v. 11.3.1998, 7 AZR 101/97, AP BAT § 59 Nr. 8; BAG, Urteil v. 9.8.2000, 7 AZR 214/99, AP BAT § 59 Nr.10; BAG, Urteil v. 3.9.2003, 7 AZR 661/02, AP BAT – O § 59 Nr. 1; BAG, Urteil v. 23.6.2004, 7 AZR 440/03, AP TzBfG § 14 Nr. 5.

38 BAG, Urteil v. 14.5.1987, 2 AZR 374/86, AP TVG § 1 Tarifverträge: Lufthansa Nr. 12.

39 BAG, Urteil v. 4.12.2002, 7 AZR 492/01, AP BGB § 620 Bedingung Nr. 28; BAG, Urteil v. 2.7.2003, 7 AZR 612/02, AP BGB § 620 Bedingung Nr. 29.

40 Dörner, Der befristete Arbeitsvertrag, 2. Aufl. 2011, Rz. 66.

41 AP BetrVG 1972 § 99 Nr. 82.

Anschluss an die Probezeit auf unbestimmte Zeit weiter zu beschäftigen (BAG, Beschluss v. 7.8.1990, 1 ABR 68/89[42]).

28 Der Betriebsrat kann die Zustimmung zur Einstellung des Arbeitnehmers nicht mit der Begründung verweigern, für die Befristung bestehe kein sachlicher Grund.

29 Das **Mitbestimmungsrecht** nach § 99 Abs. 1 BetrVG **betrifft** nur die **Einstellung**, **nicht** den mit dem Arbeitnehmer vereinbarten **Vertragsinhalt**, also etwa die **Befristung** an sich. Ein Zustimmungsverweigerungsrecht des Betriebsrats nach § 99 Abs. 2 Nr. 1 BetrVG besteht daher nur, wenn die Einstellung selbst gegen ein Gesetz verstößt. Es genügt nicht, dass einzelne Vertragsbedingungen nicht rechtmäßig sind (BAG, Beschluss v. 28.6.1994, 1 ABR 59/93[43]; BAG, Beschluss v. 12.11.2002, 1 ABR 1/02[44]).

30 Auch wenn eine dem Schutz des einzustellenden Arbeitnehmers dienende **Tarifnorm** bestimmt, dass der Abschluss eines befristeten Arbeitsvertrags nur zulässig ist, wenn für die Befristung im Zeitpunkt des Vertragsschlusses ein sachlicher oder in der Person des Arbeitnehmers liegender Grund vorliegt, besteht für den Betriebsrat **kein Zustimmungsverweigerungsrecht hinsichtlich der Einstellung**, wenn ein derartiger Grund für die Befristung nicht gegeben ist (BAG, Beschluss v. 28.6.1994, 1 ABR 59/93[45]).

31 Da sich das **Mitbestimmungsrecht** des Betriebsrats nur auf die **Einstellung nicht** jedoch auf die **Befristung** bezieht, führt die Verletzung dieses Mitbestimmungsrechts **nicht** zur **Unwirksamkeit** des mit dem Arbeitnehmer geschlossenen **Arbeitsvertrags** (BAG, Urteil v. 5.4.2001, 2 AZR 580/99[46]) und auch **nicht** zur **Unwirksamkeit** der vertraglich vereinbarten **Befristung** (BAG, Urteil v. 5.5.2004, 7 AZR 629/03).

6.2 Mitbestimmung des Personalrats

32 Die gleichen Grundsätze gelten für die Beteiligung des Personalrats nach dem Bundespersonalvertretungsgesetz und den meisten Personalvertretungsgesetzen der Länder. Diese sehen ebenfalls ein **Mitbestimmungsrecht des Personalrats bei der Einstellung** vor, **nicht** jedoch **bei der Befristung**. Demzufolge führt die **Verletzung** dieses Mitbestimmungsrechts **nicht** zur **Unwirksamkeit** der mit dem Arbeitnehmer vereinbarten **Befristung** (vgl. zu § 75 Abs. 1 Nr. 1 BPersVG: BAG, Urteil v. 29.6.2011, 7 AZR 774/09).

33 Auch wenn in einzelnen Personalvertretungsgesetzen der Länder vorgesehen ist, dass der Personalrat bei Änderungen des Arbeitsvertrags mitzubestimmen hat[47], ergibt sich daraus kein Mitbestimmungsrecht bei der Vereinbarung einer Befristung in einem Anschlussarbeitsvertrag[48].

---

42 AP BetrVG 1972 § 99 Nr. 82.

43 AP BetrVG 1972 § 99 Einstellung Nr. 4.

44 AP BetrVG 1972 § 99 Einstellung Nr. 41.

45 AP BetrVG 1972 § 99 Einstellung Nr. 4.

46 AP BetrVG 1972 § 99 Einstellung Nr. 32.

47 Z. B. in § 87 Abs.1 Nr. 7 HmbPersVG a.F.

48 BAG, Urteil v. 21.2.2001, 7 AZR 200/00, AP BGB § 620 Befristeter Arbeitsvertrag Nr. 226; BAG, Urteil v. 24.10.2001, 7 AZR 686/00, AP BeschFG 1996 § 1 Nr. 11; BAG, Urteil v. 26.6.2002, 7 AZR 92/01; BAG, Urteil v. 4.12.2002, 7 AZR 545/01, AP BeschFG 1996 § 1 Nr. 17.

Nichts anderes gilt, wenn der Personalrat nach einer landespersonalvertretungsrechtlichen Bestimmung[49] bei der **Verlängerung befristeter Arbeitsverhältnisse** mitzubestimmen hat. Dieses Mitbestimmungsrecht bezieht sich nicht auf die Befristung des Arbeitsvertrags, sondern auf die mit der Verlängerung eines befristeten Arbeitsvertrags verbundene Einstellung des Arbeitnehmers. Die Verletzung dieses Mitbestimmungsrechts hat nicht die Unwirksamkeit der im Verlängerungsvertrag vereinbarten Befristung zur Folge (BAG, Urteil v. 5.5.2004, 7 AZR 629/03).

Anders verhält es sich bei den Personalvertretungsgesetzen der Länder **Brandenburg** 34
und **Nordrhein-Westfalen**. Diese regeln, dass der Personalrat bei der **Befristung** von Arbeitsverträgen mitzubestimmen hat[50]. Damit ist das **Mitbestimmungsrecht** des Personalrats nicht auf die tatsächliche Umsetzung der vertraglichen Vereinbarungen beschränkt, sondern es ist in bestimmtem Umfang **auf die inhaltliche Ausgestaltung des Arbeitsvertrags** ausgedehnt[51]. In Nordrhein-Westfalen wurde § 72 Abs. 1 Nr. 1 LPVG zwar zum 17.10.2007 dahingehend geändert, dass das Mitbestimmungsrecht des Personalrats bei der Befristung von Arbeitsverträgen entfiel. Das Mitbestimmungsrecht wurde jedoch durch erneute Gesetzesänderung zum 16.7.2011 wieder eingeführt.

Verletzt der Arbeitgeber **dieses** Mitbestimmungsrecht des Personalrats bei der Befris- 35
tung und schließt er dennoch einen befristeten Arbeitsvertrag mit dem Arbeitnehmer ab, ist die vereinbarte **Befristung unwirksam**. Es entsteht ein unbefristetes Arbeitsverhältnis[52].

Unterliegt die Befristung der Mitbestimmung des Personalrats, muss die **Zustimmung** 36
des Personalrats im **Zeitpunkt des Abschlusses** des befristeten Arbeitsvertrags vorliegen, ansonsten ist die vereinbarte Befristung unwirksam. Eine nachträgliche Zustimmung des Personalrats ändert daran nichts (BAG, Urteil v. 20.2.2002, 7 AZR 707/00[53]).

Hat der Personalrat bei der Befristung mitzubestimmen, muss ihm der Arbeitgeber den 37
Befristungsgrund und die beabsichtigte **Befristungsdauer mitteilen**. Dies ist erforderlich, damit der Personalrat sein Mitbestimmungsrecht ausüben kann. Er soll prüfen können, ob die Befristung wirksam ist; außerdem soll er die Möglichkeit haben, Einfluss darauf zu nehmen, ob im Interesse des Arbeitnehmers von einer Befristung abgesehen und ein unbefristeter Arbeitsvertrag abgeschlossen werden kann (BAG, Urteil v. 8.7.1998, 7 AZR 308/97[54]). Der Arbeitgeber ist allerdings nicht verpflichtet, dem Personalrat unaufgefordert den Sachgrund für die Befristung in allen Einzelheiten darzulegen.

---

[49] Z. B. § 75 Abs. 1 Nr. 3 ThürPersVG.

[50] § 72 Abs. 1 Satz 1 Nr. 1 LPVG NW; § 63 Abs. 1 Nr. 4 LPVG Brandenburg.

[51] BAG, Urteil v. 13.4.1994, 7 AZR 651/93, AP LPVG NW § 72 Nr. 9; BAG, Urteil v. 6.9.1999, 7 AZR 170/98, AP LPVG Brandenburg § 63 Nr. 2; BAG, Urteil v. 20.2.2002, 7 AZR 707/00, AP LPVG NW § 72 Nr. 23.

[52] BAG, Urteil v. 13.4.1994, 7 AZR 651/93, AP LPVG NW § 72 Nr. 9; BAG, Urteil v. 8.7.1998, 7 AZR 308/97, AP LPVG NW § 72 Nr. 18; BAG, Urteil v. 9.6.1999, 7 AZR 170/98, AP LPVG Brandenburg § 63 Nr. 2; BAG, Urteil v. 20.2.2002, 7 AZR 707/00, AP LPVG NW § 72 Nr. 23.

[53] AP LPVG NW § 72 Nr. 23.

[54] AP LPVG NW § 72 Nr. 18.

Er genügt vielmehr seiner **Unterrichtungspflicht**, wenn er dem Personalrat den **Befristungsgrund seiner Art nach** hinreichend deutlich bezeichnet. Es ist dann Sache des Personalrats, weitere Informationen vom Arbeitgeber zu verlangen, wenn er dies für erforderlich hält (BAG, Urteil v. 27.9.2000, 7 AZR 412/99[55]).

38 Die Zustimmung des Personalrats betrifft die ihm mitgeteilten Angaben zur Befristungsdauer und zum Befristungsgrund. Will der Arbeitgeber bei der Gestaltung des Arbeitsvertrags mit dem Arbeitnehmer davon abweichen, z. B. eine kürzere Vertragslaufzeit vereinbaren, muss er den Personalrat, wenn dieser bei der Befristung von Arbeitsverträgen mitzubestimmen hat, erneut beteiligen, andernfalls ist die vereinbarte Befristung unwirksam (BAG, Urteil v. 8.7.1998, 7 AZR 308/97[56]). Der Arbeitgeber kann die Befristung auch nicht auf einen Sachgrund stützen, den er dem Personalrat nicht mitgeteilt hat (BAG, Urteil v. 27.9.2000, 7 AZR 412/99). Auch wenn der Arbeitgeber mit dem Arbeitnehmer **während der Vertragslaufzeit** ein **anderes Aufgabengebiet** und einen **anderen Sachgrund** für die Befristung vereinbart, ohne die Vertragsdauer zu ändern, muss der Personalrat beteiligt werden, ansonsten ist die Befristung unwirksam (BAG, Urteil v. 9.6.1999, 7 AZR 170/98[57]).

7. Vergleichbarer unbefristet beschäftigter Arbeitnehmer

39 § 3 Abs. 2 TzBfG definiert den vergleichbaren unbefristet beschäftigten Arbeitnehmer. In Anlehnung an § 3 Nr. 2 der EGB-UNICE-CEEP-Rahmenvereinbarung über befristete Arbeitsverträge vom 18.3.1999 bestimmt die Vorschrift eine **3-stufige Prüfungsreihenfolge**.

1. Stufe:	Danach ist zunächst auf die vergleichbaren unbefristet beschäftigten Arbeitnehmer des Betriebs abzustellen.
2. Stufe:	Gibt es im Betrieb keinen vergleichbaren unbefristet beschäftigten Arbeitnehmer, ist dieser anhand des im Betrieb anwendbaren Tarifvertrags zu bestimmen.
3. Stufe:	Ist im Betrieb kein Tarifvertrag anwendbar, kommt es darauf an, wer im jeweiligen Wirtschaftszweig üblicherweise als vergleichbarer unbefristet beschäftigter Arbeitnehmer anzusehen ist.

Diese Prüfungsreihenfolge ist zwingend[58].

---

55 AP LPVG Brandenburg § 61 Nr. 1.

56 AP LPVG NW § 72 Nr. 18.

57 AP LPVG Brandenburg § 63 Nr. 2.

58 Annuß/Thüsing/Annuß, TzBfG, 3. Aufl. 2012, § 3 TzBfG, Rz. 11; KR/*Bader*, 11. Aufl. 2016, § 3 TzBfG, Rz. 57; HK-TzBfG/*Joussen*, 3. Aufl. 2012, § 3 Rz. 33; Sievers, TzBfG, 5. Aufl. 2015, § 3 TzBfG, Rz. 23.

7.1 Vergleichbarkeit mit Arbeitnehmern des Betriebs

Nach § 3 Abs. 1 Satz 2 TzBfG ist vergleichbar ein unbefristet beschäftigter Arbeitnehmer 40
des Betriebs mit der **gleichen oder** einer **ähnlichen Tätigkeit**. Die Vorschrift bestimmt einen **tätigkeitsbezogenen Maßstab**. Auf personenbezogene Merkmale, z. B. die Dauer der Betriebszugehörigkeit oder das Lebensalter des Arbeitnehmers, kommt es daher nicht an[59]. Die **Qualifikation und Ausbildung** des Arbeitnehmers sind zwar in § 3 Abs. 2 TzBfG nicht genannt. Diese Gesichtspunkte sind für die Frage der Vergleichbarkeit aber jedenfalls dann **zu berücksichtigen, wenn** sie **für die Tätigkeit erforderlich** sind[60]. Das ergibt sich auch aus § 3 Nr. 2 der bei der Auslegung von § 3 Abs. 2 TzBfG heranzuziehenden Rahmenvereinbarung über befristete Arbeitsverträge vom 18.3.1999, wonach Qualifikationen und Fertigkeiten angemessen zu berücksichtigen sind[61].

7.1.1 Gleiche Tätigkeit

Um gleiche Tätigkeiten handelt es sich bei identischen Tätigkeiten oder bei Tätigkeiten, 41
die sich nach Arbeitsbedingungen, erforderlichen Qualifikationen, Verantwortung und Belastung nur so geringfügig voneinander unterscheiden, dass die **Arbeitnehmer jederzeit und ohne Einarbeitungszeit austauschbar** sind[62]. Sind die Arbeitsplatz- oder Stellenbeschreibungen gleich, ist das ein Indiz für die Gleichheit der Tätigkeit, reicht aber für sich genommen nicht aus.

7.1.2 Ähnliche Tätigkeit

Ähnliche Tätigkeiten sind Tätigkeiten im selben Tätigkeitsbereich, bei denen es aufgrund 42
der Arbeitsinhalte und Arbeitsbedingungen sowie der erforderlichen Qualifikationen **möglich** ist, die mit ihnen befassten **Arbeitnehmer nach kurzer Einarbeitungszeit** (einige Tage) gegeneinander **auszutauschen**[63]. Auf die tarifliche Eingruppierung kommt es nicht entscheidend an[64], denn für die Vergleichbarkeit ist auf die Tätigkeit, nicht auf die

---

59 Sievers, TzBfG, 5. Aufl. 2015, § 3 TzBfG, Rz. 24.

60 KR/*Bader*, 11. Aufl. 2016, § 3 TzBfG, Rz. 57; Sievers, TzBfG, 5. Aufl. 2015, § 3 TzBfG, Rz. 24; wohl auch Annuß/Thüsing/Annuß, TzBfG, 3. Aufl. 2012, § 3, Rz. 13; Meinel/Heyn/Herms/*Herms*, TzBfG, 5. Aufl. 2015, § 3 TzBfG, Rz. 15.

61 HK-TzBfG/*Joussen*, 23 Aufl. 2012, § 3 TzBfG, Rz. 34; Sievers, TzBfG, 5. Aufl. 2015, § 3 TzBfG, Rz. 24.

62 KR/*Bader*, 11. Aufl. 2016, § 3 TzBfG, Rz. 58; HK-TzBfG/*Joussen*, 3. Aufl. 2012, § 3 TzBfG, Rz. 35; Sievers, TzBfG, 5. Aufl. 2015, § 3 TzBfG, Rz. 25; modifizierend Annuß/Thüsing/Annuß, TzBfG, 3. Aufl. 2012, § 3 TzBfG, Rz. 13, der die Ausübung der gleichen Arbeitsvorgänge für erforderlich hält.

63 KR/*Bader*, 11. Aufl. 2015, § 3 TzBfG, Rz. 56; Sievers, TzBfG, 5. Aufl. 2015, § 3 TzBfG, Rz. 26; modifizierend Annuß/Thüsing/Annuß, TzBfG, 3. Aufl. 2012; § 3 TzBfG, Rz. 13, der jederzeitige Austauschbarkeit für erforderlich hält.

64 A. A. Kittner/Däubler/Zwanziger/Däubler/Wroblewski, KSchR, 9. Aufl. 2014, § 3 TzBfG, Rz. 19.

Vergütung abzustellen. Die Eingruppierung in dieselbe Vergütungsgruppe ist nur ein Indiz für die Vergleichbarkeit der Tätigkeiten[65].

7.2 Vergleichbarkeit aufgrund anwendbaren Tarifvertrags

43 Gibt es im Betrieb keine vergleichbaren unbefristet beschäftigten Arbeitnehmer, ist der vergleichbare unbefristet beschäftige Arbeitnehmer aufgrund des anwendbaren Tarifvertrags zu bestimmen. Anwendbar ist der Tarifvertrag, an den der Arbeitgeber gebunden ist[66]. **Fehlt** es an einer **Tarifbindung** des Arbeitgebers, kommt nach dem Zweck der Regelung, die primär auf einen Vergleich auf Betriebsebene abstellt, als anwendbarer Tarifvertrag auch der Tarifvertrag in Betracht, dessen Geltung der Arbeitgeber üblicherweise mit den Arbeitnehmern des Betriebs einzelvertraglich vereinbart[67].

7.3 Vergleichbarkeit nach Üblichkeit im Wirtschaftszweig

44 Ist im Betrieb **kein Tarifvertrag anwendbar**, kommt es darauf an, wer im jeweiligen Wirtschaftszweig üblicherweise als vergleichbarer unbefristet beschäftigter Arbeitnehmer anzusehen ist. Dabei ist zunächst auf den **branchenüblichen Tarifvertrag** abzustellen, der im Betrieb nicht i. S. v. § 3 Abs. 2 Satz 2 1. Halbsatz TzBfG anwendbar ist[68]. Gibt es in der Branche keinen Tarifvertrag, kommt es auf deren **sonstige Gepflogenheiten** an[69].

---

65 HK-TzBfG/*Joussen*, 3. Aufl. 2012, § 3 TzBfG, Rz. 35, 36; Meinel/Heyn/Herms/*Herms*, TzBfG, 5. Aufl. 2015, § 3 TzBfG, Rz. 14; Sievers, TzBfG, 5. Aufl. 2015, § 3 TzBfG, Rz. 27.

66 Annuß/Thüsing/Annuß, TzBfG, 3. Aufl. 2012, § 3 TzBfG, Rz. 14; KR/*Bader*, 11. Aufl. 2016, § 3 TzBfG, Rz. 60; Meinel/Heyn/Herms/*Herms*, TzBfG, 5. Aufl. 2015, § 3 TzBfG, Rz. 18; Sievers, TzBfG, 5. Aufl. 2015, § 3 TzBfG, Rz. 28.

67 KR/*Bader*, 11. Aufl. 2016, § 3 TzBfG, Rz. 60; Sievers, TzBfG, 5. Aufl. 2015, § 3 TzBfG, Rz. 28; HWK/*Schmalenberg*, 6. Aufl. 2014, § 3 TzBfG, Rz. 17; a. A. wohl Annuß/Thüsing/Annuß, TzBfG, 3 Aufl. 2012, § 3 TzBfG, Rz. 14; HK-TzBfG/*Joussen*, 3. Aufl. 2012, § 3 Rz. 38; Meinel/Heyn/Herms/*Herms*, TzBfG, 5. Aufl. 2015, § 3 TzBfG, Rz. 18, die Tarifbindung des Arbeitgebers für erforderlich halten.

68 Annuß/Thüsing/Annuß, TzBfG, 3. Aufl. 2012, § 3 TzBfG Rz. 15; KR/*Bader*, 11. Aufl. 2016, § 3 TzBfG, Rz. 61; Kittner/Däubler/Zwanziger/Däubler/Wroblewski, KSchR, 9. Aufl. 2014, § 3 TzBfG, Rz. 20; Meinel/Heyn/Hems/*Herms*, TzBfG, 5. Aufl. 2015, § 3 TzBfG, Rz. 19; Sievers, TzBfG, 5. Aufl. 2015, § 3 TzBfG, Rz. 29.

69 KR/*Bader*, 11. Aufl. 2016, § 3 TzBfG, Rz. 61: Kittner/Däubler/Zwanziger//Däubler/Wroblewski, KSchR, 9. Aufl. 2014, § 3 TzBfG, Rz. 20.

§ 4 Verbot der Diskriminierung

(1) [1]Ein teilzeitbeschäftigter Arbeitnehmer darf wegen der Teilzeitarbeit nicht schlechter behandelt werden als ein vergleichbarer vollzeitbeschäftigter Arbeitnehmer, es sei denn, dass sachliche Gründe eine unterschiedliche Behandlung rechtfertigen. [2]Einem teilzeitbeschäftigten Arbeitnehmer ist Arbeitsentgelt oder eine andere teilbare geldwerte Leistung mindestens in dem Umfang zu gewähren, der dem Anteil seiner Arbeitszeit an der Arbeitszeit eines vergleichbaren vollzeitbeschäftigten Arbeitnehmers entspricht.

(2) [1]Ein befristet beschäftigter Arbeitnehmer darf wegen der Befristung des Arbeitsvertrages nicht schlechter behandelt werden als ein vergleichbarer unbefristet beschäftigter Arbeitnehmer, es sei denn, dass sachliche Gründe eine unterschiedliche Behandlung rechtfertigen. [2]Einem befristet beschäftigten Arbeitnehmer ist Arbeitsentgelt oder eine andere teilbare geldwerte Leistung, die für einen bestimmten Bemessungszeitraum gewährt wird, mindestens in dem Umfang zu gewähren, der dem Anteil seiner Beschäftigungsdauer am Bemessungszeitraum entspricht. [3]Sind bestimmte Beschäftigungsbedingungen von der Dauer des Bestehens des Arbeitsverhältnisses in demselben Betrieb oder Unternehmen abhängig, so sind für befristet beschäftigte Arbeitnehmer dieselben Zeiten zu berücksichtigen wie für unbefristet beschäftigte Arbeitnehmer, es sei denn, dass eine unterschiedliche Berücksichtigung aus sachlichen Gründen gerechtfertigt ist.

Übersicht **Rz.**

1. Allgemeines

1 Mit der Regelung des § 4 TzBfG hat der Gesetzgeber die Vorgaben der Europäischen Rahmenvereinbarung zur Teilzeitarbeit (Richtlinie 1997/81 EG[1]) und der Europäischen Rahmenvereinbarung über befristete Arbeitsverträge (Richtlinie 1999/70 EG[2]) umgesetzt. Der Text der Richtlinien wird weitgehend übernommen. Der Grundsatz der Nichtdiskriminierung ist ein wesentlicher Grundgedanke der EG-Regelungen. Nach § 1a der Rahmenvereinbarung zur Teilzeitarbeit soll diese die Beseitigung von Diskriminierungen von Teilzeitbeschäftigten sicherstellen und die Qualität der Teilzeitarbeit verbessern. Fast gleichlautend bestimmt § 1a der Rahmenvereinbarung über befristete Arbeitsverträge, dass diese durch Anwendung des Grundsatzes der Nichtdiskriminierung die Qualität befristeter Arbeitsverhältnisse verbessern soll.

2 Nach **§ 4 der Rahmenvereinbarung zur Teilzeitarbeit** dürfen **Teilzeitbeschäftigte** in ihren Beschäftigungsbedingungen nur deswegen, weil sie teilzeitbeschäftigt sind, gegenüber vergleichbaren Vollzeitbeschäftigten **nicht schlechter behandelt** werden, es sei denn, die unterschiedliche Behandlung ist aus sachlichen Gründen gerechtfertigt. Es soll, wo dies angemessen ist, der **Pro-rata-temporis-Grundsatz** gelten. Das bedeutet, dass die Dauer der Arbeitszeit des teilzeitbeschäftigten Arbeitnehmers – Angemessenheit unterstellt – berücksichtigt werden kann. Mit diesen Vorgaben soll ein allgemeiner Rahmen für die Beseitigung der Diskriminierungen von Teilzeitbeschäftigten geschaffen werden (Erwägungsgrund Nr. 11 der EG-Richtlinie zur Teilzeitarbeit).

3 Art. 157 AEUV (früher Art. 141 EG-Vertrag bzw. Art. 119 EWG-Vertrag) verbietet die unmittelbare und die mittelbare **Diskriminierung wegen des Geschlechts**. Der Grundsatz der Gleichbehandlung der Geschlechter und mit ihm das Verbot der unmittelbaren oder mittelbaren Benachteiligung wegen des Geschlechts ist Teil der grundlegenden allgemeinen Rechtsgrundsätze der Gemeinschaft, die vom Europäischen Gerichtshof (EuGH) als bindende Prüfungsmaßstäbe für das hoheitliche Verhalten von Gemeinschaftsorganen entwickelt wurden (vgl. EuGH, Urteil v. 30.4.1996, C-13/94[3]; siehe auch BVerfG, Beschluss v. 9.1.2001, 1 BvR 1036/99). Diese Grundrechtsverbürgungen wurden vom EuGH aus den mitgliedsstaatlichen Verfassungen und der Europäischen Menschenrechtskonvention entwickelt und entfalten als allgemeine Rechtsgrundsätze Geltung als primäres Gemeinschaftsrecht.

Nach der Rechtsprechung des EuGH kann in der Benachteiligung von Teilzeitbeschäftigten eine – **unzulässige – mittelbare Frauendiskriminierung** liegen (so bereits EuGH, Urteil v. 31.3.1981, 96/80[4]§ 1 BetrAVG Gleichbehandlung). Im Jahr 2014 waren mit 11 Mio. doppelt so viele Frauen teilzeitbeschäftigt wie 1991, 57,8 % der Frauen waren teilzeitbeschäftigt (1991: 35 %); bei den Männern spielt Teilzeitarbeit mit 20,1 % eine weitaus geringere Rolle[5]. Der hohe Anteil von Frauen, die Teilzeit arbeiten, führt zu

---

1 ABl. v. 20.01.1998, Nr. L 14/9.

2 ABl. v. 10.07.1999, Nr. L 175/43.

3 Slg. 1996 I, S. 2159, 2165 m. w. N.

4 NJW 1981, S. 2639.

5 IAB-Kurzbericht 4/2015, Frauen und Männer am Arbeitsmarkt.

einer ausgeprägten Arbeitszeitlücke zwischen Frauen und Männern. Vor allem in der Familienphase verfestigen sich die Unterschiede in den geleisteten Arbeitszeiten[6].

Auch die **Richtlinie 76/207/EWG** des Rates vom 9.2.1976 zur Verwirklichung des Grundsatzes der Gleichbehandlung von Männern und Frauen hinsichtlich des Zugangs zur Beschäftigung, zur Berufsausbildung und zum beruflichen Aufstieg sowie in Bezug auf die Arbeitsbedingungen[7] verbietet jede – unmittelbare oder mittelbare – Diskriminierung aufgrund des Geschlechts. 4

Im Verhältnis zu den (sonstigen) Diskriminierungsverboten des Unionsrechts hat **§ 4 TzBfG** den **weiteren Anwendungsbereich.** Die Vorschrift ist nicht auf Fälle der Geschlechtsdiskriminierung beschränkt und erstreckt sich über die Gleichheit beim Arbeitsentgelt hinaus auch auf die Gleichheit der sonstigen Arbeitsbedingungen[8].Deshalb ist nach Auffassung des BAG § 4 Abs. 1 TzBfG gegenüber Art. 157 AEUV vorrangig zu prüfen (BAG, Urteil v. 24.9.2008, 6 AZR 657/07[9]). 5

Nach **§ 4 der Rahmenvereinbarung über befristete Arbeitsverträge** dürfen befristet beschäftigte Arbeitnehmer in ihren Beschäftigungsbedingungen nur deswegen, weil für sie ein befristeter Arbeitsvertrag oder ein befristetes Arbeitsverhältnis gilt, gegenüber vergleichbaren Dauerbeschäftigten nicht schlechter behandelt werden, es sei denn, die unterschiedliche Behandlung ist aus sachlichen Gründen gerechtfertigt. 6

Mit dem Diskriminierungsverbot soll auch einer geschlechtsspezifischen Diskriminierung entgegen gewirkt werden. Nach Erwägungsgrund 9 der Rahmenvereinbarung über befristete Arbeitsverträge sollen mehr als die Hälfte der Arbeitnehmer in befristeten Arbeitsverhältnissen in der Europäischen Union Frauen sein.

§ 4 Abs. 2 TzBfG hat den von der Rahmenrichtlinie vorgegebenen Grundsatz deckungsgleich übernommen. Entsprechend den europäischen Vorgaben wird die Geltung des **Pro-rata-temporis** Grundsatzes klargestellt, d. h. einem befristet Beschäftigten steht Arbeitsentgelt oder eine andere teilbare geldwerte Leistung mindestens anteilmäßig zu, d. h. mindestens in dem Umfang, der dem Anteil seiner Beschäftigungsdauer am Bemessungszeitraum entspricht.

2. Verhältnis zu anderen Diskriminierungsverboten

Allgemeiner Gleichbehandlungsgrundsatz

§ 4 TzBfG **konkretisiert den** von der Rechtsprechung entwickelten **allgemeinen arbeitsrechtlichen Gleichbehandlungsgrundsatz**[10]. Nach ständiger Rechtsprechung des BAG gebietet es dieser Grundsatz dem Arbeitgeber, seine Arbeitnehmer oder Gruppen von Arbeitnehmern gleich zu behandeln, soweit sie sich in gleicher oder vergleichbarer 7

---

6 Wanger in IAB-Kurzbericht 4/2015, 1.

7 ABl. Nr. L 39/40.

8 ErfK/*Preis*, 16. Aufl. 2016, § 4 TzBfG, Rz. 15; Meinel/Heyn/Herms/*Herms*, TzBfG, 5. Aufl. 2015, § 4 TzBfG, Rz. 9.

9 ZTR 2009, S. 66 zur Vorgängerregelung Art. 141 EGV.

10 ErfK/Preis, 16. Aufl. 2016, § 4 TzBfG, Rz. 13; MünchKomm/*Müller-Glöge*, Bd. 4, 6. Aufl. 2012, § 4 TzBfG, Rz. 17.

Lage befinden. **Verboten** ist nicht nur die **willkürliche Schlechterstellung** einzelner Arbeitnehmer innerhalb einer Gruppe, sondern vor allem eine **sachfremde Gruppenbildung** (BAG, Urteil v. 17.11.1998, 1 AZR 147/98[11]). **Sachfremd** ist eine Differenzierung dann, wenn es für sie **keine billigenswerten Gründe** gibt.

> **Hinweis**
>
> Im Bereich der Arbeitsvergütung ist er trotz des Vorrangs der Vertragsfreiheit anwendbar, wenn Arbeitsentgelte durch eine betriebliche Einheitsregelung generell angehoben werden und der Arbeitgeber die Leistungen nach einem bestimmten erkennbaren und generalisierenden Prinzip gewährt, indem er bestimmte Voraussetzungen oder Zwecke festlegt (BAG, Urteil v. 15.7.2009, 5 AZR 486/06[12]).

Liegt ein billigenswerter Grund nicht vor, so kann der übergangene Arbeitnehmer verlangen, nach Maßgabe der allgemeinen Regelung behandelt zu werden; der Arbeitgeber ist verpflichtet, die Regel auf alle Arbeitnehmer anzuwenden und diese entsprechend zu begünstigen. Der benachteiligte Arbeitnehmer hat Anspruch auf die vorenthaltene Leistung (BAG, Urteil v. 14.8.2007, 9 AZR 943/06[13]). Diese Grundsätze gelten auch für Leistungen, die der Arbeitgeber freiwillig gewährt (BAG, Urteil v. 6.12.1995, 10 AZR 198/95[14]).

8 Für die Beurteilung von Schlechterstellungen teilzeitbeschäftigter Arbeitnehmer gegenüber Vollzeitbeschäftigten und von befristet beschäftigten Arbeitnehmern gegenüber unbefristet beschäftigten Arbeitnehmern ist **§ 4 TzBfG** die **speziellere und** damit **vorrangige Regelung**[15].

Allgemeiner Gleichheitssatz (Art. 3 Abs. 1 GG)

9 Das Verbot der schlechteren Behandlung teilzeitbeschäftigter Arbeitnehmer nach § 4 Abs. 1 Satz 1 TzBfG ist ein gesetzlich geregelter Sonderfall des allgemeinen Gleichheitssatzes des Art. 3 Abs. 1 GG (BAG, Urteil v. 24.6.2004, 6 AZR 746/06[16]). § 4 Abs. 1 Satz 1 TzBfG ist deshalb im Lichte des Art. 3 Abs. 1 GG auszulegen (BAG, Urteil v.

---

[11] NZA 1999, S. 606.

[12] NZA 2009, S. 1202.

[13] NZA 2008, S. 99.

[14] NZA 1996, S. 1027, Rz. 27.

[15] Meinel/Heyn/Herms/*Herms*, TzBfG, 5. Aufl. 2015, § 4 TzBfG, Rz. 15; wohl auch Annuß/Thüsing/*Thüsing*, TzBfG, 3. Aufl. 2012, § 4 TzBfG, Rz. 16 „modifizierender Sonderfall des allgemeinen Gleichbehandlungsgrundsatzes" und ErfK/*Preis*, 16. Aufl. 2016, § 4 TzBfG, Rz. 13 „konkretisiert den allgemeinen Gleichbehandlungsgrundsatz".

[16] ZTR 2005, S. 41.

25.4.2007, 6 AZR 746/06[17]). Bejaht man die Anwendung von Art. 3 Abs. 2 GG bei mittelbaren Diskriminierungen[18], kann es in den Fällen zu Überschneidungen kommen, in denen mit der Ungleichbehandlung i. S. v. § 4 TzBfG eine Diskriminierung wegen des Geschlechts einhergeht[19].

Einfachrechtliche arbeitsrechtliche Gleichbehandlungsgebote

Schließlich ist § 4 TzBfG auch im Verhältnis zu den **einfachrechtlichen arbeitsrechtlichen Gleichbehandlungsgeboten** der §§ 611a, 611b, 612 Abs. 3 BGB, § 75 Abs. 1 BetrVG die **speziellere Norm**[20]. 10

§ 4 Abs. 2 TzBfG erfasst aber nicht Arbeitnehmer, die nach dem Ablauf eines befristeten Vertrags in einem unbefristeten (Dauer-) Arbeitsverhältnis stehen (BAG, Urteil v. 19.1.2005, 6 AZR 80/03; BAG, Urteil v. 11.12.2003, 6 AZR 64/03[21]). Insoweit können der Gleichheitssatz von Art. 3 Abs. 1 GG, der arbeitsrechtliche Gleichbehandlungsgrundatz oder die Vorschriften des AGG zum Tragen kommen[22]. 11

3. Diskriminierungsverbot bei Teilzeitbeschäftigten

3.1 Verbot der Schlechterbehandlung

3.1.1 Allgemeiner Grundsatz

Bis zum Inkrafttreten des TzBfG war das Diskriminierungsverbot für Teilzeitbeschäftigte in § 2 Abs. 1 BeschFG geregelt. § 4 Abs. 1 TzBfG verbietet, einen teilzeitbeschäftigten Arbeitnehmer wegen der Teilzeitarbeit schlechter zu behandeln als einen vergleichbaren vollzeitbeschäftigten Arbeitnehmer. Verboten ist also eine **Benachteiligung** des teilzeitbeschäftigten Arbeitnehmers. Demgegenüber untersagte § 2 BeschFG noch die „unterschiedliche" Behandlung. Daraus folgt, dass eine **Bevorzugung** von Teilzeitbeschäftigten **keinen Verstoß** gegen § 4 Abs. 1 TzBfG darstellt. Aus arbeitsmarktpolitischen Gründen wird dies sogar als zulässig angesehen[23]. Allein der Umfang der Arbeits- 12

---

[17] NZA 2007, S. 881.

[18] Dafür ErfK/*Preis*, 16. Aufl. 2016, § 4 TzBfG, Rz. 17 und Sievers, TzBfG, 5. Aufl. 2015, § 4 TzBfG, Rz. 6; dagegen Annuß/Thüsing/*Thüsing*, TzBfG, 3. Aufl. 2012, § 4 TzBfG, Rz. 18; Kittner/Däubler/Zwanziger, KSchR, 9. Aufl. 2014, § 4 TzBfG, Rz. 8a.

[19] Zur möglichen Anwendung von Art. 141 EG (jetzt Art. 157 AEUV) neben § 4 TzBfG HK-TzBfG/*Joussen*, 3. Aufl. 2012, § 4 TzBfG, Rz. 14. Nach MünchKomm/*Müller-Glöge*, Bd. 4, 6. Aufl. 2012, § 4 TzBfG, Rz. 16, sind denkbare Fälle der mittelbaren Diskriminierung anhand des allgemeinen Gleichbehandlungsgrundsatzes bzw. bei kollektivrechtlichen Regelungen anhand des Gleichheitssatzes oder Art. 141 EG (jetzt Art. 157 AEUV) oder dem AGG zu entscheiden.

[20] Meinel/Heyn/Herms/*Herms*, TzBfG, 5. Aufl. 2015, § 4 TzBfG, Rz. 15.

[21] NZA 2004, S. 723.

[22] Vgl. auch BAG, Urteil v. 15.7.2004, 6 AZR 224/03; KR/*Bader*, 11. Aufl. 2016, § 4 TzBfG, Rz. 1 und Rz. 3; HK-TzBfG/*Joussen*, 3. Aufl. 2012, § 4 TzBfG, Rz. 19.

[23] BT-Drucks. 14/4374, S. 27.

zeit ist aber für sich genommen auch bei einer Bevorzugung kein sachliches Differenzierungskriterium[24]. Im Einzelfall könnte eine Bevorzugung deshalb einen Verstoß gegen den allgemeinen Gleichbehandlungsgrundsatz darstellen[25].

Das Diskriminierungsverbot schützt (nur) **Teilzeitarbeitnehmer**. Die diesbezüglichen Voraussetzungen ergeben sich aus § 2 Abs. 1 Satz 1 und 2 TzBfG. Dabei ist es möglich, dass es in einem Unternehmen mehrere Arten von Vollzeitbeschäftigten gibt (BAG, Urteil v. 14.3.2007, 5 AZR 791/05[26]). Das Benachteiligungsverbot gilt - über den Wortlaut hinaus - auch dann, wenn teilzeitbeschäftigte Arbeitnehmer untereinander unterschiedlich behandelt werden, sofern eine Gruppe der teilzeitbeschäftigten Arbeitnehmer wie vollzeitbeschäftigte Arbeitnehmer behandelt und die andere Gruppe der Teilzeitbeschäftigten von einzelnen Leistungen ausgeschlossen wird (BAG, Urteil v. 5.8.2009, 10 AZR 634/08[27]). Die unterschiedliche Behandlung einer Gruppe teilzeitbeschäftigter Arbeitnehmer gegenüber den vollzeitbeschäftigten Arbeitnehmern entfällt nicht dadurch, dass der Arbeitgeber eine andere Gruppe teilzeitbeschäftigter Arbeitnehmer nicht benachteiligt (BAG, Urteil v. 25.4.2007, 6 AZR 746/06[28]; BAG, Urteil v. 24.9.2003, 10 AZR 675/02[29]).

13 Vom allgemeinen Schlechterstellungsverbot erfasst werden **alle Arbeitsbedingungen** mit Ausnahme des Arbeitsentgelts und der sonstigen geldwerten Leistungen.

Beispiel

- Regelungen über die Dauer, Lage und Verteilung der Arbeitszeit; eine ungerechtfertigte Ungleichbehandlung wegen der Teilzeitbeschäftigung läge z. B. vor, wenn bei Teilzeitbeschäftigten mit flexibler Arbeitszeit der Anteil der Kernarbeitszeit im Verhältnis zur Normalarbeitszeit regelmäßig geringer wäre als bei im Rahmen derselben Gleitzeitregelung vollzeitbeschäftigten Arbeitnehmern (BAG, Urteil v. 22.1.2009, 6 AZR 78/0830).

---

24 ErfK/*Preis*, 16. Aufl. 2016, § 4 TzBfG, Rz. 10; HWK/*Schmalenberg*, 6. Aufl. 2014, § 4 TzBfG, Rz. 1.

25 ErfK/*Preis*, 16. Aufl. 2016, § 4 TzBfG, Rz. 10; HK-TzBfG/*Joussen*, 3. Aufl. 2012, § 4 TzBfG, Rz. 19.

26 NZA 2007, S. 981; ErfK/*Preis*, 16. Aufl. 2016, § 4 TzBfG, Rz. 21.

27 ZTR 2009, S. 646. a. A. aber Laux/Schlachter/*Laux*, TzBfG, 2. Aufl. 2011, § 4 TzBfG, Rz. 17, die § 4 Abs. 1 TzBfG aufgrund des Wortlauts nur für die Benachteiligung von Teilzeitbeschäftigten auf Vollzeitbeschäftigte für anwendbar und statt dessen den allgemeinen Gleichbehandlungsgrundsatz für einschlägig hält.

28 NZA 2007, S. 881.

29 NZA 2004, S. 611.

30 ZTR 2009, S. 371.

- Dagegen hat das BAG eine Ungleichbehandlung verneint, wenn Teilzeitbeschäftigte aufgrund eines Schichtplans ebenso häufig zu Wochenenddiensten eingeteilt werden, da dies ausschließlich die Lage der Arbeitszeit beträfe, nicht jedoch deren Dauer (BAG, Urteil v. 1.12.1994, 6 AZR 501/94[31]). Es hat sich in der Entscheidung darauf beschränkt, zu der Frage Stellung zu nehmen, ob eine ungerechtfertigte Diskriminierung eines Teilzeitbeschäftigten vorliegt, wenn ein Teilzeitbeschäftigter an gleich vielen Wochenendtagen herangezogen wird wie ein Vollzeitbeschäftigter. Diese Rechtsprechung hat das BAG in seinem Urteil vom 24.4.1997, 2 AZR 352/96, fortgeführt. Es hat darin klargestellt, dass das gesetzliche Benachteiligungsverbot insbesondere auch für die Möglichkeit der Freizeitgestaltung an Wochenenden gilt, weil die zusammenhängende Freizeit an den Wochentagen Samstag/Sonntag ganz allgemein als erstrebenswert und vorteilhaft angesehen werde. Nach Auffassung des LAG Berlin-Brandenburg (Urteil v. 20.8.2015, 26 Sa 2340/14) ist der – bezogen auf die individuelle Gesamtarbeitszeit – überproportionale Einsatz von Teilzeitbeschäftigten an Wochenenden (im Fall an jeweils 2 Wochenendtagen im Monat mit derselben Stundenzahl wie Vollzeitbeschäftigte) ein Verstoß gegen § 4 Abs. 1 TzBfG.
- die Aufstellung von Urlaubsgrundsätzen,
- die Möglichkeit der Teilnahme an Weiterbildungen sowie sonstigen betrieblichen Aktivitäten[32],
- der Zugang zu betrieblichen Einrichtungen wie z. B. der Kantine oder dem Betriebskindergarten.

Das einheitliche Benachteiligungsverbot des § 4 Abs. 1 TzBfG gilt **auch für tarifvertragliche Regelungen**. Es steht nach § 22 TzBfG nicht zur Disposition der Tarifvertragsparteien (vgl. etwa BAG, Urteil v. 22.10.2008, 10 AZR 734/07[33]). Dies gilt auch dann, wenn tarifliche Bestimmungen zum persönlichen Geltungsbereich eines Tarifvertrags zwischen Teilzeit- und Vollzeitbeschäftigten differenzieren und eine Gruppe vom Geltungsbereich eines Tarifvertrags ausgenommen wird (BAG, Urteil v. 5.8.2009, 10 AZR 634/08[34]). Nach § 22 Abs. 1 TzBfG sind von diesem Gesetz abweichende Vereinbarungen, außer in den dort genannten Ausnahmen, zu denen § 4 nicht gehört, nur zugunsten der Arbeitnehmer möglich (BAG, Urteil v. 24.9.2003, 10 AZR 675/02[35]). 14

[31] NZA 1995, S. 590.

[32] Meinel/Heyn/Herms/*Herms*, TzBfG, 5. Aufl. 2015, § 4 TzBfG, Rz. 18.

[33] AP Nr 31 zu §§ 22, 23 BAT Zuwendungs-TV; MünchKomm/*Müller-Glöge*, Bd. 4, 6. Aufl. 2012, § 4 TzBfG, Rz. 3.

[34] ZTR 2009, S. 646.

[35] NZA 2004, S. 611.

15 Ein Teilzeitbeschäftigter wird gegenüber einem vergleichbaren Vollzeitbeschäftigten in der Regel nicht schlechter behandelt, wenn er zum **Ausgleich des entstandenen Nachteils einen Vorteil erhält** (BAG, Urteil v. 5.8.2009, 10 AZR 634/08[36]). Als etwaige Kompensation kommen aber nur solche Leistungen in Betracht, die in einem sachlichen Zusammenhang zum entstandenen Nachteil stehen. Insoweit greift das BAG auf die von ihm beim Günstigkeitsvergleich von tariflichen und vertraglichen Regelungen nach § 4 Abs. 3 TVG entwickelten Grundsätze zurück (BAG, Urteil v. 24.9.2008, 6 AZR 657/07[37]). Danach ist ein **Sachgruppenvergleich** vorzunehmen, der voraussetzt, dass die zu vergleichenden Regelungen miteinander in einem sachlichen Zusammenhang stehen (BAG, Beschluss v. 20.4.1999, 1 ABR 72/98[38]). Beim Vergleich von unterschiedlichen Leistungen kommt es darauf an, ob diese funktional gleichwertig sind. Ist dies nicht der Fall, ist ein Günstigkeitsvergleich grundsätzlich nicht möglich (BAG, Urteil v. 5.8.2009, 10 AZR 634/08[39]).

3.1.2 Arbeitsentgelt oder andere teilbare geldwerte Leistungen

16 Einem teilzeitbeschäftigten Arbeitnehmer ist Arbeitsentgelt mindestens in dem Umfang zu gewähren, der dem Anteil seiner Arbeitszeit an der Arbeitszeit eines entsprechenden vollzeitbeschäftigten Arbeitnehmers entspricht. Gleiches gilt für andere teilbare geldwerte Leistungen. Der Entgeltbegriff des § 4 Abs. 1 Satz 2 TzBfG ist dabei **weit** zu verstehen[40]. Er umfasst neben dem Grundgehalt z. B. auch die vermögenswirksamen Leistungen, alle Zulagen, Zuwendungen sowie die Gewährung von Rabatten, Freistellungsansprüchen und Nutzung von Sachmitteln (BAG, Urteil v. 24.9.2008, 6 AZR 657/07), Zuschläge für Sonntags-, Feiertags- oder Nachtarbeit, pauschale Vergütungen für Bereitschaftsdienst, aber auch die Möglichkeit der Nutzung eines Firmenwagens oder des Telefons auf Firmenkosten[41].

Auch die **Eingruppierung in verschiedene Vergütungsgruppen** allein aufgrund unterschiedlicher Wochenarbeitszeiten verstößt gegen das Diskriminierungsverbot wegen Teilzeit (BAG, Urteil v. 28.6.2006, 10 ABR 42/05[42]).

---

[36] ZTR 2009, S. 646.

[37] ZTR 2009, S. 66; Vgl. auch Laux/Schlachter/*Laux*, TzBfG, 2. Aufl. 2011, § 4 TzBfG, Rz. 32.

[38] NZA 1999, S. 887.

[39] So auch bereits BAG, Urteil v. 30.3.2004, 1 AZR 85/03, NZA 2004, S. 1183, und BAG, Urteil v. 30.1.2004, 1 AZR 148/03, NZA 2004, S. 667.

[40] Laux/Schlachter/*Laux*, TzBfG, 2. Aufl. 2011, § 4 TzBfG, Rz. 47.

[41] Laux/Schlachter/*Laux*, TzBfG, 2. Aufl. 2011, § 4 TzBfG, Rz. 46; HK-TzBfG/*Joussen*, 3. Aufl. 2012, § 4 TzBfG, Rz. 49.

[42] BB 2006, S. 1913.

Hinweis

Der Gleichbehandlungsgrundsatz kommt nicht zur Anwendung, wenn es sich um individuell vereinbarte Löhne und Gehälter handelt und der Arbeitgeber nur einzelne Arbeitnehmer besser stellt (so bereits BAG, Urteil v. 19.8.1992, 5 AZR 513/91[43]). Für den Bereich der individuellen Entgeltvereinbarungen hat der Grundsatz der **Vertragsfreiheit Vorrang** vor dem Schlechterstellungsverbot und dem Gleichbehandlungsgrundsatz. Voraussetzung für die Anwendbarkeit des Schlechterstellungsverbots ist, dass der Arbeitgeber **Leistungen nach einem bestimmten generalisierenden Prinzip gewährt**. Allein die Begünstigung einzelner Arbeitnehmer erlaubt noch nicht den Schluss, diese Arbeitnehmer bildeten eine Gruppe. Eine Gruppenbildung liegt nur vor, wenn die Besserstellung nach einem oder mehreren Kriterien vorgenommen wird, die bei allen Begünstigten vorliegen. Eine Ungleichbehandlung wegen Teilzeitarbeit liegt vor, wenn die Dauer der Arbeitszeit das Kriterium darstellt, an welches die unterschiedliche Behandlung bei den Arbeitsbedingungen anknüpft (BAG, Urteil v. 16.1.2003, 6 AZR 222/01[44]).

Für Leistungen, die **nicht teilbar** sind, gilt § 4 Abs. 1 TzBfG nicht. Dies betrifft in erster 17
Linie Sachbezüge, z. B. der Zugang zum Betriebskindergarten, das verbilligte Essen in der Betriebskantine oder die Überlassung eines Dienstwagens auch zur Privatnutzung; ebenso die Gewährung eines Darlehens oder besonders günstigen Zinssatzes für ein Darlehen.

Einem Teilzeitbeschäftigten ist insoweit in der Regel **jeweils die gesamte (ungeteilte) Leistung zu gewähren**[45]; dies gilt dann nicht, wenn es einen sachlichen Grund für den vollständigen Ausschluss von der Leistung gibt. Dies wäre zum Beispiel beim verbilligten Kantinenessen möglich, wenn die Teilzeitkraft nicht über die Mittagspause hinaus im Betrieb arbeitet[46]. Dagegen verstößt der Ausschluss einer mit 3/4 der regelmäßigen wöchentlichen Arbeitszeit eines Vollzeitbeschäftigten tätigen Arbeitnehmerin vom Bezug eines jährlich im Voraus gezahlten pauschalen Essensgeldzuschusses gegen § 4 Abs. 1 TzBfG, wenn die Anspruchsvoraussetzungen so gestaltet sind, dass alle diejenigen Beschäftigten einen Zuschuss erhalten, von denen zu erwarten ist, dass sie typischerweise ein Mittagessen während ihrer Arbeitszeit einnehmen, und dies auf die Teilzeitbeschäftigte ebenfalls zutrifft (BAG, Urteil v. 26.9.2001, 10 AZR 714/00[47]). Beim Dienstwagen zur Privatnutzung könnte für einen Ausschluss im Einzelfall auf die Unzumutbarkeit der

---

43 NZA 1993, S. 171.

44 NZA 2003, S. 971.

45 Laux/Schlachter/*Laux*, TzBfG, 2. Aufl. 2011, § 4 TzBfG, Rz. 49.

46 HK-TzBfG/*Joussen*, 3. Aufl. 2012, § 4 TzBfG, Rz. 51; wohl auch Laux/Schlachter/*Laux*, TzBfG, 2. Aufl. 2011, § 4 TzBfG, Rz. 58.

47 ZTR 2002, S. 40 zu § 2 Abs. 1 BeschFG.

entstehenden Kosten abgestellt werden[48]. Außerdem erlaubt es der Gleichbehandlungsgrundsatz, dass der in der vollen Gewährung unteilbarer Leistungen an Teilzeitbeschäftigte eventuell enthaltene „überhöhte" Vergütungssatz anderweitig kompensiert wird[49].

18 Ein nicht begünstigter Arbeitnehmer kann auch aus dem Gleichbehandlungsgrundsatz keinen Anspruch auf Vergütung herleiten, wenn die Anzahl der begünstigten Arbeitnehmer im Verhältnis zur Gesamtzahl der betroffenen Arbeitnehmer sehr gering ist und nicht auf eine entsprechende Gruppenbildung schließen lässt. Denn der **Gleichbehandlungsgrundsatz verbietet nur die willkürliche Schlechterstellung** einzelner Arbeitnehmer aus sachfremden Gründen gegenüber anderen in vergleichbarer Lage befindlichen Arbeitnehmern, er verhindert jedoch nicht die Begünstigung einzelner Arbeitnehmer (BAG, Urteil v. 13.2.2002, 5 AZR 713/00[50]).

19 Eine Gleichbehandlung teilzeitbeschäftigter Arbeitnehmer beim Arbeitsentgelt oder bei anderen teilbaren geldwerten Leistungen nach dem in § 4 Abs. 1 Satz 2 TzBfG gesetzlich normiert sog. Prorata-temporis-Grundsatz schließt von vornherein eine Benachteiligung wegen der Teilzeitarbeit aus (BAG, Urteil v. 18.3.2009, 10 AZR 338/08[51]).

3.2 Kausalität

20 Die Vorschrift untersagt eine **Schlechterstellung wegen der Teilzeitarbeit**. Die notwendige Kausalität zwischen Teilzeitarbeit und Schlechterstellung ist immer dann gegeben, wenn die Dauer der Arbeitszeit das Kriterium darstellt, an welches die unterschiedliche Behandlung bei den Arbeitsbedingungen anknüpft (BAG, Urteil v. 16.1.2003, 6 AZR 222/01[52]; BAG, Urteil v. 15.10.2003, 4 AZR 606/02; BAG, Urteil v. 30.8.1998, 5 AZR 18/07)[53], nicht jedoch dann, wenn andere Umstände, die keinen Bezug zu der Arbeitszeit haben, ausschlaggebend sind[54]. Vollzeit- und Teilzeitkräfte werden daher z. B. ungleich vergütet, wenn für jeweils die gleiche Stundenzahl nicht die gleiche Gesamtvergütung gezahlt wird (BAG, Urteil v. 19.10.2010, 6 AZR 305/09[55]; BAG, Urteil v. 24.9.2008, 6 AZR 657/07[56]).

---

48 Laux/Schlachter/*Laux*, TzBfG, 2. Aufl. 2011, § 4 TzBfG, Rz. 49.

49 So zu Recht MünchKomm/*Müler-Glöge*, Bd. 4, 6. Aufl. 2012, § 4 TzBfG, Rz. 8.

50 NZA 2003, S. 215.

51 ZTR 2009, S. 491; ebenso BAG, Urteil v. 24.9.2008, 10 AZR 634/07, NZA 2008, S. 1422.

52 NZA 2003, S. 971.

53 Vgl. auch BAG, Urteil v. 15.10.2003, 4 AZR 606/02; BAG, Urteil v. 24.9.2003, 10 AZR 675/02; BAG, Urteil v. 16.1.2003, 6 AZR 222/01.

54 ErfK/*Preis*, 16. Aufl. 2016, § 4 TzBfG, Rz. 34; MünchKomm/*Müller-Glöge*, Bd. 4, 6. Aufl. 2012, § 4 TzBfG, Rz. 8.

55 ZTR 2011, S. 29.

56 ZTR 2009, S. 66.

Hinweis

Eine Benachteiligungs- oder Diskriminierungsabsicht des Arbeitgebers ist ebenso wenig erforderlich wie ein Verschulden. Entscheidend ist allein die objektive Benachteiligung[57]. Es handelt sich nicht um einen Schadenersatzanspruch. Der gleichheitswidrig benachteiligte Arbeitnehmer macht einen Erfüllungsanspruch im Sinne des § 612 Abs. 2 BGB geltend (BAG, Urteil v. 28.7.1992, 3 AZR 176/92).

Beispiel

1. Ein Arbeitgeber zahlt das Weihnachtsgeld nur an diejenigen Arbeitnehmer, die dauerhaft bei ihm angestellt sind. Die vorübergehend Beschäftigten schließt er von dieser Leistung aus. Hier erfolgt die Differenzierung aufgrund der fehlenden Bindung des vorübergehend Beschäftigten an den Betrieb. Dies kann sowohl denjenigen Arbeitnehmer treffen, der während seiner Tätigkeit wie ein Vollzeitbeschäftigter arbeitet, als auch denjenigen, der während der gleichen Zeit nur zeitanteilig beschäftigt ist. Die Differenzierung erfolgt augenscheinlich nicht wegen der Teilzeitarbeit, sodass kein Verstoß gegen das Diskriminierungsverbot vorliegt (BAG, Urteil v. 6.12.1990, 6 AZR 159/89[58]).

2. Dem im Anwendungsbereich des BAT verbliebenen teilzeitbeschäftigten Angestellten steht nur der entsprechend seiner Teilzeit nach § 34 Abs. 1 BAT gekürzte ehegattenbezogene Ortszuschlag zu, wenn sein Ehegatte zwar im öffentlichen Dienst steht, aber nicht ortszuschlagsberechtigt im Sinne von § 29 Abschn. B Abs. 5 Satz 1 BAT ist. Die zeitanteilige Kürzung des Ehegattenanteils verstößt nicht gegen das Verbot der Diskriminierung teilzeitbeschäftigter Arbeitnehmer (BAG, Urteil v. 19.10.2010, 6 AZR 305/09[59]).

Beruht die Schlechterstellung nicht kausal auf der Teilzeittätigkeit ist zu prüfen, ob die 21
Benachteiligung eventuell gegen den allgemeinen arbeitsrechtlichen Gleichbehandlungsgrundsatz oder andere, spezielle Gleichbehandlungsgebote verstößt[60].

3.3 Sachlicher Grund

3.3.1 Allgemeines

Die Schlechterstellung von Teilzeitkräften ist zulässig, wenn dafür ein **sachlicher Grund** 22
besteht. Allein das unterschiedliche Arbeitspensum berechtigt nicht zu einer unterschiedlichen Behandlung von Vollzeit- und Teilzeitkräften. Entsprechende Sachgründe müssen

[57] Laux/Schlachter/*Laux*, TzBfG, 2. Aufl. 2010, § 4 TzBfG, Rz. 34; ErfK/*Preis*, 16. Aufl. 2016, § 4 TzBfG, Rz. 37.

[58] NZA 1991, S. 350.

[59] ZTR 2011, S. 29.

[60] MünchKomm/*Müller-Glöge*, Bd. 4, 6. Aufl. 2012, § 4 TzBfG, Rz. 29.

anderer Art sein. Sie können etwa auf **unterschiedlicher Arbeitsbelastung, Qualifikation, Berufserfahrung** oder unterschiedlichen **Anforderungen am Arbeitsplatz** beruhen (BAG, Urteil v. 3.12.2008, 5 AZR 469/07[61]). Maßgeblich ist somit vor allem die Vergleichbarkeit der Tätigkeit. Diese funktionale Sichtweise ist allerdings dann nicht maßgeblich, wenn der Arbeitgeber bei der Leistungserbringung nicht auf die Tätigkeit, sondern auf andere Faktoren - etwa die Betriebszugehörigkeit - abstellt, wenn also die Funktion bzw. die Art und der Inhalt der Tätigkeit für die Leistungserbringung nicht maßgeblich sind (BAG, Urteil v. 28.5.2013, 3 AZR 266/11). Wirkt sie sich im Bereich der **Vergütung** und damit unmittelbar auf das Verhältnis von Leistung und Gegenleistung aus, kommt eine Ungleichbehandlung nur in Betracht, wenn etwa die besonderen Anforderungen oder Erschwernisse, um deren Ausgleich es geht, bei den vergleichbaren Teilzeitkräften selbst anteilig nicht gegeben sind. Der behauptete **Differenzierungsgrund muss objektiv vorhanden sein**. Die bloße Einschätzung des Arbeitgebers, bestimmte Belastungen träten nur bei vollbeschäftigten Arbeitnehmern ein, reicht nicht aus, auch dann nicht, wenn diese Einschätzung vertretbar erscheint.

Ein objektiver die Ungleichbehandlung rechtfertigender Grund liegt auch dann vor, wenn „Gleichbehandlung", also die Gewährung der Vergünstigung auch an die Teilzeitbeschäftigten, zu einer Veränderung des Leistungszwecks, d. h. der Art der Leistung führen würde, wenn also die den Teilzeitbeschäftigten gewährte Vergünstigung in ihrer Art nicht mehr dieselbe wäre wie die den Vollzeitbeschäftigten gewährte (BAG, Urteil v. 26.5.1993, 5 AZR 184/92[62]). Bei der Prüfung der Zulässigkeit einer anteiligen Kürzung kommt es auf den Sinn und Zweck der Leistung an.

23 Die **Darlegungs- und Beweislast** für die Umstände, aus denen sich die Ungleichbehandlung des Teilzeitbeschäftigten ergibt, trifft diesen[63]. Die Beweiserleichterung des § 22 AGG ist nicht entsprechend anwendbar[64]. Dagegen liegt die Darlegungs- und Beweislast für das objektive Vorliegen eines diesen Anforderungen genügenden Sachgrunds beim Arbeitgeber (BAG, Urteil v. 30.9.1998, 5 AZR 18/98[65]).Gibt es eine kollektive Regelung, muss der Arbeitgeber darlegen, wie der begünstigte Personenkreis abgegrenzt wurde und warum der klagende Arbeitnehmer nicht dazu gehört (BAG, Urteil v. 29.9.2004, 5 AZR 43/04[66]). Die Erreichung eines bestimmten Ziels muss subjektiv Motiv des Arbeitgebers für die unterschiedliche Behandlung sein. Wenn dieser einen bestimmten Differenzierungsgrund nicht anführt, kann er zu seinen Gunsten auch nicht berücksichtigt werden[67].

---

[61] ZTR 2009, S. 369; vgl. auch Laux/Schlachter/*Laux*, TzBfG, 2. Aufl. 2011, § 4 TzBfG, Rz. 62.

[62] NZA 1994, S. 413.

[63] ErfK/*Preis*, 16. Aufl. 2016, § 4 TzBfG, Rz. 70.

[64] MünchKomm/*Müller-Glöge*, Bd. 4, 6. Aufl. 2012, § 4 TzBfG, Rz. 50; ErfK/*Preis*, 16. Aufl. 2016, § 4 TzBfG, Rz. 69.

[65] NZA 1999, S. 774.

[66] EzA, § 242 BGB, 2002, Gleichbehandlung Nr 4.

[67] Hierauf weist Laux/Schlachter/*Laux*, TzBfG, 2. Aufl. 2011, § 4 TzBfG, Rz. 65 zu Recht hin.

Ist der Grund für eine Ungleichbehandlung nicht ohne weiteres erkennbar, muss der Arbeitgeber ihn spätestens dann offen legen, wenn ein mutmaßlich benachteiligter Arbeitnehmer Gleichbehandlung verlangt (BAG, Urteil v. 20.7.1993, 3 AZR 52/93[68]).

3.3.2 Gleichbehandlungsgrundsatz und Tarifautonomie

Auch die Tarifvertragsparteien haben die Grundrechte und damit auch den allgemeinen Gleichheitssatz nach Art. 3 Abs. 1 GG prinzipiell zu beachten. Insoweit ist umstritten, worauf sich die (mittelbare oder unmittelbare) Bindung der Tarifpartner an die Grundrechte gründet und ob sich hieraus unterschiedliche Maßstäbe für die richterliche Kontrolle von Tarifverträgen ergeben. Insbesondere ist noch offen, ob und inwieweit sich aus der vom Bundesverfassungsgericht (BVerfG) entwickelten Auffassung vom Schutzauftrag der Grundrechte (vgl. BVerfG, v. 28.5.1993, 2 BvF 2/90, 4/92 und 5/92[69]) generell eine andere und geringere Bindung der Tarifvertragsparteien an die Grundrechte ergibt als für den Staat[70]. 24

Nicht endgültig entschieden ist in dem Zusammenhang ferner, ob die Tarifvertragsparteien wegen ihres insoweit vorrangigen Grundrechts der Koalitionsfreiheit nach Art. 9 Abs. 3 Satz 1 GG in der Ausgestaltung tariflicher Normen bis zur Grenze der Willkür frei sind, wobei diese Grenze erst überschritten sein soll, wenn die von den Tarifpartnern getroffene Differenzierung unter keinem Gesichtspunkt, auch koalitionspolitischer Art, plausibel erklärbar ist (vgl. BAG, Urteil v. 30.8.2000, 4 AZR 563/99[71], unter Hinweis auf die abweichende Auffassung anderer Senate; BAG, Urteil v. 29.8.2001, 4 AZR 352/00[72]; BAG, Urteil. v. 29.11.2001, 4 AZR 762/00[73]). Den Tarifvertragsparteien gebührt eine Einschätzungsprärogative in Bezug auf die tatsächlichen Gegebenheiten und betroffenen Interessen. Sie sind nicht verpflichtet, die jeweils zweckmäßigste, vernünftigste oder gerechteste Lösung zu wählen (BAG, Urteil v. 17.12.2015, 6 AZR 768/14; Urteil v. 28.5.2013, 3 AZR 266/11).

3.3.3 Beispiele

Die Vollzeitarbeit unterscheidet sich von Teilzeitarbeit regelmäßig nur in quantitativer, nicht in qualitativer Hinsicht. Deshalb darf eine geringere Arbeitszeit grundsätzlich nur quantitativ, nicht aber qualitativ anders abgegolten werden als Vollzeitarbeit (BAG, Urteil v. 24.5.2000, 10 AZR 629/99[74]). Denn der Wert der Arbeitsleistung wird in der Regel in der Festlegung der Vergütung ausgedrückt. Aus diesem Grund ist es nicht gerechtfer- 25

[68] NZA 1994, S. 125.
[69] BVerfGE 88, 203 ff.
[70] Vgl. hierzu z. B. HK-TzBfG/*Joussen*, 3. Aufl. 2012, § 4, Rz. 56, 57.
[71] NZA 2001, S. 613.
[72] NZA 2002, S. 863.
[73] AP GG Art. 3 Nr. 296.
[74] NZA 2001, S. 216.

tigt, die Höhe der Grundvergütung für Voll- und Teilzeitbeschäftigte nur wegen der unterschiedlichen Arbeitsmenge unterschiedlich hoch festzusetzen (BAG, Urteil v. 24.9.2008, 6 AZR 657/07[75]).

Ein **größerer Gewinn an Erfahrungswissen**, der sich aus dem größeren Arbeitsvolumen vollzeitbeschäftigter Arbeitnehmer ergibt, ist grundsätzlich geeignet, eine Ungleichbehandlung zu rechtfertigen (offen gelassen von BAG, Urteil v. 27.3.2014, 6 AZR 571/12[76]). Insbesondere in Fällen von qualifizierten Tätigkeiten und kurzer Beschäftigungsdauer kann ein erheblicher Unterschied zwischen Vollzeit und Teilzeit gegeben sein, da mit der wachsenden Dauer einer Tätigkeit auch die Erfahrung eines Arbeitnehmers zunimmt, die ihn zu besserer Arbeitsleistung befähigt. Nach Auffassung des BAG setzt der Erwerb „**einschlägiger Berufserfahrung**" i. S. v. § 40 Nr. 5, § 16 Abs. 2 Satz 3 TV-L keinen Mindestbeschäftigungsumfang in Höhe einer bestimmten Teilzeitquote voraus (BAG, Urteil v. 27.3.2014, 6 AZR 571/12). Der Wortlaut der Tarifnormen beziehe sich auf eine „einschlägige Berufserfahrung von mindestens einem Jahr in einem Arbeitsverhältnis zu einem anderen Arbeitgeber". Die Bestimmung lege den zeitlichen Mindestumfang der Vorbeschäftigung nicht fest. Für den Erwerb einschlägiger Berufserfahrung komme es deshalb nicht darauf an, ob die Vorbeschäftigung in Teilzeit oder Vollzeit ausgeübt wurde.

26 Eine Ungleichbehandlung kann aus Gründen des **Arbeitsschutzes**, insbesondere **aus arbeitsmedizinischen Gründen,** gerechtfertigt sein (BAG, Urteil v. 9.2.1989, 6 AZR 174/87[77]; BAG, Urteil v. 19.3.2002, 9 AZR 110/01 für Zusatzurlaub bei gesundheitsschädlichen Tätigkeiten[78]).

27 Die **Rechtfertigung** für eine unterschiedliche Behandlung von Vollzeit- und Teilzeitbeschäftigten kann sich auch **aus dem Verhältnis von Leistungszweck und Umfang der Arbeitszeit** ergeben. Dabei ist nach der Rechtsprechung des BAG zur **Höhe von Zuschlägen und Zulagen** für Teilzeitbeschäftigte zwischen Arbeitsentgelt für eine Tätigkeit unter besonderen Anforderungen entsprechend dem Umfang der geleisteten Arbeit einerseits und Erschwerniszulagen für die mit der Tätigkeit unabhängig von der Gesamtarbeitszeit verbundenen Belastungen andererseits zu unterscheiden (BAG, Urteil v. 11.6.1997, 10 AZR 784/96[79] zum **Schichtlohnzuschlag**; BAG Urteil v. 11.12.1996, 10 AZR 359/96[80] zur **Sicherheitszulage** BAG v. 17.4.1996, 10 AZR 617/95[81], **zur Funktionszulage** BAG, Urteil v. 18.3.2009, 10 AZR 293/08):

Handelt es sich bei den jeweiligen Leistungen um **Arbeitsentgelt, dessen Höhe durch die Dauer der Arbeitszeit bestimmt** wird, ist eine anteilige Kürzung nach dem Umfang der Teilzeittätigkeit zulässig.

---

75 ZTR 2009, S. 66, Rz. 25.
76 ZTR 2014, S. 475.
77 AP BeschFG 1985 § 2 Nr. 4.
78 ZTR 2002, S. 374.
79 NZA 1998, S. 667.
80 AP BGB § 611 Teilzeit Nr. 23.
81 BB 1996, S. 1546.

Liegt dagegen eine Zulage vor, mit der **Erschwernisse unabhängig** von der Dauer der persönlichen **Arbeitszeit** oder in einem bestimmten, tariflich vorgegebenen Umfang **abgegolten werden** sollen, besteht kein sachlicher Grund für eine anteilige Kürzung für die Teilzeitbeschäftigten (BAG, Urteil v. 8.12.1993, 10 AZR 17/93 zur **Stellenzulage**; BAG, Urteil v. 23.6.1993, 10 AZR 127/92[82] zur **Wechselschichtzulage**; BAG, Urteil v. 10.2.1999, 10 AZR 711/97[83] zur **Pflegezulage**; BAG, Urteil v. 15.12.1998, 3 AZR 239/97[84] zum **Nachtarbeitszuschlag**). Deshalb stehen **Spät- und Nachtarbeitszuschläge** für Vollzeitkräfte auch Teilzeitkräften zu (BAG, Urteil v. 24.9.2003, 10 AZR 675/02[85]).

Teilzeitbeschäftigte, die ständig Schicht- und Wechselschichtarbeit (§ 7 TVöD) leisten, 28
haben keinen Anspruch auf die **tarifliche Schicht- und Wechselschichtzulage** in voller Höhe. Diese Zulagen stehen Teilzeitbeschäftigten nach § 24 Abs. 2 TVöD nur anteilig in Höhe der Quote zwischen vereinbarter und regelmäßiger tariflicher Arbeitszeit zu. Eine Gleichbehandlung teilzeitbeschäftigter Arbeitnehmer beim Arbeitsentgelt oder bei anderen teilbaren geldwerten Leistungen nach dem in § 4 Abs. 1 Satz 2 TzBfG sog. Pro-rata-temporis-Grundsatz schließt von vornherein eine Benachteiligung wegen der Teilzeitarbeit aus (BAG, Urteil v. 24.9.2008, 10 AZR 634/07[86]; zur Wechselschicht- und Schichtzulage nach § 20 Abs. 5 der DWArbVtrRL BE/BB BAG, Urteil v. 25.9.2013, 10 AZR 4/12[87]).

Gewährt ein Arbeitgeber eine Sonderzahlung nur solchen Arbeitnehmern, die neue, ver- 29
schlechternde - weil die regelmäßige tägliche Arbeitszeit erhöhende - Arbeitsverträge unterschrieben haben, verstößt dies in Bezug auf die Mitarbeiter, die ihre bisherige Arbeitszeit beibehalten haben, gegen das Benachteiligungsverbot. Wenn die regelmäßige Arbeitszeit im Betrieb erhöht wird, ist dies die nunmehr geltende Vollarbeitszeit. Mitarbeiter, die regelmäßig eine geringere Arbeitszeit leisten, sind demzufolge Teilzeitkräfte. Soweit die Differenzierung bei der Gewährung der Sonderzahlung an die Nichtbereitschaft zur längeren Arbeitszeit anknüpft, werden die Mitarbeiter wegen ihrer geringeren Arbeitszeit benachteiligt (BAG, Urteil v. 30.7.2008, 10 AZR 497/07[88]).

Die Zahlung eines **Überstundenzuschlags** erst ab Überschreitung der regelmäßigen wö- 30
chentlichen Arbeitszeit als Ausgleich für besondere körperliche Belastungen und um den Arbeitgeber vor übermäßiger Inanspruchnahme des Arbeitnehmers abzuhalten kann einen Sachgrund darstellen (BAG, Urteil v. 25.7.1996, 6 AZR 138/94[89]).

Vollzeit- und Teilzeitkräfte werden **ungleich** vergütet, wenn **für jeweils die gleiche** 31
Stundenzahl nicht die gleiche Gesamtvergütung gezahlt wird. Maßgeblich ist, ob die

---

82 AP BAT § 34 Nr. 1.
83 NZA 1999, S. 1001.
84 NZA 1999, S. 882.
85 NZA 2004, S. 611.
86 ZTR 2009, S. 18.
87 ZTR 2014, S. 26.
88 NZA 2008, S. 1412.
89 NZA 1997, S. 774.

Gesamtvergütung eines Teilzeitarbeitnehmers, der aufgrund seiner Mehrarbeit dieselbe Arbeitszeit leistet wie ein Vollzeitarbeitnehmer, mit der Gesamtvergütung eines Vollzeitarbeitnehmers übereinstimmt. Nur bei einem solchen Vergleich kann festgestellt werden, ob der Teilzeitarbeitnehmer für jede geleistete Arbeitsstunde die gleiche Vergütung wie ein Vollzeitarbeitnehmer erhält (BAG, Urteil v. 24.9.2008, 6 AZR 657/07[90]). Der EuGH und das BAG haben es auch als zulässig angesehen, dass der Anspruch von Teilzeitbeschäftigten auf **Überstundenzuschläge** tarifvertraglich von einer Überschreitung der für Vollzeitkräfte geltenden regelmäßigen wöchentlichen Arbeitszeit abhängig gemacht wird (EuGH, Urteil v. 15.12.1994, C – 399/92[91]; BAG, Urteil v. 20.6.1995, 3 AZR 539/93[92], vgl. auch BAG, Urteil v. 16.6.2004, 5 AZR 448/03[93]). Dies beruht darauf, dass Teilzeitbeschäftigte trotz der betreffenden tariflichen Regelung für die gleiche Anzahl von Arbeitsstunden die gleiche Vergütung wie Vollzeitkräfte erhalten und dass anderenfalls – so in dem vom BAG entschiedenen Fall – der mit der Gewährung von Überstundenzuschlägen durch den konkreten Tarifvertrag verfolgte Leistungszweck verfälscht worden wäre.

32 Demgegenüber ist es bei der **Ermäßigung der Unterrichtsverpflichtung** für ältere Lehrer unzulässig, Teilzeitkräfte auszunehmen (BAG, Urteil v. 30.9.1998, 5 AZR 18/98[94]). Bei **Verkürzung der tariflichen regelmäßigen Wochenarbeitszeit** der Vollzeitbeschäftigten bei gleichbleibender Vergütung, ist den Teilzeitkräften eine Verkürzung ihrer Arbeitszeit oder – bei gleichbleibender Arbeitszeit – eine Erhöhung der Vergütung im Verhältnis zur Arbeitszeitverkürzung anzubieten (BAG, Urteil v. 18.12.1963, 4 AZR 89/63[95]).

33 Teilzeitbeschäftigte, die immer nur vormittags arbeiten, haben keinen Anspruch auf bezahlte **Freistellung** an Tagen, an denen der Arbeitgeber ab 12.00 Uhr Arbeitsbefreiung unter Fortzahlung der Bezüge gewährt (BAG, Urteil v. 26.5.1993, 5 AZR 184/92[96]).

34 Die besondere steuer- und sozialversicherungsrechtliche Behandlung **geringfügig Beschäftigter** kommt als Rechtfertigungsgrund im Rahmen des § 4 Abs. 1 TzBfG nicht in Betracht. Das BAG hat bereits im Jahre 1996 entschieden, dass der **Ausschluss versicherungsfreier Studenten** aus dem Geltungsbereich des BAT (durch den früheren § 3 Buchst. n BAT) im Verhältnis zu anderen von der Tarifregelung erfassten Teilzeitbeschäftigten mit gleichem Arbeitsumfang gleichheitswidrig und deshalb unwirksam war (BAG, Urteil v. 28.3.1996, 6 AZR 501/95[97]). Die steuer- und sozialversicherungsrechtlichen Differenzierungen verfolgen öffentlich-rechtliche und zum Teil auch arbeitsmarktpolitische Zwecke. Eine unterschiedliche Behandlung bei den Arbeitsbedingungen

---

90 ZTR 2009, S. 66.
91 AP BGB § 611 Teilzeit Nr. 7.
92 BB 1996, S. 488.
93 AP TVG § 1 Tarifverträge: Großhandel Nr. 20.
94 NZA 1999, S. 774.
95 AP TVG § 1 Tarifverträge: Lederindustrie Nr. 1.
96 AP BAT § 16 Nr. 2.
97 NZA 1996, S. 1280.

lässt sich hieraus jedoch nicht rechtfertigen. Diese Erwägungen gelten in gleicher Weise für geringfügig Beschäftigte (BAG, Urteil v. 25.4.2007, 6 AZR 746/06[98]).

Nach Auffassung des EuGH steht insbesondere § 4 Nr. 2 der Rahmenvereinbarung über Teilzeitarbeit einer nationalen Bestimmung entgegen, nach der bei **Wechsel** des Arbeitnehmers **von Voll- auf Teilzeit** der noch nicht verbrauchte, in der Zeit der Vollzeitbeschäftigung erworbene **Anspruch auf bezahlten Jahresurlaub** reduziert wird oder der Arbeitnehmer diesen Urlaub nur mehr mit einem geringeren Urlaubsentgelt verbrauchen kann (EuGH, Urteil v. 22.4.2010, C-486/08, Tirol)[99]. Dies gilt nach dem EuGH auch, wenn mit der Reduktion der Arbeitszeit eine Änderung der Verteilung der Arbeitszeit auf weniger Wochentage einhergeht (EuGH, Urteil v. 13.6.2013, C-415/12, Brandes[100]). Das BAG hat bis dahin in ständiger Rechtsprechung angenommen, die Urlaubstage seien grundsätzlich umzurechnen, wenn sich die Anzahl der mit Arbeitspflicht belegten Tage verringere, und eine Diskriminierung von Teilzeitkräften verneint (vgl. BAG, Urteil v. 28.4.1998, 9 AZR 314/97[101]). Diese Rechtsprechung hat das BAG jetzt aufgegeben. Eine Regelung, derzufolge sich der Urlaubsanspruch bei einer anderen Verteilung der wöchentlichen Arbeitszeit als auf 5 Tage in der Woche entsprechend erhöht oder vermindert[102], ist wegen Verstoßes gegen § 4 Abs. 1 TzBfG gemäß § 134 BGB unwirksam, soweit sie die Anzahl der während einer Vollzeitbeschäftigung erworbenen Urlaubstage mindert (BAG, Urteil v. 10.2.2015, 9 AZR 53/14 (F)[103]). 35

Beispiel

[104] Ein an 5 Arbeitstagen Vollbeschäftigter mit einem Urlaubsanspruch von 30 Tagen vermindert ab 18.7.2016 seine Arbeitszeit um 25 % und verteilt diese Arbeitszeit von Montag bis Donnerstag, d. h. auf 4 Arbeitstage pro Woche. Während der Vollzeitbeschäftigung hatte er keinen Urlaub. Ab 1.8.2016 will er seinen gesamten Jahresurlaub (6 Wochen) in Anspruch nehmen. Der Urlaubsanspruch errechnet sich nach der neuen Rechtsprechung des BAG wie folgt: Für die erste Hälfte des Jahres 2016 besteht ein Anspruch auf 15 Urlaubstage. Für das zweite Halbjahr 2016 stehen ihm wegen seiner Teilzeitbeschäftigung 12 Urlaubstage zu, insgesamt hat er damit 27 Urlaubstage.

Für den umgekehrten Fall, dem Wechsel von Teilzeit in Vollzeit, hat der EuGH am 11.11.2015 entschieden, dass das Unionsrecht über Teilzeitarbeit im Fall einer Erhöhung

[98] NZA 2007, S. 881, Rz. 36.

[99] Zentralbetriebsrat der Landeskrankenhäuser Tirols/Land Tirol, ZTR 2010, S. 374.

[100] NZA 2013, S. 775.

[101] NZA 1999, S. 156.

[102] Die Entscheidung betrifft § 26 Abs. 1 Satz 4 TVöD 2010.

[103] NZA 2015, S. 1005.

[104] Nach dem Rundschreiben des Bundesinnenministeriums vom 21.2.2011. Vgl. BAG, Urteil v. 10.2.2015, 9 AZR 53/14.

der von einem Arbeitnehmer geleisteten Arbeitsstunden nicht vorgibt, dass die Ansprüche auf bezahlten Jahresurlaub, der bereits erworben war und eventuell in Anspruch genommen wurde, nach dem neuen Arbeitsrhythmus dieses Arbeitnehmers rückwirkend nachberechnet werden müssen (EuGH, Urteil v. 11.11.2015, C-219/14, Greenfield[105]). Eine Nachberechnung ist jedoch für den Zeitraum vorzunehmen, in dem sich die Arbeitszeit des Arbeitnehmers erhöht hat.

Das bedeutet:

- Jeder Zeitabschnitt mit unterschiedlicher Arbeitszeit ist in Bezug auf die Entstehung von Urlaubsansprüchen separat zu betrachten; in Phasen mit langer Arbeitszeit entstehen umfangreichere Urlaubsansprüche als in Abschnitten mit kürzerer Arbeitszeit.
- In Teilzeit erworbene (niedrigere) Urlaubsansprüche sind nach Übergang in Vollzeit im laufenden Urlaubsjahr nicht rückwirkend hochzurechnen.
- Andererseits erlischt der Urlaubsanspruch nicht vollständig, wenn in der Teilzeitphase bereits der gesamte Jahresurlaubsanspruch erfüllt worden ist, der entstanden wäre, wenn der Arbeitnehmer das gesamte Urlaubsjahr in Teilzeit verblieben wäre.

Beispiel

Eine Arbeitnehmerin mit dem gesetzlichen Mindesturlaubsanspruch (§ 3 Abs. 1 BUrlG, 24 Werktage in der 6-Tage-Woche) arbeitet nach Rückkehr aus der Elternzeit in der ersten Jahreshälfte 1 Tag in der Woche, in der zweiten Jahreshälfte dagegen 4 Tage pro Woche. In der ersten Jahreshälfte nimmt sie 4 Tage Urlaub. Wie viel Urlaub kann sie in der zweiten Jahreshälfte noch nehmen?

In der ersten Jahreshälfte hatte sie einen Urlaubsanspruch von 2 Tagen (24/6 geteilt durch 2), in der zweiten Jahreshälfte hat sie einen Urlaubsanspruch von 10 Tagen (24/6 x 5 geteilt durch 2), d. h. im gesamten Jahr 12 Urlaubstage. Abzüglich der 4 im ersten Halbjahr genommenen Urlaubstage hat sie einen Restanspruch von noch 8 Urlaubstagen.

Zweifelhaft ist nunmehr auch, ob der **Urlaub im Altersteilzeitzeitverhältnis** nach einem Blockmodell im Jahre des Übergangs von der Aktiv- zur Passivphase vertraglich anteilig gekürzt werden kann, oder ob bei einer Kürzung des Urlaubs im Jahr des Übergangs von der Aktiv- zur Passivphase der Arbeitnehmer, der sich für ein Blockmodell entschieden hat, gegenüber Vollzeitbeschäftigten ebenso wie gegenüber in Altersteilzeit Beschäftigten, die ihre Altersteilzeit gleichmäßig durchgehend an 5 Tagen pro Woche leisten, unzulässig benachteiligt wird (so Hessisches LAG, Urteil v. 30.9.2015, 12 Sa 1327/13).

36 Eine Regelung, die den **Anspruch auf Verringerung der Arbeitszeit** aus familiären Gründen nur Vollzeitbeschäftigten einräumt, ist nichtig (BAG, Urteil vom 18.3.2003, 9 AZR 126/02[106] zu § 15b BAT).

---

[105] NZA 2015, S. 1501.

[106] ZTR 2003, S. 227.

Eine an der Grundvergütung orientierte anteilige Kürzung von **Weihnachtsgratifikationen** oder **Urlaubsgeld** ist zulässig (BAG, Urteil v. 24.10.1989, 8 AZR 6/89; BAG, Urteil v. 6.12.1990, 6 AZR 159/89[107]). 37

Soweit es sich bei einer Sonderzuwendung um eine **Jubiläumszuwendung** handelt, ist diese den Teilzeitbeschäftigten in voller Höhe zu zahlen. Die Zahlung einer Zuwendung durch den Arbeitgeber nach Vollendung einer bestimmten Dienstzeit stellt grundsätzlich eine einmalige Leistung des Arbeitgebers im Hinblick auf die erbrachte Betriebstreue dar. Betriebstreue lässt sich schon begrifflich nicht an der Zahl der abgeleisteten Arbeitsstunden messen (BAG, Urteil v. 22.5.1996, 10 AZR 618/95[108]). 38

Auch der Ausschluss von Teilzeitbeschäftigten von der Anspruchsberechtigung bei **Arbeitgeberdarlehen** ist unzulässig. 39

Der Ausschluss von Teilzeitbeschäftigten aus der **betrieblichen Altersversorgung (bAV)** oder die Aufstellung von Versorgungsvoraussetzungen, die regelmäßig nur von Vollzeitbeschäftigten erfüllt werden können, ist als mittelbare Diskriminierung von Frauen unzulässig (BAG, Urteil v. 14.10.1986, 3 AZR 66/83[109]; BAG, Urteil v. 14.10.1986, 3 AZR 37/84). Soll eine Differenzierung bei der Einbeziehung teilzeitbeschäftigter Arbeitnehmer in ein betriebliches Versorgungswerk erfolgen, so müssen die zur sachlichen Rechtfertigung herangezogenen Gründe anderer Art sein, also z. B. auf Arbeitsleistung, Qualifikation, Berufserfahrung, Betriebszugehörigkeit, unterschiedlichen Anforderungen am Arbeitsplatz, hierarchischer oder Gehaltsgruppen-Einstufung beruhen[110]. Teilzeitbeschäftigte Arbeitnehmer können allerdings nur eine ihrem zeitlichen Anteil der Arbeitsleistung an der Vollzeit entsprechende Teilversorgung verlangen. Eine am tatsächlichen Beschäftigungsgrad orientierte Versorgungsleistung ist daher nicht zu beanstanden (BAG, Urteil v. 28.5.2013, 3 AZR 266/11). Im Hinblick auf den administrativen Aufwand einer solchen, nach dem individuellen Beschäftigungsgrad berechneten Versorgungsleistung wird auch eine Gruppenbildung gebilligt. Insoweit ist die Unterteilung in voll-, überhalbzeitig und unterhalbzeitig Beschäftigte mit dem arbeitsrechtlichen Gleichbehandlungsgrundsatz und dem Lohngleichheitsgebot des Art. 141 EG vereinbar (BAG, Urteil v. 5.10.1993, 3 AZR 695/92[111]). 40

Nach der Klarstellung in § 2 Abs. 2 TzBfG ist teilzeitbeschäftigt auch ein Arbeitnehmer, der eine geringfügige Beschäftigung nach § 8 Abs. 1 Nr. 1 SGB IV ausübt. Allerdings hat das BAG **den Ausschluss von geringfügig Beschäftigten aus der Zusatzversorgung des öffentlichen Dienstes** gebilligt, wenn diese in Form einer Gesamtversorgungszusage die Lücke zwischen der gesetzlichen Rente und einem definierten Gesamtversorgungsgrad schließt; dies deshalb, weil die geringfügig Beschäftigten keine gesetzliche 41

[107] AP BeschFG § 2 Nr. 12.

[108] AP BAT § 39 Nr. 1.

[109] AP EWG-Vertrag Art. 119 Nr. 11.

[110] Vgl. Langohr-Plato, Betriebliche Altersversorgung, Rz. 1374 ff.

[111] NZA 1994, S. 315.

Rente erwarten können (hierzu EuGH, Urteil v. 14.12.1995, C 317/93[112]). Der Ausschluss trage der Ergänzungsfunktion der Zusatzversorgung Rechnung und die Verzahnung mit dem Rentenversicherungsrecht entspreche dem Sinn und Zweck des Gesamtversorgungssystems. Die bAV stehe nicht losgelöst neben der gesetzlichen Rente, sondern sei mit ihr untrennbar verknüpft (BAG, Urteil v. 22.2.2000, 3 AZR 845/98[113]). Nach der Änderung in der rentenrechtlichen Behandlung der ab 1.1.2013 eingestellten geringfügig Beschäftigten - nach § 6 Abs. 1b SGB VI besteht für diese Personen die Möglichkeit der Befreiung von der Rentenversicherungspflicht (sog. „opt-out"), ohne ausdrücklichen Befreiungsantrag sind sie in der gesetzlichen Rentenversicherung versicherungspflichtig - gilt diese Argumentation allerdings wohl nicht mehr uneingeschränkt. Die Möglichkeit der Einbeziehung in die gesetzliche Rentenversicherung bestand darüber hinaus auch schon vorher. Nach § 5 Abs. 2 Nr. 1 SGB VI a. F. waren geringfügig Beschäftigte nach § 8 Abs. 1 SGB VI a. F. zwar versicherungsfrei, allerdings wurde zum 1.4.1999 neu eingeführt, dass der Arbeitgeber pauschal Sozialversicherungsbeiträge u. a. für die Rentenversicherung zu tragen und abzuführen hatte, und dass auf die Versicherungsfreiheit in der Rentenversicherung verzichtet werden konnte („opt-in"). Damit wurde geringfügig Beschäftigten ein Zugang zur gesetzlichen Rentenversicherung eröffnet, wenn auch z. T. nur mit Einschränkungen. Geringfügige Beschäftigung ist daher nicht zwangsläufig mit Befreiung von der Rentenversicherungspflicht verbunden. Sie führt daher – soweit es um die Altersversorgung geht – nicht zu einer grundsätzlichen anderen Art des Arbeitsverhältnisses, weshalb das LAG München einen Ausschluss von geringfügig Beschäftigten aus der betrieblichen Altersversorgung für eine nach § 4 Abs. 1 TzBfG unzulässige Diskriminierung hält (LAG München, Urteil v. 13.1.2016, 10 Sa 544/15[114]).

42 Der Pro-rata-temporis Grundsatz, wonach einem teilzeitbeschäftigten Arbeitnehmer eine teilbare geldwerte Leistung mindestens in dem Umfang zu gewähren ist, der dem Anteil seiner Arbeitszeit an der Arbeitszeit eines vergleichbaren vollzeitbeschäftigten Arbeitnehmers entspricht, gilt nicht für die Bestimmung des Zeitpunkts, ab dem ein **Anspruch auf Altersversorgung** besteht, **wenn dieser ausschließlich von der Dauer des Arbeitsverhältnisses abhängt**; Teil- und Vollzeitbeschäftigten sind insoweit dieselben Beschäftigungszeiten anzurechnen (EuGH, Urteil v. 16.6.2010, C-395/08 und C-396/08)[115].

Die Kläger waren in Italien bei einer Fluggesellschaft als Kabinenpersonal in sog. „vertikaler Teilzeit" beschäftigt; d. h. sie arbeiten einige Monate des Jahres in Vollzeit und haben die übrige Zeit frei. Rentenansprüche werden nach italienischem Recht erst nach

[112] NZA 1996, S. 129.

[113] NZA 2000, S. 659.

[114] Revision beim BAG anhängig unter 3 AZR 83/16. Auch nach Laux/Schlachter/*Laux*, TzBfG, 2. Aufl. 2011, § 4 TzBfG, Rz. 221, und ErfK/*Preis*, 16. Aufl. 2016, § 4 TzBfG, Rz. 56 verstößt der Ausschluss bereits seit der Neuregelung des Rechts der geringfügigen Beschäftigung mit Wirkung zum 1.4.1999 gegen § 4 Abs. 1 TzBfG; ebenso MünchKomm/*Müller-Glöge*, Bd. 4, 6. Aufl. 2012, § 4 TzBfG, Rz. 40; a. A. *Otto*, ZTR 2002, S. 8.

[115] *Bruno und Pettini*, NZA 2010, S. 753.

einer bestimmten Anzahl von Beitragswochen erworben; in der fehlenden Berücksichtigung der arbeitsfreien Wochen sieht der EuGH eine ungerechtfertigte Ungleichbehandlung der Teilzeitkräfte gegenüber Vollzeitkräften. Das Diskriminierungsverbot erfordere, dass die Zeiten, die bei der Bestimmung des Zeitpunkts berücksichtigt werden, ab dem ein Rentenanspruch besteht, bei Teilzeitbeschäftigten entgegen dem Pro-rata-temporis-Grundsatz so berechnet werden, als hätten diese eine Vollzeitstelle inne. Eine Begründung gibt der EuGH nicht. Der Pro-rata-temporis-Grundsatz gilt nach § 4 Nr. 2 der europäischen Rahmenvereinbarung zur Teilzeitarbeit, „wo dies angemessen ist". Offensichtlich hat der EuGH dies im zu entscheidenden Fall nicht für „angemessen" gehalten.

Sozialpläne können bestimmen, dass sich die Abfindungshöhe (nur) nach der zuletzt bezogenen Monatsvergütung richtet. Auch wenn der sich auf die Abfindungshöhe auswirkende geringere Bruttomonatsverdienst auf einer Teilzeitbeschäftigung des Arbeitnehmers beruht, führt das Anknüpfen an diesen Verdienst nicht zu einer unzulässigen Diskriminierung des teilzeitbeschäftigten Arbeitnehmers (BAG, Urteil v. 22.9.2009, 1 AZR 316/08[116]; BAG, Urteil v. 28.10.1992, 10 AZR 129/92[117]). Dieser wird im Sinne von § 4 Abs. 1 Satz 1 TzBfG nicht wegen der Teilzeit schlechter behandelt als vergleichbare vollzeitbeschäftigte Arbeitnehmer. Vielmehr steht es mit § 4 Abs. 1 Satz 2 TzBfG in Einklang, wenn ein Arbeitnehmer eine Abfindung in dem Umfang erhält, der dem Anteil seiner Arbeitszeit an der Arbeitszeit eines vergleichbaren vollzeitbeschäftigten Arbeitnehmers entspricht. 43

Sozialpläne können aber auch regeln, dass in Fällen, in denen sich die individuelle Arbeitszeit in der näheren Vergangenheit wesentlich geändert hat, nicht das letzte Entgelt, sondern eine die gesamte Betriebszugehörigkeit einbeziehende Durchschnittsberechnung maßgeblich ist. (BAG, Urteil v. 22.9.2009, 1 AZR 316/08[118]).

Bietet der Arbeitgeber Arbeitnehmern das **freiwillige Ausscheiden** aus dem Arbeitsverhältnis **gegen Abfindungszahlung** an, stellt es keine unzulässige Benachteiligung dar, wenn er Teilzeitbeschäftigten nur eine Abfindung nach dem Grundsatz „pro rata temporis" zusagt. Das entspricht auch der Praxis der Abfindungsvereinbarungen, die im Zusammenhang mit Kündigungen gewöhnlich vereinbart werden, um nach Beendigung des Arbeitsverhältnisses den Verlust des Arbeitsplatzes auszugleichen. Deren Höhe wird maßgeblich durch die vertragliche Arbeitszeit und das erhaltene Arbeitsentgelt bestimmt (BAG, Urteil v. 13.02.2007, 9 AZR 729/05[119]). 44

Für die **tarifliche Unkündbarkeit** darf die **Wartezeit** für Teilzeitbeschäftigte nicht länger sein als für Vollzeitbeschäftigte (BAG, Urteil v. 13.3.1997, 2 AZR 175/96[120]). 45

Die **Entscheidung**, ob ein umfangmäßig konkretisierter Dienstleistungsbedarf nur mit **Vollzeit- oder** teilweise auch mit **Teilzeitbeschäftigten** abgedeckt werden soll, gehört 46

[116] ZTR 2010, S. 39. MünchKomm/*Müller-Glöge*, Bd. 4, 6. Aufl. 2012, § 4 TzBfG, Rz. 39.
[117] NZA 1993, S. 717, zu II 2 c der Gründe.
[118] ZTR 2010, S. 39.
[119] NZA 2007, S. 860.
[120] NZA 1997, S. 842.

zum **Bereich der von den Arbeitsgerichten nur beschränkt überprüfbaren „Unternehmenspolitik“.** Nach Auffassung des BAG steht es dem Arbeitgeber frei, auf einen Rückgang des Beschäftigungsvolumens statt mit Beendigungskündigungen mit einer entsprechend größeren Zahl an Änderungskündigungen zu reagieren (BAG, Urteil v. 19.5.1993, 2 AZR 584/92[121]).

47 Im gleichen Sinn hat der 2. Senat die Frage entschieden, ob Teilzeit- und Vollzeitbeschäftigte im Rahmen der Sozialauswahl vergleichbar sind (BAG, Urteil v. 12.8.1999, 2 AZR 12/99[122]). Eine solche **Organisationsentscheidung** des Arbeitgebers zur Änderung der Arbeitszeitgestaltung unterliegt im Kündigungsschutzverfahren **nur** einer **Missbrauchskontrolle**. Sie ist lediglich dahingehend zu überprüfen, ob sie offenbar unvernünftig oder willkürlich ist und ob sie ursächlich für den vom Arbeitgeber geltend gemachten Änderungsbedarf ist (BAG, Urteil v. 22.4.2004, 2 AZR 385/03[123]).

Ein Missbrauch der unternehmerischen Organisationsfreiheit liegt nicht schon dann vor, wenn der Arbeitgeber die Möglichkeit hätte, auf die Reorganisation zu verzichten. Ein Missbrauch der unternehmerischen Organisationsfreiheit liegt beispielsweise vor, wenn die Umgestaltung der Arbeitsabläufe sich als **rechtswidrige Maßregelung** (§ 612a BGB) erweist oder die Vorgaben des **Beschäftigtenschutzgesetzes** umgeht (BAG, Urteil v. 22.4.2004, 2 AZR 385/03[124]).

4. Diskriminierungsverbot bei befristet Beschäftigten

4.1 Verbot der Schlechterbehandlung

4.1.1 Allgemeiner Grundsatz

48 Nach § 4 Abs. 2 Satz 1 TzBfG darf ein befristet beschäftigter Arbeitnehmer wegen der Befristung des Arbeitsvertrags nicht schlechter behandelt werden als ein vergleichbarer unbefristet beschäftigter Arbeitnehmer, es sei denn, dass sachliche Gründe eine unterschiedliche Behandlung rechtfertigen. Das dient der Umsetzung von § 4 Nr. 1 der EGB-UNICE-CEEP-Rahmenvereinbarung über befristete Arbeitsverträge vom 18.3.1999, die in die Richtlinie 1999/70/EG des Rats vom 28.6.1999[125] aufgenommen worden ist. Danach müssen ungleiche Beschäftigungsbedingungen befristet beschäftigter Arbeitnehmer gegenüber denen vergleichbarer Dauerbeschäftigten aus sachlichen Gründen gerechtfertigt sein.

In erster Linie schützt die Norm befristet beschäftigte Arbeitnehmer während der Dauer des befristeten Arbeitsverhältnisses. Erfasst sind von ihr jedoch **auch** die **Arbeitnehmer,**

---

[121] NZA 1993, S. 1075.
[122] NZA 2000, S. 30.
[123] NZA 2004, S. 1158.
[124] NZA 2004, S. 1158.
[125] ABl. EG Nr. L 175 S. 43.

die zwischenzeitlich unbefristet beschäftigt sind, wenn Nachteile an die frühere Befristung anknüpfen, ohne dass dafür ein sachlicher Grund vorliegt (BAG, Urteil v. 10.7.2013, 10 AZR 915/12[126]).
Das Verbot einer ungleichen Behandlung befristet wie unbefristet beschäftigter Arbeitnehmer beim Entgelt nach § 4 Abs. 2 Satz 2 TzBfG konkretisiert das allgemeine Benachteiligungsverbot des § 4 Abs. 2 Satz 1 TzBfG(BAG, Beschluss v. 19.1.2005, 6 AZR 80/03[127]; ebenso BAG, Urteil v. 16.1.2003, 6 AZR 222/01[128]; BAG, Urteil v. 5.11.2003, 5 AZR 8/03[129]). Es ist zugleich ein **gesetzlich geregelter Sonderfall des allgemeinen Gleichheitssatzes** des Art. 3 Abs. 1 GG (BAG, Urteil v. 11.12.2003, 6 AZR 64/03)[130].

49 Dieses Benachteiligungsverbot gab es im (geschriebenen) deutschen Gesetzesrecht bis zum Inkrafttreten des TzBfG nicht. Das Diskriminierungsverbot von § 4 Abs. 2 gilt für alle Befristungen, nicht nur für Befristungen nach § 14 Abs. 1-3 TzBfG[131].

> **Hinweis**
>
> Die Definition des befristet Beschäftigten findet sich in § 3 TzBfG[132].

50 Auch Regelungen in **Betriebsvereinbarungen** und **tarifvertragliche Regelungen** müssen mit § 4 Abs. 2 TzBfG vereinbar sein. Das Diskriminierungsverbot steht nach § 22 TzBfG insbesondere nicht zur Disposition der Tarifvertragsparteien (BAG, Urteil v. 27.1.2011, 6 AZR 382/09). Gleiches gilt für kirchliche Arbeitsbedingungen (BAG, Urteil v. 15.10.2003, 4 AZR 606/02)[133]. Wird ein befristetes Arbeitsverhältnis nicht nur verlängert bzw. in ein unbefristetes Arbeitsverhältnis umgewandelt, sondern an der ursprünglich vereinbarten Befristung festgehalten und für die Zeit danach ein neuer Arbeitsvertrag abgeschlossen, liegt keine bloße Fortsetzung eines einheitlichen Arbeitsverhältnisses vor. Eine tarifliche Regelung, welche für die Entgeltstufenzuordnung das vorangehende befristete Arbeitsverhältnis nicht zugunsten des Arbeitnehmers berücksichtigt (so z. B. § 16 Abs. 2 Satz 2 TVöD-VKA), ist nach gefestigter Rechtsprechung des BAG wirksam, auch

[126] NZA 2013, S. 1142. Vgl. grundlegend und unter ausführlicher Darlegung der unionsrechtlichen Situation unter ausdrücklicher Aufgabe der früheren Rechtsprechung BAG, Urteil v. 21.2.2013, 6 AZR 524/11, Rz. 24 ff.; BAG, Urteil v. 12.10.2010, 9 AZR 518/09, Rz. 28, vgl. auch EuGH, Urteil v. 18.10.2012, C-302/11, Valenza, Rz. 34 ff.

[127] ArbRB 2005, S. 132.

[128] AP TzBfG § 4 Nr. 3.

[129] NZA 2005, S. 222.

[130] NZA 2004, S. 723.

[131] ErfK/*Preis*, 16. Aufl. 2016, § 4 TzBfG, Rz. 61; Laux/Schlachter/*Schlachter*, TzBfG, 2. Aufl. 2011, § 4 TzBfG, Rz. 244.

[132] S. Gräfl, § 3, Rz. 1 ff.

[133] KR/*Bader*, 11. Aufl. 2016, § 4 TzBfG, Rz. 4; HWK/*Schmalenberg*, 6. Aufl. 2014, § 4 TzBfG, Rz. 2.

wenn sie die Stufenzuordnung bei der Einstellung nicht an die Befristung eines vorherigen Arbeitsverhältnisses anknüpft (BAG, Urteil v. 24.10.2013, 6 AZR 964/11[134]; BAG, Urteil v. 27.1.2011, 6 AZR 382/09[135]). Zu Unterbrechungen kann es nämlich nicht nur bei befristeten Arbeitsverhältnissen, sondern auch bei unbefristeten Arbeitsverhältnissen durch Kündigungen oder Aufhebungsverträge kommen (vgl. BAG, Urteil v. 27.11.2008, 6 AZR 632/08[136]). Demgegenüber beginnt bei gesetzeskonformer Auslegung des § 16 Abs. 3 Satz 1 TV-L die Stufenlaufzeit mit der Zuordnung des Beschäftigten zu einer Stufe seiner Entgeltgruppe nach seiner Einstellung nicht neu zu laufen, wenn er zuvor bereits befristet bei demselben Arbeitgeber beschäftigt war und keine schädliche Unterbrechung i. S. d. Protokollerklärung Nr. 3 zu § 16 Abs. 2 TV-L vorliegt. Ein anderes Verständnis wäre mit § 4 Abs. 2 Satz 3 TzBfG nicht vereinbar (BAG, Urteil v. 21.2.2013, 6 AZR 524/11[137]). Die gegenteilige Rechtsprechung zur Ablehnung der Anwendung des § 4 Abs. 2 TzBfG auf Arbeitnehmer, die im Anschluss an ein befristetes Arbeitsverhältnis ein unbefristetes Arbeitsverhältnis zu geänderten Bedingungen eingehen (vgl. BAG, Urteil v. 11.12.2003, 6 AZR 64/03[138]) hat der 6. Senat ausdrücklich aufgegeben.

51 Für **auflösend bedingte Verträge** gilt das Diskriminierungsverbot gemäß § 21 TzBfG entsprechend[139].

4.1.2 Arbeitsentgelt oder andere teilbare Leistungen

52 Nach § 4 Abs. 2 Satz 2 TzBfG ist einem befristet beschäftigten Arbeitnehmer Arbeitsentgelt oder eine andere teilbare geldwerte Leistung[140], die für einen bestimmten Bemessungszeitraum gewährt wird, mindestens in dem Umfang zu gewähren, der dem Anteil seiner Beschäftigungsdauer am Bemessungszeitraum entspricht (**Pro-rata-temporis-Grundsatz**). Eine schlechtere Behandlung liegt vor, wenn befristet Beschäftigte für die gleiche Arbeitsleistung eine geringere Bezahlung als die unbefristet Beschäftigten erhalten. Dauerbeschäftigten gewährte Vorteile dürfen befristet Beschäftigten deshalb nicht wegen der Befristung vorenthalten werden (BAG, Urteil v. 27.11.2008, 6 AZR 632/08[141]).

53 Die Vorschrift regelt aber kein absolutes Benachteiligungsverbot beim Entgelt (BAG, Urteil v. 11.12.2003, 6 AZR 64/03[142]). Ebenso wie beim Diskriminierungsverbot Teilzeitbeschäftigter nach § 4 Abs. 1 Satz 2 TzBfG, ist eine **Schlechterstellung** von befristet

[134] ZTR 2014, S. 80 zu § 17 Abs. 4 TV-L.

[135] ZTR 2011, S. 214.

[136] ZTR 2009, S. 192.

[137] NZA 2013, S. 625.

[138] NZA 2004, S. 723.

[139] ErfK/*Preis*, 16. Aufl. 2016, § 4 TzBfG, Rz. 61. MünchKomm/*Müller-Glöge*, Bd. 4, 6. Aufl. 2012, § 4 TzBfG, Rz. 41.

[140] S. Rz. 16.

[141] ZTR 2009, S. 192.

[142] NZA 2004, S. 723; HK-TzBfG/*Joussen*, 3. Aufl. 2012, § 4 TzBfG, Rz. 63; ErfK/*Preis*, 16. Aufl. 2016, § 4 TzBfG, Rz. 65; Meinel/Heym/Herms/*Herms*, TzBfG, 5. Aufl. 2015, § 4 TzBfG, Rz. 103; a. A. Rolfs, TzBfG, 1. Aufl. 2002, § 4 TzBfG, Rz. 3, 4; *Däubler*, ZIP 2001, S. 217, 218.

beschäftigten Arbeitnehmern **bei Vorliegen eines sachlichen Grunds auch im Entgeltbereich zulässig**.

> **Hinweis**
>
> Die Vorschrift des § 4 Abs. 2 Satz 2 TzBfG lässt zwar, anders als § 4 Abs. 2 Satz 1 und Satz 3 TzBfG, Ausnahmen auch bei Vorliegen sachlicher, eine unterschiedliche Behandlung rechtfertigender Gründe nicht ausdrücklich zu. Daraus folgt jedoch nicht, dass im Bereich des Arbeitsentgelts oder einer anderen teilbaren geldwerten Leistung eine Ungleichbehandlung befristet und unbefristet beschäftigter Arbeitnehmer ausnahmslos verboten ist. Der systematische Zusammenhang zwischen § 4 Abs. 2 Satz 1 TzBfG und § 4 Abs. 2 Satz 2 TzBfG spricht für ein einheitliches Verbot einer sachlich nicht gerechtfertigten unterschiedlichen Behandlung[143].

§ 4 Abs. 2 Satz 2 TzBfG **konkretisiert lediglich das allgemeine Diskriminierungsverbot** des § 4 Abs. 2 Satz 1 TzBfG für den Bereich des Arbeitsentgelts oder einer anderen teilbaren geldwerten Leistung, ohne eine nach § 4 Abs. 2 Satz 1 TzBfG bei Vorliegen sachlicher Gründe erlaubte unterschiedliche Behandlung auszuschließen[144]. 54

Das bestätigt auch die Entstehungsgeschichte der Norm. § 4 Abs. 2 Satz 2 TzBfG setzt § 4 Nr. 2 der Rahmenvereinbarung um, wonach der Pro-rata-temporis-Grundsatz nur gilt, wo dies angemessen ist. Das zwingt **nicht** zur **Regelung eines absoluten Differenzierungsverbots im Bereich der Vergütung**. Ein solches entspricht auch nicht der Gesetzesbegründung. Der Regierungsentwurf zu § 4 Abs. 2 Satz 2 TzBfG[145] geht davon aus, dass auch im Bereich des Arbeitsentgelts oder einer anderen teilbaren geldwerten Leistung sachliche Gründe eine Ungleichbehandlung rechtfertigen können. Das in diesem Zusammenhang aufgeführte Beispiel kurzzeitiger Arbeitsverhältnisse, bei denen bestimmte Zusatzleistungen unter bestimmten Voraussetzungen nicht zwingend anteilig gewährt werden müssen, lässt gerade nicht auf die Absicht des Gesetzgebers schließen, für den Bereich des Entgelts ein absolutes Diskriminierungsverbot regeln zu wollen (so ausdrücklich BAG, Urteil v. 11.12.2003, 6 AZR 64/03[146]). 55

Andere teilbare geldwerte Leistungen, die für einen bestimmten Bemessungszeitraum gewährt werden, können nach der Gesetzesbegründung **z. B. Deputate oder Personalrabatte** sein[147]. Diese sind dem befristet beschäftigten Mitarbeiter pro rata temporis zu gewähren. 56

---

143 So ausdrücklich BAG, Urteil v. 11.12.2003, 6 AZR 64/03, NZA 2004, S. 723. Ebenso ErfK/*Preis*, 16. Aufl. 2016, § 4 TzBfG, Rz. 65.

144 Ebenso Laux/Schlachter/*Schlachter*, TzBfG, 2. Aufl. 2011, § 4 TzBfG, Rz. 246.

145 BT-Drucks. 14/4374, S. 16.

146 NZA 2004, S. 723.

147 BT-Drucks. 14/4374, S. 16. Zu den nicht teilbaren Leistungen s. Rz.17

57 Die Gleichbehandlungspflicht bei befristet Beschäftigten entspricht der Gleichbehandlungspflicht bei Teilzeitbeschäftigten[148].

4.1.3 Sonstige Arbeitsbedingungen

58 Der Arbeitgeber darf nach § 4 Abs. 2 Satz 3 einen befristet Beschäftigten wegen der befristeten Beschäftigung auch nicht **hinsichtlich anderer Beschäftigungsbedingungen benachteiligen**. Davon erfasst werden Bedingungen, deren Gewährung von einer bestimmten Dauer des Bestehens des Arbeitsverhältnisses abhängt.

Beispiel

- der Anspruch auf vollen Jahresurlaub (nach einer 6-monatigen Wartezeit),
- tarifliche Entgelt- oder Urlaubsansprüche von zurückliegenden Beschäftigungszeiten,
- der Anspruch auf Entgeltfortzahlung im Krankheitsfall.

59 Für befristet Beschäftigte sind insoweit dieselben Zeiten wie für unbefristet beschäftigte Arbeitnehmer zu berücksichtigen[149].

4.2 Kausalität

60 Eine Schlechterbehandlung darf **nicht wegen der befristeten Beschäftigung** erfolgen. Eine Schlechterstellung steht § 4 TzBfG also dann nicht entgegen, wenn sie nicht wegen der Befristung erfolgt. Sie ist dann (nur) nach den allgemeinen sonstigen Standards zu überprüfen[150].

61 **Beispiel**

Nach § 16 Abs. 2 Satz 2 TVöD-AT (VKA) erfolgt die Einstellung in die Stufe 2, wenn der Beschäftigte über eine einschlägige Berufserfahrung von mindestens einem Jahr verfügt. Nach dem Tarifwortlaut wird für die Stufenzuordnung an die „Einstellung“ und nicht an die „erstmalige Einstellung“ angeknüpft. Es wird also nicht zwischen Neueinstellungen und Wiedereinstellungen differenziert. Vom Wortsinn her liegt eine Einstellung nicht nur bei der erstmaligen Begründung eines Arbeitsverhältnisses vor, sondern auch dann, wenn ein neues Arbeitsverhältnis im (unmittelbaren) Anschluss an ein vorheriges Arbeitsverhältnis begründet wird[151]. Die Zuordnung zu einer höheren Stufe im vorhergehenden Arbeitsverhältnis bleibt unberücksichtigt. Beschäftigte, die die einschlägige Berufserfahrung in einem ununterbrochen fortbestehenden Arbeitsverhältnis erworben haben, werden damit bei der Stufenzuordnung

[148] Insoweit kann auf die Ausführungen zu Rz. 16 und Rz. 22 verwiesen werden.
[149] BT-Drucks. 14/4374, S. 16.
[150] KR/*Bader*, 11. Aufl. 2016, § 4 TzBfG, Rz. 14.
[151] BAG, Urteil v. 27.1.2011, 6 AZR 382/09, Rz. 17.

> gegenüber Beschäftigten begünstigt, die nach der Beendigung ihres befristeten Arbeitsverhältnisses mit dem Arbeitgeber ein neues Arbeitsverhältnis eingegangen sind. Das gilt grundsätzlich auch im Falle der (Wieder-)Einstellung im unmittelbaren Anschluss an das vorherige Arbeitsverhältnis. Dies verstößt nicht gegen das Verbot der Benachteiligung befristet beschäftigter Arbeitnehmer in § 4 Abs. 2 Satz 1 TzBfG; danach sind für befristet und unbefristet beschäftigte Arbeitnehmer zwar dieselben Zeiten zu berücksichtigen, wenn bestimmte Beschäftigungsbedingungen von der Dauer des Bestehens des Arbeitsverhältnisses in demselben Betrieb oder Unternehmen abhängig sind. § 16 Abs. 2 TVöD-AT (VKA) differenziert hinsichtlich der Stufenzuordnung bei der Einstellung aber gerade nicht zwischen befristet und unbefristet Beschäftigten. Es liegt deshalb keine Benachteiligung „**wegen**" der Befristung vor.

Das Diskriminierungsverbot bezweckt auch nicht die Vermeidung von Nachteilen, die erst **nach Ablauf des befristeten Arbeitsverhältnisses** entstehen. Die Vorschrift verbietet nur eine Ungleichbehandlung während der Dauer der Befristung. Das bedeutet beispielsweise, dass Jahressonderzahlungen, die ausschließlich der Würdigung der Betriebstreue dienen und die u. a. das Bestehen des Arbeitsverhältnisses zu einem Stichtag zur Voraussetzung haben, nicht anteilig zu gewähren sind, wenn der befristet beschäftigte Arbeitnehmer zu diesem Stichtag nicht mehr im Arbeitsverhältnis steht; denn er erfüllt nicht die tatbestandlichen Voraussetzungen[152]. Bei Jahressonderzahlungen mit „Mischcharakter", die sowohl die Arbeitsleistung als auch die Betriebstreue honorieren sollen, wäre ein stichtagsbezogener Ausschluss befristet Beschäftigter nach der geänderten Rechtsprechung des BAG unwirksam[153]. Eine Sonderzahlung, die auch Gegenleistung für im gesamten Kalenderjahr laufend erbrachte Arbeit darstellt, kann nach der neueren Rechtsprechung des 10. Senats in Allgemeinen Geschäftsbedingungen nämlich regelmäßig nicht mehr vom Bestand des Arbeitsverhältnisses am 31. Dezember des betreffenden Jahres abhängig gemacht werden (BAG, Urteil v. 13.11.2013, 10 AZR 848/12[154]). 62

Das Diskriminierungsverbot schützt Arbeitnehmer, die im Anschluss an ein befristetes Arbeitsverhältnis ein neues Arbeitsverhältnis mit dem Arbeitgeber eingehen, damit auch nicht zwangsläufig vor einer Verschlechterung der Arbeitsbedingungen (BAG, Urteil v. 27.11.2008, 6 AZR 632/08[155]). Mit dem Ablauf der bisherigen Vertragsbedingungen wirkt sich nur der Nachteil aus, der mit einer Befristung stets verbunden ist oder verbunden sein kann. Nach dem Ende einer wirksamen Befristung sind die Parteien bei der Neubegründung eines Arbeitsverhältnisses in der Gestaltung der Arbeitsbedingungen grundsätzlich frei und an frühere Abmachungen nicht gebunden (BAG, Urteil v. 27.1.2011, 6 AZR 382/09).

---

[152] So auch ErfK/*Preis*, 16. Aufl. 2016, § 4 TzBfG, Rz. 67.
[153] Ebenso Erfk/*Preis*, 16. Aufl. 2016, § 4 TzBfG, Rz. 67.
[154] NZA 2014, S. 368.
[155] ZTR 2009, S. 192.

63 Die Tatsache der Befristung muss für die unmittelbare Benachteiligung **maßgeblich, nicht lediglich** ein **Nebenaspekt** sein[156]. Eine **Benachteiligungsabsicht** ist **nicht erforderlich**[157].

64 Ob § 4 Abs. 2 TzBfG auch ein Verbot der mittelbaren Benachteiligung wegen befristeter Beschäftigung enthält, hat das BAG bisher in mehreren Entscheidungen offengelassen (BAG, Urteil v. 18.1.2012, 6 AZR 496/10[158]; BAG, Urteil v. 27.1.2011, 6 AZR 382/09[159]; BAG, Urteil v. 27.11.2008, 6 AZR 632/08[160]). Untersagt ist die Diskriminierung „wegen" Befristung, dies spricht dafür, dass nur die unmittelbare Benachteiligung erfasst wird, und nicht auch die mittelbare[161]. Denkbare Fälle einer mittelbaren Diskriminierung sind anhand des allgemeinen Gleichbehandlungsgrundsatzes, Art. 157 AEUV oder dem AGG zu entscheiden[162].

4.3 Sachlicher Grund

4.3.1 Allgemeines

65 Keinen Verstoß gegen das Diskriminierungsverbot stellt es dar, wenn die Ungleichbehandlung aus sachlichen Gründen gerechtfertigt ist[163].

> **Hinweis**
>
> Der Rechtfertigungsgrund des Sachgrunds gilt auch für Differenzierungen beim Arbeitsentgelt und anderen teilbaren Leistungen.
>
> § 4 Abs. 2 Satz 2 TzBfG muss im Zusammenhang mit Abs. 2 Satz 1 und als dessen Konkretisierung gelesen werden[164].

66 Die **Darlegungs- und Beweislast** für die Umstände, aus denen sich die Ungleichbehandlung des befristet Beschäftigten ergibt, trifft diesen. Die Beweiserleichterung des § 22

[156] So auch KR/*Bader*, 11. Aufl. 2016, § 4 TzBfG, Rz. 14; a. A. MünchKomm /*Müller-Glöge*, Bd. 4, 6. Aufl. 2012, § 4 TzBfG, Rz. 41, der die Unanwendbarkeit nur bei „ausschließlich" anderen Motiven annimmt.

[157] KR/*Bader*, 11. Aufl. 2016, § 4 TzBfG, Rz. 12.

[158] ZTR 2012, S. 338.

[159] ZTR 2011, S. 214.

[160] ZTR 2009, S. 192.

[161] MünchKomm/*Müller-Glöge*, Bd. 4, 6. Aufl. 2012, § 4 TzBfG, Rz. 16; Annuß/Thüsing/*Thüsing*, TzBfG, 3. Aufl. 2012, § 4 TzBfG, Rz. 18; a. A. Laux/Schlachter/*Schlachter*, TzBfG, 2. Aufl. 2011, § 4 TzBfG, Rz. 185; KR/*Bader*, 11. Aufl. 2016, § 4, Rz. 13.

[162] So zu Recht MünchKomm/*Müller-Glöge*, Bd. 4, 6. Aufl. 2012, § 4 TzBfG, Rz. 16. Nach KR/*Bader*, 11. Aufl. 2016, § 4 TzBfG, Rz. 145, ist die mittelbare Benachteiligung wegen der Befristung im Rahmen von § 4 Abs. 2 TzBfG objektiv zu bestimmen, und zwar regelmäßig durch statistische Erfassung und Aufbereitung der verschiedenen Gruppen; vgl. für die mittelbare Benachteiligung wegen des Geschlechts BAG, Urteil v. 27.11.2008, 6 AZR 632/08.

[163] ErfK/*Preis*, 16. Aufl. 2016, § 4 TzBfG, Rz. 65.

[164] BT-Drucks. 14/4374, S. 16; ErfK/*Preis*, 16. Aufl. 2016, § 4 TzBfG, Rz. 65.

AGG kommt dem Arbeitnehmer nicht zugute[165]. Dagegen liegt die Darlegungs- und Beweislast für das objektive Vorliegen eines diesen Anforderungen genügenden Sachgrunds beim Arbeitgeber (BAG, Urteil v. 16.1.2003, 6 AZR 222/01[166]).

4.3.2 Beispiele

In § 4 Abs. 2 Satz 3 TzBfG wird klargestellt, dass bei Beschäftigungsbedingungen, deren 67
Gewährung von einer bestimmten **Dauer des Bestehens des Arbeitsverhältnisses** abhängt (z. B. der Anspruch auf vollen Jahresurlaub von einer 6-monatigen Wartezeit, tarifliche Entgelt- oder Urlaubsansprüche von zurückliegenden Beschäftigungszeiten) für befristet Beschäftigte dieselben Zeiten wie für unbefristet beschäftigte Arbeitnehmer zu berücksichtigen sind. Eine Regelung, die Arbeitnehmer, die von demselben Arbeitgeber innerhalb eines Kalenderjahres in mehreren befristeten Arbeitsverhältnissen beschäftigt wurden, von einer Zuwendung ausschließen, ist unzulässig (BAG, Urteil v. 20.9.2006, 10 AZR 715/05[167]).

Der **Ausschluss** befristet Beschäftigter **von Zusatzleistungen** ist allerdings zulässig, 68
wenn bei nur kurzzeitigen Arbeitsverhältnissen die anteilige Gewährung nur zu sehr geringfügigen Beträgen führt, die in keinem angemessenen Verhältnis zum Zweck der Leistung stehen[168].

Befristet Beschäftigte dürfen **im Rahmen von Sozialplänen** unterschiedlich behandelt, 69
insbesondere auch von Leistungen ausgeschlossen werden. So ist es zulässig, Abfindungsansprüche aus Sozialplänen an bestimmte **Betriebszugehörigkeitszeiten** zu knüpfen. Selbst wenn der befristet Beschäftigte diese Zeiten erfüllt, kann er ausgenommen werden, weil er nicht denselben Bestandsschutz genießt wie der dauerhaft Beschäftigte und deshalb vom Nachteilsausgleich ausgenommen werden darf[169].

Werden **Lehrkräfte an allgemeinbildenden Schulen** in befristeten Arbeitsverhältnissen 70
von kürzerer Dauer als einem Schuljahr beschäftigt, und erhalten sie für die sich an das Befristungsende anschließende **unterrichtsfreie Zeit** keine Vergütung mehr, werden sie hinsichtlich des nach Kalendermonaten bemessenen Entgelts nicht schlechter als unbefristet angestellte Lehrkräfte behandelt, deren Arbeitsverhältnis während des laufenden Schuljahres endet. Denn auch diese Lehrkräfte erhalten keine Vergütung für Ferien nach dem Ausscheiden aus dem Schuldienst. Eine Schlechterstellung liegt ebenso wenig im Vergleich zu Lehrern vor, deren Arbeitsverhältnis über das Ende des Schuljahres hinaus

---

165 MünchKomm/*Müller-Glöge*, Bd. 4, 6. Aufl. 2012, § 4 TzBfG, Rz. 50; Laux/Schlachter/*Schlachter*, TzBfG, 2. Aufl. 2011, § 4 TzBfG, Rz. 264; ErfK/*Preis*, 16. Aufl. 2016, § 4 TzBfG, Rz. 69.

166 NZA 2003, S. 971; ErfK/*Preis*, 16. Aufl. 2016, § 4 TzBfG, Rz. 70; für einen Auskunftsanspruch des Arbeitnehmers für Tatsachen aus der Spähre des Arbeitgebers und erleichterte Anforderungen bei kollektiven Vergütungssystemen Laux/Schlachter/*Schlachter*, TzBfG, 2. Aufl. 2011, § 4 TzBfG, Rz. 264, 228; für Beweiserleichterungen auch MünchKomm/*Müller-Glöge*, Bd. 4, 6. Aufl. 2012, § 4 TzBfG, Rz. 50.

167 AP Nr 44 zu § 1 TVG Bezugnahme auf Tarifvertrag, Rz. 16.

168 BT-Drucks. 14/4374, S. 16; ErfK/*Preis*, 16. Aufl. 2016, § 4 TzBfG, Rz. 66.

169 Dörner, Der befristete Arbeitsvertrag, 2. Aufl. 2011, Rz. 104.

fortbesteht, weil deren Arbeitspflicht, sofern kein Erholungsurlaub gewährt wird, in unterrichtsfreien Zeiten nicht entfällt (BAG, Urteil v. 19.12.2007, 5 AZR 260/07).

71 Die Befristung eines Anstellungsvertrags rechtfertigt allerdings nicht den **Ausschluss von einer Sonderzahlung**, wenn für den Anspruch an vergangenheitsbezogene Voraussetzungen angeknüpft wird (BAG, Urteil v. 28.3.2007, 10 AZR 261/06[170]). Dies gilt auch dann, wenn eine Rückzahlungspflicht für den Fall der Beendigung des Arbeitsverhältnisses durch Kündigung bis zu einem Stichtag vorgesehen ist. Die Beendigung eines Arbeitsverhältnisses aufgrund einer Kündigung ist der Beendigung durch Ablauf einer Befristung nicht gleichzusetzen (BAG, Urteil v. 28.3.2007, 10 AZR 261/06).

72 Wenn der öffentliche Arbeitgeber bei der Entscheidung über die **Besetzung von Beförderungsstellen Beschäftigungszeiten, die im Rahmen von befristeten Arbeitsverträgen zurückgelegt wurden**, für die geforderte Mindestbeschäftigungsdauer nicht berücksichtigt, ist dies mit dem Leistungsgrundsatz (Art. 33 Abs. 2 GG) unvereinbar. Der Ausschluss befristeter Beschäftigungszeiten bei der Laufbahnnachzeichnung verstößt zudem gegen das Schlechterstellungsverbot des § 4 Abs. 2 Satz 3 TzBfG (BAG, Urteil v. 12.10.2010, 9 AZR 518/09[171]). Das gesetzliche Schlechterstellungsverbot dient nach Auffassung des BAG gerade dem Schutz des beruflichen Fortkommens befristet Beschäftigter. Das komme besonders durch § 19 TzBfG zum Ausdruck. Danach sei dem Arbeitgeber sogar ausdrücklich die Pflicht auferlegt, die berufliche Entwicklung befristet beschäftigter Arbeitnehmer zu fördern (BAG, Urteil v. 12.10.2010, 9 AZR 518/09).

5. Rechtsfolgen bei Verstoß

73 Ein Verstoß gegen das Schlechterbehandlungsverbot hat regelmäßig die **Nichtigkeit** der Vereinbarung nach § 134 BGB zur Folge. Der befristet Beschäftigte hat einen **Anspruch auf Gleichstellung** mit dem unbefristet Beschäftigten, der Teilzeitbeschäftigte einen Anspruch auf Gleichstellung mit dem Vollzeitbeschäftigten; in beiden Fällen kommt es zu einer **Angleichung nach oben**[172]. Diese Rechtsfolge ergibt sich aus § 134 BGB i. V. m. § 612 Abs. 2 BGB und nicht unmittelbar aus § 4 Abs. 1 TzBfG (BAG, Urteil v. 5.8.2009, 10 AZR 634/08[173]; BAG, Urteil v. 24.9.2008, 6 AZR 657/07)[174], denn § 4 Abs. 1 Satz 1 und Satz 2 TzBfG enthalten ein einheitliches Verbot der sachlich nicht gerechtfertigten Benachteiligung wegen der Teilzeitarbeit (BAG, Urteil v. 5.11. 2003, 5 AZR 8/03).

§ 4 Abs. 2 TzBfG sieht als Rechtsfolge **nicht die Zahlung einer immateriellen Entschädigung oder eines Schmerzensgeldes** wegen Diskriminierung vor (BAG, Urteil v.

---

170 NZA 2007, S. 687.

171 ZTR 2011, S. 237.

172 Dörner, Der befristete Arbeitsvertrag, 2. Aufl. 2011, Rz. 95; KR/*Bader*, 11. Aufl. 2016, § 4 TzBfG, Rz. 17.

173 ZTR 2009, S. 646.

174 So auch MünchKomm/*Müller-Glöge*, Bd. 4, 6. Aufl. 2012, § 4 TzBfG, Rz. 46; ErfK/*Preis*, 16. Aufl. 2016, § 4 TzBfG Rz. 72; HWK/*Schmalenberg*, 6. Aufl. 2014, § 4 TzBfG, Rz. 18; a. A. Laux/Schlachter/*Laux*, TzBfG, 2. Aufl. 2011, § 4 TzBfG, Rz. 181.

21.2.2013, 8 AZR 68/12[175]). Sowohl ein vertraglicher als auch ein deliktischer Anspruch eines Bewerbers auf Schmerzensgeld aufgrund einer Benachteiligung als befristet Beschäftigter scheitert jedenfalls daran, dass § 253 Abs. 1 BGB einen Entschädigungsanspruch bei Verletzung des § 4 Abs. 2 TzBfG ausschließt. Nach § 253 Abs. 1 BGB können Entschädigungen in Geld wegen eines Nichtvermögensschadens nur in den durch das Gesetz bestimmten Fällen gefordert werden. Die Diskriminierung wegen eines befristeten Arbeitsverhältnisses gehört nicht zu den aufgelisteten Rechtsgütern des § 253 Abs. 2 BGB. Ein Anspruch auf Schmerzensgeld kann auch nicht analog angewendet werden. Eine Regelungslücke liegt nicht vor. Die Aufzählung ist abschließend (BAG, Urteil v. 21.2.2013, 8 AZR 68/12[176]).

Verstoßen Vereinbarungen gegen das Verbot der Benachteiligung wegen Teilzeitarbeit oder Befristung, sind leistungsgewährende Vertragsbestimmungen auf diejenigen Personen zu erstrecken, die entgegen dem Gebot der Gleichbehandlung von der Gewährung der Leistungen - auch teilweise - ausgeschlossen sind (für die Teilzeitarbeit, § 4 Abs. 1 TzBfG, BAG, Urteil v. 24.9.2008, 6 AZR 657/07; BAG, Urteil v. 24.9.2003, 10 AZR 675/02; für die Befristung, § 4 Abs. 2 TzBfG, BAG, Urteil v. 11.12.2003, 6 AZR 64/03). Begünstigende Tarifbestimmungen werden auf diejenigen Personen erstreckt, die entgegen dem Gebot der Gleichbehandlung von der Gewährung tariflicher Leistungen ausgeschlossen wurden (BAG, Urteil v. 5.8.2009, 10 AZR 634/08[177].Das gilt jedenfalls solange, bis die Tarifvertragsparteien selbst eine benachteiligungsfreie Regelung schaffen (BAG, Urteil v. 11.12.2003, 6 AZR 64/03[178]). Soweit ein befristet Beschäftigter zu Unrecht von der Geltung eines Tarifvertrags ausgenommen wird, gilt für die Zeit bis zur Geltendmachung der Diskriminierung eine etwaige Verfallfrist nicht[179].

Ist eine Gleichbehandlung nicht mehr möglich, kann der Arbeitgeber nach § 280 BGB 74
schadensersatzpflichtig sein[180].

---

[175] NZA 2013, S. 955.

[176] NZA 2013, S. 955.

[177] ZTR 2009, S. 646, ebenso MünchKomm/*Müller-Glöge*, Bd. 4, 6. Aufl. 2012, § 4 TzBfG Rz. 47; für den Fall einer einem befristet Beschäftigten vorenthaltenen Sonderzahlung BAG, Urteil v. 28.3.2007, 10 AZR 261/06.

[178] NZA 2004, S. 723.

[179] KR/*Bader*, 11. Aufl. 2012, § 4 TzBfG, Rz. 17; Dörner, Der befristete Arbeitsvertrag, 2. Aufl. 2011, Rz. 96; ErfK/*Preis*, 16. Aufl. 2016, § 4 TzBfG, Rz. 79.

[180] Annuß/Thüsing/*Thüsing*, TzBfG, 3. Aufl. 2012, § 4 TzBfG, Rz. 93, für den Beispielsfall des Vorenthaltens der Nutzung einer betrieblichen Sozialeinrichtung.

§ 5 Benachteiligungsverbot

Der Arbeitgeber darf einen Arbeitnehmer nicht wegen der Inanspruchnahme von Rechten nach diesem Gesetz benachteiligen.

Übersicht **Rz.**

1. Allgemeines

1 Die Regelung enthält das Verbot, Arbeitnehmer, die ihre **Rechte aus diesem Gesetz** wahrnehmen, bei Vereinbarungen oder Maßnahmen (z. B. bei einem beruflichen Aufstieg) zu benachteiligen[1] und normiert damit eine Selbstverständlichkeit[2]. Europarechtlich wäre die Aufnahme dieses Benachteiligungsverbots in das Gesetz nicht notwendig gewesen, da dies weder die Europäische Rahmenvereinbarung zur Teilzeitarbeit (Richtlinie 1997/81 EG[3]) noch die Europäische Rahmenvereinbarung über befristete Arbeitsverträge (Richtlinie 1999/70 EG[4]) vorgaben[5]. Bei der Auslegung kommt es deshalb grundsätzlich nicht auf unionsrechtliche Grundsätze an[6]. Die Regelung stellt nach ganz herrschender Meinung eine Spezialnorm zu dem in § 612a BGB verankerten (allgemeinen) Maßregelungsverbot dar[7]. Danach darf ein Arbeitgeber einen Arbeitnehmer bei einer Vereinbarung oder einer Maßnahme nicht benachteiligen, weil der Arbeitnehmer in zulässiger Weise seine Rechte ausübt[8].

---

[1] So die Gesetzesbegründung, BT-Drucks. 14/4374, S. 16.

[2] KR/*Bader*, 11. Aufl. 2016, § 5 TzBfG, Rz. 1, hält die Vorschrift deshalb auch für „eigentlich überflüssig".

[3] ABl. v. 20.1.1998, Nr. L 14/9.

[4] ABl. v. 10.7.1999, Nr. L 175/43.

[5] So auch *Bauer*, BB 2001, S. 2473, 2474; Annuß/Thüsing/*Thüsing*, TzBfG, 3. Aufl. 2012, § 5 TzBfG, Rz. 1.

[6] Laux/Schlachter/*Schlachter*, TzBfG, 2. Aufl. 2011, § 5 TzBfG, Rz. 3.

[7] KR/*Bader*, 11. Aufl. 2016, § 5 TzBfG, Rz. 2; Annuß/Thüsing/*Thüsing*, TzBfG, 3. Aufl. 2012, § 5 TzBfG, Rz. 2; Laux/Schlachter/*Schlachter*, TzBfG, 2. Aufl. 2011, § 5 TzBfG, Rz. 1.

[8] Auch mit dem am 21.8.1980 in Kraft getretenen § 612a BGB hat der Gesetzgeber bereits eine EG-Vorgabe Art. 5 Richtlinie 75/117 EWG vom 10.2.1975 zur Angleichung der Rechtsvorschriften über die Anwendung des Grundsatzes des gleichen Entgelts für Männer und Frauen, ABl. Nr. L, S. 45, und Art. 7 Richtlinie 76/207 EWG vom 9.2.1976 zur Verwirklichung des Grundsatzes der Gleichbehandlung von Männern und Frauen, ABl. Nr. L, S. 39, 40, ausweitend umgesetzt.

Hinweis

Das Maßregelungsverbot bindet nicht nur den Arbeitgeber, sondern auch die **Betriebsparteien**. Diese haben auch bei Betriebsvereinbarungen das Maßregelungsverbot des § 5 TzBfG - und die anderen Benachteiligungsverbote, z. B. § 612a BGB, § 16 AGG, § 78 Satz 2 BetrVG - zu beachten (BAG, Urteil v. 18.9.2007, 3 AZR 639/06). Dabei kann es nach Auffassung des BAG dahinstehen, ob sich dies aus einer unmittelbaren Anwendung von § 5 TzBfG oder mittelbar aus § 75 Abs. 1 BetrVG ergibt (vgl. BAG, Urteil v. 31.5.2005, 1 AZR 254/04). Dementsprechend dürfen auch die Betriebsparteien Arbeitnehmer nicht deshalb benachteiligen, weil sie in zulässiger Weise ihre Rechte aus § 5 TzBfG ausüben.

Praktische Bedeutung kommt dem Benachteiligungsverbot in erster Linie **im Teilzeitbereich**, insbesondere nach einem Antrag des Arbeitnehmers auf Reduzierung der Arbeitszeit, zu. Für die Fallkonstellation, dass sich ein Arbeitnehmer weigert, von einem Vollzeit- in ein Teilzeitarbeitsverhältnis oder umgekehrt zu wechseln enthält § 11 TzBfG außerdem ein spezielles Kündigungsverbot[9]. Dieses stellt allerdings in erster Linie auf ein Unterlassen (Nichtannahme eines Änderungsangebots des Arbeitgebers) ab, während § 5 TzBfG die aktive Inanspruchnahme von Rechten nach dem TzBfG betrifft. 2

Im Befristungsbereich findet die große Mehrheit der Auseinandersetzungen nach dem Auslaufen des Arbeitsverhältnisses statt, weshalb die Gefahr und damit die **praktische Bedeutung** einer Benachteiligung **geringer** ist. 3

2. Inanspruchnahme von Rechten

Voraussetzung für das Benachteiligungsverbot ist die Inanspruchnahme von **Rechten, die das** TzBfG **dem Arbeitnehmer einräumt**. Dabei bindet das Maßregelungsverbot nicht nur isoliert den Arbeitgeber, sondern auch die Betriebsparteien. Diese haben auch bei Betriebsvereinbarungen das Maßregelungsverbot des § 5 TzBfG (und die anderen Benachteiligungsverbote) zu beachten[10]. Dementsprechend dürfen auch die Betriebsparteien Arbeitnehmer nicht deshalb benachteiligen, weil sie ihre Rechte ausüben (BAG, Urteil v. 18.9.2007, 3 AZR 639/06[11]). In Betracht kommt aus dem Bereich der **Teilzeitregelungen** insbesondere die Inanspruchnahme 4

- des Rechts auf Gleichbehandlung nach § 4 Abs. 1 TzBfG[12],
- die Inanspruchnahme von Informationsrechten betreffend freie Arbeitsplätze nach § 7 Abs. 2 TzBfG[13],

---

[9] S. Arnold, § 11, Rz. 1 ff.

[10] Dabei kann nach Auffassung des BAG dahinstehen, ob sich dies aus einer unmittelbaren Anwendung der entsprechenden Verbotsvorschriften oder mittelbar aus § 75 Abs. 1 BetrVG ergibt, BAG, Urteil v. 18.9.2007, 3 AZR 639/06, NZA 2008, S. 56.

[11] NZA 2008, S. 56.

[12] S. Rambach, § 4, Rz. 12 ff.

[13] S. Spinner, § 7, Rz. 16 ff.

- des Rechts auf Reduzierung der Arbeitszeit nach § 8 TzBfG[14],
- des Rechts auf bevorzugte Berücksichtigung bei der Besetzung eines freien Arbeitsplatzes mit verlängerter Arbeitszeit nach § 9 TzBfG[15],
- des Rechts auf Teilnahme an Aus- und Weiterbildungsmaßnahmen zur Förderung der beruflichen Weiterentwicklung und Mobilität nach § 10 TzBfG[16],
- des Rechts zur Verweigerung der Arbeit auf Abruf bei Nichteinhaltung der 4-tägigen Ankündigungsfrist nach § 12 Abs. 2 TzBfG[17],
- die Verweigerung der Vertretung eines verhinderten Arbeitskollegen bei Arbeitsplatzteilung nach § 13 Abs. 1 Satz 2 TzBfG[18].

5 Aus dem Bereich der **Befristungsregelungen** ist die Inanspruchnahme

- des Rechts auf Gleichbehandlung nach § 4 Abs. 2 TzBfG[19],
- des Rechts auf Information über entsprechende unbefristete Arbeitsplätze nach § 18 TzBfG[20],
- des Rechts auf Teilnahme an Aus- und Weiterbildungsmaßnahmen zur Förderung der beruflichen Weiterentwicklung und Mobilität nach § 19 TzBfG[21],
- der Möglichkeit, innerhalb der Frist des § 17 TzBfG die Unwirksamkeit einer Befristung geltend zu machen.

6 Im Unterschied zu § 612a BGB sieht der Wortlaut des § 5 TzBfG nicht vor, dass die **Inanspruchnahme von Rechten in zulässiger Weise** erfolgen muss. Die (objektive) Zulässigkeit der Rechtsausübung ist aber ungeschriebenes Tatbestandsmerkmal[22]. Es reicht also nicht aus, dass der Arbeitnehmer (subjektiv) vom Bestand des Rechts ausgeht[23]. Streitig ist, ob der Arbeitgeber aufgrund seiner Fürsorgepflicht vor einer eventuellen Sanktion verpflichtet ist, den sich über Inhalt und Ausmaß seiner Rechte irrenden Arbeitnehmer darauf hinzuweisen[24].

---

14 S. Lehnen, § 8, Rz. 8 ff.

15 S. Vossen, § 9, Rz. 7 ff.

16 S. Spinner, § 10, Rz. 1 ff.

17 S. Arnold, § 12, Rz. 64 ff.

18 S. Arnold, § 13, Rz. 16 ff.

19 S. Rambach, § 4, Rz. 48 ff.

20 S. Spinner, § 18, Rz. 1 ff.

21 S. Spinner, § 19, Rz. 1 ff.

22 ErfK/*Preis*, 16. Aufl. 2016, § 5 TzBfG, Rz. 1; Laux/Schlachter/*Schlachter*, TzBfG, 2. Aufl. 2011, § 5 TzBfG, Rz. 8.

23 Ebenso Laux/Schlachter/*Schlachter*, TzBfG, 2. Aufl. 2011, § 5 TzBfG, Rz. 9.; a. A. aber für § 612a BGB Erman/Westermann/*Hanau*, BGB, 14. Aufl. 2014, § 612a BGB, Rz. 3.

24 Bejahend ErfK/*Preis*, 16. Aufl. 2016, § 612a BGB, Rz. 5; Rolfs, TzBfG, 1. Aufl. 2002, § 5 TzBfG, Rz. 2; Sievers, TzBfG, 5. Aufl. 2015, § 5 TzBfG, Rz. 3; HK-TzBfG/*Joussen*, 3. Aufl. 2012, § 5 TzBfG, Rz. 9; Laux/Schlachter/*Schlachter*, TzBfG, 2. Aufl. 2011, § 5 TzBfG, Rz. 9; verneinend Meinel/Heyn/Herms/*Herms*, TzBfG, 5. Aufl. 2015, § 5 TzBfG, Rz. 5, es sei denn, der Irrtum wäre offensichtlich.

3. Benachteiligung

Eine Benachteiligung liegt vor, wenn der bisherige **Standard (aktiv) verschlechtert** wird. Eine Benachteiligung kann aber auch vorliegen, wenn sich die Situation des Arbeitnehmers gegenüber dem bisherigen Zustand nicht verschlechtert. Nach herrschender Meinung stellt auch das **Vorenthalten von Vorteilen** eine Benachteiligung dar und zwar selbst dann, wenn auf die Vorteile kein Rechtsanspruch besteht[25]. So kann eine vom Maßregelungsverbot erfasste Benachteiligung gegeben sein, wenn dem Arbeitnehmer Vorteile vorenthalten werden, die der Arbeitgeber anderen Arbeitnehmern gewährt, weil sie ihre Rechte nicht ausgeübt haben (BAG, Urteil v. 14.3.2007, 5 AZR 420/06[26]). Eine Benachteiligung ist aber in der Regel ausgeschlossen, wenn auch andere Arbeitnehmer die beanspruchte Leistung nicht erhalten. Eine Benachteiligung kann **auch durch Betriebsvereinbarung** erfolgen[27]. Eine unzulässige Benachteiligung kann auch darin liegen, dass der Arbeitgeber eine Kündigung ausspricht (BAG, Urteil v. 20.12.2012, 2 AZR 867/11[28]). Erforderlich ist aber ein unmittelbarer Zusammenhang zwischen der Benachteiligung und der Inanspruchnahme eines Rechts. Bloße Mitursächlichkeit genügt nicht. Die zulässige Rechtsausübung muss der tragende Beweggrund, d. h. das wesentliche Motiv für die benachteiligende Maßnahme gewesen sein (BAG, Urteil v. 18.9.2007, 3 AZR 639/06[29]). 7

Der Arbeitgeber orientiert sein Verhalten nicht an der Rechtsordnung, wenn er gegenüber einem befristet Beschäftigten gerade deswegen den **Abschluss eines Folgevertrags** ablehnt, weil der Arbeitnehmer in zulässiger Weise seine Rechte ausübt, und der Arbeitgeber den Vertrag ohne die Rechtsausübung geschlossen hätte. Vielmehr handelt es sich in einem solchen Fall um eine verbotene Maßregelung. Der Arbeitgeber übt nicht lediglich in zulässiger Weise seine Vertragsfreiheit aus. Sein Motiv dafür, dem Arbeitnehmer wegen der zulässigen Ausübung von Rechten den Vorteil eines unbefristeten Arbeitsvertrags vorzuenthalten, wird von der Rechtsordnung missbilligt. Das gilt gleichermaßen für vorangehende sachgrundlose Befristungen wie für Befristungen mit Sachgrund. Nach der Rechtsprechung des 7. Senats (BAG, Urteil v. 13.8.2008, 7 AZR 513/07) begründet der arbeitsrechtliche Gleichbehandlungsgrundsatz zwar keinen Anspruch eines Arbeitnehmers auf Verlängerung eines sachgrundlos befristeten Arbeitsvertrags nach § 14 Abs. 2 TzBfG. Der Grundsatz der Vertragsfreiheit genießt Vorrang. Der Arbeitgeber, der in einem befristeten Arbeitsverhältnis mit einem Arbeitnehmer steht, ist verpflichtet, bei der Entscheidung über den Abschluss eines weiteren Arbeitsvertrags das Maßregelungsverbot, und zwar sowohl das aus § 5 TzBfG als auch das des § 612a BGB zu beachten (BAG,

---

[25] Laux/Schlachter/*Schlachter*, TzBfG, 2. Aufl. 2011, § 5 TzBfG, Rz. 11; Meinel/Heyn/Herms/*Herms*, TzBfG, 5. Aufl. 2015, § 5 TzBfG, Rz. 9; ErfK/*Preis*, 16. Aufl. 2016, § 612a BGB, Rz. 10; Rolfs, TzBfG, 1. Aufl. 2002, § 5 TzBfG, Rz. 3.

[26] NZA 2007, S. 862, Rz. 34.

[27] Meinel/Heyn/Herms/*Herms*, TzBfG, 5. Aufl. 2015, § 5 TzBfG, Rz. 9; ErfK/*Preis*, 16. Aufl. 2016, § 612a BGB, Rz. 10.

[28] NZA 2013, S. 1003.

[29] NZA 2008, S. 56. S. auch Rz. 10.

Urteil v. 21.9.2011, 7 AZR 150/10[30]). Die Vertragsfreiheit des Arbeitgebers ist nur in den Grenzen der Rechtsordnung geschützt.

8 Eine Benachteiligung kann nur eine Handlung des Arbeitgebers sein, die der Inanspruchnahme eines Rechts aus dem TzBfG **zeitlich nachfolgt**. Eine antizipierte Benachteiligung wird von § 5 TzBfG nicht erfasst[31].

> **Hinweis**
>
> Das vertragliche Einverständnis des Arbeitnehmers schließt eine Benachteiligung nicht aus. § 5 TzBfG ist **unabdingbar** und steht deshalb nicht zur Disposition der Arbeitsvertragsparteien.

4. Kausalzusammenhang

9 Zwischen der zulässigen Inanspruchnahme von Rechten aus dem TzBfG durch den Arbeitnehmer und der Benachteiligung durch den Arbeitgeber muss ein **Kausalzusammenhang im Sinne einer conditio-sine-qua-non** bestehen. Wenn die **Benachteiligung** durch den Arbeitgeber **ausschließlich durch die zulässige Rechtsverfolgung des Arbeitnehmers bestimmt** gewesen ist, dann deckt sich das Motiv des Arbeitgebers mit dem objektiven Anlass zur Benachteiligung. Es ist dann unerheblich, ob die Maßnahme auf einen anderen Sachverhalt hätte gestützt werden können, weil sich ein möglicherweise vorliegender anderer Grund auf den Benachteiligungsentschluss nicht kausal ausgewirkt hat und deswegen als bestimmendes Motiv ausscheidet. Eine dem Benachteiligungsverbot widersprechende Maßnahme kann daher auch dann vorliegen, wenn an sich ein Sachverhalt gegeben ist, der eine Benachteiligung gerechtfertigt hätte.

10 Das Maßregelungsverbot kann auch zur **Unwirksamkeit einer nach** § 1 KSchG **zulässigen Kündigung** führen. Deshalb kommt es entscheidend darauf an, dass sich der Arbeitgeber gerade wegen der Inanspruchnahme eines Rechts zum Ausspruch der Kündigung entschlossen hat. Während das KSchG auf die objektive Sachlage zum Zeitpunkt der Kündigung und nicht auf den Beweggrund des Arbeitgebers abstellt, verwehrt es das Maßregelungsverbot dem Arbeitgeber, sich hierauf zu stützen, wenn dies überhaupt nicht der Beweggrund für die Kündigung war (BAG, Urteil v. 20.12.2012, 2 AZR 867/11[32]). Ist der **Kündigungsentschluss des Arbeitgebers** nicht nur wesentlich, sondern **ausschließlich durch die zulässige Rechtsverfolgung des Arbeitnehmers bestimmt** gewesen, so ist es unerheblich, ob die Kündigung auf einen anderen Kündigungssachverhalt hätte gestützt werden können. Ein möglicherweise vorliegender anderer Grund hat sich

---

[30] NZA 2012, S. 317 zu einem Fall des § 612a BGB.

[31] Laux/Schlachter/*Schlachter* TzBfG, 2. Aufl. 2011, § 5 TzBfG, Rz. 15; Meinel/Heyn/Herms/*Herms*, TzBfG, 5. Auf. 2015, § 5 TzBfG, Rz. 9; *Thüsing* zu § 612a BGB, NZA 1994, S. 728, 731; a. A. ErfK/*Preis*, 16. Aufl. 2016, § 612a BGB, Rz. 9; HK-TzBfG/*Joussen*, 3. Aufl. 2012, § 5, Rz. 8.

[32] NZA 2013, S. 1003.

dann nämlich nicht kausal auf den Kündigungsentschluss ausgewirkt und scheidet deshalb als bestimmendes Motiv für die Kündigung aus (BAG, Urteil v. 22.5.2003, 2 AZR 426/02; BAG, Urteil v. 2.4.1987, 2 AZR 227/86[33]).

§ 5 TzBfG schneidet - ebenso wie § 612 a BGB oder § 613 a Abs. 4 BGB - die Kausal- 11
kette für andere Gründe ab, die den Entschluss des Arbeitgebers nicht bestimmt haben[34]. Daraus folgt, dass er andere Umstände, die er ohne die zulässige Rechtsverfolgung des Arbeitnehmers nicht zum Anlass für die benachteiligende Maßnahme, Unterlassung oder Vereinbarung genommen hätte, nicht zur Begründung der Benachteiligung anführen kann (BAG, Urteil v. 2.4.1987, 2 AZR 227/86).

Das Maßregelungsverbot ist nur dann verletzt, wenn zwischen der Benachteiligung und 12
der Rechtsausübung ein **unmittelbarer Zusammenhang** besteht. Die zulässige Rechtsausübung muss der tragende Grund, **d.h. das wesentliche Motiv** für die benachteiligende Maßnahme sein. Es reicht nicht aus, dass die Rechtsausübung nur den äußeren Anlass für die Maßnahme bietet (BAG, Urteil v. 23.4.2009, 6 AZR 189/08[35]; zu § 612a BGB bereits BAG, Urteil v. 25.11.1993, 2 AZR 517/93[36]). Eine Benachteiligung scheidet aus, wenn die Rechtsausübung nur in irgendeiner Weise auch ursächlich und nur deren äußerer Anlass war.

Beispiel

Der Arbeitgeber kann z. B. vorsorglich kündigen, wenn der Arbeitnehmer Befristungskontrollklage erhebt; die Klage ist dann nur der Anlass der Kündigung, nicht aber bestimmender Beweggrund, weil der Arbeitgeber ohnehin dessen Beendigung verfolgt hat (BAG, Urteil v. 22.9.2005, 6 AZR 607/04)[37].

Schließen die Arbeitsvertragsparteien für die Zeit nach Beendigung der Laufzeit eines befristeten Arbeitsvertrags einen weiteren befristeten Arbeitsvertrag, unterliegt die in dem ersten Vertrag vereinbarte Befristung nur dann der gerichtlichen Befristungskontrolle, wenn die Parteien dem Arbeitnehmer bei Abschluss des Anschlussvertrags das **Recht vorbehalten, die Wirksamkeit der Befristung des vorangegangenen Vertrags gerichtlich überprüfen zu lassen**. Der Arbeitgeber ist zur Vereinbarung eines derartigen Vorbehalts grundsätzlich nicht verpflichtet. Lehnt der Arbeitgeber den Antrag des Arbeitnehmers, den Anschlussvertrag unter Vorbehalt abzuschließen, ab und hält er an seinem zuvor unterbreiteten Angebot auf vorbehaltlosen Abschluss des weiteren befristeten Arbeitsvertrags fest, liegt hierin keine Maßregelung, und zwar weder im Sinne von § 5 TzBfG noch im Sinne von § 612a BGB (BAG, Urteil v. 14.2.2007, 7 AZR 95/06[38]). Das

[33] NZA 1988, S. 18; LAG Mecklenburg-Vorpommern, Urteil v. 21.9.2011, 2 Sa 142/11.
[34] Laux/Schlachter/*Schlachter*, TzBfG, 2. Aufl. 2011, § 5 TzBfG, Rz. 16.
[35] NZA 2009, S. 974; ebenso BAG, Urteil v. 25.5.2004, 3 AZR 15/03, VersR 2005, S. 668.
[36] NZA 1988, S. 18.
[37] NZA 2006, S. 429; so auch KR/*Pfeiffer*, 11. Aufl. 2016, § 612a BGB, Rz. 18.
[38] NZA 2007, S. 803.

Maßregelungsverbot dient nicht dazu, den Arbeitsvertragsparteien die anerkannt zulässigen Möglichkeiten zur Gestaltung der Arbeits- und Ausscheidensbedingungen zu nehmen (BAG, Urteil v. 15.2.2005, 9 AZR 116/04[39]). Das in § 612a BGB zum Ausdruck kommende Unwerturteil ist in diesem Fall nicht gerechtfertigt, auch wenn sich aus dem Verhalten des Arbeitgebers Nachteile für den Arbeitnehmer ergeben. Dies gilt jedenfalls dann, wenn der Arbeitgeber dem Arbeitnehmer von Anfang an ausschließlich den vorbehaltlosen Abschluss eines weiteren befristeten Arbeitsvertrags angeboten hat und zum Zeitpunkt des Angebots noch keine Kenntnis von der Absicht des Arbeitnehmers hatte, die Unwirksamkeit der Befristung geltend zu machen. Die Weigerung, mit dem Arbeitnehmer den von diesem gewünschten Vorbehalt zu vereinbaren, ist dann nicht durch die Rechtsausübung des Arbeitnehmers initiiert und motiviert, sondern durch das von Anfang an bestehende legitime Interesse, das Arbeitsverhältnis durch einen weiteren befristeten Arbeitsvertrag auf eine neue Rechtsgrundlage zu stellen (BAG, Urteil v. 14.2.2007, 7 AZR 95/06[40]).

5. Rechtsfolgen einer Benachteiligung

13 § 5 TzBfG enthält keine konkreten Abwägungskriterien. Liegen seine Voraussetzungen vor, dann ist eine **rechtsgeschäftliche Maßnahme** des Arbeitgebers als gesetzwidrige Reaktion auf eine zulässige Rechtsausübung durch den Arbeitnehmer **nach** § 134 BGB **nichtig** (so bereits für § 612a BGB BAG, Urteil v. 2.4.1987, 2 AZR 287/96[41]).

Hinweis

Ungeachtet der aus § 134 BGB resultierenden Nichtigkeitsfolge muss der Arbeitnehmer z. B. eine als Folge der Inanspruchnahme von Rechten ausgesprochene Arbeitgeberkündigung innerhalb der 3-Wochenfrist des § 4 KSchG mit einer Kündigungsschutzklage angreifen[42]. § 5 TzBfG ist ein sonstiges Kündigungsverbot i. S. v. § 13 Abs. 3 KSchG. Wird deren Rechtsunwirksamkeit nicht rechtzeitig durch Klageerhebung geltend gemacht, gilt sie gemäß § 7 KSchG als von Anfang an wirksam[43].

---

[39] NZA 2005, S. 1117

[40] NZA 2007, S. 803.

[41] AP BGB § 612a Nr. 1; Meinel/Heyn/Herms/*Herms*, TzBfG, 5. Aufl. 2015, § 5 TzBfG, Rz. 12; Annuß/Thüsing/*Thüsing*, TzBfG, 3. Aufl. 2012, § 5 TzBfG, Rz. 6; KR/*Bader*, 11. Aufl. 2016, § 5 TzBfG, Rz. 3; Dörner, Der befristete Arbeitsvertrag, 2. Aufl. 2011, Rz. 109.

[42] KR/*Bader*, 11. Aufl. 2016, § 5 TzBfG, Rz. 3; Laux/Schlachter/*Schlachter*, TzBfG, 3. Aufl. 2012, § 5 TzBfG, Rz. 18; HK-TzBfG/*Joussen*, 1. Aufl. 2007, § 5 TzBfG, Rz. 5.

[43] Die frühere Auffassung, wonach die Nichtigkeit einer Kündigung gemäß §§ 134, 612a BGB ein Mangel war, der unabhängig von der Klagefrist des § 4 KSchG geltend gemacht werden kann (vgl. z. B. LAG Schleswig-Holstein, Urteil v. 25.7.1989, 1 (3) Sa 557/88, LAGE BGB § 612a Nr. 4 oder ErfK/*Preis*, 11. Aufl. 2011, § 612a BGB, Rz. 26), ist seit Inkrafttreten des Gesetzes zu Reformen am Arbeitsmarkt am 1.1.2004 obsolet geworden.

14 § 5 TzBfG ist ein Schutzgesetz i. S. v. § 823 Abs. 2 BGB[44]. Eine Benachteiligung kann deshalb zu einem **Schadensersatzanspruch** des Arbeitnehmers führen. Ein solcher kann wegen einer Vertragsverletzung auch auf § 280 Abs. 1 BGB gestützt werden[45]. Schließlich kann der benachteiligte Arbeitnehmer den Arbeitgeber auf Beseitigung/Rücknahme und Unterlassung der benachteiligenden Maßnahme in Anspruch nehmen[46].

15 Außerdem kann eine Benachteiligung i. S. v. § 5 TzBfG für den Arbeitnehmer zu einem **Zurückbehaltungsrecht gemäß** § 273 BGB führen[47]. Der Arbeitnehmer muss benachteiligenden Anordnungen des Arbeitgebers nicht Folge leisten. Daraus resultiert dann ein Annahmeverzug des Arbeitgebers mit Verzugslohnansprüchen des Arbeitnehmers nach § 615 Satz 1 BGB[48].

16 Der **Arbeitnehmer** hat die Darlegungs- und Beweislast dafür, dass er wegen seiner Rechtsausübung vom Arbeitgeber benachteiligt worden ist (BAG, Urteil v. 22.5.2003, 2 AZR 426/02[49]). Die Beweiserleichterung des § 611a Abs. 1 Satz 3 BGB konnte auf § 5 TzBfG nicht übertragen werden[50]. Auch eine Übertragung der Beweiserleichterung des § 22 AGG ist abzulehnen[51].

Teilweise wird erwogen, zu Gunsten des Arbeitnehmers die Grundsätze des **Beweises des ersten Anscheins** heranzuziehen[52]. Im Rahmen des § 612a BGB werden Beweiserleichterungen zu Gunsten des Arbeitnehmers nach den Grundsätzen des Anscheinsbeweises bejaht, wenn ein **enger zeitlicher Zusammenhang** zwischen der benachteiligenden Maßnahme (z. B. Kündigung) und der Ausübung eines Rechts (z. B. Stellung berechtigter Forderungen in angemessener Diktion) besteht (LAG Schleswig-Holstein, Urteil v. 28.6.2005, 5 Sa 64/05[53]). Die Grundsätze des Anscheinsbeweises beruhen auf der Lebenserfahrung, wonach bestimmte Geschehensabläufe eine gleichbleibende Ursache

---

44 Laux/Schlachter/*Schlachter*, TzBfG, 2. Aufl. 2011, § 5 TzBfG, Rz. 19.

45 So zu Recht auch KR/*Bader*, 11. Aufl. 2016, § 5 TzBfG, Rz. 3; HK-TzBfG/*Joussen*, 3. Aufl. 2012, § 5 TzBfG, Rz. 17.

46 Laux/Schlachter/*Schlachter*, TzBfG, 2. Aufl. 2011, § 5 TzBfG, Rz. 19.

47 HK-TzBfG/*Joussen*, 3. Aufl. 2012, § 5 TzBfG, Rz. 19; Laux/Schlachter/*Schlachter*, TzBfG, 2. Aufl. 2011, § 5 TzBfG, Rz. 18.

48 Meinel/Heyn/Herms/*Herms*, TzBfG, 5. Aufl. 2015, § 5 TzBfG, Rz. 14; KR/*Bader*, 11. Aufl. 2016, § 5 TzBfG, Rz. 3.

49 NZA 2004, S. 399.

50 Eine Übertragung der Beweiserleichterungen auf § 612a BGB hat das BAG im Urteil v. 2.4.1987, 2 AZR 227/86, NZA 1988, S. 18, abgelehnt.

51 So auch Sievers, TzBfG, 5. Aufl. 2015, § 5 TzBfG, Rz. 10; HK-TzBfG/*Joussen*, 3. Aufl. 2012, § 5, Rz. 20.

52 So Laux/Schlachter/*Schlachter*, TzBfG, 2. Aufl. 2011, § 5 TzBfG, Rz. 21; für den § 612a BGB LAG Schleswig-Holstein, Urteil v. 25.7.1989, 1 (3) Sa 557/88, LAGE BGB § 612a Nr. 4; im Ergebnis ebenso LAG Hamm, Urteil v. 15.1.1985, 7 (5) 1430/84, LAGE BGB § 612a Nr. 5; offen gelassen von BAG, Urteil v. 2.4.1987, 2 AZR 227/86, NZA 1988, S. 18; nur für Ausnahmefälle bejahend Meinel/Heyn/Herms/*Herms*, TzBfG, 5. Aufl. 2015, § 5 TzBfG, Rz. 16; eher ablehnend Annuß/Thüsing/*Thüsing*, TzBfG, 3. Aufl. 2012, § 5 TzBfG, Rz. 7.

53 AiB 2006, S. 61. Zustimmend HK-TzBfG/*Joussen*, 3. Aufl. 2012, § 5 TzBfG, Rz. 22, 23.

haben. Steht ein Sachverhalt fest, der nach der Lebenserfahrung auf einen bestimmten Geschehensablauf hinweist, so ist dieser regelmäßige Verlauf als bewiesen anzusehen, wenn der Fall das Gepräge des Üblichen und Typischen trägt. Der Anscheinsbeweis gilt demnach nur für so genannte **typische Geschehensabläufe**. Nur bei diesen darf der Regelablauf ohne Ausschluss anderer denkbarer Möglichkeiten prima facie vermutet werden. Der Anscheinsbeweis ist geführt, wenn der Arbeitnehmer Tatsachen nachweist, die einen Schluss auf die Benachteiligung wegen der Rechtsausübung wahrscheinlich machen, z B. wenn der zeitliche Zusammenhang evident ist[54]. Gleiches könnte gelten, wenn ein Arbeitgeber sämtliche Arbeitnehmer benachteiligt oder sämtlichen Arbeitnehmern einen Vorteil nicht gewährt, die ein bestimmtes Recht ausgeübt haben[55]. Der Anscheinsbeweis kehrt damit die Beweislast nicht um. Er ist entkräftet, wenn der Gegner Tatsachen behauptet und beweist, aus denen sich die ernsthafte Möglichkeit eines anderen Geschehensablaufs ergibt. Die beweispflichtige Partei muss dann den vollen strengen Beweis für ihre Behauptung erbringen.

17 Dass im Rahmen des TzBfG die für die Anwendung der Grundsätze des Anscheinsbeweises erforderlichen typischen Verläufe angenommen werden können, ist allerdings eher fraglich und dürfte auf Ausnahmefälle beschränkt sein. Trotz der deshalb grundsätzlich dem Arbeitnehmer obliegenden Darlegungs- und Beweislast muss bei Vorliegen eines besonders engen zeitlichen Zusammenhangs zwischen Rechtsausübung und Benachteiligung der **Arbeitgeber substantiiert bestreiten und seinerseits Gründe nennen**, die eine Maßregelungsabsicht ausschließen[56].

---

[54] LAG Hamm, Urteil v. 15.1.1985, 7 (5) 1430/84, LAGE § 612a BGB Nr. 5.

[55] Laux/Schlachter/*Schlachter*, TzBfG, 2. Aufl. 2011, § 5 TzBfG, Rz. 21.

[56] Meinel/Heyn/Herms/*Herms*, TzBfG, 5. Aufl. 2015, § 5 TzBfG, Rz. 16; Annuß/Thüsing/*Thüsing*, TzBfG, 3. Aufl. 2012, § 5 TzBfG, Rz. 7; Sievers, TzBfG, 5. Aufl. 2015, § 5 TzBfG, Rz. 10; HK-TzBfG/*Joussen*, 3. Aufl. 2012, § 5 TzBfG, Rz. 21.

Zweiter Abschnitt: Teilzeitarbeit

§ 6 Förderung von Teilzeitarbeit

Der Arbeitgeber hat den Arbeitnehmern, auch in leitenden Positionen, Teilzeitarbeit nach Maßgabe dieses Gesetzes zu ermöglichen.

Die Vorschrift setzt § 5 Abs. 3d 1. Alternative der Rahmenvereinbarung über Teilzeitarbeit[1] um. Nach der europäischen Vorgabe sollten Arbeitgeber, soweit dies möglich ist, zur Förderung des beruflichen Fortkommens und der beruflichen Mobilität Maßnahmen in Erwägung ziehen, die den **Zugang zur Teilzeitarbeit** auf allen Ebenen des Unternehmens, einschließlich qualifizierten und leitenden Stellungen, erleichtern. In geeigneten Fällen sollen sie dazu auch Maßnahmen in Erwägung ziehen, die den **Zugang von Teilzeitbeschäftigten zur beruflichen Bildung** erleichtern. 1

Entsprechend der unverbindlichen Vorgabe ist die deutsche Umsetzung **keine Anspruchsgrundlage**[2]. 2

Mit § 6 TzBfG sollen Arbeitgeber aufgefordert werden, Teilzeitarbeit auf allen Unternehmensebenen zu fördern. Sie sollen dafür sorgen, dass Teilzeitarbeit als Arbeitsform insbesondere im Bereich qualifizierter Tätigkeiten attraktiver wird (BAG, Urteil v. 16.9.2008, 9 AZR 781/07[3]). Der in § 6 TzBfG (sowie in §§ 1 und 9 TzBfG) ausgedrückte **Gesetzeszweck der Förderung der beruflichen Mobilität und Flexibilität auf allen Hierarchieebenen** soll u. a. gewährleisten, dass Arbeitnehmer nicht mit Rücksicht auf ihr berufliches Fortkommen davon abgehalten werden, eine Teilzeitbeschäftigung aufzunehmen.

Die Vorschrift hat (lediglich) klarstellende Funktion und soll nach dem Willen des Gesetzgebers dem Umstand Rechnung tragen, dass vielfach noch Vorbehalte gegen Teilzeitarbeit von Männern und in höherqualifizierten Tätigkeiten bestehen[4]. Der Appell zur Förderung von Teilzeitarbeit wird deshalb ausdrücklich auch auf Arbeitnehmer „in leitenden Positionen" erstreckt (BAG, Urteil v. 18.8.2009, 9 AZR 517/08[5]).

---

1 EG-Richtlinie 97/81 v. 15.12.1997, ABl. v. 20.1.1998, L 14/9.

2 ErfK/*Preis*, 16. Aufl. 2016, § 6 TzBfG, Rz. 1; nach HK-TzBfG/*Joussen*, 3. Aufl. 2012, § 6 TzBfG, Rz. 3 soll § 6 als Auslegungsmaxime bei der Anwendung des Gesetzes zu beachten sein.

3 NZA 2008, S. 1285, Rz. 28; vgl. auch BT-Drucks. 14/4374, S. 16.

4 BT-Drucks. 14/4374, S. 16.

5 NZA 2009, S. 1207.

Hinweis

Eine leitende Position allein ist deshalb insbesondere kein betrieblicher Grund i. S. d. § 8 Abs. 4 TzBfG, der einem Teilzeitverlangen vom Arbeitgeber entgegengehalten werden kann[6]. Der Arbeitgeber kann auch Arbeitspersonen mit Führungsaufgaben (im Fall: „Storeleiterin" im Einzelhandel) den Wunsch nach Verkürzung der Wochenarbeitszeit nicht allein mit dem Hinweis darauf abschlagen, eine Vollzeittätigkeit sei für ihn konzeptionell unabdingbar. Es gehört vielmehr zur Organisationspflicht des Arbeitgebers „alle zumutbaren organisatorischen Maßnahmen zu ergreifen, damit auch Arbeitnehmer in leitenden Positionen von ihrem Recht auf Teilzeitarbeit Gebrauch machen können (ArbG Berlin, Urteil v. 20.4.2012, 28 Ca 17989/11). Auch zur Ablehnung von Teilzeitverlangen von Führungskräften muss der Arbeitgeber im Einzelfall betriebliche Gründe darlegen[7].

3 Vom personellen Anwendungsbereich der Teilzeitvorschriften werden auch leitende Angestellte i. S. v. § 14 Abs. 2 KSchG und § 5 Abs. 3 BetrVG ohne Weiteres erfasst[8]. Insgesamt mutet die Einweisungsvorschrift mit wenig eigenem Gehalt[9] angesichts der betrieblichen Realitäten im Bereich der Führungskräfte eher theoretisch an.

---

6 MünchKomm/Müller-Glöge, Bd. 4, 6. Aufl. 2012, § 6 TzBfG, Rz. 1.

7 ErfK/*Preis*, 16. Aufl. 2016, § 6 TzBfG, Rz. 1; Meinel/Heyn/Herms/*Heyn*, TzBfG, 5. Aufl. 2015, § 6 TzBfG, Rz. 3.

8 So zu Recht Annuß/Thüsing/*Mengel*, TzBfG, 3. Aufl. 2012, § 6 TzBfG, Rz. 4, welche die Anforderungen an die betrieblichen Gründe bei Führungskräften aber eher reduzieren wollen; HK-TzBfG/*Joussen*, 3. Aufl. 2012, § 6 TzBfG, Rz. 4.

9 So Kittner/Däubler/Zwanziger, KSchR, 9. Aufl. 2014, § 6 TzBfG, Rz. 1.

§ 7 Ausschreibung; Information über freie Arbeitsplätze

(1) Der Arbeitgeber hat einen Arbeitsplatz, den er öffentlich oder innerhalb des Betriebes ausschreibt, auch als Teilzeitarbeitsplatz auszuschreiben, wenn sich der Arbeitsplatz hierfür eignet.
(2) Der Arbeitgeber hat einen Arbeitnehmer, der ihm den Wunsch nach einer Veränderung von Dauer und Lage seiner vertraglich vereinbarten Arbeitszeit angezeigt hat, über entsprechende Arbeitsplätze zu informieren, die im Betrieb oder Unternehmen besetzt werden sollen.
(3) [1]Der Arbeitgeber hat die Arbeitnehmervertretung über Teilzeitarbeit im Betrieb und Unternehmen zu informieren, insbesondere über vorhandene oder geplante Teilzeitarbeitsplätze und über die Umwandlung von Teilzeitarbeitsplätzen in Vollzeitarbeitsplätze oder umgekehrt. [2]Der Arbeitnehmervertretung sind auf Verlangen die erforderlichen Unterlagen zur Verfügung zu stellen; § 92 des Betriebsverfassungsgesetzes bleibt unberührt.

Übersicht **Rz.**

1. Allgemeines

§ 7 TzBfG setzt § 5 Abs. 3 lit. c und lit. e der Rahmenvereinbarung zur Teilzeitarbeit[1] in innerstaatliches Recht um. Ziel der Regelung des § 7 Abs. 1 TzBfG ist eine **Erweiterung des Angebots von Teilzeitarbeitsplätzen**[2]. 1

---

1 Richtlinie 97/81/EG, Amtsblatt Nr. L 14 vom 20.1.1998, S. 9, berichtigt Amtsblatt Nr. L 128 vom 30.4.1998, S. 71.

2 BT-Drucks. 14/4374, S. 16.

2 § 7 Abs. 2 TzBfG verfolgt das Ziel, **Teilzeitarbeit** für Arbeitnehmer **transparenter und bedarfsgerechter zu gestalten**[3]. Er setzt damit § 5 Abs. 3 lit. c der Rahmenvereinbarung über Teilzeitarbeit unmittelbar um. Im Vergleich zu ihrer Vorgängerregelung des § 3 Satz 1 des Gesetzes über arbeitsrechtliche Vorschriften zur Beschäftigungsförderung vom 26. April 1985[4] ist die Vorschrift nahezu unverändert geblieben. Verändert wurde lediglich die Formulierung von „Dauer oder Lage" (so die Vorläuferfassung) in „Dauer und Lage" (so die aktuelle Fassung). Darüber hinaus wurde der Geltungsbereich vom Betrieb auf das Unternehmen erstreckt[5].

3 § 7 Abs. 3 TzBfG setzt § 5 Abs. 3 lit. e der Rahmenvereinbarung über Teilzeitarbeit[6] um. Sie hat in § 20 TzBfG ihre Entsprechung für befristete Arbeitsverhältnisse[7]. Mit § 7 Abs. 3 TzBfG sollen die Arbeitnehmervertretungen in die Lage versetzt werden, an der Ausweitung der Teilzeitarbeit effektiv mitzuwirken[8].

4 Die Ausschreibungs- und Informationsverpflichtung aus § 7 TzBfG gilt **unabhängig von der Unternehmensgröße**[9].

2. Ausschreibungspflicht (Abs. 1)

5 Nach § 7 Abs. 1 TzBfG ist der Arbeitgeber verpflichtet, einen Arbeitsplatz, den er öffentlich oder innerhalb des Betriebs bzw. Unternehmens ausschreibt, auch als Teilzeitarbeitsplatz auszuschreiben, wenn sich der Arbeitsplatz hierfür eignet.

2.1 Reichweite der Ausschreibungspflicht

6 § 7 Abs. 1 TzBfG begründet keine eigenständige Verpflichtung des Arbeitgebers, Arbeitsplätze generell auszuschreiben, sondern vielmehr im Falle der Ausschreibung eines Arbeitsplatzes diesen auch – sofern er geeignet ist – als Teilzeitarbeitsplatz auszuschreiben[10].

7 Eine Verpflichtung zur **außerbetrieblichen Ausschreibung** besteht grundsätzlich nicht. Eine öffentliche Ausschreibung i. S. dieser Vorschrift ist etwa gegeben, wenn der Arbeitgeber durch Meldung einer freien Stelle gegenüber der Agentur für Arbeit oder durch Zeitungsinserate oder Anzeigen im Internet eine entsprechende Ausschreibung vornimmt[11].

---

3 BT-Drucks. 14/4374, S. 16

4 BGBl. I S. 710.

5 Zur vergleichbaren Regelung für befristet beschäftigte Arbeitnehmer s. Spinner, § 18 TzBfG.

6 Richtlinie 97/81/EG, Amtsblatt Nr. L 14 vom 20.1.1998, S. 9, berichtigt Amtsblatt Nr. L 128 vom 30.4.1998, S. 71.

7 Im Einzelnen s. Spinner, § 20.

8 Laux/Schlachter/*Laux*, TzBfG, 2. Aufl. 2011, § 7 TzBfG, Rz. 71.

9 HWK/*Schmalenberg*, 6. Aufl. 2014, § 7 TzBfG, Rz. 2.

10 Meinel/Heyn/Herms/*Heyn*, TzBfG, 5. Aufl. 2015, § 7 TzBfG, Rz. 5; Sievers, TzBfG, 5. Aufl. 2015, § 7 TzBfG, Rz. 2.

11 Laux/Schlachter/*Laux*, TzBfG, 2. Aufl. 2011, § 7 TzBfG, Rz. 18; HWK/*Schmalenberg*, 6. Aufl. 2014, § 7 TzBfG, Rz. 3.

Eine **innerbetriebliche Ausschreibung** liegt vor, wenn der Arbeitgeber eine allgemein gehaltene Aufforderung an alle oder eine bestimmte Gruppe von Arbeitnehmern des Betriebs ausspricht, sich für bestimmte Arbeitsplätze im Betrieb zu bewerben[12].
Bei einer innerbetrieblichen Arbeitsplatzausschreibung ist das **Mitbestimmungsrecht des Betriebsrats** nach § 93 BetrVG zu beachten. Danach kann der Betriebsrat verlangen, dass Arbeitsplätze, die besetzt werden sollen, allgemein oder für bestimmte Arten von Tätigkeiten vor ihrer Besetzung innerhalb des Betriebs ausgeschrieben werden. Dabei handelt es sich nach allgemeiner Auffassung um ein echtes Mitbestimmungsrecht des Betriebsrats. Im Falle des Verstoßes hat der Betriebsrat ein Zustimmungsverweigerungsrecht zur personellen Maßnahme (§ 99 Abs. 2 Nr. 5 BetrVG)[13]

Die Ausschreibungspflicht besteht nur für die Arbeitsplätze, **die sich auch als Teilzeitarbeitsplätze eignen**[14]. Damit wird klargestellt, dass der Arbeitgeber Arbeitsplätze, die er ausschreibt, nur im Rahmen seiner betrieblichen Möglichkeiten als Teilzeitarbeitsplätze auszuschreiben hat[15]. 8
Ob sich der konkrete Arbeitsplatz für Teilzeitarbeit eignet, ist eine **unternehmerische Entscheidung**, die alleine dem Arbeitgeber obliegt[16]. Der Arbeitgeber erstellt im Rahmen seiner Unternehmerfreiheit das Anforderungsprofil für einen von ihm zur Verfügung gestellten Arbeitsplatz. Er kann daher frei entscheiden, ob er eine Stelle als für Teilzeitarbeit geeignet ansieht. Diese unternehmerische Entscheidung ist durch die Arbeitsgerichte nicht auf ihre sachliche Rechtfertigung oder ihre Zweckmäßigkeit hin zu überprüfen, sondern, wie die unternehmerische Entscheidung bei betriebsbedingten Kündigungen, lediglich darauf hin, ob sie offenbar unsachlich oder unvernünftig ist oder sich gar als willkürlich erweist[17]. Bei der Beurteilung dieser Frage ist auch ein arbeitgeberseitig vorhandenes Organisationskonzept zu beachten[18]. Liegt ein plausibles Organisationskonzept des Arbeitgebers vor, fehlt es an einer Verpflichtung zur Ausschreibung der Stelle als Teilzeitarbeitsplatz[19].

---

12 ErfK/*Kania*, 16. Aufl. 2016, § 93 BetrVG, Rz. 2.

13 BAG, Beschluss v. 23.2.1988, 1 ABR 82/86, AP BetrVG 1972 § 93 Nr. 2 = NZA 1988, S. 551; ErfK/*Kania*, 16. Aufl. 2016, § 93 BetrVG, Rz. 8.

14 Laux/Schlachter/*Laux,* TzBfG, 2. Aufl. 2011, § 7 TzBfG, Rz. 12.

15 BT-Drucks. 14/4625, S. 20.

16 Annuß/Thüsing/*Mengel*, TzBfG, 3. Aufl. 2012, § 7 TzBfG, Rz. 3; ErfK/*Preis*, 16. Aufl. 2016, § 7 TzBfG, Rz. 3; HWK/*Schmalenberg*, 6. Aufl. 2014, § 7 TzBfG, Rz. 4; a. A. LAG Baden-Württemberg, Beschluss v. 19.7.2004, 14 TaBV 4/03, n. v.

17 ErfK/*Preis*, 16. Aufl. 2016, § 7 TzBfG, Rz. 3 mit Nachweisen aus der Rspr. zur betriebsbedingten Kündigung.

18 ArbG Hannover, Beschluss v. 13.1.2005, 10 BV 7/04, DB 2005, S. 896 = ArbuR 2005, S. 275; Meinel/Heyn/Herms/*Heyn*, TzBfG, 5. Aufl. 2015, § 7 TzBfG, Rz. 10; HWK/*Schmalenberg*, 6. Aufl. 2014, § 7 TzBfG, Rz. 4.

19 Vgl. *Dassau*, ZTR 2001, S. 64.

2.2 Rechtsfolgen bei Verstoß gegen § 7 Abs. 1 TzBfG

2.2.1 Fehlende unmittelbare Sanktionen

9 Erfolgt eine Ausschreibung eines zu besetzenden Arbeitsplatzes nicht auch als Teilzeitarbeitsplatz, obwohl dieser sich hierfür eignet, so sieht das Gesetz keine Rechtsfolge oder Sanktion vor[20]. Individualrechtliche Folgen, etwa ein Anspruch eines teilzeitbeschäftigten Arbeitnehmers auf Besetzung der Stelle mit seiner Person, bestehen nicht[21].

2.2.2 Fehlende mittelbare Sanktionen

10 Ein Verstoß gegen die Ausschreibungspflicht des § 7 Abs. 1 TzBfG ist auch nicht mittelbar sanktioniert.

Keine individualrechtliche Sanktion

11 Für den Verstoß des Arbeitgebers gegen seine Verpflichtung aus § 7 Abs. 1 TzBfG gibt es keine mittelbare individualrechtliche Sanktion[22]. Daran hat auch das Allgemeine Gleichbehandlungsgesetz (AGG)[23] nichts geändert. Zwar kann möglicherweise in der konkreten Besetzung eines Arbeitsplatzes als Vollzeitarbeitsplatz eine mittelbare Benachteiligung (vgl. § 3 Abs. 2 AGG) wegen des Geschlechts liegen[24], mit der Folge, dass bei Vorliegen der Voraussetzungen des § 15 AGG ein Entschädigungs- und Ersatzanspruch ausgelöst werden kann. Dieser knüpft aber nicht an einen Verstoß gegen § 7 Abs. 1 TzBfG an.

Kein Zustimmungsverweigerungsrecht des Betriebsrats nach § 99 Abs. 2 Nr. 5 BetrVG

12 Als **mittelbare kollektivrechtliche Sanktion** kommt jedoch ein Zustimmungsverweigerungsrecht des Betriebsrats nach § 99 Abs. 2 BetrVG in Betracht. Teilweise wird vertreten, dass eine Verletzung der Ausschreibungspflicht nach § 7 Abs. 1 TzBfG kein Zustimmungsverweigerungsrecht des Betriebsrats nach § 99 Abs. 2 Nr. 5 BetrVG auslöst[25]. Andererseits wird vertreten, dass, sofern der Betriebsrat nach § 93 BetrVG eine innerbetriebliche Ausschreibung verlangt hat, diese grundsätzlich unter Beachtung von § 7

---

[20] *Schlosser*, BB 2001, S. 411; HWK/*Schmalenberg*, 6. Aufl. 2014, § 7 TzBfG, Rz. 6; Meinel/Heyn/Herms/*Heyn*, TzBfG, 5. Aufl. 2015, § 7 TzBfG, Rz. 12.

[21] Sievers, TzBfG, 5. Aufl. 2015, § 7 TzBfG, Rz. 9.

[22] S. Rz. 10.

[23] Gesetz vom 14.8.2006, BGBl. I S. 1897.

[24] So HWK/*Schmalenberg*, 6. Aufl. 2014, § 7 TzBfG, Rz. 6.

[25] So etwa *Preis/Lindemann*, NZA Sonderheft 2001, S. 33, 36 ff.; Annuß/Thüsing/*Mengel*, TzBfG, 3. Aufl. 2012, § 7 TzBfG, Rz. 5; *Beckschulze*, DB 2000, S. 2598; *Ehler*, BB 2001, S. 1146; ErfK/*Preis*, 16. Aufl. 2016, § 7 TzBfG, Rz. 4; Löwisch/Kaiser, BetrVG, 6. Aufl. 2010, § 99 BetrVG, Rz. 50, 70.

Abs. 1 TzBfG zu erfolgen hat. In der Folge könnte der Betriebsrat im Falle der Nichtausschreibung eines Teilzeitarbeitsplatzes seine Zustimmung nach § 99 Abs. 2 Nr. 5 BetrVG verweigern[26].

Dem Betriebsrat steht dann unstreitig ein Zustimmungsverweigerungsrecht nach § 99 Abs. 2 Nr. 5 BetrVG zu, wenn der Arbeitgeber einen Arbeitsplatz zwar extern als Teilzeitarbeitsplatz, intern jedoch lediglich als Vollzeitarbeitsplatz ausschreibt. Dann liegt eine innerbetriebliche Ausschreibung der entsprechenden außerbetrieblich ausgeschriebenen Stelle nicht vor, mit der Folge, dass ein Zustimmungsverweigerungsrecht nach § 99 Abs. 2 Nr. 5 BetrVG besteht (vgl. etwa BAG, Beschluss v. 23.2.1988, 1 ABR 82/86[27]). Andererseits steht dem Betriebsrat ein Zustimmungsverweigerungsrecht nach der hier vertretenen Auffassung nicht zu, wenn ein Arbeitsplatz intern und extern gleichermaßen ausgeschrieben wird und der Betriebsrat die Zustimmung mit dem Argument verweigern will, dass der ausgeschriebene Arbeitsplatz auch als Teilzeitarbeitsplatz auszuschreiben wäre[28]. 13

Wie oben ausgeführt[29] steht im Rahmen des § 7 Abs. 1 TzBfG dem Arbeitgeber die alleinige Bestimmung der Frage der Geeignetheit einer Arbeitsstelle als Teilzeitstelle zu. Würde man dem Betriebsrat über § 99 Abs. 2 Nr. 5 BetrVG ein Zustimmungsverweigerungsrecht für den Fall der Nichtausschreibung einer Stelle als Teilzeitstelle vor dem Hintergrund des § 7 Abs. 1 TzBfG zubilligen, so würde hierdurch in unzulässiger Weise die Entscheidungsfreiheit des Arbeitgebers beeinträchtigt werden. Bereits nach der früheren Regelung des § 93 Sätze 2 und 3 BetrVG a. F. konnte der Betriebsrat lediglich eine Ausschreibung als Teilzeitarbeitsplatz **anregen**. Mit der Streichung dieser beiden Sätze in § 93 BetrVG im Zuge der Einführung des § 7 Abs. 1 TzBfG wollte der Gesetzgeber an dieser bestehenden Rechtslage nichts ändern. Andernfalls hätte er diese Verpflichtung entsprechend sanktioniert. 14

Kein Zustimmungsverweigerungsrecht des Betriebsrats nach § 99 Abs. 2 Nr. 1 BetrVG

Dem Betriebsrat steht im Falle eines vermeintlichen Verstoßes gegen § 7 Abs. 1 TzBfG auch kein Zustimmungsverweigerungsrecht nach § 99 Abs. 2 Nr. 1 BetrVG zu. Aus der Absicht des Gesetzgebers durch die Einführung des Teilzeit- und Befristungsgesetzes die Teilzeitarbeit zu fördern[30], ergibt sich keine Pflicht des Arbeitgebers, eine Stelle stets auch als Teilzeitstelle auszuschreiben. Ebenso wenig kann der Betriebsrat deshalb nach § 99 Abs. 2 Nr. 1 BetrVG seine Zustimmung zur personellen Maßnahme verweigern. 15

---

[26] Buschmann/Dieball/Stevens-Bartol, TzA, 2. Aufl. 2001, § 7 TzBfG, Rz. 5; *Hromadka*, NJW 2001, S. 400; Meinel/Heyn/Herms/*Heyn,* TzBfG, 5. Aufl. 2015, § 7 TzBfG, Rz. 13; Sievers, TzBfG, 5. Aufl. 2015, § 7 TzBfG, Rz. 10; Fitting, BetrVG, 27. Aufl. 2014, § 93 BetrVG, Rz. 16, 18 jeweils m. w. N.

[27] AP BetrVG 1972 § 93 Nr. 2 = NZA 1988, S. 551 = NJW 1988, S. 2558 (LS).

[28] S. Rz. 12.

[29] S. Rz. 8.

[30] S. Rambach, § 1.

Ansonsten würde jede gesetzgeberische Zielvorstellung im Rahmen des Arbeitsrechts zu einem Gesetzesverstoß und damit zu einem Zustimmungsverweigerungsrecht nach § 99 Abs. 2 Nr. 1 BetrVG führen[31]. Schließlich liegt aber auch schon kein Verstoß gegen § 7 Abs. 1 TzBfG vor, denn die Frage der Eignung als Teilzeitarbeitsplatz obliegt ausschließlich dem Arbeitgeber[32].

3. Informationspflicht (Abs. 2)

16 Nach § 7 Abs. 2 TzBfG hat der Arbeitgeber einen Arbeitnehmer, der ihm den Wunsch nach einer Veränderung von Dauer und Lage seiner vertraglich vereinbarten Arbeitszeit angezeigt hat, über entsprechende Arbeitsplätze zu informieren, die im Betrieb oder Unternehmen besetzt werden sollen.

3.1 Voraussetzung der Informationspflicht

17 Anders als die Vorläuferregelung des § 3 Satz 1 BeschFG, muss sich der Veränderungswunsch des Arbeitnehmers auf „**Lage und Dauer**" der Arbeitszeit beziehen, um die Verpflichtung nach § 7 Abs. 2 TzBfG auszulösen. Dagegen sprach, die Vorläuferregelung von einer Veränderung von „Dauer oder Lage" der Arbeitszeit. Teilweise wird – gestützt auf die Gesetzesmaterialien – vertreten, dass § 7 Abs. 2 TzBfG vor dem Hintergrund der Vorläuferregelung dahingehend auszulegen sei, dass die Informationspflicht des Arbeitgebers auch dann bestehe, wenn ein Arbeitnehmer **lediglich die Lage** seiner vertraglich vereinbarten Arbeitszeit verändern möchte[33]. § 7 Abs. 2 TzBfG stellt die Umsetzung von § 5 Nr. 3 lit. c der Rahmenvereinbarung zur Teilzeitarbeit[34] dar. Die Information betreffend freie Stellen soll dazu dienen, den Wechsel aus einem Vollzeit- in ein Teilzeitarbeitsverhältnis und von einem Teilzeit- in ein Vollzeitarbeitsverhältnis zu erleichtern. Primär zielt § 7 Abs. 2 TzBfG auf eine Veränderung der Dauer der individuellen Arbeitszeit des Arbeitnehmers ab und nicht lediglich auf eine anderweite Verteilung der Arbeitszeit[35]. Die Äußerung eines Veränderungswunsches lediglich hinsichtlich der Lage der individuellen Arbeitszeit löst die Informationsverpflichtung nach § 7 Abs. 2 TzBfG daher nicht aus[36].

Erfasste Arbeitnehmer

18 Die Informationsverpflichtung nach § 7 Abs. 2 TzBfG gilt gegenüber **allen Arbeitnehmern des Betriebs oder Unternehmens**, unabhängig vom individuellen Umfang der Arbeitszeit. Erforderlich ist ein Arbeitsverhältnis mit dem Arbeitgeber. Erfasst werden

---

31 A. A. wohl Boewer, TzBfG, 1. Aufl. 2002, § 7 TzBfG, Rz. 17 ff., insbesondere Rz. 19.

32 S. Rz. 8.

33 So bereits *Lakies*, DZWIR 2001, S. 1 ff.; Meinel/Heyn/Herms/*Heyn,* TzBfG, 5. Aufl. 2015, § 7 TzBfG, Rz. 20.

34 Richtlinie 97/81/EG.

35 ErfK/*Preis*, 16. Aufl. 2016, § 7 TzBfG, Rz. 7.

36 *Hanau*, NZA 2001, S. 1168; HWK/*Schmalenberg*, 6. Aufl. 2014, § 7 TzBfG, Rz. 8; Laux/Schlachter/*Laux*, TzBfG, 2. Aufl. 2011, § 7 TzBfG, Rz. 51.

neben vollzeitbeschäftigten Arbeitnehmern auch teilzeitbeschäftigte Arbeitnehmer, insbesondere auch geringfügig Beschäftigte oder befristet eingestellte Arbeitnehmer. Darüber hinaus gilt die Verpflichtung aus § 7 Abs. 2 TzBfG auch gegenüber **leitenden Angestellten** und Mitarbeitern in leitenden Positionen, was sich auch aus § 6 TzBfG ergibt[37]. Da das Gesetz anders als bei § 8 TzBfG keine Mindestdauer des Arbeitsverhältnisses fordert, gilt die Regelung auch für Arbeitnehmer innerhalb der ersten 6 Monate des Bestehens des Arbeitsverhältnisses. Erfasst werden auf der anderen Seite auch Arbeitgeber mit weniger als 15 regelmäßig Beschäftigten, da § 8 Abs. 7 TzBfG für § 7 TzBfG keine Geltung hat.

Änderungswunsch

Voraussetzung für die Informationspflicht nach § 7 Abs. 2 TzBfG ist, dass der einzelne 19
Arbeitnehmer seinen Wunsch nach einer Veränderung von Dauer und Lage seiner vertraglich vereinbarten Arbeitszeit seinem Arbeitgeber gegenüber anzeigt. Die Anzeige des Arbeitnehmers stellt **keine verbindliche Willenserklärung** auf Abgabe eines entsprechenden Angebots zur Vertragsänderung dar[38] und damit auch kein verbindliches Angebot auf Abschluss eines Änderungsvertrags seitens des Arbeitnehmers, das der Arbeitgeber annehmen könnte. Vielmehr handelt es sich insoweit um eine für den Arbeitnehmer rechtlich unverbindliche Willensäußerung. Erst wenn sich der Arbeitnehmer nach einer erfolgten Information gemäß § 7 Abs. 2 TzBfG an den Arbeitgeber wendet und sich um die konkrete Stelle bewirbt, kann frühestens eine rechtliche Bindung eintreten.

Der Wunsch nach einer Veränderung von Dauer und Lage der Arbeitszeit kann **formfrei** 20
erfolgen[39] und bedarf keiner Begründung[40]. Die Anzeige des Arbeitnehmers gegenüber dem Arbeitgeber bzw. dessen vertretungsberechtigter Person muss jedoch den **Umfang der gewünschten Veränderung von Lage und Dauer der Arbeitszeit** enthalten. Nicht erforderlich ist, dass der Arbeitnehmer seinen Wunsch hinsichtlich der Veränderung der Lage der Arbeitszeit, die mit einer Veränderung der Dauer der Arbeitszeit zwingend einhergeht, bereits minutengenau angibt. Es ist vielmehr ausreichend, dass der Arbeitnehmer eine ungefähre Größenordnung, mithin einen Rahmen der gewünschten Veränderung, angibt[41].

Keine tatbestandliche Voraussetzung ist, dass der Arbeitnehmer die Veränderung von 21
Dauer und Lage der Arbeitszeit **dauerhaft** begehrt[42].

---

37 Meinel/Heyn/Herms/*Heyn,* TzBfG, 5. Aufl. 2015, § 7 TzBfG, Rz. 17; s. Rambach, § 6, Rz. 3.

38 Laux/Schlachter/*Laux*, TzBfG, 2. Aufl. 2011, § 7 TzBfG, Rz. 46; *Link/Fink*, AuA 2001, S. 107.

39 HWK/*Schmalenberg*, 6. Aufl. 2014, § 7 TzBfG, Rz. 9.

40 Boewer, TzBfG, 1. Aufl. 2002, § 7 TzBfG, Rz. 32.

41 Meinel/Heyn/Herms/*Heyn,* TzBfG, 5. Aufl. 2015, § 7 TzBfG, Rz. 20.

42 ErfK/*Preis*, 2. Auflage 2001, § 3 BeschFG , Rz. 8; Meinel/Heyn/Herms/*Heyn,* TzBfG, 5. Aufl. 2015, § 7 TzBfG, Rz. 20.

3.2 Reichweite der Informationspflicht

22 Der Anspruch aus § 7 Abs. 2 TzBfG regelt einen **individualrechtlichen Informationsanspruch** eines Arbeitnehmers[43]. Der Arbeitnehmer hat einen Anspruch auf Information über solche Stellen im Betrieb oder Unternehmen, für die er aufgrund seiner persönlichen Eignung sowie seiner Arbeitszeitwünsche in Betracht kommt[44]. Aus diesem Informationsanspruch des Arbeitnehmers ergibt sich die Verpflichtung des Arbeitgebers, den Arbeitnehmer über entsprechend zu besetzende Arbeitsplätze zu informieren. Davon erfasst sind sowohl frei werdende Arbeitsplätze als auch neu gestaltete bzw. neu geschaffene[45].

23 Eine Verpflichtung des Arbeitgebers, einen Arbeitsplatz nach Wunsch des Arbeitnehmers neu zu schaffen, folgt aus § 7 Abs. 2 TzBfG jedoch nicht[46]. Aus der Wendung „entsprechend“ folgt, dass die Informationsverpflichtung des Arbeitgebers nur besteht, soweit die frei werdende bzw. neu geschaffene Stelle einen **Arbeitsplatz** darstellt, **der für den Arbeitnehmer aufgrund seiner persönlicher Eignung und seiner Arbeitszeitwünsche in Betracht kommt**[47]. Zu beachten ist, dass die konkreten Anforderungen an den Inhaber des Arbeitsplatzes vom Arbeitgeber bestimmt werden und folglich der Arbeitnehmer nach seinen übrigen Vertragsbedingungen (abgesehen von Lage und Dauer der Arbeitszeit) die mit dem Arbeitsplatz verbundenen Tätigkeiten übertragen bekommen könnte. Der Informationsanspruch nach § 7 Abs. 2 TzBfG führt **nicht** dazu, dass der Arbeitgeber den Arbeitnehmer über solche Arbeitsplätze zu informieren hat, die mit **minder- oder höherwertigeren Tätigkeiten** ausgestaltet sind[48].

3.3 Form der Information

24 Die Information über den Arbeitsplatz hat seitens des Arbeitgebers gegenüber dem den Wunsch anmeldenden Arbeitnehmer **persönlich** zu erfolgen. Dies kann **schriftlich oder mündlich** erfolgen[49]. Auch der Einsatz von E-Mail ist zulässig[50]. Eine - wie früher in § 3 Satz. 2 BeschFG vorgesehene - allgemeine Unterrichtung im Wege des Aushangs am schwarzen Brett genügt nicht mehr[51].

---

43 ErfK/*Preis*, 16. Aufl. 2016, § 7 TzBfG, Rz. 7.

44 BT-Drucks. 14/4625, S. 23.

45 ErfK/*Preis*, 16. Aufl. 2016, § 7 TzBfG, Rz. 5.

46 Meinel/Heyn/Herms/*Heyn,* TzBfG, 5. Aufl. 2015, § 7 TzBfG, Rz. 21.

47 Laux/Schlachter/*Laux*, TzBfG, 2. Aufl. 2011, § 7 TzBfG, Rz. 58.

48 Meinel/Heyn/Herms/*Heyn*, TzBfG, 5. Aufl. 2015, § 7 TzBfG, Rz. 23; Sievers, TzBfG, 5. Aufl. 2015, § 7 TzBfG, Rz. 15; a. A. Buschmann/Dieball/Stevens-Bartoll, TzA, 2. Aufl. 2001, § 7 TzBfG, Rz. 22.

49 HWK/*Schmalenberg*, 6. Aufl. 2014, § 7 TzBfG, Rz. 11.

50 Rolfs, TzBfG, 1. Aufl. 2002, § 7 TzBfG, Rz. 3.

51 Boewer, TzBfG, 1. Aufl. 2002, § 7 TzBfG, Rz. 33; Laux/Schlachter/*Laux*, TzBfG, 2. Aufl. 2011, § 7 TzBfG, Rz. 60; Meinel/Heyn/Herms/*Heyn*, TzBfG, 5. Aufl. 2015, § 7 TzBfG, Rz. 24; a. A. *Link/Fix*, AuA 2001, S. 107; *Kliemt*, NZA 2001, S. 63.

3.4 Erfüllung des Informationsanspruchs

§ 7 Abs. 2 TzBfG ist auf eine **einmalige Information** gerichtet. Hat der Arbeitgeber den Arbeitnehmer darüber unterrichtet, ob und welche Stellen, die für den Arbeitnehmer in Betracht kommen, derzeit vakant sind bzw. es in absehbarer Zeit werden, so ist der Anspruch erfüllt[52]. § 7 Abs. 2 TzBfG gewährt keinen Anspruch auf fortlaufende Information des Arbeitnehmers. Will der Arbeitnehmer eine fortlaufende Information erreichen, so bleibt ihm letztlich nur einen Teilzeitwunsch neuerlich dem Arbeitgeber gegenüber zu bekunden. Hierdurch löst er dann erneut den Informationsanspruch nach § 7 Abs. 2 TzBfG aus[53]. 25

Stellt der Arbeitgeber bei Prüfung des Informationsverlangens des Arbeitnehmers fest, dass derzeit weder entsprechende Arbeitsplätze frei sind noch in absehbarer Zeit frei werden, so hat der Arbeitgeber dem Arbeitnehmer dies entsprechend mitzuteilen, also eine **negative Auskunft** zu erteilen[54]. 26

3.5 Rechtsfolgen bei Verstoß gegen § 7 Abs. 2 TzBfG

Verstößt der Arbeitgeber gegen seine Pflicht aus § 7 Abs. 2 TzBfG, so kann dies u. U. **Schadensersatzansprüche** des Arbeitnehmers gegen den Arbeitgeber aus § 280 BGB nach sich ziehen[55]. Voraussetzung für einen entsprechenden Schadensersatzanspruch des Arbeitnehmers ist jedoch, dass sich der Arbeitnehmer bei erfolgter Information durch den Arbeitgeber auf die freie Stelle beworben hätte und er diese Stelle auch tatsächlich hätte erhalten müssen[56]. Die Schwierigkeit der Durchsetzung eines solchen Schadensersatzanspruchs ergibt sich daraus, dass der Arbeitnehmer darlegen und ggf. beweisen muss, dass er die Stelle, die Information vorausgesetzt, auch tatsächlich hätte bekommen müssen. Dieser Nachweis wird ihm regelmäßig nicht gelingen[57]. Der mögliche Schadensersatzanspruch des Arbeitnehmers würde in der Differenz zwischen seinem Einkommen als Teilzeitbeschäftigter und demjenigen als Vollzeitbeschäftigter zu sehen sein[58]. 27

---

[52] Boewer, TzBfG, 1. Aufl. 2002, § 7 TzBfG, Rz. 35; Laux/Schlachter/*Laux*, TzBfG, 2. Aufl. 2011, § 7 TzBfG, Rz. 62; a. A. HWK/*Schmalenberg*, 6. Aufl. 2014, § 7 TzBfG, Rz. 11.

[53] *Hromadka*, NJW 2001, S. 400; Sievers, TzBfG, 5. Aufl. 2015, § 7 TzBfG, Rz. 15; a. A. wohl *Hanau*, NZA 2001, S. 1168, der für eine jährliche Wiederholung der Information seitens des Arbeitgebers eintritt.

[54] Buschmann/Dieball/Stevens-Bartol, TzA, 2. Aufl. 2001, § 7 TzBfG, Rz. 20; Meinel/Heyn/Herms/*Heyn*, TzBfG, 5. Aufl. 2015, § 7 TzBfG, Rz. 25; a. A. Boewer, TzBfG, 1. Aufl. 2002, § 7 TzBfG, Rz. 35.

[55] ErfK/*Preis*, 16. Aufl. 2016, § 7 TzBfG, Rz. 9; *Hanau*, NZA 2001, S. 1168; Meinel/Heyn/Herms/*Heyn*, TzBfG, 5. Aufl. 2015, § 7 TzBfG, Rz. 26; a. A. Annuß/Thüsing/*Mengel*, TzBfG, 3. Aufl. 2012, § 7 TzBfG, Rz. 17; Rolfs, TzBfG, 1. Aufl. 2002, § 7 TzBfG, Rz. 5.

[56] ErfK/*Preis*, 16. Aufl. 2016, § 7 TzBfG, Rz. 8; MünchKomm/*Müller-Glöge*, Bd. 4, 6. Aufl. 2012, § 7 TzBfG, Rz. 8.

[57] ErfK/*Preis*, 16. Aufl. 2016, § 7 TzBfG, Rz. 8; Sievers, TzBfG, 5. Aufl. 2015, § 7 TzBfG, Rz. 22; siehe auch BAG, Beschluss v. 1.6.2011, 7 ABR 117/09, NZA 2011, 1435.

[58] BAG, Urteil v. 25.10.1994, 3 AZR 987/93, n. v., zu B der Gründe (Rz. 49 ff.); MünchArbR/*Schüren*, 3. Aufl. 2009, § 46, Rz. 40.

28 Dagegen kommen **deliktische Ersatzansprüche** des Arbeitnehmers aufgrund § 7 Abs. 2 TzBfG nicht in Betracht. § 7 TzBfG stellt insgesamt kein Schutzgesetz i. S. d. § 823 Abs. 2 BGB dar[59]. § 7 Abs. 2 TzBfG gibt dem Arbeitnehmer außer dem Informationsanspruch keine weiteren Rechte, insbesondere hat der Arbeitnehmer keinen Rechtsanspruch, die Stelle, über welche er informiert wird, auch tatsächlich zu erhalten.

4. Informationspflicht gegenüber der Arbeitnehmervertretung (Abs. 3)

29 Nach § 7 Abs. 3 TzBfG hat der Arbeitgeber den Betriebs- oder Personalrat über Teilzeitarbeitsplätze im Betrieb und Unternehmen zu informieren. Die Regelung des § 7 Abs. 3 TzBfG begründet eine **eigenständige Informationspflicht** des Arbeitgebers gegenüber der Arbeitnehmervertretung außerhalb des Betriebsverfassungsgesetzes bzw. der Personalvertretungsgesetze. Sie besteht unabhängig von einem Antrag der Arbeitnehmervertretung[60]. § 7 Abs. 3 TzBfG stellt damit eine Ergänzung des § 80 Abs. 2 BetrVG und den entsprechenden Regelungen der Personalvertretungsgesetze dar.

4.1 Voraussetzung der Informationspflicht: Arbeitnehmervertretung

30 Erfasst werden sämtliche Unternehmen, bei denen eine Arbeitnehmervertretung gebildet ist, unabhängig von der Anzahl der beschäftigten Arbeitnehmer. Als Arbeitnehmervertretungen i. S. d. § 7 Abs. 3 TzBfG sind **Betriebsräte**, **Personalräte** und **Mitarbeitervertretung im kirchlichen** Bereich anzusehen[61]. Besteht im Unternehmen ein **Gesamtbetriebsrat**, so kann auch dieser unter den Voraussetzungen des § 50 BetrVG erfasst sein[62].

Andere Arbeitnehmervertretungen, wie etwa die Jugend- und Auszubildendenvertretung oder die Schwerbehindertenvertretung fallen nicht unter die Regelung des § 7 Abs. 3 TzBfG[63]. Ebenso wenig der Konzernbetriebsrat oder der Europäische Betriebsrat[64].

4.2 Reichweite der Informationspflicht

31 Die Informationsverpflichtung des Arbeitgebers aus § 7 Abs. 3 Satz 1 TzBfG gegenüber der Arbeitnehmervertretung umfasst **sämtliche Formen von Teilzeitarbeit** im Betrieb und Unternehmen, einschließlich geringfügiger Beschäftigungsverhältnisse. Dabei bezieht sich der Informationsanspruch der Arbeitnehmervertretung auf Lage und Dauer der

---

[59] Annuß/Thüsing/*Mengel*, TzBfG, 3. Aufl. 2012, § 7 TzBfG, Rz. 5; Meinel/Heyn/Herms/*Heyn*, TzBfG, 5. Aufl. 2015, § 7 TzBfG, Rz. 26; *Schlosser*, BB 2001, S. 411; ErfK/*Preis*, 16. Aufl. 2016, § 7 TzBfG, Rz. 8; HWK/*Schmalenberg*, 6. Aufl. 2014, § 7 TzBfG, Rz. 12.

[60] Meinel/Heyn/Herms/*Heyn*, TzBfG, 5. Aufl. 2015, § 7 TzBfG, Rz. 27; HWK/*Schmalenberg*, 6. Aufl. 2014, § 7 TzBfG, Rz. 15.

[61] So schon *Däubler*, ZIP 2000, S. 1961; ErfK/*Preis*, 16. Aufl. 2016, § 7 TzBfG, Rz. 9; Laux/Schlachter/*Laux*, TzBfG, 2. Aufl. 2011, § 7 TzBfG, Rz. 73.

[62] Meinel/Heyn/Herms/*Heyn*, TzBfG, 5. Aufl. 2015, § 7 TzBfG, Rz. 29; Sievers, TzBfG, 5. Aufl. 2015, § 7 TzBfG, Rz. 25.

[63] Meinel/Heyn/Herms/*Heyn*, TzBfG, 5. Aufl. 2015, § 7 TzBfG, Rz. 29.

[64] Sievers, TzBfG, 5. Aufl. 2015, § 7 TzBfG, Rz. 25.

Arbeitszeit aller teilzeitbeschäftigten Arbeitnehmer[65]. Der Arbeitgeber hat die Arbeitnehmervertretung regelmäßig zu informieren und, soweit neue Teilzeitarbeitsplätze geschaffen werden oder geplant sind, die Arbeitnehmervertretung auch hierüber in Kenntnis zu setzen[66]. Die Informationsverpflichtung gilt auch für die beabsichtigte Umwandlung von Vollzeitarbeitsplätzen in entsprechende Teilzeitarbeitsplätze und umgekehrt[67]. Eines ausdrücklichen Antrags auf Information nach § 7 Abs. 3 TzBfG bedarf es nicht, vielmehr hat der Arbeitgeber die Arbeitnehmervertretung von sich aus zu informieren[68].

4.3 Form der Information

Eine besondere Form für die Unterrichtung der Arbeitnehmervertretung sieht das Gesetz nicht vor, weshalb **auch** eine **mündliche** Information ausreichend ist. Allerdings muss der Arbeitgeber auf Verlangen der Arbeitnehmervertretung nach § 7 Abs. 3 Satz 2 TzBfG derselben die **erforderlichen Unterlagen** zur Verfügung stellen[69]. Damit sind Unterlagen gemeint, die die Arbeitnehmervertretung zur umfassenden Kenntnis über alle (Teilzeit-)Arbeitsplätze und zukünftige Planungen benötigt[70]. Unterlagen i. S. des § 7 Abs. 3 Satz 2 TzBfG sind schriftliche Aufzeichnungen sowie elektronisch gespeicherte Informationen[71]. Wie bei § 80 BetrVG ist auch bei § 7 Abs. 3 TzBfG der Arbeitgeber nicht verpflichtet, die Originale der Unterlagen vorzulegen, vielmehr reicht die Vorlage von Abschriften[72]. 32

§ 7 Abs. 3 Satz 2 TzBfG räumt der Arbeitnehmervertretung gegen den Arbeitgeber lediglich einen Anspruch auf Vorlage vorhandener Unterlagen ein. Hingegen postuliert § 7 Abs. 3 Satz 2 TzBfG **keine Herstellungspflicht** des Arbeitgebers[73]. Der Arbeitgeber ist verpflichtet, vorhandene Stellenpläne, Personalplanungsunterlagen und ähnliches der Arbeitnehmervertretung zur Verfügung zu stellen[74]. 33

4.4 Gerichtliche Durchsetzung

Eine Streitigkeit zwischen Betriebsrat und Arbeitgeber über die Reichweite der Verpflichtung nach § 7 Abs. 3 TzBfG ist im **Beschlussverfahren nach** § 2a Nr. 1 ArbGG 34

[65] Buschmann/Dieball/Stevens-Bartol, TzA, 2. Aufl. 2001, § 7 TzBfG, Rz. 36.

[66] Meinel/Heyn/Herms/*Heyn*, TzBfG, 5. Aufl. 2015, § 7 TzBfG, Rz. 30.

[67] HWK/*Schmalenberg*, 6. Aufl. 2014, § 7 TzBfG, Rz. 15.

[68] Meinel/Heyn/Herms/*Heyn*, TzBfG, 5. Aufl. 2015, § 7 TzBfG, Rz. 30.

[69] HWK/*Schmalenberg*, 6. Aufl. 2014, § 7 TzBfG , Rz. 15.

[70] Boewer, TzBfG, 1. Aufl. 2002, § 7 TzBfG, Rz. 45.

[71] Fitting, BetrVG, 27. Aufl. 2014, § 80 BetrVG, Rz. 63; Löwisch/Kaiser, BetrVG, 6. Aufl. 2010, § 80 BetrVG, Rz. 27.

[72] Löwisch/Kaiser, BetrVG, 6. Aufl. 2010, § 80 BetrVG, Rz. 29.

[73] ErfK/*Kania*, 16. Aufl. 2016, § 80 BetrVG, Rz. 24; Löwisch/Kaiser, BetrVG, 6. Aufl. 2010, § 80 BetrVG, Rz. 28.

[74] Meinel/Heyn/Herms/*Heyn*, TzBfG, 5. Aufl. 2015, § 7 TzBfG, Rz. 32.

auszutragen[75], denn § 2a Nr. 1 ArbGG erfasst sämtliche Ansprüche aus der Betriebsverfassung und damit auch solche betriebsverfassungsrechtlichen Ansprüche außerhalb des BetrVG selbst[76].

---

75 ErfK/*Preis*, 16. Aufl. 2016, § 7 TzBfG, Rz. 9.

76 Germelmann/Matthes/Prütting/Matthes/Schlewing, ArbGG, 8. Aufl. 2013, § 2a ArbGG, Rz. 10; ErfK/*Koch*, 16. Aufl. 2016, § 2a ArbGG, Rz. 4.

§ 8 Verringerung der Arbeitszeit

(1) Ein Arbeitnehmer, dessen Arbeitsverhältnis länger als sechs Monate bestanden hat, kann verlangen, dass seine vertraglich vereinbarte Arbeitszeit verringert wird.
(2) [1]Der Arbeitnehmer muss die Verringerung seiner Arbeitszeit und den Umfang der Verringerung spätestens drei Monate vor deren Beginn geltend machen. [2]Er soll dabei die gewünschte Verteilung der Arbeitszeit angeben.
(3) [1]Der Arbeitgeber hat mit dem Arbeitnehmer die gewünschte Verringerung der Arbeitszeit mit dem Ziel zu erörtern, zu einer Vereinbarung zu gelangen. [2]Er hat mit dem Arbeitnehmer Einvernehmen über die von ihm festzulegende Verteilung der Arbeitszeit zu erzielen.
(4) [1]Der Arbeitgeber hat der Verringerung der Arbeitszeit zuzustimmen und ihre Verteilung entsprechend den Wünschen des Arbeitnehmers festzulegen, soweit betriebliche Gründe nicht entgegenstehen. [2]Ein betrieblicher Grund liegt insbesondere vor, wenn die Verringerung der Arbeitszeit die Organisation, den Arbeitsablauf oder die Sicherheit im Betrieb wesentlich beeinträchtigt oder unverhältnismäßige Kosten verursacht. [3]Die Ablehnungsgründe können durch Tarifvertrag festgelegt werden. [4]Im Geltungsbereich eines solchen Tarifvertrages können nicht tarifgebundene Arbeitgeber und Arbeitnehmer die Anwendung der tariflichen Regelungen über die Ablehnungsgründe vereinbaren.
(5) [1]Die Entscheidung über die Verringerung der Arbeitszeit und ihre Verteilung hat der Arbeitgeber dem Arbeitnehmer spätestens einen Monat vor dem gewünschten Beginn der Verringerung schriftlich mitzuteilen. [2]Haben sich Arbeitgeber und Arbeitnehmer nicht nach Absatz 3 Satz 1 über die Verringerung der Arbeitszeit geeinigt und hat der Arbeitgeber die Arbeitszeitverringerung nicht spätestens einen Monat vor deren gewünschtem Beginn schriftlich abgelehnt, verringert sich die Arbeitszeit in dem vom Arbeitnehmer gewünschten Umfang. [3]Haben Arbeitgeber und Arbeitnehmer über die Verteilung der Arbeitszeit kein Einvernehmen nach Absatz 3 Satz 2 erzielt und hat der Arbeitgeber nicht spätestens einen Monat vor dem gewünschten Beginn der Arbeitszeitverringerung die gewünschte Verteilung der Arbeitszeit schriftlich abgelehnt, gilt die Verteilung der Arbeitszeit entsprechend den Wünschen des Arbeitnehmers als festgelegt. [4]Der Arbeitgeber kann die nach Satz 3 oder Absatz 3 Satz 2 festgelegte Verteilung der Arbeitszeit wieder ändern, wenn das betriebliche Interesse daran das Interesse des Arbeitnehmers an der Beibehaltung erheblich überwiegt und der Arbeitgeber die Änderung spätestens einen Monat vorher angekündigt hat.
(6) Der Arbeitnehmer kann eine erneute Verringerung der Arbeitszeit frühestens nach Ablauf von zwei Jahren verlangen, nachdem der Arbeitgeber einer Verringerung zugestimmt oder sie berechtigt abgelehnt hat.
(7) Für den Anspruch auf Verringerung der Arbeitszeit gilt die Voraussetzung, dass der Arbeitgeber, unabhängig von der Anzahl der Personen in Berufsbildung, in der Regel mehr als 15 Arbeitnehmer beschäftigt.

Übersicht **Rz.**

1. Allgemeines

1 § 8 TzBfG ist zusammen mit § 14 TzBfG die Kernvorschrift für alle Regelungen zur Teilzeitarbeit. Sie regelt die **formalen Voraussetzungen der Erzielung von Teilzeitarbeit**. Die Vorschrift des § 8 TzBfG setzt § 5 Abs. 3a der Rahmenvereinbarung zur Teilzeitarbeit (Richtlinie 97/81/EG) in nationales Recht um. Inhaltlich erweitert § 8 TzBfG die Rahmenvereinbarung der europäischen Sozialpartner dabei erheblich. Denn § 8 TzBfG räumt dem Arbeitnehmer erstmalig einen **gesetzlichen Anspruch auf Teilzeitarbeit** ein. Hingegen regelt § 5 Abs. 3 der Rahmenvereinbarung zur Teilzeitarbeit lediglich, dass die Arbeitgeber Anträge von Vollzeitbeschäftigten auf Wechsel in ein im Betrieb „zur Verfügung stehendes“ Teilzeitarbeitsverhältnis zu berücksichtigen haben und räumt dem Arbeitnehmer damit bei weitem nicht so viele Rechte wie § 8 TzBfG ein. In

dem Fall ist nach der Intention des Gesetzgebers eine einvernehmliche Verkürzung der Arbeitszeit zwischen den Vertragsparteien vorrangig[1]. § 8 TzBfG stellt nach dem Willen des Gesetzgebers eine gewollte Privilegierung der Arbeitnehmer dar (LAG Hamm, Urteil v. 19.10.2006, 15 Sa 837/06).

2 Die Vorschrift ist **nicht zu Ungunsten des Arbeitnehmers abdingbar oder einschränkbar**. Bei § 8 TzBfG handelt es sich aber **nicht** um eine **international zwingende Bestimmung** i. S. v. Art. 34 EGBGB (LAG Hessen, Urteil v. 13.11.2006, 17 Sa 816/06). Denn international zwingend bzw. Eingriffsnormen sind nur solche arbeitsrechtlichen Regelungen, die „noch zwingender" sind, als die ohnehin unabdingbaren Normen des Arbeitsrechts. Bei § 8 TzBfG stehen durchaus Belange des Gemeinwohls hinter der Einführung des allgemeinen Anspruchs auf Verringerung der Arbeitszeit, namentlich die Annahme des Gesetzgebers, mehr Teilzeitarbeit werde zu mehr Einstellungen führen und so die Arbeitslosenquote insgesamt senken. Hierbei handelt es sich aber nicht um das primäre Ziel der Norm. Vorrangig dient § 8 TzBfG dem Ausgleich der widerstreitenden Interessen des Arbeitnehmers an einer Verkürzung seiner Arbeitszeit und des Arbeitgebers an der Beibehaltung der höheren Arbeitszeit. Dafür spricht auch, dass es dem Arbeitnehmer überlassen bleibt, seinen geltend gemachten Anspruch gerichtlich selbst durchzusetzen.

3 Gesetzgeberisches Ziel ist die Erleichterung der Umwandlung eines Vollzeitbeschäftigungsverhältnisses in ein Teilzeitbeschäftigungsverhältnis, um hierdurch in einem Betrieb weitere Arbeitsplätze schaffen zu können und gleichzeitig die Motivation des betroffenen Mitarbeiters ankurbeln zu können. § 8 TzBfG gibt für die rechtliche Durchsetzbarkeit des Teilzeitbegehrens eines Arbeitnehmers klare formelle und materielle Leitlinien, indem § 8 TzBfG die formelle Vorgehensweise beider Arbeitsvertragsparteien und die materiellen Voraussetzungen für den gesetzlichen Anspruch auf Teilzeitarbeit umfassend regelt. Damit soll § 8 TzBfG dazu beitragen, eine ablehnende Haltung von Arbeitgebern gegenüber realisierbaren Teilzeitarbeitswünschen der Arbeitnehmer zu überwinden[2].

1.1 Verfassungsrechtliche Grundlage

4 Früher sahen einzelne Gesetze lediglich ausnahmsweise **spezielle Regelungen** in Bezug auf die Reduzierung der Arbeitszeit nur für bestimmte Personengruppen vor. Beispielsweise haben Eltern seit dem 1.1.2001 Anspruch auf Verringerung der Arbeitszeit während der **Elternzeit** nach **§ 15 Abs. 6 BErzGG** (jetzt BEEG). Insoweit kann der Arbeitgeber den Teilzeitwunsch ablehnen, wenn er dringende betriebliche Gründe hat, die dem entgegenstehen. **Schwerbehinderte** können die Verringerung der Arbeitszeit nach **§ 81 SGB IX** durchsetzen, wenn die kürzere Arbeitszeit wegen Art und Schwere der Behinderung notwendig ist. Eine solche Notwendigkeit liegt nicht bereits dann vor, wenn das vom schwerbehinderten Arbeitnehmer begehrte neue Arbeitszeitmodell im Hinblick auf die Schwerbehinderung als wünschenswert, vorteilhafter und der Behinderung besser als

---

[1] BT-Drucks. 14/4374.
[2] BT-Drucks. 14/4374.

eine Vollzeitbeschäftigung angepasst scheint. Vielmehr werden mit dem Maßstab der Notwendigkeit deutlich strengere Anforderungen gestellt. Zur Begründung der Notwendigkeit einer Maßnahme gehört dementsprechend die Gegenüberstellung derjenigen Folgen, die sich einerseits ergeben, wenn die bestehende Lage beibehalten wird und wie sich die Lage andererseits darstellt, wenn die fraglichen Änderungen realisiert werden (LAG Hamm, Urteil v. 17.9.2012, 8 Sa 1095/11)[3]. Ein solcher Anspruch ist lediglich dann ausgeschlossen, wenn die Arbeitszeitreduzierung für den Arbeitgeber unzumutbar ist oder staatliche oder berufsgenossenschaftliche Arbeitsschutzvorschriften entgegenstehen. Des Weiteren kennt das **Altersteilzeitgesetz** die durch die Bundesagentur für Arbeit geförderte Reduzierung der Arbeitszeit aus Altersgründen[4]. Zudem enthalten bestimmte **Tarifverträge** wie z. B. die des öffentlichen Diensts (§ 11 TVöD und § 14b BMT-G) Ansprüche zur Verringerung der Arbeitszeit.

Problematisch bleibt jedoch die Frage, ob ein genereller gesetzlicher Anspruch für jeden Arbeitnehmer in einem Vollzeitbeschäftigungsverhältnis, der weder abdingbar noch einschränkbar ist, verfassungsrechtlich gerechtfertigt ist. § 8 TzBfG berührt die nach Art. 12 Abs. 1 GG geschützte **Berufsausübungsfreiheit des Arbeitgebers**, indem er den Arbeitgeber dazu verpflichtet, unter bestimmten Voraussetzungen seine Betriebsstruktur wider Willen zu verändern. Art. 12 Abs. 1 Grundgesetz schützt nach einem Beschluss des Bundesverfassungsgerichts (BVerfG, Beschluss v. 27.1.1998, 1 BvL 15/87[5]) das Interesse des Arbeitgebers, in seinem Unternehmen nur Mitarbeiter zu beschäftigen, die seinen Vorstellungen entsprechen, und das Interesse des Arbeitgebers, ihre Zahl auf das von ihm bestimmte Maß zu beschränken. Die Rechte des **Arbeitnehmers** hingegen sind in diesem Zusammenhang verfassungsrechtlich durch **Art. 2 Abs. 1 GG (Allgemeine Handlungsfreiheit)** geschützt. Unter Umständen kommt das verfassungsrechtlich geschützte Recht des Arbeitnehmers nach Art. 6 Abs. 1 **und** Abs. 2 GG **hinzu (Schutz der Ehe, Familie, nichtehelicher Kinder)**. Dies setzt allerdings voraus, dass die Reduzierung der Arbeitszeit ausschließlich zum Zweck der verbesserten Erfüllung familiärer Pflichten in Anspruch genommen wird. 5

Die **verfassungsrechtliche Legitimation** des § 8 TzBfG kann sich daher nur aus der strengen Handhabung des § 8 Abs. 4 TzBfG ergeben, wonach „betriebliche" Gründe des Arbeitgebers nicht entgegenstehen dürfen[6]. Ferner ergibt sich die verfassungsrechtliche Rechtfertigung des durch § 8 TzBfG geschaffenen Eingriffs in die geschützten Rechte des Arbeitgebers aus den beschäftigungs- und gleichzeitig gleichstellungspolitischen Zielen des § 8 TzBfG. Der Gesetzgeber will nämlich mit der Regelung Teilzeitarbeit fördern und dadurch Entlastungseffekte auf dem Arbeitsmarkt erreichen, so dass Gründe des Gemeinwohls hier vorgehen (BAG, Urteil v. 30.9.2003, 9 AZR 665/02[7]).

---

[3] Vgl. Imping, § 23 Rz. 49 und Beck RS 212, 75803.
[4] *Hanau*, ZIP 2011, S. 1.
[5] BVerfGE 97, 169 (176).
[6] Rolfs, TzBfG, 1. Aufl. 2002, § 8 TzBfG, Rz. 4.
[7] DB 2004, S. 709.

1.2 Betriebliche Mitbestimmung

6 Da der Betriebsrat nach § 87 Abs. 1 Nr. 2 BetrVG in Bezug auf Beginn und Ende der täglichen Arbeitszeit einschließlich der Pausen sowie der Verteilung der Arbeitszeit auf die einzelnen Wochentage ein notwendiges Mitbestimmungsrecht hat, unterliegt auch die seitens des Arbeitnehmers gewünschte Verteilung der reduzierten Arbeitszeit auf die Wochentage sowie an dem jeweiligen Arbeitstag diesem **Mitbestimmungsrecht** (BAG, Urteil v. 18.2.2003, 9 AZR 164/02[8]).

Das **kollektive Interesse der Arbeitnehmer** ist dadurch berührt, dass in diesen Fällen eine Wechselbezogenheit sowie eine mögliche Divergenz von Einzelinteressen im Rahmen einer arbeitsteiligen Organisation regelmäßig gegeben ist. Interessen des einzelnen Arbeitnehmers mit Blick auf die Verteilung seiner Arbeitszeit können regelmäßig nicht ohne Rückwirkung auf die Interessen der anderen Arbeitnehmer gegenüber dem Arbeitgeber durchgesetzt werden. Weitere Beispiele für kollektive Auswirkungen sind etwa eine erforderlich werdende Änderung der Arbeitszeit anderer Mitarbeiter oder eine zu erwartende Arbeitsverdichtung. Die divergierenden Interessen der Arbeitnehmer untereinander auszugleichen und gegenüber dem Arbeitgeber durchzusetzen, ist dabei die originäre Aufgabe des Betriebsrats.

Der Änderungsvertrag selbst stellt keine Änderung der betriebsüblichen Arbeitszeit im Sinne von § 87 Abs. 1 Nr. 1 BetrVG dar. Erst durch die tatsächliche Beschäftigung mit der geänderten Arbeitszeitverteilung wird die betriebsübliche Arbeitszeit verändert (BAG, Urteil v. 16.12.2008, 9 AZR 893/07).

7 Die **Verkürzung der Wochenarbeitszeit** des Arbeitnehmers stellt **keine Versetzung** i. S. v. § 90 Abs. 3 BetrVG dar, die der Zustimmung des Betriebsrats nach § 99 BetrVG bedarf. Eine Änderung der Umstände, unter denen die Arbeit zu leisten ist, ist noch keine Versetzung, wenn kein anderer Arbeitsbereich zugewiesen wird. Auch Sinn und Zweck der Beteiligung des Betriebsrats an Versetzungen nach § 99 BetrVG erfordern nicht, in einer bloßen erheblichen Veränderung der Lage der Arbeitszeit eine Änderung des Arbeitsbereichs und damit eine zustimmungspflichtige Versetzung zu sehen. Die Interessen der Arbeitnehmer hinsichtlich der Lage ihrer Arbeitszeit können durch das Mitbestimmungsrecht des Betriebsrats nach § 87 Abs. 1 Nr. 2 BetrVG ausreichend zur Geltung gebracht werden (BAG, Beschluss v. 16.7.1991, 1 AbR 71/90[9]).

2. Gesetzlicher Anspruch auf Teilzeit (Abs. 1)

2.1 Allgemeines

8 Vorauszuschicken ist, dass sich der gesetzliche Anspruch auf Teilzeitarbeit nach § 8 TzBfG nicht nur auf die Verringerung und gegebenenfalls Neuverteilung der Arbeitszeit auf dem bisherigen Arbeitsplatz des Arbeitnehmers richtet, sondern sich **auf den Betrieb als organisatorische Einheit** bezieht (BAG, Urteil v. 13.11.2012, 9 AZR 259/11). Vom

[8] NZA 2003, S. 1392, 1396.

[9] BB 1991, S. 2370; *Hamann*, NZA 2010, S. 785.

Anspruch umfasst ist daher **auch die Zuweisung eines anderen Arbeitsplatzes** im Betrieb, sofern der Arbeitgeber dadurch dem Teilzeitverlangen Rechnung tragen kann[10]. Nicht gehört wird der Arbeitgeber daher mit dem Einwand, der bisherige Arbeitsplatz des Arbeitnehmers lasse sich nur mit einer vollen Stelle besetzen, sofern es freie Arbeitsplätze im Betrieb gibt, auf denen mit verringerter Arbeitszeit gearbeitet werden kann. Der Anspruch nach § 8 Abs. 1 TzBfG kann daher die Verpflichtung begründen, Personalstrukturen – in Ausübung des Direktionsrechts aus § 106 S. 1 GewO – im Betrieb umzuorganisieren[11]. Die Maßgabe, § 8 Abs. 1 TzBfG gewähre einen Anspruch auf Verringerung der vereinbarten Arbeitszeit, nicht jedoch auch auf Änderung anderer Vertragsinhalte, gilt damit nur eingeschränkt. Anderes kann auch nicht aus einem Umkehrschluss zu § 9 TzBfG abgeleitet werden, weil diese Norm das Vorliegen eines freien Arbeitsplatzes – anders als § 8 Abs. 4 Satz 1 TzBfG – für den Tatbestand voraussetzt. Während § 9 TzBfG einer arbeitsplatzbezogene Prüfung erfordert, findet dies in § 8 TzBfG keinen Niederschlag (BAG, Urteil v. 13.11.2012, 9 AZR 259/11, Rz. 29 f.). Zutreffenderweise widerspräche es Sinn und Zweck der Vorschrift, wenn der Arbeitgeber den Verringerungswunsch ablehnen könnte, obgleich er in Ausübung seines Direktionsrechts einen Arbeitsplatz zuteilen kann, der die Verringerung der Arbeitszeit ermöglicht. Dies stünde konträr zur intendierten Förderung von Teilzeitarbeit (BAG, Urteil v. 13.11.2012, 9 AZR 259/11, Rz. 31 f.) Hat der Antrag nicht das in § 8 Abs. 1 TzBfG geforderte Änderungsziel, so kann der Arbeitnehmer keine Ansprüche aus § 8 TzBfG herleiten. Dann kann der Arbeitgeber über den Antrag (§ 145 BGB) auf Änderung des Arbeitsvertrags frei entscheiden, ohne an die Ablehnungsgründe nach § 8 Abs. 4 TzBfG oder an das Verfahren nach § 8 Abs. 5 TzBfG gebunden zu sein (BAG, Urteil v. 12.9.2006, 9 AZR 686/05).

Auch kann der **Antrag** aus § 8 TzBfG lediglich auf **unbestimmte Zeit gestellt** werden 9
und nicht – wie im Rahmen der Elternzeit – nach § 15 BEEG auf bestimmte Zeit (LAG Baden-Württemberg, Urteil v. 6.5.2004, 3 Sa 44/03[12]). Mithin kann ein Antrag auch nicht etwa in der Weise gestellt werden, dass der Arbeitnehmer „vorerst bis zum ..." eine befristete Verringerung seiner Arbeitszeit verlangt (BAG, Urteil v. 12.9.2006, 9 AZR 686/05). Zwar sind Anträge nach § 8 Abs. 1 TzBfG wie jede empfangsbedürftige Willenserklärung nach §§ 133, 157 BGB auszulegen. Wird von einem Arbeitnehmer eine Reduzierung der Arbeitszeit ab einem bestimmten Zeitraum verlangt, so ist regelmäßig davon auszugehen, dass er – aus welchen Gründen auch immer – die Verdienstminderung nur in dem von ihm genannten Zeitraum sozusagen als „Gegenleistung" für die ihm gewährte Arbeitszeitverringerung in Kauf nehmen will. Von daher kann hier im Rahmen einer Auslegung nicht ohne weitere Anhaltspunkte unterstellt werden, dass ein Arbeit-

10 *Hjort*, ArbR Aktuell 2013, S. 183; ErfK/*Preis*, 16. Aufl. 2016, § 8 TzBfG, Rz.4. Zu den Konsequenzen für die Verweigerungsmöglichkeit des Arbeitgebers im Rahmen des § 8 Abs. 4 TzBfG vgl. Rz. 79 f.

11 Ablehnend Meinel/Heyn/Herms/*Heyn*, TzBfG, 5. Aufl. 2015, § 8 TzBfG, Rz. 31.

12 Holwe/Kossens/Pielenz/Räder, TzBfG, 4. Aufl. 2014, § 8 TzBfG, Rz. 18.

nehmer diese Einschränkungen für die restliche Dauer seines Arbeitsverhältnisses hinnehmen will. Genau dieses Ziel wird aber nach dem Willen des Gesetzgebers mit § 8 Abs. 1 TzBfG erreicht.

10 Das Gesetz verzichtet dabei auch darauf, Wochenarbeitszeitverkürzungen vorzugeben, die den Wünschen der Arbeitnehmer widersprechen und deshalb der beschäftigungspolitischen Wirkung von Teilzeit entgegenwirken könnten, z. B. durch allgemeine Begrenzung der Verringerung der Arbeitszeit auf eine hälftige Verkürzung der Wochenarbeitszeit.

11 Allerdings muss sich der Arbeitgeber nur auf **zumutbare Maßnahmen** verweisen lassen, um den Teilzeitwunsch des Arbeitnehmers zu ermöglichen (BAG, Urteil v. 9.12.2003, 9 AZR 16/03[13]). Unzumutbar sind dabei solche Maßnahmen, die schon nach der gesetzlichen Wertung von vornherein nicht in Betracht kommen. Der Anspruch des Arbeitnehmers auf Verringerung der Arbeitszeit betrifft nur „seine Arbeitszeit", § 8 Abs. 1 TzBfG. Daher sollen dem Arbeitgeber keine Maßnahmen auferlegt werden, die mehr von ihm fordern, als den durch das Teilzeitbegehren bedingten Arbeitszeitausfall auszugleichen. Ein Arbeitnehmer kann vom Arbeitgeber also nicht verlangen, dass neben der Einstellung einer Ersatzkraft für seinen Arbeitszeitausfall auch noch andere Arbeitnehmer mit dauernden Überstunden belastet werden.

2.2 Anspruchsberechtigter Personenkreis

12 Der Teilzeitanspruch kann von **jedem Arbeitnehmer**, also auch von leitenden Angestellten nach § 6 TzBfG, d.h. von sog. Führungspersonal, von befristet Beschäftigten[14] sowie von Teilzeitbeschäftigten, die ihre Arbeitszeit weiter verringern wollen, begehrt werden[15]. **Auszubildende** fallen zwar auch grundsätzlich in den Geltungsbereich des TzBfG. Dennoch widerspricht es dem Sinn und Zweck einer Berufsausbildung, wenn der Auszubildende die Verringerung seiner Ausbildungszeit nach § 8 TzBfG verlangen könnte. Denn das BBiG sieht vor, dass Auszubildende innerhalb der für die Ausbildung vorgegebenen Zeit ihre Ausbildung erfolgreich absolvieren. Ausnahmefälle für Auszubildende berücksichtigt § 15 Abs. 5 BEEG genügend, indem solchen Auszubildenden, die Elternzeit in Anspruch nehmen, ein Teilzeitanspruch eingeräumt wird. § 20 BEEG sieht ausdrücklich vor, dass das BEEG für die zu ihrer Berufsbildung Beschäftigten gilt.

13 Der Teilzeitanspruch kann auch **nicht während** der **Elternzeit** geltend gemacht werden. Der Rechtsanspruch auf Teilzeit während der Elternzeit ist das speziellere Gesetz und geht für die Dauer der Elternzeit dem Rechtsanspruch aus § 8 TzBfG[16] vor. § 15 Abs. 7 BEEG sieht einen Arbeitszeitkorridor von zwischen 15 und 30 Wochenstunden während der Elternzeit vor. Würde man dem Arbeitnehmer, der während der Elternzeit z. B. eine Teilzeittätigkeit von 10 Wochenstunden wünscht, diesen Rechtsanspruch nach dem

---

13 NZA 2004, S. 922.

14 *Preis/Gotthardt*, DB 2001, S. 145.

15 *Preis/Gotthardt*, DB 2001, S. 145.

16 *Preis/Gotthardt*, DB 2000, S. 2065.

TzBfG einräumen, so würde dies dem gesetzgeberischen Willen des BEEG widersprechen. Der Arbeitnehmer kann damit lediglich im Anschluss an die Elternzeit den Anspruch nach § 8 TzBfG geltend machen.

2.3 Wartezeit und deren Berechnung

Voraussetzung ist, dass das **Arbeitsverhältnis zum Zeitpunkt der Geltendmachung** des Anspruchs **länger als 6 Monate** besteht (§ 8 Abs. 1 TzBfG). 14

Da das TzBfG zur Berechnung der 6-monatigen Wartezeit keine spezielle gesetzliche Regelung enthält, ist auf die allgemeinen Regeln zur **Fristberechnung nach § 187 ff. BGB** zurückzugreifen. Da nach § 187 Abs. 2 Satz 1 BGB der 1. Tag der Frist mitgezählt wird, besteht das Arbeitsverhältnis 6 Monate, wenn derjenige Tag des letzten Monats abgelaufen ist, welcher dem Tag vorhergeht, der durch seine Benennung oder seine Zahl dem Anfangstag der Frist entspricht. 15

Beispiel

Beginn des Arbeitsverhältnisses: 1.6.

Ende der Wartezeit: 31.12.

Dabei besteht das Arbeitsverhältnis am Tag seines Beginns ab 0.00 Uhr, unabhängig von dem Zeitpunkt der tatsächlichen Arbeitsaufnahme. Auch kommt es nicht darauf an, ob der Beginn des Arbeitsverhältnisses auf ein Wochenende oder einen Feiertag fällt, da dies nach § 187 BGB unerheblich ist. Gleiches gilt für das Ende der 6-Monatsfrist (§ 188 Abs. 1 BGB). Materiell-rechtlich kommt es bei der Ermittlung der Wartezeit ausschließlich auf den **rechtlichen Bestand des Arbeitsvertragsverhältnisses** an. Sollte die tatsächliche Arbeitsaufnahme dabei jedoch zeitlich vor dem offiziellen Vertragsbeginn erfolgen, so beginnt die Berechnung der Wartezeit hierbei ausnahmsweise mit der tatsächlichen Arbeitsaufnahme. Im Übrigen kommt es jedoch nicht darauf an, ob der Arbeitnehmer tatsächlich gearbeitet hat[17]. Denn Zeiten, in denen das Arbeitsverhältnis ruht, wie z. B. während des Mutterschutzes, der Elternzeit, bei Krankheit, Urlaub oder im Arbeitskampf werden bei der Berechnung der Wartezeit mit berücksichtigt[18].

Grundsätzlich muss das Vertragsverhältnis ohne rechtliche Unterbrechung **6 Monate bestanden** haben[19]. Allerdings ist ausnahmsweise wie auch bei § 1 KSchG die **Zeit eines früheren Arbeitsverhältnisses** mit demselben Arbeitgeber auf die Wartezeit **anzurechnen, wenn** das neue Arbeitsverhältnis in **engem sachlichen Zusammenhang** mit dem früheren steht[20]. Das Vorliegen eines solchen engen sachlichen Zusammenhangs richtet sich dabei nach der Rechtsprechung des Bundesarbeitsgerichts (BAG) (BAG, Urteil v. 10.5.1989, 7 AZR 450/88; BAG, Urteil v. 9.2.2000, 7 AZR 730/98) nach Anlass und 16

17 *Preis/Gotthardt*, DB 2001, S. 145.

18 *Rolfs*, RdA 2001, S. 129, Boewer, TzBfG, 1. Aufl. 2002, § 8 TzBfG, Rz. 23.

19 *Preis/Gotthardt*, DB 2001, S. 145.

20 Holwe/Kossens/Pielenz/Räder, TzBfG, 4. Aufl. 2014, § 8 TzBfG, Rz. 8.

Dauer der Unterbrechung sowie nach der Art der Weiterbeschäftigung. Die Dauer der Unterbrechung dominiert bei der Ermittlung des engen sachlichen Zusammenhangs. Je länger daher die zeitliche Unterbrechung andauert, umso gewichtiger müssen dann die sonstigen für einen sachlichen Zusammenhang sprechenden Umstände sein. Das BAG hat z. B. einen engen sachlichen Zusammenhang nach einer Unterbrechung von 1 Monat und 23 Tagen verneint (BAG, Urteil v. 20.8.1998, 2 AZR 83/98), ebenso bei einer Unterbrechung von 4 Monaten (BAG, Urteil v. 9.2.2000, 7 AZR 730/98).

17 Frühere **Ausbildungszeiten im Rahmen eines Berufsausbildungsverhältnisses** sind nicht anzurechnen, da das Berufsausbildungsverhältnis nach herrschender aber umstrittener Literaturauffassung kein Arbeitsverhältnis ist[21]. In der Rechtsprechung ist dieser Aspekt hingegen bislang nicht abschließend entschieden. Zwar gelten nach § 3 Abs. 2 BBiG für den Berufsausbildungsvertrag die Regeln über Arbeitsverträge entsprechend. Voraussetzung ist dabei jedoch, dass die Regeln über Arbeitsverträge im Einzelfall mit Sinn und Zweck der jeweiligen Gesetze vereinbar sind. Hier scheitert eine Anrechnung vorheriger Ausbildungszeiten am Sinn und Zweck der 6-monatigen Wartezeit des TzBfG. Denn diese dient dazu, den Arbeitgeber vor organisatorischen Neudispositionen in Bezug auf einen Arbeitnehmer zu schützen, dessen Art der Arbeitsleistung er kaum kennen kann. Im Rahmen einer Ausbildung rotiert der Auszubildende typischerweise, so dass der Arbeitgeber sich bei der Übernahme des Auszubildenden in ein normales Arbeitsverhältnis genau so ein Bild über diesen neuen Arbeitnehmer machen dürfen muss wie bei der Einstellung eines neuen Arbeitnehmers.

18 Hingegen ist bei Übernahme eines Mitarbeiters infolge eines **Betriebsübergangs** nach § 613a Abs. 1 BGB oder nach einer **Umwandlung** nach § 324 UmwG eine **vor dem Betriebsübergang bzw. der Unternehmensumwandlung erfolgte Beschäftigungszeit** bei der Berechnung der 6-monatigen Wartezeit **anzurechnen**. Zeiten als **Leiharbeitnehmer** oder **freier Mitarbeiter** bleiben unbeachtlich[22].

19 Letztlich ist eine frühere Beschäftigungszeit des Arbeitnehmers bei der 6-monatigen Wartefrist zu berücksichtigen, wenn der neue Arbeitgeber die Anrechnung früherer Beschäftigungszeiten bei einem anderen Unternehmen mit dem Arbeitnehmer im Anstellungsvertrag ausdrücklich vereinbart oder wenn der Unterbrechungszeitraum weniger als 6 Monate beträgt.

20 Macht der Arbeitnehmer seinen gesetzlichen **Anspruch auf Teilzeit vor Ablauf der Wartefrist** des § 8 Abs. 1 TzBfG geltend, ist sein Begehren vom Arbeitgeber nicht zu berücksichtigen. Denn die Einhaltung dieser Frist ist eine materielle Wirksamkeitsvoraussetzung[23]. Demzufolge ist eine Umdeutung nach § 140 BGB des Angebots des Arbeitnehmers in ein fristwahrendes Angebot rechtlich nicht möglich[24]. Dies ergibt sich

---

21 A. A. *Rolfs*, RdA 2001, S. 129.

22 Boewer, TzBfG, 1. Aufl. 2002,§ 8 TzBfG, Rz. 25; Sievers, TzBfG, 5. Aufl. 2015, § 8 TzBfG, Rz. 25.

23 Meinel/Heyn/Herms/*Heyn*, TzBfG, 5. Aufl. 2015, § 8 TzBfG, Rz. 25, 38; Sievers, TzBfG, 5. Aufl. 2015, § 8 TzBfG, Rz. 28.

24 *Straub*, NZA 2001, S. 919.

bereits aus der Konzeption des § 8 TzBfG, der sowohl dem Arbeitnehmer, als auch dem Arbeitgeber verschiedene zeitliche Etappen vorgibt, die aufeinander aufbauend im Rahmen der Organisation der Teilzeit streng einzuhalten sind. Andernfalls würde es gerade in größeren Betrieben, in denen ein Arbeitgeber gleichzeitig mehrere Teilzeitbegehren von Arbeitnehmern zu prüfen und zu organisieren hat, zu unüberwindbaren organisatorischen Schwierigkeiten kommen. Die strikte Einhaltung der in § 8 TzBfG vorgegebenen Fristen, angefangen mit der nach § 8 Abs. 1 TzBfG vorgegebenen 6-monatigen Wartezeit, ist daher wesentliche Voraussetzung für die Realisierung eines arbeitnehmerseitigen Teilzeitbegehrens[25].

Da der Arbeitnehmer also frühestens im 7. Monat seiner Beschäftigungszeit einen entsprechenden Anspruch auf Teilzeit geltend machen darf und dieser Antrag nach § 8 Abs. 2 TzBfG spätestens 3 Monate vor deren Beginn die Details über die Verringerung seiner Arbeitszeit und den Umfang der Verringerung angeben muss, hat dies im Einzelfall zur Folge, dass der Arbeitnehmer frühestens ab dem 10. Beschäftigungsmonat einen Teilzeitanspruch tatsächlich durchsetzen kann.

2.4 Vertraglich vereinbarte Arbeitszeit

§ 8 Abs. 1 TzBfG regelt nicht ausdrücklich, was unter vertraglich vereinbarter Arbeitszeit zu verstehen ist. 21 Nach der Begründung des Gesetzentwurfs der Bundesregierung enthält das Gesetz keine pauschalen Zeitvorgaben, die den Wünschen der Arbeitnehmer widersprechen und daher die beschäftigungspolitische Wirkung der Teilzeitarbeit konterkarieren könnten. Die Arbeitnehmer sollen die Möglichkeit haben, die Arbeit individuell an ihre Bedürfnisse anzupassen. Hieraus wird deutlich, dass das TzBfG darauf abzielt, den Arbeitnehmern größtmögliche Freiheit in der Gestaltung ihrer individuellen Arbeitszeit einzuräumen[26].

Weitere Auskunft über die Ermittlung der vertraglich vereinbarten Arbeitszeit gibt § 2 Abs. 1 Satz 2 TzBfG. Danach ist ein Arbeitnehmer, mit dem keine regelmäßige Wochenarbeitszeit vereinbart ist, teilzeitbeschäftigt, **wenn seine regelmäßige Arbeitszeit im Durchschnitt während eines bis zu einem Jahr reichenden Beschäftigungszeitraums unter der eines vergleichbaren vollzeitbeschäftigten Arbeitnehmers** liegt. Hieraus ergibt sich, dass die Ermittlung der vertraglich vereinbarten Arbeitszeit über einen Zeitraum bis zu einem Jahr erstreckt werden kann. Dieser Gesetzeswortlaut kann damit nur so verstanden werden, dass der Teilzeit begehrende Arbeitnehmer die Möglichkeit haben muss, in einem Monat die volle Stundenzahl einer Vollzeitkraft zu arbeiten und in einem anderen Monat weniger oder gar nicht zu arbeiten (LAG Düsseldorf, Urteil v. 1.3.2002, 18 (4) Sa 1269/01[27]).

---

[25] BT-Drucks. 14/4374.

[26] BT-Drucks. 14/4374.

[27] DB 2002, S. 1541.

22 Allgemein ist die **vertraglich vereinbarte Arbeitszeit** die nach dem Arbeitsvertrag geregelte Arbeitszeit, die in Stunden, Tagen, Wochen oder sogar in Monaten definiert werden kann. Die vertraglich vereinbarte Arbeitszeit kann sich auch aus einem **Tarifvertrag** ergeben. Ergibt sich die Arbeitszeit weder aus Arbeits-, noch aus Tarifvertrag, so ist die vertraglich vereinbarte Arbeitszeit anhand der Gehaltsabrechnungen in Bezug auf das Grundgehalt (ohne Überstundenzuschläge) im Zusammenhang mit der betrieblichen Übung zu ermitteln. Es kommt hierbei also gerade nicht auf die tatsächliche Arbeitszeit an. Bei der so genannten Arbeit auf Abruf (§ 12 TzBfG) ist aufgrund der unregelmäßigen Arbeitszeiten nach § 2 TzBfG für die Beurteilung des Arbeitszeitvolumens auf den Jahresdurchschnitt abzustellen.

23 Fraglich ist, wie der Teilzeitanspruch in Bezug auf solche Arbeitsverträge zu berechnen ist, die wirksam regeln, dass **Überstunden** vom Arbeitnehmer im gesetzlich zulässigen Rahmen abzuleisten sind, **ohne** dass der Arbeitnehmer hierfür eine **gesonderte Vergütung** erhält[28]. Würde hier der Arbeitnehmer dazu berechtigt sein, als Ergebnis seines Teilzeitbegehrens nur noch die Grundarbeitszeit in Teilzeit ohne Überstunden bei proportionaler Reduzierung seines Grundgehalts abzuleisten, würde dies zu ungerechten und untragbaren Folgen für vergleichbare Arbeitnehmer führen, die in Vollzeittätigkeit weiterhin zur Ableistung von Überstunden ohne zusätzliche Vergütung verpflichtet wären. Ein solches Ergebnis kann unter Berücksichtigung des arbeitsrechtlichen Gleichbehandlungsgrundsatzes nicht hingenommen werden.

Daher können Überstunden in diesem Fall von dem Teilzeitbegehren nicht mit umfasst werden[29]. Soweit jedoch Überstunden nach dem Arbeitsvertrag gesondert vergütet werden, kann das Teilzeitbegehren auch auf die Überstunden gerichtet werden, da in diesem Fall auch die Überstunden bei vertraglich vereinbarter Arbeitszeit vom monatlichen Grundgehalt mit umfasst werden und somit vergleichbare Vollzeitarbeitnehmer hierdurch nicht benachteiligt werden können.

3. Geltendmachung des Anspruchs (Abs. 2)

3.1 Form und Adressat des Antrags

24 Der Antrag des Arbeitnehmers ist **formfrei**, da das Gesetz für diesen Antrag kein Formerfordernis regelt. Der Antrag kann damit sowohl mündlich als auch schriftlich gestellt werden. Er muss lediglich „förmlich" den Anforderungen des § 8 Abs. 2 TzBfG entsprechen[30]. Eine mündliche Beantragung der Verringerung der Arbeitszeit birgt allerdings rechtliche Risiken für beide Parteien. Da der Arbeitnehmer hinsichtlich des Zeitpunkts der Geltendmachung des Verkürzungswunschs darlegungs- und beweisbelastet ist, kann es bei einer mündlichen Geltendmachung des Anspruchs zu erheblichen Beweisproble-

---

[28] BAG, Urteil v. 17.8.2011, 5 AZR 406/10.

[29] Annuß/Thüsing/*Mengel*, TzBfG, 3. Aufl. 2012, § 8 TzBfG, Rz. 17.

[30] Buschmann/Dieball/Stevens-Bartol, TzA, 2. Aufl. 2001, § 8 TzBfG, Rz. 19.

men hinsichtlich des Zeitpunkts und Inhalts der Geltendmachung des Verkürzungsanspruchs kommen[31]. Für den Arbeitgeber hingegen besteht das Risiko, dass er einen Arbeitnehmer im Falle des unentschuldigten Fehlens oder sogar bei beharrlicher Arbeitsverweigerung nicht erfolgreich abmahnen oder kündigen kann, weil der Arbeitnehmer sich darauf berufen kann, aufgrund des vor 3 Monaten mündlich gestellten Antrags auf Teilzeitarbeit und einer fehlenden schriftlichen Ablehnung des Arbeitgebers dazu berechtigt zu sein, von der Arbeit teilweise fernzubleiben[32]. Von daher ist im Interesse beider Parteien eine schriftliche Antragstellung zu empfehlen.

Der Antrag ist **grundsätzlich gegenüber dem Arbeitgeber oder dessen Vertreter** 25 **(Empfangsbote)** zu stellen. Dies ist zumeist die Personalabteilung. Der Arbeitgeber kann die zuständigen Empfangsboten ausdrücklich benennen. Existiert eine ausdrückliche Benennung nicht, kann in Anlehnung an § 5 Abs. 3 BetrVG nur derjenige als Empfangsbote angesehen werden, den der Arbeitgeber zur selbstständigen Einstellung und Entlassung ermächtigt hat oder dem der Arbeitgeber in anderer Form die offizielle Vorgesetztenfunktion gegenüber dem Arbeitnehmer verliehen hat[33].

3.2 Zeitpunkt des Antrags

Der Antrag kann grundsätzlich jederzeit nach Ablauf der 6-monatigen Wartezeit (s. 26 Rz. 14 ff.) geltend gemacht werden. Unabhängig vom Gesetz zum Elterngeld und zur Elternzeit (BEEG) kann die Verringerung der Arbeitszeit sogar auch außerhalb des BEEG nach § 8 TzBfG **auch während der Elternzeit** verlangt werden. Denn die vertraglich vereinbarte Arbeitszeit bleibt von der Inanspruchnahme der Elternzeit nach § 16 Abs. 1 BErzGG a. F. unberührt (BAG, Urteil v. 5.5.2007, 9 AZR 1112/06). Der Arbeitnehmer wird nur von der Pflicht befreit, in der vereinbarten Zeit Arbeit zu leisten. Im Übrigen enthält § 8 TzBfG keine Ausschlussregelung. Die Verringerung der Arbeitszeit nach § 8 TzBfG auch während der Elternzeit kommt dann zum Tragen, wenn der Arbeitnehmer eine unbefristete Vertragsänderung geltend macht. Im Zweifel ist die entsprechende Willenserklärung des Arbeitnehmers dahingehend nach §§ 133, 157 BGB auszulegen, ob der tatsächliche Wille des Anspruchstellers eine befristete oder eine unbefristete Vertragsänderung meint.

3.3 Angabe des Umfangs der Verringerung

Der Arbeitnehmer muss die Verringerung seiner Arbeitszeit und den Umfang der Ver- 27 ringerung, also die Verteilung, geltend machen (§ 8 Abs. 2 TzBfG). Rechtlich stellt dieser Antrag ein **Angebot auf Änderung des Arbeitsvertrags** an den Arbeitgeber dar, dem der Arbeitgeber bei Vorliegen der Voraussetzungen dieses Gesetzes zustimmen muss, sog. Kontrahierungszwang[34].

---

[31] Holwe/Kossens/Pielenz/Räder, TzBfG, 4. Aufl. 2014, § 8 TzBfG, Rz. 14; *Straub*, NZA 2001, S. 921.

[32] *Straub*, NZA 2001, S. 921.

[33] Buschmann/Dieball/Stevens-Bartol, TzA, 2. Aufl. 2001,§ 8 TzBfG, Rz. 20.

[34] *Hromadka*, NJW 2001, S. 400; Sievers, TzBfG, 5. Aufl. 2015, § 8 TzBfG, Rz. 13.

Verlangt also ein Arbeitnehmer beispielsweise mittels Teilzeitantrag eine Reduzierung seiner Arbeitszeit „auf einen Umfang zwischen 20 und 25 Wochenstunden", so genügt dies nicht für ein bestimmtes Teilzeitbegehren nach § 8 Abs. 2 TzBfG (BAG, Urteil v. 18.8.2009, 9 AZR 517/08[35]).

Umfang der Arbeitszeitverringerung

28 Inhaltlich muss der Arbeitnehmer einen **konkreten Umfang der Verringerung** verlangen. Den Umfang der Verringerung kann er in Stunden oder aber auch in Prozentsätzen, gemessen an der regelmäßigen wöchentlichen Arbeitszeit, angeben. Sein Teilzeitbegehren ist nicht hinreichend bestimmt, wenn hierin nur ein bloßer Arbeitszeitrahmen vorgegeben wird. Da das Gesetz keine Vorgaben über den Umfang einer zulässigen Verringerung, anders als das BEEG gibt, ist der Arbeitnehmer in der Angabe seines Verringerungswunschs frei (BAG, Urteil v. 11.6.2013, 9 AZR 786/11[36]).
Konkretisiert der Arbeitnehmer sein Verlangen auf Verringerung der Arbeitszeit nicht auf einen bestimmten zeitlichen Umfang, und räumt er dem Arbeitgeber kein Recht zur Bestimmung des Umfangs der Verringerung ein, so liegt kein wirksames Verringerungsverlangen i. S. v. § 8 TzBfG vor (BAG, Urteil v. 16.10.2007, 9 AZR 239/07). Denn der Inhalt eines solchen Angebots muss nach Allgemeinem Vertragsrecht so bestimmt sein, dass es mit einem einfachen „ja" angenommen werden kann (BAG, Urteil v. 15.11.2011, 9 AZR 729/07[37]). Dem Bestimmtheitsgebot ist auch dann genügt, wenn der Antragende dem Antragsempfänger die konkrete Festlegung eines einzelnen Vertragspunkts überlässt. Der Inhalt des zustande kommenden Änderungsvertrags muss im Hinblick auf die verringerte wöchentliche Arbeitszeit feststehen.

Beispiel

Verlangt also ein Arbeitnehmer beispielsweise mittels Teilzeitantrag eine Reduzierung seiner Arbeitszeit „auf einen Umfang zwischen ca. 20 und 25 Wochenstunden", so genügt dies nicht für ein bestimmtes Teilzeitbegehren nach § 8 Abs. 2 TzBfG (BAG, Urteil v. 18.8.2009, 9 AZR 517/08).

29 Der Arbeitnehmer hat keinen Anspruch auf Verringerung der Arbeitszeit auf die Hälfte der bisherigen Arbeitszeit in der Weise, dass im Wechsel ein Monat gearbeitet wird und ein Monat arbeitsfrei ist (LAG Köln, Urteil v. 23.11.2009, 5 Sa 601/09). Denn § 8 Abs. 1 TzBfG setzt voraus, dass sich der Verringerungswunsch **im Rahmen des bisher praktizierten Arbeitszeitmodells** bewegt. Jedoch ist der Arbeitnehmer nicht darauf reduziert, nur eine proportionale Verkürzung der Arbeitszeit an 5 Tagen von Montag bis Freitag zu verlangen. Vielmehr hat er auch einen Anspruch darauf, in der 4-Tagewoche statt in der

35 AP TzBfG, § 8 Nr. 28.
36 Ring, TzBfG, 1. Aufl. 2001, § 8 TzBfG, Rz. 34..
37 AP TzBfG § 8 Nr. 30.

5-Tagewoche zu arbeiten. Denn Wortlaut und Zusammenhang des § 8 Abs. 1 TzBfG geben gerade **keine Beschränkung auf das arbeitsvertraglich vereinbarte Arbeitszeitverteilungsmodel** vor (BAG, Urteil v. 18.8.2009, 9 AZR 517/08[38]). Damit soll dem Gedanken Rechnung getragen werden, dass die wirtschaftlich nachteilige Arbeitszeitverkürzung für den Arbeitnehmer häufig nur sinnvoll ist, wenn sie ihm auch hinsichtlich der Arbeitszeitverteilung die nötigen Freiräume eröffnet. Der Arbeitnehmer soll also eine größere Zeitsouveränität erlangen.

Über Anträge zur Arbeitszeitverringerung und -neuverteilung kann der Arbeitgeber separat entscheiden. Dem Arbeitnehmer steht es jedoch frei, seinen Reduzierungswunsch vom Erfolg des Neuverteilungsverlangen abhängig zu machen, so dass der Arbeitgeber dann nur einheitlich hierüber entscheiden darf (BAG, Urteil v. 16.12.2008, 9 AZR 893/07; BAG, Urteil v. 18.8.2009, 9 AZR 517/08[39]).

In jedem Fall muss der Arbeitgeber aus dem Antrag des Arbeitnehmers erkennen können, 30
welche Arbeitszeitdauer nach den Vorstellungen des Arbeitnehmers künftig maßgeblich sein soll. Der Arbeitnehmer muss sich bei Antragstellung allerdings darüber im Klaren sein, dass der Arbeitgeber **ausschließlich** auf die **konkret dargelegte Verringerung** der Arbeitszeit eingehen muss. Sollte der Arbeitgeber genau dieser Reduzierung der Arbeitszeit betriebliche Gründe entgegenhalten können, wäre der Antrag des Arbeitnehmers im Nachhinein nicht mehr korrigierbar. Von daher sollte der Arbeitnehmer dem Arbeitgeber in seinem Antrag gleichzeitig hilfsweise anzeigen, dass auch eine Verringerung in einem anderen konkret angegebenen Ausmaß in Betracht kommt. Der Arbeitnehmer unterliegt bei diesem Antrag **keiner Begründungspflicht** (BAG, Urteil v. 9.12.2003, 9 AZR 16/03). Dennoch kann eine sachliche Begründung die Bereitschaft des Arbeitgebers fördern, auf den Wunsch des Arbeitnehmers einzugehen.

Grenzen des Umfangs der Arbeitszeitverringerung

Das Recht des Arbeitnehmers, eine Neuverteilung seiner Arbeitszeit zu wünschen, findet 31
seine Grenze im **Rechtsmissbrauch**. Ein Rechtsmissbrauch ist anzunehmen, wenn der Arbeitnehmer offensichtlich gar nicht die tatsächliche Verringerung der Arbeitszeit wünscht, sondern vielmehr durch eine **marginale Veränderung** die Neuverteilung seiner Arbeitszeiten erreichen will. In der Rechtsprechung findet sich die Auffassung, dass bei einer begehrten Reduzierung von z. B. 7,5 Arbeitsstunden auf 7 Arbeitsstunden pro Arbeitstag, also einer Reduzierung um etwa **7 %**, ein entsprechender Rechtsmissbrauch angenommen werden kann (ArbG Würzburg, Urteil v. 28.1.2010, 5 Ca 1806/09). Allerdings wurde eine Verringerung der Arbeitszeit lediglich um 1 ¼ Stunden und den Wunsch nach einer grundlegenden Neuverteilung der Arbeitszeitlage nicht als missbräuchlich angesehen (ArbG Stuttgart, Urteil v. 23.11.2001, 26 Ca 1324/01[40]).

---

[38] AP TzBfG, § 8 Nr. 28.

[39] AP TzBfG, § 8 Nr. 28.

[40] NZA-RR 2002, S. 183; a. A. *Rieble/Gutzeit*, NZA 2002, S. 7, die eine Mindestreduzierung von 5 Stunden pro Woche vorschlagen; Husmann, SGB 2002, S. 22.

32 Eine weitere Grenze kann das Teilzeitbegehren in einer **Betriebsvereinbarung** zwischen Arbeitgeber und Betriebsrat finden[41]. Betriebsvereinbarungen zur Festlegung der Arbeitszeit sind damit ein geeignetes Mittel, ausufernde Teilzeitwünsche bzw. Neuverteilungswünsche von Arbeitnehmern zu begrenzen. Da dieses „Privileg" an sich nur Arbeitgebern mit Betriebsrat vorbehalten wäre, müsste gleiches auch für betriebsinterne Vereinbarungen zwischen dem Arbeitgeber und der Arbeitnehmerschaft in betriebsratslosen Betrieben gelten.

Unbefristete Arbeitszeitverringerung

33 Der Arbeitnehmer kann die **Arbeitszeitverringerung** nicht für einen zeitlich begrenzten Zeitraum, sondern **nur unbefristet** verlangen[42]. Verlangt ein Arbeitnehmer vom Arbeitgeber dennoch im Einzelfall die Zustimmung zur befristeten Verringerung seiner vertraglich vereinbarten Arbeitszeit, so liegt kein wirksames Verringerungsverlangen i. S. d. § 8 Abs. 1, Abs. 2 TzBfG vor, das die Rechtsfolgen des § 8 Abs. 3 bis Abs. 5 auslöst (BAG, Urteil v. 12.9.2006, 9 AZR 686/05). Verlangt daher der Arbeitnehmer im Einzelfall eine Arbeitszeitverringerung, für die § 8 TzBfG keine Anspruchsgrundlage darstellen kann, ist der Arbeitgeber auch nicht verpflichtet, das Verfahren des § 8 TzBfG durchzuführen. Denn § 8 gewährt dem Arbeitnehmer keinen Anspruch auf eine befristete Verringerung der Arbeitszeit.

Hingegen sah der Referentenentwurf[43] noch ursprünglich ausdrücklich in § 8 Abs. 4 TzBfG vor, dass Arbeitgeber und Arbeitnehmer vereinbaren konnten, die Wochenarbeitszeit für einen bestimmten Zeitraum zu verringern. Hieraus ergibt sich, dass der Gesetzgeber die Befristung des Vertragsänderungsangebots im Ergebnis nicht wünschte. Infolgedessen ist der Arbeitgeber auch nicht dazu verpflichtet, auf ein Vertragsangebot des Arbeitnehmers, das nur auf eine zeitlich begrenzte Verringerung gerichtet ist, überhaupt einzugehen.

3.4 3-Monats-Frist

34 Die Verringerung der Arbeitszeit – aber grundsätzlich nicht ihre Verteilung – ist spätestens **3 Monate vor** deren **Beginn** geltend zu machen. Ausnahmsweise erfasst die 3-Monats-Frist jedoch auch die Verteilung der Arbeitszeit, wenn der Arbeitnehmer in seinem Antrag die Verringerung der Arbeitszeit von der gewünschten Verteilung abhängig gemacht hat. Eine frühere Geltendmachung ist auch möglich, wenn die Wartezeit des § 8 Abs. 1 TzBfG erfüllt ist, da es sich um eine sog. **Mindestfrist** handelt (LAG Köln, Urteil v. 4.12.2001, 9 Sa 726/01[44]). Der Arbeitnehmer ist dabei nicht darauf beschränkt, die

---

[41] *Preis/Gotthardt*, BB 2001, S. 145.

[42] ErfK/*Preis* 16. Aufl. 2016, § 8 TzBfG, Rz. 2.

[43] NZA 2000, S. 1045.

[44] Ring, TzBfG, 1. Aufl. 2001, § 8 TzBfG, Rz. 37.

Verringerung der Arbeitszeit nur für den Beginn eines Monats zu verlangen[45]. Die Einhaltung der 3-Monats-Frist ist nach herrschender Meinung materielle Wirksamkeitsvoraussetzung für den Anspruch auf Verringerung der Arbeitszeit[46].

Zwar wird nach anderer Auffassung befürwortet, dass ein verspätet gestellter Antrag, durch den die 3-monatige Frist vor Beginn der Arbeitszeit unterschritten wird, **nicht rechtsunwirksam** sei (LAG Schleswig-Holstein, Urteil v. 15.12.2010, 3 SaGa 14/10; BAG, Urteil v. 20.7.2004, 9 AZR 626/03; ArbG Oldenburg, Urteil v. 26.3.2002, 6 Ca 3/02[47]). Dies ließe sich auch bereits dem Sinn und Zweck der 3-Monats-Frist entnehmen. Denn hiermit soll dem Arbeitgeber genügend Zeit eingeräumt werden, um das Teilzeitbegehren betrieblich und arbeitsorganisatorisch abwägen zu können und ggf. personelle Auffangmaßnahmen vorbereiten zu können. Infolgedessen könnte der Antrag des Arbeitnehmers nach § 140 BGB so ausgelegt werden, dass die Verringerung der Arbeitszeit zum nächst zulässigen Zeitpunkt gewünscht wird. Dies entspräche auch der rechtlichen Handhabe bei der Ermittlung der relevanten Kündigungsfrist in einem Kündigungsschreiben, das eine fehlerhaft berechnete Kündigungsfrist beinhaltet. 35

Es muss allerdings berücksichtigt werden, dass sich durch eine zeitliche Verschiebung dieser Frist automatisch auch die Ablehnungsfrist des Arbeitgebers nach § 8 Abs. 5 TzBfG verschieben würde. Eine solche Konstellation entspricht gerade nicht dem eindeutigen Wortlaut des § 8 Abs. 5 TzBfG. Denn nach dem eindeutigen Wortlaut hat der Arbeitgeber den Antrag bis spätestens einen Monat vor dem gewünschten Beginn der Verkürzung abzulehnen. Damit ist eine zeitliche Verschiebung der Frist nach § 8 Abs. 5 TzBfG rechtlich nicht möglich. Ergo ist auch eine zeitliche Verschiebung der 3-Monats-Frist ausgeschlossen[48]. Etwas anderes hat aber zu gelten, wenn der Arbeitgeber sich trotz Nichteinhaltung der 3-Monats-Frist auf das Teilzeitverlangen des Arbeitnehmers einlässt. Denn in diesem Fall verzichtet der Arbeitgeber explizit auf die Einhaltung der vorgegebenen 3-Monats-Frist (BAG, Urteil v. 20.7.2004, 9 AZR 626/03). 36

Bei der **Fristberechnung** gelten wieder die allgemeinen Fristenregelungen nach §§ 187, 188 BGB. Allerdings besteht bei der Berechnung der 3-monatigen Frist die Besonderheit, dass der Arbeitnehmer zunächst den Tag festlegen muss, an dem seine Teilzeittätigkeit in der gewünschten Form beginnen soll. Von diesem Tag ausgehend hat er dann „rückwärts" die 3-Monats-Frist zu berechnen[49]. Bei der Berechnung von solchen sog. rücklaufenden Fristen ist der feststehende Endtermin der maßgebliche Anfangszeitpunkt für die Berechnung der Frist nach § 187 BGB. Dementsprechend ist § 187 BGB hier analog anzuwenden. 37

Die **Fristberechnung** ist **wie folgt** durchzuführen: Der Tag des gewünschten Beginns der verringerten Arbeitszeit ist nach § 187 Abs. 2 BGB analog für den Anfang der Frist 38

45 Boewer, TzBfG, 1. Aufl. 2002, § 8 TzBfG, Rz. 135.

46 Meinel/Heyn/Herms/*Heyn*, TzBfG, 5. Aufl. 2015, § 8 TzBfG, Rz. 22.

47 NZA 2002, S. 908; *Preis/Gotthardt*, DB 2001, S. 145.

48 Meinel/Heyn/Herms/*Heyn*, TzBfG, 5. Aufl. 2015, § 8 TzBfG, Rz. 38.

49 *Straub*, NZA 2001, S. 921 mit Beispielen zur Berechnung.

festzulegen. Nach § 188 Abs. 2 2. Halbsatz BGB analog ist von diesem Tag aus im Kalender zurückgehend der dem Anfangstag entsprechende Tag zu bestimmen. Sodann ist nach § 188 Abs. 2 2. Halbsatz BGB entsprechend der diesem Anfangstag folgende Kalendertag zu ermitteln. Das Fristende liegt damit am Beginn dieses Tages, § 188 Abs. 2 2. Halbsatz BGB analog, so dass die späteste Geltendmachung an dessen Vortag bis 24.00 Uhr möglich ist.

Beispiel

Gewünschter Beginn der verringerten Arbeitszeit:	1.12.
Fristbeginn nach § 187 Abs. 2 BGB analog:	1.12.
Anfangstag 3 Monate zuvor nach § 188 Abs. 2, 2. Halbsatz BGB analog:	1.9.
Der diesem Tag folgende Tag nach § 188 Abs. 2, 2. Halbsatz BGB analog:	2.9.
Fristende am Beginn dieses Tages gem. § 188 Abs. 2, 2. Halbsatz BGB analog:	2.9., 0.00 Uhr
Späteste Geltendmachung:	1.9., 24.00 Uhr

Fällt der Tag, an dem der Arbeitnehmer spätestens seinen Teilzeitanspruch geltend machen muss, auf einen Samstag, Sonntag oder Feiertag, so tritt nach § 193 BGB analog an die Stelle dieses Tages der letzte vorhergehende Werktag unter der Woche (Montag bis Freitag). Dies ergibt sich daraus, dass diese Ankündigungsfrist die Interessen des Arbeitgebers an einer gründlichen Prüfung und ggf. rechtzeitigen betriebsorganisatorischen Umsetzung des Teilzeitverlangens schützen soll[50].

39 Da es sich bei dem Teilzeitverlangen um eine **empfangsbedürftige Willenserklärung** handelt, muss der Arbeitnehmer bei der Geltendmachung zudem beachten, dass die Willenserklärung dem Arbeitgeber **fristgerecht** nach **§ 130 Abs. 1 BGB zugeht**. Eine Willenserklärung geht zu, wenn sie so in den Machtbereich des Empfängers gelangt ist, dass unter normalen Umständen mit der Kenntnisnahme zu rechnen ist. Wird der Teilzeitanspruch daher nicht mündlich geltend gemacht oder schriftlich dem Empfangszuständigen übergeben, muss nach § 130 BGB auf den Zeitpunkt der üblichen Kenntnisnahme geachtet werden. Wird ein schriftliches Teilzeitverlangen daher z. B. am letzten Tag vor Fristablauf in den Posteingang der Personalabteilung gelegt, gilt es erst in dem Zeitpunkt als zugegangen, in dem der Posteingang üblicherweise das nächste Mal zur Kenntnis genommen wird. Dies ist im Zweifel erst am folgenden Arbeitstag anzunehmen. Bei Übersendung per Post ist auf die üblichen Postempfangszeiten des Unternehmens abzustellen.

[50] Annuß/Thüsing/*Mengel*, TzBfG, 3. Aufl. 2012, § 8 TzBfG, Rz. 43.

Auf die 3-monatige Ankündigungsfrist kommt es nicht an, wenn der Arbeitgeber sich **mit einer früheren Verringerung der Arbeitszeit einverstanden** erklärt. Ein solches Einverständnis kann auch darin gesehen werden, dass der Arbeitgeber trotz Fristversäumnis mit dem Arbeitnehmer ohne jeglichen Vorbehalt erörtert, ob dem Teilzeitverlangen nachgekommen werden kann oder ob betriebliche Gründe entgegenstehen (BAG, Urteil v. 14.10.2003, 9 AZR 636/02). Hieran zeigt sich, dass die gutmütige Gesprächsbereitschaft des Arbeitgebers durchaus zu dessen Nachteil ausgelegt werden kann. 40

Hinweis

Der Arbeitgeber sollte einem Teilzeitbegehren des Arbeitnehmers, das die 3-Monats-Frist nicht eingehalten hat, schriftlich, also nachweislich, mehr als einen Monat vor dem gewünschten Teilzeitbeginn widersprechen und dabei ausdrücklich auf die Fristversäumnis hinweisen. Der gleiche schriftliche Hinweis soll auch erfolgen, bevor die Parteien den Teilzeitwunsch oder betriebliche Ablehnungsgründe miteinander erörtern.

3.5 Angabe der gewünschten Verteilung der Arbeitszeit

Nach § 8 Abs. 2 Satz 2 TzBfG **„soll"** der Arbeitnehmer neben der Tatsache seines Verringerungswunsches als solchem und den Umfang der Verringerung auch die von ihm **gewünschte Verteilung der verringerten neuen Arbeitszeit** angeben. Die gesetzgeberische Differenzierung zwischen Satz 1 („muss“) und Satz 2 („soll“) macht deutlich, dass die **Angabe des Verteilungswunsches nicht zwingend erforderlich** ist und damit keine Wirksamkeitsvoraussetzung darstellt[51]. 41

Der Arbeitnehmer ist also frei in seiner Entscheidung, ob er lediglich die Verringerung der vertraglich vereinbarten Arbeitszeit beansprucht oder ob er darüber hinaus auch eine **bestimmte Verteilung der verringerten Arbeitszeit** verlangt. Er ist somit nicht dazu verpflichtet, bereits mit dem Antrag auf Verringerung der Arbeitszeit verbindlich anzugeben, in welcher Weise die Arbeitszeit verteilt werden soll. Beabsichtigt der Arbeitnehmer, eine bestimmte Verteilung der Arbeitszeit zu erreichen, muss er seinen Wunsch allerdings **spätestens im Erörterungsgespräch** mit dem Arbeitgeber nennen (BAG, Urteil v. 23.11.2004, 9 AZR 644/03).

Fraglich ist, ob der Gesetzeswortlaut „**Verteilung**“ hier die Verteilung der Arbeitszeit über die Wochentage oder die Lage der Arbeitszeit an einem einzelnen Wochentag meint. Der Begriff „Verteilung“ ist lediglich noch in § 87 Abs. 1 Nr. 2 BetrVG zu finden. § 87 Abs. 1 Nr. 2 BetrVG regelt dabei ausdrücklich ein Mitbestimmungsrecht des Betriebsrats in Bezug auf die Verteilung der Arbeitszeit **über die Wochentage**. Da keine anderen vergleichbaren gesetzlichen Regelungen zu finden sind, ist m. E. davon auszugehen, dass eine solche Verteilung auch bei § 8 TzBfG gemeint ist[52]. Hierfür spricht auch Folgendes: 42

[51] *Kliemt*, NZA 2001, S. 63.

[52] Annuß/Thüsing/*Mengel*, TzBfG, 3. Aufl. 2012, § 8 TzBfG, Rz. 80.

Der Regierungsentwurf enthält noch die Regelung, dass der Arbeitnehmer die gewünschte Verteilung der Arbeitszeit auf die einzelnen Tage in der Woche angeben soll[53]. Dann wurden jedoch aufgrund einer Beschlussempfehlung die Wörter „auf die einzelnen Tage in der Woche" ersatzlos gestrichen[54].

43 In rechtlicher Hinsicht ist zu beachten, dass sich die Voraussetzungen des § 8 TzBfG nur auf den **Anspruch** auf Verringerung der Arbeitszeit, nicht jedoch auf die Verteilung beziehen. Hieraus ist zu folgern, dass der Anspruch auf Festlegung der Lage der Arbeitszeit nur als Annex zum Verringerungsanspruch gesehen werden kann[55]. Dies bedeutet, dass der Anspruch auf Verteilung der Arbeitszeit nur im Zusammenhang mit dem Anspruch auf Verringerung der Arbeitszeit geltend gemacht werden kann[56]. Damit handelt es sich bei dem Wunsch der Festlegung der Lage der Arbeitszeit um ein rechtlich nicht notwendig mit dem Verringerungswunsch verbundenes Begehren.

Erklärt sich der Arbeitnehmer nicht ausdrücklich zu dem Verhältnis beider Anträge, sind seine Erklärungen auszulegen. Anzuwenden sind die für Willenserklärungen geltenden Bestimmungen; dazu gehören die Auslegungsregeln der §§ 133, 157 BGB. Maßgeblich ist daher, ob der Arbeitgeber den Antrag als „Einheit" auffassen durfte. Hiervon ist regelmäßig auszugehen. Üblicherweise ist der Teilzeitwunsch eines Arbeitnehmers nämlich Ergebnis von Planungen, für die auch die Verteilung der Arbeitszeit von Bedeutung ist (LAG Köln, Urteil v. 10.10.2012, 5 Sa 445/12)[57].

44 Ist der Arbeitnehmer jedoch nur an einer **Verringerung** seiner Arbeitszeit mit einer von ihm vorgegebenen bestimmten **Verteilung** interessiert, so muss er die beiden Begehren derart miteinander **verbinden**, dass die Arbeitszeitverringerung unter der auflösenden Bedingung (§ 158 Abs. 2 BGB) der Anerkennung des Verteilungswunsches steht. Verbindet der Arbeitnehmer die Verringerung mit einer bestimmten Verteilung der Arbeitszeit, kann das Änderungsangebot nach § 150 Abs. 2 BGB nur **einheitlich angenommen oder abgelehnt** werden (BAG, Urteil v. 18.2.2003, 9 AZR 356/02[58]).

3.6 Rechtsfolgen eines fehlerhaften Antrags

45 Wenn der Arbeitnehmer **keine Angaben über den Umfang der Verringerung** der Arbeitszeit macht bzw. eine Angabe des gewünschten Termins, zu dem die Teilzeittätigkeit beginnen soll, ist die Geltendmachung **inhaltlich fehlerhaft**[59]. Eine Heilung dieses Formfehlers kann hier aufgrund der Konzeption des § 8 TzBfG auch nicht in Betracht kommen. Denn dadurch, dass § 8 TzBfG genaue Fristen für die einzelnen Phasen bis zur Entscheidung über die Teilzeit vorgibt (Verhandlungsphase und Entscheidungsphase),

---

53 BT-Drucks. 14/4374.
54 BT-Drucks. 14/4625.
55 *Gotthardt*, NZA 2001, S. 1183, 1187; *Preis/Gotthardt*, DB 2001, S. 145.
56 ErfK/*Preis*, 16. Aufl. 2016, § 8 TzBfG, Rz. 6.
57 Beck, RS 2014, 67222.
58 BB 2003, S. 1844.
59 Annuß/Thüsing/*Mengel*, TzBfG, 3. Aufl. 2012, § 8 TzBfG, Rz. 54.

würde dieses aufeinander bauende Zeitkonzept im Falle der Möglichkeit der Heilung eines Formfehlers rechtlich und praktisch nicht mehr eingehalten werden können. Auch wäre es für Personalabteilungen in größeren Unternehmen, in denen mehrere Teilzeitanträge gleichzeitig zu bearbeiten sind, praktisch unmöglich, mit Zeitverschiebungen im Rahmen des § 8 TzBfG aufgrund Heilung von Formfehlern zu arbeiten.
Schließlich hat der Arbeitnehmer in diesem Fall die Möglichkeit, einen **neuen Antrag** zu stellen, der den Anforderungen des § 8 TzBfG entspricht. Ein Verbrauch dieses Antragsrechts tritt nicht ein[60]. Wird der Antrag fehlerhafterweise entgegen § 8 Abs. 1 TzBfG auf eine befristete Verringerung der Arbeitszeit gerichtet, stellt der Antrag ein „rechtliches Nullum" dar.

Nimmt jedoch ein Arbeitnehmer **irrtümlicherweise** an, dass sein inhaltlich fehlerhafter 46
Antrag korrekt gestellt worden war und dementsprechend zwischenzeitlich eine wirksame Teilzeitvereinbarung mit dem Arbeitgeber zustande gekommen sei und setzt der Arbeitnehmer deshalb in unzulässiger Weise sein Arbeitsverhältnis in Teilzeittätigkeit trotz Hinweisen und Abmahnung des Arbeitgebers fort, so kann dies den Ausspruch einer verhaltensbedingten Kündigung rechtfertigen (LAG Mecklenburg-Vorpommern, Urteil v. 29.5.2015, 5 Sa 121/14)[61].

Da die **Angabe des Verteilungswunsches nicht zwingend** ist, entstehen durch die 47
Nichtangabe keine direkten Rechtsfolgen. Die Nichtangabe des Verteilungswunsches durch den Arbeitnehmer ist jedoch insoweit ein Nachteil für ihn, als dass der Arbeitgeber dann im Rahmen des **Direktionsrechts nach § 315 BGB** die Lage der Arbeitszeit einseitig festlegen kann[62]. Der Arbeitgeber, der von seinem Direktionsrecht Gebrauch macht, muss billiges Ermessen wahren (§ 315 BGB). Dies bedeutet, dass er nicht willkürlich vorgehen darf, sondern die Interessen beider Parteien zu berücksichtigen hat (BAG, Urteil v. 24.4.1996, 5 AZR 1031/94).

4. Erörterungspflicht des Arbeitgebers (Abs. 3)

4.1 Erörterung und Einigung

Gemäß § 8 Abs. 3 TzBfG hat der Arbeitgeber mit dem Arbeitnehmer die gewünschte 48
Verringerung der Arbeitszeit mit dem Ziel zu erörtern, zu einer Vereinbarung zu gelangen. Er hat mit dem Arbeitnehmer **Einvernehmen** über die von ihm festzulegende Verteilung der Arbeitszeit zu erzielen. Aus dieser gesetzlichen Regelung lässt sich deutlich entnehmen, dass vom Gesetzgeber vorrangig eine **Verhandlungslösung** gewollt ist (LAG Düsseldorf, Urteil v. 1.3.2002, 18 (4) Sa 1269/01).

Aus diesem gesetzlichen Vorrang einer Verhandlungslösung ergibt sich ferner, dass der 49
Arbeitgeber das Teilzeitbegehren des Arbeitnehmers erst dann ablehnen darf, wenn er seinerseits alles Erforderliche getan hat, um eine Verhandlungslösung herbeizuführen. Erst wenn feststeht, dass eine Einigung nicht in Betracht kommt, darf der Arbeitgeber das Teilzeitbegehren ablehnen.

---

60 Sievers, TzBfG, 5. Aufl. 2015, § 8 TzBfG, Rz. 30.

61 FD-ArbR 2015, 371740.

62 Holwe/Kossens/Pielenz/Räder, TzBfG, 4. Aufl. 2014, § 8 TzBfG, Rz. 21.

Unterlässt der Arbeitgeber den Versuch einer **Verhandlungslösung** und lehnt das Teilzeitbegehren des Arbeitnehmers direkt ab, so handelt es sich hierbei um eine sog. unzulässige Vorratsablehnung (LAG Düsseldorf, Urteil v. 1.3.2002, 18 (4) Sa 1269/01). Lehnt der Arbeitgeber den Teilzeitwunsch des Arbeitnehmers ab, ehe die Erörterungen darüber abgeschlossen sind, verstößt er auch gegen den Grundsatz von Treu und Glauben (§ 242 BGB) unter dem Gesichtspunkt der unzulässigen Rechtsausübung mit der Folge, dass diese **Ablehnung rechtsunwirksam** ist.
Aus einer solchen Unwirksamkeit folgern einige Gerichte, dass dann die Fiktionswirkung des Abs. 5 eintrete (LAG Düsseldorf, b. b.; ArbG Mönchengladbach, Urteil v. 30.5.2001, 5 Ca 1157/01[63]). Die **Fiktionswirkung des § 8 Abs. 5 TzBfG** bedeutet dabei konkret, dass sich dann die Arbeitszeit automatisch in dem vom Arbeitnehmer gewünschten Umfang verringert. Das Gleiche gilt für die Verteilung der Arbeitszeit.
Eine andere Auffassung bewertet die in § 8 Abs. 3 TzBfG geregelte Erörterungspflicht jedoch lediglich als sanktionslose Aufforderung zur gütlichen außergerichtlichen Einigung[64]. Dies wird damit begründet, dass der Gesetzgeber andernfalls eine derartig schwerwiegende Rechtsfolge ausdrücklich angeordnet hätte (BAG, Urteil v. 18.2.2003, 9 AZR 356/02[65]).
Diskussionswürdig ist allerdings die Frage, ob der Arbeitgeber, wenn er seiner Verhandlungsobliegenheit gegenüber dem Arbeitnehmer nach § 8 Abs. 3 TzBfG nicht nachgekommen ist, mit dem Entgegenhalten betrieblicher Gründe im Rahmen einer prozessualen Auseinandersetzung präkludiert werden sollte (ArbG Bonn, Urteil v. 20.6.2000, 2 Ca 1414/01[66]). Denn es ist nicht einzusehen, dass ein Arbeitgeber, der die Erörterungspflicht nach § 8 Abs. 3 TzBfG völlig missachtet, rechtlich genauso behandelt werden soll wie ein Arbeitgeber, der seiner Erörterungspflicht nach § 8 Abs. 3 TzBfG ordnungsgemäß nachgekommen ist, sich lediglich jedoch nicht mit dem Arbeitnehmer hat einigen können. Es ist allerdings zu berücksichtigen, dass dem Gesetzgeber nach der Regierungsbegründung insbesondere deshalb an einer Verhandlungslösung gelegen war, um auf diese Weise in einvernehmlicher Form die Teilzeittätigkeit realisieren zu können. Der Gesetzgeber hat gerade keine nachteiligen Rechtsfolgen an den Fall des Unterbleibens der Erörterung geknüpft (a. A.: ArbG Hamburg Urteil v. 13.10.2006, 27 Ca 53/06). Der Arbeitgeber ist dann nicht dazu verpflichtet, den geltend gemachten Anspruch auf Verringerung der Arbeitszeit zu erörtern, **wenn der Antrag** entgegen § 8 Abs. 1 TzBfG **befristet gestellt wurde**. Denn das in § 8 TzBfG geregelte Erörterungsverfahren setzt voraus, dass der Arbeitnehmer einen von § 8 TzBfG erfassten Vergütungsanspruch geltend gemacht hat. Verlangt der Arbeitnehmer aber eine Arbeitszeitverringerung, die gem. § 8 TzBfG keine Anspruchsgrundlage darstellen kann, ist der Arbeitgeber auch nicht verpflichtet, das Verfahren des § 8 TzBfG durchzuführen[67].

---

[63] NZA 2001, S. 970.

[64] *Preis/Gotthardt*, DB 2001, S. 146.

[65] BB 2003, S. 1844.

[66] NZA 2001, S. 973.

[67] Annuß/Thüsing/*Mengel*, TzBfG, 3. Aufl. 2012, § 8 TzBfG, Rz. 90.

Dem Arbeitgeber ist zur Vermeidung von rechtlichen Nachteilen anzuraten, seiner **Verhandlungsobliegenheit stets und ausnahmslos nachzukommen**. 50

Auch wenn § 8 Abs. 3 TzBfG auf eine vorrangig anzustrebende Verhandlungslösung zwischen Arbeitgeber und Arbeitnehmer zielt, begründet § 8 Abs. 3 Satz 1 TzBfG gleichwohl **keine selbstständig einklagbare Verhandlungspflicht** der Vertragspartner. Bei § 8 Abs. 3 TzBfG ist ferner bedeutsam, dass der Gesetzgeber dem Arbeitgeber in Satz 1 **bezüglich der Verringerung der Arbeitszeit eine Erörterungspflicht** auferlegt, während er dem Arbeitgeber hinsichtlich der Verteilung der Arbeitszeit lediglich auferlegt, Einvernehmen mit dem Arbeitnehmer zu erzielen. 51

Im Rahmen der Erörterung über die Verringerung der Arbeitszeit kann es durchaus zu einem gegenseitigen Nachgeben beider Parteien kommen. Damit kann § 8 Abs. 3 TzBfG im Einzelfall den in § 22 Abs. 1 TzBfG festgelegten Grundsatz durchbrechen, wonach zu Ungunsten des Arbeitnehmers von dem Gesetz nicht abgewichen werden darf. Denn bei einem Nachgeben durch den Arbeitnehmer könnte er dadurch benachteiligt werden, dass er auf die Durchsetzung von Rechten aus § 8 TzBfG verzichtet. 52

§ 8 Abs. 3 Satz 2 TzBfG schränkt das **Direktionsrecht** des Arbeitgebers bei der Verteilung der im Rahmen des Teilzeitanspruchs verringerten Arbeitszeit insoweit ein, als dass der Arbeitgeber nach seinem Wortlaut die Verteilung der Arbeitszeit „nach den Wünschen des Arbeitnehmers" festzulegen hat, sofern dem betriebliche Gründe nicht entgegenstehen. Im Ergebnis ist festzustellen, dass die Festlegung der Arbeitszeit zwar formal dem Arbeitgeber obliegt, er sich jedoch inhaltlich an den Wünschen des Arbeitnehmers zu orientieren hat[68]. 53

4.1.1 Vorgehensweise des Arbeitgebers

Zunächst hat der Arbeitgeber vor Durchführung der Erörterung nach § 8 Abs. 3 Satz 1 TzBfG zu prüfen, ob der Arbeitnehmer die **Voraussetzungen des Teilzeitanspruchs** überhaupt erfüllt. Fehlt eine gesetzliche Voraussetzung, besteht für den Arbeitgeber keine Pflicht zur Erörterung. Dann können auch nicht die Fiktionswirkungen nach § 8 Abs. 5 Satz 2 und Satz 3 eintreten. 54

Da der Arbeitgeber bei der Prüfung des Vorliegens der gesetzlichen Voraussetzungen des Teilzeitanspruchs jedoch Gefahr läuft, rechtlich fehlerhaft zu prüfen, ist ihm anzuraten, auf das Teilzeitverlangen des Arbeitnehmers mit einer schriftlichen Ablehnung unter Hinweis auf die fehlenden Voraussetzungen und zusätzlich hilfsweise aus betrieblichen Gründen zu erwidern.

Im Hinblick auf die Erörterung mit dem Arbeitnehmer ist dem Arbeitgeber zudem zu empfehlen, im Interesse einer späteren sicheren Beweisführung, die Erörterung mit dem Arbeitnehmer in Anwesenheit von **Zeugen** zu führen. Außerdem sollte er ein entsprechendes Protokoll über dieses Gespräch erstellen, unabhängig davon, ob die Arbeitsvertragsparteien eine Einigung finden oder nicht. 55

Für die **Einigung** nach § 8 Abs. 3 TzBfG ist **gesetzlich kein Formzwang** vorgesehen. Jedoch finden sich in Arbeitsverträgen oder Tarifverträgen häufig Schriftformklauseln, 56

[68] *Hromadka*, NJW 2001, S. 400.

die den Parteien in Bezug auf jede Änderung des Arbeitsvertrags konstitutiv die Schriftform zur Wirksamkeit der Änderung auferlegen. Unabhängig davon ergibt sich auch aus § 3 NachwG eine Pflicht des Arbeitgebers, die Änderung der Dauer der Arbeitszeit dem Arbeitnehmer spätestens einen Monat nach Einigung schriftlich mitteilen zu müssen. Denn die Dauer der Arbeitszeit gehört zu den wesentlichen Vertragsbedingungen gem. § 2 Abs. 1 Nr. 7 NachwG (BAG, Urteil v. 18.2.2003, 9 AZR 164/02[69]).

4.1.2 Ergebnisse und Rechtsfolgen der Erörterung

57 Einigen sich die Arbeitsvertragsparteien nach § 8 Abs. 3 TzBfG nicht, bleibt es zunächst bei den bisherigen Arbeitsbedingungen. Dann kann der Arbeitgeber im Rahmen seines **Direktionsrechts** auch bis zum rechtskräftigen Abschluss des arbeitsgerichtlichen Verfahrens die Verringerung und Verteilung der Arbeitszeit sowie ihre Lage nach billigem Ermessen gem. § 315 BGB einseitig festsetzen[70].

58 Problematisch erscheint der Fall, dass Arbeitgeber und Arbeitnehmer sich über die Verringerung der Arbeitszeit, nicht jedoch in Bezug auf die vom Arbeitnehmer gewünschte Verteilung einigen. Da § 8 Abs. 3 TzBfG zwischen der Verringerung und der Verteilung der Arbeitszeit klar unterscheidet und der Gesetzgeber diese Differenzierung auch ausdrücklich wollte[71] kann der Arbeitnehmer eine entsprechende **Klage** gegen den Arbeitgeber auf die Festlegung der Verteilung der Arbeitszeit begrenzen[72].

59 Ist die Verteilung der Arbeitszeit entweder durch **freiwillige Festlegung** des Arbeitgebers nach den Wünschen des Arbeitnehmers, durch **einvernehmliche Vereinbarung** nach Erörterung oder durch **gerichtliche Ersetzung der Festlegung** nach § 8 TzBfG geändert, ist eine zukünftige Änderung der Verteilung der Arbeitszeit nicht ausgeschlossen:

Hat der Arbeitgeber die Arbeitszeitverteilung einseitig vorgenommen oder hat das Arbeitsgericht entschieden, gilt § 8 Abs. 5 Satz 4 TzBfG. Dann kann der Arbeitgeber eine Neuverteilung der Arbeitszeit vornehmen, wenn das betriebliche Interesse daran das Interesse des Arbeitnehmers an der Beibehaltung erheblich überwiegt.

Wenn jedoch die Arbeitsvertragsparteien sowohl **Einigung über die Verringerung** der Arbeitszeit als auch über ihre **Neuverteilung** erzielen und hierüber eine **schriftliche Vereinbarung** treffen, sperrt diese Vereinbarung eine zukünftige einseitige Neufestlegung durch den Arbeitgeber aufgrund seines allgemeinen Direktionsrechts.

60 Auch kann der Arbeitnehmer ab dem Zeitpunkt der Annahmeerklärung seines Antrags auf Teilzeit seinen **Antrag nicht mehr frei widerrufen**. Der Arbeitnehmer ist dann an den von ihm gestellten Antrag gebunden (ArbG Passau, Urteil v. 5.6.2003, 2 Ca 1165/02). Diese Rechtsgrundsätze gelten auch dann, wenn der Arbeitnehmer nur den Antrag gestellt hat, dass sich die Arbeitszeit von Vollzeit auf halbtags reduzieren soll und er

---

[69] DB 2003, S. 2442.

[70] *Bauer*, NZA 2000, S. 1039.

[71] BT-Drucks. 14/4625.

[72] Boewer, TzBfG, 1. Aufl. 2002, § 8 TzBfG, Rz. 157.

die Verteilung der Arbeitszeit nicht im Sinne einer konkreten Antragstellung vorgenommen hat. Die Verteilung der reduzierten Arbeitszeit auf die einzelnen Wochenarbeitstage obliegt dann dem Arbeitgeber, der diese nach billigem Ermessen gemäß § 315 BGB zu treffen hat.

Der Arbeitgeber kann seinerseits die rechtswirksam vereinbarte Verringerung der Arbeitszeit lediglich durch Änderungskündigung oder im Falle der Zustimmung des Arbeitnehmers durch Änderungsvertrag rückgängig machen[73].

Der Arbeitnehmer darf auch aufgrund des Ergebnisses der Erörterung nach § 8 Abs. 3 61
TzBfG seinen Verteilungswunsch erstmals äußern oder einen vorher geäußerten Verteilungswunsch ändern. Danach ist er hieran allerdings gebunden und kann seinen Verteilungswunsch dann auch nicht mehr im Prozess ändern. In einem solchen Fall verbleibt nur die Möglichkeit, erneut die Verringerung der Arbeitszeit zu beantragen und dabei die Festlegung der nunmehr gewünschten Verteilung zu verlangen (BAG, Urteil v. 24.6.2008, 9 AZR 514/07).

5. Zustimmungspflicht (Abs. 4)

5.1 Grundsatz: Pflicht zur Zustimmung des Arbeitgebers

Der Arbeitgeber hat nach § 8 Abs. 4 Satz 1 TzBfG der vom Arbeitnehmer gewünschten 62
Verringerung und Verteilung der Arbeitszeit zuzustimmen, soweit betriebliche Gründe nicht entgegenstehen. Grundsätzlich kann der Arbeitnehmer damit im Hinblick auf die Dauer und Lage seiner Arbeitszeit, vom Arbeitgeber die **Abgabe einer Willenserklärung** zur **Vertragsänderung** verlangen; diesen trifft eine entsprechende Pflicht[74].

Bezüglich der Verteilung der Arbeitszeit besteht zwar nach dem eindeutigen Wortlaut ebenfalls eine Pflicht zur Abgabe einer Willenserklärung. Eine Vertragsänderung ist jedoch nur dann erforderlich, wenn die Verteilung bereits arbeitsvertraglich geregelt ist. Wird sie dagegen vom Arbeitgeber kraft dessen Direktionsrechts (vgl. § 106 Satz 1 GewO) bestimmt, bedarf es insofern keiner Vertragsänderung. Infolge der Einverständniserklärung des Arbeitgebers zum Teilzeitverlangen des Arbeitnehmers wird dessen Direktionsrecht allerdings eingeschränkt[75].

Der Arbeitgeber hat grundsätzlich auch die Möglichkeit, der **Verringerung der Arbeitszeit zuzustimmen, die Verteilung aber abzulehnen** (BAG, Urteil v. 18.2.2003, 9 AZR 164/02[76]; BAG, Urteil v. 24.6.2008, 9 AZR 514/07[77]). 63

Zu einer Änderung des Arbeitsvertrags kommt es jedoch dann nicht, sofern für den Arbeitgeber erkennbar ist, dass der Arbeitnehmer **die Verringerung der Arbeitszeit von**

---

[73] Meinel/Heyn/Herms/*Heyn*, TzBfG, 5. Aufl. 2015, § 8 TzBfG, Rz. 44.

[74] *Lindemann/Simon*, BB 2001, S. 146, 150; *Kliemt*, NZA 2001, S. 63, 67; vgl. auch BAG, Urteil v. 13.11.2012, 9 AZR 259/11, EzA § 8 TzBfG Nr. 27.

[75] Annuß/Thüsing/*Mengel*, TzBfG, 3. Aufl. 2012, § 8 TzBfG, Rz. 131.

[76] NZA 2003, S. 1392, 1394; *Beckschulze*, DB 2001, S. 2598; *Däubler*, ZIP 2001, S. 217, 221; *Kliemt*, NZA 2001, S. 63, 66; Annuß/Thüsing/*Mengel*, TzBfG, 3. Aufl. 2012, § 8 TzBfG, Rz. 131.

[77] EzA § 8 TzBfG Nr. 22.

der gewünschten Verteilung abhängig machen wollte (vgl. BAG, Urteil v. 18.2.2003, 9 AZR 164/02[78]). Dies ist etwa dann der Fall, wenn eine Arbeitnehmerin mit schulpflichtigen Kindern die Verteilung ihrer Arbeitszeit auf den Vormittag wünscht. Die gewünschte Verteilung der Arbeitszeit ist dann wesentlicher Bestandteil des Teilzeitverlangens[79].

64 Kommt der Arbeitgeber seiner Pflicht zur Zustimmung nicht nach, bleibt dem Arbeitnehmer nur die Möglichkeit, **Klage auf Abgabe der Willenserklärung** zu erheben, auch wenn dies in § 8 TzBfG im Gegensatz zu § 15 Abs. 7 Satz 5 BEEG nicht ausdrücklich geregelt ist (vgl. nur BAG, Urteil v. 15.8.2006, 9 AZR 30/06[80]). Besondere Ansprüche, wie z. B. Schadensersatzansprüche, bestehen dagegen auch bei unberechtigter Verweigerung nicht[81].

5.2 Ausnahme: Entgegenstehen betrieblicher Gründe

5.2.1 Definition des betrieblichen Grundes

65 Hinsichtlich der Möglichkeit, den Teilzeitwunsch abzulehnen, sah der Referentenentwurf[82] noch die Formulierung „dringende betriebliche Gründe" vor, während das Gesetz nun lediglich von „**betrieblichen Gründen**" spricht. Daraus wird deutlich, dass an die **Ablehnungsgründe keine allzu großen Anforderungen** gestellt werden dürfen.

66 Eine solche Stufung ergibt sich auch aus der Zusammenschau mit § 15 Abs. 7 Nr. 4 BErzGG (seit 1.1.2007: § 15 Abs.7 Nr. 4 BEEG), der in einem engen zeitlichen Zusammenhang zu der hier behandelten Norm verabschiedet worden ist[83]. Danach haben Eltern von Kindern ebenfalls einen Anspruch auf Verringerung der Arbeitszeit, es sei denn, dass „dringende betriebliche Gründe" entgegenstehen (BAG, Urteil v. 9.5.2006, 9 AZR 278/05[84]). Das erfordert Gründe, die zwingend und unabweisbar sind (BAG, Urteil v. 15.8.2006, 9 AZR 30/06[85]).

---

78 NZA 2003, S. 1392, 1394; vgl. auch LAG Hamm, Urteil v. 1.8.2013, 17 Sa 185/13, Juris.

79 S. Rz. 125.

80 EzA § 8 TzBfG Nr. 14.

81 *Hanau*, NZA 2001, S. 1168, 1172; ihm folgend Annuß/Thüsing/*Mengel*, TzBfG, 3. Aufl. 2012, § 8 TzBfG, Rz. 174.

82 Abgedruckt in NZA 2000, S. 1045, 1046.

83 Vgl. § 15 Abs. 7 Nr. 4 BErzGG i. d. F. v. Art. 1 Nr. 14 des Gesetzes vom 12.10.2000 (BGBl. I S. 1426) bzw. TzBfG v. 21.12.2000 (BGBl. I S. 1966).

84 NZA 2006, S. 1413, 1416 f.; BAG, Urteil v. 5.6.2007, 9 AZR 92/07, EzA § 15 BErzGG Nr. 16, BAG, Urteil v. 15.4.2008, 9 AZR 380/07, EzA § 15 BErzGG Nr. 17; BAG Urteil v. 15.12.2009, 9 AZR 72/09, EzA § 15 BErzGG Nr. 18

85 NZA 2007, S. 259, 262; BAG, Urteil v. 16.10.2007, 9 AZR 239/07, EzA § 8 TzBfG Nr. 19; BAG, Urteil v. 13.11.2007, 9 AZR 36/07, EzA § 8 TzBfG Nr. 20; vgl. auch BAG, Urteil v. 15.12.2009, 9 AZR 72/09,EzA § 15 BErzGG Nr. 18; vgl. auch LAG Hamburg, Urteil v. 18.5.2011, 5 Sa 93/10, NZA-RR 2011, S. 454; s. Imping, § 23, Rz. 20.

Hierzu in **Widerspruch** stehen jedoch die Formulierungen „wesentlich“ und „unverhältnismäßig“ der beispielhaften Aufzählung in § 8 Abs. 4 Satz 2 TzBfG[86]. Ein betrieblicher Grund liegt danach vor, wenn die Verringerung der Arbeitszeit **die Organisation, den Arbeitsablauf oder die Sicherheit im Betrieb „wesentlich“ beeinträchtigt** oder **„unverhältnismäßige“ Kosten verursacht**. 67

Dieser Widerspruch beruht vermutlich auf einem Redaktionsversehen bei der Abänderung des § 8 Abs. 4 Satz 1 TzBfG in die heutige Fassung[87]. Er lässt sich allerdings auflösen, berücksichtigt man, dass die in § 8 Abs. 4 Satz 2 TzBfG genannten Gründe **lediglich** eine **beispielhafte Aufzählung** darstellen, bei welchen ein betrieblicher Grund in jedem Fall vorliegt. Dies ergibt sich aus dem Wort „insbesondere“ (BAG, Urteil v. 27.4.2004, 9 AZR 522/03[88]). 68

Voraussetzung für einen betrieblichen Grund i. S. v. § 8 Abs. 4 Satz 1 TzBfG ist im Hinblick auf den Wortlaut aber gerade nicht generell, dass der Teilzeitwunsch dem Arbeitgeber unzumutbar ist oder wesentliche Beeinträchtigungen zu erwarten sind[89]. Vielmehr **genügen** nach der amtlichen Begründung[90] bereits **rationale, nachvollziehbare Gründe** (vgl. auch BAG, Urteil v. 24.6.2008, 9 AZR 313/07[91]; BAG, Urteil v. 13.10.2009, 9 AZR 910/08[92]; BAG, Urteil v. 20.1.2015, 9 AZR 735/13[93]). Der Arbeitgeber muss ein nachvollziehbares, mit betriebswirtschaftlichen, unternehmenspolitischen oder betriebsorganisatorischen Gründen untermauertes Konzept darlegen, das der Verringerung der Arbeitszeit widerspricht (ArbG Nienburg, Urteil v. 23.1.2002, 1 Ca 663/01[94]). Ein pauschaler Hinweis auf die aktuelle Wirtschaftslage und damit verbundene interne Umstrukturierungsmaßnahmen genügt nicht (LAG Köln, Urteil v. 23.12.2005, 9 Ta 397/05[95]). Ebenso wenig reicht der allgemeine Hinweis auf Planungsunsicherheit aufgrund der Besonderheiten im Luftverkehr (BAG, Urteil v. 24.6.2008, 9 AZR 313/07[96]). Insofern können auch solche Beeinträchtigungen nicht angeführt werden, die stets Folge einer Verringerung oder veränderten Verteilung der Arbeitszeit sind; diese sind vom Arbeitgeber hinzunehmen[97].

---

86 Ebenso Annuß/Thüsing/*Mengel*, TzBfG, 3. Aufl. 2012, § 8 TzBfG, Rz. 135; *Däubler*, ZIP 2001, S. 217, 219; Meinel/Heyn/Herms/*Heyn*, TzBfG, 5. Aufl. 2015, § 8 TzBfG, Rz. 54.

87 *Hanau*, RdA 2005, S. 301, 303; *Thüsing*, ZfA 2004, S. 67, 76 ff.; *Rolfs*, RdA 2001, S. 129, 136.

88 EzA § 8 TzBfG Nr. 10; vgl. auch BAG, Urteil v. 13.10.2009, 9 AZR 910/08, EzA § 8 TzBfG Nr. 25.

89 Annuß/Thüsing/*Mengel*, TzBfG, 3. Aufl. 2012, § 8 TzBfG, Rz. 137; ebenso *Hanau*, RdA 2005, S. 301, 303.

90 BT-Drucks. 14/4374, S. 17.

91 EzA § 8 TzBfG Nr. 21.

92 EzA § 8 TzBfG Nr. 25; s. auch Rz. 72.

93 EzA § 8 TzBfG Nr. 31; LAG Hessen, Urteil v. 23.10.2015, 10 Sa 254/15, Juris.

94 NZA 2002, S. 382.

95 ZTR 2006, S. 332.

96 EzA § 8 TzBfG Nr. 21; LAG Hessen, Urteil v. 16.12.2013, 17 Sa 849/13, Juris.

97 Boewer, TzBfG, 1. Aufl. 2002, § 8 TzBfG, Rz. 171; vgl. auch LAG Köln, Urteil v. 15.3.2006, 3 Sa 1593/05, NZA-RR 2006, S. 515, 516.

69 Insoweit ist auch der Auffassung[98] entgegenzutreten, allein ein vom Arbeitgeber entwickeltes **Organisationskonzept** oder die **unternehmerische Entscheidung für ein Arbeitszeitsystem** stellten für sich schon einen betrieblichen Grund dar[99]. Vielmehr ist der betriebliche Grund in Anbetracht der in § 1 TzBfG formulierten Zielsetzung, der in § 6 TzBfG normierten Förderungspflicht und des Kündigungsverbots aus § 11 TzBfG zu interpretieren. Der Gesetzgeber hat die Arbeitsvertragsparteien zur Vereinbarung von Teilzeitarbeitsregelungen angehalten und entsprechende Rechtsansprüche normiert, sodass die bloße unternehmensorganisatorische Entscheidung eines Arbeitgebers, diese Zielsetzung nicht zu befolgen, nicht als betrieblicher Grund anzuerkennen ist[100].

Hinweis

Zu beachten ist, dass nach der Rechtsprechung andere Vorschriften, die den Begriff des „betrieblichen Grunds" bzw. des „betrieblichen Erfordernisses" enthalten[101], nur begrenzt zur Auslegung des § 8 Abs. 4 TzBfG herangezogen werden können, da die jeweiligen Vorschriften unterschiedliche Ziele verfolgen[102].

70 Eine **Abwägung** der betrieblichen Gründe mit den Arbeitnehmerinteressen **findet nicht statt** (BAG, Urteil v. 9.12.2003, 9 AZR 16/03[103]; BAG, Urteil v. 16.10.2007, 9 AZR 239/07[104]). Zum einen muss der Arbeitnehmer bei der Geltendmachung des Teilzeitanspruchs keine Gründe angeben, zum anderen sind in § 8 Abs. 4 Satz 1 TzBfG weder persönliche Belange erwähnt, noch haben die in § 8 Abs. 4 Satz 2 TzBfG definierten entgegenstehenden betrieblichen Gründe einen Bezug zur Lebenssituation des Arbeitnehmers (BAG, Urteil v. 16.10.2007, 9 AZR 239/07[105]; BAG, Urteil v. 13.11.2007, 9 AZR

---

98 So *Preis/Gotthardt*, DB 2000, S. 2068.

99 Buschmann/Dieball/Stevens-Bartol, TzA, 2. Aufl. 2001, § 8 TzBfG, Rz. 32; vgl. auch BAG, Urteil v. 21.6.2005, 9 AZR 409/04, EzA § 8 TzBfG Nr. 13; LAG Köln, Urteil v. 15.3.2006, 3 Sa 1593/05, NZA-RR 2006, S. 515, 515 f; LAG Schleswig-Holstein, Urteil v. 15.12.2010, 3 SaGa 14/10, DB 2011, S. 244 nur Ls; Annuß/Thüsing/*Mengel*, TzBfG, 3. Aufl. 2012, § 8 TzBfG, Rz. 137.

100 Ebenso Buschmann/Dieball/Stevens-Bartol, TzA, 2. Aufl. 2001,§ 8 TzBfG, Rz. 32; a. A. *Preis/Gotthardt*, DB 2000, S. 2068; s. auch Rz. 83.

101 Vgl. z. B. § 1 Abs. 2 Satz 1 KSchG, § 15 Abs. 7 Nr. 4 BEEG, § 6 Abs. 4 Satz 1 ArbZG.

102 Vgl. Meinel/Heyn/Herms/*Heyn*, TzBfG, 5. Aufl. 2015, § 8 TzBfG, Rz. 49; ausführlich *Beckschulze*, DB 2000, S. 2598, 2599 ff.

103 EzA § 8 TzBfG Nr. 7.

104 EzA § 8 TzBfG Nr. 19; *Hanau*, NZA 2001, S. 1168, 1171; ErfK/*Preis*, 16. Aufl. 2016, § 8 TzBfG, Rz. 25; einschränkend LAG Köln, Urteil v. 10.1.2013, 7 Sa 766/12, NZA-RR 2013, 512, 514; zustimmend *Sudhof*, AuR 2014, 11 f.; a. A. *Däubler*, ZIP 2001, S. 217, 219.

105 EzA § 8 TzBfG Nr. 19.

36/07[106]). Für die Beurteilung des Teilzeitanspruchs ist es damit unerheblich, aus welchen Gründen der Arbeitnehmer eine Verringerung seiner Arbeitszeit anstrebt (BAG, Urteil v. 9.12.2003, 9 AZR 16/03[107]).

Die betrieblichen **Gründe**, die **zur Ablehnung** des Teilzeitverlangens geführt haben, **braucht der Arbeitgeber nicht zu nennen**[108]. Teilt er dem Arbeitnehmer dennoch Gründe mit, ist er an diese in einem späteren Prozess[109] nicht gebunden[110]. Der Arbeitnehmer wird regelmäßig Interesse daran haben, dass ihm sein Arbeitgeber die Ablehnungsgründe nennt. Nur so kann er sich auch ein Bild von den Erfolgsaussichten eines etwaig anzustrengenden Rechtsstreits machen. 71

Hinweis

Dem Arbeitgeber ist grundsätzlich zu raten, dem Arbeitnehmer die für die Ablehnung ausschlaggebenden Gründe mitzuteilen, schon im Hinblick darauf, dass sich bei verständiger Würdigung dieser Gründe ein evtl. Rechtsstreit vermeiden lassen könnte.

5.2.2 Maßgeblicher Zeitpunkt

Maßgeblicher Zeitpunkt für das Vorliegen betrieblicher Gründe bei der **außerprozessualen Prüfung** durch den Arbeitgeber[111] ist der **Beginn der gewünschten Veränderung der Arbeitszeit**[112]. Erforderlich ist daher eine Prognose, ob zu dem Zeitpunkt, zu dem der Arbeitnehmer die Änderung der Arbeitszeit wünscht, betriebliche Gründe bestehen werden, die gegen eine Veränderung sprechen[113]. Überträgt man die Grundsätze der BAG-Rechtsprechung zur betriebsbedingten Kündigung (z. B. BAG, Urteil v. 2.6.2005, 2 AZR 480/04[114]; BAG, Urteil v. 23.2.2010, 2 AZR 268/08[115]) auf das Teilzeitbegehren des Arbeitnehmers, so muss im **Zeitpunkt des Ausspruchs der Ablehnung** aufgrund 72

---

106 EzA § 8 TzBfG Nr. 20; LAG Hamm, Urteil v. 25.6.2008, 10 Sa 415/08, Juris.

107 EzA § 8 TzBfG Nr. 7.

108 Annuß/Thüsing/*Mengel*, TzBfG, 3. Aufl. 2012, § 8 TzBfG, Rz. 231; ErfK/*Preis*, 16. Aufl. 2016,§ 8 TzBfG, Rz. 16; *Lindemann/Simon*, BB 2001, S. 146, 149; Laux/Schlachter/*Laux*, TzBfG, 2. Aufl. 2011, § 8 TzBfG, Rz. 259.

109 S. Rz. 183 ff.

110 Ebenso *Diller*, NZA 2001, S. 589, 592; ErfK/*Preis*, 16. Aufl. 2016, § 8 TzBfG, Rz. 16; Rolfs, TzBfG, 1. Aufl. 2002, § 8 TzBfG, Rz. 30; a. A. allerdings im Rahmen von § 15 Abs. 7 BErzGG (seit 1.1.2007: § 15 Abs. 7 BEEG) *Gaul/Wisskirchen* BB 2000, S. 2466, 2468.

111 Zum prozessualen Beurteilungszeitpunkt s. Rz. 201.

112 Meinel/Heyn/Herms/*Heyn*, TzBfG, 5. Aufl. 2015, § 8 TzBfG, Rz. 57; *Rolfs*, RdA 2001, S. 129, 137; *Lindemann/Simon*, BB 2001, S. 146, 150; Laux/Schlachter/*Laux*, TzBfG, 2. Aufl. 2011, § 8 TzBfG, Rz. 229.

113 Boewer, TzBfG, 1. Aufl. 2002, § 8 TzBfG, Rz. 221; ErfK, *Preis*, 16. Aufl. 2016, § 8 TzBfG, Rz. 42; Rolfs, TzBfG, 1. Aufl. 2002, § 8 TzBfG, Rz. 31; vgl. früher zu § 15 b BAT LAG Baden-Württemberg, Urteil v. 20.7.2000, 3 Sa 60/99, Juris.

114 EzA § 1 KSchG 1969 Soziale Auswahl Nr. 51.

115 EzA § 18 KSchG Nr. 2.

einer vernünftigen betriebswirtschaftlichen Betrachtung davon auszugehen sein, dass zum gewünschten Beginn der Teilzeitbeschäftigung mit einiger Sicherheit die die Ablehnung erforderlich machenden betrieblichen Gründe gegeben sind[116].

> **Hinweis**
>
> Ändern sich die Umstände zwischen rechtmäßig erfolgter Ablehnung und Zeitpunkt des gewünschten Beginns der Verringerung, ist dies unerheblich.

§ 8 Abs. 5 Satz 1 TzBfG, wonach der Arbeitgeber die Entscheidung spätestens 1 Monat vor dem gewünschten Beginn der Verringerung mitzuteilen hat[117], dient insoweit nicht nur dem Schutz des Arbeitnehmers, sondern auch der Planungssicherheit des Arbeitgebers. Der Arbeitgeber soll zu diesem Zeitpunkt eine abschließende Entscheidung getroffen haben können, die für das weitere Verfahren bindend ist[118].

5.2.3 Prüfungsmaßstab des BAG

73 Das BAG hat in seiner grundlegenden Entscheidung vom 18.2.2003 (BAG, Urteil v. 18.2.2003, 9 AZR 164/02[119]) festgehalten, dass nur solche rational nachvollziehbaren Gründe zur Ablehnung des Teilzeitverlangens berechtigen, die auch **hinreichend gewichtig** sind (ebenso BAG, Urteil v. 24.6.2008, 9 AZR 313/07[120]; BAG, Urteil v. 13.11.2012, 9 AZR 259/11[121]; BAG, Urteil v. 20.1.2015, 9 AZR 735/13[122]). Der Arbeitgeber kann daher die Ablehnung nicht allein mit seiner abweichenden unternehmerischen Vorstellung von der „richtigen" Arbeitszeitverteilung begründen (BAG, Urteil v. 15.8.2006, 9 AZR 30/06[123]). Das BAG hat in der genannten Entscheidung für die gerichtliche Feststellung, ob hinreichend gewichtige Gründe zur Ablehnung berechtigen, eine **3-stufige Prüfung** entwickelt (zuletzt wieder BAG, Urteil v. 20.1.2015, 9 AZR 735/13[124]). Dieses Prüfungsschema ist im Übrigen auch auf Verringerungsansprüche des Arbeitnehmers anzuwenden, die auf tarif- oder einzelvertraglicher Grundlage erhoben

[116] Meinel/Heyn/Herms/*Heyn*, TzBfG, 5. Aufl. 2015, § 8 TzBfG, Rz. 57; vgl. auch LAG Hessen, Urteil v. 23.4.2012, 17 Sa 1598/11, Juris.

[117] S. Rz. 121 ff.

[118] Meinel/Heyn/Herms/*Heyn*, TzBfG, 5. Aufl. 2015, § 8 TzBfG, Rz. 58.

[119] NZA 2003, S. 1392, 1395.

[120] EzA § 8 TzBfG Nr. 21.

[121] EzA § 8 TzBfG Nr. 27.

[122] EzA § 8 TzBfG Nr. 31.

[123] EzA § 14 TzBfG Nr. 14; BAG, Urteil v. 8.5.2007, 9 AZR 1112/06, EzA § 8 TzBfG Nr. 18; BAG, Urteil v. 16.10.2007, 9 AZR 239/07, EzA § 8 TzBfG Nr. 19; BAG, Urteil v. 13.10.2009, 9 AZR 910/08, EzA § 8 TzBfG Nr. 25.

[124] EzA § 8 TzBfG Nr. 31; vgl. hierzu auch *Kohte*, AuR 2009, S. 313, 314; *Schunder*, in: Festschrift für Buchner, 2009, S. 838, 842.

werden (BAG, Urteil v. 18.5.2004, 9 AZR 319/03[125]; BAG, Urteil v. 16.10.2007, 9 AZR 321/06[126]).

In der **1. Stufe** ist festzustellen, **ob** überhaupt **und** wenn ja, **welches** betriebliche **Organisationskonzept der** vom Arbeitgeber als erforderlich angesehenen **Arbeitszeitregelung zu Grunde liegt**. Unter Organisationskonzept ist das tatsächlich durchgeführte Konzept zu verstehen, mit dem die unternehmerische Aufgabenstellung im Betrieb verwirklicht werden soll (BAG, Urteil v. 8.5.2007, 9 AZR 1112/06[127]). Die diesem Konzept zu Grunde liegende unternehmerische Aufgabenstellung und die daraus abgeleiteten organisatorischen Entscheidungen sind hinzu zu nehmen, soweit sie nicht **willkürlich** sind. Voll überprüfbar ist dagegen, ob das vorgetragene Konzept auch tatsächlich im Betrieb durchgeführt wird (BAG, Urteil v. 18.2.2003, 9 AZR 164/02[128]; LAG Hamm, Urteil v. 1.8.2013, 17 Sa 185/13[129]). 74

In der **2. Stufe** ist zu prüfen, inwieweit die **Arbeitszeitregelungen** des Arbeitgebers **dem Arbeitszeitverlangen** des Arbeitnehmers **tatsächlich entgegenstehen**. Dabei ist auch der Frage nachzugehen, ob durch eine dem Arbeitgeber zumutbare Änderung von betrieblichen Abläufen oder des Personaleinsatzes der betrieblich als erforderlich angesehene Arbeitszeitbedarf unter Wahrung des Organisationskonzepts mit dem individuellen Arbeitszeitwunsch des Arbeitnehmers zur Deckung gebracht werden kann. 75

Ergibt sich, dass das Arbeitszeitverlangen des Arbeitnehmers nicht mit dem organisatorischen Konzept und der daraus folgenden Arbeitszeitregelung in Übereinstimmung gebracht werden kann, ist in einer **3. Stufe** das **Gewicht der entgegenstehenden betrieblichen Gründe** dahingehend zu prüfen, ob durch die vom Arbeitnehmer gewünschte Abweichung die in § 8 Abs. 4 Satz 2 TzBfG genannten, besonderen betrieblichen Belange oder das betriebliche Organisationskonzept und die ihm zu Grunde liegende unternehmerische Aufgabenstellung wesentlich beeinträchtigt werden. 76

Das BAG weist darauf hin, dass § 8 TzBfG auch in dieser Auslegung **nicht gegen Verfassungsrecht verstößt** (BAG, Urteil v. 18.2.2003, 9 AZR 164/02[130]; BAG, Urteil v. 30.9.2003, 9 AZR 665/02[131]). Zwar werde mit § 8 TzBfG in die von der allgemeinen Vertragsfreiheit umfasste Freiheit zur unternehmerischen Betätigung eingegriffen, da dem Arbeitgeber Lasten mit dem Ziel auferlegt würden, ihn zum Abschluss bestimmter Verträge zu bewegen. Darin liege ein Eingriff in Art. 2 Abs. 1 GG und Art. 12 Abs. 1 GG. Dieser sei jedoch verfassungsrechtlich zulässig, insbesondere nicht unverhältnismäßig, weil er durch Gründe des Gemeinwohls gerechtfertigt sei. Der Gesetzgeber wolle 77

[125] NZA 2005, S. 108, 112; s. auch Rz. 78.

[126] DB 2007, S. 2846 nur Ls.

[127] EzA § 8 TzBfG Nr. 18; vgl. auch LAG Hamm, Urteil v. 1.8.2013; 17 Sa 185/13, Juris; LAG Hessen, Urteil v. 23.10.2015, 10 Sa 254/15, Juris; LAG Rheinland-Pfalz, Urteil v. 13.3.2013, 8 Sa 534/12, Juris.

[128] NZA 2003, S. 1392, 1395.

[129] Juris; s. auch Rz. 83.

[130] NZA 2003, S. 1392, 1394 f.

[131] NZA 2004, S. 382, 384.

nämlich mit der Regelung die Teilzeitbeschäftigung fördern und dadurch Entlastungseffekte auf dem Arbeitsmarkt erreichen[132]. Ein Eingriff in die Eigentumsfreiheit sei aus denselben Gründen im Hinblick auf die Sozialbindung des Eigentums (Art. 14 Abs. 2 GG) gerechtfertigt.

78 Diese 3-stufige Prüfung und das damit bestehende Erfordernis eines „hinreichend gewichtigen" Grunds[133] stehen im Widerspruch zur Gesetzesbegründung[134], welche auf Seiten des Arbeitgebers bereits rationale, nachvollziehbare Gründe als ausreichend zulässt. Die **Auslegung des BAG ist zudem auch mit dem Wortlaut des § 8 Abs. 4 Satz 1 TzBfG nicht vereinbar**[135]. Das Erfordernis eines „hinreichend gewichtigen" Grundes deutet darauf hin, dass im Ergebnis betriebliche Gründe nicht ausreichen, sondern vielmehr dringende betriebliche Gründe erforderlich sind, die nach dem Wortlaut gerade nicht vorausgesetzt werden. **Entgegen der Kritik hat das BAG bislang aber an seinem 3-stufigen Prüfungsmaßstab festgehalten** (BAG, Urteil v. 13.11.2012, 9 AZR 259/11[136]; BAG, Urteil v. 20.1.2015, 9 AZR 735/13[137]).

In der Praxis sollte der Arbeitgeber oder sein Rechtsberater folglich die 3-stufige Prüfung durchführen und nur im Fall des Vorliegens eines betrieblichen Grunds entsprechend dieser Prüfung das Teilzeitverlangen ablehnen.

79 Nach § 8 Abs. 4 Satz 2 TzBfG liegt ein **betrieblicher Grund** – dieser ist nach Auffassung des BAG (BAG, Urteil v. 13.11.2012, 9 AZR 259/11[138]) nicht arbeitsplatz-, sondern **betriebsbezogen zu bestimmen** – insbesondere dann vor, wenn die Verringerung der Arbeitszeit die Organisation, den Arbeitsablauf oder die Sicherheit im Betrieb wesentlich beeinträchtigt oder unverhältnismäßige Kosten verursacht. Diese **beispielhafte Aufzählung bezieht sich** nach dem Wortlaut **lediglich auf die Verringerung** der Arbeitszeit, nicht jedoch auf die Verteilung.

Nach Auffassung des BAG gelten die Anforderungen, die an das Gewicht eines entgegenstehenden betrieblichen Grunds nach § 8 Abs. 4 Satz 2 zu stellen sind, jedoch auch für die Verweigerung der Zustimmung zu der vom Arbeitnehmer gewünschten Festlegung der verringerten Arbeitszeit (BAG, Urteil v. 16.10.2007, 9 AZR 239/07[139]; BAG, Urteil v. 24.6.2008, 9 AZR 313/07[140]). Es sei unerheblich, dass sich § 8 Abs. 4 Satz 2

[132] BT-Drucks. 14/4374, S. 11.

[133] S. Rz. 73.

[134] BT-Drucks. 14/4374, S. 17.

[135] Vgl. auch Meinel/Heyn/Herms/*Heyn*, TzBfG, 5. Aufl. 2015, § 8 TzBfG, Rz. 51; *Hanau*, RdA 2005, S. 301, 303. Kritisch – und mit hilfreichen Empfehlungen für die Praxis – auch *Schunder*, FS Arbeitsgemeinschaft Arbeitsrecht im Deutschen Anwaltsverein, 2006, S. 171, 175 ff.

[136] EzA § 8 TzBfG Nr. 27.

[137] EzA § 8 TzBfG Nr. 31.

[138] EzA § 8 TzBfG Nr. 27 = AP TzBfG § 8 Nr. 31 mit ablehnender Anm. *Heyn*; a. A. bisher u. a. auch Laux/Schlachter/*Laux*, TzBfG, 2. Aufl. 2011, § 8 TzBfG, Rz. 47; Annuß/Thüsing/*Mengel*, TzBfG, 3. Aufl. 2012, § 8 TzBfG, Rz. 3.

[139] EzA § 8 TzBfG Nr. 19.

[140] EzA § 8 TzBfG Nr. 21; ebenso LAG Hessen, Urteil v. 8.7.2013, 17 Sa 180/13, Juris; LAG Köln, Urteil v. 30.6.2014, 2 Sa 977/13, Juris.

TzBfG nach dem Wortlaut nur auf die Verringerung und nicht auf deren Festlegung beziehe. Es gelte ein **einheitlicher Maßstab**. Hinsichtlich der Intensität des betrieblichen Grunds bestehen damit keine Unterschiede zwischen der gewünschten Verringerung der Arbeitszeit und der Verteilung[141]. Für eine solche Handhabung sprechen Gründe der Praktikabilität und Rechtssicherheit. Zudem beziehen sich auch die Ausführungen in der Gesetzesbegründung zu den betrieblichen Gründen auf Verringerung und Verteilung der Arbeitszeit gleichermaßen[142].

Wird durch die gewünschte Verteilung die Organisation, der Arbeitsablauf oder die Si- 80
cherheit i. S. der oben erläuterten 3-Stufen-Prüfung[143] wesentlich beeinträchtigt bzw. führt sie zu unverhältnismäßigen Kosten, kann der Arbeitgeber die Verteilung ablehnen, da in diesem Fall jedenfalls ein betrieblicher Grund i. S. v. § 8 Abs. 4 Satz 1 TzBfG vorliegt.

5.2.4 Beispiele in Abs. 4 Satz 2

5.2.4.1 Wesentliche Beeinträchtigung von Organisation und Arbeitsablauf

§ 8 Abs. 4 Satz 2 TzBfG nennt als betrieblichen Grund die wesentliche Beeinträchtigung 81
von Organisation oder Arbeitsablauf. Da Organisation und Arbeitsabläufe i. d. R. miteinander verbunden sind, ist eine Trennung meist nicht möglich[144]. Arbeitsablauf meint nach der Gesetzesbegründung den **technischen** Arbeitsablauf[145].

Eine wesentliche Beeinträchtigung der Organisation liegt vor, wenn das Teilzeitverlan- 82
gen in die **unternehmerische Organisationskonzeption** bzw. Organisationsstruktur eingreift (vgl. LAG Niedersachsen, Urteil v. 11.4.2003, 10 Sa 1746/02[146]). Dem Teilzeitwunsch des Arbeitnehmers ist grundsätzlich nur zuzustimmen, sofern er sich in das arbeitgeberseitig vorgegebene Organisationskonzept[147] einfügt[148].

---

[141] Ebenso Annuß/Thüsing/*Mengel*, TzBfG, 3. Aufl. 2012, § 8 TzBfG, Rz. 134, HK-TzBfG/*Boecken*, 3. Aufl. 2012, § 8 TzBfG, Rz. 39; Laux/Schlachter/*Laux*, TzBfG, 2. Aufl. 2011, § 8 TzBfG, Rz. 137; ErfK/*Preis*, 16. Aufl. 2016, § 8 TzBfG, Rz. 40; Sievers, TzBfG, 5. Aufl. 2015, § 8 TzBfG, Rz. 74; a. A. Boewer, TzBfG, 1. Aufl. 2002, § 8 TzBfG, Rz. 164.

[142] BT-Drucks. 14/4374, S. 17.

[143] S. Rz. 73 ff.

[144] Vgl. Annuß/Thüsing/*Mengel*, TzBfG, 3. Aufl. 2012, § 8 TzBfG, Rz. 151; *Beckschulze*, DB 2000, S. 2598, 2602; ErfK/*Preis*, 16. Aufl. 2016, § 8 TzBfG, Rz. 29, 30.

[145] BT-Drucks. 14/4374, S. 17.

[146] LAGE § 8 TzBfG Nr. 11a; Annuß/Thüsing/*Mengel*, TzBfG, 3. Aufl. 2012, § 8 TzBfG, Rz. 153; *Kliemt*, NZA 2001, S. 63, 65; *Lindemann/Simon*, BB 2001, S. 146, 149; vgl. auch *Hunold* mit zahlreichen Beispielen aus der Rechtsprechung, NZA-RR 2004, S. 223, 224 ff.

[147] Zum Begriff s. Rz. 74.

[148] Meinel/Heyn/Herms/*Heyn*, TzBfG, 5. Aufl. 2015, § 8 TzBfG, Rz. 52; Annuß/Thüsing/*Mengel*, TzBfG, 3. Aufl. 2012, § 8 TzBfG, Rz. 153; *Preis/Gotthardt*, DB 2001, S. 145, 148; *Lindemann/Simon*, BB 2001, S. 146, 149; Rolfs, TzBfG, 1. Aufl. 2002, § 8 TzBfG, Rz. 29; einschränkend aber BAG, Urteil v. 18.2.2003, 9 AZR 164/02, NZA 2003, S. 1392, 1395, das im Fall der fehlenden Übereinstimmung von Arbeitszeitverlangen und Organisationskonzept in einer 3. Stufe das Gewicht der entgegenstehenden betrieblichen Gründe prüft.

83 Der 2. Senat des BAG hat allerdings noch vor Inkrafttreten des TzBfG am 1.1.2001 zu § 1 Abs. 1, Abs. 3 Satz 1 KSchG entschieden, die Unternehmerentscheidung über das Arbeitszeitmodell, insbesondere die Entscheidung für oder gegen Teilzeitarbeit, würde verbindlich sein, solange sie nicht offenbar unsachlich, unvernünftig oder willkürlich sei (BAG, Urteil v. 3.12.1998, 2 AZR 341/98[149]; BAG, Urteil v. 12.8.1999, 2 AZR 12/99[150]; vgl. auch BAG, Urteil v. 22.4.2004, 2 AZR 385/03[151]).
Diese Rechtsprechung kann auf § 8 Abs. 4 Satz 2 TzBfG nicht in der Weise übertragen werden, dass von einer „wesentlichen" Beeinträchtigung der Organisation des Arbeitgebers erst ausgegangen werden könnte, wenn dessen Entscheidung für Vollzeitarbeit in bestimmten Bereichen oder überhaupt der Willkürkontrolle nicht standhalten würde[152]. Damit das Teilzeitverlangen des Arbeitnehmers nach § 8 Abs. 1, Abs. 4 Satz 1 TzBfG nicht „leerläuft", liegt bereits dann **keine wesentliche Beeinträchtigung** des Organisationskonzepts des Arbeitgebers, in bestimmten Betriebsbereichen bzw. im gesamten Betrieb ausschließlich Vollzeitkräfte zu beschäftigen, vor, wenn er hierfür **keine in sich schlüssige, plausible und somit rational nachvollziehbare Begründung** hat (vgl. BAG, Urteil v. 8.5.2007, 9 AZR 112/06[153]; LAG Köln, Urteil v. 3.2.2006, 11 (13) Sa 1246/05[154]).

84 So scheidet die **Umstellung des Organisationskonzepts** von einer Vollzeitstelle auf 2 Teilzeitstellen aus, wenn die betriebstechnischen, wirtschaftlichen oder sonstigen berechtigten betrieblichen Bedürfnisse die Beschäftigung einer ganztags tätigen Vollzeitkraft erfordern und die Aufteilung des Aufgabenbereichs auf 2 Teilzeitkräfte als betriebswirtschaftlich nicht vernünftig erscheint (LAG Düsseldorf, Urteil v. 3.3.2004, 12 Sa 1765/03[155]). Die Notwendigkeit des Informationsaustauschs zwischen 2 Teilzeitkräften ist nicht zwangsläufig ein dem Teilzeitverlangen entgegenstehender betrieblicher Grund (BAG, Urteil v. 8.5.2007, 9 AZR 1112/06[156]).

85 Ein unternehmerisches Organisationskonzept, welches den Arbeitgeber zur wirksamen Ablehnung eines Teilzeitwunsches berechtigt, muss **nachweisbar im Betrieb umgesetzt**

---

149 EzA § 1 KSchG Soziale Auswahl Nr. 37.

150 EzA § 1 KSchG Soziale Auswahl Nr. 41.

151 EzA § 2 KSchG Nr. 50.

152 S. Arnold, § 11, Rz. 17-22; Laux/Schlachter/*Laux*, TzBfG, 2. Aufl. 2011, § 8 TzBfG, Rz. 176-180.

153 EzA § 8 TzBfG Nr. 18; vgl. auch BAG, Urteil v. 13.11.2012, 9 AZR 259/11, EzA § 8 TzBfG Nr. 27.

154 NZA-RR 2006, S. 343, 344; vgl. auch Annuß/Thüsing/*Mengel*, TzBfG, 3. Aufl. 2012, § 8 TzBfG, Rz. 152; HK-TzBfG/*Boecken*, 3. Aufl. 2012, § 8 TzBfG, Rz. 47; ErfK/*Preis*, 16. Aufl. 2016, § 8 TzBfG, Rz. 26.

155 DB 2004, S. 1562; vgl. auch LAG Hessen, Urteil v. 23.10.2015, 10 Sa 254/15, Juris.

156 EzA § 8 TzBfG Nr. 18; vgl. auch LAG Hamm, Urteil v. 10.3.2011, 8 Sa 1830/10, Juris; LAG Hamm, Urteil v. 1.8.2013, 17 Sa 185/13, Juris.

werden und von plausiblen, wirtschaftlichen oder unternehmenspolitischen Gründen getragen werden (BAG, Urteil v. 18.3.2003, 9 AZR 126/02[157]). Vorübergehend sachlich begründete Abweichungen von einem aus einem Organisationskonzept abgeleiteten Arbeitszeitmodell sind unschädlich (BAG, Urteil v. 19.8.2003, 9 AZR 542/02[158]; vgl. auch LAG, Hamm, Urteil v. 1.8.2013, 17 Sa 185/13[159]; LAG Schleswig-Holstein, Urteil v. 9.10.2008, 4 Sa 176/08[160]).

Beispiel

Als betriebliche Gründe kommen demnach insbesondere in Betracht:

Schichtsysteme (vgl. aber LAG Köln, Urteil v. 10.1.2011, 7 Sa 766/12[161]); häufige, erforderliche Geschäftsreisen; Arbeiten unter Termindruck; ganztägige Kundentermine von Außendienstmitarbeitern (vgl. LAG Hamm, Urteil v. 1.8.2013, 17 Sa 185/13[162]) sowie Team- und Gruppenarbeit, bei denen i. d. R. eine gleichlaufende Präsenz erforderlich ist.

Ferner die Notwendigkeit einer Auftragsbearbeitung aus einer Hand oder die Betrauung einer Person mit allen kreativen Fragen für sämtliche Produkte zur Wahrung eines einheitlichen Marktauftritts (BAG, Urteil v. 13.10.2009, 9 AZR 910/08[163]) oder berufsspezifische Anforderungen wie z. B. Spezialkenntnisse, sofern kein anderer Arbeitnehmer diese Spezialkenntnisse besitzt (LAG Hamm, Urteil v. 6.5.2002, 8 Sa 641/02[164]).

Auch bei Flugpersonal (BAG, Urteil v. 15.8.2006, 9 AZR 30/06[165]; LAG Köln, Urteil v. 15.10.2013, 12 SaGa 3/13[166]), Fernfahrern oder Montagearbeitnehmern wird das organisatorische Konzept einer Teilzeit oftmals entgegenstehen, wobei aber zu berücksichtigen ist, dass die Arbeitszeitverringerung auch tageweise erfolgen kann. Arbeitnehmer in leitenden Positionen haben, wie aus § 6 TzBfG folgt, grundsätzlich ebenfalls einen Anspruch auf Teilzeit. Bei diesen wird jedoch oftmals leichter zu begründen sein, warum eine dauerhafte Anwesenheit erforderlich ist, z. B. aufgrund der Notwendigkeit, an im Voraus nicht absehbaren Besprechungen teilzunehmen.

---

157 EzA § 4 TzBfG Nr. 4; einschränkend BAG, Urteil v. 18.2.2003, 9 AZR 164/02, NZA 2003, S. 1392, 1395 f.; wie hier Laux/Schlachter/*Laux*, TzBfG, 2. Aufl. 2011, § 8 TzBfG, Rz. 173; Meinel/Heyn/Herms/*Heyn*, TzBfG, 5. Aufl. 2015, § 8 TzBfG, Rz. 53; *Preis/Gotthardt*, DB 2001, S. 145, 148; *Kliemt*, NZA 2001, S. 63, 65; *Straub*, NZA 2001, S. 919, 923, 924.

158 EzA § 8 TzBfG Nr. 4.

159 Juris.

160 Juris.

161 Juris.

162 Juris.

163 EzA § 8 TzBfG Nr. 25; LAG Hamm, Urteil v. 1.8.2013, 17 Sa 185/13, Juris.

164 NZA-RR 2003, S. 178, 180.

165 EzA § 8 TzBfG Nr. 14.

166 Juris.

Jedenfalls ist ein Organisationskonzept so detailliert wie möglich zu beschreiben (Personalbesetzung samt Lage und Umfang der Einsatzzeiten, des Einsatzbereichs und Nennung etwaiger Vertreter der betreffenden Arbeitnehmer).

86 Der Arbeitgeber kann entsprechende Umstände generell nur als betriebliche Gründe i. S. v. § 8 Abs. 4 Satz 2 TzBfG geltend machen, wenn durch die Teilzeitarbeit ein **organisatorischer Mehraufwand** entsteht. Ist auch bei Vollzeitkräften ein stetiger Wechsel erforderlich, z. B. aufgrund von Öffnungszeiten oder Maschinenlaufzeiten, die die Arbeitszeit eines Vollzeitbeschäftigten deutlich überschreiten, kann sich der Arbeitgeber auf solche Gründe nicht berufen (vgl. BAG, Urteil v. 30.9.2003, 9 AZR 665/02[167]).

87 **Unwesentliche Beeinträchtigungen** müssen dabei hingenommen werden. Darunter fällt etwa: Mehraufwand in Form von Übergabegesprächen, die durch den Einsatz von Teilzeitkräften erforderlich werden (ArbG Mönchengladbach, Urteil v. 30.5.2001, 5 Ca 1157/01[168]). Dabei ist allerdings jeweils auch die Größe des Unternehmens zu berücksichtigen: In einem Betrieb mit 15 Angestellten wird das Teilzeitbegehren eines Arbeitnehmers grundsätzlich ganz andere Umorganisationen erfordern, als in einem Betrieb mit 1000 Arbeitnehmern. Die **Erhöhung des allgemeinen Verwaltungsaufwands** fällt ebenfalls unter die unwesentlichen Beeinträchtigungen (vgl. auch LAG Köln, Urteil v. 15.3.2006, 3 Sa 1593/05[169]). Jedenfalls muss der Arbeitgeber alle zumutbaren Anstrengungen unternehmen, insbesondere muss er von seinem Direktionsrecht (§ 106 Satz 1 GewO) insoweit Gebrauch machen, als es ihm möglich ist, innerbetrieblich durch Umorganisation und andere Verteilung der Arbeitszeit die Störungen im Arbeitsablauf sowie in der betrieblichen Organisation aufzuheben oder zu minimieren[170].

5.2.4.2 Wesentliche Beeinträchtigung der Sicherheit im Betrieb

88 § 8 Abs. 4 Satz 2 TzBfG nennt daneben als betrieblichen Grund die wesentliche Beeinträchtigung der **Sicherheit im Betrieb**. Eine solche kommt in Betracht, wenn die im Betrieb notwendigen Sicherheitsstandards oder Unfallverhütungsvorschriften nicht eingehalten werden. Ebenso aber kann die Datensicherheit oder die Sicherheit vor Straftaten zulasten des Arbeitgebers in Betracht kommen. Hier können vor allem die für den Arbeitsschutz verantwortlichen Personen betroffen sein[171]. Insoweit kann unter Umständen die Einstellung einer geeigneten Ersatzkraft erforderlich werden.

5.2.4.3 Verursachung unverhältnismäßiger Kosten

89 Einen betrieblichen Grund stellt nach § 8 Abs. 4 Satz 2 TzBfG des Weiteren die Verursachung **unverhältnismäßiger Kosten** dar, wobei es sich insofern eigentlich um einen

[167] NZA 2004, S. 382.
[168] NZA 2001, S. 970, 972; vgl. auch LAG Hamm, Urteil v. 1.8.2013, 17 Sa 185/13, Juris.
[169] NZA-RR 2006, S. 515, 516.
[170] S. Rz. 96.
[171] Boewer, TzBfG, 1. Aufl. 2002, § 8 TzBfG, Rz. 201.

wirtschaftlichen und nicht um einen betrieblichen Grund handelt. Denn der Begriff „Kosten“ spricht den finanziellen Aufwand an, der mit der Arbeitsplatzteilung verbunden ist (BAG, Urteil v. 23.11.2004, 9 AZR 644/03[172]). Probleme ergeben sich dabei insbesondere bei der Frage der Unverhältnismäßigkeit.

In Verhältnis zu setzen sind die Kosten, die üblicherweise mit dem eingerichteten Arbeitsplatz verbunden sind, mit denjenigen, die bei einer Arbeitsplatzteilung anfallen. Dabei sind nach dem Schutzziel des Gesetzes u. a. die Kosten außer Ansatz zu lassen, die mit der Personalverwaltung zusammenhängen (BAG, Urteil v. 23.11.2004, 9 AZR 644/03[173]; vgl. auch LAG Köln, Urteil v. 14.10.2009, 9 Sa 824/09[174]). Von **Unverhältnismäßigkeit** ist jedenfalls auszugehen, wenn die wirtschaftlichen Auswirkungen für den Arbeitgeber nicht mehr tragfähig sind. Der Arbeitgeber muss **Ursache** und **Höhe** der Kosten sowie die **Umstände, aus denen sich die Unverhältnismäßigkeit ergibt**, substantiiert vortragen (ArbG Mönchengladbach, Urteil v. 30.5.2001, 5 Ca 1167/01[175]). Der pauschale Hinweis auf unverhältnismäßige Kosten genügt nicht (BAG, Urteil v. 20.1.2015, 9 AZR 735/13[176]). 90

Beispiel

Unverhältnismäßige Kosten können sich beispielsweise durch die Notwendigkeit der Einrichtung eines zusätzlichen kostenintensiven Arbeitsplatzes ergeben (LAG Niedersachsen, Urteil v. 18.11.2002, 17 Sa 487/02[177]).

Des Weiteren können ein vom Arbeitgeber zu zahlender höherer Lohn oder die Übernahme von Umzugskosten im Fall der Neubesetzung unverhältnismäßig sein[178]. So kann es sein, dass eine Verringerung bzw. anderweitige Verteilung der Arbeitszeit nur bei Zuweisung von nicht mit der bisherigen Beschäftigung vergleichbaren Tätigkeiten erfolgen kann, was keine Probleme aufweist, sofern sich die Arbeitsvertragsparteien entsprechend einvernehmlich darüber einigen oder auch die Anweisung der neuen Tätigkeit etwa aufgrund einer individualvertraglichen „Versetzungsklausel“ dem Weisungsrecht des Arbeitgebers unterliegt. Unverhältnismäßige Kosten entstehen jedoch dann, wenn es sich bei den auszuübenden Tätigkeiten um solche handelt, die nach einer geringeren Vergütungsgruppe zu vergüten wären, die bisherige Gehaltsstufe jedoch zu behalten wäre (ArbG Freiburg, Urteil v. 4.9.2001, 7 Ca 143/01[179]).

---

[172] NZA 2005, S. 770, 772.

[173] NZA 2005, S. 770, 772; s. Rz. 93.

[174] BB 2010, S. 955 nur Ls.

[175] NZA 2001, S. 970, 972.

[176] EzA § 8 TzBfG Nr. 31.

[177] BB 2003, S. 905, 906 bezogen auf die Kosten für einen weiteren Dienstwagen für eine Ersatzkraft; *Beckschulze*, DB 2000, S. 2598, 2601 mit Hinweis auf Kosten für einen zusätzlichen PC.

[178] Boewer, TzBfG, 1. Aufl. 2002,§ 8 TzBfG, Rz. 179.

[179] NZA 2002, S. 216, 218.

91 Eine unverhältnismäßige Kostenbelastung kann etwa auch dann vorliegen, wenn die infolge der Teilzeitarbeit entstehenden **Personalkosten in einem unzumutbaren Verhältnis zur durch den teilzeitbeschäftigten Arbeitnehmer erzielten Wertschöpfung** stehen (LAG Düsseldorf, Urteil v. 19.4.2002, 9 (12) Sa 11/02[180]). Dabei kann etwa an **Einarbeitungszeiten** für neu einzustellende Ersatzkräfte – im Hinblick auf die durch Stattgabe des Teilzeitbegehrens frei werdende Arbeitszeit – zu denken sein, die auch im Rahmen des betrieblichen Grunds „Beeinträchtigung des Arbeitsablaufs" Bedeutung erlangen können (BAG, Urteil v. 23.11.2004, 9 AZR 644/03[181]). Die Einarbeitungszeit ist „Kostenfaktor", weil sie die Arbeitskraft des einarbeitenden Arbeitnehmers bindet und der Arbeitgeber für die von ihm von Anfang an gezahlte Vergütung erst nach Abschluss der Einarbeitung die „volle" Gegenleistung des Arbeitnehmers erhält (§ 611 Abs. 1 BGB). Sollen derartige „**Einmalkosten**" als „**unverhältnismäßig**" beurteilt werden, bedarf es hierzu jedoch eines **konkreten Sachvortrags** des **Arbeitgebers**[182]. Zur Begründung der Kostenlast hinsichtlich der Dauer der Einarbeitungszeit kann sich der Arbeitgeber **nicht** auf die Rechtsprechung des 2. Senats des BAG berufen, wonach es bei Kündigungen hinsichtlich der Vergleichbarkeit von Arbeitnehmern im Rahmen der sozialen Auswahl nach § 1 Abs. 3 Satz 1 KSchG entscheidend auf die **Austauschbarkeit** ankommt und diese bei einer Einarbeitungszeit von 3 Monaten oder mehr verneint wird (BAG, Urteil v. 5.5.1994, 2 AZR 917/93[183]). Diese Grundsätze können bei der Prüfung des § 8 Abs. 4 Satz 1 TzBfG deshalb nicht herangezogen werden[184], weil eine zeitliche Grenze dem Zweck des TzBfG widerspräche. Höher qualifizierte Arbeitnehmer, die regelmäßig eine längere Einarbeitungszeit benötigen, würden ansonsten zwangsläufig benachteiligt (BAG, Urteil v. 23.11.2004, 9 AZR 644/03[185]).

92 Andererseits kann sich nach Auffassung des BAG ein Arbeitgeber mit Erfolg darauf berufen, dass der Einsatz einer Ersatzkraft erforderlich sei, durch deren laufende Fortbildung unverhältnismäßige zusätzliche Kosten entstünden (BAG, Urteil v. 21.6.2005, 9 AZR 409/04[186]). So bleibt dennoch auch nach Auffassung des BAG die Länge des Zeitraums, innerhalb dessen dem Arbeitgeber zusätzliche Kosten durch die Verringerung der

180 Juris; vgl. auch BAG, Urteil v. 21.6.2005, 9 AZR 409/04, EzA § 8 TzBfG Nr. 13; LAG Hessen, Urteil v. 20.10.2014, 17 Sa 199/14 Juris; *Schipp*, ArbRB 2009, S. 178, 180.

181 NZA 2005, S. 769, 772; *Beckschulze*, DB 2000, S. 2598, 2601; Meinel/Heyn/Herms/*Heyn*, TzBfG, 5. Aufl. 2015, § 8 TzBfG, Rz. 71.

182 Vgl. zu Ausbildungs- bzw. Schulungskosten BAG, Urteil v. 24.6.2008, 9 AZR 313/07, EzA § 8 TzBfG Nr. 21; BAG, Urteil v. 20.1.2015, 9 AZR 755/13, EzA § 8 TzBfG Nr. 31.

183 NZA 1994, S. 1023, 1025.

184 A. A. *Beckschulze*, DB 2000, S. 2598, 2601; Meinel/Heyn/Herms/*Heyn*, TzBfG, 5. Aufl. 2015, § 8 TzBfG, Rz. 71.

185 NZA 2005, S. 769, 772; zu dieser Entscheidung auch *Feuerborn*, SAE 2006, S. 1, 6 f., der ebenfalls die schlechte Handhabung dieser Rechtsprechung in der Praxis kritisiert.

186 NZA 2006, S. 316, 320.

Arbeitszeit eines Arbeitnehmers entstehen, nicht außer Betracht. Gleichwohl ist die bisherige Rechtsprechung des BAG zu diesem Problemkreis für die Praxis nur schwer handhabbar.

Unerheblich ist dagegen die durch die Teilzeit erforderliche **Nachbesetzung als solche**, 93
da das Gesetz auf Neueinstellungen angelegt ist und gerade beschäftigungsfördernd wirken soll. Damit können typische durch die Teilzeitarbeit entstehende finanzielle Belastungen nicht geltend gemacht werden, da der Teilzeitanspruch andernfalls „leerliefe" (LAG Köln, Urteil v. 15.3.2006, 3 Sa 1593/05[187]; LAG Niedersachsen, Urteil v. 18.11.2002, 17 Sa 487/02[188]). Hierzu gehören insbesondere Kosten durch den **erhöhten Aufwand in der Personalverwaltung** (BAG, Urteil v. 23.11.2004, 9 AZR 644/03; BAG, Urteil v. 21.6.2005, 9 AZR 409/04[189]). Nach der Gesetzesbegründung sind die dem Arbeitgeber zusätzlich entstehenden gewöhnlichen Kosten hinzunehmen, da diesem Mehraufwand laufende Kosteneinsparungen durch Produktivitätssteigerungen und bessere Kapitalnutzung gegenüberstehen können[190].

Auf der anderen Seite ist aber keine unzumutbare Belastung i. S. einer wirtschaftlichen 94
Zwangslage oder Gefährdung von Arbeitsplätzen erforderlich[191]. Entscheidend sind immer die **Umstände des Einzelfalls**. Aus diesem Grund ist es dem Arbeitgeber auch verwehrt, sich pauschal darauf zu berufen, er könne nur eine bestimmte **Quote** von Arbeitnehmern in Teilzeit beschäftigen[192]. Der Arbeitgeber muss vielmehr konkrete Gründe vortragen, warum eine höhere Quote zu unverhältnismäßigen Kosten führt.

5.2.4.4 Lösungen innerhalb des Betriebs

Der Arbeitgeber ist nicht berechtigt, sich auf betriebliche Gründe zu berufen, wenn bei- 95
spielsweise die wesentliche Beeinträchtigung der Organisation und Arbeitsabläufe oder die Verursachung unverhältnismäßiger Kosten vermieden werden können.

---

[187] NZA-RR 2006, S. 515, 516.

[188] BB 2003, S. 905, 906; Annuß/Thüsing/*Mengel*, TzBfG, 3 Aufl. 2012, § 8 TzBfG, Rz. 157; *Beckschulze*, DB 2000, S. 2598, 2602; Rolfs, TzBfG, 1. Aufl. 2002, § 8 TzBfG, Rz. 36.

[189] NZA 2006, S. 316, 320.

[190] BT-Drucks. 14/4374, S. 3.

[191] Annuß/Thüsing/*Mengel*, TzBfG, 3. Aufl. 2012, § 8 TzBfG, Rz. 156; vgl. auch ErfK/*Preis*, 16. Aufl. 2016, § 8 TzBfG, Rz. 31.

[192] Im Ergebnis ebenso ErfK/*Preis*, 16. Aufl. 2016, § 8 TzBfG, Rz. 32; s. Rz. 116, bezüglich der Regelung durch Tarifvertrag; a. A. *Beckschulze*, DB 2000, S. 2598, 2601, der es für erforderlich hält, dass die Rechtsprechung eine unverhältnismäßige Kostenbelastung annimmt, wenn mehr als ein festzulegender Prozentsatz X der Arbeitnehmer des Betriebs von ihrem Teilzeitanspruch Gebrauch machen; Annuß/Thüsing/ *Mengel*, TzBfG, 3. Aufl. 2012, § 8 TzBfG, Rz. 163, die eine Überforderung des Arbeitgebers annimmt, die als betrieblicher Grund neben den Beispielen des § 8 Abs. 4 Satz 2 TzBfG anzuerkennen sei.

96 Nach der vom BAG entwickelten 3-Stufen-Prüfung[193] ist der Arbeitgeber zu einer Prüfung dahingehend verpflichtet, ob durch eine ihm zumutbare **Änderung von betrieblichen Abläufen oder des Personaleinsatzes** der betrieblich als erforderlich angesehene Arbeitszeitbedarf unter Wahrung des Organisationskonzepts mit dem individuellen Arbeitszeitwunsch des Arbeitnehmers zur Deckung gebracht werden kann (BAG, Urteil v. 18.2.2003, 9 AZR 164/02[194]). Der Arbeitgeber muss damit versuchen, durch Umorganisation und andere Verteilung der Arbeitszeit den Beeinträchtigungen des Arbeitsablaufs sowie der betrieblichen Organisation entgegenzuwirken.

97 Insoweit stellt es zwar in einem Produktionsbetrieb mit **Mehrschichtarbeitszeit** ein gültiges Organisationskonzept dar, jede Schicht mit einer bestimmten Zahl von Mitarbeitern derselben Funktion zu besetzen. Ein solches Konzept wird aber nach der Rechtsprechung dann nicht beeinträchtigt, wenn der Arbeitgeber eine geeignete Ersatzkraft einstellen kann. Eine Ersatzkraft ist geeignet, wenn sie die für den Arbeitsplatz notwendigen Kenntnisse und Fähigkeiten hat oder dem Arbeitgeber zuzumuten ist, sie entsprechend zu schulen. Die Schulung darf keine unverhältnismäßigen Kosten verursachen (vgl. BAG, Urteil v. 21.6.2005, 9 AZR 409/04[195]).

Hinweis

Ein Ausgleich durch Mehrarbeit anderer Mitarbeiter ist dagegen nicht erforderlich, da entsprechend der Rechtslage bei Kündigungen davon auszugehen ist, dass die anderen Mitarbeiter voll ausgelastet sind und keine Arbeit mit übernehmen können.

98 Der Arbeitnehmer kann auch nicht verlangen, dass der Arbeitgeber zum Ausgleich der verringerten Arbeitszeit eine Vollzeitkraft bei gleichzeitigem **Abbau von Überstunden** anderer Arbeitnehmer einstellt oder den Arbeitszeitausfall durch **dauernde Überstunden** anderer Arbeitnehmer ausgleicht (BAG, Urteil v. 9.12.2003, 9 AZR 16/03[196]). Denn der Gesetzgeber erstrebt mit den Regelungen des TzBfG eine Entlastung des Arbeitsmarkts durch Schaffung zusätzlicher (Teilzeit-)Arbeitsplätze, nicht aber eine Mehrbelastung anderer Arbeitnehmer (vgl. BAG, Urteil v. 21.6.2005, 9 AZR 409/04[197]). So kann der Arbeitnehmer auch nicht erfolgreich entgegenhalten, die Einstellung einer Ersatzkraft erübrige sich deshalb, weil er durch Arbeitsverdichtung oder Arbeitsbereitschaft außerhalb der vereinbarten Arbeitszeit das bisherige Arbeitspensum auch in der verkürzten Arbeitszeit erledigen könne (BAG, Urteil v. 21.6.2005, 9 AZR 409/04[198]).

---

[193] S. Rz. 73 ff.
[194] NZA 2003, S. 1392, 1395; vgl. auch LAG Köln, Urteil v. 10.1.2013, 7 Sa 766/12, Juris.
[195] NZA 2006, S. 316, 320.
[196] NZA 2004, S. 922, 923.
[197] NZA 2006, S. 316, 320; vgl. auch BAG, Urteil v. 9.12.2003, 9 AZR 16/03, NZA 2004, S. 922.
[198] NZA 2006, S. 316, 319.

Der Arbeitgeber ist des Weiteren grundsätzlich nicht verpflichtet, **Leiharbeitnehmer** oder Leistungen im Rahmen eines **Dienst- oder Werkvertrags** in Anspruch zu nehmen[199]. Die unternehmerische Entscheidung, den Betrieb mit eigenen oder mit Leiharbeitnehmern zu führen, ist lediglich auf Willkür überprüfbar[200]. Der Entschluss, keine **Subunternehmer** in Anspruch zu nehmen, ist ebenfalls nicht auf Zweckmäßigkeit überprüfbar (ArbG Hannover, Urteil v. 31.1.2002, 10 Ca 419/01[201]). 99

Setzt der Arbeitgeber aber regelmäßig Subunternehmer oder Leiharbeitnehmer für vergleichbare Tätigkeiten ein, kann er den Einsatz im Fall des Teilzeitwunschs nicht pauschal ablehnen (vgl. auch BAG, Urteil v. 9.12.2003, 9 AZR 16/03[202]). Vielmehr muss er dann nachvollziehbar darlegen, warum er im konkreten Fall keine Subunternehmer oder Leiharbeitnehmer in Anspruch nehmen will.

Der Arbeitgeber ist zur Ermöglichung der Teilzeit des Weiteren **verpflichtet**, eine **Ersatzkraft einzustellen,** sofern dies zum Ausgleich erforderlich ist. Könnte der Arbeitgeber den Teilzeitwunsch allein mit der Begründung ablehnen, die anfallende Arbeitsmenge würde bei Gewährung der Teilzeit nicht bewältigt, würde der Zweck des § 8 TzBfG, die Beschäftigungsförderung, leerlaufen. Der Arbeitgeber muss daher grundsätzlich eine Ersatzkraft einstellen. Er kann sich aber auf das Fehlen einer geeigneten Ersatzkraft berufen. Der Arbeitgeber muss dann nachweisen, dass eine dem Berufsbild des Arbeitnehmers, der seine Arbeitszeit reduziert, entsprechende zusätzliche Arbeitskraft auf dem für ihn maßgeblichen Arbeitsmarkt nicht zur Verfügung steht (BAG, Urteil v. 27.4.2004, 9 AZR 522/03[203]; BAG, Urteil v. 23.11.2004, 9 AZR 644/03[204]). 100

Hinweis

An das Merkmal „**geeignete** Ersatzkraft“ sind nicht zu hohe Anforderungen zu stellen. Geeignet ist eine Ersatzkraft, die in der Lage ist, die anfallenden Arbeitsaufgaben nach der Einweisung in den Arbeitsplatz (Unterrichtung i. S. v. § 81 BetrVG) zu erledigen. Geeignet ist regelmäßig aber auch eine Ersatzkraft, die dem Anforderungs-

199 *Richardi/Annuß*, BB 2000, S. 2201, 2202; *Beckschulze*, DB 2000, S. 2598, 2599; *Hromadka*, NJW 2001, S. 400, 402; einschränkend *Däubler*, ZIP 2001, S. 217, 220; ArbG Hannover, Urteil v. 31.1.2002, 10 Ca 419/01, NZA-RR 2002, S. 294, 296.

200 Vgl. *Beckschulze*, DB 2000, S. 2598, 2599, der von einer „nicht überprüfbaren Unternehmerentscheidung“ spricht.

201 NZA-RR 2002, S. 294, 296.

202 NZA 2004, S. 922 923; Holwe/Kossens/Pielenz/Räder, TzBfG, 4. Aufl. 2014, § 8 TzBfG, Rz. 44; *Däubler*, ZIP 2001, S. 217, 220; Laux/Schlachter/*Laux*, TzBfG, 2. Aufl. 2011, § 8 TzBfG, Rz. 216

203 NZA 2004, S. 1225, 1229; BT-Drucks. 14/4374, S. 17.

204 NZA 2005, S. 769, 772; LAG Hessen, Urteil v. 23.10.2015, 10 Sa 254/15, Juris; LAG Rheinland-Pfalz, Urteil v. 13.3.2013, 8 Sa 534/12, Juris; vgl. auch LAG Schleswig-Holstein, Urteil v. 15.12.2010, 3 SaGa 14/10, DB 2011, S. 244 nur Ls..

profil entspricht, das der Arbeitgeber üblicherweise bei der Nachbesetzung von Stellen aufstellt (BAG, Urteil v. 23.11.2004, 9 AZR 644/03[205]).

101 Sofern der Arbeitgeber überzogene Anforderungen an die Ersatzkraft stellt, ist die Unmöglichkeit der Neubesetzung unbeachtlich, da sie der Arbeitgeber selbst verursacht hat (vgl. BAG, Urteil v. 14.10.2003, 9 AZR 636/02[206]).
Die Entscheidung des Arbeitgebers ist gerichtlich nur auf **grobe Unsachlichkeit oder Willkür** überprüfbar[207]. Es bedarf aber einer nachvollziehbaren Begründung, weshalb es an der fachlichen oder persönlichen Eignung fehlt[208]. Der bloße Hinweis auf die fehlende Eignung genügt nicht.

102 Der Arbeitgeber muss sich daher rechtzeitig und tatsächlich **bei** der zuständigen **Arbeitsagentur nach geeigneten Ersatzkräften erkundigen** (BAG, Urteil v. 27.4.2004, 9 AZR 522/03[209]; BAG, Urteil v. 23.11.2004, 9 AZR 644/03[210]). Ein Beweisantritt des Arbeitgebers wie „Auskunft der Arbeitsagentur sowie Sachverständigengutachten" ist nicht ausreichend, da dies einem Ausforschungsbeweis gleichkäme. Auch genügt der bloße Hinweis auf Schwierigkeiten bei der früheren Suche nach einem geeigneten Mitarbeiter nicht (ArbG Mönchengladbach, Urteil v. 30.5.2001, 5 Ca 1157/01[211]). Eine Ersatzkraft muss nicht nur die Anforderungen an den frei werdenden Arbeitsplatz erfüllen, sondern auch bereit sein, den Arbeitsplatz mit dem entsprechenden Arbeitszeitumfang und der Arbeitszeitverteilung zu übernehmen, der aufgrund des Teilzeitwunschs frei wird[212]. Die Auskunft der Arbeitsagentur sollte sich der Arbeitgeber mithilfe der „**Meldezettel für Vermittlungsvorschläge**" schriftlich geben lassen. Dies erleichtert ihm in jedem Fall den Nachweis, dass er trotz Suche keine geeignete Ersatzkraft gefunden hat.

103 Außerdem ist der Arbeitgeber, um eine Ersatzkraft zu finden, gehalten, eine inner- und/ oder außerbetriebliche **Stellenausschreibung** vorzunehmen (BAG, Urteil v. 27.4.2004, 9 AZR 522/03[213]). Gibt der Arbeitgeber weitere Stellenangebote auf, ist er verpflichtet, auch die Teilzeitstelle aufzunehmen[214]. Im Übrigen ist das Schalten von Anzeigen in betriebsfremden Tageszeitungen aufgrund der begrenzten Zeit, die dem Arbeitgeber zur Verfügung steht (vgl. § 8 Abs. 2 TzBfG i. V. m. § 8 Abs. 5 TzBfG), abzulehnen (LAG

[205] NZA 2005, S. 769, 772.
[206] NZA 2004, S. 975, 978.
[207] *Flatten/Coeppicus*, ZIP 2001, S. 1477, 1480 ff.
[208] Meinel/Heyn/Herms/*Heyn*, TzBfG, 5. Aufl. 2015, § 8 TzBfG, Rz. 77.
[209] NZA 2004, S. 1225, 1229.
[210] NZA 2005, S. 769, 771.
[211] NZA 2001, S. 970, 973.
[212] Laux/Schlachter/ *Laux*, TzBfG, 2. Aufl. 2011, § 8 TzBfG, Rz. 212; Annuß/Thüsing/*Mengel*, TzBfG, 3. Aufl. 2012, § 8 TzBfG, Rz. 160.
[213] NZA 2004, S. 1225, 1229.
[214] Annuß/Thüsing/*Mengel*, TzBfG, 3. Aufl. 2012, § 8 TzBfG, Rz. 160; *Beckschulze*, DB 2001, S. 2598, 2599.

Niedersachsen, Urteil v. 26.6.2003, 4 Sa 1306/02[215]). Eine unterlassene Stellenausschreibung kann dem Arbeitgeber im Prozess aber nur angelastet werden, wenn eine hypothetische Betrachtung nahelegt, dass sich auf das Stellenangebot geeignete Bewerber gemeldet hätten (LAG Düsseldorf, Urteil v. 3.3.2004, 12 Sa 1765/03[216]). Der Arbeitgeber hat ansonsten die für ihn üblichen Maßnahmen zu ergreifen. Sucht er regelmäßig nur auf regionaler Ebene, ist es im Hinblick auf eine Ersatzkraft für den Arbeitnehmer, der die Teilzeit begehrt, nicht erforderlich, die Suche überregional auszuweiten[217].

Verweigert der Betriebsrat die nach § 99 Abs. 1 Satz 1 BetrVG **erforderliche Zustimmung zur Einstellung der Ersatzkraft**, ist der Arbeitgeber nicht verpflichtet, das Zustimmungsersetzungsverfahren nach § 99 Abs. 4 BetrVG durchzuführen[218]. Vielmehr liegt in diesem Fall ein betrieblicher Grund i. S. v. § 8 Abs. 4 Satz 1 TzBfG zur Ablehnung des Teilzeitwunschs vor. Erhebt dann allerdings der Arbeitnehmer anschließend Klage auf Festlegung einer bestimmten Lage der Arbeitszeit, ist das Arbeitsgericht befugt, die Zustimmungsverweigerung des Betriebsrats im Licht von § 8 Abs. 4 Satz 2 TzBfG zu prüfen (LAG Schleswig-Holstein, Urteil v. 4.10.2007, 4 Sa 242/07[219]). 104

5.2.5 Betriebliche Gründe im Übrigen

Ein betrieblicher Grund, der den Arbeitgeber zur Ablehnung des Teilzeitbegehrens berechtigt, kann in einer auf der Grundlage von § 87 Abs. 1 Nr. 2 BetrVG geschlossenen **Betriebsvereinbarung** über die Lage der Arbeitszeit liegen. Hinter einer solchen Vereinbarung müssen die Arbeitszeitwünsche der einzelnen Arbeitnehmer grundsätzlich zurückstehen (BAG, Urteil v. 18.2.2003, 9 AZR 164/02[220]; BAG, Urteil v. 16.3.2004, 9 AZR 323/03[221]). Dies gilt jedoch nur, sofern der vom Arbeitnehmer gewünschte **Arbeitsbeginn** einen **kollektiven Bezug** hat (BAG, Urteil v. 24.6.2008, 9 AZR 313/07[222]; BAG, Urteil v. 16.12.2008, 9 AZR 893/07[223]; BAG, Urteil v. 18.8.2009, 9 AZR 517/08[224]). 105

---

[215] Juris; ebenso ErfK/*Preis*, 16. Aufl. 2016, § 8 TzBfG, Rz. 35; *Beckschulze*, DB 2000, S. 2598, 2599; a. A. Meinel/Heyn/Herms/*Heyn*, TzBfG, 5. Aufl. 2015, § 8 TzBfG, Rz. 76; *Däubler*, ZIP 2001, S. 217, 220 f.

[216] DB 2004, S. 1562, 1563; vgl. auch BAG, Urteil v. 27.4.2004, 9 AZR 522/03, NZA 2004, S. 1225, 1229.

[217] Boewer, TzBfG, 1. Aufl. 2002, § 8 TzBfG, Rz. 191.

[218] Ebenso Boewer, TzBfG, 1. Aufl. 2002, § 8 TzBfG, Rz. 195; Meinel/Heyn/Herms/*Heyn*, TzBfG, 5. Aufl. 2015, § 8 TzBfG, Rz. 77; Sievers, TzBfG, 5. Aufl. 2015, § 8 TzBfG, Rz. 117; vgl. auch BAG, Urteil v. 13.11.2012, 9 AZR 259/11, EzA § 8 TzBfG Nr. 27.

[219] NZA-RR 2008, S. 301, 304.

[220] NZA 2003, S. 1392, 1396; Laux/Schlachter/Laux, TzBfG, 2. Aufl. 2011, § 8 TzBfG, Rz. 279; Annuß/Thüsing/*Mengel*, TzBfG, 3. Aufl. 2012, § 8 TzBfG, Rz. 170; ErfK/*Preis*, 16. Aufl. 2016, § 8 TzBfG, Rz. 41; Meinel/Heyn/Herms/*Heyn*, TzBfG, 5. Aufl. 2015, § 8 TzBfG, Rz. 66; *Straub*, NZA 2001, S. 919, 924; *Reiserer/Penner*, BB 2002, S. 1694, 1698.

[221] NZA 2004, S. 1047, 1051 f.; vgl. auch LAG Köln, Urteil v. 15.10.2013, 12 SaGa 3/13, Juris.

[222] EzA § 8 TzBfG Nr. 21.

[223] EzA § 8 TzBfG Nr. 23.

[224] EzA § 8 TzBfG Nr. 24.

Dieser Bezug fehlt, wenn die gewünschte Verteilung der Arbeitszeit die Interessen der anderen Arbeitnehmer nicht berührt (BAG, Urteil v. 16.3.2004, 9 AZR 323/03[225]; BAG, Urteil v. 16.12.2008, 9 AZR 893/07[226]).

Offen gelassen hat das BAG bisher, ob eine **freiwillige Betriebsvereinbarung** im Geltungsbereich des BetrVG (vgl. z. B. § 117 Abs. 2 BetrVG) aufgrund ihrer unmittelbaren und zwingenden Wirkung (§ 77 Abs. 4 Satz 1 BetrVG) und der Durchführungspflicht des Arbeitgebers (§ 77 Abs. 1 Satz 1 BetrVG) einem Neuverteilungsanspruch entgegenstehen kann (vgl. BAG, Urteil v. 15.8.2006, 9 AZR 30/06[227]; BAG, Urteil v. 24.6.2008, 9 AZR 313/07[228]). Dagegen hat das BAG entschieden, dass auch formlose Regelungsabreden der Betriebspartner betriebliche Gründe enthalten können, die die Umverteilung der Arbeitszeit verhindern können (BAG, Urteil v. 16.12.2008, 9 AZR 893/07[229]).

106 Eine auf der Grundlage des § 87 Abs. 1 Nr. 2 BetrVG geschlossene Betriebsvereinbarung darf gemäß § 22 TzBfG keine über § 8 Abs. 4 Satz 1 und Satz 2 TzBfG hinausgehende Beschränkungen des Teilzeitanspruchs des Arbeitnehmers (§ 8 Abs. 1 TzBfG) enthalten (BAG, Urteil v. 20.1.2015, 9 AZR 735/13[230]). So können die Betriebsparteien insbesondere nicht den Anspruch nach § 8 Abs. 1 TzBfG „kontingentieren". Die Festlegung einer sog. Überforderungsquote ist nur den Tarifvertragsparteien gemäß § 8 Abs. 4 Satz 3 TzBfG[231] vorbehalten (BAG, Urteil v. 24.6.2008, 9 AZR 313/07[232]). Allerdings können die betrieblichen Gründe i.S.d. § 8 Abs. 4 Satz 1 und Satz 2 TzBfG in einer Betriebsvereinbarung dokumentiert sein (BAG, Urteil v. 20.1.2015, 9 AZR 735/13[233]).

107 Der Arbeitgeber kann den Teilzeitwunsch des Weiteren ablehnen, sofern eine **Aufteilung des Arbeitsplatzes nicht möglich** ist. Dabei ist aber zu berücksichtigen, dass eine Aufteilung auch tageweise erfolgen kann, sodass allein die Tatsache, dass ein Arbeitnehmer ganztägig benötigt wird, als betrieblicher Grund nicht ausreicht[234]. Als betrieblicher Grund kann – je nach Lage des Falls – anzusehen sein, dass keine **Arbeitsplätze oder -räume zur Verfügung** gestellt werden können, um dem Teilzeitanspruch gerecht werden zu können. Dies setzt allerdings voraus, dass der Teilzeitverlangende und der ihn ersetzende Arbeitnehmer aus betriebsorganisatorischen Gründen nicht den gleichen Arbeitsplatz teilen können.

---

[225] NZA 2004, S. 1047, 1052.
[226] EzA § 8 TzBfG Nr. 23.
[227] EzA § 8 TzBfG Nr. 14.
[228] EzA § 8 TzBfG Nr. 21.
[229] EzA § 8 TzBfG Nr. 23; hierzu näher *Hamann*, NZA 2010, S. 785, 788 f.
[230] EzA § 8 TzBfG Nr. 31.
[231] Siehe Rz. 113.
[232] EzA § 8 TzBfG Nr. 21; LAG Hessen, Urteil v. 25.3.2013, 17 Sa 976/12, Juris; LAG Hessen, Urteil v. 16.12.2013, 17 Sa 849/13, Juris.
[233] EzA § 8 TzBfG Nr. 31.
[234] Vgl. auch Buschmann/Dieball/Stevens-Bartol, TzA, 2. Aufl. 2001, § 8 TzBfG, Rz. 31a.

Ferner kann ein betrieblicher Grund dann gegeben sein, wenn die Verringerung der Arbeitszeit zu einer Änderung der Arbeitsinhalte führt, sodass die bisherigen Merkmale einer tariflichen Vergütungsgruppe nicht mehr erfüllt werden[235]. Auch können Urlaubswünsche anderer Arbeitnehmer einen Ablehnungsgrund i. S. v. § 8 Abs. 4 Satz 2 TzBfG darstellen (LAG Düsseldorf, Urteil v. 17.5.2006, 12 Sa 175/06[236]).

Betriebliche Gründe stehen der begehrten Arbeitszeitreduzierung auch entgegen, wenn 108 die gewünschte Arbeitszeitreduzierung eine erhebliche Störung des im Betrieb praktizierten Arbeitszeitsystems bewirkt, weil der Arbeitgeber entweder den Arbeitnehmer, der den Teilzeitwunsch äußert, oder andere mittelbar betroffene Arbeitnehmer **nicht mit der gesamten Arbeitszeit einsetzen kann**. Diese Störung ist schon deshalb erheblich, weil der Arbeitgeber einer Beschäftigungspflicht nicht in vollem Umfang nachkommen kann und infolgedessen u. a. Annahmeverzugsansprüche nach §§ 611 Abs. 1, 615 Satz 1 BGB entstehen können (BAG, Urteil v. 13.11.2007, 9 AZR 36/07[237]). Soweit der Teilzeitwunsch des Arbeitnehmers in der Gewährung einer wiederkehrenden zeitweiligen Arbeitsfreistellung, z.B. zwischen Weihnachten und Neujahr, besteht, können dem betriebliche Gründe im Hinblick auf berechtigte Urlaubswünsche anderer Arbeitnehmer nach § 7 Abs. 1 Satz 1 BUrlG entgegenstehen (vgl. BAG, Urteil v. 11.6.2013, 9 AZR 786/11[238]; BAG, Urteil v. 20.1.2015, 9 AZR 735/13[239]).

Anerkannt werden des Weiteren **pädagogische Gesichtspunkte,** z. B. die kontinuierli- 109 che Betreuung von Kindern durch dasselbe Personal (BAG, Urteil v. 19.8.2003, 9 AZR 542/02[240]; BAG, Urteil v. 16.10.2007, 9 AZR 321/06[241]). Berufsspezifische Anforderungen auch an die Dauer der Präsenz am Arbeitsplatz und/oder die Zahl derjenigen Personen, auf die dieselbe Tätigkeit aufteilbar ist, können solche „rationalen und nachvollziehbaren“ Gründe darstellen, welche bei der Beurteilung der ablehnenden Entscheidung zu beachten sind und diese schließlich rechtfertigen (ArbG Bonn, Urteil v. 20.6.2001, 2 Ca 1414/01[242]).

Da die Aufzählung der entgegenstehenden betrieblichen Gründe nicht abschließend ist, 110 können dem Teilzeitwunsch des Arbeitnehmers u. U. auch **künstlerische Belange** entgegenstehen (Schutz künstlerischer Vorstellungen gemäß Art. 5 Abs. 3 Satz 1 GG). Es dürfen an die Darlegung der Beeinträchtigung der Kunstfreiheit durch die begehrte Verringerung der Arbeitszeit keine überzogenen Anforderungen gestellt werden. Die Gründe

---

235 HWK/*Schmalenberg*, 6. Aufl. 2014, § 8 TzBfG, Rz. 25.

236 DB 2006, S. 1682, 1684.

237 EzA § 8 TzBfG Nr. 20.

238 EzA § 8 TzBfG Nr. 28.

239 EzA § 8 TzBfG Nr. 31; LAG Hessen, Urteil v. 16.12.2013, 17 Sa 849/13, Juris; LAG Köln, Urteil v. 30.6.2014, 2 Sa 977/13, Juris.

240 EzA § 8 TzBfG Nr. 4; vgl. zu § 15b BAT BAG, Urteil v. 18.3.2003, 9 AZR 126/02, EzA § 4 TzBfG Nr. 4; vgl. zu § 15b BAT-KF BAG, Urteil v. 16.10.2007, 9 AZR 321/06, DB 2007, S. 2846 nur Ls. Zum Problemkreis vgl. auch *Feldhoff*, ZTR 2006, S. 58, 62 f.

241 DB 2007, S. 2846 nur Ls.

242 NZA 2001, S. 973.

müssen jedoch nachvollziehbar sein (BAG, Urteil v. 27.4.2004, 9 AZR 522/03[243]; BAG, Urteil v. 13.10.2009, 9 AZR 910/08[244]; LAG Mecklenburg-Vorpommern, Urteil v. 15.10.2013, 5 Sa 119/13[245]).

111 Betriebliche Gründe bestehen des Weiteren, wenn dem Arbeitnehmer im Fall der angestrebten Änderung des Arbeitsvertrags **betriebsbedingt gekündigt** werden könnte (ArbG Freiburg, Urteil v. 4.9.2001, 7 Ca 143/01[246]). Dies ist z. B. möglich, wenn der Arbeitgeber die **Unternehmerentscheidung** trifft, künftig in der Abteilung des betroffenen Arbeitnehmers **nur Vollzeitkräfte zu beschäftigen**. Eine Kündigung wäre dann durch „dringende betriebliche Erfordernisse, die einer Weiterbeschäftigung in diesem Bereich entgegenstehen", nach § 1 Abs. 2 Satz 1 KSchG sozial gerechtfertigt (vgl. BAG, Urteil v. 19.5.1993, 2 AZR 584/92[247]). Ob der Betriebsablauf den Einsatz von Voll- oder Teilzeitkräften erfordert oder ob eine Umwandlung von Teil- in Vollzeitarbeitsplätze erforderlich ist, gehört zu der nur eingeschränkten nachprüfbaren Unternehmerentscheidung. Wären nach der gewünschten Änderung des Arbeitsvertrags dringende betriebliche Erfordernisse für eine Kündigung gegeben, liegen erst recht betriebliche Gründe vor, die einer Verringerung der Arbeitszeit entgegenstehen (ArbG Freiburg, Urteil v. 4.9.2001, 7 Ca 143/01[248]; LAG Nürnberg, Urteil v. 23.2.2006, 5 Sa 224/05[249]).

112 Ein betrieblicher Grund kann ferner darin liegen, dass es ein **öffentlich-rechtlicher Arbeitgeber** allein **aufgrund mangelnder personeller Planungs- und Haushaltskompetenz** nicht vermag, eine Teilzeitstelle einzurichten. Das ist etwa dann der Fall, wenn einem Arbeitgeber von der öffentlichen Hand nicht allgemeine Finanzmittel für den Personalbedarf zur Verfügung gestellt werden, sondern der Kostenträger über die Betriebserlaubnis unmittelbar und regulativ in die personelle Planungskompetenz und wirtschaftliche Dispositionsfreiheit des Arbeitgebers eingreift. Liegt in einem solchen Fall die für die Einrichtung der Teilzeitstelle erforderliche Genehmigung des Kostenträgers nicht vor und ist die notwendige Refinanzierung der Personalkosten – bei einem Stellensplitting etwa zusätzlich anfallende und zu vergütende Arbeitszeit, z. B. für Übergaben – auch nicht zu erwarten, liegt ein betrieblicher Grund i. S. v. § 8 Abs. 4 Satz 1 TzBfG vor (LAG Düsseldorf, Urteil v. 2.7.2003, 12 Sa 407/03[250]; LAG Düsseldorf, Urteil v. 19.1.2005, 12 Sa 1512/04[251]).

---

243 NZA 2004, S. 1225, 1228.

244 EzA § 8 TzBfG Nr. 25.

245 Juris.

246 NZA 2002, S. 216, 218; vgl. zur Abgrenzung der Voraussetzungen des § 1 Abs. 2 KSchG und des § 8 Abs. 4 TzBfG *Range-Ditz*, ArbRB 2005, S. 336, 339.

247 NZA 1993, S. 1075, 1077.

248 NZA 2002, S. 216, 218; krit. zu diesem Ergebnis Laux/Schlachter/*Laux*, TzBfG, 2. Aufl. 2011, § 8 TzBfG, Rz. 179.

249 NZA-RR 2006, S. 294 f.

250 NZA-RR 2004, S. 234 ff.

251 FA 2005, S. 224 nur Ls.

Zu unterscheiden ist dieser betriebliche Grund von der „Verursachung unverhältnismäßiger Kosten" i. S. d. § 8 Abs. 4 Satz 2 TzBfG. Unverhältnismäßig müssen die Kosten im vorliegenden Falle nicht sein. Es reicht aus, dass sich – objektiv nachvollziehbar – zumindest nicht völlig unerhebliche Mehrkosten durch das Stellensplitting ergeben, welche der Arbeitgeber aufgrund der ihm zur Verfügung stehenden Mittel und in Ermangelung einer eigenwirtschaftlichen Tätigkeit nicht aufbringen kann.

Kein betrieblicher Grund besteht dagegen, wenn die durch die Teilzeit erforderlichen Neueinstellungen zur Folge haben, dass bestimmte **Schwellenwerte** überschritten werden, die beispielsweise zu einer Erhöhung der Zahl der Betriebsratsmitglieder (§ 9 BetrVG) oder der freizustellenden Betriebsratsmitglieder (§ 38 BetrVG) führen, oder zu einer Überschreitung der Grenze zur Sozialplanpflicht (§ 111 BetrVG)[252]. Die Überschreitung der Schwellenwerte ist keine unmittelbare Folge des Teilzeitanspruchs, sondern gesetzliche Folge der Neueinstellung[253]. Dies kann dann anders zu beurteilen sein, wenn die Überschreitung solcher **Schwellenwerte** entweder **gezielt angestrebt** worden ist oder aber zu **unverhältnismäßigen Kosten** führen würde[254]. 113

Verpflichtet sich ein Verleiher in einem Arbeitnehmerüberlassungsvertrag, dem Entleiher ausschließlich Arbeitnehmer mit einer bestimmten wöchentlichen Arbeitszeit zu überlassen, kann der Verleiher den Verringerungswunsch eines seiner Arbeitnehmer nicht allein mit den Arbeitszeitbestimmungen des Überlassungsvertrages ablehnen (BAG, Urteil v. 13.11.2012, 9 AZR 259/11[255]). Aus einer gesetzlich verbotenen Überlassung von Leiharbeitnehmern (vgl. § 1 Abs. 1 Satz 2 AÜG) kann der Arbeitgeber keine betrieblichen Gründe i. S. d. § 8 Abs. 4 Satz 1 und Satz 2 TzBfG, die aus der Sphäre des Entleihers stammen, herleiten, um das Teilzeitersuchen des Arbeitnehmers abzulehnen (vgl. BAG, Urteil v. 20.1.2015, 9 AZR 735/13[256]). 114

Bestehen **Teilzeitwünsche anderer Arbeitnehmer**, kommt es entscheidend darauf an, ob der Arbeitgeber alle Ansprüche erfüllen kann. Kann er dies nicht, hat er eine Entscheidung nach billigem Ermessen (§ 315 Abs. 1 BGB analog) zu treffen[257]. Bei der Auswahl- 115

---

[252] Buschmann/Dieball/Stevens-Bartol, TzA, 2. Aufl. 2011, § 8 TzBfG, Rz. 31a; ErfK/*Preis*, 16. Aufl. 2016, § 8 TzBfG, Rz. 38; Boewer, TzBfG, 1. Aufl. 2002, § 8 TzBfG, Rz. 182; Sievers, TzBfG, 5. Aufl. 2015, § 8 TzBfG, Rz. 129; Meinel/Heyn/Herms/*Heyn*, TzBfG, 5. Aufl. 2015, § 8 TzBfG, Rz. 72; *Beckschulze*, DB 2000, S. 2598, 2601; a. A. Annuß/Thüsing/*Mengel*, TzBfG, 3. Aufl. 2012, § 8 TzBfG, Rz. 156; *Reiserer/Penner*, BB 2002, S. 1694, 1697.

[253] Vgl. auch Meinel/Heyn/Herms/*Heyn*, TzBfG, 5. Aufl. 2015, § 8 TzBfG, Rz. 72; ErfK/*Preis*, 16. Aufl. 2016, § 8 TzBfG, Rz. 38.

[254] *Hanau*, NZA 2001, S. 1168, 1171; HWK/*Schmalenberg*, 6. Aufl. 2014, § 8 TzBfG, Rz. 23.

[255] EzA § 8 TzBfG Nr. 27.

[256] EzA § 8 TzBfG Nr. 31.

[257] Buschmann/Dieball/Stevens-Bartol, TzA, 2. Aufl. 2001, § 8 TzBfG, Rz. 31b; a. A. Boewer, TzBfG, 1. Aufl. 2002, § 8 TzBfG, Rz. 193, der Teilzeitwünsche anderer Arbeitnehmer als betrieblichen Grund auch dann nicht anerkennt, wenn sie aus sozialen Gründen den Vorrang genießen.

entscheidung sind soziale Gesichtspunkte zu berücksichtigen, wobei insbesondere familiäre Verpflichtungen Vorrang genießen (ArbG Stuttgart, Urteil v. 23.11.2001, 26 Ca 1324/01[258]).

5.2.6 Regelung durch Tarifvertrag

116 Nach § 8 Abs. 4 Satz 3 TzBfG können die Ablehnungsgründe durch Tarifvertrag festgelegt werden. Das kann, da nach § 2 Abs. 1 TVG der einzelne Arbeitgeber Tarifvertragspartei ist, auch in einem **Haustarifvertrag** erfolgen (BAG, Urteil v. 21.11.2006, 9 AZR 138/06[259]; BAG, Urteil v. 13.11.2007, 9 AZR 36/07[260]). Nach der Gesetzesbegründung ermächtigt § 8 Abs. 4 Satz 3 TzBfG die Tarifvertragsparteien, die **Gründe für die Ablehnung der Verringerung der Arbeitszeit zu konkretisieren** und dabei den spezifischen Erfordernissen des jeweiligen Wirtschaftszweigs Rechnung zu tragen[261].
Aufgrund von § 22 Abs. 1 TzBfG ist es den Tarifvertragsparteien nicht gestattet, über § 8 Abs. 4 Satz 3 TzBfG hinaus weitere Voraussetzungen für die Geltendmachung von Verringerungsansprüchen aufzustellen (BAG, Urteil v. 21.11.2006, 9 AZR 138/06[262]; BAG, Urteil v. 13.11.2007, 9 AZR 36/07[263]). So ist eine Bestimmung, wonach der Arbeitgeber Teilzeitwünsche ohne Vorliegen betrieblicher Gründe ablehnen kann, unzulässig[264]. Auch ist die tarifvertragliche Beschränkung des Teilzeitanspruchs auf bislang in Vollzeit beschäftigte Arbeitnehmer unwirksam[265], ebenso die Beschränkung auf bestimmte Gründe für das Teilzeitverlangen[266]. Dagegen **können** die **Tarifvertragsparteien** eine **Teilzeitquote festlegen**, die dazu führt, dass der Arbeitgeber bei Überschreiten der Quote den Teilzeitwunsch generell ablehnen kann (BAG, Urteil v. 21.11.2006, 9 AZR 138/06[267]; BAG, Urteil v. 24.6.2008, 9 AZR 313/07[268]).

117 **Pauschale Aussagen** dergestalt, dass bei einer bestimmten Größe X des Unternehmens oder bei einer Teilzeitquote Y innerhalb der Belegschaft die Arbeitgeberinteressen wesentlich beeinträchtigt würden, lassen sich aber ebenso wenig treffen wie ein Grenzwert dafür festlegen, ab wann die Kostenbelastung für einen Arbeitgeber unverhältnismäßig

---

[258] NZA-RR 2002, S. 183, 186.
[259] EzA § 8 TzBfG Nr. 16.
[260] EzA § 8 TzBfG Nr. 20.
[261] BT-Drucks. 14/4374, S. 17.
[262] EzA § 8 TzBfG Nr. 16.
[263] EzA § 8 TzBfG Nr. 20; ebenso LAG Düsseldorf, Urteil v. 25.8.2011, 11 Sa 360/11, LAGE § 8 TzBfG Nr. 20; vgl. auch BAG, Urteil v. 16.12.2014, 9 AZR 915/13, EzA § 106 GewO Nr. 20.
[264] Meinel/Heyn/Herms/*Heyn*, TzBfG, 5. Aufl. 2015, § 8 TzBfG, Rz. 81.
[265] Vgl. zu früher § 15b BAT BAG, Urteil v. 18.3.2003, 9 AZR 126/02, EzA § 4 TzBfG Nr. 4; anders jetzt § 11 TVöD-AT.
[266] HWK/*Schmalenberg*, 6. Aufl. 2014, § 8 TzBfG, Rz. 27.
[267] EzA § 8 TzBfG Nr. 16
[268] EzA § 8 TzBfG Nr. 21; Laux/Schlachter/*Laux*, TzBfG, 2. Aufl. 2011, § 8 TzBfG, Rz. 220; HWK/*Schmalenberg*, 6. Aufl. 2014, § 8 TzBfG, Rz. 27; a. A. *Diller*, NZA 2001, S. 589, 590; Hanau, NZA 2001, S. 1168, 1171.

wird[269]). Die Tarifvertragsparteien müssen bei ihren Vereinbarungen insbesondere berücksichtigen, dass sie an die Grundrechte und damit an die sowohl Arbeitgebern wie Arbeitnehmern verfassungsrechtlich garantierten Freiheiten gebunden sind (vgl. z. B. BAG, Urteil v. 7.2.2007, 5 AZR 229/07[270]), welche durch Pauschalregelungen berührt werden könnten. Die Variabilität dieser Grenzwerte kann im Einzelnen sowohl für den Arbeitgeber wie für den Arbeitnehmer vorteilhaft sein.

Tarifliche Ausschlussfristen finden auf den Teilzeitanspruch keine Anwendung (LAG 118
Niedersachsen, Urteil v. 18.11.2002, 17 Sa 487/02[271]).

Nach **§ 8 Abs. 4 Satz 4 TzBfG** können im Geltungsbereich eines solchen Tarifvertrags 119
nicht tarifgebundene Arbeitgeber und Arbeitnehmer die Anwendung der tariflichen Regelungen über die Ablehnungsgründe vereinbaren. Die **Geltung des Tarifvertrags** muss **im Arbeitsvertrag** ausdrücklich **vereinbart** werden[272]. Grundsätzlich kann auf den Tarifvertrag insgesamt verwiesen oder konkret auf einzelne Bestimmungen, etwa die Ablehnungsgründe, Bezug genommen werden[273]. Regelt der Tarifvertrag jedoch die Möglichkeit der Arbeitszeitverringerung zu Gunsten der Arbeitnehmer insgesamt günstiger und legt in diesem Rahmen Ablehnungsgründe für den Arbeitgeber fest, kann nur der gesamte Regelungskomplex aus dem Tarifvertrag vertraglich übernommen werden[274].
Aus der Formulierung des § 8 Abs. 4 Satz 4 TzBfG „**im Geltungsbereich eines Tarifvertrags**" ergibt sich, dass eine Vereinbarung i. S. v. § 8 Abs. 4 Satz 4 TzBfG nur möglich ist, sofern die nicht tarifgebundenen Arbeitnehmer dem räumlichen, fachlichen und persönlichen Geltungsbereich des Tarifvertrags unterfallen[275].

Für den Arbeitgeber ist eine **tarifliche Konkretisierung** der betrieblichen Gründe in der 120
Regel vorteilhaft, da er in diesem Fall nicht näher darlegen muss, weshalb der entscheidende Umstand einen betrieblichen Grund darstellt, d. h. beispielsweise eine wesentliche Beeinträchtigung oder unverhältnismäßige Kosten verursacht. Vielmehr muss er lediglich belegen, dass der im Tarifvertrag festgehaltene Ablehnungsgrund vorliegt. Daher ist zu überlegen, selbst soweit in einem Betrieb Tarifverträge keine Anwendung finden, zumindest den Komplex der tarifvertraglichen Vereinbarung von Ablehnungsgründen durch Verweisung in den Individualarbeitsvertrag mit einzubeziehen.

---

[269] S. Rz. 89 ff.

[270] NZA-RR 2007, S. 327, 329.

[271] BB 2003, S. 905, 906.

[272] *Lindemann/Simon*, BB 2001, S. 146, 149; Meinel/Heyn/Herms/*Heyn*, TzBfG, 5. Aufl. 2015, § 8 TzBfG, Rz. 82; a. A.Boewer, TzBfG, 1. Aufl. 2002, § 8 TzBfG, Rz. 216; Annuß/Thüsing/*Mengel*, TzBfG, 3. Aufl. 2012, § 8 TzBfG, Rz. 168; Sievers, TzBfG, 5. Aufl. 2015, § 8 TzBfG, Rz. 134, die für eine vertragliche Bezugnahme auch eine betriebliche Übung oder konkludentes Verhalten für ausreichend halten.

[273] *Kliemt*, NZA 2001, S. 63, 66; Annuß/Thüsing/*Mengel*, TzBfG, 3. Aufl. 2012, § 8 TzBfG, Rz. 166.

[274] Boewer, TzBfG, 1. Aufl. 2002, § 8 TzBfG, Rz. 212.

[275] Boewer, TzBfG, 1. Aufl. 2002, § 8 TzBfG, Rz. 211.

6. Gesetzliche Fiktion (Abs. 5)

6.1 Mitteilungspflicht (Abs. 5 S. 1)

121 Nach § 8 Abs. 5 Satz 1 TzBfG muss der Arbeitgeber dem Arbeitnehmer die Entscheidung über die Verringerung der Arbeitszeit und ihre Verteilung spätestens **1 Monat vor dem gewünschten Beginn der Verringerung schriftlich mitteilen**. Das gilt selbst dann, wenn dem Arbeitnehmer bekannt ist, dass sein Arbeitgeber Teilzeittätigkeiten in einem bestimmten Arbeitsbereich grundsätzlich ablehnt oder der Arbeitgeber bereits im Erörterungsgespräch[276] den Teilzeitwunsch abschlägig beschieden hat (BAG, Urteil v. 18.5.2004, 9 AZR 319/03[277]).

122 Die **Mitteilungspflicht besteht** sowohl **bei Ablehnung** des Antrags des Arbeitnehmers auf Verringerung der Arbeitszeit als auch **bei Zustimmung**[278]. Im Ergebnis wirkt es sich aber weder für den Arbeitgeber noch für den Arbeitnehmer nachteilig aus, wenn der Arbeitgeber die Zustimmung nicht mitteilt: Diese wird dann nach § 8 Abs. 5 Satz 2 und 3 TzBfG ersetzt. Die Mitteilung muss sich grundsätzlich auf die Verringerung sowie auf die Verteilung der Arbeitszeit beziehen, was bereits aus § 8 Abs. 5 Satz 1 TzBfG hervorgeht. Etwas anderes gilt lediglich bei Ablehnung der Verringerung. Eine Ablehnung auch der Verteilung ist in diesem Fall entbehrlich, da dem Antrag auf Verteilung lediglich Annexfunktion zukommt.

6.1.1 Inhalt der Mitteilung

123 Der Inhalt der Mitteilung unterliegt keinen strengen Voraussetzungen. Mitzuteilen ist die **Entscheidung des Arbeitgebers** und nicht generell das Verhandlungsergebnis. Kommt es im Rahmen der Erörterung i. S. d. § 8 Abs. 3 Satz 1 TzBfG zu keiner Vereinbarung, führt es nicht weiter, wenn der Arbeitgeber das Verhandlungsergebnis „keine Einigung" mitteilt, da nicht der Umstand, keine Einigung erzielt zu haben, sondern die Entscheidung des Arbeitgebers den Antrag des Arbeitnehmers abzulehnen, Rechtswirkungen entfaltet. Es verstößt jedoch gegen den Grundsatz von Treu und Glauben (§ 242 BGB), wenn das Teilzeitbegehren abgelehnt wird, soweit die Erörterungen noch nicht abgeschlossen sind, es sei denn, dass eine Einigung vor Ablauf der Monatsfrist mit Sicherheit nicht erreicht werden kann[279].

124 Die **Zustimmung**, insbesondere aber – wegen der drohenden Fiktionswirkung in § 8 Abs. 5 Satz 3 TzBfG[280] – die **Ablehnung** des Teilzeitbegehrens des Arbeitnehmers müssen vom Arbeitgeber hinreichend deutlich erklärt werden. Ob er die eine oder die andere

---

[276] S. Rz. 48 ff..

[277] NZA 2005, S. 108, 110.

[278] BT-Drucks. 14/4374, S. 17; HK-TzBfG/*Boecken*, 3. Aufl. 2012, § 8 TzBfG, Rz. 119; Meinel/Heyn/Herms/*Heyn*, TzBfG, 5. Aufl. 2015, § 8 TzBfG, Rz. 86; a. A. LAG Düsseldorf, Urteil v. 1.3.2002, 18 (4) Sa 1269/01, BB 2002, S. 1541, 1544.

[279] HWK/*Schmalenberg*, 6. Aufl. 2014, § 8 TzBfG, Rz. 36.

[280] S. Rz. 13-Rz. 142.

Erklärung abgegeben hat, ist, da es sich jeweils um eine empfangsbedürftige, an den Arbeitnehmer gerichtete Willenserklärung handelt[281], im Wege der Auslegung (§ 133 BGB) zu ermitteln (vgl. BAG, Urteil v. 20.1.2015, 9 AZR 860/13[282]). Eine **Begründung** ist im Gegensatz zu § 15 Abs. 7 Satz 2 BEEG **nicht erforderlich** (LAG Niedersachsen, Urteil v. 2.8.2002, 16 Sa 166/02[283]). Entsprechend der Rechtslage bei Kündigungen reicht es aus, wenn die Gründe **im Laufe eines etwaigen Rechtsstreits** dargelegt werden. Begründet der Arbeitgeber seine Ablehnung, ist er daran nicht gebunden. Er kann sowohl weitere Gründe nachschieben als auch die Begründung austauschen.

Allerdings ist nach Auffassung des BAG der Arbeitgeber dann mit Einwendungen gegen den Teilzeitwunsch des Arbeitnehmers ausgeschlossen, wenn sie von diesem im Rahmen der Erörterung nach § 8 Abs. 3 TzBfG hätten ausgeräumt werden können (BAG, Urteil v. 18.2.2003, 9 AZR 356/02[284]; BAG, Urteil v. 19.8.2003, 9 AZR 542/03[285]). Für diesen ihm günstigen Präklusionseinwand ist der Arbeitnehmer darlegungs- und beweispflichtig[286].

Hinweis

Für den Arbeitgeber kann es zweckmäßig sein, auf eine Begründung zu verzichten und die Reaktion des Arbeitnehmers abzuwarten. Zur Verhinderung einer eventuellen Klage sollte der Arbeitgeber allerdings auf eine gezielte Frage des Arbeitnehmers nach den Gründen detailliert Stellung beziehen. Der Arbeitgeber sollte im Fall der Nennung von Gründen in jedem Fall vorsorglich schriftlich darauf hinweisen, dass er sich die Geltendmachung weiterer oder anderer Gründe ausdrücklich vorbehalte.

6.1.2 Einheitliche Mitteilung bei Verknüpfung von Verringerungs- und Verteilungswunsch

Die einander bedingende Verknüpfung von Verringerungs- und konkretem Verteilungswunsch durch den Arbeitnehmer ist möglich[287]. Eine andere Auffassung widerspräche dem Ziel des Gesetzgebers, Teilzeit zu fördern. Gerade für Mütter ist eine Teilzeit häufig 125

[281] S. Rz. 127.

[282] EzA § 8 TzBfG Nr. 32.

[283] NZA-RR 2003, S. 6, 7; Laux/Schlachter/*Laux*, TzBfG, 2. Aufl. 2011, § 8 TzBfG, Rz. 259; Annuß/Thüsing/*Mengel*, TzBfG, 3. Aufl. 2012, § 8 TzBfG, Rz. 115 und Rz. 231; ErfK/*Preis*, 16. Aufl. 2016, § 8 TzBfG, Rz. 16; *Lorenz*, NZA-RR 2006, S. 281, 283; Meinel/Heyn/Herms/*Heyn*, TzBfG, 5. Aufl. 2015, § 8 TzBfG, Rz. 88; a. A. Buschmann/Dieball/Stevens-Bartol, TzA, 2. Aufl. 2001,§ 8 TzBfG, Rz. 39.

[284] NZA 2003, S. 911, 913.

[285] EzA § 8 TzBfG Nr. 4; LAG Schleswig-Holstein, Urteil v. 15.12.2010, 3 SaGa 14/10, Juris; Holwe/Kossens/Pielenz/Räder, TzBfG, 4. Aufl. 2014,§ 8 TzBfG, Rz. 29; Meinel/Heyn/Herms/*Heyn*, TzBfG, 5. Aufl. 2015, § 8 TzBfG, Rz. 46; a. A. Annuß/Thüsing/*Mengel*, TzBfG, 3. Aufl. 2012, § 8 TzBfG, Rz. 230; s. auch Rz. 49.

[286] So jdf. Annuß/Thüsing/*Mengel*, TzBfG, 3. Aufl. 2012, § 8 TzBfG, Rz. 93.

[287] S. Rz. 44.

nur interessant, sofern auch die gewünschte Verteilung berücksichtigt wird. Legte der Arbeitgeber eine andere Arbeitszeitverteilung fest, welche beispielsweise nicht mit den von einer Mutter geplanten Zeiten der Kinderbetreuung in Einklang zu bringen wäre, verfehlte die Regelung ihren Zweck, würde Teilzeit verhindert. Dogmatisch wird man insoweit von einem Antrag unter einer sog. Potestativbedingung (vgl. hierzu allg. BAG, Urteil v. 15.3.2001, 2 AZR 705/99[288]) ausgehen müssen (vgl. BAG, Urteil v. 5.6.2007, 9 AZR 82/07[289]; BAG, Urteil v. 15.4.2008, 9 AZR 380/07[290]). Der Arbeitgeber kann den **Antrag** des Arbeitnehmers auf Verringerung und bestimmte Verteilung der Arbeitszeit nach § 150 Abs. 2 BGB **nur einheitlich annehmen oder ablehnen**, sofern für ihn – ggf. im Weg der Auslegung seines Antrags nach §§ 133, 157 BGB (vgl. BAG, Urteil v. 24.6.2008, 9 AZR 514/07[291]; BAG 12.4.2011, 9 AZR 19/10[292]) – erkennbar ist, dass der Arbeitnehmer die Verringerung der Arbeitszeit von der gewünschten Verteilung abhängig machen wollte (BAG, Urteil v. 16.12.2008, 9 AZR 893/07[293]; BAG, Urteil v. 18.8.2009, 9 AZR 517/08[294]; ArbG Mannheim, Urteil v. 14.4.2015, 8 Ca 91/14[295]). Hiervon ist bei gleichzeitig gestelltem Verringerungs- und Verteilungswunsch erfahrungsgemäß auszugehen (BAG, Urteil v. 18.2.2003, 9 AZR 164/02[296]; BAG, Urteil v. 24.6.2008, 9 AZR 514/07[297]). Für eine gegenteilige Auslegung bedarf es besonderer Anhaltspunkte (BAG, Urteil v. 18.2.2003, 9 AZR 164/02[298]; LAG Hessen, Urteil v. 23.10.2015, 10 Sa 254/15[299]).

126 Der Arbeitgeber hat allerdings dann den üblichen Entscheidungsumfang, d. h. Zustimmung zur Reduzierung, aber Ablehnung der Verteilung, sofern der Arbeitnehmer die konditionale Verknüpfung nicht deutlich gemacht hat (LAG Berlin, Urteil v. 18.1.2002, 19 Sa 1982/01[300]). Insoweit ist dem Arbeitnehmer dringend anzuraten, es ausdrücklich klarzustellen, wenn sich die Anträge gegenseitig bedingen sollen.

---

288 EzA § 620 BGB Kündigung Nr. 2

289 EzA § 15 BErzGG Nr. 16; s. Rz. 44.

290 EzA § 15 BErzGG Nr. 17; vgl. auch BAG, Urteil v. 12.4.2011,9 AZR 19/10 EzA § 8 TzBfG Nr. 26.

291 EzA § 8 TzBfG Nr. 22.

292 EzA § 8 TzBfG Nr. 26.

293 EzA § 8 TzBfG Nr. 23; s. Rz. 44.

294 EzA § 8 TzBfG Nr. 24; vgl. auch BAG, Urteil v. 11.6.2013, 9 AZR 786/11, EzA § 8 TzBfG Nr. 28; LAG Hamm, Urteil v. 23.4.2012, 17 Sa 1598/11, Juris.

295 LAGE § 8 TzBfG Nr. 22; vgl. auch LAG Hessen, Urteil v. 23.10.2015, 10 Sa 254/15, Juris.

296 NZA 2003, S. 1392, 1394.

297 EzA § 8 TzBfG Nr. 22.

298 NZA 2003, S. 1392, 1394.

299 Juris.

300 ArbRB 2003, S. 234 f.

6.1.3 Absender der Mitteilung

Zustimmung und Ablehnung sind empfangsbedürftige, an den Arbeitnehmer gerichtete Willenserklärungen, auf die die Regeln über Rechtsgeschäfte anwendbar sind[301]. Beide Erklärungen können nur durch den **Arbeitgeber** selbst oder einen von ihm **bevollmächtigten Vertreter** erfolgen[302]. §§ 174, 180 BGB sind wegen ihres Charakters als Willenserklärung auch auf die Ablehnung anwendbar[303]. 127

6.1.4 Form der Mitteilung

Die Mitteilung muss nach dem Wortlaut des § 8 Abs. 5 Satz 1 TzBfG **schriftlich** erfolgen. Das gilt sowohl für die Zustimmung als auch für die Ablehnung des Teilzeitwunschs des Arbeitnehmers mit der Folge, dass § 126 Abs. 1 BGB anwendbar ist (vgl. BAG, Urteil v. 20.1.2015, 9 AZR 860/13[304]). Dem Arbeitnehmer muss deshalb eine im Original eigenhändig unterzeichnete Erklärung des Arbeitgebers zugehen. Eine Erklärung per Telefax oder Email reicht nicht[305]. Teilweise lässt man die Textform des § 126b BGB genügen, obwohl dies, wie an sich in § 126b BGB verlangt, in § 8 Abs. 5 TzBfG nicht vorgesehen ist[306]. Die Schriftform des § 126 Abs. 1 BGB kann allerdings durch die elektronische Form mit qualifizierter elektronischer Signatur gemäß § 126a Abs. 1 BGB ersetzt werden, weil § 8 Abs. 5 TzBfG diese nicht ausschließt (vgl. § 126a Abs. 3 BGB). Lehnt der Arbeitgeber den Teilzeitwunsch nur mündlich ab, handelt der Arbeitnehmer nicht nach § 242 BGB rechtsmissbräuchlich, wenn er sich auf den Formmangel beruft (BAG, Urteil v. 18.5.2004, 9 AZR 319/03[307]). 128

---

[301] Vgl. BAG, Urteil v. 20.1.2015, 9 AZR 860/13, EzA § 8 TzBfG Nr. 32; HK-TzBfG/*Boecken*, 3. Aufl. 2012, § 8 TzBfG, Rz. 121; Laux/Schlachter/*Laux*, TzBfG, 2. Aufl. 2011, § 8 TzBfG, Rz. 249; Sievers, TzBfG, 5. Aufl. 2015, § 8 TzBfG, Rz. 139; wohl auch schon BAG, Urteil v. 18.5.2004, 9 AZR 319/03, NZA 2005, S. 108, 110, das die Unwirksamkeit einer formwidrigen Ablehnung aus § 125 S. 1 BGB herleitet; a. A. *Hanau*, NZA 2001, S. 1168, 1171: geschäftsähnliche Handlung; vgl. auch Annuß/Thüsing/*Mengel*, TzBfG, 3. Aufl. 2012, § 8 TzBfG, Rz. 114.

[302] ErfK/*Preis*, 16. Aufl. 2016, § 8 TzBfG, Rz. 16.

[303] Vgl. Sievers, TzBfG, 5. Aufl. 2015, § 8 TzBfG, Rz. 139; a. A. Laux/Schlachter/*Laux*, TzBfG, 2. Aufl. 2011, § 8 TzBfG, Rz. 249.

[304] EzA § 8 TzBfG Nr. 32.

[305] Boewer, TzBfG, 1. Aufl. 2002, § 8 TzBfG, Rz. 245; Laux/Schlachter/*Laux*, TzBfG, 2. Aufl. 2011, § 8 TzBfG, Rz. 252; Meinel/Heyn/Herms/*Heyn*, TzBfG, 5. Aufl. 2015, § 8 TzBfG, Rz. 88; vgl. auch Rolfs, RdA 2001, 132, 135; Sievers, TzBfG, 5. Aufl. 2015, § 8 TzBfG, Rz. 137.

[306] *Gotthardt/Beck*, NZA 2002, S. 876, 880; ErfK/*Preis*, 16. Aufl. 2016, § 8 TzBfG, Rz. 17.

[307] NZA 2005, S. 108, 110.

Hinweis

In Anbetracht der vorherrschenden Ansicht, die von der Anwendung der Formvorschrift des § 126 Abs. 1 BGB ausgeht, empfiehlt es sich, die Mitteilung dem Arbeitnehmer im Original zu übersenden, um sicherzugehen, dass diese im Rahmen einer richterlichen Überprüfung nicht als formunwirksam eingestuft wird und deshalb bei Ablehnung des vom Arbeitnehmer geäußerten Teilzeitwunschs die Fiktion des § 8 Abs. 5 Satz 2 bzw. Satz 3 TzBfG eintritt.

6.1.5 Zeitpunkt der Mitteilung

129 Der Arbeitgeber hat seine Entscheidung spätestens **1 Monat vor dem gewünschten Beginn der Verringerung** mitzuteilen. Die Berechnung der Frist erfolgt nach §§ 187 Abs. 1, 188 Abs. 2 BGB. § 193 BGB findet keine Anwendung[308]. Ist z. B. der gewünschte Beginn der Verringerung der 1.8. des Jahres, muss der Arbeitgeber spätestens bis zum 30.6. desselben Jahres die Verringerung schriftlich ablehnen, auch wenn dieser Stichtag auf ein Wochenende oder einen Feiertag fällt. Entscheidend für die Fristwahrung ist der Zugang der Mitteilung.

130 Der „gewünschte Beginn der Verringerung" ist nicht in jedem Fall der Zeitpunkt, zu dem der Arbeitnehmer die Teilzeit mit seinem Antrag nach § 8 Abs. 2 Satz 1 TzBfG begehrt hat. Eine **Verschiebung** ist dann anzunehmen, wenn der Arbeitnehmer die Verringerung entgegen § 8 Abs. 2 Satz 1 TzBfG nicht 3 Monate vor deren Beginn geltend macht. Der Arbeitnehmer hätte sonst die Möglichkeit, durch ein verfristetes Verlangen eine rechtzeitige Ablehnung seitens des Arbeitgebers zu verhindern[309]. Interessengerecht ist im Fall des verfristeten Antrags von einem entsprechend der 3-monatigen Ankündigungsfrist verschobenen Zeitpunkt auszugehen, sodass sich auch die Entscheidungsfrist des Arbeitgebers entsprechend verschiebt[310]. Ein zu kurzfristig gestelltes Änderungsverlangen kann auch dann nicht die Zustimmungsfiktion nach § 8 Abs. 5 Satz 2 und 3 TzBfG auslösen, wenn der Arbeitgeber sich sachlich auf dieses einlässt (BAG, Urteil v. 20.7.2004, 9 AZR 626/03[311]).

6.1.6 Reaktionsmöglichkeiten des Arbeitnehmers

131 Lehnt der Arbeitgeber die gewünschte Verringerung und Verteilung der Arbeitszeit form- und fristgerecht ab, ist das vorgerichtliche Konsensverfahren nach § 8 Abs. 3

---

[308] Meinel/Heyn/Herms/*Heyn*, TzBfG, 5. Aufl. 2015, § 8 TzBfG, Rz. 89; Sievers, TzBfG, 5. Aufl. 2015, § 8 TzBfG, Rz. 135; *Rolfs*, RdA 2001, S. 129, 135.

[309] S. auch Rz. 36.

[310] Ebenso Annuß/Thüsing/*Mengel*, TzBfG, 3. Aufl. 2012, § 8 TzBfG, Rz. 118; a. A. Lehnen, Rz. 36.

[311] NZA 2004, S. 1090, 1092 f.; vgl. auch LAG Rheinland-Pfalz, Urteil v. 17.6.2015, 4 Sa 216/14, Juris.

TzBfG abgeschlossen. Der Arbeitnehmer kann seinen Verringerungs- und Verteilungswunsch ab dem Ablehnungszeitpunkt, wie auch aus § 8 Abs. 6 TzBfG[312] folgt, nicht mehr ändern (BAG, Urteil v. 24.6.2008, 9 AZR 514/07[313]). Ihm bleibt nur noch, die **Ablehnung hinzunehmen** oder **Klage** zu erheben. Keinesfalls ist er berechtigt, seinen Antrag selbst umzusetzen, auch wenn offensichtlich keine betrieblichen Gründe vorliegen[314]. Entsprechend der Rechtslage bei Urlaubsanträgen stellt die eigenmächtige Arbeitszeitverkürzung eine Arbeitsverweigerung dar[315]. Diese kann der Arbeitgeber unter Berücksichtigung der Einzelfallumstände nach § 626 Abs. 1 BGB mit einer außerordentlichen Kündigung ahnden[316].

6.2 Fiktion der Verringerung der Arbeitszeit (Abs. 5 Satz 2)

Nach § 8 Abs. 5 Satz 2 TzBfG verringert sich die Arbeitszeit in dem vom Arbeitnehmer 132
gewünschten Umfang, sofern sich Arbeitgeber und Arbeitnehmer über die Verringerung der Arbeitszeit nicht nach § 8 Abs. 3 Satz 1 TzBfG geeinigt haben und der Arbeitgeber die Arbeitszeitverringerung nicht spätestens einen Monat vor ihrem gewünschten Beginn schriftlich abgelehnt hat. Die **Verringerung** geschieht **kraft gesetzlicher Fiktion** (BAG, Urteil v. 18.2.2003, 9 AZR 356/02[317]).

Diese tritt nicht ein, wenn die Erörterung nach § 8 Abs. 3 Satz 1 TzBfG unterblieben ist (BAG, Urteil v. 18.2.2003, 9 AZR 356/02[318]; BAG, Urteil v. 12.9.2006, 9 AZR 686/05[319]; BAG, Urteil v. 8.5.2007, 9 AZR 1112/06[320]) oder das Verringerungsverlangen des Arbeitnehmers nach § 8 Abs. 2 Satz 1 TzBfG nicht bestimmt genug[321] war (BAG, Urteil v. 16.10.2007, 9 AZR 239/07[322]) oder nicht unter Einhaltung der von dieser Norm gefor-

---

312 S. Rz. 163 ff.

313 EzA § 8 TzBfG Nr. 22.

314 Vgl. Annuß/Thüsing/*Mengel*, TzBfG, 3. Aufl. 2012, § 8 TzBfG, Rz. 179; *Lorenz*, NZA-RR 2006, S. 281, 283; Rolfs, TzBfG, 1. Aufl. 2002, § 8 TzBfG, Rz. 27.

315 *Preis/Gotthardt*, DB 2000, S. 2065, 2068.

316 Vgl. zum eigenmächtigen Urlaubsantritt BAG, Urteil v. 20.1.1994, 2 AZR 521/93, EzA § 626 BGB n.F. Nr. 153; BAG, Urteil v. 16.3.2000, 2 AZR 75/99, EzA § 626 BGB n.F. Nr. 179; LAG Berlin-Brandenburg, Urteil v. 26.11.2010, 10 Sa 1823/10, Juris; LAG Düsseldorf, Urteil v. 27.4.2011, 7 Sa 1418/10, Juris; LAG, Köln, Urteil v. 28.6.2013, 4 Sa 8/13, NZA-RR 2014, S. 13, 14; LAG Schleswig-Holstein, Urteil v. 6.1.2011, 5 Sa 459/10, LAGE § 626 BGB 2002 Nr. 31.

317 NZA 2003, S. 911, 912; vgl. auch BAG, Urteil v. 20.1.2015, 9 AZR 860/13, EzA § 8 TzBfG Nr. 32.

318 NZA 2003, S. 911, 913.

319 EzA § 8 TzBfG Nr. 15.

320 EzA § 8 TzBfG Nr. 18.

321 S. Rz. 28.

322 EzA § 8 TzBfG Nr. 19.

derten 3-Monats-Frist[323] gestellt worden ist (BAG, Urteil v. 20.7.2004, 9 AZR 626/03[324]; LAG Hessen, Urteil v. 14.10.2013, 17 Sa 1439/12[325]).

133 Voraussetzung für die Zustimmungsfiktion nach § 8 Abs. 5 Satz 2 TzBfG ist nach dem Gesetzeswortlaut, dass Arbeitgeber und Arbeitnehmer **keine Einigung** erzielt haben **und** der Arbeitgeber die **Ablehnung** überhaupt **nicht, nicht rechtzeitig und/oder nicht formgerecht erklärt** hat. Der Arbeitgeber muss also im Falle der Nichteinigung zur Vermeidung der Zustimmungsfiktion seine Ablehnung nochmals form- und fristgerecht schriftlich formulieren. Das dient vor allem der Transparenz. Der Arbeitnehmer muss Gewissheit haben, ob die Zustimmungsfiktion des § 8 Abs. 5 Satz 2 TzBfG eintritt (BAG, Urteil v 12.4.2011, 9 AZR 19/10[326]; BAG, Urteil v. 15.11.2014, 9 AZR 729/07[327]).

Wurde zwischen den Parteien eine Einigung erzielt, ist eine Äußerung des Arbeitgebers nicht mehr erforderlich („und"), um die Fiktionswirkung zu verhindern[328]. Dies gilt unabhängig davon, ob die Einigung dem ursprünglichen Verlangen des Arbeitnehmers entspricht[329].

134 Die Fiktionswirkung setzt weiterhin voraus, dass die **materiellen Voraussetzungen der Arbeitszeitverringerung** vorliegen, d. h.: Das Arbeitsverhältnis hat länger als 6 Monate bestanden; der Arbeitgeber beschäftigt in der Regel mehr als 15 Arbeitnehmer; das Verringerungsverlangen wird von § 8 TzBfG erfasst (BAG, Urteil v. 12.4.2011, 9 AZR 19/10[330]); die Sperrfrist des § 8 Abs. 6 TzBfG greift nicht; der Arbeitnehmer hat die 3-monatige Antragsfrist gewahrt (zu Letzterem vgl. BAG, Urteil v. 20.7.2004, 9 AZR 626/03[331]; LAG Hamm, Urteil v. 8.7.2008, 14 SaGa 25/08[332]).

135 Die gesetzliche Fiktion **entspricht** in ihrer rechtlichen Qualität der ausdrücklichen **Zustimmung des Arbeitgebers** zur gewünschten Arbeitszeitverringerung. Der Arbeitgeber muss sich so behandeln lassen, als ob er der angetragenen Vertragsänderung zugestimmt hätte (BAG, Urteil v. 20.1.2015, 9 AZR 860/13[333]).

---

323 Siehe Rz. 34 ff.

324 EzA § 8 TzBfG Nr. 9.

325 Juris; vgl. auch LAG Mecklenburg-Vorpommern, Urteil v. 29.5.2015, 5 Sa 121/14, Juris, in Rz. 47.

326 EzA § 8 TzBfG Nr. 26.

327 AP Nr. 30 zu § 8 TzBfG; vgl. auch BAG 20.1.2015, 9 AZR 860/13, EzA § 8 TzBfG Nr. 32.

328 Ebenso Annuß/Thüsing/*Mengel*, TzBfG, 3. Aufl. 2012, § 8 TzBfG, Rz. 123.

329 A. A. *Rolfs*, RdA 2001, S. 129, 135, der davon ausgeht, dass das Verhandlungsergebnis fristgerecht schriftlich mitgeteilt werden muss, da die Arbeitszeit sonst dem ursprünglichen Verlangen entsprechend reduziert wird. Dies widerspricht jedoch dem eindeutigen Gesetzeswortlaut, wonach die Fiktionswirkung gerade nur im Fall der nicht erfolgten Einigung eintritt.

330 EzA § 8 TzBfG Nr. 26.

331 EzA § 8 TzBfG Nr. 9.

332 Juris.

333 EzA § 8 TzBfG Nr. 32.

Die gesetzliche Fiktion führt dazu, dass sich die Arbeitszeit mit dem ersten Tag, an dem die Frist zur Mitteilung nach § 8 Abs. 5 Satz 1 TzBfG abgelaufen ist, in dem gewünschten Umfang verringert, unabhängig von etwaigen entgegenstehenden betrieblichen Gründen. Die **Änderung des Arbeitsvertrags** wird fingiert. 136

Der Arbeitgeber ist nach **§ 3 Satz 1 NachwG** in jedem Fall verpflichtet, spätestens einen Monat nach der Änderung des Arbeitsvertrags dem Arbeitnehmer dies schriftlich mitzuteilen. Kommt der Arbeitgeber dem nicht nach, ist es für den Arbeitnehmer **zu Beweiszwecken** ratsam, die **fehlende** bzw. **nicht rechtzeitige Ablehnung** des Arbeitgebers und die daraus folgende fingierte **Verringerung der Arbeitszeit** in einem Bestätigungsschreiben an den Arbeitgeber **schriftlich festzuhalten**. Bei einem schriftlichen Arbeitsvertrag, der für gewöhnlich zumindest Regelungen hinsichtlich des Arbeitszeitumfangs enthalten wird, ist der Arbeitgeber aufgrund der eingetretenen Fiktion eigentlich verpflichtet, den Arbeitsvertrag der geänderten Arbeitszeit anzupassen. Die verringerte Arbeitszeit gilt zwar bereits mit Eintritt der Fiktion, nicht erst mit einer tatsächlichen schriftlichen Änderung oder der Beifügung eines Vertragsanhangs. 137

Um aber eine etwaige gerichtliche Auseinandersetzung mit dem Arbeitgeber um eine reine Formalie, die Anpassung des geänderten Arbeitszeitumfangs zu verhindern, ist es ratsam, in dem Bestätigungsschreiben an den Arbeitgeber nicht nur den geänderten Umfang der Arbeitszeit, sondern auch die **veränderten Gehaltsansprüche in Folge der Verringerung der Arbeitszeit** zu beziffern und darauf hinzuweisen, dass der Arbeitnehmer – soweit der Arbeitgeber keine Bestätigung der erfolgten Änderung abgibt – dieses Schreiben aus Beweiszwecken als **Anlage zu den Vertragsunterlagen** zu nehmen gedenkt. Sichergestellt werden sollte, dass auch der Zugang des Schreibens dokumentiert wird: Dies kann durch Quittierung der persönlichen Übergabe des Schreibens oder durch Einschreiben/Rückschein erfolgen.

Die Änderung kann ausschließlich nach allgemeinen Grundsätzen wieder geändert werden, d. h. es bleibt nur die Möglichkeit einer **Änderungskündigung** oder des Abschlusses eines **Änderungsvertrags**[334]. § 11 Satz 1 TzBfG steht der Änderungskündigung nicht entgegen. Das Recht des Arbeitgebers, aus anderen als den in § 11 Satz 1 TzBfG genannten Gründen zu kündigen, bleibt nach § 11 Satz 2 TzBfG unberührt. Eine Kündigung und damit auch eine Änderungskündigung aufgrund betrieblicher Gründe (§§ 1 Abs. 2 Satz 1, 2 Satz 1 KSchG) ist möglich (BAG, Urteil v. 20.1.2015, 9 AZR 860/13[335]). Beabsichtigt der Arbeitgeber allerdings mit einer Änderungskündigung den Rechtszustand herbeizuführen, der vor der Reduzierung der Arbeitszeit nach § 8 Abs. 5 Satz 2 und 3 TzBfG bestand, kann er die Änderung der Arbeitsbedingungen grundsätzlich nur mit solchen Tatsachen rechtfertigen, die er dem Teilzeitverlangen des Arbeitnehmers vor Ab- 138

334 Vgl. auch *Däubler*, ZIP 2001, S. 217, 221; *Preis/Gotthardt*, DB 2001, S. 145, 146; Annuß/Thüsing/*Mengel*, TzBfG, 3. Aufl. 2012, § 8 TzBfG, Rz. 121.

335 EzA § 8 TzBfG Nr. 32; *Beckschulze*, DB 2000, S. 2598, 2604; vgl. auch Sievers, TzBfG, 5. Aufl. 2015, § 8 TzBfG, Rz. 201.

lauf der einmonatigen Frist des § 8 Abs. 5 Satz 1 TzBfG nicht hätte entgegenhalten können (BAG, Urteil v. 20.1.2015, 9 AZR 860/13[336]). Dabei spielt es keine Rolle, ob der Arbeitgeber der Verringerung und Neuverteilung der festgelegten Arbeitszeit zuvor zugestimmt hatte oder ob sie im Wege der Fiktion gem. § 8 Abs. 5 Satz 2 und Satz 3 TzBfG zustande gekommen ist (BAG, Urteil v. 20.1.2015, 9 AZR 860/13[337]). Die gesetzliche Fiktion der Zustimmung ist der ausdrücklichen Zustimmung des Arbeitgebers gleichgestellt (vgl. BAG, Urteil v. 20.1.2015, 9 AZR 860/13[338]).

6.3 Fiktion der Verteilung der Arbeitszeit (Abs. 5 Satz 3)

139 Nach **§ 8 Abs. 5 Satz 3 TzBfG** gilt die Verteilung der Arbeitszeit entsprechend den Wünschen des Arbeitnehmers als festgelegt, sofern Arbeitgeber und Arbeitnehmer über die Verteilung der Arbeitszeit **kein Einvernehmen** nach § 8 Abs. 3 Satz 2 TzBfG erzielt haben und der **Arbeitgeber nicht spätestens 1 Monat vor dem gewünschten Beginn der Arbeitszeitverringerung** die gewünschte **Verteilung** der Arbeitszeit **schriftlich abgelehnt** hat.

Der **Arbeitsvertrag** ändert sich entsprechend der gewünschten Verteilung kraft **gesetzlicher Fiktion**.

140 Der Arbeitgeber ist nach § 3 Satz 1 NachwG in jedem Fall verpflichtet, spätestens 1 Monat nach der Änderung des Arbeitsvertrags dem Arbeitnehmer dieses schriftlich mitzuteilen. Bei einem schriftlichen Arbeitsvertrag ist zu differenzieren, ob dieser eine Vereinbarung über die Verteilung der Arbeitszeit enthält. Ist dies der Fall, führt die Fiktion zu einer Verpflichtung des Arbeitgebers, den schriftlichen Arbeitsvertrag auch der neuen Arbeitszeitverteilung anzupassen. Es gilt insofern das zu § 8 Abs. 5 Satz 2 TzBfG Dargestellte[339] entsprechend.

141 **Voraussetzung der Fiktion** ist **fehlendes Einvernehmen hinsichtlich der Arbeitszeitverteilung** sowie das **Fehlen einer rechtzeitigen formgerechten Ablehnung** (vgl. hierzu § 8 Abs. 5 Satz 1 TzBfG[340]), d. h., es muss eine **Verringerung der Arbeitszeit** eingetreten sein, entweder **durch ausdrückliche Zustimmung** des Arbeitgebers (vgl. § 8 Abs. 4 Satz 1 TzBfG) zur Verringerung der Arbeitszeit **oder durch Zustimmungsfiktion** nach § 8 Abs. 5 Satz 2 TzBfG[341]. Dem Anspruch auf Neuverteilung der Arbeitszeit kommt nämlich nur **Annexfunktion** zum Anspruch auf Verringerung zu[342].

---

336 EzA § 8 TzBfG Nr. 32.

337 EzA § 8 TzBfG Nr. 32.

338 EzA § 8 TzBfG Nr. 32.

339 S. Rz. 137.

340 S. Rz. 128.

341 *Preis/Gotthardt*, DB 2001, S. 145, 147; Meinel/Heyn/Herms/*Heyn*, TzBfG, 5. Aufl. 2015, § 8 TzBfG, Rz. 94.

342 LAG Hessen, Urteil v. 23.4.2012, 17 Sa 1598/11, Juris; Boewer, TzBfG, 1. Aufl. 2002, § 8 TzBfG, Rz. 118; ErfK/*Preis*, 16. Aufl. 2016, § 8 TzBfG, Rz. 6; *Preis/Gotthardt*, DB 2001, S. 145, 147; Buschmann/Dieball/Stevens-Bartol, TzA, 2. Aufl. 2001, § 8 TzBfG, Rz. 36; Ring, TzBfG, 1. Auf. 2002, § 8 TzBfG, Rz. 92; a. A. *Straub*, NZA 2001, S. 919, 920.

Eine Fiktionswirkung i. S. d. § 8 Abs. 5 Satz 3 TzBfG tritt daher nicht ein, wenn der Arbeitgeber schon die Verringerung ordnungsgemäß abgelehnt hat (ArbG Mönchengladbach, Urteil v. 30.5.2001, 5 Ca 1157/01[343]). Eine Fiktionswirkung bleibt weiterhin aus, sofern der Arbeitnehmer **keinen Wunsch bezüglich der Verteilung geäußert** hat. Die Festsetzung erfolgt dann durch den Arbeitgeber im Rahmen von dessen Direktionsrechts i. S. d. § 106 Satz 1 GewO (BAG, Urteil v. 16.10.2007, 9 AZR 239/07[344]; BAG, Urteil v. 24.6.2008, 9 AZR 514/07[345]). § 8 Abs. 3 Satz 2 TzBfG steht dem nicht entgegen, da ein Einvernehmen nur erzielt werden kann, wenn vorher ein Wunsch geäußert worden ist[346]. Ebenso wenig tritt die Fiktionswirkung bei einem **nicht hinreichend bestimmten Verteilungsverlangen** des Arbeitnehmers nach § 8 Abs. 2 Satz 2 TzBfG[347] ein (BAG, Urteil v. 16.10.2007, 9 AZR 239/07[348]; ArbG Magdeburg, Urteil v. 15.7.2013, 3 Ga 13/13 HBS[349]).

Haben die Parteien eine **Einigung** im Hinblick auf die **Verringerung** der Arbeitszeit 142
erzielt, **aber nicht über die Verteilung** der Arbeit, ist zu differenzieren: Entspricht die erzielte Einigung dem ursprünglichen Wunsch des Arbeitnehmers, kommt es hinsichtlich der Arbeitszeitverteilung im Fall der fehlenden Ablehnung zur Fiktion. Weicht die erzielte Einigung dagegen vom Antrag des Arbeitnehmers ab, ist die Fiktionswirkung nicht möglich. Eine Anwendung des § 8 Abs. 5 Satz 3 TzBfG macht in diesem Fall i. d. R. keinen Sinn, da sich die vorgeschlagene Verteilung auf die gewünschte Verringerung bezog und mit dieser in direktem Zusammenhang steht. Der Arbeitgeber kann in diesem Fall die Arbeitszeitverteilung im Rahmen seines Direktionsrechts nach billigem Ermessen (§ 106 Satz 1 GewO) einseitig bestimmen[350].

6.4 Änderung der Verteilung durch Arbeitgeber (Abs. 5 Satz 4)

Nach § 8 Abs. 5 Satz 4 TzBfG kann der Arbeitgeber die entweder nach § 8 Abs. 5 Satz 3 143
TzBfG oder § 8 Abs. 3 Satz 2 TzBfG erfolgte **Verteilung** der Arbeitszeit wieder **ändern**, wenn das **betriebliche Interesse an der Änderung** das Interesse des Arbeitnehmers an der Beibehaltung **erheblich überwiegt** und der **Arbeitgeber diese spätestens 1 Monat vorher angekündigt** hat. § 8 Abs. 5 Satz 4 TzBfG bezieht sich ausdrücklich nur auf die Verteilung der Arbeitszeit, nicht dagegen auf die Verringerung. Die Dauer der Arbeitszeit kann nicht nach § 8 Abs. 5 Satz 4 TzBfG geändert werden.

---

343 EzA § 8 TzBfG Nr. 19; *Preis/Gotthardt*, DB 2001, S. 145, 147.

344 EzA § 8 TzBfG Nr. 19; Holwe/Kossens/Pielenz/Räder, TzBfG, 4. Aufl. 2014, § 8 TzBfG, Rz. 61.

345 EzA § 8 TzBfG Nr. 22.

346 Ähnlich Annuß/Thüsing/*Mengel*, TzBfG, 3. Aufl. 2012, § 8 TzBfG, Rz. 125.

347 S. Rz. 41.

348 EzA § 8 TzBfG Nr. 19.

349 Juris.

350 *Rolfs*, RdA 2001, S. 129, 135; für eine generell mögliche Fiktionswirkung im Fall der erzielten Einigung über die Verringerung Annuß/Thüsing/*Mengel*, TzBfG, 3. Aufl. 2012, § 8 TzBfG, Rz. 125; *Preis/Gotthardt*, DB 2001, S. 145, 147.

144 Dogmatisch handelt es sich um ein **einseitiges Gestaltungsrecht** des Arbeitgebers und nicht um ein Teilkündigungsrecht[351]. Ein Teilkündigungsrecht würde zwar dazu führen, dass die bisherige Verteilung der Arbeitszeit aufgehoben werden kann, jedoch nicht zu einer neuen Festlegung. Bleibt man im Bereich des Kündigungsrechts, müsste dann eine Änderungskündigung (§ 2 Satz 1 KSchG) erforderlich sein, was aber gerade nicht der Fall ist. Eine ausdrückliche Regelung in § 8 Abs. 5 Satz 4 TzBfG wäre hierfür entbehrlich, da die Möglichkeit einer Änderungskündigung generell besteht. Im Übrigen würde es dann an einem Unterschied zur Rechtslage bezüglich der Dauer der Arbeitszeit fehlen, für welche keine gesonderte Regelung existiert und deshalb eine Änderungskündigung erforderlich ist. Konsequenterweise müssten im Fall einer Teilkündigung kündigungsschutzrechtliche Bestimmungen angewandt werden, was vom Gesetzgeber nicht beabsichtigt war. § 8 Abs. 5 Satz 4 TzBfG kann daher nur als einseitiges Gestaltungsrecht des Arbeitgebers eingeordnet werden. Der Arbeitgeber kann die **Lage der Arbeitszeit** im Rahmen seines **Direktionsrechts** nach § 106 Satz 1 GewO neu festlegen. Auf die **bisherige Verteilung** ist dabei nicht mehr abzustellen.

145 Etwas anderes gilt nur, wenn eine **bestimmte Lage der Arbeitszeit** zu Beginn des Arbeitsverhältnisses oder in seinem Verlauf zum **Bestandteil des Arbeitsvertrags** gemacht worden ist. Auf diese Fallgestaltung ist nicht einmal die Übertragung des Rechtsgedankens des § 8 Abs. 5 Satz 4 TzBfG möglich (vgl. BAG, Urteil v. 17.7.2007, 9 AZR 819/06[352]), sodass die Arbeitszeitenregelung einvernehmlich geändert oder im Wege der Änderungskündigung (§ 2 Satz 1 KSchG) durchgesetzt werden muss.

6.4.1 Einigung über die Verteilung

146 § 8 Abs. 5 Satz 4 TzBfG bezieht sich ausdrücklich nur auf die nach § 8 Abs. 3 Satz 2 TzBfG **durch Einigung festgelegte Verteilung** sowie auf die nach § 8 Abs. 5 Satz 3 TzBfG **fingierte Verteilung der Arbeitszeit**. Die Vorschrift ist somit ein Korrektiv für das im Rahmen des Verringerungsverlangens nach § 8 Abs. 2 Satz 1 TzBfG regelmäßig zu erzielende Einvernehmen über die Verteilung der Arbeitszeit gemäß § 8 Abs. 2 Satz 2 TzBfG (BAG, Urteil v. 17.7.2007, 9 AZR 819/06[353]).

147 § 8 Abs. 5 Satz 4 TzBfG ist jedoch analog auf die durch den Arbeitnehmer **gerichtlich durchgesetzte Arbeitszeitlage**[354] sowie auf die nach § 8 Abs. 4 Satz 1 TzBfG erfolgte

---

[351] Ebenso Laux/Schlachter/*Laux*, TzBfG, 2. Aufl. 2011, § 8 TzBfG, Rz. 265; Boewer, TzBfG, 1. Aufl. 2002, § 8 TzBfG, Rz. 295; *Däubler*, ZIP 2001, S. 217, 221; *Grobys/Bram*, NZA 2001, S. 1175 ff.; Meinel/Heyn/Herms/*Heyn*, TzBfG, 5. Aufl. 2015, § 8 TzBfG, Rz. 98; *Richardi/Annuß* BB 2000, S. 2201, 2203; Sievers, TzBfG, 5. Aufl. 2015, § 8 TzBfG, Rz. 200; für ein Teilkündigungsrecht dagegen ErfK/*Preis*, 16. Aufl. 2016, § 8 TzBfG, Rz. 44; *Preis/Gotthardt* DB 2001, S. 145, 148; *Kliemt* NZA 2001, S. 63, 67; *Straub*, NZA 2001, S. 919, 920.

[352] NZA 2008, S. 118, 120.

[353] NZA 2008, S. 118, 120.

[354] Boewer, TzBfG, 1. Aufl. 2002, § 8 TzBfG, Rz. 293; Meinel/Heyn/Herms/*Heyn*, TzBfG, 5. Aufl. 2015, § 8 TzBfG, Rz. 99; ErfK/*Preis*, 16. Aufl. 2016, § 8 TzBfG, Rz. 45; Sievers, TzBfG, 5. Aufl. 2015, § 8 TzBfG, Rz. 202; a. A. Däubler, ZIP 2001, 217, 221; Laux/Schlachter/*Laux*,

Festlegung der Verteilung der Arbeitszeit durch den Arbeitgeber[355] und auf einen gerichtlichen Vergleich (LAG Hessen, Urteil v. 15.11.2013, 14 Sa 1619/12[356]) anzuwenden. Eine analoge Anwendung auf diese Fälle rechtfertigt sich mit der vergleichbaren Interessenlage. Für das Interesse des Arbeitgebers an einer Veränderung der Arbeitszeitlage bei Überwiegen seiner betrieblichen Interessen macht es keinen Unterschied, ob die vorher festgelegte Verteilung durch Einigung oder durch gerichtliche Durchsetzung erfolgt ist (vgl. LAG Hamm, Urteil v. 16.12.2004, 8 Sa 1520/04[357]). Es ist nicht ersichtlich, warum der Arbeitgeber „belohnt" werden soll, der eine Einigung mit dem Arbeitnehmer erzielt, da es insofern auch entscheidend auf das Verhalten des Arbeitnehmers bei den Verhandlungen ankommt. Einem Arbeitgeber kann es daher nicht generell zum Vorwurf gereichen, dass er keine Einigung mit dem Arbeitnehmer erzielt hat. Nach Festlegung der Arbeitszeiten muss daher die Ausgangssituation für eine neuerliche Änderung die gleiche sein.

Die Annahme, durch die Geltung des § 8 Abs. 5 Satz 4 TzBfG ausschließlich für Fälle 148
der freiwilligen und der fingierten Einigung werde ein Anreiz für einvernehmliche Lösungen geschaffen[358], erscheint praxisfern. Es ist nicht zu erwarten, dass sich ein Arbeitgeber auf eine Einigung einlässt, die seinen Vorstellungen widerspricht oder dass er sich überhaupt nicht äußert, nur um dadurch zu erreichen, dass er die Verteilung der Arbeitszeit später leichter wieder ändern kann. Ein verständiger Arbeitgeber wird nur dann nicht zu einer Einigung mit seinem Arbeitnehmer kommen, wenn er vom Bestehen gewichtiger betrieblicher Gründe in seinem Betrieb ausgeht. Die etwaige Möglichkeit einer späteren Änderung wird dabei für ihn außer Betracht seiner Überlegungen bleiben.

§ 8 Abs. 5 Satz 4 TzBfG gilt des Weiteren ausschließlich für eine **Änderung**, die **im** 149
Zusammenhang mit einer Verringerung der Arbeitszeit nach § 8 Abs. 1 TzBfG erfolgt ist (vgl. BAG, Urteil v. 17.7.2007, 9 AZR 819/06[359]). § 8 Abs. 5 Satz 4 TzBfG verweist auf die nach Satz 3 oder Abs. 3 Satz 2 festgelegte Verteilung der Arbeitszeit. Diese steht aber in direktem Zusammenhang mit der Verringerung i. S. d. § 8 Abs. 1 TzBfG. **Außerhalb** des Anwendungsbereichs des **§ 8 TzBfG** bleibt es bei den allgemeinen Vorschriften, d. h., der Arbeitgeber kann die Arbeitszeiten im Rahmen der gesetzlichen, tarif-

---

TzBfG, 2. Aufl. 2011, § 8 TzBfG, Rz. 266; offen gelassen von BAG, Urteil v. 10.12.2014, 10 AZR 63/14, EzA § 106 GewO Nr. 19.

[355] Vgl. auch Annuß/Thüsing/*Mengel*, TzBfG, 3. Aufl. 2012, § 8 TzBfG, Rz. 184; Meinel/Heyn/Herms/*Heyn*, TzBfG, 5. Aufl. 2015, § 8 TzBfG, Rz. 99; ErfK/*Preis*, 16. Aufl. 2016, § 8 TzBfG, Rz. 45; *Preis/Gotthardt* DB 2001, S. 145, 148; a. A. *Däubler*, ZIP 2001, S. 217, 221; Laux/Schlachter/*Laux*, TzBfG, 2. Aufl. 2011, § 8 TzBfG, Rz. 266.

[356] Juris; offen gelassen im Revisionsverfahren von BAG, Urteil v. 10.12.2014, 10 AZR 63/14, EzA § 106 GewO Nr. 19.

[357] NZA-RR 2005, S. 405, 406.

[358] So *Däubler*, ZIP 2001, S. 221.

[359] NZA 2008, S. 118, 120; Annuß/Thüsing/*Mengel*, TzBfG, 3. Aufl. 2012, § 8 TzBfG, Rz. 183; Meinel/Heyn/Herms/*Heyn*, TzBfG, 5. Aufl. 2015, § 8 TzBfG, Rz. 97; *Rolfs*, RdA 2001, S. 129, 137; ErfK/*Preis*, 16. Aufl. 2016, § 8 TzBfG, Rz. 45; a. A. *Straub*, NZA 2001, S. 919, 920.

oder einzelvertraglichen Vereinbarungen kraft seines **Direktionsrechts** festlegen[360] und muss nur die Grenze billigen Ermessens einhalten, § 106 Satz 1 GewO (BAG, Urteil v. 18.2.2003, 9 AZR 164/02[361]). Sind die Arbeitszeiten aber von vorneherein förmlicher Bestandteil des Arbeitsvertrags geworden, bleibt dem Arbeitgeber die Möglichkeit der **Änderungskündigung**, bei deren Überprüfung der Rechtsgedanke des § 8 Abs. 5 Satz 4 TzBfG herangezogen werden sollte[362].

6.4.2 Ankündigung der Änderung

150 Der Arbeitgeber hat die geplante **Änderung spätestens 1 Monat vorher anzukündigen**. Die Frist berechnet sich nach §§ 187 Abs. 1, 188 Abs. 2 1. Alt. BGB analog, da es sich um eine rückläufige Frist handelt[363]. Die Nichteinhaltung dieser Frist führt lediglich dazu, dass die Änderung entsprechend später erfolgt[364]. Eine bestimmte **Form** ist **nicht einzuhalten**. Die beabsichtigte Neuverteilung der Arbeitszeit hat konkretisiert zu sein. Zu Beweiszwecken sollte in jedem Fall eine schriftliche Mitteilung erfolgen.

6.4.3 Interessenabwägung

151 Besonderes Gewicht kommt im Rahmen des § 8 Abs. 5 Satz 4 TzBfG i. d. R. der **Interessenabwägung** zu. Eine Änderung der Arbeitszeitverteilung ist nur möglich, wenn das **betriebliche Interesse des Arbeitgebers das Interesse des Arbeitnehmers an der Beibehaltung der bisherigen Zeiten erheblich überwiegt.**

152 Die Interessenabwägung muss sich auf den jeweiligen **Einzelfall** beziehen[365]. Im Unterschied zum Antrag auf Arbeitszeitverkürzung muss der Arbeitnehmer die für ihn entscheidenden Gründe an der Beibehaltung der Arbeitszeitverteilung mitteilen, um dem Arbeitgeber eine Interessenabwägung zu ermöglichen[366]. Im Gegenzug dazu hat der Arbeitgeber dem Arbeitnehmer die betrieblichen Gründe zu offenbaren, die zu der Änderung führen. Dies folgt aus einer Nebenpflicht des Arbeitsverhältnisses, da nur so dem Arbeitnehmer die Nachvollziehbarkeit der Entscheidung möglich wird[367].

153 Für das **Interesse des Arbeitgebers** sind insbesondere **organisatorische und wirtschaftliche Gründe**, wie geänderte Öffnungszeiten oder Ausfälle von anderen Mitarbeitern, von Bedeutung, ggf. aber auch Arbeitszeitwünsche anderer Arbeitnehmer, wobei in

---

[360] *Rolfs*, RdA 2001, S. 129, 137.

[361] NZA 2003, S. 1392, 1394.

[362] S. Rz. 145.

[363] Vgl. Annuß/Thüsing/*Mengel*, TzBfG, 3. Aufl. 2012, § 8 TzBfG, Rz. 192.

[364] Sievers, TzBfG, 5. Aufl. 2015, § 8 TzBfG, Rz. 206.

[365] Laux/Schlachter/*Laux*, TzBfG, 2. Aufl. 2011, § 8 TzBfG, Rz. 268; Annuß/Thüsing/*Mengel*, TzBfG, 3. Aufl. 2012, § 8 TzBfG, Rz. 190; *Preis/Gotthardt*, DB 2001, S. 145, 148; ErfK/ *Preis*, 16. Aufl. 2016, § 8 TzBfG, Rz. 46.

[366] Boewer, TzBfG, 1. Aufl. 2002, § 8 TzBfG, Rz. 299.

[367] Boewer, TzBfG, 1. Aufl. 2002, § 8 TzBfG, Rz. 303.

letzterem Fall die Anforderungen an das Überwiegen der Arbeitgeberinteressen besonders hoch anzusiedeln sind[368].

154 **§ 8 Abs. 5 Satz 4 TzBfG** gewährt dem Arbeitgeber grundsätzlich nur ein **Recht zur Änderung** der Verteilung der **Arbeitszeit**[369]. Er kann aber **ausnahmsweise dazu verpflichtet** sein, soweit ein Arbeitnehmer Teilzeit begehrt und diese sich aus betrieblichen Gründen nur dadurch ermöglichen lässt, dass der Arbeitgeber die Verteilung der Arbeitszeit eines anderen Arbeitnehmers nach § 8 Abs. 5 Satz 4 TzBfG ändert. Dies folgt aus der vom BAG aufgestellten 3-Stufen-Prüfung. Danach ist der Arbeitgeber auf der 2. Stufe zu einer Prüfung dahingehend verpflichtet, ob durch eine ihm zumutbare Änderung von betrieblichen Abläufen oder des Personaleinsatzes der betrieblich als erforderlich angesehene Arbeitszeitbedarf (unter Wahrung des Organisationskonzepts) mit dem individuellen Arbeitszeitwunsch des Arbeitnehmers zur Deckung gebracht werden kann (BAG, Urteil v. 18.2.2003, 9 AZR 164/02[370]). Insoweit ist das dem Arbeitgeber nach § 8 Abs. 5 Satz 4 TzBfG eingeräumte Ermessen im Rahmen von Zumutbarkeitserwägungen eingeschränkt.

155 Der Arbeitgeber kann im Rahmen seines Korrekturrechts nach § 8 Abs. 5 Satz 4 TzBfG nur solche **Gründe nachschieben**, die er auch bei unterstellter Zustimmung zum Verlangen des Arbeitnehmers noch nachträglich vorbringen könnte (BAG, Urteil v. 18.2.2003, 9 AZR 356/02[371]). Dabei handelt es sich nur um **Gründe, welche zeitlich später auftreten oder** von denen der Arbeitgeber erst nach der Verringerung und Verteilung der Arbeitszeit **Kenntnis erlangt** (vgl. LAG Hamm, Urteil v. 16.12.2004, 8 Sa 1520/04[372]). Dies bezieht sich auch auf den Fall, in dem der Arbeitgeber die gewünschte Arbeitszeitverteilung genehmigt und sich zu einem späteren Zeitpunkt die Undurchführbarkeit derselben erweist, so dass erst im Nachhinein ein erhebliches Überwiegen i. S. v. § 8 Abs. 5 Satz 4 TzBfG anzunehmen ist.

156 Hat der Arbeitnehmer bereits besondere Dispositionen getroffen, kann er diese als eigene Interessen i. S. d. § 8 Abs. 5 Satz 4 TzBfG geltend machen. Dabei spielt es eine Rolle, ob bzw. inwieweit er Dispositionen bezüglich der geänderten Arbeitszeiten getroffen hat und inwieweit er sich kurzfristig auf die wiederum neuen Arbeitszeiten einstellen kann, wobei insbesondere familiäre Gründe von Relevanz sind[373]. Zu berücksichtigen sind in

---

368 Vgl. auch Annuß/Thüsing/*Mengel*, TzBfG, 3. Aufl. 2012, § 8 TzBfG, Rz. 199; Rolfs, TzBfG, 1. Aufl. 2002, § 8 TzBfG, Rz. 38.

369 S. Rz. 143.

370 NZA 2003, S. 1392, 1395.

371 NZA 2003, S. 911, 914; vgl. auch Sievers, TzBfG, 5. Aufl. 2015, § 8 TzBfG, Rz. 209; a. A. Annuß/Thüsing/*Mengel*, TzBfG, 3. Aufl. 2012, § 8 TzBfG, Rz. 188.

372 NZA-RR 2005, S. 405, 407; ebenso Meinel/Heyn/Herms/*Heyn*, TzBfG, 5. Aufl. 2015, § 8 TzBfG, Rz. 102; Sievers, TzBfG, 5. Aufl. 2015, § 8 TzBfG, Rz. 209; a. A. Annuß/Thüsing/*Mengel*, TzBfG, 3. Aufl. 2012, § 8 TzBfG, Rz 188.

373 Laux/Schlachter/*Laux*, TzBfG, 2. Aufl. 2011, § 8 TzBfG, Rz. 268; Meinel/Heyn/Herms/*Heyn*, TzBfG, 5. Aufl. 2015, § 8 TzBfG, Rz. 101; Sievers, TzBfG, 5. Aufl. 2015, § 8 TzBfG, Rz. 203.

jedem Fall nur Gründe, die in direktem Zusammenhang mit der Arbeitszeitverteilung stehen[374].

157 Das **betriebliche Interesse** des Arbeitgebers muss das relevante Interesse des Arbeitnehmers **erheblich überwiegen**. Es sind damit höhere Anforderungen zu stellen als im Rahmen des § 8 Abs. 4 Satz 1 TzBfG. Dort kommt es lediglich darauf an, ob betriebliche Gründe „entgegenstehen“[375].

6.4.4 Rechtsfolgen

158 Rechtsfolge des § 8 Abs. 5 Satz 4 TzBfG ist eine **automatische Änderung des Arbeitsvertrags hinsichtlich der Verteilung der Arbeitszeit nach Ablauf der Monatsfrist**[376].

159 Die geänderte Arbeitszeitverteilung sollte schon aus Beweiszwecken schriftlich festgehalten werden[377]. Der Arbeitgeber ist nach § 3 Satz 1 NachwG in jedem Fall verpflichtet, spätestens 1 Monat nach der Änderung des Arbeitsvertrags dem Arbeitnehmer diese schriftlich mitzuteilen[378].

160 Liegen die Voraussetzungen einer berechtigten Änderung nicht vor, hat der Arbeitnehmer ein **Verweigerungsrecht** im Hinblick auf die neuen Arbeitszeiten. Er riskiert aber, dass nachträglich festgestellt wird, die Änderung sei rechtmäßig erfolgt. In diesem Fall stellt die Arbeitsverweigerung eine **Pflichtverletzung** dar, die jedenfalls zu einer **Abmahnung** führen kann[379]. Der Arbeitgeber kann mit der Ankündigung der geänderten Arbeitszeitverteilung dem Arbeitnehmer auch eine sog. **vorweggenommene Abmahnung** aussprechen, indem er ihn darauf hinweist, dass eine Kündigung wegen Arbeitsverweigerung drohe, sofern der Arbeitnehmer den geänderten Arbeitszeiten nicht nachkomme[380]. Der Arbeitnehmer sollte daher, die gewünschte Änderung des Arbeitgebers befolgen, sofern er jegliches Risiko ausschließen will.

161 Ein **vertraglicher Ausschluss** des § 8 Abs. 5 Satz 4 TzBfG ist möglich[381]. § 22 TzBfG steht dem nicht entgegen, da der Verzicht zugunsten des Arbeitnehmers wirkt. Der Ausschluss muss aber eindeutig und bestimmt sein[382]. Für den Arbeitnehmer ist es in jedem Fall von Vorteil, im Rahmen der Vereinbarung über die Neuverteilung mit dem Arbeitgeber einen Verzicht auf § 8 Abs. 5 Satz 4 TzBfG zu vereinbaren.

---

374 Ähnlich Annuß/Thüsing/*Mengel*, TzBfG, 3. Aufl. 2012, § 8 TzBfG, Rz. 189.

375 Vgl. auch HWK/*Schmalenberg*, 6. Aufl. 2014, § 8 TzBfG, Rz. 38.

376 Annuß/Thüsing/*Mengel*, TzBfG, 3. Aufl. 2012, § 8 TzBfG, Rz. 194; Meinel/Heyn/Herms/*Heyn*, TzBfG, 5. Aufl. 2015, § 8 TzBfG, Rz. 103.

377 Vgl. schon oben unter Rz. 137 mit Rz. 140.

378 Ring, TzBfG, 1. Aufl. 2001, § 8 TzBfG, Rz. 95.

379 Meinel/Heyn/Herms/*Heyn*, TzBfG, 5. Aufl. 2015, § 8 TzBfG, Rz. 103.

380 Annuß/Thüsing/*Mengel*, TzBfG, 3. Aufl. 2012, § 8 TzBfG, Rz. 194; Schiefer/Müller, Teilzeitarbeit, 2. Aufl. 2005, Rz. 145; *Straub*, NZA 2001, S. 919, 923.

381 Ebenso Buschmann/Dieball/Stevens-Bartol, TzA, 2. Aufl. 2001, § 8 TzBfG, Rz. 42; Laux/Schlachter/*Laux*, TzBfG, 2. Aufl. 2011, § 8 TzBfG, Rz. 265; Meinel/Heyn/Herms/*Heyn*, TzBfG, 5. Aufl. 2015, § 8 TzBfG, Rz. 104; Annuß/Thüsing/*Mengel*, TzBfG, 3. Aufl. 2012, § 8 TzBfG, Rz. 185; *Straub*, NZA 2001, S. 919, 920.

382 Meinel/Heyn/Herms/*Heyn*, TzBfG, 5. Aufl. 2015, § 8 TzBfG, Rz. 104.

Eine **automatische Veränderung der Arbeitszeit** kann dann erfolgen, **wenn** sich die **regelmäßige tarifliche oder betriebliche Vollarbeitszeit wandelt**. Dafür muss allerdings die Voraussetzung gegeben sein, dass die Teilzeit einen bestimmten Prozentsatz der regelmäßigen Vollzeit beträgt, was durch Auslegung des Vertrags zu ermitteln ist[383]. Wurde dagegen eine feste Stundenzahl vereinbart, ist diese von der betrieblichen Vollzeit unabhängig. Der Monatslohn ist im Hinblick auf die veränderte Vollzeit anzupassen. 162

7. Erneute Verringerung nach Sperrfrist (Abs. 6)

Nach § 8 Abs. 6 TzBfG kann der Arbeitnehmer eine **erneute Verringerung** der Arbeitszeit frühestens **nach Ablauf von 2 Jahren** verlangen, nachdem der Arbeitgeber einer Verringerung zugestimmt oder sie berechtigt abgelehnt hat. § 8 Abs. 6 TzBfG verfolgt den Zweck, dem Arbeitgeber ein gewisses Maß an **Planungssicherheit** zu geben sowie **unnötigen Verwaltungsaufwand** durch häufige Antragstellungen zu **vermeiden**[384]. 163

7.1 Anwendungsbereich

Die Sperrfrist des § 8 Abs. 6 TzBfG findet nur Anwendung, sofern die vorherige **Verringerung nach dem TzBfG** oder aufgrund solcher tarifvertraglicher Vorschriften, die das TzBfG konkretisieren, geltend gemacht worden ist, nicht dagegen bei Verringerungen nach anderen Gesetzen[385]. Lässt sich der Arbeitgeber rügelos inhaltlich auf ein erneutes Teilzeitverlangen des Arbeitnehmers ein, ohne sich auf § 8 Abs. 6 TzBfG zu berufen, kann hierin ein Verzicht auf die Sperrfrist liegen (LAG Hamm, Urteil v. 13.7.2009, 19 Sa 433/09[386]). 164

Voraussetzung ist trotz des Wortlauts „erneute" Verringerung nicht, dass es vorher tatsächlich zu einer Verringerung gekommen war, da auch eine **berechtigte Ablehnung** zu einer Sperrfrist führt. In diesem Fall aber liegt noch keine Verringerung vor[387]. 165

Die **Sperrfrist gilt nicht**, sofern der Arbeitnehmer bei seinem ersten Antrag **weniger als 6 Monate beschäftigt** war (vgl. § 8 Abs. 1 TzBfG). In diesem Fall liegt bereits **kein wirksamer Antrag** vor, der deswegen keiner Ablehnung durch den Arbeitgeber bedarf[388]. § 8 Abs. 6 TzBfG verhindert nämlich einen neuen Antrag vor Ablauf der Sperr- 166

---

383 Rolfs, TzBfG, 1. Aufl. 2002, § 8 TzBfG, Rz. 40.

384 Laux/Schlachter/*Laux*, TzBfG, 2. Aufl. 2011, § 8 TzBfG, Rz. 124; ErfK/*Preis*, 16. Aufl. 2016, § 8 TzBfG, Rz. 48; *Kliemt*, NZA 2001, S. 63, 65; *Preis/Gotthardt*, DB 2000, S. 2065, 2068; *Lindemann/Simon*, BB 2001, S. 146, 150.

385 Sievers, TzBfG, 5. Aufl. 2015, § 8 TzBfG, Rz. 216; Rolfs, TzBfG, 1. Aufl. 2002, § 8 TzBfG, Rz. 44; vgl. auch BAG, Urteil v. 13.11.2007, 9 AZR 36/07, EzA § 8 TzBfG Nr. 20; LAG Hessen, Urteil v. 23.4.2012, 17 Sa 1598/11, Juris; LAG Hessen, Urteil v. 18.3.2013, 17 sa 1363/12, Juris.

386 n.v.; ErfK/*Preis*, 16. Aufl. 2016, § 8 TzBfG, Rz. 48; vgl. auch Laux/Schlachter/*Laux*, TzBfG, 2. Aufl. 2011, § 8 TzBfG, Rz. 126

387 Vgl. auch Annuß/Thüsing/*Mengel*, TzBfG, 3. Aufl. 2012, § 8 TzBfG, Rz. 79; *Beckschulze*, DB 2000, S. 2598, 2603, Fn. 28.

388 *Hopfner*, DB 2001, S. 2144, 2145.

frist nur, wenn der vorherige Antrag aus Gründen des § 8 Abs. 4 TzBfG abgelehnt worden war. Er hindert nicht die Erneuerung eines unwirksamen Antrags (LAG Rheinland-Pfalz, Urteil v. 4.6.2004, 3 Sa 186/04[389]). Im Übrigen fehlt es an einem wirksamen Verringerungsverlangen i. S. d. § 8 Abs. 1 TzBfG mit der Folge, dass die Sperrfrist des § 8 Abs. 1 TzBfG nicht ausgelöst wird, wenn es hinsichtlich des Umfangs der begehrten Verringerung unbestimmt ist (BAG, Urteil v. 16.10.2007, 9 AZR 239/07[390]; LAG Hamm, Urteil v. 8.7.2008, 14 SaGa 25/08[391]) oder wenn nur die befristete Verringerung der vertraglich vereinbarten Arbeitszeit[392] begehrt wird (LAG Hamm, Urteil v. 8.7.2008, 14 SaGa 25/08[393]; LAG Hessen, Urteil v. 18.3.2013, 17 Sa 1363/12[394]). Anderes gilt für die Missachtung der 3-Monats-Frist des § 8 Abs. 2 TzBfG, da deren Versäumung den Antrag nicht unwirksam macht, sondern sich nach Ansicht des BAG lediglich der mögliche Beginn der Arbeitszeitverringerung nach hinten verschiebt[395].

167 Die „**Kleinunternehmensklausel**" des § 8 Abs. 7 TzBfG[396] spielt für die Sperrfrist des § 8 Abs. 6 TzBfG keine Rolle. Zwar stellt die Ablehnung des Antrags des Arbeitnehmers unter Berufung auf § 8 Abs. 7 TzBfG eine berechtigte Ablehnung dar. Jedoch **gilt die Sperrfrist in diesem Fall nicht** d.h. der Arbeitnehmer kann auch vor Ablauf von 2 Jahren erneut einen Antrag stellen, sofern die Voraussetzung des § 8 Abs. 7 TzBfG zu einem späteren Zeitpunkt vorliegt[397]. Dies folgt bereits aus der systematischen Stellung, wonach die Mindestbeschäftigtenzahl im Anschluss an § 8 Abs. 6 TzBfG geregelt ist.

168 Die Frist des § 8 Abs. 6 TzBfG wird auch nicht durch ein **nicht hinreichend bestimmtes Verringerungsverlangen** des Arbeitnehmers nach § 8 Abs. 2 Satz 1 TzBfG[398] ausgelöst (BAG, Urteil v. 16.10.2007, 9 AZR 239/07[399]; LAG Hamm, Urteil v. 8.7.2008, 14 SaGa 25/08[400]; LAG Köln, Urteil v. 14.10.2009, 9 Sa 824/09[401]).

7.2 Zustimmung

169 Nach dem Wortlaut des § 8 Abs. 6 TzBfG gilt die Sperrfrist zunächst im Fall einer **ausdrücklichen Zustimmung** des Arbeitgebers zu der Verringerung sowie einer **berechtigten Ablehnung**. Die **Fiktion der Zustimmung** i. S. v. § 8 Abs. 5 Satz 2 TzBfG ist der ausdrücklichen Zustimmung jedoch gleichzustellen, da die Interessenlage keine andere

---

389 NZA-RR 2005, S. 123 f.; vgl. auch LAG Hessen, Urteil v. 24.10.2011, 7 Sa 399/11, Juris.
390 EzA § 8 TzBfG Nr. 19.
391 Juris.
392 S. Rz. 33.
393 Juris.
394 Juris; vgl. auch LAG Hessen, Urteil v. 24.10.2011, 7 Sa 399/11, Juris.
395 S. Rz. 35.
396 S. Rz. 176 ff.
397 *Lindemann/Simon*, BB 2001, S. 146, 150; ErfK/*Preis*, 16. Aufl. 2016, § 8 TzBfG, Rz. 48.
398 S. Rz. 28.
399 EzA § 8 TzBfG Nr. 19.
400 Juris.
401 BB 2010, S. 955 nur Ls.

ist. Nichts anderes gilt für eine Verringerung aufgrund **gerichtlicher Entscheidung**[402]. § 8 Abs. 6 TzBfG gilt im Übrigen auch, sofern die Verringerung auf einer von der ursprünglichen Geltendmachung des Arbeitnehmers abweichenden **einvernehmlichen Vereinbarung** beruht[403].

7.3 Berechtigte Ablehnung

Berechtigt war die Ablehnung des Teilzeitwunsches, wenn sie **form- und fristgerecht** 170
erfolgt ist[404] und sie sich zu Recht auf nach Gesetz (§ 8 Abs. 4 Satz 1 und Satz 2 TzBfG) oder Tarifvertrag (§ 8 Abs. 4 Satz 3 TzBfG) **bestehende betriebliche Gründe**[405] gestützt hat[406]. An der berechtigten Ablehnung bei der Fallgestaltung, dass gegen die Verringerung der Arbeitszeit selbst keine betrieblichen Gründe i. S. v. § 8 Abs. 4 Satz 1 und 2 TzBfG sprechen, jedoch gegen die vom Arbeitnehmer gewünschte Lage der Arbeitszeit[407], kann der Arbeitnehmer nichts durch eine spätere „Rücknahme" des Verteilungswunsches ändern (BAG, Urteil v. 23.11.2004, 9 AZR 644/03[408]).

Im Fall der **unberechtigten Ablehnung** greift § 8 Abs. 6 TzBfG nicht ein (BAG, Urteil 171
v. 24.6.2008, 9 AZR 514/07)[409]. Hierfür spricht bereits der eindeutige Wortlaut. Hinzu kommt, dass der Arbeitgeber andernfalls den Antrag des Arbeitnehmers bewusst unberechtigt ablehnen könnte, in der Hoffnung der Arbeitnehmer werde dagegen nicht vorgehen. Der Arbeitgeber wäre dann für 2 Jahre vor neuen Anträgen des Arbeitnehmers verschont. Dies erscheint als nicht interessengerecht. Es ist nicht ersichtlich, warum der Arbeitnehmer benachteiligt werden soll, der keine Klage erhebt[410]. Die Berechtigung der Ablehnung kann daher inzident im Rahmen eines neuen Antrags vor Ablauf von 2 Jahren zu überprüfen sein[411].

---

[402] ErfK/*Preis*, 16. Aufl. 2016, § 8 TzBfG, Rz. 48; Meinel/Heyn/Herms/*Heyn*, TzBfG, 5. Aufl. 2015, § 8 TzBfG, Rz. 107.

[403] Annuß/Thüsing/*Mengel*, TzBfG, 3. Aufl. 2012, § 8 TzBfG, Rz. 81.

[404] S. Rz. 128 bzw. Rz. 129.

[405] S. Rz. 65 ff., insbesondere Rz. 81 ff. bzw. Rz. 105 ff.

[406] *Lorenz*, NZA-RR 2006, S. 281, 282; vgl. auch Sievers, TzBfG, 5. Aufl. 2015, § 8 TzBfG, Rz. 218.

[407] S. Rz. 126.

[408] NZA, 2005, S. 769, 772 f.

[409] EzA § 8 TzBfG Nr. 22; Buschmann/Dieball/Stevens-Bartol, TzA, 2. Aufl. 2001, § 8 TzBfG, Rz. 44; Laux/Schlachter/*Laux*, TzBfG, 2. Aufl. 2011, § 8 TzBfG, Rz. 126; ErfK/ *Preis*, 16. Aufl. 2016, § 8 TzBfG, Rz. 48; Rolfs, TzBfG, 1. Aufl. 2002, § 8 TzBfG, Rz. 44; Meinel/Heyn/Herms/*Heyn*, TzBfG, 5. Aufl. 2015, § 8 TzBfG, Rz. 108; a. A. Annuß/Thüsing/*Mengel*, TzBfG, 3. Aufl. 2012, § 8 TzBfG, Rz. 82, falls der Arbeitnehmer nicht Klage erhebt.

[410] So aber das Ergebnis der Argumentation von Annuß/Thüsing/*Mengel*, TzBfG, 3. Aufl. 2012, § 8 TzBfG, Rz. 82.

[411] ErfK/*Preis*, 16. Aufl. 2016, § 8 TzBfG, Rz. 48; Meinel/Heyn/Herms/*Heyn*, TzBfG, 5. Aufl. 2015, § 8 TzBfG, Rz. 108; a. A. Annuß/Thüsing/*Mengel*, TzBfG, 3. Aufl. 2012, § 8 TzBfG, Rz. 82.

7.4 Beginn der Sperrfrist

172 Nach dem Wortlaut des § 8 Abs. 6 TzBfG gilt die **Sperrfrist** nur bezüglich der **Verringerung** der Arbeitszeit. Der Anspruch auf **Neuverteilung der Arbeitszeit** kann aber nicht isoliert geltend gemacht werden, weshalb sich für diesen folglich die gleiche Sperrfrist ergibt[412].

173 Die **Frist beginnt mit Zugang der Zustimmung** des Arbeitgebers bzw. **mit Zugang der berechtigten Ablehnung**[413]. Im Fall der Fiktion der Zustimmung kommt es auf den Ablauf der Frist zur Mitteilung i. S. v. § 8 Abs. 5 Satz 1 TzBfG an. Bei einer gerichtlichen Geltendmachung ist auf den Zeitpunkt der Rechtskraft des Urteils abzustellen[414]. Diese Rechtskraft ist aber auf den zum Zeitpunkt der letzten mündlichen Verhandlung festgestellten Sachstand begrenzt, d. h. das Urteil entfaltet über den Zeitraum der Sperrfrist hinaus keine Rechtskraftwirkung[415]. Die **Berechnung** erfolgt nach §§ 187 Abs. 1, 188 Abs. 2 1. Alt. BGB.

174 Die erneute Verringerung kann erst mit **Ablauf der 2-Jahresfrist** geltend gemacht werden. Ein vorheriger Antrag ist unwirksam, selbst wenn der Beginn der Arbeitszeit erst nach Ablauf der Frist liegt[416].

Eine von § 8 Abs. 6 TzBfG **abweichende Sperrfrist** kann vereinbart werden, sofern sie einen Zeitraum von weniger als 2 Jahren umfasst. Eine längere Frist ist wegen § 22 Abs. 1 TzBfG nicht möglich.

175 Für den Arbeitgeber ist es **ratsam**, die **Sperrfrist** bereits **im Rahmen der Entscheidung** über die vom Arbeitnehmer **erstmals begehrte Verringerung** zu **berücksichtigen**. Da der Arbeitnehmer nach § 8 Abs. 2 TzBfG die Verringerung bereits 3 Monate vor deren Beginn geltend machen muss, der Arbeitgeber seine Entscheidung aber nach § 8 Abs. 5 Satz 1 TzBfG erst 1 Monat vorher treffen muss, kann er je nach Zeitpunkt der Zustimmung bzw. Ablehnung die Sperrfrist innerhalb des Überlegungszeitraums von 2 Monaten nach vorne oder nach hinten verschieben. Dem Arbeitgeber kann folglich daran gelegen sein, die ihm zustehende **Bedenkzeit voll auszuschöpfen**, um dadurch einen neuen Antrag des Arbeitnehmers hinauszuzögern.

8. Mindestbeschäftigtenzahl (Abs. 7)

176 Nach § 8 Abs. 7 TzBfG besteht ein Anspruch auf Verringerung der Arbeitszeit nur, sofern der Arbeitgeber, unabhängig von der Anzahl der Personen in Berufsbildung, i. d. R. **mehr als 15 Arbeitnehmer** beschäftigt. Diese Regelung ist **verfassungsgemäß** (LAG Köln, Urteil v. 18.1.2002, 4 Sa 1066/01[417]).

---

412 Ebenso ErfK/*Preis*, 16. Aufl. 2016, § 8 TzBfG, Rz. 49; Sievers, TzBfG, 5. Aufl. 2015, § 8 TzBfG, Rz. 219.

413 Meinel/Heyn/Herms/*Heyn*, TzBfG, 5. Aufl. 2015, § 8 TzBfG, Rz. 109.

414 Meinel/Heyn/Herms/*Heyn*, TzBfG, 5. Aufl. 2015, § 8 TzBfG, Rz. 107; Annuß/Thüsing/*Mengel*, TzBfG, 3. Aufl. 2012, § 8 TzBfG, Rz. 82.

415 Annuß/Thüsing/*Mengel*, TzBfG, 3. Aufl. 2012, § 8 TzBfG, Rz. 83.

416 Annuß/Thüsing/*Mengel*, TzBfG, 3. Aufl. 2012, § 8 TzBfG, Rz. 88.

417 DB 2002, S. 1057 Ls.

8.1 Beschäftigte des Arbeitgebers

Arbeitgeber 177

Für die Bestimmung der Arbeitnehmerzahl kommt es nach dem eindeutigen Wortlaut auf den **Arbeitgeber** an. Maßgeblicher Anknüpfungspunkt ist daher grundsätzlich das **Unternehmen** und nicht der Betrieb[418]. Unterhält der Arbeitgeber neben Arbeitsverhältnissen in Deutschland auch solche im **Ausland**, ist auf das Territorialitätsprinzip[419] abzustellen, sodass diese mitzuzählen sind, soweit der Arbeitgeber die Arbeitnehmer nur vorübergehend ins Ausland entsandt hat[420]. Nicht einbezogen werden hingegen Arbeitnehmer, die dauerhaft für den Arbeitgeber im Ausland arbeiten und deren Arbeitsvertragsstatut demnach im Regelfall das des Gastlandes ist[421].

Die Schwelle des sachlichen Anwendungsbereichs der Norm ist erreicht, soweit derselbe 178
Arbeitgeber **in allen seinen Betrieben** mehr als 15 Arbeitnehmer beschäftigt. Ein Arbeitgeber, der in einem Betrieb 7, in dem anderen Betrieb 9 Mitarbeiter beschäftigt, fällt also auch in den sachlichen Anwendungsbereich des Gesetzes. Ein **gemeinsamer Betrieb** mehrerer Arbeitgeber führt insoweit nicht zu einem Vorteil der Arbeitnehmer, wie dies im Bereich des Kündigungsschutzgesetzes der Fall ist[422]. Es kommt gerade nicht auf die Zahl der in einem einheitlichen Betrieb beschäftigten Arbeitnehmer an. Es ist allein auf die Zahl der Arbeitnehmer des eigenen Arbeitgebers abzustellen, d. h. mit wie vielen Arbeitnehmern der eigene Arbeitgeber Arbeitsverträge geschlossen hat.

Bei größeren **Konzernen** ist ebenfalls auf das Unternehmen abzustellen. Knüpft man bei 179
einem Arbeitgeber mit mehreren verschiedenen Unternehmen an das jeweilige Unternehmen an, ist es konsequent, bei Konzernen ebenfalls das Unternehmen als maßgebend zu betrachten[423].

Beschäftigte 180

Im Rahmen des § 8 Abs. 7 TzBfG gilt – beispielsweise im Unterschied zu § 23 Abs. 1 Satz 4 KSchG – das „**Pro-Kopf-Prinzip**“[424]. Auf den Beschäftigungsumfang kommt es

---

[418] ArbG Mönchengladbach, Urteil v. 30.5.2001, 5 Ca 1157/01, NZA 2001, S. 970, 971; Meinel/Heyn/Herms/*Heyn*, TzBfG, 5. Aufl. 2015, § 8 TzBfG, Rz. 111; ErfK/*Preis*, 16. Aufl. 2016, § 8 TzBfG, Rz. 10.

[419] Vgl. hierzu z. B. BAG, Urteil v. 3.6.2004, 2 AZR 386/03, EzA § 23 KSchG Nr. 27, zu B I 4.

[420] HK-TzBfG/Boecken, 3. Aufl. 2012, § 8 TzBfG, Rz. 31; Annuß/Thüsing/*Mengel*, TzBfG, 3. Aufl. 2012, § 8 TzBfG, Rz. 9 m. w. N.; a. A. *Fischer*, BB 2002, S. 94, 95.

[421] Vgl. insoweit die parallele Rechtsprechung des BAG zu § 23 KSchG, z. B. BAG, Urteil v. 26.3.2009, 2 AZR 883/07, AP Nr. 45 zu § 23 KSchG 1969; BAG, Urteil v. 7.7.2011, 2 AZR 12/10, EzA § 1 KSchG Nr. 63.

[422] Vgl. z. B. BAG, Urteil v. 16.1.2003, 2 AZR 609/01, EzA § 23 KSchG Nr. 25; BAG, Urteil v. 5.9.2009, 2 AZR 383/08, EzA § 23 KSchG Nr. 36.

[423] Im Ergebnis wohl auch Boewer, TzBfG, 1. Aufl. 2002, § 8 TzBfG, Rz. 50; a. A. *Fischer*, BB, 2002, S. 94, 95 der den Arbeitgeber konzernbezogen beurteilt, sofern der Arbeitsvertrag vorsieht, dass der Arbeitnehmer gegebenenfalls in verschiedenen Unternehmen tätig werden muss, was mit einem Arbeitgeberwechsel verbunden ist.

[424] Annuß/Thüsing/*Mengel*, TzBfG, 3. Aufl. 2012, § 8 TzBfG, Rz. 7; Meinel/Heyn/Herms/*Heyn*, TzBfG, 5. Aufl. 2015, § 8 TzBfG, Rz. 112; *Kliemt*, NZA 2001, S. 63, 64; *Lindemann/Simon*, BB

nicht an. **Teilzeitbeschäftigte** sind insofern den Vollzeitbeschäftigten gleichgestellt. Arbeitnehmer, deren Arbeitsverhältnis ruht, sind zu berücksichtigen[425]. Hierzu gehören Arbeitnehmer in **Elternzeit oder Mutterschutz** sowie – seit 1.7.2011 – während des freiwilligen **Wehrdienstes**[426].

Dabei ist aber § 21 Abs. 7 Satz 1 BEEG zu beachten, d. h. Arbeitnehmer, die sich in der Elternzeit befinden oder zur Betreuung eines Kindes freigestellt worden sind, sind nicht mitzuzählen, solange für sie aufgrund von § 21 Abs. 1 BEEG ein Vertreter eingestellt worden ist. § 21 Abs. 7 BEEG greift nur, sofern der Vertreter befristet eingestellt worden ist. Im Fall eines unbefristeten Arbeitsvertrags ist der Mitarbeiter, der sich in Elternzeit befindet, mitzuzählen[427]. Der Rechtsgedanke des § 21 Abs. 7 BEEG gilt auch für andere ruhende Arbeitsverhältnisse[428].

181 Von der Zählung ausgenommen sind ausdrücklich **Personen in Berufsbildung**, worunter Personen i. S. v. § 1 Abs.1 BBiG fallen. Eine Ausnahme gilt allerdings, wenn die Berufsbildungsmaßnahmen im Rahmen eines Arbeitsverhältnisses erfolgen. In diesem Fall sind die Personen in Berufsbildung bei der Berechnung der Arbeitnehmerzahl i. S. d. § 8 Abs. 7 TzBfG mitzuzählen[429].

182 **Außer Betracht bleiben** daneben auch **Leiharbeitnehmer**[430] und **freie Mitarbeiter**, da beide mit dem Arbeitgeber kein Arbeitsverhältnis haben, die Leiharbeitnehmer vielmehr ausschließlich mit dem Verleiher[431]. Unberücksichtigt bleiben auch kurzfristig beschäftigte **Aushilfskräfte**, d. h. Arbeitnehmer, deren Beschäftigung nicht länger als 6 Monate dauert[432]. Bestehen jedoch regelmäßig Beschäftigungsverhältnisse, die der Vertretung von Stammbediensteten dienen, sind die entsprechenden Arbeitnehmer mitzuzählen, sofern der aus ihnen zusammengesetzte Bestand als kontinuierlich und nicht nur als vorübergehend anzusehen ist (vgl. BAG, Beschluss v. 29.5.1991, 7 ABR 27/90[433]).

8.2 „Regelmäßige" Beschäftigtenzahl

183 Nach § 8 Abs. 7 TzBfG kommt es auf die regelmäßige Beschäftigtenzahl an. Diese ist aufgrund der **allgemeinen Beschäftigungslage** festzustellen, die durch einen **Rückblick** auf die bisherige personelle Stärke des Betriebs und eine Einschätzung der **zukünftigen**

2001, S. 146, 148; Sievers, TzBfG, 5. Aufl. 2015, § 8 TzBfG, Rz. 53; vgl. auch BAG, Urteil v. 27.4.2004, 9 AZR 522/03, NZA 2004, S. 1225, 1227.

[425] HK-TzBfG/*Boecken*, 3. Aufl. 2012, § 8 TzBfG, Rz. 30; Sievers, TzBfG, 5. Aufl. 2015, § 8 TzBfG, Rz. 53.

[426] Vgl. früher Boewer, TzBfG, 1. Aufl. 2002, § 8 TzBfG, Rz. 59.

[427] Vgl. auch Annuß/Thüsing/*Mengel*, TzBfG, 3. Aufl. 2012, § 8 TzBfG, Rz. 10.

[428] Boewer, TzBfG, 1. Aufl. 2002, § 8 TzBfG, Rz. 59.

[429] Boewer, TzBfG, 1. Aufl. 2002, § 8 TzBfG, Rz. 55.

[430] Vgl. jetzt aber *Muser*, BB 2013, S. 1919, 1920 im Anschluss an BAG, Urteil v. 24.1.2013, 2 AZR 140/12, EzA § 23 KSchG Nr. 38 zu § 23 Abs. 1 Satz 3 KSchG.

[431] Boewer, TzBfG, 1. Aufl. 2002, § 8 TzBfG, Rz. 44.

[432] Meinel/Heyn/Herms/*Heyn*, TzBfG, 5. Aufl. 2015, § 8 TzBfG, Rz. 115; vgl. auch BAG, Urteil v. 12.10.1976, 1 ABR 21/76, AP BetrVG 1972 § 8 Nr. 1.

[433] NZA 1992, S. 182, 184.

Entwicklung zu ermitteln ist[434]. Maßgeblich sind die tatsächlichen Gegebenheiten, d. h. insbesondere eine länger andauernde Verwaltungspraxis in dem Unternehmen. Einem Stellenplan oder einer Personalplanung kommt dabei nur Indizwirkung zu (vgl. BAG, Beschluss v. 29.5.1991, 7 ABR 27/90[435]). Vorübergehende Schwankungen der Beschäftigtenzahl sind nicht zu berücksichtigen[436].

Maßgeblicher Zeitpunkt für die Feststellung der regelmäßigen Beschäftigtenzahl ist 184 derjenige der **Antragstellung, d. h. des Zugangs des Verringerungsangebots**[437]. Ein Abstellen auf den Zeitpunkt der Änderung der Arbeitszeit würde für den Arbeitgeber zu Planungsunsicherheiten führen. Die 2-monatige Bedenkzeit, die ihm durch § 8 Abs. 2 Satz 1 und Abs. 5 Satz 1 TzBfG eingeräumt wird, könnte andernfalls „leerlaufen“[438]. Eine **Ausnahme** muss allerdings gelten, wenn bei der Antragstellung bereits eindeutig feststeht, dass zum Zeitpunkt der tatsächlichen Verringerung infolge von Neueinstellungen mehr als 15 Arbeitnehmer beschäftigt sein werden. Eine Berufung auf § 8 Abs. 7 TzBfG würde in diesem Fall einen Verstoß gegen Treu und Glauben (§ 242 BGB) darstellen[439]. Dies gilt aber nicht, wenn die zukünftige Entwicklung nicht konkret absehbar ist. Letztlich beeinflusst eine feststehende Vergrößerung des Betriebs aber bereits die regelmäßige Beschäftigtenzahl, da bei deren Ermittlung nach Auffassung des BAG die zukünftige Entwicklung zu berücksichtigen ist[440].

8.3 Rechtsfolge bei Unterschreiten

Rechtsfolge der Unterschreitung der geforderten Arbeitnehmerzahl ist die **Unwirksamkeit eines Antrags auf Verringerung der Arbeitszeit**, da es sich bei 8 Abs. 7 TzBfG um eine materielle Wirksamkeitsvoraussetzung handelt[441]. 185

9. Gerichtliche Geltendmachung

9.1 Leistungsklage

9.1.1 Klage auf Zustimmung

Der Arbeitgeber hat nach § 8 Abs. 4 Satz 1 TzBfG der Verringerung der Arbeitszeit zuzustimmen und ihre Verteilung entsprechend den Wünschen des Arbeitnehmers festzulegen. 186

---

[434] ErfK/*Preis*, 16. Aufl. 2016, § 8 TzBfG, Rz. 10; Sievers, TzBfG, 5. Aufl. 2015, § 8 TzBfG, Rz. 54; vgl. zu § 23 KSchG BAG, Urteil v. 8.10.2009, 2 AZR 654/08, EzA § 23 KSchG Nr. 35; BAG, Urteil v. 24.1.2013, 2 AZR 140/12, EzA § 23 KSchG Nr. 38

[435] NZA 1992, S. 182, 183; vgl. auch Meinel/Heyn/Herms/*Heyn*, TzBfG, 5. Aufl. 2015, § 8 TzBfG, Rz. 114.

[436] ErfK/*Preis*, 16. Aufl. 2016, § 8 TzBfG, Rz. 10.

[437] Vgl. ErfK/*Preis*, 16. Aufl. 2016, § 8 TzBfG, Rz. 10; Annuß/Thüsing/*Mengel*, TzBfG, 3. Aufl. 2012, § 8 TzBfG, Rz. 11; Schiefer/*Müller*, Teilzeitarbeit, 2. Aufl. 2005, Rz. 98.

[438] Ähnlich Annuß/Thüsing/*Mengel*, TzBfG, 3. Aufl. 2012, § 8 TzBfG, Rz. 11.

[439] Ähnlich *Straub*, NZA 2001, S. 919, 922.

[440] S. Rz. 183; ähnlich *Hanau*, NZA 2001, S. 168, 1171.

[441] Meinel/Heyn/Herms/*Heyn*, TzBfG, 5. Aufl. 2015, § 8 TzBfG, Rz. 116.

187 Hat der Arbeitgeber den Teilzeitwunsch des Arbeitnehmers rechtzeitig und formwirksam abgelehnt, muss der Arbeitnehmer seine Ansprüche gerichtlich durchsetzen. Der **Anspruch** wird sich dann auf **Abgabe einer Willenserklärung des Arbeitgebers**, sowohl bezogen auf die Verringerung als auch auf die Verteilung, richten. Der Klageantrag muss nicht unbedingt mit dem Inhalt der Geltendmachung nach § 8 Abs. 2 TzBfG übereinstimmen[442]. Diese Fallkonstellation ist z. B. gegeben, wenn der Arbeitnehmer die Verteilung der begehrten verringerten Arbeitszeit letztlich dem Direktionsrecht des Arbeitgebers überlassen[443] hat (BAG, Urteil v. 16.10.2007, 9 AZR 239/07[444]).

188 Der Arbeitnehmer muss daher Klage auf **Abgabe einer Willenserklärung i. S. v. § 894 ZPO i. V. m. § 62 Abs. 2 Satz 1 ArbGG im Wege einer Leistungsklage** erheben (BAG, Urteil v. 8.5.2007, 9 AZR 1112/06[445]; BAG, Urteil v. 16.10.2007, 9 AZR 239/07[446]). Nach **§ 894 ZPO** i. V. m. § 62 Abs. 2 Satz 1 ArbGG **gilt** die Zustimmung zur Verringerung der Arbeitszeit **erst bei Rechtskraft des Urteils als erteilt** (BAG, Urteil v. 18.8.2009, 9 AZR 517/08[447]; BAG, Urteil v. 20.1.2015, 9 AZR 860/13[448]). Das Gleiche gilt für die gewünschte Verteilung der Arbeitszeit, da es insofern ebenfalls einer Willenserklärung des Arbeitgebers bedarf (BAG, Urteil v. 16.10.2007, 9 AZR 239/07[449]).

9.1.2 Klageantrag

189 Aus § 894 ZPO folgt gleichzeitig, dass der **Klageantrag** nicht die Angabe des gewünschten Beginns der Arbeitszeitverringerung enthalten muss, da die Zustimmung des Arbeitgebers erst mit Rechtskraft des Urteils als erteilt gilt (BAG, Urteil v. 24.6.2008, 9 AZR 514/07[450]; BAG, Urteil v. 13.11.2012, 9 AZR 259/11[451]). Dieser Zeitpunkt ist bei Klageerhebung nicht absehbar. Der Arbeitnehmer sollte im Klageantrag aber zur Verdeutlichung, dass er die Vertragsänderung zum frühestmöglichen Zeitpunkt wünscht, aufnehmen, die **Verringerung** solle **mit Rechtskraft des Urteils** eintreten (ArbG Mönchengladbach, Urteil vom 30.5.2001, 5 Ca 1157/01[452]). Der Arbeitnehmer kann in seinen Kla-

---

[442] Vgl. näher *Lorenz*, NZA-RR 2006, S. 281, 288; vgl. auch BAG, Urteil v. 13.11.2012, 9 AZR 259/11, EzA § 8 TzBfG Nr. 27; BAG, Urteil v. 20.1.2015, 9 AZR 735/13, EzA § 8 TzBfG Nr. 31.

[443] S. Rz. 46.

[444] EzA § 8 TzBfG Nr. 19.

[445] EzA § 8 TzBfG Nr. 18.

[446] EzA § 8 TzBfG Nr. 19.

[447] EzA § 8 TzBfG Nr. 24.

[448] EzA § 8 TzBfG Nr. 32; vgl. auch BAG, Urteil v. 16.12.2014, 9 AZR 915/13, EzA § 106 GewO Nr. 20.

[449] EzA § 8 TzBfG Nr. 19; vgl. auch Meinel/Heyn/Herms/*Heyn*, TzBfG, 5. Aufl. 2015, § 8 TzBfG, Rz. 118; *Preis/Gotthardt*, DB 2001, S. 145, 146.

[450] EzA § 8 TzBfG Nr. 22.

[451] EzA § 8 TzBfG Nr. 27.

[452] NZA 2001, S. 970, 971.

geantrag auch ein konkretes Datum für den von ihm gewünschten Beginn der Vertragsänderung aufnehmen[453]. Seit Inkrafttreten des § 311a Abs. 1 BGB ist nämlich auch eine Verurteilung zu einer rückwirkenden Verringerung der Arbeitszeit nach § 8 Abs. 1 TzBfG möglich (BAG, Urteil v. 16.12.2014, 9 AZR 915/13[454]; BAG, Urteil v. 20.1.2015, 9 AZR 735/13[455]).

Zudem muss die Klagebegründung den **Zeitpunkt der Stellung des Verringerungsantrags** gegenüber dem Arbeitgeber enthalten, da nur so überprüfbar ist, ob die Fristen des § 8 TzBfG eingehalten worden sind[456].

Bis zur Rechtskraft des Urteils bleibt im Hinblick auf die Regelung in § 894 ZPO[457] der 190
ursprüngliche Arbeitsvertrag bestehen, d. h. es gelten weder veränderte Arbeitszeiten noch eine neue Verteilung. Das gilt auch dann, wenn der Arbeitnehmer ein bestimmtes Datum, ab dem die Vertragsänderung eintreten soll, in seinen Antrag aufgenommen hat[458]. Eine eigenmächtige Reduzierung vor Rechtskraft kann zu einer außerordentlichen Kündigung wegen Arbeitsverweigerung führen[459].

Unter Berücksichtigung der Wertungen des Art. 6 Abs. 1 GG hält es das LAG Niedersachsen (LAG Niedersachsen, Urteil v. 15.4.2008, 11 Sa 1374/07[460]) für zulässig, dass eine Arbeitnehmerin, die nach der Rückkehr aus der Elternzeit einen Antrag auf Teilzeitbeschäftigung gestellt hat, um sich weiter der Betreuung ihres Kindes widmen zu können, mit der Klage auf Erteilung der Zustimmung zu einer bestimmten Arbeitszeitverteilung einen Antrag auf Unterlassung einer Beschäftigung zu anderen Zeiten verbinden kann. Würde der Klage stattgegeben, wäre der Unterlassungstitel nach § 62 Abs. 1 Satz 1 ArbGG vorläufig vollstreckbar.

Die **Verringerung der Arbeitszeit und deren Neuverteilung** müssen **in einem Antrag** 191
miteinander **verbunden werden**. Die Aufspaltung dieses einheitlichen Klageantrags in 2 prozessuale Ansprüche würde gegen § 308 ZPO verstoßen (BAG, Urteil v. 18.2.2003, 9 AZR 164/02[461]; BAG, Urteil v. 24.6.2008, 9 AZR 514/07[462]). Ein solcher Verfahrensmangel ist nach § 72 Abs. 5 ArbGG i. V. m. § 495 ZPO, § 46 Abs. 2 Satz 1 ArbGG von Amts wegen zu berücksichtigen (BAG, Urteil v. 18.2.2003, 9 AZR 164/02[463]). Einer Stufenklage i. S. v. § 254 ZPO i.V.m. § 46 ArbGG bedarf es nicht, da kein Grund ersichtlich

---

453 Sievers, TzBfG, 5. Aufl. 2015, § 8 TzBfG, Rz. 146.
454 EzA § 106 GewO Nr. 20.
455 EzA § 8 TzBfG Nr. 31; vgl. allg. für die Verurteilung zur Abgabe einer Willenserklärung BAG, Urteil v. 19.8.2015, 5 AZR 975/13, EzA § 615 BGB 2002, Nr. 45; BAG, Urteil v. 27.1.2016, 5 AZR 9/15, EzA § 615 BGB 2002 Nr. 49.
456 *Beckschulze*, DB 2000, S. 2598, 2606.
457 . Rz. 188.
458 Sievers, TzBfG, 5. Aufl. 2015, § 8 TzBfG, Rz. 150.
459 S. Rz. 131; näher Annuß/Thüsing/*Mengel*, TzBfG, 3. Aufl. 2012, § 8 TzBfG, Rz. 233.
460 AuR 2009, S. 58 nur Ls.
461 NZA 2003, S. 1392, 1394.
462 EzA § 8 TzBfG Nr. 22.
463 NZA 2003, S. 1392, 1394; vgl. zur Antragstellung auch *Helml*, JuS 2005, S. 40 f.

ist, warum die Entscheidung über die Verringerung der Arbeitszeit rechtskräftig sein müsste, bevor über die Arbeitszeitverteilung entschieden wird (ArbG Mönchengladbach, Urteil v. 30.5.2001, 5 Ca 1157/01[464]).

192 Beim **Klageantrag** ist das **Bestimmtheitserfordernis** des § 253 Abs. 2 Nr. 2 ZPO i. V. m. § 46 Abs. 2 Satz 1 ArbGG zu wahren. Die begehrte Verringerung sowie die gewünschte Neuverteilung auf die einzelnen Wochentage sind so konkret wie möglich zu benennen. Es verstößt allerdings nicht gegen das Bestimmtheitsgebot, wenn der Arbeitnehmer seine Klage auf die Verringerung der Arbeitszeit beschränkt und damit die Verteilung der verringerten Arbeitszeit dem Arbeitgeber überlässt, der sie durch Ausübung seines Weisungsrechts nach § 106 Satz 1 GewO festlegen soll (BAG, Urteil v. 13.10.2009, 9 AZR 910/08[465]; BAG, Urteil v. 13.11.2012, 9 AZR 259/11[466]). Demzufolge ist ein Klageantrag auch dann hinreichend bestimmt i. S. v. § 253 Abs. 2 Nr. 2 ZPO, wenn der Arbeitnehmer hinsichtlich der Arbeitszeitverteilung nur einen bestimmten Rahmen festgelegt wissen will (BAG, Urteil v. 16.12.2014, 9 AZR 915/13[467]). Aus dem Klageantrag müssen aber jeweils sowohl die Dauer der Arbeitszeit infolge der Verringerung als auch der Umfang der Verringerung ersichtlich sein. Deshalb sollte auch die ursprüngliche Länge der Arbeitszeit genannt werden.

Beispiel

Der Klageantrag könnte folgendermaßen lauten: „Die Beklagte wird verurteilt, das Angebot des Klägers zur Reduzierung seiner vertraglichen Arbeitszeit (mit Wirkung vom ...) von 40 auf 20 Wochenstunden anzunehmen und die Verteilung der Arbeitszeit auf Montag bis Freitag, jeweils 8.00 Uhr bis 12.00 Uhr, festzulegen."

193 Arbeitszeitreduzierung und Verteilung stellen dabei **2 verschiedene Streitgegenstände** dar, die der Arbeitnehmer nach § 260 ZPO i. V. m. § 495 ZPO, § 46 Abs. 2 Satz 1 ArbGG kumulativ oder im Wege einer eventuellen **Klagehäufung** verfolgen kann.

194 Will der Arbeitnehmer den **Inhalt** einer von ihm behaupteten **Teilzeitvereinbarung** gerichtlich **klären** lassen, kommt hierfür in erster Linie eine **Leistungsklage**, gerichtet auf vertragsgemäße Beschäftigung in Betracht.

---

[464] NZA 2001, S. 970, 971; Boewer, TzBfG, 1. Aufl. 2002, § 8 TzBfG, Rz. 118; Annuß/Thüsing/*Mengel*, TzBfG, 3. Aufl. 2012, § 8 TzBfG, Rz. 244; Meinel/Heyn/Herms/*Heyn*, TzBfG, 5. Aufl. 2015, § 8 TzBfG, Rz. 117; vgl. auch Laux/Schlachter/*Laux*, TzBfG, 2. Aufl. 2011, § 8 TzBfG, Rz. 318;*Helml*, JuS 2005, S. 40, 41, hält eine Stufenklage sogar für unstatthaft, da beide Teile des Antrags als prozessuale Einheit anzusehen seien.

[465] EzA § 8 TzBfG Nr. 25.

[466] EzA § 8 TzBfG Nr. 27; vgl. auch BAG, Urteil v. 15.12.2009, 9 AZR 72/09, EzA § 15 BErzGG Nr. 18.

[467] EzA § 106 GewO Nr. 20; vgl. auch BAG, Urteil v. 15.12.2009, 9 AZR 72/09, EzA § 15 BErzGG Nr. 18.

Im Klageantrag ist dabei die vom Arbeitnehmer für zutreffend erachtete **Arbeitszeitmenge** sowie ihre **Verteilung** auf die einzelnen Wochentage anzugeben, § 253 Abs. 2 Nr. 2 ZPO i. V. m. § 495 ZPO, § 46 Abs. 2 Satz 1 ArbGG. Die Angabe eines bestimmten Zeitpunkts, ab dem die Neuregelung gelten soll, ist regelmäßig entbehrlich[468].

Beispiel

Der Klageantrag könnte hier wie folgt lauten: „Die Beklagte wird verurteilt, den Kläger vertragsgemäß an den Wochentagen … jeweils von … Uhr bis … Uhr zu beschäftigen".

9.1.3 Klagefrist

195 Eine Klagefrist hat der Arbeitnehmer **nicht** zu wahren, jedoch greifen die allgemeinen Grundsätze der Verwirkung (§ 242 BGB) ein[469]. Vertragliche oder tarifliche Ausschlussfristen finden auf den Teilzeitanspruch keine Anwendung (LAG Niedersachsen, Urteil v. 18.11.2002, 17 Sa 487/02[470]).

9.1.4 Vorläufige Vollstreckbarkeit

196 Das **Urteil** ist nach § 62 Abs. 1 Satz 1 ArbGG im Hinblick auf die Regelung in § 894 ZPO[471] **nur hinsichtlich der Kostenfolge vorläufig vollstreckbar**[472]. Die Ersetzung der Willenserklärung des Arbeitgebers gilt dagegen nicht als vorläufig in dem Sinne, dass sie als unter der auflösender Bedingung der Aufhebung des Urteils abgegeben wäre[473].

9.2 Feststellungsklage

9.2.1 Klage auf Geltung der gesetzlichen Fiktion

197 Nach § 8 Abs. 5 Satz 2 TzBfG verringert sich die Arbeitszeit in dem vom Arbeitnehmer gewünschten Umfang kraft gesetzlicher Fiktion, sofern der Arbeitgeber die Arbeitszeitverringerung nicht rechtzeitig abgelehnt hat. Die neuen Arbeitszeiten gelten dann automatisch, sodass grundsätzlich keine Klage erforderlich ist. **Bestreitet der Arbeitgeber** jedoch die **Fiktionswirkung**, kann der Arbeitnehmer eine Feststellungsklage nach § 256 Abs. 1 ZPO i. V. m. § 495 ZPO, § 46 Abs. 2 Satz 1 ArbGG dahingehend erheben, dass

---

[468] S. Rz. 189.

[469] ErfK/*Preis*, 16. Aufl. 2016, § 8 TzBfG, Rz. 54; Annuß/Thüsing/*Mengel*, TzBfG, 3. Aufl. 2012, § 8 TzBfG, Rz. 228, die von einer „recht schnellen" Verwirkung ausgeht.

[470] BB 2003, S. 905, 906.

[471] S. Rz. 190.

[472] Meinel/Heyn/Herms/*Heyn*, TzBfG, 5. Aufl. 2015, § 8 TzBfG, Rz. 120; Rolfs, TzBfG, 1. Aufl. 2002, § 8 TzBfG, Rz. 57; vgl. allg. Baumbach/Lauterbach/Albers/Hartmann, ZPO, 74. Aufl. 2016, § 894 TzBfG, Rz. 12

[473] Stein/Jonas/*Brehm*, ZPO, 22. Aufl. 2006, § 894, Rz. 17.

sich die Arbeitszeit in dem von ihm gewünschten Umfang verringert hat (LAG Düsseldorf, Urteil v. 1.3.2002, 18 (4) Sa 1269/01[474]). Die Dauer der Arbeitszeit stellt eine Teilregelung des Arbeitsverhältnisses dar, was für die Annahme eines Rechtsverhältnisses i. S. v. § 256 Abs. 1 ZPO i. V. m. § 46 Abs. 2 Satz 1 ArbGG ausreicht[475].

9.2.2 Klageantrag

198 Der Klageantrag muss nach § 253 Abs. 2 Nr. 2 ZPO i. V. m. § 495 ZPO, § 46 Abs. 2 Satz 1 ArbGG hinreichend bestimmt sein, weshalb die **aufgrund der Fiktion bestehende Arbeitszeitregelung** in jedem Fall berücksichtigt werden muss. Der Arbeitnehmer sollte jedoch auch die **bisherige Arbeitszeit** aufnehmen.

> **Beispiel**
>
> Der Klageantrag könnte wie folgt lauten: „Es wird festgestellt, dass sich die Arbeitszeit des Klägers infolge seines Teilzeitwunsches vom … (Datum) von 40 auf 20 Wochenstunden reduziert hat“.

9.2.3 Feststellungsinteresse

199 Das nach § 256 Abs. 1 ZPO i. V. m. § 495 ZPO, § 46 Abs. 2 Satz 1 ArbGG erforderliche Feststellungsinteresse besteht, **wenn der Arbeitgeber die Fiktionswirkung bestreitet**. Der Arbeitnehmer müsste andernfalls zu den ursprünglichen Zeiten weiterarbeiten oder würde eine Abmahnung oder Kündigung riskieren. Dies ist dem Arbeitnehmer nicht zumutbar. Hinsichtlich der Fiktion der gewünschten **Verteilung** i. S. v. § 8 Abs. 5 Satz 3 TzBfG kann der Arbeitnehmer im Fall des Bestreitens durch den Arbeitgeber ebenfalls **Feststellungsklage** erheben[476].

Um die tatsächliche Beschäftigung zu den neuen Arbeitszeiten zu erreichen, kann der Arbeitnehmer im Wege der Klagehäufung (§ 260 ZPO i.V.m. § 495 ZPO, § 46 Abs. 2 Satz 1 ArbGG) zusätzlich einen entsprechenden Beschäftigungsantrag stellen.

> **Beispiel**
>
> Ein solcher Feststellungsantrag könnte wie folgt lauten: „Es wird festgestellt, dass die Beklagte in Folge des Arbeitsverteilungswunsches vom .... (Datum) verpflichtet ist, den Kläger vertragsgemäß (seit dem …) an den Wochentagen .... jeweils von … Uhr bis … Uhr zu beschäftigen“.

---

[474] BB 2002, S. 1541, 1542; *Lorenz*, NZA-RR 2006, S. 281, 288; Meinel/Heyn/Herms/*Heyn*, TzBfG, 5. Aufl. 2015, § 8 TzBfG, Rz. 121; Annuß/Thüsing/*Mengel*, TzBfG, 3. Aufl. 2012, § 8 TzBfG, Rz. 225.

[475] Vgl. Annuß/Thüsing/*Mengel*, TzBfG, 3. Aufl. 2012, § 8 TzBfG, Rz. 238; allg. z. B. BAG, Beschluss v. 24.4.2007, 1 ABR 27/06,, DB 2007, S. 1651, 1652.

[476] Annuß/Thüsing/*Mengel*, TzBfG, 3. Aufl. 2012, § 8 TzBfG, Rz. 244; a. A. *Grobys/Braun*, NZA 2001, S. 1175, 1179, die vorrangig von einer Leistungsklage ausgehen.

Soweit sich die Feststellung auf die Fiktion von Arbeitszeit und -verteilung bezieht, könnte der Antrag wie folgt aussehen: „Es wird festgestellt, dass sich die vertragliche Arbeitszeit des Klägers in Folge seines Teilzeitwunsches vom .... (Datum) von 40 auf 20 Wochenstunden reduziert hat und dass die Beklagte verpflichtet ist, den Kläger an den Wochentagen Mo. bis Fr. von ......Uhr bis ......Uhr zu beschäftigen.“

9.2.4 Klage auf Unwirksamkeit der Änderung der Verteilung durch den Arbeitgeber

Der Arbeitgeber kann nach **§ 8 Abs. 5 Satz 4 TzBfG** die festgelegte Verteilung unter 200
bestimmten Voraussetzungen wieder ändern. Geht der Arbeitnehmer davon aus, der Arbeitgeber sei dazu nicht befugt gewesen, kann er mittels einer Feststellungsklage nach § 256 Abs. 1 ZPO klären lassen, dass die Änderung der Arbeitszeitverteilung unwirksam ist[477]. Der Antrag muss hinreichend bestimmt i. S. v. § 253 Abs. 2 Nr. 2 ZPO i. V. m. § 495 ZPO, § 46 Abs. 2 Satz 1 ArbGG sein.

Beispiel

Ein solcher Antrag könnte wie folgt lauten: „Es wird festgestellt, dass die Beklagte verpflichtet ist, den Kläger trotz der von ihr angeordneten Änderung der Arbeitszeitverteilung, anstelle von bisher Mo. bis Fr. von 8.00 Uhr bis 12.00 Uhr nunmehr von 13.00 Uhr bis 17.00 Uhr zu arbeiten, zu den bisherigen Arbeitszeiten weiterzubeschäftigen“.

9.3 Maßgeblicher Beurteilungszeitpunkt

Bei einer **Klage auf Abgabe einer Willenserklärung i. S. v. § 894 ZPO** ist maßgebli- 201
cher Beurteilungszeitpunkt i. d. R. der Zeitpunkt der letzten mündlichen Verhandlung. Vielfach wird vertreten, dass dies dann auch für eine Klage auf Zustimmung i. S. v. § 8 TzBfG gelten müsse[478]. Nach Auffassung des **BAG** kommt es jedoch auf den **Zeitpunkt des Zugangs der Ablehnung** des Arbeitszeitwunsches durch den Arbeitgeber an (BAG, Urteil v. 23.11.2004, 9 AZR 644/03[479]; BAG, Urteil v. 13.11.2012, 9 AZR 259/11[480]; BAG, Urteil v. 20.1.2015, 9 AZR 735/13[481]).

---

[477] ErfK/*Preis*, 16. Aufl. 2016, § 8 TzBfG, Rz. 54; Annuß/Thüsing/*Mengel*, TzBfG, 3. Aufl. 2012, § 8 TzBfG, Rz. 246; a. A. *Kliemt*, NZA 2001, S. 63, 67, der eine Leistungsklage (Beschäftigung zu den bisherigen Arbeitszeiten) für vorrangig hält; ebenso wohl LAG Hamm, Urteil v. 16.12. 2004, 8 Sa 1526/04, NZA-RR, S. 405, 406 f.

[478] Annuß/Thüsing/*Mengel*, TzBfG, 3. Aufl. 2012, § 8 TzBfG, Rz. 253; HK-TzBfG/*Boecken*, 3. Aufl. 2012, § 8 TzBfG, Rz. 149; *Grobys/Bram*, NZA 2001, S. 1175, 1178; *Diller*, NZA 2001, S. 589, 590 f.; *Rolfs*, RdA 2001, S. 129, 137.

[479] NZA 2005, S. 789, 771; zustimmend HWK/*Schmalenberg*, 6. Aufl. 2014, § 8 TzBfG, Rz. 55.

[480] EzA § 8 TzBfG Nr. 27.

[481] EzA § 8 TzBfG Nr. 31; vgl. auch BAG, Urteil v. 10.2.2015, 9 AZR 115/14, EzA § 4 TVG Altersteilzeit Nr. 41.

202 Das **BAG** begründet dies überzeugend damit, dass für die Frage, welche Tatsachen zu berücksichtigen sind, nicht nur das Prozessrecht, sondern auch das materielle Recht maßgeblich sei. Es komme daher auf den Zeitpunkt der Ablehnung des Arbeitszeitwunsches durch den Arbeitgeber an.

203 Gegen eine über den Zeitpunkt der Ablehnung des Arbeitszeitwunsches durch den Arbeitgeber hinausgehende Berücksichtigung spricht auch die Regelung des § 8 Abs. 6 TzBfG. Danach kann der Arbeitnehmer eine erneute Verringerung der Arbeitszeit frühestens nach Ablauf von **2 Jahren** verlangen, nachdem der Arbeitgeber das vorherige Vertragsänderungsangebot berechtigt abgelehnt hat. Der Arbeitnehmer ist daran gebunden, auch wenn sich zwischenzeitlich die Voraussetzungen zu seinen Gunsten geändert haben. Das Gesetz will den Arbeitgeber nach einer berechtigten Ablehnung für 2 Jahre vor einer erneuten Überprüfung der betrieblichen Verhältnisse in Bezug auf den Arbeitszeitwunsch des Arbeitnehmers schützen. Dieses Ziel wäre nicht erreichbar, wenn man den Arbeitgeber während eines laufenden Verfahrens zu einer entsprechenden Überprüfung anhalten würde.

204 Hat der Arbeitgeber **unberechtigt das Änderungsverlangen abgelehnt**, kann er nicht besser gestellt werden, als wenn er dem Verlangen des Arbeitnehmers zugestimmt hätte. Daher kann ein Arbeitgeber spätere Veränderungen nicht uneingeschränkt geltend machen. Soweit es die Verteilung der Arbeitszeit betrifft, ist allerdings das Korrekturrecht nach § 8 Abs. 5 Satz 4 TzBfG zu berücksichtigen. Danach ist das Nachschieben solcher Umstände zuzulassen, die der Arbeitgeber auch bei unterstellter Zustimmung zum Verlangen des Arbeitnehmers noch nachträglich hätte vorbringen können[482].

9.4 Darlegungs- und Beweislast

205 Der **Arbeitnehmer** trägt als Gläubiger des Teilzeitanspruchs nach allgemeinen Grundsätzen[483] die Darlegungs- und Beweislast für die anspruchsbegründenden Voraussetzungen und damit dafür, dass sein Arbeitsverhältnis länger als 6 Monate besteht, der Arbeitgeber mehr als 15 Arbeitnehmer beschäftigt, er seinen Antrag fristgerecht beim Arbeitgeber gestellt hat und die Sperrfrist des § 8 Abs. 6 TzBfG nicht greift[484].

206 Der **Arbeitgeber** hat darzulegen und zu beweisen, dass betriebliche Gründe der Verringerung entgegenstehen (BAG, Urteil v. 13.11.2012, 9 AZR 259/11[485]; BAG, Urteil v. 20.1.2015, 9 AZR 735/13[486]). Hieran werden strenge Anforderungen gestellt, sodass der Arbeitgeber gehalten ist, die Umstände, die einen betrieblichen Grund darstellen könnten, so konkret wie möglich darzulegen. Insbesondere hat der Arbeitgeber dabei auch darzulegen, dass ein von ihm angeführtes und einer Verringerung der Arbeitszeit in seinen Augen entgegenstehendes Organisationskonzept die Arbeitszeitregelung überhaupt

---

[482] S. Rz. 155.

[483] Vgl. z. B. BAG, Urteil v. 17.4.2013, 10 AZR 185/12, EzA § 1 AEntG Nr. 14; BAG, Urteil v. 25.3.2015, 5 AZR 368/13, EzA § 10 AÜG Nr. 30.

[484] Vgl. HWK/*Schmalenberg*, 6. Aufl. 2014, § 8 TzBfG, Rz. 56.

[485] EzA § 8 TzBfG Nr. 27.

[486] EzA § 8 TzBfG Nr. 31.

betrifft (LAG Hamm, Urteil v. 21.12.2004, 6 Sa 1294/04[487]). Außerdem hat der Arbeitgeber den rechtzeitigen Zugang der formgerechten[488] Ablehnungserklärung an den Arbeitnehmer i. S. v. § 8 Abs. 5 Satz 1 TzBfG darzulegen und zu beweisen[489].

9.5 Streitwert

Der Streitwert ist auf den **36-fachen Wert der monatlichen Differenz zwischen Vollzeit- und Teilzeitvergütung** nach § 42 Abs. 1 Satz 1 GKG (bis 31.7.2013: § 42 Abs. 2 Satz 1 GKG a. F. [490] bis 31.8.2009: § 42 Abs. 3 Satz 1 GKG a. F.[491]) bzw. § 42 Abs. 2 Satz 2 GKG (bis 31.7.2013: § 42 Abs. 3 Satz 2 GKG a. F. = bis 31.8.2009: § 42 Abs. 4 Satz 2 GKG a. F.) unmittelbar[492] oder analog[493] (bis 30.6.2004: § 12 Abs.7 Satz 2 ArbGG) festzusetzen. Er ist jedoch unter Anwendung von § 42 Abs. 2 Satz 1 GKG[494] oder entsprechend der Rechtsprechung zu Änderungskündigungsschutzklagen (§ 2 Satz 2 KSchG) auf ein Vierteljahresgehalt[495] oder 2 Monatsgehälter[496] bzw. 1,5 Monatsgehälter[497] zu begrenzen[498]. Das LAG Baden-Württemberg (Beschlüsse v. 1.7.2010, 5 Ta 207

[487] Juris.

[488] S. Rz. 128.

[489] Boewer, TzBfG, 1. Aufl. 2002, § 8 TzBfG, Rz. 281.

[490] LAG Hamburg, Beschluss v. 16.3.2011, 7 Ta 4/11, LAGE § 42 GKG 2004 Nr. 11; LAG Köln, Beschluss v. 7.4.2010, 6 Ta 96/10, n. v.

[491] So z. B. LAG Köln, Beschluss v. 5.4.2005, 3 Ta 61/05, MDR 2005, S. 1438; LAG Nürnberg, Urteil v. 8.12.2008, 4 Ta 148/08, JurBüro 2009, S. 196; LAG Rheinland-Pfalz, Urteil v. 28.4.2008, 1 Ta 60/08, NZA-RR 2009, S. 39 Ls; Sievers, TzBfG, 5. Aufl. 2015, § 8 TzBfG, Rz. 195.

[492] Vgl. früher *Kliemt*, NZA 2001, S. 63, 68; *Straub*, NZA 2001, S. 919, 925.

[493] Annuß/Thüsing/*Mengel*, TzBfG, 3. Aufl. 2012, § 8 TzBfG, Rz. 267; ebenso früher z. B. LAG Berlin, Urteil v. 18.1.2002, 19 Sa 1982/01,Juris; LAG Hessen, Beschluss v. 28.11.2001, 15 Sa 361/01, NZA 2002, S. 404; LAG Nürnberg, Beschluss v. 12.9.2003, 9 Ta 127/03, NZA-RR 2004, S. 103, 104.

[494] LAG Hamburg, Beschluss v. 16.3.2011, 7 Ta 4/11, LAGE § 42 GKG 2004 Nr. 11; LAG Köln, Beschluss v. 15.10.2010, 2 Ta 339/10, AA 2011, 36 nur Ls.; LAG Nürnberg, Beschluss v. 8.12.2008, 4 Ta 148/08, JurBüro 2009, S. 196; früher schon zu § 12 Abs. 7 Satz 1 ArbGG LAG Hamburg, Beschluss v. 8.11.2001, 6 Ta 24/01, LAGE § 8 TzBfG Nr. 4.

[495] So z. B. LAG Berlin, Beschluss v. 4.9.2001, 17 Ta 6121/01, NZA-RR 2002, S. 104; LAG Hamburg, Beschluss v. 16.3.2011, 7 Ta 4/11, LAGE § 42 GKG 2004 Nr. 12; LAG Hessen, Urteil v. 28.11.2001, 15 Sa 361/01, LAGE § 3 ZPO Nr. 15; LAG Köln, Beschluss v. 7.4.2010, 6 Ta 96/10, JurBüro 2010, S. 478 f.; LAG Nürnberg, Beschluss v. 12.9.2003, 9 Ta 127/03, NZA-RR 2004, S. 103, 104; LAG Rheinland-Pfalz, Beschluss v. 8.3.2011, 1 Ta 27/11, Juris.

[496] So z. B. LAG Berlin, Beschluss v. 24.11.2000, 7 Ta 6057/00 (Kost), MDR 2001, S. 636, 637; LAG Düsseldorf, Beschluss v. 18.7.2006, 6 Ta 387/06, n. v.; vgl. auch LAG Düsseldorf, Beschluss v. 9.2.2009, 6 Ta 53/09, n.v.

[497] LAG Rheinland-Pfalz, Urteil v. 27.12.2010, 1 Ta 268/10, Juris; LAG Rheinland-Pfalz, Urteil v. 8.3.2011, 1 Ta 27/11, Juris.

[498] Vgl. auch Streitwertkatalog für die Arbeitsgerichtsbarkeit vom 9.7.2014, unter I. Nr. 8 i. V. m. Nr. 4.2, abgedruckt in NZA 2014, 745 ff.; hierzu Sievers, TzBfG, 5. Aufl. 2015, § 8 TzBfG, Rz. 198, 199.

112/10[499] und 5 Ta 128/10[500]) bewertet den Antrag auf Verringerung der vertraglich vereinbarten Arbeitszeit und Verteilung auf die einzelnen Arbeitstage gemäß § 8 Abs. 4 TzBfG als vermögensrechtliche Streitigkeit nach § 48 Abs. 1 GKG i. V. m. § 3 ZPO. Bei der danach vorzunehmenden Ermessensentscheidung lässt sich das Gericht von dem aktuellen Bruttomonatsverdienst der klagenden Partei leiten, wobei auch die Bewertung mit einem Vielfachen des Monatsverdiensts (3-fach: 5 Ta 112/10 bzw. 2-fach: 5 Ta 128/10) in Betracht kommt. Nach Auffassung des LAG München (Beschluss v. 21.2.2003, 8 Ta 61/02[501]) richtet sich die Streitwertbemessung, da es sich bei dem Arbeitszeitverringerungswunsch um eine nichtvermögensrechtliche Streitigkeit handele, nach § 12 Abs. 2 GKG (seit 1.7.2004: § 48 Abs. 2 GKG).

9.6 Einstweiliger Rechtsschutz

208 Das Bedürfnis nach einer vorläufigen Regelung im Wege des einstweiligen Rechtsschutzes ergibt sich insbesondere aus § 894 ZPO, wonach die eingeklagte Willenserklärung, hier die Zustimmung des Arbeitgebers zur Verringerung der Arbeitszeit und ihre Verteilung[502], erst mit Rechtskraft des Urteils als abgegeben gilt. §§ 935, 940 ZPO sind im Arbeitsgerichtsverfahren nach § 62 Abs. 2 Satz 1 ArbGG anwendbar. Eine einstweilige Verfügung im Hinblick auf den Anspruch auf Verringerung sowie auf geänderte Verteilung der Arbeitszeit ist zulässig, da nur so effektiver Rechtsschutz gewährt werden kann (z. B. LAG Berlin, Beschluss v. 31.8.2006, 14 Ta 1580/06[503]; LAG Köln, Urteil v. 15.10.2013, 12 SaGa 3/13[504]; LAG Schleswig-Holstein, Urteil v. 15.12.2010, 3 SaGa 114/10[505]). In der Sache handelt es sich bei einer solchen Verfügung um eine sog. **Leistungsverfügung**[506]. Diese unterliegt jedoch strengen Voraussetzungen, da durch ihren Erlass die Hauptsache regelmäßig vorweggenommen wird. Voraussetzungen sind, wie auch sonst bei einer einstweiligen Verfügung[507], ein Verfügungsanspruch sowie ein Verfügungsgrund[508].

---

499 Juris.

500 NZA-RR 2011, S. 43 f.

501 NZA-RR 2003, S. 382, 383.

502 S. Rz. 190.

503 ZTR 2006, S. 667 Ls.

504 Juris.

505 DB 2011, S. 244 nur Ls.; LAG Düsseldorf, Urteil v. 14.12.2013, 11 Sa 1507/03 NZA-RR 2004, S. 181, 182; LAG Hamburg, Urteil v. 4.9.2006, LAGE § 8 TzBfG Br, 18, NZA-RR 2007, S. 122, 123; LAG Köln, Beschluss v. 23.12.2005, 9 Ta 349/05, ZTR 2006, S. 332 Ls.; Sievers, TzBfG, 5. Aufl. 2015, § 8 TzBfG, Rz. 186 m. w. N.; a. A. Rolfs, TzBfG, 1. Aufl. 2002, § 8 TzBfG, Rz. 58; *Mues*, ArbRB 2002, Rz. 15.

506 So die allg. Meinung, vgl. LAG Düsseldorf, Urteil v. 4.12.2003, 11 Sa 1507/03, NZA-RR 2004, S. 181, 182; LAG Hamburg, Urteil v. 4.9.2006, 4 Sa 41/06, LAGE § 8 TzBfG Nr. 18; LAG Hamm, Urteil v. 8.7.2008, 14 SaGa 25/08, Juris; *Kliemt/Reinhard*, NZA 2005, S. 545, 549 m. w. N.

507 Stein/Jonas/*Grunsky*, ZPO, 22. Aufl. 2006, § 935, Rz. 2.

508 LAG Hamm, Urteil v. 8.7.2008, 14 SaGa 25/08, Juris; *Hunold*, NZA-RR 2004, S. 225, 231; vgl. ausführlich zu den Voraussetzungen *Eisemann*, in: Festschrift für Küttner, 2006, S. 155, 160 ff.;

9.6.1 Verfügungsanspruch

Ein Verfügungsanspruch besteht, wenn der Arbeitnehmer **glaubhaft macht** (§§ 294 Abs.1, 920 Abs.2, 936 ZPO i. V. m. § 62 Abs. 2 Satz 1 ArbGG), dass ihm ein **Anspruch auf Verringerung der Arbeitszeit**[509] **bzw. auf die geänderte Verteilung**[510] zusteht. Der Arbeitgeber muss dem entgegentreten, indem er das Entgegenstehen betrieblicher Gründe[511] glaubhaft macht. Sind die von beiden Parteien jeweils glaubhaft gemachten Gründe für das Teilzeitverlangen bzw. dessen Ablehnung in etwa gleichgewichtig, kann die einstweilige Verfügung nur erlassen werden, wenn ein **Obsiegen des Arbeitnehmers in der Hauptsache überwiegend wahrscheinlich ist** (LAG Köln, Urteil v. 15.10.2013, 12 SaGa 3/13[512]). 209

9.6.2 Verfügungsgrund

Ein Verfügungsgrund liegt nur ausnahmsweise vor, wenn bei Abwarten der Entscheidung im Hauptsacheverfahren **wesentliche Nachteile** entstehen und damit die einstweilige Verfügung zur Abwehr dieser Nachteile erforderlich erscheint (LAG Hamm, Urteil v. 5.5.2002, 7 Ta 6056/00[513]; LAG Rheinland-Pfalz, Urteil v. 12.4.2002, 3 Sa 161/02[514]; LAG Schleswig-Holstein, Urteil v. 15.12.2010, 3 SaGa 14/10[515]). Die konkreten Anforderungen hierfür werden je nach Einzelfall unterschiedlich definiert. Die zu erwartende Prozessdauer des Hauptsacheverfahrens allein reicht hierfür nicht aus[516]. Anerkannt wurden aber **zwingende familiäre Verpflichtungen**, wie z. B. die Kinderbetreuung oder die notwendige Pflege eines nahen Angehörigen (LAG Düsseldorf, Urteil v. 4.12.2003, 11 Sa 1507/03[517]; LAG Schleswig-Holstein, Urteil v. 18.12.2003, 4 Sa 96/03[518]). 210

Hahn/Gaßmann, in: Festschrift für Leinemann, 2006, S. 589, 595 ff.; *Hahn*, FA 2007, S. 130, 131 f.; *Kliemt/Reinhard*, NZA 2005, S. 545, 549; *Tiedemann*, ArbRB 2006, S. 284, 285 ff.

509 S. Rz. 8 ff.

510 S. Rz. 43.

511 S. Rz. 65 ff.

512 Juris; *Grobys/Braun*, NZA 2001, S. 1175, 1181; *Hahn/Großmann*, in: Festschrift für Leinemann, 2006, S. 589, 595.

513 NZA-RR 2003, S. 178, 179; LAG Rheinland-Pfalz, Urteil v. 12.4.2002, 3 Sa 161/02, NZA 2002, S. 858, 857.

514 NZA 2002, S. 856, 857; LAG Köln, Beschluss v. 5.3.2002, 10 Ta 50/02, LAGE § 8 TzBfG Nr. 7; Meinel/Heyn/Herms/*Heyn*, TzBfG, 5. Aufl. 2015, § 8 TzBfG, Rz. 128.

515 DB 2011, S. 244 nur Ls.

516 Ebenso *Eisemann*, in: Festschrift für Küttner, 2006, S. 155, 160; Meinel/Heyn/Herms/*Heyn*, TzBfG, 5. Aufl. 2015, § 8 TzBfG, Rz. 128; Sievers, TzBfG, 5. Aufl. 2015, § 8 TzBfG, Rz. 189; *Tiedemann*, ArbRB 2006, S. 284, 286.

517 NZA-RR 2004, S. 181, 182.

518 Juris; LAG Berlin, Urteil v. 20.2.2002, 4 Sa 3243/91, NZA 2002, S. 858, 860; LAG Hamburg, Urteil v. 4.9.2006, 4 Sa 41/06, LAGE § 8 TzBfG Nr. 18.

9.6.3 Antrag

211 Hinsichtlich des Antrags der einstweiligen Verfügung ist, dem Arbeitgeber aufzugeben, den Arbeitnehmer in dem von ihm beantragten Rahmen bis zum Erlass des Urteils in der Hauptsache zu beschäftigen (LAG Köln, Urteil v. 15.10.2013, 12 SaGa 3/13[519]; LAG Schleswig-Holstein, Urteil v. 15.12.2010, 3 SaGa 14/10[520]). Durch den **Antrag auf Beschäftigung** geht man der Problematik aus dem Weg, dass die Abgabe einer Willenserklärung im Hinblick auf die Regeln in § 8 Abs. 4 TzBfG an sich nicht Gegenstand einer einstweiligen Verfügung sein kann[521]. Außerdem erhält der Arbeitnehmer bei Erlass der einstweiligen Verfügung auf vorläufige Beschäftigung **mit verringerter Arbeitszeit** einen vollstreckbaren Titel[522]. Da somit ein effektiverer Rechtsschutz garantiert ist, kann der Arbeitnehmer nicht im einstweiligen Verfügungsverfahren die vorläufige Feststellung einer Änderung von Dauer und Lage der Arbeitszeit gemäß der Fiktion nach § 8 Abs. 5 Satz 2 und 3 TzBfG erreichen (LAG Hamm, Urteil v. 8.7.2008, 14 SaGa 25/08[523]).

Beispiel

Ein solcher Antrag auf einstweilige Verfügung könnte wie folgt lauten: „Die Beklagte wird dazu verurteilt, den Kläger vorläufig bis zum Erlass des Urteils in der Hauptsache in dem vom Kläger gewünschten Rahmen mit 20 statt bisher 40 Wochenstunden zu beschäftigen und zwar …“ (zu den vom Arbeitnehmer gewünschten Zeiten).

212 Es wird aber auch die Auffassung vertreten, der Arbeitnehmer müsse in Anlehnung an den Wortlaut des § 8 Abs. 4 Satz 1 TzBfG beantragen, den Arbeitgeber zu verurteilen, der Änderung der Arbeitszeit vorläufig in dem von ihm gewünschten Umfang bis zur erstinstanzlichen Hauptsacheentscheidung zuzustimmen und bis dahin – soweit hierauf Wert gelegt wird[524] – die gewünschte Verteilung der (neuen) Arbeitszeit festzulegen[525].

213 Im Hinblick auf die **Fiktionswirkung** des § 8 Abs. 5 Satz 2 und Satz 3 TzBfG ist eine einstweilige Verfügung zur Verhinderung einer Kündigung oder einer sonstigen Maßre-

---

519 Juris.

520 DB 2011, S. 244 nur Ls.; LAG Hamburg, Urteil v. 4.9.2006, 4 Sa 41/06, LAGE § 8 TzBfG Nr. 18; LAG Hamm, Urteil v. 8.7.2008, 14 GaSa 25/08, Juris; LAG Rheinland-Pfalz, Urteil v. 12.4.2002, 3 Sa 161/02, NZA 2002, S. 856, 858.

521 Eingehend LAG Düsseldorf, Beschluss v. 4.12.2003, 11 Sa 1507/03, NZA-RR 2004, S. 181, 182; vgl. auch LAG Hamm, Urteil v. 8.7.2008, 14 SaGa 25/08, Juris.

522 Meinel/Heyn/Herms/*Heyn*, TzBfG, 5. Aufl. 2015, § 8 TzBfG, Rz. 129; *Tiedemann*, ArbRB 2006, S. 284, 286.

523 Juris; vgl. aber auch LAG Schleswig-Holstein, Urteil v. 18.12.2003, 4 Sa 96/03, Juris.

524 S. Rz. 41.

525 Vgl. *Gotthardt*, NZA 2001, S. 1183, 1187; *Grobys/Bram*, NZA 2001, S. 1175, 1181 f.; *Hahn/Gaßmann*, in: Festschrift für Leinemann, 2006, S. 589, 602; *Reinhard/Kliemt*, NZA 2005, S. 545, 549.

gelung des Arbeitgebers wegen der Weigerung des Arbeitnehmers, auf der Basis des bisherigen Arbeitszeitvolumens und seiner Verteilung zu arbeiten, **unzulässig**[526]. Durch die Fiktion erfolgt eine Änderung des Arbeitsvertrags. Die Unsicherheit des Arbeitnehmers, ob diese wirksam erfolgt ist, begründet keinen Verfügungsgrund[527].

Hinsichtlich der einseitigen Änderung der Verteilung der Arbeitszeit nach **§ 8 Abs. 5** 214
Satz 4 TzBfG ist eine einstweilige Verfügung entsprechend der Voraussetzungen bei § 8 Abs. 4 TzBfG zulässig. Der Antrag muss auf Beschäftigung zu der zuvor vereinbarten Lage der Arbeitszeit bis zum Erlass des Urteils in der Hauptsache lauten[528].

---

[526] Ebenso Sievers, TzBfG, 5. Aufl. 2015, § 8 TzBfG, Rz. 193; a. A. Boewer, TzBfG, 1. Aufl. 2002, § 8 TzBfG, Rz. 267; *Eisemann*, in: Festschrift für Küttner, 2006, S. 155, 162 ff.; *Eisemann/Schinz*, RdA 2004, S. 136, 140.

[527] Vgl. Sievers, TzBfG, 5. Aufl. 2015, § 8 TzBfG, Rz. 193; a. A. LAG Schleswig-Holstein, Urteil v. 18.12.2003, 4 Sa 96/03, Juris.

[528] Meinel/Heyn/Herms/*Heyn*, TzBfG, 5. Aufl. 2015, § 8 TzBfG, Rz. 130; *Ziemann*, ArbRB 2002, S. 32.

§ 9 Verlängerung der Arbeitszeit

Der Arbeitgeber hat einen teilzeitbeschäftigten Arbeitnehmer, der ihm den Wunsch nach einer Verlängerung seiner vertraglich vereinbarten Arbeitszeit angezeigt hat, bei der Besetzung eines entsprechenden freien Arbeitsplatzes bei gleicher Eignung bevorzugt zu berücksichtigen, es sei denn, dass dringende betriebliche Gründe oder Arbeitszeitwünsche anderer teilzeitbeschäftigter Arbeitnehmer entgegenstehen.

Übersicht **Rz.**

1. Allgemeines

1 § 9 TzBfG hat das Ziel, den Wechsel von der Teilzeit- in die Vollzeitarbeit zu erleichtern und soll verhindern, dass ein solcher allein von der freien Entscheidung des Arbeitgebers abhängt. Letztendlich soll damit bezweckt werden, Teilzeitarbeit zu fördern, da die Bereitschaft zur Teilzeit größer ist, sofern die Aussicht besteht, sie wieder rückgängig machen oder aber bei Gelegenheit zu einer Vollzeitstelle erweitern zu können (vgl. BAG, Urteil v. 15.8.2006, 9 AZR 8/06[1]). § 9 TzBfG begründet einen einklagbaren Rechtsanspruch des Arbeitnehmers auf Verlängerung seiner Arbeitszeit durch Vertragsänderung, wenn sich keine besser geeigneten Konkurrenten bewerben (BAG, Urteil v. 8.5.2007, 9

[1] EzA § 9 TzBfG Nr. 1; vgl. BT-Drucks. 14/4374, S. 18; BAG, Urteil v. 18.5.2007, 9 AZR 874/06, EzA § 9 TzBfG Nr. 3; BAG, Urteil v. 16.9.2008, 9 AZR 781/07, EzA § 9 TzBfG Nr. 4.

AZR 874/06[2]; BAG, Urteil v. 16.1.2008, 7 AZR 603/06[3]). § 9 TzBfG bezieht sich, wie ein Rückschluss aus § 8 TzBfG ergibt, nicht auf die Verteilung der gewünschten Erhöhung der Arbeitszeit[4]. Diese wird durch die Ausübung des Direktionsrechts des Arbeitgebers (§ 106 Satz 1 GewO) festgelegt[5].

§ 9 TzBfG setzt § 5 Abs. 3 Buchstabe b und c der Rahmenvereinbarung über Teilzeitarbeit um, zu der die Richtlinie 97/81/EG ergangen ist[6]. Die Regelung geht sogar über den Gehalt der Richtlinie hinaus (BAG, Urteil v. 16.9.2008, 9 AZR 781/07)[7]. Die Richtlinie bestimmt, dass Arbeitgeber Anträge von Teilzeitbeschäftigten auf Wechsel in ein Vollzeitarbeitsverhältnis oder auf Erhöhung ihrer Arbeitszeit berücksichtigen sollten, soweit sich eine entsprechende Möglichkeit hierzu ergibt. Nach § 9 TzBfG sind die Teilzeitbeschäftigten sogar bevorzugt zu berücksichtigen. Eine Interpretation des § 9 TzBfG hat generell im Lichte der europäischen Regelung zu erfolgen. 2

§ 9 TzBfG wird zusätzlich durch § 7 Abs. 2 TzBfG ergänzt, wonach der Arbeitgeber einen Arbeitnehmer, der ihm den Wunsch nach einer Veränderung von Dauer und Lage seiner vertraglich vereinbarten Arbeitszeit angezeigt hat, **über entsprechende Arbeitsplätze**, die im Betrieb oder Unternehmen besetzt werden sollen, zu **informieren** hat[8]. 3

Den Regelungen in § 9 TzBfG ähnlich ist **§ 15 Abs. 5 Satz 4 2. Alt. BEEG**: Danach bleibt das Recht des Arbeitnehmers, nach der Elternzeit zu der Arbeitszeit zurückzukehren, die er vor Beginn der Elternzeit hatte, grundsätzlich unberührt. Dies schließt aber eine zusätzliche Anwendung des § 9 TzBfG nicht aus, soweit ein vor Geltendmachung der Elternzeit Teilzeitbeschäftigter **nach Ablauf** der **Elternzeit** eine Verlängerung seiner ursprünglichen Arbeitszeit begehrt[9]. § 15 Abs. 5 Satz 4 2. Alt. BEEG soll einen Arbeitnehmer, der sich in Elternzeit befindet, nicht schlechter stellen als die übrigen Arbeitnehmer. 4

Keine Besonderheiten ergeben sich durch **§ 81 Abs. 5 Satz 3 SGB IX**. Schwerbehinderte haben nach § 81 Abs. 5 Satz 3 SGB IX einen gesonderten Anspruch auf Teilzeit. Die Verlängerung der Arbeitszeit richtet sich ebenfalls nach dem allgemeinen Anspruch des § 9 TzBfG[10]. 5

---

2 EzA § 9 TzBfG Nr. 3.

3 EzA § 14 TzBfG Nr. 44; BAG, Beschluss v. 1.6.2011, 7 ABR 117/09, EzA § 99 BetrVG 2001 Einstellung Nr. 18; LAG Hamm, Urteil v. 25.2.2014, 14 Sa 1174/13, Juris; LAG Köln, Urteil v. 12.8.2015, 11 Sa 115/15, Juris.

4 ErfK/*Preis*, 16. Aufl. 2016, § 9 TzBfG, Rz. 4; Sievers, TzBfG, 5. Aufl. 2015, § 9, Rz. 4; vgl. aber BAG, Urteil v. 21.6.2011, 9 AZR 236/10, EzA § 9 TzBfG Nr. 5 in Rn. 31.

5 ErfK/*Preis*, 16. Aufl. 2016, § 9 TzBfG, Rz. 4.

6 BT-Drucks. 14/4374, S. 18.

7 EzA § 9 TzBfG Nr. 4; ebenso Meinel/Heyn/Herms/*Heyn*, TzBfG, 5. Aufl. 2015, § 9 TzBfG, Rz. 1; *M. Schmidt*, RdA 2008, S. 41, 42 f.

8 S. Spinner, § 7 Rz. 22.

9 Vgl. auch Annuß/Thüsing/*Jacobs*, TzBfG, 3. Aufl. 2012, § 9 TzBfG, Rz. 6.

10 Vgl. auch Annuß/Thüsing/*Jacobs*, TzBfG, 3. Aufl. 2012, § 9 TzBfG, Rz. 6.

6 **Abdingbarkeit:** § 9 TzBfG kann wegen § 22 TzBfG weder einzel- noch kollektivvertraglich abbedungen werden[11].

2. Anwendungsvoraussetzungen

2.1 Teilzeitbeschäftigter Arbeitnehmer

7 Als **teilzeitbeschäftigter Arbeitnehmer** i. S. v. § 9 TzBfG gilt **jede Person, die teilzeitbeschäftigt i. S. v. § 2 Abs. 1 Satz 1 TzBfG ist, auch wenn die verringerte Arbeitszeit bereits zu Beginn des Arbeitsverhältnisses oder später vereinbart worden ist** (BAG, Urteil v. 16.9.2008, 9 AZR 781/07[12]). Der Arbeitnehmer muss vorher keinen Anspruch nach § 8 TzBfG (Verringerung der Arbeitszeit) geltend gemacht haben. Voraussetzung ist lediglich, dass es sich um einen teilzeitbeschäftigten Arbeitnehmer handelt. Hierzu zählt auch ein vor seiner Freistellung nach § 38 Abs. 1 BetrVG teilzeitbeschäftigtes Betriebsratsmitglied (LAG Düsseldorf, Urteil v. 3.8.2007, 10 Sa 112/07[13]).

8 Einem **Vollzeitbeschäftigten** steht kein Anspruch nach § 9 TzBfG auf Verlängerung seiner Arbeitszeit zu, da diese Vorschrift keinesfalls dazu beitragen soll, Überstunden zu schaffen (BAG Urteil v. 21.6.2011, 9 AZR 236/10[14]; LAG Köln, Urteil v. 17.8.2010, 12 Sa 513/10[15]). Zur Abgrenzung zwischen Vollzeit- und Teilzeittätigkeit kann § 2 Abs. 1 TzBfG herangezogen werden (BAG, Urteil v. 21.6.2011, 9 AZR 236/10[16]). Aus § 2 Abs. 2 TzBfG folgt zugleich, dass auch **geringfügig Beschäftigten** i.S.v. § 8 Abs. 1 Nr. 1 SGB IV ein Anspruch aus § 9 TzBfG zusteht[17].

9 Für **befristet Beschäftigte** in Teilzeit gilt § 9 TzBfG zwar auch, jedoch nur im zeitlichen Rahmen der Befristung des Arbeitsverhältnisses (BAG, Urteil v. 16.1.2008, 7 AZR 603/06[18]). Nach Ablauf der Befristung steht der ehemals befristet Beschäftigte einem externen Bewerber gleich (LAG Berlin, Urteil v. 2.12.2003, 3 Sa 1041/03[19]). Vereinbaren die Parteien eines befristeten Arbeitsvertrags vor dessen Ablauf oder anlässlich der Verlängerungsabrede eine erhöhte Arbeitszeit, um einen Anspruch des Arbeitnehmers

---

[11] Annuß/Thüsing/*Jacobs*, TzBfG, 3. Aufl. 2012, § 9 TzBfG, Rz. 2; Laux/Schlachter/*Laux*, TzBfG, 2. Aufl. 2011, § 9 TzBfG, Rz. 97; Meinel/Heyn/Herms/*Heyn*, TzBfG, 5. Aufl. 2015, § 9 TzBfG, Rz. 4; ErfK/*Preis*, 16. Aufl. 2016, § 9 TzBfG, Rz. 11.

[12] EzA § 9 TzBfG Nr. 4 unter Hinweis auf BT-Drucks. 14 /4374, S. 18; ebenso *Hamann*, in: Festschrift für Düwell, 2011, S. 131, 133; ErfK/*Preis*, 16. Aufl. 2016, § 9, Rz. 3; Rolfs, TzBfG, 1. Aufl. 2002, § 9, Rz. 2.

[13] LAGE § 9 TzBfG Nr. 2.

[14] EzA § 9 TzBfG Nr. 5; *Däubler*, ZIP 2001, S. 217, 222; *Kliemt*, NZA 2001, S. 63, 69; ErfK/*Preis*, 16. Aufl. 2016, § 9 TzBfG, Rz. 3.

[15] Juris.

[16] EzA § 9 TzBfG Nr. 5.

[17] Annuß/Thüsing/*Jacobs*, TzBfG, 3. Aufl. 2012, § 9 TzBfG, Rz. 4; HK-TzBfG/*Boecken*, 3. Aufl. 2012, § 9 TzBfG, Rz. 4; HWK/*Schmalenberg*, 6. Aufl. 2014, § 9 TzBfG, Rz. 1.

[18] EzA § 14 TzBfG Nr. 44.

[19] AuR 2004, S. 468; ErfK/*Preis*, 16. Aufl. 2016, § 9 TzBfG, Rz. 3; *Schüren*, AuR 2001, S. 321, 322.

nach § 9 TzBfG Rechnung zu tragen, liegt hierin kein Verstoß gegen das Anschlussverbot des § 14 Abs. 2 Satz 2 TzBfG (BAG, Urteil v. 16.1.2008, 7 AZR 603/06[20]).

Unter den Geltungsbereich des Gesetzes fallen grundsätzlich auch **Auszubildende**. In 10
Anbetracht der durch Ausbildungsvertrag und Ausbildungszweck verbindlich geregelten Arbeitszeiten wird diesem Umstand aber regelmäßig keine Bedeutung zukommen (vgl. auch § 10 Abs. 2 BBiG)[21].

2.2 Anzeige des Verlängerungswunschs

Der teilzeitbeschäftigte Arbeitnehmer muss den Wunsch nach einer Verlängerung seiner 11
bisherigen Arbeitszeit angezeigt haben. Aus dieser Formulierung folgt, dass die **Anzeige vor der Besetzung** des freien Arbeitsplatzes geschehen sein muss. Hat sich der Arbeitgeber bereits für einen Bewerber entschieden, jedoch noch keinen Arbeitsvertrag mit diesem geschlossen, kann die Anzeige noch erfolgen, um einen Anspruch aus § 9 TzBfG geltend zu machen[22].

Adressat der Anzeige ist der **Arbeitgeber** oder andere Arbeitnehmer, die den Arbeitgeber insoweit vertreten (LAG Düsseldorf, Urteil v. 23.3.2006, 5 (3) Sa 13/06[23]). Der Wunsch auf Verlängerung der Arbeitszeit kann sich nach dem Wortlaut des § 9 TzBfG auch auf frei werdende Arbeitsplätze in anderen Betrieben des Arbeitgebers beziehen[24].

Eine bestimmte **Form** ist für das Verlängerungsverlangen nicht vorgeschrieben (LAG 12
Düsseldorf, Urteil v. 23.3.2006, 5 (3) Sa 13/06[25]; LAG Köln, Urteil v. 19.5.2011, 13 Sa 1567/10[26]). Jedoch bietet sich aus Beweisgründen die Schriftform an. **Nicht erforderlich** ist die **Begründung** des Verlängerungswunschs.

Der angezeigte Verlängerungswunsch muss nicht auf Vollzeit gerichtet sein, sondern 13
kann auch in einer **bloßen Erhöhung** des Umfangs der Arbeitszeit liegen. **Höchstgrenze der gewünschten Verlängerung** ist die regelmäßige Arbeitszeit eines vergleichbaren Vollzeitbeschäftigten[27], wobei auf die vertraglich festgelegte und nicht auf die tatsächlich geleistete Arbeitszeit abzustellen ist[28]. § 9 TzBfG soll keinen Beitrag zur Schaffung von Überstunden leisten[29]. Im Geltungsbereich von Tarifverträgen darf die tariflich festgelegte Arbeitszeit-Obergrenze nicht überschritten werden (LAG Köln, Urteil v. 17.8.2010,

---

[20] EzA § 14 TzBfG Nr. 44.

[21] Meinel/Heyn/Herms/*Heyn*, TzBfG, 5. Aufl. 2015, § 9 TzBfG, Rz. 10; s. Rambach, § 1, Rz. 7.

[22] Meinel/Heyn/Herms/*Heyn*, TzBfG, 5. Aufl. 2015, § 9 TzBfG, Rz. 13.

[23] FA 2006, 253/285 nur Ls.; ErfK/*Preis*, 16. Aufl. 2016, § 9 TzBfG, Rz. 4.

[24] Holwe/Kossens/Pielenz/Räder, TzBfG, 4. Aufl. 2014, § 9 TzBfG, Rz. 4; Boewer, TzBfG, 1. Aufl. 2002, § 9 TzBfG, Rz. 9.

[25] FA 2006, S. 253/285 nur Ls.

[26] AE 2012, 101 nur Ls.; HK-TzBfG/*Boecken*, 3. Aufl. 2012, § 9 TzBfG, Rz. 14; Boewer, TzBfG, 1. Aufl. 2002, § 9 TzBfG, Rz. 10.

[27] Vgl. Holwe/Kossens/Pielenz/Räder, TzBfG, 4. Aufl. 2014, § 9 TzBfG, Rz. 3; *Preis/Gotthardt*, DB 2001, S. 145, 150; *Kliemt*, NZA 2001, S. 63, 69.

[28] Meinel/Heyn/Herms/*Heyn*, TzBfG, 5. Aufl. 2015, § 9 TzBfG, Rz. 15; Annuß/Thüsing/*Jacobs*, TzBfG, 3. Aufl. 2012, § 9 TzBfG, Rz. 10.

[29] S. Rz. 8.

12 Sa 513/10[30]). Der Verlängerungswunsch kann in allen denkbaren Arbeitszeitmodellen geäußert werden (vgl. BAG, Urteil v. 13.2.2007, 9 AZR 575/05[31];Thüringer LAG, Urteil v. 26.1.2012, 6 Sa 393/10[32]).

14 Zwar handelt es sich bei der Anzeige um eine empfangsbedürftige Willenserklärung[33], die damit in ihrem Gehalt hinreichend bestimmt sein muss (vgl. BAG, Urteil v. 16.9.2008, 9 AZR 781/07[34]; Thüringer LAG, Urteil v. 25.1.2011, 1 Sa 495/09[35]). Einer Konkretisierung der Verlängerung, d. h. der **Festlegung des Verlängerungsumfangs oder der Verteilung, bedarf es jedoch nicht** (LAG Düsseldorf, Urteil v. 23.3.2006, 5 (3) Sa 13/06[36]; LAG Köln, Urteil v. 19.5.2011, 13 Sa 1567/10[37]). Dies ergibt sich aus einem Vergleich mit § 8 Abs. 2 TzBfG, wonach dort auch der Umfang der Verringerung geltend zu machen ist. Entsprechendes ist in § 9 TzBfG nicht vorgesehen.

Hinweis

In der Praxis bietet es sich dennoch für den Arbeitnehmer an, den gewünschten Umfang der Arbeitszeitverlängerung zu bestimmen, da dann auch schon der Arbeitgeber feststellen kann, ob ein Arbeitsplatz frei ist, der den Wünschen des Arbeitnehmers entspricht. Möglich und i. d. R. sinnvoll ist es auch, alternativ einen von dem eigentlichen Wunsch abweichenden Verlängerungsumfang anzuzeigen, um durch die Konkretisierung der Arbeitszeitdauer seine Chancen auf Verlängerung der Arbeitszeit nicht ohne Not zu vermindern.

15 Eine **vertraglich vereinbarte Arbeitszeit** i. S. v. § 9 TzBfG besteht auch, wenn die Arbeitszeit im Arbeitsvertrag nicht ausdrücklich bestimmt ist, sondern sich ausschließlich aus der Durchführung des Arbeitsverhältnisses ergibt[38].

---

30 Juris; HK-TzBfG/*Boecken*, 3. Aufl. 2012, § 9 TzBfG, Rz. 16; Buschmann/Dieball/Stevens-Bartol, TzA, 2. Aufl. 2001, § 9 TzBfG, Rz. 25; vgl. auch BAG, Urteil v. 21.6.2011, 9 AZR 236/10, EzA § 9 TzBfG Nr. 5; LAG Köln, Urteil v. 20.9.2010, 2 Sa 540/10, Juris.

31 EzA § 9 TzBfG Nr. 2.

32 Juris.

33 A. A. LAG Köln, Urteil v. 19. 5. 2011, 13 Sa 1567/10, Juris: geschäftsähnliche Handlung.

34 EzA § 9 TzBfG Nr. 4; Laux/Schlachter/*Laux*, TzBfG, 2. Aufl. 2011, § 9 TzBfG, Rz. 16, 17.

35 Juris.

36 FA 2006, S. 253/286 nur Ls.

37 AE 2012, 101 nur Ls.; Boewer, TzBfG, 1. Aufl. 2002, § 9 TzBfG, Rz. 11; Annuß/Thüsing/Jacobs, TzBfG, 3. Aufl. 2012, § 9 TzBfG, Rz. 9; Laux/Schlachter/*Laux*, TzBfG, 2. Aufl. 2011, § 9 TzBfG, Rz. 16-18; ErfK/*Preis*, 16. Aufl. 2016, § 9 TzBfG, Rz. 4; vgl. auch BAG, Urteil v. 21.6.2011, 9 AZR 236/10, EzA § 9 TzBfG, Nr. 5; a.A. Hamann, in: Festschrift für Düwell, 2011, S. 131, 134.

38 Buschmann/Dieball/Stevens-Bartol, TzA, 2. Aufl. 2001, § 9 TzBfG, Rz. 12.

Die Frage, ob der Arbeitnehmer auch einen **befristeten Verlängerungswunsch** äußern kann, wird überwiegend verneint[39]. 16

Folge der Anzeige ist, dass den Arbeitgeber nach § 7 Abs. 2 TzBfG eine **Informationspflicht** trifft, den Arbeitnehmer über freie Arbeitsplätze, für die er nach seiner Ausbildung und Qualifikation geeignet ist und die im Betrieb oder Unternehmen besetzt werden sollen, zu unterrichten[40]. Danach hat der Arbeitnehmer, sofern er seine vertraglich vereinbarte Arbeitszeit zu dem vom Arbeitgeber angegebenen Termin und im entsprechenden Umfang erhöhen will, ein hierauf bezogenes Vertragsangebot an den Arbeitgeber zu richten (BAG, Urteil v. 15.8.2006, 9 AZR 8/06[41]; BAG Urteil v. 16.1.2008, 7 AZR 603/06[42]). Dieses muss, wenn dem Arbeitgeber kein Bestimmungsrecht eingeräumt werden soll, so formuliert sein, dass es durch ein bloßes „Ja" angenommen werden kann (BAG, Urteil v. 13.2.2007, 9 AZR 575/05[43]). Das gilt auch, wenn der Arbeitgeber seiner Informationspflicht aus § 7 Abs. 2 TzBfG nicht nachkommt (BAG, Urteil v. 15.8.2006, 9 AZR 8/06[44]; BAG, Urteil v. 16.9.2008, 9 AZR 781/07[45]; BAG, Beschluss v. 1.6.2011, 7 ABR 117/09[46]). 17

2.3 Entsprechend freier Arbeitsplatz

Die bevorzugte Berücksichtigung i. S. d. § 9 TzBfG gilt nur im Fall eines entsprechend freien Arbeitsplatzes (vgl. auch BAG, Urteil v. 13.11.2012, 9 AZR 259/11[47]). Ein **freier Arbeitsplatz** liegt vor, wenn der Arbeitsplatz **rechtlich frei** ist, entweder weil er neu geschaffen worden ist oder weil ein vorhandener Arbeitsplatz durch Ausscheiden eines Arbeitnehmers oder durch Umstrukturierungen in der betrieblichen Organisation frei 18

---

39 LAG Berlin-Brandenburg, Urteil v. 8.1.2008, 3 Sa 540/07 und 3 Sa 640/07, Juris; Boewer, TzBfG, 1. Aufl. 2002, § 9 TzBfG, Rz. 15; Laux/Schlachter/*Laux*, TzBfG, 2. Aufl. 2011, § 9 TzBfG, Rz. 22; Sievers, TzBfG, 5. Aufl. 2015, § 9 TzBfG, Rz. 5; a. A. Annuß/Thüsing/*Jacobs* TzBfG, 3. Aufl. 2012, § 9 TzBfG, Rz. 9; *Hamann*, in: Festschrift für Düwell, 2011, S. 131, 144 f.; zu a. A. neigend auch *Gallner*, AE 2009, S. 307, 316.

40 BT-Drucks. 14/4374, S. 18; vgl. auch BAG, Urteil v. 15.8.2006, 9 AZR 8/06, EzA § 9 TzBfG Nr. 1; BAG, Urteil v. 16.1.2008, 7 AZR 603/06, EzA § 14 TzBfG Nr. 44; BAG, Beschluss v. 1.6.2011, 7 ABR 117/09, EzA § 99 BetrVG 2001 Einstellung Nr. 18; LAG Baden-Württemberg, Beschluss v. 21.3.2013, 6 TaBV 9/12, Juris; LAG Köln, Urteil v. 19.5.2011, 13 Sa 1567/10, Juris; LAG München, Urteil v. 11.4.2013, 2 Sa 1036/12, n. v.; Spinner, § 7, Rz. 16 ff.

41 EzA § 9 TzBfG Nr. 1; BAG, Urteil v. 16.1.2008, EzA § 14 TzBfG Nr. 44; BAG, Beschluss v. 1.6.2011, 7 ABR 117/09, EzA § 99 BetrVG 2001 Einstellung Nr. 18; LAG Köln, Urteil v. 19.5.2011, 13 Sa 1567/10, Juris.

42 EzA § 14 TzBfG Nr. 44; BAG, Beschluss v. 1.6.2011, 7 ABR 117/09, EzA § 99 BetrVG 2001 Einstellung Nr. 18; LAG Baden-Württemberg, Beschluss v. 21.3.2013, 6 TaBV 9/12, Juris; LAG Köln, Urteil v. 19.5.2011, 13 Sa 1567/10, Juris.

43 EzA § 9 TzBfG Nr. 2.

44 EzA § 9 TzBfG Nr. 1.

45 EzA § 9 TzBfG Nr. 4.

46 EzA § 99 BetrVG 2001 Einstellung Nr. 18.

47 EzA § 8 TzBfG Nr. 27.

wird **und** neu mit einem Arbeitnehmer, nicht freiem Mitarbeiter (vgl. BAG, Urteil v. 2.9.2009, 7 AZR 233/08[48]; LAG Köln, Urteil v. 19.5.2011, 13 Sa 1567/10[49] besetzt werden soll (LAG Düsseldorf, Urteil v. 23.3.2006, 5 (3) Sa 13/06[50]). Als frei sind danach grundsätzlich (nur) solche Arbeitsplätze anzusehen, die zum Zeitpunkt des Erhöhungsantrags und des gewünschten Zeitpunkts der Arbeitszeitverlängerung unbesetzt sind (LAG Schleswig-Holstein, Urteil v. 24.9.2008, 6 Sa 33/08[51]).

In Fällen einer nur befristeten Besetzung mit einem Arbeitnehmer (LAG Berlin-Brandenburg, Urteil v. 8.1.2008, 3 Sa 540/07 und 3 Sa 640/07[52]; LAG Schleswig-Holstein, Urteil v. 26.8.2008, 5 TaBV 18/08[53]) oder wenn der Arbeitgeber den Arbeitsplatz im Rahmen eines an objektiven Kriterien überprüfbaren Organisationskonzepts nicht mit eigenen, sondern mit **Leiharbeitnehmern** besetzen möchte, ist das Vorliegen eines entsprechend freien Arbeitsplatzes zu verneinen[54].

19 Bei der Beurteilung des Bestehens eines freien Arbeitsplatzes ist auf einen solchen des **Arbeitgebers respektive des Unternehmens** und nicht nur des einzelnen Betriebs abzustellen (BAG, Urteil v. 16.9.2008, 9 AZR 781/07[55]). Der Arbeitgeber ist aber weder verpflichtet, einen neuen Arbeitsplatz zu schaffen (BAG, Urteil v. 15.8.2006, 9 AZR 8/06[56]) – dementsprechend braucht der Arbeitgeber keine Überstunden zur Schaffung eines neuen Arbeitsplatzes abzubauen (LAG Hamm, Urteil v. 10.12.2015, 18 Sa

---

48 EzA § 14 TzBfG Nr. 61.

49 Juris.

50 FA 2006, S. 253/285 nur Ls.; Annuß/Thüsing/*Jacobs*, TzBfG, 3. Aufl. 2012, § 9 TzBfG, Rz. 12; vgl. auch BAG, Urteil v. 8.5.2007, 9 AZR 874/06, EzA § 9 TzBfG Nr. 3; BAG, Urteil v. 16.9.2008, 9 AZR 781/07, EzA § 9 TzBfG Nr. 4; LAG Thüringen, Urteil v. 25.1.2011, 1 Sa 495/05, Juris.

51 Juris; Laux/Schlachter/*Laux*, TzBfG, 2. Aufl. 2011, § 9 TzBfG, Rz. 23.

52 Juris.

53 NZA-RR 2009, S. 139, 142.

54 Vgl. BAG, Urteil v. 15.8.2006, 9 AZR 8/06, EzA § 9 TzBfG Nr. 1; LAG Bremen, Beschluss v. 11.3.2010, 3 TaBV 24/09, Juris; vgl. aber auch BAG, Beschluss v. 1.6.2011, 7 ABR 117/09, EzA § 99 BetrVG 2001 Einstellung Nr. 18; LAG Hamm, Urteil v. 25.2.2014, 14 Sa 1174/13, Juris; a. A. *Hamann*, NZA 2010, 1211, 1212; ders. in: Festschrift für Düwell 2011, S. 131, 146 f.

55 EzA § 9 TzBfG Nr. 4.

56 EzA § 9 TzBfG Nr. 1; BAG, Beschluss v. 1.6.2011, 7 ABR 117/09, EzA § 99 BetrVG 2001, Einstellung Nr. 18; LAG Baden-Württemberg, Beschluss v. 21.3.2013, 6 TaBV 9/12, Juris; LAG Köln, Urteil v. 2.4.2008, 7 Sa 864/07, NZA-RR 2009, S. 66; LAG München, Urteil v. 4.5.2006, 2 Sa 1164/05, AuA 2006, S. 489 nur Ls; Thüringer LAG, Urteil v. 27.1.2011, 3 Sa 282/10, Juris; Annuß/Thüsing/*Jacobs*, TzBfG, 3. Aufl. 2012, § 9 TzBfG, Rz. 14; HK-TzBfG/*Boecken*, 3. Aufl. 2012, § 9 TzBfG, Rz. 19; Laux/Schlachter/*Laux*, TzBfG, 2. Aufl. 2011, § 9 TzBfG, Rz. 24; *Schiefer*, NZA-Beilage 4/2012, S. 132, 135.

1307/15[57]) – noch einen Arbeitsplatz entsprechend den Wünschen seiner teilzeitbeschäftigten Arbeitnehmer zuzuschneiden (BAG, Urteil v. 13.7.2007, 9 AZR 575/05[58]; BAG, Beschluss v. 1.6.2011, 7 ABR 117/09[59]) noch ihnen die für einen anderen (Teilzeit-) Arbeitsplatz vorgesehene Arbeitszeit ganz oder teilweise zuzuteilen (BAG, Urteil v. 15.8.2006, 9 AZR 8/06[60]; BAG, Beschluss v. 1.6.2011, 7 ABR 117/09[61]) noch einen grundsätzlich „freien" Arbeitsplatz zu besetzen (LAG Düsseldorf, Urteil v. 23.3.2006, 5 (3) Sa 13/06[62]; LAG Köln, Urteil v. 19.5.2011, 13 Sa 1567/10[63]). Ein Zwang zur Einrichtung bzw. Umgestaltung eines Arbeitsplatzes wäre ein nicht gerechtfertigter Eingriff in eine unternehmerische Organisationsentscheidung.

Die Organisationsfreiheit des Arbeitgebers darf aber nicht zur Umgehung des § 9 TzBfG genutzt werden. Wenn der Arbeitgeber anstatt die Arbeitszeiten der aufstockungswilligen Teilzeitbeschäftigten zu verlängern, neue Teilarbeitsplätze ohne höhere Arbeitszeit einrichtet, müssen für diese Entscheidung **arbeitsplatzbezogene Sachgründe** bestehen (BAG, Urteil v. 13.2.2007, AZR 575/05[64]; BAG, Beschluss v. 1.6.2011, 7 ABR 117/09[65]). Anderenfalls würde der Anspruch auf Aufstockung leerlaufen (BAG, Urteil v. 13.2.2007, 9 AZR 575/05[66]). Entsprechendes gilt, wenn der Arbeitgeber ohne Rücksicht

---

57 Juris

58 EzA § 9 TzBfG Nr. 2.

59 EzA § 99 BetrVG 2001 Einstellung Nr. 18; LAG Baden-Württemberg, Beschluss v. 21.3.2013, 6 TaBV 9/12, Juris; LAG Berlin, Urteil v. 9.6.2006, 6 Sa 445/06, NZA-RR 2007, S. 12; LAG Berlin-Brandenburg, Urteil v. 18.11.2009, 24 Sa 1610/09, AE 2010, S. 87; LAG Schleswig-Holstein, Urteil v. 19.9.2011, 3 Sa 71/11, AE 2012, S. 201 nur Ls.; Thüringer LAG, Urteil v. 25.1.2011, 1 Sa 495/09, Juris.

60 EzA § 9 TzBfG Nr. 1.

61 EzA § 99 BetrVG 2001 Einstellung Nr. 18; ebenso LAG Baden-Württemberg, Beschluss v. 21.3.2013, 6 TaBV 9/12, Juris; LAG Berlin-Brandenburg, Urteil v. 18.11.2009, 24 Sa 1610/09, AE 2010, S. 87.

62 FA 2006, S. 253-285 nur Ls.; Annuß/Thüsing/*Jacobs*, TzBfG, 3. Aufl. 2012, § 9 TzBfG, Rz. 14; HK-TzBfG/*Boecken*, 3. Aufl. 2012, § 9 TzBfG, Rz. 19; Meinel/Heyn/Herms/*Heyn*, TzBfG, 5. Aufl. 2015, § 9 TzBfG, Rz. 16; Sievers, TzBfG, 5. Aufl. 2015, § 9 TzBfG, Rz. 20; vgl. auch BAG, Urteil v. 15.8.2006, 9 AZR 8/06, EzA § 9 TzBfG Nr. 1; BAG, Urteil v. 2.9.2009, 7 AZR 233/08, EzA § 14 TzBfG Nr. 61; vgl. früher zu § 2 Nr. 5 MTV BAG, Urteil v. 25.10.1994, 3 AZR 987/93, AuR 2001, S. 146.

63 AE 2012, S. 101 nur Ls.; Thüringer LAG, Urteil v. 10.5.2011, 7 Sa 369/09, Juris.

64 EzA § 9 TzBfG Nr. 4.

65 EzA § 99 BetrVG 2001 Einstellung Nr. 18; LAG Baden-Württemberg, Beschluss v. 21.3.2013, 6 TaBV 9/12, Juris; LAG Köln, Urteil v. 6.5.2014, 12 Sa 848/13, Juris; vgl. auch LAG Bremen, Beschluss v. 11.3.2010, 3 TaBV 24/09, Juris.

66 EzA § 9 TzBfG Nr. 2; LAG Köln, Urteil v. 6.5.2014, 12 Sa 848/13, Juris; vgl. auch BAG, Urteil v. 15.8.2006, 9 AZR 8/06, EzA § 9 TzBfG Nr. 1; LAG Baden-Württemberg, Beschluss v. 21.3.2013, 6 TaBV 9/12, Juris; LAG Köln, Urteil v. 6.10.2008, 5 Sa 964/08, AuR 2009, S. 103 nur Ls; LAG Schleswig-Holstein, Urteil v. 26.8.2008, 5 TaBV 18/08, NZA-RR 2009, S. 139, 142; kritisch *Mülhausen*, NZA 2007, S. 1264, 1265 ff.; *Schmalenberg*, FS für Bauer, 2010, S. 945, 948.

auf arbeitsbezogene Erfordernisse ausschließlich Teilzeitstellen mit einem ganz bestimmten Stundenmaß einrichten würde (BAG, Urteil v. 15.8.2006, 9 AZR 8/06[67]; LAG Hamm, Urteil v. 25.2.2014, 14 Sa 1174/13[68]). Die Darlegungs- und Beweislast für das Vorliegen arbeitsplatzbezogener Sachgründe bzw. Erfordernisse hat der Arbeitgeber (vgl. LAG Köln, Urteil v. 6.5.2014, 12 Sa 848/13[69]).

20 Ebenso wenig muss der Arbeitgeber **Arbeitsplätze zusammenlegen**, auch wenn ihm dies möglich ist[70]. Steht lediglich ein freier Teilzeitarbeitsplatz zur Verfügung, kann der Teilzeitbeschäftigte folglich nicht verlangen, dass dieser mit seinem eigenen Arbeitsplatz zum Zweck der Arbeitszeitverlängerung vereint wird (vgl. BAG, Urteil v. 15.8.2006, 9 AZR 8/06[71]; LAG Köln, Urteil v. 6.10.2008, 5 Sa 964/08[72]).

21 Des Weiteren verpflichtet § 9 TzBfG den Arbeitgeber nicht, das gestiegene Arbeitszeitvolumen auf alle interessierten Teilzeitbeschäftigten gleichmäßig zu verteilen (BAG, Urteil v. 13.2.2007, 9 AZR 575/05[73]). Auch ist er nicht gehalten, einen freien Teilzeitarbeitsplatz zu splitten, um die vertragliche Arbeitszeit eines teilzeitbeschäftigten Arbeitnehmers auf 100 % einer Vollzeitarbeitsstelle aufzustocken (LAG Schleswig-Holstein, Urteil v. 26.8.2008, 5 TaBV 18/08[74]).

22 Es ist **Bestandteil der unternehmerischen Handlungsfreiheit, mit welcher Zahl von Arbeitnehmern auf welchen Arbeitsplätzen der Arbeitgeber** das Arbeitsvolumen erledigen will (BAG, Urteil v. 15.8.2006, 9 AZR 8/06[75]; LAG Hamm, Urteil v. 25.2.2014, 14 Sa 1174/13[76]). Dies ergibt sich auch aus dem Wortlaut des § 9 TzBfG, der von einem Anspruch auf Verlängerung der Arbeitszeit bei der Besetzung eines entsprechend freien Arbeitsplatzes ausgeht. Aus dem Hinweis, dass es sich um einen entsprechend freien Arbeitsplatz handeln muss, ist zu schließen, dass es sich dabei um einen Arbeitsplatz handelt, der als solcher bereits nach seinem Zuschnitt dem Arbeitszeitverlängerungswunsch des Arbeitnehmers entspricht (vgl. BAG, Urteil v. 15.8.2006, 9 AZR 8/06[77]). Insofern ist auch dann kein freier Arbeitsplatz i. S. d. § 9 TzBfG vorhanden, wenn es sich um einen nur geringfügigen Beschäftigungsumfang handelt (4 Std/Woche), der von einer neuen

---

67 EzA § 9 TzBfG Nr. 1.

68 Juris.

69 Juris.

70 ErfK/*Preis*, 16. Aufl. 2016, § 9 TzBfG, Rz. 5; Annuß/Thüsing/*Jacobs*, TzBfG, 3. Aufl. 2012, § 9 TzBfG, Rz. 14; MünchKomm/*Müller-Glöge*, § 9 TzBfG, Rz. 6; ebenso zu § 2 Nr. 5 MTV Massa BAG, Urteil v. 25.10.1994, 3 AZR 987/93, AuR 2001, S. 146, 147; vgl. auch BAG, Urteil v. 15.8.2006, 9 AZR 8/06, EzA § 9 TzBfG Nr. 1; differenzierend HK-TzBfG/*Boecken*, 3. Aufl. 2012, § 9 TzBfG, Rz. 23; Sievers, TzBfG, 5. Aufl. 2015, § 9 TzBfG, Rz. 23.

71 EzA § 9 TzBfG Nr. 1; Thüringer LAG, Urteil v. 27.1.2011, 3 Sa 282/10, Juris.

72 AuR 2009, S. 103 nur Ls.

73 EzA § 9 TzBfG Nr. 2.

74 NZA-RR 2009, S. 139, 142.

75 EzA § 9 TzBfG Nr. 1.

76 Juris.

77 EzA § 9 TzBfG Nr. 1; vgl. auch BAG, Urteil v. 13.2.2007, 9 AZR 575/05, EzA § 9 TzBfG Nr. 2; VG Köln, Beschluss v. 25.9.2015, 33 K 5950/14.PVB, Juris.

Kraft besetzt werden soll. Der teilzeitbeschäftigte Arbeitnehmer hat demnach keinen Anspruch auf Zuweisung eines solchen Stundendeputats (vgl. BAG, Urteil v. 13.2.2007, 9 AZR 575/05[78]).

Eine Argumentation anhand § 5 Abs. 3b der Rahmenvereinbarung über Teilzeit (Richtlinie 97/81 EG) führt zu keinem anderen Ergebnis. Die Vorschrift steht ausdrücklich unter dem Vorbehalt, dass sich eine Möglichkeit für den Wechsel in eine Vollzeittätigkeit ergibt. Dementsprechend verpflichtet § 5 Abs. 3b der Richtlinie 97/81 EG den Arbeitgeber gerade nicht dazu, entsprechende Stellen zu schaffen[79]. 23

Zur unternehmerischen Handlungsfreiheit gehört grundsätzlich auch die **Entscheidung des Arbeitgebers, in welchem Umfang der vorhandene Arbeitsbedarf durch Vollzeit- und Teilzeitkräfte abgedeckt** werden soll. Diese Freiheit ist jedoch im Hinblick auf § 8 TzBfG[80] und § 9 TzBfG eingeschränkt. Deshalb kann der Arbeitgeber einem Aufstockungsverlangen eines Arbeitnehmers nach § 9 TzBfG nur dann seine Entscheidung, er wolle in dem entsprechenden Arbeitsbereich generell nur Teilzeitstellen vorhalten, entgegensetzen, wenn er dies mit **arbeitsplatzbezogenen Gründen** rechtfertigen kann (BAG, Urteil v. 15.8.2006, 9 AZR 8/06[81]; LAG Hamm, Urteil v. 25.2.2014, 14 Sa 1174/13[82]; LAG Köln, Urteil v. 22.3.2013, 9 Sa 828/12[83]). 24

Der **Zeitpunkt für das Vorliegen eines freien Arbeitsplatzes** richtet sich nach der Ursache des Freiwerdens. Bei einer ordentlichen Kündigung ist der Ablauf der Kündigungsfrist entscheidend, bei einem Aufhebungsvertrag der vereinbarte Beendigungszeitpunkt. Gleiches gilt für einen befristeten Arbeitsvertrag. Dies gilt selbst dann, wenn dem befristet Beschäftigten zugesagt worden ist, ihn in ein unbefristetes Arbeitsverhältnis zu übernehmen, sofern er sich bewähre[84]. 25

Die Anzeige des Verlängerungswunschs muss vor der Besetzung des freien Arbeitsplatzes erfolgen. Geht man davon aus, dass zur Zeit der Anzeige noch kein Arbeitsvertrag bzgl. der Neubesetzung geschlossen sein muss, selbst wenn bereits ein Bewerber ausgewählt worden ist[85], hat für die Beurteilung des Vorliegens eines freien Arbeitsplatzes Entsprechendes zu gelten: Sofern mit einem Arbeitnehmer bisher nur ein befristetes Arbeitsverhältnis besteht und noch kein unbefristeter Arbeitsvertrag geschlossen worden ist, hat der Arbeitgeber vorrangig dem Verlängerungswunsch eines bereits unbefristet

---

78 EzA § 9 TzBfG Nr. 2.

79 I. Erg. ebenso BAG, Urteil v. 15.8.2006, 9 AZR 8/06, EzA § 9 TzBfG Nr. 1; Rolfs, TzBfG, 1.Aufl. 2002, § 9 TzBfG, Rz. 3.

80 S. *Lehnen*, § 8 TzBfG, Rz. 5.

81 EzA § 9 TzBfG Nr. 1; vgl. auch VG Köln, Beschluss v. 25.9.2015, 33 K 5950/14.PVB, Juris; kritisch *Hamann*, in: Festschrift für Düwell, 2011, S. 131, 137.

82 Juris.

83 Juris; ebenso schon LAG Köln, Urteil v. 22.11.2011, 11 Sa 1406/10, Juris; LAG Köln, Urteil v. 23.8.2012, 7 Sa 456/12, Juris.

84 So auch Annuß/Thüsing,/*Jacobs*, TzBfG, 3. Aufl. 2012, § 9 TzBfG, Rz.13; a. A. *Schüren*, AuR 2001, S. 321, 322.

85 S. Rz. 11.

angestellten Arbeitnehmers zu entsprechen, bevor er den befristet angestellten Arbeitnehmer unbefristet einstellt.

26 **Voraussetzung** für einen **entsprechenden Arbeitsplatz** ist, dass er dem vertraglich vereinbarten Tätigkeitsbereich des Arbeitnehmers und damit **seiner Eignung und Qualifikation entspricht** (BAG, Urteil v. 8.5.2007, 9 AZR 874/06[86]; BAG, Urteil v. 16.9.2008, 9 AZR 781/07[87]). Anhaltspunkt ist insofern, ob der Arbeitgeber dem betroffenen Arbeitnehmer auch im Wege des Direktionsrechts nach § 106 Satz 1 GewO den Arbeitsplatz zuweisen könnte (BAG, Urteil v. 16.9.2008, 9 AZR 781/07[88]). Einen **Anspruch auf Übertragung** einer **höherwertigen Tätigkeit** hat der Arbeitnehmer **i. d. R. nicht** (BAG, Urteil v. 16.9.2008, 9 AZR 781/07[89]; LAG Köln, Urteil v. 6.10.2008, 5 Sa 964/08[90]; LAG Köln, Urteil v. 15.6.2009, 5 Sa 1454/08[91]). **Ausnahme:** Lässt die Personalorganisation des Arbeitgebers die gewünschte Verringerung der Arbeitszeit auf der bisherigen Hierarchieebene nicht zu und einigen sich die Parteien auf eine Teilzeitbeschäftigung des Arbeitnehmers in der geringerwertigen Funktion, kann dieser nach § 9 TzBfG verlangen, dass seine Arbeitszeit auf dem freien höherwertigen Arbeitsplatz verlängert wird. Weitere Voraussetzung ist in einem solchen Fall die fortdauernde Eignung des Arbeitnehmers, die höherwertige Tätigkeit auszuüben (BAG, Urteil v. 16.9.2008, 9 AZR 781/07[92]).

2.4 Gleiche Eignung

27 Nach § 9 TzBfG kommt eine bevorzugte Berücksichtigung nur bei **gleicher Eignung im Verhältnis zu den übrigen Bewerbern** in Betracht. Voraussetzung ist, dass der betroffene Arbeitnehmer für den Arbeitsplatz überhaupt geeignet ist. Es besteht keine Ver-

---

86 EzA § 9 TzBfG Nr. 3; Annuß/Thüsing/*Jacobs*, TzBfG, 3. Aufl. 2012, § 9 TzBfG, Rz. 16; Rolfs, TzBfG, 1. Aufl. 2002, § 9 TzBfG, Rz. 3.

87 EzA § 9 TzBfG Nr. 4; LAG Hessen, Urteil v. 16.1.2015, 14 Sa 522/14, Juris; vgl. auch LAG Hamm, Urteil v. 25.2.2014, 14 Sa 1174/13, Juris; Thüringer LAG, Urteil v. 26.1.2012, 6 Sa 393/10, Juris.

88 EzA § 9 TzBfG Nr. 4; *Sievers*, TzBfG, 5. Aufl. 2015, § 9 TzBfG, Rz. 14, 15; vgl. auch LAG Berlin, Urteil v. 2.12.2003, 3 Sa 1041/03, AuR 2004, S. 468 f.; a. A. Boewer, TzBfG, 1. Aufl. 2002, § 9 TzBfG , Rz. 26; *Hamann*, in: Festschrift für Düwell, 2011, S. 131, 139 f.; Holwe/Kossens/Pielenz/Räder, TzBfG, 4. Aufl. 2014, § 9 TzBfG Rz. 5a; Laux/Schlachter/*Laux*, TzBfG, 2. Aufl. 2011, § 9 TzBfG, Rz. 34; kritisch auch *Pielenz*, AuR 2004, S. 469 f.

89 EzA § 9 TzBfG Nr. 4; ebenso *Bruns*, BB 2010, S. 956, 962; Meinel/Heyn/Herms/*Heyn*, TzBfG, 5. Aufl. 2015, § 9 TzBfG, Rz. 20; Rolfs, TzBfG, 1. Aufl. 2002, § 9 TzBfG, Rz. 3; Sievers, TzBfG, 5. Aufl. 2015, § 9 TzBfG, Rz. 15; vgl. auch LAG Berlin, Urteil v. 2.12.2003, 3 Sa 1041/03, AuR 2004, S. 468 f. mit krit. Anm. *Pielenz*; a. A. Buschmann/Dieball/Stevens-Bartol, TzA, 2. Aufl. 2001, § 9 TzBfG, Rz. 19; Laux/Schlachter/*Laux*, TzBfG, 2. Aufl. 2011, § 9 TzBfG, Rz. 32.

90 AuR 2009, S. 103 nur Ls.

91 NZA-RR 2010, S. 174, 176.

92 EzA § 9 TzBfG Nr. 4; zust. *Hamann*, in: Festschrift für Düwell, 2011, S. 131, 142; abl. *Worzalla*, SAE 2009, S. 257, 258 ff.

pflichtung des Arbeitgebers, den Arbeitsplatz mit einem ungeeigneten Bewerber zu besetzen (LAG Düsseldorf, Urteil v. 16.11.2007, 10 Sa 1386/07[93]). Für die Beurteilung der gleichen Eignung ist auf die **Ausbildung und Qualifikation** des Arbeitnehmers abzustellen[94]. Danach liegt eine gleiche Eignung vor, wenn der teilzeitbeschäftigte Arbeitnehmer im Vergleich zum Mitbewerber über insgesamt diesselben persönlichen und fachlichen Fähigkeiten, theoretischen und praktischen Kenntnisse, Erfahrungen und Fertigkeiten verfügt und im bisherigen Berufsleben diesselben Leistungen erbracht hat (LAG Hamm, Urteil v. 10.12.2015, 18 Sa 1307/15[95]; LAG Schleswig-Holstein, Urteil v. 19.9.2011, 3 Sa 71/11[96]).

Die Grundsätze der Verordnung über die Laufbahnen der Bundesbeamtinnen und Bundesbeamten (BLV) können zur Feststellung der gleichen Eignung ergänzend herangezogen werden[97]. Es kommt somit auch auf Befähigung und fachliche Leistung an (vgl. § 2 Abs. 3 und 4 BLV i. d. F. vom 12.2.2009). Zu berücksichtigen sind bei der Beurteilung der Befähigung die wesentlichen Fähigkeiten, Kenntnisse, Fertigkeiten und sonstigen Eigenschaften, die für den in Rede stehenden Arbeitseinsatz wesentlich sind (vgl. § 2 Abs. 3 BLV). Die **Berufserfahrung** spielt ebenfalls eine Rolle, eine gewisse **Einarbeitungszeit** im Hinblick auf den neuen Arbeitsplatz ist insoweit **unschädlich** (LAG Berlin, Urteil v. 2.12.2003, 3 Sa 1041/03[98]; vgl. auch LAG Hamm, Urteil v. 10.12.2015, 18 Sa 1307/15[99]). Eine Heranziehung der im Rahmen der Gleichstellungsgesetze des Bundes und der Länder entwickelten Kriterien für den öffentlichen Dienst dürfte hingegen wegen des von der Privatwirtschaft grundlegend abweichenden Beurteilungswesens im öffentlichen Dienst nicht in Betracht kommen[100].

Dem Arbeitgeber kommt bei der Beurteilung der gleichen Eignung ein gewisser **Beurteilungsspielraum** zu, insbesondere hinsichtlich der Gewichtung der jeweiligen Kriterien (LAG Berlin, Urteil v. 2.12.2003, 3 Sa 1041/03[101]; vgl. auch LAG Düsseldorf, Urteil v. 16.11.2007, 10 Sa 1386/07[102]; LAG Hamm, Urteil v. 10.12.2015, 18 Sa 1307/15 Rn. 28[103]; LAG München, Urteil v. 7.5.2008, 11 Sa 1000/07[104]).

---

93 N.v.

94 BT-Drucks. 14/4374, S. 18; *Oetker*, NZA 2003, S. 937, 942.

95 Juris.

96 Juris.

97 Vgl. auch Rolfs, TzBfG, 1. Aufl. 2002, § 9 TzBfG, Rz. 4.

98 AuR 2004, S. 468.

99 Juris

100 *Rolfs*, RdA 2001, S. 129, 139; ders.TzBfG, 1. Aufl. 2002, § 9 TzBfG, Rz. 4; einschränkend Annuß/Thüsing/*Jacobs*, TzBfG, 3. Aufl. 2012, § 9 TzBfG, Rz. 18.

101 AuR 2004, S. 468, 469; ebenso ArbG Duisburg, Urteil v. 17.8.2009, 3 Ca 1450/09, Juris; *Boewer*, TzBfG, 1. Aufl. 2002, § 9 TzBfG, Rz. 37; *Hanau*, NZA 2001, S. 1168, 1174; *Oetker*, NZA 2003, S. 937, 943; Sievers, TzBfG, 5. Aufl. 2015, § 9 TzBfG, Rz. 27.

102 N. v.

103 Juris

104 Juris; LAG Schleswig-Holstein, Urteil v. 24.9.2008, 6 Sa 3/08, Juris.

28 **Bezugspunkt** der Feststellung der gleichen Eignung **ist der freie Arbeitsplatz**. Rein personenbezogene Umstände, wie beispielsweise die Vergütung, sind unerheblich (vgl. BAG, Urteil v. 8.5.2007, 9 AZR 874/06[105]; LAG Köln, Urteil v. 6.10.2008, 5 Sa 964/08[106]; LAG Köln, Urteil v. 15.6.2009, 5 Sa 1454/08[107]). Deshalb ist die Frage, ob der Arbeitnehmer persönlich in der Lage ist, die längere Arbeitszeit zu verrichten, keine Frage gleicher Eignung mit Mitbewerbern, sondern eine des Vorliegens dringender betrieblicher Gründe (LAG Hessen, Urteil v. 28.11.2014, 14 Sa 465/12[108]; vgl. auch LAG Berlin-Brandenburg, Urteil v. 8.11.2009, 24 Sa 1610/09[109]). Ist ein Bewerber zwar höher qualifiziert, kommt dieser Qualifikation für den freien Arbeitsplatz jedoch keine Bedeutung zu, ist sie im Rahmen der Feststellung der gleichen Eignung unbeachtlich.

29 Das **konkrete Anforderungsprofil** für den Arbeitsplatz **legt** der **Arbeitgeber fest** (LAG Hamm, Urteil v. 10.12.2015, 18 Sa 1307/15[110]; LAG Köln, Urteil v. 12.8.2015, 11 Sa 115/15[111]). Es obliegt seiner freien unternehmerischen Entscheidung[112]. Zu diesem Anforderungsprofil können auch Persönlichkeitsmerkmale des Arbeitnehmers gehören, wie z. B. körperliche und psychische Belastbarkeit, zwischenmenschliche Umgangsformen oder auch soziale Aspekte (ArbG Duisburg, Urteil v. 17.8.2009, 3 Ca 1450/09[113]). Weist ein Bewerber eine nur geringfügig, aber dennoch objektiv feststellbar bessere Qualifikation auf als der Arbeitnehmer, der die Verlängerung begehrt, liegt keine gleiche Eignung vor (LAG Berlin, Urteil v. 2.12.2003, 3 Sa 1041/03[114]; LAG Düsseldorf, Urteil v. 3.8.2007, 10 Sa 112/07[115]). § 9 TzBfG stellt auf eine gleiche Eignung und nicht auf eine im Wesentlichen gleiche Eignung ab[116]. Die Grenze bildet § 242 BGB.

---

105 EzA § 9 TzBfG Nr. 3; ErfK/*Preis*, 16. Aufl. 2016, § 9 TzBfG, Rz. 7.

106 AuR 2009, S. 103 nur Ls; vgl. auch LAG Hessen, Urteil v. 16.1.2015, 14 Sa 522/14, Juris.

107 NZA-RR 2010, S. 174, 176.

108 Juris

109 Juris; LAG Düsseldorf, Urteil v. 3.8.2007, 10 Sa 112/07, LAGE § 9 TzBfG Nr. 2.

110 Juris.

111 Juris; LAG Berlin, Urteil v. 2.12.2003, 3 Sa 1041/03, AuR 2004, S. 68; LAG Düsseldorf, Urteil v. 3.8.2007, 10 Sa 112/07, LAGE § 9 TzBfG Nr. 2; LAG Schleswig-Holstein, Urteil v. 19.9.2011, 3 Sa 71/14, AE 2012, S. 101 nur Ls.; Laux/Schlachter/Laux, TzBfG, 2. Aufl. 2011, § 9, Rz. 37.

112 *Oetker*, NZA 2003, S. 937, 942; Annuß/Thüsing/*Jacobs*, TzBfG, 3. Aufl. 2012, § 9 TzBfG, Rz. 16; vgl. auch ErfK/*Preis*, 16. Aufl. 2016, § 9 TzBfG, Rz. 6.

113 Juris; ebenso *Oetker*, NZA 2003, S. 937, 943.

114 AuR 2004, S. 468, 469; ebenso; Annuß/Thüsing/*Jacobs*, TzBfG, 3. Aufl. 2012, § 9 TzBfG, Rz. 19; *Hanau*, NZA 2001, S. 1168, 1174; a. A. Meinel/Heyn/Herms/*Heyn*, TzBfG, 5. Aufl. 2015, § 9 TzBfG, Rz. 22; Buschmann/Dieball/Stevens-Bartol, TzA, 2. Aufl. 2001, § 9 TzBfG, Rz. 23; a. A. auch zu § 2 Nr. 5 MTV Massa BAG, Urteil v. 25.10.1994, 3 AZR 987/93, AuR 2001, S. 146, 147.

115 LAGE § 9 TzBfG Nr. 2.

116 *Hanau*, NZA 2001, S. 1168, 1174; ihm folgend LAG Düsseldorf, Urteil v. 3.8.2007, 10 Sa 112/07, LAGE § 9 TzBfG Nr. 2.

Sind **2 Bewerber gleich geeignet**, hat der Arbeitgeber nach der Gesetzesbegründung den Wunsch des rückkehrwilligen Arbeitnehmers grundsätzlich bevorzugt zu berücksichtigen[117]. 30

Im Gegensatz zu dem Anspruch auf Verkürzung der Arbeitszeit i. S. v. § 8 Abs. 1 TzBfG kann eine Verlängerung mangels einer § 8 Abs. 7 TzBfG entsprechenden Regelung der Arbeitszeit auch geltend gemacht werden, wenn der Arbeitgeber 15 oder weniger Arbeitnehmer beschäftigt[118]. Zudem kann ein erstmaliger oder erneuter Antrag jederzeit gestellt werden. Eine § 8 Abs. 1 TzBfG bzw. § 8 Abs. 6 TzBfG entsprechende Wartezeit bzw. Sperrfrist sieht § 9 TzBfG nicht vor. 31

3. Einwände des Arbeitgebers

3.1 Dringende betriebliche Gründe

Der teilzeitbeschäftigte Arbeitnehmer, der eine Verlängerung der Arbeitszeit begehrt, ist nur dann bevorzugt zu berücksichtigen, sofern keine dringenden betrieblichen Gründe dem Wunsch entgegenstehen. Im Gegensatz zu § 8 Abs. 4 TzBfG genügt nicht das Vorliegen allein betrieblicher Gründe, vielmehr müssen diese **dringend, gleichsam zwingend** sein (BAG, Urteil v. 15.8.2006, 9 AZR 8/06[119]; BAG, Urteil v. 16.9.2008, 9 AZR 781/07[120]). An die Ablehnungsgründe des Arbeitgebers, die mit dem zeitlichen Zuschnitt des Arbeitsplatzes nichts zu tun haben dürfen (BAG, Urteil v. 15.8.2005, 9 AZR 8/06[121]), sind damit strengere Anforderungen zu stellen. Während sich der Verlängerungsanspruch auf das gesamte Unternehmen erstreckt[122], ist der **entgegenstehende Grund auf** den **Betrieb beschränkt** (BAG, Urteil v. 16.9.2008, 9 AZR 781/07[123]). 32

Eine Konkretisierung der betrieblichen Gründe erfolgt in § 9 TzBfG nicht. § 8 Abs. 4 Satz 2 TzBfG kann aufgrund des systematischen Zusammenhangs zur Auslegung herangezogen werden. Jedoch ist zu berücksichtigen, dass die dort aufgezählten Umstände nur betriebliche und keine dringenden betrieblichen Gründe darstellen[124]. Zudem können, da es im Anwendungsbereich des § 9 TzBfG um die Besetzung eines bereits vorhandenen Arbeitsplatzes geht, sich die betrieblichen **Ablehnungsgründe nur** auf die **personelle Auswahl** für die Besetzung des freien Arbeitsplatzes beziehen (BAG, Urteil v. 8.5.2007, 33

---

[117] BT-Drucks. 14/4374, S. 18.

[118] Für eine § 8 Abs. 7 TzBfG entsprechende Regelung de lege ferenda HK-TzBfG/*Boeken*, TzBfG, 3. Aufl. 2012, § 9 TzBfG, Rz. 8.

[119] EzA § 9 TzBfG Nr. 1.

[120] EzA § 9 TzBfG Nr. 4; LAG Hessen, Urteil v. 28.11.2014, 14 Sa 465/12, Juris.

[121] EzA § 9 TzBfG Nr. 1.

[122] S. Rz. 19.

[123] EzA § 9 TzBfG Nr. 4.

[124] Vgl. HK-TzBfG/*Boecken*, 3. Aufl. 2012, § 9 TzBfG, Rz. 31; Laux/Schlachter/*Laux*, TzBfG, 2. Aufl. 2011, § 9 TzBfG, Rz. 47 mit Rz. 51; Meinel/Heyn/Herms/*Heyn*, TzBfG, 5. Aufl. 2015, § 9 TzBfG, Rz. 23; Sievers, TzBfG, 5. Aufl. 2015, § 9 TzBfG, Rz. 31.

9 AZR 874/06[125]; BAG, Urteil v. 16.9.2008, 9 AZR 781/07[126]). Sie liegen z. B. vor, wenn der Teilzeitbeschäftigte persönlich nicht in der Lage ist, die längere Arbeitszeit zu verrichten (LAG Berlin-Brandenburg, Urteil v. 18.11.2009, 24 Sa 1610/09[127]; LAG Hessen, Urteil v. 28.11.2014, 14 Sa 465/12[128]) oder wenn er zum dringend betrieblich notwendigen Zeitpunkt der Besetzung des Vollzeitarbeitsplatzes nicht zur Verfügung steht (BAG, Urteil v. 8.5.2007, 9 AZR 874/06[129]) oder wenn der Arbeitgeber rechtlich verpflichtet ist, den freien Arbeitsplatz mit einem anderen Bewerber zu besetzen (LAG Berlin-Brandenburg, Urteil v. 18.11.2009, 24 Sa 1610/09[130]). Die bloße Behauptung der Nachwuchsförderung als solche reicht nicht aus[131]. Diese müsste allenfalls anhand eines Altersstrukturkonzepts plausibel gemacht werden[132]. Krankheitsbedingte Fehlzeiten, die eine Beendigungskündigung nach § 1 Abs. 1, Abs. 2 Satz 1 KSchG sozial rechtfertigen oder den Arbeitgeber berechtigen würden, eine Änderungskündigung (§ 2 Satz 1 KSchG) zur Reduzierung der Arbeitszeit auszusprechen, bilden einen entgegenstehenden dringenden betrieblichen Grund i. S. d. § 9 TzBfG (LAG Hessen, Urteil v. 28.11.2014, 14 Sa 465/12[133]).

34 Im Rahmen des § 9 TzBfG genießen die **Interessen des teilzeitbeschäftigten Arbeitnehmers** grundsätzlich **Vorrang**[134]. Der Eingriff in die unternehmerische Entscheidungsfreiheit ist geringer als im Rahmen des § 8 TzBfG, da lediglich die Frage nach der personellen Besetzung eines vom Arbeitgeber bereits geschaffenen Arbeitsplatzes im Raum steht. Bei einem Teilzeitwunsch nach § 8 TzBfG kann dagegen eine Umgestaltung der Arbeitsplätze erforderlich sein.

35 **Dringende betriebliche Gründe** i. S. v. § 9 TzBfG liegen zudem bei vorrangigen **Rechtsansprüchen Dritter** auf den freien Arbeitsplatz vor. Ein Arbeitnehmer, dessen Arbeitsplatz betriebsbedingt entfällt, hat Anspruch auf den freien Arbeitsplatz, sofern er für diesen geeignet ist.

Eine **betriebsbedingte Kündigung** dieses Arbeitnehmers wäre nach § 1 Abs. 1, Abs. 2 Satz 1 KSchG unwirksam, weshalb ihm bei der Besetzung Vorrang zukommt (LAG

---

125 EzA § 9 TzBfG Nr. 3.

126 EzA § 9 TzBfG Nr. 4; ebenso LAG Berlin-Brandenburg, Urteil v. 18.11.2009, 24 Sa 1610/09, AE 2010, S. 87; LAG Hessen, Urteil v. 28.11.2014, 14 Sa 465/12, Juris.

127 Juris

128 Juris; LAG Düsseldorf, Urteil v. 3.8.2007, 10 Sa 112/07, Juris.

129 EzA § 9 TzBfG Nr. 3; ebenso LAG Düsseldorf, Urteil v. 3.8.2007, 10 Sa 112/07, LAGE § 9 TzBfG Nr. 9.

130 AE 2010, S. 87.

131 Früher zu § 2 Nr. 5 MTV Massa BAG, Urteil v. 25.10.1994, 3 AZR 987/93, AuR 2001, S. 146, 147.

132 Streitig, s. Rz. 39.

133 Juris

134 Annuß/Thüsing/*Jacobs*, TzBfG, 3. Aufl. 2012, § 9 TzBfG, Rz. 24; *Lindemann/Simon*, BB 2001, S. 146, 151; *Preis/Gotthardt*, DB 2000, S. 2065, 2068; ErfK/*Preis*, 16. Aufl. 2016, § 9 TzBfG, Rz. 7; vgl. auch BAG, Urteil v. 8.5.2007, 9 AZR 874/06, EzA § 9 TzBfG Nr. 3.

München, Urteil v. 4.5.2006, 2 Sa 1164/05[135]). Gleiches gilt für einen Beschäftigten, der einen Wiedereinstellungsanspruch nach betriebsbedingter Kündigung geltend macht, weil der Arbeitsplatz während der Kündigungsfrist frei geworden ist (BAG, Urteil v. 2.12.1999, 2 AZR 757/98[136]). Der Vorrang der Ansprüche dieser Arbeitnehmer ergibt sich aus dem Bestandsschutz des Arbeitsverhältnisses[137]. Vorrangig sind auch **Auszubildende nach Abschluss ihrer Ausbildung** zu behandeln, die nach § 78a BetrVG oder aufgrund tarifvertraglicher Übernahmegebote einen Einstellungsanspruch haben[138].
Stehen sich ein Anspruch aus § 8 TzBfG und einer aus § 9 TzBfG gegenüber, d. h. begehrt ein Arbeitnehmer Teilzeit und ein anderer eine Verlängerung der Arbeitszeit, genießt der Teilzeitwunsch i. S. d. § 8 TzBfG den Vorrang[139]. Der Zweck des Teilzeit- und Befristungsgesetzes liegt in der Schaffung von Arbeitsplätzen. Dieses Ziel wird vor allem durch solche Teilzeitregelungen erreicht.

Betriebliche Gründe kommen weiterhin in Betracht, wenn der Arbeitgeber einen Be- 36
schäftigten mit entsprechender Stundenzahl benötigt, aber **keinen Ersatz** für den Arbeitnehmer findet, der die Arbeitszeitverlängerung begehrt bzw. wenn der Teilzeitbeschäftigte aufgrund seiner besonderen Qualifikation nicht ersetzbar ist[140]. In Anlehnung an § 8 Abs. 4 Satz 2 TzBfG liegt ein dringender betrieblicher Grund i. S. v. § 9 TzBfG in diesem Fall aber nur vor, wenn die Nichtbesetzung des Teilzeitarbeitsplatzes zu einer erheblichen Beeinträchtigung der Organisation, des Arbeitsablaufs oder der Sicherheit im Betrieb führen oder unverhältnismäßige Kosten verursachen würde[141].
Wird der Arbeitgeber durch die Erhöhung der Stundenzahl von geringfügig Beschäftigten sozialversicherungspflichtig, liegt allein darin kein dringender betrieblicher Grund[142]. Andernfalls würde einer Arbeitszeitverlängerung bei geringfügig Beschäftigten generell ein betrieblicher Grund entgegenstehen.

3.2 Arbeitszeitwünsche anderer teilzeitbeschäftigter Arbeitnehmer

Eine bevorzugte Berücksichtigung scheidet aus, wenn **Arbeitszeitwünsche anderer teil-** 37
zeitbeschäftigter Arbeitnehmer dem Verlängerungsverlangen **entgegenstehen**. Dies betrifft nach dem Wortlaut zunächst nur Wünsche anderer Teilzeitbeschäftigter. Macht jedoch ein Vollzeitbeschäftigter einen Anspruch auf Verringerung der Arbeitszeit i. S. v.

---

[135] AuA 2006, S. 489 nur Ls.; Annuß/Thüsing/*Jacobs*, TzBfG, 3. Aufl. 2012, § 9 TzBfG, Rz. 26; Rolfs, TzBfG, 1. Aufl. 2002, § 9 TzBfG, Rz. 6; a. A. Boewer, TzBfG, 1. Aufl. 2002, § 9 TzBfG, Rz. 44.

[136] EzA § 1 KSchG Soziale Auswahl Nr. 42.

[137] Annuß/Thüsing/*Jacobs*, TzBfG, 3. Aufl. 2012, § 9 TzBfG, Rz. 26.

[138] Vgl. ErfK/*Preis*, 16. Aufl. 2016, § 9 TzBfG, Rz. 7; Rolfs, TzBfG, 1. Aufl. 2002, § 9 TzBfG, Rz. 6.

[139] Rolfs, TzBfG, 1. Aufl. 2002, § 9 TzBfG, Rz. 6, aber ohne Begründung.

[140] Annuß/Thüsing/*Jacobs*, TzBfG, 3. Aufl. 2012, § 9 TzBfG, Rz. 25; Boewer, TzBfG, 1. Aufl. 2002, § 9 TzBfG, Rz. 42; *Schüren*, AuR 2001, S. 321, 322; einschränkend Holwe/Kossens/Pielenz/Räder, TzBfG, 4. Aufl. 2014, § 9 TzBfG, Rz. 14.

[141] Vgl. auch Annuß/Thüsing/*Jacobs*, TzBfG, 3. Aufl. 2012, § 9 TzBfG, Rz. 25.

[142] Vgl. Annuß/Thüsing/*Jacobs*, TzBfG, 3. Aufl. 2012, § 9 TzBfG, Rz. 27.

§ 8 TzBfG geltend, stellt dies auch im Hinblick auf den Gesetzeszweck einen dringenden betrieblichen Grund dar[143]. Keine anderen teilzeitbeschäftigten Arbeitnehmer i. S. d. Norm sind solche, die nicht betriebszugehörig sind.

38 Der Arbeitgeber braucht unter gleich geeigneten Bewerbern **keine Sozialauswahl** nach § 1 Abs. 3 Satz 1 KSchG zu treffen (so aber noch der ursprüngliche Gesetzesentwurf, BT-Drucks. 14/4374, S. 8). Er ist bei seiner Auswahlentscheidung frei und nicht an die Grundsätze billigen Ermessens gebunden[144]. Denn es geht in § 9 TzBfG um eine Vertragsänderung[145], nicht um die Ausübung des Weisungsrechts des Arbeitgebers nach § 106 Satz 1 GewO (BAG, Urteil v. 13.2.2007, 9 AZR 575/05[146]). Aus § 9 TzBfG folgt auch keine Verpflichtung des Arbeitgebers, gestiegenes Arbeitszeitvolumen auf alle interessierten Teilzeitbeschäftigten gleichmäßig zu verteilen (BAG, Urteil v. 13.2.2007, 9 AZR 575/05[147]).

Allerdings dürften aufgrund der Regelung in § 81 Abs. 5 SGB IX zumindest **schwerbehinderte Arbeitnehmer** (§ 2 Abs. 2 SGB IX) bei der Auswahlentscheidung **bevorzugt** zu berücksichtigen sein[148]. Verlangt ein vor seiner Freistellung nach § 38 Abs. 1 BetrVG teilzeitbeschäftiges **Betriebsratsmitglied** die Verlängerung seiner Arbeitszeit, dürfen bei der Auswahlentscheidung Unterschiede in den Eignungs-, Befähigungs- und Leistungsbildern der jeweiligen Bewerber wegen des Benachteiligungsverbots in § 78 Satz 2 BetrVG grundsätzlich nur dann berücksichtigt werden, wenn sie nicht durch die Betriebsratstätigkeit, insbesondere nicht durch die Freistellung entstanden sind (LAG Düsseldorf, Urteil v. 3.8.2007, 10 Sa 112/07[149]). Entsprechendes gilt für ein nicht freigestelltes Betriebsratsmitglied (LAG Düsseldorf, Urteil v. 16.11.2007, 10 Sa 1386/07[150]).

39 **§ 9 TzBfG** ist insoweit **abschließend**, d. h. dem Verlängerungswunsch eines Arbeitnehmers können nur dringende betriebliche Gründe oder Arbeitszeitwünsche anderer teilzeitbeschäftigter Arbeitnehmer entgegengehalten werden. Unerheblich sind insbeson-

---

[143] S. Rz. 35.

[144] So aber BT-Drucks. 14/4625, S. 20; ebenso LAG Düsseldorf, Urteil v. 3.8.2007, 10 Sa 112/07, LAGE § 9 TzBfG Nr. 2; Boewer, TzBfG, 1. Aufl. 2002, § 9 TzBfG, Rz. 40; *Kliemt*, NZA 2001, S. 63, 68; ErfK/*Preis*, 16. Aufl. 2016, § 9 TzBfG, Rz. 8; *Worzalla*, SAE 2009, S. 257, 260; *Lindemann/Simon*, BB 2001, S. 146, 151; ebenso früher zu § 2 Nr. 5 MTV Massa BAG, Urteil v. 25.10.1994, 3 AZR 987/93, AuR 2001, S. 146, 147.

[145] S. Rz. 40.

[146] EzA § 9 TzBfG Nr. 2; *Hamann*, in: Festschrift für Düwell, 2011, S. 131, 146; ebenso Laux/Schlachter/*Laux*, TzBfG, 2. Aufl. 2011, § 9 TzBfG, Rz. 71, 72; HWK/*Schmalenberg*, 6. Aufl. 2014, § 9 TzBfG, Rz. 10; *Schüren*, AuR 2001, S. 321, 322; vgl. auch *Schiefer*, NZA-Beilage 4/2012, S. 132, 135.

[147] EzA § 9 TzBfG Nr. 2; ErfK/Preis, 16. Aufl. 2016, § 9 TzBfG, Rz. 8.

[148] Vgl. auch Annuß/Thüsing/*Jacobs*, TzBfG, 3. Aufl. 2012, § 9 TzBfG, Rz. 30; Meinel/Heyn/Herms/*Heyn*, TzBfG, 5. Aufl. 2015, § 9 TzBfG, Rz. 27; a. A. Laux/Schlachter/*Laux*, TzBfG, 2. Aufl. 2011, § 9 TzBfG, Rz. 58.

[149] LAGE § 9 TzBfG Nr. 2.

[150] N.v.

dere die zeitliche Reihenfolge der Anzeigen der Verlängerungswünsche sowie das Ansinnen des Arbeitgebers, eine ausgewogene betriebliche Altersstruktur oder ein entsprechendes Geschlechterverhältnis zu wahren oder herzustellen[151]. Gerade solche Umstände sind mit den in § 8 Abs. 4 Satz 2 aufgezählten betrieblichen Gründen nicht vergleichbar und daher auch für § 9 TzBfG unbeachtlich.

4. Rechtsfolgen

Liegen die Voraussetzungen des § 9 TzBfG vor, muss der Arbeitgeber den Arbeitnehmer bevorzugt berücksichtigen und der Verlängerung der Arbeitszeit zustimmen. Die Formulierung des § 9 TzBfG („hat zu berücksichtigen") zeigt, dass dem Arbeitgeber von vornherein **kein Ermessen** hinsichtlich der bevorzugten Berücksichtigung eingeräumt ist. Der **Anspruch auf bevorzugte Berücksichtigung** ergibt für den Arbeitnehmer nur Sinn, wenn ihm auch ein **individueller Rechtsanspruch** auf Verlängerung der Arbeitszeit zusteht, d. h. auf **Abschluss eines Änderungsvertrags** (BAG, Urteil v. 15.8.2006, 9 AZR 8/06[152]; BAG, Urteil v. 13.2.2007, 9 AZR 575/05[153]; BAG, Urteil v. 16.9.2008, 9 AZR 781/07[154]). Der Zweck des § 9 TzBfG, die Ermöglichung des Wechsels von Teilzeit in Vollzeit, wird nur durch Gewährung eines individuellen Rechtsanspruchs erreicht, der gerichtlich durchsetzbar ist (BAG, Urteil v. 8.5.2007, 9 AZR 874/06[155]). 40

Der Arbeitnehmer hat daneben einen **Anspruch auf Erhöhung des Arbeitsentgelts** entsprechend der verlängerten Arbeitszeit[156]. Dies gilt auch für betriebliche Zulagen, die im Zusammenhang mit der Arbeitszeit stehen[157]. Mit seinem Verlängerungsverlangen nach 41

---

[151] Annuß/Thüsing/*Jacobs*, TzBfG, 3. Aufl. 2012, § 9 TzBfG, Rz. 27, 31; Boewer, TzBfG, 1. Aufl. 2002, § 9 TzBfG, Rz. 43; Sievers, TzBfG, 5. Aufl. 2015, § 9 TzBfG, Rz. 36; a. A. Holwe/Kossens/Pielenz/Räder, TzBfG, 4. Aufl. 2014, § 9 TzBfG, Rz. 15; Laux/Schlachter/*Laux*, TzBfG 2. Aufl. 2011, § 9 TzBfG, Rz. 63; *Schüren*, AuR 2001, S. 321, 322; zur Altersstruktur vgl. aber BAG, Urteil v. 15.8.2006, 9 AZR 8/06, EzA § 9 TzBfG Nr. 1 und allg. BAG, Urteil v. 15.12.2011, 2 AZR 42/10, EzA § 1 KSchG Soziale Auswahl Nr. 84; BAG, Urteil v. 19.7.2012, 2 AZR 352/11, EzA § 1 KSchG Soziale Auswahl Nr. 86; BAG, Urteil v. 19.12.2013, 6 AZR 790/12, EzA § 125 InsO Nr. 12; BAG, Urteil v. 26.3.2015, 2 AZR 478/13, Juris.

[152] EzA § 9 TzBfG Nr. 1.

[153] EzA § 9 TzBfG Nr. 2; ebenso *Bauer*, NZA 2000, S. 1039, 1041; *Kliemt*, NZA 2001, S. 63, 68; Meinel/Heyn/Herms/*Heyn*, TzBfG, 5. Aufl. 2015, § 9 TzBfG, Rz. 31; a. A. *Lakies*, DZWiR 2001, S. 3, 6, der nur von einem Anspruch auf ermessensfehlerfreie Entscheidung ausgeht.

[154] EzA § 9 TzBfG Nr. 4; vgl. auch LAG Berlin-Brandenburg, Urteil v. 18.11.2009, 24 Sa 1610/09, AE 2010, S. 87.

[155] EzA § 9 TzBfG Nr. 3; vgl. auch früher zu § 5 MTV Massa BAG, Urteil v. 25.10.1994, 3 AZR 987/93, AuR 2001, S. 146.

[156] Annuß/Thüsing/*Jacobs*, TzBfG, 3. Aufl. 2012, § 9 TzBfG, Rz. 34; ErfK/*Preis*, 16. Aufl. 2016, § 9 TzBfG, Rz. 9; Laux/Schlachter/*Laux*, TzBfG, 2. Aufl. 2011, § 9 TzBfG, Rz. 80; Meinel/Heyn/Herms/*Heyn*, TzBfG, 5. Aufl. 2015, § 9 TzBfG, Rz. 32; Sievers, TzBfG, 5. Aufl. 2015, § 9 TzBfG, Rz. 40; vgl. auch LAG Köln, Urteil v. 11.10.2013, 10 Sa 223/13, Juris.

[157] Buschmann/Dieball/Stevens-Bartol, TzA, 2. Aufl. 2001, § 9, Rz. 6; Laux/Schlachter/*Laux*, TzBfG, 2. Aufl. 2011, § 9 TzBfG, Rz. 80.

§ 9 TzBfG wahrt der Arbeitnehmer zugleich eine einzel- oder tarifvertragliche Ausschlussfrist, die für die einfache Geltendmachung der Differenzvergütung nach Erfüllung des Verlängerungswunsches gilt (LAG Köln, Urteil v. 11.10.2013, 10 Sa 223/13[158]).

42 Hat der Arbeitgeber den freien Arbeitsplatz mit einem anderen Bewerber unter Verstoß gegen § 9 TzBfG besetzt, steht dem nach dieser Norm bevorzugt zu berücksichtigenden Arbeitnehmer ein **Schadensersatzanspruch** nach §§ 280 Abs. 1, 3, 283 Satz 1, 275 Abs. 1, 4, §§ 249, 251 Abs. 1, 252 BGB zu (BAG, Urteil v. 16.9.2008, 9 AZR 781/07[159]; BAG, Beschluss v. 1.6.2011, 7 ABR 117/09[160]). Zwar besteht auch nach Besetzung des Arbeitsplatzes weiterhin ein Anspruch auf Erfüllung, jedoch kann das Arbeitsverhältnis mit dem Bewerber, mit dem der Arbeitsplatz besetzt worden ist, nur für die Zukunft gekündigt werden. Die Verlängerung der Arbeitszeit ist bis zum Ablauf der Kündigungsfrist daher rechtlich unmöglich (vgl. § 275 Abs. 1 BGB) geworden[161]. Der **benachteiligte Arbeitnehmer** kann vom Arbeitgeber nicht verlangen, dass dieser den nun besetzten Arbeitsplatz wieder **frei kündigt**[162].

43 Der Schadensersatzanspruch besteht aber nur bei **Verschulden des Arbeitgebers** i. S. v. § 276 Abs. 1 Satz 1 BGB bzw. §§ 278 Satz 1, 31 BGB. Er entfällt daher, sofern sich der Arbeitgeber in einem **entschuldbaren Rechtsirrtum** befunden hat (BAG, Urteil v. 16.9.2008, 9 AZR 781/07[163]; LAG Berlin-Brandenburg, Urteil v. 8.1.2008, 3 Sa 540/07 und 3 Sa 640/07[164]). Dies ist der Fall, wenn die Rechtslage objektiv zweifelhaft ist und

[158] Juris.

[159] EzA, § 9 Nr. 4.

[160] EzA § 99 BetrVG 2001 Einstellung Nr. 18; LAG Baden-Württemberg, Beschluss v. 21.3.2013, 6 TaBV 9/12, Juris; LAG Berlin, Urteil v. 2.12.2003, 3 Sa 1041/09, AuR 2004, S. 468; LAG Berlin-Brandenburg, Urteil v. 8.1.2008, 3 Sa 540/07 und 3 Sa 640/07, Juris; LAG Berlin-Brandenburg, Urteil v. 18.11.2009, 24 Sa 1610/09, AE 2010, S. 87; LAG Düsseldorf, Urteil v. 23.3.2006, 5 (3) Sa 13/06, FA 2006, S. 253, 286 nur Ls; LAG Hamm, Urteil v. 10.12.2015, 18 Sa 1307/15, Juris; LAG Köln, Urteil v. 19.5.2011, 13 Sa 1567/10, Juris; LAG Köln, Urteil v. 12.8.2015, 11 Sa 115/15, Juris; Thüringer LAG, Urteil v. 26.1.2012, 6 Sa 393/10, Juris; *Boewer*, TzBfG, 1. Aufl. 2002, § 9 TzBfG, Rz. 48, 49; ErfK/*Preis*, 16. Aufl. 2016, § 9 TzBfG, Rz. 15; vgl. früher zu § 2 Nr. 5 MTV Massa BAG, Urteil v. 25.10.1994, 3 AZR 987/93, AuR 2001, S. 146, 147 f.

[161] A. A. Meinel/Heyn/Herms/*Heyn*, TzBfG, 5. Aufl. 2015, § 9 TzBfG, Rz. 36, der nur auf die zurückliegenden Monate abstellt; a. A. auch LAG Hamm 25.2.2014, 14 Sa 1174/13, Juris.

[162] *Hamann*, in: Festschrift für Düwell 2011, S. 131, 149; Rolfs, TzBfG, 1. Aufl. 2002, § 9 TzBfG, Rz. 8; *Schüren*, AuR 2001, S. 321, 323; vgl. auch Annuß/Thüsing/*Jacobs*, TzBfG, 3. Aufl. 2012, § 9 TzBfG, Rz. 39; HK-TzBfG/*Boecken*, 3. Aufl. 2012, § 9 TzBfG, Rz. 37f.; a. A. Meinel/Heyn/Herms/*Heyn*, TzBfG, 5. Aufl. 2015, § 9 TzBfG, Rz. 35.

[163] EzA § 9 TzBfG Nr. 4; vgl. auch *Hamann*, in: Festschrift für Düwell 2011, S. 131, 150.

[164] Juris; ebenso Sievers, TzBfG, 5. Aufl. 2015, § 9 TzBfG, Rz. 41; vgl. früher zu § 2 Nr. 5 MTV Massa BAG, Urteil v. 25.10.1994, 3 AZR 987/03, AuR 2001, S. 146 ff.

der Arbeitgeber sie sorgfältig, gegebenenfalls unter Hinzuziehung anwaltlichen Rechtsrats, geprüft hat[165]. Eine zeitliche Begrenzung des Schadensersatzanspruchs bedarf einer Begründung[166].

Hinsichtlich der Höhe des Schadensersatzanspruchs ist auf die **Gehaltsdifferenz zwischen der Teilzeit- und der Vollzeitbeschäftigung** abzustellen (vgl. BAG, Urteil v. 16.9.2008, 9 AZR 781/07[167]; LAG Berlin, Urteil v. 2.12.2003, 3 Sa 1041/03[168]; LAG Berlin-Brandenburg, Urteil v. 8.1.2008, 3 Sa 540/07 und 3 Sa 640/07[169]). 44

5. Gerichtliche Durchsetzung

5.1 Leistungsklage

Der Arbeitnehmer bedarf einer Zustimmung durch den Arbeitgeber zur Verlängerung der Arbeitszeit, d. h. einer Annahme des Angebots auf Änderung des Arbeitsvertrags (vgl. BAG, Urteil v. 13.2.2007, 9 AZR 575/05[170]). Diese kann er im Wege der **Leistungsklage** durchsetzen. Dabei ist in den **auf Abgabe einer Annahmeerklärung gerichteten Klageantrag**, sofern dem Arbeitgeber kein Bestimmungsrecht eingeräumt werden soll (vgl. BAG, Urteil v. 13.2.2007, 9 AZR 575/05[171]), im Hinblick auf § 253 Abs. 2 ZPO i. V. m. § 62 Abs. 2 Satz 1 ArbGG ein **konkretes Datum** aufzunehmen, **ab dem die Arbeitszeitverlängerung gelten soll**. Dieses kann seit Inkrafttreten des § 311a BGB am 1.1.2002 auch in der Vergangenheit liegen (BAG, Urteil v. 21.6.2011, 9 AZR 236/10[172]). Die **Zustimmung** bzw. Annahme **gilt** dann nach § 894 ZPO **mit Rechtskraft** als **erteilt** (vgl. BAG, Urteil v. 13.2.2007, 9 AZR 575/05[173]; BAG, Urteil v. 8.5.2007, 9 AZR 874/06[174]). 45

---

165 Vgl. BAG, Urteil v. 12.11.1992, 8 AZR 503/91, EzA § 276 BGB Nr. 37; BAG, Urteil v. 19.8.2015, 5 AZR 975/13, EzA § 615 BGB 2002 Nr. 45; strenger BAG, Urteil v. 29.8.2013, 2 AZR 273/12, EzA § 626 BGB 2002 Nr. 44, in Rz. 44.

166 Vgl. näher HK-TzBfG/*Boecken*, 3. Aufl. 2012, § 9 TzBfG, Rz. 37; *Hamann*, in: Festschrift für Düwell, 2011, S. 131, 150; Laux/Schlachter/*Laux*, TzBfG, 2. Aufl. 2011, § 9 TzBfG, Rz. 92; vgl. auch BAG, Urteil v. 16.9.2008, 9 AZR 781/07, EzA § 9 TzBfG Nr. 4.

167 EzA § 9 TzBfG Nr. 4.

168 AuR 2004, S. 468f.; vgl. früher zu § 2 Nr. 5 MTV Massa BAG, Urteil v. 25.10.1994, 3 AZR 987/93, AuR 2001, S. 146 f.

169 Juris; LAG Hamm, Urteil v. 10.12.2015, 18 Sa 1307/15, Juris.

170 EzA § 9 TzBfG Nr. 2.; vgl. auch BAG, Urteil v. 16.9.2008, 9 AZR 781/07, EzA § 9 TzBfG Nr. 4; LAG Köln, Urteil v. 19.5.2011, 13 Sa 1567/10, Juris; Thüringer LAG, Urteil v. 26.1.2012, 6 Sa 393/10, Juris.

171 EzA § 9 TzBfG Nr. 2; zu § 8 TzBfG vgl. dort Rz. 189.

172 EzA § 9 TzBfG Nr. 5; LAG Hamm, Urteil v. 25.2.2014, 14 Sa 1174/13, Juris; LAG Köln, Urteil v. 22.11.2013, 10 Sa 454/13, Juris; HK-TzBfG/*Boecken*, 3. Aufl. 2012, § 9 TzBfG, Rz. 38; Sievers, TzBfG, 5. Aufl. 2015, § 9 TzBfG, Rz. 52; vgl. auch LAG Hessen, Urteil v. 28.11.2014, 14 Sa 465/12, Juris; zu § 8 TzBfG vgl. dort Rz. 189.

173 EzA § 9 TzBfG Nr. 2; ErfK/*Preis*, 16. Aufl. 2016, § 9 TzBfG, Rz. 12; Meinel/Heyn/Herms/*Heyn*, TzBfG, 5. Auf. 2015, § 9 TzBfG, Rz. 37; Sievers, TzBfG, 5. Aufl. 2015, § 9 TzBfG, Rz. 47; vgl. auch BAG, Urteil v. 19.12.2006, 9 AZR 356/06, EzA § 4 TVG Einzelhandel Nr. 56.

174 EzA § 9 TzBfG Nr. 3; Thüringer LAG, Urteil v. 10.5.2011, 7 Sa 369/09, Juris.

Beispiel

Ein entsprechender Klageantrag könnte wie folgt lauten: „Die Beklagte wird verurteilt, das Angebot des Arbeitnehmers auf Verlängerung seiner vertraglichen Arbeitszeit von 20 auf 40 Stunden pro Woche mit Wirkung vom … (bestimmtes Datum) anzunehmen".

46 Ist der Arbeitsplatz zwar noch frei, droht jedoch die Besetzung durch einen anderen Bewerber, hat der Arbeitnehmer einen **Anspruch auf Unterlassung** analog § 1004 BGB[175]. Nach Ansicht des BAG ist ein öffentlicher Dienstherr, der das Recht auf gleichen Zugang zum Amt verletzt oder zu verletzen droht, wie ein Störer i. S. v. § 1004 Abs. 1 BGB zu behandeln (BAG, Urteil v. 22.6.1999, 9 AZR 541/98[176]). Für einen Arbeitgeber, bei dem die Nichtbeachtung der nach § 9 TzBfG gebotenen bevorzugten Berücksichtigung droht, muss das Gleiche gelten. Den Unterlassungsanspruch kann der Arbeitnehmer klageweise geltend machen.

47 Daneben besteht ein **Informationsanspruch** aus § 242 BGB in Bezug auf andere Mitbewerber[177]. Ein solcher ist dem Arbeitnehmer schon deshalb zuzuerkennen, da er andernfalls verpflichtet wäre, die Stellenbesetzung abzuwarten, um seinen Anspruch auf bevorzugte Berücksichtigung geltend machen zu können. Dies ist weder im Interesse des Arbeitnehmers, noch des Arbeitgebers oder der sonstigen Bewerber.

5.2 Einstweiliger Rechtsschutz

48 Der Arbeitnehmer hat grundsätzlich die Möglichkeit, im Wege der einstweiligen Verfügung den **Unterlassungsanspruch** nach § 1004 BGB analog[178] vorläufig zu sichern, §§ 935, 940 ZPO i. V. m. § 62 Abs. 2 Satz 1 ArbGG[179]. Der Anspruch aus § 9 TzBfG selbst ist dagegen grundsätzlich nicht im Wege des einstweiligen Rechtsschutzes sicherbar[180]. Es besteht - von besonderen Ausnahmefällen abgesehen[181] - keine Rechtfertigung für die damit notwendig verbundene **Vorwegnahme der Hauptsache**.

---

175 EzA § 9 TzBfG Nr. 2; Meinel/Heyn/Herms/*Heyn*, TzBfG, 5. Aufl. 2015, § 9 TzBfG, Rz. 40; Annuß/Thüsing/*Jacobs*, TzBfG, 3. Aufl. 2012, § 9 TzBfG, Rz. 39; Sievers, TzBfG, 5. Aufl. 2015, § 9 TzBfG, Rz. 52.

176 NZA 2000, S. 606, 607.

177 Annuß/Thüsing/*Jacobs*, TzBfG, 3. Aufl. 2012, § 9 TzBfG, Rz. 40; zweifelnd Laux/Schlachter/*Laux*, TzBfG, 2. Aufl. 2011, § 9 TzBfG, Rz. 101.

178 S. Rz. 46.

179 Annuß/Thüsing/*Jacobs*, TzBfG, 3. Aufl. 2012, § 9 TzBfG, Rz. 41; *Gotthardt*, NZA 2001, S. 1183, 1189; Rolfs, RdA 2001, S. 129, 140; Sievers, TzBfG, 5. Aufl. 2015, § 9 TzBfG, Rz. 56.

180 Vgl. Annuß/Thüsing/*Jacobs*, TzBfG, 3. Aufl. 2012, § 9 TzBfG, Rz. 42; Boewer, TzBfG, 1. Aufl. 2002, § 9 TzBfG, Rz. 69; Laux/Schlachter/*Laux*, TzBfG, 2. Aufl. 2011, § 9 TzBfG, Rz. 102; Sievers, TzBfG, 5. Aufl. 2015, § 9 TzBfG, Rz. 56.

181 Vgl. hierzu HK-TzBfG/*Boecken*, 3. Aufl. 2012, § 9 TzBfG, Rz. 39; Rz. 15; Laux/Schlachter/*Laux*, TzBfG, 2. Aufl. 2011, § 9 TzBfG, Rz. 102; Meinel/Heyn/Herms/*Heyn*, TzBfG, 5. Aufl. 2015, § 9 TzBfG, Rz. 38.

5.3 Darlegungs- und Beweislast

Für die Darlegungs- und Beweislast bestehen keine Besonderheiten zu den im allgemeinen Arbeitsrecht geltenden Grundsätzen. Der **Arbeitnehmer** hat die anspruchsbegründenden Voraussetzungen darzulegen und zu beweisen, d. h. die Anzeige des Verlängerungswunschs, das Vorliegen eines entsprechend freien Arbeitsplatzes sowie seine Eignung bzw. gleiche Eignung (Thüringer LAG, Urteil v. 26.1.2012, 6 Sa 393/10[182]; vgl. auch LAG Hamm, Urteil v. 10.12.2015, 18 Sa 1307/15[183]). Es gilt entsprechend anderer arbeitsrechtlicher Ansprüche von Arbeitnehmern im Hinblick auf den Eignungsnachweis eine abgestufte Darlegungs- und Beweislast (vgl. LAG Berlin, Urteil v. 2.12.2003, 3 Sa 1041/03[184]; LAG Hamm, Urteil v. 10.12.2015, 18 Sa 1307/15[185]). Demnach muss der Arbeitnehmer nur darlegen, dass er dem Anforderungsprofil des freien Arbeitsplatzes gerecht wird. Der **Arbeitgeber** ist dann verpflichtet, Gründe für die bessere Eignung eines anderen Bewerbers darzulegen. Ist das geschehen, hat der Arbeitnehmer diesen Vortrag zu widerlegen (LAG Berlin, Urteil v. 2.12.2003, 3 Sa 1241/03[186]; vgl. auch LAG Düsseldorf, Urteil v. 3.3.2010, 7 Sa 1152/09[187]). 49

Für das Vorliegen von dringenden betrieblichen Gründen sowie von Arbeitszeitwünschen anderer teilzeitbeschäftigter Arbeitnehmer trägt der **Arbeitgeber** die Darlegungs- und Beweislast (Thüringer LAG, Urteil v. 26.1.2012, 6 Sa 393/10[188]). Der Arbeitgeber hat im Fall der Entscheidung nach billigem Ermessen (§ 315 Abs. 1 BGB) die Wahrung der Billigkeit darzulegen und zu beweisen[189]. 50

5.4 Streitwert

Bezüglich des Streitwerts gilt das unter § 8 Rz. 207 Gesagte. Die Grundsätze, die für Änderungskündigungsschutzklagen (§ 2 Satz 1 KSchG) gelten, sind auch auf § 9 TzBfG übertragbar (so speziell zu § 9 TzBfG LAG Berlin, Beschluss v. 9.2.2004, 17 Ta (Kost) 51

[182] Juris; Annuß/Thüsing/*Jacobs*, TzBfG, 3. Aufl. 2012, § 9 TzBfG, Rz. 43; HWK/*Schmalenberg*, 6. Aufl. 2014, § 9 TzBfG, Rz. 15; ErfK/*Preis*, 16. Aufl. 2016, § 9 TzBfG, Rz. 14; Sievers, TzBfG, 5. Aufl. 2015, § 9 TzBfG, Rz. 58.

[183] Juris.

[184] AuR 2004, S. 468, 470.

[185] Juris; vgl. zu § 1 Abs. 3 S. 3 KSchG BAG, Urteil v. 18.5.2006, 2 AZR 245/06, EzA § 1 KSchG Betriebsbedingte Kündigung Nr. 148; BAG, Urteil v. 5.6.2008, 2 AZR 907/06, EzA § 1 KSchG Soziale Auswahl Nr. 81.

[186] AuR 2004, S. 468, 469; Annuß/Thüsing/*Jacobs*, TzBfG, 3. Aufl. 2012, § 9 TzBfG, Rz. 43; Boewer, TzBfG, 1. Aufl. 2002, § 9 TzBfG, Rz. 66; Sievers, TzBfG, 5. Aufl. 2015, § 9 TzBfG, Rz. 59.

[187] Juris.

[188] Juris; Annuß/Thüsing/*Jacobs*, TzBfG, 3. Aufl. 2012, § 9 TzBfG, Rz. 43; Boewer, TzBfG, 1. Aufl. 2002, § 9 TzBfG, Rz. 67; Sievers, TzBfG, 5. Aufl. 2015, § 9 TzBfG, Rz. 60.

[189] Boewer, TzBfG, 1. Aufl. 2002, § 9 TzBfG, Rz. 68; ErfK/*Preis*, 16. Aufl. 2016, § 9 TzBfG, Rz. 14; HWK/*Schmalenberg*, 6. Aufl. 2014, § 9 TzBfG, Rz. 15.

6006/04[190]; LAG Düsseldorf, Beschluss v. 7.2.2008, 6 Ta 688/07[191]; LAG Köln, Beschluss v. 15.10.2010, 2 Ta 339/10[192]).

6. Betriebliche Mitbestimmung

52 Die **Mitbestimmungsrechte** des Betriebsrats bleiben von § 9 TzBfG unberührt. Bedeutung können insofern § 87 BetrVG sowie § 99 BetrVG erlangen.

53 Eine Mitbestimmung nach **§ 87 Nr. 2 BetrVG** kommt nur dann in Betracht, wenn die Verlängerung der Arbeitszeit dazu führt, dass die **Arbeitszeitlage anderer Mitarbeiter verändert** werden muss[193]. Kommt es im Anwendungsbereich des § 9 TzBfG zu einer befristeten Erhöhung der Arbeitszeit eines teilzeitbeschäftigten Arbeitnehmers, um einen betrieblichen Mehrbedarf abzudecken, handelt es sich um eine nach **§ 87 Nr. 3 BetrVG** mitbestimmungspflichtige **Verlängerung der betriebsüblichen Arbeitszeit** (vgl. BAG, Beschluss v. 24.4.2007, 1 ABR 47/06[194]).

54 Eine **Einstellung** i. S. v. § 99 Abs. 1 Satz 1 BetrVG liegt nach neuerer Rechtsprechung des BAG bei einer Verlängerung der Arbeitszeit nur vor, wenn diese sowohl nach Dauer als auch nach Umfang als nicht unerheblich angesehen werden muss (BAG, Beschluss v. 25.1.2005, 1 ABR 59/03[195]; BAG, Beschluss v. 9.12.2008, 1 ABR 74/07[196]). Hiervon geht das BAG in seinem zuletzt genannten Beschluss aus, wenn die wöchentliche Arbeitszeit für die Dauer von wenigstens einem Monat (vgl. § 95 Abs. 3 Satz 1 BetrVG) um wenigstens 10 Stunden (vgl. § 12 Abs. 1 Satz 3 TzBfG) erhöht wird[197].

Nach § 95 Abs. 3 Satz 1 BetrVG ist Voraussetzung für eine **Versetzung** i. S. v. § 99 Abs. 1 Satz 1 BetrVG die Zuweisung eines anderen Arbeitsbereichs, was bei der bloßen Verlängerung der Arbeitszeit nicht der Fall ist. Sowohl der Gegenstand der geschuldeten Arbeitsleistung als auch der Inhalt der Arbeitsaufgabe sowie das Gesamtbild der Tätigkeit müssten sich ändern (BAG, Beschluss v. 29.2.2000, 1 ABR 5/99[198]).

55 Nimmt der Arbeitgeber eine **Einstellung oder Versetzung** vor und verstößt dabei gegen § 9 TzBfG, greift § 99 Abs. 1 Satz 1 BetrVG i. V. m. § 99 Abs. 2 Nr. 1 BetrVG ein[199],

---

190 NZA-RR 2004, S. 493; ebenso Sievers, TzBfG, 5. Aufl. 2015, § 9 TzBfG, Rz. 61 mit Hinweis auf den Streitwertkatalog für die Arbeitsgerichtsbarkeit (dort unter I Nr. 8 i.V.m. Nr. 4.2), abgedruckt in NZA 2014, 745 ff.; vgl. auch BAG, Urteil v. 21.6.2011, 9 AZR 236/10, EzA § 9 TzBfG Nr. 5.

191 N. v.

192 Juris.

193 Vgl. Meinel/Heyn/Herms/*Heyn*, TzBfG, 5. Aufl. 2015, § 9 TzBfG, Rz. 6.

194 EzA § 87 BetrVG 2001 Arbeitszeit Nr. 11.

195 EzA § 99 BetrVG 2001 Einstellung Nr. 3.

196 EzA § 99 BetrVG 2001 Einstellung Nr. 11.

197 Ebenso LAG Rheinland-Pfalz, Beschluss v. 6.8.2015, 5 TaBV 11/15, Juris.

198 EzA § 95 BetrVG 1972 Nr. 31.

199 BT-Drucks. 14/4625, S. 20; BAG, Beschluss v. 1.6.2011, 7 ABR 117/09, EzA § 99 BetrVG 2001 Einstellung Nr. 18; Annuß/Thüsing/*Jacobs*, TzBfG, 3. Aufl. 2012, § 9 TzBfG, Rz. 52; ErfK/*Preis*, 16. Aufl. 2016, § 9 TzBfG, Rz. 11; *Rolfs*, RdA 2001, S. 129, 140; Sievers, TzBfG,

d. h. der Betriebsrat kann die Zustimmung zur Einstellung verweigern. Diese Möglichkeit besteht daneben gemäß § 99 Abs. 2 Nr. 3 BetrVG, weil bei einer Einstellung unter Verstoß gegen § 9 TzBfG der Arbeitnehmer, der den Antrag auf eine Arbeitszeitverlängerung gestellt hatte, einen sonstigen Nachteil i. S. v. § 99 Abs. 2 Nr. 3 Satz 1 BetrVG erleiden würde (LAG Schleswig-Holstein, Urteil v. 26.8.2008, 5 TaBV 18/08[200]). Der Teilzeitbeschäftigte steht dem befristet Beschäftigten insoweit gleich, § 99 Abs. 2 Nr. 3 Halbsatz 2 BetrVG.

Von Relevanz können außerdem **Auswahlrichtlinien** i. S. v. § 95 Abs. 1 Satz 1 BetrVG 56
sein, die zu einer Einschränkung der freien Auswahl unter gleich geeigneten Arbeitnehmern führen können[201]. Entsprechende Auswahlrichtlinien führen zu einer Konkretisierung des unbestimmten Rechtsbegriffs der gleichen Eignung und damit zu einer leichteren Nachprüfbarkeit der Entscheidung des Arbeitgebers durch den Betriebsrat[202]. Werden Auswahlrichtlinien nicht beachtet, kommt § 99 Abs. 2 Nr. 2 BetrVG zum Tragen.

5. Aufl. 2015, § 9 TzBfG, Rz. 67; a. A. LAG Schleswig-Holstein, Beschluss v. 26.8.2008, 5 TaBV 18/08, NZA-RR 2009, S. 139, 141 ff.

[200] NZA-RR 2009, S. 139, 141; vgl. auch BAG, Beschluss v. 1.6.2011, 7 ABR 117/09, EzA § 99 BetrVG 2001 Einstellung Nr. 18; LAG Baden-Württemberg, Beschluss v. 21.3.2013, 6 TaBV 9/12, Juris; LAG Bremen, Beschluss v. 11.3.2010, 3 TaBV 24/06, Juris.

[201] Meinel/Heyn/Herms/*Heyn*, TzBfG, 5. Aufl. 2015, § 9 TzBfG, Rz. 9.

[202] Vgl. *Oetker*, NZA 2003, S. 937, 943.

§ 10 Aus- und Weiterbildung

Der Arbeitgeber hat Sorge zu tragen, dass auch teilzeitbeschäftigte Arbeitnehmer an Aus- und Weiterbildungsmaßnahmen zur Förderung der beruflichen Entwicklung und Mobilität teilnehmen können, es sei denn, dass dringende betriebliche Gründe oder Aus- und Weiterbildungswünsche anderer teilzeit- oder vollzeitbeschäftigter Arbeitnehmer entgegenstehen.

Übersicht **Rz.**

1. Allgemeines

1 § 10 TzBfG setzt § 5 Abs. 3 lit. d der Rahmenvereinbarung über Teilzeitarbeit[1] um[2]. Nach der Richtlinie sollen Arbeitgeber in geeigneten Fällen Maßnahmen, die den Zugang teilzeitbeschäftigter Arbeitnehmer zur beruflichen Bildung erleichtern, zur Förderung des beruflichen Fortkommens und der beruflichen Mobilität in Erwägung ziehen.

2 § 10 TzBfG **konkretisiert das allgemeine Diskriminierungsverbot** bezüglich teilzeitbeschäftigter Arbeitnehmer aus § 4 Abs. 1 TzBfG und regelt die Verpflichtung des Arbeitgebers diese gleichberechtigt an Aus- und Weiterbildungsmaßnahmen teilhaben zu lassen[3]. Teilzeitbeschäftigte Arbeitnehmer sollen wie vollzeitbeschäftigte Arbeitnehmer die gleichen Chancen zum beruflichen Aufstieg haben[4]. Die Regelung fordert den Arbeitgeber auf, auch Teilzeitbeschäftigten die Teilnahme an Aus- und Weiterbildungsmaßnahmen zu ermöglichen, um die berufliche Bildung, das berufliche Fortkommen und

---

[1] Richtlinie 97/81/EG, ABl. Nr. L 14 vom 20.1.1998, S. 9, berichtigt ABl. Nr. L 128 vom 30.4.1998, S. 71.

[2] HWK/*Schmalenberg*, 6. Aufl. 2014, § 10 TzBfG, Rz. 1; Meinel/Heyn/Herms/*Heyn*, TzBfG, 5. Aufl. 2015, § 10 TzBfG, Rz. 1.

[3] ErfK/*Preis*, 16. Aufl. 2016, § 10 TzBfG, Rz. 1; Dornbusch/Fischermeier/Löwisch/*Schüren*, AR, 7. Aufl. 2015, § 10 TzBfG, Rz. 2; Hessisches LAG, Urteil v. 8.4.2011, 3 SaGa 343/11, zu II 1 b bb (1) der Gründe.

[4] Dornbusch/Fischermeier/Löwisch/*Schüren*, AR, 7. Aufl. 2015, § 10 TzBfG, Rz. 2.

die berufliche Mobilität von Teilzeitbeschäftigten zu fördern. Damit sollen Karrierehindernisse ausgeräumt und infolge dessen die Akzeptanz und Attraktivität von Teilzeitarbeit erhöht werden[5].

§ 10 TzBfG postuliert jedoch **keinen Anspruch auf berufliche Fortbildung**, sondern stellt als besondere Ausprägung des Diskriminierungsverbots nach § 4 TzBfG lediglich einen **Anspruch auf Gleichbehandlung** vollzeit- und teilzeitbeschäftigter Arbeitnehmer sicher[6]. Mit § 10 TzBfG soll die Gleichbehandlung vollzeitbeschäftigter und teilzeitbeschäftigter Arbeitnehmer beim beruflichen Aufstieg gewährleistet werden[7]. Eine Verpflichtung des Arbeitgebers zur Durchführung von Bildungsmaßnahmen begründet § 10 TzBfG nicht[8]. 3

§ 10 TzBfG erfasst **sämtliche teilzeitbeschäftigten Arbeitnehmer** i. S. d. § 2 TzBfG[9] und ist auch **nicht an eine Mindestarbeitnehmerzahl** des Arbeitgebers **geknüpft**[10]. Die Verpflichtung aus § 10 TzBfG ist abänderungsfest, § 22 TzBfG. 4

2. Verhältnis zum Betriebsverfassungsgesetz

Die Regelung des § 10 TzBfG lässt betriebsverfassungsrechtliche Regelungen unberührt. 5
Nach § 96 Abs. 2 BetrVG haben Arbeitgeber und Betriebsrat darauf zu achten, dass unter Berücksichtigung der betrieblichen Notwendigkeiten den Arbeitnehmern die Teilnahme an betrieblichen oder außerbetrieblichen Maßnahmen der Berufsbildung ermöglicht wird. Nach § 96 Abs. 2 Satz 2 BetrVG haben die Betriebspartner darauf zu achten, dass auch die Belange teilzeitbeschäftigter Arbeitnehmer berücksichtigt werden. § 96 BetrVG **verpflichtet den Arbeitgeber, berufliche Bildungsmaßnahmen** zu ermöglichen. § 10 TzBfG greift demgegenüber erst auf der nächsten Stufe ein, wenn der Arbeitgeber eine berufliche Bildungsmaßnahme anbietet. Dann verlangt § 10 TzBfG **bei der Auswahl der Teilnehmer** die **Gleichbehandlung** teilzeitbeschäftigter Arbeitnehmer mit ihren vollzeitbeschäftigten Kollegen[11]. Dabei ist § 98 BetrVG zu beachten. Nach § 98 Abs. 3 BetrVG steht dem **Betriebsrat** ein **Mitbestimmungsrecht** hinsichtlich der Auswahl der Arbeitnehmer zu, die an der Maßnahme teilnehmen. Dieses Mitbestimmungsrecht setzt jedoch voraus, dass der Betriebsrat dem Arbeitgeber entsprechende Vorschläge unterbreitet[12]. Im Rahmen des § 98 Abs. 3 BetrVG sind sowohl Arbeitgeber als auch Betriebsrat den Vorgaben des § 10 TzBfG verpflichtet.

---

5 BT-Drucks. 14/4374, S. 12.

6 *Preis/Gotthart*, DB 2000, S. 2065; Boewer, TzBfG, 1. Aufl. 2002, § 10 TzBfG, Rz. 4; Dornbusch/Fischermeier/Löwisch/*Schüren*, AR, 7. Aufl. 2015, § 10 TzBfG, Rz. 2.

7 BT-Drucks. 14/4374, S. 18.

8 ErfK/*Preis*, 16. Aufl. 2016, § 10 TzBfG, Rz. 3; Meinel/Heyn/Herms/*Heyn*, TzBfG, 5. Aufl. 2015, § 10 TzBfG, Rz. 2; Sievers, TzBfG, 5. Aufl. 2015, § 10 TzBfG, Rz. 1.

9 Zum Begriff des teilzeitbeschäftigten Arbeitnehmers s. Imping, § 2, Rz. 8 ff.

10 Meinel/Heyn/Herms/*Heyn*, TzBfG, 5. Aufl. 2015, § 10 TzBfG, Rz. 3.

11 Meinel/Heyn/Herms/*Heyn*, TzBfG, 5. Aufl. 2015, § 10 TzBfG, Rz. 4.

12 Löwisch/Kaiser, BetrVG, 6. Aufl. 2010, § 98 BetrVG, Rz. 8.

3. Verhältnis zum Personalvertretungsrecht

6 Für den Bereich des öffentlichen Dienstes folgt die parallele Verpflichtung zu § 96 BetrVG bzw. § 98 BetrVG aus § 75 BPersVG bzw. § 76 BPersVG bzw. den entsprechenden Regelungen der Landespersonalvertretungsgesetze.

4. Aus- und Weiterbildungsmaßnahme

7 Der Begriff der **Aus- und Weiterbildungsmaßnahmen** nach § 10 TzBfG erfasst sämtliche Maßnahmen der **Berufsbildung**, d. h. Ausbildung, Fortbildung und Umschulung. Er ist nicht auf solche Maßnahmen beschränkt, die die aktuelle Tätigkeit des teilzeitbeschäftigten Arbeitnehmers betreffen. Erfasst sind auch Maßnahmen zur **Verbesserung der beruflichen Qualifikation**, welche die berufliche Mobilität fördern[13].

Ausbildungsmaßnahmen sind solche, die die Vermittlung von Fertigkeiten, Kenntnissen und fachspezifischen Verhaltensweisen, die für die Berufsausübung erforderlich sind, zum Gegenstand haben[14]. Der Begriff der **Weiterbildungsmaßnahme** meint eine auf qualifizierende Weiterbildung gerichtete Maßnahme, die auf einer Berufsausbildung oder auf beruflicher Erfahrung aufbauend zur Erweiterung beruflicher Kenntnisse und Fertigkeiten dient[15]. Von § 10 TzBfG sind somit Lehrgänge, Seminare, Bildungsprogramme, Anleitung zur Bedienung neuer Maschinen, Veranstaltungen zum Zwecke des Erfahrungsaustauschs, Besuche von Messen und Sprachkurse, soweit sie einen konkreten Bezug zur Tätigkeit des Arbeitnehmers aufweisen, erfasst (vgl. BAG, Urteil v. 17.2.1998, 9 AZR 100/97[16]; BAG, Urteil v. 18.5.1999, 9 AZR 381/98[17]).

8 Allerdings müssen die Aus- und Weiterbildungsmaßnahmen einen **konkreten Bezug zur beruflichen Entwicklung und Mobilität** des teilzeitbeschäftigten Arbeitnehmers haben[18]. Eine Maßnahme, die die berufliche Mobilität des Arbeitnehmers verbessert, ist eine solche, die es ihm ermöglichen soll, auch außerhalb der von ihm derzeit bereits ausgeübten Tätigkeit weitere Tätigkeiten zu erlernen und es ihm zukünftig ermöglicht, eine höher qualifizierte Tätigkeit auszuüben[19]. Von § 10 TzBfG nicht erfasst werden Weiterbildungsmaßnahmen, die keinen Bezug zur Berufstätigkeit des Arbeitnehmers aufweisen und lediglich anderen Zwecken dienen, etwa der Freizeitgestaltung[20].

---

13 BT-Drucks. 14/4374, S. 18; HWK/*Schmalenberg*, 7. Aufl. 2014, § 10 TzBfG, Rz. 2.

14 Boewer, TzBfG, 1. Aufl. 2002, § 10 TzBfG, Rz. 7.

15 Boewer, TzBfG, 1. Aufl. 2002, § 10 TzBfG, Rz. 7.

16 AP BildungsurlaubsG Hamburg § 1 Nr. 1 = NZA 1999, S. 87.

17 AP BildungsurlaubsG Hamburg § 1 Nr. 2 = NZA 2000, S. 98.

18 Boewer, TzBfG, 1. Aufl. 2002, § 10 TzBfG, Rz. 9.

19 BT-Drucks. 14/4374, S. 18 und 21 (dort zu § 19 TzBfG); Meinel/Heyn/Herms/*Heyn*, TzBfG, 5. Aufl. 2015, § 10 TzBfG, Rz. 9.

20 Boewer, TzBfG, 1. Aufl. 2002, § 10 TzBfG, Rz. 9; Buschmann/Dieball/Stevens-Bartol, TZA, 2. Aufl. 2001, § 10 TzBfG, Rz. 6.

5. Keine Teilnahme bei entgegenstehenden Gründen

5.1 Entgegenstehende dringende betriebliche Gründe

Der Arbeitgeber ist berechtigt, einem teilzeitbeschäftigten Arbeitnehmer die Teilnahme an einer Aus- oder Weiterbildungsmaßnahme zu verweigern, wenn dringende betriebliche Gründe entgegenstehen. 9

Mit der Formulierung „dringende betriebliche Gründe" geht der Gesetzgeber über die Formulierung in § 8 Abs. 4 Satz 1 TzBfG hinaus. Während dort bereits das Bestehen „betrieblicher Gründe" ausreichend ist, verlangt der Gesetzgeber bei § 10 TzBfG ausdrücklich dringende betriebliche Gründe. Es reichen somit nicht nur sachliche, nachvollziehbare Gründe wie bei § 8 Abs. 4 TzBfG[21] aus, vielmehr müssen im Rahmen des § 10 TzBfG **Gründe von erheblicher Bedeutung** vorliegen[22]. Es sind deshalb an das Vorliegen dringender betrieblicher Gründe strenge Anforderungen zu stellen[23]. Gleichwohl wird man im Rahmen des § 10 TzBfG auf die in § 8 Abs. 4 TzBfG genannten Beispiele und die von der Rechtsprechung für die Ablehnung eines Urlaubswunsches nach § 7 Abs. 1 BUrlG entwickelten Grundsätze zurückgreifen können[24].

Dringende betriebliche Gründe sind zu bejahen, wenn **eine wesentliche Beeinträchtigung der Organisation, des Arbeitsablaufs oder der Sicherheit** gegeben ist, oder die Teilnahme **unverhältnismäßige Kosten** verursacht. Allerdings wird man das Vorliegen dringender betrieblicher Belange nicht bereits dann bejahen können, wenn die Berücksichtigung des vom teilzeitbeschäftigten Arbeitnehmer geäußerten Teilnahmewunschs zu Störungen im Betriebsablauf führt. Solche treten auch unabhängig von der Teilnahme an Aus- und Weiterbildungsmaßnahmen ein, etwa in Zeiten von Krankheit oder Urlaub. Denkbar wäre die Bejahung dringender betrieblicher Gründe für den Fall, dass die Arbeitskraft des betreffenden teilzeitbeschäftigten Arbeitnehmers unabdingbar ist und eine Ersatzkraft bzw. Vertretungskraft nicht vorhanden ist[25].

Letztlich ist im Rahmen des § 10 TzBfG auf die **konkreten Umstände des Einzelfalls abzustellen**. Es wird zu berücksichtigen sein, wie lange die begehrte Bildungsmaßnahme dauert und welche konkrete Tätigkeit der betreffende Arbeitnehmer hat. Je kürzer die durch die Maßnahme verursachte Ausfallzeit, desto eher wird ein dringender betrieblicher Grund fehlen[26].

5.2 Entgegenstehende Wünsche anderer Arbeitnehmer

Weiter können dem teilzeitbeschäftigten Arbeitnehmer seitens des Arbeitgebers auch Aus- und Weiterbildungswünsche anderer (teilzeit- oder vollzeitbeschäftigter) Arbeitnehmer entgegengehalten werden. Da § 10 TzBfG als besondere Ausprägung des Diskri- 10

---

21 S. Vossen, § 8, Rz. 64 ff.

22 Meinel/Heyn/Herms/*Heyn*, TzBfG, 5. Aufl. 2015, § 10 TzBfG, Rz. 13.

23 Boewer, TzBfG, 1. Aufl. 2002, § 10 TzBfG, Rz. 12.

24 Dornbusch/Fischermeier/Löwisch/*Schüren*, AR, 7. Aufl. 2015, § 10 TzBfG, Rz. 4.

25 *Link/Fink*, AuA 2001, S. 155.

26 Meinel/Heyn/Herms/*Heyn*, TzBfG, 5. Aufl. 2015, § 10 TzBfG, Rz. 13.

minierungsverbots nach § 4 Abs. 1 TzBfG auf Gleichbehandlung teilzeit- und vollzeitbeschäftigter Arbeitnehmer abzielt[27], gibt § 10 TzBfG dem teilzeitbeschäftigten Arbeitnehmer folglich auch **keinen Anspruch auf Bevorzugung** gegenüber vollzeitbeschäftigten Arbeitnehmern[28]. Bei der Auswahl der an der Bildungsmaßnahme teilnehmenden Arbeitnehmer hat der Arbeitgeber seine Entscheidung nach **billigem Ermessen** nach § 315 Abs. 1 BGB zu treffen[29]. Dabei muss der Arbeitgeber die **Beteiligungsrechte des Betriebsrats** nach § 98 BetrVG beachten.
Eine Auswahlentscheidung kommt nur dann in Betracht, wenn tatsächlich gleichzeitig mehrere **Wünsche nach Aus- und Weiterbildung** vorliegen. § 10 TzBfG greift von vornherein nur ein, wenn mehrere Arbeitnehmer sich für dieselbe Veranstaltung bzw. für Veranstaltungen im selben Zeitraum interessiert zeigen. In diesem Fall können dann aus den entgegenstehenden Wünschen anderer Arbeitnehmer auch dringende betriebliche Gründe werden, insbesondere wenn infolge der Berücksichtigung mehrerer Teilnehmer der Arbeitsablauf in erheblichem Umfang gestört würde.

6. Rechtsfolgen bei Verstoß gegen § 10

6.1 Schadensersatzansprüche

11 § 10 TzBfG enthält keine Regelung der Rechtsfolgen. Verstößt der Arbeitgeber bei seiner Auswahlentscheidung gegen § 10 TzBfG und damit gegen die Verpflichtung zur gleichberechtigten Teilhabe an Bildungsmaßnahmen, so ist zunächst an einen **Erfüllungsanspruch** zu denken, den der Arbeitnehmer im Wege der Leistungsklage geltend machen kann. Der Arbeitgeber, der bei der Auswahl § 10 TzBfG nicht beachtet, verstößt gegen eine arbeitsvertragliche Nebenpflicht mit der Folge, dass grundsätzlich ein Schadensersatzanspruch nach § 280 BGB besteht. Dieser ist gem. §§ 249, 251 BGB auf Naturalrestitution gerichtet.

12 Ob ein Anspruch auf finanzielle Entschädigung besteht, ist fraglich, denn dieser könnte wohl lediglich auf Übernahme der Kosten für eine Ersatz-Aus- oder Weiterbildungsmaßnahme gerichtet sein. Ob darüber hinaus ein **Schadensersatzanspruch** des übergangenen Arbeitnehmers für den Fall denkbar ist, dass er wegen der Nichtteilnahme an der Aus- oder Weiterbildung eine besser qualifizierte Stelle nicht bekommen hat[30], ist zweifelhaft. Die Aus- und Weiterbildungsmaßnahmen dienen vorwiegend dem innerbetrieblichen Aufstieg. Zum einen wird ein Arbeitgeber eine besser qualifizierte Stelle kaum einem Arbeitnehmer anbieten, dem er entsprechende Bildungsmaßnahmen verweigert, zum anderen müsste der betroffene Arbeitnehmer darlegen und ggf. beweisen, dass die rechtswidrige Verweigerung einer Aus- und Weiterbildungsmaßnahme kausal dafür war, dass er die Stelle nicht erhalten und er dadurch einen Schaden erlitten hat[31].

---

[27] Vgl. Hessisches LAG, Urteil v. 8.4.2011, 3 SaGa 343/11, zu II 1 b bb (1) der Gründe.

[28] Meinel/Heyn/Herms/*Heyn*, TzBfG, 5. Aufl. 2015, § 10 TzBfG, Rz. 14.

[29] BT-Drucks. 14/4625, S. 24; HWK/*Schmalenberg*, 6. Aufl. 2014, § 10 TzBfG, Rz. 5.

[30] Laux/Schlachter/*Laux*, TzBfG, 2. Aufl. 2011, § 10 TzBfG, Rz. 36.

[31] ErfK/*Preis*, 16. Aufl. 2016, § 10 TzBfG, Rz. 5.

6.2 Mittelbare Auswirkungen auf Kündigungsschutz

§ 10 TzBfG kann im Rahmen des Kündigungsschutzrechts Bedeutung erlangen. Verweigert ein Arbeitgeber einem teilzeitbeschäftigten Arbeitnehmer die Teilnahme an einer Aus- oder Weiterbildungsmaßnahme und stützt er im Rahmen einer nachfolgenden **betriebsbedingten Kündigung** seine **Auswahlentscheidung** auf die geringere oder gar fehlende Qualifikation des teilzeitbeschäftigten Arbeitnehmers, so kann sich eine entsprechende Auswahlentscheidung als unzutreffend erweisen[32]. Erforderlich ist, dass die verweigerte Aus- oder Weiterbildungsmaßnahme vom Umfang wie auch von ihren Inhalten her dem gekündigten teilzeitbeschäftigten Arbeitnehmer ein Heranrücken an die Qualifikation des nicht gekündigten Arbeitnehmers ermöglicht hätte. Denkbar sind etwa Fälle von Schulungsmaßnahmen betreffend neuer Maschinen mit neuen Steuerungen, neuer Betriebssysteme oder einzelner Softwareprogramme. 13

32 ErfK/*Preis*, 16. Aufl. 2016, § 10 TzBfG, Rz. 6.

§ 11 Kündigungsverbot

[1]Die Kündigung eines Arbeitsverhältnisses wegen der Weigerung eines Arbeitnehmers, von einem Vollzeit- in ein Teilzeitarbeitsverhältnis oder umgekehrt zu wechseln, ist unwirksam. [2]Das Recht zur Kündigung des Arbeitsverhältnisses aus anderen Gründen bleibt unberührt.

Übersicht **Rz.**

1. Allgemeines

1 § 11 TzBfG regelt, dass dem Arbeitnehmer aus der Weigerung, in ein Teilzeit- oder Vollzeitarbeitsverhältnis zu wechseln, keine Nachteile hinsichtlich der Beendigung des Arbeitsverhältnisses entstehen dürfen. Stützt sich die Kündigung des Arbeitgebers allein auf eine solche Weigerung, ist sie deshalb unwirksam. Andere Kündigungsgründe bleiben möglich.

§ 11 TzBfG setzte § 5 Nr. 2 der Europäischen Rahmenvereinbarung über Teilzeitarbeit um (Richtlinie 97/81/EG[1]). Während es bei den zentralen Regelungen zur Teilzeit in den §§ 8, 9 TzBfG um Änderungswünsche des Arbeitnehmers geht, knüpft § 11 TzBfG an einen **Änderungswunsch des Arbeitgebers** an. Für diesen Fall greift das Benachteiligungsverbot des § 5 TzBfG nicht, da bei einer Ablehnung eines Änderungswunschs des Arbeitgebers der Arbeitnehmer keine Rechte aus dem TzBfG geltend macht, vielmehr sich auf bestehende Vereinbarungen zur Arbeitszeitdauer beruft.

2 Dieses Verbot der arbeitgeberseitigen Kündigung wegen der Weigerung des Arbeitnehmers, von einem Vollzeit- in ein Teilzeitarbeitsverhältnis oder umgekehrt zu wechseln, ist eine **Sonderregelung zu** § 5 TzBfG **und** § 612a BGB[2].

---

[1] Zur Auslegung von § 5 Nr. 2 der Rahmenvereinbarung EuGH, Urteil v. 15.10.2014, C-221/13, EuZW 2015, S. 106.

[2] Annuß/Thüsing/*Jacobs*, TzBfG, 3. Aufl. 2012, § 11 TzBfG, Rz. 1.

§ 11 TzBfG geht von dem Grundsatz aus, dass der **Arbeitgeber** ohne Zustimmung des Arbeitnehmers die **vertraglich vereinbarte Arbeitszeit nicht ändern** kann. Dies kann auch im Arbeitsvertrag nur eingeschränkt vorbehalten werden[3]. 3

> **Hinweis**
>
> Will der Arbeitgeber die Dauer der Arbeitszeit verändern, kann dies nur erfolgen durch einen einvernehmlichen **Änderungsvertrag** oder durch eine **Änderungskündigung**. Hier stellt § 11 Satz 1 TzBfG klar, dass die Ablehnung des Änderungswunschs nicht der Kündigungsgrund sein kann. Es geht daher um einen Vertragsinhaltsschutz.

§ 11 TzBfG entspricht vom Gesetzesaufbau § 613a Abs. 4 BGB, so dass zu Einzelfragen unter Berücksichtigung der Zielsetzung von § 11 TzBfG auf die Rechtsprechung des Bundesarbeitsgerichts (BAG) zu dem eigenständigen Kündigungsverbot des § 613a Abs. 4 BGB zurückgegriffen werden kann[4]. 4

2. Anwendungsbereich

2.1 Persönlicher Anwendungsbereich

§ 11 TzBfG gilt für **alle Arbeitsverhältnisse**. Insbesondere gilt das Kündigungsverbot auch **während der Wartezeit** von 6 Monaten nach § 1 KSchG und **in Kleinbetrieben** nach § 23 Abs. 1 KSchG. 5

Da im Geltungsbereich des KSchG die ordentliche Kündigung ohnehin der sozialen Rechtfertigung bedarf, ist § 11 TzBfG insbesondere für die **Arbeitsverhältnisse** von Bedeutung, **in denen das** KSchG **nicht zur Anwendung kommt**. Bei einer außerordentlichen Kündigung oder einer ordentlichen Kündigung, die der sozialen Rechtfertigung nach dem KSchG bedarf, muss der Arbeitgeber in einem arbeitsgerichtlichen Verfahren die Kündigungsgründe darlegen und beweisen. Gelingt ihm dies nicht, ist die außerordentliche Kündigung nach § 626 BGB unwirksam und die ordentliche Kündigung nach §1 KSchG sozial nicht gerechtfertigt, so dass es auf die Unwirksamkeit nach § 11 TzBfG in der Regel nicht ankommt.

2.2 Sachlicher Anwendungsbereich

§ 11 TzBfG gilt für **alle Formen der Kündigung** des Arbeitgebers, also für die außerordentliche und ordentliche Beendigungs- und Änderungskündigung. 6

Eine Anwendung auf **andere Beendigungstatbestände** ist in der Rechtsprechung noch nicht geklärt. 7

---

[3] S. Arnold, § 12, Rz. 10.

[4] Sievers, TzBfG, 5. Aufl. 2015, § 11 TzBfG, Rz. 4.

Nach Jacobs[5] fallen auch Aufhebungsverträge, Eigenkündigungen und Befristungen, die zur Vermeidung von Kündigungen i. S. v. § 11 Satz 1 TzBfG geschlossen werden, als Umgehung unter § 11 TzBfG.

Diese Auffassung orientiert sich an der Rechtsprechung des BAG zu § 613a Abs. 4 BGB[6]. Gleiches müsste dann auch für einen Änderungsvertrag zur Vermeidung einer Änderungskündigung gelten. Dieser Auffassung ist nicht zu folgen[7]. Die Anwendung von gesetzlichen Verboten auf Umgehungsgeschäfte setzt voraus, dass durch das gesetzliche Verbot die Verwirklichung eines bestimmten Erfolgs verhindert werden soll[8]. Da durch § 11 TzBfG die vereinbarte Arbeitszeit **vor einseitigen Änderungen** durch den Arbeitgeber **geschützt** werden soll, richtet sich das gesetzliche Verbot **nur** gegen **Kündigungen**. Ist der Arbeitnehmer durch den Arbeitgeber durch die Drohung mit einer Kündigung zum Aufhebungs- oder Änderungsvertrag veranlasst worden, verbleibt die Möglichkeit der Anfechtung nach § 123 BGB. Nach ständiger Rechtsprechung des BAG ist eine **Anfechtung wegen widerrechtlicher Drohung möglich**, wenn ein verständiger Arbeitgeber aufgrund des vorliegenden Sachverhalts eine Kündigung nicht ernsthaft in Erwägung gezogen hätte (vgl. z. B. BAG, Urteil v. 6.12.2001, 2 AZR 396/00[9]; Urteil v. 21.3.1996, 2 AZR 543/95[10]).

8 Über den Wortlaut hinaus kommt § 11 TzBfG auch dann zur Anwendung, wenn es um eine Kündigung wegen der **Weigerung zur Veränderung des Umfangs des Teilzeitarbeitsverhältnisses** geht.

> **Beispiel**
>
> Die Kündigung wird ausgesprochen, weil der Arbeitnehmer eine vom Arbeitgeber gewünschte Reduzierung des Teilzeitvertrags von 30 auf 20 Wochenstunden ablehnt.

Auch hier geht es um den einseitigen Eingriff in den Vertragsschutz, sodass nach Sinn und Zweck § 11 TzBfG zur Anwendung kommt[11].

9 **Keine Anwendung** findet § 11 TzBfG bei der Ausübung des **Direktionsrechts** des Arbeitgebers als Folge der Ablehnung des Änderungswunschs durch den Arbeitgeber.

---

5 Annuß/Thüsing/*Jacobs*, TzBfG, 3. Aufl. 2012, § 11 TzBfG, Rz. 3.

6 Hierzu beispielsweise BAG, Urteil v. 10.12.1998, 8 AZR 324/97, NJW 1999, S. 357; BAG, Urteil v. 11.7.1995, 3 AZR 154/95, AP TVG § 1 Nr. 56.

7 Wie hier MünchKomm/*Müller-Glöge*, Bd. 4, 6. Aufl. 2012, § 11 TzBfG, Rz. 4.

8 Palandt/*Ellenberger*, BGB, 75. Aufl. 2016, § 134, Rz. 28.

9 NJW 2002, S. 2196.

10 NJW 1997, S. 676.

11 Thüsing/Laux/Lembke/*Laux*, KSchG, 3. Aufl. 2014, § 11 TzBfG, Rz. 7; Meinel/Heyn/Herms/*Heyn*, TzBfG, 5. Aufl. 2015, § 11 TzBfG, Rz. 9; Sievers, TzBfG, 5. Aufl. 2015, § 11 TzBfG, Rz. 7.

Beispiel

Der Arbeitgeber versetzt den Arbeitnehmer als Folge der Weigerung kraft arbeitsvertraglichen Direktionsrechts in eine andere Abteilung. Die Anwendung von § 11 TzBfG scheidet aus, da der Arbeitgeber Rechte innerhalb des bestehenden Vertrags ausübt. Eine Überprüfung der Wirksamkeit der Maßnahme kann jedoch nach § 612a BGB erfolgen. Angesichts der nach Art 2 Abs.1 GG für beide Seiten gewährleisteten Vertragsfreiheit kommt § 612a BGB in diesem Fall jedoch nur dann zur Anwendung, wenn sich die Ausübung des Direktionsrechts selbst als unerlaubte Maßregelung darstellt, gewissermaßen als „Racheakt" für die zulässige Rechtsausübung des Arbeitnehmers (vgl. BAG, Urteil v. 22.5.2003, 2 AZR 426/02[12]).

§ 11 TzBfG kommt gleichfalls **nicht** zur **Anwendung** bei einer Kündigung des Arbeitgebers als Folge von **Änderungswünschen des Arbeitnehmers**. Der Schutz des Arbeitnehmers ergibt sich in diesem Fall jedoch aus § 5 TzBfG. Auch die Kündigung nach Ablehnung eines **Änderungswunschs des Arbeitgebers zur Lage der Arbeitszeit** fällt nicht unter § 11 TzBfG. Es kann jedoch ein Verstoß gegen § 612a BGB vorliegen. 10

Da § 11 TzBfG einen **Zusammenhang zwischen Ablehnung eines Änderungswunschs und Kündigung** fordert, kommt § 11 TzBfG nicht zur Anwendung, wenn eine Weigerung des Arbeitnehmers zur Arbeitszeitänderung nicht vorliegt, weil der Arbeitgeber vor der ausgesprochenen Kündigung dem Arbeitnehmer eine einvernehmliche Veränderung nicht angeboten hat. Hiervon ist zumindest nach der Entscheidung des BAG (BAG, Urteil v. 22.4.2004, 2 AZR 385/03) auszugehen. Das BAG hat bei einer Änderungskündigung zur Reduzierung der Arbeitszeit und Veränderung der Arbeitszeitlage § 11 TzBfG nicht einmal erwähnt, vielmehr den Rechtsstreit im Hinblick auf eine mögliche Maßregelung aus anderen Gründen zur weiteren Aufklärung an das Landesarbeitsgericht zurückverwiesen. 11

3. Kündigungsverbot

3.1 Rechtsnatur/Klagefrist

§ 11 Satz 1 TzBfG ist ein eigenständiges Kündigungsverbot. Ein Verstoß gegen § 11 TzBfG führt zur Unwirksamkeit der Kündigung. 12

Hinweis

Da seit 1.1.2004 auch für die eigenständigen Kündigungsverbote nach § 13 Abs. 3 KSchG die §§ 4 bis 7 KSchG zur Anwendung kommen, ist die Unwirksamkeit innerhalb der **3-Wochen Frist des** § 4 KSchG geltend zu machen.

[12] NZA 2004, S. 399 für den Fall der Kündigung innerhalb der Wartezeit nach § 1 KSchG nach Ablehnung eines Änderungsangebots durch den Arbeitgeber.

13 Die weiteren Bestimmungen des KSchG kommen **nicht** zur Anwendung. Dies gilt insbesondere auch für den **Auflösungsantrag nach** § 9 KSchG. Kommt das KSchG bei einer Kündigung nicht zur Anwendung, kann ein Auflösungsantrag nach § 9 KSchG nicht gestellt werden. Liegt bei einer sozial nicht gerechtfertigen ordentlichen Kündigung nach § 1 KSchG oder einer unwirksamen außerordentlichen Kündigung nach § 626 BGB zugleich der Unwirksamkeitsgrund nach § 11 TzBfG vor, kann nach der Rechtsprechung des BAG der Arbeitnehmer, nicht jedoch der Arbeitgeber, einen Auflösungsantrag stellen (vgl. BAG, Urteil v. 8.8.2008, 2 AZR 63/07[13]).

3.2 Weigerung als Kündigungsgrund

14 Verboten ist nach § 11 Satz 1 TzBfG die Kündigung wegen der Weigerung des Arbeitnehmers zur Arbeitszeitänderung. Nach § 11 Satz 2 TzBfG ist jedoch die Kündigung aus anderen Gründen möglich. Die Unwirksamkeit der Kündigung nach § 11 Satz 1 TzBfG liegt vor, wenn die **Weigerung des Arbeitnehmers**, der Änderung der Arbeitszeit zuzustimmen, das **tragende Motiv der Kündigung** durch den Arbeitgeber war. Da § 11 Satz 1 TzBfG eine Sonderregelung des Maßregelungsverbots des § 612a BGB ist, kann teilweise auf die Rechtsprechung des BAG zu 612a BGB zurückgegriffen werden, die dieses wiederum in Anlehnung an § 613a Abs. 4 BGB entwickelt hat (BAG, Urteil v. 22.5.2003, 2 AZR 426/02[14]).

Zwischen der Kündigung und der Weigerung des Arbeitnehmers muss ein **unmittelbarer Zusammenhang** bestehen. **Tragend** ist ein Beweggrund, wenn er das **wesentliche Motiv** für die Kündigung gewesen ist. Eine Mitursächlichkeit allein genügt nicht. Es reicht insbesondere nicht aus, wenn die Rechtsausübung nur der äußere Anlass für die Maßnahme war (BAG, Urteil v. 21.9.2011, 7 AZR 150/10[15]).

15 Während das Kündigungsschutzgesetz auf die objektive Sachlage zum Zeitpunkt der Kündigung abstellt, wird bei den Maßregelungsverboten auf den Beweggrund und damit auf ein **subjektives Element** abgestellt. Nach der Rechtsprechung des BAG zu § 612a BGB (BAG, Urteil v. 22.5.2003, 2 AZR 426/02[16], Urteil v. 20.4.1989, 2 AZR 498/88) sind auch zu § 11 TzBfG 2 Sachverhalte zu trennen:

1. Ist der Kündigungsentschluss ausschließlich durch die Weigerung des Arbeitnehmers bestimmt gewesen, so deckt sich Motiv mit äußerem Anlass. Dies schneidet dem Arbeitgeber die Möglichkeit ab, andere Gründe i. S. v. § 11 Satz 2 TzBfG vorzubringen und diese nachzuschieben. Es kommt dann insoweit nicht auf die objektive Sachlage bei Zugang der Kündigung an[17].

---

[13] NZA 2009, S. 275, näher Thüsing/Laux/Lembke/*Arnold*, KSchG, 3. Aufl. 2014, § 9 KSchG, Rz. 9 ff.

[14] NZA 2004, S. 399.

[15] NZA 2012, S. 317.

[16] NZA 2004, S. 399.

[17] Thüsing/Laux/Lembke/*Laux*, KSchG, 3. Aufl. 2014, § 11 TzBfG, Rz. 8; a. A. Boewer, TzBfG, 1. Aufl. 2002, § 11 TzBfG, Rz. 7.

2. Ist die Weigerung nur ein Motiv neben anderen Gründen, ist die Weigerung dann nicht wesentliches Motiv, wenn es sich bei den anderen Gründen um solche i. S. d. § 11 Satz 2 TzBfG handelt. In diesem Falle ist wesentliches Motiv die Umsetzung der vorliegenden Kündigungsgründe und nicht die Weigerung des Arbeitnehmers, der Veränderung zuzustimmen.

Hinweis

Das BAG hat bei einer Kündigung als Folge der Ablehnung eines Änderungsangebots zum Inhalt der Tätigkeit zu § 612a BGB ausgeführt, dass das besondere Unwerturteil erfordere, dass die Ausgestaltung **des Änderungsangebots** sich **selbst** als **unerlaubte Maßregelung** darstelle (BAG, Urteil v. 22.5.2003, 2 AZR 426/02)[18].

Zur Begründung hat das BAG darauf abgestellt, dass sowohl die Abgabe des Änderungsangebots durch den Arbeitgeber als auch die Ablehnung durch den Arbeitnehmer Ausdruck der durch Art 2 Abs. 1 GG gewährleisteten Vertragsfreiheit seien.

Diese Rechtsprechung kann auf § 11 TzBfG **nicht** übertragen werden, da durch diese Vorschrift die vertraglich festgelegte Arbeitszeitdauer besonders geschützt ist.

§ 11 Satz 1 TzBfG kommt daher nicht nur bei „Racheakten" zur Anwendung.

3.3 Kündigung aus anderen Gründen

3.3.1 Wirtschaftliche, technische und organisatorische Gründe

§ 11 Satz 2 TzBfG stellt klar, dass eine Kündigung aus anderen als den in § 11 Satz 1 16
TzBfG genannten Gründen zulässig ist. In der amtlichen Begründung werden als Beispiele wirtschaftliche, technische und organisatorische Gründe genannt[19]. Hieraus ergibt sich, dass neben personen- und verhaltensbedingten Gründen **auch betriebsbedingte Gründe** in Betracht kommen. Dabei kann grundsätzlich auf die von der Rechtsprechung des BAG anerkannten betriebsbedingten Gründe zurückgegriffen werden.

Beispiel

Kürzung oder Veränderung der Ladenöffnungszeiten; Änderungskündigung zur Reduzierung der Arbeitszeit bei verringertem Arbeitsanfall.

In diesen Fällen wird die Kündigung nicht wegen der Weigerung des Arbeitnehmers, sondern vielmehr als Folge einer hinzunehmenden unternehmerischen Entscheidung des Arbeitgebers ausgesprochen[20].

---

[18] NZA 2004, S. 399.

[19] BT-Drucks. 14/4374, S. 18.

[20] *Preis/Gotthardt*, DB 2000, S. 2065, 2069.

Beispiel

Der Arbeitgeber bietet dem Arbeitnehmer bei Wegfall des bisherigen Vollzeitarbeitsplatzes einen anderen Arbeitsplatz mit Teilzeit an. Diesen Arbeitsplatz lehnt der Arbeitnehmer wegen der Reduzierung der Arbeitszeit ab. Spricht nun der Arbeitgeber eine Änderungskündigung aus, so ist die Weigerung des Arbeitnehmers nur der äußere Anlass, nicht jedoch der tragende Grund für diese Kündigung. Tragender Grund ist hier die Absicht des Arbeitgebers, den Kündigungsgrund nach § 1 Abs. 2 KSchG durchzusetzen.

3.3.2 Arbeitszeitdauer als unternehmerische Entscheidung

17 Im Schrifttum ist streitig, ob unter § 11 Satz 2 TzBfG auch die unternehmerische Entscheidung des Arbeitgebers fällt, zukünftig auf bestimmten Arbeitsplätzen nur noch Vollzeit- oder Teilzeitkräfte einzusetzen. Nach der **Rechtsprechung des 2. Senats des BAG zum Kündigungsschutzrecht** liegt eine verbindliche **unternehmerische Organisationsentscheidung** vor, wenn der Arbeitgeber beschließt, nach einem personellen Konzept der Arbeitszeitgestaltung zukünftig in einem bestimmten Bereich nur noch Voll- oder Teilzeitkräfte zu beschäftigen (vgl. nur BAG, Urteil v. 3.12.1998, 2 AZR 341/98[21]). Sie sei lediglich in einer **Missbrauchskontrolle** dahingehend zu überprüfen, ob sie offenbar unvernünftig oder willkürlich und ob sie ursächlich für den vom Arbeitgeber geltend gemachten Änderungsbedarf sei.

18 Aus den §§ 8, 9 und 11 TzBfG hat insbesondere *Buschmann* unter Hinweis auf europarechtliche Vorgaben abgeleitet, dass diese Rechtsprechung nicht mehr aufrechterhalten bleiben könne. Da nach der in den §§ 8 und 9 TzBfG zum Ausdruck kommenden gesetzgeberischen Wertung der Arbeitnehmer eine Änderung der persönlichen Arbeitszeitdauer unter Umständen gegen den Willen des Arbeitgebers durchsetzen könne, könne nicht umgekehrt der Wille des Arbeitgebers eine Unternehmerentscheidung darstellen[22].

19 Nach der **Gegenauffassung** verfolgen das TzBfG und das KSchG jedoch unterschiedliche Regelungsziele. § 11 Satz 1 TzBfG solle die Weigerung als Kündigungsgrund ausschließen. Eine Änderung des materiellen Kündigungsrechts könne hieraus nicht abgeleitet werden. Auch bei den §§ 8, 9 TzBfG würden betriebliche Gründe, die die unternehmerische Entscheidung prägen, erheblich bleiben[23]. Die nicht rechtsmissbräuchliche Unternehmerentscheidung, für einen bestimmten Arbeitsbedarf nur Vollzeit oder Teilzeitkräfte einzusetzen, stelle daher einen „anderen Grund“ im Sinne von § 11 Satz 2 TzBfG dar[24].

---

[21] NJW 1999, S. 1733.

[22] Ausführlich Buschmann/Dieball/Stevens-Bartol, TzA, 2. Aufl. 2001, § 11 TzBfG, Rz. 6 bis 9; MünchArbR/*Schüren*, 3. Aufl. 2009, § 46 TzBfG, Rz. 260.

[23] *Preis/Gotthardt*, DB 2000, S. 2065, 2069.

[24] ErfK/*Preis*, 16. Aufl. 2016, § 11 TzBfG, Rz. 2; Sievers, TzBfG, 5. Aufl. 2015, § 11 TzBfG, Rz. 12 f.; HK-TzBfG/*Joussen*, 3. Aufl. 2012, § 11 TzBfG, Rz. 31; Meinel/Heyn/Herms/*Heyn*, TzBfG, 5. Aufl. 2015, § 11 TzBfG, Rz. 13; Rohr, Teilzeitarbeit und Kündigungsrecht, S. 150.

Beide Auffassungen gehen zutreffend davon aus, dass die Lösung von dem Verständnis von § 8 Abs. 4 TzBfG abhängt. Der **9. Senat des BAG** geht für § 8 Abs. 4 TzBfG seit der grundlegenden ersten Entscheidung (BAG, Urteil v. 18.2.2003, 9 AZR 164/02[25]) davon aus, dass **allein der Hinweis auf freie Unternehmensentscheidungen** als betrieblicher Grund im Geltungsbereich des § 8 TzBfG **nicht genüge** und die Prüfung, ob auf Seiten des Arbeitgebers hinreichend gewichtige Gründe vorliegen, nach einer **3-stufigen Prüfungsreihenfolge** zu beurteilen sei[26]. Damit übernimmt der 9. Senat unter Hinweis auf die gesetzlichen Vorgaben des TzBfG nicht die Rechtsprechung des 2. Senats. Insbesondere prüft der 9. Senat in der 3. Stufe, ob durch die vom Arbeitnehmer gewünschte Beibehaltung der bisherigen Arbeitszeit das betriebliche Organisationskonzept wesentlich beeinträchtigt wird. Dies bedeutet nichts anderes als eine partielle Inhaltskontrolle und mittelbare Abwägung zwischen dem Antrag des Arbeitnehmers und den betrieblichen Interessen des Arbeitgebers[27]. Der 2. Senat hält seinerseits ohne Auseinandersetzung mit der Rechtsprechung des 9. Senats an seiner Auffassung fest (BAG, Urteil v. 22.4.2004, 2 AZR 385/03). Dies führt dazu, dass die „dringenden betrieblichen Gründe“ in § 1 Abs. 2 KSchG bei Kündigungen nur einer Missbrauchskontrolle unterliegen, während bei „betrieblichen Gründen“ im Sinne von § 8 Abs. 4 TzBfG eine weitergehende Prüfung erfolgt. 20

Der unterschiedliche Prüfungsmaßstab ist im Rahmen der zu prüfenden „anderen Gründe“ misslich. Einerseits sollte ein Wertungswiderspruch mit § 8 TzBfG vermieden werden, mit der Folge, dass nur die betrieblichen Gründe als andere Gründe nach § 11 Satz 2 TzBfG anzuerkennen sind, die umgekehrt einem Veränderungswunsch des Arbeitnehmers entgegenstehen. Andererseits kann es nicht angehen, dass eine Kündigung, insbesondere eine Änderungskündigung, die nach dem Prüfungsmaßstab des 2. Senats sozial gerechtfertigt ist, als „anderer Grund“ nicht ausreicht. Solange beide Senate ihre Rechtsprechung nicht abgestimmt haben, wird bei § 11 TzBfG eine vorliegende unternehmerische Entscheidung hinzunehmen sein. § 5 Nr. 2 der Rahmenvereinbarung über Teilzeitarbeit[28] erfordert keine weitere Begrenzung. Diese Vorschrift schließt lediglich aus, dass die Ablehnung nicht ohne sachlichen Grund als einziger Grund für eine Kündigung herangezogen wird (EuGH, Urteil v. 15.10.2014, C-221/13[29]). 21

In der Entscheidung vom 22.4.2004 (BAG, Urteil v. 22.4.2004, 2 AZR 385/03) hat der 2. Senat im Übrigen die bisherige Rechtsprechung des BAG (grundlegend BAG, Urteil v. 3.12. 1998, 2 AZR 341/98) zur eingeschränkten Vergleichbarkeit von vollzeit- und teilzeitbeschäftigten Arbeitnehmern bei der Sozialauswahl bestätigt[30]. § 11 TzBfG steht 22

---

[25] NJW 2004, S. 386.

[26] S. Vossen, § 8, Rz. 68 ff., 72 ff.

[27] Zur Ausstrahlwirkung der Rechtsprechung des 9. Senats auf die unternehmerische Entscheidungsfreiheit im Kündigungsschutzrecht ausführlich *Bayreuther*, DB 2004, S. 1726.

[28] Hierzu Rz. 1.

[29] EuZW 2015, S. 106.

[30] S. Rambach, § 4, Rz. 47.

dem bei einer sachlich begründeten Organisationsentscheidung für ein bestimmtes Arbeitskonzept nicht entgegen[31].

4. Darlegungs- und Beweislast

23 Die Darlegungs- und Beweislast für das Vorliegen eines Kündigungsverbots nach § 11 Satz 1 TzBfG trägt der **Arbeitnehmer**. Es fehlt eine gesetzliche Beweiserleichterung, wie sie z.B. § 611a Abs. 1 Satz 3 BGB vorsieht. Eine Anwendung dieser Beweiserleichterung scheidet aus (vgl. zu § 612a BGB bereits BAG, Urteil v. 20.4.1989, 2 AZR 498/88). Der Arbeitnehmer hat daher den **Kausalzusammenhang** zwischen Rechtsausübung und Kündigung darzulegen.

24 Diese Beweisführung fällt dem Arbeitnehmer naturgemäß schwer. Ein **zeitlicher Zusammenhang** zwischen der Weigerung des Arbeitnehmers und der Kündigung des Arbeitgebers wird zur Beweisführung über den **Anscheinsbeweis nicht genügen**[32]. Das BAG geht bei § 612a BGB zwar davon aus, dass dem Arbeitnehmer der Anscheinsbeweis zugute kommt, wenn ein unmittelbarer zeitlicher Zusammenhang zwischen Ausübung eines Rechts und benachteiligender Maßnahme des Arbeitgebers besteht (BAG, Urteil v. 11.8.1992, 1 AZR 103/92[33], und BAG, Urteil v. 21.11.2000, 9 AZR 665/99[34]).
Der Anscheinsbeweis setzt einen unstreitigen oder bewiesenen Sachverhalt voraus, der infolge der Häufigkeit gleicher Ereignisse nach der Lebenserfahrung auch gleiche Folgen auslöst (BAG, Urteil v. 22.9.1994, 2 AZR 31/94[35]). Da § 11 Satz 1 TzBfG auf die innere Willensrichtung des Arbeitgebers abstellt und § 11 Satz 2 TzBfG die Kündigung aus anderen Gründen ausdrücklich zulässt, kann nach der Lebenserfahrung nicht unterstellt werden, dass wesentliches Motiv einer Kündigung die Weigerung des Arbeitnehmers war und nicht ein berechtigter Grund nach § 11 Satz 2 TzBfG.

25 Da die Gründe nach § 11 Satz 2 TzBfG in der Sphäre des Arbeitgebers liegen, kann jedoch auf den Grundsatz der **abgestuften Darlegungs- und Beweislast** zurückgegriffen werden:

- Zunächst muss der Arbeitnehmer einen zeitlichen Zusammenhang zwischen Kündigung und Weigerung vortragen.
- Hierauf muss sich der Arbeitgeber qualifiziert auf das Vorbringen des Arbeitnehmers einlassen, ansonsten gilt der schlüssige Sachvortrag des Arbeitnehmers nach § 138 Abs. 3 ZPO als zugestanden (vgl. BAG, Urteil v. 22.5.2003, 2 AZR 426/02)[36].
- Trägt der Arbeitgeber einen betrieblichen Grund schlüssig vor, muss der Arbeitnehmer darlegen und beweisen, dass der behauptete Grund tatsächlich nicht vorliegt, z. B. die behauptete Organisationsentscheidung.

---

[31] Laux/Schlachter/*Laux*, TzBfG, 2. Aufl. 2010, § 11 TzBfG, Rz. 41; Sievers, TzBfG, 5. Aufl. 2015, § 11 TzBfG, Rz. 18.

[32] A. A. HK-TzBfG/*Joussen*, 3. Aufl. 2012, § 11 TzBfG, Rz. 33.

[33] NJW 1993, S. 218.

[34] NZA 2001, S. 1093.

[35] NZA 1995, S. 363.

[36] NZA 2004, S. 399, unter II. 2. der Entscheidungsgründe.

Hinweis

Die mit der Darlegungs- und Beweislast verbundenen Probleme hat der Arbeitnehmer nicht, wenn es um eine außerordentliche Kündigung oder eine ordentliche Kündigung im Geltungsbereich des KSchG geht. Hier hat der Arbeitgeber die Wirksamkeit der außerordentlichen Kündigung nach § 626 BGB und die soziale Rechtfertigung der ordentlichen Kündigung nach § 1 Abs. 2 Satz 4 KSchG darzulegen und zu beweisen.

§ 12 Arbeit auf Abruf

(1) [1]Arbeitgeber und Arbeitnehmer können vereinbaren, dass der Arbeitnehmer seine Arbeitsleistung entsprechend dem Arbeitsanfall zu erbringen hat (Arbeit auf Abruf). [2]Die Vereinbarung muss eine bestimmte Dauer der wöchentlichen und täglichen Arbeitszeit festlegen. [3]Wenn die Dauer der wöchentlichen Arbeitszeit nicht festgelegt ist, gilt eine Arbeitszeit von zehn Stunden als vereinbart. [4]Wenn die Dauer der täglichen Arbeitszeit nicht festgelegt ist, hat der Arbeitgeber die Arbeitsleistung des Arbeitnehmers jeweils für mindestens drei aufeinander folgende Stunden in Anspruch zu nehmen.

(2) Der Arbeitnehmer ist nur zur Arbeitsleistung verpflichtet, wenn der Arbeitgeber ihm die Lage seiner Arbeitszeit jeweils mindestens vier Tage im Voraus mitteilt.

(3) [1]Durch Tarifvertrag kann von den Absätzen 1 und 2 auch zuungunsten des Arbeitnehmers abgewichen werden, wenn der Tarifvertrag Regelungen über die tägliche und wöchentliche Arbeitszeit und die Vorankündigungsfrist vorsieht. [2]Im Geltungsbereich eines solchen Tarifvertrages können nicht tarifgebundene Arbeitgeber und Arbeitnehmer die Anwendung der tariflichen Regelungen über die Arbeit auf Abruf vereinbaren.

Übersicht **Rz.**

1. Allgemeines

Arbeit auf Abruf gilt aus Arbeitgebersicht als das flexible Arbeitszeitmodell zum bedarfsorientierten Einsatz der Arbeitszeit. Flexible Arbeitszeiten sind geprägt von dem Streben der Arbeitgeberseite, die Arbeitszeit dem Arbeitsanfall anzupassen und die Maschinenlaufzeiten zu verlängern. Dem steht das Interesse der Arbeitnehmer an einem regelmäßigen Einkommen und planbarer oder eigener Zeitsouveränität gegenüber. Die Arbeitszeit wird bestimmt durch die Dauer (**Arbeitszeitvolumen**) und die Lage (**Arbeitszeitverteilung**). Ist einer der Faktoren veränderbar, wird von flexibler Arbeitszeit gesprochen. 1

Die Arbeitszeitdauer stand – von Ausnahmen wie Überstunden oder Kurzarbeit abgesehen – nach einer grundlegenden Entscheidung des Bundesarbeitsgerichts (BAG) zu einem Bandbreitenmodell (BAG, Urteil v. 12.12.1984, 7 AZR 509/83[1]) nicht zur einseitigen Disposition des Arbeitgebers. 2

> **Hinweis**
>
> Der Begriff „Arbeitszeitdauer" ist mehrdeutig und hat je nach Kontext eine unterschiedliche Bedeutung. So kann die Dauer der täglichen oder auch wöchentlichen Arbeitszeit abhängig von dem vereinbarten Bezugszeitraum schwanken. Wenn von Dauer der Arbeitszeit in Abgrenzung zur Lage der Arbeitszeit die Rede ist, ist damit das vereinbarte Arbeitszeitvolumen in einem definierten Bezugszeitraum gemeint.

In einer genauso grundlegenden Entscheidung hat das BAG diese so genannte Umgehungsrechtsprechung aufgegeben (BAG, Urteil v. 7.12.2005, 5 AZR 535/04[2]), da diese mit der möglichen Inhaltskontrolle einseitiger Leistungsbestimmungsrechte nicht mehr erforderlich sei. Das BAG versteht seither das einseitige Leistungsbestimmungsrecht des Arbeitgebers über die Arbeitszeitdauer als **Änderungsvorbehalt**. Durch die Entschei- 3

---

[1] NJW 1985, S. 2151.

[2] NZA 2006, S. 423, bestätigt durch BVerfG, Beschluss v. 23.11.2006, 1 BvR 1909/06, NJW 2007, S. 286.

dung werden Änderungsvorbehalte im Bereich Vergütung und im Bereich Arbeitszeitdauer nach gleichen Grundsätzen nach § 307 Abs. 1 Satz 1 BGB auf die unangemessene Benachteiligung des Arbeitnehmers geprüft.

4 Bei **flexiblen Arbeitszeiten** geht es im Normalfall um die ungleichmäßige Verteilung der Arbeitszeit. Dabei lassen sich die Arbeitszeitmodelle zur Bedarfssteuerung trotz der unterschiedlichsten Bezeichnungen auf 3 Grundformen zurückführen:

- Der Arbeitgeber legt die Arbeitszeit fest.
- Die Arbeitszeitverteilung erfolgt durch Vereinbarung.
- Der Arbeitnehmer bestimmt die Lage der Arbeitszeit.

5 Wenn in Rechtsprechung und Literatur von variabler Arbeitszeit die Rede ist, ist für die Beurteilung von entscheidender Bedeutung, welcher Grundform die ganz oder teilweise variable Arbeitszeit zuzuordnen ist. Neuere Arbeitsmodelle versuchen unter dem Stichwort „Arbeit 4.0“ die Ausrichtung der Arbeitszeit an betrieblichen Bedürfnissen mit den individuellen Arbeitszeitpräferenzen der Mitarbeiter in Einklang zu bringen[3]. § 12 TzBfG begrenzt dabei die Möglichkeiten des Arbeitgebers, die Arbeitszeit allein nach dem betrieblichen Bedarf festzulegen.

6 Bei der **Abrufarbeit**, auch bezeichnet als kapazitätsorientierte variable Arbeitszeit (KAPOVAZ), steuert der Arbeitgeber nach Bedarf die Arbeitszeit; bei anderen Modellen, wie der so genannten **Vertrauensarbeitszeit**, erwartet der Arbeitgeber, dass die Arbeitnehmer selbst die Arbeitszeit bedarfsgerecht steuern.

7 Die Entscheidung des BAG (BAG, Urteil v. 2.12.1984, 7 AZR 509/03[4]) war bereits 1985 mit Anlass, in die geplante Regelung zur Anpassung der Arbeitszeit in § 4 Abs. 1 BeschFG die Pflicht aufzunehmen, in Arbeitsverträgen die Dauer der Arbeitszeit festzulegen[5]. Diese für Arbeit auf Abruf wichtige und für andere Formen der Arbeitsvertragsgestaltung mit Bestimmungsrecht bedeutsame Vorschrift ist durch § 12 TzBfG ersetzt worden. Nach der Gesetzesbegründung sollten im Wesentlichen die in § 4 BeschFG getroffenen Regelungen übernommen werden. Die Gesetzesbegründung verweist darauf, dass durch die Neuregelung deutlicher geregelt werden solle, dass die Tarifvertragsparteien auch zuungunsten der Arbeitnehmer von den gesetzlichen Vorgaben abweichen können[6]. Dies ist durch § 12 Abs. 3 TzBfG erfolgt. Brisanz enthielt die Neuregelung jedoch im Hinblick auf eine Neufassung der Pflicht zur Festlegung der Arbeitszeit in § 12 Abs. 1 Satz 2 TzBfG. Die Bewertungen in der Literatur gingen von „Alles wie bisher“ bis zu „Aus für die Arbeit auf Abruf“[7]. Das BAG hat in der Entscheidung vom 7.12.2005 (BAG, Urteil v. 7.12.2005, 5 AZR 535/04[8]) § 12 Abs. 1 Satz 2 TzBfG nun eine ganz neue Bedeutung gegeben und die Möglichkeit eröffnet, neben der Lage der Arbeitszeit in begrenztem Umfang auch die Dauer – genauer das Volumen – der Arbeitszeit zu verändern.

---

3 *Steffan*, Arbeitszeit(recht) auf dem Weg zu 4.0, NZA 2015, S. 1409 ff.

4 NJW 1985, S. 2151.

5 BT-Drucks. 10/3206, S. 48.

6 BT-Drucks. 14/4374, S. 18.

7 S. Rz. 39 ff.

8 NZA 2006, S. 423.

1.1 Begriff der Arbeit auf Abruf

8 Nach Abs. 1 Satz 1 ist Abrufarbeit dann gegeben, wenn die Arbeitsleistung nach dem entsprechenden **Arbeitsanfall** vom Arbeitnehmer zu erbringen ist. Arbeitsanfall ist dann gegeben, wenn der Arbeitgeber davon ausgeht, die Arbeitsleistung des Arbeitnehmers zu benötigen. Dabei kommt es nicht darauf an, ob aus objektiver Sicht Arbeit vorhanden ist oder ob aus produktionstechnischer Sicht die Erbringung der Arbeitsleistung durch den Arbeitnehmer sinnvoll ist.

1.2 Normzweck

9 § 12 TzBfG soll in einer Art **Abwägung** die Interessen des Arbeitgebers an einem **flexiblen Personaleinsatz** mit den Interessen der Arbeitnehmer an der eigenen **Zeitsouveränität** in Einklang bringen. Die Norm soll durch Festschreibung der Mindestdauer, Mindesteinsatzdauer und Ankündigungsfristen die Arbeit auf Abruf sozialverträglich gestalten.

10 Die Vorschrift bringt zunächst den allgemeinen Grundsatz zum Ausdruck, dass der Umfang der beiderseitigen Hauptleistungspflichten (Vergütungs- und Arbeitspflicht) nicht dem Direktionsrecht des Arbeitgebers unterliegt. Das allgemeine Weisungsrecht des Arbeitgebers hat stets nur eine Konkretisierungsfunktion hinsichtlich der im Arbeitsvertrag enthaltenen Arbeitsbedingungen. Die Regelung der beiderseitigen Hauptleistungspflichten gehört zum Kernbereich des Arbeitsverhältnisses mit der Folge, dass diese Arbeitsbedingungen lediglich durch Gesetz, Kollektiv- oder Einzelarbeitsvertrag gestaltbar sind. Das **Recht zur einseitigen Festlegung der Arbeitszeitdauer durch den Arbeitgeber** unterliegt daher der **Inhaltskontrolle** nach § 307 Abs. 1 Satz 1 BGB.

2. Anwendungsbereich

2.1 Persönlicher Anwendungsbereich

11 § 12 TzBfG gilt für alle Teilzeitarbeitsverhältnisse, bei denen die Arbeit des Arbeitnehmers auf Abruf bzw. bei Bedarf des Arbeitgebers erfolgt.

Schon zu § 4 BeschFG war höchst **streitig** und höchstrichterlich nicht geklärt, **ob** die Vorschrift nur für Teilzeitbeschäftigte gilt oder **auch für Vollzeitbeschäftigte** (offen gelassen von BAG, Urteil v. 25.4.1989, 2 AZR 537/88). Gleichwohl ist bei der Neureglung in § 12 TzBfG durch den Gesetzgeber eine Klarstellung nicht erfolgt, sodass der Meinungsstreit in der Literatur fortgetragen wird und die für die Praxis bedeutsame Entscheidung des BAG aussteht. Der Streit ist nicht von rein akademischer Natur. Ein **kurzfristiger Einsatz** im Rahmen der vertraglichen Arbeitszeit ist **bei Anwendung von** § 12 TzBfG auch mit Zustimmung des Betriebsrates **nicht möglich**, da die Lage der Arbeitszeit mindestens 4 Tage im Voraus mitgeteilt werden muss. Dies gilt auch bei Mischformen[9]. Arbeitszeitmodelle für Vollzeitbeschäftigte, die neben fest definierten Arbeitszeiten flexible Arbeitszeitanteile enthalten, müssten dann also bei Anwendung von § 12 TzBfG auch die 4-tägige Ankündigungsfrist zu beachten.

---

9 S. Rz. 21.

12 Die Auffassung, die die direkte oder entsprechende Anwendung auch für **Vollzeitbeschäftigte** bejaht, weist mit guten Gründen darauf hin, dass allein die systematische Stellung im 2. Abschnitt des TzBfG nicht zwingend gegen die Anwendung spricht[10]. Der Wortlaut selbst enthält keine Beschränkung. Abrufarbeit ist auch bei Vollzeitarbeit möglich. Richtig ist weiter, dass auch bei Vollzeitbeschäftigten ein Schutzbedürfnis vor einseitigen Leistungsbestimmungen des Arbeitgebers über die Arbeitszeit besteht[11].

13 Gleichwohl sprechen die besseren Gründe für eine **Nichtanwendung für Vollzeitbeschäftigte**. § 12 Abs. 1 Satz 2, 3 TzBfG kommen bei Vollzeitkräften ohnehin nicht zur Anwendung. Im Übrigen ist das Schutzbedürfnis von Teilzeit- und Vollzeitkräften nicht identisch. Teilzeitkräfte stellen dem Arbeitgeber ihre Arbeitskraft nur zeitlich beschränkt zur Verfügung. Dies erfordert eine besondere Beschränkung der einseitigen Bestimmung der Lage der Arbeitszeit durch den Arbeitgeber.

Vollzeitkräfte sind auch ohne Anwendung von § 12 TzBfG dem Leistungsbestimmungsrecht des Arbeitgebers nicht schutzlos unterworfen: Es kann **nach** § 307 Abs. 1 BGB überprüft werden, ob und inwieweit Vertragsgestaltungen mit einem einseitigen Leistungsbestimmungsrecht über die Dauer und die Lage der Arbeitszeit bei Vollzeitbeschäftigten die Arbeitnehmer unangemessen benachteiligen[12]. Der Arbeitgeber muss weiter bei der Bestimmung der Lage der Arbeitszeit nach **§ 315 BGB** die Interessen der Arbeitnehmer mit berücksichtigen. Je kürzer die Ankündigungsfrist ist, umso gewichtiger müssen die betrieblichen Gründe sein. In Betrieben mit **Betriebsrat** ist auch dessen erforderliche Zustimmung ein die Interessen der Arbeitnehmer einbringender Faktor. Die unmittelbare oder entsprechende Anwendung für Vollzeitbeschäftigte scheidet daher aus (s. z. B. LAG Frankfurt, Urteil v. 17.1.1997, 13 Sa 2250/95[13]).

14 Das BAG deutet inzwischen jedoch an, dass bei einer Zuweisung von Tätigkeiten im Rahmen einer Jahresarbeitszeit ohne abweichende tarifliche Regelung § 12 Abs. 2 und 3 TzBfG die gesetzliche Wertung zu entnehmen sei, dass ohne Beachtung der Ankündigungsfrist von 4 Tagen der Arbeitnehmer nicht zur Arbeitsleistung verpflichtet ist (BAG,

---

10 Annuß/Thüsing/*Jacobs*, TzBfG, 3. Aufl. 2012, § 12 TzBfG, Rz. 5; HK-TzBfG/*Boecken*, 3. Aufl. 2012, § 12 TzBfG, Rz. 12.

11 So z. B. *Hanau*, RdA 1987, S. 25, 28; Annuß/Thüsing/*Jacobs*, TzBfG, 3. Aufl. 2012, § 12 TzBfG, Rz. 5; MünchArbR/*Schüren*, Bd. 1, 3. Aufl. 2009, § 41, Rz. 9.

12 ErfK/*Preis*, 16. Aufl. 2016, § 12 TzBfG, Rz. 4; MünchKomm/*Müller-Glöge*, 6. Aufl. 2012, § 12 TzBfG, Rz. 3; ausführlich hierzu Preis, Der Arbeitsvertrag 5. Aufl. 2015 II A 90, Rz. 4a ff.

13 NZA-RR 1997, S. 487; GK-TzA/*Mikosch*, 1987, Art. 1 § 4 BeschFG, Rz. 17; ErfK/*Preis*, 16. Aufl. 2016, § 12 TzBfG, Rz. 4; Meinel/Heyn/Herms/*Heyn*, TzBfG, 5. Aufl. 2015, § 12 TzBfG, Rz. 7.

Urteil v. 26.1.2011, 5 AZR 819/09[14]). Die Grenzziehung zwischen Vollzeit- und Teilzeitbeschäftigten erfolgt nach § 2 TzBfG[15]. Zur Abgrenzung muss auf die nach dem Vertrag mögliche Mindestlaufzeit abgestellt werden[16].

§ 12 TzBfG **gilt für alle Teilzeitarbeitsverhältnisse**. Insbesondere scheidet nicht für besonders schutzbedürftige Arbeitnehmergruppen (Mütter, Schwerbehinderte etc.) die Vereinbarung von Abrufarbeit aus[17]. 15

Im **Leiharbeitsverhältnis** ist die gesetzeskonforme Abrufarbeit möglich, sofern eine bestimmte regelmäßige Dauer der Arbeitszeit und des täglichen Arbeitseinsatzes vereinbart wird[18]. Das Bundessozialgericht (BSG) hat zwar in einem Fall der Abrufarbeit mit geringer Arbeitszeitdauer und langem Verteilungszeitraum die Unwirksamkeit der konkreten Vereinbarung aus § 3 Abs. 1 Nr. 3-5 AÜG hergeleitet (BSG, Beschluss v. 27.9.1992, 11 Rar 51/91[19]). Die entsprechenden Vorschriften sind jedoch mit der Neuregelung des AÜG ab 1.1.2004 aufgehoben[20].

In **Berufsausbildungsverhältnissen** scheidet nach allgemeiner Ansicht Abrufarbeit aus.

2.2 Sachlicher Anwendungsbereich

2.2.1 Bestimmungsrecht über Arbeitszeit

Typisches Merkmal der Abrufarbeit ist das vertraglich dem Arbeitgeber eingeräumte Bestimmungsrecht über die Lage der Arbeitszeit. Nach § 12 Abs. 1 Satz 2 TzBfG muss die Arbeitszeitdauer als wöchentliche Arbeitszeit festgelegt werden[21]. 16

Beispiel

Die regelmäßige Arbeitszeit beträgt ... Stunden pro Woche. Sie kann nach betrieblichem Bedarf auf mehrere Wochen ungleichmäßig verteilt werden, jedoch nur so, dass in ... zusammenhängenden Wochen der Ausgleich erreicht sein muss. Der Arbeitnehmer ist zum Einsatz nur verpflichtet, wenn ihm die Lage und Dauer mindestens 4 Tage im Voraus mitgeteilt wurde.

Die Mindestbeschäftigungszeit beträgt 3 aufeinander folgende Stunden pro Arbeitstag.

---

[14] Für eine Anwendung nur der Ankündigungsfrist auch Laux/Schlachter/*Laux*, TzBfG, 2. Aufl. 2011, § 12 TzBfG, Rz. 31.

[15] S. Imping, § 2, Rz. 9 ff.

[16] *Arnold* in: Festschrift für Manfred Löwisch zum 70. Geburtstag, 2007, Änderungsvorbehalte zur Arbeitszeitdauer, S. 11.

[17] Laux/Schlachter/*Laux*, TzBfG, 2. Aufl. 2011, § 12 TzBfG, Rz. 23 ff.; Buschmann/Dieball/Stevens-Bartol, TzA, 2. Aufl. 2001, § 12 TzBfG, Rz. 86 ff.

[18] Schüren/Hamann, AÜG, 4. Aufl. 2010, Einl., Rz. 192; Boewer, TzBfG, 1. Aufl. 2002, § 12 TzBfG, Rz. 11; a. A. Buschmann/Dieball/Stevens-Bartol, TzA, 2. Aufl. 2001, § 12 TzBfG, Rz. 90.

[19] NZA 1993, S. 527.

[20] Näher Schüren/Hamann, AÜG, 4. Aufl. 2010, Einl., Rz. 252.

[21] S. Rz. 39 ff.

17 Diese Pflicht zur Festlegung der wöchentlichen Arbeitszeit versteht das BAG unter Aufgabe des bisherigen Verständnisses nur als Pflicht zur Festlegung einer **Mindestdauer** der wöchentlichen Arbeitszeit (BAG, Urteil v. 7.12.2005, 5 AZR 535/04[22]). Es ist daher zulässig, dass vertraglich ein zusätzliches Arbeitszeitvolumen festgelegt wird, welches der Arbeitgeber bei Bedarf ganz oder teilweise abrufen kann. Begrenzt wird dieses zusätzliche Arbeitszeitvolumen durch die gebotene Inhaltskontrolle nach § 307 BGB. Der **Flexibilitätsanteil** darf **höchstens 25 %** der geschuldeten Mindestarbeitszeit betragen. Bei einem höheren Anteil wird der Arbeitnehmer bei gebotener Abwägung der Interessen des Arbeitnehmers an einer festen Regelung von Arbeitszeit und Arbeitsentgelt und der Interessen des Arbeitgebers an einer Flexibilisierung der Arbeitszeitdauer unangemessen benachteiligt. Dabei ist es nach Auffassung des BAG auch zulässig, vertraglich die einseitige **Verringerung** der Arbeitszeit **um 20 %** zu vereinbaren.

Beispiel

Die Parteien vereinbaren eine Mindestarbeitszeit von 30 Stunden. Es kann die einseitige Erhöhung um 7,5 Stunden wöchentlich vereinbart werden (25 %).

Die Parteien vereinbaren eine Arbeitszeit von 37,5 Stunden. Es kann vertraglich die einseitige Verringerung um 7,5 Stunden wöchentlich vereinbart werden (20 %).

18 Unzulässig ist die zeitgleich vereinbarte Erhöhung um 25 % und Verringerung um 20 %, da damit das flexible Arbeitszeitvolumen 45 % betragen würde. Zulässig ist eine Flexibilisierung des Arbeitszeitvolumens im Sinne einer **Bandbreitenregelung** dann, wenn der **Anteil des flexiblen Arbeitszeitanteils maximal 25 %** der Mindestarbeitszeitdauer beträgt.

Beispiel einer Vereinbarung

Die wöchentliche Arbeitszeit beträgt 30 Stunden. Der Arbeitgeber kann abweichend hiervon eine wöchentliche Arbeitszeit von 28 bis 35 Stunden zuweisen. Die Vergütung erfolgt nach den jeweils angeordneten Stunden.

Hinweis

Die Veränderungen haben unter Beachtung der Fristen nach § 12 Abs. 4 TzBfG zu erfolgen[23].

[22] NZA 2006, S. 423; kritisch Laux/Schlachter/*Laux*, TzBfG, 2. Aufl. 2011, § 12 TzBfG, Rz. 44.
[23] S. Rz. 61 ff.

Entspricht der vereinbarte Arbeitszeitanteil nicht diesen Anforderungen, ist die gesamte Vereinbarung zur Arbeitszeitdauer unwirksam. Über eine ergänzende Vertragsauslegung ist darauf abzustellen, was redliche Vertragsparteien vereinbart hätten, wenn sie die Unwirksamkeit der Klausel bedacht hätten (BAG, Urteil v. 7.12.2005, 5AZR 535/04[24]). In dieser Entscheidung hat das BAG nach der tatsächlichen Arbeitszeit die Festlegung einer Mindestarbeitszeit von 35 Stunden mit einseitiger Erhöhungsmöglichkeit bis 40 Wochenstunden bei einer unwirksamen Bandbreite von 30 bis 40 Stunden vorgenommen[25]. Der 9. Senat des BAG hat in einer Vertragsklausel mit 150 Stunden im monatlichen Durchschnitt eine intransparente Regelung i. S. v. § 307 Abs. 1 Satz 1 BGB gesehen und ist im Wege der ergänzenden Vertragsauslegung zur Begründung eines Vollzeitarbeitsverhältnisses gekommen (BAG, Urteil v. 21.6.2011, 9 AZR 236/10[26]). Hingegen hat der 5. Senat in einem Fall, in dem eine Festbeschäftigung mit flexibler Arbeitszeit nach den betrieblichen Erfordernissen vereinbart wurde, ohne nähere Begründung angenommen, es greife nur der gesetzliche Mindestschutz nach § 12 Abs. 1 Sätze 3 und 4 TzBfG (BAG, Urteil v. 24.9.2014, 5 AZR 1024/12[27]). Dem BAG ist zu folgen, soweit es in diesem Fall abgelehnt hat, im Wege der ergänzenden Vertragsauslegung ein Vollzeitarbeitsverhältnis zu begründen. Der Rückgriff auf § 12 Abs. 1 Satz 3 TzBfG ohne Prüfung eine ergänzenden Vertragsauslegung, wie vom 5. Senat noch 2005 angenommen (BAG, Urteil v. 7.12. 2005, 5 AZR 535/04[28]) ist jedoch nicht interessengerecht. Die ergänzende Vertragsauslegung geht dem Rückgriff auf § 12 Abs. 1 Satz 3 TzBfG vor[29]. 19

Die nicht festgelegte Arbeitszeit bestimmt der Arbeitgeber nach dem von ihm prognostizierten Bedarf ohne dass es darauf ankommt, ob ein solcher objektiv vorliegt[30]. 20

Nicht erforderlich ist, dass die gesamte vereinbarte Arbeitszeit Abrufarbeit ist. § 12 TzBfG greift auch bei **Mischformen**, in denen nur ein Teil des vereinbarten Arbeitsumfangs Abrufarbeit sein soll[31], wenn der flexible Arbeitszeitanteil den Vorgaben des BAG entspricht. 21

Beispiel

Es wird eine Arbeitszeit von wöchentlich 30 Stunden vereinbart. Vier Stunden täglich am Vormittag bei 5 Tage-Woche stehen fest. In Höhe von 10 Stunden soll der Einsatz am Nachmittag bei Bedarf erfolgen.

[24] NZA 2006, S. 423.
[25] S. Rz. 53.
[26] NZA 2011, S. 1274; kritisch Preis, RdA 2012, 101.
[27] NZA 2014, S. 1328.
[28] NZA 2006, S. 423.
[29] Preis, RdA 2015, S. 244.
[30] Annuß/Thüsing/*Jacobs*, TzBfG, 3. Aufl. 2012, § 12 TzBfG, Rz. 8.
[31] ErfK/*Preis*, 16. Aufl. 2016, § 12 TzBfG, Rz. 7.

> Der Vorteil einer solchen Form aus Sicht des Arbeitgebers kann sein, dass im Hinblick auf die betriebliche Anwesenheit ein Arbeitnehmer auch dann zur Arbeitsleistung am Nachmittag bereit ist, wenn die Ankündigungsfrist von vier Kalendertagen nicht gewahrt wurde.
>
> Diese Vereinbarung ist zulässig, weil hier das Arbeitsvolumen fest vereinbart ist. Flexibel ist nur die Lage der Arbeitszeit.

22 Neben der klassischen Abrufarbeit kommt bei einer weiteren Reihe von Arbeitszeitmodellen die Anwendung von § 12 TzBfG in Betracht. Dabei ist nicht die jeweilige Bezeichnung, vielmehr die **konkrete Vertragsgestaltung entscheidend**. Immer dann, wenn nach dem Arbeitszeitmodell durch den Arbeitgeber einseitig die Lage oder auch Dauer der Arbeitszeit bestimmt werden soll, ist die Anwendung von § 12 TzBfG zu prüfen, wobei es sich nach der hier vertretenen Auffassung um Teilzeitarbeit handeln muss[32]. Die Beschäftigung einer Teilzeitkraft über die vertraglich vereinbarte Arbeitszeit führt jedoch auch bei langjähriger Praxis allein nicht zur konkludenten Vereinbarung von Abrufarbeit mit variabler Dauer der Arbeitszeit (BAG, Urteil v. 25.4.2007, 5 AZR 504/06).

23 Vereinbarungen, in denen sich der Arbeitgeber die **Dauer der Arbeitszeit vorbehalten** will, fallen in den Anwendungsbereich des § 12 TzBfG[33]. Die Abrufarbeit wird nach § 12 Abs. 1 Satz 1 TzBfG über die Befugnis des Arbeitgebers definiert, den Arbeitnehmer entsprechend dem Arbeitsanfall einzusetzen. Der Verstoß gegen die Pflicht, nach § 12 Abs. 1 Satz 2 TzBfG eine Dauer festzulegen, ändert nichts an der Rechtsnatur als Abrufarbeit[34]. Daher sind auch so genannte **Bandbreitenregelungen**, d. h. Vertragsgestaltungen mit Vereinbarung eines Rahmens der Arbeitszeitdauer oder **Vereinbarungen mit Mindest- oder Höchstarbeitszeit**[35], Abrufarbeit.

> **Beispiel**
>
> Regelungen aus der Praxis:

Bandbreitenregelung:	Die wöchentliche Arbeitszeit beträgt mindestens 20 und höchstens 30 Stunden.
Mindestarbeitszeit:	Die wöchentliche Arbeitszeit beträgt mindestens 20 Stunden. Bei Bedarf kann der Arbeitgeber eine höhere Wochenarbeitszeit festlegen.
Höchstarbeitszeit:	Die wöchentliche Arbeitszeit beträgt höchstens 25 Stunden.

32 S. Rz. 13 ff.

33 A. A. LAG Düsseldorf, Urteil v. 30.8.2002, 7 Sa 709/02, NZA-RR 2003, S. 407.

34 Sächs. LAG, Urteil v. 16.7.2009, 5 Sa 407/08; zu den Konsequenzen einer fehlenden oder fehlerhaften Vereinbarung s. Rz. 53.

35 Ausführlich *Preis*, Der Arbeitsvertrag, 5. Aufl. 2015, II A 90, Rz. 158 ff.

Bewertung

Diese vertraglichen Regelungen sind nach § 307 BGB unwirksam, da der flexible Arbeitszeitanteil ausgehend von der Mindestarbeitszeit entweder 25 % überschreitet oder überhaupt nicht festgeschrieben ist[36].

Gleitzeitmodelle mit und ohne Kernarbeitszeit fallen wie auch sog. **Vertrauensarbeitszeiten** nicht in den Anwendungsbereich von § 12 TzBfG. Hier hat nicht der Arbeitgeber das Bestimmungsrecht über die Lage der Arbeitszeit[37]. Auch wenn die Arbeitnehmer selbstbestimmt die Arbeitszeit an dem Arbeitsanfall orientieren, liegt keine Abrufarbeit vor[38]. Behält sich der Arbeitgeber bei Gleitzeit von Teilzeitkräften eine Veränderung der Arbeitszeitdauer vor, hat der Arbeitgeber insoweit § 12 TzBfG und die Ankündigungsfrist zu beachten. 24

Jahresarbeitszeitverträge mit unterschiedlichen bedarfsabhängigen Arbeitszeiten fallen gleichfalls nicht in den Anwendungsbereich des § 12 TzBfG, da Wesensmerkmal von Jahresarbeitszeitverträgen ist, dass die Verteilung der Arbeitszeit zweiseitig geregelt wird[39] und ein kurzfristiges Abweichen der langfristigen Planung nur auf Konsensbasis erfolgen kann. Hat der Arbeitgeber das Bestimmungsrecht über die Arbeitszeit, liegt Abrufarbeit mit einem Jahresdeputat als Bezugszeitraum vor[40]. Gleiches gilt, wenn sich der Arbeitgeber eine Veränderung des Arbeitszeitvolumens vorbehält. Will der Arbeitgeber sich die Möglichkeit der einseitigen Feinanpassung vorbehalten, müssen daher entsprechende Regelungen die Vorgaben der Abrufarbeit beachten[41]. 25

Auf **Bereitschaftsdienste und Rufbereitschaft** ist – losgelöst von der Frage, ob es sich um Arbeitszeit im Sinne des Arbeitszeitgesetzes (ArbZG) handelt – § 12 TzBfG nicht anwendbar, da nicht die Rufbereitschaft oder der Bereitschaftsdienst abgerufen werden. Vielmehr kommt es innerhalb der feststehenden zu vergütenden Dienste zur konkreten Arbeitsleistung. § 12 TzBfG erfasst hingegen den **Abruf aus unbezahlter Freizeit**[42]. 26

2.2.2 Anordnung von Überstunden

Die Anordnung von **Mehrarbeit** oder **Überstunden** fällt nach überwiegender Meinung nicht in den Anwendungsbereich von § 12 TzBfG[43]. Es gibt keine Anhaltspunkte dafür, 27

---

36 S. Rz. 17.

37 ErfK/*Preis*, 16. Aufl. 2016, § 12 TzBfG, Rz. 9; Kittner/Däubler/Zwanziger, KSchR, 9. Aufl. 2014, § 12 TzBfG, Rz. 4.

38 A. A. Buschmann/Dieball/Stevens-Bartol, TzA, 2. Aufl. 2001, § 12 TzBfG, Rz. 22 der zumindest für die Anwendung von Abs. 1 ist.

39 Preis, Der Arbeitsvertrag, 5. Aufl. 2015, Rz. 151.

40 Hierzu ErfK/*Preis*, 16. Aufl. 2016, § 12 TzBfG, Rz. 18.

41 MünchArbR/*Schüren*, Bd. 1, 3. Aufl. 2009, § 42, Rz. 18.

42 ErfK/*Preis*, 16. Aufl. 2016, § 12 TzBfG, Rz. 10; Meinel/Heyn/Herms/*Heyn*, TzBfG, 5. Aufl. 2015, § 12 TzBfG, Rz. 15.

43 Vgl. z. B. *Hanau*, RdA 1987, S. 25, 28 zu § 5 BeschFG; Meinel/Heyn/Herms/*Heyn*, TzBfG, 5. Aufl. 2015, § 12 TzBfG, Rz. 17; Boewer, TzBfG, 1. Aufl. 2002, § 12 TzBfG, Rz. 21.

dass der Gesetzgeber die Anordnung von Mehrarbeit/Überstunden § 12 TzBfG zuordnen wollte[44]. Die 4-tägige Ankündigungsfrist ist daher bei der Anordnung von Mehrarbeit/Überstunden in Vollzeit- oder Teilzeitarbeitsverhältnissen nicht zu beachten (a. A. ArbG Frankfurt, Urteil v. 26.11.1998, 2 Ca 4267/98[45]).

28 Die Befugnis zur Anordnung von Mehrarbeit/Überstunden ist nicht selbstverständlicher Teil des Direktionsrechts des Arbeitgebers. Sie bedarf einer besonderen Grundlage. Diese kann auch eine Betriebsvereinbarung sein (BAG, Urteil v. 3.6.2003, 1 AZR 349/02[46]). Die Angemessenheit der vertraglich dem Arbeitgeber eingeräumten Befugnis bestimmt sich nach § 307 Abs. 1 BGB[47].

29 Bei Teilzeitarbeitsverhältnissen ist zu prüfen, ob es sich trotz der Bezeichnung als Mehrarbeit um Abrufarbeit mit vereinbarter Mindestdauer handelt[48]. Denkbar ist, dass durch die Bezeichnung als Mehrarbeit die zu wahrende Ankündigungsfrist umgangen wird und der Arbeitgeber sich so ein noch größeres Flexibilisierungspotential erhalten will.

30 Dem Schutzgedanken des § 12 TzBfG wird die von Preis[49] aufgezeigte Lösung gerecht:

- Mehrarbeit liegt dann vor, wenn der Teilzeitarbeitnehmer verpflichtet ist, an den Überstunden der Vollzeitarbeitnehmer teilzunehmen und es sich um einen vorübergehenden und unregelmäßigen Bedarf handelt, der auf dringenden betrieblichen Erfordernissen beruht.
- Abrufarbeit liegt vor, wenn eine selbstständige, nicht auf Unregelmäßigkeit und Dringlichkeit beschränkte Verpflichtung zur Mehrarbeit besteht[50].

31 Diese **Abgrenzung** gilt insbesondere dann, wenn in Abrufarbeitsverhältnissen die Befugnis zur Anordnung von Mehrarbeit vereinbart wird. Die Abrufarbeit soll es bei Beachtung der Vorgaben des § 12 TzBfG dem Arbeitgeber ermöglichen, auf einen schwankenden betrieblichen Bedarf zu reagieren. Den einzuhaltenden Vorgaben, insbesondere der zu wahrenden Ankündigungsfrist, kann sich der Arbeitgeber nicht durch die Anordnung von Mehrarbeit entziehen[51]. Im Hinblick auf die Angemessenheitskontrolle nach § 307 Abs. 1 BGB und das Transparenzgebot muss die entsprechende Beschränkung der Pflicht zur Mehrarbeit vertraglich benannt sein.

2.2.3 Rahmenvereinbarungen ohne Arbeitspflicht/Tagesaushilfen

32 Der in § 12 Abs. 1 TzBfG vorgeschriebenen Vereinbarung über den Arbeitszeitumfang weicht die Praxis über **Rahmenvereinbarungen** ohne Arbeitsverpflichtung und ohne

---

[44] ErfK/*Preis*, 16. Aufl. 2016, § 12 TzBfG, Rz. 11.

[45] NZA-RR 1999, S. 357.

[46] NZA 2003, S. 1155.

[47] Lindemann, Flexible Gestaltung von Arbeitsbedingungen nach der Schuldrechtsreform, 1. Aufl. 2003, S. 267, die Überstundenklauseln, die das Anordnungsrecht nicht auf nicht geplante dringende betriebliche Erfordernisse beschränkt, für bedenklich hält.

[48] S. hierzu BAG, Urteil v. 7.12.2005, 5 AZR 535/04, NZA 2006, S. 423.

[49] Preis, Der Arbeitsvertrag, 5. Aufl. 2015, II A 90, Rz. 74 ff.

[50] So auch BAG, Urteil v. 7.12.2005, 5 AZR 535/04, NZA 2006, S. 423.

[51] MünchArbR/*Schüren*, Bd. 1, 3. Aufl. 2009, § 41, Rz. 25.

Pflicht zum Arbeitsangebot aus[52]. Der Arbeitgeber stellt eine Gruppe von Leuten für die Verrichtung einer bestimmten Tätigkeit zusammen. In der Rahmenvereinbarung wird Art der Arbeit und Vergütung geregelt, jedoch nicht, ob und wann es zum Arbeitseinsatz kommt.

Beispiel

Nach BAG , Urteil v. 31.7.2002, 7 AZR 181/01[53]

Die X-GmbH erklärt sich bereit, Herrn A in die Liste der Interessenten für zeitweilige Arbeitseinsätze aufzunehmen. Die X-GmbH ist nicht verpflichtet, Arbeitsangebote zu machen. Herr A ist nicht verpflichtet, Beschäftigungsangebote anzunehmen.

Für den Fall, dass ein befristetes Arbeitsverhältnis zustande kommt, wird folgende Vergütung vereinbart: ....

Ist die Gruppe größer als der regelmäßig zu erwartende Bedarf, kann der Arbeitgeber durch entsprechende Angebote den Einsatz bedarfsgerecht steuern[54]. 33

Ist durch die Rahmenvereinbarung klar geregelt, dass **keine Arbeitspflicht besteht** und erst mit Angebot und Annahme ein Arbeitsverhältnis begründet wird, handelt es sich bei der Rahmenvereinbarung nach der Rechtsprechung des BAG um kein Dauerarbeitsverhältnis, damit auch **nicht um Abrufarbeit**. Unter dem Gesichtspunkt des Gestaltungsmissbrauchs kann Abrufarbeit vorliegen, wenn Dienstbereitschaft erwartet und die Arbeit zugewiesen wird[55]. Es besteht auch keine Pflicht, statt Rahmenvereinbarung und Einzelarbeitsvertrag ein Abrufarbeitsverhältnis zu begründen (BAG, Urteil v. 31.7.2002, 7 AZR 181/01[56]; BAG, Urteil v. 16.4.2003, 7 AZR 187/02[57]). Der Arbeitgeber ist also frei, ob er ein Abrufarbeitsverhältnis vereinbart oder aber eine Rahmenvereinbarung ohne Arbeitspflicht mit Einzelvereinbarungen über die jeweiligen Einsätze vereinbart (BAG, Urteil v. 15.2.2012, 10 AZR 111/11[58]). 34

Die rechtliche Einordnung sogenannter „Null-Stunden-Verträge"[59] hängt von der konkreten Ausgestaltung ab. Als „Null-Stunden-Verträge" werden Verträge bezeichnet, in denen kein zeitlicher Mindestumfang der zu erbringenden Arbeitsleistung vereinbart wird. Entscheidend ist, ob der Arbeitnehmer ein Ablehnungsrecht hat oder nicht. Hat der

52 Ausführlich Reinecke, in Festschrift für Wolfgang Däubler, 1999, S. 117 ff.

53 DB 2003, S. 96.

54 *Hunold*, NZA 2003, S. 896.

55 Laux/Schlachter/*Laux*, TzBfG, 2. Aufl. 2011, § 12 TzBfG, Rz. 20.

56 DB 2003, S. 96.

57 NZA 2004, S. 41.

58 NZA 2012, S. 733. Zur Differenzierung zwischen Null-Stunden-Vertrag und Null-Stunden-Rahmenvereinbarung Forst, NZA 2014, S. 998.

59 hierzu Bieder, RdA 2015, S. 388; Forst, NZA 2014, S. 998.

Arbeitnehmer ein Ablehnungsrecht, handelt es sich um eine wirksame Rahmenvereinbarung, die keine wechselseitigen Leistungspflichten begründet, damit nicht nach § 307 Abs. 1 Satz 1 BGB unangemessen ist und auch nicht gegen § 12 TzBfG verstößt[60]. Gefährlich ist die Lösung über Rahmenverträge jedoch im Hinblick auf die Befristungskontrolle der befristeten Einzelarbeitsverträge. Die Befristung der Einzelarbeitsverträge bedarf der Schriftform nach § 14 Abs. 4 TzBfG. Die Anwendung von § 14 Abs. 2 TzBfG scheidet ab der 2. Beschäftigung aus, sodass für die befristeten Einzelarbeitsverträge ein sachlicher Grund vorliegen muss, wie z. B. ein kurzfristiger Vertretungsbedarf oder Arbeitsanfall[61].

35 Nach der Entscheidung des Europäischen Gerichtshofs (EuGH, Urteil v. 12.10.2004, Rs. C-313/02[62]) ist davon auszugehen, dass eine solche Rahmenvereinbarung in den Anwendungsbereich der Richtlinien 76/207/EWG vom 9.2.1976 zur Verwirklichung des Grundsatzes der Gleichbehandlung von Männern und Frauen und 97/81/EG zu Teilzeitarbeit fällt. Eine Rahmenvereinbarung, die weder Wochenarbeitszeit noch Ausgestaltung festlegt, stellt aber keine mittelbar diskriminierende Maßnahme dar, weil der Arbeitnehmer zwischen Annahme und Ablehnung der Arbeit wählen kann und daher die Vergleichbarkeit mit Vollzeitbeschäftigten nicht vorliegt (EuGH, Urteil v. 12.10.2004, Rs. C-313/02[63]).

3. Gesetzliche Mindestvoraussetzungen (Abs. 1)

3.1 Arbeitsrechtliche Vereinbarung

36 Die Abrufarbeit bedarf nach § 12 Abs. 1 Satz 1 TzBfG einer **vertraglichen Vereinbarung** zwischen Arbeitgeber und Arbeitnehmer. Durch die Vereinbarung muss zusätzlich zur Vereinbarung über Inhalt und Umfang der Tätigkeit dem Arbeitgeber das Leistungsbestimmungsrecht über die Dauer und/oder die Lage der Arbeitszeit eingeräumt werden. Der Arbeitgeber kann daher nicht kraft Direktionsrecht Abrufarbeit einführen[64].

37 Die Vereinbarung kann grundsätzlich **formfrei** erfolgen[65]. Eine schriftliche Vereinbarung ist jedoch dringend zu empfehlen. Da es sich bei der Vereinbarung von Abrufarbeit um eine wesentliche Vertragsbedingung handelt, hat der Arbeitgeber ohnehin spätestens einen Monat nach dem vereinbarten Beginn des Arbeitsverhältnisses einen schriftlichen Nachweis nach § 2 NachwG zu erteilen. Eine konkludente Vereinbarung ist denkbar[66]. Im Zweifel ist jedoch ein Arbeitsvertrag ohne variable Arbeitszeit anzunehmen[67].

---

60 Forst, NZA 2014, S. 998, 1001; a. A. Bieder, RdA 2015, S. 388.

61 Vgl. zu Studium als Befristungsgrund Gräfl, § 14, Rz. 189; zur Bewertung des Befristungsrisikos, *Oberthür*, ArbRB 2013, S. 120.

62 *Wippel/Peek & Cloppenburg*, DB 2004, S. 2325.

63 *Wippel/Peek & Cloppenburg*, DB 2004, S. 2325.

64 MünchArbR/*Schüren*, Bd. 1, 3. Aufl. 2009, § 41, Rz. 10.

65 Meinel/Heyn/Herms/*Heyn*, TzBfG, 5. Aufl. 2015, § 12 TzBfG, Rz. 19; Annuß/Thüsing/*Jacobs*, TzBfG, 3. Aufl. 2012, § 12 TzBfG, Rz. 18.

66 A. A. HK-TzBfG/*Boecken*, 3. Aufl. 2012, § 12 TzBfG, Rz. 6.

67 GK-TzA/*Mikosch*, 1987, Art. 1 § 4 BeschFG, Rz. 25.

Durch **Betriebsvereinbarung** oder **Regelungsabrede** kann Abrufarbeit ohne einzelvertragliche Vereinbarung nicht eingeführt werden[68]. Bei der geplanten Einführung von Abrufarbeit über einzelvertragliche Vereinbarungen ist jedoch das Mitbestimmungsrecht des Betriebsrats nach § 87 BetrVG zu beachten[69]. Die Einführung über Tarifvertrag ist möglich, da § 12 Abs. 3 TzBfG nur Mindestanforderungen an tarifvertragliche Regelungen stellt[70]. 38

Hinweis

Eine arbeitsvertragliche Vereinbarung, nach der sich die Arbeitszeiten nach den jeweils geltenden Betriebsvereinbarungen richten, ist auch dann keine Vereinbarung von Abrufarbeit, wenn eine Betriebsvereinbarung zur Ausgestaltung der Abrufarbeit besteht.

3.2 Arbeitszeitrahmen

§ 12 Abs. 1 Satz 1 TzBfG enthält abweichend vom Wortlaut des § 4 BeschFG die Vorgabe, dass eine **bestimmte Dauer der wöchentlichen** und täglichen **Arbeitszeit** zu vereinbaren ist. Aus dieser Änderung des Wortlauts wird abgeleitet, dass die **Woche als Bezugszeitraum** vorgegeben ist und die vereinbarte Wochenarbeitszeit in jeder Woche abgerufen werden muss[71]. Dieses Verständnis wäre das Aus für Abrufarbeit, da Durchschnittsberechnungen mit einem längeren Bezugszeitraum nicht möglich wären. 39

Den Streit um den Bezugszeitraum hat das BAG in der Entscheidung vom 7.12.2005 (BAG, Urteil v. 7.12.2002, 5 AZR 535/04[72]) nicht beantwortet. Die knappen Ausführungen lassen keine zwingenden Schlussfolgerungen zu[73]. Der Hinweis des BAG darauf, dass ein Verständnis der wöchentlichen Arbeitszeit als starre Vorgabe das Aus für Abrufarbeit bedeuten würde, mag für die Woche als Bezugszeitraum sprechen. Die Beschränkung des Flexibilisierungspotentials auf eine Veränderung der Dauer der Arbeitszeit in der Woche um 25 % würde vertraglichen Regelungen zu Abrufarbeit entgegenstehen, die zwar bezogen auf die jeweilige Woche zu größeren Differenzen bei der wöchentlichen Arbeitszeit führen würden, über einen längeren Bezugszeitraum die Arbeitszeitdauer jedoch überhaupt nicht flexibilisieren. 40

[68] Allgem. Ansicht, vgl. Meinel/Heyn/Herms/*Heyn*, TzBfG, 5. Aufl. 2015, § 12 TzBfG, Rz. 20.

[69] S. Rz. 102.

[70] MünchArbR/*Schüren*, Bd. 1, 3. Aufl. 2009, § 41, Rz. 11; Annuß/Thüsing/*Jacobs*, TzBfG, 3. Aufl. 2012, § 12 TzBfG, Rz. 56; a. A. Laux/Schlachter/*Laux*, TzBfG, 2. Aufl. 2011, § 12 TzBfG, Rz. 34.

[71] Boewer, TzBfG, 1. Aufl. 2002, § 12 TzBfG, Rz. 13; Sievers, TzBfG, 5. Aufl. 2015, § 12 TzBfG, Rz. 13.

[72] NZA 2006, S. 423.

[73] *Arnold* in Festschrift für Manfred Löwisch zum 70. Geburtstag, 2007, S. 9.

Beispiel

Es wird vertraglich eine wöchentliche Arbeitszeit von 30 Stunden vereinbart, die im Durchschnitt von 6 Kalendermonaten (Bezugszeitraum) erreicht werden muss. Die wöchentliche Arbeitszeit kann zwischen 25 und 35 Stunden betragen. Ist diese Vereinbarung unwirksam, weil die Bandbreite der wöchentlichen Arbeitszeit 25 % übersteigt?

Lösung

Mehrere Lösungen sind denkbar:

- Bei Abrufarbeit ist der Bezugszeitraum für die Verteilung der Arbeitszeit die Woche.
- Festgeschrieben und zu leisten ist die wöchentliche vertraglich festgelegte Mindestarbeitszeit. Für die darüber hinausgehende Arbeitszeit (Flexibilisierungspotential von 25 % der Mindestarbeitszeit) kann als Bezugszeitraum ein längerer Zeitraum gewählt werden.
- § 12 TzBfG enthält keine Vorgaben zum Bezugszeitraum. Die Ausgestaltung der Verteilung unterliegt der Inhaltskontrolle nach den §§ 305 ff. BGB.

41 Letzterer Auffassung ist zu folgen. Der Wortlaut gibt **nicht zwingend die Woche als Bezugszeitraum** vor[74]. So wird auch die nach § 12 Abs. 1 Satz 2 TzBfG ebenfalls zu vereinbarende tägliche Arbeitszeit nicht als Bezugszeitraum angesehen, vielmehr als Verpflichtung, zu vereinbaren, für wie lange der Arbeitgeber den Arbeitnehmer an den Tagen einsetzen muss, an denen die Arbeitsleistung in Anspruch genommen wird. So wie die zu vereinbarende tägliche Arbeitszeit den Arbeitgeber nicht zum täglichen Einsatz des Arbeitnehmers verpflichtet, verlangt die zu vereinbarende wöchentliche Arbeitszeit nicht den entsprechenden wöchentlichen Einsatz.

42 Der Gesetzgeber definiert in § 2 Abs. 1 Satz TzBfG die Teilzeitbeschäftigung über die Wochenarbeitszeit. § 12 Abs. 1 Satz 2 TzBfG ist daher zunächst als Verpflichtung zu verstehen, die Arbeitszeitdauer vertraglich entsprechend dieser Definition festzuschreiben und eine variable Arbeitszeitdauer zu verbieten[75]. Vorgeschrieben ist die Vereinbarung eines über die Woche definierten Arbeitszeitumfangs ohne Regelung zur Verteilung. Flexiblen Arbeitszeitmodellen wie der **Abrufarbeit** ist es wesenstypisch, dass **nicht täglich und wöchentlich die gleiche Arbeitszeit** erbracht wird. Es kann nicht unterstellt werden, dass der Gesetzgeber eine im Vergleich zu § 4 BeschFG so weit reichende Einschränkung der Zulässigkeit der Abrufarbeit vornehmen wollte, wenn er in

---

74 So aber HK-TzBfG/*Boecken*, 3. Aufl. 2012, § 12 TzBfG, Rz. 24.

75 *Busch*, NZA 2001, S. 593; Meinel/Heyn/Herms/*Heyn*, TzBfG, 5. Aufl. 2015, § 12 TzBfG, Rz. 27.

der Gesetzesbegründung[76] nur auf klarere Regelungen zur Kompetenz der Tarifvertragsparteien hinweist[77]. Ähnlich wie § 12 Abs. 1 Satz 2 TzBfG verwendet im Übrigen das BAG den Begriff „Dauer der wöchentlichen Arbeitszeit" bei § 87 Abs. 1 Nr. 2 BetrVG. Das BAG versteht hier die Dauer der wöchentlichen Arbeitszeit als Umfang des vom Arbeitnehmer vertraglich geschuldeten Arbeitszeitvolumens (BAG, Beschluss v. 22.7.2003, 1 ABR 28/02[78]). Wenn das BAG in ständiger Rechtsprechung ausführt, die „Dauer der wöchentlichen Arbeitszeit" unterliege nicht der Mitbestimmung nach § 87 Abs. 1 BetrVG, ist daher nur die durchschnittliche Wochenarbeitszeit zur Definition des mitbestimmungsfreien Arbeitszeitvolumens gemeint in Abgrenzung zur mitbestimmungspflichtigen Verteilung[79]. Mit dem Verständnis als zu vereinbarendes Arbeitszeitvolumen, definiert über die Wochenarbeitszeit, wird auch eine verlässliche Berechnungsgrundlage für Einkommen und den sozialversicherungsrechtlichen Schutz geschaffen[80].

Geht man von diesem Verständnis des § 12 Abs. 1 Satz 2 TzBfG aus, kann als **Bezugszeitraum der zu erreichenden durchschnittlichen Wochenarbeitszeit bis zu einem Jahr** gewählt werden, da das TzBfG eine Begrenzung nicht regelt und in § 2 Abs. 1 Satz 2 TzBfG das Jahresdeputat erwähnt ist. Sind Jahresarbeitszeitverträge in Teilzeit zulässig, gilt dies auch für Abrufarbeit[81]. 43

Dabei wird bei der Zulässigkeit der Änderungsvorbehalte bei einem längeren Bezugszeitraum neben den durch § 12 TzBfG gesetzten Grenzen entscheidend sein, dass die Vereinbarung der gebotenen Kontrolle nach den §§ 305 ff. BGB standhält. Zu beachten ist dabei zunächst insbesondere das **Transparenzgebot** des § 307 Abs. 1 Satz 2 BGB. Die Vertragsbedingungen müssen so klar sein, dass der Arbeitnehmer sprachlich verständig und inhaltlich richtig darüber informiert wird, unter welchen Voraussetzungen (Ankündigungsfrist) und in welchem Umfang der Arbeitgeber das Arbeitszeitvolumen ändern kann[82]. Dies bedeutet allerdings nicht, dass im Vertrag Gründe für die Veränderung des Arbeitszeitvolumens angegeben werden müssen. Das Recht zur Veränderung ergibt sich aus § 12 TzBfG. Die vertragliche Gestaltung muss aber auch dem Inhalt nach **angemessen** sein. Dies gilt insbesondere bei der Vereinbarung längerer Bezugszeiträume. Für die Zulässigkeit ist entscheidend, ob es bei einem fest vereinbarten Arbeitszeitvolumen 44

---

76 BT-Drucks. 14/4373, S. 18.

77 Meinel/Heyn/Herms/*Heyn*, TzBfG, 5. Aufl. 2015, § 12 TzBfG, Rz. 24 ff.; *Hunold*, NZA 2003, S. 899; Annuß/Thüsing/*Jacobs*, TzBfG, 3. Aufl. 2012, § 12 TzBfG, Rz. 22.

78 NZA 2004, S. 507.

79 Hierzu *Richardi*, NZA 1994, S. 593.

80 ErfK/*Preis*, 16. Aufl. 2016, § 12 TzBfG, Rz. 17; Laux/Schlachter/*Laux*, TzBfG, 2. Aufl. 2011, § 12 TzBfG, Rz. 57.

81 Dörner/Luczak/Wildschütz/Baeck/Hoß, Handbuch des Fachanwalts Arbeitsrecht, 12. Aufl. 2015, C, Rz. 3427; ErfK/*Preis*, 16. Aufl. 2016, § 12 TzBfG, Rz.18; MünchArbR/*Schüren*, Bd. 1, 3. Aufl. 2009, § 41, Rz. 18 ff.; MünchKomm/*Müller-Glöge*, Bd. 4, 6. Aufl. 2012, § 12 TzBfG, Rz. 10.

82 Preis, Der Arbeitsvertrag, 5. Aufl. 2015, II A 90, Rz. 51.

nur um die Verteilung der Arbeitszeit geht oder auch um eine Veränderung des Arbeitszeitvolumens. Eine Regelung, die eine Durchschnittsarbeitszeit bestimmt, ohne den Zeitraum festzulegen, der für die Ermittlung des Durchschnitts maßgeblich ist, ist intransparent und damit unwirksam (BAG, Urteil v. 21.6.2011, 9 AZR 238/10).

45 *Schüren* weist zutreffend darauf hin, dass die Sicherung der Arbeitnehmerinteressen bei der Vertragsgestaltung und der Ausübung der einseitigen Leistungsbestimmungsrechte berücksichtigt werden muss. Die Möglichkeit des Abrufs schließt eine andere wirtschaftlich sinnvolle Nutzung der freien Zeit aus. Neben der **kontinuierlichen Vergütungszahlung** auch bei diskontinuierlichem Arbeitseinsatz macht er daher die **Länge des Bezugszeitraums vom Arbeitszeitumfang abhängig**[83]. Ein Jahresbezugszeitraum ist zumindest dann ohne Bedenken, wenn die einseitige Leistungsbestimmung durch den Arbeitgeber vertraglich konkretisiert wird und eine Langzeitplanung zumindest partiell möglich ist[84].

Beispiel

In einem Teilzeitarbeitsverhältnis stehen arbeitstäglich 4 Stunden vormittags bei einer 5-Tage-Woche fest (20 Wochenstunden). Als Jahresdeputat werden 1.300 Stunden (52 × 25) vereinbart. 130 Stunden sollen nach Bedarf in den Monaten Februar und März sowie September bis November abgerufen werden.

46 Auch einer Entscheidung des BAG zu einer Vertragsgestaltung, die dem Arbeitnehmer das Risiko des Arbeitsausfalls aus betrieblichen oder wirtschaftlichen Gründen übertragen wollte, können entsprechende Anforderungen entnommen werden. Danach benachteiligen Regelungen mit offenem Umfang der Arbeitspflicht, ohne Regelung von Mindestarbeitsdeputat und Höchstarbeitsdeputat sowie ohne angemessenes Verhältnis von festen und variablen Arbeitsbedingungen nach § 307 Abs. 1 Satz 1 BGB einen Arbeitnehmer unangemessen (BAG, Urteil v. 9.7.2008, 5 AZR 810/07[85]).

47 Die **Steuerung der Arbeitsleistung** entsprechend dem Arbeitsanfall durch den Arbeitgeber kann nicht nur über eine Veränderung des Arbeitszeitvolumens, vielmehr auch über **Veränderungen der Lage der Arbeitszeit** bei festgeschriebener Arbeitszeitdauer durch einen **längeren Bezugszeitraum** erfolgen.

48 Sind auch zukünftig Modelle mit fest vereinbarter Dauer und längerem Bezugszeitraum möglich, und nunmehr auch Modelle mit Mindestdauer nebst einem flexiblen Anteil der Arbeitszeitdauer, steht § 12 Abs. 1 Satz 2 TzBfG auch Vertragsmodellen nicht entgegen, die beides kombinieren, also flexibel sowohl bei der Dauer der Arbeitszeit als auch bei der Lage der Arbeitszeit sind. Auf die mögliche Unangemessenheit einer Vertragsgestaltung, die die Vereinbarung eines Jahresstundenkontos kombiniert mit einem 25 %-Änderungsvorbehalt der durchschnittlichen Wochenarbeitszeit weist auch Preis hin, der im

---

83 Meinel/Heyn/Herms/*Heyn*, TzBfG, 5. Aufl. 2015, § 12 TzBfG, Rz. 28.

84 MünchArbR/*Schüren,* Bd. 1, 3. Aufl. 2009, § 41, Rz. 21.

85 NZA 2008, S. 1407.

Hinblick auf die Planungssicherheit des Arbeitnehmers bei einer solchen Vertragsgestaltung die Höhe des Abruf-Spielraums auf 10 % begrenzen möchte[86].

Hinweis

Solche Vertragsgestaltungen werfen sowohl in der vertraglichen Vereinbarung als auch bei der konkreten Umsetzung folgende Schwierigkeiten auf:

Wie kann die Veränderung der Arbeitszeit im Sinn einer Veränderung der Arbeitszeitdauer von der Veränderung der Arbeitszeit im Sinn einer anderen Verteilung der Arbeitszeit ohne Eingriff in die Arbeitszeit abgegrenzt werden?

Dies muss klar und transparent und angemessen geregelt werden. Möglich sind daher meiner Ansicht nach solche Vereinbarungen nur dann, wenn eine Veränderung der Arbeitszeitdauer im Sinn des Arbeitszeitvolumens jeweils nur mit Beginn eines neuen Bezugszeitraums erfolgen kann. Damit hat es der Arbeitgeber in der Hand, durch die vereinbarte Länge des Bezugszeitraums zu bestimmen, wie häufig ein Wechseln des Arbeitszeitvolumens möglich ist.

Ist die Vereinbarung eines Bezugszeitraums von über einer Woche zulässig, gilt Gleiches 49
auch für die **Erweiterung des Ausgleichszeitraums durch die Übertragung von Zeitguthaben und -defiziten**, wenn die kontinuierliche Vergütungszahlung gewährleistet ist[87]. Die Übertragung bedarf jedoch der ausdrücklichen Vereinbarung. Diese kann zugleich mit der Vereinbarung der Abrufarbeit getroffen werden.

3.3 Dauer der wöchentlichen Arbeitszeit

Nach § 12 Abs. 1 Satz 2 TzBfG ist der **Arbeitszeitumfang**, bezogen auf die wöchentli- 50
che Arbeitszeit, **genau zu vereinbaren**. Ist eine Mindestdauer mit flexiblem Arbeitszeitanteil beabsichtigt[88], muss sowohl Mindestdauer als auch Umfang der abrufbaren Arbeitszeit vereinbart werden. Eine konkrete Stundenzahl ist sinnvoll, aber nicht erforderlich. Auch wenn die Arbeitszeit als **Prozentsatz der wöchentlichen Arbeitszeit** eines Vollzeitbeschäftigten festgelegt wird, ist die Dauer der Arbeitszeit genau bestimmt[89]. Richtig ist, dass sich damit bei Veränderungen der tariflichen Arbeitszeit auch der Arbeitszeitumfang der Abrufarbeit ändert. Es überzeugt jedoch nicht, wenn es grundsätzlich zulässig sein soll, bei Teilzeitarbeitsverträgen die Arbeitszeitdauer in Prozent der Arbeitszeitdauer festzulegen, nicht jedoch bei Teilzeitarbeit in der Form der Abrufarbeit[90].

---

[86] Preis, Der Arbeitsvertrag, 5. Aufl. 2015, II A 90, Rz. 171.

[87] Annuß/Thüsing/*Jacobs*, TzBfG, 3. Aufl. 2012, § 12 TzBfG, Rz. 45; MünchArbR/*Schüren*, Bd. 1, 3. Aufl. 2009, § 41, Rz. 23.

[88] S. Rz. 17.

[89] Meinel/Heyn/Herms/*Heyn*, TzBfG, 5. Aufl. 2015, § 12 TzBfG, Rz. 30; a. A. Buschmann/Dieball/Stevens-Bartol, TzA, 2. Aufl. 2001, § 12 TzBfG, Rz. 63; Annuß/Thüsing/*Jacobs*, TzBfG, 3. Aufl. 2012, § 12 TzBfG, Rz. 24.

[90] So aber Buschmann/Dieball/Stevens-Bartol, TzA, 2. Aufl. 2001, § 12 TzBfG, Rz. 64.

51 Die **festzuschreibende Mindestdauer** ist **nicht durch** § 12 Abs. 1 Satz 3 TzBfG **begrenzt**. Diese Vorschrift garantiert keine Mindestarbeitszeit[91]. Vertraglich kann eine kürzere Mindestdauer vereinbart werden. Auch eine einvernehmliche Änderung ist jederzeit möglich.

> **Hinweis**
>
> Wird eine bestimmte Dauer vereinbart, hat der Arbeitgeber ein Flexibilisierungspotenzial, wenn er einen Bezugszeitraum wählt, der über die Woche hinausgeht[92].

52 Wird keine feste Arbeitszeitdauer vereinbart, sind Bandbreitenregelungen und Vereinbarungen mit Mindest- und Höchstdauer unwirksam, wenn der **flexible Arbeitszeitanteil 25 % der Mindestarbeitszeit** überschreitet[93].

> **Hinweis**
>
> Je höher die vereinbarte Mindestarbeitszeit ist, umso größer ist das Flexibilisierungspotenzial. Bei einer Mindestarbeitszeit von 15 Wochenstunden beträgt die zusätzlich abrufbare Arbeitsleistung 3,75 Stunden, bei 30 Wochenstunden 7,5 Stunden.

53 Wird gegen die **Verpflichtung zur Vereinbarung einer wöchentlichen Arbeitszeitdauer verstoßen**, berührt dies nicht die Wirksamkeit der vereinbarten Arbeit auf Abruf (BAG, Urteil v. 24.9.2014, 5 AZR 1024/12[94]). Es gilt dann zunächst die zum Schutz des Arbeitnehmers gesetzlich in § 12 Abs. 1 Satz 3 festgelegte fingierte Arbeitszeit von 10 Wochenstunden (so ausdrücklich BAG, a. a. O) als Auffangtatbestand. Dies gilt sowohl in den Fällen, in denen eine wöchentliche Arbeitszeitdauer überhaupt nicht festgelegt wurde als auch in den Fällen, in denen eine unzulässige Bandbreitenregelung getroffen wurde[95]. Wurde in der Vergangenheit allerdings regelmäßig mehr als 10 Stunden wöchentlich gearbeitet, würde die Anwendung von § 10 Abs. 1 Satz 2 TzBfG und die Festschreibung von 10 Wochenstunden den Schutzzweck ins Gegenteil verkehren. Bei einer Bandbreitenregelung mit einer wöchentlichen Arbeitszeit von 20 bis 30 Stunden würde die Anwendung der Fiktion dem Willen der Parteien offensichtlich widersprechen. Über

---

[91] Boewer, TzBfG, 1. Aufl. 2002, § 12 TzBfG, Rz. 25; ErfK/*Preis*, 16. Aufl. 2016, § 12 TzBfG, Rz. 15

[92] S. Rz. 39 ff.

[93] S. Rz. 17.

[94] NZA 2014, S. 1328, Rz. 24.

[95] Differenzierend aber HK-TzBfG/*Boecken*, 3. Aufl. 2012, § 12 TzBfG, Rz. 26, der nur bei einem Verstoß gegen § 307 BGB auf die ergänzende Vertragsauslegung zurückgreifen will und ansonsten auf die Fiktion des § 12 Abs. 1 Satz 3 TzBfG verweist.

eine **ergänzende Vertragsauslegung** ist der mutmaßliche Wille der Parteien zu bestimmen. Dabei kann zur Ermittlung auf die Vertragsabwicklung in der Vergangenheit zurückgegriffen werden[96], da § 12 Abs. 1 Satz 3 TzBfG nur einen Mindestschutz gewährt[97]

Hinweis

Die gesetzlichen Vorgaben können nicht dadurch umgangen werden, dass im Arbeitsvertrag eine wöchentliche Arbeitszeit von 10 Stunden vereinbart wird, tatsächlich aber ein Einsatz mit mehr Stunden erfolgt.

So hat das LAG Bremen (LAG Bremen, Urteil v. 20.5.1999, 4 Sa 2/99[98]) bei vereinbarten 10 Wochenstunden und einer tatsächlichen Wochenleistung von regelmäßig 20 bis 30 Stunden über 18 Monate eine Verpflichtung des Arbeitgebers zur Zuweisung von wöchentlich mindestens 20 Stunden angenommen.

Bei größeren **Schwankungen** in der Vergangenheit bietet sich als Berechnungszeitraum 54 der **Jahreszeitraum** an[99]. Bei Bandbreitenregelungen wird insbesondere bei kurzer Vertragszeit die Auffassung vertreten, dass der Arbeitnehmer das Recht hat, innerhalb der Bandbreite einmalig die verbindliche wöchentliche Arbeitszeit festzulegen[100]. Lässt sich über die Handhabung in der Vergangenheit ein Wert nicht ermitteln, spricht jedoch mehr dafür, von dem Mittelwert der Bandbreite als wöchentliche Arbeitszeit auszugehen[101].

3.4 Dauer der täglichen Arbeitszeit

Nach § 12 Abs. 1 Satz 2 ist die **Dauer der täglichen Arbeitszeit** zu vereinbaren. Ist die 55 Dauer nicht festgelegt, gibt § 12 Abs. 1 Satz 4 TzBfG neben der Dauer von 3 Stunden vor, dass diese zusammenhängend in Anspruch zu nehmen sind. Beide Regelungen sind wie folgt in Einklang zu bringen: § 12 Abs. 1 Satz 4 TzBfG enthält **keine** zwingenden **Mindestvorgaben** zum Schutz der Arbeitnehmer. Es kann daher einzelvertraglich sowohl eine kürzere Arbeitszeit als 3 Stunden als auch eine Stückelung in kürzere als 3-stündige Arbeitsperioden vereinbart werden[102].

---

96 BAG, Urteil v. 7.12.2005, 5 AZR 535/04, NZA 2006, S. 423; Boewer, TzBfG, 1. Aufl. 2002, § 12 TzBfG, Rz. 25 ff.; MünchArbR/*Schüren*, Bd. 1, 3. Aufl. 2009, § 41, Rz. 15; zurückhaltender BAG, Urteil v. 24.9.2014, 5 AZR 1024/12, NZA 2014, S. 1328, krititisch hierzu *Preis*, RdA 2015, S. 244.

97 Ebenso Preis, Der Arbeitsvertrag, 5. Aufl. 2015, II A 90, Rz. 60; vgl. auch LAG Berlin-Brandenburg Urteil v. 12.5.2009, 7 Sa 201/09.

98 NZA-RR 2000, S. 14.

99 *Rudolf*, NZA 2002, S. 102.

100 GK-TzA/*Mikosch*, 1987, Art. 1 § 4 BeschFG, Rz. 61; ausführlich Preis, Der Arbeitsvertrag, 5. Aufl. 2015, II A 90, Rz. 56 ff.

101 MünchArbR/*Schüren*, Bd. 1, 3. Aufl. 2009, § 41, Rz. 16.

102 ErfK/*Preis*, 16. Aufl. 2016, § 12 TzBfG, Rz. 22; Annuß/Thüsing/*Jacobs*, TzBfG, 3. Aufl. 2012, § 12 TzBfG, Rz. 25 ff.; a. A. Buschmann/Dieball/Stevens-Bartol, TzA, 2. Aufl. 2001, § 12 TzBfG, Rz. 77, der die Vereinbarung einer Stückelung für unzulässig hält.

56 **Zulässig** ist die Vereinbarung einer **Mindestdauer der täglichen Arbeitszeit**[103]. Auch hier zeigt sich, wie verunglückt die Regelung in § 12 Abs. 1 Satz 2 TzBfG ist. Wenn § 12 Abs. 1 Satz 4 TzBfG für den Fall einer fehlenden Vereinbarung der täglichen Dauer nur eine Mindestdauer des täglichen Einsatzes vorgibt, kann eine vertragliche Regelung, die entsprechend § 12 Abs. 1 Satz 4 TzBfG eine Mindestdauer festlegt, nicht unwirksam sein. Die Unwirksamkeit der vertraglichen Regelungen würde zur Anwendung der identischen gesetzlichen Regelung führen. Ziel der Regelung ist, dass durch die zu treffende Vereinbarung der Arbeitnehmer Sicherheit über die Mindesteinsatzdauer hat.

Hinweis

Von der zu vereinbarenden Mindestdauer der täglichen Arbeitszeit ist die mitzuteilende Dauer des jeweiligen Abrufs zu trennen. Hier muss nach § 12 Abs. 2 TzBfG die genaue Dauer des Einsatzes angegeben werden[104].

57 **Unzulässig** ist die Vereinbarung einer **täglichen Höchstdauer**, da hier die Mindesteinsatzdauer offen bleibt[105].

58 Ist eine **Tagesarbeitszeit ohne nähere Regelung** vereinbart, ist von einer **zusammenhängenden** Arbeitszeit auszugehen. Das Leistungsbestimmungsrecht des Arbeitgebers bezieht sich mithin nur auf die Lage der zusammenhängenden Arbeit. Die Stückelung bedarf einer vertraglichen Vereinbarung[106].

59 Ruft der Arbeitgeber zu einem Einsatz Arbeitsleistung unter **Verstoß gegen die maßgebende Vereinbarung** ab, ist streitig, ob der Arbeitnehmer zur Tätigkeit verpflichtet ist. Teilweise wird vertreten, dass der Abruf unverbindlich sei und der Arbeitnehmer eine Wahlmöglichkeit habe. Er könne die Tätigkeit aufnehmen mit der Folge, dass nicht die tatsächliche, vielmehr die maßgebliche Zeit auf das Zeitdeputat angerechnet werde. Er könne aber auch den Arbeitseinsatz verweigern mit der Folge, dass kein Anspruch auf Vergütung und keine Anrechnung auf das Zeitdeputat bestehe[107].

60 Das BAG hat zu der in § 4 Abs. 3 BeschFG vorgesehenen Mindestabrufdauer von 3 Stunden die Auffassung vertreten, dass der **Verstoß kein Leistungsverweigerungsrecht** des Arbeitnehmers begründe, **sondern** lediglich einen **Vergütungsanspruch** für eine der Mindestdauer entsprechende Tätigkeit (BAG, Urteil v. 24.5.1989, 2 AZR 537/88). Dieser

---

[103] Meinel/Heyn/Herms/*Heyn*, TzBfG, 5. Aufl. 2015, § 12 TzBfG, Rz. 33; a. A. Buschmann/Dieball/Stevens-Bartol, TzA, 2. Aufl. 2001, § 12 TzBfG, Rz. 76.

[104] S. Rz. 63.

[105] ErfK/*Preis*, 16. Aufl. 2016, § 12 TzBfG, Rz. 23; Sievers, TzBfG, 5. Aufl. 2015, § 12 TzBfG, Rz. 27.

[106] ErfK/*Preis*, 16. Aufl. 2016, § 12 TzBfG, Rz. 22; Annuß/Thüsing/*Jacobs*, TzBfG, 3. Aufl. 2012, § 12 TzBfG, Rz. 26.

[107] Annuß/Thüsing/*Jacobs*, TzBfG, 3. Aufl. 2012, § 12 TzBfG, Rz. 29; weiter differenzierend GK-TzA/*Mikosch*, 1987, Art. 1 § 4 BeschFG, Rz. 91; ErfK/*Preis*, 16. Aufl. 2016, § 12 TzBfG, Rz. 24.

Auffassung ist auch zu § 12 Abs. 1 TzBfG zu folgen. Schutzzweck der Regelung ist es, ein Missverhältnis zwischen Arbeit und Aufwand (Fahrzeit und Kosten) zu vermeiden und den Verdienst für den vereinbarten oder nach § 12 Abs. 1 Satz 4 TzBfG festgelegten Zeitraum zu sichern[108]. Diese Lösung kommt auch zum Tragen, wenn der Arbeitgeber entgegen der maßgebenden Regelung die Arbeitszeit aufteilt.

Beispiel

In einem Arbeitsvertrag wird bei Abrufarbeit eine tägliche Arbeitszeitdauer von vier Stunden vereinbart.

Der Arbeitgeber ruft fristgerecht für die Zeit von 9.00 bis 11.00 Uhr und 15.00 bis 17.00 Uhr Arbeitsleistung ab.

Ist eine Vereinbarung zur Aufteilung nicht getroffen, hat der Arbeitgeber gegen die vereinbarte Mindestdauer des Einsatzes von 4 Stunden verstoßen. Der Arbeitnehmer hat daher Anspruch auf Vergütung oder Anrechnung auf das Zeitdeputat von 2 x 4 Stunden.

4. Abruf der Arbeitszeit (Abs. 2)

4.1 Allgemeines

Der Abruf zur Arbeitsleistung ist als Leistungsbestimmung **eine einseitige empfangsbedürftige Gestaltungserklärung** nach § 315 Abs. 2 BGB[109]. Die Mitteilung kann **formlos** und auch über einen Aushang erfolgen[110]. Auch die Mitteilung über **E-Mail** oder Einstellung des Arbeitsplans ins **Intranet** ist möglich. Wirksam wird die Mitteilung mit dem **Zugang**, der sich nach den allgemeinen Grundsätzen des Zuganges von Willenserklärungen bestimmt. Bei Aushang am schwarzen Brett oder Information über Intranet muss der Arbeitgeber sicherstellen, dass der Arbeitnehmer Kenntnis erhält. Beweispflichtig für den Zugang und den Zeitpunkt des Zuganges ist der Arbeitgeber. 61

Als Leistungsbestimmungsrecht wird bei Wahrung der Ankündigungsfrist dieses mit dem Zugang für beide Seiten verbindlich. Eine **einseitige nachträgliche Änderung** durch den Arbeitgeber ist daher **nicht mehr möglich**. Die Änderung bedarf der Zustimmung des Arbeitnehmers[111]. 62

---

[108] Boewer, TzBfG, 1. Aufl. 2002, § 12 TzBfG, Rz. 35; Meinel/Heyn/Herms/*Heyn*, TzBfG, 5. Aufl. 2015, § 12 TzBfG, Rz. 38; MünchArbR/*Schüren*, Bd. 1, 3. Aufl. 2009, § 41, Rz. 45.

[109] Vgl. z. B. MünchArbR/*Schüren*, Bd. 1, 3. Aufl. 2009, § 41, Rz. 27; Annuß/Thüsing/*Jacobs*, TzBfG, 3. Aufl. 2012, § 12 TzBfG, Rz. 39.

[110] ErfK/*Preis*, 16. Aufl. 2016, § 12 TzBfG, Rz. 27; Meinel/Heyn/Herms/*Heyn*, TzBfG, 5. Aufl. 2015, § 12 TzBfG, Rz. 42.

[111] MünchArbR/*Schüren*, Bd. 1, 3. Aufl. 2009, § 41, Rz. 30; Meinel/Heyn/Herms/*Heyn*, TzBfG, 5. Aufl. 2015, § 12 TzBfG, Rz. 39; a. A. GK-TzA/*Mikosch*, 1987, Art. 1 § 4 BeschFG, Rz. 67 ff.; ErfK/*Preis*, 16. Aufl. 2016, § 12 TzBfG, Rz. 28 bei Wahrung der Ankündigungsfrist.

63 Die Mitteilung muss so **eindeutig** sein, dass für den Arbeitnehmer der Tag und Beginn und Ende der Arbeitszeit, d. h. Lage und Dauer der Arbeitszeit, erkennbar sind[112]. Die Zulässigkeit der Vereinbarung einer Mindestdauer[113] ändert nichts an der Pflicht, bei Abruf die Dauer der Arbeitszeit genau anzugeben. Der Umfang der Mitteilung hängt dabei auch von den vertraglichen Vereinbarungen ab.

Beispiel

Ist im Arbeitsvertrag vereinbart, dass bei Abruf eine Arbeitspflicht von 8.00 bis 11.00 Uhr besteht, genügt die Mitteilung der jeweiligen Arbeitstage.

4.2 Ankündigungsfrist

64 Der Arbeitnehmer ist nach § 12 Abs. 2 TzBfG zur Arbeit nur dann verpflichtet, wenn die ordnungsgemäße Mitteilung ihm **4 Kalendertage vorher** zugeht. Die **Frist beginnt mit Zugang** der Mitteilung, nicht mit der beispielsweise bei einem Brief möglicherweise späteren tatsächlichen Kenntnisnahme. Eine Verkürzung der Frist ist weder einzelvertraglich noch durch Betriebsvereinbarung möglich[114].

65 Die **Fristberechnung** erfolgt nach den §§ 186 ff. BGB, wobei Samstage, Sonn- und Feiertage als Kalendertage grundsätzlich mitzählen. Der Tag des Zugangs zählt nach § 187 Abs. 1 BGB nicht mit, der Tag der Arbeitspflicht zählt nicht, weil die Ankündigung 4 Tage im Voraus zu erfolgen hat. Der Ankündigungstag ist durch eine Rückrechnung vom Einsatztag zu ermitteln. Fällt bei der Berechnung der Ankündigungstag auf einen Samstag, Sonn- oder Feiertag, muss die Mitteilung in entsprechender Anwendung des § 193 BGB am vorhergehenden Werktag zugehen[115].

Überblick über den Mitteilungszeitpunkt	
Beginn des Arbeitseinsatzes	**Zugang der Ankündigung**
Montag	Mittwoch
Dienstag	Donnerstag
Mittwoch	Freitag
Donnerstag	Freitag

112 Annuß/Thüsing/*Jacobs*, TzBfG, 3. Aufl. 2012, § 12 TzBfG, Rz. 39.

113 S. Rz. 56.

114 ErfK/*Preis*, 16. Aufl. 2016, § 12 TzBfG, Rz. 25.

115 Vgl. z. B ErfK/*Preis*, 16. Aufl. 2016, § 12 TzBfG, Rz. 26; MünchArbR/*Schüren*, Bd. 1, 3. Aufl. 2009, § 41, Rz. 29; gegen Anwendung von § 193 BGB Boewer, TzBfG, 1. Aufl. 2002, § 12 TzBfG, Rz. 40.

Freitag	Freitag
Samstag	Montag
Sonntag	Dienstag

Wird die **Ankündigungsfrist nicht gewahrt**, ist der **Abruf unwirksam**, da keine wirksame Leistungsbestimmung erfolgt ist. Der Arbeitnehmer ist zur Arbeitsleistung nicht verpflichtet. 66
Der Arbeitnehmer ist auch nicht verpflichtet, dem Arbeitgeber mitzuteilen, dass er dem Arbeitsabruf nicht nachkommen will[116]. Allein die Tatsache, dass der Arbeitgeber von einem Einsatz ausgeht, begründet auch unter Treuegesichtspunkten **keine Mitteilungspflicht**, da die Wahrung der Ankündigungsfrist im Verantwortungsbereich des Arbeitgebers liegt[117]. Nur bei Hinzukommen besonderer Umstände kann eine Mitteilungspflicht bestehen, so zum Beispiel, wenn die Versäumung der Ankündigungsfrist auf Verzögerungen beim Postlauf zurückzuführen ist[118] oder dann, wenn der Arbeitnehmer in der Vergangenheit verspäteten Abrufen Folge geleistet hat und diese Handhabung nun ändern will[119]. Zulässig dürfte sein, vertraglich eine Mitteilungspflicht zu vereinbaren[120].

Hinweis

Ein Verstoß gegen eine bestehende Mitteilungspflicht führt nicht zur Leistungspflicht des Arbeitnehmers. Ähnlich der Anzeigepflicht bei Arbeitsunfähigkeit nach § 5 Abs. 1 Satz 1 EFZG liegt daher bei einem Verstoß keine Arbeitsverweigerung vor, vielmehr nur ein Verstoß gegen eine vertragliche Nebenpflicht.

Dem Arbeitnehmer steht es frei, **trotz Nichteinhaltung der Ankündigungsfrist** die **Tätigkeit aufzunehmen**[121]. Eine verspätete Leistungsbestimmung ist regelmäßig in ein Angebot auf Abschluss einer Vereinbarung über den geplanten Arbeitseinsatz umzudeuten. Stimmt er dem Einsatz zu, ist eine zulässige vertragliche Vereinbarung getroffen worden. Danach kann sich der Arbeitnehmer auf die Versäumung der Ankündigungsfrist nicht mehr berufen. Nimmt der Arbeitnehmer auf verspäteten Abruf die Tätigkeit ohne ausdrückliche Erklärung auf, stimmt er stillschweigend dem Angebot zu. 67

---

116 MünchArbR/*Schüren*, Bd. 1, 3. Aufl. 2009, § 41, Rz. 40.; Boewer, TzBfG, 1. Aufl. 2002, § 12 TzBfG, Rz. 43; ErfK/*Preis*, 16. Aufl. 2016, § 12 TzBfG, Rz. 29, der von einem Leistungsverweigerungsrecht ohne Mitteilungspflicht ausgeht.

117 So aber z. B. Meinel/Heyn/Herms/*Heyn*, TzBfG, 5. Aufl. 2015, § 12 TzBfG, Rz. 44.

118 ErfK/*Preis*, 16. Aufl. 2016, § 12 TzBfG, Rz. 29.

119 MünchArbR/*Schüren*, Bd. 1, 3. Aufl. 2009, § 41, Rz. 39, der allerdings zu weitgehend in diesem Fall das Schweigen als konkludente Annahme deuten will.

120 Vgl. GK-TzA/*Mikosch*, 1987, Art. 1 § 4 BeschFG, Rz. 90, der auf Nachfrage des Arbeitgebers eine Erklärungspflicht des Arbeitnehmers annimmt.

121 Annuß/Thüsing/*Jacobs*, TzBfG, 3. Aufl. 2012, § 12 TzBfG, Rz. 51.

68 **Nimmt der Arbeitnehmer** auf den verspäteten Abruf die **Tätigkeit nicht auf**, hat er nach allgemeiner Ansicht weder Anspruch auf Vergütung noch wird die Zeit auf ein Zeitdeputat angerechnet[122]. Die Nichtarbeit nach verspäteter Anforderung darf der Arbeitgeber weder unmittelbar noch mittelbar sanktionieren. Jede Sanktion wäre ein Verstoß gegen § 5 TzBfG[123].

69 Kann der Arbeitgeber allerdings innerhalb des vereinbarten Bezugzeitraums das vereinbarte Arbeitszeitdeputat nicht mehr abrufen, bestehen Vergütungsansprüche aus **Annahmeverzug** nach § 615 BGB[124]. Der Arbeitnehmer schuldet die Arbeitsleistung im vereinbarten Bezugszeitraum. Ruft der Arbeitgeber die Arbeit nicht oder nicht fristgerecht ab, ist die durch den Arbeitgeber zu erbringende wirksame Leistungsbestimmung unterblieben[125]. Eine Übertragung unverbrauchter Arbeitszeit in den folgenden Bezugszeitraum ist nur bei einer ausdrücklichen Vereinbarung möglich[126].

Ohne zumindest wörtliches Angebot besteht hingegen kein Anspruch auf Annahmeverzug, wenn der Arbeitnehmer Ansprüche darauf stützt, dass die die getroffene Vereinbarung unwirksam ist.

Beispiel

Im Arbeitvertrag wurde eine Bandbreite der wöchentlichen Arbeitszeit von 30 bis 40 Stunden vereinbart. Die ergänzende Vertragsauslegung führt zu einer wöchentlichen Mindestarbeitszeit von 35 Stunden[127] Der Arbeitnehmer macht nun rückwirkend für die Zeiten, in denen er unter 35 Stunden wöchentlich eingesetzt wurde, die Differenz geltend. Nach klarstellender Rechtsprechung des BAG besteht außerhalb von unwirksamen Arbeitgeberkündigungen ohne zumindest wörtliches Angebot kein Anspruch aus Annahmeverzug (BAG, Urteil v. 25.2.2015, 1 AZR 642/13[128]).

4.3 Einschränkungen des Direktionsrechts

70 Die Vereinbarung eines einseitigen Bestimmungsrechts über die Arbeitszeitlage hält bei Beachtung der gesetzlichen Vorgaben als formularvertragliche Vereinbarung einer Angemessenheitskontrolle nach § 307 Abs. 1 BGB stand[129]. Bei der Festlegung der Arbeitszeit unterliegt das **Direktionsrecht** gleichwohl weiteren Einschränkungen. Der Arbeitgeber hat die **gesetzlichen und kollektivrechtlichen Vorgaben**, z. B. im JArbSchG zu

[122] Vgl. z. B. Annuß/Thüsing/*Jacobs*, TzBfG, 3. Aufl. 2012, § 12 TzBfG, Rz. 52.

[123] Annuß/Thüsing/*Jacobs*, TzBfG, 3. Aufl. 2012, § 12 TzBfG, Rz. 52.

[124] Meinel/Heyn/Herms/*Heyn*, TzBfG, 5. Aufl. 2015, § 12 TzBfG, Rz. 45.

[125] Annuß/Thüsing/*Jacobs*, TzBfG, 3. Aufl. 2012, § 12 TzBfG, Rz. 44; Sievers, TzBfG, 5. Aufl. 2015, § 12 TzBfG, Rz. 40.

[126] MünchArbR/*Schüren*, Bd. 1, 3. Aufl. 2009, § 41, Rz. 42.

[127] So BAG, Urteil v. 7.12.2005, 5 AZR 535/04, NZA 2006, S. 423, vgl. vorne Rz. 19.

[128] NZA 2015, S. 442.

[129] Lindemann, Flexible Gestaltung von Arbeitsbedingungen nach der Schuldrechtsreform, 1. Aufl. 2003, S. 296.

beachten. Weiter bilden einzelvertragliche Vereinbarungen die Grenzen des Direktionsrechts. Es kann vereinbart werden, dass die Abrufarbeit beispielsweise auf bestimmte Monate, Wochentage oder bestimmte Uhrzeiten beschränkt wird. Solche Beschränkungen machen für den Arbeitnehmer die Verfügbarkeitszeiten überschaubarer und planbarer. Ohne entsprechende Vereinbarung besteht kein Anspruch, an jedem Tag von Montag bis Freitag abgerufen zu werden (BAG, Urteil v. 16.4.2014, 5 AZR 483/12[130]).

Die **Ausübung des Leistungsbestimmungsrechts** durch den Arbeitgeber hat nach § 315 Abs. 1 BGB nach **billigem Ermessen** zu erfolgen. Danach sind die wesentlichen Umstände des Einzelfalles abzuwägen und auch die Interessen des Arbeitnehmers angemessen zu berücksichtigen. Auf Seiten des Arbeitnehmers können familiäre und berufliche Verpflichtungen eine Rolle spielen. Besondere Termine wie vereinbarte Arzttermine, Behördentermine oder Familienfeiern sind in die Abwägung einzubeziehen[131]. Auch die Abhängigkeit von öffentlichen Verkehrsmitteln ist zu berücksichtigen[132]. Verpflichtungen aus einem weiteren Beschäftigungsverhältnis sind auf jeden Fall dann zu berücksichtigen, wenn der Arbeitgeber bereits bei Vertragsschluss hiervon Kenntnis hatte[133]. 71

Bei der Abwägung der Interessen ist jedoch generell zu berücksichtigen, dass sich der Arbeitnehmer mit der Begründung eines Abrufarbeitsverhältnisses und dem damit verbundenen besonderen Leistungsbestimmungsrecht einverstanden erklärt hat[134]. Über den gesetzlichen Mindestschutz hinausgehende allgemeine oder abstrakte Anforderungen scheiden daher aus.

5. Entgelt und Entgeltfortzahlung

5.1 Anspruch auf Vergütung

Für Abrufarbeit als Teilzeitarbeitsverhältnis gelten die **allgemeinen Grundsätze**. Der Arbeitgeber schuldet die vereinbarte Vergütung. Wird Abrufarbeit in Schichtarbeit geleistet, kann abhängig von den bestehenden Regelungen Anspruch auf eine **Schichtzulage** bestehen. Die mit Schichtarbeit verbundenen Erschwernisse werden bei Abrufarbeit nicht bereits durch die vereinbarte Vergütung kompensiert (BAG, Urteil v. 24.9.2008, 10 AZR 106/08[135]). Bei den materiellen Arbeitsbedingungen ist das Diskriminierungsverbot nach § 4 Abs. 1 TzBfG zu beachten. 72

Schwankungen bei der monatlichen Arbeitszeit durch eine ungleichmäßige Verteilung der Arbeitszeit dürfen nicht zu Entgeltschwankungen führen, da der durch § 12 TzBfG legitimierte Änderungsvorbehalt nur die Arbeitszeit betrifft und nicht die Entgeltverpflichtung des Arbeitgebers. Wird die diskontinuierliche Arbeitszeit nicht durch **kontinuierliche Vergütung** „kompensiert", liegt eine unangemessene Benachteiligung des 73

---

[130] NZA 2014, S. 1262, Rz. 27.

[131] GK-TzA/*Mikosch*, 1987, Art. 1 § 4 BeschFG, Rz. 82 ff., 87.

[132] ErfK/*Preis*, 16. Aufl. 2016, § 12 TzBfG, Rz. 33.

[133] MünchArbR/*Schüren*, Bd. 1, 3. Aufl. 2009, § 41, Rz. 32,

[134] GK-TzA/*Mikosch*, 1987, Art. 1 § 4 BeschFG, Rz. 83.

[135] NZA 2008, S. 1424.

Arbeitnehmers vor[136]. Auch wenn die Frage noch nicht durch das BAG entscheiden ist, empfiehlt sich daher die kontinuierliche Vergütungszahlung bei diskontinuierlicher Arbeitsleistung. Um Abrechnungsschwierigkeiten mit Zeitkonten mit Minusstunden zu vermeiden, sollte die Vertrags- und Zeitgestaltung so gewählt werden, dass das Zeitkonto regelmäßig Plusstunden ausweist, die bei einer Beendigung auszugleichen sind.

5.2 Urlaub

74 Arbeitnehmer in Abrufarbeit haben wie alle (Teilzeit-)Arbeitnehmer einen **Urlaubsanspruch auf entsprechend der Arbeitsleistung gekürzten Erholungsurlaub**. Die für flexible Arbeitszeiten mit diskontinuierlicher Arbeit typischen Schwierigkeiten ergeben sich, wenn vertraglich ein Bezugszeitraum von über einem Monat gewählt wird[137].

75 Zunächst ist die Anzahl der Urlaubstage zu bestimmen. Auszugehen ist von dem den Vollzeitbeschäftigten zustehen Urlaub. Bei flexiblen Arbeitszeiten geht das BAG in ständiger Rechtsprechung (BAG, Urteil v. 8.9.1998, 9 AZR 161/97[138]; BAG, Urteil v. 30.10.2001, 9 AZR 314/00[139]) davon aus, dass bei jeder abweichenden Verteilung der regelmäßigen Arbeitszeit die für die betroffenen Arbeitnehmer maßgebliche **Anzahl von Urlaubstagen durch Umrechnung zu ermitteln** ist. Dazu ist die unterschiedliche Anzahl der Tage mit Arbeitspflicht pro Kalenderwoche mit der Anzahl der Urlaubstage zueinander ins Verhältnis zu setzen[140]. Ist die regelmäßige Arbeitszeit nicht gleichmäßig auf alle Kalenderwochen verteilt, muss für diese Verhältnismäßigkeitsrechnung auf den Zeitabschnitt abgestellt werden, in dem im Durchschnitt die regelmäßige wöchentliche Arbeitszeit erreicht wird.

76 Die besondere Schwierigkeit der Berechnung bei Abrufarbeit ist, dass nicht auf die zu arbeitenden Tage abgestellt werden kann, da diese Anzahl in der Regel nicht feststeht. Vorschläge, Urlaubsdeputate auf Stundenbasis zu verwenden, verstoßen für den gesetzlichen Mindesturlaubsanspruch gegen die Vorgaben des BUrlG, da der Urlaubsanspruch die Beseitigung der Arbeitspflicht an Tagen zum Inhalt hat.

77 Als Lösung bietet sich an, anhand der nach § 12 Abs. 1 Satz 2 TzBfG festzulegenden täglichen und wöchentlichen Arbeitszeit zu ermitteln, an wie vielen Tagen pro Woche der Arbeitnehmer durchschnittlich zu arbeiten hat.

Beispiel

Die festgelegte vertragliche Wochenarbeitszeit beträgt 12 Stunden und die tägliche Arbeitszeit 6 Stunden. Hier hat der Arbeitnehmer durchschnittlich 2 Tage pro Woche zu arbeiten, sodass sich ein Anspruch auf 2/5 des gesetzlichen oder tariflichen Urlaubsanspruchs ergibt.

---

[136] *Stamm*, RdA 2006, S. 288.

[137] S. Rz. 39 ff.

[138] NZA 1999, S. 665.

[139] NZA 2002, S. 815.

[140] S. Beispiel unter Rz. 78.

78 Probleme wirft dieser Weg auf, wenn die **tägliche Arbeitszeit schwankt** und als Mindestdauer festgeschrieben ist. Hinzu kommen Schwierigkeiten bei der Bestimmung, wann der Urlaubsanspruch erfüllt ist, beispielsweise wenn der Arbeitnehmer nur für einen Tag frei haben möchte. Die Lösung, dass der Arbeitnehmer für einen bestimmten Zeitraum Urlaub beantragt und der Arbeitgeber dann erklärt, ob und in welchem Umfang Urlaubstage liegen, überzeugt nicht[141]. Beträgt der tarifliche Urlaubsanspruch 30 Arbeitstage und der anteilige Urlaubsanspruch des Abrufarbeitnehmers 20 Arbeitstage, benötigt der Abrufarbeitnehmer nicht nur die Beseitigung der Arbeitspflicht für 20 Tage, vielmehr die Beseitigung von der Pflicht, an 30 möglichen Arbeitstagen bei Abruf zur Arbeitsleistung verpflichtet zu sein. Deshalb bietet sich folgende Lösung an: Nicht entscheidend ist bei Abrufarbeit die Zahl der tatsächlichen Arbeitstage. Abgestellt wird auf die Tage, die als **potenzielle Arbeitstage bei Abruf** in Betracht kommen[142].

Beispiel

Der Urlaubsanspruch für vollzeitbeschäftigte Arbeitnehmer bei 5-Tage Woche beträgt 30 Arbeitstage.

1. Kommen alle Arbeitstage als Beschäftigungstage in Betracht, besteht ein Anspruch auf 30 Urlaubstage. Dies ist bereits deswegen konsequent, weil der Arbeitnehmer für diese Tage die Beseitigung von der Pflicht zur Arbeit bei Abruf benötigt.
2. Es ist vertraglich geregelt, dass Einsatztage nur Mittwoch bis Freitag sind. Hier beträgt der Urlaubsanspruch 18 Urlaubstage (30 : 5 × 3). Der Arbeitnehmer benötigt in diesem Falle auch nur für die Wochentage Mittwoch bis Freitag Urlaubstage.
3. Werden bestimmte Zeiträume oder Monate von der Arbeitspflicht ausgenommen, ist die gesetzliche oder tarifliche Urlaubsdauer durch die Anzahl der Jahresarbeitstage (bei Urlaubsanspruch in Werktagen der Jahreswerktage) zu teilen und mit den Tagen zu multiplizieren, an denen der Arbeitnehmer für Arbeit auf Abruf zur Verfügung steht. Steht der Arbeitnehmer 3 Monate mit 63 Arbeitstagen für Arbeit auf Abruf nicht zur Verfügung, ergibt sich folgende Berechnung:

30 Urlaubstage : 260 Jahresarbeitstage × 197 mögliche Abruftage = 22,73 Urlaubstage.

Der Bruchteil ist nach der Rechtsprechung des BAG nicht aufzurunden (BAG, Urteil v. 31.5.1990, 8 AZR 296/89), da § 5 Abs. 2 BUrlG nur bei der Berechnung von Teilurlaub nach § 5 BUrlG einschlägig ist.

79 Bei obiger Berechnung der Urlaubsdauer ist die Berechnung des **Urlaubsentgelts** nach § 11 BUrlG ohne Probleme. Das Urlaubsentgelt wird bei flexiblen Arbeitszeitmodellen

[141] So aber *Leinemann/Linck*, DB 1999, S. 1498, 1501.

[142] So auch GK-TzA/*Mikosch*, 1987, Art. 1 § 4 BeschFG, Rz. 111 ff.

über den Geldfaktor und den Zeitfaktor bestimmt (vgl. z. B. BAG, Urteil v. 3.12.2002, 9 AZR 535/01[143]).

80 Der Geldfaktor als Berechnungsgrundlage des Werts der am Urlaubstag ausgefallenen Stunde bestimmt sich nach § 11 Abs. 1 BUrlG.

- Über den Zeitfaktor wird festgelegt, wie viele Stunden am konkreten Urlaubstag ausgefallen sind.
- Wird wie hier auf die Beseitigung der Pflicht zur Arbeit abgestellt, erfolgt die Erfüllung des Urlaubsanspruchs bei kontinuierlicher Vergütungszahlung durch entsprechende Kürzung des vereinbarten Stundendeputats im Bezugszeitraum.

81 Es bleibt offen, ob das BAG dem Lösungsansatz folgen wird. Zumindest kommt diese Lösung wie auch Urlaubsdeputate auf Stundenbasis dem wirtschaftlichen Wert von Urlaubsansprüchen nahe, sodass es bei zu erwartender Akzeptanz der Arbeitnehmer kaum zu Diskussionen und Rechtsstreitigkeiten kommen wird.

5.3 Feiertagsvergütung

82 Auch für die Feiertagsvergütung ist auf das **Lohnausfallprinzip** abzustellen. Nach § 2 Abs. 1 EFZG hat der Arbeitgeber dem Arbeitnehmer für Arbeitszeit, die infolge eines gesetzlichen Feiertags ausfällt, das Entgelt zu zahlen, das er ohne den Arbeitsausfall erhalten hätte. Auch bei Arbeit auf Abruf nach § 4 BeschFG bzw. § 12 TzBfG besteht ein Anspruch auf Feiertagsvergütung nach § 2 EFZG nur dann, wenn der Feiertag die alleinige Ursache für den Arbeitsausfall ist. Um die damit für den Arbeitnehmer verbundenen Nachweisschwierigkeiten einer Einzelfallprüfung zu vermeiden, wird teilweise vertreten, dass die Durchschnittsvergütung als Feiertagsvergütung ohne nähere Prüfung des Einzelfalls zulässig ist[144].

83 So schlägt *Schüren*[145] folgende Berechnungsweise vor: „Es wird das Arbeitszeitdeputat im vereinbarten Bezugszeitraum rechnerisch auf alle potentiellen Arbeitstage einschließlich Feiertage verteilt. Danach werden diejenigen Arbeitsstunden, die auf einen Feiertag fallen, vom Arbeitszeitdeputat abgezogen und die Vergütung unverändert fortbezahlt. Es reduziert sich die zu erbringende tatsächliche Arbeitsleistung."

84 Diese **Durchschnittsberechnung** ist einfach und auch für den Arbeitnehmer nachvollziehbar. Die Anwendung einer solchen Berechnung durch den Arbeitgeber wird Diskussionen, Konflikte und möglicherweise auch Rechtstreitigkeiten vermeiden. Gleichwohl entspricht die Durchschnittsberechnung nicht der gesetzlichen Regelung des Lohnausfallprinzips nach § 2 EFZG (BAG, Urteil v. 29.10.2001, 5 AZR 245/00[146]), sodass in einem Rechtsstreit von den vom BAG entwickelten Vorgaben auszugehen ist.

85 Die **Nachweisschwierigkeiten des Arbeitnehmers** sind nach den Grundsätzen der abgestuften Darlegungs- und Beweislast zu lösen:

---

[143] NZA 2003, S. 1219; ausführlich *Busch*, NZA 1996, S. 1246 ff.

[144] Kaiser/Dunkl/Hold/Kleinsorge, EFZG, 5. Aufl. 2000, § 2 EFZG, Rz. 26.

[145] MünchArbR/*Schüren*, Bd. 1, 3. Aufl. 2009, § 41, Rz. 55.

[146] DB 2002, S. 1110; hierzu auch Laux/Schlachter/*Laux*, TzBfG, 2. Aufl. 2011, § 12 TzBfG, Rz. 102.

- Der Arbeitnehmer hat zunächst tatsächliche Umstände vorzutragen, aus denen sich eine hohe Wahrscheinlichkeit dafür ergibt, dass die Arbeit allein wegen des Feiertags ausgefallen ist. Dazu können auch Handhabungen in der Vergangenheit abgestellt werden wie z. B. regelmäßiger Einsatz an bestimmten Wochentagen oder Einsätze vor und nach dem Feiertag.
- Ergibt sich dies aus dem Vortrag des Arbeitnehmers, hat sich der Arbeitgeber hierzu konkret zu erklären (§ 138 Abs. 2 ZPO). Er hat dann tatsächliche Umstände dafür darzulegen, warum der Feiertag für den Arbeitsausfall nicht ursächlich war. Gibt er hierfür keine objektiven Gründe an, ist aufgrund der Darlegung des Arbeitnehmers davon auszugehen, dass die Arbeit wegen des Feiertags ausgefallen ist. Der Hinweis, dass an einem Wochenfeiertag nicht gearbeitet werden darf, genügt nicht.
- Werden objektive Gründe angegeben, muss der Arbeitnehmer nachweisen, dass diese nicht vorliegen oder nicht ursächlich für die Nichtbeschäftigung waren.

Beispiel

Der Arbeitnehmer möchte Feiertagsvergütung für einen Donnerstag und trägt vor und belegt, dass er in der Vergangenheit regelmäßig donnerstags und freitags tätig war. Hier spricht eine hohe Wahrscheinlichkeit für einen feiertagsbedingten Ausfall.

5.4 Entgeltfortzahlung

Nach § 3 EFZG bleibt bei durch Arbeitsunfähigkeit bedingte Arbeitsverhinderung der Anspruch auf Vergütung erhalten. Der Berechnung liegt nach § 4 Abs. 1 EFZG ein **modifiziertes Lohnausfallprinzip** zugrunde. Ohne Schwierigkeiten ist die Berechnung in den Fällen, in denen der Arbeitnehmer **nach Ausübung des Leistungsbestimmungsrechts** erkrankt. Hier hat der Arbeitnehmer Anspruch auf Entgeltfortzahlung entsprechend dem Abruf. Das restliche Arbeitsdeputat kürzt sich um die nach dem Arbeitsabruf in die Krankheitszeit fallenden Arbeitsstunden. 86

Schwierigkeiten bestehen bei einer **Arbeitsunfähigkeit vor Abruf**. Es ist naheliegend, dass bei einer Arbeitsunfähigkeit des Arbeitnehmers der Arbeitgeber keinen Arbeitseinsatz in dem Zeitraum der Arbeitsunfähigkeit festlegt. Es hat daher eine **Abrechnung auf der Basis der hypothetischen Arbeitszeitlage** zu erfolgen. Daher kann auch nicht darauf abgestellt werden, dass der Arbeitgeber bis zur Grenze des Rechtsmissbrauchs die zu erfüllende Arbeitszeit in die Zeiten der Arbeitsfähigkeit legen kann[147]. 87

Als Lösung für die Praxis werden **vergangenheitsbezogene Durchschnittsberechnungen** empfohlen[148]. Dies lässt sich damit rechtfertigen, dass als Folge der Arbeitsunfähigkeit für alle potenziellen Arbeitstage ein Abruf ausgeschlossen ist[149]. 88

---

147 So aber Schmitt, EFZG, AAG, 7. Aufl. 2012, § 4 EFZG, Rz. 40 ff.

148 Annuß/Thüsing/*Jacobs*, TzBfG, 3. Aufl. 2012, § 12 TzBfG, Rz. 35; MünchArbR/*Schüren*, Bd. 1, 3. Aufl. 2009, § 41, Rz. 60.

149 So GK-TzA/*Mikosch*, 1987, Art. 1 § 4 BeschFG, Rz. 104.

Zuvor ist jedoch zu prüfen, ob aus dem Abrufverhalten in der Vergangenheit oder dem Abrufverhalten bei weiteren Arbeitnehmern die Kausalität oder die fehlende Kausalität zwischen Arbeitsunfähigkeit und Lohnausfall festgestellt werden kann. Nur wenn sich so die durch Arbeitsunfähigkeit ausfallende Arbeitszeit nicht ermittelt lässt, ist nach der Rechtsprechung des BAG bei Schwankungen der individuellen Arbeitszeit zur Bestimmung der „regelmäßigen" Arbeitszeit eine **vergangenheitsbezogene Betrachtung** zulässig und geboten (BAG, Urteil v. 26.6.2002, 5 AZR 153/01[150]). Die Berechnung nach dem vergangenheitsbezogenen Durchschnittsprinzip wird jedoch im Hinblick auf die vorgegebenen Bezugszeiträume nicht bei allen Fallgestaltungen der gebotenen hypothetischen Betrachtung gerecht.

Beispiel

Im Arbeitsvertrag ist ein Arbeitszeitvolumen von 170 Stunden in einem Bezugszeitraum von 2 Monaten vereinbart.

Fall 1: Es kommt bereits im 1. Monat zum Abruf von 150 Stunden. Anschließend wird der Arbeitnehmer im 2. Monat arbeitsunfähig krank.

Fall 2: Im 1. Monat erfolgt ein Arbeitsabruf nur für 20 Stunden. Anschließend erkrankt der Arbeitnehmer.

Bewertung

Eine vergangenheitsbezogene Durchschnittsberechnung würde den Monat mit 85 Stunden berücksichtigen. Im Fall 1 würde das Arbeitszeitvolumen überschritten und im Fall 2 nicht erreicht.

89 Eine Durchschnittsberechnung muss daher m. E. zukunftsbezogen auf die bei Beginn der Arbeitsunfähigkeit im Bezugszeitraum noch zu erbringende Arbeitsleistung abstellen, d. h. dass im Fall 1 noch 20 Stunden des Arbeitszeitdeputats offen waren und im Fall 2 150 Stunden. Dementsprechend ist der Umfang der Arbeitspflicht für jeden potenziellen Arbeitstag zu berechnen.

Beispiel

Beispielhafte Formulierung:

Ist bei Beginn der Arbeitsunfähigkeit bereits ein Abruf erfolgt, so vermindert sich das Arbeitsdeputat um die Zahl der im Abruf enthaltenen Stunden. Soweit Arbeitsunfähigkeitszeiten über den letzten vom Arbeitgeber abgerufenen Arbeitseinsatz hinausgehen, kürzt sich das Arbeitsdeputat des Mitarbeiters für jeden Arbeits-

[150] NJW 2003, S. 237.

tag, an dem er erkrankt ist, um die Stundenzahl, die sich bei gleichmäßiger Verteilung des restlichen Deputats im Bezugszeitraum ergeben würde.

5.5 Verhinderung aus persönlichen Gründen

Bei Arbeitsverhinderung aus persönlichen Gründen wie Arztbesuchen, Behördenterminen oder bedeutsamen Ereignissen im Familienkreis bestimmt sich der **Vergütungsanspruch**, soweit nicht einzelvertragliche oder kollektive Regelungen bestehen, **nach** § 616 BGB. Abrufarbeitnehmer haben wie alle Arbeitnehmer diese Termine möglichst außerhalb der Arbeitszeit zu erledigen (vgl. BAG, Urteil v. 27.6.1990, 5 AZR 365/89[151]). Der Arbeitgeber kann die Arbeitseinsätze daher auch umgekehrt so legen, dass der Arbeitnehmer den Verpflichtungen in der Freizeit nachkommen kann[152]. Kommt es nach festgelegter Einsatzzeit zu einer **unverschuldeten Verhinderung** aus persönlichen Gründen wie z. B. einem ärztlich zwingend festgelegten Arzttermin, bleibt der Vergütungsanspruch bestehen[153]. 90

Nach *Schüren*[154] hat der Arbeitnehmer allerdings die Pflicht, den Arbeitgeber über mögliche persönliche Verhinderungen zu informieren mit der Folge, dass bei Verstoß die Entgeltzahlungspflicht entfalle. Dem ist zumindest für den Fall zu folgen, dass im Arbeitsvertrag eine Pflicht des Arbeitnehmers zur Information über solche Verhinderungen aufgenommen ist. Weitergehend kann § 616 BGB durch Arbeitsvertrag konkretisiert oder beschränkt werden. Ein vollständiger Ausschluss von § 616 BGB in Formulararbeitsverträgen kann jedoch ohne besondere Rechtfertigung nach § 307 Abs. 1, Abs. 2 Nr. 1 BGB unwirksam sein[155]. 91

6. Tarifvorbehalt (Abs. 3)

6.1 Allgemeines

Mit § 12 Abs. 3 TzBfG hat der Gesetzgeber bewusst die allgemeine Tariföffnungsklausel des § 6 BeschFG durch eine klarere Regelung ersetzt. Die Normsetzungsbefugnis ist tatsächlich deutlich eingeschränkt worden. Es werden nunmehr Mindestanforderungen gestellt, wenn Tarifverträge zuungunsten der Arbeitnehmer von den gesetzlichen Vorgaben bei Abrufarbeit abweichen wollen. 92

Allgemeine Arbeitsvertragsbedingungen der Kirchen fallen nicht unter den Tarifvorbehalt. Die in § 6 Abs. 3 BeschFG enthaltene Öffnungsklausel ist in das TzBfG nicht übernommen[156]. 93

---

[151] NZA 1990, S. 894 für Arztbesuche.

[152] Annuß/Thüsing/*Jacobs*, TzBfG, 3. Aufl. 2012, § 12 TzBfG, Rz. 36; Meinel/Heyn/Herms/*Heyn*, TzBfG, 5. Aufl. 2015, § 12 TzBfG, Rz. 53.

[153] Meinel/Heyn/Herms/*Heyn*, TzBfG, 5. Aufl. 2015, § 12 TzBfG, Rz. 53; MünchArbR/*Schüren*, Bd. 1, 3. Aufl. 2009, § 41, Rz. 63.

[154] MünchArbR/*Schüren*, Bd. 1, 3. Aufl. 2009, § 41, Rz. 62.

[155] MünchKomm/*Müller-Glöge, Bd. 4, 6. Aufl. 2012, § 616 BGB Rz. 67.*

[156] S. Rambach, § 22, Rz. 10.

6.2 Mindestanforderungen

94 **Abweichungen durch Tarifverträge sind zulässig**, wenn der Tarifvertrag Regelungen über die **tägliche und wöchentliche Arbeitszeit** und die **Vorankündigungsfrist** vorsieht. Die Tarifvertragsparteien müssen daher Regelungen zur wöchentlichen Arbeitszeit treffen. Dabei verlangt § 12 Abs. 3 Satz 1 TzBfG nicht die Festschreibung einer bestimmten Dauer. Damit können die Tarifvertragsparteien abweichend von § 12 Abs. 1 Satz 2 TzBfG **Bandbreitenregelungen** oder Regelungen zur Mindestarbeitszeit treffen, der Arbeitszeitumfang muss nicht festgeschrieben werden[157]. Eine Bandbreite von 0 bis 40 Stunden ist allerdings nicht zulässig, da in diesem Fall keine Regelung vorliegt und der Arbeitgeber das volle Bestimmungsrecht hat[158]. Als Bezugszeitraum kann ein über die Woche hinausgehender Zeitraum vereinbart werden[159].

95 Das BAG war in mehreren Entscheidungen zu § 6 BeschFG davon ausgegangen, dass die Tarifvertragsparteien dem Arbeitgeber uneingeschränkt das Leistungsbestimmungsrecht über die Dauer der Arbeitszeit einräumen können und dem Arbeitgeber sogar das Recht eingeräumt werden kann, auf den Einsatz eines Arbeitnehmers ganz zu verzichten (BAG, Urteile v. 12.3.1992, 6 AZR 311/90[160]; BAG, Urteil v. 8.9.1994, 6 AZR 254/94[161]; BAG, Urteil v. 16.11.2000, 6 AZR 353/99[162]). Angesichts der jetzt bestehenden Pflicht, Regelungen zur wöchentlichen und täglichen Arbeitszeit zu treffen, ist diese Rechtsprechung des BAG gegenstandslos[163].

96 Als tarifvertragliche Regelung zur täglichen Arbeitszeit ist die Festlegung einer **Mindestdauer des täglichen Arbeitseinsatzes** zulässig[164]. Die **Ankündigungsfrist** nach § 12 Abs. 2 TzBfG **darf** durch Tarifvertrag **gekürzt werden**, jedoch nicht ganz wegfallen[165]. Die Tarifvertragsparteien können, was bei Mischformen von Bedeutung sein kann, auch bestimmen, dass während der Tätigkeit durch „Abruf" die Arbeitszeit verlängert wird. Die Interessen der betroffenen Arbeitnehmer hat der Arbeitgeber bei der Ausübung des kurzfristig ausgeübten Leistungsbestimmungsrechts nach § 315 Abs. 1 BGB zu beachten.

---

157 Meinel/Heyn/Herms/*Heyn*, TzBfG, 5. Aufl. 2015, § 12 TzBfG, Rz. 58; *Kliemt*, NZA 2001, S. 63, 70.

158 *Däubler*, ZIP 2000, S. 1961, 1965; Annuß/Thüsing/*Jacobs*, TzBfG, 3. Aufl. 2012, § 12 TzBfG, Rz. 59.

159 A. A. ausgehend vom abweichenden Verständnis von § 12 Abs. 1 Satz 2 TzBfG Boewer, TzBfG, 1. Aufl. 2002, § 12 TzBfG, Rz. 50.

160 NJW 1993, S. 348.

161 NZA 1995, S. 1006.

162 NZA 2002, S. 112.

163 ErfK/*Preis*, 16. Aufl. 2016, § 12 TzBfG, Rz. 37; MünchKomm/*Müller-Glöge,* Bd. 4, 6. Aufl. 2012, § 12 TzBfG, Rz. 17.

164 Meinel/Heyn/Herms/*Heyn*, TzBfG, 5. Aufl. 2015, § 12 TzBfG, Rz. 59; s. vorne Rz. 56.

165 Boewer, TzBfG, 1. Aufl. 2002, § 12 TzBfG, Rz. 49; Meinel/Heyn/Herms/*Heyn*, TzBfG, 5. Aufl. 2015, § 12 TzBfG, Rz. 60.

Um die mit Abrufarbeit verbundenen Schwierigkeiten bei der Berechnung von Urlaubsansprüchen und Arbeitsunfähigkeitszeiten zu vermeiden, können die Tarifvertragparteien die Entgeltfortzahlung abweichend von § 4 EFZG regeln (BAG, Urteil v. 9.10.2002, 5 AZR 356/01[166]; BAG, Urteil v. 24.3.2004, 5 AZR 346/03[167]) und die Berechnung des Urlaubsentgelts abweichend von § 11 BUrlG (BAG, Urteil v. 3.12.2002, 9 AZR 535/01[168]). 97

6.3 Arbeitsvertragliche Bezugnahme

Die Anwendung tarifvertraglicher Regelungen zur Abrufarbeit kann nach § 12 Abs. 3 Satz 2 TzBfG einzelvertraglich vereinbart werden, wenn eine oder beide Parteien nicht tarifgebunden sind. Vereinbart werden kann nur die Anwendung des räumlich, fachlich und persönlich einschlägigen Tarifvertrags. Ausreichend ist die vereinbarte Anwendung der Regelungen zur Abrufarbeit. Der Tarifvertrag muss nicht vollständig übernommen werden[169]. Die vereinbarte Anwendung einzelner Bestimmungen zur Abrufarbeit ist hingegen nicht zulässig. 98

7. Betriebliche Mitbestimmung

7.1 Allgemeines

Teilzeitkräfte im Abrufarbeitsverhältnis sind Arbeitnehmer nach § 5 BetrVG und damit bei Vorliegen der jeweiligen Voraussetzungen **wahlberechtigt** (§ 7 BetrVG) und wählbar (§ 8 BetrVG). Das aktive Wahlrecht beginnt mit dem vertraglich vorgesehenen Beginn des Arbeitsverhältnisses unabhängig davon, wann die Arbeitsleistung durch den Arbeitgeber in Anspruch genommen wird[170]. Auch die Berechnung der Betriebszugehörigkeit nach § 8 BetrVG beginnt mit diesen Zeitpunkt. Geht man von der Zulässigkeit längerer Bezugszeiträume aus, führt eine längere Zeit der Nichtbeschäftigung nicht zur Hemmung des 6-Monats-Zeitraums. Auch wenn mit der Rechtsprechung des BAG neben der rechtlichen Zugehörigkeit eine tatsächliche Einbindung in den Betrieb erforderlich ist (BAG, Beschluss v. 28.11.1977, 1 ABR 40/76[171]) und deswegen tatsächlich längere Unterbrechungen zu einer Hemmung der Frist führen können[172], kann dies auf Abrufarbeit nicht übertragen werden[173]. Das Arbeitsverhältnis wird auch „im Tatsächlichen" nicht unterbrochen, da der Arbeitnehmer auf Abruf für Arbeitsleistungen zur Verfügung steht. 99

---

[166] NZA 2003, S. 978.

[167] NZA 2004, S. 1042.

[168] NZA 2003, S. 1219.

[169] Meinel/Heyn/Herms/*Heyn*, TzBfG, 5. Aufl. 2015, § 12 TzBfG.

[170] Fitting, BetrVG, 27. Aufl. 2014, § 7 BetrVG, Rz. 26; Löwisch/Kaiser, BetrVG, 6. Aufl. 2010, § 7 BetrVG, Rz. 12.

[171] AP BetrVG § 8 Nr 2.

[172] Fitting, BetrVG, 27. Aufl. 2014, § 8 BetrVG, Rz. 45; Löwisch/Kaiser, BetrVG, 6. Aufl. 2010, § 8 BetrVG, Rz. 5 gehen von einer Unterbrechung von mindestens 2 Monaten aus.

[173] A. A. GK-TzA/*Mikosch*, 1987, Art. 1 § 4 BeschFG, Rz. 138.

7.2 Mitbestimmung nach § 87 BetrVG

100 § 12 TzBfG regelt nicht die Beteilungsrechte des Betriebsrats. Da mit Abrufarbeit die Lage der Arbeitszeit festgelegt wird, besteht bei Abrufarbeit ein Mitbestimmungsrecht des Betriebsrats nach § 87 Abs. 1 Nr. 2 BetrVG, welches allerdings die gesetzlichen Vorgaben des § 12 TzBfG zu beachten hat. Deswegen kann über eine Betriebsvereinbarung die Ankündigungsfrist von 4 Kalendertagen nicht verkürzt werden.

101 Unter Beachtung der Besonderheiten der Abrufarbeit gilt Folgendes: Dem Mitbestimmungsrecht des Betriebsrats nach § 87 Abs. 1 Nr. 2 BetrVG ist die Dauer der wöchentlichen Arbeitszeit entzogen (ständige Rechtsprechung des BAG, vgl. z. B. BAG, Beschluss v. 22.7.2003, 1 ABR 28/02[174]; BAG, Beschluss v. 13.10.1987, 1 ABR 10/86[175]). Die tariflichen Regelungen oder individualrechtlichen Vereinbarungen über die Dauer der wöchentlichen Arbeitszeit hat der Betriebsrat bei der Ausübung seines Mitbestimmungsrechts bei Abrufarbeit als Vorgaben zu beachten (BAG, Beschluss v. 28.9.1988, 1 ABR 41/87[176]).

Hinweis

Die wöchentliche Arbeitszeit ist entsprechend § 12 Abs. 1 Satz 2 TzBfG nur als durchschnittliche Wochenarbeitszeit innerhalb des vereinbarten Bezugszeitraums zu verstehen[177].

102 Dem **Mitbestimmungsrecht** des Betriebsrats nach § 87 Abs. 1 Nr. 2 BetrVG unterliegt jedoch nach der Rechtsprechung des BAG bereits die Entscheidung des Arbeitgebers, ob der **Teilzeitbeschäftigte zu festen Zeiten oder nach Bedarf** mit Abrufarbeit beschäftigt werden soll (BAG, Urteil v. 28.9.1988, 1 ABR 41/87[178]). Dies hat zur Folge, dass der Arbeitgeber den Einsatz von Arbeitnehmern in kapazitätsorientierter variabler Arbeitszeit nicht einseitig einführen kann, vielmehr hierbei auf die Zustimmung des Betriebsrats angewiesen ist und ggf. die Einigungsstelle anrufen muss. Das Mitbestimmungsrecht überlagert abweichende individualrechtliche Vereinbarungen (BAG, Urteil v. 28.9.1988, 1 ABR 41/87[179]).

103 Die Entscheidung des BAG ging allerdings von einem Verständnis der Abrufarbeit als Regelung zur flexiblen Verteilung der Lage der Arbeitszeit aus. Zugleich hat das BAG jedoch betont, dass der Betriebsrat individualrechtliche Vereinbarungen zur Dauer der Arbeitszeit bei der Ausübung seines Mitbestimmungsrechts zu beachten hat. Teil der Regelung zum Arbeitszeitvolumen ist auch die **Arbeitszeitdauer**, die der Arbeitgeber als Folge einer vereinbarten Regelung einseitig bestimmt. Hierüber hat der Betriebsrat nicht

[174] NZA 2004, S. 507.
[175] NZA 1988, S. 251.
[176] NZA 1989, S. 184.
[177] S. Rz. 37.
[178] NZA 1989, S. 184.
[179] NZA 1989, S. 184; Fitting, BetrVG, 27. Aufl. 2014, § 87 BetrVG, Rz. 126.

mitzubestimmen. Auch die Ausübung des **Leistungsbestimmungsrechts** durch den Arbeitgeber unterliegt, da die Arbeitszeitdauer betroffen ist, nicht der Mitbestimmung. Die **Festlegung der individuellen kapazitätsorientierten Arbeitszeitdauer** innerhalb des vertraglich vereinbarten Rahmens ist **nicht mitbestimmungspflichtig** nach § 87 Abs. 1 Nr. 2 BetrVG (BAG, Urteil v. 24.5.1989, 2 AZR 537/88, n. v.).
Es liegt auch **keine mitbestimmungspflichtige Veränderung der betriebsüblichen Arbeitszeit** nach § 87 Abs. 1 Nr. 3 BetrVG vor[180]. § 87 Abs. 1 Nr. 3 BetrVG erfordert eine Veränderung der individualrechtlich vereinbarten Arbeitszeit[181]. Hier geht es um die Festlegung der Arbeitszeitdauer innerhalb der arbeitsvertraglichen Regelung. **Mitbestimmungspflichtig** nach § 87 Abs. 1 Nr. 3 BetrVG ist hingegen die **nachträgliche Vereinbarung einer befristeten Erhöhung der Arbeitszeit** zur Abdeckung eines betrieblichen Mehrbedarfs (BAG, Beschluss v. 24.4.2007, 1 ABR 47/06) oder die **Anordnung von Überstunden** aufgrund einer zusätzlich vereinbarten Anordnungsbefugnis.

Bei Abrufarbeit als Teilzeitarbeit hat der Betriebsrat wie bei Vollzeitbeschäftigten mit- 104
zubestimmen über **Beginn und Ende der täglichen Arbeitszeit**, einschließlich der Pausen, sowie über die Verteilung der Arbeitszeit auf die einzelnen Wochentage. Zu den **mitbestimmungspflichtigen** Regelungen, die die Lage der Arbeitszeit betreffen, gehören nach dem BAG beispielsweise (grundlegend BAG, Beschluss v. 13.10.1987, 1 ABR 10/86[182]):

- die Festlegung der Mindestdauer der täglichen Arbeitszeit,
- die Festlegung der Höchstzahl von Tagen in der Woche, an denen teilzeitbeschäftigte Arbeitnehmer beschäftigt werden sollen,
- die Festlegung der Mindestzahl arbeitsfreier Samstage,
- die Frage der Aufteilung der täglichen Arbeitszeit (Stückelung) und
- die Festlegung der Dauer der Pausen für teilzeitbeschäftigte Arbeitnehmer.

Der Betriebsrat kann weiter neben der **Festlegung eines Bezugrahmens**[183] auch Rege- 105
lungen zur **Mindestankündigungsfrist** verlangen. § 12 Abs. 2 TzBfG schließt das Mitbestimmungsrecht nicht aus. Es handelt sich um keine gesetzliche Regelung i. S. d. Eingangssatzes von § 87 Abs. 1 BetrVG. Vielmehr liegen Mindestbedingungen vor, die die individualrechtliche Zulässigkeit betreffen und insoweit von Arbeitgeber und Betriebsrat zu beachten sind[184]. Es sind daher Regelungen zwischen Arbeitgeber und Betriebsrat über längere, jedoch nicht über kürzere Ankündigungsfristen zulässig.

---

[180] *Bauer/Günther*, DB 2006, S. 950.

[181] Fitting, BetrVG, 27. Aufl. 2014, § 87 BetrVG, Rz. 132.

[182] NZA 1988, S. 251.

[183] Löwisch/Kaiser, BetrVG, 6. Aufl. 2010, § 87 BetrVG, Rz. 70.

[184] *Löwisch*, BB 1985, S. 1200, 1204; GK-TzA/*Mikosch*, 1987, Art. 1 § 4 BeschFG, Rz. 150; Annuß/Thüsing/*Jacobs*, TzBfG, 3. Aufl. 2012, § 12 TzBfG, Rz. 66; a. A. *Hoyningen-Huene*, NJW 1985, S. 1801.

Hinweis

Die Entscheidung über Ob und Wie von Abrufarbeit haben die Betriebsparteien im Einzelfall unter Abwägung der Interessen beider Seiten vorzunehmen. Das Interesse des Arbeitgebers an Abrufarbeit ist dann gewichtig, wenn der Arbeitsanfall ungleichmäßig und nicht planbar oder vorhersehbar ist. Eine Entscheidung der Einigungsstelle, die Einführung von Abrufarbeit aus grundsätzlichen Erwägungen ohne Interessenabwägung abzulehnen, wäre ermessensfehlerhaft i. S. v. § 76 Abs. 5 BetrVG[185].

106 Unproblematisch ist es, wenn in einer Betriebsvereinbarung über die Gestaltung der Abrufarbeit allgemeine Regelungen zur Auswahl bei Abruf aufgenommen werden, der Arbeitgeber das Bestimmungsrecht behält und der Betriebsrat über die jeweiligen Arbeitszeitabrufe nur informiert wird. Eine solche Information steht dem Betriebsrat im Hinblick auf die ihm zustehende Überwachungsaufgabe nach § 80 BetrVG ohnehin zu.

107 Ordnet der Arbeitgeber bei Abrufarbeit ergänzend **Mehrarbeit** an[186], ist das Mitbestimmungsrecht des Betriebsrats nach § 87 Abs. 1 Nr. 3 BetrVG zu beachten (BAG, Beschluss v. 23.7.1996, 1 ABR 13/96[187]; BAG, Beschluss v. 16.7.1991, 1 ABR 69/90[188]).

7.3 Beteiligung nach § 99 BetrVG

108 Der **einzelne Arbeitsabruf ist keine Einstellung** nach § 99 BetrVG.
Die Einstellung als Arbeitnehmer bedarf der Zustimmung des Betriebsrats nach § 99 BetrVG. Die Ablehnung wegen Verstoßes gegen § 12 TzBfG durch den Betriebsrat begründet kein Zustimmungsverweigerungsrecht nach § 99 Abs. 2 Nr. 1 BetrVG. Der Gesetzesverstoß als Zustimmungsverweigerungsgrund setzt voraus, dass die personelle Maßnahme, d. h. hier die Einstellung und nicht einzelne Vertragsbestimmungen gesetzeswidrig sind[189].

109 Der Betriebsrat ist nach einer Entscheidung des BAG aus dem Jahre 1992 auch dann nach § 99 BetrVG zu beteiligen, wenn in einem **Rahmenvertrag** nur die geschuldete Tätigkeit und die vom Arbeitgeber zu zahlende Vergütung vereinbart wird[190]. Das BAG begründet dies damit, dass mit dem Rahmenvertrag die eigentliche Entscheidung über eine tatsächliche Beschäftigung falle und die einer Einstellung vorausgehenden Entscheidungen über Person, Arbeitsplatz und Eingruppierung getroffen seinen (BAG, Beschluss v. 28.4.1992, 1 ABR 73/91[191]). Dabei ist der 1. Senat des BAG allerdings im Gegensatz zu den neueren

---

[185] Preis, Der Arbeitsvertrag, 5. Aufl. 2015, II A 90, Rz. 135.
[186] Zur Zulässigkeit s. Rz. 27 ff.
[187] AuR 1997, S. 171.
[188] NZA 1992, S. 274; Boewer, TzBfG, 1. Aufl. 2002, § 12 TzBfG, Rz. 62; ausführlich *Richardi*, NZA 1994, S. 593 ff.
[189] Fitting, BetrVG, 27. Aufl. 2014, § 99 BetrVG, Rz. 189.
[190] S. Rz. 32.
[191] NZA 1992, S. 1141.

Entscheidungen des 7. Senats (BAG, Urteil v. 31.7.2002, 7 AZR 181/01[192]; BAG, Urteil v. 16.4.2003, 7 AZR 187/02[193]) davon ausgegangen, dass mit dem Rahmenvertrag bereits ein Arbeitsverhältnis begründet wurde. Für die Praxis hat diese Entscheidung den Vorteil, dass nicht jeder Einsatz innerhalb des Rahmenarbeitsverhältnisses das Beteiligungsrecht des Betriebsrats nach § 99 BetrVG auslöst.

7.4 Streitigkeiten zwischen Arbeitgeber und Betriebsrat

Streitigkeiten zwischen Betriebsrat und Arbeitgeber sind im arbeitsgerichtlichen Be- 110
schlussverfahren nach den §§ 2a, 80 ff. ArbGG zu klären. Macht der Betriebsrat ein Mitbestimmungsrecht nach § 87 BetrVG geltend, kann er nach den §§ 87 Abs. 2, 76 BetrVG die **Errichtung einer Einigungsstelle** beim Arbeitgeber beantragen. Lehnt der Arbeitgeber dies ab, kann der Betriebsrat beim Arbeitsgericht die Einsetzung einer Einigungsstelle beantragen. Wegen fehlender Zuständigkeit kann nach § 98 Abs. 1 Satz 2 ArbGG der Antrag nur bei offensichtlicher Unzuständigkeit abgelehnt werden. Weiter kann der Betriebsrat bei Verstößen gegen das Mitbestimmungsrecht nach § 87 BetrVG einen Unterlassungsantrag beim Arbeitsgericht stellen (BAG, Beschluss v. 3.5.1994, 1 ABR 24/93[194]).

---

[192] DB 2003, S. 96.
[193] NZA 2004, S. 41.
[194] NJW 1995, S. 1044.

§ 13 Arbeitsplatzteilung

(1) [1]Arbeitgeber und Arbeitnehmer können vereinbaren, dass mehrere Arbeitnehmer sich die Arbeitszeit an einem Arbeitsplatz teilen (Arbeitsplatzteilung). [2]Ist einer dieser Arbeitnehmer an der Arbeitsleistung verhindert, sind die anderen Arbeitnehmer zur Vertretung verpflichtet, wenn sie der Vertretung im Einzelfall zugestimmt haben. [3]Eine Pflicht zur Vertretung besteht auch, wenn der Arbeitsvertrag bei Vorliegen dringender betrieblicher Gründe eine Vertretung vorsieht und diese im Einzelfall zumutbar ist.

(2) [1]Scheidet ein Arbeitnehmer aus der Arbeitsplatzteilung aus, so ist die darauf gestützte Kündigung des Arbeitsverhältnisses eines anderen in die Arbeitsplatzteilung einbezogenen Arbeitnehmers durch den Arbeitgeber unwirksam. [2]Das Recht zur Änderungskündigung aus diesem Anlass und zur Kündigung des Arbeitsverhältnisses aus anderen Gründen bleibt unberührt.

(3) Die Absätze 1 und 2 sind entsprechend anzuwenden, wenn sich Gruppen von Arbeitnehmern auf bestimmten Arbeitsplätzen in festgelegten Zeitabschnitten abwechseln, ohne dass eine Arbeitsplatzteilung im Sinne des Absatzes 1 vorliegt.

(4) [1]Durch Tarifvertrag kann von den Absätzen 1 und 3 auch zuungunsten des Arbeitnehmers abgewichen werden, wenn der Tarifvertrag Regelungen über die Vertretung der Arbeitnehmer enthält. [2]Im Geltungsbereich eines solchen Tarifvertrages können nicht tarifgebundene Arbeitgeber und Arbeitnehmer die Anwendung der tariflichen Regelungen über die Arbeitsplatzteilung vereinbaren.

Übersicht Rz.

1. Allgemeines

Die Arbeitsplatzteilung als besondere Form der Arbeitsvertragsgestaltung ist unter dem 1
aus dem amerikanischen Recht stammenden Begriff „Job-Sharing" Anfang der 80-er Jahre intensiv diskutiert worden. Die Diskussion wurde mit ausgelöst durch einen Job-Sharing-Musterarbeitsvertrag des Arbeitsrings der Arbeitgeberverbände der Deutschen Chemischen Industrie[1] mit einer Vielzahl von nachfolgenden Veröffentlichungen[2]. Zentral waren damals wie heute 2 Streitpunkte:

- die Frage der wechselseitigen Vertretungspflicht (§ 13 Abs. 1 Sätze 2, 3 TzBfG)
- die Frage der Abhängigkeit beider Arbeitsverträge im Bestand (§ 13 Abs. 2 TzBfG).

Im Rahmen des am 1.5.1985 in Kraft getretenen Beschäftigungsförderungsgesetzes wur- 2
den in § 5 BeschFG diese Streitpunkte geregelt. Unter der allgemeinen Zielsetzung, mit dem Beschäftigungsförderungsgesetz die Teilzeitarbeit zu fördern, hatte § 5 BeschFG das Ziel, die Arbeitsplatzteilung sozialverträglich auszugestalten und die Vertretungspflicht zum Schutz der Arbeitnehmer zu beschränken[3].

§ 13 TzBfG übernahm im Wesentlichen diese Regelungen. Die Normsetzungsbefugnis 3
für die Tarifvertragsparteien soll aber durch § 13 Abs. 4 TzBfG eingeschränkt werden[4]. Wird berücksichtigt, wie viele Arbeitszeitmodelle auch zur Teilzeit existieren, gibt der Gesetzgeber dem Modell der Arbeitsplatzteilung eine Bedeutung, welches dieses in der Praxis nicht hat. Bereits 1987 hat *Heinze*[5] ausgeführt, dass Job-Sharing als Alternative für die Praxis untauglich sei. Dies mag damit zusammenhängen, dass die Einschränkungen, die durch § 5 BeschFG und durch § 13 TzBfG vorgegeben sind, der Grundidee der gemeinsamen Verantwortung bis hin zur Vertretung entgegenstehen[6]. Entscheidender dürfte jedoch sein, dass die mit der Arbeitsplatzteilung verbundene Zeitsouveränität der Arbeitnehmer auf besserem Weg mit anderen Modellen der variablen Arbeitszeit gefunden werden kann, wie zum Beispiel mit Gleitzeitregelungen ohne Kernzeitbeschränkungen und Gruppenverantwortung oder Vertrauensarbeitszeit.

---

1 RdA 1982, S. 177.

2 Zum damaligen Meinungsstand Schüren, Job-Sharing, 1. Aufl. 1983, Rz. 1 ff., 156 ff.; Buschmann/Dieball/Stevens-Bartol, TzA, 2. Aufl. 2001, § 13 TzBfG, Rz. 2 ff.

3 BT-Drucks. 10/2102, S. 5 ff.; das BeschFG wurde durch das Gesetz über Teilzeitarbeit und befristete Arbeitsverhältnisse (TzBfG) vom 21.12.2002 aufgehoben.

4 BT-Drucks. 14/4374, S. 18.

5 NZA 1987, S. 681, 686.

6 Annuß/Thüsing/*Maschmann*, TzBfG, 3. Aufl. 2012, § 13 TzBfG, Rz. 5.

2. Begriff der Arbeitsplatzteilung

4 Nach der gesetzlichen Definition liegt Arbeitsplatzteilung vor, wenn sich **mehrere Arbeitnehmer** die Arbeitszeit **an einem Arbeitsplatz** teilen. Typischerweise als Unterfall der Teilzeitbeschäftigung verstanden, ist essentieller Kern die **Zeitsouveränität** der Arbeitnehmer. Die **Arbeitnehmer**, die sich den Arbeitsplatz teilen, **regeln dessen Besetzung selber**. Dabei verpflichten sich die Arbeitnehmer, in Abstimmung mit den anderen Partnern einen Arbeitsplatz während der betriebsüblichen Arbeitszeit zu besetzen[7].

5 Der **zu teilende Arbeitsplatz muss kein Vollzeitarbeitsplatz** sein, da auch Arbeitsplätze mit einer kürzeren, aber auch mit einer längeren als der betriebsüblichen Arbeitszeit teilbar sind.

Hiervon zu trennen ist die höchst strittige Frage, ob die **Arbeitsplatzteilung** auch **mit Vollzeitkräften** möglich ist[8]. Die besseren Argumente sprechen m. E. für die Anwendung auch für Vollzeitkräfte. Auch wenn die Arbeitsplatzteilung im TzBfG in dem zweiten Gesetzesabschnitt Teilzeitarbeit geregelt ist, ist bereits die Regelung in § 13 Abs. 3 TzBfG ein Hinweis auf die Anwendung auch auf Vollzeitkräfte. Entscheidend ist, dass das in § 13 Abs. 1 Satz 1 TzBfG genannte Kriterium der „Arbeitszeit an einem Arbeitsplatz" nicht gleichzusetzen ist mit der regelmäßigen Wochenarbeitszeit eines vergleichbaren vollzeitbeschäftigten Arbeitnehmers, wie in § 2 Abs. 1 Satz 1 TzBfG genannt[9]. Im Schichtbetrieb kann die Arbeitszeit am Arbeitsplatz über die regelmäßige Wochenarbeitszeit eines vollzeitbeschäftigten Arbeitnehmers hinausgehen.

Beispiel

Die Vorarbeiterstelle der Spätschicht in einem vollkontinuierlich arbeitenden Betrieb soll in Arbeitsplatzteilung besetzt werden. Ob 2 Verträge in Teilzeit auf der Basis von je 3,5 Tagen (Teilzeit) oder je ein Vertrag auf der Basis von 5 (Vollzeit) und von 2 Tagen (Teilzeit) abgeschlossen werden, macht keinen Unterschied.

Der Meinungsstreit ist ohne Bedeutung, wenn bei Vereinbarung von Arbeitsplatzteilung mit Vollzeitbeschäftigten die Vorgaben des § 13 TzBfG beachtet werden. § 13 TzBfG erweitert nicht die Möglichkeiten der Vertragsgestaltung, vielmehr werden diese beschränkt.

---

7 ErfK/*Preis*, 16. Aufl. 2016, § 13 TzBfG, Rz. 6; *Heinze*, NZA 1997, S. 681, 686.

8 Bejahend z. B. MünchArbR/*Schüren*, Bd. 2, 3. Aufl. 2009, § 166, Rz. 86; Laux/Schlachter/*Laux*, TzBfG, 2. Aufl. 2011, § 13 TzBfG, Rz. 10 analoge Anwendung; verneinend MünchKomm/*Müller-Glöge*, Bd. 4, 6. Aufl. 2012, § 13 TzBfG, Rz. 2; Meinel/Heyn/Herms/*Heyn*, TzBfG, 5. Aufl. 2015, § 13 TzBfG, Rz. 8.

9 So aber Buschmann/Dieball/Stevens-Bartol, TzA, 2. Aufl. 2001, § 13 TzBfG, Rz. 22.

6 § 13 TzBfG kommt **bei allen Arbeitsverhältnissen** zur Anwendung. Insbesondere ist für besonders schutzbedürftige Arbeitnehmergruppen die Vereinbarung einer Arbeitsplatzteilung nicht ausgeschlossen. Bei **Ausbildungsverhältnissen** scheidet die Arbeitsplatzteilung aus[10].

7 Von der in § 13 TzBfG geregelten Arbeitsplatzteilung mit Zeitsouveränität und Abstimmungspflicht zur Besetzung sind andere ähnliche Vertragsmodelle abzugrenzen[11].

- Als **Job-Splitting** wird die Aufteilung eines Vollzeitarbeitsplatzes in 2 unabhängige Teilzeitstellen ohne Zeitsouveränität der Arbeitnehmer bezeichnet.
- Beim **Job-Pairing** übernehmen die Arbeitnehmer zusätzlich zum Job-Sharing die gemeinsame Verantwortung für die übertragene Aufgabe. Es liegt eine Form der Eigengruppe vor[12].

3. Vertragsbeziehungen

3.1 Getrennte Arbeitsverträge

8 Trotz der freien Arbeitszeitgestaltung handelt es sich bei dem Vertragsverhältnis um ein **Arbeitsverhältnis**. Es werden fremdbestimmte Arbeitsleistungen in persönlicher Abhängigkeit erbracht[13].

9 Da bei Arbeitsplatzteilung die beteiligten Arbeitnehmer die Verantwortung für die Besetzung des Arbeitsplatzes übernehmen, kann der Arbeitgeber die **Arbeitsplatzteilung nicht kraft Direktionsrechts** zuweisen[14]. Es bedarf einer **vertraglichen Vereinbarung**. Auch die Beendigung der Teilnahme, sei es auf Wunsch des Arbeitgebers oder des Arbeitnehmers, bedarf einer solchen Vereinbarung.

10 **Der Arbeitsvertrag wird zwischen dem Arbeitgeber und den jeweils beteiligten Arbeitnehmern getrennt abgeschlossen**. Zwischen den einzelnen Arbeitnehmern bestehen keine Rechtsbeziehungen. Die Arbeitsverträge sind, wie auch § 13 Abs. 2 TzBfG vorgibt, voneinander unabhängig. Der Arbeitgeber bestimmt daher mittels der abzuschließenden Arbeitsverträge die Arbeitnehmer, die sich einen Arbeitsplatz teilen[15].

2 Arbeitnehmer als Arbeitsplatzpartner gegen ihren Willen zusammenzuführen, sollte allerdings aus tatsächlichen Gründen vermieden werden. Dies gilt auch für die Fälle des Auswechselns oder Ersetzens eines Partners. Nach *Danne* hat der Arbeitgeber bei der Pflicht, einen Ersatzpartner einzustellen, den verbleibenden Arbeitsplatzpartner bei der Suche und Auswahl einzubeziehen[16]. Der Arbeitnehmer kann jedoch die letztendlich

---

10 Meinel/Heyn/Herms/*Heyn*, TzBfG, 5. Aufl. 2015, § 13 TzBfG, Rz. 7.

11 Ausführlich GK-TzA/*Danne*, Art. 1 § 5 BeschFG, Rz. 18 ff., 51 ff.

12 *Reichold*, NZA 1998, S. 393, 396.

13 Annuß/Thüsing/*Maschmann*, TzBfG, 3. Aufl. 2012, § 13 TzBfG, Rz. 7; Laux/Schlachter/*Laux*, TzBfG, 2. Aufl. 2011, § 13 TzBfG, Rz. 8.

14 Allg. Meinung, MünchArbR/*Schüren*, Bd. 1, 3. Aufl. 2009, § 41, Rz. 68.

15 GK-TzA/*Danne*, Art. 1 § 5 BeschFG, Rz. 72 ff.

16 Ausführlich GK-TzA/*Danne*, Art. 1, § 5 BeschFG, Rz. 77 ff.

vom Arbeitgeber zu treffende Auswahl nicht gerichtlich auf billiges Ermessen nach § 315 BGB überprüfen lassen[17].

11 Die beteiligten Arbeitnehmer bilden keine Betriebsgruppe, da keine gemeinsame Arbeitsleistung erbracht wird und die Arbeitsleistung alternierend erbracht wird[18]. Die Arbeitnehmer stehen auch nicht in einem Gesamtschuldverhältnis nach § 421 BGB.

3.2 Form des Arbeitsvertrags

12 Der **Abschluss des Arbeitsvertrags** kann **grundsätzlich formfrei** erfolgen. Eine schriftliche Vereinbarung ist jedoch dringend zu empfehlen. Da es sich bei den Besonderheiten eines Vertrags mit Arbeitsplatzteilung (Verantwortung für Besetzung des Arbeitsplatzes, Vertretungspflicht) um wesentliche Vertragsbedingungen handelt, hat der Arbeitgeber ohnehin einen schriftlichen Nachweis nach § 2 NachwG zu erteilen.

3.3 Inhalt des Arbeitsvertrags

13 Neben der ausdrücklichen Vereinbarung der **Beschäftigung in Arbeitsplatzteilung** und der möglichst genauen **Beschreibung des Arbeitsplatzes** muss – wie bei der Arbeit auf Abruf[19] – der **Umfang der** zu erbringenden **Arbeitsleistung** vereinbart werden.
Der Umfang der vereinbarten Arbeitszeit muss nicht in beiden Verträgen identisch sein. Der Bezugszeitraum des zu erbringenden Arbeitszeitanteils muss nicht zwingend die Woche oder der Monat sein. Es kann auch auf das Jahr als Bezugszeitraum abgestellt werden, wobei bei Bezugszeiträumen über einem Monat das Modell der kontinuierlichen Vergütung bei diskontinuierlicher Beschäftigung möglich ist[20]. Zu beachten sind allerdings mögliche Beschränkungen durch Tarifvertrag oder Betriebsvereinbarung. Nach § 7 Abs. 1a SGB IV ist unter den dort genannten Voraussetzungen auch eine beschäftigungslose Zeit von über einem Monat sozialversicherungsrechtlich unschädlich.

14 Da wesentlicher Bestandteil des Vertrags über Arbeitsplatzteilung die selbstständige Entscheidung der beteiligten Arbeitnehmer **über die Lage der Arbeitszeit** ist, ist diese **im Arbeitsvertrag** systemnotwendig **nicht festzulegen**. Die Arbeitszeitplanung haben die beteiligten Arbeitnehmer als Nebenpflicht vorzunehmen. Möglich ist, dass der Arbeitgeber bei der Planung Vorgaben macht, z. B. über die doppelte Besetzung für einen bestimmten Zeitraum bei der Übergabe. Der von den beteiligten Arbeitnehmern abgestimmte **Arbeitszeitplan ist dem Arbeitgeber bekannt zu geben**. Es empfiehlt sich, nähere Einzelheiten wie Abgabetermin, Dauer der Planperiode und Form des Plans in den Arbeitsverträgen zu regeln[21]. Zulässig ist die Aufnahme eines **Bestimmungsrechts**

[17] So aber GK-TzA/*Danne*, Art. 1 § 5 BeschFG, Rz. 85.
[18] ErfK/*Preis*, 16. Aufl. 2016, § 13 TzBfG, Rz. 3; GK-TzA/*Danne*, Art 1 § 5 BeschFG, Rz. 69; a. A. MünchArbR/*Schüren*, Bd. 1, 3. Aufl. 2009, § 40, Rz. 78.
[19] S. Arnold, § 12, Rz. 16 ff.
[20] MünchArbR/*Schüren*, Bd. 1, 3. Aufl. 2009, § 41, Rz. 81.
[21] GK-TzA/*Danne*, Art.1 § 5 BeschFG, Rz. 97.

durch den Arbeitgeber für den Fall, dass die beteiligten Arbeitnehmer zu keiner Einigung kommen[22].

> **Beispiel**
>
> Der Arbeitnehmer ist verpflichtet, während der betriebsüblichen Arbeitszeit den Arbeitsplatz in Abstimmung mit den anderen an der Arbeitsplatzteilung beteiligten Arbeitnehmern ständig zu besetzen. Eine gleichzeitige Besetzung durch mehrere Arbeitnehmer ist nicht zulässig.
>
> Die an der Arbeitsplatzteilung beteiligten Arbeitnehmer stimmen sich über die Aufteilung der Arbeitszeit untereinander ab.
>
> Die Abstimmung ist so vorzunehmen, dass jeder beteiligte Arbeitnehmer innerhalb eines Zeitraums von … Monat(en) seinen vertraglich vereinbarten Zeitanteil erreicht.
>
> Die an der Arbeitsplatzteilung beteiligten Arbeitnehmer legen der Firma jeweils für einen Zeitraum von … Wochen/Monaten einen Arbeitsplan über die Besetzung des Arbeitsplatzes vor.
>
> Kommt eine Einigung der beteiligten Arbeitnehmer über die Aufteilung der Arbeitszeit nicht zustande, kann die Firma die Aufteilung verbindlich regeln.

Bei einer solchen vertraglichen Regelung kommt es auf die streitige Frage, ob der Arbeitgeber auch bei fehlender Vereinbarung ein Bestimmungsrecht kraft seines Direktionsrechts hat[23], ob eine Änderungskündigung ausgesprochen werden muss[24], oder die Leistungsbestimmung nach § 319 Abs. 1 Satz 2 2. Halbsatz BGB durch Urteil des Arbeitsgerichts erfolgt[25], nicht an. Richtig dürfte sein, bei fehlender Verständigung in der Regel im Wege der ergänzenden Vertragsauslegung von einem Bestimmungsrecht durch den Arbeitgeber auszugehen[26]. Dafür spricht, dass nach §§ 106 GewO die Lage der Arbeitszeit bei fehlender Vereinbarung nach § 106 GewO Teil des Direktionsrechts des Arbeitgebers ist. 15

3.4 Vertretungspflicht (Abs. 1 Satz 2)

3.4.1 Keine automatische Vertretungspflicht

Die Diskussion, ob unabdingbares Wesensmerkmal von Job-Sharing die automatische Vertretungspflicht ist[27], wurde durch § 5 Abs. 1 Satz 1 BeschFG 1985 und die ablösende 16

22 MünchArbR/*Schüren*, Bd. 1, 3. Aufl. 2009, § 41, Rz. 89.

23 So z. B. HK-TzBfG/*Boecken*, 3. Aufl. 2012, §13 TzBfG, Rz. 4; Meinel/Heyn/Herms/*Heyn*, TzBfG, 5. Aufl. 2015, § 13 TzBfG, Rz. 16.

24 So z. B. Buschmann/Dieball/Stevens-Bartol, TzA, 2. Aufl. 2001, § 13 TzBfG, Rz. 25; Laux/Schlachter/*Laux*, TzBfG, 2. Aufl. 2011, § 13 TzBfG, Rz. 32.

25 So MünchArbR/Schüren, Bd. 1, 3. Aufl. 2009, § 41, Rz. 89.

26 So Boewer, TzBfG, 1. Aufl. 2002, § 13 TzBfG, Rz. 18.

27 So z. B. *Eich*, DB, Beilage 9/1982, S. 6 ff.; a. A. Schüren, Job-Sharing, 1. Aufl. 1983, Rz. 287.

Regelung des § 13 Abs.1 Sätze 2, 3 TzBfG beendet. Eine vorab vertraglich vereinbarte **automatische Vertretungspflicht** ist **unzulässig**. Damit soll auch das Modell der Arbeitsplatzteilung von dem Modell der Arbeit auf Abruf abgegrenzt werden.

17 Die Vertretungsarbeit ist ein besonders geregelter Fall der Mehrarbeit bei **Verhinderung** des zu vertretenden Arbeitsplatzpartners[28]. Als **Vertretungsgründe** kommen die in der Person des Vertretenen liegenden Gründe wie typischerweise **Krankheit, Urlaub und Fortbildung** in Betracht. Arbeitsverweigerung ist kein Verhinderungsfall (LAG München, Urteil v. 15.9.1993, 5 Sa 976/92[29]).

3.4.2 Vertretung im Einzelfall nur bei Zustimmung

18 Die gesetzliche Regelung geht in § 13 Abs. 1 Satz 2 TzBfG von dem Grundsatz aus, dass eine Pflicht zur Vertretung nicht besteht und die Vertretung nach dem Konsensprinzip der **Zustimmung** des betroffenen Arbeitnehmers bedarf. Die Ablehnung muss nicht begründet werden. Nimmt der Arbeitnehmer im Vertretungsfall die Arbeit auf, liegt hierin die konkludente Zustimmung[30].

Hinweis

Die vertretungsbezogene Mehrarbeit ist zu trennen von einer sonstigen arbeitsplatzbezogenen Mehrarbeit bei vorübergehendem erhöhtem Arbeitsanfall.

Die Anordnung arbeitsplatzbezogener Mehrarbeit ist nach den allgemeinen Grundsätzen möglich, sofern Ursache nicht die Verhinderung eines Teammitglieds ist. Es empfiehlt sich die Aufnahme einer entsprechenden Regelung. Nach Schüren[31] soll allerdings im Gegensatz zum gewöhnlichen Teilzeitarbeitsverhältnis eine vertragliche Regelung nicht erforderlich sein, wenn sich 2 Arbeitnehmer einen Vollzeitarbeitsplatz teilen.

3.4.3 Arbeitsvertraglich vereinbarte Vertretungspflicht

19 Nur unter den in § 13 Abs. 1 Satz 3 TzBfG geregelten engen Voraussetzungen ist eine generelle **Vorabvereinbarung über vertretungsbezogene Mehrarbeit** zulässig. Die Vereinbarung ist, soweit nicht in einem schriftlichen Arbeitsvertrag aufgenommen, nach § 2 Abs. 1 Satz 2 Nr. 7 NachwG in den vom Arbeitgeber zu erteilenden schriftlichen Nachweis aufzunehmen[32]. Eine Inhaltskontrolle nach § 307 BGB findet nicht statt[33]. Die gesetzliche Beschränkung der Pflicht zur Mehrarbeit ist gewollt, da ansonsten bei Ar-

---

28 MünchArbR/*Schüren*, Bd. 1, 3. Aufl. 2009, § 41, Rz. 95.

29 LAGE § 5 BeschFG 1985 Nr. 1; Annuß/Thüsing/*Maschmann*, TzBfG, 3. Aufl. 2012, § 13 TzBfG, Rz. 15; a. A. Meinel/Heyn/Herms/*Heyn*, TzBfG, 5. Aufl. 2015, § 13 TzBfG, Rz. 20.

30 Buschmann/Dieball/Stevens-Bartol, TzA, 2. Aufl. 2001, § 13 TzBfG, Rz. 27.

31 MünchArbR/*Schüren* Bd. 1, 3. Aufl. 2009, § 41, Rz. 106.

32 Annuß/Thüsing/*Maschmann*, TzBfG, 3. Aufl. 2012, § 13 TzBfG, Rz. 17.

33 Laux/Schlachter/*Laux*, TzBfG, 2. Aufl. 2011, § 13 TzBfG, Rz. 45.

beitsplatzteilung die Gefahr besteht, dass der Arbeitgeber vertretungsbezogen regelmäßig in die zeitlichen Dispositionen des Arbeitnehmers eingreift. Dies führt dazu, dass bei Arbeitsplatzteilung die Arbeitnehmer im Vergleich zum Normalarbeitsverhältnis besser vor den Möglichkeiten der einseitigen Anordnung von Mehrarbeit geschützt sind.

Dringendes betriebliches Erfordernis

Der Begriff „dringendes betriebliches Erfordernis" als unbestimmter Rechtsbegriff wird vom Gesetzgeber in verschiedenen Vorschriften verwendet, wie z. B. in § 1 Abs. 2 Satz 1 KSchG, § 16 Abs. 3 Satz 2 BEEG. Durch das Erfordernis der Dringlichkeit wird klargestellt, dass nicht jeder betriebliche Grund genügt. Der Ausfall eines Teampartners allein genügt daher nicht[34]. Erforderlich ist, dass ohne sofortige Vertretung **erhebliche Störungen im Betriebsablauf** auftreten können[35]. Dies setzt voraus, dass andere Möglichkeiten, die drohende Störung abzuwenden, ausscheiden[36]. 20

Zumutbarkeit im Einzelfall

Bei Vorliegen dringender betrieblicher Gründe muss die Vertretung im Einzelfall zumutbar sein. Dabei hat der Arbeitgeber entsprechend § 315 BGB die betrieblichen Belange mit den Arbeitnehmerinteressen **abzuwägen**. Auch familiäre Verpflichtungen sind zu berücksichtigen. 21

Wesentlich für die Zumutbarkeit für den Arbeitnehmer im Einzelfall ist neben der **Lage und Dauer der Vertretung** der **Zeitpunkt der Mitteilung**. Langfristig bekannte Vertretungsfälle sind eher zumutbar, da der betroffene Arbeitnehmer entsprechende Vorkehrung treffen kann. Eine **Ankündigungsfrist** entsprechend § 12 Abs. 2 TzBfG **besteht** bereits deswegen **nicht**, weil es nicht um die vertragliche Regelarbeitszeit geht, vielmehr um vertretungsbedingte Mehrarbeit[37]. Allerdings wird bei Wahrung der Frist entsprechend § 12 Abs. 2 TzBfG die Vertretung in der Regel zumutbar sein[38].

Kommt es zum Streit, ist der **Arbeitgeber darlegungs- und beweispflichtig** dafür, dass eine Vereinbarung nach § 13 Abs. 1 Satz 3 TzBfG vorliegt und der Arbeitnehmer wegen bestehender dringender betrieblicher Gründe auch im Einzelfall zur Vertretung verpflichtet war. Die Darlegungs- und Beweislast für die Unzumutbarkeit der Vertretung hat der Arbeitnehmer[39]. 22

---

[34] Annuß/Thüsing/*Maschmann*, TzBfG, 3. Aufl. 2012, § 13 TzBfG, Rz. 19; Preis, Der Arbeitsvertrag, 5. Aufl. 2015, II A 90 Rz. 150.

[35] *Löwisch*, BB 1985, S. 1200.

[36] Meinel/Heyn/Herms/*Heyn*, TzBfG, 5. Aufl. 2015, § 13 TzBfG, Rz. 21; Laux/Schlachter/*Laux*, TzBfG, 2. Aufl. 2011, § 13 TzBfG, Rz. 46.

[37] S. Arnold, § 12, Rz. 27 ff.

[38] MünchArbR/*Schüren*, Bd. 1, 3. Aufl. 2009, § 41, Rz. 103.

[39] Laux/Schlachter/*Laux*, TzBfG, 2. Aufl. 2011, § 13 TzBfG, Rz. 50.

3.5 Entgeltzahlung

3.5.1 Vergütung nach allgemeinen Grundsätzen

23 Die einzelnen Arbeitsplatzpartner haben nach allgemeinen Grundsätzen Ansprüche auf Arbeitsvergütung, Nebenleistungen und Vergütung von Mehrarbeit. Insbesondere ist bei Teilzeitarbeitsverhältnissen das Diskriminierungsverbot des § 4 TzBfG zu beachten[40]. Im Arbeitsvertrag sollte geregelt werden, wie Mehrarbeit, insbesondere vertretungsbedingte Mehrarbeit, ausgeglichen wird.

Beispiel

Zeiten, in denen ein Arbeitnehmer einen Arbeitsplatzpartner wegen Urlaub, Krankheit oder sonstigen in der Person liegenden Gründen vertreten muss, werden auf die vertraglich vereinbarte Wochenarbeitszeit nicht angerechnet.

24 Ist der Ausgleich der Mehrarbeit nicht geregelt, sei es in Tarifvertrag, Betriebsvereinbarung oder vertraglich, sind die Stunden abzugelten. Der Arbeitgeber kann ohne bestehende Vereinbarung entstandene Ansprüche auf Überstundenvergütung nicht durch einseitige Freistellung von der Arbeit ausgleichen, wenn keine Ersetzungsbefugnis vereinbart war (BAG, Urteil v. 18.9.2001, 9 AZR 307/00[41]).

3.5.2 Entgeltfortzahlung im Krankheitsfall

25 Die Entgeltfortzahlung an Feiertagen und bei Arbeitsunfähigkeit macht keine rechtlichen Schwierigkeiten, wenn die **Arbeitsunfähigkeit innerhalb des bereits festgelegten Arbeitsplans** erfolgt. Der Entgeltfortzahlungsanspruch richtet sich nach der ausgefallenen Arbeit.

Überschreitet die Arbeitsunfähigkeit die Planperiode oder **liegt ein Arbeitsplan noch nicht vor**, so ist unter Berücksichtigung der vertraglich vereinbarten Arbeitszeit im festgelegten Bezugszeitraum der arbeitstägliche Durchschnitt zu berechnen. § 4 Abs. 1 EFZG legt der Entgeltfortzahlung ein modifiziertes Lohnausfallprinzip zugrunde. Maßgebend ist die individuelle Arbeitszeit des erkrankten Arbeitnehmers. Bei Schwankungen der individuellen Arbeitszeit ist zur Bestimmung der „regelmäßigen" Arbeitszeit eine vergangenheitsbezogene Betrachtung zulässig und geboten, wobei auf den Durchschnitt der letzten 12 Monate abgestellt werden kann (BAG, Urteil v. 21.11.2001, 5 AZR 296/00[42]).

---

[40] Zum Überstundenzuschlag bei Teilzeitkräften s. Rambach, § 4, Rz. 30 ff.

[41] NJW 2002, S. 1739.

[42] NZA 2002, S. 439.

Beispiel

Beispiel einer vertraglichen Regelung: Für die Entgeltfortzahlung im Krankheitsfall ist der Arbeitsplan verbindlich. Fehlt ein solcher, wird für jeden Arbeitstag, der infolge Krankheit ausfällt, nach dem Durchschnitt der letzten 12 Monate die tägliche Arbeitszeit berechnet. Die Höhe richtet sich nach den gesetzlichen Bestimmungen.

Fällt in die Zeit der Arbeitsunfähigkeit **Vertretungsarbeit**, ist diese bei der Berechnung der Entgeltfortzahlung nach § 4 Abs. 1a EFZG nicht zu berücksichtigen, da es sich bei Vertretungsarbeit um Mehrarbeit handelt[43]. 26

3.5.3 Verhinderung aus persönlichen Gründen

Bei Behördenterminen oder bedeutsamen Ereignissen im Familienkreis bestimmt sich der Vergütungsanspruch, soweit nicht einzelvertragliche oder kollektive Regelungen bestehen, nach § 616 BGB. Danach verliert der Arbeitnehmer seinen Anspruch auf die Vergütung nicht dadurch, dass er für eine verhältnismäßig nicht erhebliche Zeit durch einen in seiner Person liegenden Grund ohne sein Verschulden an der Dienstleistung verhindert wird. Vorhersehbare Verhinderungen sind jedoch bei der Arbeitszeitplanung zu berücksichtigen, damit diese nicht in die Arbeitszeit fallen (vgl. auch BAG, Urteil v. 27.6.1990, 5 AZR 365/89[44]). Die Ansprüche aus § 616 BGB können durch Arbeitsvertrag konkretisiert oder beschränkt werden[45]. Ein vollständiger Ausschluss von § 616 BGB in Formulararbeitsverträgen kann jedoch ohne besonderen Rechtfertigungsgrund nach § 307 Abs. 1, Abs. 2 Nr. 1 BGB unwirksam sein[46]. 27

3.5.4 Urlaub

Die **Gewährung** des Urlaubs **erfolgt durch den Arbeitgeber**. Das Bestimmungsrecht der Arbeitsplatzpartner über die Lage der Arbeitszeit erstreckt sich nicht auf die Urlaubsplanung[47]. Bei der Festlegung hat der Arbeitgeber jedoch neben einem möglichen Mitbestimmungsrecht des Betriebsrats nach § 87 Abs. 1 Nr. 5 BetrVG nach § 7 Abs. 1 BUrlG die Interessen der Arbeitsplatzpartner zu berücksichtigten. Als Folge der Arbeitsplatzteilung wird dabei der Arbeitgeber bei der Gewährung berücksichtigen dürfen, dass zumindest ein Arbeitsplatzpartner anwesend bleibt. 28

Die Festlegung des Urlaubsanspruchs ist problemlos, wenn sich die Arbeitsplatzteilung allein auf die Verteilung der Arbeitszeit am Arbeitstag **bei täglicher Anwesenheitspflicht** bezieht. Hier haben die Arbeitsplatzpartner einen Urlaubsanspruch wie vergleichbare Vollzeitarbeitnehmer. Das Urlaubsentgelt berechnet sich nach § 11 Abs. 1 BUrlG nach dem Durchschnittsverdienst der letzten 13 Wochen vor dem Urlaubsantritt. 29

---

[43] MünchArbR/*Schüren*, Bd. 1, 3. Aufl. 2009, § 41, Rz. 111.

[44] NZA 1990, S. 894 für Arztbesuche.

[45] ErfK/*Preis*, 16. Aufl. 2016, § 616 BGB, Rz. 13.

[46] ErfK/*Preis*, 16. Aufl. 2016, § 310 BGB, Rz. 82.

[47] MünchArbR/*Schüren*, Bd. 1, 3. Aufl. 2009, § 41, Rz. 115.

30 Arbeiten die Arbeitsplatzpartner **nicht an jedem Arbeitstag**, wird die Urlaubsdauer entsprechend vermindert (BAG, Urteil v. 20.6.2000, 9 AZR 309/99[48]). Umgekehrt erhöht sich dann das Urlaubsentgelt pro Arbeitstag, da die durchschnittliche Arbeitsvergütung pro Urlaubstag zu bezahlen ist. Dies ist jedoch nur möglich, wenn die Anzahl der zu erbringenden Arbeitstage feststeht. Ist dies nicht der Fall, entstehen die für flexible Arbeitszeitmodelle typischen Probleme[49].

31 Die Arbeitsplatzpartner haben ein Bestimmungsrecht über die Lage der Arbeitszeit. Ergibt sich erst durch deren Festlegung die Anzahl der jährlich gearbeiteten Tage, bietet sich folgende Lösung an: Da bis zur Festlegung im Arbeitsplan jeder Arbeitstag als möglicher Beschäftigungstag in Betracht kommt, wird von der vollen Urlaubsdauer ausgegangen. Bei der Urlaubsfestlegung wird unabhängig von der im Arbeitsplan festgelegten Arbeitspflicht jeder Arbeitstag berücksichtigt und das Urlaubsentgelt entsprechend berechnet[50].

4. Kündigungsschutz (Abs. 2)

4.1 Getrennte Kündigung getrennter Arbeitsverträge

32 So wie die Arbeitsverhältnisse rechtlich unabhängig jeweils zwischen den einzelnen Arbeitnehmern und dem Arbeitgeber begründet werden, erfolgt auch die Beendigung arbeitsvertragsbezogen. Das Arbeitsverhältnis kann nach den **allgemeinen Regeln** durch Kündigung, Befristung oder Aufhebungsvertrag beendet werden. Der Kündigungsschutz nach dem KSchG und besondere Bestandsschutzbestimmungen wie z. B. § 85 SGB IX für Schwerbehinderte oder die §§ 103 BetrVG, 15 KSchG für Betriebsratsmitglieder gelten nur **für das jeweilige Arbeitsverhältnis**. Eine wechselseitige Zurechnung von verhaltensbedingten und personenbedingten Gründen ist unzulässig[51].

Bei betriebsbedingten Kündigungen ist bei der **Sozialauswahl** bei dem Kriterium der Vergleichbarkeit zu berücksichtigen, dass die Arbeitsplatzteilung einer Vereinbarung bedarf und damit die Austauschbarkeit im Wege des Direktionsrechts nicht vorliegt.

4.2 Partnerbedingtes Kündigungsverbot

33 Die rechtliche Selbstständigkeit der einzelnen Arbeitsverträge wird durch das partnerbedingte Kündigungsverbot des § 13 Abs. 2 Satz 1 TzBfG verstärkt. Das Ausscheiden eines Arbeitsplatzpartners rechtfertigt nicht die Kündigung des anderen Partners.

34 § 13 Abs. 2 Satz 1 TzBfG ist ein **eigenständiges Kündigungsverbot**[52]. Da seit 1.1.2004 auch für die eigenständigen Kündigungsverbote nach § 13 Abs. 3 KSchG die §§ 4 bis 7 KSchG zur Anwendung kommen, ist die **Unwirksamkeit innerhalb der 3-Wochen Frist des** § 4 KSchG **geltend zu machen**.

---

48 NZA 2001, S. 622.

49 S. Arnold, § 12, Rz. 74.

50 S. Arnold, § 12, Rz. 77.

51 GK-TzA/*Danne*, Art. 1, § 5 BeschFG, Rz. 138.

52 Annuß/Thüsing/*Maschmann*, TzBfG, 3. Aufl. 2012, § 13 TzBfG, Rz. 22; Meinel/Heyn/Herms/*Heyn*, TzBfG, 5. Aufl. 2015, § 13 TzBfG, Rz. 27; a. A. *Löwisch*, BB 1985, S. 1200, 1294.

Als eigenständiges Kündigungsverbot gilt die Vorschrift für alle Arbeitsverhältnisse, damit auch während der Wartezeit von 6 Monaten nach § 1 KSchG und in Kleinbetrieben nach § 23 Abs. 1 KSchG.

Da § 13 Abs. 2 Satz 2 TzBfG die partnerbedingte Änderungskündigung zulässt, gilt das **Kündigungsverbot nur für Beendigungskündigungen**. Das Kündigungsverbot darf nicht durch andere Vertragsgestaltungen umgangen werden, die zu einer Abhängigkeit im Bestandsschutz führen[53]. 35

> **Beispiel**
>
> Es wird vereinbart, dass das Arbeitsverhältnis automatisch mit dem Ausscheiden des Arbeitsplatzpartners endet.
>
> Hier liegt eine unzulässige auflösende Bedingung vor.

Ein **Aufhebungsvertrag** nach dem Ausscheiden des Arbeitsplatzpartners fällt nicht als Umgehungsgeschäft unter das Kündigungsverbot. Ist der Arbeitnehmer durch den Arbeitgeber durch die Drohung mit einer Kündigung zum Aufhebungsvertrag veranlasst worden, verbleibt die Möglichkeit der Anfechtung nach § 123 BGB. Nach ständiger Rechtsprechung des Bundesarbeitsgerichts (BAG) ist eine Anfechtung wegen widerrechtlicher Drohung möglich, wenn ein verständiger Arbeitgeber aufgrund des vorliegenden Sachverhaltes eine Kündigung nicht ernsthaft in Erwägung gezogen hätte (vgl. z. B. BAG, Urteil v. 6.12.2001, 2 AZR 396/00[54]; BAG, Urteil v. 21.3.1996, 2 AZR 543/95[55]). 36

4.3 Partnerbedingte Änderungskündigung

§ 13 Abs. 2 Satz 2 TzBfG lässt ausdrücklich die Änderungskündigung für den Fall des Ausscheidens des Arbeitsplatzpartners zu. Wie und aus welchen Gründen der Arbeitsplatzpartner ausscheidet, ist ohne Bedeutung. Jedoch bedarf die Änderungskündigung als echte Kündigung bei Anwendbarkeit des Kündigungsschutzgesetzes der **sozialen Rechtfertigung**. 37

Der Arbeitgeber hat daher nach dem im Kündigungsschutz geltenden „ultima-ratio-Prinzip“ zu versuchen, einen **Ersatzpartner** zu finden[56]. Gelingt dies nicht, kann der Arbeitgeber, wenn der Arbeitnehmer den einvernehmlichen Übergang auf Vollzeit oder einen anderen vorhanden freien Arbeitsplatz abgelehnt hat, die Änderungskündigung aussprechen. 38

---

53 GK-TzA/*Danne*, Art 1, § 5 BeschFG, Rz. 138; Meinel/Heyn/Herms/*Heyn*, TzBfG, 5. Aufl. 2015, § 13 TzBfG, Rz. 30.

54 NJW 2002, S. 2196.

55 NJW 1997, S. 676.

56 GK-TzA/*Danne*, § Art. 1, § 5 BeschfG, Rz. 142; Annuß/Thüsing/*Maschmann*, TzBfG, 3. Aufl. 2012, § 13 TzBfG, Rz. 23.

39 Spricht der Arbeitgeber nach Ablehnung der Fortbeschäftigung in Vollzeit eine entsprechende Änderungskündigung aus, liegt kein Verstoß gegen § 11 Satz 1 TzBfG vor. § 13 Abs. 2 TzBfG geht als speziellere Regelung vor[57].

4.4 Kündigung aus anderen Gründen

40 § 13 Abs. 2 Satz 3 TzBfG stellt klar, dass eine Kündigung aus anderen als dem in § 13 Abs. 2 Satz 1 genannten Grund **zulässig** ist. Dies gilt sowohl für Kündigungen aus wichtigem Grund nach § 626 BGB als auch für ordentliche Änderungs- oder Beendigungskündigungen aus verhaltens-, personen- oder betriebsbedingten Gründen.

Soweit teilweise vertreten wird, dass eine Änderungskündigung mit dem Angebot der Vollzeit unzulässig sei[58], wird verkannt, dass es im Gegensatz zur zitierten Entscheidung des Landesarbeitsgerichts Hamburg (Urteil v. 20.11.1996, 4 SA 56/96[59]) nicht um eine einfache Aufstockung der Arbeitszeit geht, vielmehr um die unternehmerische Entscheidung, das Modell der Arbeitsplatzteilung nicht fortzuführen[60]. Eine Bestandsgarantie für die Beibehaltung der Arbeitsplatzteilung besteht nicht.

5. Turnusarbeit (Abs. 3)

41 Turnusarbeit liegt vor, wenn sich Gruppen von Arbeitnehmern auf bestimmten Arbeitsplätzen **in festgelegten Zeitabschnitten abwechseln**, ohne dass eine Arbeitsplatzteilung i. S. v. § 13 Abs. 1 TzBfG vorliegt[61]. Liegt ein Fall der Turnusarbeit vor, ist die Anordnung von vertretungsbedingter Mehrarbeit nur nach den Absätzen 1 Satz 2 und 3 möglich.

42 Die Bedeutung der Vorschrift hängt von deren Auslegung ab. Geht man davon aus, dass Turnusarbeit auch dann vorliegt, wenn sich 2 Arbeitnehmer – nach vom Arbeitgeber festgelegten Zeitabschnitten – auf einem bestimmten Arbeitsplatz abwechseln[62], würden viele Teilzeitarbeitsverhältnisse in den Geltungsbereich fallen mit der Konsequenz, dass der Arbeitgeber vertretungsbedingte Mehrarbeit nur mit den Einschränkungen des § 13 Abs. 1 TzBfG anordnen könnte.

Richtigerweise setzt Turnusarbeit voraus, dass **mehrere Arbeitnehmer auf mehreren verschiedenen Arbeitsplätzen** tätig sind[63]. **Keine** zwingende **Voraussetzung** ist, dass die **Arbeitszeiteinteilung durch die Gruppe** vorgenommen wird. Dagegen spricht bereits, dass die Vorschrift einen Wechsel in festgesetzten Zeitabschnitten fordert und offen lässt und nicht bestimmt, durch wen die Festsetzung erfolgt.

---

57 MünchArbR/*Schüren*, Bd. 1, 3. Aufl. 2009, § 41, Rz. 122.

58 Buschmann/Dieball/Stevens-Bartol, TzA, 2. Aufl. 2001, § 13 TzBfG, Rz. 35.

59 LAGE § 2 KSchG Nr. 25.

60 Meinel/Heyn/Herms/*Heyn*, TzBfG, 5. Aufl. 2015, § 13 TzBfG, Rz. 31, 32.

61 BT-Drucks. 393/84, S. 24 zu § 5 Abs. 3 BeschFG.

62 So Annuß/Thüsing/*Maschmann*, TzBfG, 3. Aufl. 2012, § 13 TzBfG, Rz. 25.

63 Meinel/Heyn/Herms/*Heyn*, TzBfG, 5. Aufl. 2015, § 15 TzBfG, Rz. 33; Boewer, TzBfG, 1. Aufl. 2002, § 15 TzBfG, Rz. 30.

Liegt Turnusarbeit vor, sind bei vertretungsbedingter Mehrarbeit § 13 Abs. 1 Sätze 2, 3 TzBfG zu beachten[64]. Bei Ausscheiden eines Arbeitnehmers, der an Turnusarbeit teilnimmt, gilt bei Beendigungs- und Änderungskündigungen § 15 Abs. 2 TzBfG[65]. 43

6. Tarifvorbehalt (Abs. 4)

§ 13 Abs. 4 TzBfG regelt die **Zulässigkeit von abweichenden tarifvertraglichen Regelungen** zu Ungunsten der Arbeitnehmer. Die Vorschrift ist in der Praxis nicht von Bedeutung. In Rechtsprechung und Literatur werden bisher entsprechende tarifvertragliche Regelungen nicht erwähnt. Die Möglichkeit der Abweichung zu Ungunsten der Arbeitnehmer ist beschränkt auf verschlechternde Regelungen zur Vertretungspflicht (§ 13 Abs. 1 TzBfG). So wäre im Hinblick auf die Tarifautonomie denkbar, tarifvertraglich eine Vertretungspflicht bei Urlaub des Teampartners festzulegen. Gleiches gilt bei Turnusarbeit. 44

Die Anwendung entsprechender Regelungen kann nach § 13 Abs. 4 Satz 2 TzBfG einzelvertraglich vereinbart werden, wenn eine oder beide Parteien nicht tarifgebunden sind. Vereinbart werden muss die Anwendung der gesamten tarifvertraglichen Reglungen zur Arbeitsplatzteilung oder Turnusarbeit. Die Vereinbarung einzelner Bestimmungen ist nicht zulässig. 45

Beispiel

Der Tarifvertrag regelt die Vertretungspflicht bei Urlaub bei Zahlung eines Zuschlags für diese Zeit.

Einzelvertraglich kann die tarifvertraglich festgelegte Vertretungspflicht ohne Zahlung des Zuschlags nicht vereinbart werden.

Tarifvertragliche Regelungen zu Ungunsten der Arbeitnehmer haben die Vermutung der materiellen Richtigkeitsgewähr nur für den eigenen Geltungsbereich. Die vereinbarte Anwendung fachfremder Tarifverträge ist daher nicht zulässig[66]. Da § 13 Abs. 4 TzBfG **Abweichungen nur im Hinblick auf die Absätze 1 und 3** zulässt, können die Kündigungsregelungen in Abs. 2 nach § 22 TzBfG durch Tarifvertrag nicht verschlechtert werden. 46

Allgemeine **Arbeitsvertragsbedingungen der Kirchen** fallen nicht unter den Tarifvorbehalt. Die in § 6 Abs. 3 BeschFG enthaltene Öffnungsklausel ist in das TzBfG nicht übernommen[67]. 47

[64] Siehe Rz. 16 ff.

[65] Siehe Rz. 32 ff.

[66] Meinel/Heyn/Herms/*Heyn*, TzBfG, 5. Aufl. 2015, § 13 TzBfG, Rz. 36.

[67] Siehe Rambach, § 22, Rz. 10.

7. Betriebliche Mitbestimmung

48 Die **Einführung von Arbeitsplatzteilung** bedarf nach § 87 Abs. 1 Nr. 2 BetrVG der **Zustimmung** des Betriebsrats. Der Anwendung von § 87 Abs. 1 Nr. 2 BetrVG steht nicht entgegen, dass die betriebliche Arbeitszeit nicht verändert wird[68]. Entscheidend ist, dass mit dem Modell der Arbeitsplatzteilung das Bestimmungsrecht über die Verteilung der Arbeitszeit innerhalb der betriebsüblichen Arbeitszeit auf die Arbeitnehmer übergeht. Diese **Änderung der Arbeitszeitorganisation** ist wie die Einführung der Arbeit auf Abruf[69] **mitbestimmungspflichtig**[70].

Die anschließende Aufteilung der Arbeitszeit selbst durch die Arbeitnehmer ist nicht mitbestimmungspflichtig. Macht der **Arbeitgeber** jedoch Gebrauch von einer vertraglich eingeräumten **Bestimmungsbefugnis** für den Fall der Nichteinigung der Arbeitsplatzpartner, ist § 87 Abs. 1 Nr. 2 BetrVG einschlägig[71]. Bei **vertretungsbedingter Mehrarbeit** ist § 87 Abs. 1 Nr. 3 BetrVG zu beachten[72].

49 Bei Arbeitsplatzteilung handelt es sich um **keine Gruppenarbeit** nach § 87 Abs. 1 Nr. 13 BetrVG, da Voraussetzung die Übertragung einer Gesamtaufgabe zur eigenverantwortlichen Erledigung ist und bei der Arbeitsplatzteilung sich die Eigenverantwortung auf die Verteilung der Arbeitszeit beschränkt[73].

---

68 So aber z. B. GK-BetrVG/*Wiese*, 10. Aufl. 2014, § 87 BetrVG, Rz. 316; Annuß/Thüsing/*Maschmann*, TzBfG, 3. Aufl. 2012, § 13 TzBfG, Rz. 27; *Heinze*, NZA 1997, S. 681, 686.

69 S. Arnold, § 12, Rz. 102.

70 Boewer, TzBfG, 1. Aufl. 2002, § 13 TzBfG, Rz. 38; Laux/Schlachter/*Laux*, TzBfG, 2. Aufl. 2011, § 13 TzBfG, Rz. 78.

71 Sievers, TzBfG, 5. Aufl. 2015, § 13 TzBfG, Rz. 21.

72 Boewer, TzBfG, 1. Aufl. 2002, § 13 TzBfG, Rz. 42.

73 Annuß/Thüsing/*Maschmann*, TzBfG, 3. Aufl. 2012, § 13 TzBfG, Rz. 28.

Dritter Abschnitt: Befristete Arbeitsverträge

§ 14 Zulässigkeit der Befristung

(1) [1]Die Befristung eines Arbeitsvertrages ist zulässig, wenn sie durch einen sachlichen Grund gerechtfertigt ist. [2]Ein sachlicher Grund liegt insbesondere vor, wenn
1. der betriebliche Bedarf an der Arbeitsleistung nur vorübergehend besteht,
2. die Befristung im Anschluss an eine Ausbildung oder ein Studium erfolgt, um den Übergang des Arbeitnehmers in eine Anschlussbeschäftigung zu erleichtern,
3. der Arbeitnehmer zur Vertretung eines anderen Arbeitnehmers beschäftigt wird,
4. die Eigenart der Arbeitsleistung die Befristung rechtfertigt,
5. die Befristung zur Erprobung erfolgt,
6. in der Person des Arbeitnehmers liegende Gründe die Befristung rechtfertigen,
7. der Arbeitnehmer aus Haushaltsmitteln vergütet wird, die haushaltsrechtlich für eine befristete Beschäftigung bestimmt sind, und er entsprechend beschäftigt wird oder
8. die Befristung auf einem gerichtlichen Vergleich beruht.

(2) [1]Die kalendermäßige Befristung eines Arbeitsvertrages ohne Vorliegen eines sachlichen Grundes ist bis zur Dauer von zwei Jahren zulässig; bis zu dieser Gesamtdauer von zwei Jahren ist auch die höchstens dreimalige Verlängerung eines kalendermäßig befristeten Arbeitsvertrages zulässig. [2]Eine Befristung nach Satz 1 ist nicht zulässig, wenn mit demselben Arbeitgeber bereits zuvor ein befristetes oder unbefristetes Arbeitsverhältnis bestanden hat. [3]Durch Tarifvertrag kann die Anzahl der Verlängerungen oder die Höchstdauer der Befristung abweichend von Satz 1 festgelegt werden. [4]Im Geltungsbereich eines solchen Tarifvertrages können nicht tarifgebundene Arbeitgeber und Arbeitnehmer die Anwendung der tariflichen Regelungen vereinbaren.

(2a) [1]In den ersten vier Jahren nach der Gründung eines Unternehmens ist die kalendermäßige Befristung eines Arbeitsvertrages ohne Vorliegen eines sachlichen Grundes bis zur Dauer von vier Jahren zulässig; bis zu dieser Gesamtdauer von vier Jahren ist auch die mehrfache Verlängerung eines kalendermäßig befristeten Arbeitsvertrages zulässig. [2]Dies gilt nicht für Neugründungen im Zusammenhang mit der rechtlichen Umstrukturierung von Unternehmen und Konzernen. [3]Maßgebend für den Zeitpunkt der Gründung des Unternehmens ist die Aufnahme einer

Erwerbstätigkeit, die nach § 138 der Abgabenordnung der Gemeinde oder dem Finanzamt mitzuteilen ist. [4]Auf die Befristung eines Arbeitsvertrages nach Satz 1 findet Absatz 2 Satz 2 bis 4 entsprechende Anwendung.
(3) [1]Die kalendermäßige Befristung eines Arbeitsvertrages ohne Vorliegen eines sachlichen Grundes ist bis zu einer Dauer von fünf Jahren zulässig, wenn der Arbeitnehmer bei Beginn des befristeten Arbeitsverhältnisses das 52. Lebensjahr vollendet hat und unmittelbar vor Beginn des befristeten Arbeitsverhältnisses mindestens vier Monate beschäftigungslos im Sinne des § 138 Absatz 1 Nummer 1 des Dritten Buches Sozialgesetzbuch gewesen ist, Transferkurzarbeitergeld bezogen oder an einer öffentlich geförderten Beschäftigungsmaßnahme nach dem Zweiten oder Dritten Buch Sozialgesetzbuch teilgenommen hat. [2]Bis zu der Gesamtdauer von fünf Jahren ist auch die mehrfache Verlängerung des Arbeitsvertrages zulässig.
(4) Die Befristung eines Arbeitsvertrages bedarf zu ihrer Wirksamkeit der Schriftform.

Übersicht **Rz.**

1. Entstehungsgeschichte der Vorschrift

In § 14 TzBfG wurden erstmals die Voraussetzungen für die Befristung von Arbeitsverträgen zusammenhängend gesetzlich geregelt[1]. Vor Inkrafttreten des TzBfG war die Befristung von Arbeitsverträgen **nach § 620 BGB grundsätzlich zulässig**. Allerdings bedurfte **nach** der ständigen Rechtsprechung des **Bundesarbeitsgerichts (BAG)** seit dem Beschluss des Großen Senats vom 12.10.1960 die Befristung eines sie **rechtfertigenden Sachgrunds, wenn** durch sie gesetzliche **Kündigungsschutzbestimmungen** objektiv 1

[1] BT-Drucks. 14/4374, S. 13.

umgangen werden konnten (BAG, Beschluss v. 12.10.1960, GS 1/59[2]). Lag kein Sachgrund für die Befristung vor, handelte es sich um eine objektiv funktionswidrige und deshalb rechtsmissbräuchliche Vertragsgestaltung mit der Folge, dass die Befristung unwirksam war und ein unbefristetes Arbeitsverhältnis bestand[3].

Kündigungsschutzrechtliche Bestimmungen, die durch die Vereinbarung einer Befristung objektiv umgangen werden konnten, waren in erster Linie die Vorschriften des Kündigungsschutzgesetzes (BAG, Urteil v. 26.4.1985, 7 AZR 316/84)[4], aber auch sonderkündigungsschutzrechtliche Regelungen, z. B. diejenigen schwerbehinderter Menschen nach §§ 85 ff. SGB IX (zuvor: §§ 15 ff. SchwbG), schwangerer Frauen nach § 9 MuSchG, betriebsverfassungs- oder personalvertretungsrechtlicher Funktionsträger nach § 15 KSchG sowie der Kündigungsschutz nach § 613a Abs. 4 Satz 1 BGB (BAG, Urteil v. 2.12.1998, 7 AZR 579/97[5]).

Konnte die Befristung nicht zu einer objektiven Umgehung des Kündigungsschutzes führen, war sie ohne weiteres zulässig. Deshalb konnten – sofern nicht sonderkündigungsschutzrechtliche Bestimmungen eingriffen – in Kleinbetrieben i. S. v. § 23 KSchG sowie bei einer Laufzeit von bis zu 6 Monaten befristete Arbeitsverträge abgeschlossen werden, ohne dass ein Sachgrund für die Befristung erforderlich war.

2 Durch das im Jahr 1985 in Kraft getretene Beschäftigungsförderungsgesetz (BeschFG 1985) wurde aus beschäftigungspolitischen Gründen die Möglichkeit eröffnet, bei Neueinstellungen Befristungen ohne Sachgrund bis zur Dauer von 18 Monaten zu vereinbaren. Diese zunächst bis zum 31.12.1989 befristete Regelung wurde 2-mal verlängert, wobei durch das arbeitsrechtliche Beschäftigungsförderungsgesetz vom 25.9.1996 (BeschFG 1996) die maximal zulässige Vertragslaufzeit auf 24 Monate ausgedehnt und die Möglichkeit geschaffen wurde, bis zu dieser Gesamtdauer einen zunächst für weniger als 24 Monate abgeschlossenen Vertrag bis zu 3-mal zu verlängern. Für Arbeitnehmer, die bei Beginn des Arbeitsverhältnisses das 60. Lebensjahr vollendet hatten, galten die Höchstbefristungsdauer und die Beschränkung auf eine höchstens 3-malige Verlängerungsmöglichkeit nicht.

3 Da das Beschäftigungsförderungsgesetz bis 31.12.2000 befristet war und die inzwischen beschlossene Richtlinie 1999/70/EG des Rats zu der EGB-UNICE-CEEP-Rahmenvereinbarung über befristete Arbeitsverträge vom 28.6.1999 in nationales Recht umgesetzt werden musste, wurde **zum 1.1.2001** im **Teilzeit- und Befristungsgesetz** erstmals das Recht befristeter Arbeitsverträge zusammenhängend kodifiziert. § 14 TzBfG regelt die Zulässigkeit der Befristung von Arbeitsverträgen. Der **nicht abschließende Katalog** von **Sachgründen** in § 14 Abs. 1 Satz 2 TzBfG knüpft an die von der Rechtsprechung im Anschluss an den Beschluss des Großen Senats des BAG (BAG, Beschluss

[2] AP BGB § 620 Befristeter Arbeitsvertrag Nr. 16.

[3] Vgl. etwa BAG, Urteil v. 26.8.1998, 7 AZR 450/97, AP BGB § 620 Befristeter Arbeitsvertrag Nr. 202; BAG, Urteil v. 12.1.2000, 7 AZR 863/98, AP BGB § 620 Befristeter Arbeitsvertrag Nr. 217.

[4] AP BGB § 620 Befristeter Arbeitsvertrag Nr. 91.

[5] AP BGB § 620 Befristeter Arbeitsvertrag Nr. 207.

v. 12.10.1960, GS 1/59[6]) entwickelten Sachgründe an. Die Möglichkeit zur **sachgrundlosen Befristung** findet sich – in wesentlich veränderter Form – in § 14 Abs. 2 TzBfG, die sachgrundlose Befristung mit **älteren Arbeitnehmern** ist – ebenfalls verändert – in § 14 Abs. 3 TzBfG geregelt. Das seit dem 1.5.2000 in § 623 BGB enthaltene **Schriftformerfordernis** für die Befristung – das es bis dahin nicht gab – wurde in § 14 Abs. 4 TzBfG übernommen und § 623 BGB entsprechend geändert. Zum **1.1.2004** wurde **Abs. 2a** in § 14 TzBfG eingefügt, der die Möglichkeit zur sachgrundlosen Befristung in neu gegründeten Unternehmen gegenüber § 14 Abs. 2 TzBfG erweitert. § 14 Abs. 3 TzBfG wurde durch Art. 1 des Gesetzes zur Verbesserung der Beschäftigungschancen älterer Menschen vom 19.4.2007 (BGBl. I S. 538) mit Wirkung vom 1.5.2007 neu gefasst.

Nach der Vorstellung des Gesetzgebers sollen unbefristete Arbeitsverhältnisse der Normalfall der Beschäftigung sein und auch in Zukunft bleiben. Durch die Vorschriften über den Abschluss befristeter Arbeitsverträge sollen die Chancen auf einen Dauerarbeitsplatz verbessert werden[7]. 4

2. Anwendungsbereich

§ 14 TzBfG gilt für **alle** Befristungen von Arbeitsverträgen. Dazu gehören auch die Arbeitsverträge **leitender Angestellter**[8]. In der früheren Rechtsprechung des BAG wurde zwar angenommen, der Arbeitsvertrag mit einem leitenden Angestellten könne wirksam befristet werden, wenn dem Angestellten beim Ausscheiden aus dem Arbeitsverhältnis ein finanzieller Ausgleich zustand, der einer Abfindung nach §§ 9, 10 KSchG zumindest gleichwertig war (BAG, Urteil. v. 26.4.1979, 2 AZR 431/77[9]). Dies beruhte darauf, dass die Befristung vor dem Inkrafttreten des Teilzeit- und Befristungsgesetzes nur dann einer Rechtfertigung bedurfte, wenn dem Arbeitnehmer durch die Befristung der ihm ansonsten zustehende Kündigungsschutz objektiv entzogen werden konnte. Für leitende Angestellte gelten zwar die Bestimmungen des allgemeinen Kündigungsschutzes nach dem Kündigungsschutzgesetz grundsätzlich ebenso wie für andere Arbeitnehmer. Der Kündigungsschutz leitender Angestellter ist jedoch insoweit eingeschränkt, als der Auflösungsantrag des Arbeitgebers bei einer sozialwidrigen ordentlichen Kündigung keiner Begründung bedarf. Der Arbeitgeber kann sich daher auch ohne Kündigungsgrund bei Zahlung einer angemessenen Abfindung nach §§ 9, 10 KSchG vom Arbeitsverhältnis mit einem leitenden Angestellten lösen. Deshalb war eine Befristungskontrolle entbehrlich, wenn 5

---

6 AP BGB § 620 Befristeter Arbeitsvertrag Nr. 16.

7 BT-Drucks. 14/4374, S. 1 und 12.

8 Vgl. etwa Boewer, TzBfG, 1. Aufl. 2002, § 14 TzBfG, Rz. 37; Kittner/Däubler/Zwanziger, KSchR, 9. Aufl. 2014, § 14 TzBfG, Rz. 18; KR/*Lipke*, 11. Aufl. 2014, § 14 TzBfG, Rz. 79; HaKo/*Mestwerdt*, 5. Aufl. 2015, § 14 TzBfG, Rz. 27; ErfK/*Müller-Glöge*, 16. Auf. 2016, § 14 TzBfG, Rz. 8; Sievers, TzBfG, 5. Aufl. 2015, § 14 TzBfG, Rz. 5; HWK/*Schmalenberg*, 6. Aufl. 2014, § 14 TzBfG, Rz. 2.

9 AP BGB § 620 Befristeter Arbeitsvertrag Nr. 47.

einem befristet beschäftigten leitenden Angestellten im Falle des Ausscheidens eine angemessene Abfindung zustand. Diese erleichterte Befristungsmöglichkeit besteht seit dem Inkrafttreten des Teilzeit- und Befristungsgesetzes wegen der Abkoppelung der Befristungskontrolle vom Kündigungsrecht nicht mehr.

> **Hinweis**
>
> Nach § 14 TzBfG bedarf jede Befristung eines Arbeitsvertrags einer Rechtfertigung. Das gilt auch für leitende Angestellte.

6 Auf **Berufsausbildungsverhältnisse** i. S. d. Berufsbildungsgesetzes ist § 14 TzBfG **nicht anwendbar**. Diese richten sich nach den Bestimmungen des Berufsbildungsgesetzes[10].

2.1 Abkoppelung des Befristungsrechts vom Kündigungsschutz

7 Anders als vor dem Inkrafttreten des TzBfG bedarf die Befristung nicht nur dann einer Rechtfertigung, wenn durch die Befristung zwingende kündigungsschutzrechtliche Bestimmungen objektiv umgangen werden können. Der Gesetzgeber hat das Befristungsrecht vielmehr gänzlich vom Kündigungsschutz abgekoppelt und auf jede Befristung eines Arbeitsvertrags erstreckt. Dabei bildet die Befristung mit Sachgrund nach § 14 Abs.1 TzBfG den Regelfall, die sachgrundlose Befristung nach § 14 Abs. 2, Abs. 2a oder Abs. 3 TzBfG die Ausnahme[11].

§ 14 TzBfG gilt daher auch **in Kleinbetrieben** i. S. v. § 23 KSchG und für **Verträge** mit einer Laufzeit von **bis zu 6 Monaten**. Sofern die Voraussetzungen für eine sachgrundlose Befristung nach § 14 Abs. 2, Abs. 2a oder Abs. 3 TzBfG nicht vorliegen, bedürfen somit auch Befristungen in Kleinbetrieben und Arbeitsverträge mit einer Laufzeit von weniger als 6 Monaten (im Extremfall von einem Tag) eines Sachgrunds gemäß § 14 Abs. 1 TzBfG (BAG, Urteil v. 6.11.2003, 2 AZR 690/02[12]).

2.2 Nachträgliche Befristung eines unbefristeten Arbeitsvertrags

8 § 14 TzBfG ist auch auf die nachträgliche Befristung eines bis dahin unbefristeten Arbeitsvertrags anzuwenden. Sie ist wegen des bereits bestehenden Arbeitsverhältnisses mit demselben Arbeitgeber nur nach § 14 Abs. 1 TzBfG zulässig und **bedarf** daher **eines Sachgrunds**[13]. An den Sachgrund sind keine geringeren Anforderungen zu stellen als bei

---

[10] KR/*Lipke*, 11. Aufl. 2016, § 14 TzBfG, Rz. 80; Sievers, TzBfG, 5. Aufl. 2015, § 14 TzBfG, Rz. 5.

[11] BT-Drucks. 14/4374, S. 13.

[12] AP TzBfG § 14 Nr. 7.

[13] Annuß/Thüsing/*Maschmann*, TzBfG, 3. Aufl. 2126, § 14 TzBfG, Rz. 12; Meinel/Heyn/Herms/*Meinel*, TzBfG, 5. Aufl. 2015, § 14 TzBfG, Rz. 74; HaKo/*Mestwerdt*, 5. Aufl. 2015, § 14 TzBfG, Rz. 30; KR/*Lipke*, 11. Aufl. 2016, § 14 TzBfG, Rz. 81 ff.; ErfK/*Müller-Glöge*, 16. Aufl. 2016, § 14 TzBfG, Rz. 13; Sievers, TzBfG, 5. Aufl. 20106 § 14 TzBfG, Rz. 8; vgl. zur Rechtslage vor Inkrafttreten des TzBfG: BAG, Urteil v. 24.1.1996, 7 AZR 496/95, AP BGB § 620

einem von Anfang an befristeten Arbeitsvertrag. Ein sachlicher Grund für die nachträgliche Befristung liegt daher nicht allein darin, dass der befristete Arbeitsvertrag für den Arbeitnehmer günstigere Bedingungen enthält und der Arbeitnehmer zwischen dem neuen befristeten Vertrag und der Fortsetzung des bisherigen unbefristeten Vertrags frei wählen konnte (BAG, Urteil v. 26.8.1998, 7 AZR 349/97[14]).

Die nachträgliche Befristung eines unbefristeten Arbeitsvertrags kann auch im Wege einer **Änderungskündigung** erfolgen. In diesem Fall kann der Arbeitnehmer die Unwirksamkeit der Befristung auch dann mit einer **Befristungskontrollklage** nach § 17 Satz 1 TzBfG geltend machen, wenn er die **Änderung** der Arbeitsbedingungen **vorbehaltlos angenommen** hat (BAG, Urteil v. 8.7.1998, 7 AZR 245/97[15]). Die Befristungskontrollklage kann auch in diesem Fall noch innerhalb von 3 Wochen nach Ablauf der Vertragslaufzeit erhoben werden[16]. 9

Nimmt der Arbeitnehmer hingegen die **Änderung** der Arbeitsbedingungen nach **§ 2 KSchG unter Vorbehalt** an und erhebt er **Änderungsschutzklage**, wird bereits im Rahmen dieser Klage geprüft, ob für die Befristung ein sachlicher Grund besteht. Ist das nicht der Fall, ist die Änderungskündigung unwirksam (BAG, Urteil v. 25.4.1996, 2 AZR 609/95[17]).

Von der nachträglichen Befristung zu unterscheiden ist der Abschluss eines **Aufhebungsvertrags**. Für diesen gilt § 14 TzBfG nicht. Nur wenn der Regelungsgehalt des Vertrags nicht auf die **Beendigung des Arbeitsverhältnisses**, sondern auf dessen **befristete Fortsetzung** gerichtet ist, handelt es sich in Wahrheit um die Vereinbarung einer Befristung, auf die § 14 TzBfG anzuwenden ist und die nach § 14 Abs. 1 TzBfG eines Sachgrunds bedarf[18]. Für die Einordnung einer vertraglichen Abrede als Aufhebungsvertrag oder als Vertrag zur befristeten Fortsetzung des Arbeitsverhältnisses ist nicht die von den Parteien gewählte Bezeichnung maßgeblich, sondern der **Regelungsgehalt der** getroffenen **Vereinbarung**. Ein Aufhebungsvertrag ist auf die alsbaldige Beendigung der arbeitsvertraglichen Beziehungen gerichtet. Kennzeichnend dafür ist die Wahl eines zeit- 10

Befristeter Arbeitsvertrag Nr. 197; BAG, Urteil v. 8.7.1998, 7 AZR 245/97, AP BGB § 620 Befristeter Arbeitsvertrag Nr. 201; BAG, Urteil v. 26.8.1998, 7 AZR 349/97, AP BGB § 620 Befristeter Arbeitsvertrag Nr. 203.

14 AP BGB § 620 Befristeter Arbeitsvertrag Nr. 203.

15 AP BGB § 620 Befristeter Arbeitsvertrag Nr. 201.

16 Meinel/Heyn/Herms/*Meinel*, TzBfG, 5. Aufl. 2015, § 14 TzBfG, Rz. 74; ErfK/*Müller-Glöge*, 16. Aufl. 2016, § 14 TzBfG, Rz. 14; a. A. KR/*Lipke*, 11. Aufl. 2016, § 14 TzBfG, Rz. 86, der meint, die Klage nach § 17 Satz 1 TzBfG müsse innerhalb von 3 Wochen nach Zugang der Änderungskündigung erhoben werden; ebenso Annuß/Thüsing/*Maschmann*, TzBfG, 3. Aufl. 2012, § 14 TzBfG, Rz. 13.

17 AP KSchG 1969 § 1 Betriebsbedingte Kündigung Nr. 78.

18 Vgl. zur Rechtslage vor Inkrafttreten des TzBfG: BAG, Urteil v. 12.1.2000, 7 AZR 48/99, AP BGB § 620 Aufhebungsvertrag Nr. 16.

nahen, z. B. an der Kündigungsfrist orientierten Beendigungszeitpunkts und die Regelung von Rechten und Pflichten im Zusammenhang mit der Vertragsbeendigung (BAG, Urteil v. 12.1.2000, 7 AZR 48/99[19]).

> **Hinweis**
>
> Überschreitet der gewählte Beendigungszeitpunkt die Kündigungsfrist um ein Vielfaches und fehlt es an weiteren Vereinbarungen, die üblicherweise in Aufhebungsverträgen getroffen werden, z. B. Freistellung, Urlaubsregelung, Abfindung o. ä., ist von der Vereinbarung einer Befristung auszugehen (BAG, Urteil v. 12. 1.2000, 7 AZR 48/99[20]). Entscheidend sind die Umstände des Einzelfalls.

11 Das BAG hat einen Vertrag, der eine Laufzeit von weiteren 3 Jahren vorsah und keine Regelungen im Zusammenhang mit der Vertragsbeendigung enthielt, nicht als Aufhebungsvertrag, sondern als Befristungsabrede erachtet (BAG, Urteil v. 12.1.2000, 7 AZR 48/99[21]). Wird die längste nach dem Gesetz oder Tarifvertrag bestehende Kündigungsfrist nicht überschritten, kann die Vereinbarung noch als Aufhebungsvertrag anzusehen sein (vgl. dazu BAG, Urteil v. 7.3.2002, 2 AZR 93/01[22]). Vereinbaren die Arbeitsvertragsparteien nach Zugang einer ordentlichen Kündigung des Arbeitgebers vor Ablauf der Klagefrist des § 4 KSchG eine Beendigung des Arbeitsverhältnisses zu einem 12 Monate später liegenden Zeitpunkt, handelt es sich nicht um eine nachträgliche Befristung, sondern um einen Aufhebungsvertrag, wenn der Arbeitnehmer nicht zur Arbeitsleistung verpflichtet ist (Kurzarbeit Null) und außerdem Abwicklungsmodalitäten wie Abfindung, Zeugniserteilung und Rückgabe von Eigentum des Arbeitgebers geregelt werden (BAG, Urteil v. 15.2.2007, 6 AZR 286/06). Ist die Beendigungsvereinbarung in vom Arbeitgeber vorformulierten Allgemeinen Geschäftsbedingungen (AGB) enthalten, die als „Ergänzung zum Arbeitsvertrag“ bezeichnet sind und den Eintritt des Arbeitnehmers in eine „betriebsorganisatorisch eigenständige Einheit“ vorsehen, kann es sich u. U. um eine überraschende Klausel i. S. v. § 305c Abs. 1 BGB handeln, die nicht Vertragsinhalt wird (BAG, Urteil v. 15.2.2007, 6 AZR 286/06).

2.3 Befristung einzelner Vertragsbedingungen

12 § 14 TzBfG findet weder unmittelbar noch entsprechend Anwendung auf die Befristung einzelner Vertragsbedingungen (BAG, Urteil v. 14.1.2004, 7 AZR 213/03[23]). Denn die Vorschrift bezieht sich nur auf die **Befristung des gesamten Arbeitsvertrags, nicht** auf die Befristung **einzelner Vertragsbestandteile**.

---

19 AP BGB § 620 Aufhebungsvertrag Nr. 16 m. w. N.; BAG, Urteil v. 15.2.2007, 6 AZR 286/06.

20 AP BGB § 620 Aufhebungsvertrag Nr. 16; vgl. auch BAG, Urteil v. 15.2.2007, 6 AZR 286/06.

21 AP BGB § 620 Aufhebungsvertrag Nr. 16.

22 AP BGB § 620 Aufhebungsvertrag Nr. 22.

23 AP TzBfG § 14 Nr. 10; BAG, Urteil v. 23.4.2013, 7 AZR 394/10, AP TzBfG § 14 Nr. 89; BAG, Urteil v. 7.10.2015, 7 AZR 945/13.

Deshalb führte das Inkrafttreten des TzBfG am 1.1.2001 nicht zu einer Änderung der Rechtslage in Bezug auf die Wirksamkeit der Befristung einzelner Vertragsbedingungen. Vielmehr waren die **von der Rechtsprechung** dazu **entwickelten Grundsätze zunächst weiterhin** auch auf Befristungen einzelner Vertragsbedingungen **anzuwenden**, die nach dem 31.12.2000 vereinbart wurden (BAG, Urteil v. 14.1.2004, 7 AZR 213/03[24]). Nach diesen Grundsätzen bedurfte die Befristung einzelner Vertragsbedingungen eines sie **rechtfertigenden Sachgrunds, wenn** dem Arbeitnehmer durch die Befristung der gesetzliche **Änderungskündigungsschutz objektiv entzogen** werden konnte.

Eine grundlegende Änderung der Rechtslage hinsichtlich der Kontrolle der Befristung 13
einzelner Vertragsbedingungen ergab sich **mit Inkrafttreten des Gesetzes zur Modernisierung des Schuldrechts** am 1.1.2002. Dadurch wurde das Recht Allgemeiner Geschäftsbedingungen in das Bürgerliche Gesetzbuch integriert (§§ 305 ff. BGB n. F.) und die bis dahin für Verträge auf dem Gebiet des Arbeitsrechts geltende Bereichsausnahme gestrichen. Das AGB-Recht gilt daher seit 1.1.2002 auch für Arbeitsverträge. Da es sich bei der arbeitsrechtlichen Kontrolle der Befristung einzelner Vertragsbedingungen um eine **Vertragsinhaltskontrolle** handelt, richtet sich diese nunmehr nach den Grundsätzen der §§ 305 ff. BGB. Die Vorschriften des TzBfG sind nicht – auch nicht entsprechend – anwendbar[25]. Das gilt jedenfalls dann, wenn eine Inhaltskontrolle nach § 307 BGB geboten ist[26], d.h. wenn die Befristungsabrede vom Arbeitgeber vorformuliert ist und der Arbeitnehmer auf deren Inhalt keinen Einfluss nehmen konnte. Ein **Sachgrund** i. S. d. bisherigen Rechtsprechung ist somit zur Wirksamkeit der Befristung einzelner Vertragsbedingungen **nicht mehr erforderlich** (BAG, Urteil v. 27.7.2005, 7 AZR 486/04[27]; BAG, Urteil v. 18.1.2006, 7 AZR 191/05); zu Ausnahmefällen vgl. Rz. 18.

Wird die **Befristung einzelner Vertragsbedingungen**, z. B. die für 1 Jahr befristete Er- 14
höhung der regelmäßigen Arbeitszeit, als AGB i. S. v. § 305 BGB, d. h. in einer Vielzahl von Fällen formularmäßig vereinbart, unterliegt die Befristung der **Inhaltskontrolle** nach § 307 Abs. 1 BGB. Danach ist die Befristung unwirksam, wenn durch sie die betroffenen Arbeitnehmer entgegen den Geboten von Treu und Glauben **unangemessen benachteiligt** werden. Dies ist aufgrund einer umfassenden Berücksichtigung und Bewertung rechtlich anzuerkennender Interessen der Vertragspartner zu ermitteln. Die Prüfung hat grundsätzlich anhand eines generellen, typisierenden, vom Einzelfall losgelösten Maßstabs zu erfolgen (BAG, Urteil v. 27.7.2005, 7 AZR 486/04[28]; BAG, Urteil v. 18.1.2006, 7 AZR 191/05; BAG, Urteil v. 7.10.2015, 7 AZR 945/13).

---

24 AP TzBfG § 14 Nr. 10.

25 BAG, Urteil v. 14.1.2004, 7 AZR 213/03, AP TzBfG § 14 Nr. 10; BAG, Urteil v. 15.12.2011, 7 AZR 394/10, AP TzBfG § 14 Nr. 89.

26 BAG, Urteil v. 15.12.2011, 7 AZR 394/10, AP TzBfG § 14 Nr. 89; BAG, Urteil v. 10.12.2014, 7 AZR 1009/12.

27 AP BGB § 307 Nr. 6.

28 AP BGB § 307 Nr. 6.

15 Bei der **befristeten Erhöhung der regelmäßigen Arbeitszeit** ist zu beachten, dass allein die Ungewissheit des künftigen Arbeitskräftebedarfs nicht als anerkennenswertes Interesse des Arbeitgebers i. S. v. § 307 Abs. 1 BGB anzusehen ist (BAG, Urteil v. 27.7.2005, 7 AZR 486/04).

Das BAG hat die für 1 Schuljahr befristete Erhöhung des Stundendeputats **teilzeitbeschäftigter Lehrer** in einer Vielzahl von Fällen an Schulen in einem neuen Bundesland aufgrund der Besonderheiten im Schulbereich dieses Bundeslandes für wirksam gehalten. Denn aus diesen Besonderheiten (Lehrerüberhang aufgrund sinkender Schülerzahlen; fehlende Möglichkeit des Arbeitgebers, den Lehrkräftebedarf durch Akquisition am Markt zu beeinflussen; Gewährleistung einer kontinuierlichen Unterrichtserteilung für die Bevölkerung etc.) ergab sich ein anerkennenswertes Interesse des Landes an der befristeten Erhöhung der Arbeitszeit. Auch wurden bei der Vertragsgestaltung mit den betroffenen Lehrkräften die Interessen dieser Lehrkräfte angemessen berücksichtigte. Dafür sprach auch, dass die Vertragsgestaltung auf einer Koalitionsvereinbarung zwischen dem Land und der GEW sowie mehreren Pädagogenverbänden beruhte.

Aufgrund dieser Besonderheiten lässt sich anhand dieser Entscheidung des BAG nicht ohne Weiteres beurteilen, welche Umstände in anderen Bereichen des öffentlichen Dienstes oder in der Privatwirtschaft ein **anerkennenswertes Interesse des Arbeitgebers** an der Befristung einer Arbeitszeiterhöhung – oder anderer Arbeitsbedingungen – begründen können. Allein die Unsicherheit über die künftige Auftragslage oder den künftigen Beschäftigungsbedarf reicht dazu jedenfalls nicht aus.

Eine unangemessene Benachteiligung des Arbeitnehmers liegt nicht allein in der befristeten Erhöhung der Arbeitszeit um mehr als 25 %. Auf die Inhaltskontrolle einer befristeten Arbeitszeiterhöhung sind die zur Inhaltskontrolle einer Vereinbarung von Abrufarbeit nach § 12 TzBfG entwickelten Grundsätze nicht anwendbar, da es um die Wirksamkeit der Befristung der Arbeitszeiterhöhung geht und nicht um die Angemessenheit des Umfangs der Arbeitszeit (BAG, Urteil v. 18.6.2008, 7 AZR 245/07).

16 Obwohl § 14 Abs. 1 auf die Befristung einzelner Vertragsbedingungen nicht anwendbar ist, sind die Umstände, die die Befristung eines Arbeitsvertrags insgesamt sachlich rechtfertigen könnten, nicht ohne Bedeutung. Sie können sich bei der Interessenabwägung zugunsten des Arbeitgebers auswirken.

Beruht die befristete Erhöhung der Arbeitszeit auf **Umständen**, die die **Befristung eines Arbeitsvertrags insgesamt** wegen des Sachgrunds der Vertretung (§ 14 Abs. 1 Satz 2 Nr. 3 TzBfG) **rechtfertigen** könnten, wird der Arbeitnehmer durch die Befristung der Arbeitszeiterhöhung i. d. R. nicht i. S. v. § 307 Abs. 1 BGB unangemessen benachteiligt. In diesem Fall ist das Interesse des Arbeitgebers an der nur befristeten Vereinbarung der Arbeitszeit i. d. R. von solchem Gewicht, dass es das Interesse des Arbeitnehmers an der unbefristeten Vereinbarung des Umfangs der Arbeitszeit überwiegt. Nur bei Vorliegen außergewöhnlicher Umstände auf Seiten des Arbeitnehmers kann dies in Ausnahmefällen anders zu beurteilen sein (BAG, Urteil v. 8.8.2007, 7 AZR 855/06; BAG, Urteil v. 18.6.2008, 7 AZR 245/07; BAG, Urteil v. 15.12.2011, 7 AZR 394/10, AP TzBfG § 14 Nr. 89; BAG, Urteil v. 7.10.2015, 7 AZR 945/13).

Außergewöhnliche Umstände, die eine befristete Erhöhung der Arbeitszeit trotz Vorliegens eines Sachgrunds i. S. v. § 14 Abs. 1 Satz 2 Nr. 3 TzBfG als unangemessene Benachteiligung des Arbeitnehmers erscheinen lassen, können dann vorliegen, wenn der Arbeitnehmer vor der Vereinbarung der befristeten Arbeitszeiterhöhung seinen Wunsch nach einer unbefristeten Erhöhung der Arbeitszeit angezeigt hat und der Arbeitgeber ihm entsprechende auf Dauer verfügbare Beschäftigungsanteile entgegen § 9 TzBfG nicht zugewiesen hat (BAG, Urteil v. 2.9.2009, 7 AZR 233/08; BAG, Urteil v. 15.12.2011, 7 AZR 394/10, AP TzBfG § 14 Nr. 89). 17

Nach der Rechtsprechung des BAG können zur Annahme einer nicht unangemessenen Benachteiligung durch die Befristung einer Arbeitsbedingung **ausnahmsweise Umstände erforderlich sein, die die Befristung eines Arbeitsvertrags insgesamt rechtfertigen würden** (vgl. BAG, Urteil v. 15.12.2011, 7 AZR 394/10, AP TzBfG § 14 Nr. 89; BAG, Urteil v. 7.10.2015, 7 AZR 945/13). Das hat das BAG für den Fall der **Befristung der Aufstockung der Arbeitszeit in erheblichem Umfang** (z. B. für 3 Monate um 4/8) angenommen. In einem solchen Fall wird der Arbeitnehmer durch die Befristung der Arbeitszeitaufstockung unangemessen benachteiligt, wenn keine Umstände vorliegen, die die Befristung des gesamten – über das erhöhte Arbeitszeitvolumen gesondert geschlossenen – Vertrags nach § 14 Abs. 1 rechtfertigen würden (BAG, Urteil v. 15.12.2011, 7 AZR 394/10, AP TzBfG § 14 Nr. 89). Denn die dem TzBfG zugrunde liegende Wertung, dass der unbefristete Arbeitsvertrag der Normalfall und der befristete Vertrag die Ausnahme ist, gilt auch für die Vereinbarung der Arbeitszeit. Das unbefristete Arbeitsverhältnis soll dem Arbeitnehmer ein dauerhaftes Auskommen sichern und eine längerfristige Lebensplanung ermöglichen. Dafür ist regelmäßig auch die Höhe des erzielten Einkommens maßgeblich, die ihrerseits vom Umfang der Arbeitszeit abhängt. Eine längerfristige Planungssicherheit wird dem Arbeitnehmer daher nur dann ermöglicht, wenn auch der Umfang der Arbeitszeit unbefristet vereinbart wird (vgl. BAG, Urteil v. 15.12.2011, 7 AZR 394/10). Daher bedarf die Befristung einer Arbeitszeiterhöhung in erheblichem Umfang besonderer berechtigter Belange des Arbeitgebers, die nur dann vorliegen, wenn ein über das erhöhte Arbeitszeitvolumen gesondert abgeschlossener Arbeitsvertrag wirksam nach § 14 Abs. 1 TzBfG hätte befristet werden können (BAG, Urteil v. 15.12.2011, 7 AZR 394/10). Diese Rechtsprechung kann auf die **Befristung anderer Arbeitsbedingungen nicht ohne Weiteres übertragen werden**. Im Falle der **befristeten Übertragung einer höherwertigen Tätigkeit** bedarf es zur Annahme einer nicht unangemessenen Benachteiligung durch die Befristung allenfalls dann solcher Umstände, die die Befristung eines Arbeitsvertrags insgesamt rechtfertigen könnten, wenn die höherwertige Tätigkeit mit einer **erheblichen Anhebung der Vergütung** verbunden ist (vgl. BAG, Urteil v. 7.10.2015, 7 AZR 945/13). Wo die Erheblichkeitsgrenze jeweils liegt, hat das BAG offengelassen. 18

Die **Befristung einer Arbeitszeitverringerung** bedarf keines Sachgrunds i. S. v. § 14 Abs. 1 TzBfG (BAG, Urteil v. 10.12.2014, 7 AZR 1009/12). Allerdings kann der in § 8 TzBfG normierte Anspruch des Arbeitnehmers auf Verringerung der Arbeitszeit gemäß 19

§ 22 Abs. 1 TzBfG nicht zeitlich beschränkt werden (BAG, Urteil v. 24.6.2008, 9 AZR 313/07, AP BetrVG 1972 § 117 Nr. 8).

Deshalb benachteiligt die arbeitsvertraglich vereinbarte Befristung einer Arbeitszeitverringerung den Arbeitnehmer unangemessen i. S. v. § 307 Abs. 1 BGB, wenn mit der Befristung der gesetzliche Anspruch des Arbeitnehmers aus § 8 TzBfG auf Verringerung und Neuverteilung der Arbeitszeit zeitlich beschränkt wird (BAG, Urteil v. 10.12.2014, 7 AZR 1009/12).

Es ist jedoch zulässig, in Tarifverträgen, Betriebsvereinbarungen oder im Arbeitsvertrag **zusätzlich** zu dem gesetzlichen Anspruch nach § 8 TzBfG die Möglichkeit vorzusehen, die Arbeitszeit vorübergehend zu ermäßigen. In einem solchen Fall wird der Arbeitnehmer durch die Befristung der Arbeitszeitverringerung dann nicht unangemessen benachteiligt, wenn er keinen Anspruch auf Verringerung der Arbeitszeit nach § 8 TzBfG hat (BAG, Urteil v. 10.12.2014, 7 AZR 1009/12).

20 Eine **Kontrolle** der **Befristung einzelner Vertragsbedingungen** nach § 307 Abs. 1 BGB **findet nicht statt**, wenn die **Befristung** zwischen Arbeitgeber und Arbeitnehmer **im Einzelnen ausgehandelt** wurde, da in diesem Fall keine Allgemeine Geschäftsbedingung vorliegt (§ 305 Abs. 1 Satz 3 BGB). Dabei ist allerdings zu berücksichtigen, dass „aushandeln" i. S. v. § 305 Abs. 1 BGB mehr bedeutet als verhandeln. Die Erläuterung oder Erörterung des Vertragsinhalts genügt dazu nicht. Für den Vertragspartner muss die Möglichkeit bestehen, die inhaltliche Ausgestaltung der Vertragsbedingung zu beeinflussen. Das setzt voraus, dass derjenige, der die Vertragsbedingung vorformuliert hat – das ist i. d. R. der Arbeitgeber – die Vertragsbedingung ernsthaft zur Disposition stellt und bereit ist, auf Änderungswünsche des Vertragspartners einzugehen (BAG, Urteil v. 27.7.2005, 7 AZR 486/04[29]). Das dürfte bei der Befristung einzelner Vertragsbedingungen eher selten der Fall sein. Das BAG hat es offengelassen, ob und ggf. nach welchen Kriterien in einem solchen Fall eine Kontrolle stattfindet (BAG, Urteil v. 15.12.2011, 7 AZR 394/10, AP TzBfG § 14 Nr. 89).

21 Da der Arbeitsvertrag ein **Verbrauchervertrag** i. S. v. § 310 Abs. 3 BGB ist (BAG, Urteil v. 25.5.2005, 5 AZR 572/04[30]; BAG, Urteil v. 10.12.2014, 7 AZR 1009/12), findet eine **Inhaltskontrolle** nach § 307 BGB auch dann statt, wenn die vom Arbeitgeber vorformulierte Befristung einer Arbeitsbedingung nur zur einmaligen Verwendung bestimmt ist. Das gilt nach § 310 Abs. 3 Nr. 2 BGB allerdings nur, wenn der Arbeitnehmer aufgrund der Vorformulierung auf die Vereinbarung der Befristung keinen Einfluss nehmen konnte (BAG, Urteil v. 8.8.2007, 7 AZR 855/06; BAG, Urteil v. 10.12.2014, 7 AZR 1009/12; BAG, Urteil v. 7.10.2015, 7 AZR 945/13). Nach § 310 Abs. 3 Nr. 3 BGB sind bei Verbraucherverträgen bei der Beurteilung der unangemessenen Benachteiligung nach § 307 Abs. 1 und 2 BGB auch die Begleitumstände des Vertragsschlusses, also einzelfallbezogene Umstände, zu berücksichtigen (BAG, Urteil v. 15.12.2011, 7 AZR 394/10).

---

[29] AP BGB § 307 Nr. 6.

[30] AP BGB § 310 Nr. 1.

Die Regelungen der § 14 Abs. 2, Abs. 2a **und** Abs. 3 TzBfG über sachgrundlose Befristungen sind auf die Befristung einzelner Vertragsbedingungen **nicht anzuwenden**[31]. Auch das **Schriftformerfordernis** des § 14 Abs. 4 TzBfG gilt für die Befristung einzelner Vertragsbedingungen **nicht**[32], ebenso wenig die Klagefrist des § 17 Satz 1 TzBfG (BAG, Urteil v. 4.6.2003, 7 AZR 406/02[33]). 22

3. Befristung mit Sachgrund (Abs. 1)

3.1 Allgemeine Grundsätze

3.1.1 Bedeutung des Sachgrundkatalogs in § 14 Abs. 1 Satz 2 TzBfG

§ 14 Abs. 1 TzBfG gilt für **kalendermäßige Befristungen**, für **Zweckbefristungen** und 23
nach § 21 TzBfG auch für **auflösende Bedingungen**. Nach § 14 Abs. 1 Satz 1 TzBfG ist die Befristung eines Arbeitsvertrags zulässig, wenn sie durch einen **sachlichen Grund** gerechtfertigt ist.

Der unbestimmte Rechtsbegriff des sachlichen Grundes wird durch § 14 Abs. 1 Satz 2 TzBfG näher konkretisiert. Diese Bestimmung enthält in Anlehnung an die bisherige Rechtsprechung des BAG einen Katalog typischer Sachgründe, die die Befristung oder auflösende Bedingung eines Arbeitsvertrags rechtfertigen können. Dabei handelt es sich um eine **beispielhafte Aufzählung** von Gründen, bei deren Vorliegen die Befristung sachlich gerechtfertigt ist. Die Aufzählung ist, wie sich aus dem Wort „insbesondere“ ergibt, ebenso wenig abschließend wie die von der bisherigen Rechtsprechung zur Rechtslage vor Inkrafttreten des TzBfG anerkannten Befristungstatbestände (vgl. dazu etwa BAG, Urteil v. 23.1.2002, 7 AZR 611/00[34]). Die Aufzählung in § 14 Abs. 1 Satz 2 TzBfG soll weder andere von der Rechtsprechung bisher akzeptierte noch weitere Sachgründe für die Befristung ausschließen[35]. Allerdings müssen solche Gründe ein **vergleichbares Gewicht** haben wie die in § 14 Abs. 1 Satz 2 Nr. 1 bis Nr. 8 TzBfG genannten Sachgründe und deren Wertungsmaßstäben entsprechen[36]. Das gilt auch für tariflich geregelte Sachgründe (BAG, Urteil v. 9.12.2009, 7 AZR 399/08[37]).

---

31 Sievers, TzBfG, 5. Aufl. 2015, § 14 TzBfG, Rz. 27; vgl. zu § 1 BeschFG 1996: BAG, Urteil v. 23.1.2002, 7 AZR 563/00, AP BeschFG 1996 § 1 Nr. 12.

32 BAG, Urteil v. 3.9.2003, 7 AZR 106/03, AP TzBfG § 14 Nr. 4; BAG, Urteil v. 14.1.2004, 7 AZR 342/03, AP TzBfG § 14 Nr. 8.

33 AP TzBfG § 17 Nr. 1

34 AP BGB § 620 Befristeter Arbeitsvertrag Nr. 230.

35 BT-Drucks. 14/4374, S. 18.

36 BAG , Urteil v. 13.10.2004, 7 AZR 218/04, EzA TzBfG § 17 Nr. 6; BAG, Urteil v. 16.3.2005, 7 AZR 289/04, AP TzBfG § 14 Nr. 16; BAG, Urteil v. 25.5.2005, 7 AZR 402/04, AP TzBfG § 14 Nr. 17; BAG, Urteil v. 9.12.2009, 7 AZR 399/08, AP TzBfG § 14 Nr. 67; BAG, Urteil v. 2.6.2010, 7 AZR 136/09, AP TzBfG § 17 Nr. 71; BAG, Urteil v. 12.1.2011, 7 AZR 194/09; BAG, Urteil v. 18.3.2015, 7 AZR 115/13.

37 AP TzBfG § 14 Nr. 67.

24 Mit diesem Inhalt ist die Regelung in § 14 Abs. 1 TzBfG mit der Richtlinie 1999/70/EG des Rates zu der EGB-UNICE-CEEP-Rahmenvereinbarung über befristete Arbeitsverträge vom 28.6.1999 vereinbar[38]. Die Richtlinie und die inkorporierte EGB-UNICE-CEEP-Rahmenvereinbarung über befristete Arbeitsverträge fordern von den Mitgliedstaaten nur die Ergreifung einer der 3 in § 5 Nr. 1 Buchstaben a bis c der Rahmenvereinbarung genannten Maßnahmen. Mit der Regelung in § 14 Abs. 1 TzBfG hat der deutsche Gesetzgeber das Erfordernis sachlicher Gründe (§ 5 Nr. 1 Buchst. a der Rahmenvereinbarung) normiert. Weder aus der Rahmenvereinbarung noch aus der Richtlinie lässt sich entnehmen, dass die sachlichen Gründe in der Regelung nationalen Rechts abschließend aufgezählt sein müssen (BAG, Urteil v. 13.10.2004, 7 AZR 218/04[39]). Es bedarf daher keiner richtlinienkonformen Auslegung von § 14 Abs. 1 TzBfG dahingehend, nur die in § 14 Abs. 1 Satz 2 Nr. 1 bis 8 TzBfG genannten Sachgründe zur Rechtfertigung einer Befristung oder auflösenden Bedingung anzuerkennen.

3.1.2 Maßgeblicher Zeitpunkt für das Bestehen des Sachgrunds; Prognose

25 Der Sachgrund für die Befristung des Arbeitsvertrags muss im **Zeitpunkt des Vertragsschlusses** objektiv vorliegen[40]. Das gilt auch bei der nachträglichen Befristung eines zunächst unbefristeten Arbeitsvertrags (BAG, Urteil v. 24.1.1996, 7 AZR 496/95[41]).
Besteht im Zeitpunkt des Vertragsschlusses ein **sachlicher Grund** für die vereinbarte Befristung und **fällt** dieser **später weg**, entsteht dadurch kein unbefristetes Arbeitsverhältnis. Die **Befristung bleibt** vielmehr **wirksam** und führt zur Beendigung des Arbeitsverhältnisses[42].

26 Diese Grundsätze gelten auch, wenn der Sachgrund für die Befristung eine **Prognose** des Arbeitgebers erfordert, z. B. beim Sachgrund des vorübergehenden Bedarfs an der Arbeitsleistung (§ 14 Abs. 1 Satz 2 Nr. 1 TzBfG) oder der Vertretung (§ 14 Abs. 1 Satz 2 Nr. 3 TzBfG). In diesen Fällen kommt es darauf an, ob der Arbeitgeber im Zeitpunkt des Abschlusses des befristeten Arbeitsvertrags **aufgrund konkreter Tatsachen** mit **hinrei-**

---

38 APS/*Backhaus*, 4. Aufl. 2012, § 14 TzBfG, Rz. 80; Dörner, Der befristete Arbeitsvertrag, 2. Aufl. 2011, Rz. 165; HaKo/*Mestwerdt*, 4. Aufl. 2011, § 14 TzBfG, Rz. 4; Rolfs, TzBfG, 1. Aufl. 2002, § 14 TzBfG, Rz. 65; kritisch KR/*Lipke*, 11. Aufl. 2016, § 14 TzBfG, Rz. 112.

39 EzA TzBfG § 17 Nr. 6.

40 St. Rspr., vgl. BAG, Urteil v. 12.10.1960, GS 1/59, AP BGB § 620 Befristeter Arbeitsvertrag Nr. 16; BAG, Urteil v. 24.10.2001, 7 AZR 542/00, AP BGB § 620 Befristeter Arbeitsvertrag Nr. 229; BAG, Urteil v. 4.12.2002, 7 AZR 492/01, AP BGB § 620 Bedingung Nr. 28; BAG, Urteil v. 4.6.2003, 7 AZR 523/02, AP BGB § 620 Befristeter Arbeitsvertrag Nr. 252.

41 AP BGB § 620 Befristeter Arbeitsvertrag Nr. 179.

42 St. Rspr., vgl. etwa BAG, Urteil v. 23.1.2002, 7 AZR 440/00, AP BGB § 620 Befristeter Arbeitsvertrag Nr. 231; BAG, Urteil v. 4.6.2003, 7 AZR 523/02, AP BGB § 620 Befristeter Arbeitsvertrag Nr. 252.

chender Sicherheit davon ausgehen konnte, dass für die Beschäftigung des Arbeitnehmers über das Vertragsende hinaus kein (dauerhafter) Bedarf besteht. Allein die **Unsicherheit über die künftige Entwicklung** reicht dazu nicht aus[43].
Konnte der Arbeitgeber bei Abschluss des Arbeitsvertrags aufgrund einer fundiert erstellten Prognose vom Wegfall des Beschäftigungsbedarfs nach Ablauf der Befristungsdauer ausgehen und erweist sich diese **Prognose im Nachhinein** als **unzutreffend**, führt dies **nicht** zur **Unwirksamkeit der Befristung**.

3.1.3 Vertragslaufzeit

Ein sachlicher Grund muss nur für die Befristung als solche bestehen. Die vereinbarte **Dauer der Vertragslaufzeit bedarf keiner eigenen sachlichen Rechtfertigung** (ständige Rspr. seit BAG, Urteil v. 26.8.1988, 7 AZR 101/88[44]; BAG, Urteil v. 13.10.2004, 7 AZR 654/03; BAG, Urteil v. 29.7.2009, 7 AZR 907/07). 27

Die **Vertragsdauer** ist für die Rechtfertigung der Befristung dennoch nicht völlig ohne Belang. Sie ist bedeutsam für die **Prüfung des Sachgrunds**, weil die vereinbarte Vertragslaufzeit neben anderen Umständen darauf hinweisen kann, dass der Sachgrund für die Befristung nur vorgeschoben ist[45]. Allerdings lässt die fehlende Übereinstimmung zwischen dem behaupteten Sachgrund und der Vertragslaufzeit nicht stets den Schluss darauf zu, dass der Sachgrund in Wahrheit nicht besteht. **Bleibt** die **Befristungsdauer hinter** der nach **dem Sachgrund** auch in Betracht kommenden längeren Vertragslaufzeit **zurück**, bedeutet dies noch nicht, dass der Sachgrund nur vorgeschoben ist (BAG, Urteil v. 21.2.2001, 7 AZR 200/00[46]). Das gilt insbesondere für den Sachgrund der **Vertretung** und den Sachgrund des **vorübergehenden Bedarfs an der Arbeitsleistung**. Denn der Arbeitgeber kann im Vertretungsfall entscheiden, ob er den Ausfall der Stammkraft überhaupt durch Einstellung einer Ersatzkraft überbrückt oder nicht. Deshalb kann er die Vertretung auch nur für einen kürzeren Zeitraum regeln[47]. Bei der Einstellung eines Arbeitnehmers zur Mitwirkung an einer zeitlich begrenzten Zusatzaufgabe kann auch eine Tätigkeit für eine kürzere als für das Projekt insgesamt erforderliche Zeit in Betracht kommen (BAG, Urteil v. 26.8.1988, 7 AZR 101/88[48]; BAG, Urteil v. 29.7.2009, 7 AZR 907/07). 28

---

[43] BAG, Urteil v. 22.3.2000, 7 AZR 758/98, AP BGB § 620 Befristeter Arbeitsvertrag Nr. 221; BAG, Urteil v. 28.3.2001, 7 AZR 701/99, AP BGB § 620 Befristeter Arbeitsvertrag Nr. 227; BAG, Urteil v. 7.4.2004, 7 AZR 441/03, AP TzBfG § 17 Nr. 4.

[44] AP BGB § 620 Befristeter Arbeitsvertrag Nr. 124.

[45] BAG, Urteil v. 26.8.1988, 7 AZR 101/88, AP BGB § 620 Befristeter Arbeitsvertrag Nr. 124; BAG, Urteil v. 11.11.1998, 7 AZR 328/97, AP BGB § 620 Befristeter Arbeitsvertrag Nr. 204; BAG, Urteil v. 6.12.2000, 7 AZR 262/99, EzA BGB § 620 Nr. 172; BAG, Urteil v. 21.2.2001, 7 AZR 200/00, AP BGB § 620 Befristeter Arbeitsvertrag Nr. 226.

[46] AP BGB § 620 Befristeter Arbeitsvertrag Nr. 226.

[47] BAG, Urteil v. 22.11.1995, 7 AZR 252/95, AP BGB § 620 Befristeter Arbeitsvertrag Nr. 178; BAG, Urteil v. 21.2.2001, 7 AZR 200/00, AP BGB § 620 Befristeter Arbeitsvertrag Nr. 226.

[48] AP BGB § 620 Befristeter Arbeitsvertrag Nr. 124.

Nur wenn die vereinbarte Vertragslaufzeit **so kurz** bemessen ist, dass eine sinnvolle, dem Sachgrund für die Befristung entsprechende Mitarbeit des Arbeitnehmers nicht möglich erscheint, kann dies bedeuten, dass der Sachgrund in Wahrheit nicht besteht (BAG, Urteil v. 26.8.1988, 7 AZR 101/88[49]; BAG, Urteil v. 29.7.2009, 7 AZR 907/07).

29 Aus einer erheblich **über die** voraussichtliche **Dauer des Befristungsgrunds** – einschließlich einer ggf. erforderlichen Einarbeitungszeit (vgl. § 21 Abs. 2 BEEG; bis 31.12.2006: § 21 Abs. 2 BErzGG) – **hinausgehenden Vertragslaufzeit** kann in der Regel geschlossen werden, dass der **Sachgrund nur vorgeschoben** ist (BAG, Urteil v. 26.8.1988, 7 AZR 101/88[50]). Wird die Befristung z. B. auf den Sachgrund der Vertretung oder auf den Sachgrund des vorübergehenden Bedarfs an der Arbeitsleistung gestützt und überschreitet die vereinbarte Vertragslaufzeit die voraussichtliche Dauer des Vertretungsbedarfs oder der Aufgabe von begrenzter Dauer, an der der Arbeitnehmer mitwirken soll, erheblich, lässt sich die Befristung mit dem behaupteten Sachgrund nicht erklären. Das lässt den Schluss darauf zu, dass der Sachgrund nur vorgeschoben ist (BAG, Urteil v. 29.7.2009, 7 AZR 907/07).

Die Dauer der vereinbarten Vertragslaufzeit kann auch dann zur Unwirksamkeit der Befristung führen, wenn auf Grund einer beim Arbeitgeber geltenden, an das Lebensalter des Arbeitnehmers anknüpfenden Regelung mit dem Arbeitnehmer eine kürzere Vertragslaufzeit vereinbart wird, als sie mit einem vergleichbaren jüngeren Arbeitnehmer vereinbart worden wäre. Darin liegt eine **unmittelbare Benachteiligung wegen des Alters** i. S. v. § 3 Abs. 1 Satz 1 AGG, die nach § 7 Abs. 1, Abs. 2 AGG zur Unwirksamkeit der Befristung führt, wenn sie nicht nach § 8 oder § 10 AGG ausnahmsweise zulässig ist (BAG, Urteil v. 6.4.2011, 7 AZR 524/09[51]).

3.1.4 Angabe des Sachgrunds im Arbeitsvertrag

30 Das TzBfG enthält hinsichtlich des Rechtfertigungsgrunds für die Befristung **kein Zitiergebot**. Sofern nicht in anderen Gesetzen (z. B. § 2 Abs. 4 WissZeitVG; zuvor § 57b Abs. 3 HRG) oder in Tarifverträgen etwas anderes bestimmt ist, muss der Rechtfertigungsgrund für die Befristung weder im Arbeitsvertrag angegeben noch dem Arbeitnehmer bei Abschluss des Arbeitsvertrags mitgeteilt werden. Es reicht vielmehr aus, wenn der **Rechtfertigungsgrund** im Zeitpunkt des Abschlusses des befristeten Arbeitsvertrags **objektiv vorliegt** (BAG, Urteil v. 12.8.2009, 7 AZR 270/08; BAG, Urteil v. 13.2.2013, 7 AZR 225/11).

31 Wird im Arbeitsvertrag ein Sachgrund für die Befristung angegeben, erweist sich dieser aber als nicht tragfähig, ist der Arbeitgeber daher grundsätzlich nicht gehindert, die Befristung auf einen anderen Sachgrund oder auf § 14 Abs. 2, Abs. 2a oder Abs. 3 TzBfG zu stützen. Entsprechendes gilt, wenn im Arbeitsvertrag als Rechtfertigungsgrund für die Befristung § 14 Abs. 2, Abs.2a oder Abs. 3 TzBfG genannt ist. Dies verwehrt es dem

---

49 AP BGB § 620 Befristeter Arbeitsvertrag Nr. 124; BAG, Urteil v. 15.2.2006, 7 AZR 241/05.

50 AP BGB § 620 Befristeter Arbeitsvertrag Nr. 124.

51 NZA 2011, S. 970

Arbeitgeber nicht, die Befristung außerdem oder stattdessen mit einem im Arbeitsvertrag nicht genannten Sachgrund zu begründen[52].

Im öffentlichen Dienst waren im Anwendungsbereich des **BAT** die Bestimmungen der SR 2y BAT zu beachten. Diese erforderten zwar nicht die Angabe des Sachgrunds für die Befristung im Arbeitsvertrag. Nach Nr. 2 Abs. 1 SR 2y BAT war aber die **Befristungsgrundform** (Zeitangestellter, Angestellter für Aufgaben von begrenzter Dauer, Aushilfsangestellter) im Arbeitsvertrag zu vereinbaren. Der Arbeitgeber konnte die Befristung nur auf Sachgründe stützen, die der vereinbarten Befristungsgrundform zuzuordnen waren[53]. Auf § 14 Abs. 2 oder Abs. 3 TzBfG konnte der Arbeitgeber die Befristung im Geltungsbereich des BAT nur stützen, wenn im Arbeitsvertrag angegeben war, dass es sich um ein Arbeitsverhältnis nach § 14 Abs. 2 oder Abs. 3 TzBfG handelte (Protokollnotiz Nr. 6 zu Nr. 1 SR 2y BAT; BAG, Urteil v. 28.3.2007, 7 AZR 318/06). Der am 1.10.2005 in Kraft getretene **TVöD** enthält derartige Vorgaben nicht, ebenso wenig der TV-L. 32

Die **Arbeitsvertragsparteien können** ausdrücklich oder konkludent **vereinbaren**, dass die **Befristung nur auf einen bestimmten Sachgrund gestützt** und andere Rechtfertigungsgründe für die Befristung ausgeschlossen sein sollen. Die Parteien können auch die **Möglichkeit zur sachgrundlosen Befristung** nach § 14 Abs. 2 TzBfG ausdrücklich oder konkludent **vertraglich abbedingen**. Ein konkludenter Ausschluss der sachgrundlosen Befristungsmöglichkeit kommt in Betracht, wenn der Arbeitnehmer die Erklärungen des Arbeitgebers so verstehen darf, dass die Befristung ausschließlich auf einen bestimmten Sachgrund gestützt wird und von dessen Bestehen abhängen soll. Dazu reicht allein die Angabe des Sachgrunds für die Befristung im Arbeitsvertrag nicht aus. Sie ist ein wesentliches Indiz, zu dem jedoch noch weitere Umstände hinzutreten müssen[54]. 33

Bei **Zweckbefristungen** muss zwar nicht der Sachgrund, aber der **Vertragszweck**, der in der Regel mit dem Sachgrund übereinstimmen dürfte, vereinbart werden, weil sich allein aus ihm der Beendigungstatbestand ergibt[55]. Entsprechendes gilt für die Vereinbarung einer **auflösenden Bedingung**. 34

---

[52] BAG, Urteil v. 28.1.1998, 7 AZR 656/96, AP HRG § 48 Nr. 1; BAG, Urteil v. 26.7.2000, 7 AZR 51/99, AP BeschFG 1996 § 1 Nr. 4; BAG, Urteil v. 5.6.2002, 7 AZR 241/01, AP BeschFG 1996 § 1 Nr. 13; BAG, Urteil v. 15.1.2003, 7 AZR 534/02, AP BeschFG 1996 Nr. 19; BAG, Urteil v. 12.8.2009, 7 AZR 270/08; BAG, Urteil v. 13.2.2013, 7 AZR 225/11.

[53] BAG, Urteil v. 29.10.1998, 7 AZR 477/97, AP BAT § 2 SR 2y Nr. 17; BAG, Urteil v. 28.3.2001, 7 AZR 701/99, AP BGB § 620 Befristeter Arbeitsvertrag Nr. 227; BAG, Urteil v. 31.7.2002, 7 AZR 72/01, AP BGB § 620 Befristeter Arbeitsvertrag Nr. 237.

[54] BAG, Urteil v. 15.8.2001, 7 AZR 274/00; BAG, Urteil v. 5.6.2002, 7 AZR 410/01, AP BeschFG 1996 § 1 Nr. 15; BAG, Urteil v. 15.1.2003, 7 AZR 534/02, AP BeschFG 1996 § 1 Nr. 19; BAG, Urteil v. 5.5.2004, 7 AZR 629/03; BAG, Urteil v. 12.8.2009, 7 AZR 270/08; BAG, Urteil v. 29.6.2011, 7 AZR 774/09.

[55] BAG, Urteil v. 21.12.2005, 7 AZR 541/04, AP TzBfG § 14 Nr. 18; ErfK/*Müller-Glöge*, 16. Aufl. 2016, § 14 TzBfG, Rz. 21.

Beispiel

Wird z. B ein Arbeitnehmer zweckbefristet bis zur Rückkehr eines längerfristig erkrankten Mitarbeiters eingestellt, kann die Zweckbefristung nur durch die Angabe des Vertretungszwecks vereinbart werden.

Hinweis

Da die Befristung nach § 14 Abs. 4 TzBfG der Schriftform bedarf, muss in diesem Fall der Vertragszweck **schriftlich** vereinbart werden.

3.1.5 Mehrfachbefristungen; institutioneller Rechtsmissbrauch

35 **§ 14 Abs. 1 TzBfG** erlaubt nach der bisherigen Rechtsprechung des BAG grundsätzlich den Abschluss aufeinanderfolgender befristeter Arbeitsverträge in beliebiger Zahl (vgl. etwa BAG, Urteil v. 25.3.2009, 7 AZR 34/08[56]). Es ist auch zulässig, im Anschluss an eine sachgrundlose Befristung nach § 14 Abs. 2 TzBfG einen oder mehrere mit Sachgrund befristete Arbeitsverträge abzuschließen. Wegen des Anschlussverbots in § 14 Abs. 2 Satz 2 TzBfG ist der Abschluss eines sachgrundlos befristeten Arbeitsvertrags im Anschluss an einen mit Sachgrund befristeten Arbeitsvertrag nicht zulässig.

Allerdings hegte das BAG zum **Sachgrund der Vertretung** (§ 14 Abs. 1 Satz 2 Nr. 3 TzBfG) vorübergehend Zweifel daran, ob es an seiner Rechtsprechung zu wiederholten Befristungen im Hinblick auf die unionsrechtlichen Vorgaben in § 5 Nr. 1 der EGB-UNICE-CEEP-Rahmenvereinbarung über befristete Arbeitsverträge im Anhang der Richtlinie 1999/70/EG festhalten konnte. Das BAG hatte erwogen, in Fällen eines im Betrieb, im Unternehmen oder in der Dienststelle bestehenden **ständigen und dauerhaften Vertretungsbedarfs**, den der Arbeitgeber auch durch die unbefristete Beschäftigung eines Arbeitnehmers als Personalreserve abdecken könnte, § 14 Abs. 1 Satz 2 Nr. 3 TzBfG ggf. nach unionsrechtlichen Vorgaben dahingehend auszulegen, dass ein die Befristung rechtfertigender Vertretungsfall nicht vorliegt. Es hatte daher ein entsprechendes Vorabentscheidungsgesuch an den EuGH gerichtet (BAG, Beschluss v. 17.11.2010, 7 AZR 443/09 (A)). Hierzu hat der EuGH entschieden, dass aus dem bloßen Umstand, dass ein Arbeitgeber wiederholt oder dauerhaft auf befristete Vertretungen zurückgreifen muss und dass diese Vertretungen auch durch die Einstellung von Arbeitnehmern mit unbefristeten Arbeitsverträgen gedeckt werden könnten, weder folge, dass kein sachlicher Grund i. S. v. § 5 Nr. 1 Buchstabe a der Rahmenvereinbarung gegeben sei, noch, dass ein Missbrauch im Sinne dieser Bestimmung vorliege. Bei der Beurteilung der Frage, ob die Verlängerung befristeter Arbeitsverträge durch einen sachlichen Grund gerechtfertigt ist, müssten allerdings alle Umstände des Falles einschließlich der Zahl und der Gesamtdauer der in der Vergangenheit mit demselben Arbeitgeber geschlossenen befristeten Arbeitsverträge berücksichtigt werden[57].

---

[56] EzA TzBfG § 14 Nr. 57.

[57] EuGH, Urteil v. 26.1.2012, C-586/10; s. Rz. 99-101.

Im Anschluss an dieses Urteil des EuGH hat das BAG klargestellt, dass es grundsätzlich an seiner bisherigen Rechtsprechung zur Vertretungsbefristung festhält und dass allein eine große Anzahl der mit einem Arbeitnehmer vereinbarten befristeten Arbeitsverträge und/oder deren Gesamtdauer nicht zur Folge haben, dass an den Sachgrund der Vertretung höhere Anforderungen zu stellen sind. Auch ein beim Arbeitgeber bestehender dauernder Vertretungsbedarf steht danach einer Befristung nach § 14 Abs. 1 Satz 2 Nr. 3 TzBfG nicht entgegen. Allerdings ist nach der neuen Rechtsprechung des BAG die Befristungskontrolle nach den Vorgaben des EuGH nicht in jedem Fall bereits dann abgeschlossen, wenn festgestellt werden kann, dass ein Sachgrund für die Befristung vorliegt. Vielmehr sind im Rahmen einer umfassenden Missbrauchskontrolle entsprechend den Maßstäben eines **institutionellen Rechtsmissbrauchs** (§ 242 BGB) alle Umstände des Einzelfalls zu würdigen und dabei insbesondere die Anzahl und Dauer der aufeinander folgenden befristeten Arbeitsverträge zu berücksichtigen, um auszuschließen, dass der Arbeitgeber die an sich eröffnete Befristungsmöglichkeit rechtsmissbräuchlich ausnutzt (BAG, Urteil v. 18.7.2012, 7 AZR 443/09; BAG, Urteil v. 29.4.2015, 7 AZR 310/13). Eine genaue zeitliche oder quantitative Festlegung hat das BAG dabei nicht vorgenommen. Nach Auffassung des BAG besteht bei Vorliegen eines Sachgrunds für die Befristung regelmäßig kein gesteigerter Anlass zu einer Missbrauchskontrolle, wenn die in § 14 Abs. 2 Satz 1 für die sachgrundlose Befristung bestimmten Grenzen (insgesamt 2-jährige Vertragslaufzeit bei maximal 3-maliger Verlängerung) nicht um ein Mehrfaches überschritten sind. Werden diese Grenzen jedoch mehrfach überschritten, ist eine umfassende Missbrauchskontrolle geboten. Werden diese Grenzen in besonders gravierendem Maße überschritten, kann eine rechtsmissbräuchliche Gestaltung indiziert sein. In diesem Fall kann der Arbeitgeber besondere Umstände vortragen, um die Annahme des Rechtsmissbrauchs zu entkräften (BAG, Urteil v. 18.7.2012, 7 AZR 443/09; BAG, Urteil v. 29.4.2015, 7 AZR 310/13). 36

Beispiel

Das BAG hat bei 13 aufeinander folgenden Befristungen und einer Gesamtlaufzeit von mehr als 11 Jahren angenommen, es sei eine missbräuchliche Gestaltung indiziert (BAG, Urteil v. 18.7.2012, 7 AZR 443/09).

Bei 4 aufeinander folgenden Befristungen und einer Gesamtdauer von 7 Jahren und 9 Monaten hat es hingegen keine Anhaltspunkte für einen Gestaltungsmissbrauch gesehen (BAG, Urteil v. 18.7.2012, 7 AZR 783/10).

Bei einer Gesamtdauer von etwas mehr als 6,5 Jahren und 13 befristeten Arbeitsverträgen kann eine Missbrauchskontrolle veranlasst sein (BAG, Urteil v. 13.2.2013, 7 AZR 225/11).

Das BAG hat einen Gestaltungsmissbrauch als widerlegt angesehen bei einer Gesamtbeschäftigungsdauer von ca. 15 Jahren mit 10 aufeinander folgenden befristeten Arbeitsverträgen in einem Fall, in dem der Arbeitnehmer durchgängig zur unmittelbaren Vertretung einer durch Mutterschutz, Elternzeit und Sonderurlaub zur Kinderbetreuung an der Arbeitsleistung verhinderten Arbeitnehmerin beschäftigt wurde, deren Arbeitsplatz bei dem Arbeitgeber nur einmal vorhanden war; es handelte sich um den Arbeitsplatz des stellvertretenden Küchenleiters in der einzigen vom Arbeitgeber betriebenen Küche mit insgesamt 5,2 Vollzeitstellen; in diesem Fall bestand für die Beschäftigung der Vertretungskraft zu keinem Zeitpunkt ein dauerhafter Bedarf (BAG, Urteil v. 29.4.2015, 7 AZR 310/13).

Von besonderer Bedeutung für die Beurteilung eines möglichen Rechtsmissbrauchs sind die **Gesamtdauer der befristeten Verträge** und **die Anzahl der Vertragsverlängerungen**. Längere zeitliche Unterbrechungen können gegen eine rechtsmissbräuchliche Vertragsgestaltung sprechen. Zu berücksichtigen ist auch, ob der Arbeitnehmer stets auf demselben Arbeitsplatz und mit denselben Aufgaben beschäftigt wird oder ob er in unterschiedlichen Bereichen eingesetzt wird und ob und ggf. in welchem Umfang die jeweils vereinbarte Vertragslaufzeit hinter der Dauer des voraussichtlichen Beschäftigungsbedarfs zurückbleibt (BAG, Urteil v. 18.7.2012, 7 AZR 443/98). Von Bedeutung kann auch sein, ob der Arbeitnehmer stets zur unmittelbaren Vertretung derselben Stammkraft beschäftigt wird, deren Aufgabenbereich bei dem Arbeitgeber nur auf deren Arbeitsplatz vorhanden ist, z. B. die Tätigkeit eines stellvertretenden Küchenleiters in der einzigen von dem Arbeitgeber betriebenen Küche (BAG, Urteil v. 29.4.2015, 7 AZR 310/13).
Die Prüfung **eines institutionellen Rechtsmissbrauchs** ist nicht nur dann erforderlich, wenn die Befristung auf den Sachgrund der Vertretung gestützt wird, sondern auch dann, wenn diese aus **anderen Gründen** sachlich gerechtfertigt ist (BAG, Urteil v. 14.1.2015, 7 AZR 2/14).

3.1.5.1 Grundsatz: Maßgeblichkeit des letzten Arbeitsvertrags

37 Nach der ständigen Rechtsprechung des BAG unterliegt bei mehreren aufeinander folgenden befristeten Arbeitsverträgen grundsätzlich **nur der letzte Vertrag** der **Befristungskontrolle** (st. Rspr. seit BAG, Urteil v. 8.5.1985, 7 AZR 191/84[58]). Durch den vorbehaltlosen Abschluss eines weiteren befristeten Arbeitsvertrags stellen die Parteien ihr Arbeitsverhältnis auf eine neue rechtliche Grundlage, die für ihre Vertragsbeziehung künftig allein maßgeblich ist. Damit wird zugleich ein etwaiges unbefristetes Arbeitsverhältnis aufgehoben (BAG, Urteil v. 4.6.2003, 7 AZR 523/02)[59]. Das gilt auch, wenn die Parteien irrtümlich davon ausgegangen sind, in einem wirksam befristeten Arbeitsverhältnis gestanden zu haben (BAG, Urteil v. 15.2.1995, 7 AZR 680/94[60]) oder wenn dem

[58] AP BGB § 620 Befristeter Arbeitsvertrag Nr. 97.
[59] AP BGB § 620 Befristeter Arbeitsvertrag Nr. 252; BAG, Urteil v. 6.8.2003, 7 AZR 33/03, AP BGB § 620 Befristeter Arbeitsvertrag Nr. 253.
[60] AP BGB § 620 Befristeter Arbeitsvertrag Nr. 166.

Arbeitnehmer nicht bewusst war, in einem unbefristeten Arbeitsverhältnis zu stehen (BAG, Urteil v. 3.12. 1997, 7 AZR 651/96[61]).

3.1.5.2 Ausnahme: Vorbehalt

Anders verhält es sich, wenn die Parteien dem Arbeitnehmer bei Abschluss des letzten Vertrags das Recht vorbehalten haben, die Wirksamkeit der vorangegangenen Befristung überprüfen zu lassen. Dies ermöglicht die Befristungskontrolle auch für den vorletzten Vertrag[62]. Der **Vorbehalt** muss **vertraglich vereinbart** sein. Ein einseitig vom Arbeitnehmer geäußerter Vorbehalt genügt nicht (BAG, Urteil v. 5.6.2002, 7 AZR 205/01[63]; BAG, Urteil v. 4.6 2003, 7 AZR 523/02[64]; BAG, Urteil v. 14.2.2007, 7 AZR 95/06). 38

Der Arbeitgeber ist grundsätzlich nicht zur Vereinbarung eines Vorbehalts mit dem Arbeitnehmer verpflichtet. Bietet der Arbeitgeber dem Arbeitnehmer den vorbehaltlosen Abschluss eines weiteren befristeten Arbeitsvertrags an und lehnt er den Antrag des Arbeitnehmers, den Folgevertrag unter Vorbehalt abzuschließen, unter unveränderter Aufrechterhaltung seines Angebots auf vorbehaltlosen Abschluss des weiteren befristeten Arbeitsvertrags ab, liegt darin keine Maßregelung i. S. v. § 612a BGB (BAG, Urteil v. 14.2.2007, 7 AZR 95/06). 39

Haben die Parteien bei Abschluss des letzten befristeten Arbeitsvertrags einen Vorbehalt vereinbart, muss der Arbeitnehmer die Unwirksamkeit der Befristung des vorletzten Vertrags **innerhalb von 3 Wochen** nach dem im vorletzten Vertrag vereinbarten Vertragsende **mit einer Klage nach § 17 Satz 1 TzBfG geltend machen**. Ansonsten gilt die Befristung nach § 17 Satz 2 TzBfG i. V. m. § 7 KSchG als von Anfang an wirksam. 40

Vereinbaren die Parteien im Anschluss an die Laufzeit eines befristeten Arbeitsvertrags vorbehaltlos einen weiteren befristeten Vertrag, schließt dies die Befristungskontrolle des vorangegangenen Vertrags aus (BAG, Urteil v. 5.6.2002, 7 AZR 205/01[65]). Das gilt auch, wenn der Arbeitnehmer die Unwirksamkeit der Befristung danach gemäß § 17 Satz 1 TzBfG gerichtlich geltend macht[66]. 41

Beispiel

Ist ein befristeter Arbeitsvertrag am 31.12.2015 abgelaufen und haben die Parteien am 20.12.2015 vorbehaltlos einen weiteren befristeten Arbeitsvertrag für die Zeit vom 1.1.2016 bis zum 31.12.2016 abgeschlossen, unterliegt die Befristung zum

[61] AP BGB § 620 Befristeter Arbeitsvertrag Nr. 196.

[62] BAG, Urteil v. 4.6.2003, 7 AZR 523/02, AP BGB § 620 Befristeter Arbeitsvertrag Nr. 252; BAG, Urteil v. 6.8.2003, 7 AZR 33/03, AP BGB § 620 Befristeter Arbeitsvertrag Nr. 253.

[63] AP BGB § 620 Befristeter Arbeitsvertrag Nr. 236.

[64] AP BGB § 620 Befristeter Arbeitsvertrag Nr. 252.

[65] AP BGB § 620 Befristeter Arbeitsvertrag Nr. 236.

[66] Dörner, Der befristete Arbeitsvertrag, 2. Aufl. 2011, Rz. 118; a. A. APS/*Backhaus*, 4. Aufl. 2012, § 17 TzBfG, Rz. 65; Boewer, TzBfG, 1. Aufl. 2002, § 14 TzBfG, Rz. 69; Meinel/Heyn/Herms/*Meinel*, TzBfG, 5. Aufl. 2015, § 14 TzBfG, Rz. 40 ff.; HaKo/*Mestwerdt*, 5. Aufl. 2015, § 14 TzBfG, Rz. 59 f.; kritisch Rolfs, TzBfG, 1. Aufl. 2002, § 17 TzBfG, Rz. 6.

> 31.12.2015 auch dann nicht der Befristungskontrolle, wenn der Arbeitnehmer die Unwirksamkeit dieser Befristung bis zum 21.1.2016 durch eine Klage nach § 17 Satz 1 TzBfG gerichtlich geltend gemacht hat. Eine Befristungskontrolle wäre nur möglich, wenn die Parteien dem Arbeitnehmer das Recht vorbehalten hätten, die Wirksamkeit der Befristung trotz des Vertragsschlusses vom 20.12.2015 gerichtlich überprüfen zu lassen.

42 Aus der Entscheidung des BAG vom 26.7.2000 (BAG, Urteil v. 26.7.2000, 7 AZR 43/99[67]) ergibt sich nichts anderes. Die dortigen Ausführungen betreffen lediglich das Anschlussverbot in § 1 Abs. 3 BeschFG 1996.

43 **Anders** verhält es sich, wenn die Parteien erst **nach Zustellung einer Klage** nach § 17 Satz 1 TzBfG beim Arbeitgeber einen **weiteren befristeten Arbeitsvertrag** abschließen und keine Vereinbarung darüber treffen, welche Auswirkungen der neue Vertragsschluss auf den bereits anhängigen Rechtsstreit über die Wirksamkeit der vorangegangenen Befristung haben soll. Dann ist davon auszugehen, dass der neue befristete Vertrag unter dem **Vorbehalt** geschlossen wird, dass er nur gelten soll, wenn nicht aufgrund des vorangegangenen streitbefangenen Vertrags ein unbefristetes Arbeitsverhältnis besteht. Der vorangegangene Vertrag unterliegt daher nach wie vor der Befristungskontrolle (BAG, Urteil vom 10.3.2004, 7 AZR 402/03[68]).

44 Das ist nicht der Fall, wenn die Parteien den weiteren befristeten Arbeitsvertrag **nach Einreichung, aber vor Zustellung** der Befristungskontrollklage beim Arbeitgeber abschließen. Vor Zustellung der Befristungskontrollklage kann der Arbeitnehmer das Angebot des Arbeitgebers auf Abschluss des weiteren befristeten Vertrags ohne weitere Anhaltspunkte nicht so verstehen, dass der neue Vertrag nur gelten soll, wenn nicht bereits aufgrund des vorangegangenen Vertrags ein unbefristetes Arbeitsverhältnis besteht (BAG, Urteil v. 13.10.2004, 7 AZR 218/04[69]).

45 Wird der weitere befristete Arbeitsvertrag nach Zustellung der Befristungskontrollklage auf Seiten des Arbeitgebers von einer **anderen Dienststelle** abgeschlossen als der vorherige, kann ein konkludenter Vorbehalt allein wegen des anhängigen Rechtstreits nur angenommen werden, wenn der Arbeitnehmer bei Vertragsschluss davon ausgehen konnte, dass die an dem Vertragsschluss beteiligten Vertreter des Arbeitgebers Kenntnis von der anhängigen Befristungskontrollklage hatten (BAG, Urteil v. 18.6.2008, 7 AZR 214/07).

---

[67] AP BeschFG 1985 § 1 Nr. 26.

[68] AP TzBfG § 14 Nr. 11.

[69] EzA TzBfG § 17 Nr. 6.

3.1.5.3 Ausnahme: Annex

Eine **weitere Ausnahme** von dem Grundsatz, dass nur der letzte befristete Arbeitsvertrag der Befristungskontrolle unterliegt, bildet der sog. **unselbstständige Annex**. Dabei handelt es sich um eine Vereinbarung, durch die lediglich die in dem vorangegangenen Vertrag vereinbarte **Vertragslaufzeit verhältnismäßig geringfügig verlängert** wird. Dabei orientiert sich die Korrektur am Sachgrund für die Befristung des vorangegangenen Vertrags und besteht allein in der Anpassung der vertraglich vereinbarten Laufzeit an später eintretende, im Zeitpunkt des Abschlusses des vorangegangenen Vertrags nicht absehbare Umstände. Der **Zweck der Vereinbarung** darf **nur** darin liegen, die **Laufzeit** des vorangegangenen Vertrags **mit dem Sachgrund für die Befristung in Einklang zu bringen**[70]. In diesem Fall wird das Arbeitsverhältnis durch den neuen Vertrag ausnahmsweise nicht auf eine neue rechtliche Grundlage gestellt, sondern der bisherige Vertrag, angepasst an die zwischenzeitlich eingetretenen unvorhergesehenen Umstände, fortgesetzt[71]. 46

Beispiel

Ein Annex wurde in der Rechtsprechung z. B. bejaht bei der Anpassung der Vertragslaufzeit an die um 14 Tage verlängerte Förderungsdauer einer ABM (BAG, Urteil v. 15.2.1995, 7 AZR 680/94[72]) und bei der Verlängerung eines drittmittelfinanzierten Arbeitsvertrags mit einem Mitarbeiter einer Hochschule um 3 Monate, weil wegen des Ausscheidens eines anderen Mitarbeiters entsprechende Mittel frei wurden (BAG, Urteil v. 21.1.1987, 7 AZR 265/85[73]). Eine Verlängerung um 10 Monate wurde nicht mehr als geringfügig angesehen (BAG, Urteil v. 1.12.1999, 7 AZR 236/98[74]).

Kein unselbstständiger Annex liegt vor, wenn die Parteien während der Laufzeit eines mit Sachgrund befristeten Vertrags unter Beibehaltung der Befristungsdauer eine Änderung der geschuldeten Tätigkeit und der Vergütung vereinbaren. In diesem Fall unterliegt der Änderungsvertrag als letzter Vertrag der Befristungskontrolle (BAG, Urteil v. 21.3.1990, 7 AZR 286/89[75]).

---

[70] BAG, Urteil v. 15.2.1995, 7 AZR 680/94, AP BGB § 620 Befristeter Arbeitsvertrag Nr. 166; BAG, Urteil v. 1.12.1999, 7 AZR 236/98, AP HRG § 57b Nr. 21; BAG, Urteil v. 15.8.2001, 7 AZR 144/00, EzA BGB § 620 Nr. 182; BAG, Urteil v. 5.6 2002, 7 AZR 241/01, AP BeschFG 1996 § 1 Nr. 13; BAG, Urteil v. 13.10.2004, 7 AZR 654/03; BAG, Urteil v. 7.11.2007, 7 AZR 484/06, EzA TzBfG § 14 Nr.43.

[71] Vgl. Dörner, Der befristete Arbeitsvertrag, 2. Aufl. 2011, Rz. 147.

[72] AP BGB § 620 Befristeter Arbeitsvertrag Nr. 166.

[73] AP BGB § 620 Hochschule Nr. 4.

[74] AP HRG § 57b Nr. 21.

[75] AP BGB § 620 Befristeter Arbeitsvertrag Nr. 135.

3.1.6 Fortsetzungs-/Wiedereinstellungsanspruch

3.1.6.1 Nachträglicher Wegfall des Sachgrunds

47 Bestand im Zeitpunkt des Vertragsschlusses ein Sachgrund für die Befristung und entfällt dieser später, besteht grundsätzlich kein Anspruch des Arbeitnehmers auf Abschluss eines unbefristeten Arbeitsvertrags oder auf Wiedereinstellung. Die Rechtsprechung erkennt zwar im Kündigungsrecht einen Wiedereinstellungsanspruch an, wenn sich nach Ausspruch einer wirksamen betriebsbedingten Kündigung während der Kündigungsfrist herausstellt, dass der Arbeitsplatz des gekündigten Arbeitnehmers aufgrund nachträglich eingetretener Umstände doch nicht entfällt (BAG, Urteil v. 28.6.2000, 7 AZR 904/98[76]). Diese Rechtsprechung ist jedoch auf den nachträglichen Wegfall des im Zeitpunkt des Vertragsschlusses bestehenden Sachgrunds für die Befristung wegen des von vornherein geringeren Bestandsschutzes des Arbeitnehmers nicht übertragbar[77].

3.1.6.2 Schwangerschaft

48 Eine im Zeitpunkt des Vertragschlusses bestehende oder während der Vertragslaufzeit eintretende Schwangerschaft der Arbeitnehmerin **führt nicht zur Unwirksamkeit der Befristung** oder zu einer Verpflichtung des Arbeitgebers, die Arbeitnehmerin in ein unbefristetes Arbeitsverhältnis zu übernehmen[78]. Die Schwangerschaft darf jedoch nicht der Grund dafür sein, dass die Arbeitnehmerin nicht in ein unbefristetes Arbeitsverhältnis übernommen wird, weil das eine **Diskriminierung wegen des Geschlechts** darstellt (vgl. dazu EuGH, Urteil v. 4.10.2001, C 438/99[79]). Eine solche führt allerdings nach § 15 Abs. 6 AGG nicht zu einem Anspruch auf Fortsetzung des Arbeitsverhältnisses, sondern nur zu einem Anspruch der Arbeitnehmerin auf Schadensersatz und Entschädigung nach § 15 Abs. 1 und 2 AGG (bis zum Inkrafttreten des AGG am 18.8.2006: § 611a Abs. 2 BGB)[80].

3.1.6.3 Verhalten des Arbeitgebers

49 Ein **Anspruch** des Arbeitnehmers **auf Weiterbeschäftigung** in einem unbefristeten Arbeitsverhältnis im Anschluss an einen wirksam befristeten Arbeitsvertrag konnte nach einer älteren Rechtsprechung des BAG ausnahmsweise dann bestehen, wenn der Arbeitnehmer aufgrund des Verhaltens des Arbeitgebers darauf vertrauen durfte, dass er im Anschluss an den befristeten Vertrag unbefristet weiter beschäftigt wird. Dazu reichte allerdings allein die subjektive Erwartung des Arbeitnehmers nicht aus. Der **Arbeitgeber**

---

[76] AP KSchG 1969 § 1 Wiedereinstellung Nr. 6.

[77] BAG, Urteil v. 20.2.2002, 7 AZR 700/00, AP KSchG 1969 § 1 Wiedereinstellung Nr. 11; BAG, Urteil v. 2.7 2003, 7 AZR 529/02, AP BGB § 620 Befristeter Arbeitsvertrag Nr. 254.

[78] BAG, Urteil v. 22.9.1961, 1 AZR 36/60, AP BGB § 620 Befristeter Arbeitsvertrag Nr. 20; BAG, Urteil v. 28.11.1963, 2 AZR 140/63, AP BGB § 620 Befristeter Arbeitsvertrag Nr. 26; BAG, Urteil v. 6.11.1996, 7 AZR 909/95, EzA BGB § 620 Nr. 146.

[79] AP EWG – Richtlinie 92/85 Nr. 3.

[80] ErfK/Müller-Glöge, 16. Aufl. 2016, § 15 TzBfG, Rz. 7; a. A. Dörner, Der befristete Arbeitsvertrag, 2, Aufl. 2011, Rz. 174; Sievers, TzBfG, 5. Aufl. 2015, § 14 TzBfG, Rz. 73.

musste vielmehr **durch sein Verhalten bei dem Arbeitnehmer einen Vertrauenstatbestand geschaffen** haben (BAG, Urteil v. 26.4.1995, 7 AZR 936/94[81]).
Dies wurde etwa dann angenommen, wenn der Arbeitgeber den Arbeitnehmer mit dem Sachgrund der Erprobung eingestellt und ihm bei Vertragsschluss in Aussicht gestellt hatte, ihn bei Eignung und Bewährung in ein unbefristetes Arbeitsverhältnis zu übernehmen oder wenn der Arbeitgeber während der Vertragslaufzeit die Erwartungen des Arbeitnehmers, im Anschluss an den befristeten Arbeitsvertrag unbefristet weiterbeschäftigt zu werden, bestärkt hatte (BAG, Urteil v. 26.4 1995, 7 AZR 936/94[82]).
Diese Rechtsprechung hat das BAG zwischenzeitlich dahingehend präzisiert, dass ein Anspruch auf Fortsetzung eines wirksam befristeten Arbeitsverhältnisses nicht allein auf einen vom Arbeitgeber gesetzten Vertrauenstatbestand gestützt werden kann. Der Arbeitnehmer kann aber einen Anspruch auf Abschluss eines weiteren Arbeitsvertrags haben, wenn die Erklärungen und Verhaltensweisen des Arbeitgebers als **Zusage auf Fortsetzung** des Arbeitsverhältnisses auszulegen sind (BAG, Urteil v. 26.4.2006, 7 AZR 190/05[83]; BAG, Urteil v. 13.8.2008, 7 AZR 531/07)[84].

50 Nach der **früheren Rechtsprechung** des BAG wurde in derartigen Fällen angenommen, die Berufung des Arbeitgebers auf die Befristung verstoße gegen **Treu und Glauben** (§ 242 BGB) und sei rechtsmissbräuchlich, so dass das Arbeitsverhältnis durch die Befristung nicht beendet werde[85]. Dabei wurde jedoch nicht ausreichend berücksichtigt, dass es zur Beendigung eines befristeten Arbeitsverhältnisses keiner Berufung des Arbeitgebers auf diese Rechtsfolge bedarf. Das Arbeitsverhältnis endet ohne Weiteres aufgrund der vereinbarten Befristung. Deshalb ist zur Fortsetzung des Arbeitsverhältnisses eine vertragliche Vereinbarung erforderlich. Allein § 242 BGB reicht dazu nicht aus[86].

51 Inzwischen vertritt das BAG daher die Auffassung, dass der **Arbeitgeber** in derartigen Fällen **verpflichtet** ist, mit dem Arbeitnehmer **einen unbefristeten Arbeitsvertrag abzuschließen** (BAG, Urteil v. 26.4.1995, 7 AZR 936/94[87]; BAG, Urteil v. 20.1.1999, 7 AZR 93/98; BAG, Urteil v. 17.1.2007, 7 AZR 81/06). Dies ist in einem Rechtsstreit auch bei der Antragstellung zu beachten. Neben dem Antrag nach § 17 Satz 1 TzBfG, mit dem ggf. die Unwirksamkeit der Befristung geltend gemacht wird, ist ein Antrag auf Abgabe einer Willenserklärung zu stellen (vgl. dazu BAG, Urteil v. 17.1.2007, 7 AZR 81/06; BAG, Urteil v. 25.4.2001, 7 AZR 113/00[88]; BAG, Urteil v. 20.1.1999, 7 AZR 93/98).

---

[81] AP AFG § 91 Nr. 4 m. w. N.

[82] AP AFG § 91 Nr. 4 m. w. N.

[83] AP BGB § 611 Wiedereinstellung Nr. 1.

[84] EzA TzBfG § 14 Nr. 52; BAG, Urteil v. 21.9.2011, 7 AZR 150/10; BAG, Urteil v. 15.5.2012, 7 AZR 754/10.

[85] Vgl. etwa BAG, Urteil v. 13.12.1962, 2 AZR 38/62, AP BGB § 620 Befristeter Arbeitsvertrag Nr. 24; BAG, Urteil v. 16.3.1989, 2 AZR 325/88, AP BeschFG 1985 § 1 Nr. 8.

[86] So auch Dörner, Der befristete Arbeitsvertrag, 2. Aufl. 2011, Rz. 762 f.

[87] AP AFG § 91 Nr. 4.

[88] EzA BGB § 620 Nr. 177.

Die Willenserklärung des Arbeitgebers gilt mit der Rechtskraft des der Klage stattgebenden Urteils als abgegeben (§ 894 Abs. 1 ZPO), wobei der Vertrag nach § 311a BGB in der Fassung des Schuldrechtsmodernisierungsgesetzes auch rückwirkend zustande kommen kann.
Nach der **vor dem 1.1.2002 geltenden Rechtslage** kam die rückwirkende Begründung eines Arbeitsverhältnisses nicht in Betracht, weil die Erbringung der Arbeitsleistung für die Vergangenheit unmöglich ist und ein auf eine unmögliche Leistung gerichteter Vertrag nach § 306 BGB a. F. nichtig war. Eine nach § 306 BGB a. F. entsprechende Vorschrift gibt es seit dem 1.1.2002 nicht mehr. Vielmehr bestimmt **§ 311a BGB n. F.**, dass es der Wirksamkeit eines Vertrags nicht entgegensteht, dass der Schuldner nach § 275 Abs. 1 bis Abs. 3 BGB nicht zu leisten braucht und das Leistungshindernis schon bei Vertragsschluss besteht. **Deshalb kann nunmehr ein Vertrag auch rückwirkend begründet werden**.

Beispiel

Ist der Arbeitgeber verpflichtet, mit dem Arbeitnehmer im Anschluss an einen zum 31.12.2015 wirksam befristeten Arbeitsvertrag einen unbefristeten Arbeitsvertrag abzuschließen und kommt er dieser Verpflichtung trotz Geltendmachung durch den Arbeitnehmer nicht nach, kann er in einem Rechtsstreit auf einen entsprechenden Antrag des Arbeitnehmers auch noch zu einem späteren Zeitpunkt zur Abgabe einer auf Abschluss eines unbefristeten Arbeitsvertrags mit Wirkung vom 1.1.2016 gerichteten Willenserklärung verurteilt werden.

3.1.7 Darlegungs- und Beweislast

52 Die **Darlegungs- und Beweislast** für die Vereinbarung einer Befristung und deren Dauer **trägt** nach den allgemeinen zivilprozessualen Beweislastregeln **derjenige, der sich darauf beruft**. Das ist in der Regel der Arbeitgeber. Dies galt bereits für die vor Inkrafttreten des TzBfG bestehende Rechtslage (BAG, Urteil v. 12.10.1994, 7 AZR 745/93[89]). Durch das Teilzeit- und Befristungsgesetz hat sich daran nichts geändert.

53 Allerdings ist der sich auf die Beendigung des Arbeitsverhältnisses durch die Befristung berufende **Arbeitgeber** nunmehr auch **darlegungs- und beweispflichtig für den Sachgrund**, der die Befristung rechtfertigen soll. Nach der Neuregelung des Befristungsrechts im Teilzeit- und Befristungsgesetz sollen unbefristete Arbeitsverhältnisse der Normalfall der Beschäftigung sein[90], befristete Arbeitsverhältnisse bilden die Ausnahme. Befristete Arbeitsverträge sind nur unter den gesetzlich bestimmten Voraussetzungen zulässig. Wegen dieses Regel-Ausnahme-Verhältnisses obliegt dem Arbeitgeber, der sich auf den

[89] AP BGB § 62 Befristeter Arbeitsvertrag Nr. 165.
[90] BT-Drucks. 14/4374, S. 12.

Ausnahmefall beruft, die Darlegungs- und Beweislast für den Sachgrund der Befristung[91].

Die auf der Grundlage des Beschlusses des Großen Senats des BAG (BAG, Beschluss v. 12.10.1960, GS 1/59[92]) ergangene **frühere Rechtsprechung**, grundsätzlich sei der Arbeitnehmer darlegungs- und beweispflichtig für das Fehlen eines die Befristung rechtfertigenden Sachgrunds, weil die Befristung des Arbeitsvertrags nach § 620 BGB grundsätzlich zulässig sei und deshalb zunächst eine Vermutung für die Wirksamkeit einer vereinbarten Befristung spreche, **lässt sich für Befristungen nach dem Teilzeit- und Befristungsgesetz nicht aufrechterhalten**[93].

Der sich auf die Wirksamkeit der Befristung berufende Arbeitgeber ist auch **darlegungs- und beweispflichtig für die Einhaltung** der nach § 14 Abs. 4 für die Befristung vorgeschriebenen **Schriftform**. Der Arbeitnehmer kann die Einhaltung der Schriftform u. U. mit sog. Nicht-mehr-wissen i. S. v. § 138 Abs. 4 ZPO bestreiten, wenn er nicht mehr weiß und auch nicht in zumutbarer Weise durch Nachforschungen ermitteln kann, ob die Befristungsabrede von beiden Parteien unterzeichnet wurde (BAG, Urteil v. 20.8.2014, 7 AZR 924/12).

3.2 Einzelne Sachgründe

3.2.1 Vorübergehender betrieblicher Bedarf (Abs. 1 Satz 2 Nr. 1)

3.2.1.1 Allgemeine Grundsätze

Ein vorübergehender Mehrbedarf an Arbeitskräften war bereits vor dem Inkrafttreten des 54
Teilzeit- und Befristungsgesetzes als Befristungsgrund allgemein anerkannt. Daran anknüpfend hat der Gesetzgeber diesen Befristungstatbestand in den Katalog der Sachgründe für die Befristung in § 14 Abs. 1 Satz 2 TzBfG aufgenommen. Die **von der Rechtsprechung entwickelten Grundsätze** zur Wirksamkeit der Befristung wegen eines vorübergehenden Mehrbedarfs an Arbeitskräften **können** daher auch auf Befristungen nach § 14 Abs. 1 Satz 2 Nr. 1 TzBfG **angewandt werden**[94]. Nach der Auffassung des Gesetzgebers handelt es sich bei dem vorübergehenden betrieblichen Bedarf an der Arbeitsleistung um den in der Praxis am häufigsten vorkommenden Befristungsgrund, wobei der vorübergehende betriebliche Bedarf in Form eines vorübergehend erhöhten Arbeitskräftebedarfs oder eines künftig wegfallenden Arbeitskräftebedarfs auftreten kann[95].

---

91 Vgl. APS/*Backhaus*, 4. Aufl. 2012, § 14 TzBfG, Rz. 76; Boewer, TzBfG, 1. Aufl. 2002, § 14 TzbfG, Rz. 83; Dörner, Der befristete Arbeitsvertrag, 2. Aufl. 2002, Rz. 839; Annuß/Thüsing/*Maschmann*, TzBfG, 3. Aufl. 2012, § 14 TzBfG, Rz. 22; ErfK/*Müller-Glöge*, 16. Aufl. 2016, § 17 TzBfG, Rz. 13; Sievers, TzBfG, 5. Aufl. 2015, § 14 TzBfG, Rz. 93.

92 AP BGB § 620 Befristeter Arbeitsvertrag Nr. 16.

93 Vgl. dazu ausführlich Dörner, Der befristete Arbeitsvertrag, 2. Aufl. 2011, Rz. 839; s. auch APS/*Backhaus*, 4. Aufl. 2012, § 14 TzBfG, Rz. 76.

94 *Hromadka*, BB 2001, S. 621, 622; *Preis/Gotthardt*, DB 2000, S. 2065, 2071.

95 BT-Drucks. 14/4374, S. 18/19.

3.2.1.2 Voraussetzungen

3.2.1.2.1 Prognose

55 Aus der Gesetzesbegründung lässt sich entnehmen, dass allein die **Ungewissheit über die künftige Entwicklung** des Arbeitskräftebedarfs nicht geeignet ist, die Befristung eines Arbeitsvertrags zu rechtfertigen[96]. Dies entspricht der bisherigen Rechtsprechung des BAG zum Sachgrund des vorübergehenden Mehrbedarfs an Arbeitskräften. Die bloße Unsicherheit der künftigen Entwicklung des Personalbedarfs gehört zum unternehmerischen Risiko des Arbeitgebers, das er nicht durch den Abschluss befristeter Arbeitsverträge auf seine Arbeitnehmer abwälzen kann (BAG, Urteil v. 15.5.2012, 7 AZR 35/11; BAG, Urteil v. 11.9.2013, 7 AZR 107/12). Der Arbeitgeber kann die Befristung eines Arbeitsvertrags auch bei **nicht oder nur schwer vorhersehbarem quantitativem Bedarf** nicht darauf stützen, dass er mit Hilfe der Befristung leichter und schneller auf Bedarfsschwankungen reagieren kann[97].

56 Der **vorübergehende** betriebliche Bedarf an der Arbeitsleistung kann auf einer vorübergehend angestiegenen Arbeitsmenge im Bereich der Daueraufgaben des Arbeitgebers beruhen, die allein mit dem Stammpersonal nicht erledigt werden kann, oder auf einer zeitlich begrenzten Sonderaufgabe. Die Befristung kann nicht auf § 14 Abs. 1 Satz 2 Nr. 1 gestützt werden, wenn der vom Arbeitgeber behauptete Bedarf an der Arbeitsleistung tatsächlich nicht vorübergehend, sondern dauerhaft besteht (BAG, Urteil v. 10.7.2013, 7 AZR 833/11).

Ein nur vorübergehender Beschäftigungsbedarf i.S.v. § 14 Abs. 1 Satz 2 Nr. 1 TzBfG liegt auch nicht vor, wenn der Arbeitnehmer zur **Erledigung von Daueraufgaben** eingestellt wird, die von dem unbefristet beschäftigten Stammpersonal wegen einer von vornherein unzureichenden Personalausstattung nicht bewältigt werden können. In diesem Fall besteht ein dauerhafter Bedarf an der Arbeitsleistung des zusätzlich eingestellten Arbeitnehmers (BAG, Urteil v. 17.3.2010, 7 AZR 640/08[98]).

57 Die **Befristung** eines Arbeitsvertrags wegen eines **vorübergehenden betrieblichen Bedarfs** an der Arbeitsleistung **setzt voraus**, dass **bei Abschluss des Arbeitsvertrags mit hinreichender Sicherheit zu erwarten ist, dass nach dem Ende der Vertragslaufzeit für die Beschäftigung des befristet eingestellten Arbeitnehmers kein (dauerhafter) Bedarf mehr besteht.** Dazu muss der Arbeitgeber eine **Prognose** erstellen, der konkrete Tatsachen zugrunde liegen. Die Prognose und deren Grundlagen hat der Arbeitgeber in einem Rechtsstreit über die Wirksamkeit der Befristung im Einzelnen darzulegen. Die Prognose ist Teil des Sachgrunds für die Befristung[99].

---

[96] BT-Drucks. 14/4374, S. 19.

[97] BAG, Urteil v. 8.4.1992, 7 AZR 135/91, AP BGB § 620 Befristeter Arbeitsvertrag Nr. 146; BAG, Urteil v. 25.11.1992, 7 AZR 191/92, AP BGB § 620 Befristeter Arbeitsvertrag Nr. 150; BAG, Urteil v. 22.3.2000, 7 AZR 758/98, AP BGB § 620 Befristeter Arbeitsvertrag Nr. 221; BAG, Urteil v. 4.12.2002, 7 AZR 437/01, AP BAT § 2 SR 2y Nr. 24.

[98] AP TzBfG § 14 Nr. 70.

[99] BAG, Urteil v. 12.9.1996, 7 AZR 790/ 95, AP BGB § 620 Befristeter Arbeitsvertrag Nr. 182; BAG, Urteil v. 3.11.1999, 7 AZR 846/98, AP BAT § 2 SR 2y Nr. 19; BAG, Urteil v. 28.3.2001,

Erweist sich die **Prognose im Nachhinein** als **zutreffend**, besteht eine ausreichende Vermutung dafür, dass sie hinreichend fundiert erstellt wurde. Will der Arbeitnehmer dennoch das Fehlen des Sachgrunds geltend machen, muss er Tatsachen vortragen, aus denen sich ergibt, dass die Prognose bei Vertragsschluss fehlerhaft war (BAG, Urteil v. 20.3.2001, 7 AZR 701/99[100]). Gelingt ihm dies, ist die Befristung trotz der nachträglichen Entwicklung unwirksam und das Arbeitsverhältnis besteht unbefristet fort.

Erweist sich die **Prognose** hingegen **im Nachhinein** als **unzutreffend**, spricht dies dafür, 58 dass sie nicht hinreichend fundiert erstellt wurde und die Befristung deshalb unwirksam ist. In diesem Fall muss der Arbeitgeber darlegen, dass im Zeitpunkt des Vertragsschlusses konkrete Tatsachen vorlagen, aufgrund derer er davon ausgehen konnte, für die Beschäftigung des Arbeitnehmers werde nach dem Vertragsende kein Bedarf mehr bestehen (BAG, Urteil v. 12.9.1996, 7 AZR 790/95[101]; BAG, Urteil v. 28.3.2001, 7 AZR 701/99[102]). Kann er dies darlegen, ist die Befristung wirksam.

Die Prognose des Arbeitgebers ist allerdings nicht allein deshalb unzutreffend, weil der 59 prognostizierte Bedarf an der Arbeitsleistung über die vereinbarte Vertragsdauer mit dem befristet eingestellten Arbeitnehmer hinaus andauert. Die Prognose muss sich nur darauf erstrecken, dass der betriebliche Bedarf an der Arbeitsleistung nur zeitweise und nicht dauerhaft besteht (BAG, Urteil v. 20.2.2008, 7 AZR 950/06; BAG, Urteil v. 29.7.2009, 7 AZR 907/07).

Der Arbeitgeber kann sich nicht darauf berufen, eine Prognose über den künftigen Be- 60 schäftigungsbedarf sei wegen der Abhängigkeit von Aufträgen oder Förderungsmitteln Dritter nicht möglich (BAG, Urteil v. 4.12.2002, 7 AZR 437/01[103]). Allein die Abhängigkeit von Haushaltsmitteln kann eine Befristung ebenfalls nicht nach § 14 Abs. 1 Satz 2 Nr. 1 rechtfertigen (BAG, Urteil v. 10.7.2013, 7 AZR 833/11). Auch wenn sich der Arbeitgeber in wirtschaftlichen Schwierigkeiten befindet oder eine Befristung während eines Insolvenzverfahrens vereinbart wird, sind keine geringeren Anforderungen an die Prognose zu stellen[104].

Bei einer Zweckbefristung muss sich die Prognose auf die Zweckerreichung beziehen. 61 Es muss daher mit hinreichender Sicherheit zu erwarten sein, dass der Zweck zu einem künftigen Zeitpunkt erreicht sein wird, auch wenn noch nicht feststeht, wann dies der Fall

---

7 AZR 701/99, AP BGB § 620 Befristeter Arbeitsvertrag Nr. 227; BAG, Urteil v. 5.6.2002, 7 AZR 241/01, AP BeschFG 1996 § 1 Nr. 13; BAG, Urteil v. 4.12.2002, 7 AZR 437/01, AP BAT § 2 SR 2y Nr. 24; BAG, Urteil v. 10.7.2013, 7 AZR 833/11; BAG, Urteil v. 15.10.2014, 7 AZR 893/12.

100 AP BGB § 620 Befristeter Arbeitsvertrag Nr. 227.

101 AP BGB § 620 Befristeter Arbeitsvertrag Nr. 182.

102 AP BGB § 620 Befristeter Arbeitsvertrag Nr. 227.

103 AP BAT § 2 SR 2y Nr. 24.

104 APS/*Backhaus*, 4. Aufl. 2012, § 14 TzBfG, Rz. 240; Boewer, TzBfG, 1. Aufl. 2002, § 14 TzBfG, Rz. 107; Kittner/Däubler/Zwanziger, KSchR, 9. Aufl. 2014, § 14 TzBfG, Rz. 40 ff.; Dörner, Der befristete Arbeitsvertrag, 2. Aufl. 2011, Rz. 279; KR/*Lipke*, 11. Aufl. 2016 § 14 TzBfG, Rz. 215

sein wird. Es genügt nicht, dass der Vertragszweck nur möglicherweise oder wahrscheinlich erreicht werden wird. Die Prognose muss sich vielmehr auf einen arbeitsorganisatorischen Ablauf richten, der hinreichend bestimmt ist und an dessen Ende der Wegfall des Beschäftigungsbedarfs für den Arbeitnehmer steht (BAG, Urteil v. 15.5.2012, 7 AZR 35/11 zur Befristung für die Dauer des Betriebs einer Klinik, wobei offengelassen wurde, ob die Entscheidung, einen Betrieb für einen bestimmten Zweck zu gründen, überhaupt einen vorübergehenden Bedarf i. S. v. § 14 Abs. 1 Satz 2 Nr. 1 TzBfG darstellen kann).

3.2.1.2.2 Kausalität

62 Die Befristung des Arbeitsvertrags wegen eines nur vorübergehenden betrieblichen Bedarfs an der Arbeitsleistung setzt voraus, dass der Arbeitnehmer gerade zur **Deckung des vorübergehenden Bedarfs** eingestellt wird (BAG, Urteil v. 17.3.2010, 7 AZR 640/08; BAG, Urteil v. 10.7.2013, 7 AZR 833/11). Der Arbeitgeber darf einen vorübergehenden Mehrbedarf nicht zum Anlass nehmen, beliebig viele Arbeitnehmer befristet einzustellen. Die **Anzahl der befristet eingestellten Arbeitnehmer** muss sich vielmehr im Rahmen des nur vorübergehenden Bedarfs halten und darf diesen nicht überschreiten (BAG, Urteil v. 12.9.1996, 7 AZR 790/95[105]).

63 Der befristet eingestellte Arbeitnehmer muss nicht in dem **Arbeitsbereich** eingesetzt werden, in dem der Mehrbedarf entstanden ist. Er kann auch an anderer Stelle im Betrieb beschäftigt werden. In diesem Fall muss der Arbeitgeber aber zur Darlegung des **Kausalzusammenhangs** zwischen dem nur vorübergehenden Bedarf und der befristeten Einstellung des Arbeitnehmers vortragen, wie er die Arbeit im Einzelnen umorganisiert hat (BAG, Urteil v. 8.7.1998, 7 AZR 388/97; BAG, Urteil v. 20.2.2008, 7 AZR 950/06[106]; BAG, Urteil v. 17.3.2010, 7 AZR 640/08[107]).

3.2.1.3 Fallgruppen

3.2.1.3.1 Saison- und Kampagnebetriebe

64 Ein vorübergehender Bedarf an der Arbeitsleistung kann entstehen, wenn der Betrieb nicht während des gesamten Jahres arbeitet (Kampagnebetrieb, z. B. ein Freibad), oder wenn die in einem ganzjährig arbeitenden Betrieb dauerhaft anfallenden Tätigkeiten typischerweise während einer bestimmten Zeit des Jahres ansteigen (Saisonbetriebe, z. B. Hotels und Gastronomiebetriebe in Ferienregionen oder Betriebe, die Speiseeis oder Weihnachtsartikel herstellen). Allerdings ist in einem Saisonbetrieb die Befristung eines Arbeitsvertrags nur gerechtfertigt, wenn die **saisonbedingte Mehrarbeit ursächlich für die Einstellung** des Arbeitnehmers ist.

Das ist z. B. nicht ohne Weiteres anzunehmen bei Reinigungskräften, die in einem Speiseeisproduktionsbetrieb arbeiten. Nur wenn durch die saisonbedingt erhöhte Produktion

[105] AP BGB § 620 Befristeter Arbeitsvertrag Nr. 182; BAG, Urteil v. 17.3.2010, 7 AZR 640/08, AP TzBfG § 14 Nr. 70.

[106] AP TzBfG § 14 Nr. 45.

[107] AP TzBfG § 14 Nr. 70.

auch ein erhöhter Reinigungsbedarf entsteht oder unbefristet beschäftigte Reinigungskräfte vorübergehend in der Produktion eingesetzt werden, kann die Befristung des Arbeitsvertrags mit einer Reinigungskraft wegen des vorübergehenden saisonbedingten Mehrbedarfs gerechtfertigt sein (BAG, Urteil v. 18.4.1985, 2 AZR 218/84)[108].

Auch wenn die saisonbedingte Mehrarbeit jahrelang jeweils während mehrerer Monate 65
des Jahres anfällt, kann der Arbeitgeber zur Befriedigung des jeweiligen Mehrbedarfs Arbeitskräfte befristet einstellen. Er ist nicht gehalten, unbefristete Arbeitsverträge abzuschließen (BAG, Urteil v. 29.1.1987, 2 AZR 109/86[109]), auch nicht in Form von Teilzeitarbeitsverträgen im sog. Blockmodell, d. h. mit Vollzeitbeschäftigung während der Saison und Freistellung außerhalb der Saison[110]. Gleiches gilt für die **wiederkehrende Beschäftigung** in Kampagnebetrieben.

Nach einer älteren Rechtsprechung des BAG sollte unter dem Gesichtspunkt des **Ver-** 66
trauensschutzes ein **Anspruch auf Wiedereinstellung** bestehen, wenn alle Arbeitnehmer Jahr für Jahr auf Verlangen wieder eingestellt werden, der Arbeitgeber den Beginn der Saison ohne Vorbehalt am Schwarzen Brett bekannt gibt und sogar Arbeitnehmer neu einstellt (BAG, Urteil v. 29.1.1987, 2 AZR 109/86[111]). Diese Rechtsprechung wurde zwischenzeitlich dahingehend präzisiert, dass ein Anspruch auf Wiedereinstellung nicht ausschließlich aus der Inanspruchnahme von Vertrauen in die Neubegründung eines Arbeitsverhältnisses hergeleitet werden kann. Aus dem Verhalten des Arbeitgebers kann sich jedoch u. U. eine (konkludente) **Wiedereinstellungszusage** ergeben oder eine **betriebliche Übung** dahingehend, die zum Saisonende entlassenen Arbeitnehmer im Folgejahr wieder einzustellen. Ob der Arbeitgeber eine solche Wiedereinstellungszusage erteilt hat, ist im jeweiligen Einzelfall durch Auslegung der ausdrücklichen und konkludenten Erklärungen des Arbeitgebers zu ermitteln (BAG, Urteil v. 26.4.2006, 7 AZR 190/05[112]).

3.2.1.3.2 Vorübergehend erhöhter Auftragseingang

Auch in anderen als Saisonbetrieben kann der Arbeitsanfall im Bereich der **Daueraufgaben** vorübergehend ansteigen, z. B. durch einen vorübergehend erhöhten Auftragseingang. Da allein die Unsicherheit über die künftige Auftragsentwicklung als Sachgrund für die Befristung eines Arbeitsvertrags nicht ausreicht, bereitet in diesen Fällen die Darlegung der Prognose in Bezug auf den voraussichtlichen Wegfall des Mehrbedarfs durch den Arbeitgeber besondere Schwierigkeiten. Der Arbeitgeber muss konkrete Anhaltspunkte dafür vortragen, dass im Zeitpunkt des Abschlusses des befristeten Arbeitsver- 67

[108] Dörner, Der befristete Arbeitsvertrag, 2. Aufl. 2011, Rz. 284; KR/*Lipke*, 11. Aufl. 2016, § 14 TzBfG, Rz. 207.

[109] AP BGB § 620 Saisonarbeit Nr. 1.

[110] Dörner, Der befristete Arbeitsvertrag, 2. Aufl. 2011, Rz. 283; a. A. Kittner/Däubler/Zwanziger, KSchR, 9. Aufl. 2014, § 14 TzBfG, Rz. 52.

[111] AP BGB § 620 Saisonarbeit Nr. 1.

[112] AP BGB § 611 Wiedereinstellung Nr. 1

trags mit hinreichender Sicherheit zu erwarten war, dass künftig das Arbeitspensum wieder mit dem unbefristet beschäftigten Stammpersonal erledigt werden kann (BAG, Urteil v. 11.8.1988, 2 AZR 113/88).

68 Beschäftigt der Arbeitgeber zur Erledigung von Daueraufgaben **Arbeitnehmer sowohl mit befristeten als auch mit unbefristeten Arbeitsverträgen**, ist zur Rechtfertigung der Befristung eine am Sachgrund orientierte Konzeption erforderlich, die der Arbeitgeber auch tatsächlich befolgt, weil nur dadurch ausgeschlossen werden kann, dass die Befristung auf sachwidrigen Erwägungen beruht (BAG, Urteil v. 12.9.1996, 7 AZR 64/96[113]).

3.2.1.3.3 Zusatzaufgabe; Forschungsprojekt

69 Ein vorübergehender Bedarf an der Arbeitsleistung kann auch dadurch entstehen, dass der Arbeitgeber neben den üblichen Daueraufgaben eine davon abgrenzbare **zeitlich befristete Zusatzaufgabe** übernimmt, z. B. einen projektbedingten Untersuchungsauftrag. Auch die Durchführung eines zeitlich begrenzten Forschungsprojekts kann die Befristung des Arbeitsvertrags mit einem dafür eingestellten Arbeitnehmer rechtfertigen. Dies setzt voraus, dass es sich bei dem Projekt um eine auf vorübergehende Dauer angelegte und von den Daueraufgaben des Arbeitgebers abgrenzbare Zusatzaufgabe handelt. Dafür spricht i. d. R., wenn dem Arbeitgeber für die Durchführung der in dem Projekt verfolgten Tätigkeiten finanzielle Mittel oder sonstige Sachleistungen von einem Dritten zur Verfügung gestellt werden (BAG, Urteil v. 7.11.2007, 7 AZR 484/06[114]; BAG, Urteil v. 7.5.2008, 7 AZR 146/07; BAG, Urteil v. 29.7.2009, 7 AZR 907/07; BAG, Urteil v. 24.9.2014, 7 AZR 987/12).

Voraussetzung für die Befristung ist, dass zum Zeitpunkt des Abschlusses des befristeten Arbeitsvertrags zu erwarten ist, dass die Zusatzaufgabe oder das Forschungsprojekt nach Ablauf der Vertragslaufzeit erledigt sein wird (BAG, Urteil v. 3.11.1999, 7 AZR 846/98[115]; BAG, Urteil v. 7.4.2004, 7 AZR 441/03[116]; BAG, Urteil v. 25.8.2004, 7 AZR 7/04[117]). Allerdings muss der **befristete Arbeitsvertrag nicht für die gesamte Laufzeit des Projekts** abgeschlossen werden. Die Vertragsdauer kann auch hinter der voraussichtlichen Dauer des Projekts zurückbleiben. Dadurch wird der Sachgrund für die Befristung nicht ohne Weiteres in Frage gestellt. Dies ist nur dann der Fall, wenn die Vertragslaufzeit derart hinter der voraussichtlichen Dauer des Projekts zurückbleibt, dass eine sinnvolle, dem Sachgrund der Befristung entsprechende Mitwirkung des Arbeitnehmers nicht möglich erscheint (BAG, Urteil v. 7.11.2007, 7 AZR 484/06[118]). Demgegenüber lässt

---

113 AP BGB § 620 Befristeter Arbeitsvertrag Nr. 183.

114 EzA TzBfG § 14 Nr. 43.

115 AP BAT § 2 SR 2y Nr. 19.

116 AP TzBfG § 17 Nr. 4.

117 EzA TzBfG § 14 Nr. 13.

118 EzA TzBfG § 14 Nr. 42; BAG, Urteil v. 20.2.2008, 7 AZR 950/06; BAG, Urteil v. 7.5.2008, 7 AZR 146/07; BAG, Urteil v. 29.7.2009, 7 AZR 907/07, EzA TzBfG § 14 Nr. 43; BAG, Urteil v. 24.9.2014, 7 AZR 987/12.

eine **erheblich über die voraussichtliche Dauer des Projekts hinausgehende Vertragslaufzeit** darauf schließen, dass der behauptete Sachgrund für die Befristung nur vorgeschoben ist (BAG, Urteil v. 29.7.2009, 7 AZR 907/07[119]).

Die Mitwirkung des Arbeitnehmers an einem vorübergehenden Projekt kann die Befristung des Arbeitsvertrags nur rechtfertigen, wenn bei Vertragsschluss zu prognostizieren ist, dass der Arbeitnehmer **überwiegend im Rahmen des Projekts** beschäftigt werden wird, d. h. dass die Arbeit an dem Projekt den wesentlichen Teil seiner Arbeitszeit in Anspruch nehmen wird. Ist dies der Fall, schadet es nicht, wenn bei Vertragsschluss bereits absehbar ist, dass der Arbeitnehmer auch andere Tätigkeiten ausüben soll. Ist allerdings bei Vertragsschluss bereits absehbar, dass der Arbeitnehmer überwiegend nicht mit projektbezogenen Arbeiten befasst sein wird, rechtfertigt die Mitwirkung des Arbeitnehmers an dem Projekt die Befristung nicht. Maßgeblich für die Prognose sind die Umstände bei Vertragsschluss. Die spätere tatsächliche Durchführung des Vertrags kann lediglich indizielle Bedeutung dafür haben, dass der Sachgrund für die Befristung möglicherweise nur vorgeschoben ist (BAG, Urteil v. 7.5.2008, 7 AZR 146/07; BAG, Urteil v. 29.7.2009, 7 AZR 907/07; BAG, Urteil v. 24.9.2014, 7 AZR 987/12). 70

Wird die Zusatzaufgabe oder das Forschungsprojekt **mehrfach verlängert**, kann dies darauf schließen lassen, dass es sich von vornherein nicht um eine zeitlich begrenzte Sonderaufgabe gehandelt hat. Erweist sich jedoch die Prognose letztlich – auch nach mehrfacher Verlängerung – als zutreffend, ist i. d. R. davon auszugehen, dass die in dem zuletzt abgeschlossenen und damit grundsätzlich allein der Befristungskontrolle unterliegenden Arbeitsvertrag vereinbarte Befristung gerechtfertigt ist[120]. Die Prognose des Arbeitgebers muss sich nur auf die **Beendigung des konkreten Forschungsprojekts** beziehen. Es kommt nicht darauf an, ob der Arbeitnehmer bei Ablauf der Vertragslaufzeit zwar nicht in seinem dann beendeten Projekt, aber in einem anderen Bereich, z. B. in einem anderen Projekt, beschäftigt werden könnte und dies bei Vertragsschluss für den Arbeitgeber absehbar war (BAG, Urteil v. 25.8.2004, 7 AZR 7/04[121]). 71

3.2.1.3.4 Übertragung sozialstaatlicher Sonderaufgaben

Die Übertragung sozialstaatlicher Aufgaben, z. B. die Durchführung von Ausbildungsmaßnahmen im Auftrag der Bundesagentur für Arbeit, stellt **allein keinen hinreichenden Sachgrund** für die Befristung der Arbeitsverträge der bei dem Maßnahmeträger beschäftigten Arbeitnehmer dar, wenn die Maßnahme selbst kein zeitlich begrenztes Projekt, sondern Teil einer Daueraufgabe des staatlichen Auftraggebers ist (BAG, Urteil v. 22.3.2000, 7 AZR 758/98[122]; BAG, Urteil v. 4.12.2002, 7 AZR 437/01[123]). 72

---

[119] EzA TzBfG § 14 Nr. 43.

[120] Dörner, Der befristete Arbeitsvertrag, 2. Aufl. 2011, Rz. 295.

[121] EzA TzBfG § 14 Nr. 13; BAG, Urteil v. 15.2.2006, 7 AZR 241/05; BAG, Urteil v. 7.11.2007, 7 AZR 484/06, EzA TzBfG § 14 Nr. 43; BAG, Urteil v. 7.5.2008, 7 AZR 146/07; BAG Urteil v. 29.7.2009, 7 AZR 907/07; BAG, Urteil v. 24.9.2014, 7 AZR 987/12.

[122] AP BGB § 620 Befristeter Arbeitsvertrag Nr. 221.

[123] AP BAT § 2 SR 2y Nr. 24.

> **Beispiel**
>
> Demzufolge konnte ein kommunaler Träger von Leistungen der Grundsicherung für Arbeitssuchende (§ 6 Abs. 1 Satz 1 Nr. 2 SGB II) die Befristung des Arbeitsvertrags eines in einer Arbeitsgemeinschaft nach § 44b SGB II a. F. (sog. ARGE) eingesetzten Arbeitnehmers nicht allein darauf stützen, dass die ARGE nach dem ihr zugrunde liegenden, mit der Bundesagentur für Arbeit geschlossenen öffentlich-rechtlichen Vertrag nur befristet errichtet war (BAG, Urteil v. 4.12.2013, 7 AZR 277/12; BAG, Urteil v. 15.10.2014, 7 AZR 893/12).
>
> Dies gilt auch für Befristungen, die nach der Entscheidung des Bundesverfassungsgerichts (BVerfG) vom 20.12 2007 (2 BvR 2433/04, 2 BvR 2434/04, BVerfGE 199, 331) zur Verfassungswidrigkeit der gemeinsamen Aufgabenwahrnehmung durch kommunale Träger und die Bundesagentur für Arbeit in Arbeitsgemeinschaften nach § 44b SGB II a. F. vereinbart wurden; dies rechtfertigte nicht die Prognose, dass der Beschäftigungsbedarf des kommunalen Trägers für die in der ARGE tätigen Arbeitnehmer nach dem Ende der vom BVerfG gesetzten Frist zur Neuregelung der Aufgabenwahrnehmung im Bereich der Grundsicherung für Arbeitssuchende am 31.12.2010 entfallen würde (BAG, Urteil v. 15.10.2014, 7 AZR 893/12).
>
> Auch eine sog. Optionskommune, die nach § 6a SGB II a. F. die Aufgaben der Grundsicherung für Arbeitssuchende anstelle der Bundesagentur für Arbeit zeitlich begrenzt wahrgenommen hatte, konnte die Befristung von Arbeitsverträgen von in diesem Bereich eingesetzten Arbeitnehmern nicht allein mit der „Experimentierklausel" in § 6a SGB II a. F. rechtfertigen (BAG, Urteil v. 11.9.2013, 7 AZR 107/12).

Allerdings ist die Befristung eines Arbeitsvertrags wegen eines nur vorübergehenden betrieblichen Bedarfs an der Arbeitsleistung gerechtfertigt, wenn einem Maßnahmeträger die Erledigung staatlicher Daueraufgaben zwar wiederholt jeweils zeitlich befristet übertragen wird, beim Abschluss des befristeten Arbeitsvertrags mit dem Arbeitnehmer aber feststeht, dass **Anschlussmaßnahmen erst nach einer Unterbrechung von vielen Wochen** in Betracht kommen. Der Arbeitgeber ist nicht gehalten, einen Arbeitnehmer unbefristet einzustellen, wenn er davon ausgehen muss, dass er ihn über längere Zeit hinweg nicht beschäftigen kann (BAG, Urteil v. 11.2.2004, 7 AZR 362/03[124]).

73 Im Bereich des **öffentlichen Dienstes** kann die Befristung eines Arbeitsvertrags nach § 14 Abs. 1 Satz 2 Nr. 1 TzBfG gerechtfertigt sein, wenn der öffentliche Arbeitgeber zum Zeitpunkt des Abschlusses des befristeten Arbeitsvertrags aufgrund konkreter Tatsachen die Prognose erstellen kann, dass für die Beschäftigung des Arbeitnehmers Haushaltsmittel nur vorübergehend zur Verfügung stehen. Das ist der Fall, wenn die Vergütung des befristet beschäftigten Arbeitnehmers aus einer Haushaltsstelle erfolgt, die von vornherein nur für eine bestimmte Zeit bewilligt worden ist und anschließend fortfallen soll

[124] AP BGB § 620 Befristeter Arbeitsvertrag Nr. 256.

(BAG, Urteil v. 16.10.2008, 7 AZR 360/07[125]; BAG, Urteil v. 2.9.2009, 7 AZR 162/08; BAG, Urteil v. 17.3.2010, 7 AZR 640/08[126]). Dazu genügt allein die Vergütung aus einer mit einem datierten kw-Vermerk versehenen Stelle nicht (BAG, Urteil v. 2.9.2009, 7 AZR 162/08). Dieser an die Rechtsprechung vor Inkrafttreten des TzBfG (vgl. BAG, Urteil v. 7.7.1999, 7 AZR 609/97[127]; BAG, Urteil v. 22.3.2000, 7 AZR 758/98[128]) anknüpfende § 14 Abs. 1 Satz 2 Nr. 1 TzBfG zuzuordnende Befristungstatbestand ist zu unterscheiden von dem in § 14 Abs. 1 Satz 2 Nr. 7 TzBfG geregelten Sachgrund[129].

3.2.1.3.5 Künftiger Minderbedarf

Ein nur vorübergehender Bedarf an der Arbeitsleistung kann sich auch daraus ergeben, 74
dass in Zukunft voraussichtlich weniger Arbeitsaufgaben zu erledigen sein werden (künftiger Minderbedarf). Dies kommt z. B. bei anstehenden **Rationalisierungsmaßnahmen** oder bei einer **beabsichtigten Betriebsschließung** in Betracht. Dazu ist erforderlich, dass bei Abschluss des befristeten Arbeitsvertrags zu erwarten ist, dass der Bedarf für die Beschäftigung des Arbeitnehmers nach dem vereinbarten Vertragsende wegfällt (BAG, Urteil v. 16.8.1995, 7 AZR 1044/94).

Der Arbeitgeber kann die Befristung nicht mit einem nur vorübergehenden Bedarf an der 75
Arbeitsleistung rechtfertigen, wenn er beabsichtigt, ab einem in der Zukunft liegenden Zeitpunkt bestimmte Aufgaben, die in seinem Betrieb dauerhaft anfallen, nicht mehr von eigenem Personal, sondern von **Leiharbeitnehmern** erledigen zu lassen und er für die Zwischenzeit einen Arbeitnehmer befristet einstellt. Der Einsatz von Leiharbeitnehmern, die dem Arbeitgeber von einem Dritten aufgrund eines Arbeitnehmerüberlassungsvertrags zur Arbeitsleistung überlassen werden, führt nicht zum Wegfall des betrieblichen Bedarfs an der Arbeitsleistung, da der Arbeitgeber die den Leiharbeitnehmern übertragenen Arbeitsaufgaben weiterhin selbst im Rahmen seiner betrieblichen Organisation erledigt. Für die Frage, ob der betriebliche Bedarf an der Arbeitsleistung nur vorübergehend besteht i. S. v. § 14 Abs. 1 Satz 2 Nr. 1 TzBfG, kommt es auf die **Beschäftigungsmöglichkeiten in dem Betrieb** an und nicht darauf, ob die innerhalb der betrieblichen Organisation dauerhaft zu verrichtende Tätigkeit von Arbeitnehmern erledigt wird, die in einem arbeitsvertraglich begründeten Arbeitsverhältnis mit dem Betriebsinhaber stehen oder von Leiharbeitnehmern, die der Betriebsinhaber nach seinen Vorstellungen und Zielen wie eigene Arbeitnehmer in seinem Betrieb einsetzt (BAG, Urteil v. 17.1.2007, 7 AZR 20/06).

Anders könnte es sich verhalten, wenn der Arbeitgeber einen Arbeitnehmer befristet ein- 76
stellt, weil er beabsichtigt, bestimmte Arbeitsaufgaben ab einem in der Zukunft liegenden Zeitpunkt nicht mehr selbst innerhalb seiner betrieblichen Organisation durchzuführen,

[125] AP TzBfG § 14 Nr. 56.
[126] AP TzBfG § 14 Nr. 70.
[127] AP BGB § 620 Befristeter Arbeitsvertrag Nr. 125.
[128] AP BGB Befristeter Arbeitsvertrag Nr. 221.
[129] S. Rz. 218 ff.

sondern **auf der Grundlage eines Dienst- oder Werkvertrags von einem Dritten** erledigen zu lassen. Ob bei einer derartigen Fallgestaltung die Befristung des Arbeitsvertrags mit einem für die Zwischenzeit zur Erledigung dieser Aufgaben eingestellten Arbeitnehmer nach § 14 Abs. 1 Satz 2 Nr. 1 TzBfG gerechtfertigt ist, wurde bislang höchstrichterlich nicht entschieden.

3.2.2 Anschluss an Ausbildung oder Studium (Abs. 1 Satz 2 Nr. 2)

3.2.2.1 Allgemeine Grundsätze

77 In § 14 Abs.1 Satz 2 Nr. 2 TzBfG ist ein Sachgrund normiert, der in der früheren Rechtsprechung im Wesentlichen Bedeutung hatte im Zusammenhang mit tariflichen Regelungen, die den Arbeitgeber verpflichten, einen Auszubildenden nach Abschluss der Ausbildung für eine gewisse Zeit, z. B. für 6 Monate, in ein Arbeitsverhältnis zu übernehmen. Die Befristung eines derartigen Arbeitsvertrags wurde für wirksam gehalten, weil durch die zumindest befristete Beschäftigung eine mögliche Arbeitslosigkeit nach der Ausbildung vermieden und die Chancen auf einen Dauerarbeitsplatz erhöht werden (BAG, Urteil v. 14.10.1997, 7 AZR 298/96[130]; BAG, Urteil v. 14.10.1997, 7 AZR 811/96[131]).

78 Daran hat der Gesetzgeber mit der Regelung in **§ 14 Abs. 1 Satz 2 Nr. 2 TzBfG** angeknüpft und **unabhängig vom Bestehen einer tariflichen Bestimmung** die **befristete Beschäftigung im Anschluss an eine Ausbildung oder ein Studium für zulässig erklärt**. Die Regelung soll dazu beitragen, Berufsanfängern den Berufsstart zu erleichtern. Außerdem soll es dem Arbeitgeber nach der Vorstellung des Gesetzgebers ermöglicht werden, einen Hochschulabsolventen, der bei ihm als sog. Werkstudent beschäftigt war und mit dem eine sachgrundlose Befristung nach § 14 Abs. 2 TzBfG wegen des Anschlussverbots in § 14 Abs. 2 Satz 2 TzBfG nicht zulässig ist[132], nach dem Studium erneut befristet einzustellen[133]. Da im Übrigen die Befristung des Arbeitsvertrags mit einem neu eingestellten Arbeitnehmer bis zur Dauer von 2 Jahren nach § 14 Abs. 2 Satz 1 TzBfG ohne Sachgrund zulässig ist und ein **Berufsausbildungsverhältnis** nach der Gesetzesbegründung **kein Arbeitsverhältnis i. S. v. § 14 Abs. 2 Satz 2 TzBfG ist**[134], dürfte dieser Sachgrund in der Praxis eher eine untergeordnete Rolle spielen.

3.2.2.2 Voraussetzungen

79 Die Befristung nach § 14 Abs. 1 Satz 2 Nr. 2 TzBfG setzt voraus, dass die Einstellung des Arbeitnehmers im Anschluss an die Ausbildung oder das Studium erfolgt.

---

130 AP TVG § 1 Tarifverträge Metallindustrie Nr. 154.

131 AP TVG § 1 Tarifverträge Metallindustrie Nr. 155.

132 Zu der Rechtsprechung des BAG, wonach 3 Jahre nach dem Ende eines befristeten Arbeitsvertrags erneut ein befristeter Arbeitsvertrag ohne Sachgrund mit demselben Arbeitgeber abgeschlossen werden kann, s. Rz. 286, 287.

133 BT-Drucks. 14/4374, S. 19.

134 BT-Drucks. 14/4374, S. 20; ebenso BAG, Urteil v. 21.9.2011, 7 AZR 375/10, AP TzBfG § 14 Nr. 86.

3.2.2.2.1 Ausbildung

Unter dem Begriff Ausbildung ist **nicht nur** die **Berufsausbildung** i. S. d. § 10 BBiG zu verstehen[135]. Darunter fallen **auch andere Bildungsmaßnahmen**, die auf die systematische Vermittlung der zur Aufnahme einer Erwerbstätigkeit erforderlichen Kenntnisse gerichtet sind und nicht nur zur Tätigkeit an einem bestimmten Arbeitsplatz befähigen sollen[136]. 80

Betriebliche Fortbildungen und Umschulungen gehören dazu **nicht**[137], denn das Teilzeit- und Befristungsgesetz unterscheidet ausweislich § 10 TzBfG zwischen Ausbildung und Weiterbildung, nennt aber in § 14 Abs. 1 Satz 2 Nr. 2 TzBfG nur die Ausbildung[138]. 81

3.2.2.2.2 Studium

Ein Studium i. S. d. Vorschrift ist ein geordneter Ausbildungsgang an einer nach dem Hochschulrecht anerkannten Einrichtung, die einen staatlich anerkannten Abschluss vermittelt, z. B. eine Universität oder Fachhochschule[139]. Nicht erforderlich ist für die Befristung nach § 14 Abs. 1 Satz 2 Nr. 2 TzBfG, dass das Studium erfolgreich abgeschlossen wurde[140]. 82

3.2.2.2.3 Anschluss

Die Beschäftigung erfolgt auch dann „im Anschluss" an die Ausbildung oder das Studium i. S. v. § 14 Abs. 1 Satz 2 Nr. 2 TzBfG, wenn sie nicht unmittelbar nach dem Ende der Ausbildung oder des Studiums beginnt. Es muss aber ein **zeitlicher Zusammenhang** bestehen[141]. Ein genau bestimmter, allgemein gültiger Zeitraum lässt sich dabei nicht festlegen. 83

---

[135] So aber wohl Kittner/Däubler/Zwanziger, KSchR, 9. Aufl. 2014, § 14 TzBfG, Rz. 55; Annuß/Thüsing/*Maschmann*, TzBfG, 3. Aufl. 2012, § 14 TzBfG, Rz. 30.

[136] Meinel/Heyn/Herms/*Meinel*, TzBfG, 5. Aufl. 2015, § 14 TzBfG, Rz. 106; Rolfs, TzBfG, 1. Aufl. 2002, § 14 TzBfG, Rz. 23; Sievers, TzBfG, 5. Aufl. 2015, § 14 TzBfG, Rz. 216.

[137] Dörner, Der befristete Arbeitsvertrag, 2. Aufl. 2011, Rz. 237; ErfK/*Müller-Glöge*, 16. Aufl. 2016, § 14 TzBfG, Rz. 31; Sievers, TzBfG, 5. Aufl. 2015, § 14 TzBfG, Rz. 216; a. A. Boewer, TzBfG, 1. Aufl. 2002, § 14 TzBfG, Rz. 114; Meinel/Heyn/Herms/*Meinel*, TzBfG, 5. Aufl. 2016, § 14 TzBfG, Rz. 106; HaKo/*Mestwerdt*, 5. Aufl. 2015, § 14 TzBfG, Rz. 80; KR/*Lipke*, 11. Aufl. 2016, § 14 TzBfG, Rz. 223.

[138] ErfK/*Müller-Glöge*, 16. Aufl. 2016, § 14 TzBfG, Rz. 31.

[139] Dörner, Der befristete Arbeitsvertrag, 2. Aufl. 2011, Rz. 239; Annuß/Thüsing/*Maschmann*, TzBfG, 3. Aufl. 2012, § 14 TzBfG, Rz. 30; ErfK/*Müller-Glöge*, 16. Aufl. 2016, § 14 TzBfG, Rz. 31; Rolfs, TzBfG, 1. Aufl. 2002, § 14 TzBfG, Rz. 24; a. A. Meinel/Heyn/Herms/*Meinel*, TzBfG, 5. Aufl. 2015, § 14 TzBfG, Rz. 106; KR/*Lipke*, 11. Aufl. 2016, § 14 TzBfG, Rz. 224, wonach auch Studien an privaten, staatlich nicht anerkannten Ausbildungsstätten ausreichen sollen.

[140] Dörner, Der befristete Arbeitsvertrag, 2. Aufl. 2011, Rz. 240; ErfK/*Müller-Glöge*, 16. Aufl. 2016, § 14 TzBfG, Rz. 31; HaKo/*Mestwerdt*, 5. Aufl. 2015, § 14 TzBfG, Rz. 80.

[141] HK-TzBfG/*Boecken* 3. Aufl. 2012, § 14 TzBfG, Rz. 52; Kittner/Däubler/Zwanziger, KSchR, 9. Aufl. 2014, § 14 TzBfG, Rz. 54; Dörner, Der befristete Arbeitsvertrag, 2. Aufl. 2011, Rz. 241;

84 Teilweise wird ein **Zeitraum von 3 bis 4 Monaten** für hinnehmbar gehalten[142], teilweise auch die Aufnahme der Tätigkeit nach einer **1-jährigen Weltreise**[143].
Nach **anderer Auffassung** soll der Zeitraum zwischen dem Ende der Ausbildung oder des Studiums und dem Beginn der Beschäftigung im Hinblick auf § 14 Abs. 3 Satz 3 TzBfG in der bis zum 30.4.2007 gehenden Fassung **nicht mehr als 6 Monate** betragen dürfen[144].
Letztlich kommt es auf die Umstände des Einzelfalls an. Nach dem mit der Vorschrift verfolgten Zweck, Berufsanfängern den Start in das Berufsleben zu erleichtern, ist die Befristung auch dann zulässig, wenn sich der Berufsanfänger zunächst vergeblich um eine Erstanstellung bemüht und erst nach gewisser Zeit einen Arbeitsplatz gefunden hat. Auch wenn er nach der Ausbildung oder dem Studium erst eine **Urlaubsreise** unternimmt oder **Elternzeit** in Anspruch nimmt und erst danach eine Erwerbstätigkeit beginnt, sollte dies die Befristung nach § 14 Abs. 1 Satz 2 Nr. 2 TzBfG nicht hindern.

3.2.2.2.4 Erstanstellung

85 Eine Beschäftigung im Anschluss an eine Ausbildung oder ein Studium liegt nur vor, wenn es sich um die erste Beschäftigung nach dem Ausbildungs- oder Studienende handelt (BAG, Urteil v. 10.10.2007, 7 AZR 795/06[145]).
Auch ein kurzzeitiger Gelegenheitsjob steht der nachfolgenden Befristung nach § 14 Abs. 1 Satz 2 Nr. 2 TzBfG entgegen[146]. Die Erstanstellung muss nicht bei demselben Arbeitgeber erfolgen, mit dem das Ausbildungsverhältnis bestand[147]. Da § 14 Abs. 1 Satz 2

KR/*Lipke*, 11. Aufl. 2016, § 14 TzBfG, Rz. 226; Sievers, TzBfG, 5. Aufl. 2015, § 14 TzBfG, Rz. 221; a. A. Boewer, TzBfG, 1. Aufl. 2002, § 14 TzBfG, Rz. 117; Meinel/Heyn/Herms/*Meinel*, TzBfG, 5. Aufl. 2015, § 14 TzBfG, Rz. 107, die eine zeitliche Grenze ablehnen; ebenso wohl ErfK/*Müller-Glöge*, 16. Aufl. 2016, § 14 TzBfG, Rz. 32.

142 Kittner/Däubler/Zwanziger, KSchR, 9. Aufl. 2014, § 14 TzBfG, Rz. 54; Annuß/Thüsing/*Maschmann*, TzBfG, 3. Aufl. 2012, § 14 TzBfG, Rz. 31.

143 Rolfs, TzBfG, 1. Aufl. 2002, § 14 TzBfG, Rz. 25; HaKo/*Mestwerdt*, 5. Aufl. 2015, § 14 TzBfG, Rz. 81.

144 KR/*Lipke*, 11. Aufl. 2016, § 14 TzBfG, Rz. 228.

145 AP TzBfG § 14 Verlängerung Nr. 5; BAG, Urteil v. 24.8.2011, 7 AZR 368/10; Boewer, TzBfG, 1. Aufl. 2002, § 14 TzBfG, Rz. 117; Dörner, Der befristete Arbeitsvertrag, 2. Aufl. 2002, Rz. 245; HaKo/*Mestwerdt*, 4. Aufl. 2011, § 14 TzBfG, Rz. 68; ErfK/*Müller-Glöge*, 11. Aufl. 2011, § 14 TzBfG, Rz. 32; Meinel/Heyn/Herms/*Meinel*, TzBfG, 3. Aufl. 2009, § 14 TzBfG, Rz. 47; Rolfs, TzBfG, 1. Aufl. 2002, § 14 TzBfG, Rz. 25; Sievers, TzBfG, 3. Aufl. 2010, § 14 TzBfG, Rz. 156.

146 Dörner, Der befristete Arbeitsvertrag, 2. Aufl. 2011, Rz. 242; Meinel/Heyn/Herms/*Meinel*, TzBfG, 5. Aufl. 2015, § 14 TzBfG, Rz. 108; Sievers, TzBfG, 5. Aufl. 2015, § 14 TzBfG, Rz. 224; a. A. Annuß/Thüsing/*Maschmann*, TzBfG, 3. Aufl. 2012, § 14 TzBfG, Rz. 31a; Rolfs, TzBfG, 1. Aufl. 2002, § 14 TzBfG, Rz. 25; Laux/Schlachter/*Schlachter*, TzBfG, 2. Aufl. 2011, § 14 TzBfG, Rz. 43; offengelassen von BAG, Urteil v. 24.8.2011, 7 AZR 368/10.

147 APS/*Backhaus*, 4. Aufl. 2012, § 14 TzBfG, Rz. 88; Dörner, Der befristete Arbeitsvertrag, 2. Aufl. 2011, Rz. 238.

Nr. 2 TzBfG nur die Befristung des ersten Arbeitsvertrags im Anschluss an die Ausbildung oder das Studium rechtfertigen kann, ist eine **Vertragsverlängerung** mit dem in § 14 Abs. 1 Satz 2 Nr. 2 TzBfG normierten Sachgrund **nicht möglich** (BAG, Urteil v. 10.10.2007, 7 AZR 795/06[148]).

Die Befristungsmöglichkeit nach § 14 Abs. 1 Satz 2 Nr. 2 TzBfG dient dazu, dem Arbeitnehmer den Übergang in eine Anschlussbeschäftigung zu erleichtern. Dazu ist es nicht erforderlich, dass für den Arbeitnehmer die Aussicht auf eine konkrete Anschlussbeschäftigung bei demselben Arbeitgeber besteht. Nach dem Gesetzeszweck reicht es vielmehr aus, dass der Arbeitnehmer die **Möglichkeit** erhält, im Rahmen des befristeten Arbeitsverhältnisses **Berufserfahrung zu sammeln** und dadurch seine Chancen auf dem Arbeitsmarkt zu verbessern. Auf die zur befristeten Einstellung führende Motivation des Arbeitgebers kommt es daher nicht entscheidend an. Maßgeblich ist allein, ob die Beschäftigung in dem befristeten Arbeitsverhältnis geeignet ist, die Aussichten des Arbeitnehmers auf eine Anschlussbeschäftigung zu verbessern, ggf. auch bei einem anderen Arbeitgeber[149]. 86

3.2.2.2.5 Vertragslaufzeit

§ 14 Abs. 1 Satz 2 Nr. 2 TzBfG sieht **keine Höchstgrenze** für die Vertragslaufzeit vor. 87
Im Schrifttum wird zum Teil die Auffassung vertreten, dass Befristungen nach dieser Bestimmung nur für die Dauer von einem halben bis einem Jahr vereinbart werden können[150] oder dass die Vertragslaufzeit 2 Jahre nicht überschreiten darf[151] oder sollte[152]. Beides ergibt sich aber weder aus dem Wortlaut noch aus Sinn und Zweck der Vorschrift. Der Zweck der Regelung, dem Arbeitnehmer den Übergang in ein Anschlussarbeitsverhältnis zu erleichtern, kann u. U. auch bei einer längeren Vertragslaufzeit erfüllt werden, z. B. in akademischen Berufen. Dabei ist auf die Umstände des Einzelfalles abzustellen, z. B. auf die Vorkenntnisse des Arbeitnehmers oder die Lage auf dem Arbeitsmarkt[153].

---

148 AP TzBfG § 14 Verlängerung Nr. 5.

149 Meinel/Heyn/Herms/*Meinel*, TzBfG, 5. Aufl. 2015, § 14 TzBfG, Rz. 110; ErfK/*Müller-Glöge*, 16. Aufl. 2016, § 14 TzBfG, Rz. 33; a. A. APS/*Backhaus*, 4. Aufl. 2012, § 14 TzBfG, Rz. 90; Boewer, TzBfG, 1. Aufl. 2002, § 14 TzBfG, Rz. 118, 119; Sievers, TzBfG, 5. Aufl. 2015, § 14 TzBfG, Rz. 227, wonach der Sachgrund nur vorliegen soll, wenn es ohne den Überbrückungszweck und die entsprechende Motivation des Arbeitgebers nicht zum Abschluss des befristeten Arbeitsvertrags gekommen wäre.

150 Kittner/Däubler/Zwanziger, KSchR, 9. Aufl. 2014, § 14 TzBfG, Rz. 56; *Nielebock*, AiB 2001, S. 78.

151 KR/*Lipke*, 11. Aufl. 2016, § 14 TzBfG, Rz. 231; Annuß/Thüsing/*Maschmann*, TzBfG, 3. Aufl. 2012, § 14 TzBfG, Rz. 32; Sievers, TzBfG, 5. Aufl. 2015, § 14 TzBfG, Rz. 229; wohl auch HK-TzBfG/*Boecken*, 3. Aufl. 2012, § 14 TzBfG, Rz. 53; Meinel/Heyn/Herms/*Meinel*, TzBfG, 5. Aufl. 2015, § 14 TzBfG, Rz. 109.

152 Laux/Schlachter/*Schlachter*, TzBfG, 2. Aufl. 2011, § 14 TzBfG, Rz. 46.

153 Dörner, Der befristete Arbeitsvertrag, 2. Aufl. 2011, Rz. 247; ErfK/*Müller-Glöge*, 16. Aufl. 2016, § 14 TzBfG, Rz. 33.

3.2.3 Vertretung (Abs. 1 Satz 2 Nr. 3)

3.2.3.1 Allgemeine Grundsätze

88 § 14 Abs. 1 Satz 2 Nr. 3 TzBfG erfasst die Befristung von Arbeitsverträgen mit Arbeitnehmern, die zur **Vertretung anderer, wegen Krankheit, Beurlaubung oder ähnlicher Gründe zeitweilig an der Arbeitsleistung verhinderter Arbeitnehmer** eingestellt werden. Bei dem Sachgrund der Vertretung handelt es sich um einen Befristungstatbestand, der bereits vor Inkrafttreten des Teilzeit- und Befristungsgesetzes zur Rechtfertigung der Befristung von Arbeitsverträgen in der Rechtsprechung allgemein anerkannt war[154]. Diese Rechtsprechung hat der Gesetzgeber der Regelung in § 14 Abs. 1 Satz 2 Nr. 3 TzBfG zugrunde gelegt[155], so dass die bislang zum Sachgrund der Vertretung entwickelten Grundsätze nach wie vor herangezogen werden können.

89 Dies gilt trotz des Wortlauts von § 14 Abs, 1 Satz 2 Nr. 3 TzBfG, in dem von der Vertretung „eines anderen Arbeitnehmers" die Rede ist, auch für die bisherige Rechtsprechung zur Zulässigkeit der Vertretung eines **zeitweilig verhinderten Beamten** durch einen befristet eingestellten Arbeitnehmer (BAG, Urteil v. 9.7.1997, 7 AZR 540/96; BAG, Urteil v. 21.2.2001, 7 AZR 107/00[156]). Dafür spricht nicht nur der Zweck der Regelung – Vertretungsbedarf besteht auch bei der Verhinderung eines Beamten – sondern auch die Gesetzesbegründung[157], wonach der Befristungsgrund auch die Vertretung eines Beamten erfassen soll[158].

90 Die Rechtfertigung für die Befristung liegt in den Fällen der Vertretung darin, dass der Arbeitgeber bereits zu dem vorübergehend ausfallenden Mitarbeiter in einem Arbeitsverhältnis steht und mit dessen Rückkehr an den Arbeitsplatz rechnet. Deshalb besteht für die Wahrnehmung der an sich dem ausfallenden Arbeitnehmer obliegenden Tätigkeiten durch eine Vertretungskraft von vornherein nur ein zeitlich begrenztes Bedürfnis[159].

---

[154] Vgl. etwa BAG, Urteil v. 8.5.1985, 7 AZR 191/84, AP BGB § 620 Befristeter Arbeitsvertrag Nr. 97; BAG, Urteil v. 11.11.1998, 7 AZR 328/97, AP BGB § 620 Befristeter Arbeitsvertrag Nr. 204; BAG, Urteil v. 6.12.2000, 7 AZR 262/99, AP BAT § 2 SR 2y Nr. 22.

[155] BT-Drucks. 14/4374, S. 19.

[156] AP BGB § 620 Befristeter Arbeitsvertrag Nr. 228.

[157] BT-Drucks. 14/4374, S. 19.

[158] BAG, Urteil v. 25.3.2009, 7 AZR 34/08, NZA 2010, S. 34; vgl. auch KR/*Lipke*,11. Aufl. 2016, § 14 TzBfG, Rz. 238; ErfK/*Müller-Glöge*, 16. Aufl. 2016, § 14 TzBfG, Rz. 39.

[159] BAG, Urteil v. 5.6.2002, 7 AZR 201/01, AP BGB § 620 Befristeter Arbeitsvertrag Nr. 235; BAG, Urteil v. 2.7.2003, 7 AZR 523/02, AP BGB § 620 Befristeter Arbeitsvertrag Nr. 252; BAG, Urteil v. 2.7.2003, 7 AZR 529/02, AP BGB § 620 Befristeter Arbeitsvertrag Nr. 254; BAG, Urteil v. 10.3.2004, 7 AZR 402/03, AP TzBfG § 14 Nr. 11; BAG, Urteil v. 10.3.2004, 7 AZR 397/03, AP BGB § 620 Befristeter Arbeitsvertrag Nr. 258; BAG, Urteil v. 18.7.2012, 7 AZR 443/09.

3.2.3.2 Voraussetzungen

3.2.3.2.1 Prognose

Teil des Sachgrunds der Vertretung ist die Prognose des Arbeitgebers über den voraussichtlichen Wegfall des Vertretungsbedarfs bei der Rückkehr des Vertretenen an den Arbeitsplatz. Der Arbeitgeber kann in Vertretungsfällen grundsätzlich davon ausgehen, dass der vorübergehend durch Krankheit, Urlaub oder ähnliche Gründe an der Arbeitsleistung verhinderte Arbeitnehmer seine Tätigkeit nach dem Wegfall des Verhinderungsgrunds wieder aufnimmt (BAG, Urteil v. 11.12.1991, 7 AZR 431/90[160]). Dies gilt regelmäßig auch bei **wiederholten Befristungen** wegen mehrfacher Vertretung desselben erkrankten oder beurlaubten Arbeitnehmers. Die Anforderungen an die Prognose steigen nicht mit zunehmender Anzahl der befristeten Arbeitsverträge (BAG, Urteil v. 18.7.2012, 7 AZR 783/10; BAG, Urteil v. 29.4.2015, 7 AZR 310/13). 91

Der **Arbeitgeber** ist vor dem Abschluss des befristeten Arbeitsvertrags mit der Vertretungskraft **nicht gehalten, sich** bei dem erkrankten oder beurlaubten Arbeitnehmer über dessen Gesundheitszustand oder seine weiteren Planungen **zu erkundigen**. Nur wenn der Arbeitgeber im Ausnahmefall aufgrund der ihm vorliegenden Informationen erhebliche Zweifel an der Rückkehr des zu vertretenden Arbeitnehmers haben muss, kann dies dafür sprechen, dass der Sachgrund der Vertretung nur vorgeschoben ist (BAG, Urteil v. 21.2.2001, 7 AZR 200/00[161]; BAG, Urteil v. 23.2.2002, 7 AZR 440/00[162]). 92

Diese Rechtsprechung hat das BAG inzwischen dahingehend präzisiert, dass der **Arbeitgeber nur dann nicht mit der Rückkehr des zu vertretenden Arbeitnehmers** an den Arbeitsplatz zu **rechnen braucht, wenn** ihm dieser bereits vor Abschluss des befristeten Arbeitsvertrags mit der Vertretungskraft **verbindlich erklärt** hat, dass er die **Arbeit nicht wieder aufnehmen** wird. Eine lediglich unverbindliche Ankündigung reicht dazu nicht aus (BAG, Urteil v. 2.7.2003, 7 AZR 529/02[163]; BAG, Urteil v. 13.10.2004, 7 AZR 654/03[164]; BAG, Urteil v. 29.4.2015, 7 AZR 310/13). Solange der zu vertretende Arbeitnehmer einen **Anspruch** darauf hat, die **Arbeit wieder aufzunehmen**, darf der Arbeitgeber grundsätzlich mit dessen Rückkehr an den Arbeitsplatz rechnen (BAG, Urteil v. 2.7.2003, 7 AZR 529/02[165]). Das gilt auch, wenn der zu vertretende Arbeitnehmer voraussichtlich für längere Zeit ausfallen wird, z. B. weil ihm eine Zeitrente wegen verminderter Erwerbsfähigkeit bewilligt wird (BAG, Urteil v. 3.9.1999, 7 AZR 608/97). 93

Auch die **Freistellung eines Betriebsrats- oder Personalratsmitglieds** von der beruflichen Tätigkeit ist geeignet, die Befristung des Arbeitsvertrags mit einer Vertretungskraft zu rechtfertigen. Der Arbeitgeber kann davon ausgehen, dass der Vertretungsbedarf mit 94

---

[160] AP BGB § 620 Befristeter Arbeitsvertrag Nr. 141.
[161] AP BGB § 620 Befristeter Arbeitsvertrag Nr. 226.
[162] AP BGB § 620 Befristeter Arbeitsvertrag Nr. 231.
[163] AP BGB § 620 Befristeter Arbeitsvertrag Nr. 254.
[164] AP TzBfG § 14 Nr. 13.
[165] AP BGB § 620 Befristeter Arbeitsvertrag Nr. 254.

Ablauf der Amtszeit des Betriebsrats bzw. des Personalrats entfällt (BAG, Urteil v. 20.2.2002, 7 AZR 600/00[166]).

95 Die Prognose des Arbeitgebers zur Rückkehr des Vertretenen muss sich nicht darauf beziehen, ob der zeitweilig ausfallende vollzeitbeschäftigte Stammarbeitnehmer die Arbeit in vollem Umfang wieder aufnehmen wird. Auch wenn der zu **Vertretende** die Tätigkeit nur in Form einer **Teilzeitbeschäftigung** fortsetzt, entfällt damit jedenfalls teilweise das Bedürfnis für die Beschäftigung der Vertretungskraft. Der Arbeitgeber kann dann neu entscheiden, wie er den ggf. entstehenden Bedarf abdeckt (BAG, Urteil v. 6.12.2000, 7 AZR 262/99[167]; BAG, Urteil v. 21.2.2001, 7 AZR 200/00[168]).

96 Auch durch die **vorübergehende Abordnung einer Stammkraft** kann ein Vertretungsbedarf entstehen, der die Befristung des Arbeitsvertrags mit einer Vertretungskraft nach § 14 Abs. 1 Satz 2 Nr. 3 TzBfG sachlich rechtfertigen kann (sog. **Abordnungsvertretung**). Allerdings unterscheiden sich die Anforderungen an die **Rückkehrprognose** von den Fällen der vorübergehenden vollständigen Arbeitsverhinderung der zu vertretenden Stammkraft wegen Krankheit oder Beurlaubung. Bei der Abordnungsvertretung muss der Arbeitgeber berücksichtigen, dass er selbst durch die Abordnung der Stammkraft den Vertretungsbedarf herbeigeführt hat und die Rückkehr der Stammkraft an den ursprünglichen Arbeitsplatz – zumindest auch – von seinen eigenen Organisationsentscheidungen und damit von Umständen abhängt, die in seine Sphäre fallen. Anders als in den Fällen der urlaubs- oder krankheitsbedingten Abwesenheit der Stammkraft kann sich die Rückkehrprognose deshalb nicht darauf beschränken, dass die Stammkraft, sofern sie nicht verbindlich Gegenteiliges erklärt hat, auf ihren Arbeitsplatz zurückkehren wird. Vielmehr muss der Arbeitgeber auch die im Zeitpunkt des Abschlusses des befristeten Arbeitsvertrags mit der Vertretungskraft bestehenden Planungen und Organisationsentscheidungen sowie alle sonstigen Umstände berücksichtigen und ggf. im Rechtsstreit darlegen, aus denen prognostiziert werden konnte, dass mit der Rückkehr der Stammkraft an den Arbeitsplatz zu rechnen ist (BAG, Urteil v. 16.1.2013, 7 AZR 661/11; BAG, Urteil v. 10.7.2013, 7 AZR 761/11[169]; BAG, Urteil v. 10.7.2013, 7 AZR 833/11[170]).

Eine „Abordnungsvertretung“ setzt außerdem voraus, dass die befristet eingestellte Vertretungskraft die abgeordnete Stammkraft unmittelbar vertritt oder dass sich die Verbindung zu der Stammkraft durch eine Vertretungskette im Wege der mittelbaren Vertretung vermittelt. Eine Vertretung in Form einer „gedanklichen Zuordnung“[171] genügt in diesem Fall nicht (BAG, Urteil v. 16.1.2013, 7 AZR 662/11; BAG, Urteil v. 13.2.2013, 7 AZR

[166] AP KSchG 1969 § 1 Wiedereinstellung Nr. 11.
[167] AP BAT § 2 SR 2y Nr. 22.
[168] AP BGB § 620 Befristeter Arbeitsvertrag Nr. 226.
[169] AP TzBfG § 14 Nr. 108.
[170] AP TzBfG § 14 Nr. 109.
[171] S. hierzu Rz. 110 ff..

324/11; BAG, Urteil v. 10.7.2013, 7 AZR 761/11[172]; BAG, Urteil v. 10.7.2013, 7 AZR 833/11[173]).

3.2.3.2.2 Mehrfache Befristung

97 Die Befristung kann nach einer älteren Rechtsprechung des BAG **unwirksam** sein, wenn bereits bei Vertragsschluss beabsichtigt ist, den Arbeitnehmer nach Ablauf der Vertragslaufzeit weiterzubeschäftigen. Dies kann z. B. bei einem **zur Dauervertretung eingestellten sog. Springer** der Fall sein (BAG, Urteil v. 3.10.1984, 7 AZR 192/83[174]). Dies setzt voraus, dass der befristet beschäftigte Arbeitnehmer von vornherein nicht lediglich zur Vertretung eines bestimmten vorübergehend an der Arbeitsleistung verhinderten Arbeitnehmers eingestellt wird, sondern beabsichtigt ist, ihn für eine bei Vertragsschluss noch nicht absehbare Vielzahl von Vertretungsfällen auf Dauer zu beschäftigen. Dann kann der Sachgrund der Vertretung nur vorgeschoben sein (BAG, Urteil v. 25.3.2009, 7 AZR 59/08; BAG, Urteil v. 25.3.2009, 7 AZR 34/08).

98 Im Übrigen wird die Wirksamkeit der Befristung nach § 14 Abs. 1 Satz 2 Nr. 3 TzBfG nicht dadurch in Frage gestellt, dass der Arbeitnehmer **mehrfach zur Vertretung desselben** vorübergehend an der Arbeitsleistung verhinderten **Arbeitnehmers befristet beschäftigt** wird. Die Anzahl der mit der Vertretungskraft abgeschlossenen befristeten Arbeitsverträge allein führt auch nicht dazu, dass an die Prüfung, ob der Sachgrund der Vertretung vorliegt, strengere Anforderungen zu stellen sind (BAG, Urteil v. 25.3.2009, 7 AZR 34/08; BAG, Urteil v. 18.7.2012, 7 AZR 443/09). Diese Umstände können aber – neben anderen Gesichtspunkten – ein Indiz dafür sein, dass der Sachgrund der Vertretung nur vorgeschoben ist (BAG, Urteil v. 25.3.2009, 7 AZR 34/08).

99 Das BAG hielt es aufgrund der **unionsrechtlichen Vorgaben** in § 5 Nr. 1 der EGB-UNICE-CEEP-Rahmenvereinbarung im Anhang der Richtlinie 1999/70/EG vorübergehend für zweifelhaft, ob es an seiner bisherigen Rechtsprechung zur wiederholten Befristung zur Vertretung für die Fälle festhalten kann, in denen in der Dienststelle, dem Betrieb oder Unternehmen aufgrund der Größe sowie der Häufigkeit der insbesondere durch längeren Sonderurlaub vom Stammpersonal auftretenden Vertretungsfälle ein **ständiger, dauerhafter Vertretungsbedarf** besteht, der auch durch die unbefristete Beschäftigung von Arbeitnehmern als Personalreserve abgedeckt werden könnte, der Arbeitgeber sich aber vorbehält, jeweils nur zu entscheiden, wie er auf den konkreten Ausfall von Arbeitnehmern reagiert. Es hat deshalb den **EuGH** um entsprechende **Vorabentscheidung** ersucht (BAG, Beschluss v. 17.11.2010, 7 AZR 443/09 (A)[175]).

100 In dem Vorabentscheidungsersuchen äußerte das BAG auch Zweifel daran, ob es mit § 5 Nr. 1 der Rahmenvereinbarung vereinbar ist, uneingeschränkt an der Rechtsprechung festzuhalten, nach der für das Bestehen des Sachgrunds der Vertretung die **Anzahl der**

---

172 AP TzBfG § 14 Nr. 108.

173 AP TzBfG § 14 Nr. 109; vgl. hierzu Rz. 110 ff.

174 AP BGB § 620 Befristeter Arbeitsvertrag Nr. 87.

175 EzA TzBfG § 14 Nr. 72.

aufeinander folgenden befristeten Arbeitsverträge, die mit demselben Arbeitgeber zur Verrichtung derselben Tätigkeit geschlossen wurden, keine Rolle spielt.
Zu dem Vorabentscheidungsersuchen des BAG hat der **EuGH** entschieden, dass aus dem bloßen Umstand, dass ein Arbeitgeber wiederholt oder dauerhaft auf befristete Vertretungen zurückgreifen muss und dass diese Vertretungen auch durch die Einstellung von Arbeitnehmern mit unbefristeten Arbeitsverträgen gedeckt werden könnten, weder folge, dass kein sachlicher Grund i. S. v. § 5 Nr. 1 Buchst. a der Rahmenvereinbarung gegeben sei, noch, dass ein Missbrauch im Sinne dieser Bestimmung vorliege. Bei der Beurteilung der Frage, ob die Verlängerung befristeter Arbeitsverträge durch einen sachlichen Grund gerechtfertigt ist, müssten jedoch alle Umstände des Falles einschließlich der Zahl und der Gesamtdauer der in der Vergangenheit mit demselben Arbeitgeber abgeschlossenen befristeten Arbeitsverträge berücksichtigt werden (EuGH, Urteil v. 26.1.2012, C-586/10).
Im Anschluss an dieses Urteil des EuGH hat das BAG klargestellt, dass es grundsätzlich an seiner bisherigen Rechtsprechung zur Vertretungsbefristung festhält und dass allein eine große Anzahl der mit einem Arbeitnehmer vereinbarten befristeten Arbeitsverträge und/oder deren Gesamtdauer nicht zur Folge haben, dass an den Sachgrund der Vertretung strengere Anforderungen zu stellen sind. Auch ein beim Arbeitgeber bestehender dauernder Vertretungsbedarf steht danach einer Befristung nach § 14 Abs. 1 Satz 2 Nr. 3 TzBfG nicht entgegen.
Allerdings ist nach der neuen Rechtsprechung des BAG die Befristungskontrolle nach den Vorgaben des EuGH nicht in jedem Fall bereits dann abgeschlossen, wenn festgestellt werden kann, dass der Sachgrund der Vertretung vorliegt. Vielmehr sind im **Rahmen einer umfassenden Missbrauchskontrolle** entsprechend den Maßstäben eines **institutionellen Rechtsmissbrauchs** (§ 242 BGB) alle Umstände des Einzelfalls zu würdigen und dabei insbesondere die Anzahl und Dauer der aufeinander folgenden befristeten Arbeitsverträge zu berücksichtigen, um auszuschließen, dass der Arbeitgeber die an sich bestehende Befristungsmöglichkeit rechtsmissbräuchlich ausnutzt[176] (BAG, Urteil v. 18.7.2012, 7 AZR 443/09).

101 Unabhängig davon hat das BAG bei einem ständigen Vertretungsbedarf eine Befristung nach § 14 Abs. 1 Satz 2 Nr. 3 TzBfG als gerechtfertigt angesehen im Falle einer Lehrkraft, die von einem Bundesland zur Vertretung eines vorübergehend ausfallenden Lehrers befristet eingestellt wurde. Wegen der unterschiedlichen Schultypen, der vielfältigen Fächerkombinationen und der großen räumlichen Diversifizierung in einem Flächenstaat sei das Anforderungsprofil an die Vertretungskraft für die jeweils ausfallende Lehrkraft unterschiedlich. Dies rechtfertige es, jeweils durch die befristete Einstellung einer konkreten – fachlich, örtlich und zeitlich – geeigneten Lehrkraft für die Vertretung zu sorgen (BAG, Urteil v. 6.10.2010, 7 AZR 397/09[177]).

---

[176] S. hierzu ausführlich Rz. 36.
[177] EzA TzBfG § 14 Nr. 70.

3.2.3.2.3 Vertragslaufzeit

102 Die Befristungsdauer erfordert **keine eigene Rechtfertigung**[178]. Die Laufzeit des befristeten Arbeitsvertrags mit der Vertretungskraft muss sich nicht mit der voraussichtlichen Dauer der Arbeitsverhinderung des ausgefallenen Stammarbeitnehmers decken. Da es dem Arbeitgeber freisteht, den Arbeitsausfall überhaupt durch Einstellung einer Ersatzkraft zu überbrücken, ist es ihm auch unbenommen, die Vertretung nur für einen kürzeren Zeitraum zu regeln. Der Befristungsdauer kommt nur insofern Bedeutung zu, als sie – neben anderen Umständen – darauf hinweisen kann, dass der Sachgrund für die Befristung nur vorgeschoben ist (BAG, Urteil v. 21.2.2001, 7 AZR 200/00[179]; BAG, Urteil v. 20.2.2002, 7 AZR 600/00[180]). Geht die **Vertragslaufzeit über das voraussichtliche Ende des Vertretungsbedarfs hinaus**, spricht dies gegen das Bestehen des Sachgrunds der Vertretung.

103 Der Sachgrund der Vertretung rechtfertigt nicht die Befristung des Arbeitsvertrags mit der Vertretungskraft bis zum **Ausscheiden des Vertretenen**. Allein mit dessen Ausscheiden aus dem Arbeitsverhältnis wird der Bedarf des Arbeitgebers an der Erledigung der an sich dem Vertretenen obliegenden Arbeiten nicht zeitlich begrenzt (BAG, Urteil v. 24.9.1997, 7 AZR 669/96[181]; BAG, Urteil v. 5.6.2002, 7 AZR 201/01[182]).

104 Das **Ausscheiden des Vertretenen** kann jedoch aus anderen Gründen **als Befristungstatbestand** gerechtfertigt sein, z. B. wenn der Arbeitgeber den Vertreter aufgrund bestimmter bei Vertragsschluss vorliegender Anhaltspunkte zwar als zeitweilige Vertretungskraft, nicht aber als Dauerbesetzung für den Arbeitsplatz für geeignet hält und er deshalb den Arbeitsplatz beim Ausscheiden des Vertretenen anderweitig mit einem qualifizierten Arbeitnehmer dauerhaft besetzen will (BAG, Urteil v. 24.9.1997, 7 AZR 669/96[183]; BAG, Urteil v. 5.6.2002, 7 AZR 201/01[184]).

105 Der Sachgrund der Vertretung **liegt nicht vor**, wenn ein Arbeitnehmer als **Ersatz für einen aus dem Arbeitsverhältnis ausgeschiedenen Arbeitnehmer** befristet eingestellt wird. Der Sachgrund der Vertretung setzt voraus, dass der vorübergehend an der Arbeitsleistung verhinderte Arbeitnehmer während der Laufzeit des mit der Vertretungskraft abgeschlossenen befristeten Arbeitsvertrags voraussichtlich in einem Arbeitsverhältnis zum Arbeitgeber steht.

Deshalb kann eine Befristung auch dann nicht auf den Sachgrund der Vertretung gestützt werden, wenn dem ausgeschiedenen Arbeitnehmer eine **Wiedereinstellungszusage** erteilt wurde und die Ersatzkraft bis zur möglichen Wiedereinstellung befristet beschäftigt werden soll. Allerdings kann dies die Befristung des Arbeitsvertrags mit der Ersatzkraft

[178] Zur möglichen Unwirksamkeit der Befristung wegen einer altersdiskriminierenden Befristungsdauer s. Rz. 29.
[179] AP BGB § 620 Befristeter Arbeitsvertrag Nr. 226.
[180] AP KSchG 1969 § 1 Wiedereinstellung Nr. 11.
[181] AP BGB § 620 Befristeter Arbeitsvertrag Nr. 192.
[182] AP BGB § 620 Befristeter Arbeitsvertrag Nr. 235.
[183] AP BGB § 620 Befristeter Arbeitsvertrag Nr. 192.
[184] AP BGB § 620 Befristeter Arbeitsvertrag Nr. 235.

u. U. wegen der für die Zukunft geplanten anderweitigen Besetzung des Arbeitsplatzes nach § 14 Abs. 1 Satz 1 TzBfG (s. hierzu Rz. 255 bis 258) sachlich rechtfertigen, wenn nach dem Inhalt der Wiedereinstellungszusage mit der **Geltendmachung des Wiedereinstellungsanspruchs in absehbarer Zukunft** ernsthaft zu rechnen ist (BAG, Urteil v. 2.6.2010, 7 AZR 136/09[185]).

3.2.3.2.4 Kausalität

106 Die zeitweilige Verhinderung eines Stammarbeitnehmers muss für die Einstellung des befristet beschäftigten Arbeitnehmers ursächlich sein. Dies ist in Fällen der unmittelbaren Vertretung, in denen die Vertretungskraft die Tätigkeit der zeitweilig verhinderten Stammkraft verrichten soll, unproblematisch.

Mittelbare Vertretung

107 Der Sachgrund der Vertretung setzt allerdings nicht voraus, dass der befristet eingestellte Arbeitnehmer die zeitweilig ausfallende Stammkraft unmittelbar vertritt, er also deren Arbeitsaufgaben übernimmt. Der **Vertreter kann auch mit anderen Tätigkeiten beschäftigt werden** (sog. **mittelbare Vertretung**). Denn die befristete Beschäftigung zur Vertretung lässt die Versetzungs- und Umsetzungsbefugnisse des Arbeitgebers unberührt (BAG, Urteil v. 13.4.1983, 7 AZR 51/81[186]; BAG, Urteil v. 20.1.1999, 7 AZR 640/97[187]; BAG, Urteil v. 20.1.2010, 7 AZR 542/08[188]). Bei einem vorübergehenden Ausfall eines Arbeitnehmers kann der Arbeitgeber entscheiden, ob er den Arbeitsausfall überhaupt überbrückt, ob er die an sich dem zeitweilig ausfallenden Mitarbeiter obliegenden Aufgaben durch Umverteilung anderen Mitarbeitern zuweist oder ob er zu deren Erledigung eine Vertretungskraft einstellt (BAG, Urteil v. 21.1.2001, 7 AZR 107/00[189]).

108 Der Arbeitgeber kann anlässlich der Einstellung einer Ersatzkraft auch eine **Umorganisation** dahingehend vornehmen, dass er die Aufgaben des zeitweilig ausfallenden Mitarbeiters einem anderen Arbeitnehmer überträgt, dieser für die ihm obliegenden Tätigkeiten nicht mehr zur Verfügung steht und für diese Tätigkeiten eine Ersatzkraft eingestellt wird (BAG, Urteil v. 21.3.1990, 7 AZR 286/89[190]). Die Umorganisation kann sogar dazu führen, dass ein seinen Inhalten nach neuer Arbeitsplatz entsteht. In diesen Fällen rechtfertigt der Sachgrund der Vertretung die Befristung aber nur, wenn der befristet beschäftigte Arbeitnehmer gerade wegen des Arbeitskräftebedarfs eingestellt wird, der durch den zeitweiligen Ausfall des Stammarbeitnehmers entsteht.

109 Der **Arbeitgeber muss** den **Kausalzusammenhang** zwischen dem zeitweiligen Ausfall des Stammarbeitnehmers und der Einstellung der Ersatzkraft anhand der im Zeitpunkt

---

[185] AP TzBfG § 14 Nr. 71.

[186] AP BGB § 620 Befristeter Arbeitsvertrag Nr. 76.

[187] AP BGB § 611 Lehrer, Dozenten Nr. 138.

[188] AP TzBfG § 14 Nr. 68; BAG, Urteil v. 14.4.2010, 7 AZR 121/09, EzA TzBfG § 14 Nr. 65.

[189] AP BGB § 620 Befristeter Arbeitsvertrag Nr. 228.

[190] AP BGB § 620 Befristeter Arbeitsvertrag Nr. 135.

des Vertragsschlusses mit der Vertretungskraft bestehenden Planungen und Umsetzungsmöglichkeiten **darlegen** (BAG, Urteil v. 24.1.2001, 7 AZR 208/99[191]; BAG, Urteil v. 10.3.2004, 7 AZR 402/03[192]; BAG, Urteil v. 13.10.2004, 7 AZR 654/03[193]). Die an die Darlegung des Kausalzusammenhangs zu stellenden **Anforderungen** richten sich dabei nach der **Form der Vertretung**.

Wird die Tätigkeit der zeitweilig ausfallenden Stammkraft nicht von dem befristet eingestellten Arbeitnehmer, sondern von einem oder mehreren anderen Arbeitnehmern ausgeübt, deren Tätigkeiten wiederum anderen Arbeitnehmern zugewiesen werden, hat der Arbeitgeber grundsätzlich die **Vertretungskette** zwischen dem Vertretenen und der befristet eingestellten Ersatzkraft darzulegen. Dies setzt eine geschlossene Kette bei der Aufgabenverteilung voraus. Die Beschäftigten, die die Vertretungskette bilden, müssen die Tätigkeiten der jeweils in der Kette vorgelagerten Beschäftigten übernommen haben. Hieraus muss sich die Verbindung zwischen dem vorübergehend abwesenden Mitarbeiter und dem zur Vertretung eingestellten Mitarbeiter ergeben (BAG, Urteil v. 6.11.2013, 7 AZR 96/12, NZA 2014, 430).

Ohne Vertretungskette kann die Kausalität zwischen der vorübergehenden Arbeitsverhinderung der Stammkraft und der Einstellung der Vertretungskraft im Falle der mittelbaren Vertretung auch dann gegeben sein, wenn der Arbeitgeber eine **Neuverteilung der in seinem Betrieb anfallenden Aufgaben** vornimmt. In diesem Fall hat der Arbeitgeber zunächst die dem ausgefallenen Arbeitnehmer bisher obliegenden Aufgaben darzustellen. Anschließend hat er vorzutragen, wie diese Aufgaben auf einen oder mehrere andere Arbeitnehmer verteilt wurden. Schließlich ist darzulegen, dass sich die dem befristet eingestellten Arbeitnehmer zugewiesenen Tätigkeiten aus der geänderten Aufgabenzuweisung ergeben (BAG, Urteil v. 15.2.2006, 7 AZR 232/05[194]).

„Gedankliche Zuordnung“

Werden dem befristet eingestellten Arbeitnehmer Tätigkeiten übertragen, die die ausfallende Stammkraft nie erledigt hat, kann der erforderliche Kausalzusammenhang nicht nur dann bestehen, wenn eine mittelbare Vertretung im vorbeschriebenen Sinne vorliegt, sondern auch dann ,wenn der Arbeitgeber rechtlich und tatsächlich die Möglichkeit hätte, die der Vertretungskraft zugewiesenen Aufgaben der zu vertretenden Stammkraft im Wege des Direktionsrechts zu übertragen (vgl. hierzu etwa BAG, Urteil v. 10.3.2004, 7 AZR 397/03[195]; BAG, Urteil v. 12.1.2011, 7 AZR 194/09). Allein die fachliche Austauschbarkeit zwischen Vertretenem und Vertreter reicht dazu nicht aus (BAG, Urteil v. 25.8.2004, 7 AZR 32/04; BAG, Urteil v. 13.10.2004, 7 AZR 654/03[196]; BAG, Urteil v. 110

[191] EzA BGB § 620 Nr. 173.

[192] AP TzBfG § 14 Nr. 11.

[193] AP TzBfG § 14 Nr. 13.

[194] AP TzBfG § 14 Vertretung Nr. 1; BAG, Urteil v. 10.12.2012, 7 AZR 462/11, AP TzBfG § 14 Vertretung Nr. 2.

[195] AP BGB § 620 Befristeter Arbeitsvertrag Nr. 257.

[196] AP TzBfG § 14 Nr. 13.

15.2.2006, 7 AZR 232/05[197]). Zur Gewährleistung des Kausalzusammenhangs zwischen der zeitweiligen Verhinderung der Stammkraft und der Einstellung der Vertretungskraft ist in diesen Fällen allerdings erforderlich, dass der Arbeitgeber bei Vertragsschluss mit der befristet eingestellten Ersatzkraft deren Aufgaben einem oder mehreren vorübergehend abwesenden Beschäftigten nach außen erkennbar **gedanklich zugeordnet** hat, z. B. durch eine entsprechende Angabe im Arbeitsvertrag oder im Rahmen der Beteiligung der Arbeitnehmervertretung bei der Einstellung der Vertretungskraft (BAG, Urteil v. 15.2.2006, 7 AZR 232/05[198]; BAG, Urteil v. 24.5.2006, 7 AZR 640/05; BAG, Urteil v. 25.3.2009, 7 AZR 59/08[199]; BAG, Urteil v. 11.2.2015, 7 AZR 113/13). Ob und ggf. wie die bisherigen Aufgaben der vorübergehend verhinderten Stammkraft erledigt werden, ist bei der Vertretung aufgrund der „gedanklichen Zuordnung" unerheblich (BAG, Urteil v. 11.2.2015, 7 AZR 113/13). Die Vertretung im Wege der „gedanklichen Zuordnung" kommt bei der sog. **Abordnungsvertretung**, d. h. bei der befristeten Einstellung eines Arbeitnehmers zur Vertretung einer vorübergehend abgeordneten Stammkraft[200], **nicht in Betracht** (BAG, Urteil v. 16.1.2013, 7 AZR 662/11; BAG, Urteil v. 13.2.2013, 7 AZR 324/11; BAG, Urteil v. 10.7.2013, 7 AZR 833/11, AP TzBfG § 14 Nr. 109).

111 Da den Arbeitnehmern im **öffentlichen Dienst** im Wege des Direktionsrechts im allgemeinen nur Tätigkeiten zugewiesen werden können, die den Merkmalen ihrer Vergütungsgruppe entsprechen, kann der Sachgrund der Vertretung im Wege der gedanklichen Zuordnung eine Befristung nur rechtfertigen, wenn der Vertretungskraft **Tätigkeiten** übertragen werden, die den **Merkmalen der Vergütungsgruppe** entsprechen, **in die die vertretene Stammkraft eingruppiert** ist (BAG, Urteil v. 12.1.2011, 7 AZR 194/09). Der Sachgrund der Vertretung liegt nicht vor, wenn dem Vertretenen die Tätigkeiten der Vertretungskraft nur nach einer Vertragsänderung übertragen werden könnten. Dies gilt auch, wenn der Vertretungskraft höherwertige Tätigkeiten zugewiesen werden, als sie der Vertretene bisher ausgeübt hat (BAG, Urteil v. 12.1.2011, 7 AZR 194/09).

112 Der Sachgrund der Vertretung durch gedankliche Zuordnung liegt nicht vor, wenn dem befristet eingestellten Arbeitnehmer Aufgaben zugewiesen werden, die die Stammkraft aufgrund ihrer Befähigungen tatsächlich nicht ausüben könnte (BAG, Urteil v. 11.2.2015, 7 AZR 113/13). Das ist etwa dann der Fall, wenn die Stammkraft die gesamte Zeit des befristeten Arbeitsverhältnisses benötigen würde, um durch Fortbildung und Einarbeitung die Kenntnisse für die zu übertragende Tätigkeit zu erwerben. Dann fehlt es an der Kausalität zwischen der zeitweiligen Verhinderung der Stammkraft und der Einstellung der Vertretungskraft (BAG, Urteil v. 14.4.2010, 7 AZR 121/09[201]).

---

[198] AP TzBfG § 14 Vertretung Nr. 1.

[199] BAG, Urteil v. 20.1.2010, 7 AZR 542/08, AP TzBfG § 14 Nr. 68; BAG, Urteil v. 14.4.2010, 7 AZR 121/09; BAG, Urteil v. 10.10.2012, 7 AZR 462/11: BAG, Urteil v. 6.11.2013, 7 AZR 96/12.

[200] S. hierzu Rz. 96.

[201] EzA TzBfG § 14 Nr. 65.

Gesamtvertretung

Von der unmittelbaren und mittelbaren Vertretung zu unterscheiden ist die sog. Gesamtvertretung. Die dafür geltenden Grundsätze hat das BAG zur Vertretung im **Schulbereich** entwickelt (sog. schuljahresbezogene Gesamtvertretung). Ob sie auch **in anderen Bereichen der öffentlichen Verwaltung** und der **Privatwirtschaft** entsprechend angewandt werden können, ist umstritten[202]. 113

Bei der Gesamtvertretung im **Schulbereich** wird der Vertretungsbedarf des Lehrpersonals innerhalb einer durch Organisationsentscheidung festgelegten Verwaltungseinheit, z. B. des Schulamtsbezirks, bezogen auf ein Schuljahr rechnerisch ermittelt und durch befristet eingestellte Vertretungskräfte abgedeckt, die i. d. R. nicht an der Schule der zu vertretenden Lehrkräfte oder in deren Fächerkombination eingesetzt werden. In einem solchen Fall ist die Befristung des Arbeitsvertrags mit einer Vertretungskraft wirksam, wenn sich für ein Schuljahr aufgrund der voraussichtlichen Schülerzahlen und des zu erteilenden Unterrichts ein Unterrichtsbedarf ergibt, der mit den vorhandenen Lehrkräften nur deshalb nicht abgedeckt werden kann, weil ein Teil dieser Lehrkräfte in diesem Zeitraum wegen Beurlaubung, Krankheit oder ähnlicher Verhinderungsfälle für die Unterrichtserteilung nicht zur Verfügung steht[203]. 114

Das setzt allerdings **umfassende Versetzungs- und Umsetzungsbefugnisse des Arbeitgebers** hinsichtlich der vorübergehend verhinderten und der zur Vertretung befristet eingestellten Lehrkräfte voraus. Denn die **Einstellung der Vertretungskräfte** muss in einem **ursächlichen Zusammenhang** zu dem zeitweiligen Ausfall der planmäßig beschäftigten Lehrkräfte stehen. 115

Der Arbeitgeber könnte den Vertretungsbedarf auch durch **Einzelvertretungen** abdecken, indem er eine einzelne vorübergehend ausfallende Lehrkraft für die Dauer ihrer Abwesenheit an die Schule versetzt, an der die Vertretungskraft eingesetzt und mit Aufgaben beschäftigt wird, die auch der planmäßigen Lehrkraft übertragen werden könnten. Durch die Gesamtvertretung wird dem Arbeitgeber nur die umständliche, auf eine reine Förmlichkeit hinauslaufende tatsächliche Durchführung der Versetzungs- und Umsetzungsmöglichkeiten zum Nachweis des Vertretungsbedarfs erspart. Das ändert aber nichts daran, dass der Arbeitgeber zur entsprechenden Versetzung und Umsetzung auch tatsächlich in der Lage sein muss (BAG, Urteil v. 20.1.1999, 7 AZR 640/97[204]). 116

Bei der **Ermittlung des Gesamtvertretungsbedarfs für einen bestimmten Zeitraum**, z. B. ein Schuljahr, dürfen nur diejenigen planmäßig beschäftigten Arbeitnehmer einbezogen werden, die voraussichtlich für den gesamten Zeitraum an der Arbeitsleistung verhindert sein werden (BAG, Urteil v. 20.1.1999, 7 AZR 640/97[205]). 117

---

[202] Bejahend: Dörner, Der befristete Arbeitsvertrag, 2. Aufl. 2011, Rz. 320; HaKo/*Mestwerdt*, 4. Aufl. 2011, § 14 TzBfG, Rz. 86; a. A. KR/*Lipke*, 11. Aufl. 2016, § 14 TzBfG, Rz. 284.

[203] BAG, Urteil v. 13.4.1983, 7 AZR 51/81, AP BGB § 620 Befristeter Arbeitsvertrag Nr. 76; BAG, Urteil v. 3.12.1986, 7 AZR 354/85, AP BGB § 620 Befristeter Arbeitsvertrag Nr. 110; BAG, Urteil v. 20.1.1999, 7 AZR 640/97, AP BGB § 611 Lehrer, Dozenten Nr. 138.

[204] AP BGB § 611 Lehrer, Dozenten Nr. 138.

[205] AP BGB § 611 Lehrer, Dozenten Nr. 138.

118 Zur Wirksamkeit der Befristung ist **nicht erforderlich**, dass der Arbeitgeber den ermittelten **Vertretungsbedarf** durch die Einstellung von Vertretungskräften **vollständig abdeckt**. Der Ursachenzusammenhang zwischen dem vorübergehenden Ausfall einer Stammarbeitskraft und der Einstellung einer Vertretungskraft ist gewahrt, wenn die Anzahl der befristet eingestellten Vertretungskräfte den ermittelten Vertretungsbedarf nicht übersteigt (BAG, Urteil v. 3.12.1986, 7 AZR 354/85[206]).

119 Beschäftigt der Arbeitgeber zur Abdeckung von Vertretungsfällen sowohl **befristet als auch unbefristet eingestellte Arbeitnehmer**, ist eine am Sachgrund der Befristung orientierte **Konzeption des Arbeitgebers erforderlich**. Dabei dürfen die Anlässe, die der Dauervertretung zugrunde liegen, bei der Ermittlung des weiteren Gesamtvertretungsbedarfs nicht berücksichtigt werden, weil insoweit kein Vertretungsbedarf vorhanden ist (BAG, Urteil v. 20.1.1999, 7 AZR 640/97[207]).

120 Das BAG hat es in der Entscheidung vom 10.10.2012 (BAG, Urteil v. 10.10.2012, 7 AZR 462/11) **offengelassen, ob es an dem Rechtsinstitut der schuljahresbezogenen Gesamtvertretung festhält**, ob ggf. **Modifikationen** vorzunehmen sind und welche schulorganisatorischen Einheiten für die Anwendung dieses Rechtsinstituts ggf. in Betracht kommen. Es könnte daher damit zu rechnen sein, dass das BAG seine Rechtsprechung zur Gesamtvertretung möglicherweise nicht unverändert aufrechterhalten wird.

3.2.4 Eigenart der Arbeitsleistung (Abs. 1 Satz 2 Nr. 4)

3.2.4.1 Allgemeine Grundsätze

121 Mit diesem Sachgrund wollte der Gesetzgeber in erster Linie verfassungsrechtlichen, sich aus der Rundfunkfreiheit (Art. 5 Abs. 1 GG) und der Freiheit der Kunst (Art. 5 Abs. 3 GG) ergebenden **Besonderheiten** bei der Vereinbarung befristeter Arbeitsverträge mit **programmgestaltenden Mitarbeitern von Rundfunkanstalten** und mit **Bühnenkünstlern** Rechnung tragen[208]. Diese Besonderheiten waren bereits vor dem Inkrafttreten des Teilzeit- und Befristungsgesetzes von Bedeutung. Deshalb kann die bisherige Rechtsprechung in diesem Bereich weiterhin berücksichtigt werden.

122 Nach § 14 Abs. 1 Satz 2 Nr. 4 TzBfG können aber auch Befristungen von Arbeitsverträgen mit **Sporttrainern**, **Berufssportlern** oder mit **wissenschaftlichen Mitarbeitern einer Parlamentsfraktion** gerechtfertigt sein.

3.2.4.2 Fallgruppen

3.2.4.2.1 Mitarbeiter bei Rundfunk- und Fernsehanstalten

123 **Voraussetzungen**

Nach der Rechtsprechung des BVerfG umfasst die durch Art. 5 Abs. 1 Satz 2 GG gewährleistete **Rundfunkfreiheit** auch das Recht der Rundfunk- und Fernsehanstalten, frei von fremdem, insbesondere staatlichem Einfluss über die Auswahl, Einstellung und Be-

---

[206] AP BGB § 620 Befristeter Arbeitsvertrag Nr. 110.

[207] AP BGB § 611 Lehrer, Dozenten Nr. 138.

[208] Vgl. BT-Drucks. 14/4374, S. 19.

schäftigung derjenigen Mitarbeiter zu bestimmen, die an Hörfunk- oder Fernsehsendungen inhaltlich gestaltend mitwirken[209]. Die Rundfunkfreiheit dient der Aufgabe der Rundfunkanstalten, an der individuellen und öffentlichen Meinungsbildung durch möglichst umfassende Berichterstattung und durch die Wiedergabe vielfältiger Meinungen mitzuwirken.

Dieser Aufgabe können Rundfunk- und Fernsehanstalten nur gerecht werden, wenn sie über Auswahl, Inhalt und Gestaltung der Programme frei entscheiden können. Dies setzt auch voraus, dass die Sendungen von Personen gestaltet werden, die in der Lage sind, die gebotene Vielfalt in das Programm einzubringen. Dazu müssen die Rundfunk- und Fernsehanstalten auf einen **breit gestreuten Kreis geeigneter Mitarbeiter** zurückgreifen können. Das kann zur Folge haben, dass die Mitarbeiter nicht dauerhaft, sondern nur zeitweise beschäftigt werden[210]. Aus der besonderen Bedeutung der Rundfunkfreiheit folgt, dass ihr im Einzelfall mehr Gewicht beizumessen sein kann als dem arbeitsrechtlichen Bestandsschutz[211]. Der **Grund für die Befristung** des Arbeitsvertrags mit einem programmgestaltend tätigen Mitarbeiter kann sich daher **allein aus der Rundfunkfreiheit** ergeben, ohne dass dazu weitere Gründe erforderlich sind (BAG, Urteil v. 11.12.1991, 7 AZR 128/91[212]).

Der **Bestandsschutz des Arbeitnehmers** muss allerdings nicht immer hinter der Rund- 124
funkfreiheit zurücktreten. Dies hängt vielmehr von den **Umständen des Einzelfalls** ab. Die **Belange** der Rundfunkanstalt und diejenigen des Mitarbeiters sind **gegeneinander abzuwägen**, wobei keiner der beiden Positionen von vornherein ein Übergewicht zukommt (BAG, Urteil v. 26.7.2006, 7 AZR 495/05[213]). Dabei ist zu beachten, dass den Rundfunkanstalten die zur Erfüllung ihres Programmauftrags erforderliche Freiheit und Flexibilität nicht genommen werden darf. Bei der Abwägung ist insbesondere zu berücksichtigen, mit welcher **Intensität** der Arbeitnehmer **auf die Programmgestaltung Einfluss nehmen** kann und wie groß die Gefahr ist, dass die Rundfunkanstalt im Falle eines unbefristeten Arbeitsvertrags nicht mehr in der Lage ist, den Erfordernissen eines vielfältigen Programms und den sich möglicherweise ändernden Informationsbedürfnissen

---

[209] BVerfG, Beschluss v. 13.1.1982 , 1 BvR 848/77 u. a., AP GG Art. 5 Abs. 1 Rundfunkfreiheit Nr. 1; BVerfG, Beschluss v. 3.12.1992, 1 BvR 1462/86, AP GG Art. 5 Abs. 1 Rundfunkfreiheit Nr. 5; vgl. auch BAG, Urteil v. 11.12.1991, 7 AZR 128/91, AP BGB § 620 Befristeter Arbeitsvertrag Nr. 144; BAG, Urteil v. 24.4.1996, 7 AZR 719/95, AP BGB § 620 Befristeter Arbeitsvertrag Nr. 180.

[210] BVerfG, Beschluss v. 13.1.1982, 1 BvR 848/77 u. a., AP GG Art. 5 Abs. 1 Rundfunkfreiheit Nr. 1; BVerfG, Beschluss v. 3.12.1992, 1 BvR 1462/86, AP GG Art. 5 Abs. 1 Rundfunkfreiheit Nr. 5; BAG, Urteil v. 13.1.1983, 5 AZR 156/82, AP BGB § 611 Abhängigkeit Nr. 43; BAG, Urteil v. 24.4.1996, 7 AZR 719/95, AP BGB § 620 Befristeter Arbeitsvertrag Nr. 180; BAG, Urteil v. 4.12.2013, 7 AZR 457/12.

[211] BVerfG, Beschluss v. 13.1.1982, 1 BvR 848/77 u. a., AP GG Art. 5 Abs. 1 Rundfunkfreiheit Nr. 1; BAG, Urteil v. 11.12.1991, 7 AZR 128/91, AP Befristeter Arbeitsvertrag Nr. 144.

[212] AP BGB § 620 Befristeter Arbeitsvertrag Nr. 144; BAG, Urteil v. 26.7.2006, 7 AZR 495/05, EzA TzBfG § 14 Nr. 31.

[213] EzA TzBfG § 14 Nr. 31.

und Publikumsinteressen gerecht zu werden. Je größer die Möglichkeit des Arbeitnehmers ist, seine eigenen Vorstellungen und seinen eigenen Stil einzubringen, umso mehr wird die Freiheit und Flexibilität der Rundfunkanstalt durch einen unbefristeten Arbeitsvertrag berührt (BAG, Urteil v. 4.12.2013, 7 AZR 457/12).

125 Die **lang andauernde Beschäftigung** eines Arbeitnehmers kann ein Indiz dafür sein, dass bei der Rundfunkanstalt kein Bedürfnis mehr für einen Wechsel besteht, so dass eine weitere Befristung nicht mehr mit der Rundfunkfreiheit gerechtfertigt werden kann[214]. Allerdings steigt die soziale Schutzbedürftigkeit des Arbeitnehmers durch eine vorangegangene langjährige Beschäftigung mit andersartigen Tätigkeiten nicht derart, dass dem Bestandsschutz für den neuen Arbeitsvertrag der Vorrang gegenüber der Rundfunkfreiheit einzuräumen wäre (BAG, Urteil v. 11.12.1991, 7 AZR 128/91[215]).

126 Auf das Grundrecht der Rundfunkfreiheit können sich nicht nur Rundfunk- und Fernsehanstalten berufen, die Rundfunkprogramme veranstalten, sondern auch andere natürliche und juristische Personen, die in eigener rundfunkrechtlicher Verantwortung Programmteile herstellen und ausstrahlen (BAG, Urteil v. 26.7. 2006, 7 AZR 495/05[216]). Demgegenüber werden reine Produktionsgesellschaften, die lediglich im Auftrag von Rundfunk- und Fernsehanstalten Programmteile herstellen, von der Rundfunkfreiheit nicht erfasst.

Die Deutsche Welle unterfällt dem Schutzbereich des Art. 5 Abs. 1 Satz 2 GG (BAG, Urteil v. 4.12.2013, 7 AZR 457/12).

Programmgestaltende Mitarbeiter

127 Diese weitgehenden Befristungsmöglichkeiten gelten nur für die Befristung von Arbeitsverträgen mit Mitarbeitern von Rundfunk- und Fernsehanstalten, die an Hörfunk- und Fernsehsendungen **inhaltlich gestaltend** mitwirken[217]. Dazu gehören typischerweise Mitarbeiter, die ihre eigenen Anschauungen zu politischen, wirtschaftlichen, künstlerischen oder anderen Themen, ihre besonderen Fachkenntnisse oder künstlerischen Befähigungen in die Sendungen einbringen, z. B. Regisseure, Wissenschaftler, Künstler, Redakteure, Moderatoren oder Kommentatoren[218].

---

[214] BAG, Urteil v. 11.12.1991, 7 AZR 128/91, AP BGB § 620 Befristeter Arbeitsvertrag Nr. 144; BAG, Urteil v. 24.4.1996, 7 AZR 719/95, AP BGB § 620 Befristeter Arbeitsvertrag Nr. 180; BAG, Urteil v. 22.4.1998, 5 AZR 342/97, AP BGB § 611 Rundfunkfreiheit Nr. 26.

[215] AP BGB § 620 Befristeter Arbeitsvertrag Nr. 144.

[216] EzA TzBfG § 14 Nr. 31.

[217] BVerfG, Beschluss v. 13.1.1982, 1 BvR 848/77 u.a. AP GG Art. 5 Abs. 1 Rundfunkfreiheit Nr. 1; BAG, Urteil v. 13.1.1983, 5 AZR 156/82, AP BGB § 611 Abhängigkeit Nr. 43; BAG, Urteil v. 11.12.1991, 7 AZR 128/91, AP BGB § 620 Befristeter Arbeitsvertrag Nr. 144.

[218] BVerfG, Beschluss v. 13.1.1983, 1 BvR 848/77, u. A. AP GG Art. 5 Abs. 1 Rundfunkfreiheit Nr. 1; BAG, Urteil v. 13.1.1983, 5 AZR 156/82, AP BGB § 611 Abhängigkeit Nr. 43; BAG, Urteil v. 26.7.2006, 7 AZR 495/05, EzA TzBfG § 14 Nr. 31.

Eine **schöpferische Mitwirkung** an den Sendungen ist allerdings **nicht erforderlich.** 128
Das Rundfunk- oder Fernsehprogramm kann z. B. auch durch die Ausarbeitung der übergeordneten Rahmenkonzeption, die Festlegung verbindlicher Leitideen oder die Auswahl und Zusammenstellung der Sendungen gestaltet werden (BAG, Urteil v. 11.12.1991, 7 AZR 128/91[219]). Das wurde bejaht bei einer Redakteurin, zu deren Aufgaben es gehörte, Programmkonzeptionen zu erstellen, junge Filmemacher zu engagieren, geeignete Features anzukaufen, Sendebeiträge auszuwählen und diese redaktionell zu betreuen (BAG, Urteil v. 11.12.1991, 7 AZR 128/91[220]). Auch die Tätigkeit eines Redakteurs, dem es oblag, Beiträge zu beschaffen, zu redigieren oder auch selbst zu verfassen, wurde als programmgestaltend angesehen (BAG, Urteil v. 24.4.1996, 7 AZR 19/95[221]), ebenso die Tätigkeit eines Lokalreporters einer Fernsehanstalt, der mit Redaktionsaufgaben im Bereich Fernseh- Landesprogramm befasst war und dabei kurze Fernsehbeiträge zur Sendung in den Landesprogrammen zu erstellen und Beiträge sendefertig zu erarbeiten hatte (BAG, Urteil v. 22.4.1998, 5 AZR 342/97[222]).

Auch die Einführung neuer Programme kann die Befristung des Arbeitsvertrags mit einem programmgestaltenden Mitarbeiter rechtfertigen (BAG, Urteil v. 24.4.1996, 7 AZR 19/95[223]). 129

Nicht programmgestaltend tätige Mitarbeiter

Bei Arbeitnehmern von Rundfunk- oder Fernsehanstalten, die nicht programmgestaltend tätig sind, kann die **Rundfunkfreiheit** die **Befristung** des Arbeitsvertrags **nicht rechtfertigen.** Für sie gelten die allgemeinen Grundsätze des Befristungsrechts. Zu diesen Arbeitnehmern zählen neben den betriebstechnischen Mitarbeitern und dem Verwaltungspersonal auch Mitarbeiter, deren Tätigkeit zwar im Zusammenhang mit der Verwirklichung des Programms steht, die sich aber in dessen technischer Realisation erschöpft, ohne auf den Inhalt des Programms Einfluss zu nehmen[224]. Das gilt z. B. für einen Hörfunksprecher oder einen Fernsehansager, der nur vorgegebene Texte abliest oder für einen Moderator einer Hörfunksendung, deren inhaltliche und formale Gestaltung vorgegeben ist und bei der sich die Funktion des Moderators auf diejenige eines Sprechers reduziert[225]. Auch eine Musikerin in einem Rundfunkorchester ohne hervorgehobene Position (hier: Geigerin) zählt nicht zu den programmgestaltend tätigen Mitarbeitern (BVerfG, Beschluss v. 13.1.1982, 1 BvR 848/77 u. a.[226]). 130

---

219 AP BGB § 620 Befristeter Arbeitsvertrag Nr. 144.
220 AP BGB § 620 Befristeter Arbeitsvertrag Nr. 144.
221 AP BGB § 620 Befristeter Arbeitsvertrag Nr. 180.
222 AP BGB § 611 Rundfunk Nr. 26.
223 AP BGB § 620 Befristeter Arbeitsvertrag Nr. 180.
224 BVerfG, Beschluss v. 13.1.1982, 1 BvR 848/77 u. a., AP GG Art. 5 Abs. 1 Rundfunkfreiheit Nr. 1; BVerfG, Beschluss v. 3.12.1992, 1 BvR 1462/86, AP GG Art. 5 Abs. 1 Rundfunkfreiheit Nr. 5.
225 BVerfG, Beschluss v. 3.12.1992, 1 BvR 1462/86, AP GG Art. 5 Abs. 1 Rundfunkfreiheit Nr. 5.
226 AP GG Art. 5 Abs. 1 Rundfunkfreiheit Nr. 1.

3.2.4.2.2 Tendenzbetriebe bei Presse, Kunst und Wissenschaft

131 Die für die Befristung des Arbeitsvertrags mit programmgestaltend tätigen Mitarbeitern von Rundfunk- und Fernsehanstalten geltenden Grundsätze können auf Tendenzbetriebe im Bereich von Presse, Kunst und Wissenschaft übertragen werden[227]. Auch hier gelten die **erleichterten Befristungsmöglichkeiten** aber **nur für sog. Tendenzträger**, d. h. für Arbeitnehmer, die durch ihre Tätigkeit den Tendenzzweck unmittelbar beeinflussen[228].

3.2.4.2.3 Bühnenkünstler

132 **Geschichtliche Entwicklung**

Die Befristung von Arbeitsverträgen mit Bühnenkünstlern entspricht langjährigem Bühnenbrauch. Bereits der Normalvertrag Solo (NV Solo) vom 1.5.1924, der für Solisten galt, ging vom befristeten Bühnenarbeitsverhältnis als Regelfall aus. An dieser tariflichen Regelung hat sich bis heute nichts geändert. Die Tarifvertragsparteien haben in § 2 Abs. 2 des am 1.1.2003 in Kraft getretenen, nicht nur für **Solisten**, sondern auch für andere Bühnenkünstler, z. B. **Chorsänger**, **Mitglieder einer Tanzgruppe** und **künstlerisch tätige Bühnentechniker** geltenden **Normalvertrag Bühne** (NV Bühne) bestimmt, dass der Arbeitsvertrag mit Rücksicht auf die künstlerischen Belange der Bühne ein Zeitvertrag ist.

Voraussetzungen

133 Der Arbeitsvertrag wird in der Regel für die **Dauer eines Jahres** (Spielzeit) abgeschlossen. Für die Solisten ist in § 61 Abs. 2 NV Bühne geregelt, dass ein mindestens für 1 Jahr (Spielzeit) abgeschlossener Arbeitsvertrag sich zu den gleichen Bedingungen um 1 weiteres Jahr (Spielzeit) verlängert, wenn nicht eine Vertragspartei der anderen **bis zum 31. Oktober** der Spielzeit, mit deren Ablauf der Vertrag endet, schriftlich mitteilt, dass sie nicht beabsichtigt, den Arbeitsvertrag zu verlängern (**Nichtverlängerungsmitteilung**).

134 Besteht das Arbeitsverhältnis am Ende einer Spielzeit ununterbrochen mehr als **8 Jahre**, muss die Nichtverlängerungsmitteilung der anderen Vertragspartei bis zum **31. Juli der vorangegangenen Spielzeit** zugegangen sein. Entsprechendes gilt für Bühnentechniker (§ 69 Abs. 2 NV Bühne), für Chormitglieder (§ 83 Abs. 2 NV Bühne) und für Mitglieder einer Tanzgruppe (§ 96 Abs. 2 NV Bühne). Gegenüber Solisten, Bühnentechnikern und Mitgliedern einer Tanzgruppe kann nach **mehr als 15-jährigem Bestand** des Arbeitsverhältnisses eine Nichtverlängerungsmitteilung nur ausgesprochen werden, wenn das Arbeitsverhältnis zu geänderten Arbeitsbedingungen fortgesetzt werden soll (§ 61 Abs. 3, § 69 Abs. 3, § 96 Abs. 3 NV Bühne). Eine **Nichtverlängerungsmitteilung** zur Beendigung des Arbeitsverhältnisses **kommt dann nicht mehr in Betracht**.

---

[227] ErfK/*Müller-Glöge*, 16. Aufl. 2016, § 14 TzBfG, Rz. 46a; differenzierend APS/*Backhaus*, 4. Aufl. 2012, § 14 TzBfG, Rz. 309 und 310; Sievers, TzBfG, 5. Aufl. 2015, § 14 TzBfG, Rz. 285.

[228] Meinel/Heyn/Herms/*Meinel*, TzBfG, 5. Aufl. 2015, § 14 TzBfG, Rz. 146; ErfK/*Müller-Glöge*, 16. Aufl. 2016, § 14 TzBfG, Rz. 46.

Für **Chorsänger** gilt dieser Bestandsschutz nach 15-jährigem Bestand des Arbeitsverhältnisses nach den tariflichen Regelungen nicht. Allerdings hat der Arbeitgeber eines Opernchormitglieds zu prüfen, ob und inwieweit dem Chormitglied – ggf. nach einer Umschulung – eine andere angemessene Beschäftigung an der Bühne oder in der Kulturverwaltung am Sitz der Bühne angeboten werden kann (§ 83 Abs. 11 NV Bühne), wenn das Chormitglied bei Beendigung des Arbeitsverhältnisses das 40. Lebensjahr überschritten hat und länger als 15 Jahre bei dem Arbeitgeber oder seinem Rechtsvorgänger beschäftigt war. 135

Außerdem ist für **Chormitglieder** in § 83 Abs. 8 NV Bühne bestimmt, dass die **Nichtverlängerungsmitteilung** des Arbeitgebers **unwirksam** ist, wenn künstlerische Belange der Bühne durch die Verlängerung des Arbeitsverhältnisses nicht beeinträchtigt werden und die Interessen des Opernchormitglieds an der Beibehaltung seines Arbeitsplatzes die Verlängerung des Arbeitsverhältnisses gebieten.

Die **tarifliche Regelung**, nach der sich das für eine Spielzeit begründete Arbeitsverhält- 136
nis um eine weiteres Jahr verlängert, wenn nicht innerhalb der vorgesehenen Fristen eine Nichtverlängerungsmitteilung ausgesprochen wird, **kann nicht dahingehend ausgelegt werden**, dass ein unbefristetes **Arbeitsverhältnis mit jährlicher Kündigungsmöglichkeit** entsteht. Der Arbeitsvertrag verlängert sich nur dann um ein weiteres Jahr, wenn keine Nichtverlängerungsmitteilung ausgesprochen wird. Das Arbeitsverhältnis ist daher befristet. Unterbleibt eine Nichtverlängerungsmitteilung, kommt ein weiterer befristeter Arbeitsvertrag für die Dauer eines Jahres zustande. Da die Nichtverlängerungsmitteilung nicht die gleichen Wirkungen hat wie eine Kündigung, ist das **Kündigungsverbot in § 9 Abs. 1 MuSchG auf die Nichtverlängerungsmitteilung weder unmittelbar noch entsprechend anzuwenden** (BAG, Urteil v. 23.10.1991, 7 AZR 56/91[229]).

Der Abschluss befristeter Arbeitsverträge mit Bühnenkünstlern trägt dem berechtigten 137
Bestreben der Bühne Rechnung, künstlerische Vorstellungen des Intendanten mit dem von ihm dafür geeignet gehaltenen künstlerischen Bühnenpersonal zu verwirklichen und damit zugleich auch dem Abwechslungsbedürfnis des Publikums entgegenzukommen. Außerdem liegt es im eigenen Interesse der Künstler an der Erhaltung ihrer beruflichen Freizügigkeit, dass an anderen Bühnen durch Beendigung befristeter Engagements Arbeitsplätze frei werden. Die **Befristung von Arbeitsverträgen mit Bühnenkünstlern** ist daher **grundsätzlich sachlich gerechtfertigt**[230]. Auch in der Gesetzesbegründung zu § 14 Abs. 1 Satz 2 Nr. 4 TzBfG wird das Recht der Bühne zum Abschluss befristeter Arbeitsverträge mit Solisten als **Ausdruck der Kunstfreiheit** und als Möglichkeit zur Verwirklichung des künstlerischen Konzepts des Intendanten verstanden[231].

---

229 AP BGB § 611 Bühnenengagementvertrag Nr. 45.

230 Vgl. etwa BAG, Urteil v. 21.5.1981, 2 AZR 1117/78, AP BGB § 611 Bühnenengagementvertrag Nr. 25; BAG, Urteil v. 26.8.1998, 7 AZR 263/97, AP BGB § 611 Bühnenengagementvertrag Nr. 53.

231 BT-Drucks. 14/4374, S. 19.

138 Die Befristung von Arbeitsverträgen nach § 14 Abs. 1 Satz 2 Nr. 4 TzBfG ist nur mit **künstlerischem Bühnenpersonal** zulässig, d. h. mit Personen, die mit ihren individuellen Leistungen das künstlerische Konzept dem Publikum gegenüber repräsentieren. Die Arbeitsverträge mit anderen Mitarbeitern, z. B. technischem Personal und Verwaltungspersonal oder dem sog. Abendpersonal (z. B. Garderobenpersonal, Platzanweiser) können nicht mit dem in § 14 Abs. 1 Satz 2 Nr. 4 TzBfG normierten Sachgrund befristet werden.

139 Da § 14 Abs. 1 TzBfG nicht tarifdispositiv ist (vgl. § 22 TzBfG), können auch die Tarifvertragsparteien die Befristung von Arbeitsverträgen mit nicht künstlerisch tätigem Personal nicht mit dem in § 14 Abs. 1 Satz 2 Nr. 4 TzBfG anerkannten Sachgrund regeln.

140 Zum **künstlerischen Bühnenpersonal** gehören Solisten wie Schauspieler, Opernsänger, Tänzer, aber auch Regisseure, Dramaturgen und Choreographen (BAG, Urteil v. 21.5.1981, 2 AZR 1117/78[232]; BAG, Urteil v. 26.8.1998, 7 AZR 263/97[233]). Das BAG hat auch die Befristung des Arbeitsvertrags mit einer Schauspielmusikerin für sachlich gerechtfertigt gehalten und diese als Bühnenkünstlerin angesehen (BAG, Urteil v. 26.8.1998, 7 AZR 263/97[234]).

141 Auch die **Befristung** von Arbeitsverträgen mit **Tanzgruppenmitgliedern** nach dem **NV Tanz (jetzt: NV Bühne)** ist nach der bisherigen Rechtsprechung des BAG **sachlich gerechtfertigt**. Insoweit sollen die gleichen Gründe die Befristung rechtfertigen wie bei Solisten, weil das individuelle körperliche Erscheinungsbild und die tänzerische Ausdruckskraft jedes einzelnen Mitglieds für den Gesamteindruck der Tanzgruppe von entscheidender Bedeutung sei (BAG, Urteil v. 18.4.1986, 7 AZR 114/85[235]; BAG, Urteil v. 23.10.1991, 7 AZR 56/91[236]).

Das erscheint allerdings zweifelhaft. Ein einzelnes Mitglied einer Tanzgruppe, das sich von der übrigen Tanzgruppe nicht besonders abhebt, dürfte im Regelfall das künstlerische Konzept der Bühne nicht so maßgeblich repräsentieren, dass dies den uneingeschränkten Abschluss eines befristeten Arbeitsvertrags erfordert. Auch wird beim Publikum nicht in vergleichbarer Weise wie bei Solisten ein Bedürfnis nach Abwechslung bestehen[237].

142 Entsprechendes gilt grundsätzlich auch für **Chorsänger**. Das BAG hat die Befristung des Arbeitsvertrags mit einer Chorsängerin – allerdings in einem Rundfunkchor – für unwirksam gehalten und gemeint, das in bestimmten künstlerischen Berufen, wie z. B. demjenigen des Schauspielers, sachlich begründete Abwechslungsbedürfnis bestehe bei Chorsängern nicht. Für die Qualität des Chors komme es vielmehr entscheidend darauf

---

232 AP BGB § 611 Bühnenengagementvertrag Nr. 25.
233 AP BGB § 611 Bühnenengagementvertrag Nr. 53.
234 AP BGB § 611 Bühnenengagementvertrag Nr. 53.
235 AP BGB § 611 Bühnenengagementvertrag Nr. 27.
236 AP BGB § 611 Bühnenengagementvertrag Nr. 45.
237 Vgl. Dörner, Der befristete Arbeitsvertrag, 2. Aufl. 2011, Rz. 404 und 405.

an, dass der Klangkörper eine gute, dauerhafte Besetzung habe, die aus erfahrenen, aufeinander eingespielten Kräften bestehe (BAG, Urteil v. 5.3.1970, 2 AZR 175/69[238]). Kurze Zeit später hat das BAG jedoch die – auch **wiederholte** – **Befristung von Arbeitsverträgen mit Bühnenchormitgliedern** nach den Bestimmungen des NV Chor (jetzt: NV Bühne) für **zulässig** gehalten (BAG, Urteil v. 30.9.1971, 5 AZR 146/71). Das dürfte für Befristungen nach dem NV Bühne auch weiterhin gelten, da die tarifliche Regelung für Opernchorsänger anders ausgestaltet ist als etwa bei Tanzgruppenmitgliedern. Bei Opernchorsängern ist die die Vertragsverlängerung verhindernde Nichtverlängerungsmitteilung des Arbeitgebers unwirksam, wenn durch die Vertragsverlängerung künstlerische Belange der Bühne nicht beeinträchtigt werden. Dies eröffnet die Möglichkeit, die Rechtmäßigkeit der Vertragsbeendigung gerichtlich zu überprüfen, sodass ein Mindestbestandsschutz eingreift[239].

Zu dem künstlerisch tätigen Bühnenpersonal gehören auch **Bühnentechniker**, sofern sie 143 mit ihren individuellen Leistungen an der Verwirklichung des künstlerischen Konzepts des Intendanten mitwirken. Das dürfte nicht für alle Bühnentechniker i. S. v. § 1 NV Bühne zutreffen[240]. Das BAG hat z. B. die Befristung des Arbeitsvertrags mit einem Chefmaskenbildner für sachlich gerechtfertigt gehalten (BAG, Urteil v. 27.1.1993, 7 AZR 124/92[241]).

Die Befristung des Arbeitsvertrags mit einem **Orchestermusiker** kann nicht auf § 14 144 Abs. 1 Satz 2 Nr. 4 TzBfG gestützt werden. Auch der einschlägige Tarifvertrag für Musiker in Kulturorchestern (TVK) sieht im Regelfall nicht den Abschluss eines befristeten, sondern eines unbefristeten Arbeitsvertrags vor (BAG, Urteil v. 26.8.1998, 7 AZR 263/97[242]).

3.2.4.2.4 Künstler bei Film- und Fernsehgesellschaften

Auch die Befristung von Arbeitsverträgen mit Künstlern außerhalb der Bühne, z. B. bei 145 Film- und Fernsehgesellschaften, kann aufgrund der Kunstfreiheit gerechtfertigt sein. Die **Befristung** des Arbeitsvertrags mit einer **Schauspielerin**, die in einer langjährigen, nahezu täglich ausgestrahlten Fernsehserie mitwirkt, ist grundsätzlich aus künstlerischen Gründen sachlich gerechtfertigt. Auch eine **auflösende Bedingung**, wonach das Arbeitsverhältnis endet, wenn die Rolle in der Serie nicht mehr enthalten ist, ist sachlich gerechtfertigt, sofern der Wegfall der Rolle auf künstlerischen Erwägungen beruht. Das kann z. B. der Fall sein, wenn die Rolle aus dem Drehbuch gestrichen wird, um das künstlerische Konzept den Veränderungen des Publikumsgeschmacks anzupassen (BAG, Urteil v. 2.7.2003, 7 AZR 612/02[243]).

---

[238] AP BGB § 620 Befristeter Arbeitsvertrag Nr. 34.

[239] Dörner, Der befristete Arbeitsvertrag, 2. Aufl. 2011, Rz. 401 bis 403.

[240] Dörner, Der befristete Arbeitsvertrag, 2. Aufl. 2011, Rz. 406; KR/*Lipke*, 11. Aufl. 2016, § 14 TzBfG, Rz. 303.

[241] AP ArbGG 1979 § 110 Nr. 1.

[242] EzA TVG § 4 Bühnen Nr. 6.

[243] AP BGB § 620 Bedingung Nr. 29.

3.2.4.2.5 Sporttrainer

146 Die Befristung des Arbeitsvertrags mit einem Sporttrainer ist nicht allein deshalb gerechtfertigt, weil im Bereich des Sports der Abschluss befristeter Arbeitsverträge üblich ist. Ein **Sachgrund** für die Befristung kann aber vorliegen, wenn mit der Betreuung von Spitzensportlern oder besonders talentierten Nachwuchssportlern die Gefahr verbunden ist, dass im Laufe der Zeit die Fähigkeit des Trainers zur weiteren Motivation der ihm anvertrauten Sportler regelmäßig nachlässt (sog. **Verschleißtatbestand**).

Voraussetzung für diesen Sachgrund ist, dass die Befristung überhaupt geeignet ist, der Gefahr eines solchen Verschleißes vorzubeugen. Das ist jedenfalls dann nicht der Fall, wenn die zu trainierenden Sportler häufig wechseln und die mit dem Trainer vereinbarte Vertragslaufzeit länger ist als die Zeit, für die ihm die Sportler zur Betreuung zugewiesen sind. Wird der Trainer z. B. für 2 Jahre eingestellt und wechseln die zu betreuenden Sportler jährlich, kann der Verschleißtatbestand nicht Sachgrund für die Befristung sein. Denn der Befristungsgrund des Verschleißes rechtfertigt die Befristung nur wegen des Bedürfnisses der Sportler, nach einer gewissen Zeit den Trainer zu wechseln und nicht wegen des Wechsels der Sportler.

147 Das BAG hat daher die Befristung des Arbeitsvertrags eines **Tennistrainers** für die Dauer von **3 Jahren** in einem Landesleistungszentrum für Nachwuchs- und Spitzensportler für unwirksam gehalten, weil die zu trainierenden Nachwuchsspieler im Durchschnitt lediglich 2 bis 3 Jahre in dem Landesleistungszentrum trainierten (BAG, Urteil v. 29.10.1998, 7 AZR 436/97[244]). Auch die für **4 Jahre** vereinbarte Befristung des Arbeitsvertrags eines **Bundestrainers im Kanusport** war unwirksam, weil der Trainer die Sportler nur für jeweils 2 Jahre zu betreuen hatte (BAG, Urteil v. 15.4.1999, 7 AZR 437/97[245]).

148 Bei der **langjährigen Betreuung** eines bestimmten Spitzensportlers oder einer Profimannschaft dürfte die Befristung des Arbeitsvertrags mit dem Trainer hingegen gerechtfertigt sein[246].

149 Bei einem **Fußballtrainer** kann eine auflösende Bedingung, wonach der Arbeitsvertrag nur für die Dauer der Teilnahme des Vereins am Spielbetrieb der 1. und 2. Bundesliga gelten soll, gerechtfertigt sein. Voraussetzung ist, dass bei Vertragsschluss objektive Anhaltspunkte für das Interesse des Arbeitnehmers vorlagen, keinen Vertrag zu unterzeichnen, der ihn für eine Tätigkeit in der 3. und 4. Liga verpflichtet hätte. Dies ist aufgrund einer Gesamtwürdigung aller Umstände des Einzelfalls zu ermitteln (BAG, Urteil v. 4.12.2002, 7 AZR 492/01[247]).

3.2.4.2.6 Sportler

150 Der Sachgrund für die Befristung des Arbeitsvertrags mit einem Sportler kann, ähnlich wie bei künstlerisch tätigem Bühnenpersonal, im Abwechslungsbedürfnis des Publikums

---

[244] AP BGB § 611 Berufssport Nr. 14.

[245] AP AÜG § 13 Nr. 1.

[246] Ähnlich KR/*Lipke*, 11. Aufl. 2016, § 14 TzBfG, Rz. 333, 334 und 336.

[247] AP BGB § 620 Bedingung Nr. 28.

bestehen oder auch im Interesse des Sportlers selbst liegen[248]. Das LAG Rheinland-Pfalz hat die Befristung des Arbeitsvertrags eines Lizenz-Fussballspielers mit einem Verein der 1. Bundesliga als sachlich gerechtfertigt angesehen (LAG Rheinland-Pfalz, Urteil v. 17.2.2016, 4 Sa 202/15).

Eine **auflösende Bedingung** im Arbeitsvertrag eines **Lizenz-Fußballspielers** der 2. 151
Bundesliga, wonach das Arbeitsverhältnis endet, wenn der Verein vom DFB wegen fehlender wirtschaftlicher Leistungsfähigkeit keine weitere Lizenz erhält, ist **unwirksam** (BAG, Urteil v. 9.7.1981, 2 AZR 788/78[249]).

3.2.4.2.7 Mitarbeiter einer Parlamentsfraktion

Die besondere verfassungsrechtliche Stellung der Parlamentsabgeordneten und der von 152
ihnen gebildeten Parlamentsfraktion kann die Befristung des Arbeitsvertrags mit einem **wissenschaftlichen Mitarbeiter** der Parlamentsfraktion **für die Dauer einer Legislaturperiode** rechtfertigen. Parlamentsfraktionen sind zur Wahrnehmung ihrer parlamentarischen Aufgaben auf die Unterstützung durch fachlich qualifizierte Mitarbeiter angewiesen. Da die Arbeit eines wissenschaftlichen Mitarbeiters auch von seinen politischen Auffassungen geprägt ist, dürfen diese nicht im Widerspruch zu den politischen Vorstellungen der Fraktion stehen. Die personelle Zusammensetzung der Fraktion und damit die von ihr bestimmten Inhalte und Ziele ändern sich u. U. nach jeder Wahl. Deshalb muss die Fraktion nach ihrer Neukonstituierung jeweils neu darüber befinden können, von welchen wissenschaftlichen Mitarbeitern sie sich künftig unterstützen lassen will. Dem trägt die Befristung des Arbeitsvertrags mit dem wissenschaftlichen Mitarbeiter Rechnung (BAG, Urteil v. 26.8.1998, 7 AZR 450/97[250]).

Andere Mitarbeiter einer Parlamentsfraktion, z. B. Büroangestellte, können mit dem in 153
§ 14 Abs. 1 Satz 2 Nr. 4 TzBfG normierten Sachgrund nicht befristet eingestellt werden.

3.2.5 Erprobung (Abs. 1 Satz 2 Nr. 5)

3.2.5.1 Voraussetzungen

Die Erprobung des Arbeitnehmers ist als Befristungsgrund seit langem anerkannt[251]. Da- 154
mit wird dem berechtigten Interesse des Arbeitgebers, die Eignung des Arbeitnehmers für die vorgesehene Tätigkeit zu überprüfen, ebenso Rechnung getragen wie dem Anliegen des Arbeitnehmers zu entscheiden, ob der Arbeitsplatz seinen Vorstellungen entspricht.

---

[248] Dörner, Der befristete Arbeitsvertrag, 2. Aufl. 2011, Rz. 391; ähnlich KR/*Lipke*, 11. Aufl. 2016, § 14 TzBfG, Rz. 337.

[249] AP BGB § 620 Bedingung Nr. 4.

[250] AP BGB § 620 Befristeter Arbeitsvertrag Nr. 202.

[251] Vgl. etwa BAG, Beschluss v. 12.10.1960, GS 1/59, AP BGB § 620 Befristeter Arbeitsvertrag Nr. 16; BAG, Urteil v. 15.3.1966, 2 AZR 211/65, AP BGB § 620 Befristeter Arbeitsvertrag Nr. 28; BAG, Urteil v. 30.9.1981, 7 AZR 789/78, AP BGB § 620 Befristeter Arbeitsvertrag Nr. 61; BAG, Urteil v. 31.8.1994, 7 AZR 983/93, AP BGB § 620 Befristeter Arbeitsvertrag Nr. 163.

155 Während der Probezeit sollen die Arbeitsvertragsparteien prüfen können, ob sie auf Dauer zusammenarbeiten wollen. Eine Befristung zur Erprobung kommt deshalb **primär bei** der **Neueinstellung** eines Arbeitnehmers in Betracht. Bei der erstmaligen Einstellung des Arbeitnehmers bei dem Arbeitgeber dürfte dem Sachgrund der Erprobung keine große praktische Bedeutung zukommen, weil bis zur Dauer von 2 Jahren eine **Befristung ohne Sachgrund nach § 14 Abs. 2 TzBfG** zulässig ist. Die sachgrundlose Befristung dient zwar nicht der Ermöglichung einer 2-jährigen Probezeit. Nutzt der Arbeitgeber dennoch die Möglichkeit der sachgrundlosen Befristung, ist diese wirksam, wenn die Voraussetzungen des § 14 Abs. 2 TzBfG vorliegen[252].

156 Die Möglichkeit der sachgrundlosen Befristung nach § 14 Abs. 2 TzBfG scheidet aber nach § 14 Abs. 2 Satz 2 aus, wenn der Arbeitnehmer bereits in der Vergangenheit in einem befristeten oder unbefristeten Arbeitsverhältnis bei dem Arbeitgeber gestanden hat[253]. In diesem Fall kann eine **Befristung zur Erprobung** in Betracht kommen, wenn der Arbeitgeber an der erneuten Prüfung der Eignung des Arbeitnehmers ein **berechtigtes Interesse** hat oder wenn seit der vorangegangenen Beschäftigung des Arbeitnehmers Umstände eingetreten sind, die zu **Zweifeln an der Eignung** des Arbeitnehmers Anlass geben[254].

157 **Im unmittelbaren Anschluss an eine sachgrundlose Befristung** nach § 14 Abs. 2 TzBfG ist eine Befristung zur Erprobung in der Regel **nicht zulässig**, weil der Arbeitgeber bereits während des sachgrundlos befristeten Arbeitsverhältnisses die Möglichkeit hatte, die Eignung des Arbeitnehmers zu prüfen. Etwas anderes kann allenfalls dann gelten, wenn der Arbeitnehmer mit einer anderen als der bisherigen Tätigkeit beschäftigt werden soll, die andere Fähigkeiten voraussetzt (BAG, Urteil v. 23.6.2004, 7 AZR 636/03)[255].

158 Die Wirksamkeit einer **Befristung zur Erprobung setzt nicht voraus**, dass der **Erprobungszweck Vertragsinhalt** geworden ist. Die Rechtsprechung des BAG zu dieser Frage war vor dem Inkrafttreten des TzBfG uneinheitlich. Nach einer Entscheidung aus dem Jahr 1981 (BAG, Urteil v. 30.9.1981, 7 AZR 789/78[256]) sollte eine Vereinbarung erforderlich sein, dass der befristete Arbeitsvertrag (auch) zur Probe abgeschlossen

---

[252] Dörner, Der befristete Arbeitsvertrag, 2. Aufl. 2011, Rz. 174; Sievers, , 5. Aufl. 2016, § 14 TzBfG, Rz. 310; a. A. Kittner/Däubler/Zwanziger, KSchR, 9. Aufl. 2014, § 14 TzBfG, Rz. 96.

[253] Zu der für zulässig gehaltenen Möglichkeit, nach Ablauf von 3 Jahren nach dem Ende eines befristeten Arbeitsvertrags erneut einen sachgrundlos befristeten Arbeitsvertrag mit demselben Arbeitgeber abzuschließen, s. Rz. 286 und 287.

[254] Vgl. dazu Dörner, Der befristete Arbeitsvertrag, 2. Aufl. 2011, Rz. 174; KR/*Lipke*, 11. Aufl. 2016, § 14 TzBfG, Rz. 340.

[255] AP TzBfG § 14 Nr. 12; ähnlich BAG, Urteil v. 2.6.2010, 7 AZR 85/09, EzA TzBfG § 14 Nr. 68; vgl. auch Kittner/Däubler/Zwanziger, KSchR, 9. Aufl. 2014, § 14 TzBfG, Rz. 86; Dörner, Der befristete Arbeitsvertrag, 2. Aufl. 2011, Rz. 175; KR/*Lipke*, 11. Aufl. 2016, § 14 TzBfG, Rz. 343; ErfK/*Müller-Glöge*, 16. Aufl. 2016, § 14 TzBfG, Rz. 50.

[256] AP BGB § 620 Befristeter Arbeitsvertrag Nr. 61.

wurde. Diese Rechtsprechung hat das BAG im Jahr 1990 zunächst ausdrücklich aufgegeben (BAG, Urteil v. 21.3.1990, 7 AZR 192/89), später aber wieder gefordert, der Erprobungszweck müsse Vertragsinhalt geworden sein (BAG, Urteil v. 31.8.1994, 7 AZR 983/93[257]).

Diese Auffassung war nicht überzeugend, weil grundsätzlich die Wirksamkeit der Befristung – soweit nicht tarifliche oder gesetzliche Vorschriften etwas anderes bestimmen – nicht von der Vereinbarung des Befristungsgrunds abhängt. Es **kommt nur darauf an**, ob der **Sachgrund** bei Abschluss des befristeten Arbeitsvertrags **objektiv vorliegt**[258]. Es ist kein einleuchtender Grund dafür ersichtlich, weshalb dies beim Sachgrund der Erprobung anders sein sollte. Bei Befristungen, die nach § 14 Abs. 1 Satz 2 Nr. 5 TzBfG vereinbart werden, ist die **Vereinbarung des Erprobungszwecks im Arbeitsvertrag daher nicht erforderlich** (BAG, Urteil v. 23.6.2004, 7 AZR 636/03[259]). Aus § 14 Abs. 4 TzBfG ergibt sich nichts anderes. Danach muss nur die Befristung selbst (schriftlich) vereinbart werden, nicht aber der Befristungsgrund. Das gilt auch für den Sachgrund der Erprobung (BAG, Urteil v. 23.6.2004, 7 AZR 636/03)[260].

159 § 14 Abs. 1 Satz 2 Nr. 5 TzBfG sieht für die Befristung zur Erprobung **keine Höchstdauer** vor. Aus einer unangemessen langen Vertragslaufzeit kann aber geschlossen werden, dass der Sachgrund der Erprobung nur vorgeschoben ist. Welche Zeitspanne angemessen ist, lässt sich nicht generell sagen. **Im Regelfall** wird – in Anlehnung an die Wartezeit des § 1 Abs. 1 KSchG – eine **Erprobungszeit von 6 Monaten als angemessen angesehen**[261]. Sie kann aber auch kürzer oder länger sein. Das hängt insbesondere von der **Qualifikation** des Arbeitnehmers und der **Tätigkeit** ab, die er ausüben soll. Handelt es sich um einfache Arbeiten, kann eine kürzere Zeit angemessen sein. Bei besonders qualifizierten Mitarbeitern, z. B. künstlerisch oder wissenschaftlich tätigen Arbeitnehmern, kann eine längere Probezeit in Betracht kommen. Dabei können einschlägige tarifliche Regelungen Anhaltspunkte geben (BAG, Urteil v. 15.3.1978, 5 AZR 831/76[262]; BAG, Urteil v. 12.9.1996, 7 AZR 31/96[263]).

160 Bei einem **Konzertmeister in einem Sinfonieorchester** wurde z. B. eine Probezeit von 18 Monaten als angemessen angesehen, wobei in dem einschlägigen Tarifvertrag für Orchestermitglieder eine Probezeit von mindestens 6 und höchstens 18 Monaten vorgesehen war (BAG, Urteil v. 12.9.1996, 7 AZR 31/96[264]).

---

257 AP BGB § 620 Befristeter Arbeitsvertrag Nr. 163.

258 BAG, Urteil v. 21.3.1990, 7 AZR 192/89; BAG, Urteil v. 26.7.2000, 7 AZR 51/99, AP BeschFG 1996 § 1 Nr. 4; BAG, Urteil v. 5.6.2002, 7 AZR 241/01, AP BeschFG 1996 § 1 Nr. 13.

259 AP TzBfG § 14 Nr. 12.

260 AP TzBfG § 14 Nr. 12.

261 BAG, Urteil v. 2.6.2010, 7 AZR 85/09, NZA 2010, S. 1293; ErfK/*Müller-Glöge*, 16. Aufl. 2016, § 14 TzBfG, Rz. 49.

262 AP BGB § 620 Befristeter Arbeitsvertrag Nr. 45.

263 AP BGB § 611 Musiker Nr. 27; BAG, Urteil v. 2.6.2010, 7 AZR 85/09, NZA 2010, S. 1293.

264 AP BGB § 611 Musiker Nr. 27.

161 Bei einem unterdurchschnittlich qualifizierten **Lehrer** wurde eine Erprobungszeit von einem Jahr für angemessen gehalten (BAG, Urteil v. 31.8.1994, 7 AZR 983/93[265]).

162 Eine Probezeit von 23 Monaten bei einer **Rundfunkredakteurin** für besondere Aufgaben in der Funktion einer Ressortleiterin wurde für unangemessen lang erachtet; in dem einschlägigen Tarifvertrag war für das **geistig-wissenschaftlich tätige Personal** eine Probezeit von bis zu 12 Monaten (im nachfolgenden Tarifvertrag von 18 Monaten) vorgesehen (BAG, Urteil v. 15.3.1978, 5 AZR 831/76[266]).

163 Reicht die zunächst vereinbarte Vertragslaufzeit zur Erprobung nicht aus, kann ein **weiterer befristeter Arbeitsvertrag** mit diesem Sachgrund abgeschlossen werden, sofern dadurch die Erprobungszeit insgesamt nicht unangemessen lang wird (BAG, Urteil v. 12.9.1996, 7 AZR 31/96)[267]. Voraussetzung dafür ist aber, dass sich der Arbeitnehmer bisher nicht bewährt hat. Das gilt auch dann, wenn sich die ursprünglich vereinbarte Probezeit aufgrund besonderer, in der Person des Arbeitnehmers liegender Umstände als unzureichend erwiesen hat (BAG, Urteil v. 2.6.2010, 7 AZR 85/09[268]).

3.2.5.2 Unbefristeter Arbeitsvertrag mit anfänglicher Probezeit

164 Nicht bei jeder vereinbarten Probezeit handelt es sich um ein befristetes Arbeitsverhältnis, das nach Ablauf der Probezeit ohne Weiteres endet. Eine Probezeit kann auch innerhalb eines unbefristeten Arbeitsverhältnisses vereinbart sein, z. B. wenn im Arbeitsvertrag lediglich geregelt ist, dass die ersten sechs Monate des Arbeitsverhältnisses als Probezeit gelten. In diesem Fall gelten zwar während der Probezeit die kürzestmöglichen Kündigungsfristen. Das Arbeitsverhältnis endet aber nicht automatisch mit Ablauf der Probezeit.

165 Ob ein befristetes Probearbeitsverhältnis vereinbart ist oder ein unbefristetes Arbeitsverhältnis mit vorgeschalteter Probezeit, ist im Wege der **Vertragsauslegung** zu ermitteln[269].

> **Hinweis**
>
> Soll ein befristetes Probearbeitsverhältnis vereinbart werden, empfiehlt es sich, im Arbeitsvertrag ausdrücklich darauf hinzuweisen, dass das Arbeitsverhältnis bei Ablauf der Probezeit endet, ohne dass es einer Kündigung bedarf.

---

265 AP BGB § 620 Befristeter Arbeitsvertrag Nr. 163.

266 AP BGB § 620 Befristeter Arbeitsvertrag Nr. 45.

267 AP BGB § 611 Musiker Nr. 27; KR/*Lipke*, 11. Aufl. 2016, § 14 TzBfG, Rz. 350; Annuß/Thüsing/*Maschmann*, TzBfG, 3. Aufl. 2012, § 14 TzBfG, Rz. 51; Rolfs, TzBfG, 1. Aufl. 2002, § 14 TzBfG, Rz. 43.

268 NZA 2010, S. 1293.

269 Kittner/Däubler/Zwanziger, KSchR, 9. Aufl. 2014, § 14 TzBfG, Rz. 85; Dörner, Der befristete Arbeitsvertrag, 2. Aufl. 2011, Rz. 170; Annuß/Thüsing/*Maschmann*, TzBfG, 3. Aufl. 2012, § 14 TzBfG, Rz. 49.

3.2.5.3 Fortsetzungsanspruch

Der Arbeitgeber ist nicht verpflichtet, den Arbeitnehmer nach Beendigung des wirksam zur Erprobung befristeten Arbeitsvertrags in ein unbefristetes Arbeitsverhältnis zu übernehmen, auch wenn sich der Arbeitnehmer bewährt hat. Der **Arbeitgeber kann** vielmehr **frei entscheiden**, ob er den Arbeitnehmer nach der Probezeit weiterbeschäftigen will oder nicht (BAG, Urteil v. 8.3.1962, 2 AZR 497/61)[270]. 166

Allenfalls dann, wenn der Arbeitgeber bereits bei Abschluss des befristeten Arbeitsvertrags entschieden hatte, den Arbeitnehmer unter keinen Umständen in ein unbefristetes Arbeitsverhältnis zu übernehmen, kann daraus geschlossen werden, dass der Sachgrund der **Erprobung nur vorgeschoben** war[271]. In diesem Fall ist die **Befristung unwirksam**. Auch wenn der Arbeitgeber sich bereits fest entschlossen hatte, eine befristet beschäftigte Arbeitnehmerin nach der Probezeit weiterzubeschäftigen und davon nur deshalb Abstand nimmt, weil die **Arbeitnehmerin** zwischenzeitlich **schwanger** geworden ist, kann anzunehmen sein, dass der Sachgrund der Erprobung nur vorgeschoben ist[272]. 167

Der **Arbeitgeber** kann **trotz** einer **wirksam vereinbarten Befristung** zur Erprobung **verpflichtet** sein, den Arbeitnehmer im Anschluss an den Zeitvertrag in ein unbefristetes Arbeitsverhältnis zu übernehmen, wenn der Arbeitnehmer aufgrund des **Verhaltens des Arbeitgebers damit rechnen** durfte, dass er **über den Ablauf der Probezeit hinaus weiterbeschäftigt** wird. Dazu reicht allerdings eine lediglich subjektive Erwartung des Arbeitnehmers nicht aus. Der Arbeitgeber muss dem Arbeitnehmer vielmehr bei Abschluss des befristeten Arbeitsvertrags **in Aussicht gestellt** haben, ihn bei Eignung und Bewährung in ein unbefristetes Arbeitsverhältnis zu übernehmen oder er muss die **Erwartungen** des Arbeitnehmers, im Anschluss an den Zeitvertrag unbefristet weiterbeschäftigt zu werden, während der Vertragslaufzeit **bestärkt** haben (BAG, Urteil v. 16.3.1989, 2 AZR 325/88[273]; BAG, Urteil v. 26.4.1995, 7 AZR 936/94[274]). Das gilt jedenfalls dann, wenn die Erklärungen und Verhaltensweisen des Arbeitgebers als **Zusage auf Fortsetzung** des Arbeitsverhältnisses auszulegen sind (BAG, Urteil v. 13.8.2008, 7 AZR 531/07[275]). Allerdings führt dies nicht zur Unwirksamkeit der Befristung, sondern zu einem Anspruch auf Abschluss eines unbefristeten Arbeitsvertrags. 168

---

270 AP BGB § 620 Befristeter Arbeitsvertrag Nr. 22; KR/*Lipke*, 11. Aufl. 2016, § 14 TzBfG, Rz. 357.

271 Dörner, Der befristete Arbeitsvertrag, 2. Aufl. 2011, Rz. 168.

272 Dörner, Der befristete Arbeitsvertrag, 2. Aufl. 2011, Rz. 169; BAG, Urteil v. 28.11.1963, 2 AZR 140/63, AP BGB § 620 Befristeter Arbeitsvertrag Nr. 26, wobei die Berufung auf die Befristung als rechtsmissbräuchlich angesehen wurde.

273 AP BeschFG 1985 § 1 Nr. 8.

274 AP AFG § 91 Nr. 4.

275 EzA TzBfG § 14 Nr. 52.

3.2.6 In der Person des Arbeitnehmers liegende Gründe (Abs. 1 Satz 2 Nr. 6)

3.2.6.1 Allgemeine Grundsätze

169 Die Gesetzesbegründung[276] nimmt auch hinsichtlich dieses Befristungsgrundes Bezug auf die bisherige Rechtsprechung und benennt beispielhaft die vorübergehende Beschäftigung aus **sozialen Gründen** zur Überbrückung der Zeit bis zum Beginn einer bereits feststehenden anderen Beschäftigung, des Wehrdienstes oder eines Studiums und die Beschäftigung für die befristete Dauer einer Aufenthaltserlaubnis, wenn zum Zeitpunkt des Vertragsschlusses hinreichend gewiss ist, dass die Aufenthaltserlaubnis nicht verlängert wird.

170 Unter § 14 Abs. 1 Satz 2 Nr. 6 TzBfG können aber **auch andere von der Rechtsprechung entwickelte Sachgründe** subsumiert werden. Dazu gehören insbesondere die Befristung auf Wunsch des Arbeitnehmers, Befristungen von Arbeitsverträgen im Rahmen von ABM sowie Befristungen zum Zwecke der Beschäftigung während eines Studiums.

3.2.6.2 Fallgruppen

3.2.6.2.1 Soziale Überbrückung

171 In der Rechtsprechung ist anerkannt, dass der soziale Überbrückungszweck die Befristung eines Arbeitsvertrags etwa dann rechtfertigen kann, wenn der Arbeitgeber mit einem Arbeitnehmer **im Anschluss an** ein **Ausbildungsverhältnis**, an eine wirksame **Kündigung** oder an ein wirksam **befristetes Arbeitsverhältnis** zur Überwindung von Übergangsschwierigkeiten oder zur Verbesserung seiner Chancen auf dem Arbeitsmarkt durch den Erwerb von Berufspraxis einen befristeten Arbeitsvertrag abschließt. Hinsichtlich der Erstanstellung im Anschluss an eine Berufsausbildung greift allerdings nunmehr in der Regel bereits der in § 14 Abs. 1 Satz 2 Nr. 2 TzBfG geregelte Sachgrund ein.

172 Voraussetzung für die Befristung aus sozialen Gründen ist, dass gerade die **Berücksichtigung der sozialen Belange des Arbeitnehmers** und nicht betriebliche Interessen für den Abschluss des Arbeitsvertrags maßgebend sind. Die sozialen Gründe müssen **ausschlaggebend** für den Abschluss des Arbeitsvertrags sein. Das ist der Fall, wenn es ohne den sozialen Überbrückungszweck überhaupt nicht zum Abschluss eines Arbeitsvertrags, auch keines befristeten Vertrags, gekommen wäre. Dies ist vom Arbeitgeber anhand konkreter und ggf. zu beweisender Tatsachen vorzutragen. Dabei steht allein die sinnvolle Beschäftigung des Arbeitnehmers während der Vertragslaufzeit der Annahme, dass der Arbeitsvertrag ohne den sozialen Überbrückungszweck nicht geschlossen worden wäre, nicht entgegen[277].

---

[276] BT-Drucks. 14/4374, S. 19.

[277] BAG, Urteil v. 3.10.1984, 7 AZR 132/83, AP BGB § 620 Befristeter Arbeitsvertrag Nr. 88; BAG, Urteil v. 12.12.1985, 7 AZR 9/85, AP BGB § 620 Befristeter Arbeitsvertrag Nr. 96; BAG, Urteil v. 7.7.1999, 7 AZR 232/98, AP BGB § 620 Befristeter Arbeitsvertrag Nr. 211; BAG, Urteil v. 23.1.2002, 7 AZR 552/00, EzA BGB § 620 Nr. 186; BAG, Urteil v. 21.1.2009, 7 AZR 630/07; BAG, Urteil v. 24.8.2011, 7 AZR 368/10; BAG, Urteil v. 11.2.2015, 7 AZR 17/13.

Das BAG hat die Befristung wegen eines sozialen Überbrückungszwecks z. B. als gerechtfertigt angesehen bei der Beschäftigung von **Vermessungsassessoren im Anschluss an ihre Staatsprüfung**. Deren Einstellung wurde bei dem Land nur durch die Bereitstellung von Mitteln für ein Sonderprogramm zur Verhinderung von Jugendarbeitslosigkeit ermöglicht und die Assessoren wurden nicht mit Daueraufgaben beschäftigt, die ohnehin hätten bewältigt werden müssen, aber ohne den Einsatz der befristet Eingestellten nicht hätten erledigt werden können (BAG, Urteil v. 3.10.1984, 7 AZR 132/83[278]). 173

Auch die Befristung des Arbeitsvertrags mit einem **vormaligen Beamten auf Widerruf** kann wegen eines sozialen Überbrückungszwecks gerechtfertigt sein, wenn diesem damit Gelegenheit gegeben werden soll, berufliche Erfahrungen zu sammeln, um seine Vermittlungschancen auf dem Arbeitsmarkt zu verbessern (BAG, Urteil v. 7.7.1999, 7 AZR 232/98[279]).

Eine Rechtfertigung der Befristung aufgrund sozialer Erwägungen nach § 14 Abs. 1 Satz 2 Nr. 6 kann auch in Betracht kommen, wenn das Arbeitsverhältnis nach Erreichen der Regelaltersgrenze wegen einer zu befürchtenden Verbraucherinsolvenz des Arbeitnehmers befristet fortgesetzt wird und betriebliche oder dienstliche Interessen des Arbeitgebers für den Abschluss des befristeten Arbeitsvertrags nicht ausschlaggebend waren (BAG, Urteil v. 11.2.2015, 7 AZR 17/13).

Gegen den sozialen Überbrückungszweck als ausschlaggebende Motivation für den Abschluss des befristeten Arbeitsvertrags spricht es, wenn der Arbeitnehmer zur Erledigung **laufend anfallender** und **nicht aufschiebbarer Arbeiten** eingesetzt wird. In diesem Fall ist die Befristung nur gerechtfertigt, wenn der Arbeitgeber Tatsachen vorträgt, die darauf schließen lassen, dass diese Arbeiten auch ohne den befristet eingestellten Arbeitnehmer innerhalb der vorgegebenen Zeit von dem bereits vorhandenen Personal hätten bewältigt werden können (BAG, Urteil v. 12.12.1985, 7 AZR 9/85[280]). 174

Gleiches gilt, wenn der befristet eingestellte Arbeitnehmer auf einer **vorübergehend unbesetzten Beamtenstelle** beschäftigt wird, deren Inhaber freiwilligen Wehr- oder Bundesfreiwilligendienst ableistet oder Elternzeit in Anspruch nimmt, weil i. d. R. davon auszugehen ist, dass die Aufgaben eines vorübergehend beurlaubten oder freigestellten Beamten erledigt werden müssen und deshalb von einem vorrangigen dienstlichen Interesse des Arbeitgebers an der Einstellung auszugehen ist. Dieses kann dann fehlen, wenn die vom Arbeitgeber bestimmte Arbeitsmenge auch ohne den befristet eingestellten Arbeitnehmer von den vorhandenen Arbeitskräften erledigt werden soll. In diesem Fall kann die Befristung wegen eines sozialen Überbrückungszwecks gerechtfertigt sein (BAG, Urteil v. 7.7.1999, 7 AZR 232/98[281]). 175

Ein sozialer Überbrückungszweck kann die Befristung **nicht** rechtfertigen, wenn der **Arbeitnehmer** ein **unbefristetes Arbeitsverhältnis außerordentlich gekündigt** hat, um 176

[278] AP BGB § 620 Befristeter Arbeitsvertrag Nr. 88.
[279] AP BGB § 620 Befristeter Arbeitsvertrag Nr. 211.
[280] AP BGB § 620 Befristeter Arbeitsvertrag Nr. 96.
[281] AP BGB § 620 Befristeter Arbeitsvertrag Nr. 211.

den befristeten Arbeitsvertrag abzuschließen (BAG, Urteil v. 23.1.2002, 7 AZR 552/00[282]).

177 Nach der Rechtsprechung des BAG kann ein Bundesland in sozialen Härtefällen mit **Lehrern** befristete Arbeitsverträge für die Dauer eines Schuljahres vereinbaren, wenn deren Examensnote für die Übernahme in den Schuldienst des Landes nicht ausreicht und das Land den befristet eingestellten Lehrkräften zusagt, sie nach dem Ende der Vertragslaufzeit bei Eignung für den Schuldienst in das Beamtenverhältnis zu übernehmen (BAG, Urteil v. 31.8.1994, 7 AZR 983/93[283]).

3.2.6.2.2 Arbeitsbeschaffungsmaßnahmen (ABM)

178 Die Befristung eines Arbeitsvertrags ist nach der Rechtsprechung des BAG sachlich gerechtfertigt, wenn der Arbeitnehmer dem Arbeitgeber im Rahmen einer **ABM nach §§ 260 ff. SGB III** in der bis zum 31.3.2012 geltenden Fassung (a. F.) zugewiesen worden ist und die Dauer der Befristung mit der Dauer der Zuweisung übereinstimmt. Der Grund für die Befristung besteht in diesen Fällen darin, dass der Arbeitgeber den Arbeitnehmer nur im **Vertrauen auf die zeitlich begrenzte Förderungszusage und Zuweisung durch die Arbeitsverwaltung** eingestellt hat, ohne die er entweder keinen oder einen leistungsfähigeren Arbeitnehmer eingestellt hätte. Davon kann auch ausgegangen werden, wenn der Arbeitgeber den Arbeitnehmer mit Daueraufgaben beschäftigt. In diesem Fall wird der Arbeitgeber durch die Übernahme eines erheblichen Lohnkostenanteils seitens der Arbeitsverwaltung dazu veranlasst, Daueraufgaben auf den ihm zugewiesenen Arbeitnehmer zu übertragen, die er ohne die Zuweisung entweder auf die übrigen Mitarbeiter verteilt hätte oder die er nicht oder erst zu einem späteren Zeitpunkt hätte erledigen lassen[284].

179 Im Rahmen der **Befristungskontrolle** erfolgt – außer in Fällen der Nichtigkeit – **keine Überprüfung, ob die gesetzlichen Voraussetzungen für die ABM vorlagen** und deren Bewilligung rechtmäßig war (BAG, Urteil v. 15.2.1995, 7 AZR 680/94[285]). Der **Arbeitgeber darf** vielmehr grundsätzlich **auf die Bestandskraft des Förder- und Zuweisungsbescheids vertrauen**. Er kann i. d. R. auch nicht beurteilen, ob der Bescheid rechtmäßig erlassen wurde und der Arbeitnehmer die persönlichen und sonstigen Voraussetzungen nach den sozialrechtlichen Bestimmungen erfüllt (BAG, Urteil v. 20.12.1995, 7 AZR 194/95[286]).

Die Befristungskontrolle bei ABM-Verträgen ist daher grundsätzlich auf die Prüfung beschränkt, ob die Laufzeit des befristeten Arbeitsvertrags mit der Dauer der Zuweisung

---

[282] EzA BGB § 620 Nr. 186.

[283] AP BGB § 620 Befristeter Arbeitsvertrag Nr. 163.

[284] BAG, Urteil v. 12.6.1987, 7 AZR 389/86, AP BGB § 620 Befristeter Arbeitsvertrag Nr. 114; BAG, Urteil v.15.2.1995, 7 AZR 680/94, AP BGB § 620 Befristeter Arbeitsvertrag Nr. 166; BAG, Urteil v. 20.12.1995, 7 AZR 194/95, AP BGB § 620 Befristeter Arbeitsvertrag Nr. 177; BAG, Urteil v. 19.1.2005, 7 AZR 250/04, AP SGB III § 267 Nr. 1.

[285] AP BGB § 620 Befristeter Arbeitsvertrag Nr. 166.

[286] AP BGB § 620 Befristeter Arbeitsvertrag Nr. 177.

übereinstimmt. Ist das der Fall, ist die Befristung regelmäßig wirksam. Anders verhält es sich ausnahmsweise, wenn der Arbeitgeber den Arbeitnehmer zur Beendigung seines bisherigen Arbeitsverhältnisses veranlasst hat und er ihn im Rahmen der ABM mit nicht aufschiebbaren Daueraufgaben beschäftigt, die er nicht auf andere Arbeitnehmer übertragen kann. In diesem Fall kann die Befristung nicht auf die ABM gestützt werden. Denn der Arbeitgeber kann sich bei dieser Sachlage nicht darauf berufen, ohne die ABM einen anderen, leistungsfähigeren Arbeitnehmer eingestellt oder die Arbeit durch den Einsatz von anderem Personal bewältigt zu haben (BAG, Urteil v. 20.12.1995, 7 AZR 194/95[287]).

Ist die Förderung im Rahmen einer ABM nach einer **Nebenbestimmung** im Zuweisungsbescheid von der **späteren Übernahme des zugewiesenen Arbeitnehmers** in ein unbefristetes Arbeitsverhältnis abhängig, ergibt sich daraus kein Anspruch des Arbeitnehmers auf Abschluss eines unbefristeten Arbeitsvertrags (BAG, Urteil v. 26.4.1995, 7 AZR 936/94[288]; BAG, Urteil v. 19.1.2005, 7 AZR 250/04[289]). 180

Die Förderung und Zuweisung eines Arbeitnehmers im Rahmen einer ABM rechtfertigt nicht nur eine **Zeitbefristung** bis zum Ende der bei Vertragsschluss bereits von der Arbeitsverwaltung bewilligten Förderung, sondern auch die **Zweckbefristung** für die Gesamtdauer der auf maximal 3 Jahre begrenzten Förderung einschließlich etwaiger bei Vertragsschluss noch nicht mit Sicherheit feststehender Verlängerungen durch die Arbeitsverwaltung (BAG, Urteil v. 19.1.2005, 7 AZR 250/04[290]).

3.2.6.2.3 Eingliederungszuschuss für ältere Arbeitnehmer

Nach der zum 31.12.1997 außer Kraft getretenen Regelung in § 97 Abs. 1 AFG konnte die Arbeitsverwaltung Arbeitgebern zu den Lohnkosten **älterer Arbeitnehmer** unter bestimmten Voraussetzungen **Zuschüsse** gewähren, sofern sie zusätzlich eingestellt und beschäftigt wurden. Die Regelung diente der zumindest zeitweisen Schaffung zusätzlicher Arbeitsplätze und der Eröffnung vorübergehender Beschäftigungsmöglichkeiten für leistungsschwächere Arbeitnehmer. Dies rechtfertigte die Befristung der Arbeitsverhältnisse mit den älteren Arbeitnehmern für die Dauer der Förderung (BAG, Urteil v. 14.9.1994, 7 AZR 186/94). 181

Demgegenüber konnte eine Befristung nicht auf die Gewährung eines Einarbeitungszuschusses nach § 49 AFG a. F. gestützt werden, weil der Einarbeitungszuschuss nicht der Schaffung zusätzlicher Arbeitsplätze oder Beschäftigungsmöglichkeiten diente, sondern dem Ausgleich von Minderleistungen während der Einarbeitung (BAG, Urteil v. 11.12.1991, 7 AZR 170/91[291]).

Eine § 97 Abs. 1 AFG inhaltsgleiche Regelung gibt es seit dem 1.1.1998 nicht mehr. Seitdem war die **Eingliederung** von Arbeitnehmern **in §§ 217 ff. SGB III** geregelt. Nach 182

[287] AP BGB § 620 Befristeter Arbeitsvertrag Nr. 177.
[288] AP AFG § 91 Nr. 4.
[289] AP SGB III § 267 Nr. 1.
[290] AP SGB III § 267 Nr. 1.
[291] AP BGB § 620 Befristeter Arbeitsvertrag Nr. 145.

§ 218 Abs. 1 Nr. 3 SGB III in der bis zum 31.12.2003 geltenden Fassung (seit 1.1.2004: **§ 421f SGB III**, der zum 1.5.2007 durch das Gesetz zur Verbesserung der Beschäftigungschancen älterer Menschen vom 19.4.2007, BGBl. I S. 538 geändert und inzwischen aufgehoben wurde), konnten für ältere Arbeitnehmer **Eingliederungszuschüsse** gewährt werden.

Die Förderung nach diesen Vorschriften setzt, anders als die Förderung nach §§ 97 ff. AFG a. F., nicht voraus, dass der Arbeitnehmer **zusätzlich** eingestellt und beschäftigt wurde. Sie diente daher nicht der Schaffung zusätzlicher Arbeitsplätze und Beschäftigungsmöglichkeiten. Deshalb **rechtfertigt** die Gewährung eines Eingliederungszuschusses für ältere Arbeitnehmer nach diesen Vorschriften die **Befristung** des mit dem älteren Arbeitnehmer abgeschlossenen Arbeitsvertrags **nicht** (vgl. zu § 218 Abs. 1 Nr. 3 SGB III in der bis 31.12.2003 geltenden Fassung: BAG, Urteil v. 4.6.2003, 7 AZR 489/02[292])[293].

3.2.6.2.4 Sozialhilfemaßnahmen

183 Die Beschäftigung im Rahmen von Sozialhilfemaßnahmen nach den früheren Regelungen in §§ 18 ff. BSHG konnte die Befristung des Arbeitsvertrags mit einem Hilfebedürftigen rechtfertigen. Denn Sozialhilfe im Sinne der Hilfe zur Arbeit nach den genannten Vorschriften diente der Wiedereingliederung des Hilfebedürftigen in das Arbeitsleben und war deshalb nicht auf Dauer zu leisten. Deshalb sollten die für die Hilfesuchenden zu schaffenden Arbeitsgelegenheiten nach § 19 Abs.1 Satz 3 BSHG in der Regel **vorübergehender Natur** sein. Dies rechtfertigte grundsätzlich die Befristung des Arbeitsvertrags (BAG, Urteil v. 7.7.1999, 7 AZR 661/97[294]).

184 Der Hilfesuchende konnte nach § 19 Abs. 2 Satz 1 BSHG mit **gemeinnütziger zusätzlicher Arbeit** beschäftigt werden (BAG, Urteil v. 7.7.1999, 7 AZR 661/97[295]; BAG, Urteil v. 22.3.2000, 7 AZR 824/98[296]). Die befristete Beschäftigung konnte auch im Rahmen von Sozialhilfemaßnahmen i. S. v. § 19 Abs. 1 S. 1 BSHG erfolgen, wenn der Sozialhilfeträger hierfür nach § 19 Abs. 1 Satz 2 BSHG die Kosten übernahm oder er den Hilfesuchenden selbst einstellte. Stellte der Sozialhilfeträger den Hilfebedürftigen selbst ein, musste er das im Rahmen der Sozialhilfemaßnahme begründete Arbeitsverhältnis gegenüber anderen Arbeitsverhältnissen, die er als Arbeitgeber des sog. Ersten Arbeitsmarkts zur Erledigung seiner Verwaltungsaufgaben begründete, abgrenzen (BAG, Urteil v. 7.7.1999, 7 AZR 661/97[297]).

185 Mit den aufgrund des SGB II – Grundsicherung für Arbeitssuchende – in eine Arbeitsgelegenheit (**sog. „1-Euro-Jobs“**) vermittelten erwerbsfähigen Hilfebedürftigen werden

---

[292] AP BGB § 620 Befristeter Arbeitsvertrag Nr. 245; kritisch Laux/Schlachter/*Schlachter*, TzBfG, 2. Aufl. 2011, § 14 TzBfG, Rz. 73.

[293] Zur Befristung eines Arbeitsvertrags wegen der Gewährung eines Zuschusses zur Ausbildungsvergütung eines schwerbehinderten Menschen nach § 235a Abs. 1 SGB III a. F. s. Rz. 250.

[294] AP BGB § 620 Befristeter Arbeitsvertrag Nr. 216.

[295] AP BGB § 620 Befristeter Arbeitsvertrag Nr. 216.

[296] AP BGB § 620 Befristeter Arbeitsvertrag Nr. 222.

[297] AP BGB § 620 Befristeter Arbeitsvertrag Nr. 216.

i. d. R. keine Arbeitsverhältnisse begründet (BAG, Urteil v. 8.11.2006, 5 AZB 36/06), auf die die Vorschriften des TzBfG angewendet werden könnten[298].

3.2.6.2.5 Wunsch des Arbeitnehmers

Der Wunsch des Arbeitnehmers, befristet beschäftigt zu werden, kann die Befristung des Arbeitsvertrags rechtfertigen[299]. Dabei muss sich der Wunsch des Arbeitnehmers nicht nur darauf beziehen, überhaupt eingestellt zu werden, sondern **gerade auf die Befristung** des Arbeitsvertrags. Im Zeitpunkt des Vertragsschlusses müssen **objektive Anhaltspunkte** vorliegen, aus denen zu schließen ist, dass der Arbeitnehmer ein Interesse gerade an einer befristeten Beschäftigung hat. Das kann etwa dann anzunehmen sein, wenn der Arbeitnehmer aus persönlichen Gründen, z. B. wegen familiärer Verpflichtungen oder einer noch nicht abgeschlossenen Ausbildung, nur für eine begrenzte Zeit arbeiten will oder kann (BAG, Urteil v. 26.4.1985, 7 AZR 316/84[300]). 186

Es muss dem **wirklichen, vom Arbeitgeber unbeeinflussten Willen des Arbeitnehmers** entsprechen, nur **befristet beschäftigt zu werden**. Das ist nicht bereits dann der Fall, wenn der Arbeitnehmer den ihm angebotenen befristeten Arbeitsvertrag freiwillig und widerspruchslos abgeschlossen hat oder wenn er sich für den befristeten Vertrag entschieden hat, weil er vor der Wahl stand, entweder einen befristeten oder gar keinen Arbeitsvertrag abschließen zu können. Entscheidend ist, ob der Arbeitnehmer, auch wenn ihm ein unbefristetes Arbeitsverhältnis angeboten worden wäre, nur einen befristeten Vertrag vereinbart hätte[301]. Es reicht für die Wirksamkeit der Befristung nicht aus, dass der Arbeitnehmer bei den Vertragsverhandlungen aufgrund seiner Fähigkeiten und seines Ansehens eine starke Verhandlungsposition besitzt, keinen wirtschaftlichen Zwängen ausgesetzt ist, weil er anderweitig ein vergleichbares Einkommen erzielen könnte und er von dem Angebot eines befristeten Arbeitsvertrags nicht überrascht wurde (BAG, Urteil v. 11.12.1991, 7 AZR 128/91[302]). 187

---

[298] Vgl. hierzu KR/*Lipke*, 11. Aufl. 2016, § 14 TzBfG, Rz. 390.

[299] BAG, Urteil v. 26.4.1985, 7 AZR 316/84, AP BGB § 620 Befristeter Arbeitsvertrag Nr. 91; BAG, Urteil v. 6.11.1996, 7 AZR 909/95, AP BGB § 620 Befristeter Arbeitsvertrag Nr. 188; BAG, Urteil v. 5.6.2002, 7 AZR 241/01, AP BeschFG 1996, § 1 Nr. 13; BAG, Urteil v. 19.1.2005, 7 AZR 115/04, AP BGB § 620 Befristeter Arbeitsvertrag Nr. 260; BAG, Urteil v. 11.2.2015, 7 AZR 17/13.

[300] AP BGB § 620 Befristeter Arbeitsvertrag Nr. 91.

[301] BAG, Urteil v. 6.11.1996, 7 AZR 909/95, AP BGB § 620 Befristeter Arbeitsvertrag Nr. 188; BAG, Urteil v. 5.6.2002, 7 AZR 241/01, AP BeschFG 1996 § 1 Nr. 13; BAG, Urteil v. 16.4.2003, 7 AZR 187/02, AP BeschFG 1996 § 4 Nr. 1; BAG, Urteil v. 19.1.2005, 7 AZR 115/04, AP BGB § 620 Befristeter Arbeitsvertrag Nr. 260; BAG, Urteil v. 11.2.2015, 7 AZR 17/13; kritisch Meinel/Heyn/Herms/*Meinel*, TzBfG, 5. Aufl. 2015, § 14 TzBfG, Rz. 192; Laux/Schlachter/*Schlachter*, TzBfG, 2. Aufl. 2011, § 14 TzBfG, Rz. 70.

[302] AP BGB § 620 Befristeter Arbeitsvertrag Nr. 144.

3.2.6.2.6 Student

188 Die Befristung von Arbeitsverträgen mit Studenten, die neben ihrem Studium einer Erwerbstätigkeit nachgehen, ist sachlich gerechtfertigt, wenn der Student dadurch die Möglichkeit erhält, die **Erfordernisse des Studiums mit denen des Arbeitsverhältnisses in Einklang** zu bringen[303]. Wird dem Interesse des Studenten, auf immer wieder wechselnde Anforderungen des Studiums reagieren und diese mit seiner Beschäftigung vereinbaren zu können, bereits durch eine entsprechend flexible Ausgestaltung des Arbeitsvertrags, z. B. durch bestimmte Arbeitszeiten, Rechnung getragen, kann die Befristung nicht mit der Anpassung der Erwerbstätigkeit an die Erfordernisse des Studiums begründet werden. In diesen Fällen kann die Befristung nicht auf § 14 Abs. 1 Satz 2 Nr. 6 TzBfG gestützt werden[304].

189 Vereinbaren die Parteien auf der Grundlage einer Rahmenvereinbarung jeweils auf einen Tag befristete Arbeitsverträge (sog. **Tagesaushilfen**), kann die der Befristungskontrolle unterliegende letzte Tagesbefristung dann nicht auf die notwendige Anpassung der Erwerbstätigkeit an die Erfordernisse des Studiums gestützt werden, wenn der Student auf die zeitliche Lage des Einsatzes keinen Einfluss nehmen kann, sondern vor der Wahl steht, ein bereits feststehendes Angebot des Arbeitgebers anzunehmen oder abzulehnen (BAG, Urteil v. 16.4.2003, 7 AZR 187/02[305]).

3.2.6.2.7 Nebenbeschäftigung

190 Befristungsabreden bei Nebenbeschäftigungen sind nicht allein deshalb wirksam, weil der Arbeitnehmer mit dieser Beschäftigung nicht seinen gesamten Lebensunterhalt verdient (BAG, Urteil v. 1.8.1994, 7 AZR 695/93[306]). Auch die Befristung eines solchen Arbeitsverhältnisses bedarf daher einer weiteren Rechtfertigung.

3.2.6.2.8 Aufenthaltserlaubnis

191 Die zeitliche Begrenzung der Aufenthaltserlaubnis eines ausländischen Arbeitnehmers kann die Befristung des Arbeitsvertrags nur rechtfertigen, wenn im Zeitpunkt des Vertragsschlusses anhand konkreter Anhaltspunkte **mit hinreichender Zuverlässigkeit prognostiziert** werden kann, dass die **Aufenthaltserlaubnis nicht verlängert** wird. Dabei kann von Bedeutung sein, ob die Aufenthaltserlaubnis in der Vergangenheit bereits (wiederholt) verlängert wurde. Allein der Umstand, dass bei Vertragsschluss völlig offen ist, ob eine Verlängerung der Aufenthaltserlaubnis erfolgen wird, reicht für die Wirksamkeit der Befristung nicht aus (BAG, Urteil v. 12.1.2000, 7 AZR 863/98[307]).

---

303 BAG, Urteil v. 10.8.1994, 7 AZR 695/93, AP BGB § 620 Befristeter Arbeitsvertrag Nr. 162; BAG, Urteil v. 29.10.1998, 7 AZR 561/97, AP BGB § 620 Befristeter Arbeitsvertrag Nr. 206.

304 BAG, Urteil v. 10.8.1994, 7 AZR 695/93, AP BGB § 620 Befristeter Arbeitsvertrag Nr. 162; BAG, Urteil v. 29.10.1998, 7 AZR 561/97, AP BGB § 620 Befristeter Arbeitsvertrag Nr. 206; BAG, Urteil v. 16.4 2003, 7 AZR 187/02, AP BeschFG 1996 § 4 Nr. 1.

305 AP BeschFG 1996 § 4 Nr. 1.

306 AP BGB § 620 Befristeter Arbeitsvertrag Nr. 162.

307 AP BGB § 620 Befristeter Arbeitsvertrag Nr. 217.

3.2.6.2.9 Aktueller Bezug zum Heimatland

Nach einer älteren Rechtsprechung des BAG konnte die Befristung eines Arbeitsvertrags 192
mit einem ausländischen Arbeitnehmer sachlich gerechtfertigt sein, wenn für die sachgerechte Erbringung der Arbeitsleistung ein aktueller Bezug des Arbeitnehmers zu den Verhältnissen seines Heimatlands erforderlich war. Das wurde z. B. angenommen bei der Beschäftigung von ausländischen Redakteuren einer Rundfunkanstalt, die für das Ausland bestimmte Sendungen als Reporter, Interviewer, Übersetzer und Sprecher vorbereiteten und durchführten. Der **Sachgrund** für die Befristung wurde darin gesehen, **dass nach einer bestimmten Abwesenheitsdauer vom Heimatland das aktuelle Sprach- und Kulturwissen verloren gehe** (BAG, Urteil v. 25.1.1973, 2 AZR 158/72[308]).

In **neueren Entscheidungen** hat das BAG diese Rechtsprechung **relativiert**. 193
Zur Befristung von Arbeitsverträgen mit Fremdsprachenlektoren nimmt das BAG nunmehr im Anschluss an die Rechtsprechung des Europäischen Gerichtshofs (EuGH) in ständiger Rechtsprechung an, dass die Gewährleistung eines aktuellen muttersprachlichen Unterrichts nicht geeignet ist, die Befristung zu rechtfertigen. Denn es gibt keine wissenschaftlichen Erkenntnisse für die Annahme, dass der Aktualitätsbezug zum Heimatland nach einem längeren Aufenthalt in Deutschland nicht mehr gewährleistet ist, weil Kontakte mit dem Heimatland in der Muttersprache durch aktuelle Kommunikationsmittel und Medien aufrechterhalten werden können (BAG, Urteil v. 20.9.1995, 7 AZR 70/95[309]; BAG, Urteil v. 12.9.1996, 7 AZR 64/96[310]; BAG, Urteil v. 16.4.2008, 7 AZR 85/07[311]).

Deshalb ist die **Befristung von Arbeitsverträgen mit Lektoren an Hochschulen** unter dem Gesichtspunkt des kulturellen Austauschs sachlich nur gerechtfertigt, wenn die konkrete Lektorenstelle dem **internationalen Austausch** von Hochschulabsolventen dient (BAG, Urteil v. 20.9.1995, 7 AZR 70/95[312]).

Ist für die Tätigkeit allerdings **aktualitätsbezogenes Spezialwissen erforderlich**, das 194
durch allgemeine Kommunikationsmittel oder gelegentliche Besuche im Heimatland nicht aufrechterhalten werden kann, kann dies die Befristung des Arbeitsverhältnisses nach wie vor rechtfertigen. Das wurde z. B. angenommen für Kenntnisse amerikanischer Pädagogik bei amerikanischen Lehrkräften an einer deutsch-amerikanischen Schule, die Elemente des deutschen und amerikanischen Schulwesens miteinander verbindet und in der Schüler verschiedener Nationalitäten soweit wie möglich gemeinsam unterrichtet werden (BAG, Urteil v. 12.9.1996, 7 AZR 64/96[313]).

---

[308] AP BGB § 620 Befristeter Arbeitsvertrag Nr. 37.

[309] AP HRG § 57b Nr. 4.

[310] AP BGB § 620 Befristeter Arbeitsvertrag Nr. 183.

[311] AP TzBfG § 14 Nr. 44, vgl. auch EuGH, Urteil v. 2.8.1993, C-259/91, C-331/91, C-332/91 [Allué], EuGHE I 1993, S. 4309; EuGH, Urteil v. 20.10.1993, C-272/92 [Spotti], EuGHE I 1993, S. 5185.

[312] AP HRG § 57b Nr. 4.

[313] AP BGB § 620 Befristeter Arbeitsvertrag Nr. 183.

3.2.6.2.10 Rückkehrmöglichkeit zum bisherigen Arbeitgeber

195 Die Befristung des Arbeitsvertrags mit einem Arbeitnehmer, dessen Arbeitsverhältnis zu seinem bisherigen Arbeitgeber während der Dauer des befristeten Arbeitsvertrags fortbesteht, ist sachlich gerechtfertigt, wenn dem Arbeitnehmer nach Ablauf der Vertragslaufzeit eine **gesicherte Rückkehrmöglichkeit** in das bisherige Arbeitsverhältnis zusteht (BAG, Urteil v. 28.8.1996, 7 AZR 849/95[314]; BAG, Urteil v. 6.12.2000, 7 AZR 641/99[315]).

196 Dies hat das BAG z. B. angenommen bei einer im Beamtenverhältnis auf Lebenszeit befindlichen Lehrerin, der Sonderurlaub bewilligt worden war, um befristet als Angestellte im Auslandsschulwesen der Bundesrepublik in den USA zu arbeiten (BAG, Urteil v. 6.12.2000, 7 AZR 641/99[316]).

197 Auch die Befristung des Arbeitsvertrags eines nach § 4 Abs. 3 PostPersRG beurlaubten Beamten ist nach § 14 Abs. 1 TzBfG durch einen sachlichen Grund gerechtfertigt (BAG, Urteil v. 25.5.2005, 7 AZR 402/04[317]).

3.2.6.2.11 Altersgrenzen

198 **Einordnung als Befristung**

Vereinbarungen in Arbeitsverträgen oder Regelungen in Tarifverträgen oder in Betriebsvereinbarungen, wonach das Arbeitsverhältnis bei Erreichen eines bestimmten Lebensalters, z. B. des 65. Lebensjahres, endet, wurden in der früheren Rechtsprechung des BAG als auflösende Bedingungen angesehen[318]. Diese Rechtsprechung hat das **BAG** inzwischen ausdrücklich aufgegeben und **versteht derartige Altersgrenzen nunmehr als Befristungen**, weil aus Sicht der Vertragsparteien das Erreichen der Regelaltersgrenze oder das Erreichen eines bestimmten Lebensalters ein zukünftiges **Ereignis** ist, dessen Eintritt sie als **feststehend** ansehen.

Zwar ist bei Abschluss des Arbeitsvertrags in der Regel nicht sicher, ob der Arbeitnehmer die Altersgrenze während des Arbeitsverhältnisses mit dem Arbeitgeber erreicht. Diese Ungewissheit besteht aber bei jeder Befristung. Ob eine Befristung zur Beendigung des Arbeitsverhältnisses führt, hängt stets davon ab, dass das Arbeitsverhältnis nicht bereits vor dem Ende der vereinbarten Vertragslaufzeit aufgrund eines anderen Beendigungstatbestands, z. B. durch Kündigung oder Aufhebungsvertrag, endet (BAG, Urteil v. 14.8.2002, 7 AZR 469/01[319]).

---

[314] AP BGB § 620 Befristeter Arbeitsvertrag Nr. 181.

[315] ZTR 2001, S. 525.

[316] ZTR 2001, S. 525.

[317] AP TzBfG § 14 Nr. 17.

[318] Vgl. etwa BAG, Urteil v. 20.12.1984, 2 AZR 3/84, AP BGB § 620 Bedingung Nr. 9; BAG, Urteil v. 20.11.1987, 2 AZR 284/86, AP BGB § 620 Altersgrenze Nr. 2; offengelassen v. BAG, Urteil v. 12.2.1992, 7 AZR 100/91, AP BGB § 620 Altersgrenze Nr. 5.

[319] AP BGB § 620 Altersgrenze Nr. 20.

Da für auflösende Bedingungen nach § 21 TzBfG die Vorschriften über befristete Arbeitsverträge weitgehend entsprechend gelten, hat die Einordnung der Altersgrenze als Befristung oder auflösende Bedingung keine große praktische Bedeutung. 199

Altersgrenze nach Erreichen der Regelaltersgrenze

Einzelvertragliche oder kollektivvertragliche Altersgrenzen, die auf das Erreichen der Regelaltersgrenze bezogen sind, sind nach ständiger Rechtsprechung des BAG regelmäßig rechtswirksam, wenn der **Arbeitnehmer** durch den Bezug einer gesetzlichen Altersrente **abgesichert** ist[320]. Das Erreichen eines bestimmten Lebensalters allein ist zwar für sich genommen kein sachlicher Grund für die Befristung des Arbeitsvertrags. Ist der Arbeitnehmer jedoch durch den Bezug einer gesetzlichen Altersrente abgesichert, was beim Erreichen der Regelaltersgrenze in der Regel der Fall ist, **muss sein Interesse an der Fortsetzung** des Arbeitsverhältnisses dem **Bedürfnis des Arbeitgebers** an der Sicherung einer **ausgewogenen Altersstruktur** der Belegschaft und einer **kalkulierbaren Personal- und Nachwuchsplanung weichen**, zumal der ausscheidende Arbeitnehmer seinerseits während seines Arbeitslebens von Altersgrenzenregelungen hinsichtlich seiner Einstellungs- und Beförderungschancen profitierte (BAG, Urteil v. 20.11.1987, 2 AZR 284/86[321]; BAG, Urteil v. 11.6.1997, 7 AZR 186/96[322]). 200

Die **Wirksamkeit der Altersgrenzenregelung** ist **nicht von der konkreten wirtschaftlichen Absicherung** des Arbeitnehmers bei Erreichen der Regelaltersgrenze **abhängig**. Es genügt, dass bei der Vereinbarung der Altersgrenze davon auszugehen ist, dass der Arbeitnehmer nach dem Vertragsinhalt und der Vertragsdauer eine gesetzliche Altersrente erwerben kann oder bereits erworben hat (BAG, Urteil v. 27.7.2005, 7 AZR 443/04[323]; BAG, Urteil v. 18.6.2008, 7 AZR 116/07). Auf deren konkrete Höhe kommt es nicht an (BAG, Urteil v. 27.7.2005, 7 AZR 443/04[324]; BAG, Urteil v. 18.6.2008, 7 AZR 116/07[325]; BAG, Urteil v. 5.3.2013, 1 AZR 417/12; BAG, Urteil v. 13.10.2015, 1 AZR 853/13; BAG, Urteil v. 9.12.2015, 7 AZR 68/14). 201

Die auf die Regelaltersgrenze bezogene Befristung des Arbeitsvertrags ist auch dann wirksam, wenn der Arbeitnehmer **versicherungsfrei** (§ 5 SGB VI) **beschäftigt** wird **oder** aufgrund einer durch Gesetz gleichgestellten anderweitigen Alterssicherung **von der gesetzlichen Rentenversicherung befreit** worden ist (§ 6 SGB VI), da entweder ein Sachverhalt gegeben ist, bei dem der Gesetzgeber den Aufbau einer Altersversorgung in der gesetzlichen Rentenversicherung für entbehrlich halten durfte oder eine anderweitige 202

---

320 BAG, Urteil v. 20.11.1987, 2 AZR 284/86, AP BGB § 620 Altersgrenze Nr. 2; BAG, Urteil v. 11.6.1997, 7 AZR 186/96, AP SGB VI § 41 Nr. 7; BAG, Urteil v. 14.8.2002, 7 AZR 469/01, AP BGB § 620 Altersgrenze Nr. 20.

321 AP BGB § 620 Altersgrenze Nr. 2.

322 AP SGB VI § 41 Nr. 7.

323 AP BGB § 620 Altersgrenze Nr. 27.

324 AP BGB § 620 Altersgrenze Nr. 27.

325 AP TzBfG § 14 Nr. 48.

Altersversorgung mit einer gleichwertigen Absicherung vorliegt (BAG, Urteil v. 27.7.2005, 7 AZR 443/04[326]).

203 Eine **auf die Regelaltersgrenze und damit auf den Zeitpunkt des möglichen Bezugs einer Altersrente aus der gesetzlichen Rentenversicherung abstellende Befristung** des Arbeitsvertrags **verstößt nicht gegen** das in §§ 1, 7 AGG normierte **Benachteiligungsverbot wegen des Alters**; sie ist vielmehr i. d. R. nach § 10 Sätze 1 und 2, Satz 3 Nr. 5 AGG zulässig. Aus der Richtlinie 2000/78/EG des Rats zur Festlegung eines allgemeinen Rahmens für die Verwirklichung der Gleichbehandlung in Beschäftigung und Beruf vom 27.11.2000 und aus den allgemeinen Grundsätzen des Unionsrechts, wonach Diskriminierungen wegen des Alters grundsätzlich unzulässig sind, ergibt sich nichts anderes (BAG, Urteil v. 9.12.2015, 7 AZR 68/14).

204 Der EuGH hat bereits im Jahr 2007 entschieden, dass die RL 2000/78/EG einem nationalen Gesetz im spanischen Recht nicht entgegensteht, das in Tarifverträgen enthaltene Klauseln über die **Zwangsversetzung in den Ruhestand für gültig erklärt**, die als Voraussetzung lediglich verlangen, dass der Arbeitnehmer die Altersgrenze für den Eintritt in den Ruhestand erreicht hat und er die gesetzlichen Voraussetzungen für den Bezug einer Rente erfüllt (EuGH, Urteil v. 16.10.2007, C-411/05 [Palacios de la Villa]).

Eine solche Regelung bewirkt zwar eine unmittelbar **auf dem Alter beruhende Ungleichbehandlung** i. S. v. Art. 2 Abs. 1 und 2 Buchst. a RL 2000/78/EG. Die Ungleichbehandlung ist aber durch ein legitimes arbeitsmarkt- und beschäftigungspolitisches Ziel i. S. d. Art. 6 Abs. 1 RL 2000/78/EG **gerechtfertigt**, da die Altersgrenzenregelung der Beschäftigungsförderung dient und sie darauf abzielt, den nationalen Arbeitsmarkt zu regulieren. Der EuGH hat die spanische Regelung auch unter dem Aspekt, dass die zur Erreichung des Ziels eingesetzten Mittel nach Art. 6 Abs. 1 RL 2000/78/EG angemessen und erforderlich sein müssen, nicht beanstandet.

Nach Auffassung des Gerichtshofs haben die **Mitgliedstaaten** und ggf. die Sozialpartner auf nationaler Ebene sowohl bei der Entscheidung, **welches konkrete Ziel** im Bereich der Arbeits- und Sozialpolitik sie verfolgen wollen, als auch bei der Festlegung **der Maßnahmen zur Erreichung dieses Ziels** einen weiten **Ermessensspielraum**. Es ist deshalb Sache der **zuständigen Stellen der Mitgliedstaaten**, einen gerechten Ausgleich zwischen den verschiedenen widerstreitenden Interessen zu finden. Die **Maßnahmen auf nationaler Ebene** dürfen allerdings nicht über das hinausgehen, was **angemessen und erforderlich** ist, um das angestrebte Ziel zu erreichen.

In diesem Rahmen hielt sich die spanische Regelung, da die Annahme der zuständigen Stellen auf nationaler Ebene, dass die Altersgrenze der Förderung der Vollbeschäftigung dient, nicht unvernünftig erscheint und eine übermäßige Beeinträchtigung der berechtigten Erwartungen der betroffenen Arbeitnehmer nicht eintritt. Denn die Regelung stellt nicht nur auf ein bestimmtes Alter ab, sondern berücksichtigt auch, dass den Betroffenen ein finanzieller Ausgleich in Form einer der Höhe nach nicht unangemessenen Alters-

[326] AP BGB § 620 Altersgrenze Nr. 27.

rente zukommt (EuGH, Urteil v. 16.10.2007, C-411/05). Das mit der Altersgrenze verfolgte Ziel muss in der nationalen Regelung selbst nicht ausdrücklich genannt sein. Es genügt, dass sich aus dem allgemeinen Kontext der betreffenden Maßnahme Anhaltspunkte für die Feststellung des Ziels ergeben.

Im Anschluss an das Urteil des EuGH hat das BAG entschieden, dass eine Altersgren- 205
zenregelung in einem allgemeinverbindlichen Tarifvertrag, der im Jahr 2003 und damit vor Ablauf der Umsetzungsfrist der Richtlinie 2000/78/EG und **vor** Inkrafttreten des AGG abgeschlossenen wurde und wonach das Arbeitsverhältnis mit Ablauf des Monats endet, in dem der Arbeitnehmer das 65. Lebensjahr vollendet, wirksam ist, wenn der Arbeitnehmer aufgrund der Beschäftigung eine Altersrente aus der gesetzlichen Rentenversicherung erwerben kann. Eine derartige Altersgrenze genügt den Vorgaben des Gemeinschafts- bzw. Unionsrechts. Die durch die Altersgrenze bewirkte Ungleichbehandlung wegen des Alters ist durch legitime Ziele i. S. d. Art. 6 Abs. 1 der RL 2000/78/EG gerechtfertigt (BAG, Urteil v. 18.6.2008, 7 AZR 116/07[327]).

Für die **nach** Inkrafttreten des AGG vereinbarten tariflichen Altersgrenzenregelungen folgt dies aus § 10 Sätze 1 und 2, Satz 3 Nr. 5 AGG. Nach § 10 Satz 1 AGG ist eine unterschiedliche Behandlung wegen des Alters zulässig, wenn sie objektiv und angemessen und durch ein legitimes Ziel gerechtfertigt ist. Die Mittel zur Erreichung dieses Ziels müssen nach § 10 Satz 2 AGG angemessen und erforderlich sein. Derartige unterschiedliche Behandlungen können nach § 10 Satz 3 Nr. 5 AGG eine Vereinbarung einschließen, die die Beendigung des Arbeitsverhältnisses ohne Kündigung zu einem Zeitpunkt vorsieht, zu dem der Arbeitnehmer eine Rente wegen Alters beantragen kann. § 10 Satz 3 Nr. 5 AGG steht im Einklang mit Unionsrecht[328]. Allerdings muss die Nutzung der Ermächtigung in § 10 Satz 3 Nr. 5 AGG in angemessener Weise ein legitimes Ziel i. S. v. Art. 6 Abs. 1 der RL 2000/78/EG verfolgen (EuGH, Urteil v. 12.10.2010, C-45/09 [Rosenbladt]; BAG, Urteil v. 11.2.2015, 7 AZR 17/13; BAG, Urteil v. 9.12.2015, 7 AZR 68/14). Das BAG hat auf die Erreichung des gesetzlichen Regelrentenalters bzw. die Vollendung des 65. Lebensjahrs des Arbeitnehmers bezogene Altersgrenzenregelungen in mehreren Tarifverträgen für nicht altersdiskriminierend gehalten (vgl. zu der Altersgrenze in § 33 Abs. 1 Buchst. a TVöD-V in der bis zum 30.6.2008 geltenden Fassung: BAG, Urteil v. 8.12.2010, 7 AZR 438/09, NZA 2011, S. 586; zu § 46 Ziff. 1 Satz 1 TVAL II: BAG, Urteil v. 21.9.2011, 7 AZR 134/10, AP TzBfG § 14 Nr. 84). Der EuGH hat zu einem Vorabentscheidungsersuchen des Arbeitsgerichts Hamburg (ArbG Hamburg, Beschluss v. 20.1.2009, 21 Ca 235/08) in Bezug auf die auch der Entscheidung des BAG vom 18.6.2008 zugrunde liegende tarifliche Altersgrenzenregelung in § 19 Nr. 8 des Rahmentarifvertrags für die gewerblichen Beschäftigten in der Gebäudereinigung entschieden, dass die durch die tarifliche Altersgrenze bewirkte Ungleichbehandlung wegen

[327] AP TzBfG § 14 Nr. 48.

[328] BAG, Urteil v. 8.12.2010, 7 AZR 438/09, NZA 2011 S. 586; BAG, Urteil v. 21.9.2011, 7 AZR 134/10, AP TzBfG § 14 Nr. 84.

des Alters durch legitime Ziele i. S. v. § 10 AGG bzw. Art. 6 Abs. 1 der RL 2000/78/EG gerechtfertigt ist (EuGH, Urteil v. 12.10.2010, C-45/09 [Rosenbladt][329]).
Die in § 32 Abs.1 Buchst. a BAT-KF in der bis zum 31.3.2010 geltenden Fassung geregelte Altersgrenze ist ebenfalls wirksam. Für sie besteht ein sachlicher Grund i. S. v. § 14 Abs. 1 Satz 1 TzBfG und sie bewirkt keine unzulässige Diskriminierung wegen des Alters (BAG, Urteil v. 12.6.2013, 7 AZR 917/11).
Das BAG hat auch eine in einer Betriebsvereinbarung enthaltene, auf das Erreichen der Regelaltersgrenze bezogene Altersgrenzenregelung für wirksam gehalten (BAG, Urteil v. 13.10.2015, 1 AZR 153/13).
Auch einzelvertraglich vereinbarte auf das Erreichen des Regelrentenalters bezogene Altersgrenzenregelungen bewirken keine unzulässige Diskriminierung wegen des Alters, wenn sie beschäftigungspolitischen Zielen dienen (vgl. BAG, Urteil v. 11.2.2015, 7 AZR 17/13; BAG, Urteil v. 9.12.2015, 7 AZR 68/14), was in der Regel – zumindest auch – der Fall ist.

206 **Bis zum 31.12.2007** wurde die **Regelaltersgrenze** für den Bezug einer gesetzlichen Rente wegen Alters mit Vollendung des **65. Lebensjahres** erreicht (§ 35 SGB VI). Durch Art. 1 Nr. 8 des „Gesetzes zur Anpassung der Regelaltersgrenze an die demographische Entwicklung und zur Stärkung der Finanzierungsgrundlagen der gesetzlichen Rentenversicherung“ (RV-Altersgrenzenanpassungsgesetz) vom 20.4.2007 (BGBl. I S. 554) wurde die **Regelaltersgrenze** in § 35 SGB VI auf die Vollendung des **67. Lebensjahres angehoben**. Die Vorschrift trat nach Art. 27 RV-Altersgrenzenanpassungsgesetz am 1.1.2008 in Kraft.
Nach Art. 1 Nr. 56 RV-Altersgrenzenanpassungsgesetz verbleibt es allerdings für Versicherte, die **vor dem 1.1.1947 geboren** sind, bei der **Regelaltersgrenze von 65 Jahren** (§ 235 Abs. 2 Satz 1 SGB VI in der ab 1.1.2008 geltenden Fassung). **Für Versicherte der Jahrgänge 1947 bis 1963** erfolgt eine **stufenweise Anhebung der Regelaltersgrenze von 65 auf 67 Jahre** (§ 235 Abs. 2 SGB VI in der ab 1.1.2008 geltenden Fassung des Art. 1 Nr. 56 RV-Altersgrenzenanpassungsgesetz).

207 Die bislang in Arbeitsverträgen, Tarifverträgen und Betriebsvereinbarungen vorgesehenen, an der bisherigen Regelaltersgrenze von 65 Jahren orientierten Altersgrenzenregelungen, wonach das Arbeitsverhältnis mit Vollendung des 65. Lebensjahres des Arbeitnehmers endet, sind im Hinblick auf die Anhebung der gesetzlichen Regelaltersgrenze ohne Hinzutreten besonderer Umstände dahingehend **auszulegen**, dass sie als auf das Erreichen der **nunmehr geltenden Regelaltersgrenze vereinbart** sind (vgl. zu einer Altersgrenze in einer Betriebsvereinbarung BAG, Urteil v. 13.10.2015, 1 AZR 853/13; zu einer einzelvertraglich vereinbarten Altersgrenze vgl. BAG, Urteil v. 9.12.2015, 7 AZR 68/14).

---

329 NZA 2010, S. 1167.

Altersgrenze vor Erreichen der Regelaltersgrenze wegen vorgezogener Altersrente

Vereinbarungen, wonach das Arbeitsverhältnis zu einem **vor dem Erreichen der Regelaltersgrenze** bzw. vor dem 65. Lebensjahr des Arbeitnehmers liegenden Zeitpunkt wegen des Bezugs einer **vorgezogenen gesetzlichen Altersrente** enden soll, sind wirksam, wenn die Voraussetzungen des **§ 41 Satz 2 SGB VI** eingehalten sind (BAG, Urteil v. 19.11.2003, 7 AZR 296/03)[330]. Nach § 41 Satz 2 SGB VI gilt eine Vereinbarung, die die Beendigung eines Arbeitsverhältnisses ohne Kündigung zu einem Zeitpunkt vorsieht, zu dem der Arbeitnehmer **vor Erreichen der Regelaltersgrenze** eine **Rente wegen Alters** beantragen kann, dem Arbeitnehmer gegenüber als auf das Erreichen der Regelaltersgrenze abgeschlossen, es sei denn, dass die Vereinbarung innerhalb der letzten 3 Jahre vor diesem Zeitpunkt abgeschlossen oder von dem Arbeitnehmer bestätigt worden ist. 208
§ 41 Satz 2 SGB VI gilt nur für einzelvertraglich vereinbarte Altersgrenzen vor Vollendung des Regelrentenalters (BAG, Urteil v. 13.10.2015, 1 AZR 853/13). Sie betrifft nur Vereinbarungen, nach denen der Arbeitnehmer die Möglichkeit hat, vor der Regelaltersgrenze eine Rente wegen Alters zu beantragen. Sie findet keine Anwendung auf Vereinbarungen, die an den Zeitpunkt der Gewährung einer Rente wegen Alters anknüpfen (BAG, Urteil v. 4.11.2015, 7 AZR 851/13).
§ 41 Satz 2 SGB VI bestimmt nicht die Unwirksamkeit der Altersgrenzenregelung, wenn die Voraussetzungen des § 41 Satz 2 SGB VI nicht eingehalten sind, sondern **fingiert zugunsten des Arbeitnehmers, dass das Arbeitsverhältnis erst mit Erreichen der Regelaltersgrenze endet**. Durch diese Regelung soll es dem Arbeitnehmer ermöglicht werden, relativ zeitnah zum Rentenalter zu entscheiden, ob er weiterarbeiten oder vorgezogenes Altersruhegeld in Anspruch nehmen will. Zur Berechnung des 3-Jahreszeitraums in § 41 Satz 2 SGB VI ist nicht auf das Erreichen der Regelaltersgrenze abzustellen, sondern auf den Zeitpunkt, zu dem das Arbeitsverhältnis vereinbarungsgemäß enden soll (BAG, Urteil v. 17.4.2002, 7 AZR 40/01[331]).

Beispiel

Haben die Parteien z. B. vereinbart, dass das Arbeitsverhältnis des 1946 geborenen Arbeitnehmers bei Vollendung des 63. Lebensjahres endet, wenn der Arbeitnehmer vorgezogenes Altersruhegeld beziehen kann, beginnt der 3-Jahreszeitraum mit Vollendung des 60. Lebensjahres. Wurde die Vereinbarung vor Vollendung des 60. Lebensjahres getroffen, muss sie vom Arbeitnehmer nach Vollendung des 60. Lebensjahres bestätigt werden. Ansonsten besteht das Arbeitsverhältnis bis zum 65. Lebensjahr fort, wenn sich der Arbeitnehmer darauf beruft.

Haben die Parteien vereinbart, dass das Arbeitsverhältnis bei Erreichen der Regelaltersgrenze endet, ist für die **Berechnung der Regelaltersgrenze** nach § 33a Abs. 1 SGB I 209

[330] AP TzBfG § 17 Nr. 3.
[331] AP SGB VI Nr. 14.

das **Geburtsdatum** maßgebend, das der Arbeitnehmer **erstmals gegenüber einem Sozialleistungsträger** angegeben hat. Davon darf nach § 33a Abs. 2 SGB I nur abgewichen werden, wenn der zuständige Leistungsträger feststellt, dass ein Schreibfehler vorliegt oder sich aus einer Urkunde, deren Original bereits zu einem früheren Zeitpunkt ausgestellt worden ist, ein anderes Geburtsdatum ergibt. Ansonsten ist eine spätere Änderung des Geburtsdatums grundsätzlich unbeachtlich (BAG, Urteil v. 14.8.2002, 7 AZR 469/01[332]).

Beispiel

Hat z. B. ein türkischer Arbeitnehmer bei der Einstellung gegenüber dem Arbeitgeber und dem zuständigen Rentenversicherungsträger angegeben, am 3.4.1940 geboren zu sein und stellt zu einem späteren Zeitpunkt ein Gericht in der Türkei auf Antrag des Arbeitnehmers fest, dass dieser bereits am 2.9.1936 geboren sei, ist für die Berechnung der Regelaltersgrenze der 3.4.1940 maßgebend.

Altersgrenze vor Erreichen der Regelaltersgrenze ohne Anspruch auf vorgezogene Altersrente

210 In besonderen Fällen sehen einzel- oder kollektivvertragliche Regelungen ein Ausscheiden des Arbeitnehmers vor dem Erreichen des gesetzlichen Rentenalters oder der Erlangung eines Anspruchs auf vorgezogenes Altersruhegeld vor. Dies gilt insbesondere bei **Cockpit-Personal von Luftfahrtgesellschaften**.

Nach ständiger Rechtsprechung des BAG zu der vor Inkrafttreten des AGG geltenden Rechtslage wurden sowohl **tarifliche** Regelungen als auch **einzelvertragliche** Vereinbarungen, wonach die Arbeitsverhältnisse von Flugzeugführern bei Vollendung des **60. Lebensjahres** enden, ohne dass es einer Kündigung bedarf, grundsätzlich als **wirksam angesehen**, da ihre Tätigkeit zu einer Gefährdung wichtiger Rechtsgüter führen kann. Sie wurden als mit Art. 12 Abs.1 GG vereinbar erachtet[333]. Die Regelung über die Altersgrenze von 60 Jahren für Flugzeugführer beruht danach auf medizinischen Erfahrungswerten, nach denen das Cockpit-Personal überdurchschnittlichen physischen und psychischen Belastungen ausgesetzt ist, aufgrund derer das Risiko altersbedingter Ausfallerscheinungen und unerwarteter Fehlreaktionen zunimmt. Diesen Gefahren soll die Alters-

[332] AP BGB § 620 Altersgrenze Nr. 20.

[333] Vgl. etwa BAG, Urteil v. 12.2.1992, 7 AZR 100/91, AP BGB § 620 Altersgrenze Nr. 5; BAG, Urteil v. 25.2.1998, 7 AZR 641/96, AP TVG § 1 Tarifverträge: Luftfahrt Nr. 11; BAG, Urteil v. 11.3.1998, 7 AZR 700/96, AP TVG § 1 Tarifverträge: Luftfahrt Nr. 12; BAG, Urteil v. 20.2.2002, 7 AZR 748/00, AP BGB § 620 Altersgrenze Nr. 18; BAG, Urteil v. 27.11.2002, 7 AZR 414/01, AP BGB § 620 Altersgrenze Nr. 21; BAG, Urteil v. 27.11.2002, 7 AZR 655/01, AP BGB § 620 Altersgrenze Nr. 22; BAG, Urteil v. 21.7.2004, 7 AZR 589/03, EzA BGB 2002 § 620 Altersgrenze Nr. 5.

grenze vorbeugen. Sie dient daher nicht nur der **ordnungsgemäßen Erfüllung der Berufstätigkeit**, sondern auch dem **Schutz von Leben und Gesundheit der Besatzungsmitglieder und Passagiere**.

Diese Rechtsprechung konnte **nach Inkrafttreten des AGG** aufgrund des unionsrechtlichen Verbots der Diskriminierung wegen des Alters **nicht aufrechterhalten** werden. Eine Altersgrenze von 60 Jahren für Piloten bewirkt eine **Ungleichbehandlung wegen des Alters**. Diese ist **nicht** nach § 8 Abs. 1 AGG oder nach §10 Satz 1 und 2 AGG **gerechtfertigt**. 211

Da diese Vorschriften der Umsetzung von Art. 4 Abs. 1 und Art. 6 Abs. 1 Satz 1 RL 2000/78/EG dienen, sind die unionsrechtlichen Vorgaben bei der Auslegung von § 8 Abs. 1 und § 10 Sätze 1 und 2 AGG zu beachten. Die Auslegung von Unionsrecht ist dem Gerichtshof der Europäischen Union vorbehalten. Das BAG hatte daher den Gerichtshof um Vorabentscheidung ersucht (BAG, Beschluss v. 17.6.2009, 7 AZR 112/08 (A)). Dieser hat entschieden, dass Art. 4 Abs. 1 RL 2000/78/EG dahingehend auszulegen ist, dass er einer tariflichen Regelung entgegensteht, die die Altersgrenze, ab der Piloten als körperlich nicht mehr fähig zur Ausübung ihrer beruflichen Tätigkeit gelten, auf 60 Jahre festlegt, während nationale und internationale Regelungen dieses Alter auf 65 Jahre festlegen. Des Weiteren ist nach Auffassung des EuGH Art. 6 Abs. 1 UnterAbs. 1 RL 2000/78/EG dahin auszulegen, dass die Gewährleistung der Flugsicherheit kein legitimes Ziel i. S. dieser Vorschrift ist (EuGH 13.9.2011, C-447/09 [Prigge u.a.]). Im Anschluss an dieses Urteil hat das BAG daher entschieden, dass tarifliche Altersgrenzen von 60 Jahren für Flugzeugführer gegen das Verbot der Benachteiligung wegen des Alters in § 7 Abs. 1 i. V. m. § 1 AGG verstoßen und deshalb nach § 7 Abs. 2 AGG unwirksam sind (BAG, Urteil v. 18.1.2012, 7 AZR 112/08, AP TzBfG § 14 Nr. 91). Gleiches gilt für tarifliche Altersgrenzen von 60 Jahren für Flugingenieure (BAG, Urteil v. 15.2.2012, 7 AZR 904/08).

Die Vorschriften des AGG gelten für tariflich bestimmte Altersgrenzen von 60 Jahren auch dann, wenn der Tarifvertrag vor dem Inkrafttreten des AGG am 18.8.2006 abgeschlossen wurde, die Altersgrenze im Einzelfall aber erst nach diesem Zeitpunkt erreicht wurde (BAG, Beschluss v. 17.6.2009, 7 AZR 112/08 (A), BAGE 131,113; BAG, Urteil v. 18.1.2012, 7 AZR 211/09; BAG, Urteil v. 15.2.2012, 7 AZR 947/07, NZA 2012, 866). Wurde die Altersgrenze bereits vor dem 18.8.2006 erreicht, ist das AGG nicht anzuwenden, vielmehr gilt nach § 33 Abs. 1 AGG altes Recht. Dies führt allerdings jedenfalls dann nicht zu einem anderen Ergebnis, wenn der maßgebliche Tarifvertrag während der Dauer der Umsetzungsfrist der Richtlinie 2000/78/EG in das nationale Recht abgeschlossen und die Altersgrenze in diesem Zeitraum erreicht wurde. Denn in diesem Fall ist die tariflich bestimmte Altersgrenze an dem dem primären Unionsrecht angehörenden Verbot der Diskriminierung wegen des Alters zu messen, das durch die Richtlinie 2000/78/EG konkretisiert wird. Danach bewirkt die Altersgrenze eine unmittelbare Benachteiligung wegen des Alters, die nicht auf Grund der in Art. 4 Abs. 1 und Art. 6 Abs. 1 der Richtlinie 2000/78/EG genannten Maßgaben gerechtfertigt ist (BAG, Urteil v.

15.2.2012, 7 AZR 946/07, NZA 2012, 866). Die tarifliche Altersgrenzenregelung darf daher in diesem Fall nicht angewandt werden.

212 Für tariflich normierte Altersgrenzen von **55 bzw. 60 Jahren für das Kabinenpersonal** besteht schon deshalb kein sachlicher Grund, weil bei diesem kein dem Cockpit-Personal vergleichbares Sicherheitsrisiko besteht (BAG, Urteil v. 31.7.2002, 7 AZR 140/01[334]; BAG, Beschluss v. 16.10.2008, 7 AZR 253/07 (A); BAG, Urteil v. 23.6.2010, 7 AZR 1021/08[335]).

Befristete Fortsetzung des Arbeitsverhältnisses nach Rentenbeginn
Eine nicht in den Anwendungsbereich des am 1. Juli 2014 in Kraft getretenen § 41 Satz 3 SGB VI fallende, bei oder nach Erreichen des Renteneintrittsalters getroffene Vereinbarung der Arbeitsvertragsparteien über die befristete Fortsetzung des Arbeitsverhältnisses kann nach § 14 Abs. 1 Satz 2 Nr. 6 TzBfG sachlich gerechtfertigt sein. Dies setzt voraus, dass der Arbeitnehmer Altersrente aus der gesetzlichen Rentenversicherung beanspruchen kann und die befristete Fortsetzung des Arbeitsverhältnisses einer im Zeitpunkt der Vereinbarung der Befristung bestehenden konkreten Personalplanung des Arbeitgebers, z. B. der Einarbeitung einer Ersatz- oder Nachwuchskraft, dient. Eine derartige Befristung bewirkt keine unzulässige Diskriminierung wegen des Alters (BAG, Urteil v. 11.2.2015, 7 AZR 17/13).

3.2.6.2.12 Minderung der Erwerbsfähigkeit

213 In Tarifverträgen, insbesondere im öffentlichen Dienst (z. B. § 33 Abs. 2 TVöD; bis 30.9.2005: § 59 BAT) ist häufig bestimmt, dass das Arbeitsverhältnis am Ende des Monats endet, in dem dem Arbeitnehmer der **Bescheid des zuständigen Rentenversicherungsträgers** über die Gewährung einer unbefristeten Rente wegen Erwerbsminderung zugestellt wird. Bei derartigen Bestimmungen handelt es sich um **auflösende Bedingungen**, für die grundsätzlich der nach § 21 TzBfG i. V. m. § 14 Abs. 1 TzBfG erforderliche Sachgrund besteht.

214 Derartige Regelungen dienen einerseits dem **Schutz des Arbeitnehmers**, der aus gesundheitlichen Gründen nicht mehr in der Lage ist, seine bisherige Tätigkeit auszuüben und dessen Gesundheitszustand sich bei einer Fortsetzung der Tätigkeit möglicherweise verschlimmern würde. Andererseits soll es dem Arbeitgeber ermöglicht werden, sich von einem Arbeitnehmer zu trennen, der gesundheitlich nicht mehr in der Lage ist, seine vertraglich geschuldete Leistung zu erbringen[336]. Allerdings stellt die **Erwerbsminderung allein keinen ausreichenden Sachgrund für die Beendigung des Arbeitsverhältnisses** dar. Es ist vielmehr erforderlich, dass der Arbeitnehmer **durch** die **rentenrechtliche**

---

[334] AP TVG § 1 Tarifverträge: Luftfahrt Nr. 14.

[335] NZA 2010, S. 1248.

[336] BAG, Urteil v. 28.6.1995, 7 AZR 555/94, AP BAT § 59 Nr. 6; BAG, Urteil v. 9.8.2000, 7 AZR 214/99, AP BAT § 59 Nr. 10; BAG, Urteil v. 31.7.2002, 7 AZR 118/01, AP BGB § 620 Altersgrenze Nr. 19; BAG, Urteil v. 1.12.2004, 7 AZR 135/04, AP BAT § 59 Nr. 13.

Versorgung voraussichtlich dauerhaft abgesichert ist (BAG, Urteil v. 11.3.1998, 7 AZR 101/97[337]).
Das ist der Fall, wenn dem Arbeitnehmer vom zuständigen Rentenversicherungsträger eine Rente wegen voller oder teilweiser Erwerbsminderung auf unbestimmte Dauer bewilligt wird (BAG, Urteil v. 27.7.2011, 7 AZR 402/10; BAG, Urteil v. 23.7.2014, 7 AZR 771/12; BAG, Urteil v. 10.12.2014, 7 AZR 1002/12; BAG, Urteil v. 14.1.2015, 7 AZR 880/13). Dem Erfordernis der voraussichtlich dauerhaften rentenrechtlichen Absicherung steht weder die vom Rentenversicherungsträger vorbehaltene Möglichkeit einer späteren Überprüfung der Rentenberechtigung noch die zeitliche Begrenzung der Erwerbsminderungsrente auf das Erreichen des gesetzlichen Rentenalters entgegen (BAG, Urteil v. 10.12.2014, 7 AZR 1002/12; BAG, Urteil v. 14.1.2015, 7 AZR 880/13).
Neben der rentenrechtlichen Absicherung ist für den Auflösungstatbestand erforderlich, dass dem Arbeitnehmer die **sozialrechtliche Dispositionsbefugnis** zur Herbeiführung des Renteneintritts verbleibt (BAG, Urteil v. 23.7.2014, 7 AZR 771/12; BAG, Urteil v. 10.12.2014, 7 AZR 1002/12; BAG, Urteil v. 14.1.2015, 7 AZR 880/13). Die Anknüpfung des Beendigungstatbestands an eine nur auf Antrag zu gewährende Rente wahrt das durch Art. 12 Abs. 1 GG geschützte Recht des Arbeitnehmers, in eigener Verantwortung über die Fortführung der von ihm gewählten Tätigkeit zu entscheiden (BVerfG 24.4.1991, 1 BvR 1341/90). Deshalb sind unter bestimmten Voraussetzungen **Veränderungen im Verhalten des Arbeitnehmers bei der Beantragung der Rente** zu berücksichtigen (BAG, Urteil v. 23.7.2014, 7 AZR 771/12).
Demnach endet das Arbeitsverhältnis trotz der Zustellung eines die Erwerbsminderung feststellenden Bescheids des zuständigen Rentenversicherungsträgers nicht, wenn der Arbeitnehmer gegen den Rentenbescheid innerhalb der Widerspruchsfrist des § 84 SGG **Widerspruch** einlegt und den **Rentenantrag zurücknimmt** (BAG, Urteil v. 11.3.1998, 7 AZR 101/97, AP BAT § 59 Nr. 8). Gleiches gilt, wenn er seinen Antrag innerhalb der Widerspruchsfrist einschränkt und anstelle einer Dauerrente nur noch eine **Rente auf Zeit** verlangt, sofern die Beendigung des Arbeitsverhältnisses nur bei der **unbefristeten Rentenbewilligung** eintreten soll (BAG, Urteil v. 23.2.2000, 7 AZR 906/98, AP BeschFG 1985 § 1 Nr. 25). Lässt der Arbeitnehmer den Bescheid über die Gewährung einer unbefristeten Rente wegen Erwerbsminderung hingegen **bestandskräftig** werden, endet das Arbeitsverhältnis auch dann, wenn der Rentenbescheid später vom Rentenversicherungsträger zurückgenommen und dem Arbeitnehmer anstelle der unbefristeten Rente rückwirkend nur eine Rente auf Zeit bewilligt wird (BAG, Urteil v. 3.9.2003, 7 AZR 661/02, AP BAT-O § 59 Nr. 1; BAG, Urteil v. 23.6.2004, 7 AZR 440/03, AP TzBfG § 17 Nr. 5).
Das Arbeitsverhältnis endet nicht, wenn der Rentenversicherungsträger die **Nichtigkeit des zuvor erteilten Rentenbescheids** feststellt. Zwar kann im arbeitsgerichtlichen Verfahren nicht geprüft werden, ob die Nichtigkeitsvoraussetzungen vorliegen. Stellt der Rentenversicherungsträger jedoch die Nichtigkeit seines Verwaltungsakts fest und wird

[337] AP BAT § 59 Nr. 8; BAG, Urteil v. 3.9.2003, 7 AZR 661/02, AP BAT – O § 59 Nr. 1.

der Bescheid über die Feststellung der Nichtigkeit des Ursprungsbescheids nicht seinerseits angefochten, entfaltet der Nichtigkeitsfeststellungsbescheid **Tatbestandswirkung** auch für das arbeitsgerichtliche Verfahren und ist auch für das Verhältnis zwischen Arbeitgeber und Arbeitnehmer maßgebend. **Voraussetzung dafür** ist allerdings, dass der Arbeitnehmer innerhalb der Frist von § 21, § 17 Satz 1 TzBfG **gegen die Beendigung des Arbeitsverhältnisses Klage erhoben** hat und dass er sich darauf berufen hat, dass die tariflichen Voraussetzungen für die Beendigung des Arbeitsverhältnisses nicht vorliegen (BAG, Urteil v. 10.10.2012, 7 AZR 602/11).

Sieht ein Tarifvertrag nur im Falle der **unbefristeten Rentenbewilligung** die **Beendigung** des Arbeitsverhältnisses vor, bei Bewilligung einer **Rente auf Zeit** hingegen das **Ruhen** des Arbeitsverhältnisses, wie z.B. § 33 TVöD (bis 30.9.2005: § 59 BAT), endet das Arbeitsverhältnis auch dann, wenn dem Arbeitnehmer neben einer unbefristeten Rente wegen teilweiser Erwerbsminderung eine befristete Rente wegen voller Erwerbsminderung bewilligt wird, sofern der Arbeitnehmer nicht form- und fristgerecht nach Zustellung des Rentenbescheids über die Gewährung der unbefristeten Rente seine Weiterbeschäftigung für die Zeit nach dem Wegfall der befristeten Rente wegen voller Erwerbsminderung vom Arbeitgeber verlangt (BAG, Urteil v. 15.3.2006, 7 AZR 332/05, AP BAT § 59 Nr. 14).

215 Auch wenn der Tarifvertrag dies nicht ausdrücklich bestimmt, ist eine tarifliche Regelung, die die Beendigung des Arbeitsverhältnisses im Falle der Erwerbsminderung vorsieht, nach ihrem Sinn und Zweck sowie unter verfassungsrechtlichen Gesichtspunkten dahingehend auszulegen, dass die **Beendigung** des Arbeitsverhältnisses **dann nicht** eintritt, **wenn** der **Arbeitnehmer** auf seinem bisherigen oder einem anderen freien Arbeitsplatz, der seinem Leistungsvermögen entspricht, **weiterbeschäftigt** werden kann[338]. Der Arbeitgeber ist jedoch nicht verpflichtet, im Wege der Umorganisation oder in sonstiger Weise einen neuen Arbeitsplatz für den Arbeitnehmer zu schaffen (BAG, Urteil v. 9.8.2000, 7 AZR 749/98, ZTR 2000, S. 270).

Voraussetzung für den Fortbestand des Arbeitsverhältnisses ist, dass der **Arbeitnehmer die Weiterbeschäftigung vom Arbeitgeber verlangt**. Er muss dem Arbeitgeber mitteilen, in welcher Weise unter Berücksichtigung seines Leistungsvermögens eine Weiterbeschäftigung in Betracht kommt. Das hat so rechtzeitig zu geschehen, dass der Arbeitgeber prüfen kann, ob das Arbeitsverhältnis im Falle der Rentenbewilligung endet oder fortbesteht, weil eine Weiterbeschäftigungsmöglichkeit gegeben ist.

216 Da ein auflösend bedingtes Arbeitsverhältnis nach § 21, § 15 Abs. 2 TzBfG **frühestens 2 Wochen nach Zugang der schriftlichen Unterrichtung** des Arbeitnehmers durch den Arbeitgeber über den Eintritt der auflösenden Bedingung endet und dies auch gilt, wenn die auflösende Bedingung in einem Tarifvertrag geregelt ist (BAG, Urteil v. 23.6.2004, 7 AZR 440/03, AP TzBfG § 17 Nr. 5; BAG, Urteil v. 15.3.2006, 7 AZR 332/05, AP BAT

---

[338] BAG, Urteil v. 28.6.1995, 7 AZR 555/94, AP BAT § 59 Nr. 6; BAG, Urteil v. 9.8.2000, 7 AZR 214/99, AP BAT § 59 Nr. 10; BAG, Urteil v. 31.7.2002, 7 AZR 118/01, AP BGB § 620 Altersgrenze Nr. 19.

§ 59 Nr. 14), dürfte es genügen, dass der Arbeitnehmer sein Weiterbeschäftigungsverlangen bis zu diesem Zeitpunkt äußert, um die Beendigung des Arbeitsverhältnisses zu verhindern. Dies dürfte auch gelten, wenn der Tarifvertrag einen früheren Beendigungszeitpunkt vorsieht, etwa den Ablauf des Monats, in dem dem Arbeitnehmer der Rentenbescheid des zuständigen Rentenversicherungsträgers zugestellt wird, oder einen Zeitpunkt, der vor der Zustellung des Rentenbescheids liegt. Die frühere Rechtsprechung des BAG zu der vor Inkrafttreten des TzBfG geltenden Rechtslage, wonach der Arbeitnehmer sein Weiterbeschäftigungsverlangen in derartigen Fällen noch vor der Zustellung des Rentenbescheids äußern musste (BAG, Urteil v. 31.7.2002, 7 AZR 118/01, AP BGB § 620 Altersgrenze Nr. 19), dürfte sich wohl im Hinblick auf § 21, § 15 Abs. 2 TzBfG nicht aufrechterhalten lassen.

Im Anwendungsbereich des **TVöD und TV-L** (bis 30.9.2005: BAT) ist zu beachten, dass 217
der teilweise erwerbsgeminderte Arbeitnehmer nach § 33 Abs. 3 TVöD (bis 30.9.2005: § 59 Abs. 3 BAT in der ab 1.1.2002 geltenden Fassung) seine Weiterbeschäftigung innerhalb von **2 Wochen** nach Zugang des Rentenbescheids **schriftlich** beantragen muss, um die Beendigung des Arbeitsverhältnisses zu verhindern. Ein mündliches Weiterbeschäftigungsverlangen reicht nicht aus (BAG, Urteil v. 1.12.2004, 7 AZR 135/04[339]; BAG, Urteil v. 15.3.2006, 7 AZR 332/05[340]). Nach der Rechtsprechung des BAG wird allerdings die 2-Wochenfrist nicht bereits mit dem Zugang des Rentenbescheids in Lauf gesetzt. Vielmehr sind die Tarifbestimmungen aus verfassungsrechtlichen Gründen zur Gewährleistung eines effektiven Bestandsschutzes des Arbeitnehmers (Art. 12 Abs. 1 GG) dahin auszulegen, dass die 2-Wochenfrist erst mit dem **Zugang der schriftlichen Mitteilung des Arbeitgebers**, dass das Arbeitsverhältnis enden werde, zu laufen beginnt (BAG, Urteil v. 23.7.2014, 7 AZR 771/12). Entsprechendes gilt für inhaltsgleiche tarifliche Regelungen.

Nach § 33 Abs. 4 TV-L (ebenso: § 33 Abs. 4 TVöD) tritt an die Stelle des Rentenbe- 218
scheids das **Gutachten eines Amtsarztes**, wenn der Arbeitnehmer den Rentenantrag schuldhaft verzögert. Das Arbeitsverhältnis soll nach der Tarifnorm in diesem Fall mit Ablauf des Monats enden, in dem dem Arbeitnehmer das Gutachten bekannt gemacht worden ist.

Das BAG hat **Zweifel** daran geäußert, ob es mit dem verfassungsrechtlich zu gewähren- 219
den **Mindestbestandsschutz** (Art. 12 Abs. 1 GG) zu vereinbaren ist, dass ein Arbeitsverhältnis nach § 33 Abs. 2 TV-L (ebenso: § 33 Abs. 2 TVöD) enden kann, obwohl der Arbeitnehmer durch § 33 Abs. 4 TV-L (ebenso: § 33 Abs. 4 TVöD) faktisch angehalten wird, einen Rentenantrag zu stellen (BAG, Urteil v. 23.7.2014, 7 AZR 771/12). Diese Bedenken dürften jedenfalls dann bestehen, wenn der Arbeitnehmer nur teilweise erwerbsgemindert ist und er daher – anders als bei voller Erwerbsminderung – noch Arbeitsleistungen in nicht unerheblichem Umfang erbringen kann. Stellt der Arbeitnehmer

[339] AP BAT § 59 Nr. 13.
[340] AP BAT § 59 Nr. 14.

in diesem Fall keinen Rentenantrag, führt nach der Tarifnorm ein vom Arbeitgeber beantragtes ärztliches Gutachten zur Beendigung des Arbeitsverhältnisses. Die für den Beendigungstatbestand erforderliche **rentenrechtliche Dispositionsbefugnis** des Arbeitnehmers bestünde damit faktisch nicht, weil auch der nur teilweise erwerbsgeminderte Arbeitnehmer angehalten wäre, einen Rentenantrag zu stellen (BAG, Urteil v. 23.7.2014, 7 AZR 771/12; BAG, Urteil v. 10.12.2014, 7 AZR 1002/12; BAG, Urteil v. 14.1.2015, 7 AZR 880/13). Eine abschließende Entscheidung hierzu hat das BAG bislang nicht getroffen. Es hat zudem offengelassen, ob die von ihm geäußerten Zweifel auch für den Fall der vollen Erwerbsminderung auf unbestimmte Dauer gelten (BAG, Urteil v. 10.12.2014, 7 AZR 1002/12; BAG, Urteil v. 14.1.2015, 7 AZR 880/13).

220 Die tarifliche Regelung in § 33 Abs. 2 TVöD (ebenso: § 33 Abs. 2 TV-L), wonach das Arbeitsverhältnis bei Gewährung einer Rente auf unbestimmte Dauer wegen voller Erwerbsminderung endet, bewirkt **weder eine unmittelbare noch eine mittelbare Diskriminierung wegen einer Behinderung** des Arbeitnehmers i. S. v. § 7 Abs. 1, §§ 3, 1 AGG (BAG, Urteil v. 10.12.2014, 7 AZR 1002/12; BAG, Urteil v. 14.1 2015, 7 AZR 880/13).

221 Bestimmt ein **Tarifvertrag**, dass das Arbeitsverhältnis auch bei **Gewährung einer befristeten Rente wegen verminderter Erwerbsfähigkeit** endet, muss dem Arbeitnehmer im Falle der Wiedererlangung der Erwerbsfähigkeit ein **Wiedereinstellungsanspruch** zustehen (BAG, Urteil v. 23.2.2000, 7 AZR 891/98[341]).

222 Nach §§ 21, 15 Abs. 2 TzBfG endet das Arbeitsverhältnis **frühestens 2 Wochen nach Zugang der Mitteilung des Arbeitgebers** über den Eintritt der auflösenden Bedingung. Dies gilt auch, wenn die auflösende Bedingung in einem Tarifvertrag geregelt ist (BAG, Urteil v. 23.6.2004, 7 AZR 440/03[342]; BAG, Urteil v. 15.3.2006, 7 AZR 332/05[343]).

3.2.7 Vergütung aus Haushaltsmitteln für befristete Beschäftigung (Abs. 1 Satz 2 Nr. 7)

3.2.7.1 Geschichtliche Entwicklung

223 Der Gesetzgeber will mit diesem Sachgrund an die vor Inkrafttreten des TzBfG ergangene Rechtsprechung des BAG zur Befristung aus haushaltsrechtlichen Gründen im Bereich des **öffentlichen Dienstes** anknüpfen[344]. Allerdings ist die Möglichkeit zum Abschluss befristeter Arbeitsverträge nach dem Wortlaut der Bestimmung wesentlich weitgehender als nach den von der damaligen Rechtsprechung entwickelten Grundsätzen.

Danach war eine Befristung aus haushaltsrechtlichen Gründen grundsätzlich nur zulässig, wenn im Zeitpunkt des Vertragsschlusses mit dem befristet eingestellten Arbeitnehmer die auf konkrete Tatsachen gegründete **Prognose** gerechtfertigt war, dass für die Beschäftigung des Arbeitnehmers Haushaltsmittel nur vorübergehend zur Verfügung

---

[341] AP MTL II § 62 Nr. 1.
[342] AP TzBfG § 17 Nr. 5.
[343] AP BAT § 59 Nr. 14.
[344] BT-Drucks. 14/4374, S. 19.

standen und mit hinreichender Sicherheit mit dem künftigen **Wegfall der Mittel** zu rechnen war[345]. Das war der Fall, wenn der Arbeitnehmer aus einer konkreten Haushaltsstelle vergütet wurde, die vom Haushaltsgesetzgeber nur befristet bewilligt worden war und deren Streichung zum Ende der mit dem Arbeitnehmer vereinbarten Vertragslaufzeit mit einiger Sicherheit zu erwarten war. Dann war davon auszugehen, dass sich der Haushaltsgesetzgeber mit den Verhältnissen dieser konkreten Stelle befasst und aus sachlichen Erwägungen festgelegt hatte, dass für die Beschäftigung des Arbeitnehmers nur ein vorübergehender Bedarf bestand[346].

In diesem Fall war die **Befristung auch dann sachlich gerechtfertigt**, wenn an sich ein Dauerbedarf an der Tätigkeit vorlag. Denn **im öffentlichen Dienst bestimmt sich der Arbeitskräftebedarf grundsätzlich** nicht nach Umfang und Dauer der zu erledigenden Aufgaben, sondern **danach, in welchem Umfang und für welche Dauer der Haushaltsgesetzgeber Mittel dafür bereitstellt** (BAG, Urteil v. 7.7.1999, 7 AZR 609/97[347]).

Nach dem Wortlaut des § 14 Abs. 1 Satz 2 Nr. 7 TzBfG ist die **Befristung zulässig**, wenn 224
die Vergütung des Arbeitnehmers aus Haushaltsmitteln erfolgt, die haushaltsrechtlich für eine befristete Beschäftigung bestimmt sind und er entsprechend beschäftigt wird. Das reichte nach der bisherigen Rechtsprechung zur Wirksamkeit einer Befristung grundsätzlich nicht aus (BAG, Urteil v. 14.1.1992, 2 AZR 245/80[348]).

Etwas anderes galt nur für das **wissenschaftliche und künstlerische Personal an Hoch-** 225
schulen nach § 57b Abs. 2 Nr. 2 HRG in der bis zum 22.2.2002 geltenden Fassung (a. F.). Den **Wortlaut** dieser speziellen hochschulrechtlichen Bestimmung hat der Gesetzgeber **in § 14 Abs. 1 Satz 2 Nr. 7 TzBfG, der für den gesamten öffentlichen Dienst gilt, übernommen**, obwohl § 57b Abs. 2 Nr. 2 HRG a. F. als Spezialregelung den Besonderheiten der Beschäftigung wissenschaftlichen und künstlerischen Personals an Hochschulen Rechnung tragen und für diesen Personenkreis erleichterte Befristungsmöglichkeiten schaffen sollte.

Für die Wirksamkeit der Befristung nach § 57b Abs. 2 Nr. 2 HRG a. F. genügte es, dass 226
der Haushaltsgesetzgeber Mittel für befristete Beschäftigung an Hochschulen ausgewiesen hatte und der befristet eingestellte Arbeitnehmer aus diesen Mitteln vergütet und entsprechend beschäftigt wurde (BAG, Urteil v. 24.1.1996, 7 AZR 342/95[349]). Eine **Bestimmung der Mittel für befristete Beschäftigung** lag vor, wenn der Haushaltsgesetzgeber die Verwendung der Mittel für befristete Beschäftigung angeordnet und eine **bestimmte**

---

[345] BAG, Urteil v. 24.1.1996, 7 AZR 496/95, AP BGB § 620 Befristeter Arbeitsvertrag Nr. 179; BAG, Urteil v. 7.7.1999, 7 AZR 609/97, AP BGB § 620 Befristeter Arbeitsvertrag Nr. 215; BAG, Urteil v. 24.10.2001, 7 AZR 542/00, AP BGB § 620 Befristeter Arbeitsvertrag Nr. 229.

[346] BAG, Urteil v. 14.1.1982, 2 AZR 254/80, AP BGB § 620 Befristeter Arbeitsvertrag Nr. 64; BAG, Urteil v. 3.12.1982, 7 AZR 622/80, AP BGB § 620 Befristeter Arbeitsvertrag Nr. 72; BAG, Urteil v. 24.9.1997, 7 AZR 654/96; BAG, Urteil v. 22.3.2000, 7 AZR 758/98, AP BGB § 620 Befristeter Arbeitsvertrag Nr. 221.

[347] AP BGB § 620 Befristeter Arbeitsvertrag Nr. 215.

[348] AP BGB § 620 Befristeter Arbeitsvertrag Nr. 64.

[349] AP HRG § 57b Nr. 7.

Zwecksetzung ausgewiesen hatte. Außerdem musste der Arbeitnehmer **entsprechend** den haushaltsrechtlichen Vorgaben **eingesetzt** werden. Ob dies der Fall war, bestimmte sich grundsätzlich nach den Umständen bei Vertragsschluss. Die spätere Entwicklung konnte jedoch ein Indiz dafür sein, dass der Sachgrund nur vorgeschoben war[350].

227 Die für Befristungen nach § 57b Abs. 2 Nr. 2 HRG a. F. entwickelten Grundsätze gelten nach der bisherigen Rechtsprechung des BAG im Wesentlichen auch für den hiermit wörtlich übereinstimmenden Sachgrund in § 14 Abs.1 Satz 2 Nr. 7 TzBfG (BAG, Urteil v. 18.10.2006, 7 AZR 419/05[351]). Für die Beurteilung der Wirksamkeit einer Befristung nach § 14 Abs. 1 Satz 2 Nr. 7 TzBfG kann daher nicht ohne Weiteres auf die frühere Rechtsprechung des BAG zur Befristung aus haushaltsrechtlichen Gründen zurückgegriffen werden.

Das BAG hat § 14 Abs. 1 Satz 2 Nr. 7 TzBfG in der von ihm vorgenommenen Auslegung zunächst nicht nur für verfassungs-, sondern auch für unionsrechtskonform erachtet. Inzwischen hält es das BAG allerdings für nicht ausgeschlossen, dass die mit der Befristungsmöglichkeit nach § 14 Abs. 1 Satz 2 Nr. 7 TzBfG **geschaffene Privilegierung des öffentlichen Dienstes gegenüber der Privatwirtschaft** mit der Richtlinie 1999/70/EG und der inkorporierten Rahmenvereinbarung unter Berücksichtigung des allgemeines Gleichheitssatzes unvereinbar sein könnte. Es hatte deshalb den EuGH um eine entsprechende Vorabentscheidung ersucht (BAG, Beschluss v. 27.10.2010, 7 AZR 485/09 (A)). Das Verfahren hat sich zwar zwischenzeitlich erledigt, so dass eine Entscheidung des EuGH hierzu nicht ergangen ist. Da das BAG jedoch weiterhin an der Vereinbarkeit von § 14 Abs. 1 Satz 2 Nr. 7 TzBfG mit Unionsrecht zweifelt (BAG, Urteil v. 15.12.2011, 7 AZR 394/10, AP TzBfG § 14 Nr. 89; BAG, Urteil v. 13.2.2013, 7 AZR 225/11), könnte mit einem weiteren Vorabentscheidungsersuchen an den EuGH zu dieser Frage zu rechnen sein. Sollte der EuGH die Privilegierung des öffentlichen Dienstes für unionsrechtswidrig halten, könnte dies bedeuten, dass die Vorschrift nicht mehr angewandt werden darf und ausschließlich hierauf gestützte Befristungen unwirksam sind. Andernfalls dürfte die Wirksamkeit derartiger Befristungen nach den nachstehend dargestellten, vom BAG bislang entwickelten Grundsätzen zu beurteilen sein.

3.2.7.2 Voraussetzungen nach neuem Recht

228 Voraussetzung für die Befristung nach **§ 14 Abs.1 Satz 2 Nr. 7 TzBfG** ist, dass der **Arbeitnehmer aus Haushaltsmitteln vergütet** wird, die **haushaltsrechtlich für eine befristete Beschäftigung bestimmt** sind. Dies erfordert, dass die Mittel haushaltsrechtlich mit einer konkreten Sachregelung auf der Grundlage einer nachvollziehbaren Zwecksetzung versehen sind. Die Haushaltsmittel müssen für eine Aufgabe von vorübergehender Dauer bestimmt sein. Dazu ist eine tätigkeitsbezogene Zwecksetzung der Haushaltsmittel erforderlich. Die Rechtsvorschriften, mit denen die Haushaltsmittel ausgebracht werden,

[350] Vgl. dazu APS/*Backhaus*, 4. Aufl. 2012, § 14 TzBfG, Rz. 100 ff.; Dörner, Der befristete Arbeitsvertrag, 2. Aufl. 2011, Rz. 200.

[351] AP TzBfG § 14 Haushalt Nr. 1.

müssen selbst die inhaltlichen Anforderungen für die im Rahmen der befristeten Arbeitsverträge auszuübenden Tätigkeiten oder die Bedingungen, unter denen sie auszuführen sind, enthalten (BAG, Urteil v. 18.10.2006, 7 AZR 419/05[352]; BAG, Urteil v. 2.9.2009, 7 AZR 162/08; BAG, Urteil v. 17.3.2010, 7 AZR 843/08[353]).
Die **Zweckbestimmung** muss erkennen lassen, **für welche Aufgaben** die Haushaltsmittel bereitgestellt werden und dass diese Aufgaben nicht zeitlich unbegrenzt, sondern nur **vorübergehend** anfallen. Die Zweckbestimmung muss objektive und nachprüfbare Vorgaben enthalten, die sicherstellen, dass die Haushaltsmittel zur Deckung eines nur zeitweiligen Beschäftigungsbedarfs und nicht eines Dauerbedarfs genutzt werden (BAG, Urteil v. 17.3.2010, 7 AZR 843/08[354]).

Es **reicht daher nicht aus**, dass die **Haushaltsmittel nur allgemein für die Beschäftigung** von Arbeitnehmern **im Rahmen befristeter Arbeitsverträge vorgesehen** sind. 229
Diese Auslegung von § 14 Abs. 1 Satz 2 Nr. 7 ergibt sich nicht nur aus der nach dem Gesetzeswortlaut notwendigen Bestimmung der Haushaltsmittel für die befristete Beschäftigung und dem in der Vorschrift normierten Erfordernis einer entsprechenden Beschäftigung des Arbeitnehmers, sondern ist auch aus **verfassungsrechtlichen Gründen** geboten, damit dem Arbeitnehmer nicht der durch Art. 12 Abs. 1 GG garantierte Mindestbestandsschutz entzogen wird (BAG, Urteil v. 18.10.2006, 7 AZR 419/05[355]).
Aus diesem Grund hatte bereits das BVerfG zu der inhaltsgleichen Vorschrift in § 57b Abs. 2 Nr. 2 HRG a. F. entschieden, dass eine pauschale Bestimmung von Haushaltsmitteln für die **befristete Beschäftigung** von Arbeitnehmern ohne konkrete und nachvollziehbare Zweckbestimmung nicht genügt und eine verfassungskonforme Auslegung dahingehend vorgenommen, dass eine erkennbare Widmung der Haushaltsmittel für eine bestimmte zeitlich begrenzte Aufgabe erforderlich ist (BVerfG, Urteil v. 24.4.1996, 1 BvR 712/86[356]). Dies ist hinsichtlich § 14 Abs. 1 Satz 2 Nr. 7 TzBfG auch unter Berücksichtigung der Richtlinie 1999/70/EG des Rats vom 28.6.1999 zur Durchführung der EGB-UNICE-CEEP-Rahmenvereinbarung über befristete Arbeitsverträge geboten, die durch das TzBfG in nationales Recht umgesetzt wurde (vgl. hierzu BAG, Urteil v. 18.10.2006, 7 AZR 419/05[357]; BAG, Urteil v. 17.3.2010, 7 AZR 843/08[358]).

Eine **Regelung im Haushaltsgesetz** eines Bundeslandes wie z. B. § 7 Abs. 3 HG NW 2004/2005, wonach Planstellen und Stellen für Zeiträume, in denen den Stelleninhabern keine oder keine vollen Dienstbezüge zu gewähren sind, im Umfang der nicht in Anspruch genommenen Planstellen- und Stellenanteile für die **Beschäftigung von Aushilfskräften** in Anspruch genommen werden können, enthält eine diesen Anforderungen ge- 230

[352] AP TzBfG § 14 Haushalt Nr. 1.
[353] NJW 2010, S. 2536.
[354] NJW 2010, S. 2536.
[355] AP TzBfG § 14 Haushalt Nr. 1.
[356] AP HRG § 57a Nr. 2.
[357] AP TzBfG § 14 Haushalt Nr. 1.
[358] NJW 2010, S. 2536.

nügende Zwecksetzung. Die Vorschrift ist dahingehend auszulegen, dass durch die Bestimmung der Mittel zur Beschäftigung von Aushilfskräften nur die befristete Beschäftigung zur Abdeckung eines Mehrbedarfs im Bereich der haushaltsmittelbewirtschaftenden Dienststelle oder einer ihr nachgeordneten Dienststelle oder zur Abdeckung eines betrieblichen Bedarfs in der Dienststelle ermöglicht wird, der der vorübergehend abwesende Stelleninhaber angehört (BAG, Urteil v. 14.2.2007, 7 AZR 193/06).
Allein die Anbringung eines datierten kw-Vermerks („künftig wegfallend") für eine bestimmte Anzahl von Stellen einer bestimmten Vergütungsgruppe enthält keine ausreichende tätigkeitsbezogene Zweckbestimmung für eine Aufgabe von vorübergehender Dauer (BAG, Urteil v. 2.9.2009, 7 AZR 162/08).
Auch der bloße Hinweis im Haushaltsplan auf eine erwartete arbeitsmarktbedingte rückläufige Entwicklung des Arbeitsaufkommens ist keine ausreichende Zweckbestimmung (BAG, Urteil v. 17.3.2010, 7 AZR 843/08[359]).

231 Die Befristung nach **§ 14 Abs. 1 Satz 2 Nr. 7 TzBfG** setzt außerdem voraus, dass der Arbeitnehmer „**entsprechend**", d. h. gemäß **der haushaltsrechtlichen Zwecksetzung beschäftigt** wird. Dazu ist nicht erforderlich, dass dem Arbeitnehmer ausschließlich Tätigkeiten übertragen werden, die dieser Zwecksetzung entsprechen. Es reicht aus, dass der Arbeitnehmer **überwiegend** entsprechend der Zwecksetzung der ausgebrachten Haushaltsmittel eingesetzt wird. Ob dies der Fall ist, ist grundsätzlich nach den im Zeitpunkt des Abschlusses des befristeten Arbeitsvertrags bestehenden Umständen zu beurteilen, d. h. danach, wie der Arbeitnehmer während der Vertragsdauer beschäftigt werden soll. Wird der Arbeitnehmer während der Laufzeit des Vertrags tatsächlich nicht entsprechend der haushaltsrechtlichen Zwecksetzung beschäftigt, führt dies allein nicht zur Unwirksamkeit der vereinbarten Befristung[360]. Allerdings kann dies ein Indiz dafür sein, dass der Sachgrund des § 14 Abs. 1 Satz 2 Nr. 7 TzBfG nur vorgeschoben ist und in Wahrheit nicht besteht (BAG, Urteil v. 18.10.2006, 7 AZR 419/05[361]; BAG, Urteil v. 22.4.2009, 7 AZR 743/07).

232 Wird ein Arbeitnehmer befristet als Aushilfskraft nach § 7 Abs. 3 HG NW 2004/2005 eingestellt, weil wegen der zeitweiligen Abwesenheit von Stammpersonal vorübergehend Haushaltsmittel verfügbar sind, erfolgt eine der haushaltsrechtlichen Zwecksetzung entsprechende Beschäftigung, wenn der Arbeitnehmer zur Deckung eines Mehrbedarfs im Geschäftsbereich der haushaltsmittelbewirtschaftenden Dienststelle oder einer ihr nachgeordneten Dienststelle oder zur Abdeckung eines betrieblichen Bedarfs in der Dienststelle beschäftigt wird, der der vorübergehend abwesende Stelleninhaber angehört (BAG, Urteil v.14.2.2007, 7 AZR 193/06). Die Beschäftigung einer Aushilfskraft zur Deckung eines vorübergehenden Mehrbedarfs in diesem Sinn liegt vor, wenn die Arbeitsmenge in einer Dienststelle des Geschäftsbereichs der haushaltsmittelbewirtschaftenden Dienststelle so angestiegen ist, dass sie nicht oder nicht in angemessener Zeit mit

---

[359] NJW 2010, S. 2536.

[360] ErfK/*Müller-Glöge*, 16. Aufl. 2016, § 14 TzBfG, Rz. 71b; vgl. auch BAG, Urteil v. 15.2.2006, 7 AZR 241/05; BAG, Urteil v. 22.4.2009, 7 AZR 743/07.

[361] AP TzBfG § 14 Haushalt Nr. 1.

dem nach dem Stellenplan verfügbaren Personal dieser Dienststelle bewältigt werden kann.

Anders als beim Sachgrund des vorübergehenden Bedarfs an der Arbeitsleistung (§ 14 Abs. 1 Satz 2 Nr. 1 TzBfG) muss sich die Prognose des Arbeitgebers allerdings nicht darauf beziehen, dass die der Dienststelle obliegenden Aufgaben nach dem Ende der Laufzeit des befristeten Arbeitsvertrags wieder mit dem Stammpersonal der Dienststelle erledigt werden können. Es genügt, wenn bei Vertragsschluss zu prognostizieren ist, dass der Mehrbedarf voraussichtlich während der Dauer des befristeten Arbeitsvertrags bestehen wird. Es handelt sich jedoch nicht mehr um einen Mehrbedarf i. S. d. § 7 Abs. 3 HG NW 2004/2005, wenn der öffentliche Arbeitgeber von einem dauerhaften Anstieg der Arbeitsmenge ausgeht, er aber keine organisatorischen Maßnahmen zur Anpassung der Stellenausstattung ergreift (BAG, Urteil v.14.2.2007, 7 AZR 193/06; vgl. auch BAG, Urteil v. 7.5.2008, 7 AZR 198/07). 233

Wird der als Aushilfskraft nach § 7 Abs. 3 HG NW 2004/2005 befristet eingestellte Arbeitnehmer in der Dienststelle beschäftigt, der der vorübergehend abwesende Stelleninhaber angehört, muss seine Beschäftigung nicht auf einer angestiegenen Arbeitsmenge in dieser Dienststelle beruhen, sondern kann auf eine fehlende Abdeckung der in der Dienststelle üblichen Arbeitsmenge durch die vorhandene Belegschaft zurückzuführen sein. Der befristet eingestellte Arbeitnehmer muss allerdings nicht zur Vertretung des vorübergehend abwesenden Stelleninhabers i. S. v. § 14 Abs. 1 Satz 2 Nr. 3 TzBfG beschäftigt werden. Es reicht aus, dass dem Arbeitnehmer Aufgaben übertragen werden, die ansonsten einem oder mehreren anderen Beschäftigten der Dienststelle zugewiesen worden wären, die im Arbeitsbereich des vorübergehend abwesenden Stelleninhabers tätig sind (BAG, Urteil v. 14.2.2007, 7 AZR 193/06). 234

§ 14 Abs. 1 Satz 2 Nr. 7 TzBfG setzt außerdem voraus, dass der Arbeitnehmer **aus den** für die befristete Beschäftigung ausgebrachten **Haushaltsmitteln vergütet** wird. Dazu ist nicht erforderlich, dass der befristete Arbeitsvertrag für die gesamte Dauer der haushaltsrechtlich zur Verfügung stehenden Mittel abgeschlossen wird. Die Vertragslaufzeit kann auch kürzer bemessen sein, da das Haushaltsrecht die Verwaltung lediglich ermächtigt, aber nicht verpflichtet, die bereit gestellten Mittel zu nutzen (BAG, Urteil v. 14.2.2007, 7 AZR 193/06). 235

Eine Befristung nach § 14 Abs. 1 Satz 2 Nr. 7 TzBfG setzt nicht voraus, dass bereits bei Abschluss des befristeten Arbeitsvertrags Haushaltsmittel in einem Haushaltsgesetz ausgebracht sind, aus denen die Vergütung des befristet eingestellten Arbeitnehmers während der gesamten Vertragslaufzeit erfolgen kann. Es genügt, wenn bei Vertragsschluss aufgrund konkreter Tatsachen die **Prognose** gestellt werden kann, dass die Vergütung während der gesamten Vertragsdauer aus Haushaltsmitteln bestritten werden kann, die haushaltsrechtlich für eine befristete Beschäftigung bestimmt sind und der Arbeitnehmer entsprechend beschäftigt werden kann (BAG, Urteil v. 22.4.2009, 7 AZR 743/07). 236

Das kann der Fall sein, wenn sich der Entwurf eines Haushaltsgesetzes, das Haushaltsmittel in der erforderlichen Weise für die befristete Beschäftigung zur Verfügung stellt, bereits im **Gesetzgebungsverfahren** befindet oder der Inhalt des Entwurfs feststeht und er zeitnah in das parlamentarische Verfahren eingebracht werden soll. In einem solchen Fall kann die Verwaltung jedenfalls dann von der Verfügbarkeit der für die gesamte Vertragsdauer erforderlichen Haushaltsmittel ausgehen, wenn der Gesetzentwurf die für die Befristung maßgebliche Regelung des bisherigen Haushaltsplans fortschreibt und keine Anhaltspunkte dafür bestehen, dass der Gesetzentwurf nicht mit diesem Inhalt als Gesetz verabschiedet werden könnte (BAG, Urteil v. 22.4.2009, 7 AZR 743/07). Unter diesen Voraussetzungen können daher Befristungen nach § 14 Abs. 1 Satz 2 Nr. 7 TzBfG auch mit einer in ein künftiges Haushaltsjahr hineinragenden Vertragslaufzeit vereinbart werden.

237 **Zur Wirksamkeit einer Befristung** aus haushaltsrechtlichen Gründen nach § 14 Abs. 1 Satz 2 Nr. 7 TzBfG ist daher – anders als nach altem Recht – nicht erforderlich, dass sich der Haushaltsgesetzgeber selbst mit den Verhältnissen der konkreten Stelle befasst und festgelegt haben muss, dass für die Beschäftigung des Arbeitnehmers nur ein vorübergehender Bedarf besteht[362]. Es reicht vielmehr aus, dass der **Haushalt Mittel** für die befristete Beschäftigung **mit einer bestimmten Zwecksetzung bereit stellt,** der Arbeitnehmer entsprechend dieser Zwecksetzung beschäftigt und aus den ausgewiesenen Mitteln vergütet wird.

Diese Voraussetzungen liegen auch vor, wenn der Arbeitnehmer auf einer für einen Beamten ausgewiesenen Planstelle beschäftigt wird, die aufgrund einer haushaltsrechtlichen Ermächtigung nur vorübergehend mit einem Arbeitnehmer besetzt werden darf, bis sie mit einem Beamten besetzt werden kann oder ganz wegfällt (vgl. zum alten Recht: BAG, Urteil v. 24.2.1988, 7 AZR 298/87; BAG, Urteil v. 7.7.1999, 7 AZR 609/97[363]). Denn die Haushaltsmittel werden zur befristeten Beschäftigung des Arbeitnehmers zur Verfügung gestellt mit der Zwecksetzung, den Arbeitnehmer vorübergehend auf der Planstelle des Beamten zu beschäftigen.

238 Auch nach neuem Recht kann allein mit **haushaltsrechtlichen Erwägungen**, die auf die zeitliche Begrenzung des Haushaltsplans durch das jeweilige Haushaltsjahr, auf eine zu erwartende allgemeine Mittelkürzung oder auf die haushaltsrechtliche Anordnung lediglich allgemeiner Einsparungen abheben, die Befristung von Arbeitsverträgen **nicht gerechtfertigt** werden[364]. Auch die **allgemeine Unsicherheit**, ob der künftige Haushaltsgesetzgeber Mittel zur Verfügung stellt, kann die Befristung von Arbeitsverträgen **nicht rechtfertigen** (vgl. zum alten Recht BAG, Urteil v. 16.1.1987, 7 AZR 487/85[365]; BAG, Urteil v. 24.9.1997, 7 AZR 654/96).

---

[362] KR/*Lipke*, 11. Aufl. 2016, § 14 TzBfG, Rz. 465.

[363] AP BGB § 620 Befristeter Arbeitsvertrag Nr. 215.

[364] Vgl. zum alten Recht: BAG, Urteil v. 14.1.1982, 2 AZR 254/80, AP BGB § 620 Befristeter Arbeitsvertrag Nr. 64; BAG, Urteil v. 3.12.1982, 7 AZR 622/80, AP BGB § 620 Befristeter Arbeitsvertrag Nr. 72; BAG, Urteil v. 16.1.1987, 7 AZR 487/85, AP BGB § 620 Befristeter Arbeitsvertrag Nr. 111; BAG, Urteil v. 24.9.1997, 7 AZR 654/96.

[365] AP BGB § 620 Befristeter Arbeitsvertrag Nr. 111.

Die Befristungsmöglichkeit nach § 14 Abs. 1 Satz 2 Nr. 7 TzBfG gilt nicht nur für **Bund und Länder**, sondern auch für **Gebietskörperschaften**, nicht jedoch für Kirchen[366]. 239

Selbstverwaltungskörperschaften des öffentlichen Rechts (z. B. die Bundesagentur für Arbeit) können Befristungen nicht auf § 14 Abs. 1 Satz 2 Nr. 7 TzBfG stützen, da die Haushalte dieser Institutionen im Gegensatz zu denjenigen von Bund und Ländern nicht von einem demokratisch legitimierten Parlament beschlossen werden. § 14 Abs. 1 Satz 2 Nr. 7 TzBfG scheidet als Rechtfertigungsgrund für eine Befristung aus, wenn das den Haushaltsplan aufstellende Organ und der Arbeitgeber identisch sind und es an einer unmittelbaren demokratischen Legitimation des Haushaltsplangebers fehlt (BAG, Urteil v. 9.3.2011, 7 AZR 728/09; BAG, Urteil v. 10.7.2013, 7 AZR 833/11; noch offengelassen von BAG, Urteil v. 16.10.2008, 7 AZR 360/07[367]; BAG, Urteil v. 2.9.2009, 7 AZR 162/08). 240

3.2.7.3 Sonderfall: Drittmittelfinanzierung

Nach der bisherigen Rechtsprechung des BAG konnte ein Arbeitsvertrag unter bestimmten Voraussetzungen auch befristet werden, wenn der Arbeitnehmer zur Mitarbeit an einem konkreten, **von einem Dritten** für einen bestimmten Zeitraum **finanzierten Projekt** eingestellt wurde[368]. Dieser Sachgrund fällt nicht unter § 14 Abs. 1 Satz 2 Nr. 7 TzBfG[369]. Bei derartigen Drittmitteln handelt es sich nicht um Haushaltsmittel i. S. d. Vorschrift (BAG, Urteil v. 15.2.2006, 7 AZR 241/05[370]), sondern um zusätzliche Mittel, die ggf. auch von privaten Auftraggebern bereitgestellt werden können. Die **Drittmittelfinanzierung** ist daher ein **gesetzlich nicht ausdrücklich geregelter Sachgrund** und kann als solcher die Befristung nach wie vor rechtfertigen (BAG, Urteil v. 15.2.2006, 7 AZR 241/05[371]; BAG, Urteil v. 29.7.2009, 7 AZR 907/07)[372]. 241

3.2.8 Gerichtlicher Vergleich (Abs. 1 Satz 2 Nr. 8)

Bereits vor dem Inkrafttreten des Teilzeit- und Befristungsgesetzes wurde eine Befristung oder auflösende Bedingung, die in einem gerichtlichen Vergleich vereinbart wurde, als rechtswirksam angesehen. Eines gesonderten weiteren Sachgrunds bedurfte es dazu nicht. Dies setzte voraus, dass der **Vergleich zur Beilegung einer Bestandsstreitigkeit**, 242

---

[366] Vgl. Annuß/Thüsing/*Maschmann*, TzBfG, 3. Aufl. 2012, § 14 TzBfG, Rz. 60; ErfK/*Müller-Glöge*, 16. Aufl. 2016, § 14 TzBfG, Rz. 71c; KR/*Lipke*, 11. Aufl. 2016, § 14 TzBfG, Rz. 461 und 462; offengelassen von BAG, Urteil v. 9.3.2011, 7 AZR 728/09; Fn. 373: a. A. für Kirchen *Joussen*, RdA 2010, S. 65.

[367] AP TzBfG § 14 Nr. 56.

[368] Sog. Drittmittelfinanzierung; vgl. etwa BAG, Urteil v. 26.8.1988, 7 AZR 101/88, AP BGB § 620 Befristeter Arbeitsvertrag Nr. 124; BAG, Urteil v. 5.7.2000, 5 AZR 888/98.

[369] A. A. ErfK/*Müller-Glöge*, 16. Aufl. 2016, § 14 TzBfG, Rz. 73.

[370] ZTR 2006, S. 509.

[371] ZTR 2006, S. 509; Dörner, Der befristete Arbeitsvertrag, 2. Aufl. 2011, Rz. 233 ff; Laux/Schlachter/*Schlachter*, TzBfG, 2. Aufl. 2011, § 14 TzBfG, Rz. 89; Sievers, TzBfG, 5. Aufl. 2015, § 14 TzBfG, Rz. 445.

[372] Zu den Voraussetzungen im Einzelnen s. Rz. 251-254.

d. h. eines **Kündigungsschutzverfahrens** oder einer **Befristungskontrollklage** geschlossen wurde[373]. Eine (weitere) Befristungskontrolle war nach der Rechtsprechung des BAG nicht erforderlich, weil diese Funktion das Arbeitsgericht durch seine ordnungsgemäße Mitwirkung beim Zustandekommen des Vergleichs erfüllt. Das **Arbeitsgericht** als Grundrechtsverpflichteter i. S. v. Art. 1 Abs. 3 GG hat im Rahmen der Befristungskontrolle die Aufgabe, den **Arbeitnehmer vor einem grundlosen Verlust des Arbeitsplatzes zu bewahren** und damit einen angemessenen Ausgleich der wechselseitigen grundrechtsgeschützten Interessen der Parteien zu finden. Dem genügt das Gericht nicht nur durch ein Urteil, sondern auch durch die Mitwirkung an einem Vergleich (BAG, Urteil v. 2.12.1998, 7 AZR 644/97)[374]. Diese Rechtsprechung hat der Gesetzgeber aufgegriffen und den gerichtlichen Vergleich als Sachgrund für die Befristung in den Katalog des § 14 Abs. 1 Satz 2 TzBfG aufgenommen.

243 Fraglich ist allerdings, ob § 14 Abs. 1 Satz 2 Nr. 8 TzBfG voraussetzt, dass der Vergleich zur Beilegung einer Bestandsstreitigkeit geschlossen wird oder ob der Streitgegenstand des dem Vergleich zugrundeliegenden Rechtsstreits unerheblich ist. Der Wortlaut der Vorschrift enthält insoweit keine Einschränkung. Da der Gesetzesbegründung jedoch zu entnehmen ist, dass sich die Regelung an die bisherige Rechtsprechung des BAG anschließt[375], ist der **gerichtliche Vergleich** auch nach § 14 Abs.1 Satz 2 Nr. 8 TzBfG nur dann ein Sachgrund **für die Befristung**, wenn er **im Rahmen einer Bestandsstreitigkeit geschlossen** wurde (BAG, Urteil v. 26.4.2006, 7 AZR 366/05)[376].

Um eine Bestandsstreitigkeit in diesem Sinne handelt es sich nicht nur bei einem Rechtsstreit über die Beendigung des Arbeitsverhältnisses auf Grund einer Kündigung, Befristung, auflösenden Bedingung oder eines Aufhebungsvertrags. Eine Bestandsstreitigkeit kann auch ein Rechtsstreit sein, mit dem der Arbeitnehmer die Fortführung des Arbeitsverhältnisses durch Abschluss eines Folgevertrags erreichen will. Vergleiche, die im Rahmen eines anderen Rechtsstreits (z. B. über eine Abmahnung) geschlossen werden, können eine darin vereinbarte Befristung des Arbeitsverhältnisses hingegen nicht nach § 14 Abs. 1 Satz 2 Nr. 8 TzBfG rechtfertigen (BAG, Urteil v. 12.11.2014, 7 AZR 891/12, NZA 2015, 379).

244 Der Sachgrund des gerichtlichen Vergleichs setzt außerdem voraus, dass zum Zeitpunkt des Vergleichsschlusses ein **offener Streit der Parteien über die Beendigung oder den**

---

[373] BAG, Urteil v. 3.8.1961, 2 AZR 117/60, AP BGB § 620 Befristeter Arbeitsvertrag Nr. 19; BAG, Urteil v. 18.12.1979, 2 AZR 129/78, AP BGB § 620 Befristeter Arbeitsvertrag Nr. 51; BAG, Urteil v. 9.2.1984, 2 AZR 402/83, AP BGB § 620 Bedingung Nr. 7; BAG, Urteil v. 24.1.1996, 7 AZR 496/95, AP BGB § 620 Befristeter Arbeitsvertrag Nr. 179.

[374] AP HRG § 57a Nr. 4.

[375] BT-Drucks. 14/4374, S. 19.

[376] AP TzBfG § 14 Vergleich Nr. 1; Kittner/Däubler/Zwanziger, KSchR, 9. Aufl. 2014, § 14 TzBfG, Rz. 120; Sievers, TzBfG, 5. Aufl. 20106 § 14 TzBfG, Rz. 447; a. A. HK-TzBfG/*Boecken*, 3. Aufl. 2012, § 14 TzBfG, Rz. 99; Meinel/Heyn/Herms/*Meinel*, TzBfG, 5. Aufl. 2015, § 14 TzBfG, Rz. 209; KR/*Lipke*, 11. Aufl. 2016, § 14 TzBfG, Rz. 488 ff.; Laux/Schlachter/*Schlachter*, TzBfG, 2. Aufl. 2011, § 14 TzBfG, Rz. 90.

Fortbestand ihres Arbeitsverhältnisses besteht. Dazu ist erforderlich, dass beide Parteien gegensätzliche Rechtsstandpunkte darüber eingenommen haben, ob und wie lange zwischen ihnen noch ein Arbeitsverhältnis besteht (BAG, Urteil v. 26.4.2006, 7 AZR 366/05[377]).

Auch ein nach § 278 Abs. 6 Satz 1 2. Alt. ZPO geschlossener Vergleich ist ein gerichtlicher Vergleich i. S. v. § 14 Abs. 1 Satz 2 Nr. 8 TzBfG (BAG, Urteil v. 23.11.2006, 6 AZR 394/06). Anders verhält es sich bei einem nach § 278 Abs. 6 Satz 1 1. Alt. ZPO geschlossenen Vergleich. Ein solcher Vergleich ist nicht geeignet, die Befristung des Arbeitsvertrags nach § 14 Abs. 1 Satz 2 Nr. 8 TzBfG zu rechtfertigen, da das Gericht nicht im Sinne einer inhaltlichen Verantwortung an dem Vergleich „mitwirkt" (BAG, Urteil v. 15.2.2012, 7 AZR 734/10[378]; BAG, Urteil v. 14.1.2015, 7 AZR 2/14). 245

Eine nach § 14 Abs. 1 Satz 2 Nr. 8 TzBfG gerechtfertigte Befristung kann u. U. nach den Grundsätzen des institutionellen Rechtsmissbrauchs unwirksam sein[379] (BAG, Urteil v. 12.11.2014, 7 AZR 891/12[380]).

Nach der Rechtsprechung des BAG zu der Rechtslage vor dem Inkrafttreten des TzBfG konnte auch ein **außergerichtlicher Vergleich** den Sachgrund für eine in ihm vereinbarte Befristung bilden, wenn zwischen den Arbeitsvertragsparteien **bereits ein offener Streit über den Fortbestand ihres Arbeitsverhältnisses** vorlag, beide Parteien gegensätzliche Rechtsstandpunkte darüber eingenommen hatten, ob oder wie lange zwischen ihnen noch ein Arbeitsverhältnis bestand und sie zur Beilegung des Streits einen weiteren befristeten Arbeitsvertrag vereinbart hatten. In diesem Fall wurde das **gegenseitige Nachgeben** als Sachgrund für die Befristung erachtet[381]. 246

Nachdem der Gesetzgeber nur den gerichtlichen, nicht aber den **außergerichtlichen Vergleich** ausdrücklich als Sachgrund für die Befristung in § 14 Abs. 1 Satz 2 Nr. 8 TzBfG genannt hat, ist die in einem außergerichtlichen Vergleich vereinbarte Befristung nicht mehr allein wegen des gegenseitigen Nachgebens gerechtfertigt[382]. 247

---

[377] AP TzBfG § 14 Vergleich Nr. 1; BAG, Urteil v. 15.2.2012, 7 AZR 734/10, AP TzBfG § 14 Nr. 95; BAG, Urteil v. 12.11.2014, 7 AZR 891/12, NZA 2015, 379.

[378] NZA 2012, S. 919.

[379] Siehe hierzu Rz. 35.

[380] NZA 2015, S. 379; a. A. beispielsweise KR/*Lipke*, 11. Aufl. 2016, § 14 TzBfG, Rz. 490 ff.

[381] BAG, Urteil v. 4.3.1980, 6 AZR 323/78, AP BGB § 620 Befristeter Arbeitsvertrag Nr. 53; BAG, Urteil v. 22.2.1984, 7 AZR 435/82, AP BGB § 620 Befristeter Arbeitsvertrag Nr. 80; BAG, Urteil v. 4.12.1991, 7 AZR 307/90; BAG, Urteil v. 22.10.2003, 7 AZR 666/02, AP BGB § 620 Befristeter Arbeitsvertrag Nr. 255; offengelassen von BAG, Urteil v. 24.1.1996, 7 AZR 496/95, AP BGB § 620 Befristeter Arbeitsvertrag Nr. 179; BAG, Urteil v. 23.1.2002, 7 AZR 552/00, EzA BGB § 620 Nr. 186.

[382] Dörner, Der befristete Arbeitsvertrag, 2. Aufl. 2011, Rz. 264 ff.; KR/*Lipke*, 11. Aufl. 2016, § 14 TzBfG, Rz. 498 u. 499; Meinel/Heyn/Herms/*Meinel,* TzBfG, 5. Aufl. 2015, § 14 TzBfG, Rz. 211; ErfK/*Müller-Glöge*, 16. Aufl. 2016, § 14 TzBfG, Rz. 77; Rolfs, TzBfG, 1. Aufl. 2002, § 14 TzBfG, Rz. 72; HWK/*Schmalenberg*, 6. Aufl. 2014, § 14 TzBfG, Rz. 59; a. A. Boewer, TzBfG, 1. Aufl. 2002, § 14 TzBfG, Rz. 217; kritisch HaKo/*Mestwerdt*, 5. Aufl. 2015, § 14 TzBfG, Rz. 167.

3.2.9 Sonstige, in § 14 Abs. 1 Satz 2 TzBfG nicht genannte Sachgründe

3.2.9.1 Aus-, Fort- oder Weiterbildung

248 Für Berufsausbildungsverhältnisse i. S. d. Berufsbildungsgesetzes bestimmt **§ 21 BBiG**, dass diese befristet sind. Dies gilt nach § 26 BBiG auch für Vertragsverhältnisse von Personen, die eingestellt werden, um berufliche Kenntnisse, Fertigkeiten oder Erfahrungen zu erwerben, ohne dass es sich um ein Arbeitsverhältnis oder eine Berufsausbildung i. S. d. Berufsbildungsgesetzes handelt. Diese Befristungen bedürfen zu ihrer Wirksamkeit keiner (weiteren) Rechtfertigung.

249 Im Übrigen kann nach der Rechtsprechung des BAG die zielgerichtete Aus- und Weiterbildung auch dann die Befristung eines Arbeitsvertrags sachlich rechtfertigen, wenn dem Arbeitnehmer während der Tätigkeit zusätzliche Kenntnisse oder Erfahrungen vermittelt werden, die durch die übliche Berufstätigkeit nicht erworben werden können (BAG, Urteil v. 18.12.1986, 2 AZR 717/85; BAG, Urteil v. 22.4.2009, 7 AZR 96/08; BAG, Urteil v. 24.8.2011, 7 AZR 368/10). Dabei darf die Ausbildung nicht allein vom Betriebszweck des Arbeitgebers bestimmt und ohne Eigenwert sein. Vielmehr müssen die **vermittelten Kenntnisse und Fähigkeiten auch außerhalb der Betriebsorganisation des Arbeitgebers verwertbar** sein (BAG, Urteil v. 18.12.1986, 2 AZR 717/85; BAG, Urteil v. 24.8.2011, 7 AZR 368/10). Das kann auch der Fall sein, wenn die Ausbildung nicht in erster Linie theoretische Kenntnisse vermittelt, sondern hauptsächlich der Umsetzung bereits erworbener theoretischer Kenntnisse in die Praxis dient (BAG, Urteil v. 18.12.1986, 2 AZR 717/85; BAG, Urteil v. 24.8.2011, 7 AZR 368/10). Der mit jeder Berufsausübung verbundene Erwerb von Berufserfahrung kann die Befristung eines Arbeitsvertrags jedoch nicht rechtfertigen (BAG, Urteil v. 22.4.2009, 7 AZR 96/08).

250 Die Förderung der Aus- und Weiterbildung schwerbehinderter Menschen nach § 235a Abs. 1 SGB III a. F. durch Gewährung von Zuschüssen zur Vergütung seitens der Bundesagentur für Arbeit ist kein Sachgrund nach § 14 Abs. 1 Satz 1 TzBfG für die Befristung des zwischen dem Arbeitgeber und dem schwerbehinderten Menschen abgeschlossenen Arbeitsvertrags (BAG, Urteil v. 22.4.2009, 7 AZR 96/08).

3.2.9.2 Drittmittelfinanzierung

251 Die Befristung von Arbeitsverträgen wegen Drittmittelfinanzierung mit wissenschaftlichem und künstlerischem Personal an Hochschulen ist in § 2 Abs. 2 WissZeitVG gesondert geregelt[383]. Auch außerhalb des Anwendungsbereichs des WissZeitVG können Befristungen aus Gründen der Drittmittelfinanzierung in Betracht kommen, wenn ein Arbeitgeber für einen begrenzten Zeitraum von einem Dritten Mittel zur Finanzierung eines Arbeitsplatzes im Rahmen eines von dem Dritten geförderten Projekts (zumeist in der Forschung) erhält. Dies rechtfertigt die Befristung des Arbeitsvertrags mit einem für diese Tätigkeit eingestellten Arbeitnehmer, wenn sich der **Drittmittelgeber und** der **Arbeitgeber** mit den Verhältnissen dieser Stelle und deren Aufgabenstellung befasst und

[383] Siehe *Rambach*, § 2 WissZeitVG Rz. 40 ff.

entschieden haben, dass die **Stelle nur für den Förderungszeitraum bestehen** und anschließend wegfallen soll. Denn die begrenzte sachliche Zielsetzung, die ein Drittmittelgeber mit der zeitlich begrenzten Finanzierung des Arbeitsplatzes im Rahmen des von ihm geförderten Projekts verfolgt, kann sich dann auf das Verhältnis zwischen Arbeitgeber und Arbeitnehmer auswirken, wenn sich der Arbeitgeber entschließt, die finanzierte Aufgabe nur während des Förderungszeitraums wahrzunehmen (BAG, Urteil v. 26.8.1988, 7 AZR 101/88[384]; BAG, Urteil v. 5.7.2000, 5 AZR 888/98; BAG, Urteil v. 15.2.2006, 7 AZR 241/05[385]).

Handelt es sich bei dem Projekt allerdings **nicht** um eine **von den Daueraufgaben** des Arbeitgebers **abgrenzbare Sonderaufgabe**, sondern um einen Teil der ihm obliegenden Daueraufgaben, rechtfertigt allein die zeitlich begrenzte Förderung des konkreten Projekts die Befristung jedenfalls dann nicht, wenn der Arbeitnehmer bereits seit mehreren Jahren aufgrund befristeter Arbeitsverträge im Rahmen drittmittelfinanzierter Projekte mit vergleichbaren Aufgabenstellungen bei dem Arbeitgeber beschäftigt war. In diesem Fall muss der Arbeitgeber darlegen, aufgrund welcher konkreter Anhaltspunkte im Zeitpunkt des Abschlusses des letzten, der Befristungskontrolle unterliegenden Arbeitsvertrags damit zu rechnen war, dass nach dem Ende der Vertragslaufzeit keine weiteren drittmittelfinanzierten Projekte mit vergleichbaren Aufgabenstellungen mehr eingeworben werden konnten (BAG, Urteil v. 15.3.1989, 7 AZR 397/88; BAG, Urteil v. 7.4.2004, 7 AZR 441/03[386]). 252

Auch wenn einem Arbeitgeber von einem **öffentlichen Auftraggeber** immer wieder – jeweils bezogen auf einen bestimmten Zeitraum, z. B. ein Jahr – **sozialstaatliche Sonderaufgaben** übertragen und entsprechende Mittel bereitgestellt werden, ist dies jedenfalls dann nicht ohne Weiteres ein Sachgrund für die Befristung der Arbeitsverträge der dafür eingestellten Arbeitnehmer, wenn es sich bei der Maßnahme um eine **Daueraufgabe** des staatlichen Auftraggebers handelt. Die Unsicherheit, ob auch künftig mit der Übertragung dieser Aufgaben und den entsprechenden Zahlungen des staatlichen Auftraggebers gerechnet werden kann, gehört zum **unternehmerischen Risiko** des Arbeitgebers, das nicht auf die Arbeitnehmer abgewälzt werden kann. 253

Die Befristung ist daher nur wirksam, wenn im Zeitpunkt des Vertragsschlusses die auf konkreten Tatsachen beruhende **Prognose** gerechtfertigt ist, dass nach dem Ende der Vertragslaufzeit kein Bedarf mehr für die Beschäftigung des Arbeitnehmers besteht (BAG, Urteil v. 22.3.2000, 7 AZR 758/98)[387]. Mit dieser Entscheidung wurde die frühere Rechtsprechung des BAG zu den von der damaligen Bundesanstalt für Arbeit finanzierten Maßnahmen zur Berufsvorbereitung und sozialen Eingliederung junger Ausländer, sog. MBSE-Maßnahmen, in den Urteilen vom 28.5.1996, 7 AZR 581/84 und 7 AZR 25/85, vom 24.9.1986, 7 AZR 669/84 und vom 15.3.1989, 7 AZR 264/88, präzisiert[388].

[384] AP BGB § 620 Befristeter Arbeitsvertrag Nr. 124.

[385] ZTR 2006, S. 509; BAG, Urteil v. 29.7.2009, 7 AZR 907/07.

[386] AP TzBfG § 17 Nr. 4.

[387] AP BGB § 620 Befristeter Arbeitsvertrag Nr. 221.

[388] Vgl. auch BAG, Urteil v. 4.12.2002, 7 AZR 437/01, AP BAT § 2 SR 2y Nr. 24.

254 Entsprechendes gilt für **Bildungseinrichtungen**, die im Auftrag der Bundesagentur für Arbeit Lehrgänge durchführen. Auch hier rechtfertigt allein die Abhängigkeit von der künftigen Nachfrage und den Zahlungen der Bundesagentur für Arbeit die Befristung der Arbeitsverträge mit dem dafür eingestellten Lehrpersonal nicht (BAG, Urteil v. 28.10.1992, 7 AZR 464/91; BAG, Urteil v. 8.4.1992, 7 AZR 135/91[389]). Die Befristung ist jedoch gerechtfertigt, wenn bereits bei Abschluss des befristeten Arbeitsvertrags absehbar ist, dass ein Anschlussauftrag erst nach einer Unterbrechung von vielen Wochen erteilt wird (BAG, Urteil v. 11.2.2004, 7 AZR 362/03[390]).

3.2.9.3 Geplante anderweitige Besetzung des Arbeitsplatzes

255 Die Befristung eines Arbeitsvertrags kann sachlich gerechtfertigt sein, wenn der Arbeitnehmer vorübergehend bis zur endgültigen dauerhaften Besetzung des Arbeitsplatzes mit einem anderen Arbeitnehmer eingestellt wird. **Voraussetzung** für die Wirksamkeit einer solchen Befristung ist allerdings, dass der Arbeitgeber bei Vertragsschluss mit dem befristet eingestellten Arbeitnehmer bereits mit dem **künftigen Stelleninhaber vertraglich gebunden** ist (BAG, Urteil v. 6.11.1996, 7 AZR 909/95[391]). Dies kann auch der Fall sein, wenn einem ausgeschiedenen Arbeitnehmer eine Wiedereinstellungszusage erteilt wurde, mit deren Geltendmachung in absehbarer Zeit ernsthaft zu rechnen ist (BAG, Urteil v. 2.6.2010, 7 AZR 136/09[392]).

256 Auch wenn der Arbeitgeber beabsichtigt, einen seiner **Auszubildenden** nach der Ausbildung in ein Arbeitsverhältnis zu übernehmen, rechtfertigt dies die Befristung des Arbeitsvertrags mit einem anderen Arbeitnehmer bis zum Ende der Ausbildung (BAG, Urteil v. 21.4.1993, 7 AZR 388/92[393]; BAG, Urteil v. 6.11.1996, 7 AZR 909/95[394]; BAG, Urteil v. 18.3.2015, 7 AZR 115/13). Denn der Arbeitgeber hat wegen des mit der Ausbildung verbundenen Aufwands ein berechtigtes Interesse an der Übernahme des Auszubildenden in ein Arbeitsverhältnis (BAG, Urteil v. 1.12.1999, 7 AZR 449/98[395]). Die Wirksamkeit der Befristung setzt in diesem Fall nicht voraus, dass bei Vertragsschluss mit dem befristet eingestellten Arbeitnehmer bereits eine verbindliche Zusage des Arbeitgebers an den Auszubildenden vorliegt (BAG, Urteil v. 19.9.2001, 7 AZR 333/00[396]).

257 Besteht eine **tarifvertragliche Verpflichtung** des Arbeitgebers, **Auszubildende** nach Abschluss der Ausbildung für eine bestimmte Dauer (z. B. für 2 Jahre) **in befristete Arbeitsverhältnisse** zu übernehmen, kann dies die **Befristung des Arbeitsvertrags eines**

---

[389] AP BGB § 620 Befristeter Arbeitsvertrag Nr. 146.

[390] AP BGB § 620 Befristeter Arbeitsvertrag Nr. 256.

[391] AP BGB § 611 Befristeter Arbeitsvertrag Nr. 188; BAG, Urteil v. 13.10.2004, 7 AZR 218/04, EzA TzBfG § 17 Nr. 6; BAG, Urteil v. 9.12.2009, 7 AZR 399/08, AP TzBfG § 14 Nr. 67; BAG, Urteil v. 12.1.2011, 7 AZR 194/09

[392] AP TzBfG § 14 Nr. 71; s. hierzu Rz. 105.

[393] AP BGB § 620 Befristeter Arbeitsvertrag Nr. 148.

[394] AP BGB § 620 Befristeter Arbeitsvertrag Nr. 188.

[395] BB 2000, S. 1525.

[396] EzA BGB § 620 Nr. 181.

anderen Arbeitnehmers bis zu der geplanten Übernahme eines Auszubildenden nur rechtfertigen kann, wenn im Zeitpunkt des Vertragsschlusses mit dem anderen Arbeitnehmer prognostiziert werden kann, dass der Auszubildende nach Abschluss der Ausbildung nicht auf einem Arbeitsplatz beschäftigt werden kann, der auf Grund des Ausscheidens eines früher in ein befristetes Arbeitsverhältnis übernommenen ehemaligen Auszubildenden voraussichtlich frei wird (BAG, Urteil v. 18.3.2015, 7 AZR 115/13). Die mit dem anderen Arbeitnehmer vereinbarte Befristung setzt nicht voraus, dass bei Abschluss des befristeten Arbeitsvertrags eine namentliche Zuordnung des befristet eingestellten Arbeitnehmers zu einem bestimmten später zu übernehmenden Auszubildenden erfolgt. Allerdings muss zwischen der Beschäftigung des befristet eingestellten Arbeitnehmers und der beabsichtigten Übernahme eines Auszubildenden ein **Kausalzusammenhang** bestehen. Hat der Arbeitgeber wegen der beabsichtigten **Übernahme mehrerer Auszubildender** mehrere Arbeitnehmer befristet eingestellt, besteht der erforderliche Kausalzusammenhang, wenn die Zahl der befristet beschäftigten Arbeitnehmer die Zahl der zu übernehmenden Auszubildenden nicht übersteigt (BAG, Urteil v. 18.3.2015, 7 AZR 115/13).

Entsprechendes gilt, wenn ein Arbeitgeber des **öffentlichen Dienstes** die **Planstelle eines Beamten** befristet mit einem Angestellten besetzt, bis die Planstelle einem in Ausbildung befindlichen Beamtenanwärter zugewiesen werden kann (BAG, Urteil v. 7.7.1999, 7 AZR 232/98[397]). 258

3.2.9.4 Personelle Kontinuität des Betriebsrats

Steht ein **Betriebsratsmitglied** in einem befristeten Arbeitsverhältnis, das während der Amtszeit des Betriebsrats endet, kann der Arbeitsvertrag befristet verlängert werden, wenn der weitere befristete Arbeitsvertrag zur Sicherung der personellen Kontinuität des Betriebsrats geeignet und erforderlich ist (BAG, Urteil v. 23.1.2002, 7 AZR 611/00[398]). Dies kann jedenfalls dann in Betracht kommen, wenn die befristete Verlängerung des Arbeitsvertrags für die Dauer der verbleibenden Amtszeit des Betriebsrats vereinbart wird. Es ist zweifelhaft, ob die Befristung zur Sicherung der personellen Kontinuität des Betriebsrats geeignet und erforderlich ist, wenn der Arbeitgeber die personelle Kontinuität des Betriebsrats ohne Beeinträchtigung der betrieblichen Interessen auch durch einen unbefristeten Arbeitsvertrag mit dem Betriebsratsmitglied sichern könnte, z. B. wenn ein geeigneter Dauerarbeitsplatz vorhanden ist, der mit dem Betriebsratsmitglied besetzt werden könnte. In diesem Fall könnte der Abschluss eines befristeten Arbeitsvertrags allenfalls damit gerechtfertigt werden, dass der Abschluss eines unbefristeten Vertrags gegen das Begünstigungsverbot des § 78 Satz 2 BetrVG verstoßen würde. Diese Frage hat das BAG ausdrücklich offengelassen (BAG, Urteil v. 23.1.2002, 7 AZR 611/00[399]). 259

[397] AP BGB § 620 Befristeter Arbeitsvertrag Nr. 211.
[398] AP BGB § 620 Befristeter Arbeitsvertrag Nr. 230.
[399] AP BGB § 620 Befristeter Arbeitsvertrag Nr. 230.

3.2.9.5 Anhängigkeit einer Konkurrentenklage

260 Ein sonstiger Sachgrund für die Befristung des Arbeitsvertrags kann darin liegen, dass der Arbeitgeber an der dauerhaften Besetzung einer Stelle mit dem von ihm favorisierten Bewerber gehindert ist, weil ein anderer Bewerber eine Konkurrentenklage erhoben hat und er damit rechnen muss, die Stelle auf Dauer dem Konkurrenten übertragen zu müssen. Bei dieser Sachlage hat der Arbeitgeber ein berechtigtes Interesse am Abschluss eines nur befristeten Arbeitsvertrags für die voraussichtliche Dauer der Konkurrentenklage (BAG, Urteil v. 16.3.2005, 7 AZR 289/04[400]).

4. Befristung ohne Sachgrund (Abs. 2, Abs. 2a, Abs. 3)

4.1 Geschichtliche Entwicklung

261 Nach § 14 Abs. 2, Abs. 2a, Abs. 3 TzBfG können unter bestimmten Voraussetzungen Befristungen von Arbeitsverträgen ohne sachlichen Grund vereinbart werden.

Die Möglichkeit zur sachgrundlosen Befristung bestand bereits vor dem Inkrafttreten des Teilzeit- und Befristungsgesetzes nach § 1 Abs. 1 bis 3 BeschFG. Sie wurde im Jahr 1985 zur Bekämpfung der Arbeitslosigkeit geschaffen. Ursprünglich gestattete **§ 1 Abs. 1 BeschFG 1985** die sachgrundlose Befristung bis zur Dauer von **18 Monaten** bei der **Neueinstellung** eines Arbeitnehmers oder bei der **Übernahme im unmittelbaren Anschluss an eine Berufsausbildung**, wenn für eine unbefristete Weiterbeschäftigung kein Arbeitsplatz zur Verfügung stand. Eine Neueinstellung in diesem Sinne lag nach § 1 Abs. 1 Satz 2 BeschFG 1985 nicht vor, wenn zu einem vorhergehenden befristeten oder unbefristeten Arbeitsvertrag mit demselben Arbeitgeber ein enger sachlicher Zusammenhang bestand, der nach § 1 Abs. 1 Satz 3 BeschFG 1985 insbesondere anzunehmen war, wenn zwischen den Arbeitsverhältnissen ein Zeitraum von weniger als 4 Monaten lag.

Später wurde die maximal zulässige Befristungsdauer auf 2 Jahre erhöht.

Mit Wirkung vom 1.10.1996 wurde § 1 BeschFG u. a. dahingehend geändert, dass die Möglichkeit zur sachgrundlosen Befristung nicht mehr auf Neueinstellungen beschränkt war. Es wurde vielmehr ermöglicht, im unmittelbaren Anschluss an einen mit Sachgrund befristeten Arbeitsvertrag eine Befristung ohne Sachgrund zu vereinbaren und umgekehrt. Wurde die 2-Jahresfrist für die sachgrundlose Befristung nicht ausgeschöpft, war die **höchstens 3-malige Verlängerung** des sachgrundlos befristeten Arbeitsvertrags bis zur Gesamtdauer von 2 Jahren zulässig.

Diese Regelung gestattete **Befristungsketten** dergestalt, dass eine Vielzahl befristeter Arbeitsverträge mit und ohne Sachgrund jeweils abwechselnd aneinandergereiht werden konnten. Es durfte lediglich das Anschlussverbot des § 1 Abs. 3 BeschFG 1996 nicht verletzt werden, wonach eine sachgrundlose Befristung nicht zulässig war, wenn zu einem vorhergehenden unbefristeten oder nach § 1 Abs. 1 BeschFG sachgrundlos befristeten Arbeitsvertrag mit demselben Arbeitgeber ein enger sachlicher Zusammenhang bestand, der insbesondere anzunehmen war, wenn zu dem vorhergehenden unbefristeten

[400] AP TzBfG § 14 Nr. 16.

oder nach § 1 Abs. 1 BeschFG befristeten Arbeitsvertrag ein Zeitraum von weniger als 4 Monaten lag.
Nach § 1 Abs. 2 BeschFG 1996 war die sachgrundlose Befristung für mehr als 2 Jahre und eine mehr als 3-malige Verlängerung eines sachgrundlos befristeten Arbeitsvertrags zulässig, wenn der **Arbeitnehmer** bei Beginn des befristeten Arbeitsverhältnisses das **60. Lebensjahr vollendet** hatte.

262 Die **Zulässigkeit** der **sachgrundlosen Befristung bis zur Dauer von 2 Jahren** und die Möglichkeit der **3-maligen Verlängerung** eines sachgrundlos befristeten Arbeitsvertrags bis zu dieser Gesamtdauer wurde in § 14 Abs. 2 Satz 1 TzBfG übernommen. Im Übrigen wurde das Recht zur sachgrundlosen Befristung jedoch erheblich geändert.
Nach **§ 14 Abs. 2 Satz 2 TzBfG** ist eine **sachgrundlose Befristung nicht zulässig, wenn mit demselben Arbeitgeber bereits zuvor ein befristetes oder unbefristetes Arbeitsverhältnis bestanden hat**. Damit ist nunmehr eine sachgrundlose Befristung im Anschluss an einen mit Sachgrund befristeten Arbeitsvertrag ebenso ausgeschlossen wie eine spätere erneute sachgrundlose Befristung. Dadurch sollen die bisher nach dem Beschäftigungsförderungsgesetz zulässigen **Befristungsketten**, die durch einen mehrfachen Wechsel zwischen Befristungen mit und ohne Sachgrund entstanden, **verhindert** werden[401]. Eine sachgrundlose Befristung ist daher –vom Sonderfall des § 14 Abs. 3 TzBfG abgesehen – grundsätzlich nur noch zulässig, wenn der Arbeitnehmer bei dem Arbeitgeber erstmals eingestellt wird (einschränkend BAG, Urteil v. 6.4.2011, 7 AZR 716/09, NZA 2011, S. 905; BAG, Urteil v. 21.9.2011, 7 AZR 375/10, AP TzBfG § 14 Nr. 86, wonach nach Ablauf von 3 Jahren seit der Beendigung des Arbeitsverhältnisses mit demselben Arbeitgeber ein weiterer sachgrundlos befristeter Arbeitsvertrag nach § 14 Abs. 2 TzBfG abgeschlossen werden kann[402]). Eine Befristung mit Sachgrund kann nach wie vor im unmittelbaren Anschluss an eine sachgrundlose Befristung vereinbart werden[403].

263 **Mit Inkrafttreten des Teilzeit- und Befristungsgesetzes am 1.1.2001** wurde die Möglichkeit zur sachgrundlosen **Befristung von Arbeitsverträgen mit älteren Arbeitnehmern** weiter ausgedehnt. Mit diesen konnten nach **§ 14 Abs. 3 TzBfG** in der bis 30.4.2007 geltenden Fassung Befristungen ohne Sachgrund auch für eine längere Dauer als insgesamt 2 Jahre vereinbart werden, wenn sie bei Beginn des befristeten Arbeitsverhältnisses das **58. Lebensjahr** vollendet hatten **und nicht** zu einem vorhergehenden unbefristeten Arbeitsverhältnis mit demselben Arbeitgeber ein **enger sachlicher Zusammenhang** bestand. Dieser war insbesondere anzunehmen, wenn zwischen den Arbeitsverhältnissen ein Zeitraum von weniger als 6 Monaten lag.
Nach § 14 Abs. 3 Satz 4 TzBfG i. d. F. des Ersten Gesetzes für moderne Dienstleistungen am Arbeitsmarkt vom 23.12.2002[404] sollte diese **erleichterte Befristungsmöglichkeit** für ältere Arbeitnehmer **in der Zeit vom 1.1.2003 bis zum 31.12.2006 bereits dann**

---

[401] BT-Drucks. 14/4374, S. 19.
[402] Siehe hierzu Rz. 286 und 287.
[403] BT-Drucks. 14/4374, S. 20.
[404] BGBl I S. 4607.

gelten, wenn der Arbeitnehmer bei Beginn des befristeten Arbeitsverhältnisses das **52. Lebensjahr** vollendet hatte.

§ 14 Abs. 3 Satz 4 TzBfG **verletzte** allerdings **gemeinschaftsrechtliches Primärrecht** (EuGH, Urteil v. 22.11.2005, C-144/04[405]), sodass Befristungen nicht auf diese Vorschrift gestützt werden konnten. **Durch Art. 1 des Gesetzes zur Verbesserung der Beschäftigungschancen älterer Menschen vom 19.4.2007**[406] wurde m. W. v. 1.5.2007 **§ 14 Abs. 3 TzBfG vollständig neu gefasst**. Damit soll den gemeinschaftsrechtlichen Vorgaben Rechnung getragen werden[407].

264 Durch das Gesetz zu Reformen am Arbeitsmarkt vom 24.12.2003 wurde m. W. v. 1.1.2004 **Abs. 2a** in **§ 14 TzBfG eingefügt**, der die sachgrundlose Befristung in den ersten 4 Jahren nach der **Neugründung eines Unternehmens** bis zur Dauer von 4 Jahren und bis zu dieser Gesamtdauer die mehrfache Verlängerung zulässt.

4.2 Sachgrundlose Befristung nach § 14 Abs. 2 TzBfG

4.2.1 Anwendungsbereich

265 § 14 Abs. 2 TzBfG betrifft ausdrücklich **nur** die **kalendermäßige Befristung** des Arbeitsvertrags. Die Vorschrift gilt daher **nicht für Zweckbefristungen** und nach § 21 TzBfG auch **nicht für auflösende Bedingungen**[408]. Die Vorschrift ist auf die Befristung einzelner Vertragsbedingungen, wie z. B. eine Vereinbarung über die vorübergehende Erhöhung der regelmäßigen Arbeitszeit, nicht anzuwenden[409]. Befristungen ohne Sachgrund nach § 14 Abs. 2 TzBfG können auch mit Arbeitnehmern vereinbart werden, die Sonderkündigungsschutz genießen, z. B. mit schwangeren Frauen und mit schwerbehinderten Menschen[410]. § 14 Abs. 2 TzBfG gilt für öffentliche Arbeitgeber ebenso wie für private Arbeitgeber (BAG, Urteil v. 9.9.2015, 7 AZR 190/14).

266 Anders als nach der bis zum 31.12.2000 geltenden Rechtslage bedürfen nach § 14 TzBfG alle Befristungen einer Rechtfertigung unabhängig davon, ob durch sie der dem Arbeitnehmer ansonsten zustehende gesetzliche Kündigungsschutz objektiv umgangen werden kann. Deshalb **unterliegen auch Befristungen bis zur Dauer von 6 Monaten und be-**

---

[405] AP Richtlinie 2000/78/EG Nr. 1 (Mangold).

[406] BGBl. I S. 538.

[407] BT/Drucks. 16/4371, S. 2.

[408] KR/*Lipke*, 11. Aufl. 2016, § 14 TzBfG, Rz. 532; Meinel/Heyn/Herms/*Meinel*, TzBfG, 5. Aufl. 2015, § 14 TzBfG, Rz. 249 u. 252; ErfK/*Müller-Glöge*, 16. Aufl. 2016, § 14 TzBfG, Rz. 86; Sievers, TzBfG, 5. Aufl. 2015, § 14 TzBfG, Rz. 386.

[409] Kittner/Däubler/Zwanziger, KSchR, 9. Aufl. 2014, § 14 TzBfG, Rz. 154; Meinel/Heyn/Herms/*Meinel*, TzBfG, 5. Aufl. 2015, § 14 TzBfG, Rz. 253; HaKo/*Mestwerdt*, 5. Aufl. 2015, § 14 TzBfG, Rz. 183; Sievers, TzBfG, 5. Aufl. 2015, § 14 TzBfG, Rz. 487; zur Unanwendbarkeit von § 14 Abs. 1 TzBfG auf die Befristung einzelner Vertragsbedingungen vgl. BAG, Urteil v. 14.1.2004, 7 AZR 213/03, AP TzBfG § 14 Nr. 10.

[410] Kittner/Däubler/Zwanziger, KSchR, 9. Aufl. 2014, § 14 TzBfG, Rz. 155; KR/*Lipke*, 11. Aufl. 2016, § 14 TzBfG, Rz. 526; Meinel/Heyn/Herms/*Meinel*, TzBfG, 5. Aufl. 2015, § 14 TzBfG, Rz. 254.

fristete Arbeitsverträge in Kleinbetrieben i. S. v. § 23 KSchG **dem Anwendungsbereich** von § 14 Abs. 2 TzBfG (BAG, Urteil v. 6.11.2003, 2 AZR 690/02[411]). § 14 Abs. 2 gilt auch für Mitglieder des Betriebsrats[412].

4.2.2 Angabe der Rechtsgrundlage im Arbeitsvertrag

Die Wirksamkeit der Befristung nach § 14 Abs. 2 TzBfG ist nicht davon abhängig, dass die Arbeitsvertragsparteien vereinbaren, die Befristung auf diese Bestimmung stützen zu wollen. § 14 Abs. 2 TzBfG enthält kein Zitiergebot. Es reicht daher aus, dass die **Voraussetzungen des § 14 Abs. 2 Satz 1 TzBfG** bei Abschluss des befristeten Arbeitsvertrags **objektiv vorliegen** und der in § 14 Abs. 2 Satz 2 TzBfG normierte **Ausnahmetatbestand nicht eingreift**. 267

Ein Zitiergebot ergibt sich auch nicht aus **§ 14 Abs. 4 TzBfG**. Nach dieser Bestimmung muss **nur die Befristung selbst schriftlich** vereinbart werden, nicht jedoch der Rechtfertigungsgrund für die Befristung (BAG, Urteil v. 26.7.2006, 7 AZR 515/05[413]). Sofern nicht ein auf das Arbeitsverhältnis anzuwendender Tarifvertrag etwas anderes bestimmt[414], ist die **Wirksamkeit** der Befristung nach § 14 Abs. 2 TzBfG daher **nicht von der Angabe dieses Rechtfertigungsgrunds im Arbeitsvertrag abhängig**. 268

Die Befristung kann grundsätzlich selbst dann auf § 14 Abs. 2 TzBfG gestützt werden, wenn im Arbeitsvertrag ein Sachgrund für die Befristung genannt ist, sofern bei Vertragsschluss die Voraussetzungen § 14 Abs. 2 TzBfG objektiv vorgelegen haben. Dies entspricht der ständigen Rechtsprechung des BAG zur sachgrundlosen Befristung nach der Vorgängerregelung in § 1 Abs. 1 BeschFG[415].

4.2.3 Vertraglicher Ausschluss des § 14 Abs. 2

Die Arbeitsvertragsparteien können allerdings die Möglichkeit zur sachgrundlosen Befristung nach § 14 Abs. 2 TzBfG, ebenso wie nach der Vorgängerregelung in § 1 Abs. 1 BeschFG, vertraglich ausschließen. Denn § 14 Abs. 2 TzBfG ist nach § 22 Abs. 1 TzBfG eine **einseitig zwingende Bestimmung**, die **Abweichungen zu Gunsten des Arbeitnehmers** zulässt[416]. 269

---

[411] AP TzBfG § 14 Nr. 7.

[412] Siehe hierzu Rz. 305.

[413] AP AVR Diakonisches Werk § 5 Nr. 1.

[414] Z. B. Protokollnotiz Nr. 6 Buchst. a zu Nr. 1 SR 2y BAT.

[415] Vgl. BAG, Urteil v. 24.1.2001, 7 AZR 686/00, AP BeschFG 1996 § 1 Nr. 11; BAG, Urteil v. 5.6.2002, 7 AZR 241/01, AP BeschFG 1996 § 1 Nr. 13; BAG, Urteil v. 26.6.2002, 7 AZR 92/01, AP BeschFG 1996 § 1 Nr. 16; BAG, Urteil v. 26.6.2002, 7 AZR 410/01, AP BeschFG 1996 § 1 Nr. 15; BAG, Urteil v. 4.12.2002, 7 AZR 545/01, AP BeschFG 1996 § 1 Nr. 17.

[416] Vgl. zu § 1 Abs. 1 BeschFG: BAG, Urteil v. 5.6.2002, 7 AZR 241/01, AP BeschFG 1996 § 1 Nr. 13; BAG, Urteil v. 26.6.2002, 7 AZR 410/01, AP BeschFG 1996 § 1 Nr. 15; BAG, Urteil v. 4.12.2002, 7 AZR 545/01, AP BeschFG 1996 § 1 Nr. 17; BAG, Urteil v. 15.1.2003, 7 AZR 534/02, AP BeschFG 1996 § 1 Nr. 19.

Der vertragliche Ausschluss der Befristungsmöglichkeit nach § 14 Abs. 2 TzBfG muss nicht ausdrücklich erfolgen – was in der Praxis ohnehin kaum vorkommen dürfte –, sondern kann auch **konkludent** geschehen. Ob die Möglichkeit zur sachgrundlosen Befristung im Einzelfall abbedungen wurde, ist durch **Auslegung** der vertraglichen Vereinbarungen unter Berücksichtigung der Umstände bei Vertragsschluss zu ermitteln.
Ein **konkludenter Ausschluss** der Befristungsmöglichkeit nach § 14 Abs. 2 TzBfG kommt vor allem in Betracht, wenn der Arbeitnehmer die Erklärungen des Arbeitgebers so verstehen darf, dass die **Befristung ausschließlich auf einen bestimmten Sachgrund gestützt wird** und von diesem abhängen soll. Die Benennung eines Sachgrunds für die Befristung im Arbeitsvertrag oder bei Vertragsschluss kann dafür ein **wesentliches Indiz** sein. Das allein reicht aber zur vertraglichen Abbedingung der sachgrundlosen Befristung nicht aus. Es müssen vielmehr noch **weitere Umstände** hinzutreten[417]. In der bisherigen Rechtsprechung des BAG zu § 1 Abs. 1 BeschFG wurde – soweit ersichtlich – lediglich in einem Fall aufgrund besonderer Umstände angenommen, dass die Möglichkeit zur sachgrundlosen Befristung abbedungen war (BAG, Urteil v. 5.6.2002, 7 AZR 241/01)[418]. In allen anderen vom BAG entschiedenen Fällen wurde der vertragliche Ausschluss der sachgrundlosen Befristung verneint, und zwar auch dann, wenn in mehreren aufeinander folgenden befristeten Verträgen, einschließlich des letzten Vertrags, Sachgründe für die Befristung genannt waren (vgl. etwa BAG, Urteil v. 4.12.2002, 7 AZR 545/01)[419].

4.2.4 Vertragslaufzeit

270 Die sachgrundlose Befristung nach § 14 Abs. 2 TzBfG ist bis zur Dauer von **2 Jahren** zulässig. Es kann auch eine kürzere Vertragslaufzeit vereinbart werden. Für die Dauer der Vertragslaufzeit sind der vereinbarte Beginn und das vereinbarte **Ende des Arbeitsverhältnisses** maßgebend. Auf den Zeitpunkt des Vertragsschlusses kommt es für die Berechnung der Befristungsdauer nicht an[420].

4.2.5 Verlängerung

271 Wird die zulässige Befristungsdauer von 2 Jahren im 1. befristeten Arbeitsvertrag nicht ausgeschöpft, kann der Vertrag bis zur Gesamtdauer von 2 Jahren **maximal 3-mal** verlängert werden. Insoweit wurde die Vorgängerregelung in § 1 Abs. 1 Satz 2 BeschFG 1996 übernommen, so dass dazu auf die bisherige Rechtsprechung des BAG zurückgegriffen werden kann.

---

[417] BAG, Urteil v. 5.6.2002, 7 AZR 241/01, AP BeschFG 1996 § 1 Nr. 13; BAG, Urteil v. 26.6.2002, 7 AZR 410/01, AP BeschFG 1996, § 1 Nr. 15; BAG, Urteil v. 26.6.2002, 7 AZR 92/01, AP BeschFG 1996 § 1 Nr. 16; BAG, Urteil v. 4.12.2002, 7 AZR 545/01, AP BeschFG 1996 § 1 Nr. 17; BAG, Urteil v. 15.1.2003, 7 AZR 534/02, AP BeschFG 1996 § 1 Nr. 19; BAG, Urteil v. 5.5.2004, 7 AZR 629/03, AP BeschFG 1996 § 1 Nr. 27; BAG, Urteil v. 12.8.2009, 7 AZR 270/08; BAG, Urteil v. 29.6.2011, 7 AZR 774/09.

[418] AP BeschFG 1996 § 1 Nr. 13.

[419] AP BeschFG § 1 Nr. 17.

[420] BAG, Urteil v. 29.6.2011, 7 AZR 774/09; BAG, Urteil v. 19.3.2014, 7 AZR 828/12.

4.2.5.1 Unterbrechung des Arbeitsverhältnisses

Eine Verlängerung i. S. v. § 14 Abs. 2 Satz 1 TzBfG liegt nur vor, wenn sich die Vertragslaufzeit des Verlängerungsvertrags unmittelbar an diejenige des vorangegangenen Vertrags anschließt. Es darf also nicht zu einer Unterbrechung des Arbeitsverhältnisses kommen. Dabei **schadet jede auch noch so kurzfristige Unterbrechung**, z. B. durch einen gesetzlichen Feiertag[421]. 272

4.2.5.2 Zeitpunkt der Vereinbarung

Eine Verlängerung i. S. v. § 14 Abs. 2 Satz 1 TzBfG muss noch **vor Ablauf des zu verlängernden Vertrags** vereinbart werden. Ansonsten handelt es sich um den Abschluss eines neuen befristeten Arbeitsvertrags[422]. Das gilt auch, wenn sich die Laufzeit des später abgeschlossenen weiteren befristeten Arbeitsvertrags unmittelbar an den vorangegangenen Vertrag anschließen soll. 273

Es handelt sich also z. B. dann nicht um eine Verlängerung i. S. v. § 14 Abs. 2 Satz 1 TzBfG, wenn die Arbeitsvertragsparteien am 2.11.2015 vereinbaren, dass der vorangegangene, für die Zeit vom 1.4.2015 bis zum 31.10.2015 befristete Arbeitsvertrag mit Wirkung vom 1.11.2015 bis zum 31.3 2016 verlängert wird. Die Parteien haben vielmehr einen neuen befristeten Arbeitsvertrag abgeschlossen. Die darin enthaltene Befristung bedarf eines Sachgrunds gemäß § 14 Abs. 1 TzBfG. Liegt ein Sachgrund nicht vor, ist die Befristung nach § 14 Abs. 2 Satz 2 TzBfG unwirksam, weil zwischen den Parteien bereits zuvor in der Zeit vom 1.4.2015 bis zum 31.10.2015 ein befristetes Arbeitsverhältnis bestanden hat. Eine Verlängerung i. S. v. § 14 Abs. 2 Satz 1 TzBfG hätte spätestens am 31.10.2015 vereinbart werden müssen. Dann wäre die Befristung zum 31.3.2016 auch ohne Sachgrund gerechtfertigt. 274

4.2.5.3 Änderung der Vertragsbedingungen

Eine Vertragsverlängerung setzt nach der **Rechtsprechung** des BAG außerdem voraus, dass **nur der Beendigungszeitpunkt verändert** wird, die **übrigen Vertragsbedingungen aber unverändert** bleiben. Ansonsten handelt es sich um den Neuabschluss eines befristeten Arbeitsvertrags[423]. Das gilt auch, wenn es sich um für den Arbeitnehmer 275

---

421 Meinel/Heyn/Herms/*Meinel*, TzBfG, 5. Aufl. 2015, § 14 TzBfG, Rz. 280; ErfK/*Müller-Glöge*, 16. Aufl. 2016, § 14 TzBfG, Rz. 88b; Sievers, TzBfG, 5. Aufl. 2015, § 14 TzBfG, Rz. 377.

422 BAG, Urteil v. 26.7.2000, 7 AZR 51/99, AP BeschFG 1996 § 1 Nr. 4; BAG, Urteil v. 25.10.2000, 7 AZR 483/99, AP BeschFG 1996 § 1 Nr. 6; BAG, Urteil v. 15.1.2003, 7 AZR 346/02, AP TzBfG § 14 Nr. 2; BAG, Urteil v. 15.1.2003, 7 AZR 534/02, AP BeschFG 1996 § 1 Nr. 19; BAG, Urteil v. 15.1.2003, 7 AZR 535/02, AP TzBfG § 14 Nr. 1; BAG, Urteil v. 19.2.2003, 7 AZR 648/01; BAG, Urteil v. 4.12.2013, 7 AZR 468/12.

423 BAG, Urteil v. 26.7.2000, 7 AZR 51/99, AP BeschFG 1996 § 1 Nr. 4; BAG, Urteil v. 25.10.2000, 7 AZR 483/99, AP BeschFG 1996 § 1 Nr. 6; BAG, Urteil v. 15.1.2003, 7 AZR 534/02, AP BeschFG 1996 § 1 Nr. 19; BAG, Urteil v. 15.1.2003, 7 AZR 535/02, AP TzBfG § 14 Nr. 1; BAG, Urteil v. 15.1.2003, 7 AZR 346/02, AP TzBfG § 14 Nr. 2; BAG, Urteil v. 19.3.2003, 7 AZR 648/01; BAG, Urteil v. 25.5.2005, 7 AZR 286/04, EzA TzBfG § 14 Nr. 19; BAG, Urteil v. 19.10.2005, 7 AZR 31/05, AP TzBfG § 14 Nr. 19; BAG, Urteil v. 16.1.2008, 7 AZR 603/06;

günstigere Arbeitsbedingungen handelt, z. B. eine Gehaltserhöhung (BAG, Urteil v. 23.8.2006, 7 AZR 12/06[424]).

> **Hinweis**
>
> Im Zusammenhang mit dem Abschluss eines Verlängerungsvertrags i. S. v. § 14 Abs. 2 TzBfG dürfen keine Änderungen der Arbeitsbedingungen vereinbart werden.

276 Die Parteien können jedoch anlässlich der Vertragsverlängerung den **Vertragstext an die zwischenzeitlich eingetretene Rechtslage anpassen**, z. B. gegenstandslos gewordene Vertragsbestandteile streichen oder bereits zuvor, nicht im Zusammenhang mit der Vertragsverlängerung vereinbarte Vertragsänderungen in den Vertragstext aufnehmen (BAG, Urteil v. 23.8.2006, 7 AZR 12/06[425]).
Sie können auch **Vertragsänderungen** vornehmen, **die hätten vereinbart werden müssen**, wenn der Arbeitnehmer in einem unbefristeten Arbeitsverhältnis stünde. Dies folgt aus dem in § 4 Abs. 2 Satz 1 TzBfG normierten Verbot der Diskriminierung befristet beschäftigter Arbeitnehmer. Gewährt der Arbeitgeber in zeitlichem Zusammenhang mit der Vertragsverlängerung allen Mitarbeitern eine Gehaltserhöhung, darf er befristet beschäftigte Arbeitnehmer nach § 4 Abs. 2 Satz 1 TzBfG hiervon nicht ausschließen. Er ist daher verpflichtet, auch mit dem befristet beschäftigten Arbeitnehmer eine Gehaltserhöhung zu vereinbaren. Kommt er dieser Verpflichtung durch eine entsprechende Regelung in dem Verlängerungsvertrag nach, nimmt dies der Vereinbarung nicht den Charakter einer Vertragsverlängerung i.S. v. § 14 Abs. 2 Satz 1 TzBfG (BAG, Urteil v. 23.8.2006, 7 AZR 12/06[426]; BAG, Urteil v. 16.1.2008, 7 AZR 603/06[427]; BAG, Urteil v. 19.3.2014, 7 AZR 828/12).

277 Eine vom Arbeitnehmer gewünschte **Vereinbarung über die Verringerung oder Erhöhung der Arbeitszeit**, auf die er nach § 8 bzw. § 9 TzBfG einen Anspruch hat, ist **verlängerungsunschädlich**. Allerdings muss der Arbeitnehmer bereits zuvor oder anlässlich der Vertragsverlängerung ein Verlangen nach § 8 bzw. § 9 TzBfG geltend gemacht haben, dem der Arbeitgeber in dem Verlängerungsvertrag mit der Änderung der Arbeitszeit Rechnung trägt (vgl. zu § 9 TzBfG: BAG, Urteil v. 16.1.2008, 7 AZR 603/06[428]).

BAG, Urteil v. 20.2.2008, 7 AZR 786/06; BAG, Urteil v. 12.8.2009, 7 AZR 270/08; BAG, Urteil v. 4.12.2013, 7 AZR 468/12; BAG, Urteil v. 9.9.2015, 7 AZR 190/14.

424 AP TzBfG § 14 Verlängerung Nr. 1; a. A. APS/*Backhaus*, 4. Aufl. 2012, § 14 TzBfG, Rz. 374; Meinel/Heyn/Herms/*Meinel*, TzBfG, 5. Aufl. 2015, § 14 TzBfG, Rz. 282; Sievers, TzBfG, 5. Aufl. 2015, § 14 TzBfG, Rz. 502.

425 AP TzBfG § 14 Verlängerung Nr. 1; BAG, Urteil v. 16.1.2008, 7 AZR 603/06, NZA 2008, S. 701; BAG, Urteil v. 20.2.2008, 7 AZR 786/06, NZA 2008, S. 883; BAG, Urteil v. 12.8.2009, 7 AZR 270/08; BAG, Urteil v. 19.3.2014, 7 AZR 828/12.

426 AP TzBfG § 14 Verlängerung Nr. 1.

427 NZA 2008, S. 701.

428 NZA 2008, S. 701.

Möglich ist auch die **Änderung von Arbeitsbedingungen**, die der Arbeitgeber bereits aufgrund der Vereinbarungen in dem zu verlängernden Vertrag im Wege des **Direktionsrechts** vornehmen kann, z. B. die Zuweisung eines anderen Arbeitsplatzes[429]. In diesen Fällen wird nur vollzogen, worauf bereits nach dem bisherigen Vertrag ein Anspruch bestand. Auch die Weitergabe einer **tariflichen Lohnerhöhung** steht einer Verlängerung nach § 14 Abs. 2 Satz 1 TzBfG nicht entgegen (BAG, Urteil v. 24.1.2001, 7 AZR 567/99).

Während der Vertragslaufzeit eines sachgrundlos befristeten Arbeitsvertrags sind Ver- 278
einbarungen über die Änderung von Arbeitsbedingungen, die den Zeitpunkt der Vertragsbeendigung unberührt lassen, unschädlich. Sie unterliegen nicht der Befristungskontrolle (BAG, Urteil v. 19.2.2003, 7 AZR 648/01; BAG, Urteil v. 25.5.2005, 7 AZR 286/04[430]).

4.2.5.4 Befristung mit Sachgrund

Eine **Verlängerung** nach § 14 Abs. 2 Satz 1 TzBfG setzt voraus, dass **der zu verlän-** 279
gernde Vertrag nach § 14 Abs. 2 Satz 1 TzBfG befristet war. Das bedeutet aber nicht, dass die Parteien den zu verlängernden Vertrag ausdrücklich auf § 14 Abs. 2 Satz 1 TzBfG gestützt oder eine sachgrundlose Befristung vereinbart haben müssen. Da § 14 TzBfG kein Zitiergebot enthält, reicht es vielmehr aus, dass die **Voraussetzungen** für die sachgrundlose Befristung nach § 14 Abs. 2 TzBfG **bei Abschluss** des zu verlängernden Vertrags vorlagen **und** die Parteien die **Befristungsmöglichkeit** nach dieser Bestimmung **nicht vertraglich abbedungen** hatten[431]. Unter diesen Voraussetzungen kann auch ein mit Sachgrund befristeter Vertrag nach § 14 Abs. 2 Satz 1 TzBfG bis zur Gesamtdauer von 2 Jahren verlängert werden[432].

4.2.5.5 Schriftform

Für die Vertragsverlängerung gilt das Schriftformerfordernis des § 14 Abs. 4 TzBfG. Die 280
Vertragsverlängerung muss noch während der Laufzeit des zu verlängernden Vertrags schriftlich vereinbart werden. Wird während der Laufzeit des zu verlängernden Vertrags nur eine mündliche Vertragsverlängerung vereinbart und diese später schriftlich fixiert, ist die mündlich vereinbarte Befristung nach § 14 Abs. 4 TzBfG, § 125 Satz 1 BGB formnichtig. Der Anschlussvertrag gilt daher nach § 16 Satz 1 TzBfG als auf unbestimmte Zeit geschlossen. Die **spätere schriftliche Niederlegung** heilt den Formmangel nicht rückwirkend.

---

[429] Vgl. Dörner, Der befristete Arbeitsvertrag, 2. Aufl. 2011, Rz. 568 und 569.

[430] EzA TzBfG § 14 Nr. 19; BAG, Urteil v. 19.10.2005, 7 AZR 31/05, AP TzBfG § 14 Nr. 19; BAG, Urteil v. 18.1.2006, 7 AZR 178/05, AP TzBfG § 14 Nr. 22.

[431] S. Rz. 269.

[432] Dörner, Der befristete Arbeitsvertrag, 2. Aufl. 2011, Rz. 478 – 482; KR/*Lipke*, 11. Aufl. 2016, § 14 TzBfG, Rz. 562; a. A. Kittner/Däubler/Zwanziger, KSchR, 9. Aufl. 2014, § 14 TzBfG, Rz. 169.

Darin kann – wenn überhaupt – nur die nachträgliche Befristung des unbefristet entstandenen Arbeitsverhältnisses gesehen werden. Diese ist jedoch nach § 14 Abs. 2 Satz 2 TzBfG ohne Sachgrund nicht zulässig (BAG, Urteil v. 16.3.2005, 7 AZR 289/04[433]). Im Übrigen liegt in der nach Vertragsbeginn erfolgten schriftlichen Fixierung einer zuvor mündlich getroffenen Befristungsabrede in der Regel nicht die nachträgliche Befristung des unbefristet entstandenen Arbeitsvertrags, da die Parteien damit im allgemeinen keine Vertragsänderung vornehmen wollen, sondern nur das schriftlich festhalten wollen, was sie zuvor mündlich vereinbart haben (BAG, Urteil v. 1.12.2004, 7 AZR 198/04[434]).

4.2.6 Neueinstellung; Anschlussverbot (Abs. 2 Satz 2)

4.2.6.1 Allgemeine Grundsätze

281 Die Befristung ohne Sachgrund nach § 14 Abs. 2 Satz 1 TzBfG ist nach § 14 Abs. 2 Satz 2 TzBfG **nicht zulässig**, wenn **mit demselben Arbeitgeber bereits zuvor ein befristetes oder unbefristetes Arbeitsverhältnis** bestanden hat. Damit hat das Recht der sachgrundlosen Befristung gegenüber der Rechtslage nach dem Beschäftigungsförderungsgesetz 1996 eine erhebliche Änderung erfahren.

282 Während nach § 1 BeschFG 1996 eine sachgrundlose Befristung im Anschluss an eine Sachgrundbefristung zulässig war und mehrere sachgrundlose Befristungen zwischen denselben Arbeitsvertragsparteien vereinbart werden konnten, wenn zwischen den Arbeitsverhältnissen kein enger sachlicher Zusammenhang bestand (§ 1 Abs. 3 BeschFG), ist nunmehr eine **sachgrundlose Befristung nach § 14 Abs. 2 TzBfG** nach der Vorstellung des Gesetzgebers grundsätzlich **nur noch bei der Neueinstellung, d.h. bei der erstmaligen Beschäftigung** des Arbeitnehmers bei dem Arbeitgeber möglich (vgl. BT-Drucks. 14/4374, S. 14, 19). Dadurch sollen Befristungsketten, die durch die Aneinanderreihung von sachgrundlosen Befristungen und Befristungen mit Sachgrund nach der früheren Rechtslage möglich waren, verhindert werden (BT-Drucks. 14/4374 a. a. O.).

4.2.6.2 Vorheriges Arbeitsverhältnis

4.2.6.2.1 Zeitliche Begrenzung

283 Nach der **früheren Rechtsprechung** des BAG steht **jede vorherige Beschäftigung** im Rahmen eines Arbeitsverhältnisses bei demselben Arbeitgeber der Befristung ohne Sachgrund entgegen. Dies kann aus dem Wortlaut der Bestimmung geschlossen werden. Das Anschlussverbot in § 14 Abs. 2 Satz 2 TzBfG enthält keine ausdrückliche zeitliche Begrenzung. Das BAG hatte deshalb angenommen, dass es auf **den zeitlichen Abstand** zwischen einem früheren Arbeitsverhältnis und dem neuen ohne Sachgrund befristeten Arbeitsverhältnis **grundsätzlich nicht ankommt**[435].

---

[433] AP TzBfG § 14 Nr. 16.

[434] AP TzBfG § 14 Nr. 15, s. Rz. 371 bis 373.

[435] Vgl. zu einer 12-monatigen Unterbrechung: BAG, Urteil v. 6.11.2003, 2 AZR 690/02, AP TzBfG § 14 Nr. 7.

Mit diesem Inhalt wird die Vorschrift vielfach als zu weitgehend angesehen. Sie führt außerdem zu **praktischen Problemen**, weil Arbeitgeber gezwungen sind, sämtliche Personalunterlagen über viele Jahre hinweg aufzubewahren, um vor Abschluss eines befristeten Arbeitsvertrags prüfen zu können, ob der Arbeitnehmer bereits früher bei ihnen beschäftigt war. 284

Nach Auffassung des Gesetzgebers soll dem Arbeitgeber deshalb ein **Fragerecht im Zusammenhang mit der Einstellung** zustehen und der Arbeitnehmer soll verpflichtet sein, eine entsprechende Frage des Arbeitgebers nach einer Vorbeschäftigung wahrheitsgemäß zu beantworten. Eine Verletzung dieser Pflicht soll den Arbeitgeber zur **Anfechtung des Arbeitsvertrags** wegen arglistiger Täuschung gemäß § 123 BGB berechtigen[436]. 285

Das dürfte aber weitere Probleme aufwerfen, wenn der Arbeitnehmer unbewusst die Frage nach einer Vorbeschäftigung zu Unrecht verneint, z. B. weil er aufgrund einer Umfirmierung und eines Standortwechsels des Arbeitgebers nicht erkennt, dass er bei diesem bereits in der Vergangenheit beschäftigt war. Dann dürfte die objektiv falsche Beantwortung der Frage nicht zur Anfechtung des befristeten Arbeitsvertrags durch den Arbeitgeber berechtigen. In diesem Fall dürfte der Arbeitgeber auch nicht die Möglichkeit haben, das Arbeitsverhältnis nach den Regeln über die Störung der Geschäftsgrundlage (§ 313 BGB) zu beenden[437].

Inzwischen hat das BAG (BAG, Urteil v. 6.4.2011, 7 AZR 716/09, NZA 2011, 905; 286
BAG, Urteil v. 21.9.2011, 7 AZR 375/10, AP TzBfG § 14 Nr. 86) entschieden, dass **ein früheres Arbeitsverhältnis des Arbeitnehmers mit demselben Arbeitgeber einer Befristung nach § 14 Abs. 2 TzBfG nicht entgegensteht, wenn zwischen der Beendigung des früheren Arbeitsverhältnisses und dem neuen Arbeitsverhältnis ein Zeitraum von mehr als 3 Jahren liegt.**

Diese Auslegung ist nach Auffassung des BAG von dem Wortlaut der Bestimmung her möglich und insbesondere aus verfassungsrechtlichen Gründen geboten. Das BAG hat ausgeführt, ein zeitlich uneingeschränktes Anschlussverbot könne zu einem Einstellungshindernis führen, wodurch die Berufsfreiheit des Arbeitnehmers (Art. 12 Abs. 1 GG) unverhältnismäßig eingeschränkt werde. Der mit dem Anschlussverbot verfolgte Zweck, Befristungsketten zu verhindern, erfordere kein zeitlich uneingeschränktes Verbot. Eine **verfassungsorientierte** bzw. verfassungskonforme Auslegung der Vorschrift führe daher zu einer zeitlichen Begrenzung des Anschlussverbots.

Dies erfordere eine im Wege der Rechtsfortbildung vorzunehmende Konkretisierung der zeitlichen Grenzen des Verbots. Diese sei mit 3 Jahren zu bemessen. Dieser der zivilrechtlichen Verjährungsfrist entsprechende Zeitraum erscheine geeignet, erforderlich und angemessen, um der Verhinderung von Missbrauch durch Befristungsketten vorzubeugen (BAG, Urteil v. 6.4.2011, 7 AZR 716/09, NZA 2011, S. 905; BAG, Urteil v. 28.9.2011, 7 AZR 375/10[438]).

---

[436] BT-Drucks. 14/4374, S. 19.

[437] A. A. *Bauer*, BB 2001, S. 2473, 2477; *Straub*, NZA 2001, S. 919, 926.

[438] AP TzBfG § 14 Nr. 86.

Teile des Schrifttums hatten bereits seit dem Inkrafttreten des TzBfG die Auffassung vertreten, das Tatbestandsmerkmal „bereits zuvor“ in § 14 Abs. 2 Satz 2 TzBfG könne nicht mit „jemals zuvor“ oder „irgendwann zuvor“ gleichgesetzt werden. Das Wort „zuvor“ stelle vielmehr einen zeitlichen Zusammenhang her. Deshalb sei ein „Zuvor – Arbeitsverhältnis“ nicht anzunehmen, wenn weder zeitlich noch sachlich ein Zusammenhang zu einem früheren Arbeitsverhältnis bestehe[439].

287 Die neue Rechtsprechung des BAG hat nicht nur Zustimmung (vgl. etwa Kuhnke, NJW 2011, S. 3131), sondern auch Kritik (vgl. etwa Höpfner, NZA 2011, S. 893) erfahren. Zum Teil wird angenommen, das BAG habe eine unzulässige Rechtsfortbildung vorgenommen (vgl. etwa Lakies, ArbuR 2011, S. 190). Die Instanzgerichte haben sich der neuen Rechtsprechung teilweise angeschlossen (vgl. etwa LAG Rheinland-Pfalz, Urteil v. 9.8.2012, 2 Sa 239/12) zum Teil haben sie ihr die Gefolgschaft verweigert (vgl. etwa LAG Baden/Württemberg, Urteil v. 26.9.2013, 6 Sa 28/13).

Derzeit ist beim BVerfG eine **Verfassungsbeschwerde** gegen eine Entscheidung anhängig, die eine sachgrundlose Befristung nach Ablauf von 3 Jahren seit der Beendigung des Arbeitsverhältnisses mit demselben Arbeitgeber nach § 14 Abs. 2 TzBfG für wirksam erklärt hat. Außerdem liegt dem BVerfG ein Vorlagebeschluss des Arbeitsgerichts Braunschweig vom 3.4.2014, 5 Ca 463/13 vor, das davon ausgeht, dass in § 14 Abs. 2 Satz 2 TzBfG ein zeitlich unbeschränktes Vorbeschäftigungsverbot normiert, dieses aber verfassungswidrig sei. Das BVerfG hat bislang über diese Verfahren noch nicht entschieden.

4.2.6.2.2 Arbeitsverhältnis

288 Nach § 14 Abs. 2 Satz 2 TzBfG steht eine Vorbeschäftigung einer sachgrundlosen Befristung nur entgegen, wenn sie im Rahmen eines Arbeitsverhältnisses erfolgt ist. Ein **Berufsausbildungsverhältnis** ist **kein Arbeitsverhältnis** i. S. v. § 14 Abs. 2 Satz 2 TzBfG (BAG, Urteil v. 21.9.2011, 7 AZR 375/10)[440]. Andere berufsvorbereitende Beschäftigungen, z. B. **Praktika** oder **Volontariate**, stehen einer späteren sachgrundlosen Befristung dann nicht entgegen, wenn sie nicht im Rahmen eines Arbeitsverhältnisses durchgeführt wurden (BAG, Urteil v. 19.10.2005, 7 AZR 31/05[441]).

289 Nach der Rechtsprechung des BAG zu § 1 BeschFG 1985 konnte im Anschluss an ein betriebliches **Umschulungsverhältnis** ein sachgrundlos befristeter Arbeitsvertrag abgeschlossen werden (BAG, Urteil v. 28.6.1996, 7 AZR 884/95[442]). Diese Rechtsprechung ist nicht auf § 14 Abs. 2 TzBfG übertragbar[443]. Denn bei der sachgrundlosen Befristung nach § 1 Abs. 1 BeschFG 1985 kam es nicht entscheidend darauf an, ob die betriebliche Umschulung im Rahmen eines Arbeitsverhältnisses durchgeführt wurde oder nicht.

---

[439] Vgl. etwa ErfK/*Müller-Glöge*, 11. Aufl. 2011, § 14 TzBfG, Rz. 98 und 99; ähnlich *Löwisch*, BB 2001, S. 254.

[440] AP TzBfG § 14 Nr. 86; BT-Drucks. 14/4374, S. 20.

[441] AP TzBfG § 14 Nr. 19.

[442] AP BeschFG 1985 § 1 Nr. 20.

[443] APS/*Backhaus*, 4. Aufl. 2012, § 14 TzBfG, Rz. 391.

Bei einem **Eingliederungsvertrag** nach § 231 Abs. 2 SGB III a. F. handelt es sich nicht um einen Arbeitsvertrag[444], sodass danach ein sachgrundlos befristeter Arbeitsvertrag nach § 14 Abs. 2 Satz 1 TzBfG abgeschlossen werden kann, ohne dass dem § 14 Abs. 2 Satz 2 TzBfG entgegensteht. 290

Auch eine frühere Tätigkeit für den späteren Arbeitgeber als Selbstständiger im Rahmen eines **Dienst- oder Werkvertrags** steht dem Abschluss eines sachgrundlos befristeten Arbeitsvertrags nicht entgegen[445]. 291

4.2.6.2.3 Derselbe Arbeitgeber

Einer sachgrundlosen Befristung nach § 14 Abs. 2 Satz 1 TzBfG steht nur ein früheres Arbeitsverhältnis mit demselben Arbeitgeber entgegen. Um denselben Arbeitgeber i. S. v. § 14 Abs. 2 Satz 2 TzBfG handelt es sich, wenn das frühere Arbeitsverhältnis mit **derselben natürlichen oder juristischen Person** bestanden hat (BAG, Urteil v. 10.11.2004, 7 AZR 101/04[446]; BAG, Urteil v. 16.7.2008, 7 AZR 278/07; BAG, Urteil v. 9.2.2011, 7 AZR 32/10; BAG, Urteil v. 4.12.2013, 7 AR 290/12; BAG, Urteil v. 19.3.2014, 7 AZR 527/12; BAG, Urteil v. 26.6.2015, 7 AZR 452/13). Es kommt nicht darauf an, ob der Arbeitnehmer in demselben Betrieb oder in derselben Dienststelle beschäftigt war. Diese Auslegung von § 14 Abs. 2 Satz 2 TzBfG ist mit den unionsrechtlichen Vorgaben vereinbar (BAG, Urteil v. 4.12.2013, 7 AZR 290/12; BAG, Urteil v. 19.3.2014, 7 AZR 527/12). Deshalb steht eine frühere Beschäftigung als Arbeitnehmer in einem von mehreren Unternehmen geführten Gemeinschaftsbetrieb einer späteren sachgrundlosen Befristung nach § 14 Abs. 2 TzBfG grundsätzlich – von Fällen des Rechtsmissbrauchs abgesehen – nur entgegen, wenn der neue Arbeitsvertrag mit demselben Arbeitgeber abgeschlossen werden soll, mit dem das frühere Arbeitsverhältnis bestand[447]. 292

Beispiel

War der Arbeitnehmer daher z. B. bei dem Arbeitgeber X beschäftigt, der zusammen mit dem Arbeitgeber Y einen Gemeinschaftsbetrieb führt, hindert das den späteren Abschluss eines nach § 14 Abs. 2 TzBfG sachgrundlos befristeten Arbeitsvertrags mit dem Arbeitgeber Y grundsätzlich – sofern keine rechtsmissbräuchliche Gestaltung vorliegt – nicht.

---

[444] APS/*Backhaus*, 4. Aufl. 2012, § 14 TzBfG, Rz. 392; Meinel/Heyn/Herms/*Meinel*, TzBfG, 3. Aufl. 2009, § 14 TzBfG, Rz. 159.

[445] APS/*Backhaus*, 4. Aufl. 2012, § 14 TzBfG, Rz. 393; Boewer, TzBfG, 1. Aufl. 2002, § 14 TzBfG, Rz. 229; Kittner/Däubler/Zwanziger, KSchR, 9. Aufl. 2014, § 14 TzBfG, Rz. 159; Meinel/Heyn/Herms/*Meinel*, TzBfG, 5. Aufl. 20015 § 14 TzBfG, Rz. 265.

[446] AP TzBfG § 14 Nr. 14; BAG, Urteil v. 18.10.2006, 7 AZR 145/06; vgl. zum Begriff desselben Arbeitgebers in § 1 BeschFG: BAG, Urteil v. 8.12.1988, 2 AZR 308/88, AP BeschFG 1985 § 1 Nr. 6; BAG Urteil v. 25.4.2001, 7 AZR 376/00, AP BeschFG 1996 § 1 Nr. 10.

[447] APS/*Backhaus*, 4. Aufl. 2012, § 14 TzBfG, Rz. 396; Meinel/Heyn/Herms/*Meinel*, TzBfG, 5. Aufl. 2015, § 14 TzBfG, Rz. 267; HaKo/*Mestwerdt*, 5. Aufl. 2015, § 14 TzBfG, Rz. 202; vgl. zu § 1 BeschFG: BAG, Urteil v. 25.4.2001, 7 AZR 376/00, AP BeschFG 1996 § 1 Nr. 10.

293 Auch **verschiedene Unternehmen desselben Konzerns** sind nicht derselbe Arbeitgeber i. S. v. § 14 Abs. 2 Satz 2 TzBfG[448]. Bei der Verschmelzung mehrerer Unternehmen im Wege der Aufnahme gemäß § 20 Abs. 1 Nr. 1 UmwG führt die damit verbundene Gesamtrechtsnachfolge des übernehmenden Rechtsträgers in die Rechtsposition des übertragenden Rechtsträgers nicht dazu, dass der übernehmende Rechtsträger derselbe Arbeitgeber ist wie der übertragende Rechtsträger (BAG, Urteil v. 10.11.2004, 7 AZR 101/04[449]). Ein früheres Arbeitsverhältnis mit dem übertragenden Rechtsträger hindert daher nicht den Abschluss eines sachgrundlos befristeten Arbeitsvertrags nach § 14 Abs. 2 TzBfG mit dem übernehmenden Rechtsträger.

294 Im Falle eines **Betriebsübergangs** gemäß § 613a BGB ist der Betriebserwerber grundsätzlich nicht gehindert, mit einem ehemaligen betriebsangehörigen Arbeitnehmer einen befristeten Arbeitsvertrag nach § 14 Abs. 2 TzBfG abzuschließen, wenn das **Arbeitsverhältnis des Arbeitnehmers zum Betriebsveräußerer im Zeitpunkt des Betriebsübergangs bereits beendet** war. Der Betriebserwerber ist nicht derselbe Arbeitgeber wie der Betriebsveräußerer[450]. War das Arbeitsverhältnis bereits beendet, als der Betrieb auf den Betriebserwerber überging, hat zu diesem zuvor kein Arbeitsverhältnis bestanden.
Anders verhält es sich, wenn das **Arbeitsverhältnis erst nach dem Betriebsübergang geendet** hat. In diesem Fall kann später ein sachgrundlos befristeter Arbeitsvertrag weder mit dem Betriebsveräußerer noch mit dem Betriebserwerber abgeschlossen werden, weil mit beiden zuvor ein Arbeitsverhältnis bestanden hat[451].

295 Die Beschäftigung als **Leiharbeitnehmer** hindert den späteren Abschluss eines befristeten Arbeitsvertrags ohne Sachgrund nach § 14 Abs. 2 TzBfG mit dem Inhaber des Entleiherbetriebs grundsätzlich nicht. Denn Arbeitgeber des früheren Arbeitsverhältnisses war nicht der Entleiher, sondern der Verleiher[452]. Auch wenn der Arbeitnehmer zunächst sachgrundlos befristet bei einem Arbeitgeber in dessen Betrieb beschäftigt war, ist der Arbeitgeber durch das Anschlussverbot in § 14 Abs. 2 Satz 2 TzBfG grundsätzlich nicht gehindert, den Arbeitnehmer nach Ablauf der Vertragsdauer weiterhin als Leiharbeitnehmer in seinem Betrieb einzusetzen (BAG, Urteil v. 18.10.2006, 7 AZR 145/06; BAG, Urteil v. 9.3.2010, 7 AZR 657/09).

296 Allerdings kann die **Ausnutzung der** durch das Gesetz eröffneten **Gestaltungsmöglichkeiten** zur sachgrundlosen Befristung von Arbeitsverträgen **bei Vorliegen besonderer**

---

[448] BAG, Urteil v. 9.2.2011, 7 AZR 32/10; BAG, Urteil v. 18.7.2012, 7 AZR 451/11, NZA 2012, S. 1369.

[449] AP TzBfG § 14 Nr. 14.

[450] BAG, Urteil v. 10.12.2004, 7 AZR 101/04 zum Betriebsübergang im Zusammenhang mit einer Verschmelzung nach § 324 UmwG i. V. m. § 613a BGB.

[451] APS/*Backhaus*, 4. Aufl. 2012, § 14 TzBfG, Rz. 398; HaKo/*Mestwerdt*, 5. Aufl. 2015, § 14 TzBfG, Rz. 202; Sievers, TzBfG, 5. Aufl. 2015, § 14 TzBfG, Rz. 538.

[452] BAG, Urteil v. 9.2.2011, 7 AZR 32/10.

Umstände gegen **§ 242 BGB** verstoßen und deshalb **rechtsmissbräuchlich** sein (BAG, Urteil v. 18.10.2006, 7 AZR 145/06[453]).

Dies ist etwa dann der Fall, wenn mehrere rechtlich und tatsächlich verbundene Vertragsarbeitgeber (z. B. Betriebsinhaber und Verleiher) in bewusstem und gewolltem Zusammenwirken aufeinander folgende sachgrundlos befristete Arbeitsverträge mit einem Arbeitnehmer ausschließlich deshalb abschließen, um auf diese Weise über die nach § 14 Abs. 2 TzBfG vorgesehenen Befristungsmöglichkeiten hinaus sachgrundlose Befristungen aneinander reihen zu können (BAG, Urteil v. 9.2.2011, 7 AZR 32/10; BAG, Urteil v. 9.3.2011, 7 AZR 657/09; BAG, Urteil v. 15.5.2013, 7 AZR 525/11; BAG, Urteil v. 4.12.2013, 7 AZR 290/12; BAG, Urteil v. 24.6.2015, 7 AZR 452/13).

Eine rechtsmissbräuchliche Gestaltung kann auch dann vorliegen, wenn die Beschäftigungsdauer insgesamt nicht mehr als 4 Jahre beträgt. Die frühere gegenteilige Rechtsprechung (BAG, Urteil v. 18.10.2006, 7 AZR 145/06) wurde vom BAG aufgegeben (BAG, Urteil v. 15.5.2013, 7 AZR 525/11).

Der **Rechtsmissbrauch** kann lediglich **dem letzten Vertragsarbeitgeber** entgegengehalten werden (BAG, Urteil v. 15.5.2013, 7 AZR 525/11; BAG, Urteil v. 22.1.2014, 7 AZR 243/12; BAG, Urteil v. 23.9.3014, 9 AZR 1025/12).

Darlegungs- und beweispflichtig für eine rechtsmissbräuchliche Vertragsgestaltung ist derjenige, der sich darauf beruft, bei einer Befristung also regelmäßig der Arbeitnehmer. Dabei gelten die Grundsätze einer **abgestuften Darlegungs- und Beweislast**. Es genügt, dass der Arbeitnehmer zunächst, soweit er die für die Befristung maßgeblichen Überlegungen des Arbeitgebers nicht kennt, einen Sachverhalt vorträgt, der die Rechtsmissbräuchlichkeit indiziert.

Derartige Indizien sind – neben den Umständen, aus denen sich die rechtliche und tatsächliche Verbundenheit der Vertragsarbeitgeber ergibt – insbesondere

- der nahtlose Anschluss des mit dem neuen Arbeitgeber geschlossenen befristeten Arbeitsvertrags an den befristeten Vertrag mit dem vorherigen Arbeitgeber,
- eine ununterbrochene Beschäftigung auf demselben Arbeitsplatz oder in demselben Arbeitsbereich zu auch im Übrigen im wesentlichen gleichen Arbeitsbedingungen,
- die Ausübung des Weisungsrechts durch den bisherigen Vertragsarbeitgeber oder die durchgängig gemeinsame Ausübung des Weisungsrechts,
- die „Vermittlung“ des Arbeitnehmers durch den vormaligen Arbeitgeber an den letzten Arbeitgeber und ein erkennbar systematisches Zusammenwirken von bisherigem und neuem Arbeitgeber (BAG, Urteil v. 4.12.2013, 7 AZR 290/12; BAG, Urteil v. 19.3.2014, 7 AZR 527/12; BAG, Urteil v. 24.6.2015, 7 AZR 452/13).

Der Arbeitgeber muss sich dann im Einzelnen auf diesen Vortrag einlassen. Er kann einzelne Tatsachen konkret bestreiten oder Umstände vortragen, die den Sachverhalt in einem für ihn günstigeren Licht erscheinen lassen.

---

[453] BAG, Urteil v. 9.2.2011, 7 AZR 32/10; BAG, Urteil v. 9.3.2011, 7 AZR 657/09; vgl. zur Vorgängerregelung in § 1 BSchFG 1996: BAG, Urteil v. 25.4.2001, 7 AZR376/00, AP BeschFG 1996 § 1 Nr. 10.

Trägt der Arbeitgeber nichts vor oder lässt er sich nicht substantiiert ein, gilt der schlüssige Sachvortrag des Arbeitnehmers als zugestanden (BAG, Urteil v. 4.12.2013, 7 AZR 290/12; BAG, Urteil v. 19.3.2014, 7 AZR 527/12, BAG, Urteil v. 24.6.2015, 7 AZR 452/13).

297 Eine sachgrundlose Befristung ist nach § 14 Abs. 2 Satz 2 TzBfG nicht zulässig, wenn der Arbeitnehmer im Betrieb des Arbeitgebers zuvor als Leiharbeitnehmer beschäftigt war und zwischen den Parteien bereits in dieser Zeit kraft Gesetzes nach § 10 Abs. 1 Satz 1 AÜG ein Arbeitsverhältnis entstanden ist, weil der Arbeitsvertrag mit dem Verleiher mangels der erforderlichen Erlaubnis des Verleihers zur Arbeitnehmerüberlassung nach § 9 Abs. 1 AÜG unwirksam war. In diesem Fall hat bereits vor dem Abschluss des befristeten Arbeitsvertrags ein Arbeitsverhältnis mit dem Entleiher und damit mit demselben Arbeitgeber i. S. v. § 14 Abs. 2 Satz 2 TzBfG bestanden (BAG, Urteil v. 18.7.2012, 7 AZR 451/11, NZA 2012, S. 1369).

4.2.7 Abweichungen durch Tarifvertrag (Abs. 2 Satz 3)

298 Nach § 14 Abs. 2 Satz 3 TzBfG kann durch Tarifvertrag die Anzahl der Vertragsverlängerungen oder die Höchstbefristungsdauer abweichend von Satz 1 festgelegt werden. Das Wort „oder“ in der Vorschrift ist als „**und/oder**“ zu verstehen[454]. Das entspricht der Gesetzesbegründung, wonach tarifvertraglich eine andere (höhere oder niedrigere) Anzahl von zulässigen Verlängerungen sowie eine andere (kürzere oder längere) Höchstbefristungsdauer festgelegt werden kann[455]. Die **Tarifvertragsparteien können insoweit Abweichungen sowohl zugunsten als auch zulasten des Arbeitnehmers vereinbaren**. Die Vorschrift gestattet **aber keine Abweichung von** § 14 Abs. 2 Satz 2 TzBfG[456].
Obwohl die Vorschrift keine ausdrücklichen zeitlichen oder quantitativen Grenzen für die mögliche Gesamtdauer des befristeten Arbeitsverhältnisses und die Anzahl der Vertragsverlängerungen nennt, sind der durch § 14 Abs. 2 Satz 3 TzBfG eingeräumten **Regelungsbefugnis der Tarifvertragsparteien** durch den Zweck des TzBfG sowie durch verfassungs- und unionsrechtliche Vorgaben **Grenzen gesetzt**. Durch eine solche tarifliche Regelung darf das in § 14 Abs. 1 TzBfG zum Ausdruck gebrachte gesetzgeberische Konzept, befristete Arbeitsverträge grundsätzlich nur mit Sachgrund zuzulassen, nicht konterkariert werden. § 14 Abs. 2 Satz 3 TzBfG ermöglicht auch nicht die Schaffung sachgrundloser Befristungsmöglichkeiten, die nicht mehr der mit dem TzBfG verfolgten Verwirklichung der aus Art. 12 Abs. 1 GG sich ergebenden staatlichen Schutzpflicht entsprechen oder die dem nach der Befristungsrichtlinie zu verwirklichenden Ziel der Verhinderung von Missbrauch durch aufeinander folgende befristete Arbeitsverträge erkennbar zuwiderlaufen (BAG, Urteil v. 15.8.2012, 7 AZR 184/11; BAG, Urteil v. 5.12.2012, 7 AZR 698/11; BAG, Urteil v. 18.3.2015, 7 AZR 272/13). Dies ist von den Tarifvertrags-

---

[454] BAG, Urteil v. 15.8.2012, 7 AZR 184/11; BAG, Urteil v. 5.12.2012, 7 AZR 698/11; BAG, Urteil v. 18.3.2015, 7 AZR 272/13.

[455] BT-Drucks. 14/4374, S. 20.

[456] APS/*Backhaus*, 4. Aufl. 2012, § 14 TzBfG, Rz. 403.

parteien bei ihrer Normsetzung zu beachten. Regelungen, die diesen Gestaltungsspielraum überschreiten, können eine sachgrundlose Befristung nicht rechtfertigen. Wo die Grenzen der den Tarifvertragsparteien durch § 14 Abs. 2 Satz 3 TzBfG eingeräumten Regelungsbefugnis liegen, hat das BAG bislang offengelassen.

Beispiel

Es hat die Festlegung der zulässigen Höchstbefristungsdauer auf 42 Monate und die höchstens viermalige Verlängerungsmöglichkeit eines sachgrundlos befristeten Arbeitsvertrags als zulässig erachtet (BAG, Urteil v. 15.8.2012, 7 AZR 184/11; BAG, Urteil v. 5.12.2012, 7 AZR 698/11), ebenso die Festlegung der zulässigen Höchstbefristungsdauer auf 48 Monate bei einer sechsmaligen Verlängerungsmöglichkeit bis zu dieser Gesamtdauer (BAG, Urteil v. 18.3.2015, 7 AZR 272/13).

Abweichungen von der Höchstbefristungsdauer und der Anzahl zulässiger Vertragsverlängerungen zu Ungunsten der Arbeitnehmer sind nur durch Tarifvertrag zulässig. Auf dem sog. „Dritten Weg" zustande gekommene **Arbeitsrechtsregelungen der Kirchen sind keine Tarifverträge** i. S. v. § 14 Abs. 2 Satz 3 TzBfG. Durch sie kann daher keine von § 14 Abs. 2 Satz 1 TzBfG abweichende Regelung zu Ungunsten der Arbeitnehmer getroffen werden (BAG, Urteil v. 25.3.2009, 7 AZR 710/07). Die unterschiedliche Behandlung von Tarifverträgen und Arbeitsrechtsregelungen der Kirchen verletzt die Kirchen nach Auffassung des BAG weder in ihrem durch Art. 140 GG i. V. m. Art. 137 Abs. 3 WRV garantierten Selbstverwaltungs- und Selbstbestimmungsrecht, noch verstößt die Ungleichbehandlung gegen Art. 3 Abs. 1 GG. 299

Tarifliche Regelungen, die zugunsten der Arbeitnehmer strengere Anforderungen an die Wirksamkeit von Befristungen stellen als das Gesetz, z. B. stets einen Sachgrund für die Befristung fordern, waren bereits nach der bis zum 31.12.2000 geltenden Rechtslage zulässig[457]. Das ist auch nach Inkrafttreten des Teilzeit- und Befristungsgesetzes der Fall[458]. Deshalb dürfte eine tarifliche Regelung, die für die sachgrundlose Befristung eine Mindestdauer festlegt, z. B. von 6 Monaten, wie in § 33 Abs. 3 Satz 1 TV-BA vorgesehen, zulässig sein. Dies hat das BAG bislang allerdings noch nicht entschieden. Es hat lediglich angenommen, es spreche viel dafür, dass die Regelung nach § 22 Abs. 1 TzBfG zulässig sei (BAG, Urteil v. 19.3.2014, 7 AZR 828/12). Zu § 33 Abs. 3 Satz 1 TV-BA hat das BAG entschieden, dass die dort geregelte Mindestdauer von 6 Monaten nur die erste 300

---

[457] BAG, Urteil v. 25.9.1997, 7 AZR 315/86, AP BeschFG1985 § 1 Nr. 1; BAG, Urteil v. 15.3.1989, 7 AZR 449/88, AP BeschFG 1985 § 1 Nr. 7; BAG, Urteil v. 28.2.1990, 7 AZR 143/89, AP BeschFG 1985 § 1 Nr. 14; BAG, Urteil v. 27.9.2000, 7 AZR 390/99, AP BAT § 2 SR 2y Nr. 20.

[458] APS/*Backhaus*, 4. Aufl. 2012, § 14 TzBfG, Rz. 406; Kittner/Däubler/Zwanziger, KSchR, 9. Aufl. 2014, § 22 TzBfG, Rz. 5; Dörner, Der befristete Arbeitsvertrag, 2. Aufl. 2011, Rz. 490; KR/*Lipke*, 11. Aufl. 2016, § 14 TzBfG, Rz. 606; Meinel/Heyn/Herms/*Meinel*, TzBfG, 5. Aufl. 2015, § 14 TzBfG, Rz. 292.

Befristung betrifft, nicht hingegen die Verlängerung des befristeten Arbeitsvertrags (BAG, Urteil v. 4.12.2013, 7 AZR 468/12; BAG, Urteil v. 22.1.2014, 7 AZR 243/12: BAG, Urteil v. 19.3.2014, 7 AZR 828/12).

301 Wollen die Tarifvertragsparteien **sachgrundlose Befristungen** nach § 14 Abs. 2 TzBfG **ausschließen**, müssen sie dies im Tarifvertrag **eindeutig und unmissverständlich** zum Ausdruck bringen. Dazu genügt es nicht, dass der Tarifvertrag nur bestimmte Befristungsgründe ausdrücklich regelt, z. B. die Befristung zur Probe und zur Aushilfe. Daraus allein ergibt sich nicht, dass die tarifliche Regelung abschließend sein soll und Befristungen aus anderen Gründen unzulässig sind (BAG, Urteil v. 10.6.1988, 2 AZR 7/88)[459].

4.2.8 Vertragliche Vereinbarung der tariflichen Regelung (Abs. 2 Satz 4)

302 Nach § 14 Abs. 2 Satz 4 TzBfG können nicht tarifgebundene Arbeitgeber und Arbeitnehmer die Anwendung der tariflichen Regelungen vereinbaren. Voraussetzung dafür ist, dass die Vereinbarung im **Geltungsbereich des Tarifvertrags** getroffen wird. Das ist der Fall, **wenn der Tarifvertrag unmittelbar und zwingend** auf das Arbeitsverhältnis **anzuwenden wäre**, wenn die Arbeitsvertragsparteien Mitglieder der Tarifvertragsparteien wären (vgl. BAG, Urteil v. 18.3.2015, 7 AZR 272/13[460]).

Umstritten ist, ob die Arbeitsvertragsparteien den gesamten Tarifvertrag oder zumindest die gesamten Befristungsregelungen übernehmen müssen oder ob es genügt, wenn sie nur die Regelungen über die Anzahl der Verlängerungen und die Höchstbefristungsdauer vereinbaren. Da § 14 Abs. 2 Satz 4 TzBfG auf § 14 Abs. 2 Satz 3 TzBfG Bezug nimmt, dürften mit den „tariflichen Regelungen" in Satz 4 die abweichenden Regelungen über die Anzahl der Vertragsverlängerungen und die Höchstbefristungsdauer gemeint sein, so dass es ausreicht, wenn diese vertraglich vereinbart werden[461].

Die Anwendung des Tarifvertrags kann sich aus der dynamischen Bezugnahme auf die einschlägigen Tarifverträge in einem Formulararbeitsvertrag ergeben. Eine solche Bezugnahmeklausel ist für sich genommen weder überraschend i. S. v. § 305c Abs. 1 BGB noch verstößt sie gegen das Transparenzgebot des § 307 Abs. 1 Satz 2 BGB (BAG, Urteil v. 18.3.2015, 7 AZR 272/13).

---

[459] AP BeschFG 1985 § 1 Nr. 5.

[460] APS/*Backhaus*, 4. Aufl. 2012, § 14 TzBfG, Rz. 409; Meinel/Heyn/Herms/*Meinel*, TzBfG, 5. Aufl. 2015, § 14 TzBfG, Rz. 294; Rolfs, TzBfG, 1. Aufl. 2002, § 14 TzBfG, Rz. 93; Sievers, TzBfG, 5. Aufl. 2015, § 14 TzBfG, Rz. 560.

[461] Dörner, Der befristete Arbeitsvertrag, 2. Aufl. 2011, Rz. 489; KR/*Lipke*, 11. Aufl. 2016, § 14 TzBfG, Rz. 610 f.; Meinel/Heyn/Herms/*Meinel*, TzBfG, 5. Aufl. 2015, § 14 TzBfG, Rz. 294, Sievers, TzBfG, 5. Aufl. 2015, § 14 TzBfG, Rz. 561; a. A. APS/*Backhaus*, 4. Aufl. 2012, § 14 TzBfG, Rz. 410; Boewer, TzBfG, 1. Aufl. 2002, § 14 TzBfG, Rz. 264; MünchArbR/*Wank*, Bd. 2, 3. Aufl. 2009, § 116, Rz. 205.

Die **Vereinbarung** nach § 14 Abs. 2 Satz 4 TzBfG bedarf **nicht** der **Schriftform**[462]. Es ist allerdings zu empfehlen, die Vereinbarung zur Vermeidung von Beweisschwierigkeiten schriftlich zu treffen. 303

4.2.9 Darlegungs- und Beweislast

Die Darlegungs- und Beweislast für die Wirksamkeit der Befristung trägt grundsätzlich derjenige, der sich darauf beruft. Das ist i. d. R. der **Arbeitgeber**. Er hat darzulegen, dass die Voraussetzungen des § 14 Abs. 2 Satz 1 TzBfG erfüllt sind[463]. Für das Vorliegen des **Ausnahmetatbestands** des § 14 Abs. 2 Satz 2 TzBfG ist hingegen der **Arbeitnehmer** darlegungs- und beweispflichtig[464]. Zur Darlegungs- und Beweislast für eine rechtsmissbräuchliche Ausnutzung der Befristungsmöglichkeit nach § 14 Abs. 2 TzBfG vgl. Rz. 296. 304

4.2.10 Befristungen nach § 14 Abs. 2 TBfG mit Betriebsratsmitgliedern

§ 14 Abs. 2 TzBfG gilt auch für **Mitglieder des Betriebsrats**. Deren nach § 14 Abs. 2 TzBfG sachgrundlos befristete Arbeitsverhältnisse enden ebenso wie diejenigen anderer Arbeitnehmer mit Ablauf der vereinbarten Vertragslaufzeit. 305

Unionsrechtliche Vorgaben gebieten insoweit keine einschränkende Auslegung der Vorschrift (BAG, Urteil v. 5.12.2012, 7 AZR 698/11) Die unionsrechtlichen Vorgaben von Art. 7 und Art. 8 der Richtlinie 2002/14 des Europäischen Parlaments und des Rates vom 11. März 2002 zur Festlegung eines allgemeinen Rahmens für die Unterrichtung und Anhörung der Arbeitnehmer in der Europäischen Gemeinschaft stehen – auch unter Berücksichtigung von Art. 27, 28 und 30 der Charta der Grundrechte der Europäischen Union (GRC) – der Anwendung von § 14 Abs. 2 TzBfG auf befristete Arbeitsverträge von Mitgliedern oder (herangezogenen) Ersatzmitgliedern des Betriebsrats nicht entgegen. Zwar wäre ein Betriebsratsmitglied nicht ausreichend geschützt i. S. v. Art. 7 der Richtlinie 2002/14, wenn die Beendigung seines Arbeitsvertrags mit seinem Mandat oder seiner Amtstätigkeit begründet werden könnte. Das ist aber nach deutschem Recht nicht der Fall.

Das Betriebsratsmitglied ist durch das **Benachteiligungsverbot** in § 78 Satz 2 BetrVG – ggf. i. V. m. § 280 Abs. 2 und/oder § 823 Abs. 2 BGB – ausreichend geschützt. Die Nichtübernahme eines befristet beschäftigten Betriebsratsmitglieds in ein unbefristetes

---

[462] APS/*Backhaus*, 4. Aufl. 2012, § 14 TzBfG, Rz. 411; Boewer, TzBfG, 1. Aufl. 2002, § 14 TzBfG, Rz. 264; Dörner, Der befristete Arbeitsvertrag, 2. Aufl. 2011, Rz. 490a; KR/*Lipke*, 11. Aufl. 2016, § 14 TzBfG, Rz. 612; Sievers, TzBfG, 5. Aufl. 2015, § 14 TzBfG, Rz. 562.

[463] APS/*Backhaus*, 4. Aufl. 2012, § 14 TzBfG, Rz. 413; Dörner, Der befristete Arbeitsvertrag, 2. Aufl. 2011, Rz. 845.

[464] Dörner, Der befristete Arbeitsvertrag, 2. Aufl. 2011, Rz. 846; HaKo/*Mestwerdt*, 5. Aufl. 2015, § 14 TzBfG, Rz. 209; ErfK/*Müller-Glöge*, 16. Aufl. 2016, § 17 TzBfG, Rz. 14; vgl. zum Anschlussverbot in § 1 Abs. 3 BeschFG 1996: BAG, Urteil v. 28.6.2000, 7 AZR 920/98, AP BeschFG 1996 § 1 Nr. 2; a. A. Boewer, TzBfG, 1. Aufl. 2002, § 14 TzBfG, Rz. 258; Rolfs, TzBfG, 1. Aufl. 2002, § 14 TzBfG, Rz. 124; kritisch APS/*Backhaus*, 4. Aufl. 2012, § 14 TzBfG, Rz. 415.

oder in ein weiteres befristetes Arbeitsverhältnis kann eine **unzulässige Benachteiligung** sein, wenn sie wegen der Ausübung des Betriebsratsamts erfolgt (BAG, Urteil v. 5.12.2012, 7 AZR 698/11). Eine während der Amtszeit des Betriebsratsmitglieds vereinbarte sachgrundlose Befristung – d.h. eine Verlängerungsvereinbarung – kann unwirksam sein, wenn dem Betriebsratsmitglied nur **wegen seiner Betriebsratstätigkeit** lediglich ein befristetes statt eines unbefristeten Arbeitsverhältnisses angeboten wird. Hierin kann eine nach § 78 Satz 2 BetrVG unzulässige Benachteiligung des Betriebsratsmitglieds liegen (BAG, Urteil v. 5.12.2012, 7 AZR 698/11; BAG, Urteil v. 25.6.2014, 7 AZR 847/12). Benachteiligt der Arbeitgeber das Betriebsratsmitglied dadurch, dass er ihm wegen seiner Betriebsratstätigkeit keinen Folgevertrag anbietet, hat das Betriebsratsmitglied im Wege des **Schadensersatzes** nach § 78 Satz 2 BetrVG i. V. m. § 280 Abs. 1, § 823 Abs. 2, § 249 Abs. 1 BGB Anspruch auf Abschluss eines Folgevertrags (BAG, Urteil v. 25.6.2014, 7 AZR 847/12).
Die **Darlegungs-und Beweislast** für eine unzulässige Benachteiligung trägt der Arbeitnehmer. Es gelten die Grundsätze einer **abgestuften** Darlegungs- und Beweislast. Da es sich bei der Frage, ob der Abschluss des Folgevertrags wegen der Betriebsratstätigkeit abgelehnt wird, um eine in der Sphäre des Arbeitgebers liegende sog. „innere Tatsache“ handelt, darf der Arbeitnehmer im Prozess um den Abschluss eines Folgevertrags zunächst behaupten, der Vertragsschluss sei wegen der Betriebsratstätigkeit verweigert worden. Hierzu muss sich der Arbeitgeber wahrheitsgemäß erklären. Bestreitet er die Behauptung des Arbeitnehmers nicht, gilt sie nach § 138 Abs. 3 ZPO als zugestanden. Ansonsten kann der Arbeitnehmer Hilfstatsachen (Indizien) vortragen, die den Schluss darauf rechtfertigen, dass der Vertragsschluss wegen der Betriebsratstätigkeit unterblieben ist. So kann das Betriebsratsmitglied z. B. vortragen, dass der Arbeitgeber allen anderen vergleichbaren Arbeitnehmern Folgeverträge angeboten hat oder es kann Äußerungen des Arbeitgebers darlegen, aus denen sich die Benachteiligung wegen der Betriebsratstätigkeit ergibt. Auch hierzu muss sich der Arbeitgeber im Einzelnen erklären (BAG, Urteil v. 25.6.2014, 7 AZR 847/12).

4.2.11 Vereinbarkeit der Vorschrift mit Unionsrecht

306 § 14 Abs. 2 TzBfG ist mit der Richtlinie 1999/70/EG des Rates zu der EGB – UNICE – CEEP – Rahmenvereinbarung über befristete Arbeitsverträge vom 28.6.1999 vereinbar[465]. Die Vorschrift entspricht § 5 Nr.1 Buchst. b und Buchst. c der Rahmenvereinbarung, da sie die maximal zulässige Dauer aufeinanderfolgender befristeter Arbeitsverträge und die zulässige Zahl von Vertragsverlängerungen festlegt. Die Umsetzung der Rahmenvereinbarung darf zwar nach § 8 Nr. 3 der Rahmenvereinbarung nicht als Rechtfertigung für die Senkung des allgemeinen Niveaus des Arbeitnehmerschutzes dienen. Durch § 14 Abs. 2 TzBfG wurde das Niveau des Arbeitnehmerschutzes aber nicht abgesenkt[466]. § 14 Abs. 2 Satz 1 TzBfG begegnet weder verfassungs- noch unionsrechtlichen Bedenken, auch nicht im Hinblick auf Art. 30 GRC (BAG, Urteil v. 22.1.2014, 7 AZR

[465] A. A. Kittner/Däubler/Zwanziger, KSchR, 9. Aufl. 2014, § 14 TzBfG, Rz. 152.
[466] BAG, Urteil v. 22.1.2014, 7 AZR 243/12; BAG, Urteil v. 19.3.2014, 7 AZR 828/12.

243/12; BAG, Urteil v. 19.3.2014, 7 AZR 828/12). Unionsrechtliche Vorgaben gebieten auch keine einschränkende Auslegung von § 14 Abs. 2 TzBfG bei sachgrundlos befristeten Arbeitsverträgen von Betriebsratsmitgliedern[467].

4.3 Befristung bei neu gegründeten Unternehmen (Abs. 2a)

4.3.1 Allgemeine Grundsätze

Durch die am 1.1.2004 in Kraft getretene Vorschrift des § 14 Abs. 2a TzBfG ist die Möglichkeit der sachgrundlosen Befristung gegenüber § 14 Abs. 2 TzBfG in neu gegründeten Unternehmen erweitert worden. In derartigen Unternehmen ist **in den ersten 4 Jahren nach Aufnahme der Erwerbstätigkeit** die kalendermäßige Befristung von Arbeitsverträgen **bis zur Dauer von insgesamt 4 Jahren** zulässig. Bis zu dieser Gesamtdauer kann ein sachgrundlos befristeter Arbeitsvertrag **mehrfach verlängert** werden. 307

Die Vorschrift soll dazu beitragen, Beschäftigungshemmnisse abzubauen[468]. Da der Personalbedarf und die voraussichtliche wirtschaftliche Entwicklung in der Aufbauphase neu gegründeter Unternehmen schwer abschätzbar ist, soll Existenzgründern die Einstellung von Arbeitnehmern erleichtert werden[469]. Sachgrundlose Befristungen nach § 14 Abs. 2a TzBfG sind nach dem eindeutigen Wortlaut der Vorschrift, ebenso wie Befristungen nach § 14 Abs. 2 TzBfG, **nur** in Form von **kalendermäßigen Befristungen** zulässig. Die Regelung ist **nicht** auf **Zweckbefristungen** und **auflösende Bedingungen** anzuwenden[470]. 308

4.3.2 Neu gegründete Unternehmen; 4-Jahresfrist

Die erleichterte Befristungsmöglichkeit nach § 14 Abs. 2a TzBfG gilt nur für neu gegründete Unternehmen in den ersten 4 Jahren nach der Gründung. 309

Der **Zeitpunkt** der Gründung des Unternehmens ist nach § 14 Abs. 2a Satz 3 TzBfG die **Aufnahme einer Erwerbstätigkeit**, die nach § 138 AO der Gemeinde oder dem Finanzamt anzuzeigen ist. Für die Berechnung der 4-Jahresfrist kommt es daher nicht auf den Zeitpunkt der Anzeige an, sondern auf den Zeitpunkt der Aufnahme der Erwerbstätigkeit[471]. Eine Anzeige, die erst längere Zeit nach Aufnahme der Erwerbstätigkeit erfolgt ist, verlängert den 4-Jahreszeitraum daher nicht. 310

> **Hinweis**
>
> Da der Tag der tatsächlichen Aufnahme der Erwerbstätigkeit im Nachhinein u. U. nur schwer ermittelbar oder nachweisbar sein könnte und den Arbeitgeber in einem möglichen Rechtsstreit über die Wirksamkeit der Befristung die Darlegungs- und

---

467 Siehe hierzu Rz. 305.

468 BT-Drucks. 15/1204, S. 1.

469 BT-Drucks. 15/1204, S. 10.

470 APS/*Backhaus*, 4. Aufl. 2012, § 14 TzBfG, Rz. 415j; KR/*Lipke*, 11. Aufl. 2016, § 14 TzBfG, Rz. 616.

471 BT-Drucks. 15/1204, S. 14.

Beweislast für die Einhaltung der 4-Jahresfrist trifft, empfiehlt es sich, den Tag der Aufnahme der Erwerbstätigkeit dokumentarisch festzuhalten und entsprechende Beweismittel zu sichern[472].

311 Die Befristung nach § 14 Abs. 2a Satz 1 TzBfG setzt die **Neugründung** eines Unternehmens voraus. Dazu genügt die Gründung eines weiteren Betriebs innerhalb eines bestehenden Unternehmens ebenso wenig wie die Verlegung eines Betriebs[473].

312 Da die Befristung nach § 14 Abs. 2a Satz 1 TzBfG in den ersten 4 Jahren nach der Neugründung eines Unternehmens zulässig ist, dürfte es möglich sein, auch noch am Ende dieser 4 Jahre einen sachgrundlos befristeten Arbeitsvertrag bis zur Dauer von 4 Jahren zu schließen. § 14 Abs. 2a TzBfG dürfte daher die Beschäftigung von Arbeitnehmern mit sachgrundlos befristeten Arbeitsverträgen **bis zum 8. Jahr nach der Unternehmensgründung ermöglichen**[474].

Hinweis

Erfolgt der Vertragsschluss am Ende des 4-Jahreszeitraums nach der Unternehmensgründung, ist allerdings zu beachten, dass der Tag der Arbeitsaufnahme noch innerhalb der Frist von 4 Jahren nach der Unternehmensgründung liegt. Es reicht nicht aus, dass der Arbeitsvertrag innerhalb dieser Frist abgeschlossen wird, als Arbeitsbeginn aber ein späterer Zeitpunkt vereinbart wird.

313 Die erleichterte Befristungsmöglichkeit nach § 14 Abs. 2a Satz 1 TzBfG gilt nach § 14 Abs. 2a Satz 2 TzBfG nicht für Neugründungen im Zusammenhang mit der **rechtlichen Umstrukturierung** von Unternehmen und Konzernen. Dadurch sollen missbräuchliche Gestaltungen verhindert werden[475]. Von der Privilegierung des § 14 Abs. 2a TzBfG sollen nur Unternehmen profitieren, die sich neu am Markt betätigen und dadurch ein nicht oder nur schwer kalkulierbares wirtschaftliches Risiko eingehen. Das ist nicht der Fall, wenn bereits vorhandene unternehmerische Tätigkeiten nach einer rechtlichen Umstrukturierung auf Unternehmensebene weiterbetrieben werden. Nach der Rechtsprechung des

---

[472] APS/*Backhaus*, 4. Aufl. 2012, § 14 TzBfG, Rz. 415i; Dörner, Der befristete Arbeitsvertrag, 2. Aufl. 2011, Rz. 498; KR/*Lipke*, 11. Aufl. 2016, § 14 TzBfG, Rz. 632.

[473] APS/*Backhaus*, 4. Aufl. 2012, § 14 TzBfG, Rz. 415e; Dörner, Der befristete Arbeitsvertrag, 2. Aufl. 2011, Rz. 495.

[474] APS/*Backhaus*, 4. Aufl. 2012, § 14 TzBfG, Rz. 415k; Dörner, Der befristete Arbeitsvertrag, 2. Aufl. 2011, Rz. 497; HaKo/*Mestwerdt*, 5. Aufl. 2015, § 14 TzBfG, Rz. 218; HWK/*Schmalenberg*, 6. Aufl. 2014, § 14 TzBfG, Rz. 119; a. A. *Bader*, NZA 2004, S. 76; Kittner/Däubler/Zwanziger, KSchR, 9. Aufl. 2014, § 14 TzBfG, Rz. 174h; KR/*Lipke*, 11. Aufl. 2016, § 14 TzBfG, Rz. 634, nach deren Auffassung die Laufzeit eines nach § 14 Abs. 2a Satz 1 TzBfG befristeten Arbeitsvertrags mit Ablauf von 4 Jahren nach der Unternehmensgründung enden muss.

[475] BT-Drucks. 15/1204, S. 10.

BAG zu der insoweit gleichlautenden Vorschrift in **§ 112a Abs. 2 Satz 2 BetrVG** (Sozialplanprivileg für neu gegründete Unternehmen) unterfallen der Bestimmung

- die Verschmelzung bestehender Unternehmen auf ein neu gegründetes Unternehmen,
- die Umwandlung eines bestehenden Unternehmens auf ein neu gegründetes Unternehmen,
- die Auflösung eines bestehenden Unternehmens und die Übertragung seines Vermögens auf ein neu gegründetes Unternehmen,
- die Aufspaltung eines bestehenden Unternehmens auf mehrere neu gegründete Unternehmen und die Abspaltung von bestehenden Unternehmensteilen auf neu gegründete Tochtergesellschaften[476].

Auch die **Übertragung einzelner Betriebe** durch 2 Unternehmen auf ein von ihnen neu gegründetes Unternehmen ist eine Neugründung im Zusammenhang mit der rechtlichen Umstrukturierung von Unternehmen (BAG, Urteil v. 22.2.1995, 10 ABR 23/94)[477]. 314

Bei diesen Fallgestaltungen sind in den aus der Umstrukturierung hervorgegangenen Unternehmen Befristungen nach § 14 Abs. 2a TzBfG nicht zulässig[478]. 315

Gleiches dürfte nach Sinn und Zweck der Regelung in § 14 Abs. 2a TzBfG gelten, wenn ein neu gegründetes Unternehmen **gleichzeitig einen Betrieb** eines anderen Unternehmens **übernimmt**. Denn das wirtschaftliche Risiko ist anhand der bisherigen Entwicklung des Betriebs kalkulierbar[479]. Anders verhält es sich, wenn ein neu gegründetes Unternehmen erst zu einem späteren Zeitpunkt einen Betrieb oder Betriebsteil von einem anderen Unternehmen übernimmt. In diesem Fall kann der Übernehmer weiterhin Befristungen nach § 14 Abs. 2a Satz 1 TzBfG vereinbaren[480]. 316

4.3.3 Vertragslaufzeit

§ 14 Abs. 2a Satz 1 TzBfG lässt sachgrundlose Befristungen bis zur Dauer von **4 Jahren** zu. Für die maximal zulässige Befristungsdauer kommt es nicht auf den Zeitpunkt des Abschlusses des Arbeitsvertrags an, sondern auf den **Zeitpunkt der vereinbarten Arbeitsaufnahme**[481]. 317

---

[476] BAG, Beschluss v. 22.2.1995, 10 ABR 21/94, AP BetrVG 1972 § 112a Nr. 7; BAG, Beschluss v. 22.2.1995, 10 ABR 23/94, AP BetrVG 1972 § 112a Nr. 8.

[477] AP BetrVG 1972 § 112a Nr. 8.

[478] APS/*Backhaus*, 4. Aufl. 2012, § 14 TzBfG, Rz. 415f; Dörner, Der befristete Arbeitsvertrag, 2. Aufl. 2011, Rz. 495; KR/*Lipke*, 11. Aufl. 2016, § 14 TzBfG, Rz. 624.

[479] APS/*Backhaus*, 4. Aufl. 2012, § 14 TzBfG, Rz. 415h; Kittner/Däubler/Zwanziger, KSchR, 9. Aufl. 2014, § 14 TzBfG, Rz. 174e; KR/*Lipke*, 11. Aufl. 2016, § 14 TzBfG, Rz. 626; a. A. HaKo/*Mestwerdt*, 5. Aufl. 2015, § 14 TzBfG, Rz. 223.

[480] Dörner, Der befristete Arbeitsvertrag, 2. Aufl. 2011, Rz. 496; differenzierend KR/*Lipke*, 11. Aufl. 2016, § 14 TzBfG, Rz. 627, der erwägt, den übernommenen Betrieb oder Betriebsteil von der Privilegierung des § 14 Abs. 2a Satz 1 TzBfG auszuklammern; ebenso wohl Laux/Schlachter/*Schlachter*TzBfG, 2. Aufl. 2011, § 14 TzBfG, Rz. 133.

[481] BT-Drucks. 15/1204, S. 14; APS/*Backhaus*, 4. Aufl. 2012, § 14 TzBfG, Rz. 415j; Kittner/Däubler/Zwanziger, KSchR, 9. Aufl. 2014, § 14 TzBfG, Rz. 174d; KR/*Lipke*, 11. Aufl. 2016, § 14 TzBfG, Rz. 630.

4.3.4 Verlängerungen

318 Wird die nach § 14 Abs. 2a Satz 1 TzBfG **zulässige Befristungsdauer** von 4 Jahren durch den ersten befristeten Arbeitsvertrag **nicht ausgeschöpft, kann** der Vertrag **mehrfach verlängert werden**. Die Vorschrift enthält im Gegensatz zu § 14 Abs. 2 Satz 1 TzBfG keine Begrenzung auf eine bestimmte Anzahl von Vertragsverlängerungen. Für das Tatbestandsmerkmal der Verlängerung in § 14 Abs. 2a Satz 1 TzBfG gelten die gleichen Voraussetzungen wie für die Verlängerung nach § 14 Abs. 2 Satz 1 TzBfG[482].

4.3.5 Verweisung auf § 14 Abs. 2 Satz 2 bis Satz 4 TzBfG

319 Wegen der durch § 14 Abs. 2a Satz 4 TzBfG angeordneten Verweisung auf § 14 Abs. 2 Satz 2 TzBfG sind sachgrundlose Befristungen nach § 14 Abs. 2a TzBfG nicht zulässig, wenn der Arbeitnehmer bereits zuvor bei dem neu gegründeten Unternehmen in einem Arbeitsverhältnis beschäftigt war.

Beispiel

Bestand z. B. zwischen dem Arbeitnehmer und dem neu gegründeten Unternehmen unmittelbar nach Aufnahme der Erwerbstätigkeit durch das Unternehmen ein befristetes Arbeitsverhältnis für die Dauer von 3 Monaten, das wegen wirtschaftlicher Schwierigkeiten des Unternehmens nicht verlängert wurde, besteht nicht die Möglichkeit, nach einer Besserung der wirtschaftlichen Lage 1 Jahr später erneut ein sachgrundlos befristetes Arbeitsverhältnis nach § 14 Abs. 2a TzBfG zu begründen[483].

320 Die Verweisung in § 14 Abs. 2a Satz 4 TzBfG auf § 14 Abs. 2 Satz 3 TzBfG ermöglicht es den **Tarifvertragsparteien**, von der nach § 14 Abs. 2a Satz 1 TzBfG zulässigen Höchstbefristungsdauer von 4 Jahren nach oben oder unten **abzuweichen** oder eine **maximal zulässige Anzahl von Verlängerungsmöglichkeiten festzulegen**[484]. Zwar ist § 14 Abs. 2a TzBfG in § 22 Abs. 1 TzBfG nicht erwähnt. Dabei dürfte es sich jedoch um ein Redaktionsversehen des Gesetzgebers handeln[485].

321 **Nicht tarifgebundene** Arbeitgeber und Arbeitnehmer können im Geltungsbereich eines solchen Tarifvertrags die Anwendung der abweichenden tariflichen Regelungen vereinbaren (§ 14 Abs. 2a Satz 4 TzBfG i. V. m. § 14 Abs. 2 Satz 4 TzBfG)[486].

---

482 S. Rz. 271.

483 Zum Vorbeschäftigungsverbot in § 14 Abs. 2 Satz 2 TzBfG, siehe Rz. 282 ff.

484 BT-Drucks. 15/1204, S. 14; APS/*Backhaus*, 4. Aufl. 2012, § 14 TzBfG, Rz. 415; Dörner, Der befristete Arbeitsvertrag, 2. Aufl. 2011, Rz. 502; KR/*Lipke*, 11. Aufl. 2016, § 14 TzBfG, Rz. 642.

485 APS/*Backhaus*, 4. Aufl. 2012, § 14 TzBfG, Rz. 415n; KR/*Lipke*, 11. Aufl. 2016, § 14 TzBfG, Rz. 642.

486 Hinsichtlich der Einzelheiten zu § 14 Abs. 2 Satz 3 und Satz 4 TzBfG wird auf die Rz. 298 ff. verwiesen.

4.3.6 Darlegungs- und Beweislast

Für die Voraussetzungen des § 14 Abs. 2a Satz 1 und Satz 3 TzBfG trägt der **Arbeitgeber** die Darlegungs- und Beweislast. Dazu gehören die **Tatsachen zur Neugründung** des Unternehmens, zur Einhaltung der **4-Jahresfrist** nach der Neugründung – insoweit sind insbesondere Angaben zur Aufnahme der Erwerbstätigkeit erforderlich –, zur Einhaltung der maximalen Befristungsdauer von 4 Jahren und ggf. zur ordnungsgemäßen Vertragsverlängerung[487]. 322

Wendet der Arbeitnehmer ein, bei dem Unternehmen handle es sich nicht um eine privilegierte Neugründung, sondern um eine Gründung im Zusammenhang mit der rechtlichen Umstrukturierung von Unternehmen und Konzernen, hat der Arbeitgeber auch die Tatsachen darzulegen und zu beweisen, die ergeben, dass der Ausnahmetatbestand des § 14 Abs. 2a Satz 2 TzBfG nicht vorliegt[488]. 323

Für die Verletzung des **Anschlussverbots** in § 14 Abs. 2a Satz 4 TzBfG i. V. m. § 14 Abs. 2 Satz 2 TzBfG trägt hingegen der **Arbeitnehmer** die Darlegungs- und Beweislast[489]. 324

4.3.7 Vereinbarkeit der Vorschrift mit Unionsrecht

§ 14 Abs. 2a TzBfG begegnet keinen unionsrechtlichen Bedenken. Die Vorschrift ist insbesondere mit der Richtlinie 1999/70/EG des Rates zu der EGB-UNICE-CEEP-Rahmenvereinbarung über befristete Arbeitsverträge vom 28.6.1999 vereinbar. Denn die Bestimmung legt die maximal zulässige Höchstdauer der Befristung fest und entspricht daher den Vorgaben in § 5 der Rahmenvereinbarung[490]. 325

4.4 Befristungen mit älteren Arbeitnehmern (Abs. 3)

4.4.1 Geschichtliche Entwicklung

§ 14 Abs. 3 TzBfG wurde durch das Gesetz zur Verbesserung der Beschäftigungschancen älterer Menschen vom 19.4.2007[491] mit Wirkung vom 1.5.2007 neu gefasst. Bis dahin hatte die Vorschrift folgenden Wortlaut: 326

Die Befristung eines Arbeitsvertrags bedarf keines sachlichen Grundes, wenn der Arbeitnehmer bei Beginn des befristeten Arbeitsverhältnisses das 58. Lebensjahr vollendet hat. Die Befristung ist nicht zulässig, wenn zu einem vorhergehenden unbefristeten Arbeitsvertrag mit demselben Arbeitgeber ein enger sachlicher Zusammenhang besteht. Ein solcher enger sachlicher Zusammenhang ist insbesondere anzunehmen, wenn zwischen den

---

[487] APS/*Backhaus*, 4. Aufl. 2012, § 14 TzBfG, Rz. 415p; KR/*Lipke*, 11. Aufl. 2016, § 14 TzBfG, Rz. 646.

[488] APS/*Backhaus*, 4. Aufl. 2012, § 14 TzBfG, Rz. 415p.

[489] A. A. APS/*Backhaus*, 4. Aufl. 2012, § 14 TzBfG, Rz. 415q.

[490] APS/*Backhaus*, 4. Aufl. 2012, § 14 TzBfG, Rz. 415d; Dörner, Der befristete Arbeitsvertrag, 2. Aufl. 2011, Rz. 493; KR/*Lipke*, 11. Aufl. 2016, § 14 TzBfG, Rz. 617.

[491] BGBl. I S. 538.

Arbeitsverträgen ein Zeitraum von weniger als sechs Monaten liegt. Bis zum 31. Dezember 2006 ist Satz 1 mit der Maßgabe anzuwenden, dass an die Stelle des 58. Lebensjahres das 52. Lebensjahr tritt.

Satz 4 war in der ursprünglichen Fassung von § 14 Abs. 3 TzBfG nicht enthalten. Er wurde erst durch das Gesetz für moderne Dienstleistungen am Arbeitsmarkt vom 23.12.2002 mit Wirkung vom 1.1.2003 angefügt.

327 Die in **§ 14 Abs. 3 TzBfG a. F.** getroffene Regelung war im arbeitsrechtlichen Schrifttum bereits seit ihrem Inkrafttreten **umstritten**. Nach wohl überwiegender Auffassung war die Vorschrift mit § 5 Nr. 1 der der Richtlinie 1999/70/EG des Rats vom 28.6.1999 zu Grunde liegenden EGB-UNICE-CEEP- Rahmenvereinbarung über befristete Arbeitsverträge nicht vereinbar[492]. Danach haben die Mitgliedstaaten zur Vermeidung von Missbrauch durch aufeinanderfolgende befristete Arbeitsverträge entweder sachliche Gründe zu bestimmen, die die Verlängerung befristeter Arbeitsverträge rechtfertigen (Buchst. a) oder Festlegungen über die maximal zulässige Dauer aufeinanderfolgender Arbeitsverträge (Buchst. b) oder die zulässige Zahl der Verlängerungen solcher Verträge (Buchst. c) zu treffen. § 14 Abs. 3 TzBfG a. F. erfüllte keine dieser Voraussetzungen, da mit den von der Vorschrift erfassten älteren Arbeitnehmern beliebig viele befristete Arbeitsverträge von beliebiger Dauer ohne Sachgrund abgeschlossen werden konnten.

328 Der **EuGH** hat zur sachgrundlosen Befristung ab dem 52. Lebensjahr nach § 14 Abs. 3 TzBfG a.F. entschieden, dass das durch **die Richtlinie 2000/78/EG** des Rats zur Festlegung eines allgemeinen Rahmens für die Verwirklichung der Gleichbehandlung in Beschäftigung und Beruf vom 27.11.2000 konkretisierte primärrechtliche Verbot der Diskriminierung wegen des Alters der Regelung in § 14 Abs. 3 Satz 4 a. F. TzBfG entgegenstand, da durch diese Vorschrift die betroffenen **älteren Arbeitnehmer** wegen ihres Alters **diskriminiert** wurden.

Die Mitgliedstaaten können zwar nach Art. 6 Abs. 1 der Richtlinie 2000/78/EG vorsehen, dass Ungleichbehandlungen wegen des Alters keine Diskriminierung darstellen, sofern sie objektiv und angemessen sind und im Rahmen des nationalen Rechts durch ein legitimes Ziel, wozu insbesondere rechtmäßige Ziele aus den Bereichen Beschäftigungspolitik, Arbeitsmarkt und berufliche Bildung gehören, gerechtfertigt sind und die Mittel zur Erreichung dieses Ziels angemessen und erforderlich sind. Damit ist das vom deutschen Gesetzgeber mit der Regelung in § 14 Abs. 3 TzBfG angestrebte Ziel, die Beschäftigungsmöglichkeiten für ältere Arbeitnehmer zu verbessern, grundsätzlich geeignet, eine Ungleichbehandlung wegen des Alters zu rechtfertigen.

Der EuGH hat aber die in § 14 Abs. 3 Satz 4 TzBfG a. F. getroffene Regelung zur Erreichung dieses Ziels nicht für angemessen und erforderlich gehalten, weil mit allen Arbeitnehmern, die das 52. Lebensjahr vollendet hatten, unterschiedslos bis zu dem Alter, ab dem sie Rentenansprüche geltend machen können, unbegrenzt sachgrundlos befristete, häufig verlängerbare Arbeitsverträge abgeschlossen werden konnten unabhängig davon,

[492] Vgl. etwa *Däubler*, ZIP 2001, S. 217, 224 a. A. etwa; *Bauer*, NZA 2003, S. 30, 31.

ob und wie lange sie vor Abschluss des Arbeitsvertrags arbeitslos waren (EuGH, Urteil v. 22.11.2005, C-144/04 [Mangold][493]).

Nach Auffassung des EuGH hatten die **nationalen Gerichte** die Regelung in **§ 14 Abs. 3 Satz 4 TzBfG a. F. unangewendet zu lassen**. 329

Das bedeutet, dass Befristungen, die auf der Grundlage dieser Vorschrift vereinbart wurden, nicht auf § 14 Abs. 3 TzBfG a. F. gestützt werden konnten, sondern allenfalls – bei Vorliegen der Voraussetzungen – auf § 14 Abs. 1, Abs. 2 oder Abs. 2 a TzBfG. Eine ausschließlich auf § 14 Abs. 3 Satz 4 TzBfG a. F. gestützte **Befristung** war deshalb **unwirksam**. 330

Dies gilt auch für Befristungen, die vor der am 22.11.2005 ergangenen Entscheidung des EuGH vereinbart wurden. Der Arbeitgeber konnte sich in einem solchen Fall nicht darauf berufen, auf die Gültigkeit der Vorschrift vertraut zu haben (BAG, Urteil v. 26.4.2006, 7 AZR 500/04[494]). Die gegen die Entscheidung des BAG am 26.4.2006 eingelegte Verfassungsbeschwerde wurde vom BVerfG zurückgewiesen (BVerfG, Urteil v. 6.7.2010, 2 BvR 2661/06).

Ob diese Grundsätze auch für § 14 Abs. 3 Satz 1 TzBfG in der bis zum 30.4.2007 geltenden Fassung, also für Befristungen von Arbeitsverträgen mit Arbeitnehmern ab Vollendung des 58. Lebensjahres gelten (so ArbG Berlin, Urteil v. 30.3.2006, 81 Ca 1543/06[495]), wurde vom BAG nicht entschieden. Das BAG hatte hierzu ein Vorabentscheidungsersuchen an den EuGH gerichtet (BAG, Beschluss v. 16.10.2008, 7 AZR 253/07 (A)). Dieses hat jedoch insoweit keine Klarheit gebracht (EuGH, Urteil v. 10.3.2011, C-109/09[496]). Das BAG hat diese Rechtsfrage in dem dem Vorlagebeschluss zugrunde liegenden Rechtsstreit letztlich offengelassen und entschieden, dass eine Befristung nicht auf § 14 Abs. 3 Satz 1 TzBfG a. F. gestützt werden konnte, wenn dem letzten befristeten Vertrag mehrere befristete Verträge vorangegangen waren, die sich nahtlos an ein beendetes unbefristetes Arbeitsverhältnis angeschlossen hatten (BAG, Urteil v. 19.10.2011, 7 AZR 253/07). 331

Nach Auffassung des Gesetzgebers sollte die Möglichkeit, mit Arbeitnehmern ab dem 52. Lebensjahr sachgrundlos befristete Arbeitsverträge abzuschließen, auch nach der Entscheidung des EuGH vom 22.11.2005 (EuGH, Urteil v. 22.11.2005, C 144/04[497]) wegen der schwierigen Beschäftigungssituation Älterer bestehen bleiben[498]. Durch **die zum 1.5.2007 erfolgte Neufassung von § 14 Abs. 3 TzBfG** sollte die erleichterte Befristung von Arbeitsverträgen mit Arbeitnehmern ab Vollendung des 52. Lebensjahres auf Dauer und im Einklang mit Unionsrecht gestaltet werden[499]. 332

---

493 AP Richtlinie 2000/78/EG Nr. 1.

494 AP TzBfG § 14 Nr. 23.

495 LAGE TzBfG § 14 Nr. 27.

496 EzA TzBfG § 14 Nr. 69 [Deutsche Lufthansa].

497 AP Richtlinie 2000/78/EG Nr. 1 – [Mangold].

498 BT-Drucks.16/4371, S. 1.

499 BT-Drucks. 16/4371, S. 2.

Dem dienen die 5-jährige Höchstbefristungsdauer sowie das Erfordernis der mindestens 4-monatigen Beschäftigungslosigkeit oder des Bezugs von Transferkurzarbeitergeld oder der Teilnahme an öffentlich geförderten Beschäftigungsmaßnahmen in diesem Zeitraum. Mit der Höchstbefristungsdauer soll den Vorgaben in § 5 Nr. 1 der der Richtlinie 1999/70/EG zugrunde liegenden EGB-UNICE-CEEP-Rahmenvereinbarung Rechnung getragen werden. Mit der Anknüpfung an die persönliche Beschäftigungssituation des Arbeitnehmers vor Beginn des befristeten Arbeitsvertrags soll eine unzulässige Diskriminierung wegen des Alters, die die Vorgängerregelung nach Auffassung des Europäischen Gerichtshofs bewirkte, verhindert werden.

4.4.2 Voraussetzungen

333 Die am 1.5.2007 in Kraft getretene Neuregelung des **§ 14 Abs. 3 TzBfG** gilt für Arbeitsverträge, die **ab dem 1.5.2007** abgeschlossen werden. Die Befristung eines Arbeitsvertrags nach § 14 Abs. 3 TzBfG ist abhängig davon, dass der Arbeitnehmer bei Beginn des befristeten Arbeitsverhältnisses das 52. Lebensjahr vollendet hat und

- dass er davor **mindestens 4 Monate** lang **beschäftigungslos** i. S. v. § 138 Abs. 1 Nr. 1 SGB III war oder
- in diesem Zeitraum **Transferkurzarbeitergeld** bezogen oder
- in diesem Zeitraum an einer **öffentlich geförderten Beschäftigungsmaßnahme** nach dem SGB II oder dem SGB III teilgenommen hat.

334 Bei Vorliegen der Voraussetzungen ist die **Befristung des Arbeitsvertrags ohne Sachgrund bis zur Dauer von 5 Jahren zulässig**. Bis zu dieser Gesamtdauer kann der Arbeitsvertrag nach § 14 Abs. 3 Satz 2 TzBfG mehrfach verlängert werden.

4.4.2.1 Kein Anschlussverbot

335 Das Gesetz enthält kein Anschlussverbot. Abs. 3 verweist im Gegensatz zu Abs. 2a nicht auf die Anwendung des Vorbeschäftigungsverbots in Abs. 2 Satz 2[500].

4.4.2.2 Lebensalter

336 Die Befristung eines Arbeitsvertrags nach § 14 Abs. 3 TzBfG ist nur zulässig, wenn der Arbeitnehmer bei Beginn des befristeten Arbeitsverhältnisses das **52. Lebensjahr vollendet** hat. Maßgeblich ist das Lebensalter **bei** dem vereinbarten **Vertragsbeginn**, nicht bei Vertragsschluss. Der Arbeitsvertrag kann bereits vor Vollendung des 52. Lebensjahres des Arbeitnehmers abgeschlossen werden. Das 52. Lebensjahr ist mit dem Ablauf des Tags vor dem 52. Geburtstag vollendet, da nach § 187 Abs. 2 Satz 2 BGB bei der Berechnung des Lebensalters der Tag der Geburt mitgerechnet wird. Der erste Arbeitstag darf daher der 52. Geburtstag des Arbeitnehmers sein[501].

---

[500] S. zur mehrfachen Anwendung von § 14 Abs. 3 TzBfG zwischen denselben Arbeitsvertragsparteien Rz. 353 u. 354.

[501] ErfK/*Müller-Glöge*, 16. Aufl., 2016 § 14 TzBfG Rz. 111.

4.4.2.3 Beschäftigungssituation des Arbeitnehmers vor Vertragsbeginn

Die Befristung nach § 14 Abs. 3 TzBfG setzt voraus, dass der Arbeitnehmer unmittelbar vor Beginn des befristeten Arbeitsverhältnisses mindestens 4 Monate lang **beschäftigungslos i. S. v. § 138 Abs. 1 Nr. 1 SGB III** war oder **Transferkurzarbeitergeld** bezogen oder an einer **öffentlich geförderten Beschäftigungsmaßnahme** nach dem SGB II oder dem SGB III teilgenommen hat. 337

4.4.2.3.1 Beschäftigungslosigkeit

Der Begriff der **Beschäftigungslosigkeit ist nicht gleichzusetzen mit** demjenigen der **Arbeitslosigkeit**. Die Beschäftigungslosigkeit ist nur eines von mehreren in § 138 SGB III bestimmten Tatbestandsmerkmalen der Arbeitslosigkeit. Durch das Abstellen auf die Beschäftigungslosigkeit statt auf die Arbeitslosigkeit in § 14 Abs. 3 TzBfG soll einem **größeren Personenkreis** arbeitsuchender älterer Menschen eine Chance auf eine Beschäftigung gegeben werden, da diese Personengruppe nach längerer Beschäftigungslosigkeit generell großen Problemen auf dem Arbeitsmarkt gegenübersteht. 338
Deshalb werden nach der Gesetzesbegründung auch Zeiten einer Beschäftigungslosigkeit berücksichtigt, in denen Ältere aus persönlichen Gründen gehindert waren, einer Erwerbstätigkeit nachzugehen (z. B. wegen der **Pflege** kranker Angehöriger, Teilnahme an einer **Rehabilitationsmaßnahme**, vorübergehender **Erwerbsunfähigkeit** oder der Verbüßung einer **Freiheitsstrafe**) oder in denen sie – nach Vollendung des 58. Lebensjahres – dem Arbeitsmarkt nicht mehr uneingeschränkt zur Verfügung stehen mussten[502]. Zur Beschäftigungslosigkeit gehören nach der Gesetzesbegründung auch Zeiten, in denen Ältere an **Maßnahmen der aktiven Arbeitsförderung**, z. B. an Maßnahmen der Eignungsfeststellung und Trainingsmaßnahmen zur Verbesserung der Eingliederungsaussichten nach § 48 SGB III oder der beruflichen Weiterbildung nach § 77 SGB III, teilgenommen haben und deshalb nicht arbeitslos waren[503].

Nach **§ 138 Abs. 1 Nr. 1 SGB III** ist **beschäftigungslos**, wer nicht in einem Beschäftigungsverhältnis steht. Der sozialrechtliche Begriff des Beschäftigungsverhältnisses unterscheidet sich von demjenigen des Arbeitsverhältnisses. „**Beschäftigung**“ **i. S. d. § 7 SGB IV** kann jede Art des Einsatzes der körperlichen oder geistigen Kräfte im Erwerbsleben zur Herbeiführung einer Dienstleistung oder eines Arbeitserfolgs sein, die der Befriedigung eines Bedürfnisses dient und im Wirtschaftsleben als Arbeit qualifiziert wird, wenn sie „nichtselbstständig“, d. h. in persönlicher Abhängigkeit, verrichtet wird[504]. Eine selbständige Tätigkeit ist daher ebenso wenig eine Beschäftigung i. S. v. § 7 SGB IV wie eine ehrenamtliche Tätigkeit[505]. Im Bereich des Leistungsrechts, dem § 138 SGB III zuzuordnen ist, schließt das Bestehen eines Arbeitsverhältnisses die Unterbrechung oder Beendigung eines Beschäftigungsverhältnisses nicht aus (BSG, Urteil v. 28.9.1993, 11 339

---

[502] BT-Drucks. 16/3793, S. 7.

[503] BT-Drucks. 16/3793, S. 7.

[504] Brand/*Brand*, SGB III, 7. Aufl. 2016, § 138, Rz. 10.

[505] Vgl. hierzu Brand/*Brand* SGB III, 7. Aufl. 2015, § 138, Rz. 12 und Rz. 13.

RAr 69/92[506]; BSG, Urteil v. 25.4.2002, B 11 AL 65/01 R[507]). Das Beschäftigungsverhältnis wird beendet oder unterbrochen, wenn Arbeitsleistung und Arbeitsentgelt tatsächlich nicht mehr erbracht werden (BSG, Urteil v. 28.9.1993, 11 RAr 69/92, a. a. O.). Die Beschäftigungslosigkeit i. S. v. § 138 Abs. 1 Nr. 1 SGB III ist unabhängig vom Bestehen eines Arbeitsverhältnisses im Sinne des Arbeitsrechts durch die tatsächliche Nichtbeschäftigung gekennzeichnet (BSG, Urteil v. 25.4.2002, B 11 AL 65/01 R[508]).

340 **Beschäftigungslosigkeit** gemäß § 138 Abs. 1 Nr. 1 SGB III ist daher nicht nur gegeben, wenn das **Arbeitsverhältnis rechtlich und tatsächlich beendet** ist und eine neue Beschäftigung noch nicht wieder aufgenommen wurde, sondern auch dann, wenn das Arbeitsverhältnis rechtlich fortbesteht, der Arbeitnehmer aber **tatsächlich nicht mehr beschäftigt** wird. Das kann z. B. der Fall sein, wenn der Arbeitnehmer nach Ablauf der Kündigungsfrist während des Kündigungsschutzprozesses nicht weiterbeschäftigt wird, auch wenn die Kündigung später für unwirksam erklärt wird[509]. Verzichtet der Arbeitgeber auf seine Verfügungsbefugnis und gibt er sein Direktionsrecht auf, tritt Beschäftigungslosigkeit ein (BSG, Urteil v. 24.7.1986, 7 RAr 4/85[510]). Das kann z. B. bei längerer Arbeitsunfähigkeit des Arbeitnehmers und fehlender Beschäftigungsmöglichkeit der Fall sein (vgl. hierzu BSG, Urteil v. 28.9.1993, 11 RAr 69/92[511]). Auch wenn der Arbeitgeber den Arbeitnehmer unter Fortzahlung der Vergütung während der Dauer der Kündigungsfrist oder nach einem Aufhebungsvertrag bis zum vereinbarten Vertragsende **unwiderruflich** von der Verpflichtung zur Arbeitsleistung **freistellt**, ist der Arbeitnehmer beschäftigungslos im leistungsrechtlichen Sinne (BSG, Urteil v. 25.4.2002, B 11 AL 65/01 R[512]). Im Fall der nur widerruflichen Freistellung ist das Beschäftigungsverhältnis hingegen nicht beendet[513]. Es ist allerdings fraglich, ob diese Fälle der Freistellung als Beschäftigungslosigkeit i. S. v. § 14 Abs. 3 TzBfG angesehen werden können[514].

341 Nach § 138 Abs. 3 SGB III schließt die Ausübung einer Beschäftigung, einer selbstständigen Tätigkeit oder Tätigkeit als mithelfender Familienangehöriger die Beschäftigungslosigkeit nicht aus, wenn die **Arbeits- oder Tätigkeitszeit weniger als 15 Stunden wöchentlich** umfasst. Dies gilt jedoch nicht für die nach § 14 Abs. 3 TzBfG erforderliche Beschäftigungslosigkeit. § 14 Abs. 3 TzBfG verweist nur auf § 138 Abs. 1 Nr. 1 SGB

---

506 AP AFG § 100 Nr. 2.

507 AP SGB III § 128 Nr. 1.

508 AP SGB III § 128 Nr.1.

509 Vgl. Brand/*Brand*, SGB III, 7. Aufl. 2015, § 138, Rz, 16. *Koch*, Juris Praxisreport 2007, Sonderausgabe zum Teilzeit- und Befristungsgesetz, S. 4 m. w. N.

510 BSGE 60, 168.

511 AP AFG § 100 Nr. 2; *Koch*, Juris Praxisreport 2007, Sonderausgabe zum Teilzeit- und Befristungsgesetz, S. 4.

512 AP SGB III § 128 Nr. 1.

513 Vgl. *Koch*, Juris Praxisreport 2007, Sonderausgabe zum Teilzeit- und Befristungsgesetz, S. 4 m. w. N.; *Schiefer*, DB 2007, S. 1085.

514 Vgl. hierzu APS/*Backhaus*, 4. Aufl. 2012, § 14 TzBfG, Rz. 430; Laux/Schlachter/*Schlachter*, TzBfG, 2. Aufl. 2011, § 14 TzBfG, Rz. 153; Sievers, TzBfG, 5. Aufl. 2015, § 14 TzBfG, Rz. 592

III. **§ 138 Abs. 3 SGB III findet** daher **keine Anwendung**[515]. Die Voraussetzungen für eine Befristung nach § 14 Abs. 3 TzBfG liegen deshalb nicht vor, wenn der Arbeitnehmer innerhalb der letzten 4 Monate vor dem Beginn des befristeten Arbeitsverhältnisses Tätigkeiten der in § 138 Abs. 3 SGB III genannten Art ausgeübt hat[516].

4.4.2.3.2 Bezug von Transferkurzarbeitergeld

Die Befristung eines Arbeitsvertrags mit einem älteren Arbeitnehmer nach § 14 Abs. 3 TzBfG ist auch zulässig, wenn der Arbeitnehmer unmittelbar vor Beginn des befristeten Arbeitsverhältnisses **mindestens 4 Monate lang Transferkurzarbeitergeld** bezogen hat. Transferkurzarbeitergeld wird nach § 111 (früher: § 216b SGB III) zur Vermeidung von Entlassungen und zur Verbesserung der Vermittlungsaussichten der von betrieblichen Restrukturierungsmaßnahmen betroffenen Arbeitnehmer gezahlt. Das Arbeitsverhältnis besteht zwar während des Bezugs von Transferkurzarbeitergeld weiter. Für die Bezieher von Transferkurzarbeitergeld sind aber die bisherigen Beschäftigungsmöglichkeiten infolge einer Betriebsänderung i. S. v. § 111 BetrVG und des damit verbundenen Verlustes ihres Arbeitsplatzes dauerhaft weggefallen. Die Arbeitnehmer wirken nicht mehr aktiv am Arbeitsprozess mit. Sie sind stattdessen verpflichtet, an **Qualifizierungs- und Fortbildungsmaßnahmen** teilzunehmen und die **Aufnahme einer Anschlussbeschäftigung anzustreben**[517]. Das Transferkurzarbeitergeld soll den direkten Übergang in eine neue Beschäftigung („job to job") ermöglichen. Da dieses Ziel bei älteren Beschäftigten anders als bei jüngeren Arbeitnehmern nur selten erreicht werden kann, ist es nach Auffassung des Gesetzgebers arbeitsmarktpolitisch erforderlich, ihnen die zusätzliche Chance einer befristeten Beschäftigung nach § 14 Abs. 3 TzBfG zu eröffnen[518]. 342

4.4.2.3.3 Öffentlich geförderte Beschäftigungsmaßnahme nach dem SGB II oder III

Nach § 14 Abs. 3 TzBfG ist die Befristung des Arbeitsvertrags auch zulässig, wenn der ältere Arbeitnehmer vor Beginn des befristeten Arbeitsverhältnisses mindestens 4 Monate lang an einer **öffentlich geförderten Beschäftigungsmaßnahme** nach dem SGB II oder III teilgenommen hat. Durch diese Maßnahmen, die gegenüber jeder anderen arbeitsmarktpolitischen Förderung nachrangig sind, sollen die individuellen Eingliederungschancen des Einzelnen verbessert werden. Diesem Personenkreis sollen die gleichen Wiedereingliederungsmöglichkeiten zur Verfügung stehen wie Beschäftigungslosen. Auch sie sollen die Möglichkeit haben, über ein befristetes Arbeitsverhältnis eine Beschäftigung auf dem allgemeinen Arbeitsmarkt aufzunehmen[519]. 343

---

515 BT-Drucks. 16/3793, S. 9.

516 Sievers, TzBfG, 5. Aufl. 2016, § 14 TzBfG, Rz. 589; *Schiefer*, DB 2007, S. 1085.

517 BT-Drucks. 16/3793, S. 9.

518 BT-Drucks. 16/3793, S. 7/8.

519 BT-Drucks. 16/3793, S. 8.

344 In § 14 Abs. 3 TzBfG sind die öffentlich geförderten Beschäftigungsmaßnahmen, in deren unmittelbarem Anschluss mit einem älteren Arbeitnehmer ein sachgrundlos befristeter Arbeitsvertrag zulässig ist, nicht im Einzelnen genannt. Die Gesetzesbegründung erwähnt Arbeitsbeschaffungsmaßnahmen und Arbeitsgelegenheiten[520]. Das SGB II und das SGB III sehen neben **Arbeitsbeschaffungsmaßnahmen** und **Arbeitsgelegenheiten** eine Reihe von **öffentlichen Leistungen** vor, durch die Beschäftigung gefördert wird.

345 Ob es sich bei allen diesen Fällen um öffentlich geförderte Beschäftigungsmaßnahmen i. S. v. § 14 Abs. 3 TzBfG handelt, ist von der Rechtsprechung zu klären.

4.4.2.3.4 4-Monatszeitraum

346 Die Befristung nach § 14 Abs. 3 TzBfG setzt voraus, dass die Beschäftigungslosigkeit, der Bezug von Transferkurzarbeitergeld oder die Teilnahme an einer öffentlich geförderten Beschäftigungsmaßnahme während eines Zeitraums von **mindestens 4 Monaten unmittelbar vor Beginn des befristeten Arbeitsverhältnisses** bestand. Maßgeblich für die Fristberechnung ist der Beginn des befristeten Arbeitsverhältnisses. Der letzte Tag der 4-Monatsfrist muss am Tag vor dem Vertragsbeginn abgelaufen sein. Auf den Zeitpunkt des Abschlusses des befristeten Arbeitsvertrags kommt es nicht an. Der Arbeitsvertrag kann daher bereits vor Fristablauf während der Dauer der Beschäftigungslosigkeit, des Bezugs von Transferkurzarbeitergeld oder der Teilnahme an einer öffentlich geförderten Beschäftigungsmaßnahme abgeschlossen werden[521].

347 Die mindestens 4-monatige Dauer der Beschäftigungslosigkeit, des Bezugs von Transferkurzarbeitergeld oder der Teilnahme an einer öffentlich geförderten Beschäftigungsmaßnahme muss **unmittelbar vor dem Beginn des befristeten Arbeitsverhältnisses** liegen[522]. Das befristete Arbeitsverhältnis muss sich also nahtlos an die vorgenannte Zeit anschließen[523].

348 Fraglich ist, ob die mindestens 4-monatige Dauer der Beschäftigungslosigkeit, des Bezugs von Transferkurzarbeitergeld oder der Teilnahme an einer öffentlich geförderten Beschäftigungsmaßnahme vor Beginn des befristeten Arbeitsverhältnisses ununterbrochen bestanden haben muss. Nach der Gesetzesbegründung sollen **kurzzeitige Unterbrechungen** für die Berechnung der 4-monatigen Beschäftigungslosigkeit unschädlich sein, z. B. wenn der Arbeitnehmer vor Aufnahme der befristeten Beschäftigung kurzzeitig als Aushilfe oder Vertretung gearbeitet hat und die Dauer der kurzzeitigen Beschäftigungen insgesamt **4 Wochen** nicht überschreitet[524]. Dadurch soll eine Benachteiligung derjenigen Arbeitsuchenden vermieden werden, die alle Möglichkeiten nutzen, ihre Be-

---

520 BT-Drucks. 16/3793, S. 8.

521 Vgl. Sievers, TzBfG, 5. Aufl. 2016, § 14 TzBfG, Rz. 597; ErfK/*Müller-Glöge*, 16. Aufl. 2016, § 14 TzBfG, Rz. 111f.

522 BT-Drucks. 16/3793, S. 8 und S. 10.

523 Sievers, TzBfG, 5. Aufl. 2016, § 14 TzBfG, Rz. 598.

524 BT-Drucks. 16/3793, S. 8 und S. 10.

schäftigungslosigkeit zu beenden und deshalb auch kurzzeitige Arbeitseinsätze wahrnehmen[525]. Es erscheint allerdings zweifelhaft, ob dieser gesetzgeberische Wille im Gesetz Ausdruck gefunden hat und bei der Auslegung und Anwendung der Vorschrift berücksichtigt werden kann[526]. Dies gilt insbesondere für die in der Gesetzesbegründung genannte Gesamtdauer der für zulässig erachteten Unterbrechungen der Beschäftigungslosigkeit von bis zu 4 Wochen. Diese Frage wird die Rechtsprechung zu klären haben.

Die Befristung nach § 14 Abs. 3 TzBfG setzt nicht voraus, dass der Arbeitnehmer während des gesamten 4-Monatszeitraums entweder ausschließlich beschäftigungslos war oder ausschließlich Transferkurzarbeitergeld bezogen oder ausschließlich an einer öffentlich geförderten Beschäftigungsmaßnahme teilgenommen hat. Es genügt, wenn während des 4-Monatszeitraums **ununterbrochen einer oder mehrere dieser Tatbestände vorlagen**, z. B. der Arbeitnehmer 3 Monate lang in einer Arbeitsbeschaffungsmaßnahme beschäftigt und danach mindestens 1 Monat lang i. S. v. § 138 Abs. 1 Nr. 1 SGB III beschäftigungslos war[527]. 349

4.4.2.4 Vertragslaufzeit

§ 14 Abs. 3 TzBfG erlaubt die kalendermäßige Befristung bis zur Dauer von 5 Jahren. 350
Die Vorschrift lässt nach ihrem eindeutigen Wortlaut nur die **kalendermäßige Befristung** von Arbeitsverträgen zu. Nach § 14 Abs. 3 TzBfG können daher keine Zweckbefristungen und wegen der fehlenden Verweisung auf § 14 Abs. 3 TzBfG in § 21 TzBfG auch keine auflösenden Bedingungen vereinbart werden. Die Vertragsdauer darf insgesamt einen Zeitraum von 5 Jahren nicht überschreiten. Für die **Berechnung der 5-Jahresfrist** sind der vereinbarte **Beginn** und das vereinbarte **Ende des befristeten Arbeitsverhältnisses** maßgebend. Auf den Zeitpunkt des Vertragsschlusses kommt es nicht an.

4.4.2.5 Verlängerungen

Nach § 14 Abs. 3 Satz 2 TzBfG ist **bis zur Gesamtdauer von 5 Jahren** auch die mehr- 351
fache Verlängerung des Arbeitsvertrags zulässig. § 14 Abs. 3 Satz 2 TzBfG enthält – anders als § 14 Abs. 2 Satz 1 TzBfG – keine Begrenzung der Anzahl der zulässigen Vertragsverlängerungen. Ob dies eine völlig unbegrenzte Zahl von Verlängerungen gestattet, hat das BAG bislang nicht entschieden, sondern ausdrücklich offengelassen (BAG, Urteil v. 28.5.2014, 7 AZR 360/12). Dies könnte im Hinblick darauf zweifelhaft sein, dass das TzBfG der Umsetzung der Richtlinie 1999/70/EG und der in ihrem Anhang befindlichen

---

525 BT-Drucks. 16/3793, S. 8.

526 Verneinend Sievers, TzBfG, 5. Aufl. 2015, § 14 TzBfG, Rz. 600; ErfK/*Müller-Glöge*, 16. Aufl. 2016, § 14 TzBfG, Rz. 111f; Meinel/Heyn/Herms/*Meinel*, TzBfG, 5. Aufl. 2015, § 14 TzBfG, Rz. 218; HK-TzBfG/*Boecken*, 3. Aufl. 20112 § 14 TzBfG, Rz. 148; grundsätzlich bejahend-*Koch*, Juris Praxisreport 2007, Sonderausgabe zum Teilzeit- und Befristungsrecht, S. 5; zweifelnd *Schiefer*, DB 2007, S. 1084; Laux/Schlachter/*Schlachter*, TzBfG, 2. Aufl. 2011, § 14 TzBfG, Rz. 156.

527 Vgl. Meinel/Heyn/Herms/*Meinel*, TzBfG, 5. Aufl. 2015, § 14 TzBfG, Rz. 317; *Koch*, Juris Praxisreport 2007, Sonderausgabe zum Teilzeit- und Befristungsgesetz S. 6/7.

EGB-UNICE-CEEP-Rahmenvereinbarung über befristete Arbeitsverträge dient und diese den Zweck verfolgt, Missbrauch durch aufeinander folgende befristete Arbeitsverträge zu verhindern (§ 5 Nr. 1 der Rahmenvereinbarung).

352 Der Begriff der Verlängerung in § 14 Abs. 3 Satz 2 TzBfG ist wie derjenige in § 14 Abs. 2 Satz 1 TzBfG zu verstehen[528]. § 14 Abs. 3 TzBfG enthält zwar im Gegensatz zu § 14 Abs. 2 TzBfG kein Vorbeschäftigungsverbot, sodass eine Abgrenzung der Vertragsverlängerung von dem Neuabschluss eines befristeten Arbeitsvertrags nicht erforderlich ist. Dies führt jedoch nicht dazu, dass der Begriff der Verlängerung in § 14 Abs. 3 Satz 2 TzBfG anders auszulegen ist als in § 14 Abs. 2 Satz 1 TzBfG. Denn es kann nicht davon ausgegangen werden, dass der Gesetzgeber denselben Begriff in 2 Absätzen einer Vorschrift mit unterschiedlichem Inhalt verwendet[529].

4.4.2.6 Mehrfachbefristungen

353 § 14 Abs. 3 TzBfG enthält **kein § 14 Abs. 2 Satz 2 TzBfG entsprechendes Vorbeschäftigungsverbot**. Ein befristeter Arbeitsvertrag nach § 14 Abs. 3 TzBfG kann daher grundsätzlich auch abgeschlossen werden, wenn der ältere Arbeitnehmer bereits früher bei demselben Arbeitgeber befristet oder unbefristet beschäftigt war, sofern er vor Beginn des nach § 14 Abs. 3 TzBfG befristeten Arbeitsverhältnisses mindestens 4 Monate lang beschäftigungslos war, Transferkurzarbeitergeld bezogen oder an einer öffentlich geförderten Beschäftigungsmaßnahme teilgenommen hat[530].

Die **Zeiten** eines derartigen **früheren Arbeitsverhältnisses** werden auf **die Höchstbefristungsdauer** von 5 Jahren **nicht angerechnet**[531]. Der nach § 14 Abs. 3 TzBfG sachgrundlos befristete Arbeitsvertrag kann sich nach dem Wortlaut der Vorschrift u. U. unmittelbar an ein vorheriges Arbeitsverhältnis mit demselben Arbeitgeber anschließen, z. B. dann, wenn die vorherige Beschäftigung im Rahmen einer Arbeitsbeschaffungsmaßnahme erfolgte. Nach dem Wortlaut des Gesetzes ist der unmittelbare Anschluss eines nach § 14 Abs. 3 TzBfG befristeten Arbeitsverhältnisses an ein vorheriges Arbeitsverhältnis bei demselben Arbeitgeber auch denkbar, wenn der Arbeitnehmer während der letzten 4 Monate des vorherigen Arbeitsverhältnisses unwiderruflich von der Arbeitsleistung freigestellt war, da in dieser Zeit Beschäftigungslosigkeit i. S. v. § 138 Abs. 1 Nr. 1 SGB III vorlag. Eine derartige Fallgestaltung könnte allerdings möglicherweise als rechtsmissbräuchlich bewertet werden mit der Folge, dass die Befristung nicht auf § 14 Abs. 3 TzBfG gestützt werden könnte[532].

---

[528] S. Rz. 271 ff.

[529] KR/*Lipke*, 11. Aufl. 2016, § 14 TzBfG, Rz. 679; ErfK/*Müller-Glöge*, 16. Aufl. 2016, § 14 TzBfG, Rz. 112a; Sievers, TzBfG, 3. Aufl. 2010, § 14 TzBfG, Rz. 403; *Koch*, Juris Praxisreport 2007, Sonderausgabe zum Teilzeit- und Befristungsgesetz, S. 9.

[530] HK-TzBfG/*Boecken*, 3. Aufl. 2012, § 14 TzBfG, Rz. 150; *Schiefer*, DB 2007, S. 1081, 1084.

[531] Sievers, TzBfG, 5. Aufl. 2015, § 14 TzBfG, Rz. 590.

[532] Vgl. etwa Meinel/Heyn/Herms/Meinel, TzBfG, 5. Aufl. 2015, § 14 TzBfG, Rz. 322; Laux/Schlachter/*Schlachter*, 2. Aufl. 2011, § 14 TzBfG, Rz. 153; Sievers, TzBfG, 5. Aufl. 2015, § 14 TzBfG, Rz. 592.

Nach der Gesetzesbegründung (BT-Drucks. 16/3793, S. 10) sollen **mehrfache Befristungen** nach § 14 Abs. 3 TzBfG bis zur Höchstdauer von jeweils 5 Jahren – auch zwischen denselben Arbeitsvertragsparteien – zulässig sein, wenn der ältere Arbeitnehmer jeweils vor Beginn des neuen befristeten Arbeitsverhältnisses mindestens 4 Monate beschäftigungslos war oder in diesem Zeitraum Transferkurzarbeitergeld bezogen oder an einer öffentlich geförderten Beschäftigungsmaßnahme teilgenommen hat[533]. Das BAG hat allerdings im Hinblick auf die unionsrechtlichen Vorgaben der Richtlinie 1999/70/EG und der EGB-UNICE-CEEP-Rahmenvereinbarung in deren Anhang Bedenken daran geäußert, ob die wiederholte Anwendung von § 14 Abs. 3 Sätze 1 und 2 TzBfG zwischen denselben Arbeitsvertragsparteien zulässig ist (BAG, Urteil v. 28.5.2014, 7 AZR 360/12). Die erstmalige Anwendung der Regelungen zwischen denselben Arbeitsvertragsparteien ist hingegen mit höherrangigem Recht vereinbar (BAG, Urteil v. 28.5.2014, 7 AZR 360/12). 354

4.4.2.7 Darlegungs- und Beweislast

Die Darlegungs- und Beweislast für die Wirksamkeit der Befristung trägt derjenige, der sich darauf beruft, das ist **i. d. R. der Arbeitgeber**. Er hat darzulegen und ggf. zu beweisen, dass die Voraussetzungen des § 14 Abs. 3 TzBfG für den Abschluss eines befristeten Arbeitsvertrags vorlagen. Das gilt auch für die Beschäftigungssituation des Arbeitnehmers innerhalb der letzten 4 Monate vor Beginn des befristeten Arbeitsverhältnisses (Beschäftigungslosigkeit, Bezug von Transferkurzarbeitergeld oder Teilnahme an einer öffentlich geförderten Beschäftigungsmaßnahme in diesem Zeitraum). Hierbei handelt es sich zwar um Umstände, die der Sphäre des Arbeitnehmers zuzuordnen sind und von denen der Arbeitgeber aus eigener Wahrnehmung in der Regel keine Kenntnis hat. Gleichwohl hat der Arbeitgeber das Vorliegen auch dieser Voraussetzungen für die Befristung vorzutragen. 355

Will der Arbeitnehmer das Vorbringen des Arbeitgebers hierzu bestreiten, muss er seine tatsächliche Beschäftigungssituation in den letzten 4 Monaten vor Beginn des befristeten Arbeitsverhältnisses konkret und nachvollziehbar darlegen. Anschließend ist es am Arbeitgeber, das Vorbringen des Arbeitnehmers zu widerlegen und ggf. zu beweisen, dass der Arbeitnehmer innerhalb der 4-Monatsfrist vor Beginn des befristeten Arbeitsverhältnisses beschäftigungslos war, Transferkurzarbeitergeld bezogen oder an einer öffentlich geförderten Beschäftigungsmaßnahme teilgenommen hat.

4.4.2.8 Fragerecht des Arbeitgebers

Da der Arbeitgeber, der einen älteren Arbeitnehmer einstellen will, in der Regel keine Kenntnis von dessen bisheriger Beschäftigungssituation besitzt, hat er gegenüber dem Arbeitnehmer ein **Fragerecht**, ob dieser in den letzten 4 Monaten vor dem Beginn des 356

---

[533] BT-Drucks. 16/3793, S. 10; a. A. für mehrfache Befristungen mit demselben Arbeitgeber APS/*Backhaus*, 4. Aufl. 20012 § 14 TzBfG Rz. 435f; KR/Lipke, 11. Aufl. 2016, § 14 TzBfG, Rz. 665; ErfK/Müller-Glöge, 16, Aufl. 2016, § 14 TzBfG, Rz. 112a; Laux/Schlachter/*Schlachter*, 2. Aufl. 2011, § 14 TzBfG, Rz. 159; Sievers, TzBfG, 5. Aufl. 2015, § 14 TzBfG, Rz. 593.

befristeten Arbeitsverhältnisses beschäftigungslos war, Transferkurzarbeitergeld bezogen oder an einer öffentlich geförderten Beschäftigungsmaßnahme teilgenommen hat. Der Arbeitnehmer muss diese Frage **wahrheitsgemäß beantworten**.
Macht er bewusst wahrheitswidrige Angaben, kann der Arbeitgeber den Arbeitsvertrag nach § 123 BGB **anfechten**[534]. Sind die Angaben des Arbeitnehmers zwar objektiv fehlerhaft, liegt aber keine bewusste Täuschung des Arbeitgebers durch den Arbeitnehmer vor, scheidet – ebenso wie bei der Falschbeantwortung der Frage nach einer Vorbeschäftigung bei einer sachgrundlosen Befristung nach § 14 Abs. 2 TzBfG[535] – eine Anfechtung des Arbeitsvertrags durch den Arbeitgeber nach § 123 BGB aus[536].

357 Sind in einem solchen Fall beide Parteien bei Vertragsschluss irrtümlich davon ausgegangen, dass die Voraussetzungen für eine Befristung nach § 14 Abs. 3 TzBfG vorlagen, dürfte der Arbeitgeber auch nicht nach den Regeln über die Störung der Geschäftsgrundlage (§ 313 BGB) die Möglichkeit haben, das Arbeitsverhältnis zu beenden[537]. § 313 Abs. 1 BGB sieht bei einer nach Vertragsschluss eingetretenen schwerwiegenden **Änderung der Umstände**, die zur Grundlage des Vertrags geworden sind, nicht die Beendigung, sondern die Möglichkeit zur **Anpassung des Vertrags** vor. § 313 Abs. 3 BGB bestimmt zwar die Kündbarkeit des Dauerschuldverhältnisses, wenn eine Vertragsanpassung nicht möglich oder einem Vertragsteil nicht zumutbar ist. Die Kündigung eines Arbeitsverhältnisses ist aber i. d. R. nur bei Vorliegen eines Kündigungsgrundes gemäß § 1 KSchG möglich. Dieser dürfte wohl nicht in der Beschäftigungssituation des Arbeitnehmers vor Vertragsbeginn bestehen[538].

Hinweis

Es empfiehlt sich daher, vor Abschluss eines nach § 14 Abs. 3 TzBfG befristeten Arbeitsvertrags möglichst anhand schriftlicher Unterlagen eine Klärung der Beschäftigungssituation des Arbeitnehmers innerhalb der letzten 4 Monate vor dem beabsichtigten Vertragsbeginn herbeizuführen.

4.4.2.9 Vereinbarkeit der Vorschrift mit Unionsrecht

358 Die Neufassung des § 14 Abs. 3 TzBfG ist mit der **Richtlinie 1999/70/EG zu der EGB-UNICE-CEEP-Rahmenvereinbarung über befristete Arbeitsverträge** jedenfalls insoweit vereinbar, als es um die erstmalige Anwendung der Vorschrift zwischen denselben Arbeitsvertragsparteien geht (BAG, Urteil v. 28.5.2014, 7 AZR 360/12). Anders als

---

534 BT-Drucks. 16/3793, S. 10.

535 S. Rz. 285.

536 Sievers, TzBfG, 5. Aufl. 2015, § 14 TzBfG, Rz. 608.

537 Ebenso Sievers, TzBfG, 5. Aufl. 2015, § 14 TzBfG, Rz. 608; a. A. zur unbewussten Falschbeantwortung der Frage nach einer Vorbeschäftigung bei einer Befristung nach § 14 Abs. 2 TzBfG: *Bauer*, BB 2001, S. 2473, 2477; *Straub*, NZA 2001, S. 919, 926.

538 Ebenso Sievers, TzBfG, 5. Aufl. 2016, § 14 TzBfG, Rz. 609.

die Vorgängerregelung enthält die Neufassung der Vorschrift eine Höchstbefristungsdauer von 5 Jahren und erfüllt daher die Vorgaben von § 5 Nr. 1 der der Richtlinie zu Grunde liegenden Rahmenvereinbarung.
Das BAG hat allerdings Bedenken daran geäußert, ob die wiederholte Anwendung von § 14 Abs. 3 Sätze 1 und 2 TzBfG zwischen denselben Arbeitsvertragsparteien zulässig ist; nach Auffassung des BAGs erscheint es zweifelhaft, ob die Bestimmungen in diesem Fall noch ein effektives Mittel zur Bekämpfung des Missbrauchs durch aufeinander folgende befristete Arbeitsverträge i. S. d. Richtlinie 1999/70/EG wären (BAG, Urteil v. 28.5.2014, 7 AZR 360/12). Eine höchstrichterliche Entscheidung zu dieser Frage liegt bislang nicht vor. Nach § 5 Nr. 2 der Rahmenvereinbarung legen die Mitgliedstaaten zwar fest, unter welchen Bedingungen befristete Arbeitsverträge als „**aufeinanderfolgend**" zu betrachten sind. Dabei dürfen sie den ihnen überlassenen Regelungsspielraum aber nicht so nutzen, dass eine Situation entsteht, die zu Missbräuchen Anlass geben und dem Ziel der Rahmenvereinbarung zuwiderlaufen kann (EuGH, Urteil v. 4.7.2006, C-212/04[539]). Ob die Festlegung eines Zeitraums von **4 Monaten** der Beschäftigungslosigkeit vor Beginn eines weiteren befristeten Arbeitsvertrags geeignet ist, Missbräuchen durch aufeinanderfolgende befristete Arbeitsverträge vorzubeugen, wird von der Rechtsprechung zu klären sein. Zumindest ist es nicht ausgeschlossen, dass die Befristungsmöglichkeit nach § 14 Abs. 3 TzBfG in Einzelfällen missbräuchlich genutzt wird. Ist diese der Fall, kann die Befristung nicht auf § 14 Abs. 3 TzBfG gestützt werden[540].

§ 14 Abs. 3 TzBfG steht, jedenfalls was die erstmalige Anwendung der Vorschrift zwi- 359
schen denselben Arbeitsvertragsparteien betrifft, auch im Einklang mit der **Richtlinie 2000/78/EG** und verstößt insoweit nicht gegen den unionsrechtlichen **Grundsatz des Verbots der Diskriminierung wegen des Alters** (BAG, Urteil v. 28.5.2014, 7 AZR 360/12). Die betroffenen Arbeitnehmer werden durch die erstmalige Befristung nach § 14 Abs. 3 TzBfG nicht in unzulässiger Weise wegen ihres Alters diskriminiert. Der Gesetzgeber hat die Neufassung des § 14 Abs. 3 TzBfG unter Beachtung des zur Vorgängerregelung ergangenen Urteils des EuGH vom 22.11.2005 (EuGH, Urteil v. 22.11.2005, C-144/04[541]) gestaltet.
Der EuGH hat das vom deutschen Gesetzgeber mit der Regelung in § 14 Abs. 3 TzBfG a. F. angestrebte **Ziel, die Beschäftigungsmöglichkeiten für ältere Menschen zu verbessern**, grundsätzlich für **geeignet** gehalten, eine **Ungleichbehandlung** wegen des Alters nach Art. 6 Abs. 1 der Richtlinie 2000/78/EG **zu rechtfertigen**. Der Gerichtshof hat allerdings die Vorschrift in § 14 Abs. 3 Satz 4 TzBfG in der vom 1.1.2003 bis zum 31.12.2006 geltenden Fassung zur Erreichung dieses Ziels nicht für **angemessen und erforderlich** gehalten, weil mit allen Arbeitnehmern ab Vollendung des 52. Lebensjahres bis zu dem Alter, ab dem sie Rentenansprüche geltend machen können, unbegrenzt sachgrundlos befristete und häufig verlängerbare Arbeitsverträge abgeschlossen werden

[539] AP Richtlinie 1999/70/EG Nr. 1.
[540] Vgl. hierzu *Koch*, Juris Praxisreport 2007, Sonderausgabe zum Teilzeit- und Befristungsgesetz, S. 11.
[541] AP Richtlinie 2000/78/EG Nr. 1 [Mangold].

konnten unabhängig davon, ob und wie lange sie zuvor arbeitslos waren. Dem hat der Gesetzgeber dadurch Rechnung getragen, dass die Zulässigkeit der Befristung nach der Neufassung des § 14 Abs. 3 TzBfG nicht nur vom Lebensalter des Arbeitnehmers abhängt, sondern auch von seiner **persönlichen Beschäftigungssituation** unmittelbar vor Vertragsbeginn. Damit ist die Neuregelung zur Erreichung des vom Gesetzgeber angestrebten Ziels jedenfalls hinsichtlich der erstmaligen Anwendung der Vorschrift zwischen denselben Arbeitsvertragsparteien angemessen und erforderlich i. S. d. Art. 6 Abs.1 der Richtlinie 2000/78/EG.

Erhebliche Bedenken an der Vereinbarkeit mit der Richtlinie 2000/78/EG hat das BAG allerdings hinsichtlich einer wiederholten Anwendung von § 14 Abs. 3 Sätze 1 und 2 TzBfG zwischen denselben Arbeitsvertragsparteien geäußert und bezweifelt, ob in diesem Fall der Grundsatz der Verhältnismäßigkeit gewahrt wäre (BAG, Urteil v. 28.5.2014, 7 AZR 360/12). Das BAG hat diese Frage bislang nicht abschließend beantwortet. Wäre die mehrfache Anwendung von § 14 Abs. 3 Sätze 1 und 2 TzBfG zwischen denselben Arbeitsvertragsparteien mit den Vorgaben der Richtlinie 2000/78/EG nicht vereinbar, käme entweder eine einschränkende unionsrechtskonforme Auslegung der Bestimmung dahingehend in Betracht, dass die Regelung nur die erstmalige Anwendung zwischen denselben Arbeitsvertragsparteien zulässt, oder die Vorschrift wäre teilweise unanwendbar, soweit sie über die erstmalige Anwendung zwischen denselben Arbeitsvertragsparteien hinausgeht (BAG, Urteil v. 28.5.2014, 7 AZR 360/12).

5. Schriftform der Befristung (Abs. 4)

5.1 Geschichtliche Entwicklung und Zweck

360 Bis zum 30.4.2000 konnten Befristungen formfrei, d. h. auch mündlich, vereinbart werden, soweit nicht tarifliche Regelungen etwas anderes vorsahen. **Mit Wirkung vom 1.5.2000** bestimmte der Gesetzgeber in § 623 BGB, dass die Befristung von Arbeitsverträgen der **Schriftform** bedarf. Diese Regelung wurde zum 1.1.2001 in § 14 Abs. 4 TzBfG übernommen. Ein ursprünglich geplantes weitergehendes Schriftformerfordernis, das sich z. B. auch auf die Angabe des Rechtfertigungsgrunds beziehen sollte[542], wurde bereits nicht Gegenstand des Regierungsentwurfs, der ein Schriftformerfordernis für den befristeten Arbeitsvertrag vorsah[543]. Letztlich blieb es bei der im Wesentlichen unveränderten Regelung aus § 623 BGB. Lediglich das Wort „Arbeitsverhältnis" wurde in § 14 Abs. 4 TzBfG durch das Wort „Arbeitsvertrag" ersetzt. Damit ist auch der Normzweck unverändert geblieben.

361 Der Schriftform kommt **Warn-, Klarstellungs- und Beweisfunktion** zu[544]. Aufgrund der einzuhaltenden Schriftform müssen die Parteien klar und eindeutig zum Ausdruck bringen, dass ihr Arbeitsverhältnis befristet ist. Dadurch sollen Arbeitsgerichtsprozesse

---

542 Vgl. Referentenentwurf, NZA 2000, S. 1045.

543 BT-Drucks. 14/4374, S. 9, 20.

544 APS/*Backhaus*, 4. Aufl. 2012, § 14 TzBfG, Rz. 40; Dörner, Der befristete Arbeitsvertrag, 2. Aufl. 2011, Rz. 69; Annuß/Thüsing/*Maschmann*, TzBfG, 3. Aufl. 2012, § 14 TzBfG, Rz. 85; Sievers, TzBfG, 5. Aufl. 2015, § 14 TzBfG, Rz. 611.

darüber vermieden werden, ob und ggf. mit welchem Inhalt eine Befristung vereinbart wurde. Gleichzeitig soll dem Arbeitnehmer verdeutlicht werden, dass ihm der aus einem unbefristeten Arbeitsverhältnis resultierende Bestandsschutz nicht zusteht[545].

5.2 Anwendungsbereich

§ 14 Abs. 4 TzBfG gilt **für kalendermäßige Befristungen, Zweckbefristungen** (BAG, Urteil v. 21.12.2005, 7 AZR 541/04[546]) und nach der ausdrücklichen Bezugnahme in § 21 TzBfG auch für **auflösende Bedingungen**. Dabei spielt es keine Rolle, auf welche Rechtsgrundlage die Befristung gestützt wird. 362

Deshalb bedürfen auch Befristungen und auflösende Bedingungen, die nicht nach § 14 Abs. 1 bis Abs. 3 TzBfG, sondern nach anderen Vorschriften, z. B. § 21 BEEG (bis 31.12.2006: § 21 BErzGG) vereinbart werden, der Schriftform[547]. Eine **Ausnahme** gilt insoweit lediglich für das **Berufsausbildungsverhältnis**, da die Befristung bereits in § 21 BBiG gesetzlich geregelt ist[548]. 363

Das Schriftformerfordernis des § 14 Abs. 4 TzBfG betrifft nicht nur die erstmalige Befristung des Arbeitsvertrags, sondern **auch weitere Befristungen** sowie **befristete Vertragsverlängerungen**[549]. Deshalb muss z. B. auch eine Vertragsverlängerung nach § 14 Abs. 2 Satz 1 TzBfG schriftlich vereinbart werden, und zwar noch **während der Laufzeit** des zu verlängernden Vertrags. 364

§ 14 Abs. 4 TzBfG gilt auch für die **Verkürzung der Vertragslaufzeit** eines befristeten Arbeitsvertrags[550] und für die **nachträgliche Befristung** eines zunächst unbefristeten Arbeitsverhältnisses[551]. 365

Die **Dauer der Vertragslaufzeit spielt für das Schriftformerfordernis keine Rolle**. Deshalb müssen auch Befristungen bei Arbeitsverträgen, die nur einen Tag bestehen sollen, nach § 14 Abs. 4 TzBfG schriftlich vereinbart werden. Das gilt auch, wenn auf der 366

---

545 APS/*Backhaus*, 4. Aufl. 2012, § 14 TzBfG, Rz. 85.

546 AP TzBfG § 14 Nr. 18.

547 APS/*Backhaus*, 4. Aufl. 2012, § 14 TzBfG, Rz. 443; Dörner, Der befristete Arbeitsvertrag, 2. Aufl. 2011, Rz. 74; Laux/Schlachter/*Schlachter*, TzBfG, 2. Aufl. 2011, § 14 TzBfG, Rz. 163; Sievers, TzBfG, 5. Aufl. 2015, § 14 TzBfG, Rz. 612.

548 APS/*Backhaus*, 4. Aufl. 2012, § 14 TzBfG, Rz. 454; Dörner, Der befristete Arbeitsvertrag, 2. Aufl. 2011, Rz. 74; Laux/Schlachter/*Schlachter*, TzBfG, 2. Aufl. 2011, § 14 TzBfG, Rz. 163.

549 APS/*Backhaus*, 4. Aufl. 2012, § 14 TzBfG, Rz. 447; Dörner, Der befristete Arbeitsvertrag, 2. Aufl. 2011, Rz. 71; Annuß/Thüsing/*Maschmann*, TzBfG, 3. Aufl. 2012, § 14 TzBfG, Rz. 86; Meinel/Heyn/Herms/*Meinel*, TzBfG, 5. Aufl. 2015, § 14 TzBfG, Rz. 332; ErfK/*Müller-Glöge*, 16. Aufl. 2016, § 14 TzBfG, Rz. 115; KR/*Lipke*, 11. Aufl. 2016, § 14 TzBfG, Rz. 692.

550 Kittner/Däubler/Zwanziger, KSchR, 9. Aufl. 2014, § 14 TzBfG, Rz. 182; Annuß/Thüsing/*Maschmann*, TzBfG, 3. Aufl. 2012, § 14 TzBfG, Rz. 86; Meinel/Heyn/Herms/*Meinel*, TzBfG, 5. Aufl. 2015, § 14 TzBfG, Rz. 332.

551 APS/*Backhaus*, 4. Aufl. 2012, § 14 TzBfG, Rz. 447; Dörner, Der befristete Arbeitsvertrag, 2. Aufl. 2011, Rz. 71; Sievers, TzBfG, 5. Aufl. 2015, § 14 TzBfG, Rz. 612; Laux/Schlachter/*Schlachter*, TzBfG, 2. Aufl. 2011, § 14 TzBfG, Rz. 163.

Grundlage einer Rahmenvereinbarung immer wieder kurzfristig befristete Arbeitsverträge abgeschlossen werden. In diesem Fall bedarf jede einzelne Befristung der Schriftform[552].

367 Das Schriftformerfordernis findet auch Anwendung, wenn die Arbeitsvertragsparteien **nach Ausspruch einer arbeitgeberseitigen Kündigung** eine vertragliche Vereinbarung über die **befristete Weiterbeschäftigung** des Arbeitnehmers nach Ablauf der Kündigungsfrist bis zum rechtskräftigen Abschluss des Kündigungsschutzprozesses (BAG, Urteil v. 22.10.2003, 7 AZR 113/03)[553] oder eine Vereinbarung über die auflösend bedingte Weiterbeschäftigung des Arbeitnehmers nach Ablauf der Kündigungsfrist bis zur (rechtskräftigen) Abweisung der Kündigungsschutzklage treffen.

Da das Schriftformgebot des § 14 Abs. 4 TzBfG **nur vertraglich vereinbarte Befristungen** betrifft, findet es **keine Anwendung**, wenn der **Arbeitgeber** im Rahmen einer Bestandsstreitigkeit **durch eine arbeitsgerichtliche Entscheidung** zur vorläufigen Weiterbeschäftigung des Arbeitnehmers für die Dauer des Rechtsstreits **verurteilt** wurde und er den Arbeitnehmer zur Abwendung der Zwangsvollstreckung aus diesem Urteil weiterbeschäftigt[554].

Auch wenn der Arbeitgeber den Arbeitnehmer nach § 102 Abs. 5 Satz 1 BetrVG nach Ablauf der Kündigungsfrist vorläufig weiterbeschäftigt, weil der Betriebsrat der Kündigung nach § 102 Abs. 3 BetrVG widersprochen hat, findet § 14 Abs. 4 TzBfG keine Anwendung, da das bisherige Arbeitsverhältnis für die Dauer des Kündigungsschutzprozesses **kraft Gesetzes** (und nicht aufgrund einer vertraglichen Vereinbarung) auflösend bedingt durch die rechtskräftige Abweisung der Kündigungsschutzklage fortbesteht[555].

368 Das Schriftformerfordernis in § 14 Abs. 4 TzBfG betrifft **nur die Befristung des gesamten Arbeitsvertrags**, nicht die Befristung einzelner Vertragsbedingungen (BAG, Urteil v. 3.9.2003, 7 AZR 106/03)[556].

Beispiel

Vereinbart daher z. B. ein unbefristet teilzeitbeschäftigter Arbeitnehmer mit seinem Arbeitgeber die vorübergehende Erhöhung der Arbeitszeit auf eine Vollzeitbeschäftigung für die Dauer eines Jahres, bedarf die Befristung nicht der Schriftform. Denn die Befristung erfasst nicht den gesamten Arbeitsvertrag, sondern nur die Erhöhung der Arbeitszeit.

---

552 APS/*Backhaus*, 4. Aufl. 2012, § 14 TzBfG, Rz. 449; Kittner/Däubler/Zwanziger, KSchR, 9. Aufl. 2014, § 14 TzBfG, Rz. 183; Meinel/Heyn/Herms/*Meinel*, TzBfG, 5. Aufl. 2015, § 14 TzBfG, Rz. 332.

553 AP TzBfG § 14 Nr. 6.

554 Sievers, TzBfG, 5. Aufl. 2015, § 14 TzBfG, Rz. 635.

555 Sievers, TzBfG, 5. Aufl. 2015, § 14 TzBfG, Rz. 635.

556 AP TzBfG § 14 Nr. 4.

Das Schriftformerfordernis des § 14 Abs. 4 TzBfG gilt **nicht** für die Vereinbarung einer reinen **Mindestdauer**. Dabei handelt es sich nicht um einen befristeten Arbeitsvertrag, sondern um einen unbefristeten Vertrag, der nicht vor Ablauf einer bestimmten Zeit ordentlich gekündigt werden kann[557]. 369

Das **Schriftformerfordernis** in § 14 Abs. 4 TzBfG **bezieht sich nur auf die Befristungsabrede als solche**, nicht auf den gesamten Arbeitsvertrag oder den Befristungsgrund (BAG, Urteil v. 26.7.2006, 7 AZR 515/05[558]). Der Abschluss des Arbeitsvertrags ist daher formfrei, d. h. auch mündlich, möglich, ebenso die nachträgliche Aufhebung der Befristungsabrede[559]. 370

5.3 Maßgeblicher Zeitpunkt für die schriftliche Befristungsabrede

Die **schriftliche Befristungsabrede** muss grundsätzlich im **Zeitpunkt der vereinbarten Arbeitsaufnahme** durch den Arbeitnehmer vorliegen. 371

Dies gilt auch für die Verlängerung eines befristeten Arbeitsvertrags. Diese muss grundsätzlich noch **während der Laufzeit des zu verlängernden Vertrags** schriftlich vereinbart werden. Vereinbaren die Parteien vor Vertragsbeginn lediglich mündlich die Befristung des Arbeitsvertrags, ist die Befristung nach § 14 Abs. 4 TzBfG, § 125 Satz 1 BGB nichtig mit der Folge, dass zum vereinbarten Vertragsbeginn nach § 16 Satz 1 TzBfG ein unbefristetes Arbeitsverhältnis entsteht. **Halten die Parteien die mündlich getroffene Befristungsabrede nach der Arbeitsaufnahme durch den Arbeitnehmer in einem schriftlichen Arbeitsvertrag fest**, führt dies nicht dazu, dass die Befristung rückwirkend wirksam wird.

Eine derartige Rechtsfolge ergibt sich nicht aus § 141 BGB. Nach § 141 Abs. 1 BGB gilt die Bestätigung eines nichtigen Rechtsgeschäfts durch denjenigen, der es vorgenommen hat, als Neuvornahme. Das Rechtsgeschäft entfaltet daher erst ab dem Zeitpunkt der Bestätigung Rechtswirkungen. Nach § 141 Abs. 2 BGB sind die Parteien, die einen nichtigen Vertrag bestätigen, zwar im Zweifel verpflichtet, einander zu gewähren, was sie haben würden, wenn der Vertrag von Anfang an gültig gewesen wäre. Die Vorschrift sieht eine schuldrechtliche Rückbewirkung in dem Verhältnis der Vertragspartner zueinander vor, weil es i. d. R. ihren Interessen entspricht, den zunächst nichtigen, später wirksam gewordenen Vertrag auch in der Zeit zwischen dem Vertragsschluss und der Bestätigung zu erfüllen. § 141 Abs. 2 BGB ist jedoch auf die nach Vertragsbeginn erfolgte schriftliche Niederlegung einer zuvor nur mündlich vereinbarten Befristung nicht anwendbar, da die gesetzlichen Voraussetzungen nicht vorliegen.

Der **mündliche Arbeitsvertrag** als solcher ist – **mit Ausnahme der Befristung – von Anfang an wirksam** und bildet die Rechtsgrundlage für die sich daraus ergebenden Rechte und Pflichten der Parteien. Bei einer zunächst formnichtigen, später schriftlich

[557] APS/*Backhaus*, 4. Aufl. 2012, § 14 TzBfG, Rz. 44; Dörner, Der befristete Arbeitsvertrag, 2. Aufl. 2011, Rz. 70; ErfK/*Müller-Glöge*, 16. Aufl. 2016, § 14 TzBfG, Rz. 116; KR/*Spilger*, 11. Aufl. 2016, § 623 BGB, Rz. 86.

[558] AP AVR Diakonisches Werk § 5 Nr. 1.

[559] ErfK/*Müller-Glöge*, 16. Aufl. 2016, § 14 TzBfG, Rz. 115.

festgehaltenen Befristung hat die Vorschrift des § 141 Abs. 2 BGB daher keinen Anwendungsbereich (BAG, Urteil v. 1.12.2004, 7 AZR 198/04[560]; BAG, Urteil v. 16.3.2005, 7 AZR 289/04[561]). Im Übrigen liegt eine Bestätigung i. S. v. § 141 BGB nur vor, wenn die Parteien bei der Bestätigung den Grund für die Nichtigkeit des Vertrags kennen oder zumindest Zweifel an der Wirksamkeit der Vereinbarung haben (BAG, Urteil v. 1.12.2004, 7 AZR 198/04[562]). Das dürfte in der Regel nicht der Fall sein, wenn die Parteien nach Vertragsbeginn lediglich schriftlich fixieren, was sie bereits zuvor mündlich vereinbart haben.

372 Durch die **nach Vertragsbeginn erfolgte schriftliche Niederlegung** einer zuvor mündlich getroffenen Befristungsabrede kann daher allenfalls das bereits nach § 16 Satz 1 TzBfG **unbefristet entstandene Arbeitsverhältnis nachträglich** (formwirksam) **befristet** werden. Voraussetzung dafür ist allerdings, dass die Parteien übereinstimmende, auf die Herbeiführung dieser Rechtsfolge gerichtete Willenserklärungen abgeben. Daran fehlt es regelmäßig, wenn die Parteien lediglich eine zunächst mündlich vereinbarte Befristung nach der Arbeitsaufnahme durch den Arbeitnehmer schriftlich niederlegen. Damit treffen sie i. d. R. keine neue Befristungsabrede, sondern halten nur schriftlich fest, was sie zuvor mündlich vereinbart haben (BAG, Urteil v. 1.12.2004, 7 AZR 198/04[563]). Anders verhält es sich, wenn die Parteien vor der Unterzeichnung des schriftlichen Arbeitsvertrags mündlich keine Befristung vereinbart oder eine Befristungsabrede getroffen haben, von der die in dem schriftlichen Vertrag enthaltene Befristung abweicht, z. B. durch Vereinbarung eines anderen als des zuvor mündlich vereinbarten Beendigungszeitpunkts. In diesem Fall enthält der schriftliche Vertrag eine eigenständige – dem Schriftformgebot entsprechende – Befristung (BAG, Urteil v. 13.6.2007, 7 AZR 700/06). Dadurch wird das zunächst unbefristet entstandene Arbeitsverhältnis nachträglich befristet. Die Befristung ist allerdings nur wirksam, wenn für sie ein **sachlicher Grund** besteht. Ohne Sachgrund ist die nachträgliche Befristung wegen des bereits bestehenden Arbeitsverhältnisses mit demselben Arbeitgeber nach § 14 Abs. 2 Satz 2 TzBfG nicht zulässig.

373 Macht der Arbeitgeber hingegen den Abschluss des befristeten Arbeitsvertrags von der Unterzeichnung der Vertragsurkunde durch den Arbeitnehmer abhängig und übergibt er dem Arbeitnehmer vor Vertragsbeginn ein schriftliches Vertragsangebot, kann der Arbeitnehmer dieses Angebot nur durch Unterzeichnung der Vertragsurkunde annehmen. Eine konkludente Annahme des Vertragsangebots durch Aufnahme der Tätigkeit kommt in diesem Fall nicht in Betracht (BAG, Urteil v. 16.4.2008, 7 AZR 1048/06).

5.4 Inhalt der schriftlichen Befristungsabrede

374 Bei **kalendermäßigen Befristungen** muss die schriftliche Vereinbarung das **Beendigungsdatum** (z. B. 31.12.2015) **oder** den **Vertragsbeginn** und die **Vertragsdauer**

---

[560] AP TzBfG § 14 Nr. 15.

[561] AP TzBfG § 14 Nr. 16; a. A. *Bauer*, BB 2001, S. 2526, 2528; *Straub*, NZA 2001, S. 919.

[562] AP TzBfG § 14 Nr. 15.

[563] AP TzBfG § 14 Nr. 15, a. A. Sievers, TzBfG, 5. Aufl. 2015, § 14 TzBfG, Rz. 651 f.; *Bahnsen*, NZA 2005, S. 676; *Nadler/v.Medem*, NZA 2005, S. 1214; vgl. auch *Preis*, NZA 2005, S. 714.

(z. B. 6 Wochen) enthalten. Der Beendigungszeitpunkt muss eindeutig bestimmt oder bestimmbar sein[564].

Bei **Zweckbefristungen** und auflösenden Bedingungen soll das Arbeitsverhältnis beim Eintritt eines zukünftigen Ereignisses enden (z. B. bei der Rückkehr eines erkrankten oder beurlaubten Arbeitnehmers an den Arbeitsplatz oder bei der Zustellung des Bescheids über die Gewährung einer unbefristeten Rente wegen Erwerbsminderung). Der Beendigungszeitpunkt hängt daher vom jeweiligen Vertragszweck bzw. der jeweiligen Bedingung ab. Deshalb ist zwar nicht der Sachgrund, aber der jeweilige **Vertragszweck bzw**. die **Bedingung**, die in der Regel allerdings mit dem Sachgrund übereinstimmen dürften, schriftlich zu vereinbaren (BAG, Urteil v. 21.12.2005, 7 AZR 541/04[565]). 375

Im Übrigen ist nach § 14 Abs. 4 TzBfG die **schriftliche Vereinbarung des Rechtfertigungsgrunds** für die Befristung **nicht erforderlich**. Das gilt auch für den Sachgrund der **Erprobung** gemäß § 14 Abs. 1 Satz 2 Nr. 5 TzBfG (BAG, Urteil v. 23.6.2004, 7 AZR 636/03)[566]. Enthält der schriftliche Arbeitsvertrag gleichwohl Angaben zum Rechtfertigungsgrund, sind damit andere Rechtfertigungsgründe für die Befristung nicht ausgeschlossen[567]. 376

Heißt es z. B. im schriftlichen Arbeitsvertrag, der Arbeitnehmer werde befristet für die Dauer von 2 Jahren nach § 14 Abs. 2 TzBfG eingestellt, kann sich der Arbeitgeber später dennoch auf einen Sachgrund für die Befristung berufen. Ebenso wenig hindert grundsätzlich die Angabe eines Sachgrunds im Arbeitsvertrag den Arbeitgeber daran, die Befristung später auf einen anderen Sachgrund oder auf § 14 Abs. 2 TzBfG zu stützen. 377

Etwas anderes gilt allerdings dann, wenn die Parteien die **Befristungsmöglichkeit** nach § 14 Abs.2 TzBfG **vertraglich abbedungen** haben[568], oder wenn auf das Arbeitsverhältnis anzuwendende tarifliche oder spezialgesetzliche Bestimmungen Angaben zum Befristungsgrund (nicht notwendig die Einhaltung der Schriftform) verlangen. 378

5.5 Anforderungen an die Schriftform

5.5.1 Einheitliche Urkunde

Für das gesetzliche Schriftformerfordernis des § 14 Abs. 4 TzBfG gelten die Vorschriften der §§ 126, 126a BGB. 379

Nach § 126 Abs. 2 Satz 1 BGB müssen **Arbeitgeber und Arbeitnehmer** die Befristungsvereinbarung auf **derselben Urkunde unterzeichnen**. Ein bloßer Schriftwechsel 380

[564] APS/*Backhaus*, 4. Aufl. 2012, § 14 TzBfG, Rz. 466; Laux/Schlachter/*Schlachter*, TzBfG, 2. Aufl. 2011, § 3 TzBfG, Rz. 11.

[565] AP TzBfG § 14 Nr. 18.

[566] AP TzBfG § 14 Nr. 12.

[567] Dörner, Der befristete Arbeitsvertrag, 2. Aufl. 2011, Rz. 76; ErfK/*Müller-Glöge*, 16. Aufl. 2016, § 14 TzBfG, Rz. 118a.

[568] S. Rz. 269.

reicht daher zur Wahrung der Schriftform nicht aus[569]. Ebenso wenig genügt die schriftliche Bestätigung eines mündlichen Vertragsschlusses durch den Arbeitgeber[570]. Es reicht jedoch aus, wenn eine Vertragspartei in einem von ihr unterzeichneten, an die andere Vertragspartei gerichteten Schreiben den Abschluss eines befristeten Arbeitsvertrags anbietet und die andere Vertragspartei dieses Angebot durch Unterzeichnung desselben Schriftstücks annimmt (BAG, Urteil v. 26.7.2006, 7 AZR 514/05[571]). Werden mehrere gleichlautende Urkunden über die Befristung erstellt, genügt es nach § 126 Abs. 2 Satz 2 BGB, wenn jede Partei die für die andere Partei bestimmte Urkunde unterzeichnet. Dabei ist zu beachten, dass die Urkunden den gesamten identischen Vertragstext enthalten müssen. Es genügt nicht, dass die Urkunden den gleichen Inhalt wiedergeben[572].

381 Die Unterzeichnung durch beide Parteien muss die Befristungsvereinbarung **räumlich abschließen**. Die Unterschriften müssen also unter der Vereinbarung stehen[573].

5.5.2 Eigenhändige Unterzeichnung; Stellvertretung

382 Nach § 126 Abs. 1 Satz 1 BGB muss die Unterzeichnung **eigenhändig** durch Namensunterschrift erfolgen. Die Schriftform wird daher nicht durch Telefax gewahrt[574], ebenso wenig durch einfache E-Mail ohne qualifizierte elektronische Signatur[575].

383 Die Befristungsvereinbarung kann von einem **bevollmächtigten Stellvertreter** unterzeichnet werden. Die Erteilung der Vollmacht bedarf nach § 167 Abs. 2 BGB nicht der Schriftform[576]. Unterschreibt der Vertreter mit seinem Namen, muss das Vertretungsverhältnis in der Urkunde zum Ausdruck kommen (BAG, Urteil v. 25.3.2009, 7 AZR 59/08), z. B. durch einen entsprechenden Zusatz („i. V.“) bei der Unterschrift (BAG, Urteil v. 4.5.2011, 7 AZR 252/10). Der Zusatz“ i. A.“ (d. h. „im Auftrag“) kann zwar darauf hindeuten, dass der Unterzeichner nicht selbst als Vertreter handeln, sondern lediglich als Bote eine fremde Erklärung übermitteln will. Ergibt sich jedoch aus den Gesamtumständen, dass der Unterzeichner die Erklärung erkennbar im Namen eines anderen abgegeben hat, ist von einem Handeln als Vertreter auszugehen (BAG, Urteil v. 25.3.2009, 7 AZR

---

[569] Boewer, TzBfG, 1. Aufl. 2002, § 14 TzBfG, Rz. 288; Sievers, TzBfG, 5. Aufl. 2015, § 14 TzBfG, Rz. 627.

[570] Dörner, Der befristete Arbeitsvertrag, 2. Aufl. 2011, Rz. 80; Annuß/Thüsing/*Maschmann*, TzBfG, 3. Aufl. 2012, § 14 TzBfG, Rz. 88; Sievers, TzBfG, 5. Aufl. 2015, § 14 TzBfG, Rz. 627.

[571] AP TzBfG § 14 Nr. 24.

[572] APS/*Backhaus*, 4. Aufl. 2012, § 14 TzBfG, Rz. 461.

[573] APS/*Backhaus*, 4. Aufl. 2012, § 14 TzBfG, Rz. 459; Sievers, TzBfG, 5. Aufl. 2015, § 14 TzBfG, Rz.623.

[574] APS/*Backhaus*, 4. Aufl. 2012, § 14 TzBfG, Rz. 464; Sievers, TzBfG, 5. Aufl. 2015, § 14 TzBfG, Rz. 626.

[575] APS/*Backhaus*, 4. Aufl. 2012, § 14 TzBfG, Rz. 464; Dörner, Der befristete Arbeitsvertrag, 2. Aufl. 2011, Rz. 81; Annuß/Thüsing/*Maschmann*, TzBfG, 3. Aufl. 2012, § 14 TzBfG, Rz. 90; Meinel/Heyn/Herms/*Meinel*, TzBfG, 5. Aufl. 2015, § 14 TzBfG, Rz. 336.

[576] Dörner, Der befristete Arbeitsvertrag, 2. Aufl. 2011, Rz. 80.

59/08[577]; BAG, Urteil v. 4.5.2011, 7 AZR 252/10; BAG, Urteil v. 9.9.2015, 7 AZR 190/14).

5.5.3 Elektronische Form

384 Die Befristungsvereinbarung kann auch in elektronischer Form nach **§ 126a BGB** getroffen werden[578], da § 14 Abs. 4 TzBfG – anders als § 623 BGB für die Kündigung und den Aufhebungsvertrag – die elektronische Form nicht ausschließt (§ 126 Abs. 3 BGB). Zur Wahrung der elektronischen Form muss der **Aussteller der Erklärung seinen Namen hinzufügen und das elektronische Dokument mit einer qualifizierten elektronischen Signatur nach dem Signaturgesetz versehen**. Für eine Befristungsvereinbarung bedeutet das, dass Arbeitgeber und Arbeitnehmer ein **gleichlautendes elektronisches Dokument** in der beschriebenen Weise signieren müssen. Eine einfache E-Mail reicht dazu nicht aus[579].

385 Die **Textform** gemäß § 126b BGB **genügt** zur Wahrung der Schriftform **nicht**[580].

5.5.4 Gerichtlicher Vergleich

386 Nach § 127a BGB i. V. m. § 126 Abs. 4 BGB wird die Schriftform bei einem gerichtlichen Vergleich durch Aufnahme der Erklärungen in das nach den Vorschriften der ZPO errichtete **Protokoll** gewahrt. Dies gilt auch, wenn der Vergleich nach § 278 Abs. 6 ZPO geschlossen und das Zustandekommen des Vergleichs durch Beschluss des Gerichts festgestellt wird (BAG, Urteil v. 23.11.2006, 6 AZR 394/06[581]).

5.5.5 Tarifvertrag

387 Das Schriftformerfordernis des § 14 Abs. 4 TzBfG findet nur Anwendung bei **vertraglich** vereinbarten Befristungen[582].

388 Ergibt sich eine Befristung oder auflösende Bedingung aus einem **Tarifvertrag** (z. B. eine Altersgrenze), gilt diese im Falle beiderseitiger Tarifbindung nach § 4 Abs. 1 TVG **unmittelbar und zwingend**. Eine schriftliche Vereinbarung durch die beiderseits tarifgebundenen Arbeitsvertragsparteien ist daher nicht erforderlich. Gleiches gilt auch für Nichttarifgebundene, wenn der Tarifvertrag allgemeinverbindlich ist.

389 Ist die in dem Tarifvertrag geregelte Befristung oder auflösende Bedingung ausschließlich deshalb auf das Arbeitsverhältnis anzuwenden, weil die **nicht** oder **nicht beiderseits**

---

577 ZTR 2009, S. 441

578 A. A. Rolfs, TzBfG, 1. Aufl. 2002, § 14 TzBfG, Rz. 117.

579 APS/*Backhaus*, 4. Aufl. 2012, § 14 TzBfG, Rz. 462; Boewer, TzBfG, 1. Aufl. 2002, § 14 TzBfG, Rz. 295; Dörner, Der befristete Arbeitsvertrag, 2. Aufl. 2011, Rz. 81; KR/Lipke, 11. Aufl. 2016, § 14 TzBfG, Rz. 707; Annuß/Thüsing/*Maschmann*, TzBfG, 3. Aufl. 2012, § 14 TzBfG, Rz. 90; Sievers, TzBfG, 5. Aufl. 2015, § 14 TzBfG, Rz. 626.

580 Dörner, Der befristete Arbeitsvertrag, 2. Aufl. 2011, Rz. 81; KR/*Lipke*, 11. Aufl. 2016, § 14 TzBfG, Rz. 707.

581 AP BGB § 623 Nr. 8.

582 ErfK/*Müller-Glöge*, 16. Aufl. 2016, § 14 TzBfG, Rz. 114; Sievers, TzBfG, 5. Aufl. 2015, § 14 TzBfG, Rz. 619.

tarifgebundenen Arbeitsvertragsparteien die **Geltung** des Tarifvertrags **vereinbart** haben, gilt das Schriftformerfordernis des § 14 Abs. 4 TzBfG nach der Rechtsprechung des BAG dann nicht, wenn der die Befristung enthaltende Tarifvertrag insgesamt arbeitsvertraglich in Bezug genommen worden ist (BAG, Urteil v. 23.7.2014, 7 AZR 771/12). Damit hat das BAG die jahrelang umstrittene Frage, ob in einem solchen Fall das Schriftformerfordernis dadurch gewahrt wird, dass die Geltung des Tarifvertrags schriftlich vereinbart wird oder ob der Wortlaut der in Bezug genommenen tariflichen Bestimmung über die Befristung oder auflösende Bedingung einzelvertraglich wiederholt oder zumindest der Text des Tarifvertrags mit der arbeitsvertraglichen Vereinbarung verbunden werden muss,[583], wozu das Bundesarbeitsgericht tendiert (BAG, Urteil v. 23.7.2014, 7 AZR 771/12), geklärt.
Nach der Entscheidung des BAG ist die Einhaltung der Schriftform allerdings nur dann nicht erforderlich, wenn der Tarifvertrag insgesamt auf das Arbeitsverhältnis Anwendung findet und nicht nur einzelne, den Arbeitnehmer belastende Regelungen arbeitsvertraglich in Bezug genommen sind. (BAG, Urteil v. 23.7.2014, 7 AZR 771/12). Wurden nur Teile des Tarifvertrags oder die Bestimmung, die die Befristung (oder auflösende Bedingung) enthält, in Bezug genommen, dürfte das Schriftformerfordernis des § 14 Abs. 4 TzBfG hingegen gelten und die Schriftform dürfte nur dann gewahrt sein, wenn die in Bezug genommene tarifliche Bestimmung über die Befristung (oder auflösende Bedingung) einzelvertraglich schriftlich wiederholt wird oder zumindest der Text der Tarifbestimmung mit der schriftlichen arbeitsvertraglichen Vereinbarung verbunden ist[584].

390 Entsprechendes dürfte auch für die arbeitsvertragliche Bezugnahme auf **Bühnentarifverträge** gelten, nach denen sich das auf 1 Jahr (eine Spielzeit) befristete Arbeitsverhältnis automatisch um ein weiteres Jahr (eine weitere Spielzeit) verlängert, wenn nicht eine Vertragspartei der anderen bis zu einem bestimmten Zeitpunkt eine Nichtverlängerungsanzeige erklärt. Nach der Rechtsprechung der Bühnenschiedsgerichtsbarkeit (Bühnenbezirksschiedsgericht Berlin, Urteil v. 12.4.2002, BSchG 13/01[585]) ist das Schriftformerfordernis durch die schriftliche Vereinbarung der Geltung des Bühnentarifvertrags gewahrt. Diese Rechtsprechung dürfte aufgrund des Urteils des BAG vom 23.7.2014, 7 AZR 771/12 überholt sein.

---

[583] Die Wahrung des Schriftformerfordernisses durch schriftliche Bezugnahme auf den Tarifvertrag wurde angenommen von: Vorauflage; Dörner, Der befristete Arbeitsvertrag, 2. Aufl. 2011, Rz. 83; Meinel/Heyn/Herms/*Meinel*, TzBfG, 5. Aufl. 2015, § 14 TzBfG, Rz. 338; ErfK/*Müller-Glöge*, 14. Aufl. 2014, § 14 TzBfG, Rz. 117; a. A. APS/*Backhaus*, 4. Aufl. 2012, § 14 TzBfG, Rz. 458; Sievers, TzBfG, 3. Aufl. 2010, § 14 TzBfG, Rz. 517; KR/*Spilger*, 9. Aufl. 2009, § 623 BGB, Rz. 175; differenzierend Annuß/Thüsing/*Maschmann*, TzBfG, 3. Aufl. 2012, § 14 TzBfG, Rz.90.

[584] ErfK/*Müller-Glöge*, 16. Aufl 2016, § 14 TzBfG, Rz. 117

[585] LAGE TzBfG § 14 Nr. 6; Bühnenbezirksschiedsgericht Hamburg, Urteil v. 21.1.2002, BSchG 21/01, LAGE TzBfG § 14 Nr. 3; vgl. auch Dörner, Der befristete Arbeitsvertrag, 2. Aufl. 2011, Rz. 82.

5.5.6 Darlegungs- und Beweislast

Darlegungs- und beweispflichtig für die Einhaltung der für die Befristung erforderlichen Schriftform ist derjenige, der sich auf die Befristung beruft, d. h. regelmäßig der Arbeitgeber. Der Arbeitnehmer kann die Einhaltung der Schriftform u. U. mit sog. Nicht-mehr-wissen i. S. v. § 138 Abs. 4 ZPO bestreiten, wenn er nicht mehr weiß und auch nicht in zumutbarer Weise durch Nachforschungen ermitteln kann, ob die Befristungsabrede von beiden Parteien unterzeichnet wurde (BAG, Urteil v. 20.8.2014, 7 AZR 924/12). 391

5.6 Rechtsfolgen bei Verstoß gegen das Schriftformerfordernis

Ist die Befristung oder auflösende Bedingung entgegen § 14 Abs. 4 TzBfG nicht schriftlich vereinbart, führt dies **nicht zur Unwirksamkeit des gesamten Arbeitsvertrags**, sondern **nur zur Unwirksamkeit der vereinbarten Befristung**[586]. Nach § 16 Satz 1 TzBfG gilt der **Arbeitsvertrag** als **auf unbestimmte Zeit geschlossen**. 392

Ist die Befristung **ausschließlich wegen der fehlenden Schriftform unwirksam**, kann der Arbeitsvertrag nach § 16 Satz 3 TzBfG bereits vor dem vereinbarten Vertragsende **ordentlich gekündigt** werden[587]. 393

Will der Arbeitnehmer die Unwirksamkeit der Befristung wegen fehlender Schriftform geltend machen, muss er nach § 17 Satz 1 TzBfG innerhalb von 3 Wochen nach dem vereinbarten Vertragsende eine **Befristungskontrollklage** erheben, andernfalls gilt die Befristung nach § 17 Satz 2 TzBfG i. V. m. § 7 KSchG als von Anfang an wirksam[588]. 394

---

[586] Dörner, Der befristete Arbeitsvertrag, 2. Aufl. 2011, Rz. 93; Annuß/Thüsing/*Maschmann*, TzBfG, 3. Aufl. 2012, § 14 TzBfG, Rz. 91; ErfK/*Müller-Glöge*, 16. Aufl. 2016, § 14 TzBfG, Rz. 122.

[587] S. Spinner, § 16, Rz. 5

[588] BAG, Urteil v. 4.5.2011, 7 AZR 252/10; Dörner, Der befristete Arbeitsvertrag, 2. Aufl. 2011, Rz. 93; Sievers, TzBfG, 5. Aufl. 2015, § 14 TzBfG, Rz. 674; s. Spinner, § 17, Rz. 64.

§ 15 Ende des befristeten Arbeitsvertrages

(1) Ein kalendermäßig befristeter Arbeitsvertrag endet mit Ablauf der vereinbarten Zeit.
(2) Ein zweckbefristeter Arbeitsvertrag endet mit Erreichen des Zwecks, frühestens jedoch zwei Wochen nach Zugang der schriftlichen Unterrichtung des Arbeitnehmers durch den Arbeitgeber über den Zeitpunkt der Zweckerreichung.
(3) Ein befristetes Arbeitsverhältnis unterliegt nur dann der ordentlichen Kündigung, wenn dies einzelvertraglich oder im anwendbaren Tarifvertrag vereinbart ist.
(4) [1]Ist das Arbeitsverhältnis für die Lebenszeit einer Person oder für längere Zeit als fünf Jahre eingegangen, so kann es von dem Arbeitnehmer nach Ablauf von fünf Jahren gekündigt werden. [2]Die Kündigungsfrist beträgt sechs Monate.
(5) Wird das Arbeitsverhältnis nach Ablauf der Zeit, für die es eingegangen ist, oder nach Zweckerreichung mit Wissen des Arbeitgebers fortgesetzt, so gilt es als auf unbestimmte Zeit verlängert, wenn der Arbeitgeber nicht unverzüglich widerspricht oder dem Arbeitnehmer die Zweckerreichung nicht unverzüglich mitteilt.

Übersicht **Rz.**

1. Allgemeines

Im Anschluss an die gesetzlichen Bestimmungen zur Zulässigkeit von Befristungen in § 14 TzBfG regelt § 15 TzBfG die Rechtsfolgen wirksamer Befristungen, gefolgt von den Regelungen in § 16 TzBfG zu den Rechtsfolgen unwirksamer Befristungen. § 15 TzBfG ersetzt dabei verschiedene gesetzliche Regelungen und kodifiziert die Rechtsprechung des Bundesarbeitsgerichts (BAG). 1

- § 15 Abs. 1 TzBfG ersetzt ohne inhaltliche Änderung für Arbeitsverhältnisse § 620 BGB.
- § 15 Abs. 2 TzBfG greift die Rechtsprechung des BAG zu Folgen wirksamer Zweckbefristungen auf.
- § 15 Abs. 3 TzBfG setzt die aus § 620 Abs. 2 BGB hergeleitete Rechtsprechung zur Kündigungsmöglichkeit im befristeten Arbeitsverhältnis um.
- § 15 Abs. 4 TzBfG ersetzt ohne inhaltliche Änderung für Arbeitsverhältnisse § 624 BGB.
- § 15 Abs. 5 TzBfG ersetzt mit geringen Änderungen für befristete Arbeitsverhältnisse § 625 BGB, verbunden mit einer Neuregelung beim zweckbefristeten Arbeitsverhältnis.

Da § 15 TzBfG allgemeine Regelungen zur Befristung enthält, kommt § 15 TzBfG auch bei spezialgesetzlich geregelten befristeten Arbeitsverhältnissen zur Anwendung, es sei denn, es liegen besondere abweichende Regelungen vor[1]. Wenn § 23 TzBfG bestimmt, dass besondere gesetzliche Regelungen über Befristungen unberührt bleiben, ergibt sich hieraus umgekehrt, dass allgemeine Regelungen wie § 15 TzBfG anwendbar bleiben. 2

Beispiel

Da § 1 Abs. 2 des „Gesetzes über befristete Arbeitsverhältnisse mit Ärzten in der Weiterbildung“ nur die Zeit- nicht aber die Zweckbefristung zulässt, kann § 15 Abs. 2 TzBfG nicht zur Anwendung kommen. Wird der Arzt bei einer Zeitbefristung über den vereinbarten Beendigungszeitpunkt hinaus beschäftigt, kann jedoch nach § 15 Abs. 5 TzBfG ein unbefristetes Arbeitsverhältnis entstehen[2].

---

[1] BT-Drucks. 14/4374, S. 22; *Preis/Gotthardt*, DB 2000, S. 2074.
[2] Ausführlich zum ÄArbVtrG s. Imping, § 23, Rz. 84 ff.

3 **§ 15 TzBfG ist unabdingbar.** Von dieser Vorschrift kann nach § 22 TzBfG weder durch Tarifvertrag, Betriebs- oder Dienstvereinbarungen noch durch einzelvertragliche Vereinbarungen **zuungunsten** des Arbeitnehmers abgewichen werden. Für die Arbeitnehmer günstigere Regelungen sind grundsätzlich zulässig[3].

4 § 15 Abs. 2, 3 und 5 TzBfG findet nach § 21 TzBfG auch auf auflösend bedingte Arbeitsverhältnisse Anwendung. Dies spielt in der Praxis insbesondere bei der Vereinbarung der vollen Erwerbsminderung als auflösende Bedingung eine Rolle.

5 **Für die befristete Vereinbarung einzelner Vertragsbedingungen kommt § 15 TzBfG nicht zur Anwendung**, da das TzBfG nicht auf die Befristung einzelner Vertragsbedingungen anzuwenden ist (BAG, Urteil v. 14.1.2004, 7 AZR 213/03[4]). Dies gilt auch für § 15 Abs. 5 TzBfG (BAG, Urteil v. 3.9.2003, 7 AZR 106/03[5]).

2. Rechtsfolgen des zeit- oder zweckbefristeten Arbeitsverhältnisses

6 In § 15 Abs. 1 und 2 TzBfG wird klargestellt, dass wirksam kalendermäßig befristete und zweckbefristete Arbeitsverhältnisse **automatisch enden, ohne dass es einer Kündigung bedarf**. Dies wird als besonderer Vorteil dieser Vertragsgestaltung angesehen. Die erforderliche Unterrichtung über die Zweckerreichung nach § 15 Abs. 2 TzBfG ist keine Kündigung[6].

7 Da dem Arbeitnehmer bei einem kalendermäßig befristeten Arbeitsverhältnis das Ende des Arbeitsverhältnisses bereits bei Vertragsschluss bekannt ist, verlangt § 15 TzBfG einen Hinweis auf das Vertragsende durch den Arbeitgeber nicht. Erfolgt gleichwohl der Hinweis, ist dies keine Kündigung.

8 Allerdings hat der Arbeitgeber nach § 2 Abs. 2 Nr. 3 SGB III den Arbeitnehmer **auf die Pflicht zur unverzüglichen Meldung bei der Bundesagentur für Arbeit hinzuweisen**. Obwohl die unterlassene Aufklärung dem Arbeitnehmer keinen Schadensersatzanspruch gegen den Arbeitgeber gibt (BAG, Urteil v. 29.9.2005, 8 AZR 571/04[7]), sollte ein solcher Hinweis erfolgen.

Beispiel

Bei **kalendermäßig befristetem Vertrag** kann dies durch Aufnahme im Arbeitsvertrag erfolgen:

„Zur Verhinderung einer Sperrzeit hinsichtlich der Ansprüche auf Arbeitslosengeld sind Sie nach § 38 Abs. 1 SGB III verpflichtet, sich spätestens 3 Monate vor der Beendigung des Arbeitsverhältnisses persönlich bei der Agentur für Arbeit arbeits-

---

[3] S. Rambach, § 22, Rz. 4; Meinel/Heyn/Herms/*Herms*, TzBfG, 5. Aufl. 2015, § 22 TzBfG, Rz. 7.

[4] NZA 2004, S. 719.

[5] NZA 2004, S. 255.

[6] Zur Rechtsnatur s. Rz. 22.

[7] NZA 2005, S. 1406.

suchend zu melden. Die telefonische Mitteilung genügt nur dann, wenn die persönliche Meldung nach terminlicher Vereinbarung nachgeholt wird. Sofern dieses Arbeitsverhältnis kürzer als 3 Monate befristet ist, besteht diese Verpflichtung unverzüglich."

Bei **zweckbefristetem Vertrag** empfiehlt sich die Aufnahme im Hinweis auf Zweckerreichung:

„Sie sind nach § 38 Abs. 1 SGB III verpflichtet, sich nach Erhalt dieses Schreibens unverzüglich bei der Bundesagentur für Arbeit zu melden, um eine Sperrzeit hinsichtlich der Ansprüche auf Arbeitslosengeld zu vermeiden."

Nach dem Grundsatz der Vertragsfreiheit ist es auch zulässig, eine **kombinierte Zweck- und Zeitbefristung (Doppelbefristung)** zu vereinbaren[8]. Die Wirksamkeit der Zweckbefristung und der Zeitbefristung sind rechtlich getrennt zu beurteilen. Die Unwirksamkeit der Zweckbefristung hat keinen Einfluss auf die Wirksamkeit der vereinbarten Zeitbefristung (BAG, Urteil v. 4.5.2011, 7 AZR 252/10[9]). Das Arbeitsverhältnis endet mit dem 1. eintretenden Beendigungstatbestand. Wird es über diesen Zeitpunkt fortgesetzt, entsteht kein unbefristetes Arbeitsverhältnis nach § 15 Abs. 5 TzBfG. Das Arbeitsverhältnis endet mit dem 2. vereinbarten Befristungszeitpunkt[10]. 9

Da das wirksame zeit- oder zweckbefristete Arbeitsverhältnis ohne Kündigung endet, ist eine Anhörung des Betriebsrats nach § 102 BetrVG nicht erforderlich. Da die Vorschrift auch für **Arbeitsverhältnisse mit einem besonderen Kündigungsschutz** gilt[11], endet auch in diesen Fällen das Arbeitsverhältnis automatisch ohne Einschaltung und Zustimmung der entsprechenden Stellen. 10

Das befristete Arbeitsverhältnis eines Betriebsratsmitglieds endet, ohne dass es der Zustimmung des Betriebsrats nach § 103 BetrVG bedarf. Benachteiligt allerdings ein Arbeitgeber ein befristet beschäftigtes Betriebsratsmitglied, indem er wegen dessen Betriebsratstätigkeit den Abschluss eines Folgevertrags ablehnt, hat das Betriebsratsmitglied einen Schadensersatzanspruch auf den Abschluss des verweigerten Folgevertrags (BAG, Urteil v. 25.6.2014, 7 AZR 847/12[12]). Das Arbeitsverhältnis eines schwerbehinderten Arbeitnehmers endet, ohne dass es der Zustimmung des Integrationsamts nach den §§ 85 ff. SGB IX bedarf. Auch die Kündigungsverbote nach § 9 MuSchG und § 18 BEEG greifen nicht. Im Einzelfall kann sich jedoch ein Fortsetzungsanspruch ergeben[13].

---

[8] Strittig, s. Gräfl, § 3, Rz. 22 ff.; zur Rechtslage vor dem TzBfG BAG, Urteil v. 27.6.2001, 7 AZR 157/00, NZA 2002, S. 351.

[9] NZA 2011, S. 1178.

[10] S. Rz. 91 ff.

[11] BT-Drucks. 14/4374, S. 20.

[12] NZA 2014, S. 1209.

[13] S. Gräfl, § 14, Rz. 47 ff.; s. Spinner, § 17, Rz. 66 ff.

11 **Besonderheiten** gelten teilweise im **Bühnenbereich**. Hier sehen Tarifverträge vor, dass sich ein für eine Spielzeit befristeter Vertrag automatisch um eine weitere Spielzeit verlängert, wenn die Nichtverlängerungsanzeige nicht frist- oder formgerecht erfolgt ist (vgl. beispielsweise BAG, Urteil v. 26.8.1998, 7 AZR 263/97[14]).
Streitig ist, ob die befristete Verlängerung im Hinblick auf die Unabdingbarkeit von § 15 Abs. 5 TzBfG noch zulässig ist[15]. Dies ist zu bejahen, da durch die tarifliche Regelung bei fehlender Nichtverlängerungsmitteilung eine neue Rechtsgrundlage für einen weiteren befristeten Vertrag geschaffen wird[16].
Nach der Rechtsprechung des BAG ist diese Nichtverlängerungsanzeige gleichwohl keine Kündigung, so dass weder der Betriebsrat nach § 102 BetrVG zu hören ist (BAG, Beschluss v. 28.10.1986, 1 ABR 16/85[17]) noch besondere Kündigungsschutzbestimmungen greifen (BAG, Urteil v. 23.10.1991, 7 AZR 56/91)[18]. Im **öffentlichen Dienst** können sich zur Beteiligung des Personalrats Besonderheiten aus landespersonalvertretungsrechtlichen Normen ergeben.

2.1 Kalendermäßige Befristung (Abs. 1)

12 Das wirksam kalendermäßig befristete **Arbeitsverhältnis endet automatisch zum vereinbarten Beendigungszeitpunkt (Zeitablauf)**. Dieser muss nicht zwingend als Datum aufgenommen gewesen sein[19]. Bei einer vereinbarten Befristung wie „Für die Dauer der Frankfurter Buchmesse“ endet das befristete Arbeitsverhältnis mit dem letzten Tag der Buchmesse. Das Arbeitsverhältnis kann an jedem beliebigen Tag enden, auch an einem Samstag, Sonntag oder Feiertag[20]. § 193 BGB kommt nicht zur Anwendung. Bei einer vereinbarten Uhrzeit innerhalb eines Tages endet das Arbeitsverhältnis zu diesem Zeitpunkt. Bei einer Frist nach Wochen, Monaten oder Jahren berechnet sich der Fristbeginn nach § 187 Abs. 2 BGB und das Fristende nach § 188 Abs. 2, 3 BGB[21].

Beispiel

Die Parteien vereinbaren am 15.7.2015 ein befristetes Arbeitsverhältnis für ein Vierteljahr. Vereinbarter Arbeitsbeginn ist der 30.8.2015.

Der Tag der vereinbarten Arbeitsaufnahme zählt nach § 187 Abs. 2 Satz 1 BGB mit, sodass die Frist mit dem 31.8.2015 beginnt. Nach § 188 Abs. 2 BGB endet die Vierteljahresfrist mit dem Ablauf desjenigen Tages des letzten Monats, welcher dem Tage vorhergeht, der durch seine Benennung oder seine Zahl dem Anfangstag der

14 NZA 1999, S. 442.
15 S. Rz. 91.
16 MünchKomm/*Hesse*, Bd. 4, 6. Aufl. 2012, § 15 TzBfG, Rz. 25.
17 AP BetrVG 1972 § 118 Nr. 32.
18 NZA 1992, S. 925 zu § 9 MuSchG.
19 Zur Definition der kalendermäßigen Befristung s. Gräfl, § 3, Rz. 6 ff.
20 Dörner, Der befristete Arbeitsvertrag, 2. Aufl. 2011, Rz. 700.
21 HK-ArbR/*Tillmanns*, 3. Aufl. 2013, § 15 TzBfG, Rz. 2.

Frist entspricht. Dies wäre der 31.11.2015. Da dieser Kalendertag fehlt, endet nach § 188 Abs. 3 BGB die Frist mit dem letzten Tag des letzten Monats, damit mit dem 30.11.2015.

2.2 Zweckbefristung (Abs. 2)

2.2.1 Zweckerreichung

Die Beendigung eines wirksam zweckbefristeten Arbeitsverhältnisses setzt die Zweckerreichung und schriftliche Unterrichtung über die Zweckerreichung voraus. 13

Unerlässliche Voraussetzung für eine automatische Beendigung des Arbeitsverhältnisses ohne Kündigung ist, dass ein **Beendigungstatbestand hinreichend deutlich vereinbart** war[22] und dieser Beendigungstatbestand auch tatsächlich eintritt (BAG, Urteil v. 27.6.2001, 7 AZR 157/00[23]). Bereits das in dem Regierungsentwurf[24] genannte Beispiel der Projektarbeit zeigt, dass die Bestimmung des genauen Zeitpunkts Schwierigkeiten machen kann. Wann ist ein Forschungsprojekt abgeschlossen? Mit der Erstellung des Abschlussberichts? Mit der Abnahme durch einen beauftragenden Dritten? Die Zweckerreichung sollte daher möglichst konkret beschrieben werden. Bei einer Zweckbefristung muss der Vertragszweck ohnehin schriftlich vereinbart und so genau bezeichnet worden sein, dass das Ereignis, dessen Eintritt zur Beendigung des Arbeitsverhältnisses führen soll, zweifelsfrei feststellbar ist (BAG, Urteil v. 21.12.2005, 7 AZR 541/04[25]). 14

Gleichwohl wird es immer wieder Schwierigkeiten geben, den genauen Tag zu bestimmen. Da die **Zweckerreichung objektiv bestimmbar** sein muss[26], führt nicht die subjektive Einschätzung des Arbeitgebers zum Beendigungszeitpunkt. Ob die Rechtsprechung dem Arbeitgeber zur Bestimmung des Zeitpunkts einen gewissen Beurteilungsspielraum einräumen wird, bleibt abzuwarten[27]. 15

Darlegungs- und beweispflichtig für die Zweckerreichung ist die **Vertragspartei**, die sich auf die **Beendigung beruft**. 16

Schwierigkeiten können sich dann ergeben, wenn mehrere Arbeitnehmer für ein bestimmtes Projekt tätig sind und gegen Ende des Projekts weniger Arbeitnehmer beschäftigt werden. 17

---

[22] S. Gräfl, § 3, Rz. 15 ff.

[23] NZA 2002, S. 351.

[24] BT-Drucks. 14/4374, S. 20.

[25] NZA 2006, S. 321; näher s. Gräfl, § 3, Rz. 15.

[26] Boewer, TzBfG, 1. Aufl. 2002, § 15 TzBfG, Rz. 14.

[27] Zum Sachstand KR/*Lipke*, 11. Aufl. 2016, § 15 TzBfG, Rz. 22f; für Beurteilungsspielraum Meinel/Heyn/Herms/*Meinel*, TzBfG, 5. Aufl. 2015, § 15 TzBfG, Rz. 15 ff; ebenso HaKo/*Mestwerdt*, 5. Aufl. 2015, § 15 TzBfG, Rz. 6; Sievers, TzBfG, 5. Aufl. 2015, § 15 TzBfG, Rz. 6; zu den Auswirkungen einer fehlerhaften Beurteilung und Mitteilung durch den Arbeitgebers. Rz. 31 ff.

Beispiel

55 Arbeitnehmer werden zweckbefristet als Prüfer der Gruppe Währungsumstellung eingestellt. Im Rahmen einer beabsichtigten Reduzierung auf 26 Arbeitnehmer hat das BAG eine Zweckerreichung als Folge der Reduzierung verneint. Es hat offen gelassen, ob der Beendigungstatbestand hinreichend deutlich vereinbart worden ist. Da die vertragliche Vereinbarung auf den **Wegfall der Aufgabe** der Gruppe Währungsumstellung abstelle, führe die Reduzierung der Aufgabe nicht zur Zweckerreichung (BAG, Urteil v. 27.6.2001, 7 AZR 157/00[28]). Ist in den Arbeitsverträgen die ordentliche Kündigungsmöglichkeit vereinbart, kann jedoch betriebsbedingt gekündigt werden.

2.2.2 Zweckwegfall

18 Der **Zweckwegfall** ist der Zweckerreichung nicht gleichzusetzen. Die rechtlichen Konsequenzen hängen von dem Grund der Zweckbefristung ab.

Beispiel

1. Es wird eine Zweckbefristung[29] bis zur Wiederaufnahme der Tätigkeit durch einen erkrankten Mitarbeiter vereinbart. Dieser scheidet durch Eigenkündigung aus.
2. Als Zweckbefristung wird vereinbart:
   Erstellung eines Waldschadensberichts über Borkenkäferbefall in der Fläche X.
   a) Das zu untersuchende Gebiet wird vom Orkan Kyrill verwüstet. Die geplante Untersuchung kann deswegen nicht fortgeführt werden.
   b) Der Wald ist nicht betroffen, der Arbeitgeber möchte jedoch im Hinblick auf Schäden in anderen Gebieten das Projekt stoppen und sich eilbedürftigeren Aufgaben widmen.

19 Teilweise wird § 15 Abs. 2 TzBfG entnommen, dass der Arbeitgeber das Risiko des Zweckwegfalls trage, da der tatsächliche Eintritt der Zweckerreichung der früheste Zeitpunkt der Vertragsbeendigung sein könne[30]. Dies dürfte jedoch über den Schutzzweck von § 15 Abs. 2 TzBfG hinausgehen. § 15 Abs. 2 TzBfG soll dem Arbeitnehmer durch die frist- und formgebundene Unterrichtung Zeit geben, sich auf das vorher nicht bekannte Ende des Arbeitsverhältnisses einzustellen[31].

---

[28] NZA 2002, S. 351.

[29] Zur Abgrenzung Zweckbefristung/auflösende Bedingung Rambach, § 21 Rz. 3; vgl. auch BAG, Urteil v. 26.6.2011, 7 AZR 6/10, NZA 2011, S. 1346.

[30] Kittner/Däubler/Zwanziger/*Däubler*, 9. Aufl. 2014, KSchR, § 15 TzBfG, Rz. 4; Boewer, TzBfG, 1. Aufl. 2002, § 15 TzBfG, Rz. 15.

[31] BT-Drucks. 14/4374, S. 20.

Auch im Rahmen des § 15 Abs. 2 TzBfG ist der Rückgriff auf eine **ergänzende Vertragsauslegung bei Zweckfortfall** möglich (vgl. hierzu BAG, Urteil v. 26.6.1996, 7 AZR 674/95[32]). Wird mit der Zweckbefristung im Rahmen eines bestehenden Arbeitskraftbedarfs ein vorübergehender Vertretungsbedarf befriedigt, besteht das Arbeitsverhältnis bei Zweckfortfall weiter (Beispielsfall 1, Rz. 18, nach BAG, Urteil v. 26.6.1996, 7 AZR 674/95[33]). Fällt mit dem Zweckfortfall ein vorübergehender Arbeitsmehrbedarf weg, endet das Arbeitsverhältnis mit der 2-wöchigen Auslauffrist[34] (Beispielfall 2a, Rz. 18). Erfolgt keine Beendigungsmitteilung, kann nach § 15 Abs. 5 TzBfG ein unbefristetes Arbeitsverhältnis entstehen[35]. Die ergänzende Vertragsauslegung endet jedoch da, wo der Grund des Zweckfortfalls nicht selbst Inhalt einer wirksamen Zweckvereinbarung sein könnte (Beispielsfall 2b, Rz. 18), da ansonsten das Wirtschaftsrisiko auf den Arbeitnehmer übertragen würde. Da Befristungsvereinbarungen typischerweise vom Arbeitgeber vorformuliert sind, ist auch zu beachten, dass nach den §§ 310 Abs. 3 Nr. 2, 305c Abs. 2 BGB Unklarheiten zulasten des Arbeitgebers gehen[36]. 20

Hinweis

Auf jeden Fall kann der Arbeitgeber bei Zweckwegfall betriebsbedingt ordentlich kündigen, wenn der Arbeitsmehrbedarf weggefallen ist und keine Weiterbeschäftigung auf einem anderen freien Arbeitsplatz möglich ist. Eine solche vorsorgliche Kündigung ist zulässig.

2.2.3 Schriftliche Unterrichtung über die Zweckerreichung

Die Beendigung eines wirksam zweckbefristeten Arbeitsverhältnisses setzt nach § 15 Abs. 2 TzBfG neben der Zweckerreichung die Unterrichtung des Arbeitnehmers hierüber voraus. Das **Arbeitsverhältnis endet erst mit einer Auslauffrist von 2 Wochen nach Zugang der Unterrichtung**. 21

Diese Unterrichtungspflicht geht auf die frühere Rechtsprechung des BAG zurück. Dieses hat bei Zweckbefristungen und auflösenden Bedingungen verlangt, dass dem Arbeitnehmer der Beendigungszeitpunkt so rechtzeitig bekannt zu machen ist, dass die für das Arbeitsverhältnis geltende Mindestkündigungsfrist gewahrt ist (BAG, Urteil v. 12.6.1987, 7 AZR 8/86[37]). Form und Frist der Unterrichtung führen in Verbindung mit § 15 Abs. 5 TzBfG jedoch zu einer Reihe neuer Probleme[38].

---

[32] NZA 1997, S. 200, KR/*Lipke*, 11. Aufl. 2016, § 15 TzBfG, Rz. 14.

[33] NZA 1997, S. 200; so auch Annuß/Thüsing/*Maschmann*, TzBfG, 3. Aufl. 2012, § 15 TzBfG, Rz. 2.

[34] Meinel/Heyn/Herms/*Meinel*, TzBfG, 5. Aufl. 2015, § 15 TzBfG, Rz. 11; HaKo/*Mestwerdt*, 5. Aufl. 2015, § 15 TzBfG, Rz. 7.

[35] Dornbusch/Fischermeier/Löwisch/*Schüren*, 7. Aufl. 2015, § 15 TzBfG, Rz. 5.

[36] HK-ArbR/*Tillmanns*, 3. Aufl. 2013, § 15 TzBfG, Rz. 4.

[37] NZA 1988, S. 201.

[38] S. Rz. 31 ff.; 83 f.

22 Bei der Unterrichtung handelt es sich nach allgemeiner Ansicht um eine **Wissenserklärung** und **keine Willenserklärung**, da die Mitteilung im Gegensatz zu einer Kündigung nicht auf die unmittelbare Herbeiführung einer Rechtsfolge gerichtet ist (vgl. z. B. ArbG Berlin, Urteil v. 27.11.2003, 79 Ca 22206/03[39]). Auf diese Wissenserklärung finden als geschäftsähnliche Handlung die Bestimmungen über Willenserklärungen grundsätzlich Anwendung[40].

23 Die Unterrichtung hat aus Gründen der Rechtsklarheit durch den **Arbeitgeber** oder eine **abschlussberechtigte oder kündigungsberechtigte Person** zu erfolgen[41]. Eine Unterrichtung durch Dritte, z. B. durch den Drittmittelgeber, genügt im Gegensatz zur früheren Rechtslage nicht[42] und setzt daher die Auslauffrist nicht in Gang.

24 Die **Unterrichtungspflicht besteht nach der Rechtsprechung des Bundesarbeitsgerichts auch dann**, wenn die Zweckbefristung oder auch auflösende Bedingung in der **Sphäre oder der Person des Arbeitnehmers** ohne betrieblichen Bezug liegt. Hiervon ist das BAG in Fällen, in denen nach tarifvertraglichen Regelungen das Arbeitsverhältnis mit der Bewilligung einer unbefristeten Rente wegen voller Erwerbsminderung endet, ausgegangen (BAG, Urteil v. 6.4.2011, 7 AZR 704/07[43]). Diese Rechtsprechung erscheint nicht überzeugend. § 15 Abs. 2 TzBfG fordert keinen Hinweis oder eine Information über das Ende des Arbeitsverhältnisses, vielmehr die Unterrichtung über den Zeitpunkt der Zweckerreichung. Die Wissensvermittlung von Arbeitgeber auf Arbeitnehmer hat daher nach Wortlaut und Sinn und Zweck nur bei in der Sphäre des Arbeitgebers liegenden Gründen zu erfolgen[44].

Hinweis

Angesichts der Rechtsprechung des BAG sollte der Arbeitgeber nach späterer Kenntnis unverzüglich vorsorglich die schriftliche Unterrichtung über Zweckerreichung und Ende des Arbeitsverhältnisses nachholen und, will der Arbeitnehmer die Tätigkeit fortsetzen, dieser schriftlich widersprechen. **Ohne Widerspruch** gegen die Tätigkeit des Arbeitnehmers entsteht nach § 15 Abs. 5 Satz 2 TzBfG ein **Arbeitsverhältnis auf unbefristete Zeit**.

---

39 ErfK/*Müller-Glöge*, 16. Aufl. 2016, § 15 TzBfG, Rz. 2; Meinel/Heyn/Herms/*Meinel*, TzBfG, 5. Aufl. 2015, § 15 TzBfG, Rz. 11.

40 KR/*Lipke*, 11. Aufl. 2016, § 15 TzBfG, Rz. 17; Meinel/Heyn/Herms/*Meinel*, TzBfG, 5. Aufl. 2015, § 15 TzBfG, Rz. 13.

41 KR/*Lipke*, 11. Aufl. 2016, § 15 TzBfG, Rz. 18; Boewer,TzBfG, 1. Aufl. 2002, § 15 TzBfG, Rz. 23.

42 Boewer, TzBfG, 1. Aufl. 2002, § 15 TzBfG, Rz. 22.

43 NJW 2011, S. 2748; ebenso Urteil v. 23.7.2014, 7 AZR 771/12, NZA 2014, S. 1341.

44 Sehr strittig, wie hier HaKo/*Mestwerdt*, 5. Aufl. 2015, § 15 TzBfG, Rz. 10; Laux/Schlachter/*Schlachter*, TzBfG, 2. Aufl. 2011, § 15 TzBfG, Rz. 6; Meinel/Heyn/Herms/*Meinel*, TzBfG, 5. Aufl. 2015, § 15 TzBfG, Rz. 6, der von einer telelogischen Reduktion ausgeht; MünchKomm/*Hesse*, Bd. 4, 6. Aufl. 2012, § 15 TzBfG, Rz. 16; a. A. APS/*Backhaus*, 4. Aufl. 2012, § 15 TzBfG, Rz. 6; Dörner, Der befristete Arbeitsvertrag, 2. Aufl. 2011, Rz. 771.

Inhalt

Es ist der Beendigungszeitpunkt unter genauer **Angabe des Tages** zu bezeichnen. Unbestimmte Angaben wie „innerhalb der nächsten Woche" genügen nicht. 25

Nähere **Angaben zu den Gründen** der Zweckerreichung sind **nicht erforderlich** und keine Wirksamkeitsvoraussetzung[45]. § 15 Abs. 2 TzBfG verlangt die Angabe des Zeitpunkts, jedoch keine Begründung[46]. Insbesondere kann nicht durch die Mitteilung erst der Zweck bestimmbar gemacht werden[47]. Der Beendigungstatbestand muss sich bereits aus der vereinbarten Zweckbefristung selbst ergeben. Gleichwohl empfiehlt sich die Angabe in den Fällen, in denen die Gründe für die Zweckerreichung oder der Zweckwegfall dem Arbeitnehmer nicht bekannt sind. Auf Verlangen des Arbeitnehmers muss der Arbeitgeber als arbeitsvertragliche Nebenpflicht die Gründe ohnehin näher erläutern[48]. Ein Verstoß führt jedoch nicht zur Unwirksamkeit der Kündigung, vielmehr nur zu Schadensersatzansprüchen. 26

Form

Die Unterrichtung hat **schriftlich** zu erfolgen. Wann eine Unterrichtung der Anforderung der „Schriftlichkeit" entspricht, ist höchst streitig. 27

- Teilweise wird die Beachtung von § 623 BGB vertreten. Dies erfordert den Zugang des Originals mit eigenhändiger Unterschrift. Telefax, E-Mail und die elektronische Form nach § 126a BGB sind ausgeschlossen[49].
- Überwiegend wird die entsprechende Anwendung von § 126 BGB vertreten. Neben dem Zugang des Originals mit eigenhändiger Unterzeichnung wahrt nach den §§ 126 Abs. 3, 126a BGB das elektronische Dokument mit qualifizierter elektronischer Signatur die Schriftform. Telefax und E-Mail wahren die Schriftform nicht[50].
- Unter Hinweis auf 2 Entscheidungen des BAG zur schriftlichen Geltendmachung bei einer tariflichen Ausschlussfrist (BAG, Urteil v. 11.10.2000, 5 AZR 313/99[51]) und zur schriftlichen Zustimmungsverweigerung des Betriebsrats nach § 99 Abs. 3 Satz 1 BetrVG (BAG, Beschluss v. 11.6.2002, 1 ABR 43/01[52]), wird inzwischen auch die Auffassung vertreten, dass auch die Unterrichtung mit Telefax, nicht jedoch mit

---

[45] So aber Kittner/Däubler/Zwanziger, 9. Aufl. 2014, KSchR, § 15 TzBfG, Rz. 6.

[46] APS/*Backhaus*, 4. Aufl. 2012, § 15 TzBfG, Rz. 9; Boewer, TzBfG, 1. Aufl. 2002, § 15 TzBfG, Rz. 26; KR/*Lipke*, 11. Aufl. 2016, § 15 TzBfG, Rz. 22.

[47] So aber wohl Dörner, Der befristete Arbeitsvertrag, 2. Aufl. 2011, Rz. 712.

[48] Vgl. zur ordentlichen Kündigung KR/*Griebeling/Rachor*, 11. Aufl. 2016, § 1 KSchG, Rz. 239.

[49] Annuß/Thüsing/*Maschmann*, TzBfG, 3. Aufl. 2012, § 15 TzBfG, Rz. 4; *Kliemt*, NZA 2001, S. 296, 302; Laux/Schlachter/*Schlachter*, TzBfG, 2. Aufl. 2011, § 15 TzBfG, Rz. 9.

[50] APS/*Backhaus*, 4. Aufl. 2012, § 15 TzBfG, Rz. 8; ErfK/*Müller-Glöge*, 16. Aufl. 2016, § 15 TzBfG, Rz. 2.

[51] NJW 2001, S. 989.

[52] NJW 2003, S. 843.

E-Mail genüge[53]. Dem ist zu folgen. Der Normzweck, dem Arbeitnehmer Klarheit über den Eintritt der Zweckbestimmung zu verschaffen, erfordert keine analoge Anwendung von § 126 BGB. Ein Telefax, das den Arbeitgeber als Aussteller erkennen lässt, genügt. E-Mail und Textform nach § 126b BGB genügen hingegen nicht.

Hinweis

Der Arbeitgeber sollte angesichts der noch unklaren Rechtslage bestrebt sein, die Schriftform nach § 126 BGB zu wahren.

Frist

28 § 15 Abs. 2 TzBfG verlangt eine **Mindestfrist von 2 Wochen** für die Mitteilung über die Zweckerreichung. Angesichts der Zielsetzung, dem Arbeitnehmer Zeit zu geben, sich auf das Ende des Arbeitsverhältnisses einzustellen, ist die Frist kurz und entspricht entgegen der im Referentenentwurf noch vorgesehenen Frist von 4 Wochen nicht der gesetzlichen Mindestkündigungsfrist des § 622 Abs. 1 BGB. Wenn auch der Hinweis in der letzten Gesetzesbegründung auf § 622 Abs. 3 BGB[54] nicht überzeugt, da ein zweckbefristetes Arbeitsverhältnis über 6 Monate bestehen kann, hält sich die Auslauffrist noch im gesetzgeberischen Regelungsermessen[55]. Einzel- und tarifvertraglich kann nach § 22 TzBfG nur eine längere, nicht jedoch eine kürzere Frist vereinbart werden.

29 Die Auslauffrist beginnt mit **Zugang der Unterrichtung** beim Arbeitnehmer. Für den Zugang gelten die §§ 130 ff BGB entsprechend[56]. Das Schreiben ist danach zugegangen, sobald es in verkehrsüblicher Weise in die tatsächliche Verfügungsgewalt des Empfängers bzw. eines empfangsberechtigten Dritten gelangt ist und für den Empfänger unter gewöhnlichen Verhältnissen die Möglichkeit besteht, von dem Inhalt des Schreibens Kenntnis zu nehmen. Unerheblich ist, wann er die Erklärung tatsächlich zur Kenntnis genommen hat oder ob er davon durch Krankheit, zeitweilige Abwesenheit oder andere besondere Umstände zunächst gehindert war. Dies gilt auch für eine urlaubsbedingte Abwesenheit[57]. Auf die tatsächliche Kenntnisnahme durch den Arbeitnehmer kommt es nicht an.

---

[53] Boewer, TzBfG, 1. Aufl. 2002, § 15 TzBfG, Rz. 27; HaKo/*Mestwerdt*, 5. Aufl. 2015, § 15 TzBfG, Rz. 11; weiter gehend KR/*Griebeling,* 11. Aufl. 2016, § 15 TzBfG, Rz. 18; Sievers, TzBfG, 5. Aufl. 2015, § 15 TzBfG, Rz. 9; wonach auch E-Mail ausreichend ist.

[54] BT-Drucks. 14/4374, S. 20.

[55] KR/*Lipke*, 11. Aufl. 2016, § 15 TzBfG, Rz. 10; Annuß/Thüsing/*Maschmann*, TzBfG, 3. Aufl. 2012, § 15 TzBfG, Rz. 8; a. A. Kittner/Däubler/Zwanziger, 9. Aufl. 2014, KSchR, § 15 TzBfG, Rz. 9, der die Frist für verfassungsrechtlich bedenklich hält.

[56] APS/*Backhaus*, 4. Aufl. 2012, § 15 TzBfG, Rz. 12; Boewer, TzBfG, 1. Aufl. 2002, § 15 TzBfG, Rz. 29.

[57] Ständige Rechtsprechung des BAG zum Zugang bei Kündigungen vgl. z. B. BAG, Urteil v. 11.11.1992, 2 AZR 328/92, NJW 1993, S. 1093; BAG, Urteil v. 2.3.1989, 2 AZR 275/88, NJW 1989, S. 2213; ausführlich zum Zugang bei Kündigungen KR/*Friedrich/Klose*, 11. Aufl. 2016, § 4 KSchG, Rz. 11

Die **Fristberechnung** erfolgt nach den **§§ 186 ff. BGB**. Der Tag des Zugangs zählt nach § 187 Abs. 1 BGB nicht mit. Das Fristende bestimmt sich nach § 188 Abs. 2 BGB. Aus dem Zusammenwirken von § 187 Abs. 1 BGB und § 188 Abs. 2 BGB ergibt sich, dass ausgehend vom Wochentag des Zugangs Fristende am übernächsten gleichen Wochentag ist (z. B. Zugang Montag; Fristende Montag in 2 Wochen). Dies gilt auch, wenn dieser Tag auf einen Samstag, Sonntag oder Feiertag fällt, da wie beim Zugang von Kündigungen § 193 BG nicht zur Anwendung kommt (BAG, Urteil v. 13.10.1976, 5 AZR 638/75[58]). 30

2.2.4 Rechtsfolgen einer fehlerhaften Unterrichtung

Fehler bei der Unterrichtung können im Hinblick auf die gesetzlichen Vorgaben (Form, Inhalt, Zeitpunkt) zu unterschiedlichen Konsequenzen führen. Dabei ist § 15 Abs. 2 TzBfG im Zusammenhang mit § 15 Abs. 5 TzBfG zu sehen. Nach dieser Vorschrift entsteht ein unbefristetes Arbeitsverhältnis, wenn das Arbeitsverhältnis nach Zweckerreichung mit Wissen des Arbeitgebers fortgesetzt wird und der Arbeitgeber nicht unverzüglich widerspricht oder die Zweckerreichung nicht unverzüglich mitteilt[59]. Die Frage, ob als Folge eines Fehlers des Arbeitgebers ein unbefristetes Arbeitsverhältnis entsteht, bestimmt sich allein nach § 15 Abs. 5 TzBfG. Es müssen die Voraussetzungen nach dieser Vorschrift vorliegen. 31

Beispiel

Der Arbeitgeber teilt mündlich die Zweckerreichung mit und weigert sich, den Arbeitnehmer über das mitgeteilte Datum hinaus zu beschäftigen.

Da keine formgerechte Mitteilung vorliegt, endet das Arbeitsverhältnis nicht mit der Zweckerreichung. Der Arbeitnehmer hat daher bei Nichtbeschäftigung Anspruch auf Vergütung aus Annahmeverzug.

Ein unbefristetes Arbeitsverhältnis nach § 15 Abs. 5 TzBfG entsteht jedoch nicht, da der Arbeitnehmer über den Zeitpunkt der Zweckerreichung hinaus nicht beschäftigt wurde[60].

Inhaltsfehler

Unterrichtet der Arbeitgeber über den Zeitpunkt der Zweckerreichung falsch, ergeben sich folgende Konsequenzen: 32

---

58 AP BGB § 130 Nr. 9; ErfK/*Müller-Glöge*, 16. Aufl. 2016 § 15 TzBfG, Rz. 3; a. A. HK-TzBfG/*Joussen*, 3. Aufl. 2012, § 15 TzBfG, Rz. 37; Annuß/Thüsing/*Maschmann*, TzBfG, 3. Aufl. 2012, § 15 TzBfG, Rz. 7.

59 S. Rz. 78 ff.

60 S. Rz. 70 ff.

– Tritt die Zweckerreichung früher ein, endet das Arbeitsverhältnis bei Wahrung der 2-Wochenfrist mit dem mitgeteilten Zeitpunkt[61]. Einer erneuten Mitteilung bedarf es nicht. Insbesondere führt die Fortsetzung über die Zweckerreichung bis zum mitgeteilten Beendigungszeitpunkt nicht zur Fiktion des § 15 Abs. 5 TzBfG, da der Arbeitgeber durch die Unterrichtung den Beendigungswillen dokumentiert hat.
– Unterrichtet der Arbeitgeber irrtümlich oder bewusst über einen früheren Zeitpunkt der Zweckerreichung, geht die Mitteilung ins Leere und beendet das Arbeitsverhältnis nicht, auch nicht zum Zeitpunkt der Zweckerreichung. Der Arbeitgeber kann den Fehler durch eine erneute Unterrichtung korrigieren[62]. Ein unbefristetes Arbeitsverhältnis nach § 15 Abs. 5 TzBfG entsteht nur, wenn die „korrigierende" Unterrichtung nicht unverzüglich nach Zweckerreichung erfolgt ist[63].
– Tritt die Zweckerreichung wider Erwartung nicht ein, besteht das Arbeitsverhältnis als zweckbefristetes fort.

Formfehler

33 Eine Unterrichtung, die die Schriftform nicht wahrt, führt nicht zum Beginn der Auslauffrist. Die mündliche Mitteilung führt jedoch dazu, dass kein unbefristetes Arbeitsverhältnis nach § 15 Abs. 5 TzBfG entsteht, da der Widerspruch nach § 15 Abs. 5 TzBfG formlos möglich ist[64].

Fristfehler

34 Unterrichtet der Arbeitgeber den Arbeitnehmer weniger als 2 Wochen vor der Zweckerreichung, endet das Arbeitsverhältnis nicht mit der Zweckerreichung, vielmehr erst mit Ablauf der 2-Wochenfrist. § 15 Abs. 5 TzBfG kommt als Folge der Mitteilung erst bei einer Beschäftigung über diesen Zeitpunkt hinaus zur Anwendung[65]. Wird einer Beschäftigung über diesen Zeitpunk hinaus nicht widersprochen, entsteht nach § 15 Abs. 5 TzBfG ein unbefristetes Arbeitsverhältnis[66].

---

[61] ErfK/Müller-Glöge, 16. Aufl. 2016, § 15 TzBfG, Rz. 3; Sievers, TzBfG, 5. Aufl. 2015, § 15 TzBfG, Rz. 26.

[62] Nach Laux/Schlachter/*Schlachter*, TzBfG, 2. Aufl. 2011, § 15 TzBfG, Rz. 12 darf der Arbeitgeber den Arbeitnehmer aus Gründen des Vertrauensschutzes nicht gegen seinen Willen am Arbeitsverhältnis festhalten.

[63] Sehr strittig; wie hier z. B. Sächs. LAG, Urteil v. 25.1.2008, 3 Sa 458/07; Meinel/Heyn/Herms/*Meinel*, TzBfG, 5. Aufl. 2015, § 15 TzBfG, Rz. 31 f. ; Sievers, TzBfG, 5. Aufl. 2015, § 15 TzBfG, Rz. 27; a. A. Dörner, Der befristete Arbeitsvertrag, 2. Aufl. 2011, Rz. 716, Ende der Zweckerreichung; MünchKomm/*Hesse*, Bd. 4, 6. Aufl. 2012, 15 TzBfG, Rz. 14, Ende 2 Wochen nach tatsächlicher Zweckerreichung.

[64] S. Rz. 82.

[65] Meinel/Heyn/Herms/*Meinel*, TzBfG, 5. Aufl. 2015, § 15 TzBfG, Rz. 28; Sievers, TzBfG, 5. Aufl. 2015, § 15 TzBfG, Rz. 17.

[66] APS/*Backhaus*, 4. Aufl. 2012, § 15 TzBfG, Rz. 77; Dörner, Der befristete Arbeitvertrag, 2. Aufl. 2011, Rz. 940.

Beispiel

Bei einer zweckbefristeten Einstellung des A bis zur Wiederaufnahme der Tätigkeit des erkrankten Mitarbeiters K, kündigt dieser seine Rückkehr am 21.9.2015 zum 4.10.2015 an. Der Arbeitgeber teilt am 21.9.2015 sofort dem A die Beendigung zum 5.10.2015 unter Beachtung der 2-Wochenfrist mit. K bespricht nach der Arbeitsaufnahme mit dem Personalleiter, dass A ihn in der Folgewoche bis zum 12.10.2015 einarbeite. Hier kann ein unbefristetes Arbeitsverhältnis nach § 15 Abs. 5 TzBfG entstehen.

Erfolgt die **Mitteilung erst nach Zweckerreichung**, ist zu unterscheiden. Ein Arbeits- 35
verhältnis auf unbestimmte Zeit wird begründet, wenn die Mitteilung bei Fortsetzung der Tätigkeit durch den Arbeitnehmer nicht unverzüglich erfolgt ist. Eine nur mündliche Mitteilung führt nicht zum Ende des Arbeitsverhältnisses nach § 15 Abs. 2 TzBfG, verhindert jedoch die Begründung eines Arbeitsverhältnisses nach § 15 Abs. 5 TzBfG[67]. Das Arbeitsverhältnis endet in diesem Fall zwei Wochen nach Zugang einer schriftlichen Unterrichtung nach § 15 Abs. 2 TzBfG.

Beispiel

Der Arbeitnehmer K nimmt am 4.10.2015 nach seiner Genesung seine Tätigkeit wieder auf. Der Personalleiter schickt den zweckbefristeten Arbeitnehmer V unter Hinweis auf die Rückkehr von K nach Hause.

Das Arbeitsverhältnis besteht fort, da die schriftliche Unterrichtung nach § 15 Abs. 2 TzBfG fehlt. V hat Anspruch auf Vergütung aus Annahmeverzug. Ein Arbeitsverhältnis auf unbestimmte Zeit nach § 15 Abs. 5 TzBfG ist nicht entstanden, da V die Tätigkeit nicht fortgesetzt hat und eine mündliche Mitteilung nach § 15 Abs. 5 TzBfG vorliegt.

Erfolgt die Mitteilung des Arbeitgebers erst unverzüglich nach Zweckerreichung und 36
wählt der Arbeitgeber eine über 2 Wochen hinausgehende Frist für die Beendigung des Arbeitsverhältnisses, entsteht kein Arbeitsverhältnis auf unbestimmte Zeit (a. A. ArbG Berlin, Urteil v. 27.11.2003, 79 Ca 22206/03). Die Mitteilung ist unverzüglich nach § 15 Abs. 5 TzBfG erfolgt und enthält zugleich den erforderlichen Widerspruch gegen die Fortsetzung des Arbeitsverhältnisses über den mitgeteilten Beendigungszeitpunkt.

Lösungsmöglichkeit für Arbeitnehmer

Nicht immer ist die Verlängerung des Arbeitsverhältnisses als Folge verspäteter oder 37
form- oder inhaltswidriger Unterrichtung im Interesse des Arbeitnehmers. Der Arbeitnehmer kann die Tätigkeit mit Zweckerreichung einstellen. Vertraglich hat sich der Arbeitnehmer zur Arbeitsleistung bis zur Zweckerreichung verpflichtet. Der Arbeitgeber

[67] Dörner, Der befristete Arbeitsvertrag, 2. Aufl. 2011, Rz. 941; s. Rz. 83.

kann den Arbeitnehmer nicht zwingen, das Arbeitsverhältnis über die vertraglich vereinbarte Zeit fortzusetzen[68].

38 Wird das Arbeitsverhältnis fortgesetzt, besteht es mit allen Rechten und Pflichten fort. Der Arbeitgeber muss den Arbeitnehmer vertragsgemäß beschäftigen. Ist dies nicht mehr möglich, kommt der Arbeitgeber in Annahmeverzug[69].

3. Kündigungsmöglichkeit im befristeten Arbeitsverhältnis (Abs. 3)

3.1 Überblick

39 Nach § 15 Abs. 3 TzBfG ist im wirksam befristeten Arbeitsverhältnis die **ordentliche Kündigung nur** möglich, **wenn** dies **vereinbart** wurde. Diese Regelung entspricht der bisherigen Rechtsprechung zu § 620 Abs. 2 BGB (BAG, Urteil v. 19.6.1980, 2 AZR 660/78[70]; Urteil v. 25.2.1998, 2 AZR 279/97[71]).

40 Die Bestimmung **gilt auch für Verträge mit Altersgrenze**, da es sich bei einer Vereinbarung, nach der das Arbeitsverhältnis mit der Vollendung eines bestimmten Lebensjahres enden soll, um ein kalendermäßig befristetes Arbeitsverhältnis handelt[72]. Bei tariflichen Altersgrenzen ergibt sich die Kündbarkeit in der Regel aus dem anwendbaren Tarifvertrag. Außerdem muss bei der Regelung einer Altersgrenze bei der gebotenen Vertragsauslegung geprüft werden, ob es der Wille der Vertragsparteien war, mit der Vereinbarung der Altersgrenze die ordentliche Kündigung auszuschließen[73].

41 Ist die **ordentliche Kündigungsmöglichkeit nicht** entsprechend § 15 Abs. 3 TzBfG **vereinbart**, verbleibt während der Vertragslaufzeit nur die Möglichkeit der **außerordentlichen Kündigung** nach § 626 BGB. Diese ist durch § 15 Abs. 3 TzBfG nicht ausgeschlossen. Im **Insolvenzverfahren** kann auch ohne Vereinbarung nach § 113 InsO mit einer Frist von 3 Monaten zum Monatsende gekündigt werden. Kündigungsmöglichkeiten ohne ausdrückliche Vereinbarung sehen auch § 6 Abs. 3 Satz 1 PflegeZG und § 21 Abs. 4 BEEG vor.

Spricht ein Arbeitgeber eine ordentliche Kündigung im befristeten Arbeitsverhältnis aus, ohne dass diese Möglichkeit vereinbart war, muss die Unwirksamkeit der Kündigung wegen Verstoßes gegen § 15 Abs. 3 TzBfG innerhalb der Klagfrist des § 4 KSchG geltend gemacht werden (BAG, Urteil v. 22.7.2010, 6 AZR 480/09[74].

---

68 APS/*Backhaus*, 4. Aufl. 2012, § 15 TzBfG, Rz. 13; Annuß/Thüsing/*Maschmann*, TzBfG, 3. Aufl. 2012, § 15 TzBfG, Rz. 5; MünchKomm/*Hesse*, Bd. 4, 6. Aufl. 2012, § 15 TzBfG, Rz. 21; a. A. ErfK/*Müller-Glöge*, 16. Aufl. 2016, § 15 TzBfG, Rz. 6; KR/*Lipke*, 11. Aufl. 2016, § 15 TzBfG, Rz. 15.

69 KR/*Lipke*, 11. Aufl. 2016, § 15 TzBfG, Rz. 16.

70 NJW 1981, S. 246.

71 NZA 1998, S. 747.

72 S. Gräfl, § 14, Rz. 198 ff.; KR/*Lipke*, 11. Aufl. 2016, § 15 TzBfG, Rz. 30; Dörner, Der befristete Arbeitsvertrag, 2. Aufl. 2011, Rz. 913.

73 Vgl. Laux/Schlachter/*Schlachter*, TzBfG, 2. Aufl. 2011, § 15 TzBfG, Rz. 15, die eine großzügige Auslegung fordert, noch weiter gehender *Persch*, NZA 2010, S. 77, der für eine telelogische Reduktion von § 15 Abs. 3 TzBfG ist.

74 NJW 2010, S. 3258.

Ist eine **Befristungsvereinbarung mangels Schriftform unwirksam**, kann beidseits vor dem vereinbarten Ende nach § 16 Satz 2 TzBfG ordentlich gekündigt werden[75]. Gleiches gilt, wenn die Befristung **wegen mangelnder Bestimmtheit unwirksam** ist (BAG, Urteil v. 23.4.2009, 6 AZR 533/08[76]). 42

3.2 Vereinbarung der ordentlichen Kündigung

Die Vereinbarung der ordentlichen Kündigungsmöglichkeit ist **formlos** möglich, da § 15 Abs. 3 TzBfG eine bestimmte Form nicht vorsieht. Das Schriftformgebot nach § 14 Abs. 4 TzBfG bezieht sich nur auf die Befristung selbst[77]. Im Hinblick auf § 2 Abs. 1 NachwG hat der Arbeitgeber jedoch einen schriftlichen Nachweis zu erteilen, da es sich um eine wesentliche Vertragsbedingung im befristeten Arbeitsverhältnis handelt. 43

3.2.1 Einzelvertragliche Vereinbarung

Eine vorzeitige ordentliche Kündigungsmöglichkeit muss **klar und eindeutig vereinbart** sein. 44

Beispiel

Während der Befristung ist eine ordentliche Kündigung des Arbeitsvertrags für beide Seiten unter Einhaltung einer Frist von ... möglich.

Es genügt jedoch auch, wenn der beiderseitige Wille aus den Gesamtumständen eindeutig erkennbar ist (BAG, Urteil v. 4.7.2001, 2 AZR 88/00[78]). Die Vereinbarung von Kündigungsfristen kann als **konkludente Vereinbarung** der Kündigungsmöglichkeit angesehen werden[79]. 45

Bei einer **Probezeitvereinbarung** muss differenziert werden. Wird ein befristetes Probearbeitsverhältnis vereinbart, kann hieraus nicht auf die Vereinbarung der ordentlichen Kündigung geschlossen werden[80]. Umgekehrt kann aus einer vorgeschalteten Probezeit im befristeten Arbeitsverhältnis auf die stillschweigende Vereinbarung der ordentlichen Kündigung geschlossen werden (BAG, Urteil v. 4.7.2001, 2 AZR 88/00[81]). 46

---

75 S. Spinner, § 16, Rz. 9.

76 NZA 2009, S. 1260.

77 S. Gräfl, § 14, Rz. 370.

78 NZA 2002, S. 288.

79 Annuß/Thüsing/*Maschmann*, TzBfG, 3. Aufl. 2012, § 15 TzBfG, Rz. 11; *Hromadka*, BB 2001, S. 676.

80 APS/*Backhaus*, 4. Aufl. 2012, § 15 TzBfG, Rz. 24; KR/*Lipke*, 11. Aufl. 2016, § 15 TzBfG, Rz. 37.

81 NZA 2002, S. 288; ErfK/*Müller-Glöge*, 16. Aufl. 2016, § 15 TzBfG, Rz.11; Laux/Schlachter/*Schlachter*, TzBfG, 2. Aufl. 2011, § 15 TzBfG, Rz. 16; krit. APS/Backhaus, 4. Aufl. 2012, § 15 TzBfG, Rz. 24.

Beispiel

In einem auf 1 Jahr befristeten Arbeitsverhältnis wird vereinbart:

„Die Probezeit beträgt 6 Monate.“

Der Ablauf der Probezeit führt hier im Gegensatz zum befristeten Probearbeitsverhältnis nicht zum Ende des Arbeitsverhältnisses. Nach § 622 Abs. 3 BGB gilt als Folge der Probezeitvereinbarung automatisch die Kündigungsfrist von 2 Wochen[82]. Dies setzt die Kündigungsmöglichkeit voraus und gibt der Probezeitvereinbarung einen rechtlich relevanten Inhalt. Die ordentliche Kündigung in der Probezeit ist daher zulässig. Für die Zeit nach Ablauf der Probezeit kann § 305c BGB einer Kündigungsmöglichkeit entgegenstehen[83].

47 Die einzelvertragliche Vereinbarung bedarf **keiner sachlichen Rechtfertigung**. Insbesondere liegt bei vorformulierten Arbeitsverträgen kein Verstoß gegen § 307 Abs. 1, 2 BGB vor, da die zweifache Beendigungsmöglichkeit (Befristung und Kündigungsmöglichkeit) den Arbeitnehmer nicht unangemessen benachteiligt. Der Arbeitgeber macht nur von der in § 15 Abs. 3 TzBfG vorgesehenen Möglichkeit Gebrauch[84]. Die Kündigungsmöglichkeit besteht für beide Parteien. Der Bestandsschutz ist durch die allgemeinen und besonderen Kündigungsschutzbestimmungen gewährleistet[85]. Eine solche Regelung ist nicht ungewöhnlich oder überraschend i. S. v. § 305c BGB, da mit einer vereinbarten Probezeit angestrebt wird, sich bei fehlgeschlagenen Erwartungen rasch voneinander trennen zu können (LAG Hamm, Urteil v. 31.10.2006, 19 Sa 1119/06[86]).

48 Die **einseitige** Vereinbarung der Kündigungsmöglichkeit nur für den Arbeitgeber ist entsprechend dem Rechtsgedanken des § 622 Abs. 6 BGB **unzulässig**[87].

49 Da § 15 Abs. 3 TzBfG **Betriebsvereinbarungen** nicht erwähnt, können diese nur bei einzelvertraglich vereinbarter Anwendung die Kündigungsmöglichkeit einräumen[88]. Entsprechende Regelungen in Betriebsvereinbarungen sind im Hinblick auf die Sperrwirkung des § 77 Abs. 3 BetrVG ohnehin nur in Ausnahmefällen zulässig. Auch die einzelvertragliche Bezugnahme auf eine kirchliche Arbeitsvertragsregelung ist möglich (BAG, Urteil v. 21.11.2013, 6 AZR 664/12[89]).

---

82 KR/*Spilger*, 11. Aufl. 2016, § 622 BGB, Rz. 179.

83 HK-ArbR/*Tillmanns*, 3. Aufl. 2013, § 15 TzBfG, Rz. 21.

84 KR/*Lipke*, 11. Aufl. 2016, § 15 TzBfG, Rz. 32; a. A. Kittner/Däubler/Zwanziger/*Wroblewski*, 9. Aufl. 2014, KSchR, § 15 TzBfG, Rz. 15; *Walter*, AiB 2004, S. 225.

85 HaKo/*Mestwerdt*, 5. Aufl. 2015, § 15 TzBfG, Rz. 14.

86 NZA-RR 2007, S. 243.

87 KR/*Lipke*, 11. Aufl. 2016, § 15 TzBfG, Rz. 34; Kittner/Däubler/Zwanziger/*Wroblewski*, 9. Aufl. 2014, KSchR, § 15 TzBfG, Rz. 13.

88 HK-TzBfG/*Joussen*, 3. Aufl. 2012, § 15, Rz. 58.

89 NZA 2014, S. 362, zu § 2 IV KAVO 2008.

3.2.2 Anwendbarer Tarifvertrag

Die Kündigungsmöglichkeit kann sich auch aus einem anwendbaren Tarifvertrag ergeben. Anwendbar ist ein Tarifvertrag nicht nur bei **beidseitiger Tarifgebundenheit** und bei **Allgemeinverbindlichkeit**. Es genügt auch die **einzelvertragliche Vereinbarung der Anwendbarkeit**. Dies gilt auch bei vereinbarter Anwendung eines fachfremden Tarifvertrags[90] oder einer Tarifbestimmung[91]. 50

Da auch eine einzelvertragliche Vereinbarung möglich ist, handelt es sich nicht wie bei § 14 Abs. 2 Satz 2 TzBfG um eine Tariföffnungsklausel, bei der nur die einzelvertragliche Anwendung des einschlägigen Tarifvertrags möglich ist.

Hinweis

Der anwendbare Tarifvertrag muss ausdrücklich die ordentliche Kündigung im befristeten Arbeitsverhältnis zulassen.

Beispiel: Sonderregelung Nr. 7 Abs. 3 SR 2y BAT „Ein Arbeitsverhältnis, das mit Eintritt des im Arbeitsvertrag bestimmten Ereignisses oder mit dem Ablauf einer längeren Frist als 1 Jahr enden soll, kann auch vorher gekündigt werden".

Diese tarifliche Regelung lässt bei einer kalendermäßigen Befristung eine vorherige Kündigungsmöglichkeit nur bei einer Befristungsdauer von über 1 Jahr zu, bei Zweckbefristungen jedoch auch zuvor. Das BAG hat innerhalb des SR 2y BAT jedoch Aushilfsarbeitsverhältnisse der Zweckbefristung gleichgestellt (BAG, Urteil v. 18.9.2003, 2 AZR 432/02[92]).

Die vertragliche Bezugnahme auf einen Tarifvertrag kann sich auch aus einer **betrieblichen Übung** oder einem **konkludenten Verhalten** ergeben, wobei erkennbar sein muss, dass der Arbeitgeber das Tarifwerk insgesamt anwendet (BAG, Urteil v. 19.1.1999, 1 AZR 606/98[93]). 51

4. Kündigungsmöglichkeit bei Verträgen mit lebenslanger oder mindestens 5-jähriger Bindung (Abs. 4)

4.1 Anwendungsbereich

Wird ein Arbeitsvertrag auf Lebenszeit oder für längere Zeit als 5 Jahre eingegangen, soll durch § 15 Abs. 4 TzBfG eine überlange Bindung verhindert werden und mit dem eingeräumten Kündigungsrecht dem Schutz der persönlichen Freiheit des Arbeitnehmers gedient werden (BAG, Urteil v. 24.10.1996, 2 AZR 845/95). Die Vorschrift entspricht 52

[90] KR/*Lipke*, 11. Aufl. 2016, § 15 TzBfG, Rz. 39 ; HaKo/*Mestwerdt*, 5. Aufl. 2015, § 15 TzBfG, Rz. 20; a. A. Boewer, TzBfG, 1. Aufl. 2002, § 15 TzBfG, Rz. 44; Kittner/Däubler/Zwanziger/*Wroblewski*, 9. Aufl. 2014, KSchR, § 15 TzBfG, Rz. 14.

[91] Dörner, Der befristete Arbeitsvertrag, 2. Aufl. 2011, Rz. 729.

[92] NZA 2004, S. 222.

[93] NZA 1999, S. 879; Löwisch/Rieble, TVG, 3. Aufl. 2012, § 3 TzBfG, Rz. 528 ff.

inhaltlich § 624 BGB und verdrängt diese für alle **Arbeitsverhältnisse**, gleich welcher Art.

53 Für Dienstverhältnisse, damit auch für arbeitnehmerähnlich Beschäftigte, gilt weiterhin § 624 BGB[94]. § 15 Abs. 4 TzBfG ist nach § 22 Abs. 1 TzBfG nicht zu Ungunsten des Arbeitnehmers abdingbar.

§ 15 Abs. 4 TzBfG kommt nach § 21 TzBfG auch bei **Verträgen mit einer auflösenden Bedingung** zur Anwendung.

54 Da § 15 Abs. 4 TzBfG den Arbeitnehmer vor einer übermäßig langen Bindung schützen will, kommt die Vorschrift nur dann zur **Anwendung, wenn eine ordentliche Kündigung** durch den Arbeitnehmer innerhalb der in § 15 Abs. 4 TzBfG geregelten Laufzeiten **ausgeschlossen** ist. Hat der Arbeitnehmer die Möglichkeit der ordentlichen Kündigung, kann bereits begrifflich kein Vertrag auf Lebenszeit einer Person oder über einen längeren Zeitraum als 5 Jahre vorliegen.

55 Da es um die Beschränkung der Kündigungsmöglichkeiten des Arbeitnehmers geht, fallen einzelvertragliche oder tarifliche Regelungen, die die Kündigungsmöglichkeit für den Arbeitgeber einschränken, wie z. B. Ausschluss der ordentlichen Kündigung durch den Arbeitgeber abhängig von Lebensalter und Betriebszugehörigkeit, nicht unter § 15 Abs. 4 TzBfG[95].

4.2 Voraussetzungen

4.2.1 Anstellung auf Lebenszeit

56 Der Vertrag auf Lebenszeit kann abstellen auf die Lebenszeit des Arbeitnehmers, des Arbeitgebers oder einer dritten Person[96]. Da der Gesetzgeber in § 15 Abs. 4 TzBfG die längerfristige Bindung des Arbeitgebers ohne ordentliche Kündigungsmöglichkeit zugelassen hat, führt die lange Dauer der Bindung nicht zur Sittenwidrigkeit des Vertrags nach § 138 BGB (BAG, Urteil v. 25.3.2004, 2 AZR 153/03[97]).

57 Die Verpflichtung auf Lebenszeit muss sich **eindeutig** aus den Abreden ergeben. Ein Bindungswille auf Lebenszeit ist im Arbeitsverhältnis ungewöhnlich. Dies muss bei der Auslegung berücksichtigt werden.

> **Beispiel**
>
> (nach BAG, Urteil v. 25.3.2004, 2 AZR 153/03[98])
>
> „Das Arbeitsverhältnis ist nicht ordentlich kündbar. Es gilt auf Lebenszeit des Arbeitgebers und endet mit dessen Tod."

---

[94] Meinel/Heyn/Herms/*Meinel*, TzBfG, 5. Aufl. 2015, § 15 TzBfG, Rz. 43.

[95] KR/*Fischermeier*, 11. Aufl. 2016, § 624 BGB, Rz. 22; ErfK/*Müller-Glöge*, 16. Aufl. 2016, § 15 TzBfG, Rz. 18.

[96] BT-Drucks. 14/4374, S. 20 zu § 15 Abs. 4 TzBfG; APS/*Backhaus*, 4. Aufl. 2012, § 15 TzBfG, Rz. 33; KR/*Fischermeier*, 11. Aufl. 2016, § 624 BGB, Rz. 9.

[97] BB 2004, S. 2303.

[98] BB 2004, S. 2303.

Hier liegt ein Arbeitsverhältnis auf Lebenszeit vor mit einem Sonderkündigungsrecht des Arbeitnehmers nach § 15 Abs. 4 TzBfG.

Da es sich um eine Zweckbefristung handelt, bedarf die Vereinbarung nach § 14 Abs. 4 TzBfG der **Schriftform**[99]. Eine konkludente Vereinbarung, die ohnehin kaum denkbar ist[100] verstößt gegen § 14 Abs. 4 TzBfG mit der Rechtsfolge, dass der Arbeitnehmer die Kündigungsmöglichkeit nach § 16 Satz 2 TzBfG hat und auf das Sonderkündigungsrecht des § 15 Abs. 4 TzBfG nicht angewiesen ist. 58

Hinweis

Die Zusage einer Lebens- oder Dauerstellung ist keine Anstellung auf Lebenszeit nach § 15 Abs. 4 TzBfG. Durch Auslegung ist zu ermitteln, ob und welche rechtliche Bedeutung eine solche Zusage hat[101] , wobei die Rechtsprechung durch Auslegung im Einzelfall zu einer ganzen Bandbreite von Möglichkeiten gekommen ist[102].

4.2.2 Arbeitsverhältnis für mehr als 5 Jahre

Die 2. Alternative setzt voraus, dass das Arbeitsverhältnis auf mehr als 5 Jahre abgeschlossen wird. Die **5-Jahresfrist beginnt mit dem vereinbarten Vertragsbeginn** und nicht bereits mit Vertragsschluss[103]. Enthält der Vertrag nicht nur eine Regelung zur Mindestdauer[104] von mehr als 5 Jahren, bedarf die Befristung der Schriftform nach § 14 Abs. 4 TzBfG[105]. Bei einer Zweckbefristung kann von dem Sonderkündigungsrecht Gebrauch gemacht werden, wenn der vertraglich vereinbarte Zweck nicht innerhalb von 5 Jahren erreicht wurde. 59

Die Anwendung des § 15 Abs. 4 TzBfG setzt voraus, dass der Vertrag **von vornherein** über einen Zeitraum von mehr als 5 Jahren vereinbart wurde. Wird im Anschluss an einen Vertrag von bis zu 5 Jahren ein weiterer Vertrag abgeschlossen, greift § 15 Abs. 4 TzBfG nicht, wenn es dem Arbeitnehmer frei steht, sich erneut zu binden. Um eine Umgehung zu vermeiden, muss die „Verlängerung" jedoch **in zeitlichem Zusammenhang mit dem Ablauf des Vorvertrags** erfolgen. Eine starre Frist besteht nicht. Entscheidend ist, ob der Arbeitnehmer bereits die Umstände zu übersehen vermag, die für die erneute Bindung 60

99 APS/*Backhaus*, 4. Aufl. 2012, § 15 TzBfG, Rz. 35; a. A. KR/*Fischermeier*, 11. Aufl. 2016, § 624 BGB, Rz. 11.

100 KR/*Fischermeier*, 11. Aufl. 2016, § 624 BGB, Rz. 11; APS/*Backhaus*, 4. Aufl. 2012, § 15 TzBfG, Rz. 34 verlangen massive Anhaltspunkte.

101 Allgemeine Ansicht vgl. nur MünchKomm/*Hesse*, Bd. 4, 6. Aufl. 2012, § 15 TzBfG, Rz. 35; Annuß/Thüsing/*Maschmann*, TzBfG, 3. Aufl. 2012, § 15 TzBfG, Rz. 13.

102 Ausführlich KR/*Fischermeier*, 11. Aufl. 2016, § 624 BGB, Rz. 13 ff.

103 MünchKomm/*Hesse*, Bd. 4, 6. Aufl. 2012, § 15 TzBfG, Rz. 36.

104 S. Gräfl, § 3, Rz. 18 ff.

105 APS/*Backhaus*, 4. Aufl. 2012, § 15 TzBfG, Rz. 39 f.

von Bedeutung sein können. Das BAG hat eine Regelung gebilligt, nach der ein 5-Jahresvertrag automatisch verlängert wird, wenn nicht mit einer Kündigungsfrist von 1 Jahr zum Ende der ersten 5 Jahre gekündigt wird (BAG, Urteil v. 19.12.1991, 2 AZR 363/91[106]). Diese maximale Frist[107] kann im Einzelfall kürzer sein.

> **Beispiel**
>
> Es wird bei einem 2-Jahresvertrag nach 1 Jahr die Verlängerung um weitere 5 Jahre vereinbart. Hier liegt keine zeitnahe Verlängerung vor Vertragsende vor, sodass von einem Vertrag über mehr als 5 Jahre mit der Kündigungsmöglichkeit des Arbeitnehmers nach 5 Jahren auszugehen ist.

4.3 Kündigungsrecht für Arbeitnehmer

61 Liegt ein Vertrag i. S. v. § 15 Abs. 4 TzBfG vor, kann der Arbeitnehmer den Vertrag nach Ablauf von 5 Jahren **mit einer Frist von 6 Monaten kündigen**. Hierbei handelt es sich um eine gesetzlich eingeräumte Kündigungsmöglichkeit, die als vorzeitige Kündigung[108], Sonderkündigungsrecht (BAG, Urteil v. 25.3.2004, 2 AZR 153/03[109]), besonderes Kündigungsrecht[110] oder außerordentliche Kündigungsmöglichkeit[111] bezeichnet wird. Trotz unterschiedlicher Bezeichnung besteht Einigkeit, dass neben der Sonderregelung die §§ 622 BGB, 626 Abs. 2 BGB nicht zur Anwendung kommen.

62 Die Kündigung kann nach Ablauf der 5 Jahre mit einer Frist von 6 Monaten **zu jedem Termin** ausgesprochen werden (BAG, Urteil v. 24.10.1996, 2 AZR 844/95[112]), so dass die tatsächliche Bindung mindestens 5 Jahre und 6 Monate beträgt. Die Kündigungsmöglichkeit ist an keine Ausschlussfrist gebunden und kann nicht verwirkt werden[113]. Zulässig ist der Verzicht nach entstandenem Kündigungsrecht (LAG Hamm, Urteil v. 26.7.2003, 7 Sa 669/02). Eine Kündigung vor Ablauf des 5-Jahreszeitraumes setzt die Kündigungsfrist mit Ablauf des 5-Jahreszeitraums in Lauf[114].

63 Die **Kündigungsfrist** kann nach § 22 TzBfG **nicht verlängert** werden. Die **Verkürzung** ist **möglich**, da hier der Schutz des Arbeitnehmers vor überlanger Bindung nicht betroffen ist[115]. Wie bei jeder Kündigung gilt das **Schriftformerfordernis des § 623 BGB**. Die

---

[106] NZA 1992, S. 543; kritisch unter Hinweis auf verfassungsrechtliche Bedenken APS/*Backhaus*, 4. Aufl. 2012, § 15 TzBfG, Rz. 50.

[107] ErfK/*Müller-Glöge*, 16. Aufl. 2016, § 15 TzBfG, Rz. 20.

[108] KR/*Fischermeier*, 11. Aufl. 2016, § 624 BGB, Rz. 27.

[109] BB 2004, S. 2303; Boewer, TzBfG, 1. Aufl. 2002, § 15 TzBfG, Rz. 47.

[110] Annuß/Thüsing/*Maschmann*, TzBfG, 3. Aufl. 2012, § 15 TzBfG, Rz. 12.

[111] Meinel/Heyn/Herms/*Meinel*, TzBfG, 5. Aufl. 2015, § 15 TzBfG, Rz. 48.

[112] NZA 1995, S. 597.

[113] KR/*Fischermeier*, 11. Aufl. 2016, § 624 BGB, Rz. 28.

[114] APS/*Backhaus*, 4. Aufl. 2012, § 15 TzBfG, Rz. 42.

[115] ErfK/*Müller-Glöge*, 16. Aufl. 2016, § 15 TzBfG, Rz 23.

Kündigungsmöglichkeit wird nur dem Arbeitnehmer eingeräumt und kann nicht zuungunsten des Arbeitnehmers abbedungen werden[116].
Unberührt bleibt bei Vorliegen der Voraussetzungen während der gesamten Vertragslaufzeit für beide Parteien die **außerordentliche Kündigung** nach § 626 BGB. Die Absicht eines Arbeitnehmers, ein Arbeitsverhältnis mit einem deutlich höheren Gehalt einzugehen, ist jedoch auch bei einem langfristig eingegangen Vertragsverhältnis kein wichtiger Grund nach § 626 BGB (BAG, Urteil v. 1.10.1970, 2 AZR 452/69[117]). Umgekehrt sind dem Arbeitgeber als Folge des einzelvertraglichen Kündigungsausschlusses bei der Prüfung des wichtigen Grundes nach § 626 BGB weiter gehende Belastungen zumutbar als bei einem Kündigungsausschluss durch Tarifvertrag (BAG, Urteil v. 25.3.2004, 2 AZR 153/03[118]).

5. Unbefristetes Arbeitsverhältnis kraft Gesetz (Abs. 5)

5.1 Anwendungsbereich

In dem Bestreben, zur Erhöhung der Rechtssicherheit die allgemeinen Vorschriften zu befristeten Arbeitsverhältnissen zusammenhängend zu regeln[119], wurde § 625 BGB für befristete Arbeitsverhältnisse durch **§ 15 Abs. 5 TzBfG** ersetzt. 64
§ 625 BGB gilt weiterhin bei der Fortsetzung des Arbeitsverhältnisses **nach sonstigen Beendigungssachverhalten** wie Kündigung oder Anfechtung des Arbeitsvertrags[120]. Der Hinweis in der Gesetzesbegründung auf die Weitergeltung von § 625 BGB für Dienstverhältnisse[121] ist zumindest missverständlich.

Ob für kalendermäßig befristete Arbeitsverhältnisse inhaltlich eine Änderung eingetreten ist, hängt davon ab, ob Änderungen im Wortlaut mehr als redaktionelle Änderungen sind[122]. Unterschiedliche Konsequenzen bei einer Fortsetzung des Arbeitsverhältnisses bei Kündigung (§ 625 BGB) und Befristung (§ 15 Abs. 5 TzBfG) sind kaum begründbar, jedoch zumindest bei der Frage der Abdingbarkeit gewollt. Während bei **§ 625 BGB** die **Abdingbarkeit** anerkannt ist[123], ist **§ 15 Abs. 5 TzBfG nach § 22 TzBfG nicht abdingbar**. 65
Neue Regelungen enthält die Vorschrift für die Zweckbefristung, wobei insbesondere das Zusammenwirken von § 15 Abs. 2 TzBfG mit § 15 Abs. 5 TzBfG eine Reihe von im Schrifttum strittigen Fragen aufwirft[124].

Die Fortsetzung des Arbeitsverhältnisses nach § 15 Abs. 5 TzBfG ist wie § 625 BGB ein Tatbestand des schlüssigen Verhaltens kraft gesetzlicher Fiktion (BAG, Urteil v. 66

116 Meinel/Heyn/Herms/*Meinel*, TzBfG, 5. Aufl. 2015, Rz. 49.
117 AP BGB § 626 Nr. 59.
118 BB 2004, S. 2303.
119 BT-Drucks. 14/4374, S. 14.
120 APS/*Backhaus*, 4. Aufl. 2012, § 15 TzBfG, Rz. 56.
121 BT-Drucks. 14/4374, S. 21.
122 S. Rz. 70 ff.
123 Vgl. KR/*Fischermeier*, 11. Aufl. 2016, § 625 BGB, Rz. 11.
124 S. hierzu Rz. 31 ff.

3.9.2003, 7 AZR 106/03[125]; BAG, Urteil v. 11.8.1988, 2 AZR 53/88[126]). Die Fiktion beruht auf der Erwägung, die Fortsetzung der Arbeitsleistung durch den Arbeitnehmer mit Wissen des Arbeitgebers sei im Regelfall der Ausdruck eines stillschweigenden Willens der Parteien zur Verlängerung des Arbeitsverhältnisses.

Aus diesem Grund ist die Bestimmung im Falle der **Befristung einzelner Vertragsbedingungen weder unmittelbar noch entsprechend anzuwenden** (BAG, Urteil v. 3.9.2003, 7 AZR 106/03[127]). § 15 Abs. 5 TzBfG setzt voraus, dass das Arbeitsverhältnis als Ganzes sein Ende gefunden hat (BAG, Urteil v. 28.1.2009, 4 AZR 904/07[128]).

67 Ein Arbeitsverhältnis auf unbestimmte Zeit entsteht auch, wenn ein **befristetes Probearbeitsverhältnis** über die Probezeit hinaus fortgesetzt wird (BAG, Urteil v. 11.8.1988, 2 AZR 53/88[129]). Für die Weiterarbeit im Anschluss an ein **Berufsausbildungsverhältnis** gilt **§ 24 BBiG** als Spezialregelung zu den §§ 625 BGB, 15 Abs. 5 TzBfG[130].

5.2 Voraussetzungen

5.2.1 Ablauf der vereinbarten Vertragszeit

68 Die Anwendung von § 15 Abs. 5 TzBfG setzt zunächst den Ablauf der Dienstzeit voraus. Bei einer kalendermäßigen Befristung ist dies der vereinbarte Beendigungszeitpunkt. Bei der Zweckbefristung ist dies der tatsächliche Eintritt des vertraglich vereinbarten Zwecks, bei der auflösenden Bedingung der tatsächliche Bedingungseintritt (BAG, Urteil v. 27.6.2001, 7 AZR 157/00[131]). Auf die nach § 15 Abs. 2 TzBfG möglicherweise später liegende Beendigung kommt es insoweit nicht an.

5.2.2 Fortsetzung des Arbeitsverhältnisses

69 Voraussetzung für die Anwendung des § 15 Abs. 5 TzBfG ist die tatsächliche Fortsetzung des Arbeitsverhältnisses durch den Arbeitnehmer.

70 Für § 625 BGB setzt dies nach gefestigter Rechtsprechung des BAG die **tatsächliche Erbringung einer Arbeitsleistung** durch den Arbeitnehmer voraus. Die Gewährung von Urlaub, Freizeitausgleich oder eine Entgeltfortzahlung genügen daher nicht (vgl. z. B. BAG, Urteil v. 24.10.2001, 2 AZR 620/00[132]; BAG, Urteil v. 2.12.1998, 7 AZR 508/97[133]).

71 Grundlage dieser Rechtsprechung ist, dass nach dem Wortlaut von § 625 BGB die Fortsetzung **durch den Verpflichteten** zu erfolgen hat. Aus der Tatsache, dass nach dem Wortlaut des § 15 Abs. 5 TzBfG genügt, dass das Arbeitsverhältnis fortgesetzt wird, wird

---

125 NJW 2004, S. 1126.
126 AP BGB § 625 Nr. 5; KR/*Fischermeier*, 11. Aufl. 2016, § 625 BGB, Rz. 4.
127 NJW 2004, S. 1126.
128 NAZ 2009, S. 444.
129 AP BGB § 625 Nr. 5.
130 APS/*Backhaus*, 4. Aufl. 2012, § 15 TzBfG, Rz. 58.
131 NZA 2002, S. 351.
132 NZA 2003, S. 153.
133 NJW 1999, S. 1654.

teilweise hergeleitet, dass für § 15 Abs. 5 TzBfG auch Fortsetzungshandlungen des Arbeitgebers wie Urlaubserteilung oder Überstundenausgleich genügen[134].

Dieser Auffassung ist nicht zu folgen. Es kommt auch bei § 15 Abs. 5 TzBfG auf die tatsächliche Erbringung der Arbeitsleitung durch den Arbeitnehmer an (BAG, Urteil v. 18.10.2006, 7 AZR 749/05)[135]. Das weitere Tatbestandsmerkmal „mit Wissen des Arbeitgebers" spricht dafür, dass die Fortsetzungshandlungen nicht vom Arbeitgeber vorgenommen werden[136]. Hinzu kommt, dass § 15 Abs. 5 TzBfG die Möglichkeit des Widerspruchs zur Verhinderung der gesetzlichen Fiktion nur für den Arbeitgeber vorsieht. Dies ist dann kein Problem, wenn die bewusste Fortsetzung durch den Arbeitnehmer Tatbestandsvoraussetzung ist[137]. Könnten Handlungen des Arbeitgebers die Fiktion auslösen, würde eine Regelungslücke entstehen. Entsprechend der Begründung des Gesetzesentwurfs[138] kommt es auch bei § 15 Abs. 5 TzBfG daher allein auf die Fortsetzung durch den Arbeitnehmer an. 72

Die **Fortsetzung** muss **in unmittelbarem Anschluss** an den Ablauf der vereinbarten Vertragszeit erfolgen. Eine spätere Aufnahme der Tätigkeit genügt auch dann nicht, wenn die Unterbrechung nach Ende der Vertragszeit des Arbeitnehmers auf nach Ablauf der Vertragszeit gewährten Urlaub zurückzuführen ist (BAG, Urteil v. 24.10.2001, 7 AZR 620/00[139]). 73

5.2.3 Wissen des Arbeitgebers

Die Fortsetzung der Tätigkeit muss mit Wissen des Arbeitgebers erfolgen. **Zuzurechnen** ist dem Arbeitgeber das **Wissen** der zum Abschluss von Verträgen **berechtigten Vertreter** (BAG, Urteil v. 20.2.2002, 7 AZR 662/00[140]; Urteil v. 21.2.2001, 7 AZR 98/00[141]). Das Wissen eines Kollegen oder eines Fachvorgesetzten ohne entsprechende personalrechtliche Befugnisse genügt daher nicht. So hat das BAG die Kenntnis des Schulleiters dem Arbeitgeber genauso wenig zugerechnet wie im Hochschulbereich die Kenntnis eines Institutsleiters, da die zum Abschluss von Arbeitsverträgen befugte Stelle die Schulverwaltung (BAG, Urteil v. 20.2.2002, 7 AZR 662/00[142]) bzw. die Universitätsverwaltung (BAG, Urteil v. 24.10.2001, 7 AZR 620/00[143]) war. 74

---

[134] So z. B. APS/*Backhaus*, 4. Aufl. 2012, § 15 TzBfG, Rz. 62; KR/*Fischermeier*, 11. Aufl. 2016, § 625 BGB, Rz. 26; Annuß/Thüsing/*Maschmann*, TzBfG, 3. Aufl. 2012, § 15 TzBfG, Rz. 18.

[135] AP TzBfG § 14 Nr. 28; Dörner, Der befristete Arbeitsvertrag, 2. Aufl. 2011, Rz. 742; ErfK/*Müller-Glöge*, 16. Aufl. 2016, § 15 TzBfG, Rz. 27; HK-TzBfG/*Joussen*, 3. Aufl. 2012, § 15, Rz. 75.

[136] Sievers, TzBfG, 5. Aufl. 2015, § 15 TzBfG, Rz. 46; HaKo/*Mestwerdt*, 5. Aufl. 2015, § 15 TzBfG, Rz. 33.

[137] So zu § 625 BGB KR/*Fischermeier*, 11. Aufl. 2016, § 625 BGB, Rz. 24.

[138] BT–Drucks. 14/4374, S. 21.

[139] NZA 2003, S. 153 für den Fall eine Unterbrechung von 7 Kalendertagen.

[140] NZA 2002, S. 2000.

[141] NZA 2001, S. 1141.

[142] NZA 2002, S. 2000.

[143] NZA 2003, S. 153; BAG, Urteil v. 11.7.2007, 7 AZR 501/06, NZA 2008, S. 1207.

Da es sich bei den §§ 625 BGB, 15 Abs. 5 TzBfG um die Fiktion des schlüssigen Verhaltens handelt, kommen die **Grundsätze der Anscheins- und Duldungsvollmacht** für die Zurechnung der Kenntnis zur Anwendung (BAG, Urteil v. 13.8.1987, 2 AZR 122/87).

75 Ob der Arbeitgeber **Kenntnis von dem Ende des Arbeitsverhältnisses** haben muss, ist **streitig**. Überwiegend wird die Auffassung vertreten, dass die Kenntnis von der Tätigkeit genüge. Es komme nicht darauf an, ob der Arbeitgeber Kenntnis davon habe, dass die vereinbarte Vertragszeit abgelaufen ist. Bei einer Fortsetzung der Tätigkeit in Kenntnis des Vertragsendes werde in der Regel von einer konkludenten vertraglichen Verlängerung auszugehen sein, sodass § 15 Abs. 5 TzBfG ohne praktischen Anwendungsbereich wäre[144]. Dieser Auffassung ist zu folgen, da die Anspruchsvoraussetzung „Fortsetzung mit Wissen des Arbeitgebers" sich nur auf die Tätigkeit als solche bezieht[145].

76 Die Kenntnis von dem Vertragsende ist jedoch auf jeden Fall für den **Fristbeginn für** den **Widerspruch** oder die **Mitteilung der Zweckerreichung** von Bedeutung[146]. Nach dem BAG (BAG, Urteil v. 13.8.1987, 2 AZR 122/87) beginnt die Frist erst mit der Kenntnis des Arbeitgebers von den Umständen, die für die Entscheidung über das Fortbestehen maßgeblich sind. Dazu gehört auch die Kenntnis der Fortsetzung der Tätigkeit über die Vertragszeit hinaus[147].

77 Ob der Arbeitgeber **irrtümlich** davon ausgeht, dass das **Arbeitsverhältnis noch nicht beendet** ist, ist **unbeachtlich** (LAG Düsseldorf, Urteil v. 26.9.2002, 5 Sa 748/02[148]). Da aufgrund der unwiderleglichen gesetzlichen Vermutung ein Geschäftswille ohne Rücksicht darauf, ob er tatsächlich vorgelegen hat, unterstellt wird (BAG, Urteil v. 13.11.1987, 2 AZR 122/87), ist eine Anfechtung nach § 119 BGB ausgeschlossen[149]. Eine **Ausnahme** ist zu machen, wenn sich **beide Parteien über den Beendigungszeitpunkt geirrt** haben und deswegen das Vertragsverhältnis fortsetzen (BAG, Urteil v. 21.12.1957, 2 AZR 61/55[150]).

---

144 Annuß/Thüsing/*Maschmann*, TzBfG, 3. Aufl. 2012, § 15 TzBfG, Rz. 20; Meinel/Heyn/Herms/*Meinel*, TzBfG, 5. Aufl. 2015, § 15 TzBfG, Rz. 55; APS/*Backhaus*, 4. Aufl. 2012, § 15 TzBfG, Rz. 67.

145 Laux/Schlachter/*Schlachter*, TzBfG, 2. Aufl. 2011, § 15 TzBfG, Rz. 28; a. A. Dörner, Der befristete Arbeitsvertrag, 2. Aufl. 2011, Rz. 744; ErfK/*Müller-Glöge*, 16. Aufl. 2016, § 15 TzBfG, Rz. 28a.

146 Boewer, TzBfG, 1. Aufl. 2002, § 15 TzBfG, Rz. 78.

147 Boewer, TzBfG, 1. Aufl. 2002, § 15 TzBfG, Rz. 83; Dörner, Der befristete Arbeitsvertrag, 2. Aufl. 2011, Rz. 743; MünchKomm/*Hesse*, Bd. 4, 6. Aufl. 2012, § 15 TzBfG, Rz. 45; ErfK/*Müller-Glöge*, 16. Aufl. 2016, § 15 TzBfG, Rz. 34; KR/*Fischermeier*, 11. Aufl. 2016, § 625 BGB, Rz. 36; HaKo/*Mestwerdt*, 5. Aufl. 2015, § 15 TzBfG, Rz 35; a. A. APS/*Backhaus*, 4. Aufl. 2012, § 625 BGB, Rz. 24; Annuß/Thüsing/*Maschmann*, TzBfG, 3. Aufl. 2012, § 15 TzBfG, Rz. 21.

148 NZA-RR 2003, S. 175; KR/*Fischermeier*, 11. Aufl. 2016, § 625 BGB, Rz. 29.

149 KR/*Fischermeier*, 11. Aufl. 2016, § 625 BGB, Rz. 10; APS/*Backhaus*, 4. Aufl. 2012, § 625 BGB, Rz. 30; a. A. MünchKomm/*Schwerdtner*, Bd. 4, 6. Aufl. 2012, § 625 BGB, Rz. 12.

150 RdA 1958, S. 400; Boewer, TzBfG, 1. Aufl. 2002, § 15 TzBfG, Rz. 62; KR/*Fischermeier*, 11. Aufl. 2016, § 625 BGB, Rz. 10.

5.2.4 Kein Widerspruch des Arbeitgebers

Unverzüglich 78

Der Arbeitgeber kann das Entstehen eines unbefristeten Arbeitsverhältnisses verhindern, wenn er auf die Tätigkeit des Arbeitnehmers nach dem vereinbarten Vertragsende reagiert, indem er bei der **Zeitbefristung** unverzüglich widerspricht und bei der **Zweckbefristung** die Zweckerreichung unverzüglich mitteilt.

79 Entsprechend der Definition in § 121 Abs. 1 BGB verlangt dies ein **Handeln ohne schuldhaftes Zögern**. Da die Vorschrift eine subjektive Komponente enthält, ist die Festlegung einer starren Frist nicht möglich. Dem Arbeitgeber steht auch für einzuholenden Rechtsrat eine angemessene Überlegungsfrist zu. Wenn auch die Länge der Frist damit von den Umständen des Einzelfalls abhängt, ist das Überschreiten der Frist von einer Woche regelmäßig nicht mehr unverzüglich[151]. Umgekehrt kann hieraus aber nicht hergeleitet werden, dass bei Wahrung der Wochenfrist der Widerspruch regelmäßig unverzüglich ist.

> **Beispiel**
>
> Das befristete Arbeitsverhältnis endet am 30.9.2015. Am Montag, den 1.10.2015, setzt der Arbeitnehmer mit Kenntnis des Arbeitgebers die Tätigkeit fort.
>
> a) Der Arbeitnehmer gibt als Grund an, er möchte weiterarbeiten, da er keine neue Stelle habe.
> b) Der Arbeitnehmer erklärt, er halte die Befristung für unwirksam, auch sei allein bei ihm als Schwerbehinderten der Vertrag nicht fortgesetzt worden.
>
> Die Überlegungsfrist soll dazu dienen, abzuklären, ob das Arbeitsverhältnis geendet hat oder der Arbeitnehmer einen Anspruch auf Weiterbeschäftigung hat. In der Variante A benötigt der Arbeitgeber im Gegensatz zur Variante B keine Woche Überlegungsfrist. So hat das BAG in einer Entscheidung (BAG, Urteil v. 13.8.1987, 2 AZR 122/87) ausgeführt, die Überlegungsfrist von einem Tag (!) sei nicht zu beanstanden, da der Betriebsratsvorsitzende die Ansicht vertreten habe, es bestehe ein unbefristetes Arbeitsverhältnis, weil der Arbeitnehmer nicht vorab auf das Ende durch Fristablauf hingewiesen worden sei.

80 Der Arbeitgeber wird auf jeden Fall gut beraten sein, nicht auf eine Wochenfrist zu vertrauen und in Zweifelsfällen zunächst der Fortsetzung der Tätigkeit schriftlich zu widersprechen.

81 Da § 15 Abs. 5 TzBfG die Fortsetzung der Tätigkeit mit Wissen des Arbeitgebers fordert, beginnt die **Frist** zum Widerspruch erst mit **Kenntnis der Fortsetzung der Tätigkeit**

[151] KR/*Fischermeier*, 11. Aufl. 2016, § 625 BGB, Rz. 36; Annuß/Thüsing/*Maschmann*, TzBfG, 3. Aufl. 2012, § 15 TzBfG, Rz. 21.

und der Kenntnis, dass der Arbeitnehmer über die Vertragszeit hinaus seine Tätigkeit fortsetzt[152].

Zeitbefristung

82 Bei der Zeitbefristung sieht § 15 Abs. 5 TzBfG den **Widerspruch** vor. Es handelt sich um eine einseitige, empfangsbedürftige Willenserklärung. Die §§ 130 ff. BGB über das Wirksamwerden der Willenserklärung und über die Vertretung kommen zur Anwendung[153]. Die Schriftform ist nicht vorgeschrieben. Der Widerspruch kann bereits kurz vor Ablauf des Arbeitsverhältnisses ausdrücklich oder konkludent erfolgen (ständige Rechtsprechung, vgl. BAG, Urteil v. 22.7.2014, 9 AZR 1066/12[154]; Urteil v. 23.1.2002, 7 AZR 611/00[155]). So genügt es, wenn der Arbeitgeber dem Arbeitnehmer deutlich macht, dass durch die Weiterbeschäftigung kein Arbeitsverhältnis auf unbestimmte Zeit begründet werden soll (BAG, Urteil v. 23.1.2002, 7 AZR 611/00[156]). Auch die Ablehnung eines Wunschs des Arbeitnehmers auf einvernehmliche Fortsetzung des befristeten Arbeitsverhältnisses genügt im Normalfall als Widerspruch (BAG, Urteil v. 11.7.2007, 7 AZR 501/06).

Hinweis

In dem Angebot auf Abschluss eines neuen befristeten Vertrags liegt ein Widerspruch nach § 15 Abs. 5 TzBfG (LAG Sachsen, Urteil v. 4.11.2003, 2 SA 199/03). Lehnt der Arbeitnehmer das Angebot ab, bleibt es bei der Beendigung. Eine tatsächliche Beschäftigung ohne Einigung über die Befristung führt nicht zur Anwendung des § 15 Abs. 5 TzBfG, weil der Arbeitgeber mit einem Angebot auf einen befristeten Anschlussvertrag kurz vor Ablauf der Vertragslaufzeit zum Ausdruck bringt, dass er mit einer unbefristeten Fortsetzung des Arbeitsverhältnisses nicht einverstanden ist (BAG, Urteil v. 5.5.2004, 7 AZR 629/03[157]).

Akzeptiert der Arbeitnehmer das Angebot, entsteht bei Beachtung der Schriftform nach § 14 Abs. 4 TzBfG ein neues befristetes Arbeitsverhältnis, bei Verstoß gegen die Schriftform nach § 16 Satz 1 TzBfG ein Arbeitsverhältnis auf unbestimmte Zeit[158]. Die formunwirksame Einigung über eine befristete Fortsetzung des Arbeitsverhältnisses schließt die Rechtsfolgen des § 15 Abs. 5 TzBfG nicht aus (LAG Düsseldorf, Urteil v. 14.5.2009, 5 Sa 108/09[159]). Der Schutzzweck des Schriftformgebots kann nicht durch eine formunwirksame Befristungsabrede umgangen werden. Dies

152 S. Rz. 76.
153 APS/*Backhaus*, 4. Aufl. 2012, § 15 TzBfG, Rz. 68.
154 NZA 2014, S. 1330; Urteil v. 26.7.2000, 7 AZR 256/99, NZA 2001, S. 261.
155 NJW 2002, S. 2265.
156 NJW 2002, S. 2265.
157 NZA 2004, S. 1346.
158 APS/*Backhaus*, 4. Aufl. 2012, § 15 TzBfG, Rz. 71 f.
159 ZTR 2009, S. 439.

ist insbesondere bei Absprachen über die Weiterbeschäftigung während eines Kündigungsrechtsstreits zu beachten[160].

Nicht möglich ist es, bereits im Arbeitsvertrag den Widerspruch aufzunehmen. Im Hinblick auf § 22 Abs. 1 TzBfG ist ein zeitlicher Zusammenhang mit dem vereinbarten Ende der Laufzeit erforderlich (BAG, Urteil v. 22.7.2014, 9 AZR 1066/12[161]).

Zweckbefristung

Um die Rechtsfolge des § 15 Abs. 5 TzBfG zu vermeiden, muss, wenn der Arbeitnehmer die Tätigkeit über den Zeitpunkt der Zweckerreichung fortsetzt, der Arbeitgeber die Zweckerreichung unverzüglich mitteilen. Bei dieser **Mitteilungspflicht** handelt es sich nicht lediglich um die nachgeholte schriftliche Unterrichtung nach § 15 Abs. 2 TzBfG[162]. So muss der Arbeitgeber auch nach § 15 Abs. 5 TzBfG reagieren, wenn er fristgerecht 2 Wochen vor Zweckerreichung den Arbeitnehmer schriftlich über die Zweckerreichung unterrichtet hat. Außerdem ist bei Gründen, die in der Sphäre des Arbeitnehmers liegen, eine Unterrichtung nach § 15 Abs. 2 TzBfG nicht erforderlich[163]. 83

Die unverzügliche Mitteilung über die Zweckerreichung nach § 15 Abs. 5 TzBfG ist daher formlos möglich[164]. Neben dem von § 15 Abs. 2 TzBfG abweichenden Wortlaut spricht die Systematik für dieses Ergebnis. Die Mitteilung der Zweckerreichung ersetzt bei der Zweckbefristung den Widerspruch bei der Zeitbefristung. Dieser ist ebenfalls formlos möglich. Der Arbeitgeber kann in der Regel auch nicht durch Nichtmitteilung der Zweckerreichung das Vertragsende hinauszögern, da der Arbeitnehmer mit der objektiven Zweckerreichung die Tätigkeit einstellen kann[165]. 84

Hinweis

Angesichts der noch unklaren Rechtslage sollte die Mitteilung auch zu Dokumentations- und Beweiszwecken schriftlich erfolgen. Erst mit dem Zugang der schriftlichen Erklärung beginnt im Übrigen die Klagefrist nach § 17 Satz 3 TzBfG zu laufen[166].

---

160 S. Rambach, § 21, Rz. 26.

161 NZA 2014, S. 1330.

162 So aber z. B. APS/*Backhaus*, 4. Aufl. 2012, § 15 TzBfG, Rz. 80; Meinel/Heyn/Herms/*Meinel*, TzBfG, 5. Aufl. 2015, § 15 TzBfG, Rz. 68.

163 S. Rz. 24.

164 Dörner, Der befristete Arbeitsvertrag, 2. Aufl. 2011, Rz. 745; ErfK/*Müller-Glöge*, 16. Aufl. 2016, § 15 TzBfG, Rz. 29; Sievers, TzBfG, 5. Aufl. 2015, § 15 TzBfG, Rz. 61.

165 S. Rz. 37.

166 S. Spinner, § 17, Rz. 43 ff.

5.3 Rechtsfolge

85 Nach § 15 Abs. 5 TzBfG gilt bei Vorliegen der Voraussetzungen das **Arbeitsverhältnis** als **auf unbestimmte Zeit verlängert**. Der Inhalt des verlängerten Arbeitsverhältnisses bestimmt sich nach den Bedingungen des bisherigen Vertrags. Dies gilt nicht für die Vereinbarungen, die dem Charakter eines Vertrags auf unbestimmte Zeit entgegenstehen und die Beendigung des Vertrags betreffen. Vertragliche Kündigungsfristen im befristeten Arbeitsverhältnis verlieren im unbefristeten Arbeitsverhältnis nur dann ihre Bedeutung, wenn die Vereinbarung eindeutig auf die vorübergehende Beschäftigung bezogen war[167].

86 Hat der Arbeitgeber unverzüglich widersprochen, ist die Tätigkeit des Arbeitnehmers zwischen Vertragsende und Zugang des Widerspruchs nach den Grundsätzen eines faktischen Arbeitsverhältnisses abzuwickeln (BAG, Urteil v. 7.10.2015, 7 AZR 40/14[168]). Bringt ein Arbeitgeber eindeutig zum Ausdruck, dass ohne Vertragsunterzeichnung vor Fristablauf keine Vertragsverlängerung zustande komme, so führt auch ein längerer Zeitraum der Tätigkeit nach Vertragsende ohne Hinzutreten weiterer Umstände nicht zur gesetzlichen Fiktion des § 15 Abs. 5 TzBfG oder zur Annahme, der Arbeitgeber wolle an seinem Widerspruch nicht festhalten (BAG, Urteil v. 7.10.2015, 7 AZR 40/14[169]).

5.4 Darlegungs- und Beweislast

87 Macht ein **Arbeitnehmer** den Fortbestand nach § 15 Abs. 5 TzBfG geltend, so muss er darlegen und beweisen, dass er nach dem Vertragsende die Tätigkeit mit Wissen des Arbeitgebers fortgesetzt hat (BAG, Urteil v. 25.10.2000, 7 AZR 537/99[170]). Steht dies fest, hat der **Arbeitgeber** den unverzüglichen Widerspruch oder die Mitteilung der Zweckerreichung zu beweisen (BAG, Urteil v. 30.11.1984, 7 AZR 539/83[171]). Dies gilt auch für die fehlende Kenntnis vom Vertragsende.

5.5 Betriebliche Mitbestimmung

88 Die Fortsetzung des Arbeitsverhältnisses über den vertraglich wirksam vereinbarten Beendigungszeitpunkt bedarf nach § 99 BetrVG der **Zustimmung des Betriebsrats**. Die Umwandlung eines befristeten Arbeitsverhältnisses in ein unbefristetes ist eine mitbestimmungspflichtige Einstellung (BAG, Beschluss v. 28.10.1986, 1 ABR 16/85[172]). **Entscheidet sich der Arbeitgeber**, den Arbeitnehmer **bewusst** über das Vertragsende hinaus zu beschäftigen, liegt daher auch dann eine Einstellung nach § 99 BetrVG vor, wenn

---

[167] Sehr strittig, vgl. BAG, Urteil v. 11.8.1988, 2 AZR 53/88, NZA 1989, S. 595; APS/*Backhaus*, 4. Aufl. 2012, § 15 TzBfG, Rz. 84, Boewer, TzBfG, 1. Aufl. 2002, § 15 TzBfG, Rz. 95; ErfK/*Müller-Glöge*, 16. Aufl. 2016, § 15 TzBfG, Rz. 35; a. A. KR/*Fischermeier*, 11. Aufl. 2016, § 625 BGB, Rz. 41.

[168] NZA 2016, S. 358.

[169] NZA 2016, S. 358 bei einer Beschäftigung von über 5 Monaten nach Vertragsende.

[170] NZA 2001, S. 601.

[171] AP MTV Ausbildung § 22 Nr. 1.

[172] NZA 1987, S. 530.

der Fortsetzung keine Vereinbarung zugrunde liegt und das Arbeitsverhältnis auf unbestimmte Zeit nach § 15 Abs. 5 TzBfG begründet wird[173].

Allerdings setzt die Fiktion des § 15 Abs. 5 TzBfG nicht zwingend die bewusste Weiter- 89
beschäftigung voraus[174]. Hat der Arbeitgeber Kenntnis von den für die Entscheidung über das Fortbestehen maßgebenden Umständen, entsteht ein Arbeitsverhältnis auf unbestimmte Zeit auch dann, wenn dies dem Arbeitgeber **nicht bewusst** ist. In diesem Fall liegt keine Entscheidung des Arbeitgebers vor, so dass das **Mitbestimmungsrecht** des Betriebsrats **ausscheidet**[175]. Es fehlt wie bei der Fortsetzung des Arbeitsverhältnisses als Folge einer gerichtlich festgestellten Unwirksamkeit einer Befristung am Entscheidungsspielraum des Arbeitgebers.

5.6 Doppelbefristung und § 15 Abs. 5 TzBfG

Von entscheidender Bedeutung für die Kombination von Zweck- und Zeitbefristung 90
(Doppelbefristung) ist, ob bei Fortsetzung über den 1. Beendigungstatbestand das Arbeitsverhältnis mit der 2. vereinbarten Befristung endet.

Beispiel

Es wird mit B vereinbart:

„Das Arbeitsverhältnis endet mit der Rückkehr des erkrankten Arbeitnehmers F, spätestens jedoch am 31.10.2015."

F nimmt am 20.9.2015 seine Tätigkeit wieder auf. Eine Mitteilung an B über die Zweckerreichung durch die Personalabteilung unterbleibt. B setzt seine Tätigkeit fort.

Endet das Arbeitsverhältnis mit dem 31.10.2015 oder ist nach § 15 Abs. 5 TzBfG ein Arbeitsverhältnis auf unbestimmte Zeit entstanden?

Nach *Backhaus* greift die Auffangwirkung der Doppelbefristung bei § 15 Abs. 5 TzBfG 91
nicht. Die vereinbarte Fortsetzung des Arbeitsverhältnisses bis zum Ablauf der 2. Befristung sei unwirksam, da § 15 Abs. 5 TzBfG unabdingbar die Fortsetzung auf unbestimmte Zeit festlege[176].

In der wirksam vereinbarten kalendermäßigen Befristung liegt jedoch keine nach § 15 92
Abs. 5 TzBfG abdingende Vereinbarung. Die Vertragsparteien haben nicht die Rechtsfolge des § 15 Abs. 5 TzBfG ausgeschlossen, vielmehr eine wirksame Beendigungsvereinbarung getroffen. Die Fortsetzung erfolgt auf der Grundlage dieser Vereinbarung.

---

[173] Fitting, BetrVG, 27. Aufl. 2014, § 99 BetrVG, Rz. 38a.

[174] S. Rz. 76.

[175] Str. wie hier APS/*Backhaus*, 4. Aufl. 2012, § 15 TzBfG, Rz. 95; a. A. KR/*Fischermeier*, 11. Aufl. 2016, § 625 BGB, Rz. 40; *Nehls*, DB 2001, S. 2718, 2722.

[176] APS/*Backhaus*, 4. Aufl. 2012, § 15 TzBfG, Rz. 90 ff.

Diese ist durch § 22 TzBfG nicht ausgeschlossen[177]. Zum gleichen Ergebnis kommt inzwischen das BAG. Die Fiktionswirkung des § 15 Abs. 5 TzBfG sei im Wege der konkretisierenden Rechtsfortbildung einzuschränken, da sonst Sinn und Zweck der Norm nicht erreicht werden könnte (BAG, Urteil v. 29.6.2011, 7 AZR 6/10[178]). Für die Praxis bietet sich daher die Doppelbefristung von Zweck- und Zeitbefristung als Gestaltungsmöglichkeit weiterhin an. Gleiches gilt bei einer Verbindung von auflösender Bedingung und Zeitbefristung (BAG, Urteil v. 26.6.2011, 7 AZR 6/10[179]).

---

177 Dörner, Der befristete Arbeitsvertrag, 2. Aufl. 2011, Rz. 56; HaKo/*Mestwerdt*, 5. Aufl. 2015, § 15 TzBfG, Rz. 29; Laux/Schlacher/*Schlachter*, TzBfG, 2. Aufl. 2011, § 15 TzBfG, Rz. 26; ähnlich *Sowka*, DB 2002, S. 1158; für telelogische Reduktion Meinel/Heyn/Herms/*Meinel*, TzBfG, 5. Aufl. 2015, § 15 TzBfG, Rz. 74; KR/*Bader*, 11. Aufl. 2016, § 3 TzBfG, Rz. 54; s. Gräfl, § 3, Rz. 23.

178 NZA 2011, S. 1346.

179 NZA 2011, S. 1346; das BAG geht dabei bei der Vereinbarung "Für die Dauer der Erkrankung" von einer auflösenden Bedingung aus.

§ 16 Folgen unwirksamer Befristung

[1]Ist die Befristung rechtsunwirksam, so gilt der befristete Arbeitsvertrag als auf unbestimmte Zeit geschlossen; er kann vom Arbeitgeber frühestens zum vereinbarten Ende ordentlich gekündigt werden, sofern nicht nach § 15 Abs. 3 die ordentliche Kündigung zu einem früheren Zeitpunkt möglich ist. [2]Ist die Befristung nur wegen des Mangels der Schriftform unwirksam, kann der Arbeitsvertrag auch vor dem vereinbarten Ende ordentlich gekündigt werden.

Übersicht **Rz.**

1. Allgemeines

§ 16 TzBfG regelt die **Folgen der unwirksamen Befristung** sowie der unwirksamen auflösenden Bedingung eines Arbeitsverhältnisses. § 21 TzBfG nimmt auf § 16 TzBfG ausdrücklich Bezug. 1

Damit hat der Gesetzgeber die seit 1960 im Wege des Richterrechts erkannte Rechtsfolge einer unwirksamen Befristung kodifiziert. Mit Beschluss vom 12. Oktober 1960 hatte der Große Senat des BAG entschieden, dass eine unwirksame Befristungsabrede **nicht** die **Unwirksamkeit des gesamten Arbeitsvertrags** zur Folge hat (§ 139 BGB). Die Unwirksamkeit der Befristungsregelung habe vielmehr lediglich die Unwirksamkeit der Befristung zur Folge und das **Arbeitsverhältnis bestehe als unbefristetes fort**[1].

Des Weiteren regelt § 16 TzBfG die **Kündigungsmöglichkeiten** im Falle unwirksamer 2
Befristung. Diese sind – je nach Unwirksamkeitsgrund – für die Arbeitgeberkündigung unterschiedlich ausgestaltet. Im Falle fehlender Schriftform nach § 14 Abs. 4 TzBfG

---

[1] BAG, Beschluss v. 20.10.1960, GS 1/59, AP BGB § 620 Befristeter Arbeitsvertrag Nr. 16 = NJW 1961, S. 798 und seither ständige Rspr. vgl. etwa BAG, Urteil v. 12.9.1996, 7 AZR 790/95, AP BGB § 620 Befristeter Arbeitsvertrag Nr. 182 = NZA 1997, S. 313 = DB 1997, S. 232; KR/*Lipke*, 11. Aufl. 2016, § 16 TzBfG, Rz. 1; HaKo/*Mestwerdt*, 5. Aufl. 2015, § 16 TzBfG, Rz. 1.

richtet sich die Arbeitgeberkündigung nach § 16 Satz 2 TzBfG, im Falle anderer Unwirksamkeitsgründe nach § 16 Satz 1 TzBfG. Für letztere ist jedoch darüber hinaus § 15 Abs. 3 TzBfG zu beachten.

Mit der Regelung der Kündigungsmöglichkeiten für den Arbeitgeber in § 16 TzBfG hat der Gesetzgeber die Rechtslage neu gestaltet. Vor dem Inkrafttreten des Teilzeit- und Befristungsgesetzes war für die Mindestdauer des befristeten Arbeitsverhältnisses beidseitig grundsätzlich keine Kündigungsmöglichkeit gegeben. Mit § 16 TzBfG[2] wurde die bis dahin bestehende beidseitige Mindestbindung an die Dauer der vereinbarten Befristung aufgehoben.

Nur der **Arbeitgeber** ist **an die Mindestdauer des befristeten Arbeitsverhältnisses gebunden**, sofern kein Fall des Satzes 2 vorliegt. Aus dem Umkehrschluss ergibt sich, dass der **Arbeitnehmer jederzeit** – auch vor Ablauf der Befristung und unabhängig von einer Regelung nach § 15 Abs. 3 TzBfG – sein Arbeitsverhältnis ordentlich **kündigen** kann[3].

3 Ist die von den Parteien vertraglich vereinbarte Befristung oder Bedingung (§ 21 TzBfG) rechtsunwirksam, so entsteht nach § 16 Satz 1 TzBfG **ein auf unbestimmte Zeit abgeschlossenes Arbeitsverhältnis**. Dafür ist erforderlich, dass der betroffene Arbeitnehmer die **Unwirksamkeit der Befristung oder Bedingung rechtzeitig durch Klage** nach § 17 TzBfG **geltend macht** und zwar auch im Falle der Unwirksamkeit der Befristungsabrede wegen Formmangels nach § 14 Abs. 4 TzBfG[4]. Ist die Befristung unwirksam, so ordnet § 16 Satz 1 1. Halbsatz TzBfG den Fortbestand des Arbeitsverhältnisses – ohne Rücksicht auf den Unwirksamkeitsgrund der Befristung bzw. Bedingung – auf unbestimmte Zeit an.

4 Soweit teilweise vertreten wird, dass die Regelung des § 16 TzBfG nur für bestimmte Unwirksamkeitsgründe wie etwa die des § 14 TzBfG gelten soll[5], überzeugt dies nicht. Folgt die **Unwirksamkeit der Befristung aus anderen Gründen**, etwa aus der Missachtung von Beteiligungsrechten des Personalrats[6], so kann nichts anderes gelten, als dass sich auch in diesen Fällen die **Rechtsfolge aus** § 16 TzBfG ergibt[7]. Auch wenn im

---

[2] Vgl. zur Begründung der Änderung BT-Drucks. 14/4625, S. 12, 24.

[3] BAG, Urteil v. 23.4.2009, 6 AZR 533/08, NZA 2009, 1260 = AP TzBfG § 16 Nr. 2; ErfK/*Müller-Glöge*, 16. Aufl. 2016, § 16 TzBfG , Rz. 1; HWK/*Schmalenberg*, 6. Aufl. 2014, § 16 TzBfG, Rz. 2; KR/*Lipke*, 11. Aufl. 2016, § 16 TzBfG, Rz. 3; Meinel/Heyn/Herms/*Meinel*, TzBfG, 5. Aufl. 2015, § 16 TzBfG, Rz. 6.

[4] BAG, Urteil v. 15.2.2012, 10 AZR 111/11, NZA 2012, 733 = ZTR 2012, 402.

[5] APS/*Backhaus*, 4. Aufl. 2012, § 16 TzBfG, Rz. 1 unter Hinweis auf die Entstehungsgeschichte der Norm.

[6] Vgl. § 63 Abs. 1 Nr. 4 LPVG BBG; § 72 Abs. 1 Nr. 1 LPVG NW; ausführlich Dörner, Der befristete Arbeitsvertrag, 2. Aufl. 2011, Rz. 687 ff., 779.

[7] Wie hier Dörner, Der befristete Arbeitsvertrag, 2. Aufl. 2011, Rz. 779; KR/*Lipke*, 11. Aufl. 2016, § 16 TzBfG, Rz. 5; Annuß/Thüsing/*Maschmann*, TzBfG, 3. Aufl. 2012, § 16 TzBfG, Rz. 2; a. A. ErfK, *Müller-Glöge*, 16. Aufl. 2016, § 16 TzBfG, Rz. 1, der sich für eine entsprechende Anwendung von § 16 TzBfG bei Unwirksamkeitsgründen außerhalb von § 14 TzBfG ausspricht.

Gesetzgebungsverfahren andere Unwirksamkeitsgründe als die des § 14 TzBfG namentlich nicht genannt wurden, so lässt sich ein gesetzgeberischer Wille – lediglich diese Unwirksamkeitsgründe von § 16 TzBfG erfassen zu wollen, ohne dass dies im Gesetzestext Anklang gefunden hat – nicht vermuten[8].

Eine andere Auslegung böte auch im Hinblick auf die Klagefrist des § 17 TzBfG Schwierigkeiten, denn es wäre dann unklar, ob Unwirksamkeitsgründe außerhalb des § 14 TzBfG im Rahmen der Klagefrist des § 17 TzBfG geltend gemacht werden müssten. Dies hätte zur Folge, dass möglicherweise – abhängig vom Unwirksamkeitsgrund – eine längere Unklarheit hinsichtlich der Frage der Wirksamkeit der Befristung bestünde. Genau dieses Ergebnis wollte der Gesetzgeber jedoch vermeiden. So hat er mit Wirkung vom 1.1.2004 der 3-wöchigen Klagefrist des § 4 Satz 1 KSchG sämtliche Unwirksamkeitsgründe einer schriftlichen Kündigung unterworfen.

Eine widerspruchsfreie Auslegung ist nur möglich, wenn § 16 TzBfG sämtliche Fälle der Unwirksamkeit einer Befristung oder einer Bedingung i.S.d. § 21 TzBfG abschließend und umfassend regelt.

2. Kündigungsmöglichkeit bei unwirksamer Befristung

§ 16 Satz 1 2. Halbsatz und Satz 2 TzBfG regeln die Möglichkeit der ordentlichen Kündigung eines unwirksam befristeten Arbeitsverhältnisses. 5

Vor dem Inkrafttreten des Teilzeit- und Befristungsgesetzes entsprach es der überwiegenden Auffassung in Rechtsprechung und Schrifttum, dass im Falle der Unwirksamkeit einer Befristung neben der vereinbarten Höchstdauer des Arbeitsverhältnisses zugleich eine Vereinbarung über einer Mindestdauer wirksam zustande gekommen ist (so etwa BAG, Urteil v. 14.1.1982, 2 AZR 245/80[9]). Folge dieser Auffassung war, dass Arbeitgeber wie Arbeitnehmer für die in Aussicht genommene Dauer des befristeten Arbeitsverhältnisses dieses durch ordentliche Kündigung beiderseits nicht beenden konnten. Insoweit bestand also – abgesehen von den Fällen der Vereinbarung einer ordentlichen Kündigungsmöglichkeit – eine für beide Vertragsparteien bindende Mindestdauer (BAG, Urteil v. 14.1.1982, 2 AZR 245/80[10]).

Diese Rechtsprechung ist durch § 16 Satz 1 2. Halbsatz TzBfG überholt, denn danach bleibt die **Bindung an die Mindestdauer** vorbehaltlich einer Regelung nach § 15 Abs. 3 TzBfG **lediglich für den Arbeitgeber** erhalten.

> **Hinweis**
>
> Nur die **ordentliche Kündigung** des Arbeitgebers vor dem vereinbarten Ende wird durch § 16 Satz 1 2. Halbsatz TzBfG ausgeschlossen.

---

8 Dörner, Der befristete Arbeitsvertrag, 2. Aufl. 2011, Rz. 779.

9 AP BGB § 620 Befristeter Arbeitsvertrag Nr. 64 = NJW 1982, S. 1475, unter III. 1. der Gründe m. w. N. aus der Rspr.

10 AP BGB § 620 Befristeter Arbeitsvertrag Nr. 64 = NJW 1982, S. 1475, unter III. der Gründe.

2.1 Materiell-rechtlich unwirksame Befristung

6 Im Falle einer materiell-rechtlich unwirksamen Befristung kann der Arbeitgeber wegen § 16 Satz 1 2. Halbsatz TzBfG grundsätzlich frühestens zum unwirksam vereinbarten Zeitpunkt des Ablaufs des befristeten Arbeitsvertrags ordentlich kündigen. Dies führt nicht zu einem Ausschluss des Kündigungsrechts insoweit, dass die **Kündigung** dem Arbeitnehmer nicht vor diesem Zeitpunkt **zugehen** kann. Lediglich die **Kündigungsfrist** darf nicht vor dem vertraglich vereinbarten Beendigungszeitpunkt des Arbeitsverhältnisses **ablaufen**[11].

> **Beispiel**
>
> Ist ein Arbeitsverhältnis etwa wegen Verstoß gegen § 14 Abs. 2 Satz 2 TzBfG unwirksam bis zum 31.7.2016 befristet, so hindert § 16 Satz 1 2. Halbsatz TzBfG den Arbeitgeber nicht, das Arbeitsverhältnis bereits im Februar 2016 ordentlich zu kündigen. Die Kündigungsfrist selbst darf aber wegen § 16 Satz 1 TzBfG nicht vor dem 31.7.2016 ablaufen.

7 Nach dem Erreichen des vereinbarten Befristungsendes bindet das Gesetz auch den Arbeitgeber nicht mehr[12].

Außerdem kann der Arbeitgeber eine Mindestbindungsfrist verhindern, indem er im befristeten Arbeitsvertrag eine Regelung nach § 15 Abs. 3 TzBfG[13] vereinbart.

8 Die vom Arbeitgeber ausgesprochene **ordentliche Kündigung** ist stets an den Vorgaben tariflicher und gesetzlicher Kündigungsschutzbestimmungen zu messen[14].

§ 16 Satz 1 2. Halbsatz TzBfG schließt nur die ordentliche Kündigung des Arbeitgebers vor dem vereinbarten Ende aus. Andere Beendigungsmöglichkeiten sind davon nicht erfasst, insbesondere bleiben das **Recht zur außerordentlichen Kündigung** erhalten und auch der **Abschluss eines Aufhebungsvertrags** ist möglich[15].

2.2 Formell unwirksame Befristung

9 Ist die Befristung oder Bedingung des Arbeitsverhältnisses lediglich aufgrund **mangelnder Schriftform** unwirksam, so kann nach § 16 Satz 2 TzBfG auch der Arbeitgeber bereits vor dem vereinbarten Ende des Arbeitsverhältnisses dieses ordentlich kündigen. Voraussetzung dafür ist, dass die Befristung ausschließlich wegen eines Mangels der

---

11 HaKo/*Mestwerdt*, 5. Aufl. 2015, § 16 TzBfG, Rz. 7; KR/*Lipke*, 11. Aufl. 2016, § 16 TzBfG, Rz. 11.

12 Kittner/Däubler/Zwanziger/Däubler/Wroblewski, KSchR, 9. Aufl. 2014, § 16 TzBfG, Rz. 3.

13 S. dazu Arnold, § 15, Rz. 43 ff.

14 BAG, Urteil v. 23.4.2009, 6 AZR 533/08, Rn. 31 ff., NZA 2009, 1260 = AP TzBfG § 16 Nr. 2; BAG, Urteil v. 22.9.2005, 6 AZR 607/04, AP KSchG 1969 § 1 Wartezeit Nr. 20 = NZA 2006, S. 429, unter II 2c der Gründe; KR/*Lipke*, 11. Aufl. 2016, § 16 TzBfG, Rz. 13.

15 Meinel/Heyn/Herms/*Meinel*, TzBfG, 5. Aufl. 2015, § 16 TzBfG, Rz. 4; HaKo/*Mestwerdt*, 5. Aufl. 2015, § 16 TzBfG, Rz. 6.

Schriftform nach § 14 Abs. 4 TzBfG unwirksam ist[16]. In diesem Fall können Arbeitnehmer und Arbeitgeber das **Arbeitsverhältnis jederzeit** – unter Beachtung der einschlägigen Vorschriften, insbesondere § 623 BGB – **ordentlich kündigen**[17]. Die Folgen einer unwirksamen Befristung für den Arbeitgeber sind damit im Falle der lediglich mangelnden Schriftform im Vergleich zu sonstigen Unwirksamkeitsgründen abgemildert.

2.3 Zusammentreffen materieller und formeller Unwirksamkeitsgründe

Treffen mangelnde Schriftform nach § 14 Abs. 4 TzBfG und sonstige Unwirksamkeitsgründe zusammen, so greift § 16 Satz 2 TzBfG nicht. § 16 Satz 2 TzBfG ist auf die Fälle beschränkt, in denen die Wirksamkeit der Befristung **ausschließlich** an der mangelnden Schriftform scheitert[18]. 10

2.4 Unklares Befristungsende

Schwierigkeiten bestehen, wenn das Befristungsende nicht eindeutig feststeht, etwa weil ein konkretes Enddatum fehlt oder der zu erreichende Zweck oder die auflösende Bedingung nicht klar vereinbart wurden. 11

2.4.1 Kalenderbefristung

Bei nicht eindeutiger – ggf. im Wege der Auslegung zu bestimmender – kalendermäßiger Befristung ist auf das spätest denkbare Befristungsende abzustellen[19]. Bis zu diesem spätest möglichen Zeitpunkt bleibt der Arbeitgeber nach § 16 Satz 1 2. Halbsatz TzBfG gebunden. Er selbst hat die Unklarheit des Enddatums mit herbeigeführt und sich damit der ordentlichen Kündigungsmöglichkeit begeben[20]. 12

2.4.2 Zweckbefristung und auflösende Bedingung

Im Falle einer mangelnden Bestimmtheit des Endes des Arbeitsverhältnisses bei einer Zweckbefristung bzw. auflösenden Bedingung stellt sich die Frage, ab welchem Zeitpunkt der Arbeitgeber den befristeten Arbeitsvertrag ordentlich kündigen kann. Dazu ist zunächst eine **Vertragsauslegung** vorzunehmen. Erst wenn diese zu keinem Ergebnis führt, stellt sich das Problem der Kündbarkeit des befristeten Arbeitsvertrags. 13

Teilweise wird vertreten, dass auf Fälle mangelnder Bestimmtheit des Zwecks bzw. der auflösenden Bedingung **trotz erfolgter Auslegung** § 16 Satz 2 TzBfG analog Anwendung finden soll[21] oder aber mit dem gleichen Ergebnis die ordentliche Kündigung für

---

16 BAG, Urteil v. 23.4.2009, 6 AZR 533/08, Rn. 31 ff., NZA 2009, 1260 = AP TzBfG § 16 Nr. 2; KR/*Lipke*,11. Aufl. 2016, § 16 TzBfG, Rz. 14; Sievers, TzBfG, 5. Aufl. 2015, § 16 TzBfG, Rz. 8; s. Gräfl, § 14, Rz. 360 ff.

17 HWK/*Schmalenberg*, 6. Aufl. 2014,§ 16 TzBfG, Rz. 4.

18 Sievers, TzBfG, 5. Aufl. 2015, § 16 TzBfG, Rz. 8.

19 HaKo/*Mestwerdt*, 5. Aufl. 2015, § 16 TzBfG, Rz. 7.

20 KR/*Lipke*, 11. Aufl. 2016, § 16 TzBfG, Rz. 16.

21 So ausdrücklich KR/*Lipke*, 11. Aufl. 2016, § 16 TzBfG, Rz. 17; Boewer, TzBfG, 1. Aufl. 2002, § 16 TzBfG, Rz. 10.

zulässig angesehen wird, weil schon gar kein Fall des § 16 TzBfG vorliegt[22]. Beide Auffassungen kommen letztlich zum Ergebnis, wonach das mangelhaft bestimmbar zweckbefristete bzw. auflösend bedingte Arbeitsverhältnis auch vom Arbeitgeber jederzeit ordentlich gekündigt werden kann.

Beiden Auffassungen ist zuzugeben, dass – ausweislich der Gesetzesmaterialien – der Gesetzgeber dieses Problem bei Schaffung des § 16 TzBfG nicht gesehen hat und unvertretbare Ergebnisse vermieden werden sollten. Allerdings muss vor einer vorschnellen Annahme einer ordentlichen Kündigungsmöglichkeit **zwingend** eine mangelnde Bestimmtheit feststehen. Liegt auch nach Auslegung des Vertrags eine **mangelnde Bestimmtheit** vor, so besteht letztlich wegen der fehlenden Bestimmtheit ein **unbefristetes Arbeitsverhältnis.** Dieses unbefristete Arbeitsverhältnis ist dann **ordentlich kündbar**[23].

2.4.3 Unmöglichkeit des Bedingungseintritts

14 Ähnliche Probleme können bei zweckbefristeten oder auflösend bedingten Arbeitsverhältnissen auftreten, wenn der Zweck bzw. die auflösende Bedingung nicht mehr eintreten kann.

> **Beispiel**
>
> Wurde ein Arbeitsverhältnis begründet, um den krankheitsbedingten Arbeitsausfall eines anderen Arbeitnehmers zu überbrücken (§ 14 Abs. 1 Satz 2 Nr. 3 TzBfG) und kehrt der vertretene Arbeitnehmer nicht mehr zurück, so steht letztlich fest, dass der Zweck objektiv nicht mehr erreicht werden kann.

15 In einem solchen Fall erscheint es schwerlich zumutbar, den Arbeitgeber, der ein zweckbefristetes bzw. bedingtes Arbeitsverhältnis eingegangen ist, auf alle Zeiten an diesem für ihn wegen § 16 Satz 1 2. Halbsatz TzBfG auf Dauer ordentlich unkündbaren Arbeitsverhältnis festzuhalten.

16 Für solche Konstellationen vertreten *Däubler/Wroblewski*[24] die Auffassung, dass in einem Fall der Nichterreichung des Zwecks das Arbeitsverhältnis vom Arbeitgeber unter Einhaltung einer „**angemessenen Frist**“ gekündigt werden kann. Diese Frist wird von *Däubler/Wroblewski* mit einer Dauer von 1,5 bis 2 Jahren bemessen. Diese Auffassung lässt sich nach der hier vertretenen Meinung allerdings auf das Gesetz nicht stützen, wenn sie auch von dem billigenswerten Streben getragen ist, unvertretbare Ergebnisse zu vermeiden.

17 **Andererseits** führt die Annahme eines **dauerhaften Kündigungsausschlusses**[25] zu unvertretbaren Ergebnissen. Die von *Meinel* insoweit vertretene Auffassung führt dazu,

---

22 So Meinel/Heyn/Herms/*Meinel*, TzBfG, 5. Aufl. 2015, § 16 TzBfG, Rz. 10.

23 BAG, Urteil v. 23.4.2009, 6 AZR 533/08, zu II 2 der Gründe (Rn. 19), AP TzBfG § 16 Nr. 2 = NZA 2009, S. 1260.

24 Kittner/Däubler/Zwanziger/*Däubler/Wroblewski*, KSchR, 9. Aufl. 2014, § 21 TzBfG, Rz. 26.

25 Meinel/Heyn/Herms/*Meinel*, TzBfG, 5. Aufl. 2015, § 16 TzBfG, Rz. 11.

dass ein befristet bzw. auflösend bedingt eingestellter Arbeitnehmer im Falle des Nichteintritts des Zwecks bzw. der Bedingung dauerhaft ordentlich unkündbar würde.

Sicherlich richtig ist, dass nicht bereits eine Verzögerung des zunächst erwarteten Ein- 18
tritts des Zwecks bzw. der auflösenden Bedingung zur Annahme einer ordentlichen Kündigungsmöglichkeit führen kann. Auch hier ist eine **Auslegung** des Vertrags vorzunehmen. Führt diese zum Ergebnis, dass der **Zweck bzw. die Bedingung noch eintreten kann**, so bleibt es bei der Unkündbarkeit. Dem Arbeitgeber bleibt dann nur eine an den Vorgaben des § 626 BGB zu messende **außerordentliche Kündigung**, da der betreffende Arbeitnehmer besonderen Bestandsschutz genießt. Allerdings wird man dann die Rechtsprechung des BAG zu tariflich unkündbaren Arbeitnehmern aufgrund tariflichen Alterskündigungsschutzes heranziehen können und dem Arbeitgeber die Möglichkeit nicht nur einer außerordentlich fristlosen Kündigung, sondern ggf. einer außerordentlichen Kündigung mit sozialer Auslauffrist einräumen müssen.

Ergibt die **Auslegung** jedoch, dass der **Zweck bzw. die Bedingung nicht mehr eintre- 19
ten kann**, so besteht ein unbefristetes Arbeitsverhältnis, das vom Arbeitgeber ordentlich, unter Einhaltung der gesetzlichen bzw. tariflichen Kündigungsfrist, gekündigt werden kann. Die geschilderten Probleme lassen sich dadurch vermeiden, dass im Arbeitsvertrag die **Möglichkeit der ordentlichen Kündigung einzelvertraglich für beide Parteien vereinbart** wird[26].

3. Rechtsfolgen

Ist das Arbeitsverhältnis unwirksam befristet, so besteht es nach § 16 Satz 1 1. Halbsatz 20
TzBfG unbefristet fort.

3.1 Berufen auf Befristungsende durch Arbeitgeber

Will der Arbeitgeber das befristete Arbeitsverhältnis über das Befristungsende hinaus 21
nicht fortsetzen, so muss sich der Arbeitnehmer innerhalb der Frist des § 17 TzBfG gegen die Befristung des Arbeitsverhältnisses gerichtlich zur Wehr setzen. Lässt der Arbeitnehmer die Klagefrist ungenutzt verstreichen, so steht nach deren Ablauf die Wirksamkeit der Befristung fest[27].

Den Eintritt der Fiktionswirkung nach § 17 Satz 2 TzBfG i. V. m. § 7 KSchG kann der 22
Arbeitnehmer ausschließlich durch die Erhebung einer Befristungskontrollklage vermeiden.

Beruft sich der Arbeitgeber auf die Wirksamkeit der Befristung durch Zuleitung einer 23
Mitteilung nach § 15 Abs. 2 TzBfG, führt dies zur Frage, ob in dieser Mitteilung bzw. der Mitteilung des Zeitablaufs zugleich eine **Kündigungserklärung** liegt.

Das bloße Berufen auf den Fristablauf bzw. die Anzeige der Zweckerreichung oder die Ablehnung einer Weiterbeschäftigung genügt regelmäßig nicht den Anforderungen an

---

[26] Zur Formulierung einer entsprechenden Vertragsklausel s. Arnold, § 15, Rz. 44.

[27] Zu den Einzelheiten s. Spinner, § 17, Rz. 63.

eine Kündigung[28]. Zwar kann sich im Wege der Auslegung nach §§ 133, 157 BGB ergeben, dass eine solche Erklärung des Arbeitgebers auch als Kündigung aufzufassen ist und dies vom Arbeitnehmer auch so verstanden werden musste (BAG, Urteil v. 5.3.1970, 2 AZR 175/69[29]). Eine solche Auslegung ist jedoch nicht der Regelfall, denn die Nichtverlängerungsanzeige des Arbeitgebers stellt regelmäßig keine rechtsgeschäftliche Erklärung dar, sondern lediglich die Mitteilung der eigenen Rechtsauffassung („Wissenserklärung")[30].

Im Übrigen muss eine Nichtverlängerungsmitteilung, die nach §§ 133, 157 BGB als Kündigungserklärung ausgelegt werden soll, dann auch alle **Voraussetzungen einer wirksamen Kündigung** erfüllen. D. h. es müssen der Betriebs- bzw. Personalrat beteiligt werden und die Zustimmung des Integrationsamts nach §§ 85 ff. SGB IX bzw. die Zustimmung der für den Arbeitsschutz zuständigen Behörden im Falle von Mutterschutz oder Elternzeit vorliegen. Darüber hinaus unterliegt die Kündigung der Formvorschrift des § 623 BGB.

24 Da das Arbeitsverhältnis im Falle unwirksamer Befristung als unbefristetes Arbeitsverhältnis fortbesteht, gerät der Arbeitgeber regelmäßig in **Annahmeverzug** (§§ 293 ff. BGB), soweit der Arbeitnehmer seine Arbeitsleistung angeboten hat[31].

3.2 Berufen auf Befristungsende durch Arbeitnehmer

25 Will der Arbeitnehmer das aus seiner Sicht unwirksam befristete Arbeitsverhältnis mit Ablauf der Befristung beenden, reicht es aus, wenn er die Klagefrist des § 17 TzBfG verstreichen lässt. Einer gesonderten Kündigung bedarf es nicht.

---

28 Annuß/Thüsing/*Maschmann*, TzBfG, 3. Aufl. 2012, § 16 TzBfG, Rz. 5; KR/*Lipke*, 11. Aufl. 2016, § 16 TzBfG, Rz. 19.

29 AP BGB § 620 Befristeter Arbeitsvertrag Nr. 34 = EzA § 620 BGB Nr. 13.

30 APS/*Backhaus*, 4. Aufl. 2012, § 16 TzBfG, Rz. 15 ff.; Kittner/Däubler/Zwanziger/*Däubler/Wroblewski*, KSchR, 9. Aufl. 2014, § 16 TzBfG, Rz. 6; KR/*Lipke*, 11. Aufl. 2016, § 16 TzBfG, Rz. 20.

31 ErfK/*Müller-Glöge*, 16. Aufl. 2016, § 16 TzBfG, Rz. 5; BAG Urteil v. 19.9.2012, 5 AZR 627/11, Rz. 27 ff., BAGE 143, 119 = DB 2013, S. 65 = NZA 2013, S. 101.

§ 17 Anrufung des Arbeitsgerichts

[1]Will der Arbeitnehmer geltend machen, dass die Befristung eines Arbeitsvertrages rechtsunwirksam ist, so muss er innerhalb von drei Wochen nach dem vereinbarten Ende des befristeten Arbeitsvertrages Klage beim Arbeitsgericht auf Feststellung erheben, dass das Arbeitsverhältnis auf Grund der Befristung nicht beendet ist. [2]Die §§ 5 bis 7 des Kündigungsschutzgesetzes gelten entsprechend. [3]Wird das Arbeitsverhältnis nach dem vereinbarten Ende fortgesetzt, so beginnt die Frist nach Satz 1 mit dem Zugang der schriftlichen Erklärung des Arbeitgebers, dass das Arbeitsverhältnis auf Grund der Befristung beendet sei.

Übersicht **Rz.**

1. Allgemeines

§ 17 TzBfG regelt die **Frist zur Erhebung einer Befristungskontrollklage**. Durch das Beschäftigungsförderungsgesetz 1996 wurde mit § 1 Abs. 5 BeschFG erstmalig eine 3-wöchige materielle Klagefrist für die Klage gegen die Befristung eines Arbeitsverhältnisses eingeführt. 1

Vorher wurde vielfach eine entsprechende Anwendung der Frist des § 4 Satz 1 KSchG auch für Befristungskontrollklagen diskutiert, jedoch vom BAG in ständiger Rechtsprechung abgelehnt[1]. Vor Einführung des § 1 Abs. 5 BeschFG konnte eine Befristungskontrollklage folglich bis zur Grenze der Verwirkung erhoben werden.

§ 1 Abs. 5 BeschFG diente der Herbeiführung von Rechtssicherheit[2] und wurde im Schrifttum begrüßt[3]. Von der Vorschrift des § 1 Abs. 5 BeschFG wurden alle Arten von Befristungen[4] sowie sämtliche Unwirksamkeitsgründe erfasst[5].

2 Die Regelung des § 1 Abs. 5 BeschFG ist seit dem 1.1.2001 durch § 17 TzBfG ersetzt worden. § 17 Satz 1 und 2 TzBfG entsprechen ihrem Wortlaut nach der Regelung des § 1 Abs. 5 BeschFG. § 17 Satz 3 TzBfG stellt demgegenüber eine neue Regelung dar.

2. Anwendungsbereich

3 Die Klagefrist des § 17 TzBfG erfasst **sämtliche befristeten Arbeitsverhältnisse**[6]. Dabei kommt es auf die Dauer des Bestands des Arbeitsverhältnisses ebenso wenig an, wie auf die Frage, ob auf dieses die besonderen Regelungen des Kündigungsschutzgesetzes im Falle einer Kündigungsschutzklage anwendbar wären. Ebenso unerheblich ist es, um welche **Art der Befristung** es sich handelt. § 17 TzBfG erfasst sowohl Befristungen mit, als auch solche ohne Sachgrund und auch Befristungen aufgrund spezialgesetzlicher Sonderregelung außerhalb des Teilzeit- und Befristungsgesetzes[7]. Nur so kann der gesetzgeberische Wille verwirklicht werden, durch Einführung einer materiell-rechtlichen Klagefrist zügig Rechtssicherheit herbeizuführen[8].

4 Die Klagefrist des § 17 TzBfG umfasst **sämtliche Unwirksamkeitsgründe** einer Befristung. Dies gilt unabhängig davon, ob diese innerhalb oder außerhalb des Teilzeit- und

---

1 Statt vieler BAG, Urteil v. 28.2.1990, 7 AZR 143/89, AP BeschFG 1985 § 1 Nr. 14 = NZA 1990, S. 746; BAG, Urteil v. 7.3.1980, 7 AZR 177/78, AP BGB § 620 Befristeter Vertrag Nr. 54 = EzA § 4 KSchG n. F. Nr. 17.

2 BAG, Urteil v. 23.1.2002, 7 AZR 563/00, AP BeschFG 1996 § 1 Nr. 12 = NZA 2003, S. 104 = NJW 2002, S. 3421, unter I. 1b der Gründe.

3 *Löwisch*, NZA 1996, S. 1009, 1012; *Preis*, NJW 1996, S. 3369, 3373; *Rolfs*, NZA 1996, S. 1134, 1139.

4 BAG, Urteil v. 20.1.1999, 7 AZR 715/97, AP BeschFG 1985 § 1 Nr. 21 = NZA 1999, S. 671 = NJW 1999, S. 2837; BAG, Urteil v. 20.1.1999, 7 AZR 93/98, DB 1999, S. 322.

5 BAG, Urteil v. 9.2.2000, 7 AZR 730/98, AP BeschFG 1985 § 1 Nr. 22 = NZA 2000, S. 721 = NJW 2000, S. 2834.

6 BT-Drucks. 14/4374, S. 21; BAG, Urteil v. 4.5.2011, 7 AZR 252/10, BAGE 138, S. 9 = NZA 2011, S. 1178.

7 BAG, Urteil v. 13.2.2013, 7 AZR 284/11, NZA 2013, S. 1271 = ZTR 2013, S. 565; Sievers, TzBfG, 5. Aufl. 2015, § 17 TzBfG, Rz. 2.

8 Vgl. BT-Drucks. 14/4374, S. 21.

Befristungsgesetzes liegen und unabhängig davon, ob es sich um bundes- oder landesrechtliche Vorgaben handelt[9]. Wie sich aus dem Zusammenspiel mit § 16 TzBfG ergibt, erfasst die Klagefrist des § 17 TzBfG darüber hinaus – anders als von § 4 Satz 1 KSchG – auch die Unwirksamkeit der Befristung mangels Einhaltung der Schriftform[10].

Bei einer in **Allgemeinen Geschäftsbedingungen** enthaltenen Befristung ist zu differen- 5
zieren. Macht der Arbeitnehmer geltend, die Befristungsabrede stelle eine überraschende Klausel nach § 305c Abs. 1 BGB dar, so muss er die Klagefrist nach § 17 TzBfG nicht einhalten[11]. Die überraschende Klausel ist gerade nicht Bestandteil des Vertrags geworden. Demgegenüber ist die mangelnde Transparenz nach § 307 Abs. 1 Satz 2 BGB innerhalb der Klagefrist des § 17 TzBfG geltend zu machen. Rechtsfolge eines Verstoßes gegen § 307 Abs. 1 Satz 2 BGB ist, dass die Befristungsklausel nach § 306 Abs. 1 BGB unwirksam ist. Folglich liegt eine unwirksame Befristungsabrede vor, die innerhalb der Frist des § 17 TzBfG geltend zu machen ist[12].

Die Klagefrist des § 17 TzBfG ist auch im Falle der **unklaren Zweckbefristung** ein- 6
schlägig[13]. Insoweit problematisch ist allerdings die Frage, wann im Falle mangelnder Bestimmtheit der Zweckerreichung die Klagefrist des § 17 TzBfG zu laufen beginnt[14].

§ 17 TzBfG gilt **nicht** bei der **Befristung einzelner Arbeitsbedingungen**. Im diesem 7
Fall ist keine Klagefrist zu beachten[15].

Die Nichtanwendung des § 17 TzBfG auf die Befristung einzelner Arbeitsbedingungen folgt aus dem Wortlaut von § 17 TzBfG.

Dieser spricht von der **Befristung des Arbeitsvertrags**. Es geht damit um die Befristung des Arbeitsverhältnisses insgesamt und nicht lediglich um einzelne Bedingungen des Arbeitsverhältnisses. Im Fall einer Befristung einzelner Arbeitsbedingungen ist der Bestand

---

9 Zum Problem der durch die LPersVG vorgeschriebenen Zustimmung des Personalrats zur Befristung von Arbeitsverhältnissen Dörner, Der befristete Arbeitsvertrag, 2. Aufl. 2011, Rz. 687 ff.; KR/*Lipke*, 11. Aufl. 2016, § 14 TzBfG, Rz. 780 ff.

10 BAG, Urteil v. 21.11.2013, 6 AZR 664/12, Rn. 68, NZA 2014, S. 362; BAG, Urteil v. 4.5.2011, 7 AZR 252/10, Rn. 18, BAGE 139, S. 8 = NZA 2011, S. 1178.

11 BAG, Urteil v. 16.4.2008, 7 AZR 132/07, Rn. 10, BAGE 126, S. 295 = NJW 2008, S. 2279 = DB 2008, S. 1736.

12 Sievers, TzBfG, 5. Aufl. 2015, § 17, Rz. 6 ff.; a. A. wohl ErfK/*Müller-Glöge*, 16. Aufl. 2016, § 17 TzBfG, Rz. 4.

13 HaKo/*Mestwerdt*, 5. Aufl. 2015, § 17 TzBfG, Rz. 18; KR/*Bader*, 11. Aufl. 2016, § 17 TzBfG, Rz. 5.

14 S. Rz. 37 ff.

15 Dörner, Der befristete Arbeitsvertrag, 2. Aufl. 2011, Rz. 810; ErfK/*Müller-Glöge*, 16. Aufl. 2016, § 17 TzBfG, Rz. 4a; HaKo/*Mestwerdt*, 5. Aufl. 2015, § 17 TzBfG, Rz. 19; KR/*Bader*, 11. Aufl. 2016, § 17 TzBfG, Rz. 10; BAG, Urteil v. 18.1.2006, 7 AZR 191/05, AP BGB § 305 Nr. 8 = EzA § 307 BGB 2002 Nr. 13, unter A I der Gründe; BAG, Urteil v. 14.1.2004, 7 AZR 213/03, AP TzBfG § 14 Nr. 10 = NZA 2004, S. 719 = DB 2004, S. 1101, unter I. der Gründe unter Bezugnahme auf BAG, Urteil v. 4.6.2003, 7 AZR 406/02, AP TzBfG § 17 Nr. 1 = DB 2003, S. 1683, unter I. 1. der Gründe. Zur Problematik der Geltung § 15 TzBfG bei Befristung einzelner Vertragsbedingungen s. Gräfl, § 14, Rz. 12 ff.

des Arbeitsverhältnisses nicht gefährdet. Deshalb ist auch der Schutzweck des § 17 TzBfG nicht einschlägig, schnell Rechtssicherheit für beide Parteien herbeizuführen. Eine analoge Anwendung scheidet mangels einer planwidrigen Regelungslücke aus. Der Gesetzgeber hat § 17 TzBfG ausdrücklich nur auf die Befristung des Arbeitsverhältnisses als Ganzes bezogen.

8 Unter der Geltung des § 1 Abs. 5 BeschFG war umstritten, inwieweit die Klagefrist des § 1 Abs. 5 BeschFG auf **auflösend bedingte Arbeitsverträge** Anwendung findet[16]. Mit Inkrafttreten des Teilzeit- und Befristungsgesetzes ist dieser Streit obsolet. Der Gesetzgeber hat über § 21 TzBfG, der die auflösend bedingten Arbeitsverhältnisse regelt, ausdrücklich § 17 TzBfG für anwendbar erklärt. Damit steht seit 1.1.2001 außer Zweifel, dass die Klagefrist auch im Falle eines auflösend bedingten Arbeitsverhältnisses einzuhalten ist.

9 Die Frage, ob für **Altverträge** die Klagefrist des § 17 TzBfG zur Anwendung kommt und wann diese abgelaufen ist, hat sich zwischenzeitlich durch Zeitablauf erledigt[17]. Die Klagfrist für so genannte Altverträge hat am 1.1.2001 mit Inkrafttreten des Teilzeit- und Befristungsgesetzes zu laufen begonnen und endete gem. §§ 187, 188, 193 BGB mit Ablauf des 22.1.2001, einem Montag[18].

3. Erhebung der Befristungskontrollklage nach § 17 TzBfG

3.1 Inhalt des Klageantrags

10 Nach § 17 Satz 1 TzBfG richtet sich die Befristungskontrollklage auf die Feststellung, „dass das Arbeitsverhältnis aufgrund der Befristung nicht beendet ist". Streitgegenstand ist die Frage der **Rechtswirksamkeit der Befristung** eines Arbeitsverhältnisses. Es handelt sich insoweit – ähnlich wie bei § 4 KSchG – um einen punktuellen Streitgegenstand[19]. Bei einer Klage nach § 17 Satz 1 TzBfG besteht der Streitgegend darin, ob das Arbeitsverhältnis durch die zu einem bestimmten Zeitpunkt vereinbarte Befristung zu dem in dieser Vereinbarung vorgesehenen Termin geendet hat[20].

---

[16] Dagegen BAG, Urteil v. 23.2.2000, 7 AZR 906/98, AP BeschFG 1985 § 1 Nr. 25 = NZA 2000, S. 821 = DB 2000, S. 2076; ErfK/*Müller-Glöge*, 2. Aufl. 2001, § 1 BeschFG, Rz. 69; dafür etwa KR/*Lipke*, 5. Aufl. 1998, § 1 BeschFG 1996, Rz. 171.

[17] Ausführlich hierzu die Vorauflage in Rz. 9.

[18] So zu § 1 Abs. 5 BeschFG, BAG, Urteil v. 20.1.1999, 7 AZR 715/97, AP BeschFG 1985 § 1 Nr. 21 = NZA 1999, S. 671 = NJW 1999, S. 2837.

[19] KR/*Bader*, 11. Aufl. 2016, § 17 TzBfG, Rz. 11; HaKo/*Mestwerdt*, 5. Aufl. 2015, § 17 TzBfG, Rz. 5; zu § 4 KSchG vgl. Löwisch/Spinner/*Wertheimer/Spinner*, KSchG, 10. Aufl. 2013, § 4 KSchG, Rz. 14.

[20] BAG, Urteil v. 16.4.2003, 7 AZR 119/02, AP TzBfG § 17 Nr. 2 = NZA 2004, S. 283, unter I. 1a der Gründe; noch zu § 1 Abs. 5 BeschFG BAG, Urteil v. 22.3.2000, 7 AZR 581/98, AP BeschFG 1996 § 1 Nr. 1 = NZA 2000, S. 884 = NJW 2000, S. 3661, unter A der Gründe.

> **Beispiel**
>
> Es empfiehlt sich deshalb folgender Antrag:
>
> „Es wird festgestellt, dass das Arbeitsverhältnis zwischen den Parteien nicht aufgrund der Befristungsvereinbarung vom … mit dem ... beendet worden ist“ (BAG, Urteil v. 28.6.2000, 7 AZR 920/98[21]).

> **Beispiel**
>
> Alternativ könnte auch etwa wie folgt formuliert werden: „Es wird festgestellt, dass das Arbeitsverhältnis der Parteien aufgrund der im Vertrag vom … vereinbarten Befristung nicht zum … beendet worden ist.“[22].

Ob sich eine Klage auf die Feststellung richtet, dass das Arbeitsverhältnis durch die Befristung nicht beendet und damit das Wirksamwerden der Befristung nach § 17 Satz 2 TzBfG i. V. m. § 7 KSchG verhindert wird, muss in Zweifelsfällen durch **Auslegung** des Klagevorbringens ermittelt werden (BAG, Urteil v. 16.4.2003, 7 AZR 119/02[23]; BAG, Urteil v. 16.11.2005, 7 AZR 81/05[24]). Dabei dürfen keine zu strengen Anforderungen gestellt werden. Insoweit ist es ausreichend, wenn der Kläger statt der Feststellung, dass das Arbeitsverhältnis durch die Befristung nicht aufgelöst ist, die Feststellung beantragt, die Befristung sei unwirksam. Bei einer Orientierung am Gesetzeswortlauf des § 17 Satz 1 TzBfG werden Auslegungsschwierigkeiten vermieden. 11

Eine **Leistungsklage** des Arbeitnehmers, mit der er **Arbeitsentgelt** oder **Weiterbeschäftigung** für die Zeit nach Ablauf der Befristung begehrt, **genügt** den Anforderungen des § 17 Satz 1 TzBfG regelmäßig **nicht**[25]. Zwar muss innerhalb dieses Verfahrens regelmäßig inzident die Frage der Befristung des Arbeitsverhältnisses geprüft werden. Damit ist jedoch keine rechtskräftige Entscheidung über den Fortbestand des Arbeitsverhältnisses selbst verbunden. Der Zweck des § 17 Satz 1 TzBfG wird mit einer solchen Klage nicht erreicht[26]. 12

Da § 17 Satz 2 TzBfG jedoch auch § 6 KSchG in Bezug nimmt, kann der Arbeitnehmer, sofern er innerhalb der 3-Wochenfrist eine der vorbezeichneten Leistungsklagen erhoben hat, noch **bis zum Schluss der mündlichen Verhandlung** in erster Instanz und damit auch nach Ablauf der 3-Wochenfrist zusätzlich den Feststellungsantrag nach § 17 Satz 1

---

21 AP BeschFG 1996 § 1 Nr. 2 = NZA 2000, S. 1110.

22 So etwa HaKo/*Mestwerdt*, 5. Aufl. 2015, § 17 TzBfG, Rz. 5.

23 AP TzBfG § 17 Nr. 2 = NZA 2004, S. 283.

24 AP BGB § 620 Befristeter Arbeitsvertrag Nr. 264 = NZA 2006, S. 784, unter B I. der Gründe.

25 Vgl. BAG, Urteil v. 21.11.2013, 6 AZR 664/12, Rn. 69 f., NZA 2014, S. 362.

26 Zum Parallelproblem bei § 4 KSchG, Löwisch/Spinner/*Wertheimer/Spinner*, KSchG, 10. Aufl. 2013, § 4 KSchG, Rz. 16.

TzBfG stellen[27]. Zur Möglichkeit den Befristungskontrollantrag ausnahmsweise noch in der Berufungsinstanz anzubringen vgl. Rz. 63.

13 Wegen des punktuellen Streitgegenstandcharakters der Befristungskontrollklage nach § 17 Satz 1 TzBfG[28], wahrt der Klagantrag nach § 17 Satz 1 TzBfG die Klagefrist immer nur für die Befristung, auf die sich die Klage bezieht.

14 Die Befristungskontrollklage kann auch durch **Änderung bzw. Erweiterung einer** bereits **anhängigen Klage** erhoben werden und zwar auch noch in der Berufungsinstanz[29]. Diese Möglichkeit entbindet den Arbeitnehmer jedoch nicht von der Pflicht, seine Klageänderung bzw. -erweiterung, innerhalb der 3-Wochenfrist zu erheben. Dem Arbeitnehmer steht es auch frei, die Befristungskontrollklage im Wege der **Widerklage** zu erheben (LAG Hannover, Urteil v. 1.9.1952, Sa 402/52[30]).

3.2 Form des Klageantrags

15 Die Klageschrift muss die **allgemeinen Anforderungen des** § 253 ZPO erfüllen, also die Bezeichnung der Parteien, des Gerichts, die bestimmte Angabe des Gegenstands und des Grundes des Klagbegehrens sowie einen bestimmten Antrag enthalten.
An eine Befristungskontrollklage dürfen jedoch **keine allzu strengen Anforderungen** gestellt werden. Es muss vielmehr genügen, wenn aus der Klage ersichtlich wird, gegen wen sie gerichtet wird, um welche Befristung es sich handelt und dass der klagende Arbeitnehmer diese Befristung nicht als rechtswirksam anerkennen will. Nähere Ausführungen zur Unwirksamkeit der Befristung sind nicht erforderlich.
Für die Wirksamkeit der Befristungsvereinbarung liegt die **Darlegungs- und Beweislast** grundsätzlich **beim Arbeitgeber**[31].

16 Die Klage kann zu **Protokoll der Geschäftsstelle** des Arbeitsgerichts erklärt oder **schriftlich** bei dem Gericht eingereicht werden (§§ 46 Abs. 2 ArbGG, 496 ZPO). Durch eine weder von der Partei noch vom Prozessbevollmächtigten unterzeichnete Klage kann die Frist des § 17 Satz 1 TzBfG nicht gewahrt werden[32]. Die Schriftform ist jedoch gewahrt, wenn sich aus einem der Klageschrift beigelegten Schriftstück ergibt, dass die Klage mit Wissen und Wollen des jeweiligen Verfassers bei Gericht eingegangen ist (BAG, Urteil v. 26.1.1976, 2 AZR 506/74[33]).

---

[27] BAG, Urteil v. 24.6.2015, 7 AZR 541/13, Rn. 26 ff.; BAG, Urteil v. 15.5.2012, 7 AZR 6/11, NJW 2013, S. 714 = ZTR 2012, S. 606.

[28] S. Rz. 10.

[29] So zu § 4 KSchG, Löwisch/Spinner/*Wertheimer/Spinner*, KSchG, 10. Aufl. 2013, § 4 KSchG, Rz. 19.

[30] AP 1953 Nr. 122, dort zum gleich gelagerten Problem bei der Kündigungsschutzklage.

[31] Dörner, Der befristete Arbeitsvertrag, 2. Aufl. 2011, Rz. 826 ff.; s. Gräfl, § 14, Rz. 52 ff.; KR/*Bader*, 11. Aufl. 2016, § 17 TzBfG, Rz. 13.

[32] Löwisch/Spinner/*Wertheimer/Spinner*, KSchG, 10. Aufl. 2013, § 4 KSchG, Rz. 22.

[33] AP KSchG 1969 § 4 Nr. 1 = NJW 1976, S. 1991.

Die beiliegende, von der Partei unterzeichnete **Vollmachtsurkunde** hingegen ist nicht ausreichend (BAG, Urteil v. 26.1.1976, 2 AZR 506/74[34]). Der Mangel der Nichtunterzeichnung der Klageschrift wird jedoch nach § 295 ZPO geheilt, wenn sich die Beklagte auf die mündliche Verhandlung über die Klage einlässt (BAG, Urteil v. 26.6.1986, 2 AZR 358/85[35]).

Besondere Vorsicht ist wegen der Wirkung des § 17 Satz 2 TzBfG i. V. m. § 7 KSchG 17
geboten, wenn zunächst lediglich ein **Antrag auf Bewilligung von Prozesskostenhilfe** gestellt wird. Wird die als Anlage eines Antrags auf Bewilligung von Prozesskostenhilfe eingereichte Klageschrift in der Begründung des Prozesskostenhilfeantrags ausdrücklich als Entwurf einer beabsichtigten Klage bezeichnet, so kann sie auch dann nicht die Klagefrist des § 17 Satz 1 TzBfG wahren, wenn sie vom Rechtsanwalt unterzeichnet wurde (LAG Köln, Beschluss v. 11.3.1996, 10 Ta 22/96[36]).

Die **telegraphische Einreichung** einer Klage ist zulässig (Gemeinsamer Senat der 18
Obersten Gerichtshöfe des Bundes, Beschluss v. 30.4.1979, GmS-OGB 1/78[37]), ebenso genügt den Anforderungen der §§ 130 Nr. 6, 253 Abs. 4 ZPO die Einreichung der Klageschrift per **Telefax** (BVerfG, Kammerbeschluss v. 1.8.1996, 1 BvR 121/95[38]). Möglich ist auch, dass die Klageschrift per **Computerfax** mittels eingescannter Unterschrift dem Gericht übermittelt wird (Gemeinsamer Senat der Obersten Gerichtshöfe des Bundes, Beschluss v. 5.4.2000, GmS–OGB 1/98[39]).

3.3 Zuständiges Gericht

Die Befristungskontrollklage ist grundsätzlich beim nach § 46 Abs. 2 ArbGG i. V. m. 19
§§ 12 ff. ZPO **örtlich zuständigen Arbeitsgericht** zu erheben. Wird die Klage vor einem örtlich unzuständigen Arbeitsgericht erhoben, so ist dies für die Fristwahrung unschädlich, wenn die Zuständigkeit nicht gerügt oder der Rechtsstreit nach § 48 Abs. 1 ArbGG i. V. m. § 17a Abs. 2 Satz 1 GVG an das örtlich zuständige Gericht verwiesen wird[40].

Wurde die Befristungskontrollklage bei einem **Gericht einer anderen Gerichtsbarkeit** 20
erhoben, so wahrt die Klageerhebung bei einem dem Rechtsweg nach unzuständigen Gericht ebenfalls die Klagefrist. Nach § 17b Abs. 1 Satz 2 GVG werden die Wirkungen der Rechtshängigkeit in prozessualer wie in materiell-rechtlicher Hinsicht auch in diesem Fall gewahrt[41].

---

34 AP KSchG 1969 § 4 Nr. 1 = NJW 1976, S. 1991.

35 AP KSchG 1969 § 4 Nr. 14 = NZA 1986, S. 761 = NJW 1986, S. 3224.

36 LAGE KSchG § 4 Nr. 34 = BB 1996, S. 1176.

37 AP SGG § 164 Nr. 3 = NJW 1980, S. 172.

38 AP ZPO 1977 § 233 Nr. 47 = NZA 1996, S. 1173 = NJW 1996, S. 2857.

39 AP ZPO § 129 Nr. 2 = NZA 2000, S. 959 = NJW 2000, S. 2340.

40 Löwisch/Spinner/*Wertheimer/Spinner*, KSchG, 10. Aufl. 2013, § 4 KSchG, Rz. 25.

41 SPV/*Vossen*, Kündigung und Kündigungsschutz im Arbeitsverhältnis, 11. Aufl. 2015, Rz. 1905.

3.4 Kläger und Beklagter

21 Nach § 17 TzBfG obliegt das Recht zur Erhebung der Befristungskontrollklage dem **Arbeitnehmer**. Dies bedeutet, dass nur er selbst klageberechtigt sein kann. Nach § 613 BGB hat der Arbeitnehmer die Arbeitsleistung persönlich zu erbringen und er soll deshalb selbst entscheiden können, ob er eine Befristung eines Arbeitsverhältnisses wegen ihrer (vermeintlichen) Unwirksamkeit angreifen oder diese hinnehmen will, mit der Folge, dass das Arbeitsverhältnis endet.

Dieses **persönliche Recht** des Arbeitnehmers kann auch **nicht** auf **Pfändungsgläubiger** oder **Zessionare** von Arbeitsentgeltansprüchen übergehen[42] oder vom Treuhänder (§ 313 InsO) wahrgenommen werden. Dieses Ergebnis gilt auch für **Legalzessionare** wie die Bundesagentur für Arbeit oder die gesetzlichen Krankenkassen, wenn diese nach § 115 Abs. 1 SGB X Inhaber von Entgeltansprüchen des Arbeitnehmers werden[43].

22 Die Befristungskontrollklage nach § 17 Satz 1 TzBfG ist **gegen den Arbeitgeber** als Beklagten zu richten. Wer Arbeitgeber und damit Vertragspartner des Arbeitnehmers ist, richtet sich nach allgemeinen zivilrechtlichen Vorschriften, insbesondere findet § 164 Abs. 2 BGB Anwendung.

Ist der Arbeitgeber eine **offene Handelsgesellschaft** oder eine **Kommanditgesellschaft**, so können diese selbst als solche verklagt werden (§ 124 Abs. 1 HGB). Wegen der persönlichen Gesellschafterhaftung nach §§ 128, 161, 171 Abs. 1 HGB ist es jedoch zweckmäßig, im Falle einer Befristungskontrollklage die mit ihr verbundene Zahlungsklage nach § 615 BGB **auch gegen die jeweiligen Gesellschafter** zu richten. Dies ermöglicht dem obsiegenden Arbeitnehmer die Vollstreckung der Vergütungsansprüche auch in das Privatvermögen der Gesellschafter, § 129 Abs. 4 HGB.

23 Ist Arbeitgeber eine **Partnerschaftsgesellschaft** oder ein **nicht rechtsfähiger Verein**, so können auch diese unter ihrem jeweiligen Namen verklagt werden, was aus § 7 Abs. 2 Partnerschaftsgesellschaftsgesetz[44] und § 50 Abs. 2 ZPO folgt.

Als solche **nicht** verklagt werden kann eine **Erbengemeinschaft**. Im Falle der Befristung eines Arbeitsverhältnisses, bei dem auf Arbeitgeberseite eine Erbengemeinschaft beteiligt ist, sind sämtliche Mitglieder der Erbengemeinschaft zu verklagen, um die Folgen des § 17 Satz 2 TzBfG i. V. m. § 7 KSchG zu vermeiden. Eine lediglich gegen einzelne Erben der Erbengemeinschaft gerichtete Befristungskontrollklage ist unzulässig[45].

24 Ist der befristete Arbeitsvertrag mit einer **BGB-Gesellschaft** geschlossen worden, so war es früher erforderlich, alle Gesellschafter der BGB-Gesellschaft zu verklagen, um die Rechtswirkung des § 17 Satz 2 TzBfG i. V. m. § 7 KSchG zu vermeiden. Seit der BGH seine Rechtsprechung zur Rechts- und Parteifähigkeit der BGB (Außen)-Gesellschaft geändert hat (BGH, Versäumnisurteil v. 29.1.2001, II ZR 331/00[46] und BGH, Urteil v.

---

[42] Vgl. KR/*Friedrich/Klose*, 11. Aufl. 2016, § 4 KSchG, Rz. 99.

[43] KR/*Friedrich/Klose*, 11. Aufl. 2016, § 4 KSchG, Rz. 100.

[44] Vgl. BAG, Urteil v. 1.3.2007, 2 AZR 525/05 für eine Kündigungsschutzklage.

[45] Vgl. KR/*Friedrich/Klose*, 11. Aufl. 2016, § 4 KSchG, Rz. 119.

[46] AP ZPO § 50 Nr. 9 = NZA 2001, S. 401 = NJW 2001, S. 1056.

18.2.2002, II ZR 331/00[47]), ist dies nicht mehr zwingend, denn nach dieser Rechtsprechung des BGH besitzt die BGB-Außengesellschaft Rechts- und Parteifähigkeit im Zivilprozess.
Dieser Auffassung hat sich das BAG angeschlossen (BAG, Urteil v. 1.12.2004, 5 AZR 597/03[48]). Zwar hat der BGH im letztgenannten Urteil (BGH, Urteil v. 18.2.2002, II ZR 331/00[49]) die Frage der Möglichkeit einer **BGB-Gesellschaft Arbeitgeber** zu sein, ausdrücklich offen gelassen (dagegen ausdrücklich BAG, Urteil v. 6.7.1989, 6 AZR 771/87[50]). Allerdings wird man mit der zwischenzeitlich in der arbeitsrechtlichen Literatur herrschenden Auffassung davon ausgehen können, dass auch eine BGB-Außengesellschaft wirksam Partei – sprich Arbeitgeber eines Arbeitsverhältnisses – sein kann[51].

Geht das befristete Arbeitsverhältnis nach § 613a BGB im Wege des **Betriebsübergangs** auf einen **neuen Arbeitgeber** über, so ist die Befristungskontrollklage nach § 17 Satz 1 TzBfG gegen diesen zu richten. Im Falle der Insolvenz des Arbeitgebers ist die Befristungskontrollklage wegen § 80 Abs. 1 InsO und der damit verbundenen Stellung des **Insolvenzverwalters als Partei kraft Amtes** gegen den Insolvenzverwalter zu richten. 25

Eine **gegen den falschen Beklagten erhobene Befristungskontrollklage** wahrt die Klagefrist des § 17 Satz 1 TzBfG nicht. Dies gilt auch für den Fall eines gewillkürten Parteiwechsels, denn die einmal eingetretene Versäumung der Klagefrist bleibt versäumt. 26
Ist hingegen die **beklagte Partei lediglich falsch bezeichnet**, so ist dies für die Wahrung der Klagefrist unschädlich und ggf. das Beklagtenrubrum entsprechend zu berichtigen (BAG, Urteil v. 12.2.2004, 2 AZR 136/03[52])[53].

3.5 Feststellungsinteresse

Die bei Feststellungsklagen notwendige Prüfung, ob der klagende Arbeitnehmer an der begehrten Feststellung ein rechtliches Interesse hat (§ 256 ZPO), erübrigt sich im Rahmen der Befristungskontrollklage nach § 17 Satz 1 TzBfG regelmäßig. Das **erforderliche Feststellungsinteresse** folgt daraus, dass der betreffende Arbeitnehmer nur mit einer Klage nach § 17 Satz 1 TzBfG die Heilung der Unwirksamkeit der Befristung nach § 17 27

---

47 AP ZPO § 50 Nr. 11 = NZA 2002, S. 405 = NJW 2002, S. 1207.

48 BAGE 113, S. 50 = AP ZPO § 50 Nr. 14 = NZA 2005, S. 318 = NJW 2005, S. 1004.

49 AP ZPO § 50 Nr. 11 = NZA 2002, S. 405 = NJW 2002, S. 1207.

50 AP BGB § 705 Nr. 4 = NZA 1989, S. 961 = NJW 1989, S. 3034, unter II. 2 b, aa, der Gründe.

51 KR/*Friedrich/Klose*, 11. Aufl. 2016, § 4 KSchG, Rz. 118; vgl. auch BAG, Urteil v. 1.12.2004, 5 AZR 597/03, BAGE 113, S. 50 = AP ZPO § 50 Nr. 14 = NZA 2005, S. 318 = NJW 2005, S. 1004, wo „Arbeitgeber eine GbR“ ist.

52 AP KSchG 1969 § 4 Nr. 50 – für den Fall einer unklaren Parteibezeichnung im Kündigungsschutzverfahren; BAG, Urteil v. 1.3.2007, 2 AZR 525/05, AP KSchG 1969 § 4 Nr. 60 = NZA 2007, S. 1013 = NJW 2007, S. 2877

53 BAG, Urteil v. 1.3.2007, 2 AZR 525/05, AP HRG § 57b Nr. 34 = NZA 2010, S. 636 = NJW 2010, S. 1622.

Satz 2 TzBfG i. V. m. § 7 KSchG verhindern kann[54]. Erforderlich ist aber auch bei einer Befristungskontrollklage, dass der Arbeitnehmer ein **Rechtsschutzbedürfnis** hat[55].

28 Da § 17 Satz 2 TzBfG lediglich auf die §§ 5-7 KSchG verweist, kommt im Rahmen einer Befristungskontrollklage nach § 17 Satz 1 TzBfG eine Anwendung der §§ 9, 10 KSchG **von vornherein nicht in Betracht**[56]. Das Feststellungsinteresse des Arbeitnehmers kann also nicht darauf gestützt werden, dass er nur im Wege der Feststellung der Unwirksamkeit der Befristung eine Auflösung des Arbeitsverhältnisses gegen Abfindungszahlung nach §§ 9, 10 KSchG erreichen kann. Diese Möglichkeit hat der Arbeitnehmer im Rahmen der Befristungskontrollklage nicht.

Die Befristungskontrollklage nach § 17 TzBfG ist ausschließlich auf den Fortbestand des Arbeitsverhältnisses gerichtet. Will der Arbeitnehmer aus dem Arbeitsverhältnis ausscheiden, so bleibt ihm neben der stets möglichen Kündigung und dem Abschluss eines Aufhebungsvertrags die Möglichkeit, die Klagefrist des § 17 Satz 1 TzBfG verstreichen zu lassen. Auf diesem Weg kann er die Wirksamkeit der Befristung herbeiführen und damit die Beendigung des Arbeitsverhältnisses.

29 Neben der **punktuellen Befristungskontrollklage** ist es dem Arbeitnehmer auch möglich, gleichzeitig hiermit im Wege der **Klagehäufung** nach § 260 ZPO einen **allgemeinen Feststellungsantrag** nach § 256 ZPO – gerichtet auf den Fortbestand des Arbeitsverhältnisses – zu erheben (BAG, Urteil v. 10.10.2002, 2 AZR 622/01[57]). Mit der Erhebung des allgemeinen Feststellungsantrags erreicht der klagende Arbeitnehmer im Falle der Entscheidung eine solche hinsichtlich des Fortbestands des Arbeitsverhältnisses bis zum Zeitpunkt der letzten mündlichen Verhandlung in der Tatsacheninstanz.

Ein mit der Klage nach § 17 Satz 1 TzBfG erhobener allgemeiner Feststellungsantrag wahrt regelmäßig auch die Klagefrist gegen weitere Befristungstatbestände oder nachfolgend vom Arbeitgeber ausgesprochene Beendigungs- oder Änderungskündigungen[58].

30 Verbindet der Arbeitnehmer die Befristungskontrollklage mit einer **allgemeinen Feststellungsklage**, so ist diese nur zulässig, wenn der Arbeitnehmer darlegt, aus welchen tatsächlichen Umständen er die Befürchtung ableitet, der Arbeitgeber werde sich auf weitere Beendigungstatbestände im laufenden Verfahren berufen. Unterlässt er eine entsprechende Darlegung, so ist die allgemeine Feststellungsklage als unzulässig abzuweisen.

31 Ob der Arbeitnehmer mit der Befristungskontrollklage zugleich eine allgemeine Feststellungsklage erhoben hat, kann zweifelhaft sein, wenn der Arbeitnehmer lediglich an den

---

54 HaKo/*Mestwerdt*, 5. Aufl. 2015, § 17 TzBfG, Rz. 5 am Ende; BAG, Urteil v. 15.5.2012, 7 AZR 6/11, NJW 2013, S. 714 = ZTR 2013, S. 606; BAG, Urteil v. 26.7.2000, 7 AZR 43/99, AP BeschFG 1985 § 1 Nr. 26 = NZA 2001, S. 264.

55 BAG, Urteil v. 17.1.2007, 7 AZR 20/06, AP TzBfG § 14 Nr. 30 = NZA 2007, S. 566, unter II. 1a der Gründe.

56 Annuß/Thüsing/*Maschmann*, TzBfG, 3. Aufl. 2012, § 17 TzBfG, Rz. 15.

57 AP KSchG 1969 § 4 Nr. 49 = NZA 2003, S. 684 = NJW 2003, S. 1412; HaKo/*Mestwerdt*, 5. Aufl. 2015, § 17 TzBfG, Rz. 7.

58 Zum Problem der Mehrfachbefristung s. Rz. 65.

Befristungskontrollantrag die Floskel „sondern darüber hinaus fortbesteht“ anhängt. Dabei handelt es sich regelmäßig lediglich um einen floskelhaften Zusatz, dem keine selbständige prozessuale Bedeutung beigemessen werden kann (BAG, Urteil v. 15.2.2006, 7 AZR 241/05[59]).

Neben der punktuellen Befristungskontrollklage und einem möglichen allgemeinen Feststellungsantrag kann der klagende Arbeitnehmer darüber hinaus im Wege der **Klagehäufung** auch noch einen Antrag auf **vorläufige Weiterbeschäftigung** bis zum rechtskräftigen Verfahrensabschluss erheben. Insoweit gilt nichts anderes als bei einer Kündigungsschutzklage. Die Grundsätze der Entscheidung des Großen Senates des BAG (BAG, Beschluss v. 27.2.1985, GS 1/84[60]) gelten auch im Rahmen einer Befristungskontrollklage (BAG, Urteil v. 15.3.1989, 7 AZR 264/88[61]; BAG, Urteil v. 19.1.2005, 7 AZR 115/04[62]). 32

Im Falle der Erhebung eines Weiterbeschäftigungsantrags, um die Zwangsvollstreckung aus einem entsprechenden Weiterbeschäftigungstitel zu ermöglichen, ist der Formulierung des Klagantrags besonderes Augenmerk zu widmen, um nicht insoweit eine Klagabweisung als unzulässig zu riskieren. Beantragt der Arbeitnehmer etwa lediglich eine Weiterbeschäftigung zu den seitherigen unveränderten Arbeitsbedingungen, so ist dieser Klagantrag mangels Bestimmtheit nach § 253 Abs. 2 Nr. 2 ZPO unzulässig (LAG Köln, Beschluss v. 24.10.1995, 13 (5) Ta 245/95[63]). Um einen **vollstreckungsfähigen Inhalt** zu erreichen, ist der Antrag auf Weiterbeschäftigung zu präzisieren. Die vertragliche Tätigkeit des Arbeitnehmers ist inhaltlich genau zu bezeichnen[64]. Der Arbeitnehmer kann nur die Weiterbeschäftigung mit solchen Tätigkeiten verlangen, auf die er arbeitsvertraglich einen Anspruch hat. Folglich ist in den Antrag entweder eine konkrete Tätigkeitsbeschreibung aufzunehmen oder aber ein präziser Hinweis auf die arbeitsvertraglich geregelte Beschäftigung erforderlich[65].

Die Zwangsvollstreckung aus dem Beschäftigungstitel richtet sich nach § 888 ZPO und erfolgt durch das Prozessgericht des ersten Rechtszuges im Wege der Verhängung von Zwangsgeld und Zwangshaft.

Der sich auf die Unwirksamkeit der Befristung berufende Arbeitnehmer kann seine **vorläufige Weiterbeschäftigung** auch im Wege **einstweiliger Verfügung** nach § 62 Abs. 2 ArbGG i. V. m. § 935 ZPO durchsetzen. Vor einer Entscheidung zur Hauptsache kommt allerdings, anders als bei Kündigungsschutzverfahren, der Erlass einer einstweiligen Verfügung auf vorläufige Weiterbeschäftigung nur in wenigen Fällen in Betracht, 33

[59] ZTR 2006, S. 509, unter I. der Gründe.

[60] AP BGB § 611 Beschäftigungspflicht Nr. 14 = NZA 1985, S. 702 = NJW 1985, S. 2968.

[61] AP BGB § 620 Befristeter Arbeitsvertrag Nr. 126; HaKo/*Mestwerdt*, 5. Aufl. 2015, § 17 TzBfG, Rz. 11.

[62] AP BGB § 620 Befristeter Arbeitsvertrag Nr. 260 = EzA § 17 TzBfG Nr. 7, unter IV. der Gründe.

[63] LAGE § 888 ZPO Nr. 36; HaKo/*Mestwerdt*, 5. Aufl. 2015, § 17 TzBfG, Rz. 12.

[64] Vgl. BAG, Beschluss v. 15.4.2009, 3 AZB 93/08, AP ZPO § 888 Nr. 11 = NZA 2009, S. 917.

[65] Vgl. BAG, Beschluss v. 15.4.2009, 3 AZB 93/08, AP ZPO § 888 Nr. 11 = NZA 2009, S. 917.

denn es ist vorauszusetzen, dass die Befristungsabrede offensichtlich unwirksam ist[66]. Denkbar ist ein solcher Fall einer vorherigen einstweiligen Verfügung auf vorläufige Weiterbeschäftigung in der Regel wohl nur im Falle der **mangelnden Schriftform nach** § 14 Abs. 4 TzBfG.

Allerdings kann der beklagte Arbeitgeber, im Falle einer nur wegen mangelnder Schriftform unwirksamen Befristung unverzüglich eine ordentliche Beendigungskündigung aussprechen. § 16 Satz 2 TzBfG lässt im Falle der mangelnden Schriftform eine solche zu[67]. Auf diesem Weg kann der Arbeitgeber im Fall des Verstoßes gegen § 14 Abs. 4 TzBfG zunächst einer Weiterbeschäftigungsverfügung entgehen.

3.6 3-wöchige Klagefrist (§ 17 Satz 1 TzBfG)

34 Da § 17 Satz 1 TzBfG grundsätzlich für sämtliche Arten von Befristungen und Bedingungen unabhängig davon gilt, ob sich die Befristung oder Bedingung aus dem Teilzeit- und Befristungsgesetz oder aufgrund spezialgesetzlicher Regelungen ergibt[68], ist sie auch auf alle Fälle in Rede stehender unwirksamer Befristung oder Bedingung anzuwenden.

Die Klagfrist ist nach der geänderten Rechtsprechung des BAG auch einzuhalten, wenn die Parteien darüber streiten, ob eine **auflösende Bedingung** eingetreten ist[69].

Nicht einzuhalten ist die Klagefrist des § 17 Satz 1 TzBfG in den Fällen, in denen zwischen den Parteien Streit besteht, ob das zwischen ihnen bestehende Arbeitsverhältnis überhaupt ein befristetes Arbeitsverhältnis darstellt (LAG Düsseldorf, Urteil v. 1.3.2002, 18 Sa 860/01[70]) oder, ob eine auflösende Bedingung überhaupt vereinbart ist (BAG, Urteil v. 18.10.2006, 7 AZR 662/05). Seit der Gesetzgeber mit § 623 BGB bzw. § 14 Abs. 4 TzBfG die Befristung des Arbeitsvertrags der Schriftform unterworfen hat, bleiben für diesen Fall der Streitigkeit lediglich solche Fälle unklarer Vertragsformulierungen.

35 Bei **kalendermäßiger Befristung** steht regelmäßig ein **bestimmtes Datum** fest, zu dem das Arbeitsverhältnis endet (§ 15 Abs. 1 TzBfG). In diesem Fall endet das Arbeitsverhältnis mit Ablauf des im Arbeitsvertrag benannten Tages. Folglich beginnt die Frist nach § 17 Satz 1 TzBfG nach § 187 BGB[71].

36 Im Fall eines **nicht exakt festgelegten Endzeitpunkts** eines kalendermäßig befristeten Arbeitsverhältnisses beginnt die Klagefrist des § 17 Satz 1 TzBfG mit dem im Wege der Auslegung ermittelten **spätest denkbaren Zeitpunkt**[72].

---

66 Vgl. zum Parallelproblem beim Kündigungsschutzverfahren BAG Großer Senat, Beschluss v. 27.2.1985, GS 1/84, AP BGB § 611 Beschäftigungspflicht Nr. 14 = NZA 1985, S. 702 = NJW 1985, S. 2968.

67 S. Spinner, § 16, Rz. 9.

68 S. Rz. 3 ff.

69 BAG, Urteil v. 12.8.2015, 7 AZR 592/13; BAG, Urteil v. 6.4.2011, 7 AZR 704/09, DB 2011, S. 1756 unter Aufgabe der bisherigen Rechtsprechung in BAG, Urteil v. 23.6.2004, 7 AZR 440/03, AP TzBfG § 17 Nr. 5 = NZA 2005, S. 520.

70 LAGE BeschFG 1985/1996 § 1 Klagefrist Nr. 13 noch zu § 1 Abs. 5 BeschFG.

71 Zum Ende der Klagefrist s. Rz. 51 ff.

72 Annuß/Thüsing/*Maschmann*, TzBfG, 3. Aufl. 2012, § 17 TzBfG, Rz. 5.

Auch im Falle der **Zweckbefristung** richtet sich die Klagefrist nach § 17 Satz 1 TzBfG. Problematisch kann hierbei jedoch aufgrund der Formulierung des § 17 Satz 1 TzBfG („**vereinbartes Ende**") werden, welcher Zeitpunkt als das vereinbarte Ende anzusehen ist. 37

Von diesem durch Auslegung zu ermittelnden Zeitpunkt an rechnet sich dann die Klagefrist. Der Fristbeginn selbst bestimmt sich nach § 222 Abs. 1 ZPO i. V. m. § 187 Abs. 1 BGB. Folglich endet die Frist nach § 188 Abs. 2 BGB mit Ablauf des Tages, der durch seine Benennung dem Tag des Eintritts der Zweckerreichung entspricht[73]. Fällt der letzte Tag der Frist auf einen Sonnabend, Sonntag oder gesetzlichen Feiertag, so endet die Frist nach § 222 Abs. 2 ZPO mit Ablauf des auf diesen Tag ersten folgenden Werktages. Die Frage, ob ein gesetzlicher Feiertag zu einer Verschiebung des Fristablaufs führt, richtet sich danach, ob der betreffende Tag am Sitz des angerufenen Gerichts ein gesetzlicher Feiertag ist[74].

Bei der **Zweckbefristung** bzw. der **Vereinbarung einer auflösenden Bedingung** ist maßgeblich der Zeitpunkt der **objektiven Zweckerreichung**, wie § 15 Abs. 5 TzBfG und § 17 Satz 3 TzBfG verdeutlichen. Mit dem Zeitpunkt der objektiven Zweckerreichung bzw. des objektiven Bedingungseintritts wird die Klagefrist des § 17 Satz 1 TzBfG ausgelöst[75]. Eine frühere schriftliche Unterrichtung über den Zeitpunkt der Zweckeinreichung nach § 15 Abs. 2 TzBfG ist für den Zeitpunkt der Beendigung des Arbeitsverhältnisses und damit den Zeitpunkt des Beginns der Klagefrist unerheblich, denn es kommt allein auf den Zeitpunkt der objektiven Zweckerreichung an[76]. 38

Problematisch sind die Fälle, in denen die Mitteilung nach § 15 Abs. 2 TzBfG zu einem Zeitpunkt zugeht, zu dem die **Frist des** § 15 Abs. 2 TzBfG (2 Wochen) bis zum Zeitpunkt der objektiven Zweckerreichung **nicht mehr eingehalten** werden kann bzw. die **Mitteilung** überhaupt **erst nach dem Zeitpunkt der objektiven Zweckerreichung zugeht**. Nach der zutreffenden Rechtsprechung des BAG wird die Klagefrist frühestens mit dem Zugang der schriftlichen Erklärung des Arbeitgebers nach § 15 Abs. 2 TzBfG in Lauf gesetzt, auch wenn die Bedingung bereits vor Ablauf der Zweiwochenfrist eingetreten ist[77]. 39

Teilt der Arbeitgeber nach § 15 Abs. 2 TzBfG dem Arbeitnehmer den Zeitpunkt der Zweckerreichung bzw. des Bedingungseintritts deutlich vor der Mindestfrist des § 15 Abs. 2 TzBfG mit, so löst diese frühere Mitteilung nicht den Lauf der Klagefrist des § 17 Satz 1 40

---

73 KR/*Bader*, 11. Aufl. 2016, § 17 TzBfG, Rz. 21.

74 BAG, Beschluss v. 24.8.2011, 8 AZN 808/11, BAGE 139, S. 107 = NZA 2012, S. 111; BAG, Beschluss v. 16.1.1989, 5 AZR 579/88, AP ZPO § 222 Nr. 3 = NJW 1989, S. 1181; BAG, Urteil v. 23.6.2004, 7 AZR 440/03.

75 BAG, Urteil v. 10.10.2012, 7 AZR 602/11, ZTR 2013, S. 131; BAG, Urteil v. 23.6.2004, 7 AZR 440/03, AP TzBfG § 17 Nr. 5 = NZA 2005, S. 520.

76 Dörner, Der befristete Arbeitsvertrag, 2. Aufl. 2011, Rz. 817.

77 BAG, Urteil v. 4.11.2015, 7 AZR 851/13, Rn. 27; BAG, Urteil v. 12.8.2015, 7 AZR 592/13, Rn. 20.

TzBfG aus. Vielmehr wird durch die Mitteilung[78] der Zeitpunkt des „vereinbarten Endes" konkretisiert. Von dem in dieser Mitteilung genannten Endzeitpunkt an beginnt dann der Lauf der Klagefrist[79].

41 Zur **Vermeidung von Rechtsnachteilen** sollte der Arbeitnehmer, unverzüglich nach Erhalt der Mitteilung nach § 15 Abs. 2 TzBfG Befristungskontrollklage erheben.

§ 17 Satz 1 TzBfG bestimmt mit der Klagefrist den **spätest möglichen Zeitpunkt der Klageerhebung**. Anders als bei kalendermäßig befristeten Arbeitsverhältnissen, bei denen bereits vor Ablauf der Befristung eine Befristungskontrollklage erhoben werden kann[80], kann bei einem zweckbefristeten Arbeitsvertrag eine Befristungskontrollklage zulässig frühestens nach Zugang der Mitteilung nach § 15 Abs. 2 TzBfG erhoben werden[81]. Im Fall einer Zweckbefristung hält das BAG jedoch eine allgemeine Feststellungsklage bereits vor Zugang der Mitteilung nach § 15 Abs. 2 TzBfG für möglich[82].

42 Bei **schwerbehinderten Arbeitnehmern**, deren Arbeitsverhältnis wegen des Bezugs einer Erwerbminderungsrente auflösend bedingt ist, etwa nach § 59 BAT, § 37 TvöD, § 21 Abs. 1 MTV Schiene, ist bei Kenntnis des Arbeitgebers von der Schwerbehinderung wegen § 4 Satz 4 KSchG der Beginn der Frist gehindert[83].

3.7 Klagefrist bei Fortsetzung (§ 17 Satz 3 TzBfG)

43 Nach § 17 Satz 3 TzBfG beginnt die Klagefrist des § 17 Satz 1 TzBfG in den Fällen, in denen das Arbeitsverhältnis **nach dem vereinbarten Ende fortgesetzt** wird, mit dem **Zugang der schriftlichen Erklärung** des Arbeitgebers an den Arbeitnehmer, dass das Arbeitsverhältnis aufgrund der Befristung beendet sei. Die Regelung des § 17 Satz 3 TzBfG war im Regierungsentwurf des Teilzeit- und Befristungsgesetzes nicht enthalten und ist erst im Zuge des Gesetzgebungsverfahrens aufgenommen worden[84].

44 Problematisch ist in diesem Zusammenhang, welche Fälle § 17 Satz 3 TzBfG erfasst. **Kein Fall des** § 17 Satz 3 TzBfG ist es, wenn im Falle einer **kalendermäßigen Befristung** es nach dem Fristende zu **keiner Fortsetzung** des Arbeitsverhältnisses gekommen ist. In diesem Fall ist § 17 Satz 3 TzBfG nicht einschlägig, denn dieser setzt gerade eine Fortsetzung des Arbeitsverhältnisses über den Befristungsablauf hinaus voraus.

45 Ebenfalls vom Schutzzweck des § 17 Satz 3 TzBfG **nicht erfasst** sind die Fälle der **Zweckbefristung bzw. auflösenden Bedingungen**, in denen der Arbeitgeber rechtzeitig i. S. d. § 15 Abs. 2 TzBfG die objektive Zweckerreichung bzw. den Eintritt der auflösenden Bedingung angekündigt hat und es zu **keiner Fortsetzung** über diesen Zeitpunkt

---

78 Zu deren Rechtsqualität s. Arnold, § 15, Rz. 22.

79 Meinel/Heyn/Herms/*Meinel*, TzBfG, 5. Aufl. 2015, § 17 TzBfG, Rz. 22 ff.

80 Vgl. hierzu BAG, Urteil v. 21.9.2011, 7 AZR 375/10 ,Rn. 8, BAGE 139, 213 = NZA 2012, S. 255 = DB 2012, S. 462.

81 BAG, Urteil v. 15.5.2012, 7 AZR 35/11, Rn. 15, NZA 2012, S. 1366 = DB 2012, S. 2638.

82 BAG, Urteil v. 15.5.2012, 7 AZR 35/11, Rn. 15, NZA 2012, S. 1366 = DB 2012, S. 2638.

83 BAG, Urteil v. 9.2.2011, 7 AZR 221/10.

84 BT-Drucks. 14/4625 S. 5, 12.

hinaus gekommen ist. Es bleibt in diesem Fall beim Beginn der Klagefrist nach § 17 Satz 1 TzBfG.

Schließlich findet § 17 Satz 3 TzBfG auch **keine Anwendung** in den Fällen, in denen nach Ablauf der Befristung **ein neues befristetes Arbeitsverhältnis** vereinbart wird. 46

§ 17 Satz 3 TzBfG bezieht sich trotz Fehlens einer entsprechenden klarstellenden Verweisung letztlich auf § 15 Abs. 5 TzBfG[85]. § 17 Satz 3 TzBfG und der damit verbundene spätere Beginn der Klagefrist kann nur für die Fälle greifen, in denen es zur **Fortsetzung** des eigentlich befristeten Arbeitsverhältnisses über das vereinbarte Ende hinaus kommt. Nur in diesem Fall ist es erforderlich, den Arbeitnehmer über § 17 Satz 3 TzBfG zu schützen. 47

Kommt es nach dem vereinbarten Ende des befristeten Arbeitsverhältnisses zu einer **Weiterbeschäftigung** des Arbeitnehmers **mit Wissen des Arbeitgebers**, so folgt aus § 15 Abs. 5 TzBfG, dass sich das Arbeitsverhältnis auf unbestimmte Zeit verlängert, wenn der Arbeitgeber nicht unverzüglich widerspricht oder unverzüglich die Zweckerreichung mitteilt. In einem solchen Fall besteht zunächst für den betroffenen Arbeitnehmer überhaupt keine Veranlassung, sich gegen die Befristung des Arbeitsverhältnisses zur Wehr zu setzen. Da der Arbeitgeber von seiner Weiterarbeit Kenntnis hat, kann der Arbeitnehmer vielmehr davon ausgehen, dass sein Arbeitsverhältnis – trotz der zunächst vereinbarten Befristung – weiter fortgesetzt wird.

Erst wenn der Arbeitgeber trotz der zunächst erfolgten Weiterbeschäftigung erklärt, das Arbeitsverhältnis sei aufgrund der vereinbarten Befristung beendet, findet sich der Arbeitnehmer in der Situation, eine gerichtliche Klärung herbeiführen zu müssen. Nur für diesen Fall verschiebt § 17 Satz 3 TzBfG den Beginn der Klagefrist auf den Zeitpunkt des Zugangs der **schriftlichen Erklärung des Arbeitgebers**, dass das Arbeitsverhältnis aufgrund Befristungsablaufs beendet sei[86].

Liegen also die Voraussetzungen des § 15 Abs. 5 TzBfG vor[87], weil der Arbeitgeber nicht unverzüglich widersprochen hat bzw. die Zweckerreichung nicht unverzüglich mitgeteilt hat, so gilt das befristete Arbeitsverhältnis als auf unbestimmte Zeit geschlossen. Die später erfolgte schriftliche Erklärung des Arbeitgebers löst dann die Klagefrist des § 17 Satz 1 TzBfG aus. In diesem Fall kann der Arbeitnehmer statt einer Klage nach § 17 Satz 1 TzBfG eine allgemeine Feststellungsklage erheben auf Feststellung des Bestehens eines unbefristeten Arbeitsverhältnisses, denn dieses ist bereits durch die Weiterbeschäftigung entstanden[88]. In Zweifelsfällen ist jedoch zu einer Kombination der **Befristungskontrollklage** nach § 17 Satz 1 TzBfG und der **allgemeinen Feststellungsklagen** nach § 256 ZPO zu raten[89]. 48

---

85 ErfK/*Müller-Glöge*, 16. Aufl. 2016, § 17 TzBfG, Rz. 10; zu § 15 Abs. 5 TzBfG s. Arnold, § 15, Rz. 64 ff.

86 ErfK/*Müller-Glöge*, 16. Aufl. 2016, § 17 TzBfG, Rz. 10.

87 S. Arnold, § 15, Rz. 64 ff.

88 Meinel/Heyn/Herms/*Meinel*, TzBfG, 5. Aufl. 2015, § 17 TzBfG, Rz. 14.

89 KR/*Bader*, 11. Aufl. 2016, § 17 TzBfG, Rz. 31.

49 Denkbar ist auch, dass die Voraussetzungen des § 15 Abs. 5 TzBfG vorliegen und der Arbeitgeber eine **schriftliche Erklärung** i. S. d. § 17 Satz 3 TzBfG **nicht abgibt**. In diesem Fall wird die Klagefrist des § 17 Satz 1 TzBfG nicht in Lauf gesetzt, weshalb im Falle einer Streitigkeit über das Befristungsende eine **allgemeine Feststellungsklage** ausreichend wäre[90].

Ebenso denkbar ist, dass die Voraussetzungen des § 15 Abs. 5 TzBfG noch nicht vorliegen, weil der Arbeitgeber **von der Fortbeschäftigung keine** Kenntnis hat. In diesem Fall setzt die **schriftliche Erklärung** des Arbeitgebers nach § 17 Satz 3 TzBfG die Klagefrist des § 17 Satz 1 TzBfG in Gang und es ist eine punktuelle **Befristungskontrollklage** zu erheben, denn streitig ist ausschließlich, ob eine wirksame Befristung vorliegt.

50 Nach § 17 Satz 3 TzBfG muss die Erklärung des Arbeitgebers, dass das Arbeitsverhältnis aufgrund der Befristung beendet sei, **schriftlich** erfolgen. Wird die Erklärung nach § 17 Satz 3 TzBfG lediglich **mündlich** erklärt, so scheidet ein Beginn der Klagefrist über § 17 Satz 3 TzBfG aus[91]. Da das Teilzeit- und Befristungsgesetz ausdrücklich die Schriftform vorschreibt, sind insoweit die §§ 126, 126a BGB anwendbar. § 17 Satz 3 TzBfG wie auch § 15 TzBfG schreiben anders als § 623 BGB einen Ausschluss der elektronischen Form nicht vor. Die Mitteilung nach § 17 Satz 3 TzBfG kann deshalb auch **in elektronischer Form** erfolgen[92].

Bei § 17 Satz 3 TzBfG handelt es sich, wie bei der schriftlichen Unterrichtung nach § 15 Abs. 2 TzBfG, nicht um eine Willenserklärung, sondern um eine **geschäftsähnliche Handlung** (Arbeitsgericht Berlin, Urteil v. 27.11.2003, 79 Ca 22206/03[93]). Auf die geschäftsähnliche Handlung, deren Rechtsfolgen kraft Gesetzes eintreten, finden die Vorschriften über Willenserklärungen entsprechende Anwendung[94]. Aus dem Bereich der Willenserklärung sind auf die geschäftsähnliche Handlung insbesondere die Vorschriften über das Wirksamwerden, §§ 130 ff. BGB, die Auslegung, §§ 133, 157 BGB, die Stellvertretung §§ 164 ff. BGB sowie Willensmängel nach §§ 116 ff. BGB anwendbar.

Die Erklärung des Arbeitgebers nach § 17 Satz 3 TzBfG hat schriftlich **durch den Arbeitgeber** zu erfolgen. Damit werden zwei Voraussetzungen aufgestellt, zum einen muss es sich um eine Erklärung des Arbeitgebers selbst bzw. eines von ihm Bevollmächtigten handeln[95] und die Mitteilung muss schriftlich erfolgen.

51 Der **Inhalt der Erklärung** nach § 17 Satz 3 TzBfG sollte sich an dem Gesetzeswortlaut ausrichten. Es muss in der Erklärung hinreichend deutlich gemacht werden, dass der Arbeitgeber das Arbeitsverhältnis mit Zweckerreichung bzw. Fristablauf für beendet hält.

---

90 So auch Meinel/Heyn/Herms/*Meinel*, TzBfG, 5. Aufl. 2015, § 17 TzBfG, Rz. 14.

91 Kittner/Däubler/Zwanziger/*Däubler/Wroblewski*, KSchR, 9. Aufl. 2015, § 17 TzBfG, Rz. 6.

92 HaKo/*Mestwerdt*, 5. Aufl. 2015, § 15 TzBfG, Rz. 11; a. A. Annuß/Thüsing/*Maschmann*, TzBfG, 3. Aufl. 2012, § 15 TzBfG, Rz. 4, die auf den Zugang eines Originals abstellen und mithin elektronische Form und Telefax, wie bei einer Kündigung, ausschließen wollen. Zum Parallelproblem des § 15 Abs. 2 TzBfG s. Arnold, § 15, Rz. 27.

93 LAGE TzBfG § 15 Rz. 2; ErfK/*Müller-Glöge*, 16. Aufl. 2016, § 15 TzBfG, Rz. 2.

94 Vgl. Palandt/*Ellenberger*, BGB, 75. Aufl. 2016, Überblick vor § 104 BGB, Rz. 7 m. w. N.

95 KR/*Lipke*, 11. Aufl. 2016, § 15 TzBfG, Rz. 18.

Eine Präzisierung auf den Zeitpunkt der Beendigung ist von § 17 Satz 3 TzBfG nicht gefordert[96].

3.8 Ende der Klagefrist

Die Klagefrist des § 17 TzBfG endet nach §§ 187, 188, 193 BGB mit Ablauf von 3 Wochen nach dem Tag der Beendigung des Arbeitsverhältnisses. 52

> **Beispiel**
>
> Endet das Arbeitsverhältnis am Montag, den 15.8.2016, so ist die Klage bis spätestens Montag, 5.9.2016, zu erheben.

Ausreichend dafür ist, dass die Klage am letzten Tag der Frist bei Gericht eingeht, wenn und soweit die Zustellung derselben demnächst i. S. d. § 167 ZPO erfolgt[97]. 53

4. Entsprechende Anwendung der §§ 5-7 KSchG nach (§ 17 Satz 2 TzBfG)

4.1 § 5 KSchG – Zulassung verspäteter Klagen

§ 17 Satz 2 TzBfG nimmt § 5 KSchG vollständig in Bezug. Das bedeutet, dass im Falle der Versäumung der Klagefrist nach § 17 Satz 1 TzBfG grundsätzlich auch bei einer gegen eine Befristung oder auflösende Bedingung gerichteten Klage ein **Antrag auf nachträgliche Zulassung** der verspäteten Befristungskontrollklage gestellt werden kann. Diesem Antrag ist nach § 17 Satz 2 TzBfG i. V. m. § 5 Abs. 1 Satz 1 KSchG zu entsprechen, wenn der klagende Arbeitnehmer trotz Anwendung aller ihm nach Lage der Umstände zuzumutenden Sorgfalt verhindert war, die Klage innerhalb von 3 Wochen nach Ende der Befristung zu erheben. Keine Rolle spielt im Rahmen des § 17 Satz 2 TzBfG, § 5 Abs. 1 Satz 2 KSchG, der für die Befristung keine praktische Bedeutung hat. 54

§ 5 Abs. 1 Satz 1 KSchG setzt voraus, dass der klagende Arbeitnehmer die Klage – trotz Anwendung aller ihm nach Lage der Umstände zuzumutenden Sorgfalt – nicht einreichen konnte. Voraussetzung für die Zulassung einer verspäteten Klage ist folglich das **Fehlen eines Verschuldens** des Arbeitnehmers. Dabei ist ein **strenger Maßstab** anzulegen. Der Arbeitnehmer muss alle ihm zuzumutende Sorgfalt beachtet haben, d. h. es darf ihn keinerlei Verschulden an der Fristversäumung, auch keine leichte Fahrlässigkeit, treffen (LAG Düsseldorf, Beschluss v. 21.10.1997, 1 Ta 321/97[98]). 55

Bei der Beurteilung der Frage der Fahrlässigkeit der Fristversäumung kommt es nach § 5 Abs. 1 KSchG darauf an, ob der Arbeitnehmer gegen die ihm nach Lage der Umstände zuzumutende Sorgfalt verstoßen hat. Dies bedeutet nicht, dass auf die äußerst mögliche Sorgfalt einer besonders gewissenhaften Person abgestellt werden könnte. Maßgeblich

---

96 So auch Annuß/Thüsing/*Maschmann*, TzBfG, 3. Aufl. 2012, § 17 TzBfG, Rz. 7.

97 ErfK/*Müller-Glöge*, 16. Aufl. 2016, § 17 TzBfG, Rz. 9.

98 LAGE KSchG § 5 Nr. 89; Löwisch/Spinner/*Wertheimer/Spinner*, KSchG, 10. Aufl. 2013, § 5 KSchG, Rz. 3.

ist die dem **konkret betroffenen Arbeitnehmer** in seiner persönlichen individuellen Situation und nach seinen persönlichen Fähigkeiten objektiv zuzumutende Sorgfalt[99].
Das **Verschulden** eines gesetzlichen Vertreters oder eines Prozessbevollmächtigten muss sich der betreffende Arbeitnehmer regelmäßig **zurechnen** lassen[100].

56 § 17 Satz 2 TzBfG i. V. m. § 5 Abs. 1 Satz 1 KSchG führt nicht zu einer nachträglichen Klagezulassung, wenn der **Arbeitnehmer** die **Klagefrist** des § 17 TzBfG **nicht kennt**. Dass der Arbeitnehmer zunächst die **Erfolgsaussichten** seiner Klage **falsch einschätzt**, rechtfertigt eine nachträgliche Zulassung regelmäßig nicht[101]. Der Umstand, dass die Klageschrift den Erfordernissen des § 253 ZPO nicht ausreichend Rechnung trägt, rechtfertigt ebenso wie eine Krankheit regelmäßig keine nachträgliche Zulassung der Befristungskontrollklage.

57 Die nachträgliche Zulassung einer verspätet erhobenen Befristungskontrollklage erfolgt nach § 5 Abs. 1 KSchG **nur auf Antrag des Arbeitnehmers**. Eine amtswegige Zulassung des Antrags, wie etwa im Falle der Wiedereinsetzung bei § 236 Abs. 2 Satz 2 ZPO vorgesehen, kennt das Recht der nachträglichen Klagezulassung nach § 5 Abs. 1 KSchG nicht.

Mit dem Antrag auf nachträgliche Klagezulassung ist die Klageerhebung selbst zu verbinden. Ist die Befristungskontrollklage bereits eingereicht, so ist auf diese Klage Bezug zu nehmen, § 5 Abs. 2 Satz 1 KSchG. Der Antrag auf nachträgliche Zulassung der Befristungskontrollklage ist **bei dem für die Hauptsacheklage zuständigen Arbeitsgericht** zu stellen. Nach § 5 Abs. 2 Satz 2 KSchG muss der Antrag auf nachträgliche Zulassung der Befristungskontrollklage die Tatsachen angeben, welche die nachträgliche Zulassung der Klage begründen. Dies sind zum einen die **Tatsachen, die ein Verschulden bei der Versäumung der 3-Wochenfrist ausschließen** und der **Zeitpunkt**, zu dem das **Hindernis für die Klageeinreichung behoben** war. Nur wenn diese Angaben vorhanden sind, kann das Gericht überprüfen, ob auch die 2-Wochenfrist des § 5 Abs. 3 KSchG gewahrt ist[102].

58 Die **Mittel zur Glaubhaftmachung** müssen nach § 5 Abs. 2 Satz 2 KSchG **im Antrag** bezeichnet sein. Ein Nachschieben der Mittel der Glaubhaftmachung im Laufe des Verfahrens ist nicht ausreichend. Die Angabe der die nachträgliche Zulassung begründenden Tatsachen, wie auch der diesbezüglichen Mittel der Glaubhaftmachung, können lediglich bis zum Ablauf der 2-Wochenfrist des § 5 Abs. 3 Satz 1 KSchG noch nachgeholt werden. Zu diesem Zeitpunkt muss ein vollständiger Antrag vorliegen[103]. Die Mittel der Glaubhaftmachung müssen dem Gericht allerdings erst im Zeitpunkt der Entscheidung selbst vorliegen. Im Antrag sind sie lediglich zu bezeichnen.

---

99 KR/*Friedrich/Bader*, 11. Aufl. 2016, § 5 KSchG, Rz. 22 ff.

100 BAG, Urteil v. 11.12.2008, 2 AZR 472/08, AP KSchG 1969 § 4 Nr. 68 = NZA 2009, S. 692 = NJW 2009, S. 2841; BAG, Urteil v. 28.5.2009, 2 AZR 548/08, AP KSchG 1969 § 5 Nr. 15 = NZA 2009, S. 1052 = NJW 2009, S. 2971.

101 Löwisch/Spinner/*Wertheimer/Spinner*, KSchG, 10. Aufl. 2013, § 5 KSchG, Rz. 13.

102 Vgl. Löwisch/Spinner/*Wertheimer/Spinner*, KSchG, 10. Aufl. 2013, § 5 KSchG, Rz. 24.

103 Von Hoyningen-Huene/Linck, KSchG, 15. Aufl. 2013, § 5 KSchG, Rz. 49.

Nach § 5 Abs. 3 Satz 1 KSchG kann der Antrag auf nachträgliche Zulassung lediglich innerhalb von 2 Wochen vom Zeitpunkt der Behebung des Hindernisses an gestellt werden. Die Frist des § 5 Abs. 3 Satz 1 KSchG beginnt also mit dem **Zeitpunkt der Behebung des Hindernisses**. 59

Nach § 5 Abs. 3 Satz 2 KSchG ist ein Antrag auf nachträgliche Zulassung ausgeschlossen, wenn vom Zeitpunkt der versäumten Frist an gerechnet ein Zeitraum von **6 Monaten** vergangen ist. Nach Ablauf der Frist des § 5 Abs. 3 Satz 2 KSchG ist eine nachträgliche Zulassung nicht mehr möglich[104].

Durch das SGG/ArbGG-Änderungsgesetz[105] ist § 5 Abs. 4 KSchG neu gefasst worden. 60
Das Verfahren über den Antrag auf Zulassung einer verspäteten Klage ist nach § 5 Abs. 4 Satz 1 KSchG mit dem Verfahren über die Klage zu verbinden. Nach § 5 Abs. 4 Satz 2 KSchG kann das Arbeitsgericht das Verfahren zunächst durch unanfechtbaren Beschluss auf die Verhandlung und Entscheidung über den Antrag auf nachträgliche Zulassung beschränken[106]. In diesem Fall ergeht nach § 5 Abs. 4 Satz 3 KSchG ein Zwischenurteil, das wie ein Endurteil angefochten werden kann.

4.2 § 6 KSchG – Verlängerte Anrufungsfrist

§ 17 Satz 2 TzBfG ordnet auch die entsprechende Anwendung des § 6 KSchG an. § 6 61
KSchG dient – wie auch § 5 KSchG – dazu, die Rechtsfolgen des § 4 KSchG bzw. § 17 Satz 2 TzBfG i. V. m. § 7 KSchG abzumildern. Nach Ablauf der 3-wöchigen Klagefrist gilt über § 17 Satz 2 TzBfG i. V. m. § 7 KSchG die Befristung als von Anfang an wirksam. Nach § 17 Satz 2 TzBfG i. V. m. § 6 KSchG genügt zur Vermeidung der Wirkung des § 7 KSchG, wenn sich der Arbeitnehmer innerhalb der 3-Wochenfrist des § 17 Satz 1 TzBfG **auf andere Weise** als durch eine Befristungskontrollklage nach § 17 Satz 1 TzBfG gerichtlich **gegen die Befristung des Arbeitsverhältnisses** gewandt hat und dem Arbeitgeber damit deutlich gemacht hat, dass er sich gegen die Befristung als solche wehren will.

In diesem Fall kann er noch **bis zum Schluss der mündlichen Verhandlung** in erster Instanz dieses Verfahrens die Unwirksamkeit der Befristung geltend machen.

Seit der **Neufassung des** § 6 KSchG mit Wirkung vom 1.1.2004 hat der Verweis des § 17 62
Satz 2 TzBfG auf § 6 KSchG Bedeutung erlangt. Vor Änderung des Kündigungsschutzgesetzes war § 6 KSchG a. F. im Falle der Anwendung über die Verweisung des § 17 Satz 2 TzBfG relativ bedeutungslos, da die Befristungskontrollklage schon seit jeher sämtliche Unwirksamkeitsgründe erfasste. § 17 Satz 2 TzBfG i. V. m. § 6 KSchG hilft aber auch dann, wenn der Arbeitnehmer zunächst innerhalb der 3-Wochenfrist eine Leistungsklage erhebt, mit der er Ansprüche aus dem befristeten Arbeitsverhältnis für die

---

[104] BAG, Urteil v. 12.8.2015, 7 AZR 592/13, Rn. 24; BAG, Urteil v. 28.1.2010, 2 AZR 985/08, AP KSchG 1969 § 5 Nr. 1 = NZA 2010, S. 1373 = NJW 2010, S. 2681.

[105] Gesetz vom 21.2.2008, BGBl. I S. 444.

[106] Vgl. *Francken/Natter/Rieker*, NZA 2008, S. 377; KR/*Friedrich/Kreft*, 11. Aufl. 2016, § 5 KSchG, Rz. 194.

Zeit nach dem Wirksamwerden der Befristung geltend macht. Auch eine solche Leistungsklage genügt den Anforderungen des § 6 KSchG[107]. Diese bereits früher bestehende Rechtslage wurde durch die Neufassung des Kündigungsschutzgesetzes nicht geändert[108].

63 Nach § 17 Satz 2 TzBfG i. V. m. § 6 Satz 2 KSchG soll das **Arbeitsgericht** den Kläger auf die verlängerte Anrufungsfrist nach § 6 Satz 1 KSchG **hinweisen**.

Hat das Arbeitsgericht dies unterlassen und den Arbeitnehmer nicht darauf hingewiesen, dass er weitere Unwirksamkeitsgründe (etwa fehlender Sachgrund, mangelnde Schriftform) bis zum Schluss der mündlichen Verhandlung in erster Instanz vorbringen kann, stellt sich die Frage der Rechtsfolge dieses Verstoßes. Insbesondere stellt sich die Frage, ob das Landesarbeitsgericht in der Berufung den neu vorgebrachten Unwirksamkeitsgrund selbst prüfen kann und darf, oder aber das Urteil des Arbeitsgerichts aufheben muss und den Rechtsstreit an das Arbeitsgericht zurückzuverweisen hat. Nach der jüngeren Rechtsprechung des BAG bedarf es in einem solchen Fall **keiner Zurückverweisung** des Rechtsstreits an das Arbeitsgericht. Das Landesarbeitsgericht kann den in der Berufungsinstanz noch zulässigerweise neu vorgebrachten Unwirksamkeitsgrund selbst prüfen[109].

4.3 § 7 KSchG – Wirksamwerden der Kündigung

64 § 17 Satz 2 TzBfG erklärt schließlich § 7 KSchG ebenfalls für entsprechend anwendbar. § 7 2. Halbsatz KSchG ist für den Fall der Befristungskontrollklage bedeutungslos. § 17 Satz 2 TzBfG i. V. m. § 7 1. Halbsatz KSchG führt dazu, dass die Befristung bzw. auflösende Bedingung des Arbeitsverhältnisses als von Anfang an rechtswirksam gilt, wenn die Rechtsunwirksamkeit einer Befristung bzw. auflösenden Bedingung (§ 21 TzBfG) nicht rechtzeitig i. S. d. § 17 Satz 1 und 3 TzBfG bzw. § 17 Satz 2 TzBfG i. V. m. §§ 5, 6 KSchG geltend gemacht wird. Nach Ablauf der 3-Wochenfrist sind somit alle Unwirksamkeitsgründe geheilt[110]. Wird eine zunächst rechtzeitig erhobene Befristungskontrollklage wieder zurückgenommen, so tritt die Fiktionswirkung ebenfalls ein[111].

5. Problem der Mehrfachbefristung

65 § 17 Satz 1 TzBfG gilt nach seinem Wortlaut wie auch Sinn und Zweck für **jede Befristung**. Das bedeutet, dass für jede Befristung gesondert geprüft werden muss, ob die Klagefrist eingehalten ist. Dies gilt auch bei mehreren aufeinander folgenden Befristungen[112].

Ist die Frist des § 17 Satz 1 TzBfG nicht eingehalten und mithin diese Klagefrist versäumt und greifen die §§ 5, 6 KSchG nicht ein, so gilt die entsprechende Befristung nach § 17

---

[107] KR/*Friedrich/Treber*, 11. Aufl. 2016, § 6 KSchG, Rz. 19 f.

[108] A. A. *Bader*, NZA 2004, S. 65 ff.; KR/*Bader*, 11. Aufl. 2016, § 17 TzBfG, Rz. 52.

[109] BAG, Urteil v. 4.5.2011, 7 AZR 252/10.

[110] Dörner, Der befristete Arbeitsvertrag, 2. Aufl. 2011, Rz. 814.

[111] KR/*Bader*, 11. Aufl. 2016, § 17 TzBfG, Rz. 55.

[112] Vgl. auch BAG, Urteil v. 14.2.2007, 7 AZR 95/06, DB 2007, S. 1311, zu II. der Gründe.

Satz 2 TzBfG i. V. m. § 7 1. Halbsatz KSchG als rechtswirksam. Ist das Arbeitsverhältnis des Arbeitnehmers mehrfach aufeinander folgend befristet und hat der Arbeitnehmer nur die letzte der Befristungen i. S. d. § 17 Satz 1 TzBfG rechtzeitig klageweise angegriffen, so gelten die vorangegangen Befristungen als rechtswirksam (§ 17 Satz 2 TzBfG i. V. m. § 7 1. Halbsatz KSchG)[113].

6. Fortsetzungsanspruch des befristet beschäftigten Arbeitnehmers

6.1 Unbefristeter Vertrag wegen Wegfalls der Geschäftsgrundlage

Für die Frage der Rechtfertigung einer Befristung sind die Umstände bei Vertragsschluss 66
maßgeblich[114]. Entfällt nach Abschluss des Vertrags, aber vor Ablauf der Befristung der Befristungsgrund, so wandelt sich der zunächst wirksam befristete Arbeitsvertrag regelmäßig **nicht von selbst in einen unbefristeten Arbeitsvertrag** um (BAG, Urteil v. 15.8.2001, 7 AZR 144/00[115]). Die zunächst vereinbarte Befristung bleibt auch bei späterer Änderung der Sachlage bestehen. Gleichwohl wird teilweise angenommen, dass eine solche Änderung zur **Anpassung des Vertrags** führen kann, wenn dadurch etwa die **Geschäftsgrundlage** des befristeten Vertrags **wegfällt**.

Bei Befristungen nach § 14 Abs. 2 TzBfG wie auch § 14 Abs. 2a und Abs. 3 TzBfG scheidet eine Anpassung über die Grundsätze des Wegfalls der Geschäftsgrundlage nach § 313 Abs. 1 und 2 BGB n. F. aus, denn bei diesen Befristungen[116] beruht die Befristung nicht auf einer hinter ihr erkennbaren Geschäftsgrundlage, sondern lediglich auf gesetzlich vorgegebenen Zeitvorgaben. Insoweit scheidet eine Vertragsanpassung über die Grundsätze des Wegfalls der Geschäftsgrundlage aus[117].

Denkbar sind Fälle der Vertragsanpassung über die Grundsätze des Wegfalls der Geschäftsgrundlage am ehesten noch bei Befristungen nach § 14 Abs. 1 Satz 2 Nr. 8 TzBfG[118]. Wird im Rahmen eines Bestandschutz- bzw. Befristungsrechtsstreits ein Prozessvergleich zwischen den Parteien abgeschlossen, wonach das Arbeitsverhältnis bis zu einem bestimmten Zeitpunkt als befristetes fortgesetzt werden soll, so sieht § 14 Abs. 1 Satz 2 Nr. 8 TzBfG hierin grundsätzlich eine wirksame Sachgrundbefristung. Haben die Parteien bei Abschluss dieses Vergleichs übereinstimmend Umstände zugrunde gelegt, die sodann nicht eingetreten sind, so erscheint es denkbar, dass der eigentlich nach § 14 Abs. 1 Satz 2 Nr. 8 TzBfG wirksam befristete Arbeitsvertrag über § 313 BGB anzupassen ist[119].

---

113 Sievers, TzBfG, 5. Aufl. 2015, § 14 TzBfG, Rz. 35 ff. und § 17 TzBfG, Rz. 23.
114 S. Gräfl, § 14, Rz. 25 ff., 47.
115 EzA § 620 BGB Nr. 182 = RzK I 9f Nr. 79 = NZA 2002, S. 696 (LS).
116 S. Gräfl, § 14, Rz. 265 ff., 307 ff., 326 ff.
117 KR/*Bader*, 11. Aufl. 2016, § 17 TzBfG, Rz. 64.
118 S. Gräfl, § 14, Rz. 242 ff.
119 KR/*Bader*, 11. Aufl. 2016, § 17 TzBfG, Rz. 64.

6.2 Wiedereinstellungs- bzw. Fortsetzungsansprüche

67 Denkbar sind im Rahmen des Befristungsrechts auch Ansprüche des Arbeitnehmers auf Wiedereinstellung bzw. Fortsetzung des zunächst wirksam befristeten Arbeitsverhältnisses. Als dogmatische Begründungsmuster werden insoweit regelmäßig Argumente des Rechtsmissbrauchs, des Vertrauensschutzes bzw. der Fürsorgepflicht angeführt. Teilweise kann sich ein entsprechender Fortsetzungs- bzw. Wiedereinstellungsanspruch aus tarifvertraglichen Regelungen ergeben.

6.2.1 Kein Fortsetzungsanspruch wegen Vertrauenstatbestand

68 Hat der Arbeitgeber des befristet beschäftigten Arbeitnehmers bei Abschluss des befristeten Arbeitsvertrags oder während dessen Laufzeit dem befristet beschäftigten Arbeitnehmer **verbindlich in Aussicht gestellt**, ihn über den Befristungsablauf hinaus **weiter zu beschäftigen**, so verhält sich der Arbeitgeber widersprüchlich und treuwidrig i. S. d. § 242 BGB, wenn er sich hernach gleichwohl auf die Befristung des Arbeitsverhältnisses beruft.

Nach der früheren Rechtsprechung des BAG konnte die Berufung auf eine an sich wirksame Befristung rechtsmissbräuchlich sein, wenn der befristet eingestellte Arbeitnehmer aufgrund des Verhaltens des Arbeitgebers berechtigterweise davon ausgehen konnte, er werde im Anschluss an den Zeitvertrag weiterbeschäftigt werden. Allein die subjektive Erwartung des befristet beschäftigten Arbeitnehmers genügte insoweit jedoch nicht. Vielmehr war es erforderlich, dass der Arbeitgeber bei Vertragsabschluss oder während der Dauer des befristeten Vertrags objektiv einen Vertrauenstatbestand geschaffen hatte[120]. Die Voraussetzungen für die Schaffung eines objektiv erkennbaren Vertrauenstatbestands hatte der Arbeitnehmer darzulegen und ggf. zu beweisen[121].

Zwischenzeitlich hat das BAG diese Rechtsprechung dahingehend klargestellt, dass ein Anspruch auf Fortsetzung eines wirksam befristeten Arbeitsverhältnisses nicht allein auf einen vom Arbeitgeber gesetzten **Vertrauenstatbestand** gestützt werden kann[122].

6.2.2 Fortsetzungsanspruch wegen Zusage einer Weiterbeschäftigung

69 Ein Anspruch auf Weiterbeschäftigung bzw. Fortsetzung des Arbeitsverhältnisses kann sich auch aus dem Gesichtspunkt einer **bindenden Zusage** des Arbeitgebers ergeben[123]. Eine bindende Zusage des Arbeitgebers kann sowohl ausdrücklich als auch konkludent erfolgen. Im letzteren Falle ist regelmäßig jedoch die Auslegung des Verhaltens bzw. der Erklärungen des Arbeitgebers zunächst vorzunehmen. Eine bindende Zusage setzt jedoch

---

[120] BAG, Urteil v. 24.10.2001, 7 AZR 620/00, AP HRG § 57c Nr. 9 = EzA § 620 BGB Hochschule Nr. 31 = NZA 2003, S. 153; BAG, Urteil v. 16.3.1989, 2 AZR 325/88, AP Nr. 8 zu § 1 BeschFG 1985 = EzA BeschFG 1985, § 1 Nr. 7, unter II. 3 c der Gründe; S. Gräfl, § 14, Rz. 47 ff..

[121] BAG, Urteil v. 10.6.1992, 7 AZR 346/91, EzA § 620 BGB Nr. 116; BAG, Urteil v. 26.4.2006, 7 AZR 190/05.

[122] BAG, Urteil v. 13.8.2008, 7 AZR 531/07, NZA 2009, S. 27 = EzA TzBfG § 14 Nr. 52; s. Gräfl, § 14, Rz. 49 ff.

[123] Kittner/Däubler/Zwanziger/*Däubler/Wroblewski*, KSchR, 9. Aufl. 2014, § 15 TzBfG, Rz. 26.

voraus, dass diese von einer **vertretungsberechtigten Person** auf Seiten des Arbeitgebers zugesagt wird[124]. Nur wenn eine vertretungsberechtigte Person eine entsprechende Zusage dem Arbeitnehmer gegenüber erteilt hat, kommt eine Weiterbeschäftigung bzw. Einstellung des Arbeitnehmers aufgrund einer bindenden Zusage in Betracht. Ist letztere Voraussetzung nicht gegeben, so kann sich ein möglicher Fortsetzungsanspruch daraus ergeben, dass durch das Verhalten des nicht vertretungsberechtigten Vertreters des Arbeitgebers möglicherweise ein objektiver Vertrauenstatbestand begründet wird, der dann ebenfalls zur Fortsetzung des Arbeitsverhältnisses führen kann[125].

6.2.3 Kein Fortsetzungsanspruch wegen Gleichbehandlungsgrundsatz

Zweifelhaft ist, ob ein Anspruch auf Fortsetzung des Arbeitsverhältnisses mit einem be- 70
fristet beschäftigten Arbeitnehmer aus dem **Gesichtspunkt des arbeitsrechtlichen Gleichbehandlungsgrundsatzes** hergeleitet werden kann. Übernimmt ein Arbeitgeber befristet beschäftigte Arbeitnehmer regelmäßig in ein Dauerarbeitsverhältnis bzw. in ein weiteres befristetes Arbeitsverhältnis, so trifft den Arbeitgeber die Verpflichtung, einzelne Arbeitnehmer von dieser Praxis nicht ohne sachliche Gründe auszuschließen[126]. Insoweit ist der Arbeitgeber verpflichtet, den allgemeinen arbeitsrechtlichen Gleichbehandlungsgrundsatz zu wahren.

Aus dem arbeitsrechtlichen Gleichbehandlungsgrundsatz ergibt sich jedoch keine Verpflichtung des Arbeitgebers auf Verlängerung eines wirksam (sachgrundlos) befristeten Arbeitsvertrags[127].

6.2.4 Fortsetzungsanspruch wegen Rechtsmissbrauchs

Ob die Befristung eines Arbeitsvertrags unwirksam ist bzw. sich ein Fortsetzungsan- 71
spruch des Arbeitnehmers aus dem Gesichtspunkt des **Rechtsmissbrauchs** ergeben kann, ist bereits seit der Entscheidung des Großen Senats des BAG aus dem Jahre 1960 umstritten. Der Große Senat des BAG hat sich im Beschluss vom 12.10.1960 (BAG, Beschluss v. 12.10.1960, GS 1/59[128]) mit der Frage befasst, ob die Berufung des Arbeitgebers auf die Rechtswirksamkeit einer Befristung eines Arbeitsvertrags sich als Rechtsmissbrauch darstellen kann, wenn die an sich wirksame Befristung das **Kündigungsverbot nach** § 9 MuSchG leer laufen lässt.

[124] BAG, Urteil v. 24.10.2001, 7 AZR 620/00, AP HRG § 57c Nr. 9 = EzA § 620 BGB Hochschule Nr. 31 = NZA 2003, S. 153.

[125] S. Rz. 68; KR/*Bader*, 11. Aufl. 2016, § 17 TzBfG, Rz. 92.

[126] KR/*Bader*, 11. Aufl. 2016, § 17 TzBfG, Rz. 89.

[127] BAG, Urteil v. 13.8.2008, 7 AZR 513/07, NZA 2009, S. 27 = EzA TzBfG § 14 Nr. 52.

[128] So zuletzt BAG, Urteil v. 6.11.1996, 7 AZR 909/95, AP BGB § 620 Befristeter Arbeitsvertrag Nr. 16 = EzA § 620 BGB Nr. 2 = NJW 1961, S. 798.

Bislang entspricht es gefestigter Rechtsprechung, dass kein Fall des Rechtsmissbrauchs vorliegt, selbst wenn im Wissen um eine bestehende **Schwangerschaft** der Arbeitnehmerin ein befristetes Arbeitsverhältnis mit Sachgrund abgeschlossen wird und der Arbeitgeber sich hernach auf den Befristungsablauf beruft[129]).
Spätestens seit den Urteilen des EuGH aus dem Oktober 2001 (EuGH, Urteil v. 4.10.2001, Rs. C-109/00[130] und EuGH, Urteil v. 4.10.2001, Rs. C-438/99[131]) ist die Problematik der Wirksamkeit einer Befristung mit einer schwangeren Arbeitnehmerin virulent geworden. In den beiden vorgenannten Urteilen des EuGH macht dieser deutlich, dass der **Diskriminierungsschutz** nach Art. 10 der Richtlinie 92/85/EWG auch die Befristung von Arbeitsverhältnissen erfasst. Allerdings hat der **Europäische Gerichtshof** (EuGH, Urteil v. 4.10.2001, Rs. C-438/99[132]) nicht entschieden, dass jedwede Befristung eines Arbeitsverhältnisses eine Diskriminierung darstellt.
Nach der hier vertretenen Auffassung – unter Berücksichtigung der Rechtsprechung des Europäischen Gerichtshofs aus dem Jahr 2001 – ist nicht jede Befristung eines Arbeitsvertrags mit einer schwangeren Arbeitnehmerin unwirksam und der Arbeitgeber nicht verpflichtet diesen über den Befristungsablauf hinaus fortzusetzen[133].

72 Der Europäische Gerichtshof (EuGH, Urteil v. 4.10.2001, Rs. C-438/99[134]) weist unter Erwägung (46) darauf hin, dass es ständiger Rechtsprechung entspricht, dass eine **Weigerung**, eine für die betreffende Tätigkeit **geeignet gehaltene Arbeitnehmerin einzustellen, weil sie schwanger ist**, eine **unmittelbare Diskriminierung** aufgrund des Geschlechts darstellt, die gegen Art. 2 Abs. 1 und Art. 3 Abs. 1 der Richtlinie 76/207/EWG verstößt. Deshalb hat das nationale Gericht zu prüfen, ob die Nichterneuerung eines Arbeitsvertrags, der zu einer Abfolge von befristeten Verträgen gehört, nicht tatsächlich ihren Grund in der Schwangerschaft der Arbeitnehmerin hatte. Dies jedoch hat auch das Bundesarbeitsgericht in seinen früheren Entscheidungen als denkbar und möglich angesehen[135].
Allerdings ist zu berücksichtigen, dass ein Verstoß gegen das Diskriminierungsverbot nach § 15 Abs. 6 AGG nicht zu einem Fortsetzungsanspruch führt, sondern zu einem **Anspruch auf Entschädigung und Schadensersatz** nach § 15 Abs. 1 und Abs. 2 AGG.

---

[129] AP BGB § 620 Befristeter Arbeitsvertrag Nr. 188 = EzA § 620 BGB Nr. 146 = BB 1997, S. 1797.

[130] (Brandt-Nielsen), AP Nr. 27 zu EWG-Richtlinie Nr. 76/207 = EzA § 611a BGB Nr. 16 = NZA 2001, S. 1241.

[131] (Melgar), AP Nr. 3 zu EWG-Richtlinie Nr. 92/85 = EzA § 611a BGB Nr. 17 = NZA 2001, S. 1243.

[132] (Melgar), AP Nr. 3 zu EWG-Richtlinie Nr. 92/85 = EzA § 611a BGB Nr. 17 = NZA 2001, S. 1243 = NJW 2002, S. 125.

[133] S. Gräfl, § 14, Rz. 48.

[134] (Melgar), AP Nr. 3 zu EWG-Richtlinie Nr. 92/85 = EzA § 611a BGB Nr. 17 = NZA 2001, S. 1243 = NJW 2002, S. 125.

[135] BAG, Urteil v. 6.11.1996, 7 AZR 909/95, AP BGB § 620 Befristeter Arbeitsvertrag Nr. 188 = EzA § 620 BGB Nr. 146 = NZA 1997, S. 1222.

Für den Fall, dass dem Arbeitgeber bei Abschluss des Arbeitsverhältnisses eine Schwangerschaft nicht bekannt ist oder diese nicht bestand, ändert sich an der Rechtslage nichts. Eine Umkehrung des Regelausnahmeverhältnisses, wie es das BAG bislang vertritt, nämlich dass die Befristung grundsätzlich wirksam ist, allenfalls bei Hinzutreten ganz besonderer Umstände sich überhaupt ein Fortsetzungsanspruch ergeben kann, bleibt bestehen. Lediglich im Falle einer Entscheidung nach Beweislastgrundsätzen wird die Position des Arbeitgebers eine schlechtere sein. 73

6.2.5 Tarifvertragliche Einstellungsgebote und Verlängerungsabreden

Tarifliche Vorschriften gibt es vor allem zur **Übernahme von Auszubildenden** nach 74
Abschluss oder Berufsausbildung. Verschiedentlich sehen Tarifverträge vor, dass zum Zwecke der Beschäftigungssicherung mit den Auszubildenden unmittelbar nach Abschluss der Berufsausbildung befristete Arbeitsverträge (früher regelmäßig für die Dauer von 6 Monaten, heute, vor dem Hintergrund der Änderung des SGB III, 12 Monate) abgeschlossen werden.

So sieht etwa § 3 des Tarifvertrags zur Beschäftigungssicherung für die Tarifgebiete Südbaden und Südwürttemberg/Hohenzollern zwischen dem Verband der Metall- und Elektroindustrie und der IG Metall, Bezirk Baden-Württemberg vor, dass Auszubildende grundsätzlich nach bestandener Abschlussprüfung für mindestens 12 Monate in ein Arbeitsverhältnis übernommen werden, soweit dem nicht personenbedingte Gründe entgegenstehen. Der Betriebsrat ist hierüber unter Angabe der Gründe zu unterrichten.

Eine solche Tarifregelung, führt jedoch nicht zu einem automatischen Übergang des vormaligen Auszubildenden in ein befristetes Arbeitsverhältnis, sondern es besteht lediglich ein **Anspruch darauf, dass ein befristetes Arbeitsverhältnis abgeschlossen** wird. Es besteht allein ein **Kontrahierungszwang** auf Arbeitgeberseite[136]. Nach allgemeiner Auffassung ist ein entsprechender Kontrahierungszwang des Arbeitgebers verfassungsgemäß, wenn und soweit der Arbeitgeber eine Übernahme des Auszubildenden in ein befristetes Arbeitsverhältnis aus Gründen ablehnen kann, die in der Person des Auszubildenden oder in der betrieblichen Sphäre liegen[137].

6.3 Gerichtliche Durchsetzung des Fortsetzungsanspruchs

Nach der Rechtsprechung des BAG kann der Arbeitnehmer seinen **Fortsetzungs- bzw. Wiedereinstellungsanspruch** im Wege der **Leistungsklage** gegen den Arbeitgeber verfolgen. Der Arbeitnehmer muss beantragen, den Arbeitgeber zu verurteilen, das Angebot 75

---

[136] Für den Tarifvertrag der rheinland-pfälzischen Metall- und Elektroindustrie vgl. BAG, Urteil v. 14.5.1997, 7 AZR 159/94, AP BGB § 611 Übernahme ins Arbeitsverhältnis Nr. 2 = EzA § 4 TVG Beschäftigungssicherung Nr. 1 = NZA 1998, S. 50.

[137] BAG, Urteil v. 14.10.1997, 7 AZR 810/96, AP TVG Tarifverträge § 1 Nr. 155: Metallindustrie = EzA § 611 BGB Einstellungsanspruch Nr. 11 = NZA 1998, S. 778 für die Übernahmeverpflichtung im Tarifvertrag der Metallindustrie in Nordwürttemberg/Nordbaden.

des Arbeitnehmers auf Abschluss eines befristeten oder unbefristeten Arbeitsverhältnisses anzunehmen[138]. Der Klageantrag ist auf **Abgabe einer Willenserklärung nach** § 894 ZPO zu richten[139].

Da dieser Anspruch sinnvollerweise lediglich zukunftsorientiert gestellt werden konnte, war der Arbeitnehmer hinsichtlich der bis zur Rechtskraft des entsprechenden Urteils zurückliegenden Zeitabschnitte auf Schadensersatzansprüche zu verweisen[140]. Seit Einführung des § 311a BGB i. d. Fassung des Schuldrechtsmodernisierungsgesetzes kann nunmehr ein Vertrag auch rückwirkend zustande kommen, so dass der entsprechende Antrag auch vergangenheitsbezogen zum Erfolg führen kann[141].

76 Der auf Wiedereinstellung klagende Arbeitnehmer kann diesen Antrag im Wege der **Klagehäufung** bereits im Rahmen einer **Klage nach** § 17 TzBfG geltend machen. Er sollte ihn jedoch lediglich hilfsweise für den Fall der Abweisung des Feststellungsantrags nach § 17 TzBfG stellen, denn nur, wenn die Befristung wirksam ist und damit kein unbefristetes Arbeitsverhältnis besteht und folglich der Antrag nach § 17 TzBfG abgewiesen wird, gibt ein Antrag auf Neubegründung des Arbeitsverhältnisses Sinn.

77 Die **Darlegungs- und Beweislast** für das Bestehen eines Fortsetzungs- bzw. Wiedereinstellungsanspruchs liegt grundsätzlich beim **Arbeitnehmer**. Dieser hat die Tatsachen darzulegen und zu beweisen, die seinen Anspruch begründen[142]. Die Darlegungs- und Beweislast für Umstände, die einem solchen Anspruch entgegenstehen, obliegt grundsätzlich dem Arbeitgeber[143].

---

[138] BAG, Urteil v. 28.6.2000, 7 AZR 904/98, AP KSchG 1969 § 1 Wiedereinstellung Nr. 6 = EzA § 1 KSchG Wiedereinstellungsanspruch Nr. 5 = NZA 2000, S. 1097.

[139] BAG, Urteil v. 20.2.2002, 7 AZR 600/00, AP KSchG 1969 § 1 Wiedereinstellung Nr. 11 = EzA § 620 BGB Nr. 189 = NZA 2002, S. 896.

[140] BAG, Urteil v. 28.6.2000, 7 AZR 904/98, AP KSchG 1969 § 1Wiedereinstellung Nr. 6 = EzA § 1 KSchG Wiedereinstellungsanspruch Nr. 5 = NZA 2000, S. 1097.

[141] S. Gräfl, § 14, Rz. 51; BAG, Urteil v. 27.4.2004, 9 AZR 522/03, NZA 2004, S. 1225.

[142] So auch KR/*Bader*, 11. Aufl. 2016, § 17 TzBfG, Rz. 106.

[143] KR/*Bader*, 11. Aufl. 2016, § 17 TzBfG, Rz. 106 am Ende; zur Verteilung der Darlegungs- und Beweislast im Falle des Fortsetzungsanspruchs einer Schwangeren s. Rz. 71 ff.

§ 18 Information über unbefristete Arbeitsplätze

[1]Der Arbeitgeber hat die befristet beschäftigten Arbeitnehmer über entsprechende unbefristete Arbeitsplätze zu informieren, die besetzt werden sollen. [2]Die Information kann durch allgemeine Bekanntgabe an geeigneter, den Arbeitnehmern zugänglicher Stelle im Betrieb und Unternehmen erfolgen.

Übersicht **Rz.**

1. Allgemeines

§ 18 TzBfG setzt § 6 Nr. 1 der Europäischen Rahmenvereinbarung über befristete Arbeitsverträge um[1]. § 18 TzBfG verpflichtet den Arbeitgeber, befristet beschäftigte Arbeitnehmer über Dauerarbeitsplätze im Betrieb oder im Unternehmen zu informieren, um so für sie eine bessere Möglichkeit zum Übergang in ein unbefristetes Arbeitsverhältnis zu schaffen[2]. Die Vorschrift entspricht teilweise der des § 7 TzBfG für teilzeitbeschäftigte Arbeitnehmer. Sie gilt, wegen § 21 TzBfG auch für auflösend bedingte Arbeitsverhältnisse. 1

2. Reichweite der Informationspflicht

§ 18 Satz 1 TzBfG schreibt vor, dass über unbefristete Arbeitsplätze zu informieren ist, **die besetzt werden sollen**, die also frei sind oder frei werden und zur Wiederbesetzung anstehen. Nach § 18 Satz 2 TzBfG ist die Information auf alle zur Besetzung anstehenden Dauerarbeitsplätze **in demselben Betrieb und im gesamten Unternehmen** zu erstrecken[3]. Mit der Wendung „entsprechende Arbeitsplätze" wird sichergestellt, dass befristet beschäftigte Arbeitnehmer nur über solche unbefristeten Arbeitsplätze informiert werden müssen, die sie aufgrund ihrer **individuellen Eignung** auch ausfüllen können[4]. 2

---

1 Richtlinie 1999/70/EG v. 28.6.1999, ABl. Nr. 75, S. 43; EUArbR/*Krebber*, 1. Aufl. 2016, § 6 Anh. RL 1999/70/EG, Rz. 2.

2 BT-Drucks. 14/4374, S. 21.

3 BT-Drucks. 14/4374, S. 21; ErfK/*Müller-Glöge*, 16. Aufl. 2016, § 18 TzBfG, Rz. 2.

4 Vgl. BT-Drucks. 14/4625, S. 24.

3. Adressat und Form der Information

3 Nach § 18 Satz 1 TzBfG hat der Arbeitgeber die befristet beschäftigten Arbeitnehmer zu informieren. D. h. **jeden** einzelnen **Arbeitnehmer**, unabhängig davon, ob der Arbeitnehmer tatsächlich Interesse an einem Dauerarbeitsplatz oder gar einen entsprechenden Wunsch bekundet hat[5]

4 Eine bestimmte Form der Information schreibt das Gesetz nicht vor. Sie kann also **auch mündlich oder durch elektronische Erklärung** erfolgen[6].

> **Hinweis**
>
> Aus Nachweisgründen stets zu empfehlen ist eine schriftliche Information[7].

5 Nach § 18 Satz 2 TzBfG kann die Information durch **allgemeine Bekanntgabe** an geeigneter, den Arbeitnehmern zugänglicher Stelle im Betrieb oder Unternehmen erfolgen. Das bedeutet, dass Arbeitgeber auf eine individuelle Unterrichtung oder Information der befristet beschäftigten Arbeitnehmer verzichten und stattdessen eine allgemeine Bekanntgabe wählen können.

Entscheidet sich der Arbeitgeber für eine allgemeine Bekanntgabe nach § 18 Satz 2 TzBfG, so muss er **alle** zur Besetzung anstehenden unbefristeten Arbeitsplätze im Betrieb oder im gesamten Unternehmen in seiner Bekanntgabe aufführen. Damit vergibt sich der Arbeitgeber die Möglichkeit, lediglich auf „entsprechende" Arbeitsplätze hinzuweisen[8].

6 Eine bestimmte Form der Bekanntgabe wird in § 18 Satz 2 TzBfG nicht vorgeschrieben. Es muss sich lediglich um eine **geeignete Stelle im Betrieb oder Unternehmen** handeln, die allen Arbeitnehmern zugänglich ist. Diese Voraussetzung erfüllt etwa das „Schwarze Brett"[9]. Andererseits will § 18 Satz 2 TzBfG moderne Formen der Kommunikation und Bekanntgabe nicht ausschließen[10]. Denkbar ist sowohl eine Bekanntgabe im Intranet, sofern alle Arbeitnehmer hierauf Zugriff haben, als auch in einer Werks- bzw. Mitarbeiterzeitung[11].

7 Im Falle der **allgemeinen Bekanntgabe** nach § 18 Satz 2 TzBfG wird der Arbeitgeber jedoch nicht davon entbunden, über konkrete Stellen zu informieren. Da er sich bei einer

---

[5] Vgl. demgegenüber für teilzeitbeschäftigte Arbeitnehmer § 7 Abs. 2 TzBfG, der ausdrücklich einen entsprechenden Wunsch des Arbeitnehmers voraussetzt, s. dazu *Spinner*, § 7, Rz. 19; HWK/*Schmalenberg*, 6. Aufl. 2014, § 18 TzBfG, Rz. 1; HK-TzBfG/*Joussen*, 3. Aufl. 2012, § 18 TzBfG, Rz. 3.

[6] Dörner, Der befristete Arbeitsvertrag, 2. Aufl. 2011, Rz. 112.

[7] KR/*Bader*, 11. Aufl. 2016, § 18 TzBfG, Rz. 4.

[8] KR/*Bader*, 11. Aufl. 2016, § 18 TzBfG, Rz. 7.

[9] KR/*Bader*, 11. Aufl. 2016, § 18 TzBfG, Rz. 8; HK-TzBfG/*Joussen*, 3. Aufl. 2012, § 18 TzBfG, Rz. 6.

[10] Annuß/Thüsing/*Annuß*, TzBfG, 3. Aufl. 2012, § 18 TzBfG, Rz. 5.

[11] *Kliemt*, NZA 2001, S. 304.

allgemeinen Bekanntgabe an einen weit größeren Kreis wendet, muss der Arbeitgeber seine Information **stets aktualisieren**[12].

4. Zeitpunkt der Information

Damit § 18 TzBfG Wirkung entfalten kann, muss der befristet beschäftigte Arbeitnehmer so über die zur Besetzung anstehenden Dauerarbeitsplätze informiert werden, dass er sich noch rechtzeitig bewerben kann und eine Entscheidung über die Besetzung eines Dauerarbeitsplatzes noch nicht erfolgt ist[13]. 8

5. Rechtsfolgen bei Verstoß gegen § 8 TzBfG

Wie § 7 TzBfG sieht auch § 18 TzBfG **keine Rechtsfolgen** bei einem Verstoß gegen die darin enthaltene Verpflichtung vor. § 18 TzBfG gibt dem betroffenen einzelnen Arbeitnehmer einen auch klagweise durchsetzbaren **Anspruch auf Information**[14]. 9
Allerdings verstößt der Arbeitgeber gegen eine arbeitsvertragliche Nebenpflicht, was grundsätzlich **Schadensersatzansprüche** des betroffenen Arbeitnehmers aus § 280 BGB nach sich ziehen kann[15]. § 18 TzBfG stellt jedoch, wie auch § 7 TzBfG, kein Schutzgesetz i. S. d. § 823 Abs. 2 BGB dar[16].

6. Beteiligung des Betriebsrats

§ 18 TzBfG gehört zu den zu Gunsten der Arbeitnehmer geltenden Gesetzen i. S. d. § 80 Abs. 1 Nr. 1 BetrVG. Damit obliegt dem Betriebsrat die Verpflichtung, **über die Einhaltung der Informationspflicht zu wachen**[17]. Mittelbar erlangt § 18 TzBfG Bedeutung über § 99 Abs. 2 Nr. 3 letzter Halbsatz BetrVG[18]. 10

---

12 KR/*Bader*, 11. Aufl. 2016, § 18 TzBfG, Rz. 11.

13 KR/*Bader*, 11. Aufl. 2016, § 18 TzBfG, Rz. 11; ErfK/*Müller-Glöge*, 16. Aufl. 2016, § 18 TzBfG, Rz. 3.

14 Meinel/Heyn/Herms/*Meinel*, TzBfG, 5. Aufl. 2015, § 18 TzBfG, Rz. 4.

15 BAG, Urteil v. 6.4.2011, 7 AZR 716/09, Rn. 43, BAGE 137, 275 = NZA 2011, 905; s. Spinner, § 7, Rz. 27.

16 S. dazu *Spinner*, § 7, Rz. 28; ErfK/*Müller-Glöge*, 16. Aufl. 2016, § 18 TzBfG, Rz. 5.

17 HaKo/*Mestwerdt*, 5. Aufl. 2015, § 18 TzBfG, Rz. 6.

18 KR/*Bader*, 11. Aufl. 2016, § 18 TzBfG, Rz. 12.

§ 19 Aus- und Weiterbildung

Der Arbeitgeber hat Sorge zu tragen, dass auch befristet beschäftigte Arbeitnehmer an angemessenen Aus- und Weiterbildungsmaßnahmen zur Förderung der beruflichen Entwicklung und Mobilität teilnehmen können, es sei denn, dass dringende betriebliche Gründe oder Aus- und Weiterbildungswünsche anderer Arbeitnehmer entgegenstehen.

Übersicht **Rz.**

1. Allgemeines

1 § 19 TzBfG setzt § 6 Nr. 2 der Richtlinie 1999/70/EG[1] um[2]. Danach erleichtern Arbeitgeber den befristet beschäftigten Arbeitnehmern im Rahmen ihrer Möglichkeit den Zugang zu angemessenen Aus- und Weiterbildungsmöglichkeiten, die die Verbesserung ihrer Fertigkeiten, ihres beruflichen Fortkommens und ihrer beruflichen Mobilität fördern. Die Regelung des § 19 TzBfG entspricht der Regelung des § 10 TzBfG für teilzeitbeschäftigte Arbeitnehmer.

Die mit § 19 TzBfG für den Arbeitgeber geschaffene Verpflichtung reicht jedoch nicht weiter als gegenüber unbefristet beschäftigten Arbeitnehmern[3]. § 19 TzBfG will, wie auch § 10 TzBfG, keine Besserstellung des erfassten Arbeitnehmerkreises erreichen, sondern strebt eine **Gleichbehandlung** der befristet beschäftigten mit den unbefristet beschäftigten Arbeitnehmern an[4]. § 19 TzBfG ist eine **Spezialbestimmung** zu § 4 Abs. 2 TzBfG[5].

---

1 Richtlinie 1999/70/EG v. 28.6.1999, ABl. Nr. L 175, S. 43.

2 EUArbR/*Krebber*, 1. Aufl. 2016, § 6 Anh. RL 1999/70/EG, Rz. 2.

3 BT-Drucks. 14/4374, S. 21.

4 ErfK/*Müller-Glöge*, 16. Aufl. 2016, § 19 TzBfG, Rz. 1.

5 KR/*Bader*, 11. Aufl. 2016, § 19 TzBfG, Rz. 2; Kittner/Däubler/Zwanziger/*Däubler/Wroblewski*, KSchR, 9. Aufl. 2014, § 19 TzBfG, Rz. 2; HaKo/*Mestwerdt*, 5. Aufl. 2015, § 19 TzBfG, Rz. 1; vgl. auch BAG, Urteil v. 12.10.2010, 9 AZR 518/09, Rn. 28, BAGE 136,36 = NJW 2011, 953 = NZA 2011, 306.

§ 19 TzBfG **gibt** daher **keinen individualrechtlichen Anspruch auf Durchführung von Aus- und Weiterbildungsmaßnahmen**[6]. § 19 TzBfG **will lediglich sicherstellen, dass auch befristet beschäftigte Arbeitnehmer an angebotenen Aus- und Weiterbildungsmaßnahmen teilnehmen** können[7]. 2

§ 19 TzBfG will also **Chancengleichheit** zwischen befristet beschäftigten Arbeitnehmern und unbefristet beschäftigten Arbeitnehmern herstellen und damit die Chancen befristet beschäftigter Arbeitnehmer auf einen Dauerarbeitsplatz durch Aus- und Weiterbildungsmaßnahmen erhöhen[8]. 3

§ 19 TzBfG gilt für **Arbeitnehmer mit befristeten Arbeitsverträgen** und wegen § 21 TzBfG auch für Arbeitnehmer mit **auflösend bedingten Arbeitsverhältnissen**. 4

2. Angemessene Aus- und Weiterbildungsmaßnahmen

2.1 Aus- und Weiterbildungsmaßnahme

Aus- und Weiterbildungsmaßnahmen i. S. d. § 19 TzBfG sind Maßnahmen, die nach ihrer Ausgestaltung und didaktischen Zielsetzung dazu bestimmt und geeignet sind zur **Verbesserung der Fertigkeiten** der Arbeitnehmer und zur **Förderung des beruflichen Fortkommens und der beruflichen Mobilität** der befristet beschäftigten Arbeitnehmer beizutragen[9]. Eine von § 19 TzBfG erfasste Maßnahme muss auf das berufliche Fortkommen und/oder die berufliche Mobilität des Arbeitnehmers abzielen und nicht zwingend in unmittelbarem Zusammenhang mit der derzeit vom betroffenen Arbeitnehmer aktuell ausgeübten Tätigkeit stehen. Die Verbesserung der Allgemeinbildung wird von § 19 TzBfG nicht erfasst[10]. 5

§ 19 TzBfG erfasst sowohl interne als auch externe Bildungsmaßnahmen des Arbeitgebers[11]. 6

2.2 Angemessenheit der Maßnahme

§ 19 TzBfG verlangt, befristet beschäftigten Arbeitnehmern die Teilnahme an **angemessenen** Aus- und Weiterbildungsmaßnahmen zu ermöglichen. Damit wird dem Umstand Rechnung getragen, dass befristet beschäftigte Arbeitnehmer dem Betrieb bzw. Unternehmen nur begrenzte Zeit zur Verfügung stehen und anschließend ausscheiden[12]. § 19 7

---

[6] Meinel/Heyn/Herms/*Meinel*, TzBfG, 5. Aufl. 2015, § 19 TzBfG, Rz. 2; Sievers, TzBfG, 5. Aufl. 2015, § 19 TzBfG, Rz. 1; Kittner/Däubler/Zwanziger/*Däubler/Wroblewski*, KSchR, 9. Aufl. 2014, § 19 TzBfG, Rz. 1.

[7] Kittner/Däubler/Zwanziger/*Däubler/Wroblewski*, KSchR, 9. Aufl. 2014, § 19 TzBfG, Rz. 1; hinsichtlich weiterer Einzelheiten kann auf die Ausführungen von Spinner, § 10 Rz. 3 verwiesen werden.

[8] BT-Drucks. 14/4374, S. 21.

[9] KR/*Bader*, 11. Aufl. 2016, § 19 TzBfG, Rz. 3.

[10] ErfK/*Müller-Glöge*, 16. Aufl. 2016, § 19 TzBfG, Rz. 1.

[11] KR/*Bader*, 11. Aufl. 2016, § 19 TzBfG, Rz. 6.

[12] BT-Drucks. 14/4374, S. 21; Meinel/Heyn/Herms/*Meinel*, TzBfG, 5. Aufl. 2015, § 19 TzBfG, Rz. 3.

TzBfG will den Arbeitgeber nicht verpflichten, Arbeitnehmer, die in absehbarer Zeit wieder ausscheiden, kostenintensive Aus- und Weiterbildungsmaßnahmen zu ermöglichen. Nicht mehr angemessen i. S. d. § 19 TzBfG wird etwa eine Weiterbildungsmaßnahme sein, die der Arbeitgeber unter großem Kostenaufwand für langfristig beschäftigte Mitarbeiter durchführt[13]. Daneben wird man auch bei kurzfristigen Arbeitsverhältnissen eine Teilnahme des betreffenden Arbeitnehmers über § 19 TzBfG als nicht angemessen ansehen müssen[14].

3. Keine Teilnahme bei entgegenstehenden Gründen

3.1 Entgegenstehende dringende betriebliche Gründe

8 Der Anspruch nach § 19 TzBfG besteht nicht, wenn dringende betriebliche Gründe entgegenstehen. Die Formulierung des § 19 TzBfG ähnelt der des § 7 Abs. 1 Satz 1 BUrlG, weshalb wie auch im Rahmen des § 10 TzBfG auf die zu § 7 Abs. 1 BUrlG entwickelten Grundsätze zurückgegriffen werden kann[15]. **Dringende betriebliche Gründe** in diesem Sinne dürfen nicht schon dann angenommen werden, wenn die Berücksichtigung dieses Wunsches zu Betriebsablaufstörungen führt, denn diese treten bei jedem Fehlen eines Arbeitnehmers auf und sind hinzunehmen bzw. durch Vorhalt einer Personalreserve auszugleichen[16]. Allerdings sind dringende betriebliche Gründe i. S. d. § 19 TzBfG auch nicht erst dann anzunehmen, wenn dem Arbeitgeber bei Berücksichtigung des Aus- und Weiterbildungswunsches ein (finanzieller) Schaden entsteht. Es sind vielmehr im jeweiligen **Einzelfall** die **konkreten Umstände** zu berücksichtigen.

Beispiel

Solche Gründe können unter anderem z. B. hoher Krankenstand in der betreffenden Abteilung, Personalknappheit infolge von Kündigungen, außergewöhnlich hoher Arbeitsanfall in der Abteilung oder in einem Saisonbetrieb sein[17].

3.2 Entgegenstehende Wünsche anderer Arbeitnehmer

9 Darüber hinaus können dem Anspruch auf Teilnahme an Aus- und Weiterbildungsmaßnahmen ebenfalls **Aus- und Weiterbildungswünsche anderer Arbeitnehmer** entgegenstehen. Im Regierungsentwurf war insoweit noch von entgegenstehenden Aus- und Weiterbildungswünschen anderer Arbeitnehmer die Rede, die unter beruflichen oder sozialen Gesichtspunkten vorrangig sind[18]. Im Laufe des Gesetzgebungsverfahrens wurde

---

13 Annuß/Thüsing/*Annuß*, TzBfG, 3. Aufl. 2012, § 19 TzBfG, Rz. 4.

14 Ähnlich ErfK/*Müller-Glöge*, 16. Aufl. 2016, § 19 TzBfG, Rz. 1.

15 ErfK/*Müller-Glöge*, 16. Aufl. 2016, § 19 TzBfG, Rz. 5; KR/*Bader*, 11. Aufl. 2016, § 19 TzBfG, Rz. 11; s. auch Spinner, § 10, Rz. 9.

16 Vgl. zur ähnlich formulierten Vorschrift des § 7 Abs. 1 Satz 1 BUrlG ErfK/*Gallner*, 16. Aufl. 2016, § 7 BUrlG, Rz. 18.

17 Vgl. zu § 7 Abs. 1 Satz 1 BUrlG ErfK/*Gallner*, 16. Aufl. 2016, § 7 BUrlG, Rz. 18.

18 BT-Drucks. 14/4374, S. 21.

dies jedoch auf Empfehlung des Ausschusses für Arbeit und Sozialordnung gestrichen. Begründet wurde dies damit, dass der Arbeitgeber bei mehreren gleichzeitigen Aus- und Weiterbildungswünschen anderer Arbeitnehmer unter dem potentiellen Teilnehmerkreis nach billigem Ermessen frei entscheiden können soll[19]. **Bei widerstreitenden Aus- und Weiterbildungswünschen** folgt die Auswahl des Teilnehmerkreises deshalb nach **billigem Ermessen**[20]. Eine Beschränkung des Ermessens dergestalt, dass befristet beschäftigte Arbeitnehmer vorrangig vor unbefristet beschäftigten Arbeitnehmern zu berücksichtigen sind, fordert das Gesetz gerade nicht[21].

4. Rechtsfolgen bei Verstoß gegen § 19 TzBfG

4.1 Schadensersatzansprüche

Hinsichtlich der Folgen eines Verstoßes des Arbeitgebers gegen § 19 TzBfG kann auf das zu § 10 TzBfG Gesagte verwiesen werden[22]. Auch im Rahmen des § 19 TzBfG sind Ersatzansprüche aus § 823 BGB i. V. m. § 19 TzBfG ausgeschlossen, da § 19 TzBfG kein Schutzgesetz i. S. d. § 823 Abs. 2 BGB ist. Denkbar sind Schadensersatzansprüche aus § 280 BGB[23]. 10

4.2 Darlegungs- und Beweislast

Die Darlegungs- und Beweislast im Rahmen des § 19 TzBfG obliegt hinsichtlich der Frage, ob es sich um eine angemessene Aus- und Weiterbildungsmaßnahme handelt, grundsätzlich dem Arbeitnehmer, da es sich insoweit um eine Anspruchsvoraussetzung handelt[24]. Ob dem Aus- und Weiterbildungswunsch des befristet beschäftigten Arbeitnehmers dringende betriebliche Gründe oder Aus- und Weiterbildungswünsche anderer Arbeitnehmer entgegenstehen, hat der Arbeitgeber darzulegen und zu beweisen[25]. 11

---

19 BT-Drucks. 14/4625, S. 25.

20 Annuß/Thüsing/*Annuß*, TzBfG, 3. Aufl. 2012, § 19 TzBfG, Rz. 6; Kittner/Däubler/Zwanziger/*Däubler/Wroblewski*, KSchR, 9. Aufl. 2014, § 19 TzBfG, Rz. 3; Sievers, TzBfG, 5. Aufl. 2015, § 19 TzBfG, Rz. 3.

21 KR/*Bader*, 10. Aufl. 2013, § 19 TzBfG, Rz. 12.

22 S. Spinner,§ 10, Rz. 11.

23 HWK/*Schmalenberg*, 6. Aufl. 2014, § 19 TzBfG, Rz. 7.

24 Ähnlich KR/*Bader*, 11. Aufl. 2016, § 19 TzBfG, Rz. 13.

25 ErfK/*Müller-Glöge*, 16. Aufl. 2016, § 19 TzBfG, Rz. 2.

§ 20 Information der Arbeitnehmervertretung

Der Arbeitgeber hat die Arbeitnehmervertretung über die Anzahl der befristet beschäftigten Arbeitnehmer und ihren Anteil an der Gesamtbelegschaft des Betriebes und des Unternehmens zu informieren.

Übersicht

1. Allgemeines

1 § 20 TzBfG setzt § 7 Nr. 3 der Richtlinie 1999/70/EG[1] um. Danach ist der Arbeitgeber verpflichtet, den Betriebsrat oder den Personalrat über die Anzahl befristet beschäftigter Arbeitnehmer im Betrieb und im Unternehmen oder in den entsprechenden Strukturen der öffentlichen Verwaltung sowie über den Anteil befristet beschäftigter Arbeitnehmer an der Gesamtbelegschaft zu informieren. Damit soll der Arbeitnehmervertretung ermöglicht werden, Einfluss auf die betriebliche Einstellungspraxis zu nehmen und die Einhaltung der gesetzlichen Vorschriften über befristete Arbeitsverhältnisse (vgl. § 80 Abs. 1 Nr. 1 BetrVG) zu überwachen[2].

2 Über § 21 TzBfG gilt § 20 TzBfG auch für Arbeitnehmer, die in einem auflösend bedingten Arbeitsverhältnis beschäftigt werden[3].

2. Reichweite der Informationspflicht

3 § 20 TzBfG verpflichtet den Arbeitgeber, der Arbeitnehmervertretung die Anzahl der befristet beschäftigten Arbeitnehmer sowie ihren Anteil an der Gesamtbelegschaft mitzuteilen. Aufgrund der Formulierung „**Betrieb und Unternehmen**“ beschränkt sich die Informationspflicht des Arbeitgebers auf diese beiden. Da § 20 TzBfG ausdrücklich auf das Unternehmen abstellt, besteht eine Informationspflicht auch gegenüber dem **Gesamtbetriebsrat**[4]. Einen Informationsanspruch auf **Konzernebene** begründet § 20 TzBfG hingegen **nicht**[5].

---

[1] Richtlinie 1999/70/EG v. 28.6.1999, ABl. Nr. L 175, S. 43.

[2] BT-Drucks. 14/4374, S. 21.

[3] KR/*Bader*, 11. Aufl. 2016, § 20 TzBfG, Rz. 1.

[4] HaKo/Mestwerdt, 5. Auf. 2015, § 20 TzBfG, Rz. 2; KR/*Bader,* 11. Aufl. 2016, § 20 TzBfG, Rz. 4; HWK/Schmalenberg, 6. Aufl. 2014, § 20 TzBfG, Rz. 2; HK-TzBfG/*Joussen*, 3. Aufl. 2012, § 20 TzBfG, Rz. 3.

[5] HWK/*Schmalenberg*, 6. Aufl. 2014, § 20 TzBfG, Rz. 2.

§ 20 TzBfG **beschränkt** die Informationspflicht auf die **Anzahl** der befristet beschäftigten Arbeitnehmer und deren **Anteil an der Gesamtbelegschaft**. Eine namentliche Nennung der befristet beschäftigten Arbeitnehmer kann der Betriebsrat über § 20 TzBfG ebenso wenig erreichen wie die **Bekanntgabe der Befristungsgründe** und die Dauer der jeweiligen Befristung[6]. 4

2.1 Adressat und Form der Information

Eine besondere Form für die Unterrichtung schreibt das Gesetz nicht vor[7]. Der Arbeitgeber kann deshalb die Unterrichtung **schriftlich** oder durch **moderne Kommunikationsmedien** erfüllen. Auch eine bloße **mündliche Unterrichtung** genügt dem Gesetz. 5

Das Gesetz schreibt die Information der **Arbeitnehmervertretung** vor. Deshalb ist der Adressatenkreis der Information nach § 20 TzBfG noch zu erörtern. Zum einen fallen unter den Begriff der Arbeitnehmervertretung sicherlich die **Betriebsräte** und **Gesamtbetriebsräte**[8], sowie die nach § 3 Abs. 1 Nr. 3 BetrVG an ihre Stelle tretenden Arbeitnehmervertretungen. Daneben ist für den Bereich des öffentlichen Dienstes der **Personalrat** und die entsprechende Stufenvertretung nach den Personalvertretungsgesetzen des Bundes wie der Länder erfasst[9]. Auch die **Sprecherausschüsse**, Gesamtsprecherausschüsse und Unternehmenssprecherausschüsse nach dem Sprecherausschussgesetz sind von § 20 TzBfG grundsätzlich erfasst[10], ebenso kirchliche Mitarbeitervertretungen und Betriebsvertretungen im Bereich der Stationierungsstreitkräfte[11]. 6

Nicht erfasst sind die auf Konzernebene eingerichteten Vertretungsorgane wie der Konzernbetriebsrat oder der Konzernsprecherausschuss. Ebenso wenig erfasst werden die (Gesamt-, Konzern-)Jugend- und Auszubildendenvertretungen[12]. 7

2.2 Zeitpunkt der Information

Über Häufigkeit und Zeitpunkt der Informationsverpflichtung und der damit verbundenen Unterrichtung der Arbeitnehmervertretung trifft § 20 TzBfG keine Aussage. In Betracht käme etwa eine vierteljährliche Information[13]. Allerdings wird man wohl auch eine 8

---

6 Boewer, TzBfG, 1. Aufl. 2002, § 20 TzBfG, Rz. 10; HK-TzBfG/*Joussen*, 3. Aufl. 2012, § 20 TzBfG, Rz. 6.

7 HWK/*Schmalenberg*, 6. Aufl. 2014, § 20 TzBfG, Rz. 3.

8 ErfK/*Müller-Glöge*, 16. Aufl. 2016, § 20 TzBfG, Rz. 1.

9 KR/*Bader*, 11. Aufl. 2016, § 20 TzBfG, Rz. 8.

10 S. § 6.

11 ErfK/*Müller-Glöge*, 16. Aufl. 2016, § 20 TzBfG, Rz. 1.

12 Zu letzteren Annuß/Thüsing/*Annuß*, TzBfG, 3. Aufl. 2012, § 20 TzBfG, Rz. 2.

13 Kittner/Däubler/Zwanziger/*Däubler/Wroblewski*, KSchR, 9. Aufl. 2014, § 20 TzBfG, Rz. 3, der sich an § 110 BetrVG anlehnt, ähnlich Sievers, TzBfG, 5. Aufl. 2015, § 20 TzBfG, Rz. 4; weitergehend Annuß/Thüsing/*Annuß*, TzBfG, 3. Aufl. 2012, § 20 TzBfG, Rz. 4, der eine Mitteilungspflicht in jedem Falle einer Veränderung annimmt.

in regelmäßigen Abständen stattfindende ein- oder zweimal jährlich erfolgende Unterrichtung ausreichen lassen müssen[14].

2.3 Gerichtliche Durchsetzung

9 Streitigkeiten über die Frage der Erfüllung der Informationsverpflichtung aus § 20 TzBfG zwischen der Arbeitnehmervertretung und dem Arbeitgeber sind **im arbeitsgerichtlichen Beschlussverfahren** nach § 2a ArbGG zu klären[15].

---

14 ErfK/*Müller-Glöge*, 16. Aufl. 2016, § 20 TzBfG, Rz. 2; KR/Bader, 11. Aufl. 2016, § 20 TzBfG, Rz. 7.

15 Meinel/Heyn/Herms/*Meinel*, TzBfG, 5. Aufl. 2015, § 20 TzBfG, Rz. 4; HK-TzBfG/*Joussen*, 3. Aufl. 2012, § 20 TzBfG, Rz. 10.

§ 21 Auflösend bedingte Arbeitsverträge

Wird der Arbeitsvertrag unter einer auflösenden Bedingung geschlossen, gelten § 4 Abs. 2, § 5, § 14 Abs. 1 und 4, § 15 Abs. 2, 3 und 5 sowie die §§ 16 bis 20 entsprechend.

Übersicht **Rz.**

1. Allgemeines

1 Nach der Definition in § 3 Nr. 1 der Europäischen Rahmenvereinbarung über befristete Arbeitsverhältnisse[1] (Richtlinie 1999/70 EG[2]) ist ein befristet beschäftigter Arbeitnehmer eine Person mit einem direkt zwischen dem Arbeitgeber und dem Arbeitnehmer geschlossenen Arbeitsvertrag oder -verhältnis, dessen **Ende durch** objektive Bedingungen wie das Erreichen eines bestimmten Datums, die Erfüllung einer bestimmten Aufgabe oder **das Eintreten eines bestimmten Ereignisses bestimmt** wird. Diese Begriffsbestimmung erfasst u. a. die Beendigung des Arbeitsverhältnisses durch den Eintritt einer

[1] ABl. v. 10.07.1999, L 175/45.
[2] ABl. v. 10.07.1999, L 175/43.

auflösenden Bedingung und wurde durch § 21 TzBfG in das deutsche Befristungsrecht umgesetzt.

2. Begriff der auflösenden Bedingung

2 Der Begriff der auflösenden Bedingung ist im TzBfG nicht definiert. Die Möglichkeit des Abschlusses eines Rechtsgeschäfts unter einer auflösenden Bedingung ist aber in § 158 Abs. 2 BGB vorgesehen: Wird ein Rechtsgeschäft unter einer auflösenden Bedingung vorgenommen, so endigt mit dem Eintritt der Bedingung die Wirkung des Rechtsgeschäfts; mit diesem Zeitpunkt tritt der frühere Rechtszustand wieder ein[3]. Auch das Bürgerliche Gesetzbuch (BGB) enthält allerdings keine Begriffsbestimmung. Im Gegensatz zum gewöhnlichen Sprachgebrauch, der als Bedingung häufig bereits jede einzelne Vertragsbestimmung bezeichnet, über die nach dem Willen der Parteien eine Einigung stattfinden soll, meint § 158 BGB nur die **Abhängigkeit des Fortbestehens** der Wirkungen eines Rechtsgeschäfts **von einem zukünftigen, objektiv ungewissen Ereignis**[4].

3. Abgrenzung auflösende Bedingung/Befristung

3 Schwierig ist insbesondere die Abgrenzung der auflösenden Bedingung von der Zweckbefristung. Die Befristung unterscheidet sich von der Bedingung dadurch, dass bei der **Befristung der Eintritt des Termins sicher** ist, wobei bei der **Zweckbefristung unsicher** sein kann, wann der Termin eintritt, während die **Bedingung** überhaupt nicht eintreten muss. Bei der **Bedingung** ist damit das **ob ungewiss**, wobei der denkbare Zeitpunkt gewiss oder ungewiss sein kann. Bei der **Befristung** ist das **ob gewiss** und das wann kann gewiss oder ungewiss sein (BAG, Urteil v. 22.10.2003, 7 AZR 113/03[5]).

Beispiel

Bei einer Vereinbarung, nach der das Arbeitsverhältnis mit der Vollendung eines bestimmten Lebensjahres enden soll, handelt es sich um eine kalendermäßige Befristung, weil der Beendigungszeitpunkt hinreichend bestimmbar ist. Aus der Sicht der Parteien ist die Vollendung eines bestimmten Lebensjahres ein zukünftiges Ereignis, dessen Eintritt sie als feststehend ansehen. Allein durch die Möglichkeit einer vorherigen anderweitigen Beendigung des Arbeitsverhältnisses, wird die vereinbarte Altersgrenze nicht zu einer auflösenden Bedingung (BAG, Urteil v. 18.6.2008, 7 AZR 116/07[6]).

---

[3] So § 158 Abs. 2 BGB.

[4] MünchKomm/*Westermann*, Bd. 1, 7. Aufl. 2015, § 158 BGB, Rz. 8; Erman/Westermann/*Armbrüster*, BGB, 14 Aufl. 2014, § 158 BGB, Rz. 1; Palandt/*Heinrichs*, 75. Aufl. 2016, Einf. vor § 158 BGB, Rz. 1. Vgl. insgesamt Dörner, Der befristete Arbeitsvertrag, 2. Aufl. 2011, Rz. 59.

[5] ZTR 2004, S. 484, zu II. 1.a. der Gründe; Dörner, Der befristete Arbeitsvertrag, 2. Aufl. 2011, Rz. 59. Zur Abgrenzung von der Zweckbefristung s. Gräfl, § 3, Rz. 2.

[6] NZA 2008, S. 1302, vgl. auch BAG, Urteil v. 27.7.2005, 7 AZR 443/04, NZA 2006, S. 37.

Demgegenüber handelt es sich bei einer Klausel in einem Arbeitsvertrag, wonach das Arbeitsverhältnis (vorzeitig) bei Gewährung einer Rente auf unbestimmte Dauer wegen voller Erwerbsminderung endet, um eine auflösende Bedingung, wenn zum Zeitpunkt des Vertragsschlusses noch ungewiss war, ob die Voraussetzungen für eine vorzeitige Altersrente erfüllt sind, weil über einen Antrag auf Erwerbsminderungsrente noch nicht entschieden war[7].

Übertragen auf das Rechtsgeschäft „**Arbeitsvertrag**" ermöglicht die Aufnahme einer auflösenden Bedingung die **Beendigung ohne Kündigung**. 4
Das BAG hat die Vereinbarung einer auflösenden Bedingung in einem Arbeitsvertrag bereits lange vor Inkrafttreten des TzBfG grundsätzlich für zulässig erachtet, zu ihrer Wirksamkeit allerdings einen sie **sachlich rechtfertigenden Grund** verlangt, wenn und soweit durch sie dem Arbeitnehmer der Schutz zwingender Kündigungsschutznormen genommen wurde. Die Vereinbarung auflösender Bedingungen in Arbeitsverträgen war vor 2001 deshalb nur im Rahmen der Rechtsgrundsätze wirksam, die das BAG zur Vereinbarung der Befristung von Arbeitsverträgen entwickelt hat (vgl. BAG, Urteil v. 20.12.1984, 2 AZR 3/84[8], zu B I 4 a der Gründe, m. w. N.). Ebenso wie befristete Arbeitsverträge mussten auflösend bedingte Arbeitsverträge die sachliche Rechtfertigung für die auflösende Bedingung so in sich tragen, dass die Kündigungsschutzvorschriften hierdurch nicht beeinträchtigt wurden. Bereits bei Abschluss des jeweiligen Arbeitsvertrags musste ersichtlich sein, dass die Vereinbarung der auflösenden Bedingung nach den konkreten, sich auf den jeweiligen Einzelfall auswirkenden Umständen sachlich gerechtfertigt war. Fehlte es an einem solchen, die auflösende Bedingung sachlich rechtfertigenden Grund, so konnte sich der Arbeitgeber auf diesen Beendigungstatbestand im Falle einer streitigen Auseinandersetzung nicht erfolgreich stützen (BAG, Urteil v. 4.12.1991, 7 AZR 344/90[9]). In seinem Urteil vom 26.6.1996 (BAG, Urteil v. 26.6.1996, 7 AZR 674/95[10]) hat es das BAG sogar offen gelassen, ob es sich bei der streitgegenständlichen Vereinbarung um eine Zweckbefristung oder eine auflösende Bedingung handelte, weil die rechtlichen Maßstäbe sich nicht unterschieden.
Da das Recht der auflösenden Bedingung durch § 21 TzBfG weitgehend dem Befristungsrecht angeglichen wird, hat die Abgrenzung in der Praxis stark an Bedeutung verloren[11]. Andererseits bedeutet „entsprechende" Anwendung nicht die völlig inhaltsgleiche Übernahme der für Befristungen geltenden Bestimmungen, insbesondere bei der 5

---

7 So für einen Altersteilzeitvertrag mit dem Beendigungsgrund frühest mögliche Altersrente (z. B. wegen Schwerbehinderung) BAG, Urteil v. 8.8.2007, 7 AZR 605/06, DB 2008, S. 133.

8 NZA 1986, S. 325,BAG, Beschluss v. 12.10.1960 GS 1/59, NJW 1961, S. 798; s. Gräfl, § 14, Rz. 1.

9 ZTR 1992, S. 384.

10 NZA 1997, S. 200, zu II der Gründe.

11 Hierauf weisen u. a. Meinel/Heyn/Herms/*Meinel*, TzBfG, 5. Aufl. 2015, § 21 TzBfG, Rz. 4 zu Recht hin. Diese Einschätzung teilen auch Laux/Schlachter/*Schlachter*, TzBfG, 2. Aufl. 2011, § 21 TzBfG, Rz. 6.

Frage, welche Sachgründe eine auflösende Bedingung rechtfertigen können, ist den Besonderheiten dieser Vertragsgestaltung Rechnung zu tragen[12].

4. Entsprechend anwendbare Bestimmungen des TzBfG

4.1 Diskriminierungs- und Benachteiligungsverbot (§ 4 Abs. 2, § 5)

6 Wie bei Befristungen ist bei auflösenden Bedingungen eine Diskriminierung wegen der auflösenden Bedingung unzulässig. § 4 Abs. 2 TzBfG ist entsprechend anwendbar[13]. Auch das in § 5 TzBfG normierte Verbot, einen Arbeitnehmer wegen der Inanspruchnahme von Rechten aus dem TzBfG zu benachteiligen, findet entsprechende Anwendung auf Arbeitnehmer, deren Arbeitsvertrag unter einer auflösenden Bedingung steht[14].

4.2 Sachgrund (§ 14 Abs. 1 und 4)

7 Ein auflösend bedingter Arbeitsvertrag bedarf **immer** eines Sachgrunds. Dies wird dadurch deutlich, dass nach § 21 TzBfG zwar § 14 Abs. 1 TzBfG, nicht aber dessen Absätze 2, 2a und 3 entsprechend anwendbar sind[15].

Hinweis

Anders als vor dem Inkrafttreten des TzBfG bedarf eine auflösende Bedingung nicht nur dann einer Rechtfertigung, wenn durch die Bedingung zwingende kündigungsrechtliche Bestimmungen objektiv umgangen werden können. Der Gesetzgeber hat das Befristungsrecht vielmehr gänzlich vom Kündigungsschutz abgekoppelt und auf jede Befristung (Bedingung) des Arbeitsverhältnisses erstreckt[16].

Danach setzt das Eingreifen der arbeitsgerichtlichen Befristungskontrolle nicht mehr voraus, dass der Bestand des Arbeitsverhältnisses durch staatliche oder kollektivrechtliche Normen geschützt ist.

Auch wenn der Arbeitnehmer bis zum Eintritt der auflösenden Bedingung und der dadurch ausgelösten Beendigung des Arbeitsverhältnisses noch nicht die 6-monatige Wartezeit des § 1 Abs. 1 KSchG zurückgelegt hat, ist ein Sachgrund erforderlich[17].

---

[12] So zu Recht MünchKom/Hesse, Bd. 4, 6. Aufl. 2012, § 21 TzBfG, Rz. 3.

[13] S. Rambach, § 4, Rz. 48 ff.

[14] S. Rambach, § 5, Rz. 1 ff.

[15] Laux/Schlachter/*Schlachter*, TzBfG, 2. Aufl. 2011, § 21 TzBfG, Rz. 1.

[16] ErfK/*Müller-Glöge*, 16. Aufl. 2016, § 21 TzBfG, Rz. 1.

[17] Die frühere Rechtsprechung des BAG, z. B. BAG, Urteil v. 20.10.1999, 7 AZR 658/98, NZA 2000, S. 717 ist damit obsolet geworden. Vgl. insoweit BAG, Urteil v. 6.11.2003, 2 AZR 690/02, NZA 2005, S. 218. So auch ErfK/*Müller-Glöge*, 16. Aufl. 2016, § 21 TzBfG, Rz. 1 und 3; KR/*Lipke*, 11. Aufl. 2016, § 21 TzBfG, Rz. 13; Laux/Schlachter/*Schlachter*, TzBfG, 2. Aufl. 2011, § 21 TzBfG, Rz. 11.

Die Frage des anzulegenden Maßstabs ist streitig. Es ist grundsätzlich der Maßstab anzulegen, der für die Beurteilung von Befristungsabreden gilt[18]. Dies nimmt seit Inkrafttreten des TzBfG auch das BAG an (BAG, Urteil v. 4.12.2002, 7 AZR 492/01[19]). Soweit teilweise unter Hinweis auf die Rechtsprechung des BAG bis zum Inkrafttreten des TzBfG vertreten wird, dass die allgemeinen Kriterien, die an einen Sachgrund für die Befristung eines Arbeitsverhältnisses anzulegen sind, nur mit einem strengeren Maßstab auf die Prüfung der sachlichen Rechtfertigung einer auflösenden Bedingung übertragen werden können,[20] findet dies im Wortlaut von § 21 TzBfG keine Stütze[21]. 8

4.2.1 Vorübergehender Bedarf an der Arbeitsleistung

Ob der Sachgrund des vorübergehend bestehenden betrieblichen Bedarfs eine auflösende Bedingung rechtfertigen kann, ist zweifelhaft. Ein in der Zukunft liegendes ungewisses Ereignis, das zum Inhalt einer auflösenden Bedingung gemacht wird, kann nur schwer Gegenstand einer auf einer hinreichenden Tatsachengrundlage zu treffenden Prognoseentscheidung sein[22]. Man wird deshalb nur in Ausnahmefällen eine Rechtfertigung annehmen können. So wird die Zulässigkeit bedingter (und befristeter) Arbeitsverhältnisse in Saison- oder Kampagnebetrieben bejaht[23]. Auch der Entzug einer Einsatzgenehmigung oder deren Widerruf im Sicherheits- und Wachgewerbe wurde als auflösende Bedingung für zulässig erachtet, wenn damit der Wegfall jeglicher anderweitigen Beschäftigung einhergeht. Die sich nach dem Entzug einer Einsatzgenehmigung ergebende fehlende Beschäftigungsmöglichkeit zählt nach Auffassung des BAG nicht zum allgemeinen Wirtschaftsrisiko des Arbeitgebers, wenn er bei der Bewachung von militärischen Einrichtungen über das eingesetzte Personal nicht frei entscheiden kann, sondern nur sol- 9

---

18 KR/*Lipke*, 11. Aufl. 2016, § 21 TzBfG, Rz. 17; ErfK/*Müller-Glöge*, 16. Aufl. 2016, § 21 TzBfG, Rz. 3; Sievers, TzBfG, 5. Aufl. 2015, § 21 TzBfG , Rz. 8; Laux/Schlachter/*Schlachter*, TzBfG, 2. Aufl. 2011, § 21 TzBfG, Rz. 19; grundsätzlich wohl auch Annuß/Thüsing/*Annuß*, TzBfG, 3. Aufl. 2012, § 21 TzBfG, Rz. 9, 16.

19 NZA 2003, S. 611, Rz. 41: „Dieselben Maßstäbe gelten auch bei einer vertraglich vereinbarten auflösenden Bedingung anstelle der Befristung oder zusätzlich zu einer Befristung".

20 APS/*Backhaus*, 4. Aufl. 2012, § 21 TzBfG, Rz. 12; Kittner/Däubler/Zwanziger, KSchR, 9. Aufl. 2014, § 21 TzBfG, Rz. 4, 7; Meinel/Heyn/Herms/*Meinel*, TzBfG, 5. Aufl. 2015, § 21 TzBfG, Rz. 9.

21 Im Ergebnis ebenso MünchKomm/*Hesse*, Bd. 4, 6. Aufl. 2012, § 21 TzBfG, Rz. 9.

22 Meinel/Heyn/Herms/*Meinel*, TzBfG, 5. Aufl. 2015, § 21 TzBfG, Rz. 10; APS/*Backhaus*, 4. Aufl. 2012, § 21 TzBfG, Rz. 10 lehnt diesen Sachgrund für eine auflösende Bedingung völlig ab. Annuß/Thüsing/*Annuß*, TzBfG, 3. Aufl. 2012, § 21 TzBfG, Rz. 18, 19 lehnt die Anerkennung eines sachlichen Grundes insbesondere für solche auflösenden Bedingungen ab, die unmittelbar an zukünftige willentliche Handlungen des Arbeitgebers anknüpfen, will die Annahme eines sachlichen Grundes aber nicht bereits deswegen ausschließen, weil sie zu einer Verlagerung des Unternehmerrisikos auf den Arbeitnehmer führt.

23 Vgl. z. B. BAG, Urteil v. 28.8.1987, 7 AZR 249/86 m. w. N., ZTR 1988, S. 101; ablehnend HK-TzBfG/*Joussen*, 3. Aufl. 2012, § 21 TzBfG, Rz. 14.

che Arbeitnehmer einsetzen darf, die über eine Einsatzgenehmigung seines Auftraggebers verfügen, auf deren Erteilung und Entzug der Arbeitgeber keinen Einfluss hat (BAG, Urteil v. 19.3.2008, 7 AZR 1033/06[24]). Entscheidend ist, ob durch die Bedingung das Wirtschaftsrisiko des Arbeitgebers auf den Arbeitnehmer übergewälzt wird; ist das der Fall, ist die auflösende Bedingung sachlich nicht gerechtfertigt[25].

4.2.2 Anschluss an eine Ausbildung oder ein Studium

10 Wenn der Abschluss eines Anschlussvertrags zur auflösenden Bedingung gemacht wird, wäre dies zulässig. Diese Fallkonstellation hat aber fast keine praktische Bedeutung[26].

> **Hinweis**
>
> Eine Vereinbarung, wonach das lediglich der Überbrückung dienende Arbeitsverhältnis bei Abschluss eines Anschlussvertrags mit einem Dritten enden soll, sollte aus Arbeitgebersicht auf jeden Fall mit einer kalendermäßigen Höchstbefristung kombiniert werden (zur Doppelbefristung s. Rz. 11 und Gräfl, § 3, Rz. 22). Anderenfalls kann bei Ausbleiben eines Anschlussvertrags ein unbefristetes Arbeitsverhältnis entstehen[27]

4.2.3 Vertretung

11 Unproblematisch ist die Vereinbarung eines auflösend bedingten Arbeitsvertrags zur Vertretung eines abwesenden Arbeitnehmers, dessen Rückkehr ungewiss ist[28]. Hier dürfte es sich allerdings auch häufig um Zweckbefristungen handeln.

> **Hinweis**
>
> Rechtlich zulässig ist grundsätzlich auch die Kombination einer auflösenden Bedingung mit einer Zeitbefristung (sog. **Doppelbefristung**). Allerdings dürfen sich die Sachgründe für beide Beendigungstatbestände nicht decken[29]. Fraglich und streitig

---

24 ZTR 2008, S. 625.

25 KR/*Lipke*, 11. Aufl. 2016, § 21 TzBfG, Rz. 25. Im Ergebnis ebenso Laux/Schlachter/*Schlachter*, TzBfG, 2. Aufl. 2011, § 21 TzBfG, Rz. 20; MünchKomm/*Hesse*, Bd. 4, 6. Aufl. 2012, § 21 TzBfG, Rz. 10. Für Zulässigkeit ohne Einschränkung HWK/*Schmalenberg*, 6. Aufl. 2014, § 21 TzBfG, Rz. 6.

26 APS/*Backhaus*, 4. Aufl. 2012, § 21 TzBfG, Rz. 18; KR/*Lipke*, 11. Aufl. 2016, § 21 TzBfG, Rz. 31; Meinel/Heyn/Herms/*Meinel*, TzBfG, 5. Aufl. 2015, § 21 TzBfG, Rz. 11; HK-TzBfG/*Joussen*, 3. Aufl. 2012, § 21 TzBfG, Rz. 15.

27 So zu Recht auch MünchKomm/*Hesse*, Bd. 4, 6. Aufl. 2012, § 21 TzBfG, Rz. 11.

28 KR/*Lipke*, 11. Aufl. 2016, § 21 TzBfG, Rz. 37; Annuß/Thüsing/*Annuß*, TzBfG, 3. Aufl. 2012, § 21 TzBfG, Rz. 19.

29 BAG, Urteil v. 20.10.1999, 7 AZR 658/98, NZA 2000, S. 717; BAG Urteil v. 2.7.2003, 7 AZR 612/02, NZA 2004, S. 311.

war in diesem Zusammenhang regelmäßig, welche Folgen es hat, wenn der Arbeitgeber den Eintritt der auflösenden Bedingung unbeachtet lässt und den Arbeitnehmer bis zum Ablauf der Zeitbefristung beschäftigt[30]. Nach Auffassung des BAG gilt Folgendes:

1. Eine Zeitbefristung, die zur Vertretung eines erkrankten Arbeitnehmers geschlossen wird, wird nicht deshalb unwirksam, weil der vertretene Arbeitnehmer während dieser Zeit stirbt. Fällt der bei Vertragsschluss gegebene Sachgrund für die Befristung später weg, entsteht **kein unbefristetes Arbeitsverhältnis**. Die Wirksamkeit der Befristung hängt allein davon ab, ob der sachliche Grund bei Vertragsschluss bestand (BAG, Urteil v. 29.6.2011, 7 AZR 6/10[31]).
2. Eine mögliche Unwirksamkeit der auflösenden Bedingung hat auf die zugleich vereinbarte Zeitbefristung keinen Einfluss. Sie führt nur dazu, dass das Arbeitsverhältnis nicht bereits aufgrund der möglichen früheren Zweckerreichung endet, sondern bis zum Ablauf der vorgesehenen Höchstfrist fortbesteht. Wurde das Arbeitsverhältnis bis zu diesem Zeitpunkt fortgesetzt, gewinnt die auflösende Bedingung keine Bedeutung (BAG, Urteil v. 4.5.2011, 7 AZR 252/10[32]).

4.2.4 Eigenart der Arbeitsleistung

Nach Auffassung des BAG kann im Arbeitsvertrag einer Schauspielerin, die eine be- 12
stimmte Rolle in einer Fernsehserie übernehmen soll, wirksam vereinbart werden, dass ihr Arbeitsverhältnis endet. Voraussetzung ist, dass diese Rolle nicht mehr in der Serie enthalten ist und die Entscheidung über den Wegfall der Rolle Ausdruck künstlerischer Gestaltungsfreiheit des Arbeitgebers ist (BAG, Urteil v. 2.7.2003, 7 AZR 612/02[33]).

4.2.5 Erprobung

Das BAG hat anerkannt, dass der Bestand des Arbeitsverhältnisses davon abhängig ge- 13
macht wurde, dass die Geigerin eines Rundfunkorchesters ein erfolgreiches Probespiel absolvierte und die Zustimmung der Mehrheit der Orchestermitglieder fand (BAG, Urteil v. 7.5.1980, 5 AZR 593/78[34]). Der Arbeitnehmer muss aber spätestens nach einem Jahr wissen, ob sein Arbeitsverhältnis Bestand hat[35]. Generell wird man fordern müssen, dass

[30] Nach Dörner, Der befristete Arbeitsvertrag, 2. Aufl. 2011, Rz. 56 ist dies unschädlich; nach APS/*Backhaus*, 4. Aufl. 2012, § 3 TzBfG, Rz. 30; ErfK/*Müller-Glöge*, 16. Aufl. 2016, § 3 TzBfG, Rz. 13 und § 15 TzBfG, Rz. 31 entstünde ein Dauerarbeitsverhältnis; s. Arnold, § 15, Rz. 90 ff.

[31] NZA 2011, S. 1346. Zustimmend KR/*Fischermeier* 11. Aufl. 2016, § 625 BGB, Rz. 12.

[32] NZA 2011, S. 1178.

[33] NZA 2004, S. 311.

[34] AP BGB § 611 Abhängigkeit, Nr. 36. Dabei muss die Arbeitnehmerin nach Auffassung des BAG spätestens nach einem Jahr wissen, ob ihr Arbeitsverhältnis Bestand hat. Zustimmend Annuß/Thüsing/*Annuß*, TzBfG, 3. Aufl. 2012, § 21 TzBfG, Rz. 21.

[35] Annuß/Thüsing/*Annuß*, TzBfG, 3. Aufl. 2012, § 21 TzBfG, Rz. 21.

die Eignung als auflösende Bedingung objektivierbar sein muss, d.h. nicht allein von der subjektiven Beurteilung des Arbeitgebers abhängig sein darf[36].

4.2.6 Gründe in der Person des Arbeitnehmers

14 Grundsätzlich **zulässig** ist die Vereinbarung einer auflösenden Bedingung für den Fall

- der **negativen Eingangsuntersuchung durch den Betriebsarzt** (LAG Berlin, Urteil v. 16.7.1990, 9 Sa 43/90[37]);
- des **Entzugs einer behördlichen Erlaubnis**, welche zur Arbeitsausübung erforderlich ist, wenn eine anderweitige Beschäftigung des Arbeitnehmers nicht möglich ist[38];
- des **Wegfalls der Flugtauglichkeit bei Flugzeugpersonal**, das am Boden nicht weiter beschäftigt werden kann (BAG, Urteil v. 11.10.1995, 7 AZR 119/95[39]).
- So ist z. B. auch eine auflösende Bedingung gerechtfertigt, wenn sie auf **ausdrücklichen Wunsch des Arbeitnehmers** hin vereinbart wird[40]. Bei **Profisportlern** und ihren **Trainern** kommt als Sachgrund ihr Wunsch in Betracht, das Arbeitsverhältnis auflösend bedingt mit dem Klassenerhalt durch die Mannschaft zu verbinden, da ihr berufliches Ansehen und ihre weiteren Beschäftigungschancen von Leistungen auf einem bestimmten Niveau abhängig sind (BAG, Urteil v. 4.12.2002, 7 AZR 492/01[41]).
- Im Vertrag mit einem **Schauspieler** kann als auflösende Bedingung vereinbart werden, dass das Arbeitsverhältnis endet, wenn seine Rolle aus maßgeblich künstlerischen Erwägungen in der zu verfilmenden Fernsehserie nicht mehr enthalten ist (BAG, Urteil v. 2.7.2003, 7 AZR 612/02[42]).

15 **Unzulässig** ist

- eine außergerichtliche Vereinbarung der Arbeitsvertragsparteien, wonach der Arbeitsvertrag ohne Kündigung enden soll, wenn **krankheitsbedingte Fehlzeiten** des Arbeitnehmers innerhalb eines Jahres einen bestimmten Umfang überschreiten (LAG Baden-Württemberg, Urteil v. 15.10.1990, 15 Sa 92/90[43]);

---

36 MünchKomm/*Hesse*, Bd. 4, 6. Aufl. 2012, § 21 TzBfG, Rz. 14; HWK/*Schmalenberg*, 6. Aufl. 2014, § 21 TzBfG, Rz. 10; Laux/Schlachter/*Schlachter*, TzBfG, 2. Aufl. 2011, § 21 TzBfG, Rz. 24.

37 DB 1990, S. 2223. Vgl. auch Hess. LAG, Urteil v. 8.12.1994, 12 Sa 1103/94, DB 1995, S. 1617; Sievers, TzBfG, 5. Aufl. 2015, § 21 TzBfG, Rz. 11.

38 Die Entscheidung betraf die Einsatzgenehmigung zur Bewachung eines Militär-Munitionslagers, BAG, Urteil v. 25.8.1999, 7 AZR 75/98, NZA 2000, S. 656.

39 NZA 1996, S. 1212.

40 Kittner/Däubler/Zwanziger, KSchR, 9. Aufl. 2014, § 21 TzBfG, Rz. 13; Meinel/Heyn/Herms/*Meinel*, TzBfG, 5. Aufl. 2015, § 21 TzBfG, Rz. 17; Annuß/Thüsing/*Annuß*, TzBfG, 3. Aufl. 2012, § 21 TzBfG, Rz. 20.

41 NZA 2003, S. 611; differenzierend Sievers, TzBfG, 5. Aufl. 2015, § 21 TzBfG, Rz. 28.

42 NZA 2004, S. 311.

43 DB 1991, S. 918.

- die Vereinbarung mit einem **alkoholgefährdeten Arbeitnehmer**, dass das Arbeitsverhältnis ende, wenn dieser **Alkohol** zu sich nimmt. Das gilt auch, wenn der Arbeitnehmer aus sozialen Motiven und in seinem Interesse eingestellt wird und ohne die Vereinbarung der Arbeitsvertrag nicht geschlossen worden wäre (LAG München, Urteil v. 29.10.1987, 4 Sa 783/87[44]);
- eine einzelvertragliche Vereinbarung, nach welcher das Arbeitsverhältnis dann, wenn der Arbeitnehmer **nach dem Ende seines Urlaubs die Arbeit** an dem vereinbarten Tag **nicht wieder aufnimmt**, unabhängig davon endet, welche Umstände die Fristversäumung veranlasst haben (BAG v. 19.12.1974, 2 AZR 565/73[45]);
- eine einzelvertragliche Vereinbarung, nach welcher ein **Berufsausbildungsverhältnis** ohne Weiteres endet, wenn das Zeugnis des Auszubildenden für das nächste Berufsschulhalbjahr in einem von bestimmten in der Vereinbarung aufgeführten Fächern die **Note „mangelhaft"** aufweist (BAG, Urteil v. 5.12.1985, 2 AZR 61/85[46]);
- eine Vereinbarung, nach der ein von der Bundesanstalt für Arbeit **gefördertes Umschulungsverhältnis** bei **Wegfall der Förderung** enden soll, jedenfalls insoweit, als sie sich auf die Einstellung der Förderung aus jedem in der Person des Umschülers liegenden Grund bezieht, und zwar ohne Rücksicht darauf, ob es eine außerordentliche Kündigung rechtfertigen könnte (BAG, Urteil v. 15.3.1991, 2 AZR 516/90[47]);
- ein im Anwendungsbereich des **BAT** auflösend **bedingt geschlossener Arbeitsvertrag**, bei dem die Bedingung nach den Vorstellungen der Parteien nicht spätestens innerhalb einer Frist von 5 Jahren eintreten wird (BAG, Urteil v. 9.2.1984, 2 AZR 402/83[48]).

Die **Vereinbarung von Altersgrenzen** hat das BAG früher als auflösende Bedingung 16
qualifiziert[49]. Heute sieht es diese aber zu Recht als Befristung an[50].

4.2.7 Haushaltsgründe

Haushaltsgründe sind als Grundlage für die Vereinbarung einer auflösenden Bedingung 17
nicht geeignet, da dieser Sachgrund von vornherein auf eine Befristung und gerade nicht auf eine Ungewissheit abstellt[51]. Außerdem wäre die Ungewissheit über den weiteren

44 BB 1988, S. 348.

45 AP BGB § 620 Bedingung Nr. 3.

46 AP BGB § 620 Bedingung Nr. 10.

47 AP BBiG § 47 Nr. 2.

48 AP BGB, § 620 Bedingung Nr. 7. Zur Protokollnotiz Nr. 3 zu Nr. 1 SR 2y BAT, s. Rambach (2. Aufl. 2007) SR 2y BAT, Rz. 33für den Bereich des TVöD/TV-L gilt dies jetzt allerdings nicht mehr. § 30 Abs. 2 Satz 1 TVöD/TV-L benennt ausdrücklich nur noch die kalendermäßige Befristung, nicht auch die auflösende Bedingung.

49 Vgl. z. B. BAG, Urteil v. 20.12.1984, 2 AZR 3/84, NZA 1986, S. 325.

50 S. Gräfl, § 14, Rz. 198 ff. Die Rechtsprechungsänderung des BAG erfolgte mit BAG, Urteil v. 14.8.2002, 7 AZR 469/01, AP BGB § 620 Altersgrenze Nr. 20.

51 KR/*Lipke*, 11. Aufl. 2016, § 21 TzBfG, Rz. 46; Meinel/Heyn/Herms/*Meinel*, TzBfG, 5. Aufl. 2015, § 21 TzBfG, Rz. 15; APS/*Backhaus*, 4. Aufl. 2012, § 21 TzBfG, Rz. 16; a. A. Annuß/Thüsing/*Annuß*, TzBfG, 2. Aufl. 2006, § 21 TzBfG, Rz. 25.

Zufluss allgemeiner Haushaltsmittel ein typischer Fall der Unsicherheit über die künftige wirtschaftliche und finanzielle Lage des Arbeitgebers, deren Überwälzung auf den Arbeitnehmer nicht zulässig ist[52]. Demgegenüber kann bei drittmittelfinanzierten Arbeitsverhältnissen die Vereinbarung einer auflösenden Bedingung für den Fall der Drittmittelstreichung zulässig sein[53].

4.2.8 Gerichtlicher Vergleich

18 Eine auflösende Bedingung kann auch wirksam in einem gerichtlichen Vergleich vereinbart werden[54]. Dabei folgt die sachliche Rechtfertigung der auflösenden Bedingung im gerichtlichen Vergleich nicht aus der fehlenden Beschäftigungsmöglichkeit für den Arbeitnehmer, sondern aus §§ 21, 14 Abs. 1 Nr. 8 TzBfG. Der sachliche Grund für eine auflösende Bedingung liegt danach bereits dann vor, wenn diese in einem gerichtlichen Vergleich vereinbart wurde (LAG Niedersachsen, Urteil v. 11.1.2011, 16 Sa 407/10). Dies gilt auch für einen Vergleich nach § 278 Abs. 6 ZPO[55]. Dies gilt aber nur für einen Vergleich nach § 278 Abs. 6 Satz 1 Alt. 2, Satz 2 ZPO festgestellter Vergleich; ein nach § 278 Abs. 6 Satz 1 Alt. 1, Satz 2 ZPO festgestellter Vergleich ist allerdings nach Auffassung des BAG **kein** gerichtlicher Vergleich im Sinne von § 14 Abs. 1 Satz 2 Nr. 8 TzBfG, der geeignet ist, die Befristung eines Arbeitsvertrags zu rechtfertigen (BAG, Urteil v. 15.2.2012, 7 AZR 734/10[56]), weshalb ein solcher auch keine auflösende Bedingung rechtfertigen könnte.

Hinweis

Eine auf einem gerichtlichen Vergleich i. S. d. § 14 Abs. 1 Satz 2 Nr. 8 TzBfG beruhende auflösende Bedingung ist zwar durch einen sachlichen Grund gerechtfertigt und bedarf zu ihrer Wirksamkeit keiner weiteren Rechtfertigung. Dieser Umstand führt aber nicht zur Unzulässigkeit einer auf Feststellung der Unwirksamkeit der Befristung gerichteten Befristungskontrollklage. Eine solche Rechtsfolge sieht das TzBfG nicht vor. § 17 Satz 1 TzBfG enthält hinsichtlich der Klagemöglichkeit bei Befristungen, die auf einem gerichtlichen Vergleich beruhen, keine Einschränkung. Der Arbeitnehmer kann sich lediglich im Rahmen der Befristungskontrollklage nicht erfolgreich auf das Fehlen eines Sachgrunds für die Bedingung berufen (BAG, Urteil v. 13.6.2007, 7 AZR 287/06)[57].

---

[52] So zu Recht Laux/Schlachter/*Schlachter*, TzBfG, 2. Aufl. 2011, § 21 TzBfG, Rz. 29.

[53] Annuß/Thüsing/*Annuß*, TzBfG, 2. Aufl. 2006, § 21 TzBfG, Rz. 25; KR/*Lipke*, 11. Aufl. 2016, § 21 TzBfG, Rz. 46; a. A. APS/*Backhaus*, 4. Aufl. 2012, § 14 TzBfG, Rz. 211; s. Gräfl, § 14, Rz. 241, 251 ff.

[54] So bereits für die Zeit vor Inkrafttreten des TzBfG (BAG, Urteil v. 9.2.1984, 2 AZR 402/83, NZA 1984, S. 266); AP BGB § 620 Bedingung, Nr. 7.

[55] BAG, Urteil v. 23.11.2006, 6 AZR 394/06, NJW 2007, S. 1831.

[56] NZA 2012, S. 919.

[57] ZTR 2007, S. 694.

4.2.9 Sonderfall körperliche Untauglichkeit/Erwerbsminderung/Erwerbsunfähigkeit

Die Aufzählung der eine Befristung und damit auch eine auflösende Bedingung grundsätzlich rechtfertigenden Gründe in § 14 Abs. 1 TzBfG ist nur beispielhaft und soll weder andere von der Rechtsprechung bisher anerkannte noch weitere Gründe für Befristungen und auflösende Bedingungen ausschließen (BAG, Urteil v. 1.12.2004, 7 AZR 135/04[58]). Nach § 20 Abs. 1 Buchst. a) **Manteltarifvertrag** Nr. 6 für das Bordpersonal der Condor Flugdienst GmbH vom 20. Oktober 2000 endet das Arbeitsverhältnis, ohne dass es einer Kündigung bedarf, wenn durch die fliegerärztliche Untersuchungsstelle festgestellt wird, dass der Mitarbeiter wegen **körperlicher Untauglichkeit** seinen Beruf nicht mehr ausüben kann. Diese auflösende Bedingung ist nach dem BAG sachlich gerechtfertigt. Dabei stellt der Verlust der Flugtauglichkeit für sich allein genommen allerdings keinen ausreichenden Sachgrund für die auflösende Bedingung dar. Erst die sich aus dem Verlust der Flugtauglichkeit ergebende fehlende Beschäftigungsmöglichkeit rechtfertigt die Beendigung des Arbeitsverhältnisses ohne Kündigung (BAG, Urteil v. 16.10.2008, 7 AZR 185/07). 19

Als sonstigen Sachgrund erkennt die Rechtsprechung unter bestimmten Voraussetzungen den Bezug einer **Rente wegen verminderter Erwerbsfähigkeit/Berufsunfähigkeit** an. Entsprechende Bedingungen sind auch in **Tarifverträgen** vereinbart. Wird durch den Bescheid eines Rentenversicherungsträgers festgestellt, dass ein Beschäftigter erwerbsgemindert oder erwerbsunfähig ist, sehen die für den öffentlichen Dienst geltenden Tarifverträge vor, dass das Arbeitsverhältnis mit Ablauf des Monats endet, in dem der Rentenbescheid über eine unbefristete Rente zugestellt wird (z. B. **§ 33 Abs. 2 TVöD** bzw. **TV-L § 19 Abs. 1 Satz 3, Abs. 2 TV-V** oder **§ 33 Abs. 2 TV-Forst (TdL)**, früher § 61 MTV Waldarbeiter der Länder). Bei diesem Beendigungsgrund handelt es sich um eine auflösende Bedingung[59]. 20

Wird nach dem Rentenbescheid (nur) eine Rente auf Zeit gewährt, endet das Arbeitsverhältnis allerdings nicht. In diesem Fall ruht es für den Rentenbewilligungszeitraum[60].

Der Beschäftigte hat den Arbeitgeber von der Zustellung des Rentenbescheids unverzüglich zu unterrichten. Beginnt die Rente wegen verminderter Erwerbsfähigkeit erst nach der Zustellung des Rentenbescheids, endet das Arbeitsverhältnis mit Ablauf des dem Rentenbeginn vorangehenden Tages.

---

58 NZA 2006, S. 211, zu I 4 a bb der Gründe - So auch die Gesetzesbegründung in BT-Drucks. 14/4374, S. 18.

59 Anders als der BAT (§ 59 Abs. 1 BAT) setzt der TVöD/TV-L nicht mehr voraus, dass der Beschäftigte eine außerhalb der gesetzlichen Rentenversicherung bestehende Versorgung durch den Arbeitgeber oder durch eine Versorgungseinrichtung erhält, zu welcher der Arbeitgeber Mittel beigetragen hat.

60 Ausführlich hierzu Bremecker/Hock/*Schmeiduch*, Haufe TVöD-Lexikon Verwaltung, Stichwort Erwerbsminderung (47), Ziff. 3, Stand: 1/2016.

Hinweis

Bei auflösend bedingten Arbeitsverhältnissen ist ebenso wie bei Zweckbefristungen allerdings (zusätzlich) die Auslauffrist nach § 15 Abs. 2 TzBfG zu beachten. Das Arbeitsverhältnis endet deshalb mit Eintritt der auflösenden Bedingung, frühestens jedoch 2 Wochen nach Zugang der schriftlichen Unterrichtung des Arbeitnehmers durch den Arbeitgeber über den Zeitpunkt des Eintritts der auflösenden Bedingung (s. hierzu Rz. 28).

21 Eine **tarifliche Regelung**, die die Beendigung des Arbeitsverhältnisses nach **Bewilligung einer Rente wegen voller Erwerbsminderung auf unbestimmte Dauer** vorsieht, ist durch einen Sachgrund im Sinne der §§ 21, 14 Abs. 1 TzBfG gerechtfertigt. (BAG, Urteil v. 14.1.2015, 7 AZR 880/13)

22 Allerdings gebieten nach der Rechtsprechung des 7. Senats Sinn und Zweck entsprechender Tarifvorschriften sowie verfassungsrechtliche Gesichtspunkte eine **einschränkende Auslegung**. Insoweit gilt Folgendes (BAG, Urteil v. 14.01.2015, 7 AZR 880/13):

- Eine Tarifvorschrift, die die Beendigung des Arbeitsverhältnisses für den Fall der unbefristeten vollen oder teilweisen Erwerbsminderung als sachlich gerechtfertigt ansieht, verlangt zu ihrer Wirksamkeit, dass das Arbeitsverhältnis nur bei einem **voraussichtlich dauerhaften Rentenbezug** enden soll. Eine Rentenbewilligung, die zu keiner rentenrechtlichen Absicherung auf unbestimmte Dauer führt, ist als Auflösungstatbestand ungeeignet.
- Die **Gewährung einer Rente wegen voller Erwerbsminderung auf unbestimmte Zeit** stellt eine aller Voraussicht nach dauerhafte Absicherung des Beschäftigten durch die rentenrechtliche Versorgung dar. Einem Arbeitnehmer wird eine Erwerbsminderungsrente nach § 43 Abs. 2 SGB VI bis zum Erreichen der Regelaltersgrenze bewilligt. Ab diesem Zeitpunkt erhält der Arbeitnehmer Altersrente. Die Änderung der Rentenart führt nicht dazu, dass eine auf unbestimmte Dauer bewilligte Rente wegen Erwerbsminderung als befristet anzusehen ist.
- Die im Bescheid des Rentenversicherungsträgers vorbehaltene **Möglichkeit einer späteren Überprüfung** der Rentenberechtigung ändert nichts daran, dass im Zeitpunkt der Bewilligung der Rente wegen voller Erwerbsminderung auf unbestimmte Dauer eine hinreichende, voraussichtlich dauerhafte rentenrechtliche Absicherung gegeben ist.

Hinweis

Der 7. Senat des BAG hat zuletzt offengelassen, ob es mit dem verfassungsrechtlich zu gewährleistenden Mindestbestandsschutz des Art. 12 Abs. 1 GG zu vereinbaren ist, dass ein Arbeitsverhältnis nach § 33 Abs. 2 TV-L, der § 33 Abs. 2 TVöD entspricht, enden kann, obwohl der Arbeitnehmer durch die Regelung in § 33 Abs. 4 TVöD faktisch angehalten wird, einen Rentenantrag zu stellen. Es spricht einiges

> dafür, dass der Senat selbst unter Beachtung des weiten tarifvertraglichen Regelungsermessens eine Beendigungsregelung jedenfalls dann für unwirksam hält, wenn der Arbeitnehmer nur Rente wegen teilweiser Erwerbsminderung erhält und er daher noch Arbeitsleistungen in nicht unbedeutendem Umfang erbringen kann, und ein (z. B. nach § 33 Abs. 4 TVöD) vom Arbeitgeber veranlasstes ärztliches Gutachten, das eine Erwerbsminderung feststellt, den Rentenbescheid ersetzt. In einem solchen Fall besteht die vom BAG geforderte „rentenrechtliche Dispositionsbefugnis des Arbeitnehmers" faktisch nicht, weil auch der nur teilweise erwerbsgeminderte Arbeitnehmer angehalten wäre, einen Rentenantrag zu stellen, wenn er nicht riskieren will, ohne Arbeitsentgelt und ohne Versorgung dazustehen, möglicherweise nach einer Kündigung aus wichtigem Grund (vgl. hierzu BAG, Urteil v. 23.7.2014, 7 AZR 771/12, Rn. 60 f.[61])

Eine **Beendigung** des Arbeitsverhältnisses tritt aber **dann nicht** ein, **wenn der Arbeitnehmer noch auf seinem bisherigen oder einem anderen, ihm nach seinem Leistungsvermögen zumutbaren freien Arbeitsplatz weiterbeschäftigt werden kann**. Dies setzt jedoch voraus, dass der Arbeitnehmer seine Weiterbeschäftigung rechtzeitig vom Arbeitgeber verlangt. Denn der Arbeitgeber kann in aller Regel davon ausgehen, dass der Arbeitnehmer, der einen Rentenantrag wegen Berufsunfähigkeit oder Erwerbsunfähigkeit (seit 1.1.2001 Erwerbsminderung) stellt und dessen Arbeitsverhältnis nach einer tariflichen Bestimmung bei Bewilligung der Rente endet, kein Interesse an einer Weiterbeschäftigung hat. Der **Arbeitgeber muss** daher in einem solchen Fall **nicht von sich aus prüfen**, ob und welche **Weiterbeschäftigungsmöglichkeiten** bestehen. Dies ist ihm im Allgemeinen schon deshalb nicht möglich, weil ihm das Leiden des Arbeitnehmers und sein gesundheitliches Leistungsvermögen nicht näher bekannt sind. Deshalb obliegt es dem Arbeitnehmer, der an einer Weiterbeschäftigung auch bei Bewilligung der Rente interessiert ist, dies dem Arbeitgeber mitzuteilen (BAG, Urteil v. 9.8.2000, 7 AZR 749/98[62]).

Wird einem TVöD/TV-L-Beschäftigten, der Bescheid eines Rentenversicherungsträgers 23
über die Gewährung einer unbefristeten Rente wegen teilweiser Erwerbsminderung zugestellt, führt dies nach § 33 Abs. 2 Satz 1 TVöD/TV-L zur Beendigung des Arbeitsverhältnisses, wenn der Beschäftigte nach § 33 Abs. 3 letzter Halbsatz TVöD/TV-L nicht innerhalb von 2 Wochen nach Zugang des Bescheids schriftlich seine Weiterbeschäftigung beantragt; das gilt auch, wenn dem Beschäftigten neben der unbefristeten Rente wegen teilweiser Erwerbsminderung eine befristete Rente wegen voller Erwerbsminderung bewilligt wird (BAG, Urteil v. 15.3.2006, 7 AZR 332/05[63]. Dabei handelt es sich um eine **Ausschlussfrist**. Die Frist für das Weiterbeschäftigungsverlangen nach § 33

---

[61] NZA 2014, S. 1341.

[62] ZTR 2001, S. 270, zu A II 2c aa. der Gründe.

[63] ZTR 2006, S. 548.

Abs. 3 TVöD/TV-L wird allerdings erst durch die Beendigungsmitteilung des Arbeitgebers (s. Rz. 28) in Lauf gesetzt und nicht schon durch den Rentenbescheid (BAG, Urteil v. 23.7.2014, 7 AZR 771/12[64]).

Hinweis

Für die Beendigung von Arbeitsverhältnissen von **schwerbehinderten Arbeitnehmern** (§ 2 Abs. 2 SGB IX) bedarf es u. a. beim Vorliegen einer teilweisen Erwerbsminderung der **Zustimmung des Integrationsamtes** (§ 33 Abs. 2 Satz 4 TVöD/TV-L in Verbindung mit § 92 SGB IX). Sofern die Zustimmung des Integrationsamtes an dem maßgeblichen Beendigungszeitpunkt noch nicht vorliegt, endet das Arbeitsverhältnis erst mit Ablauf des Tages der Zustellung des Zustimmungsbescheids des Integrationsamtes.

Die Vorschrift des § 92 SGB IX findet auch auf Personen Anwendung, die einem schwerbehinderten Menschen **gleichgestellt** sind (§ 2 Abs. 3 SGB IX).

Dagegen ist das Ausscheiden eines Arbeitnehmers aufgrund des Eintritts **voller Erwerbsminderung auf unbestimmte Dauer** nach § 43 Abs. 2 SGB VI **nicht zustimmungsbedürftig**, weil der Arbeitnehmer in diesem Fall voraussichtlich dauerhaft überhaupt nicht mehr beschäftigt werden kann und die Zustimmung des Integrationsamts auf jeden Fall erteilt werden müsste. Die Norm ist deshalb bei Eintritt dauernder voller Erwerbsminderung nach § 43 Abs. 2 SGB VI nicht anzuwenden (vgl. BAG, Urteil v. 27.7.2011, 7 AZR 402/10, Rz. 29, 33[65]). Eine analoge Anwendung der Vorschrift auf diese Fallgestaltung kommt mangels einer unbewussten Regelungslücke **nicht** in Betracht (BAG, Urteil v. 14.1.2015, 7 AZR 880/13, Rz. 58).

24 Eine den Tarifnormen entsprechende auflösende Bedingung kann auch **einzelvertraglich** vereinbart werden; sie müssen allerdings auf jeden Fall auch an Rentenansprüche anknüpfen[66].

4.3 Schriftform (§ 14 Abs. 4)

25 Nach der ausdrücklichen Bezugnahme in § 21 TzBfG gilt § 14 Abs. 4 TzBfG auch für auflösende Bedingungen[67]. Dabei spielt es grundsätzlich keine Rolle, auf welche Rechtsgrundlage die Befristung gestützt wird.

---

[64] NZA 2014, S. 1341.

[65] ZTR 2012, S. 162.

[66] Dörner, Der befristete Arbeitsvertrag, 2. Aufl. 2011, Rz. 345; ErfK/*Müller-Glöge*, 16. Aufl. 2016, § 21 TzBfG, Rz. 6a.

[67] Ob das Schriftformerfordernis in § 623 BGB a. F. für auflösende Bedingungen galt, war im Schrifttum umstritten. Dieser Streit ist durch § 21 TzBfG bedeutungslos geworden.

Hinweis

Deshalb bedürfen auch auflösende Bedingungen, die nicht in entsprechender Anwendung des § 14 Abs. 1 TzBfG, sondern nach anderen Vorschriften vereinbart werden, der Schriftform[68]. Eine Ausnahme gilt insoweit lediglich für das Berufsausbildungsverhältnis, da die auflösende Bedingung bereits in § 21 BBiG gesetzlich geregelt ist[69].

Das Schriftformgebot des § 14 Abs. 4 TzBfG gilt allerdings **nicht**, **wenn** ein auf das Arbeitsverhältnis insgesamt anwendbarer einschlägiger **Tarifvertrag eine Befristung oder auflösende Bedingung** des Arbeitsverhältnisses **vorsieht** (BAG, Urteil v. 23.7.2014, 7 AZR 771/12[70]).

Das Schriftformerfordernis findet auch Anwendung, wenn die Arbeitsvertragsparteien 26
nach einer **Arbeitgeberkündigung** eine vertragliche **Vereinbarung über die Weiterbeschäftigung** des Arbeitnehmers treffen, der Kündigungsschutzklage erhoben hat.

Beispiel

Eine arbeitsvertragliche Vereinbarung über die **Weiterbeschäftigung** des Arbeitnehmers **bis zur rechtskräftigen Abweisung der Kündigungsschutzklage** ist eine **auflösende Bedingung**. Durch die Weiterbeschäftigungsvereinbarung schaffen die Arbeitsvertragsparteien für die Beschäftigung des Arbeitnehmers nach Ablauf der Kündigungsfrist bis zur Entscheidung über die Kündigungsschutzklage eine arbeitsvertragliche Grundlage, weil sie in dieser Zeit keine Gewissheit darüber haben, ob zwischen ihnen noch ein Arbeitsverhältnis mit daraus resultierenden Arbeits- und Beschäftigungspflichten besteht.

Hat die Vereinbarung die **Beschäftigung** des Arbeitnehmers **bis zum rechtskräftigen Abschluss des Kündigungsschutzprozesses** zum Gegenstand, handelt es sich – anders als bei der vereinbarten Weiterbeschäftigung bis zur rechtskräftigen Abweisung der Kündigungsschutzklage – allerdings nicht um eine auflösende Bedingung, sondern um eine **Befristung**. Denn bei Abschluss der Weiterbeschäftigungsvereinbarung ist aus Sicht der Parteien die rechtskräftige Entscheidung über die Kündigungsschutzklage ein zukünftiges Ereignis, dessen Eintritt feststeht, lediglich der Zeitpunkt des Eintritts ist ungewiss. Demgegenüber ist bei einer auflösenden Bedingung bereits ungewiss, ob das zukünftige Ereignis, das zur Beendigung des Arbeitsverhältnisses führen soll, überhaupt eintreten wird (BAG, Urteil v. 22.10.2003, 7 AZR 113/03[71]).

---

[68] S. Gräfl. § 14 Rz. 359; Dörner, Der befristete Arbeitsvertrag, 2. Aufl. 2011, Rz. 74.

[69] APS/*Backhaus*, 4. Aufl. 2012, § 14 TzBfG, Rz. 454.

[70] NZA 2014, S. 1341.

[71] ZTR 2004, S. 484.

27 Für die (Form-)Wirksamkeit einer vereinbarten Bedingung ist die Rechtslage im Zeitpunkt des Vertragsschlusses maßgebend. Für vor dem Inkrafttreten des TzBfG bzw. des § 623 BGB, d. h. vor dem 1.5.2000 geschlossene Verträge, bestand kein gesetzliches Formerfordernis für die Vereinbarung einer Befristung[72].

4.4 Auslauffrist (§ 15 Abs. 2)

28 Bei auflösend bedingten Arbeitsverhältnissen ist ebenso wie bei Zweckbefristungen die Auslauffrist nach § 15 Abs. 2 TzBfG zu beachten. Das Arbeitsverhältnis endet mit Eintritt der auflösenden Bedingung, frühestens jedoch **2 Wochen nach Zugang der schriftlichen Unterrichtung** des Arbeitnehmers durch den Arbeitgeber über den Zeitpunkt des Eintritts der auflösenden Bedingung.

Die Regelung des § 15 Abs. 2 TzBfG dient dem Arbeitnehmerschutz, indem die Beendigung eines auflösend bedingten Arbeitsverhältnisses mit einer Auslauffrist verbunden wird. Dies verhindert die Umgehung des Schutzzwecks der gesetzlichen Kündigungsfristen. Das Arbeitsverhältnis besteht in der Verlängerungsphase mit allen beiderseitigen Rechten und Pflichten fort (BAG, Urteil v. 23.9.2015, 5 AZR 146/14, Rz. 19). Ausweislich der Gesetzesbegründung (BT-Drs. 14/4374, S. 20) soll die Auslauffrist dem Arbeitnehmer Zeit geben, sich auf das bevorstehende Ende des Arbeitsverhältnisses einzustellen, insbesondere einen neuen Arbeitsplatz zu suchen. Dieser Gesetzeszweck kommt auch dann zum Tragen, wenn dem Arbeitnehmer zu einem späteren Zeitpunkt ein Wiedereinstellungsanspruch zusteht. Auch in diesem Fall ermöglicht es die Auslauffrist dem Arbeitnehmer, sich auf das bevorstehende Ende des Arbeitsverhältnisses einzustellen, indem er sich arbeitslos meldet oder zur Sicherung seines Lebensunterhalts einen anderen Arbeitsplatz für die Dauer der Übergangszeit sucht (BAG, Urteil v. 12.8.2015, 7 AZR 592/13[73]).

Hinweis

Eine Unterrichtung durch den Arbeitgeber ist auch dann erforderlich, wenn der Arbeitnehmer den Eintritt der Bedingung problemlos erkennen kann[74]. Eine Kenntnisgabe von dritter Seite ist nicht ausreichend. Auch die Schriftform ist zu beachten[75].

4.5 Kündigung (§ 15 Abs. 3)

29 Auflösend bedingte Arbeitsverhältnisse sind nur dann ordentlich kündbar, wenn dies einzelvertraglich oder im anwendbaren Tarifvertrag vereinbart ist[76].

---

72 BAG, Urteil v. 27.7.2005, 7 AZR 443/04, NZA 2006, S. 37.

73 NZA 2016, S. 173.

74 Laux/Schlachter/*Schlachter*, TzBfG, 2. Aufl. 2011, § 21 TzBfG, Rz. 13, Annuß/Thüsing/*Annuß*, TzBfG, 3. Aufl. 2012, § 21 TzBfG, Rz. 10.

75 S. Arnold, § 15, Rz. 21 ff., 27.

76 S. Arnold, § 15, Rz. 39 ff.

4.6 Weiterarbeit/unbefristeter Arbeitsvertrag (§ 15 Abs. 5)

Wird das Arbeitsverhältnis nach Eintritt der auflösenden Bedingung mit Wissen des Arbeitgebers fortgesetzt, so gilt es nach dem durch die Verweisung in § 21 TzBfG entsprechend anwendbaren § 15 Abs. 5 TzBfG als **auf unbestimmte Zeit verlängert**, wenn der Arbeitgeber nicht unverzüglich widerspricht oder dem Arbeitnehmer den Eintritt der auflösenden Bedingung nicht unverzüglich mitteilt[77]. Dies gilt aber nicht bei einer Doppelbefristung[78]. Rechtsfolge der §§ 21, 15 Abs. 5 TzBfG ist nach ihrem Sinn und Zweck in einer solchen Vertragsgestaltung **nicht** die unbefristete Fortdauer des Arbeitsverhältnisses. Die Fiktionswirkung ist vielmehr auf den nur befristeten Fortbestand des Arbeitsverhältnisses beschränkt (BAG, Urteil v. 29.6.2011, 7 AZR 6/10). 30

4.7 Folgen der unwirksamen Vereinbarung einer auflösenden Bedingung (§ 16)

In entsprechender Anwendung von § 16 Satz 1 1. Halbsatz TzBfG gilt der Arbeitsvertrag bei Vereinbarung einer unwirksamen auflösenden Bedingung als auf unbestimmte Zeit geschlossen. Ist die auflösende Bedingung ausschließlich wegen Nichteinhaltung der Schriftform unwirksam, kann der Arbeitgeber das Arbeitsverhältnis nach § 16 Satz 2 TzBfG ordentlich kündigen, sofern die Voraussetzungen für eine Kündigung vorliegen. Dieses Kündigungsrecht besteht unabhängig davon, ob im Arbeitsvertrag oder im anwendbaren Tarifvertrag die Möglichkeit einer ordentlichen Kündigung überhaupt vorgesehen ist[79]. 31

Ansonsten hat der Arbeitgeber bis zum Eintritt der Bedingung kein ordentliches Kündigungsrecht. Frühestens zu diesem Zeitpunkt kann er eine Kündigung aussprechen, wenn auch die übrigen Kündigungsvoraussetzungen vorliegen, er insbesondere einen Kündigungsgrund nach § 1 KSchG hat. 32

4.8 Klagefrist (§ 17)

Mit Inkrafttreten des TzBfG wurde der unter der Geltung des § 1 Abs. 5 BeschFG noch bestehende Streit, inwieweit die 3-wöchige Klagfrist auch für auflösend bedingte Arbeitsverträge gilt obsolet; über § 21 TzBfG wird der die Klagefrist regelnde § 17 TzBfG für die auflösend bedingten Arbeitsverträge ausdrücklich anwendbar erklärt. Dementsprechend ist nach dem BAG die **3-Wochenfrist** nach Beendigung des Arbeitsverhältnisses für **Klagen wegen der Wirksamkeit der Beendigung**, d.h. wegen der die Auflösung des Arbeitsverhältnisses vorsehenden Arbeitsvertragsregelung oder Tarifnorm, einzuhalten (BAG, Urteil v. 18.10.2006, 7 AZR 662/05). Das vereinbarte Ende, an das § 17 Satz 1 TzBfG i. V. m. § 21 TzBfG anknüpft, ist mit dem **Eintritt der auflösenden Bedingung** erreicht (BAG, Beschluss v. 15.8.2012, 7 AZN 956/12 [80]). Lediglich in den Fällen, in denen die Bedingung vor Ablauf der Zweiwochenfrist der §§ 21, 15 Abs. 2 33

77 S. Arnold, § 15, Rz. 64 ff.

78 S. Gräfl, § 3, Rz. 22.

79 Annuß/Thüsing/*Annuß*, TzBfG, 2. Aufl. 2006, § 21 TzBfG, Rz. 13; s. Spinner, § 16, Rz. 3 ff.

80 NZA 2012, S. 1116.

TzBfG eingetreten ist, beginnt die Klagefrist erst mit dem Zugang der schriftlichen Erklärung des Arbeitgebers. Die Klagefrist und die nach deren Ablauf eintretende Fiktion der Wirksamkeit der Bedingung (§§ 21, 17 Satz 2 TzBfG i. V. m. § 7 Halbsatz 1 KSchG) gelten aber **nicht** für die Einhaltung der Auslauffrist des § 15 Abs. 2 TzBfG[81] (BAG Urteil v. 12.8.2015, 7 AZR 592/13[82]). § 15 Abs. 2 TzBfG regelt keinen Unwirksamkeitsgrund für die auflösende Bedingung, vielmehr wird das vereinbarte Vertragsende durch die gesetzliche Anordnung modifiziert.

34 Wenn die Parteien nicht über die Wirksamkeit einer auflösenden Bedingung streiten, sondern ausschließlich darüber, ob die auflösende **Bedingung** für die Beendigung des Arbeitsverhältnisses **tatsächlich eingetreten** ist, galt nach der früheren Rechtsprechung des BAG deshalb die Klagefrist des § 17 TzBfG nicht (zuletzt BAG, Urteil v. 21.1.2009, 7 AZR 843/07). Diese Rechtsprechung hat der 7. Senat zwischenzeitlich aufgegeben. Nach seiner (geänderten) Auffassung sprechen sowohl der Sinn und Zweck als auch der systematische Zusammenhang der §§ 21, 17, 15 Abs. 2 und Abs. 5 TzBfG dafür, die **Klagefrist** und damit auch die Wirksamkeitsfiktion des § 7 1. Halbsatz KSchG auch bei einem Streit um den tatsächlichen Eintritt der auflösenden Bedingung **anzuwenden**. Die Frist beginnt mit Zugang der schriftlichen Erklärung des Arbeitgebers beim Arbeitnehmer, das Arbeitsverhältnis sei aufgrund des Eintritts der Bedingung beendet. Wird die Frist versäumt, gilt die auflösende Bedingung als wirksam und eingetreten.

Der Streit über den Eintritt der auflösenden Bedingung (nicht deren Wirksamkeit) wird allerdings nicht im Wege der Befristungskontrollklage sondern durch eine **allgemeine Feststellungsklage** nach § 256 Abs. 1 ZPO geltend gemacht (BAG, Urteil v. 21.1.2009, 7 AZR 843/07[83]).

35 Die Klagfrist für die Bedingungskontrollklage nach §§ 21, 17 Satz 1 TzBfG beginnt nicht, wenn der Arbeitgeber weiß, dass der Arbeitnehmer schwerbehindert ist und das Integrationsamt der erstrebten Beendigung durch auflösende Bedingung nicht zugestimmt hat. Das folgt nach der Rechtsprechung des BAG aus einer Analogie zu § 4 Satz 4 KSchG (BAG, Urteil v. 9.2.2011, 7 AZR 221/10[84]).

4.9 Informations- und Weiterbildungspflichten des Arbeitgebers (§§ 18, 19, 20)

36 Die auflösend bedingt beschäftigten Arbeitnehmer haben die gleichen **Informationsrechte** (§ 18 TzBfG)[85] und **Teilhaberechte** (§ 19 TzBfG)[86] wie die befristet Beschäftigten.

---

81 Rz. 28.
82 NZA 2016, S. 173.
83 ZTR 2010, S. 34.
84 NZA 2011, S. 854.
85 S. Spinner, § 18, Rz. 1 ff.
86 S. Spinner, § 19, Rz. 4 ff.

Für die **Information der Arbeitnehmervertretung** über die Anzahl der auflösend bedingt beschäftigten Arbeitnehmer und ihren Anteil an der Gesamtbelegschaft des Betriebes und des Unternehmens gilt die Informationspflicht des Arbeitgebers (§ 20 TzBfG)[87]. Teilweise wird angenommen, der Arbeitgeber habe im Rahmen der Verpflichtungen aus § 20 TzBfG eine getrennte Aufstellung bezüglich der Arbeitnehmer mit auflösend bedingten Arbeitsverträgen vorzulegen[88]. Dies ergibt sich aus dem Wortlaut aber nicht. Hinzu kommt, dass das Gesetz keine besondere Form der Unterrichtung vorschreibt, diese also gar nicht schriftlich oder in Textform erfolgen muss[89].

[87] S. Spinner, § 20, Rz. 2 ff.

[88] KR/*Lipke*, 11. Aufl. 2016, § 21 TzBfG, Rz. 19; Meinel/Heyn/Herms/*Meinel*, TzBfG, 5. Aufl. 2015, § 21 TzBfG, Rz. 30.

[89] S. Spinner, § 20, Rz. 5.

Vierter Abschnitt: Gemeinsame Vorschriften

§ 22 Abweichende Vereinbarungen

(1) Außer in den Fällen des § 12 Abs. 3, § 13 Abs. 4 und § 14 Abs. 2 Satz 3 und 4 kann von den Vorschriften dieses Gesetzes nicht zuungunsten des Arbeitnehmers abgewichen werden.
(2) Enthält ein Tarifvertrag für den öffentlichen Dienst Bestimmungen im Sinne des § 8 Abs. 4 Satz 3 und 4, § 12 Abs. 3, § 13 Abs. 4, § 14 Abs. 2 Satz 3 und 4 oder § 15 Abs. 3, so gelten diese Bestimmungen auch zwischen nicht tarifgebundenen Arbeitgebern und Arbeitnehmern außerhalb des öffentlichen Dienstes, wenn die Anwendung der für den öffentlichen Dienst geltenden tarifvertraglichen Bestimmungen zwischen ihnen vereinbart ist und die Arbeitgeber die Kosten des Betriebes überwiegend mit Zuwendungen im Sinne des Haushaltsrechts decken.

Übersicht **Rz.**

1. Allgemeines

1 Die Vorschrift normiert hinsichtlich der im TzBfG enthaltenen Regelungen des Befristungsrechts ein **grundsätzliches Abweichungsverbot zuungunsten des Arbeitnehmers**. Dies gilt für alle Arten von arbeitsrechtlichen Gestaltungsmitteln, d. h. sowohl für Abweichungen **durch Tarifverträge, Betriebs- oder Dienstvereinbarungen, einzelvertragliche Vereinbarungen** und auch für Abweichungen **durch betriebliche Übung**. Das TzBfG stellt diesbezüglich also grundsätzlich ein **einseitig zwingendes Gesetz** dar[1].

2. Abweichende Vereinbarungen zuungunsten des Arbeitnehmers

2 Abweichende Vereinbarungen **zuungunsten** des Arbeitnehmers sind **zulässig** in den Fällen der

[1] KR/*Bader*, 11. Aufl. 2016, § 22 TzBfG, Rz. 2 m. w. N.

- Regelung über die Mindestdauer der täglichen und wöchentlichen Arbeitszeit und der Vorankündigungsfrist bei Arbeit auf Abruf, § 12 Abs. 3 TzBfG,
- Vertretungsregelung bei Arbeitsplatzteilung, § 13 Abs. 4 TzBfG,
- Regelung der Anzahl der Verlängerungen, § 14 Abs. 2 Satz 3 TzBfG,
- Regelung der Höchstbefristungsdauer bei befristeten Arbeitsverträgen ohne Sachgrund, § 14 Abs. 2 Satz 4 TzBfG.

Beispiel

Die Zulässigkeit der Befristung von Arbeitsverträgen und die Geltendmachung ihrer Unwirksamkeit ist in §§ 14, 17 TzBfG geregelt. Von diesen Bestimmungen darf nach § 22 Abs. 1 TzBfG - abgesehen von den Regelungen in § 14 Abs. 2 Satz 3 und 4 TzBfG - nicht zuungunsten des Arbeitnehmers abgewichen werden. Eine **vertragliche Vereinbarung**, durch die das Recht des Arbeitnehmers, die Unwirksamkeit einer Befristung nach diesen Bestimmungen geltend zu machen, von vornherein ausgeschlossen wird, ist daher unwirksam (BAG, Urteil v. 19.1.2005, 7 AZR 115/04).

Beispiel

Ein Tarifvertrag in der Forstwirtschaft regelt die Beendigung des Arbeitsverhältnisses ohne Kündigung, „wenn infolge außerordentlicher Witterungseinflüsse oder anderer nicht vorherzusehender Umstände im Bereich der forstwirtschaftlichen Verwaltungen und Betriebe die Weiterführung der Arbeiten unmöglich wird. Sobald die Arbeit wieder aufgenommen werden kann, ist der Beschäftigte wieder einzustellen". Eine gesonderte Mitteilung über den Eintritt der auflösenden Bedingung sieht der Tarifvertrag nicht vor. Die Vorschrift des § 15 Abs. 2 TzBfG **ist jedoch** nach § 22 TzBfG **zwingend**. Zuungunsten des Arbeitnehmers darf von dieser Vorschrift auch durch Tarifvertrag nicht abgewichen werden, und zwar auch dann nicht, wenn das Arbeitsverhältnis nur vorübergehend beendet wird, weil der Arbeitnehmer zu einem späteren Zeitpunkt die Wiedereinstellung verlangen kann (BAG, Urteil v. 12.8.2015, 7 AZR 592/13[2]).

Beispiel

Gemäß § 26 Abs. 1 Satz 4 TVöD 2010 erhöht oder vermindert sich der Urlaubsanspruch bei einer anderen Verteilung der wöchentlichen Arbeitszeit als auf fünf Tage in der Woche entsprechend. Diese Regelung bezieht sich auch auf solche Urlaubsansprüche, die bei einer Änderung der Verteilung der Arbeitszeit auf mehr oder weniger

[2] NZA 2016, S. 216 zur Auflösung des Arbeitsverhältnisses durch Eintritt der Winterruhe nach § 19 Abs. 1 Satz 1 des Tarifvertrags zur Überleitung der Beschäftigten der Länder aus dem Geltungsbereich des MTW/MTW-O in den TV-Forst und zur Regelung des Übergangsrechts (TVÜ-Forst).

Tage im Verlauf eines Kalenderjahres bereits entstanden waren. Nach § 4 Abs. 1 TzBfG darf ein teilzeitbeschäftigter Arbeitnehmer wegen der Teilzeitarbeit ohne sachlichen Grund aber nicht schlechter behandelt werden als ein vergleichbarer vollzeitbeschäftigter Arbeitnehmer. Auch tarifliche Regelungen müssen mit § 4 TzBfG vereinbar sein. Die in dieser Vorschrift geregelten Diskriminierungsverbote stehen gemäß § 22 TzBfG nicht zur Disposition der Tarifvertragsparteien (BAG, Urteil v. 10.2.2015, 9 AZR 53/14[3]).

Beispiel

Vereinbaren die Parteien in einem **gerichtlichen Vergleich** zur Beilegung eines Streits über die Wirksamkeit einer Befristung den Abschluss eines weiteren befristeten Arbeitsvertrags, liegt in dem Vergleichsschluss nicht gleichzeitig ein Verzicht des Arbeitnehmers, die Unwirksamkeit der in dem Vergleich vereinbarten Befristung geltend zu machen (BAG, Urteil v. 13.6.2007, 7 AZR 287/06). Ansonsten würde ebenfalls ein Verstoß gegen § 22 Abs. 1 TzBfG vorliegen. Eine auf einem gerichtlichen Vergleich i. S. d. § 14 Abs. 1 Satz 2 Nr. 8 TzBfG beruhende Befristung ist zwar durch einen sachlichen Grund gerechtfertigt und bedarf zu ihrer Wirksamkeit keiner weiteren Rechtfertigung. Dieser Umstand führt aber nicht zur Unzulässigkeit einer auf Feststellung der Unwirksamkeit der Befristung gerichteten Befristungskontrollklage. Eine solche Rechtsfolge sieht das TzBfG nicht vor. Der Arbeitnehmer kann sich lediglich im Rahmen der Befristungskontrollklage nicht erfolgreich auf das Fehlen eines Sachgrunds für die Befristung berufen.

3 Alle in § 22 TzBfG aufgeführten, eine Ausnahme zuungunsten des Arbeitnehmers rechtfertigende Vorschriften sehen eine entsprechende Regelung durch **Tarifverträge** vor. Dass bedeutet, dass einzelvertraglich zuungunsten der Arbeitnehmer von den Regelungen des TzBfG nicht abgewichen werden darf; auch durch **Betriebsvereinbarung** ist eine **nachteilige Abweichung nicht möglich**. Nicht tarifgebundene Arbeitsvertragsparteien können nur im persönlichen, fachlichen und betrieblichen Geltungsbereich eines Tarifvertrags dessen vom TzBfG abweichende Bestimmungen in Bezug nehmen; weitergehend darf vertraglich nicht abgewichen werden[4].

Hinweis

Nach der Gesetzesbegründung sollen Abweichungen *durch tarifvertragliche oder einzelvertragliche Vereinbarungen* möglich sein[5]. Diese Formulierung ist insoweit

[3] NZA 2015, S. 1005. S. auch Rambach, § 4, Rz. 35.
[4] ErfK/*Müller-Glöge*, 16. Aufl. 2016, § 22 TzBfG, Rz. 1; Laux/Schlachter/*Schlachter*, TzBfG, 2. Aufl. 2011, § 22 TzBfG, Rz. 3.
[5] BT-Drucks. 14/4374, S. 22.

missverständlich, als sie nahe legt, dass in den genannten Fällen einzelvertraglich allgemein zulasten des Arbeitnehmers Abweichungen vom Gesetz vereinbart werden können. Dies ist jedoch **nicht** der Fall. Abweichungen durch Einzelvertrag sind nur dadurch möglich, dass in Verträgen zwischen nicht tarifgebundenen Arbeitgebern und Arbeitnehmern im persönlichen, fachlichen und betrieblichen Geltungsbereich eines Abweichungen regelnden Tarifvertrags individualvertraglich auf die entsprechenden Tarifbestimmungen Bezug genommen wird[6].

3. Abweichungen zugunsten des Arbeitnehmers

§ 22 Abs. 1 TzBfG verbietet nicht, sowohl gegenüber dem TzBfG günstigere Einzelver- 4
einbarungen zu treffen als auch für den Arbeitnehmer günstigere Tarifverträge abzuschließen (BAG, Urteil v. 23.4.2009, 6 AZR 533/08[7]).

Beispiel

Nach § 30 Abs. 3 Satz 1 TVöD/TV-L muss die Dauer eines sachgrundlos befristeten Arbeitsverhältnisses mindestens 6 Monate betragen. Die Befristung für einen kürzeren Zeitraum ist nicht möglich[8].

Dies ist eine für den Arbeitnehmer im Vergleich zu § 14 TzBfG günstigere Regelungen. Die Nichtbeachtung führt zur Unwirksamkeit der Befristung und damit zu einem unbefristeten Arbeitsverhältnis.

Eine **Ausnahme** hiervon ist die Regelung der 3-wöchigen Klagefrist in § 17 TzBfG[9]. 5
Diese kann als quasi-prozessuale Ordnungsvorschrift nach überwiegender Meinung nicht zugunsten des Arbeitnehmers modifiziert werden. Sie ist 2-seitig zwingend[10].

4. Erweiterte Anwendung der Tarifverträge des öffentlichen Dienstes

Nach § 22 Abs. 2 TzBfG können Tarifverträge des öffentlichen Dienstes unter bestimm- 6
ten Voraussetzungen und in bestimmten Fällen auf Arbeitsverhältnisse zwischen nicht tarifgebundenen Arbeitgebern und Arbeitnehmern **außerhalb des öffentlichen Dienstes** erstreckt werden. Nach der Gesetzesbegründung sollen damit insbesondere die in Form einer GmbH organisierten, nicht tarifgebundenen Forschungseinrichtungen wie die Fraunhofer-Gesellschaft und die Max-Planck-Gesellschaft die Möglichkeit haben, einen

---

6 So auch HK-TzBfG/*Joussen*, 3. Aufl. 2012, § 22 TzBfG, Rz. 12.

7 NZA 2009, S. 1260.

8 S. Rambach, § 30 TVöD/TV-L/TV-H, Rz. 15.

9 S. Spinner, § 17, Rz. 1 ff.

10 ErfK/*Müller-Glöge*, 16. Aufl. 2016, § 22 TzBfG, Rz. 1; MünchKomm/Hesse, Bd. 4, 6. Aufl. 2012, § 22 TzBfG, Rz. 4; Laux,Schlachter/*Schlachter*, TzBfG, 2. Aufl. 2011, § 22 TzBfG, Rz. 5; KR/*Bader*, 11. Aufl. 2016, § 22 TzBfG, Rz. 2; APS/*Backhaus*, 4. Aufl. 2012, § 22 TzBfG, Rz. 3; Meinel/Heyn/Herms/*Herms*, TzBfG, 5. Aufl. 2015, § 22 TzBfG, Rz. 7 m. w. N.; a. A. ArbR-BGB/*Dörner*, 2. Aufl. 2002, § 620 BGB, Rz. 365.

verschlechternden Tarifvertrag durch arbeitsvertragliche Bezugnahme zur Anwendung zu bringen, obwohl das Arbeitsverhältnis eigentlich nicht in den Geltungsbereich des Tarifvertrags fällt[11]. In diesem Bereich der von der öffentlichen Hand bezuschussten Arbeitgeber wird häufig auf TVöD oder TV-L (früher auf den BAT) Bezug genommen.

7 **Voraussetzung** für die Geltung auch für Arbeitnehmer außerhalb des öffentlichen Dienstes ist, dass die **Anwendung der tarifvertraglichen Bestimmungen einzelvertraglich vereinbart** worden ist. § 22 TzBfG verlangt nicht, dass auf den einschlägigen Tarifvertrag verwiesen wird, sondern erlaubt die Bezugnahme auf die für den öffentlichen Dienst geltenden tariflichen Bestimmungen (BAG, Urteil v. 19.4.2011, 3 AZR 154/09[12]). Nach überwiegender Meinung ist es dabei nicht ausreichend, lediglich die Geltung der einzelnen abweichenden (verschlechternden) Normen zu vereinbaren. Vielmehr müssen sämtliche einschlägigen tariflichen Vorschriften einzelvertraglich einbezogen werden[13].

Beispiel

Das bedeutet, dass für Beschäftigte z. B. der gesamte TVöD nebst den diesen ergänzenden Tarifverträgen in Bezug genommen werden müssten[14].

Nur so wird die öffentlich finanzierte Tätigkeit außerhalb des öffentlichen Dienstes der innerhalb des öffentlichen Dienstes gleichgestellt.

8 **Weitere Voraussetzung** ist, dass der Arbeitgeber die **Kosten des Betriebs** (nicht des Unternehmens) **überwiegend mit Zuwendungen im Sinne des Haushaltsrechts deckt**. Dies setzt voraus, dass der Arbeitgeber **mehr als die Hälfte** seiner gesamten tatsächlichen Kosten über Zuwendungen erstattet erhält. Diese müssen aber nicht alle von demselben öffentlichen Zuwendungsgeber stammen[15].

---

11 BT-Drucks. 14/4374, S. 22.

12 NZA 2011, S. 982.

13 MünchKomm/Hesse, Bd. 4, 6. Aufl. 2012, § 22 TzBfG, Rz. 18; Laux/Schlachter/*Schlachter*, TzBfG, 2. Aufl. 2011, § 22 TzBfG, Rz. 7 und 21; Annuß/Thüsing/*Thüsing*, TzBfG, 3. Aufl. 2012, § 22 TzBfG, Rz. 17; Meinel/Heyn/Herms/*Herms*, TzBfG, 5. Aufl. 2015, § 22 TzBfG, Rz. 15; APS/*Backhaus*, 4. Aufl. 2012, § 22 TzBfG, Rz. 9; Kittner/Däubler/Zwanziger, KSchR, 9. Aufl. 2014, § 22 TzBfG, Rz. 27. Differenzierend KR/*Bader*, 11. Aufl. 2016, § 22 TzBfG, Rz. 12, wonach eine selektive Anwendungsvereinbarung unabhängig von § 33 Abs. 2 TzBfG möglich sein soll, soweit es sich nur um für den Arbeitnehmer günstige Bestimmungen handelt. A. A. ErfK/*Müller-Glöge*, 16. Aufl. 2016, § 22 TzBfG, Rz. 3, da von "Bestimmungen" und nicht vom TV als Ganzem gesprochen werde.

14 Die Unterscheidung nach Angestellten und Arbeitern gibt es im TVöD nicht mehr; dieser gilt für Arbeitnehmerinnen und Arbeitnehmer, im Tarifvertrag Beschäftigte genannt; s. § 1 TVöD.

15 ErfK/*Müller-Glöge*, 16. Aufl. 2016, § 22 TzBfG, Rz. 3; Annuß/Thüsing/*Thüsing*, TzBfG, 3. Aufl. 2012, § 22 TzBfG, Rz. 18; Kitttner/Däubler/Zwanziger, KSchR, 9. Aufl. 2014, § 22 TzBfG, Rz. 28; KR/*Bader*, 11. Aufl. 2016, § 22 TzBfG, Rz. 11.

Unter **Zuwendungen** versteht man Ausgaben und Verpflichtungsermächtigungen für Leistungen an Stellen außerhalb der Verwaltung des Bundes oder des Landes zur Erfüllung bestimmter Zwecke[16]. 9

5. Kirchliche Arbeitsvertragsregelungen

In der Vorgängervorschrift von § 22 TzBfG, § 6 Abs. 3 BeschFG 1985, wurden Kirchen 10 und öffentlich-rechtliche Religionsgemeinschaften den Tarifvertragsparteien gleichgestellt. Auch ihnen wurde das Recht zugestanden, von den Regelungen des TzBfG abweichende Vereinbarungen zu treffen. In § 22 TzBfG wurde diese Regelung nicht mehr aufgenommen. Ob durch kirchliche Arbeitsvertrags- und Dienstordnungen weiterhin Abweichungen zu Ungunsten der Arbeitnehmer möglich sind, ist streitig: Nach überwiegender Ansicht wird dies verneint[17]. Die auf dem „Dritten Weg" zustande kommenden kirchlichen Arbeitsrechtsregelungen (z. B. AVR-Caritas oder AVR-Diakonie) sind nach dem BAG kein Tarifvertrag im Sinne von § 14 Abs. 2 Satz 3, § 22 Abs. 1 TzBfG, durch dessen vertragliche Inbezugnahme nach § 14 Abs. 2 Satz 4 TzBfG von der Gesamtdauer von 2 Jahren für den Abschluss eines sachgrundlos befristeten Arbeitsvertrags zuungunsten der Beschäftigten abgewichen werden kann (BAG, Urteil v. 25.3.2009, 7 AZR 710/07[18]). Das BAG lehnt auch eine Auslegung von § 14 Abs. 2 Satz 3 TzBfG dahingehend ab, dass die Arbeitsrechtsregelungen der Kirchen Tarifverträgen i. S. d. § 1 Abs. 1 TVG gleichgestellt sind. Das Befristungsrecht des TzBfG enthalte keine Regelungslücke, die es gebieten würde, § 14 Abs. 2 Satz 3 TzBfG über seinen Wortlaut hinaus auf die auf dem Dritten Weg zustande gekommenen Regelungen zu erstrecken. Die nach § 14 Abs. 2 Satz 3, § 22 Abs. 1 TzBfG Tarifverträgen vorbehaltene Möglichkeit, eine längere als die in § 14 Abs. 2 Satz 1 TzBfG bestimmte Frist festzulegen, verletzte die Kirchen auch nicht in ihrem durch Art. 140 GG i. V. m. Art. 137 Abs. 3 WRV garantierten Selbstverwaltungs- und Selbstbestimmungsrecht. Die auf Tarifnormen beschränkte Öffnung in § 14 Abs. 2 Satz 3, § 22 Abs. 1 TzBfG verstoße auch nicht gegen Art. 3 Abs. 1 GG[19].

---

[16] So die Legaldefinition in § 14 Haushaltsgrundsätzegesetz (HGrG), BGBl. 1969 I S. 1273.

[17] Bejahend z. B. Annuß/Thüsing/*Thüsing*, TzBfG, 3. Aufl. 2012, § 22 TzBfG, Rz. 6 unter Hinweis auf die verfassungsrechtlich gewährleistete Kirchenautonomie; Richardi, Arbeitsrecht in der Kirche, § 8, Rz. 13; verneinend z. B. ErfK/*Müller-Glöge*, 16. Aufl. 2016, § 22 TzBfG, Rz. 2; Laux/Schlachter/*Schlachter*, TzBfG, 2. Aufl. 2011, § 22 TzBfG, Rz. 8-13; KR/*Bader*, 11. Aufl. 2016, § 22 TzBfG, Rz. 4.

[18] ZTR 2009, S. 498.

[19] S. hierzu ausführlich BAG, Urteil v. 25.3, 2009, 7 AZR 710/07, Rz. 38ff.

§ 23 Besondere gesetzliche Regelungen

Besondere Regelungen über Teilzeitarbeit und über die Befristung von Arbeitsverträgen nach anderen gesetzlichen Vorschriften bleiben unberührt.

Übersicht **Rz.**

1. Allgemeines

1 Die Vorschrift stellt klar, dass andere gesetzliche Vorschriften, die Teilzeitarbeit oder die Befristung von Arbeitsverträgen regeln, durch das Teilzeit- und Befristungsgesetz nicht geändert werden. Im Bereich der **Teilzeitarbeit** sind das die §§ 15 ff. BEEG, § 3 PflZG

und § 2 PflZG, die Vorschriften des Altersteilzeitgesetzes, das Schwerbehindertenrecht (§ 81 SGB IX), die §§ 12, 13 BGleichG und entsprechende landesgesetzliche Sonderregelungen. Hinsichtlich der **Befristung von Arbeitsverträgen** betrifft die Regelung des § 23 TzBfG derzeit § 21 BEEG, § 6 PflZG, § 2 Abs. 3 FPflZG, das Gesetz über befristete Arbeitsverträge mit Ärzten in der Weiterbildung[1] sowie §§ 1 ff. WissZeitVG. Die Vorschriften der §§ 3 Abs. 1 Nr. 3, 9 Nr. 2 AÜG sind ebenso wie die Regelungen über den Eingliederungsvertrag (§ 232 Abs. 1 Satz 1 SGB III) aufgrund gesetzlicher Änderungen im Zusammenhang mit § 23 TzBfG nicht mehr relevant.

Die besonderen gesetzlichen Vorschriften enthalten im Wesentlichen **besondere Regelungen über die Zulässigkeit, die Dauer und die Kündigung befristeter Arbeitsverträge**. Die allgemeinen Vorschriften des Teilzeit- und Befristungsgesetzes finden auf die spezialgesetzlich geregelten befristeten Arbeitsverhältnisse Anwendung, sofern die Spezialgesetze nichts Abweichendes regeln[2]. 2

2. Sonderregelungen über Teilzeit

2.1 Elternteilzeit (§§ 15 ff. BEEG)

2.1.1 Überblick

Zum **1.1.2007** hatte das **Gesetz zum Elterngeld und zur Elternzeit (BEEG)** weitgehend die Vorschriften des Bundeserziehungsgeldgesetzes (BErzGG) abgelöst. Die erziehungszeitrechtlichen Vorschriften zu Urlaub, Kündigungsschutz sowie befristete Arbeitsverträge zur Elternzeitvertretung, bis dahin geregelt in den §§ 17 bis 21 BErzGG, wurden in den §§ 17 ff. BEEG inhaltsgleich übernommen. Seither wird für nach dem 31.12.2006 geborene Kinder kein Erziehungsgeld, sondern vielmehr Elterngeld gezahlt[3]. Elterngeld ist ein Einkommensersatz für 12 Monate nach Geburt des Kindes. Hinzu kommen 2 Partnermonate, wenn auch der Partner das Kind betreut. Das Elterngeld orientiert sich am monatlichen Erwerbseinkommen vor der Geburt und beträgt mindestens 300 EUR, höchstens 1.800 EUR. Während des Bezuges von Elterngeld ist eine Teilzeitbeschäftigung von bis zu 30 Wochenstunden erlaubt; ersetzt wird indes allein die Differenz zum Einkommen vor der Geburt, während gleichzeitig ein ganzer Elterngeldmonat verbraucht wird. Darüber hinaus können in Teilzeit beschäftigte Eltern das Elterngeld Plus, 3

---

1 BT-Drucks. 14/4374, S. 22. Mit dem Gesetz zur Änderung arbeitsrechtlicher Vorschriften in der Wissenschaft (BGBl. 2007 I S. 506) wurden die §§ 57 ff. des Hochschulrahmengesetzes zum 12.4.2007 aufgehoben. In Bezug auf den Abschluss befristeter Arbeitsverträge mit wissenschaftlichem Personal an staatlichen Forschungseinrichtungen gelten die Vorschriften der §§ 1 bis 3 sowie 6 WissZeitVG entsprechend (§ 5 WissZeitVG); s. Rambach, § 5 WissZeitVG, Rz. 1.

2 BT-Drucks. 14/4374, S. 22.

3 Zum 1.1.2015 ist das Gesetz zur Einführung des Elterngeld Plus mit Partnerschaftsbonus und einer flexibleren Elternzeit im BEEG v. 18.12. 2014 (BGBl. I, S. 2325) in Kraft getreten, mit der die Vereinbarkeit von Familie und Beruf, insbesondere der Wiedereinstieg in das Berufsleben gefördert werden soll. Das Gesetz schafft mehr Flexibilität bei der Elternzeit sowie besondere, durchaus komplizierte neue Regeln zum Elterngeld. Die Elterngeld Plus-Regelungen gelten für alle Geburten nach dem 30.6.2015.

das höchstens halb so hoch ist wie das normale Elterngeld ohne Erwerbstätigkeit, doppelt so lange beziehen wie das Elterngeld. Ein Elterngeldmonat sind 2 Elterngeld-Plus-Monate. Zusätzlich zum Elterngeld Plus besteht ein Anspruch auf den sog. Partnerschaftsbonus. Wenn beide Eltern für mindestens 4 Monate pro Woche 25 bis 30 Stunden arbeiten, erhalten sie je 4 zusätzliche Elterngeld-Plus-Monate, das heißt für den zweiten Elternteil 4 statt bisher 2 Monate. Der Partnerschaftsbonus muss unmittelbar an den Elterngeld (Plus)-Bezug anschließen, kann aber auch mitten im Elterngeldbezug mit der Folge weiterer Elterngeld (Plus)-Monate in Anspruch genommen werden. Aufgrund der gesetzlichen Neuregelungen kann anstelle von bisher 14 Monaten das Elterngeld künftig – auch vollumfänglich für Alleinerziehende – für bis zu 28 Monate in Anspruch genommen werden[4].

2.1.2 Voraussetzungen

4 Für einen **Anspruch auf Verringerung** der Arbeitszeit – sollte eine Einigung mit dem Arbeitgeber nach § 15 Abs. 5 BEEG nicht möglich sein – gelten nach § 15 Abs. 7 BEEG folgende **Voraussetzungen**:

- Der Arbeitgeber beschäftigt, unabhängig von der Anzahl der Personen in Berufsbildung, in der Regel mehr als 15 Arbeitnehmer und Arbeitnehmerinnen[5],
- das Arbeitsverhältnis in demselben Betrieb oder Unternehmen besteht ohne Unterbrechung länger als 6 Monate,
- die vertraglich vereinbarte regelmäßige Arbeitszeit soll für mindestens 2 Monate auf einen Umfang von nicht weniger als 15 und nicht mehr als 30 Wochenstunden im Durchschnitt des Monats verringert werden,
- dem Anspruch stehen keine dringenden betrieblichen Gründe entgegen und
- der Anspruch auf Teilzeit wurde dem Arbeitgeber für den Zeitraum bis zum vollendeten 3. Lebensjahr des Kindes 7 Wochen und für den Zeitraum zwischen dem 3. Geburtstag und dem vollendeten 8. Lebensjahr des Kindes 13 Wochen vor Beginn der Teilzeittätigkeit schriftlich mitgeteilt[6].

2.1.3 Erwerbstätigkeit von maximal 30 Wochenstunden

5 Elternzeiter vermögen während der Elternzeit einer **Teilzeitbeschäftigung** nachzugehen. Das BEEG gestattet eine **Erwerbstätigkeit während der Elternzeit von nicht mehr als 30 Wochenstunden**. Für den Anspruch auf Elterngeld (§ 1 Abs. 6 BEEG) liegt also eine nicht volle Erwerbstätigkeit vor, wenn die wöchentliche Arbeitszeit 30 Wochenstunden

---

[4] Vgl. zur Neuregelung: Fecker/Scheffzek, NZA 2015, S. 778; Urban, ArbRAktuell 2015, S. 168.

[5] Diese Voraussetzung wird auch durch die Beschäftigung von befristet eingestellten Arbeitnehmern erfüllt, die schon mehr als 6 Monate für den Arbeitgeber tätig sind (ArbG Kaiserslautern, Urteil v. 13.9.2007, 2 Ca 770/07, Juris).

[6] Richter, DStR 2015, S. 366, 367.

im Durchschnitt des Monats nicht übersteigt. Die Überschreitung führt folglich zum Ausschluss des Anspruchs auf Elterngeld. Ferner besteht in diesem Fall der besondere Kündigungsschutz nach § 18 BEEG nicht[7].

Das in § 1 Abs. 1 Nr. 4 BEEG genannte Erfordernis, keine volle Erwerbstätigkeit auszu- 6 üben, ist erfüllt, wenn die wöchentliche Arbeitszeit 30 Stunden nicht übersteigt. Soweit mehrere Beschäftigungen ausgeübt werden, sind die Arbeitszeiten zusammenzurechnen. Für die Prüfung, ob die Arbeitszeitgrenze eingehalten wird, sind zunächst die zu berücksichtigenden **Arbeitsstunden** zu ermitteln[8]. Maßgeblich sind zum einen die **tatsächlich gearbeiteten Stunden**. Überstunden sind genauso zu berücksichtigen wie eventuelle Unterstunden. Zum anderen sind Zeiten zu berücksichtigen, in denen Erwerbseinkommen ohne Arbeitsleistung bezogen wird, insbesondere Urlaubstage, gesetzliche Feiertage und Krankentage mit Lohnfortzahlung. Hier gilt als Arbeitszeit die auf diese Zeiten entfallende vertraglich vereinbarte Arbeitszeit. Bei einer 5-Tage-Woche mit 40 Wochenstunden sind dies pro Urlaubstag 8 Stunden.

Sodann gibt es 2 alternative Möglichkeiten festzustellen, dass die 30-Stunden-Grenze 7 nicht überschritten ist: einerseits eine **wochenweise Berechnung** und andererseits, für den Fall, dass in einer oder mehreren Wochen die Arbeitszeit über 30 Stunden liegt, **monatsweise Berechnungen**. Denn es genügt, wenn die wöchentliche Arbeitszeit **im Durchschnitt eines Monats** 30 Stunden nicht übersteigt. Im Fall der wochenweisen Berechnung ist die zulässige Wochenarbeitszeit eingehalten, wenn eine Person in keiner Woche mehr als 30 Stunden arbeitet. Bei der monatsweisen Berechnung nach Kalendertagen werden alle im Bezugsmonat zu berücksichtigenden Arbeitsstunden (Monatsarbeitsstunden) addiert. Die so ermittelte Summe wird der zulässigen Arbeitszeit in dem Bezugsmonat gegenübergestellt, die zulässige Arbeitszeit darf nicht überschritten sein: Bei 28 Tagen im Lebensmonat beträgt die zulässige Arbeitszeit 120 Stunden, bei 29 Tagen 125 Stunden, bei 30 Tagen 129 Stunden und bei 31 Tagen 133 Stunden. Die Dauer der Beschäftigung und die wöchentliche Arbeitszeit sind durch eine Bescheinigung des Arbeitgebers nachzuweisen.

Eine **Untergrenze besteht nicht**. Die in § 15 Abs. 7 Nr. 3 BEEG benannten 15 Wochen- 8 arbeitsstunden sind als Sollvorschrift formuliert, nicht jedoch Voraussetzung des Teilzeitanspruchs[9]. Indes muss sich der den Antrag stellende Arbeitnehmer bewusst sein, dass die Betriebsabläufe des Arbeitgebers erfahrungsgemäß nur schwer mit dem Teilzeitbegehren von weniger als 15 Wochenstunden in Einklang gebracht werden können und diesem unter diesem Aspekt ein dringender betrieblicher Grund entgegensteht.

---

[7] HK-TzBfG, TzBfG, 3. Aufl. 2012, § 15 BEEG, Rz. 20 m. w. N.

[8] Richtlinien zum BEEG des BMFSFJ (Stand: April 2015).

[9] Laux/Schlachter/*Schlachter*, TzBfG, 2. Aufl. 2011, § 23 TzBfG, Anhang 1, Rz. 21; a. A. ist das LAG Schleswig-Holstein, Urteil v. 18.6.2008, 6 Sa 43/08, ArbRB 2008, S. 359. Danach müssen sich Arbeitnehmer entscheiden, eine vollständige Befreiung von der Arbeitspflicht zu verlangen oder um eine Beschäftigung mit mindestens 15 und höchstens 30 Wochenstunden nachzusuchen.

2.1.4 Teilzeitanspruch

9 Dem Arbeitnehmer steht unter den vorstehend genannten Voraussetzungen des § 15 Abs. 7 BEEG ein **Anspruch** darauf zu, während der Elternzeit die Arbeitszeit auf ein wöchentliches Pensum von bis zu 30 Stunden zu reduzieren.

> **Hinweis**
>
> Dieser Anspruch steht selbstständig neben dem des § 8 TzBfG, weist demgegenüber jedoch erhebliche Unterschiede auf.

10 Dieser Anspruch auf Teilzeitbeschäftigung besteht seit dem 1.1.2007 **für einen Zeitraum von mindestens 2 Monaten**. Bis dahin bestand der Anspruch allein, wenn die Teilzeitbeschäftigung für mindestens 3 Monate ausgeübt wurde.

11 In § 15 Abs. 5 BEEG ist nunmehr klargestellt, dass der Elternzeiter sowohl die **Verringerung der Arbeitszeit als auch deren Verteilung beantragen** kann[10]. Über den Antrag sollen sich die Arbeitsvertragsparteien innerhalb von 4 Wochen einigen. Im Fall der Nichteinigung besteht für den Arbeitnehmer indes unverändert allein ein Anspruch auf Verringerung der Arbeitszeit. Ein Rechtsanspruch auf eine bestimmte Ausgestaltung der verringerten Arbeitszeit enthält das BEEG – anders als dies beispielsweise in § 8 TzBfG vorgesehen ist – zwar nicht.

12 Der **Verringerungsanspruch** aus § 15 Abs. 7 BEEG soll sich jedoch – entgegen der wohl überwiegend im Schrifttum vertretenen Auffassung[11] – nach der jüngeren höchstrichterlichen Rechtsprechung **auch auf die Verteilung der verringerten Arbeitszeit erstrecken** (BAG, Urteil v. 19.2.2013, 9 AZR 461/11[12]). Begründet wird diese „Klarstellung" mit dem Verständnis des Gesetzeswortlauts, wonach der Verringerungsanspruch die Ausgestaltung der Verringerung umfasse, aber auch nicht ausschließe. Die unterschiedliche Ausgestaltung von § 8 TzBfG und § 15 BEEG zwinge hingegen nicht zu der Annahme, dass keine bestimmte Ausgestaltung der Verringerung der Arbeitszeit beansprucht werden könne. Da der Gesetzgeber trotz der Uneinigkeit im Schrifttum und aufgrund der bisherigen Rechtsprechung (BAG, Urteil v. 9.5.2006, 9 AZR 278/05[13], wonach kein Anspruch auf eine bestimmte vertragliche Festlegung der verringerten Arbeitszeit bestanden habe, den Anspruch des Arbeitnehmers auf eine bestimmte Verteilung der während der Elternzeit verringerten Arbeitszeit unverändert nicht ausdrücklich geregelt habe, sei die Klarstellung gerechtfertigt, dass der Verringerungsanspruch auch die Verteilung der verringerten Arbeitszeit umfasst, wenn der Arbeitnehmer oder die Arbeitnehmerin eine konkrete Verteilung angegeben hat.

---

[10] BAG, Urteil v. 15.4.2008, 9 AZR 380/07, NZA 2008, S. 998.

[11] Nachweise bei Annuß/Thüsing/*Kühn*, 3. Aufl. 2012, § 23, Rz. 30.

[12] NZA 2013, S. 907.

[13] NZA 2006, S. 1413.

13 Das Angebot des Arbeitnehmers, während der Elternzeit die Arbeitszeit zu verringern, muss den Bestimmtheitsanforderungen entsprechen, wie sie allgemein an Vertragsanträge i. S. d. § 145 BGB gestellt werden. Es muss so formuliert und so konkret gefasst sein, dass der Arbeitgeber es mit einem schlichten „Ja" annehmen kann (BAG, Urteil v. 16.4.2013, 9 AZR 535/11[14]). Konkretisiert der Arbeitnehmer sein Verlangen auf Verringerung der Arbeitszeit nicht auf einen bestimmten zeitlichen Umfang, liegt also ein **unbestimmtes Verringerungsverlangen** vor, dessen Inhalt durch die Annahmeerklärung des Arbeitgebers nicht festgelegt werden kann. Es liegt weder ein Antrag i. S. v. § 145 BGB noch ein Verlangen i. S. v. § 8 Abs. 1 TzBfG vor. So kann die 2-jährige Sperrfrist des § 8 TzBfG deswegen nicht ausgelöst werden[15]. Gegen den Fristbeginn sprechen der Wortlaut des § 8 Abs. 2 und 6 TzBfG, die Systematik des § 8 TzBfG und der Zweck der Veränderungssperre. Das Anliegen der Arbeitnehmerin bzw. des Arbeitnehmers, das Kind zu betreuen und den Kontakt zum Beruf dennoch nicht zu verlieren, wird nach der gesetzlichen Konzeption des Verringerungs- und Neuverteilungsanspruchs in § 8 TzBfG nicht berücksichtigt. Danach kommt es nicht auf das Gewicht der vom Arbeitnehmer für seinen Teilzeitwunsch geltend gemachten Gründe an. Persönliche Belange sind in § 8 TzBfG nicht erwähnt. Auch die in § 8 Abs. 4 Satz 2 TzBfG aufgezählten Beispiele stellen allein auf die betriebliche Situation, nicht auf die Lebenssituation des Arbeitnehmers ab. Während der Elternzeit trifft § 15 Abs. 7 Satz 1 Nr. 4 BEEG eine andere gesetzgeberische Wertung. Dort wird das besondere Interesse der Eltern an einer Verringerung ihrer Arbeitszeit berücksichtigt, indem ein solcher Antrag nur aus dringenden betrieblichen Gründen abgelehnt werden kann (BAG, Urteil v. 16.10.2007, 9 AZR 239/07[16]).

14 Das **schriftliche Verlangen** stellt eine Wirksamkeitsvoraussetzung für die Inanspruchnahme der Elternzeit dar (BAG, Urteil v. 26.6.2008, 2 AZR 23/07[17]). Das Schriftformerfordernis dient der Rechtsklarheit. Am Beginn einer Elternzeit sind vielfältige Fallgestaltungen denkbar, in denen – bei fehlender schriftlicher Beantragung – offenbleibt, ob Elternzeit in Anspruch genommen oder eine andere Form der Arbeitsbefreiung geltend gemacht wird bzw. schlicht eine Fehlzeit vorliegt. Dementsprechend kommt dem schriftlichen Verlangen nach Elternzeit eine vor allem klarstellende Funktion für die Parteien zu. Versäumt es der Arbeitnehmer, die Elternzeit in der entsprechenden Form zu beantragen, besteht demnach grundsätzlich kein besonderer Kündigungsschutz[18].

15 Das Verlangen auf Verringerung der Arbeitszeit nach dem Teilzeit- und Befristungsgesetz sperrt den Arbeitnehmer für ein erneutes Verlangen für die Dauer von 2 Jahren. § 15 Abs. 6 BEEG ermöglicht hingegen die **2-malige Verringerung der Arbeitszeit ohne zeitliche Beschränkung**.

16 Der Arbeitnehmer muss in seinem Antrag den **Beginn** sowie den **Umfang der verringerten Arbeitszeit** benennen. Die gewünschte Verteilung der verringerten Arbeitszeit

---

[14] AP BEEG § 15 Nr. 5.

[15] S. Vossen zu § 8, Rz. 166.

[16] BB 2008, S. 105.

[17] NZA 2008, S. 1241 zu § 16 BErzGG.

[18] ErfK/Gallner, 16. Aufl. 2016, § 18 BEEG, Rz. 6 m. w. N.

soll, muss jedoch in dem Antrag nicht angegeben werden. Der Antrag, die Arbeitszeit während der Elternzeit zu verringern, kann frühestens mit der Erklärung, Elternzeit in Anspruch zu nehmen, gestellt werden[19]. Die Verknüpfung der Geltendmachung von Elternzeit mit gleichzeitiger Gewährung von Teilzeitbeschäftigung ist zulässig (BAG, Urteil v. 5.6.2007, 9 AZR 82/07[20]; LAG Köln, Urteil v. 28.10.2009, 9 Sa 654/09[21]). Der Antrag ist der Auslegung zugänglich. So kann ein Schreiben, mit dem der Anspruch auf Elternzeit geltend gemacht und gleichzeitig eine Beschäftigung mit verringerter Arbeitszeit während der Elternzeit beantragt wird, dahin auszulegen sein, dass die Elternzeit allein bei gleichzeitiger Bewilligung von Teilzeit während der Elternzeit begehrt wird (LAG Köln, Urteil v. 28.10.2009, 9 Sa 654/09[22]).

17 Die **Ablehnung** des Verlangens kann der Arbeitgeber im BEEG allein auf dringende betriebliche Gründe stützen[23]. Das Vorliegen betrieblicher Gründe (so § 8 Abs. 4 Satz 1 TzBfG) reicht hingegen nicht aus. Der Arbeitgeber ist ferner gehalten, seine Ablehnung und somit die dringenden betrieblichen Gründe gegenüber dem Arbeitnehmer **schriftlich** darzulegen (§ 15 Abs. 7 Satz 4 BEEG). Falls der Arbeitgeber die beanspruchte Verringerung oder Verteilung der Arbeitszeit ablehnen will, muss er dies innerhalb von 4 Wochen mit schriftlicher Begründung tun. Hat ein Arbeitgeber die Verringerung der Arbeitszeit (1) in einer Elternzeit zwischen der Geburt und dem vollendeten 3. Lebensjahr des Kindes nicht spätestens 4 Wochen nach Zugang des Antrags oder (2) in einer Elternzeit zwischen dem 3. Geburtstag und dem vollendeten 8. Lebensjahr des Kindes nicht spätestens 8 Wochen nach Zugang des Antrags schriftlich abgelehnt, gilt die Zustimmung als erteilt und die Verringerung der Arbeitszeit entsprechend den Wünschen der Arbeitnehmerin oder des Arbeitnehmers als festgelegt.

18 Begehrt der Arbeitnehmer nach § 15 Abs. 5 und 7 BEEG die Verringerung der Arbeitszeit während der Elternzeit, muss er sich zwischen einer vollständigen Befreiung von der Arbeitspflicht und einer Beschäftigung mit mindestens 15 und höchstens 30 Wochenstunden entscheiden. Mit Zustimmung des Arbeitgebers kann zwar von der Untergrenze des § 15 Abs. 7 Nr. 3 BEEG abgewichen werden. Ein Anspruch auf Verringerung der wöchentlichen Arbeitszeit auf weniger als 15 Stunden ergibt sich aber weder aus § 15 Abs. 7 noch aus § 15 Abs. 5 BEEG[24].

2.1.5 Keine entgegenstehenden dringenden betrieblichen Gründe

19 Dem Anspruch auf Verringerung der Arbeitszeit dürfen keine dringenden betrieblichen Gründe entgegenstehen. Der Begriff der „**entgegenstehenden dringenden betrieblichen Gründe**“ stellt einen unbestimmten Rechtsbegriff dar. Er ist im Gesetz nicht näher

---

[19] *Rancke*, Mutterschutz, Elterngeld, Betreuungsgeld, Elternzeit, 4. Aufl. 2015, § 15 BEEG, Rz. 58 f.

[20] NZA 2007, S. 1352.

[21] AE 2010, S. 87.

[22] AE 2010, S. 87.

[23] S. Rz. 19 ff.

[24] LAG Schleswig-Holstein, Urteil v. 18.6.2008, 6 Sa 43/08, Juris.

erläutert. Seine Auslegung bestimmt sich deshalb nach dem allgemeinen Sprachverständnis unter Berücksichtigung des mit der Vorschrift verfolgten Zwecks. Belange ist ein anderes Wort für Interessen. Etwas ist „belangt", wenn es „betroffen" ist. Das können Interessen jeglicher Art sein. Sie sind zu berücksichtigen, wenn sie „betrieblich" sind, sich also auf die Verhältnisse des Betriebs beziehen (BAG, Urteil v. 18.3.2003, 9 AZR 126/02[25]; BAG, Urteil v. 15.4.2008, 9 AZR 380/07[26]).

An das objektive Gewicht der Ablehnungsgründe nach § 15 Abs. 7 Satz 1 Nr. 4 BEEG 20 sind daher erhebliche Anforderungen zu stellen, wie der Begriff **„dringend"** unmittelbar einsichtig macht. Mit ihm wird ausgedrückt, dass eine Angelegenheit notwendig, erforderlich oder sehr wichtig ist. Die entgegenstehenden betrieblichen Interessen müssen zwingende Hindernisse für die beantragte Verkürzung der Arbeitszeit sein[27]. Die Anforderungen an die negative Voraussetzung des gesetzlichen Teilzeitanspruchs sind höher als die Anforderungen an die betrieblichen Gründe im Rahmen des § 8 Abs. 4 Satz 1 TzBfG[28]. Gleichwohl ist der Vergleich mit den in § 8 Abs. 4 TzBfG exemplarisch bestimmten betrieblichen Gründen durchaus hilfreich, weil hierdurch auch für § 15 Abs. 7 Satz 1 Nr. 4 BEEG bestimmte Fallgruppen dringender betrieblicher Gründe erfasst werden können[29]. Dieser Vergleich ist insbesondere dann geboten, wenn es um die Unteilbarkeit des Arbeitsplatzes oder die Unvereinbarkeit der gewünschten Teilzeitarbeit mit den betrieblichen Arbeitszeitmodellen geht, weil insoweit die Interessenlage vergleichbar ist[30].

Wegen des zusätzlichen Erfordernisses der Dringlichkeit muss in jedem Einzelfall eine 21 **umfassende Abwägung** der entgegenstehenden Interessen vorgenommen werden[31]. Demzufolge muss der Arbeitgeber wegen des Erfordernisses der Dringlichkeit im Zweifel Nachteile, die auch in § 8 Abs. 4 Satz 2 TzBfG genannt sind, in größerem Umfang hinnehmen[32]. Auf eine fehlende Beschäftigungsmöglichkeit kann sich der Arbeitgeber z. B. dann nicht berufen, wenn der Arbeitgeber bereits vor der fristgemäßen Erklärung des Arbeitnehmers über die Zeiten der beanspruchten Elternzeit (§§ 16 Abs. 1 Satz 1, 15 Abs. 7 Satz 1 Nr. 5 BEEG) unbefristet eine Ersatzkraft einstellt[33]. In diesem Fall handelt der Arbeitgeber voreilig, weil er durch die Ersatzeinstellung den Antrag auf Teilzeitarbeit vereitelt. Zumindest kann er sich in Bezug auf die Ablehnung der Teilzeitarbeit hierauf

---

25 BAGE 105, S. 248.

26 NZA 2008, S. 998.

27 BAG, Urteil v. 15.12.2009, 9 AZR 72/09, NZA 2010, S. 447.

28 *Gaul/Wißkirchen*, BB 2000, S. 2466, 2467; *Peters-Lange/Rolfs*, NZA 2000, S. 682, 686; *Preis/Gotthardt*, DB 2001, S. 145, 147; *Beckschulze*, DB 2000, S. 2598, 2600; vgl. auch BAG, Urteil v. 21.6.2005, 9 AZR 409/04, Juris.

29 S. *Vossen*, § 8, Rz. 64 ff.

30 BAG, Urteil v. 15.12.2009, 9 AZR 72/09, NZA 2010, S. 447.

31 *Peters-Lange/Rolfs*, NZA 2000, S. 682, 686; *Lindemann/Simon*, NJW 2001, S. 258, 261; *Bruns*, BB 2008, S. 330, 335.

32 Annuß/Thüsing/*Lambrich*, TzBfG, 3. Aufl. 2012, § 23 TzBfG, Rz. 21.

33 LAG Schleswig-Holstein, Urteil v. 12.6.2007, 5 Sa 83/07, NZA-RR 2007 S. 511 ff.

nicht berufen, schafft der Arbeitgeber doch vollendete Tatsachen, die der beantragten Teilzeitbeschäftigung entgegenstehen[34].

2.1.6 Gerichtliche Geltendmachung

22 Versäumt der Arbeitgeber die Frist oder missachtet er die Form der Antragsablehnung, wird seine Zustimmung nunmehr gemäß der Neufassung von § 15 Abs. 7 Satz 6 BEEG fingiert. Die beantragte Vertragsänderung tritt dann automatisch ein. Einer Klage bedarf es nicht.

23 Weist der Arbeitgeber das Verlangen des Arbeitnehmers nach Teilzeit hingegen formal korrekt ab, vermag der Arbeitnehmer seinen Anspruch nur mit gerichtlicher Hilfe durchzusetzen. Die **Klage** ist nach § 15 Abs. 7 Satz 5 BEEG **auf Abgabe der Erklärung** zu richten, dass der Arbeitgeber der Verringerung der Arbeitszeit auf das vom Arbeitnehmer verlangte Maß zustimmt[35]. In dem Prozess gelten die allgemeinen Grundsätze der **Darlegungs- und Beweislast**, d. h. der Arbeitgeber hat das Vorliegen dringender betrieblicher Gründe darzulegen und zu beweisen, die dem Teilzeitverlangen des Arbeitnehmers entgegenstehen[36]. Für die Klage besteht noch nach Beendigung der Elternzeit ein allgemeines Rechtsschutzbedürfnis, wenn die mit Rechtskraft des Urteils fingierte Abgabe der Annahmeerklärung zu Vergütungsansprüchen aus Annahmeverzug führen kann[37].

24 In dem Kontext bestimmt sich die Darlegungs- und Beweislast nach der vom BAG zu § 8 TzBfG entwickelten 3-stufigen Prüfung[38]. Danach ist zunächst festzustellen, ob der vom Arbeitgeber als erforderlich angesehenen Arbeitszeitregelung überhaupt ein bestimmtes betriebliches Organisationskonzept zugrunde liegt (1. Stufe). In der Folge ist zu untersuchen, inwieweit die Arbeitszeitregelung dem Arbeitszeitverlangen tatsächlich entgegensteht (2. Stufe). Schließlich ist in einer 3. Stufe das Gewicht der entgegenstehenden betrieblichen Gründe zu prüfen. Dabei ist die Frage zu klären, ob das betriebliche Organisationskonzept oder die zugrunde liegende unternehmerische Aufgabenstellung durch die vom Arbeitnehmer gewünschte Abweichung wesentlich beeinträchtigt werden. Dieser Prüfungsmaßstab gilt nicht nur für die Verringerung der Arbeitszeit, sondern auch für ihre Neuverteilung. Ob (dringende) betriebliche Gründe vorliegen, beurteilt sich nach dem Zeitpunkt, zu dem der Arbeitgeber den Arbeitszeitwunsch ablehnt[39]. Diesen Anforderungen genügt jedoch nicht der Vortrag, die Aufgaben sollten nach seiner unternehmerischen Zielsetzung von einer Vollzeitkraft erledigt werden. Das gilt auch für Leitungsfunktionen. Sonst könnte der Arbeitgeber jedem Teilzeitverlangen mit dem Argument begegnen, er wolle nur Vollzeitarbeitnehmer beschäftigen[40].

---

34 LAG Schleswig-Holstein, Urteil v. 12.6.2007, 5 Sa 83/07, NZA-RR 2007 S. 511 ff.

35 *Peters-Lange/Rolfs*, NZA 2000, S. 682, 686; Bruns, BB 2008, S. 330, 336.

36 BAG, Urteil v. 9.3.2006, 9 AZR 278/05, NZA 2006 S. 1413; Sowka, NZA 2000, S. 1185, 1189.

37 BAG, Urteil v. 15.12.2009, 9 AZR 72/09, NZA 2010, S. 447.

38 BAG, Urteil v. 15.12.2009, 9 AZR 72/09, NZA 2010, S. 447.

39 BAG, Urteil v. 24.6.2008, 9 AZR 313/07, AP BetrVG 1972, § 117 Nr. 8.

40 BAG, Urteil v. 15.12.2009, 9 AZR 72/09, NZA 2010, S. 447; BAG, Urteil v. 8.5.2007, 9 AZR 1112/06, AP TzBfG § 8 Nr. 21; *Bruns*, BB 2010, S. 956, 960 f.

Sofern das Gericht dem Teilzeitanspruch des Arbeitnehmers entspricht, gilt die **Zustimmung** des Arbeitgebers nach § 834 ZPO **mit Rechtskraft des stattgebenden Urteils als erteilt**. Ab diesem Zeitpunkt wird der Anspruch auf Verringerung der Arbeitszeit wirksam[41]. 25

Der im BErzGG fehlende Gleichlauf von Verringerung und Verteilung der Arbeitszeit 26 ist auch im BEEG nicht hergestellt worden[42]. Das BAG hatte diese, bereits im BErzGG bestehende Lücke im Wege der teleologischen Auslegung geschlossen[43]. Die Klage ist vom Elternzeiter also zunächst allein auf die Verringerung der Arbeitszeit gerichtet, wobei das Gericht – mangels entsprechender gesetzlicher Regelung – nicht über die Verteilung, also die Lage der Arbeitszeit entscheidet. Hierüber bestimmt vielmehr allein der Arbeitgeber nach billigem, jedoch durch das Gericht unter Berücksichtigung des Zwecks der Elternzeit überprüfbarem Ermessen gemäß § 315 BGB, sobald das Arbeitsgericht den Anspruch des Elternzeiters rechtskräftig festgestellt hat[44]. Deshalb muss der Arbeitnehmer ggf. erneut klagen, wenn der Arbeitgeber nach einem rechtskräftigen Urteil, welches dem Arbeitnehmer den Anspruch auf Verringerung der Arbeitszeit zuweist, nach § 315 BGB die Lage der Arbeitszeit zulasten des Arbeitnehmers bestimmt. Hierdurch hat sich weder durch die Schaffung des BEEG noch aufgrund der Entscheidung des BAG[45] etwas geändert.

Die hieraus unmittelbar folgenden Nachteile einer langen Prozessdauer liegen auf der 27 Hand. Gleichwohl vermag der Arbeitnehmer seinen Teilzeitanspruch **nicht** im Wege **vorläufigen Rechtsschutzes** durch Beantragung einer einstweiligen Verfügung geltend zu machen, da hierdurch die Entscheidung in der Hauptsache vorweggenommen würde[46]. Der Antrag auf Erlass einer **einstweiligen Verfügung** kann **in Ausnahmefällen** aber zulässig sein. Die Rechtsschutz suchende Partei hat indes nicht die Wahl, ob sie ihr Rechtsschutzbegehren im Wege einstweiliger Verfügung oder im Rahmen eines normalen Erkenntnisverfahrens verfolgt. Sie hat vielmehr wegen der begrenzten Erkenntnismöglichkeiten summarischer Verfahren alles ihr Zumutbare zu unternehmen, um den Eintritt einer tatsächlichen Eilbedürftigkeit ihres Begehrens zu vermeiden, vor allem die rechtzeitige Durchführung eines Hauptsacheverfahrens. Unterlässt der Antragsteller dies, muss er damit rechnen, dass sein späterer Antrag auf Erlass einer einstweiligen Verfügung wegen selbst herbeigeführter Eilbedürftigkeit erfolglos bleibt.

Dieser Grundsatz gilt bei Arbeitsverhältnissen insbesondere für Leistungsverfügungen 28 auf Beschäftigung, die ein Rechtsschutzbegehren nicht nur vorläufig, sondern während der Zeit vom Erlass der einstweiligen Verfügung bis zur Entscheidung in der Hauptsache notwendig endgültig befriedigen[47]. Die Eilbedürftigkeit einer einstweiligen Verfügung

---

41 *Leßmann*, DB 2001, S. 94, 99.

42 *Düwell*, Übersicht über das Gesetz zur Einführung des Elterngeldes, Juris.

43 BAG, Urteil v. 9.5.2006, 9 AZR 278/05, NZA 2006, S. 1413.

44 Annuß/Thüsing/*Kühn*, TzBfG, 3.Aufl. 2012, § 23 TzBfG, Rz. 30.

45 BAG, Urteil v. 9.5.2006, 9 AZR 278/05, NZA 2006, S. 1413.

46 *Leßmann*, DB 2001, S. 94, 99; *Peters-Lange/Rolfs*, NZA 2000, S. 682, 686.

47 ArbG Hamburg, Urteil v. 19.6.2008, 17 Ga 12/08, Juris.

auf Teilzeitbeschäftigung im Anschluss an eine Elternzeit fehlt insbesondere dann, wenn nach der Ablehnung des Teilzeitwunsches durch den Arbeitgeber (§ 8 Abs. 5 TzBfG) bis zum Ende der Elternzeit ein Zeitraum von etwa 2 Monaten zur Durchführung eines Hauptsacheverfahrens verbleibt. In dieser Zeit hätte ein Hauptsacheverfahren sachgerecht vorbereitet und erstinstanzlich aufgrund einer Güteverhandlung mit sich unmittelbar anschließender weiterer Verhandlung (§ 54 Abs. 4 ArbGG) bei ausreichender Gewährung rechtlichen Gehörs (Art. 103 Abs. 1 GG) abgeschlossen werden können[48].

2.1.7 Verhältnis Elternzeit – Arbeitszeitverringerung

29 Durch den Gesetzgeber nicht abschließend geklärt ist das Verhältnis zwischen dem Verlangen des Arbeitnehmers nach Elternzeit einerseits und dem Anspruch auf Verringerung der Arbeitszeit andererseits. Im Regelfall wird ein Arbeitnehmer seinem Arbeitgeber gegenüber gleichzeitig das Begehren mitteilen, im Rahmen von Elternzeit seine Arbeitszeit auf ein geringeres Wochenpensum beschränken zu wollen. Die Beantragung von Elternzeit unter der Bedingung, dass die zeitgleich beantragte Teilzeit genehmigt wird, ist zulässig[49].

Beispiel

Die in einer Rechtsanwaltssozietät angestellte Rechtsanwältin beabsichtigt, nach Entbindung ihres Kindes „kürzer zu treten" und die Elternzeit in Anspruch zu nehmen. Aufgrund der wirtschaftlichen Situation der Familie sieht sie sich jedoch aus finanziellen Gründen veranlasst, mindestens 20 Stunden in der Woche zu arbeiten. Sie stellt einen entsprechenden Antrag beim Management der Sozietät auf Halbierung ihrer Arbeitszeit. Die Sozietät drängt die Rechtsanwältin indes dazu, sie möge zunächst ihr Verlangen nach Elternzeit äußern; hiernach werde die Sozietät über das Begehren auf einen Teilzeitarbeitsplatz bescheiden.

30 Der vorstehend zitierte Beispielsfall wirft die Frage auf, ob die betroffene Arbeitnehmerin möglicherweise Gefahr läuft, für die Zeit der von ihr verlangten Elternzeit vollständig das Anstellungsverhältnis zu suspendieren. Hierfür sprach der Umstand, dass nach ganz herrschender Auffassung zum BErzGG das Begehren nach Elternzeit strikt zu trennen war von dem Anspruch nach § 15 Abs. 7 BErzGG[50]. Angesichts dieser unklaren Rechtslage war dem Arbeitnehmer in der Vergangenheit dringend zu empfehlen, das Verlangen nach Erziehungszeit an die Bedingung zu knüpfen, dass die von ihm gewünschte Reduzierung der Arbeitszeit vom Arbeitgeber akzeptiert wird[51]. Dieses Vorgehen ist aufgrund der jüngeren Rechtsprechung des BAG nicht mehr zwingend erforderlich. Hiernach kann

---

48 ArbG Hamburg, Urteil v. 19.6.2008, 17 Ga 12/08, Juris.

49 BAG, Urteil v. 15.4.2008, 9 AZR 380/07, NZA 2008, S. 998.

50 Vgl. Annuß/Thüsing/*Kühn*, TzBfG, 3. Aufl. 2012, § 23 TzBfG, Rz. 16, 22 ff.

51 BAG, Urteil v. 19.4.2005, 9 AZR 233/04, NZA 2005, S. 1354.

ein Arbeitnehmer während der Elternzeit die Verringerung der Arbeitszeit auch dann noch verlangen, wenn er sich bereits in Elternzeit befindet.

Das BAG hatte über nachstehend skizzierten Sachverhalt zu befinden: Nachdem die klagende Arbeitnehmerin von ihrer **Schwangerschaft** erfahren hatte, nahm sie unter Berücksichtigung der voraussichtlichen Mutterschutzfristen ihren Resturlaub und **begehrte** darüber hinaus **Elternzeit** für den maximalen Zeitraum von 3 Jahren. Die Arbeitnehmerin füllte das ihr sodann überlassene, vom Arbeitgeber hierfür vorgesehene Formular entsprechend ihrem ursprünglichen Begehren aus. 2 Wochen vor Beginn der Elternzeit, also noch während der Mutterschutzfrist, begehrte die Arbeitnehmerin **entgegen** ihrer **ursprünglichen Absicht eine Reduzierung** ihrer regelmäßigen Arbeitszeit. Die Arbeitgeberin lehnte dieses Begehren unter dem Hinweis darauf ab, dass eine Reduzierung der Arbeitszeit wirtschaftlich sinnvoll nicht vorgenommen werden könne. 31

Das BAG[52] hat der Revision der klagenden Arbeitnehmerin gegen das klageabweisende Urteil des Landesarbeitsgerichts stattgegeben und an die Berufungsinstanz mit der Aufforderung zurückverwiesen, zu prüfen, ob die vom Arbeitgeber erhobenen Einwände gegen die Reduzierung der Arbeitszeit aus dringenden betrieblichen Gründen berechtigt seien. Des Weiteren hat das BAG bestimmt, dass die entsprechende Feststellungsklage der Arbeitnehmerin ungeachtet der Tatsache zulässig sei, dass die Elternzeit zum Zeitpunkt der Entscheidung bereits beendet war. Wegen möglicher Annahmeverzugslohnansprüche der Arbeitnehmerin bestehe sehr wohl ein entsprechendes Feststellungsinteresse. Das BAG ist der Auffassung, dass die ursprüngliche Erklärung der Arbeitnehmerin, 3 Jahre Elternzeit in Anspruch nehmen zu wollen, dem Begehren nach Reduzierung der regelmäßigen Arbeitszeit nicht entgegenstehe. Die Bindungswirkung des Elternzeitverlangens erstrecke sich nicht auf das Verlangen nach Reduzierung der regelmäßigen Arbeitszeit. Denn – so das BAG – das Elternzeitverlangen könne der Arbeitnehmer einseitig und autonom mit der Folge einfordern, dass die wechselseitigen Hauptpflichten aus dem Arbeitsvertrag ruhen. Das Verlangen nach Reduzierung der Arbeitszeit bedürfe jedoch der Vereinbarung zwischen den Arbeitsvertragsparteien. Die Verpflichtung des Arbeitgebers, einem Antrag des Arbeitnehmers auf Arbeitszeitverringerung zuzustimmen, soweit keine dringenden betrieblichen Gründe entgegenstehen, stelle eine Nebenpflicht dar, die ungeachtet der im Rahmen der Elternzeit ruhenden Hauptpflichten unverändert fortbestehe. 32

In diesem Zusammenhang bestätigte das BAG auch eine Entscheidung des gleichen Senats aus dem Jahr 2005, der bereits bestimmt hatte, dass ein Arbeitnehmer **auch während der Elternzeit noch einen Anspruch auf Teilzeitarbeit während der Elternzeit** reklamieren könne[53]. Hierfür spricht nach Auffassung der Erfurter Richter auch das BErzGG, welches dem Arbeitnehmer eine 2-malige Reduzierung der Arbeitszeit zugestehe. Bezugspunkt – so das BAG – sei jedoch nicht die auf „0“ reduzierte Arbeitszeit während der Elternzeit, sondern vielmehr die vertraglich vereinbarte Arbeitszeit. 33

---

52 BAG, Urteil v. 9.5.2006, 9 AZR 278/05, NZA 2006, S. 3595.

53 BAG, Urteil v. 19.4.2005, 9 AZR 233/04, NZA 2005, S. 1354.

34 Das BAG stützt seine Entscheidung insbesondere auch auf Sinn und Zweck des Anspruchs auf Teilzeitbeschäftigung während der Elternzeit. Danach solle Eltern ermöglicht werden, in den ersten Lebensjahren ihres Kindes Beruf und Familie besser zu vereinbaren. Es hieße – so das BAG – Eltern schlicht zu überfordern, bei einer ab Geburt geplanten Elternzeit für den Zeitraum von 2 Jahren sich abschließend festzulegen, ob und wann die Betreuung des Kindes Zeit und Raum für eine Teilzeittätigkeit lässt. Vielmehr solle ihnen eine familiengerechte flexible Handhabung ermöglicht werden. Das BAG hält das Teilzeitbegehren der klagenden Arbeitnehmerin auch **nicht** für **verspätet**, obwohl im streitentscheidenden Fall die Arbeitnehmerin unstreitig die Frist des § 15 Abs. 7 Satz 1 Nr. 5 BErzGG versäumt hatte. Das BAG ist der Auffassung, dass sich der beklagte Arbeitgeber vorbehaltlos auf das Verringerungsverlangen der klagenden Arbeitnehmerin eingelassen habe.

35 Das Urteil des BAG ist durchaus **kritisch** zu würdigen, findet sich dort kein Hinweis auf das durchaus bestehende berechtigte **Interesse des Arbeitgebers**, seinerseits hinreichend über die Beschäftigungssituation im Betrieb disponieren zu können. Dieses Interesse erscheint – anders als das BAG meint – auch insbesondere dann nicht vernachlässigenswert, wenn der Arbeitnehmer seinerseits bereits klar und eindeutig zu erkennen gegeben hat, wie er in den ersten 3 Lebensjahren des Kindes zwischen Familie und Beruf den Schwerpunkt setzt. Nach der Entscheidung des BAG haben entsprechende Erklärungen des Arbeitnehmers vor Beginn der Elternzeit offenbar für den Arbeitgeber schlicht keinen Wert: Der Arbeitnehmer kann ungeachtet seiner – möglicherweise vorschnellen – Erklärungen **auch während der Elternzeit eine Teilzeitbeschäftigung** mit unterschiedlichen Wochenstundenzahlen **beanspruchen**, sofern dem Arbeitgeber nicht der Nachweis gelingt, dass dem Teilzeitverlangen dringende betriebliche Erfordernisse entgegenstehen. Das Urteil des BAG ist auch deshalb kritisch zu bewerten, weil das Gericht selbst die Fristversäumung der klagenden Arbeitnehmerin gegen rechtzeitige Stellung des Teilzeitverlangens unbeachtet lässt. Die Erfurter Richter schließen, ohne hierzu eine detaillierte Begründung zu geben, aus dem Umstand der Ablehnung des Teilzeitverlangens auf eine rügelose Einlassung des Arbeitgebers. Dies ist mit den – hier m. E. heranzuziehenden – Grundsätzen der Arbeitsgerichtsrechtsprechung zu Verjährung und Verfallklauseln schlichtweg nicht zu vereinbaren. Die Säumnis einer Frist durch eine der Arbeitsvertragsparteien wird nicht dadurch unerheblich, dass die andere Vertragspartei sich nicht umgehend nach Anspruchserhebung hierauf beruft.

36 Ungeachtet der Kritik an der Rechtsprechung ist Arbeitgebern zu empfehlen, sich stets sehr sorgfältig mit dem Verlangen seiner Arbeitnehmer nach Elternzeit und/oder Reduzierung der Arbeitszeit auseinanderzusetzen. Der Arbeitgeber muss insbesondere wohl überlegen, ob und – bejahendenfalls – in welcher Weise er auf entsprechende Begehren seiner Arbeitnehmer reagiert. Soweit ein Arbeitnehmer nach § 15 Abs. 6 BEEG während der Elternzeit die Verringerung seiner Arbeitszeit (Elternteilzeit) beanspruchen möchte, so setzt das gegenüber dem Elternzeitverlangen jedoch einen **zusätzlichen Beschäftigungsbedarf** voraus. Besteht dieser nicht, kann sich hieraus ein dem Teilzeitverlangen entgegenstehender dringender betrieblicher Grund i. S. v. § 15 Abs. 7 Satz 1 Nr. 4 BEEG

ergeben[54]. Sollte darüber hinaus ein Arbeitnehmer während der Elternzeit mit anderen, sich nicht in Elternzeit befindenden Arbeitnehmern um einen freien Arbeitsplatz konkurrieren, ist unter den Bewerbern keine Sozialauswahl vorzunehmen. Der Arbeitgeber hat vielmehr gegenüber den anderen Arbeitnehmern seine Beschäftigungspflicht zu erfüllen[55].

Unter Berücksichtigung des Gesetzestextes stellt sich bereits die Ausgangsfrage, ob die Arbeitnehmerin bzw. der Arbeitnehmer nach Aufnahme der Elternzeit überhaupt noch berechtigt ist, einen Anspruch auf Beschäftigung in Teilzeit geltend zu machen. Denn: In § 15 Abs. 6, 7 BEEG ist die Rede von „**Verringerung** der Arbeitszeit" während der Gesamtdauer der Elternzeit. Weil nach Inanspruchnahme der „beschäftigungslosen Elternzeit" eine Verringerung aber gar nicht möglich ist, spricht viel dafür, dass der Arbeitnehmer **zu Beginn** der Elternzeit zumindest **bereits in Teilzeit gearbeitet haben muss**, wenn er im Laufe der Elternteilzeit berechtigterweise eine Herabsetzung verlangen will. Sowohl das Gesetz als auch die Gesetzesbegründung geben dem Rechtsanwender zu dieser Frage indes keine abschließende Antwort. Das BAG hält einen solchen Antrag jedoch gleichwohl für zulässig[56]. Die Rechtsprechung erteilt damit der wohl früher **herrschenden** Auffassung in der Literatur eine Absage, wonach der Arbeitnehmer an ein einmalig geltend gemachtes oder eben nicht geltend gemachtes Teilzeitverlangen für die gesamte Dauer der Elternzeit gebunden sei. Der Arbeitnehmer, der zunächst Elternzeit bei voller Suspendierung seiner Arbeitspflicht verlangt hat, könne also nachträglich keine Teilzeitarbeit mehr beanspruchen[57]. Andere vermittelnde Stimmen der Literatur sind der Auffassung, dass der Arbeitnehmer, der bei Erhebung des Elternzeitanspruchs seinen Wunsch nach Teilzeittätigkeit nicht anzeigt, die berechtigten Planungsinteressen des Arbeitgebers verletze. Stellt daraufhin der Arbeitgeber befristet eine Ersatzkraft ein, so ist regelmäßig davon auszugehen, dass dem Teilzeitbegehren wegen dieser Obliegenheitsverletzung dringende betriebliche Gründe entgegenstehen. Der Arbeitnehmer könne aber den Gegenbeweis antreten[58]. 37

2.2 Pflegezeit

Im Zuge des Pflege-Weiterentwicklungsgesetzes war zum 1.7.2008 das Pflegezeitgesetz (PflZG) in Kraft getreten. Mit der Einführung einer Pflegezeit für Arbeitnehmer wurde ein gesetzlicher Freistellungsanspruch wegen kurzzeitiger pflegebedingter Arbeitsverhinderung (sog. „kleine Pflegezeit") sowie die Pflegezeit mit kurzer Ankündigung und dem 6-monatigen (Teil-) Freistellungsanspruch bei häuslicher Pflege naher Angehöriger (sog. „große Pflegezeit") begründet[59]. Durch das am 1.1.2015 in Kraft getretene Gesetz 38

---

54 BAG, Urteil v. 15.4.2008, 9 AZR 380/07, NZA 2008, S. 998.

55 BAG, Urteil v. 15.4.2008, 9 AZR 380/07, NZA 2008, S. 998.

56 BAG, Urteil v. 19.4.2005, 9 AZR 233/04, NZA 2005, S. 1354.

57 Vgl. *Sowka*, NZA 2000, S. 1185, 1189 ff.

58 *Rudolf/Rudolf*, NZA 2002, S. 602, 604.

59 *Preis/Nehring*, NZA 2008, S. 729; *Imping*, Pflegereform und Pflegezeit, 1. Aufl. 2008, Rz. 60 ff.

zur besseren Vereinbarkeit von Familie, Pflege und Beruf sind die Regelungen des PflZG und des FPfZG überarbeitet und erweitert worden[60].

39 Gemäß § 3 Abs. 1 Satz 2 PflZG besteht der Freistellungsanspruch zur Pflege naher Angehörigen in häuslicher Umgebung nicht gegenüber Arbeitgebern mit i. d. R. 15 oder weniger Beschäftigten. Einen vergleichbaren Schwellenwert kennt § 15 Abs. 7 Nr. 1 BEEG. Danach besteht der Anspruch auf Verringerung der Arbeitszeit während der Elternzeit unter der Voraussetzung, dass unabhängig von der Anzahl der Personen in der Berufsbildung, **i. d. R. mehr als 15 Arbeitnehmer** beim Arbeitgeber beschäftigt sind. Die Formulierung ist also hinsichtlich des Schwellenwerts eine andere als im Pflegezeitgesetz, meint inhaltlich jedoch das Gleiche. Hinsichtlich des Schwellenwerts ist indes zu beachten, dass bei der Berechnung die arbeitnehmerähnlichen Personen mit zu berücksichtigen sind (vgl. § 7 Abs. 1 Nr. 3 PflZG). Da das Pflegezeitgesetz nichts anderes erkennen lässt, muss im Übrigen davon ausgegangen werden, dass Teilzeitbeschäftigte, anders als z. B. nach § 23 KSchG, nicht bloß quotal, also abhängig von ihrer Wochenarbeitszeit, sondern pro Kopf anzurechnen sind.

40 In § 3 Abs. 3, 4 PflZG ist ein Teilzeitanspruch wegen der Pflege naher Angehöriger begründet. Hiernach haben Arbeitgeber und Beschäftigte sich über die Verringerung und die Verteilung der Arbeitszeit **schriftlich** zu verständigen, wobei der Arbeitgeber den Wünschen des Beschäftigten zu entsprechen hat, sofern **dringende betriebliche Belange dem nicht entgegenstehen**. Anders als § 16 Abs. 7 BEEG oder § 8 Abs. 5 TzBfG sieht das Pflegezeitgesetz keine näheren Regelungen dazu vor, in welcher Weise die im Gesetz vorgesehene „schriftliche Vereinbarung" zu treffen ist. Durchaus fraglich ist daher, in welcher Weise der Arbeitnehmer seinen Freistellungsanspruch klageweise durchzusetzen und im Erfolgsfall zu vollstrecken hat, wenn der Arbeitgeber eine einvernehmliche Freistellungsvereinbarung ablehnt. Weder im Gesetz noch in der Gesetzesbegründung finden sich darüber hinaus konkrete Anhaltspunkte dafür, in welcher Weise der Arbeitgeber den Wünschen des Beschäftigten Rechnung zu tragen hat. Reagiert der Arbeitgeber auf eine Geltendmachung eines Arbeitnehmers nicht oder lehnt er die Verringerung der Arbeitszeit ab, hat der Arbeitnehmer eine **Feststellungsklage** zu erheben, da die Pflegezeit unabhängig von der Zustimmung des Arbeitgebers eintritt[61]. Wenn der Beschäftigte auf die teilweise Freistellung dringend angewiesen ist, kommt wegen der kurzen Fristen auch die Beantragung einer einstweiligen Verfügung nach § 940 ZPO in Betracht[62].

41 Die **Pflegezeit endet** gemäß § 4 Abs. 2 Satz 1 PflZG vor dem Erreichen der Höchstdauer, wenn der Angehörige nicht mehr pflegebedürftig oder seine häusliche Pflege unmöglich oder unzumutbar ist. In diesen Fällen endet die Pflegezeit 4 Wochen nach Eintritt der veränderten Umstände. Unmöglich ist die Pflege beispielsweise bei der Aufnahme des Angehörigen in eine stationäre Pflegeeinrichtung, aber auch beim Wegfall der objektiven

---

60 BGBl. I 2004, S. 2462 ff.

61 BAG, Urteil v. 15.11.2011, 9 AZR 348/10, NZA 2012, S. 323; Meinel/Heyn/Herms, TzBfG, 5. Aufl. 2015, § 23 Rz. 18.

62 *Preis/Nehring*, NZA 2008, S. 729, 735.

Pflegefähigkeit, wenn z. B. der Pflegende selbst schwer erkrankt[63]. In allen übrigen Fällen ist eine Verkürzung der Pflegezeit nur mit Zustimmung des Arbeitgebers möglich (§ 4 Abs. 2 Satz 3 PflZG). Die Pflegezeit kann für denselben Angehörigen nur einmal in Anspruch genommen werden, und zwar auch dann, wenn beim erstmaligen Antrag ein kürzerer Zeitraum als gesetzlich möglich beantragt wurde. Sie stellt ein einmaliges Gestaltungsrecht dar[64].

2.3 Familienpflegezeit[65]

42 Zum 1.1.2012 war das Familienpflegezeitgesetz (FPfZG) in Kraft getreten[66], welches für Arbeitgeber den Anreiz setzen sollte, durch einen **Entgeltvorschuss** das Einkommen von Beschäftigten aufzustocken, die wegen der Pflege eines nahen Angehörigen für einen Zeitraum von maximal 24 Monaten ihre Arbeitszeit auf bis zu 15 Wochenstunden reduzieren. Dadurch wurde das Einkommen nur halb so stark reduziert wie die Arbeitszeit. Zur Weiterentwicklung der Möglichkeiten des Familienpflegezeitgesetzes hat der Gesetzgeber zum 1.1.2015 das Gesetz zur besseren Vereinbarkeit von Familie, Pflege und Beruf erlassen. Danach haben Beschäftigte von Arbeitgebern mit i. d. R. mehr als 25 Arbeitnehmern einen Rechtsanspruch, für **längstens 24 Monate von der Arbeit teilweise freigestellt** zu werden, wobei die Ankündigung bis spätestens 8 Wochen vor Inanspruchnahme zu erfolgen hat. Die damit verbundene Gehaltsreduzierung wird durch Gewährung eines zinslosen Darlehens gemildert. Zudem ist die Pflege auch in außerhäuslichen Einrichtungen sowie zur Betreuung pflegebedürftiger minderjähriger Kinder möglich[67].

43 Die Familienpflegezeit ist spätestens 8 Wochen vor dem gewünschten Beginn schriftlich anzukündigen (§ 2a Abs. 1 FPfZG). Gleichzeitig hat der Arbeitnehmer zu erklären, für welchen Zeitraum und in welchem Umfang die Freistellung genommen werden soll. Die Arbeitsvertragsparteien haben eine schriftliche Vereinbarung über die Verringerung und die Verteilung der Arbeitszeit zu treffen. Will der Arbeitgeber von den Wünschen des Arbeitnehmers abweichen, müssen – in gleicher Weise wie im Pflegezeitgesetz – dringende betriebliche Gründe entgegenstehen. Hat der Beschäftigte für einen kürzeren Zeitraum als 24 Monate Familienpflegezeit in Anspruch genommen, ist eine Verlängerung grundsätzlich nur mit Zustimmung des Arbeitgebers möglich (§ 2a Abs. 3 Satz 1 FPfZG). Die Familienpflegezeit endet 4 Wochen, nachdem der Angehörige nicht mehr pflegebedürftig oder seine häusliche Pflege unmöglich oder unzumutbar ist (§ 2a Abs. 5 Satz 1 FPfZG). Unmöglich ist die Pflege beispielsweise bei der Aufnahme des Angehörigen in eine stationäre Pflegeeinrichtung, aber auch beim Wegfall der objektiven Pfle-

63 *Meinel/Heyn/Herms*, TzBfG, 5. Aufl. 2015, § 23 TzBfG, Rz. 18.
64 BAG, Urteil v. 15.11.2011, 9 AZR 348/10, NZA 2012, S. 323, 324.
65 Vgl. *Göttling/Neumann* NZA 2012, S. 119; *Sasse* DB 2011, S. 2660; *Karb*, öAT 2012, S. 30.
66 Verkündet am 13.12.2011, BGBl. I 2011, S. 2564.
67 *Thüsing/Pötters*, BB 2015, S. 181, 183.

gefähigkeit, wenn z. B. der Pflegende selbst schwer erkrankt. Im Übrigen ist eine vorzeitige Beendigung nur möglich, wenn der Arbeitgeber zustimmt (§ 2a Abs. 5 Satz 2 FPfZG)[68].

2.4 Altersteilzeit

44 Das Altersteilzeitgesetz (AltTzG) enthält **keinen Rechtsanspruch** auf einen Altersteilzeitarbeitsvertrag. In Einzelfällen ergibt sich ein solcher Anspruch jedoch aus kollektiv vertraglichen Vorschriften. So haben z. B. die Tarifpartner der Metall- und Elektroindustrie zum 1.4.2015 den Tarifvertrag zum flexiblen Übergang in die Rente (TV FlexÜ) geschaffen. Der Tarifvertrag ermöglicht eine „verblockte" Altersteilzeit für eine Dauer von bis zu 6 Jahren, mit Zustimmung des Betriebsrats auch darüber hinaus. Ferner besteht neben dem Blockmodell auch die Möglichkeit, die Arbeitszeit im Rahmen der Altersteilzeit kontinuierlich („unverblocktes" Modell) oder flexibel („gleitendes" Modell) über die gesamte Laufzeit zu verteilen. Der Tarifvertrag gewährt einem Teil der Belegschaft (bis zu 4 %) einen Anspruch auf Altersteilzeit, sofern ein Mitarbeiter über eine Betriebszugehörigkeit von mindestens 12 Jahren verfügt. Innerhalb der 4 % sind besonders belastete Beschäftigte vorrangig zu behandeln[69].

45 Indes führt der Umstand, dass ein auf den Arbeitnehmer zutreffender Tarifvertrag eine Altersteilzeit vorsieht, nicht automatisch zu einem Rechtsanspruch auf Abschluss eines entsprechenden Vertrags. Es steht Tarifvertragsparteien frei, ob sie einen tariflichen Anspruch des Arbeitnehmers gegen den Arbeitgeber auf Begründung eines Altersteilzeitarbeitsverhältnisses vereinbaren, ob sie die Entscheidung des Arbeitgebers über einen Antrag des Arbeitnehmers auf Altersteilzeit von der Wahrung billigen Ermessens abhängig machen oder ob sie dem Arbeitgeber die freie Entscheidung überlassen. Das Altersteilzeitgesetz regelt ausschließlich die **Förderung** der Altersteilzeit[70].

46 Ein Arbeitgeber, der mit Abschluss einer **Betriebsvereinbarung** in seinem Unternehmen die Entscheidung trifft, Altersteilzeit nach dem Einzelhandelstarifvertrag einzuführen, ist aber bis zur Beendigung dieser Betriebsvereinbarung daran gebunden. Er kann mit den Mitteln des Betriebsverfassungsrechts jedoch nicht gezwungen werden, eine freiwillige Leistung länger zu erbringen, als er aufgrund der in der Betriebsvereinbarung selbst eingegangenen Bindung verpflichtet ist. Fällt die Leistungsverpflichtung des Arbeitgebers infolge der Kündigung der Betriebsvereinbarung weg, scheidet eine Nachwirkung i. S. v. § 77 Abs. 6 BetrVG aus[71].

47 Da das Altersteilzeitgesetz keinen Rechtsanspruch auf Abschluss eines Altersteilzeitvertrags gewährt, besteht eine Kollision zu dem gesetzlichen Teilzeitanspruch nach § 8

---

68 Meinel/Heyn/Herms, TzBfG, 5. Aufl. 2015, § 23 TzBfG, Rz. 22.

69 S. hierzu: www.gesamtmetall.de/tarifpolitik.

70 BAG, Urteil v. 10.2.2004, 9 AZR 89/03, NJOZ 2004, S. 2670. Zum 31.12.2009 endete der unter bestimmten Voraussetzungen gegenüber der Bundesagentur für Arbeit bestehende Anspruch auf Erstattung der Aufstockungsleistungen des Arbeitgebers (s. § 4 AltTzG).

71 BAG, Urteil v. 5.6.2007, 9 AZR 498/06, FA 2007, S. 389.

TzBfG nicht[72]. Der sich in einem Altersteilzeitverhältnis befindende Arbeitnehmer ist jedoch **teilzeitbeschäftigt im Sinne von** § 2 Abs. 1 Satz 1 TzBfG mit der Folge, dass er sich auf das Diskriminierungsverbot des § 4 Abs. 1 TzBfG zu berufen vermag.

48 Im Grundsatz ist ferner auch im Rahmen eines Altersteilzeitverhältnisses eine weitere Verringerung der Arbeitszeit nach § 8 TzBfG möglich. Die Verringerung würde jedoch unmittelbar zur Beendigung des Altersteilzeitverhältnisses führen. § 2 Abs. 1 Nr. 2 ATG schreibt vor, dass die Arbeitszeit exakt um die Hälfte der bisherigen wöchentlichen Arbeitszeit reduziert werden muss[73].

2.5 Schwerbehindertenrecht

49 Schwerbehinderten Menschen steht ein **spezieller Anspruch auf Teilzeitbeschäftigung** zu, der in § 81 Abs. 5 Satz 3 SGB IX[74] geregelt ist. Der Rechtsanspruch ist mit Wirkung zum 1.10.2000 geschaffen worden und bestand somit bereits vor der gesetzlichen Normierung des allgemeinen gesetzlichen Teilzeitanspruchs nach § 8 TzBfG. Der spezielle Anspruch nach § 81 Abs. 5 Satz 3 SGB IX ist im Vergleich zur allgemeinen Vorschrift **enger**, weil das **Teilzeitbegehren** des Schwerbehinderten **allein berechtigt** ist, sofern die **kürzere Arbeitszeit wegen der Art und Schwere der Behinderung erforderlich** ist.

50 Der Anspruch nach § 81 Abs. 5 SGB IX kann **jederzeit** geltend gemacht werden. Die 3-Monatsfrist des § 8 Abs. 2 TzBfG ist nicht – auch nicht entsprechend – anwendbar[75]. Der Anspruch auf Teilzeitbeschäftigung nach § 81 Abs. 5 SGB IX besteht selbstständig neben dem Teilzeitverlangen nach Maßgabe von § 8 TzBfG. Schwerbehinderte Menschen i. S. d. § 2 Abs. 2 SGB IX vermögen sich daher **alternativ** auf die Spezialregelung nach § 81 Abs. 5 Satz 3 SGB IX oder den allgemeinen Teilzeitanspruch nach § 8 TzBfG zu berufen. Sie sind nicht auf den Anspruch nach SGB IX beschränkt. Anderenfalls würden schwerbehinderte Menschen in verfassungswidriger Weise benachteiligt (Art. 3 Abs. 3 Satz 2 GG). Die beiden Ansprüche können auch – im Zweifel zum Leidwesen des Arbeitgebers – **miteinander kombiniert** werden[76].

51 Ein schwerbehinderter Mensch vermag die kürzere Arbeitszeit dann zu begehren, wenn dies wegen der **Art oder Schwere der Behinderung notwendig** ist. Der Anspruch ist weder von der Größe des Betriebs noch von einer bestimmten Dauer der Betriebszugehörigkeit abhängig. Zur Darlegung der Notwendigkeit einer Verkürzung der Arbeitszeit genügt es, wenn der schwerbehinderte Arbeitnehmer eine **ärztliche Bescheinigung** vorlegt, gemäß der eine Verkürzung der Arbeitszeit aus gesundheitlichen Gründen indiziert ist. Es obliegt hiernach dem Arbeitgeber, deren Beweiskraft zu erschüttern. Der Arbeitgeber kann den Einwand, ihm sei die Arbeitszeitreduzierung nach § 81 Abs. 4 Satz 3

---

72 *Rolfs*, RdA 2001, S. 129, 139.

73 ErfK/*Rolfs*, 16. Aufl. 2016, § 2 ATG Rz. 4; vgl. zur Bestimmung des Umfangs der Altersteilzeitarbeit BAG, Urteil v. 14.8.2007, 9 AZR 59/07, Juris.

74 Vormals: § 14 Abs. 4 SchwbG.

75 Kossens/von der Heide/Maaß, SGB IX, 4. Aufl. 2015, § 81 SGB IX, Rn. 36.

76 S. ausführlich ErfK/*Rolfs*, 16. Aufl. 2016, § 81 SGB IX, Rz. 18.

SGB IX nicht zumutbar, indes nicht auf die Befürchtung stützen, dass es bei einer einvernehmlichen Verringerung der Arbeitszeit zu Streitigkeiten über deren Verteilung kommen werde[77].

52 Sofern die arbeitsvertraglich geschuldete Leistung aus durch die Behinderung verursachten Gründen nicht in vollem zeitlichem Umfang erbracht werden kann, **muss** der Arbeitgeber dem Begehren entsprechen[78]. Das Verlangen des schwerbehinderten Menschen nach § 81 Abs. 5 Satz 3 SGB IX **bewirkt unmittelbar eine Verringerung** der geschuldeten Arbeitszeit, ohne dass es einer Zustimmung des Arbeitgebers zur Änderung der vertraglichen Pflichten bedarf[79]. Diese Auffassung ist nicht ohne Kritik geblieben[80]. Verschiedene Stimmen im juristischen Schrifttum äußern sich dahingehend, dass ein dogmatisch überzeugendes Verständnis des Anspruchs auf Teilzeitbeschäftigung allein dahin gehen könne, dass § 81 Abs. 5 Satz 3 SGB IX einen Anspruch auf behinderungsgerechte Verringerung der Arbeitszeit einräume, der einen Anspruch auf entsprechende Vertragsänderung und auf eine dementsprechende tatsächliche Beschäftigung beinhalte. Dies habe wiederum zur Folge, dass der schwerbehinderte Arbeitnehmer zunächst die Vertragsänderung im Wege der Leistungsklage auf Zustimmung des Arbeitgebers durchsetzen muss, die bei Erfolg dazu führt, dass die Vertragsänderungserklärung des Arbeitgebers mit Rechtskraft des Urteils nach § 894 ZPO fingiert wird. Weigere sich der Arbeitgeber, den Arbeitnehmer im Umfang der vertraglich verringerten Arbeitszeit zu beschäftigen, könne dieser seinen Anspruch auf tatsächliche Beschäftigung entsprechend der vertraglich bestimmten Arbeitszeit durchsetzen. Dieser sog. „Vertragslösung" ist zuzustimmen. Andernfalls könnte die Teilzeitbeschäftigung ohne vertragliche Grundlage durchgesetzt werden können. Die Vorschrift des § 81 Abs. 5 Satz 3 SGB IX steht dieser Bewertung nicht entgegen: sie räumt den Anspruch auf Teilzeitbeschäftigung ein, schließt das Erfordernis einer Vertragsänderung jedoch keineswegs aus[81].

53 Der Arbeitgeber kann dem Teilzeitbegehren des schwerbehinderten Menschen indes entgegenhalten, dass die Erfüllung des Teilzeitverlangens für ihn **nicht zumutbar** oder mit **unverhältnismäßigen Aufwendungen** verbunden ist. Die Einwendungen des Arbeitgebers sind folglich enger als diejenigen nach § 8 Abs. 4 Satz 1 TzBfG, wonach der Arbeitgeber dem Teilzeitbegehren sämtliche betriebliche Gründe entgegenhalten kann. Demzufolge muss der Arbeitgeber bei objektiver Teilbarkeit des Arbeitsplatzes eine Teilzeit-Ersatzkraft einstellen, um die durch den schwerbehinderten Menschen nicht zu erbringende Arbeitsleistung abzudecken. Voraussetzung hierfür ist jedoch, dass eine entsprechende Teilzeitkraft mit angemessener Suche durch den Arbeitgeber überhaupt gefunden werden kann. Anderenfalls ist dem Arbeitgeber das Teilzeitverlangen nicht zuzumuten[82].

---

77 ArbG Frankfurt, Urteil v. 27.3.2002, 2 Ca 5484/01, ArbuR 2004, S. 69.

78 Annuß/Thüsing/*Kühn*, TzBfG, 3. Aufl. 2012, § 23 TzBfG, Rz. 107.

79 BAG, Urteil v. 14.10.2003, 9 AZR 100/03, NZA 2004, S. 614 ff.

80 Vgl. v. a. *Boecken*, RdA 2012, S. 210, 221 f.

81 So auch Laux/Schlachter/*Laux*, TzBfG, 2. Aufl. 2011, § 23 Anhang 1 E Rz. 20.

82 Annuß/Thüsing/*Kühn*, TzBfG, 3. Aufl. 2012, § 23 TzBfG, Rz. 110.

Hinzuweisen ist in diesem Kontext auf § 81 Abs. 5 Satz 2 SGB IX: Hiernach besteht – in Anknüpfung an die Unterstützungspflichten in Abs. 4 Satz 2 – eine spezielle Unterstützungspflicht der Integrationsämter durch Beratung und finanzielle Hilfen an die Arbeitgeber bei der Förderung von Teilzeitarbeitsplätzen. 54

Ebenso gilt festzuhalten, dass der Anspruch des Arbeitnehmers auf Verringerung der Arbeitszeit ausschließlich „seine" Arbeitszeit betrifft. Dem Arbeitgeber können keine Maßnahmen angesonnen werden, die mehr von ihm fordern als den dadurch bedingten Arbeitszeitausfall auszugleichen oder die so geschaffene Situation zu regeln. Eine derartige weitergehende Regelung läge aber vor, wenn man vom Arbeitgeber verlangen würde, nicht nur die Stunden, die sich aus der Arbeitszeitverringerung ergeben, künftig mit einer arbeitsvertraglich fest vereinbarten Arbeitszeit abzudecken, sondern weitere, darüber hinausgehende Stunden[83]. 55

Reine **Kostenerwägungen**, insbesondere die Belastung durch eine teilzeitbedingte Erhöhung der Lohnnebenkosten, können der Teilung einer Stelle hingegen **nur ausnahmsweise entgegengehalten** werden, wenn besondere Umstände vorliegen, z. B. wenn die zusätzlich einzustellende Teilzeitkraft nur zu weit über dem marktüblichen Gehaltsniveau liegenden Konditionen zu arbeiten bereit ist[84]. Der Arbeitgeber muss nachweisen, dass er angemessene Anstrengungen unternommen hat, um eine 2. Teilzeitkraft zu finden[85]. Das Teilzeitbegehren des Schwerbehinderten steht indes, ebenso wie der Teilzeitanspruch nach § 8 TzBfG, insgesamt unter dem **Verbot der Überforderung des Arbeitgebers**. Die Überforderungsgrenze kann insbesondere dann überschritten sein, wenn der Arbeitgeber gehäuft von Teilzeitwünschen betroffen ist[86]. 56

2.6 Frauenförderung

Das Gesetz zur Gleichstellung von Frauen und Männern in der Bundesverwaltung und in den Gerichten des Bundes (Bundesgleichstellungsgesetz – BGleichG) normiert in den §§ 12 ff. BGleichG **Ansprüche** von Beschäftigten, die teilweise über die Vorschriften des Teilzeit- und Befristungsgesetzes hinausgehen, im Übrigen aber die sonstige Gestaltung der Arbeitszeit betreffen. Das Bundesgleichstellungsgesetz wurde als Art. 1 des Gesetzes zur Durchsetzung der Gleichstellung von Frauen und Männern vom 30.11.2001[87] verkündet und hat das Frauenförderungsgesetz mit Wirkung vom 5.12.2001 abgelöst. Zielrichtung ist die Gleichstellung von Frauen und Männern, indem insbesondere Frauen die Möglichkeit eingeräumt werden soll, durch verschiedene Gestaltungsformen der Arbeitszeiten (Sabbatjahr, Arbeitszeitkonto, Teilzeit, Beschäftigung auf Dauer) Beruf und Familie vereinbaren zu können. 57

Für die in den Landesverwaltungen tätigen Frauen gelten **landesgesetzliche Spezialregelungen**, die ebenfalls teilweise weitergehen als der Anspruch nach § 8 TzBfG und über 58

83 BAG, Urteil v. 9.12.2003, 9 AZR 16/03, NZA 2004, S. 921, 923.
84 HK-TzBfG, TzBfG, 3. Aufl. 2012, § 81 TzBfG, Rz. 8.
85 ErfK/*Rolfs*, 16. Aufl. 2016, § 81 SGB IX Rz. 14 f.
86 BAG, Urteil v. 30.9.2003, 9 AZR 665/02, NZA 2004, S. 382, 384 ff.
87 BGBl. I 2001, S. 32, 34.

die Teilzeitarbeit hinaus beschäftigten Frauen auch andere Optionen gewähren mit dem Ziel, bestehende Benachteiligungen abzubauen. So ist z. B. nach § 13 Abs. 3 des Landesgleichstellungsgesetzes für das Land Nordrhein-Westfalen einem Beschäftigten auf Antrag für die Dauer von bis zu 5 Jahren die Ermäßigung seiner regelmäßigen Arbeitszeit bis auf die Hälfte gestattet, um tatsächlich ein minderjähriges Kind oder einen pflegebedürftigen sonstigen Angehörigen zu betreuen oder zu pflegen, es sei denn, zwingende dienstliche Belange stehen dem entgegen. Vergleichbare Regelungen kennen auch die übrigen Länder[88]. Die bundes- oder landesgesetzlich geregelten Rechtsansprüche auf Verringerung der Arbeitszeit bestehen **gleichberechtigt neben** dem allgemeinen **Anspruch aus** § 8 TzBfG[89].

3. Sonderregelungen über befristete Arbeitsverhältnisse

3.1 Überblick

59 Die Gesetzesbegründung zu § 23 TzBfG listet – indes nicht abschließend – die folgenden spezialgesetzlichen, teilweise nicht mehr aktuellen Vorschriften auf:

- § 21 BEEG[90]
- §§ 57a ff. HRG
- Gesetz über befristete Arbeitsverträge mit Ärzten in der Weiterbildung (ÄArbVtrG)
- § 3 Abs. 1 Nr. 3 und 5, § 9 Nr. 2 AÜG a. F.

60 Über die in der Gesetzesbegründung[91] genannten Spezialgesetze hinaus sind nicht zuletzt wegen der jüngeren Gesetzesentwicklung folgende Vorschriften von Bedeutung:

- § 6 PflZG
- § 2 Abs. 3 FPflZG
- §§ 1 ff. WissZeitG
- § 1 Abs. 4 Halbsatz 1 ArbPlSchG
- § 1 Abs. 3 Halbsatz 1 EignÜG
- § 21 Abs. 1 BBiG
- § 9 Abs. 2 Nr. 2 AÜG a. F.
- § 231 SGB III
- § 232 Abs. 1 Satz 1 SGB III a. F.
- § 41 Sätze 2 und 3 SGB VI

61 Die Vorschriften des AÜG sind ebenso wie die Regelungen über den Eingliederungsvertrag (§ 232 Abs. 1 Satz 1 SGB III) aufgrund jüngerer gesetzlicher Änderungen im Zusammenhang mit § 23 TzBfG nicht mehr relevant. Gleichwohl werden im Folgenden diese Vorschriften ebenso wie die unverändert bedeutsamen spezialgesetzlichen Vorschriften skizziert. Die Darstellung konzentriert sich u. a. auch auf die Frage, ob und

---

88 Vgl. hierzu die Aufstellung bei Meinel/Heyn/*Herms*, TzBfG, 5. Aufl. 2015, § 23 TzBfG, Rz. 14.
89 *Rolfs*, RdA 2001, S. 129, 139.
90 Die §§ 17 – 21 BErzGG sind unverändert in den §§ 17 – 21 BEEG übernommen worden.
91 BT-Drucks. 14/4374, S. 22.

inwieweit die Sonderregelungen abschließenden Charakter haben und/oder inwieweit die Vorschriften des TzBfG ergänzend zur Anwendung gelangen.

3.2 Befristete Einstellung einer Ersatzkraft (§ 21 BEEG)

3.2.1 Allgemeines

Die Vorschrift steht als Sonderfall neben der **allgemeinen Regelung des** § 14 TzBfG und bietet dem Arbeitgeber eine **alternative Befristungsmöglichkeit**. Ein sachlicher Grund liegt nach § 14 Abs. 1 Nr. 3 TzBfG vor, wenn der Arbeitnehmer zur Vertretung eines anderen Arbeitnehmers beschäftigt wird. Der Sachgrund der Vertretung i. S. v. § 14 Abs. 1 Satz 2 Nr. 3 TzBfG wird durch § 21 Abs. 1 BEEG konkretisiert (BAG, Urteil v. 29.4.2015, 7 AZR 310/13, NJW 2016 S. 185). Der sich in Elternzeit befindende Arbeitnehmer vermag sich selbstverständlich auf beide Befristungsmöglichkeiten zu berufen[92]. Anderenfalls wäre der „Elternzeiter" gegenüber dem „normalen" Arbeitnehmer benachteiligt. Die Vorschriften des TzBfG finden weitgehend auch im Rahmen des § 21 BEEG Anwendung (z. B. §§ 3, 4 Abs. 2, 14 Abs. 4, 15 Abs. 1, 2, 3 und 5, 17, 18 bis 20 TzBfG)[93]. 62

Im Ergebnis fasst § 21 BEEG letztlich die von der höchstrichterlichen Rechtsprechung entwickelten Grundsätze in Gesetzesform zusammen, wonach auch schon vor der Geltung des BErzGG bereits die **Vertretung einer Arbeitnehmerin während des Mutterschaftsurlaubs als sachlicher Grund für die Befristung** eines Arbeitsvertrags anerkannt war (BAG, Urteil v. 8.9.1983, 2 AZR 438/82, BB 1984 S. 728). Die klarstellende Gesetzesvorschrift verfolgt in gleicher Weise den Zweck, dem Arbeitgeber die Möglichkeit einzuräumen, befristet eine Ersatzkraft einzustellen, um die ihm hieraus erwachsenden Belastungen zu kompensieren. Der Arbeitgeber ist jedoch nicht verpflichtet, eine Ersatzeinstellung für einen in Elternzeit abwesenden Arbeitnehmer auf die konkret beantragte Elternzeit zu befristen. Das Gesetz verbietet dem Arbeitgeber nicht, sich hinsichtlich einer möglichen Verlängerung der Elternzeit und eines möglichen Teilzeitwunsches des Arbeitnehmers „offen aufzustellen"[94]. Indes kann der Umstand, dass die vereinbarte Vertragslaufzeit erheblich über die Dauer der projektbezogenen Beschäftigung des Arbeitnehmers hinausgeht, dafür sprechen, dass der Sachgrund des vorübergehenden Bedarfs an der Arbeitsleistung nur vorgeschoben ist (BAG, Urteil v. 29.7.2009, 7 AZR 907/07, AP Nr. 65 zu § 14 TzBfG)[95]. 63

Das berechtigte Interesse des Arbeitgebers, lediglich für einen absehbaren Zeitraum doppelt belastet zu sein, wird flankiert durch das **besondere Kündigungsrecht des** § 21 Abs. 4 BEEG. Beendet der vertretene Arbeitnehmer das Arbeitsverhältnis zum Ende der Elternzeit durch Eigenkündigung, so kann sich der Arbeitgeber gegenüber der befristet zur Vertretung eingestellten Ersatzkraft nach entsprechender Ankündigung auf das Ende des befristeten Arbeitsverhältnisses berufen[96]. 64

92 BAG, Urteil v. 13.10.2004, 7 AZR 654/03, NZA 2005, S. 469.

93 KR/*Bader*, 11. Aufl. 2016, § 23 TzBfG, Rz. 13.

94 LAG Baden-Württemberg, Urteil v. 14.4.2015, 8 Sa 49/14, Juris.

95 S. *Gräfl*, § 14 Rz. 29 m. w. N. zur Rechtsprechung.

96 LAG Nürnberg, Urteil v. 2.8.2007, 5 Sa 564/06, BB 2007, S. 2076.

65 Zudem stellt § 21 Abs. 7 BEEG sicher, dass die zusätzliche **Einstellung einer Ersatzkraft nicht** nach anderen arbeitsrechtlichen Gesetzen oder Verordnungen **Nachteile für den Arbeitgeber** mit sich bringt. Insbesondere führt die Einstellung der Ersatzkraft nicht dazu, dass Regelungen, deren Anwendbarkeit von einer bestimmten Anzahl im Betrieb oder Unternehmen beschäftigter Arbeitnehmer abhängt, die Beschäftigtenzahl erhöhen.

66 Im Rahmen einer letzten Überarbeitung des BErzGG war klargestellt worden, dass § 21 BEEG sowohl die **Zeit- als auch die Zweckbefristung** zulässt. Das BAG hatte zu § 21 BErzGG a. F. noch entschieden, Zweckbefristungen seien unzulässig (BAG, Urteil v. 9.11.1994, 7 AZR 243/94, EzA § 21 BErzGG Nr. 1). Diese Rechtsprechung war durch die Neufassung des § 21 Abs. 3 BErzGG, die § 21 Abs. 3 BEEG übernommen hat, jedoch überholt (vgl. BAG, Urteil v. 9.9.2015, 7 AZR 148/14[97]).

Hinweis

Ungeachtet von § 21 Abs. 3 2. Alt. BEEG ist dem Arbeitgeber dringend anzuraten, neben einer Zweckbefristung auf jeden Fall mit der Ersatzkraft **schriftlich eine zeitliche Obergrenze** der Beschäftigung **zu vereinbaren**.

Die alleinige Zweckbefristung kann nämlich dann nachteilig sein, wenn der ursprüngliche Arbeitsplatzinhaber den durch die Elternzeit suspendierten Arbeitsvertrag durch Eigenkündigung beendet. In diesem Fall entfällt der Sachgrund für eine zeitlich befristete Vertretung mit der Folge, dass Entfristung eintritt. Die kalendermäßige Befristungsbegrenzung ist dann als der nach § 15 Abs. 3, 5 BEEG gebotene Widerspruch zu werten, der verhindert, dass das Arbeitsverhältnis wegen Weiterbeschäftigung des Arbeitnehmers trotz Zweckerreichung entfristet wird[98]. In diesen Fällen steht dem Arbeitgeber indes aufgrund des § 21 Abs. 4 BEEG das in dieser Vorschrift normierte Sonderkündigungsrecht zu.

3.2.2 Voraussetzungen

67 § 21 Abs. 1 BEEG gestattet die Befristung des Arbeitsvertrags mit einer **Ersatzkraft**, sofern der zu vertretende Arbeitnehmer dem **Beschäftigungsverbot nach dem** MuSchG unterliegt, sich in **Elternzeit** befindet oder von seiner Tätigkeit zur Kinderbetreuung **auf anderer Rechtsgrundlage** freigestellt ist. Falls der Arbeitgeber die einem Beschäftigungsverbot unterliegende Arbeitnehmerin nur in Teilen nicht beschäftigen kann oder darf, ist er zur Einstellung einer Ersatzkraft insoweit berechtigt, als die Ersatzkraft exakt das Ausmaß des Arbeitsausfalls übernimmt[99].

---

[97] BB 2016, S. 251

[98] KR/*Lipke*, 11. Aufl. 2016, § 21 BEEG, Rz. 54; BAG, Urteil v. 26.7.2000, 7 AZR 51/99, BB 2000, S. 2576.

[99] Annuß/Thüsing/*Kühn*, TzBfG, 3. Aufl. 2012, § 23 TzBfG, Rz. 119.

68 Im Rahmen des Sachgrunds „Erziehungszeit" war im juristischen Schrifttum **streitig, ob der Arbeitnehmer die Elternzeit bereits verlangt haben muss**, um eine befristete Ersatzkraft einzustellen, oder ob die bloße Möglichkeit ausreicht, Elternzeit zu nehmen. Das BAG hatte zunächst die Auffassung vertreten, das Verlangen nach Elternzeit müsse bereits definitiv erklärt worden sein[100]. Im Rahmen einer jüngeren Entscheidung ist diese Auffassung inzwischen aufgegeben worden. Ausreichend sei vielmehr, dass sich aus den Umständen bei Vertragsschluss der Bedarf für die Beschäftigung des Vertreters ergebe, auf den die Abwesenheit des zeitweilig ausfallenden Arbeitnehmers zurückzuführen sei (BAG, Urteil v. 9.9.2015, 7 AZR 148/14[101]). Dieser Auffassung ist zuzustimmen, war doch die frühere Wertung unter Berücksichtigung der Entwicklung des Gesetzestexts durchaus **problematisch**. Bis zum 31.12.1991 hatte das BErzGG ausdrücklich einen zu Recht verlangten Erziehungsurlaub vorausgesetzt, um die befristete Einstellung einer Ersatzkraft rechtfertigen zu können. Seither nahm § 21 Abs. 1 BErzGG auf das Verlangen des Arbeitnehmers jedoch keinen Bezug mehr. Die Neuformulierung kann nicht allein als eine redaktionelle Änderung verstanden werden, durch welche die sprachliche Fassung der Vorschrift gestrafft werden sollte. Vielmehr war damit eine sachliche Änderung der bis Anfang der 90er-Jahre des vorigen Jahrhunderts geltenden Rechtslage verknüpft.

69 Für die Beurteilung der Wirksamkeit der Befristung ist die gesetzlich geforderte **Kausalität** von besonderer Bedeutung. **Voraussetzung** ist insoweit, dass **durch den zeitweiligen Ausfall der Arbeitskraft** wegen Elternzeit ein **temporärer Bedarf an Beschäftigung** eines Arbeitnehmers besteht, der quantitativ durch die befristete Einstellung ausgeglichen werden soll. Indes muss die befristete Arbeitskraft nicht zwingend die ursprünglich vor der Elternzeit ausgeübte Tätigkeit ausüben. Vielmehr genügt es, wenn der Arbeitgeber durch organisatorische Änderungen des Betriebsablaufs mittelbar sicherstellt, dass der durch den Ausfall eingetretene Beschäftigungsbedarf durch die Ersatzkraft gedeckt wird. Die erforderliche Kausalität wird bei gleichbleibender Mitarbeiterzahl vermutet[102]. In den Fällen der mittelbaren Vertretung, d. h. die Tätigkeit des zeitweise ausgefallenen Mitarbeiters wird nicht von dem Vertreter, sondern einem anderen Arbeitnehmer oder mehreren anderen Arbeitnehmern ausgeübt, sollte sich der Arbeitgeber jedoch unbedingt der von der Rechtsprechung gestellten Anforderungen zur Darstellung des Kausalzusammenhangs in der Vertretungskette zwischen dem Vertretenen und dem Vertreter bewusst sein (vgl. BAG, Urteil v. 10.10.2012, 7 AZR 462/11[103])[104].

70 Dem Arbeitgeber ist es jedoch nicht gestattet, Befristungen auf Vorrat zu schaffen, um sich Umsetzungsmöglichkeiten in der Zukunft offenzuhalten[105]. Ebenso wenig besteht ein ursächlicher Zusammenhang, wenn der Arbeitgeber den vorübergehenden Ausfall

---

100 BAG, Urteil v. 9.11.1994, 7 AZR 243/99, BB 1995, S. 361; so unverändert auch Annuß/Thüsing/*Kühn*, TzBfG, 3. Aufl. 2012, § 23 TzBfG, Rz. 122.

101 BB 2016, S. 251

102 LAG Köln, Urteil v. 21.10.1997, 11 Sa 385/97, LAGE BErzGG § 21 Nr. 2.

103 NZA-RR 2013, S. 185

104 S. Gräfl, § 14, Rz. 103 ff.

105 LAG Köln, Urteil v. 14.1.1999, 6 Sa 1165/98, LAGE BErzGG § 21 Nr. 3.

eines Mitarbeiters zum Anlass nimmt, die dadurch zeitweilig frei werdenden Mittel dafür zu verwenden, andere Aufgaben durch die Aushilfskraft erledigen zu lassen, ohne dass diese in einer mittelbaren Beziehung zu den Aufgaben des Vertretenen stehen[106]. Die Darlegungs- und Beweislast für den Kausalzusammenhang zwischen Arbeitsausfall und befristeter Einstellung trägt der Arbeitgeber[107].

3.2.3 Dauer der Befristung

71 Die **Obergrenze für die Befristungsdauer** wird durch die Gesamtzeit sämtlicher Ausfallzeiten des zu ersetzenden Arbeitnehmers bestimmt. Ausfallzeiten wegen Beschäftigungsverboten nach dem MuSchG, Elternzeit oder Sonderurlaub können also addiert werden. Bis zu dieser Obergrenze kann für jeden der genannten Zeitabschnitte mit denselben oder verschiedenen Arbeitnehmern ein gesonderter befristeter Arbeitsvertrag geschlossen werden. Zulässig ist es ferner, lediglich für einen bestimmten Teil der genannten Ausfallzeiten ein befristetes Arbeitsverhältnis einzugehen[108]. Nach § 21 Abs. 2 BEEG kann die Dauer der Vertretung für die notwendigen Zeiten der Einarbeitung der Ersatzkraft verlängert werden. Darunter ist der Zeitraum zu verstehen, der erforderlich ist, um die Ersatzkraft mit den Besonderheiten des von ihr zu besetzenden Arbeitsplatzes vertraut zu machen. Im juristischen Schrifttum wird insoweit indes diskutiert, ob der Zeitraum restriktiv oder großzügig zu bestimmen ist[109]. Nach Sinn und Zweck des Gesetzes ist es dem Arbeitgeber nicht zuzumuten, das Risiko von Störungen im Arbeitsablauf infolge ungenügender Einarbeitung der Ersatzkraft zu tragen. Die Bestimmung der notwendigen Zeit zur Einarbeitung sollte deshalb großzügig vorgenommen werden können[110].

3.2.4 Kettenbefristung[111]

72 Regelmäßiger Streitpunkt u. a. der befristeten Ersatzeinstellung ist der mit einer sog. Kettenbefristung regelmäßig verbundene **Einwand des Rechtsmissbrauchs**[112]. An diesem Befund hat auch die sog. „Kücük“-Entscheidung des EuGH sowie die ihr nachfolgende Rechtsprechung des BAG nichts geändert. Der EuGH hatte im Jahr 2012 zunächst festgestellt, dass die nationalen Rechtsvorschriften, nach denen die Befristung eines Arbeitsvertrags zulässig ist, wenn der Arbeitnehmer zur Vertretung eines anderen Arbeitnehmers beschäftigt wird, grundsätzlich einen **sachlichen Grund** im Sinne § 5 Nr. 1 Buchst. a der Rahmenvereinbarung über befristete Arbeitsverhältnisse im Anhang der Richtlinie

[106] BAG, Urteil v. 25.8.2004, 7 AZR 32/04, NZA 2005, S. 472.

[107] BAG, Urteil v. 15.8.2001, 7 AZR 263/00, NZA 2002, S. 85; BAG, Urteil v. 27.9.2000, 7 AZR 412/99, BB 2001, S. 412.

[108] BAG, Urteil v. 6.12.2000, 7 AZR 262/99, BB 2001, S. 833.

[109] Vgl. zum Streitstand: KR/*Lipke*, 11. Aufl. 2016, § 21 BEEG, Rz. 15a.

[110] Annuß/Thüsing/*Kühn*, TzBfG, 3. Aufl. 2012, § 23 TzBfG, Rz. 46 m. w. N.

[111] S. Gräfl, § 14, Rz. 35, 96 f.

[112] Einen Überblick zum „Befristungsdschungel“ gewährt u. a. *Kossens*, AiB 2014, S. 18 ff.

1999/70 zu der EGB-UNICE-CEEP-Rahmenvereinbarung über befristete Arbeitsverträge darstellen können[113]. Aus dem bloßen Umstand, dass ein Arbeitgeber gezwungen sein mag, wiederholt oder sogar dauerhaft auf befristete Vertretungen zurückzugreifen, und dass diese Vertretungen auch durch die Einstellung von Arbeitnehmern mit unbefristeten Arbeitsverträgen gedeckt werden könnten, folgt weder, dass kein sachlicher Grund im Sinne der Vorschrift gegeben ist, noch das Vorliegen eines Missbrauchs im Sinne dieser Bestimmung. Bei der Beurteilung der Frage, ob die Verlängerung befristeter Arbeitsverträge oder -verhältnisse durch einen solchen sachlichen Grund gerechtfertigt ist, müssten die Behörden der Mitgliedstaaten jedoch im Rahmen ihrer jeweiligen Zuständigkeiten alle Umstände des Falles einschließlich der Zahl und der Gesamtdauer der in der Vergangenheit mit demselben Arbeitnehmer geschlossenen befristeten Arbeitsverträge oder -verhältnisse berücksichtigen. Das BAG hat im Anschluss hieran entschieden, dass die Befristung eines Arbeitsvertrags trotz Vorliegens eines Sachgrunds aufgrund der besonderen Umstände des Einzelfalls ausnahmsweise rechtsmissbräuchlich und daher unwirksam sein kann, wobei insbesondere eine sehr lange Gesamtdauer oder eine außergewöhnlich hohe Anzahl von aufeinander folgenden befristeten Arbeitsverträgen mit demselben Arbeitgeber für das Vorliegen eines Rechtsmissbrauchs sprechen können[114]. Das BAG beantwortete die Frage nicht abschließend, ab welcher Dauer und welcher Zahl von Befristungen von einem Rechtsmissbrauch auszugehen ist. Diese wird die Praxis im Einzelfall eigenverantwortlich zu beantworten haben, stets verbunden mit dem Risiko, dass der betroffene Arbeitnehmer erfolgreich die Entfristungsklage erhebt. Die Erfurter Richter gaben jedoch zumindest einen ersten Rahmen der Umstände vor, die regelmäßig einen Rechtsmissbrauch indizieren. Bei einer Gesamtdauer der Befristung von 5 Jahren und einem Monat und dem Abschluss eines Ausgangsvertrags und von 7 Verlängerungsverträgen wird eine missbräuchliche Ausnutzung der Sachgrundbefristung durch den Arbeitgeber (noch) nicht indiziert[115].

Das BAG hat inzwischen des Weiteren entschieden, dass die wiederholte, 10-fache Be- 73
fristung eines Arbeitsverhältnisses für die Gesamtdauer von beinahe 15 Jahren für den Fall, dass eine aufgrund von Mutterschutz, Elternzeit und Sonderurlaub abwesende Arbeitnehmerin unmittelbar vertreten wird, zulässig und nicht rechtsmissbräuchlich ist (BAG, Urteil v. 29.4.2015, 7 AZR 310/13[116]). Die anerkannten Grundsätze des institutionellen Rechtsmissbrauchs erfordere eine Würdigung sämtlicher Umstände des Einzelfalls, insbesondere der Gesamtdauer der befristeten Verträge sowie der Anzahl der Vertragsverlängerungen. Im Fall eines gravierenden Ausmaßes der Befristungen habe der Arbeitgeber stets die Möglichkeit, die Annahme des Gestaltungsmissbrauchs durch den Vortrag besonderer Umstände zu entkräften. Eine Rechtfertigung kommt – so das BAG

113 EuGH, Urteil v. 26.1.2012, C-586/10 („Kücük"), NJW 2012, S. 989.

114 BAG, Urteil v. 18.7.2012, 7 AZR 443/09, BAGE 142 S. 308.

115 Vgl. BAG, Urteil v. 9.9.2015, 7 AZR 190/14, BB 2016, S. 179; BAG, Urteil v. 19.2.2014, 7 AZR 260/12, NZA-RR 2014, S. 408; LAG Rheinland-Pfalz, Urteil v. 21.10.2014, 8 Sa 360/14, AA 2015, S. 180.

116 NZA 2015, S. 928

– unter anderem dann in Betracht, wenn der Vertreter zur unmittelbaren Vertretung der Stammkraft für die Dauer der Inanspruchnahme von Mutterschutz, Erziehungsurlaub bzw. Elternzeit und Sonderurlaub auf deren Arbeitsplatz eingestellt wird und der Arbeitgeber nicht über weitere Stellen verfügt, welche die Stammkraft besetzt.

3.2.5 Beendigung des Arbeitsverhältnisses

74 Das Arbeitsverhältnis mit der befristet eingestellten Ersatzkraft **endet mit Fristablauf bzw. mit Zweckerreichung**. Sofern der vertretene Arbeitnehmer früher als erwartet an seinen Arbeitsplatz zurückkehrt, z. B. das zu betreuende Kind stirbt, führt die damit verbundene Zweckerreichung zur Beendigung des befristeten Arbeitsverhältnisses. Das gilt jedoch allein für die Zweckbefristung, nicht aber für die kalendermäßige Befristung. Sofern die frühere Rückkehr nicht vorhersehbar war, ist der Arbeitgeber gehalten, der Ersatzkraft die Zweckerreichung **unverzüglich in schriftlicher Form** anzukündigen und ihr eine **angemessene Auslauffrist von mindestens 2 Wochen ab Kenntnis von der Zweckerreichung** in Anlehnung an § 15 Abs. 2 TzBfG zu gewähren[117].

75 Das Arbeitsverhältnis mit dem Ersatz-Arbeitnehmer endet jedoch zum Ablauf der vereinbarten Zeit bzw. mit Zweckerreichung, wenn die Ersatzkraft nach Ablauf bzw. nach Eintritt der Zweckerfüllung weiterbeschäftigt wird. Falls der Arbeitgeber der **Weiterbeschäftigung** nicht unverzüglich widerspricht oder dem Arbeitnehmer die Zweckerreichung nicht – wie vorstehend dargelegt – mitteilt, gilt das Arbeitsverhältnis entsprechend § 15 Abs. 5 TzBfG als unbefristet und auf unbestimmte Zeit[118]. Darüber hinaus stellt sich die Frage, ob – bejahendenfalls unter welchen **Voraussetzungen** – die zweckbefristet eingestellte Ersatzkraft auch ohne tatsächliche Weiterbeschäftigung die **unbefristete Fortsetzung** ihres Anstellungsvertrags verlangen kann. Sofern einzelvertraglich oder kollektivrechtlich nichts Anderweitiges bestimmt ist, vermag der befristet eingestellte Vertreter grundsätzlich die Fortsetzung des Arbeitsverhältnisses nicht zu begehren[119]. Eine Ausnahme von diesem Grundsatz ist auch nicht gerechtfertigt, sofern der vertretene Arbeitnehmer gar nicht oder später als ursprünglich geplant an seinen Arbeitsplatz zurückkehrt. Die **Befristung** mit dem Vertreter **bleibt wirksam**, auch wenn der Grund für die Befristung des Arbeitsverhältnisses nach Vertragsabschluss wegfällt (z. B. infolge überraschender Eigenkündigung des Arbeitnehmers in Elternzeit). Nach dem Gesetzeskonzept ist ein Anspruch des Arbeitnehmers gegen den bisherigen Arbeitgeber, mit ihm im Anschluss an die wirksame Beendigung des Arbeitsverhältnisses einen erneuten Arbeitsvertrag zu schließen, nicht vorgesehen. Vielmehr folgt aus der negativen Vertragsfreiheit des Arbeitgebers, dass dieser grundsätzlich frei darüber entscheiden kann, ob er dem bisherigen Arbeitnehmer ein erneutes Angebot zum Abschluss eines Arbeitsvertrags

---

[117] *Rolfs*, NZA 1996, S. 1134, 1140; *Preis*, NJW 1996, S. 3369, 3370; KR/*Lipke*, 11. Aufl. 2016, § 21 BEEG, Rz. 51.

[118] Annuß/Thüsing/*Kühn*, TzBfG, 3. Aufl. 2012, § 23 TzBfG, Rz. 138.

[119] BAG, Urteil v. 20.2.2002, 7 AZR 600/00, DB 2002, S. 1448, 1449

macht oder dessen Angebot annimmt[120]. Die Rechtsprechung zum Wiedereinstellungsanspruch nach betriebsbedingter Kündigung ist auf befristete Arbeitsverträge nicht übertragbar, da der Wiedereinstellungsanspruch mit dem durch § 1 KSchG intendierten Bestandsschutz verknüpft ist[121]. Dieser Befund gilt für Zweckbefristung und kalendermäßige Befristung gleichermaßen.

76 Entsprechendes gilt auch, wenn der Arbeitnehmer in Elternzeit eine **Verlängerung** verlangt oder sein Ausfall durch eine **weitere Elternzeit** oder **andere Fehlzeiten** (z. B. Mutterschaftsfristen, krankheitsbedingte Arbeitsunfähigkeit) im Anschluss an die 1. Elternzeit verlängert wird[122].

Beispiel

Der Arbeitgeber stellt für eine Arbeitnehmerin, die Elternzeit für die Dauer von 3 Jahren beantragt hat, zweckbefristet eine Ersatzkraft ein. In dem befristeten Anstellungsvertrag wird keine zeitliche Obergrenze vereinbart. Nachdem die „Elternzeiterin" nach 2/3 der Elternzeit ihr 2. Kind entbindet und dem Arbeitgeber ihr weiteres Fernbleiben vom Arbeitsplatz auch über die Vollendung des 3. Lebensjahres ihres 1. Kindes hinaus ankündigt, reklamiert die Ersatzkraft das Bestehen eines unbefristeten Anstellungsvertrages. Zu Recht?

Lösung:

Die Geburt eines weiteren Kindes während der Elternzeit lässt die in Anspruch genommene Elternzeit zunächst unberührt. Dem Arbeitnehmer steht jedoch ein Anspruch darauf zu, wegen der Geburt eines weiteren Kindes die Elternzeit vorzeitig zu beenden (§ 16 Abs. 3 Satz 2 BEEG), um in den Arbeitsprozess zurückzukehren. Andererseits bleibt es dem Arbeitnehmer selbstverständlich unbenommen, auch für das 2. Kind den Anspruch auf Elternzeit geltend zu machen. Die Inanspruchnahme der weiteren Elternzeit ist jedoch allein für den Zeitraum zwischen dem Ende der 1. Elternzeit (in der Regel die Vollendung des 3. Lebensjahres des Kindes) und der Vollendung des 3. Lebensjahres des 2. Kindes möglich. Daraus folgt unmittelbar, dass mit der Beendigung der 1. Elternzeit auch das Anstellungsverhältnis mit der Ersatzkraft infolge Zweckerreichung endet.

77 § 21 Abs. 4 BEEG räumt dem Arbeitgeber ein **Sonderkündigungsrecht** für den Fall ein, dass die Elternzeit ohne seine Zustimmung vorzeitig endet und der Arbeitnehmer die vorzeitige Beendigung seiner Elternzeit mitgeteilt hat. Die Eigenkündigung des vertretenen Arbeitnehmers ist nach der Neufassung des Gesetzes ausdrücklich als Rechtfertigung

120 BAG, Urteil v. 20.2.2002, 7 AZR 600/00, DB 2002, S. 1448, 1449
121 BAG, Urteil v. 28.6.2000, 7 AZR 904/98, NZA 2000, S. 1097
122 HWK/*Gaul*, 6. Aufl. 2014, § 21 BEEG, Rz. 5.

des Sonderkündigungsrechts mit in die Vorschrift aufgenommen worden. Das Sonderkündigungsrecht greift auch dann ein, wenn der Arbeitgeber die vorzeitige Beendigung der Elternzeit in den Fällen des § 16 Abs. 3 Satz 2 BEEG nicht ablehnen kann[123]. Das Sonderkündigungsrecht greift indes **nur** dann ein, wenn die **finanzielle Doppelbelastung** entsteht, **ohne dass der Arbeitgeber diese zu beeinflussen vermag**. Sofern die Beendigung der Elternzeit also auf andere als die in § 21 Abs. 4 BEEG genannten Gründen zurückzuführen ist, muss er die finanzielle Doppelbelastung selbst verantworten mit der Folge, sich auf das Sonderkündigungsrecht nicht berufen zu können[124]. Dem Arbeitgeber steht jedoch die Möglichkeit zu, durch arbeitsvertragliche Gestaltung hinreichende Vorkehrungen für die vorzeitige, von ihm durchaus zu beeinflussende Beendigung des befristeten Arbeitsvertrages zu treffen.

78 Da nach dem unverändert gebliebenen § 21 Abs. 5 BEEG das **Kündigungsschutzgesetz** im Fall des Sonderkündigungsrechts **nicht anzuwenden** ist, muss der gekündigte Arbeitnehmer auch nach der seit dem 1.1.2004 geltenden Neufassung des § 4 KSchG die **3-Wochen-Frist nicht beachten**, um die Unwirksamkeit der Kündigung nach § 21 Abs. 4 BEEG arbeitsgerichtlich anzugreifen. Soweit der **Arbeitnehmer** sich auf besondere Kündigungsschutzvorschriften (§ 9 MuSchG, §§ 85 ff. SGB IX) berufen möchte, greift § 21 Abs. 5 BEEG nicht[125]. Ungeachtet dieser Vorschrift hat der Arbeitgeber auch bei Ausübung des Sonderkündigungsrechts nach § 21 Abs. 4 BEEG vor Ausspruch der schriftlichen Kündigung (§ 623 BGB) den Betriebsrat zu hören (§ 102 BetrVG).

79 Der Arbeitsvertrag mit der Arbeitskraft muss bei der Berufung auf das Sonderkündigungsrecht mit einer **Frist** von **mindestens 3 Wochen** gekündigt werden, frühestens jedoch zu dem Zeitpunkt, in dem die Elternzeit vorzeitig endet. Längere gesetzliche Kündigungsfristen sind nicht zu beachten. § 21 Abs. 4 BEEG geht diesen Vorschriften als lex specialis vor[126].

3.3 § 6 PflZG[127]

80 Die Vorschrift stellt klar, dass die Befristung eines Arbeitsvertrags mit einer Vertretungskraft für die Zeit, in der Beschäftigte nach § 2 PflZG kurzzeitig an der Arbeitsleistung verhindert sind oder Pflegezeit nach § 3 PflZG in Anspruch nehmen, sachlich gerechtfertigt ist. § 6 PflZG ist eine spezialgesetzliche Befristungsregelung für die beiden genannten Vertretungsfälle, welche die allgemeine Vertretungsregelung des § 14 Abs. 1 Satz 2 Nr. 3 TzBfG verdrängt und über deren Anwendungsbereich sogar hinausgeht[128]. Über die sich aus § 6 Abs. 1 Satz 1 PflZG ergebende zulässige Höchstdauer hinaus, kann ausnahmsweise die Befristung um die für die Einarbeitung notwendige Zeit verlängert werden (§ 6 Abs. 1 Satz 2 PflZG). Diese Verlängerungsmöglichkeit ist § 21 Abs. 2

---

[123] Vgl. *Sowka*, NZA 2000, S. 1188.

[124] KR/*Lipke*, 11. Aufl. 2016, § 21 BEEG, Rz. 65.

[125] Annuß/Thüsing/*Kühn*, TzBfG, 3. Aufl. 2012, § 23 TzBfG, Rz. 146.

[126] KR/*Lipke*, 11. Aufl. 2016, § 21 BEEG, Rz. 69.

[127] Vgl. *Müller*, BB 2008, S. 1058, 1064.

[128] *Müller*, BB 2008, S. 1058, 1064; a. A. ErfK/Gallner, 16. Aufl. 2016, § 6 PflZG, Rz. 1.

BEEG nachempfunden, sodass auf die dazu entwickelten Grundsätze zurückgegriffen werden kann.

Endet die Pflegezeit nach Maßgabe von § 4 Abs. 2 Satz 1 PflZG vorzeitig, steht dem Arbeitgeber gegenüber der befristet eingestellten Vertretungskraft ein **Sonderkündigungsrecht** zu (§ 6 Abs. 3 Satz 1 PflZG). Der Arbeitgeber kann dann der Vertretungskraft, abweichend von § 622 BGB, unter Einhaltung einer 2-wöchigen Kündigungsfrist kündigen. Das KSchG ist auf diese Kündigung nicht anwendbar. Mit dem Sonderkündigungsrecht will der Gesetzgeber vermeiden, dass der Arbeitgeber in den Ausnahmefällen des § 4 Abs. 2 Satz 1 PflZG, bei denen der Beschäftigte ohne arbeitgeberseitige Zustimmung früher als geplant seine Arbeit wieder aufnehmen kann, nicht doppelt entlohnen muss[129]. 81

Durch § 6 Abs. 4 PflZG wird die **Doppelzählung** von pflegenden Beschäftigten und dessen Vertretung zur Bestimmung von Schwellenwerten vermieden. Die Regelung entspricht inhaltlich § 21 Abs. 7 BEEG. 82

3.4 § 2 Abs. 3 FPfZG

Nach § 2 Abs. 3 FPfZG gilt § 6 PflZG entsprechend für die Vertretung eines Arbeitnehmers, der zur Überbrückung einer Abwesenheit nach dem Familienpflegezeitgesetz eingestellt wird. 83

3.5 Ärzte in der Weiterbildung (ÄArbVtrG)

Das Gesetz über befristete Arbeitsverträge mit Ärzten in der Weiterbildung (ÄArbVtrG) war ursprünglich bis zum 31.12.1997 befristet, gilt jedoch zwischenzeitlich unbefristet fort. Das Gesetz enthält **Sonderregelungen für Zeitverträge mit Ärzten in der Weiterbildung** und verfolgt das Ziel, die Möglichkeiten einer kontinuierlichen Weiterbildung für angehende Ärzte zu erhalten und zu verbessern, um auf diese Weise die medizinische Versorgung der Bevölkerung durch qualifizierte, weitergebildete Ärzte sicherzustellen[130]. Konzeptionell ist das Gesetz den Vorschriften der §§ 57a ff. HRG a. F. nachgebildet. Hieraus hat sich durch die Ersetzung der Befristungsregeln des HRG durch die des WissZeitVG nichts geändert. 84

Das Gesetz findet Anwendung für die **Weiterbildung von Ärzten außerhalb von Hochschulen und Forschungseinrichtungen**, für die das Hochschulrahmengesetz Anwendung erlangt. Das Gesetz über befristete Arbeitsverträge mit Ärzten in der Weiterbildung ist daher insbesondere dann anwendbar, wenn die Weiterbildung in Krankenhäusern kommunaler, kirchlicher oder privater Träger stattfindet[131]. Insbesondere erfasst werden **kommunale, kirchliche und freie gemeinnützige Krankenhäuser, daneben auch Universitätskliniken**, sofern sie von einem selbstständigen Rechtsträger betrieben werden und von ihm allenfalls noch in untergeordnetem Umfang Forschungsarbeit geleistet 85

---

129 Regierungsentwurf, BR-Drucks. 718/07, S. 224.

130 BT-Drucks. 13/8668, S. 5.

131 MünchArbR/*Wank*, Bd. 1, 3. Auflage 2009, § 95, Rz. 213.

wird[132]. Das ÄArbVtrG gilt **allein für approbierte Ärzte**. Weder die Aus- und Weiterbildung von vor der Approbation stehenden Ärzten noch die Weiterbildung von Zahnärzten und Tierärzten unterfallen dem Gesetz. Der Abschluss von befristeten Arbeitsverträgen mit diesen Ärzten zum Zwecke der Weiterbildung richtet sich nach den allgemeinen Vorschriften des TzBfG[133].

86 Wie § 1 Abs. 5 ÄArbVtrG bestimmt, kommt dem Gesetz im Rahmen seines Anwendungsbereiches Vorrang vor den Regelungen des TzBfG zu. Der Abschluss eines befristeten Arbeitsvertrags auch nach den Vorschriften dieses Gesetzes bleibt jedoch möglich. Insbesondere kann ergänzend auf das TzBfG zurückgegriffen werden, sofern die Befristung nach dem ÄArbVtrG unzulässig gewesen sein sollte[134].

Hinweis

Die in § 1 ÄArbVtrG genannten Befristungsregelungen sind auch zugunsten des Arbeitnehmers nicht disponibel. Ebenso wenig vermögen Tarifvertragsparteien die gesetzliche Norm abzuändern[135].

87 **Befristete Arbeitsverträge** über die Weiterbildung von Ärzten sind **schriftlich** zu schließen (§ 14 Abs. 4 TzBfG). Der Befristungsgrund muss im Vertragstext indes nicht zitiert werden. Das Zitiergebot des – inzwischen aufgehobenen – § 57b Abs. 3 HRG ist nicht analog heranzuziehen[136]. Im Zuge der Einführung des WissZeitVG ist § 1 Abs. 6 ÄArbVtrG insoweit angepasst worden, als nunmehr nicht das HRG, sondern der Anwendungsbereich des WissZeitVG betroffen ist[137].

88 Nach § 1 Abs. 2 Halbsatz 2 ÄArbVtrG ist die Dauer des Arbeitsverhältnisses **kalendermäßig** zu bestimmen oder muss **bestimmbar** sein. Eine **Zweckbefristung kommt** demzufolge **nicht in Betracht**[138].

Hinweis

Eine Vereinbarung, wonach der Vertrag mit dem Erwerb der mit der Weiterbildung verfolgten Zweck der Qualifikation endet, ist nicht zulässig mit der Folge, dass ein unbefristetes Arbeitsverhältnis besteht[139]. Ebenso wenig ist die Vereinbarung einer **auflösenden Bedingung** möglich[140].

---

[132] Meinel/Heyn/*Herms*, TzBfG, 5. Aufl. 2015, § 23 TzBfG, Rz. 53, m. w. N.
[133] Vgl. *Künzl*, NZA 2008, S. 1101.
[134] Annuß/Thüsing/*Kühn*, TzBfG, 3. Aufl. 2012, § 23 TzBfG, Rz. 224.
[135] HK-TzBfG, TzBfG, 3. Aufl. 2012, § 1 ÄArbVtrG, Rz. 6.
[136] BAG, Urteil v. 24.4.1996, 7 AZR 428/95, BB 1996, S. 2100.
[137] S. Art. 3 des Gesetzes zur Änderung arbeitsrechtlicher Vorschriften in der Wissenschaft, BGBl. I, S. 508.
[138] BAG, Urteil v. 14.8.2002, 7 AZR 266/01, DB 2002, S. 2549
[139] BAG, Urteil v. 14.8.2002, 7 AZR 266/01, DB 2002, S. 2549.
[140] *Künzl*, NZA 2008, S. 1101, 1103.

In § 1 Abs. 1 ÄArbVtrG sind im Einzelnen die **Sachgründe** für die Befristung benannt. Allen Sachgründen gemein ist, dass die Beschäftigung tatsächlich der Weiterbildung dienen und dem Arzt die für die Qualifizierung erforderliche Ableistung der einzelnen Weiterbildungsabschnitte ermöglicht werden muss. Wenngleich der Arzt selbstverständlich auch mit anderen, nicht der Weiterbildung dienenden Tätigkeiten betraut werden darf, sofern dadurch nicht die Weiterbildung beeinträchtigt ist, muss die Weiterbildung den Tätigkeiten des Arztes ihr Gepräge geben. Darunter ist zu verstehen, dass die **Weiterbildung zeitlich und qualitativ den wesentlichen Inhalt des Arbeitsverhältnisses ausmachen muss**. Eine andere Auffassung vertrat unter Hinweis auf die ursprüngliche Fassung der Norm das LAG Köln[141]. Das Instanzgericht hielt es für ausreichend, wenn der Zweck der Weiterbildung durch das Arbeitsverhältnis gefördert wird. Diese Auffassung ist unter Berücksichtigung des eindeutigen Gesetzestextes jedoch nicht (mehr) haltbar[142]. Demzufolge entspricht auch eine Kettenbefristung von 5 aufeinander folgenden Befristungen, die unabhängig von der Weiterbildungsbefugnis des ausbildenden Arztes besteht, nicht dem Ziel des Gesetzes, eine einheitliche Weiterbildung zu ermöglichen. Eine gelegentliche oder beiläufige Förderung der Weiterbildung genügt daher nicht[143]. 89

Das Gesetz normiert eine **Höchstdauer von 8 Jahren**, die indes bei der Vereinbarung von Teilzeit überschritten werden kann. Danach ist es auch möglich, dass sich an eine Facharztausbildung eine andere der in Abs. 1 der Vorschrift genannten Weiterbildungsmaßnahmen anschließt und ein weiterer befristeter Arbeitsvertrag abgeschlossen wird. Die Höchstdauer von 8 Jahren wird nicht durch den Wechsel der Ausbildungsstelle verlängert. Sämtliche Ausbildungszeiten, die derselben Weiterbildungsmaßnahme dienen, werden zusammengerechnet[144]. 90

Nach § 1 Abs. 3 Satz 5 ÄArbVtrG **darf die Befristungsdauer den Zeitraum nicht unterschreiten, für den der weiterbildende Arzt die Befugnis zur Weiterbildung besitzt**. Hierdurch soll die Aneinanderreihung mehrerer befristeter Anstellungsverträge verhindert werden[145]. Jedoch lässt die Vorschrift nach dem Ende eines dieser Bestimmung entsprechenden befristeten Arbeitsvertrags im Rahmen der Höchstbefristungsdauer des § 1 Abs. 3 Satz 1 ÄArbVtrG den Abschluss eines weiteren befristeten Arbeitsvertrags nach § 1 Abs. 1 ÄArbVtrG mit demselben Weiterbildungsziel und demselben weiterbildenden Arzt zu. Die Laufzeit des weiteren befristeten Arbeitsvertrags kann in diesem Fall kürzer bemessen sein als die Dauer der Weiterbildungsbefugnis des weiterbildenden Arztes, wenn bei Vertragsschluss absehbar ist, dass der weiterzubildende Arzt das Weiterbildungsziel innerhalb der in Aussicht genommenen Vertragslaufzeit erreichen wird[146]. Sofern der Arzt das erstrebte Qualifikationsziel schneller als ursprünglich geplant erreicht, ist eine Ausnahme von der Mindestdauer gestattet. Der Arbeitsvertrag 91

141 LAG Köln, Urteil v. 2.11.2000, 5 Sa 770/00, LAGE BeschFG 1996 § 1 Nr. 30a.
142 So auch LAG Berlin-Brandenburg, Urteil v. 16.10.2009, 9 Sa 1242/09, AE 2010, S. 103.
143 LAG Berlin-Brandenburg, Urteil v. 16.10.2009, 9 Sa 1242/09, AE 2010, S. 103.
144 Annuß/Thüsing/*Kühn*, TzBfG, 3. Aufl. 2012, § 23 TzBfG, Rz. 230.
145 Annuß/Thüsing/*Kühn*, TzBfG, 3. Aufl. 2012, § 23 TzBfG, Rz. 231.
146 BAG, Urteil v. 13.6.2007, 7 AZR 700/06, NZA 2008, S. 108 ff.

kann dem durch eine entsprechende Regelung Rechnung tragen. Ohne eine solche Absprache sind die Arbeitsvertragsparteien jedoch berechtigt, das Arbeitsverhältnis einvernehmlich und vorzeitig aufzuheben. Bei Nichtbeachtung der Mindestfrist gilt das Anstellungsverhältnis als auf diesen Zeitraum verlängert[147].

92 § 1 Abs. 4 ÄArbVtrG führt bei bestimmten **Freistellungen und Beurlaubungen** zur Verlängerung des befristeten Anstellungsverhältnisses. Die Vorschrift gewährt einen Anspruch auf Abschluss eines Arbeitsvertrags für die Dauer der nach der Vorschrift anrechenbaren Unterbrechungszeiten eines nach § 1 Abs. 3 ÄArbVtrG befristeten Arbeitsverhältnisses. Indes ist der Arbeitnehmer gehalten, den ihm gesetzlich zustehenden Anspruch auf Verlängerung, ggf. im Wege einer Leistungsklage, geltend zu machen[148].

93 Der **Weiterbildungsvertrag endet mit Fristablauf**: Eine **ordentliche Kündigung** ist nur möglich, sofern sie vertraglich oder in einem auf das Arbeitsverhältnis anwendbaren Tarifvertrag vereinbart ist[149]. Teile des juristischen Schrifttums vertreten die Auffassung, dass dem Arbeitnehmer das Recht zur ordentlichen Kündigung nicht genommen sei, da ihm eine Weiterbildung nicht aufgedrängt werden könne[150]. Diese Auffassung ist – mangels Rückhalt im Gesetz – abzulehnen[151]. Allein das Recht zur **außerordentlichen Kündigung** ist nicht ausgeschlossen.

94 Die Unwirksamkeit einer Befristung nach dem ÄArbVtrG ist innerhalb der **Klagefrist** zu § 17 TzBfG, also binnen 3 Wochen nach dem vereinbarten Ende des Vertrags, gerichtlich geltend zu machen.

3.6 Arbeitnehmerüberlassung (§ 9 Nr. 2 AÜG a. F.)

95 Nach § 9 Nr. 2 AÜG a. F. waren wiederholte Befristungen des Arbeitsverhältnisses zwischen Verleiher und Leiharbeitnehmer unwirksam, es sei denn, dass sich für die Befristung aus der Person des Leiharbeitnehmers ein sachlicher Grund ergab, oder die Befristung für einen Arbeitsvertrag vorgesehen war, der unmittelbar an einen mit demselben Verleiher geschlossenen Arbeitsvertrag anschloss. Die inzwischen nicht mehr geltende Vorschrift war gemeinsam mit § 3 Abs. 1 Nr. 3, 5 AÜG Ausfluss des das Recht der Arbeitnehmerüberlassung insgesamt beherrschenden Synchronisationsverbots[152]. Zum 1.1.2003 ist das Arbeitnehmerüberlassungsrecht im Zuge des „Ersten und zweiten Gesetzes für moderne Dienstleistungen am Arbeitsmarkt" (sog. Hartz-Gesetze I und II) geändert worden. Als Ausgleich für das neu geschaffene, spezielle Diskriminierungsverbot und die seither gebotene Gleichbehandlung zwischen Leiharbeitnehmern und vergleichbaren Stammarbeitnehmern des Entleihers ist das besondere Befristungsverbot nach §§ 3 Abs. 1 Nr. 3; 9 Nr. 2 AÜG ersatzlos entfallen. Der Wegfall der Sonderregelungen im Bereich der Arbeitnehmerüberlassung hat dazu geführt, dass sich seit dem 1.1.2004 die

---

[147] Annuß/Thüsing/*Kühn*, TzBfG, 3. Aufl. 2012, § 23 TzBfG, Rz. 231.

[148] BAG, Urteil v. 24.4.1996, 7 AZR 428/95, BB 1996, S. 2100.

[149] Annuß/Thüsing/*Kühn*, TzBfG, 3. Aufl. 2012, § 23 TzBfG, Rz. 235.

[150] So noch Annuß/Thüsing/*Lambrich*, TzBfG, 2. Aufl. 2006, § 23 TzBfG, Rz. 142.

[151] ErfK/*Müller-Glöge*, 16. Aufl. 2016, § 3 ÄArbVtrG, Rz. 10.

[152] Schüren/*Hamann*, AÜG, 4. Aufl. 2010, § 3 AÜG, Rz. 112 ff.

Zulässigkeit des Abschlusses befristeter Arbeitsverträge zwischen Leiharbeitnehmer und Verleiher ausschließlich nach den §§ 14 f. TzBfG richtet[153].

3.7 Berufsausbildung (BBiG)

Zum 1.4.2005 wurde das Berufsbildungsgesetz (BBiG) aufgrund des „Gesetzes zur Reform der beruflichen Bildung (Berufsbildungsreformgesetz)“ umfassend reformiert und geändert. Vor dem Hintergrund des sog. „Ausbildungspakts“ zwischen der Bundesregierung und den großen deutschen Wirtschaftsverbänden strebte das BBiG auch an, mehr jungen Menschen eine berufliche Erstausbildung zu ermöglichen, die internationale Wettbewerbsfähigkeit zu sichern, die regionale Verantwortung zu fördern, die Durchlässigkeit zwischen den Bildungssystemen zu erhöhen sowie die Kooperation der beiden Lernorte Betrieb und Schule zu stärken[154]. Angestrebt wurde ferner die Flexibilität der dualen Ausbildung, ohne jedoch Qualität und Verlässlichkeit derselben zu gefährden. Das reformierte BBiG führte eine geänderte Gesetzessystematik auf, ließ jedoch die Sonderregelung über befristete Arbeitsverhältnisse inhaltlich unberührt[155]. 96

Nach § 21 BBiG endet ein Berufsausbildungsverhältnis **mit Ablauf der Ausbildungszeit**, im Falle der Stufenausbildung mit Ablauf der letzten Stufe (§ 21 Abs. 1 Satz 2 BBiG). Sofern der Auszubildende die Abschlussprüfung vor Ablauf der Ausbildungszeit besteht, endet das Berufsausbildungsverhältnis bereits mit **bestandener Abschlussprüfung**. Nicht selten ist die Ausbildung eigentlich schon beendet, die Abschlussprüfung oder jedenfalls die Ergebnisse stehen noch aus. In diesen Fällen endet das Ausbildungsverhältnis trotzdem mit dem vertraglich festgelegten Ende der Ausbildung. Das BBiG sieht für diesen Fall keine automatische Verlängerung vor[156]. Die Vorschrift des § 21 BBiG bestimmt also, dass es sich bei dem **Berufsausbildungsverhältnis** um einen **kraft Gesetzes befristeten Vertrag** handelt, auf den das **TzBfG keine Anwendung** findet. Aufgrund der gesetzlich bestimmten Beendigungsform werden andere Beendigungsformen des Berufsausbildungsverhältnisses, insbesondere der **Aufhebungsvertrag**, nicht ausgeschlossen[157]. Die **Kündigung** des Berufsausbildungsverhältnisses bestimmt sich nach den speziellen Regelungen des § 22 BBiG. 97

§ 21 BBiG gilt allein für **Berufsausbildungsverhältnisse**. Anders als § 1 Abs. 2 BBiG a. F. definiert das reformierte BBiG den Begriff des Berufsausbildungsverhältnisses nicht. Als Teil der Berufsbildung soll die Berufsausbildungsvorbereitung jedoch dem Ziel dienen, durch die Vermittlung von Grundlagen für den Erwerb beruflicher Handlungsfähigkeit an eine Berufsausbildung in einem anerkannten Ausbildungsberuf heranzuführen (§ 1 Abs. 2 BBiG n. F.). Ungeachtet der Neufassung des BBiG ist demnach die **Verknüpfung von Wissensvermittlung mit der Betriebsarbeit**, also die Eingliederung 98

153 Meinel/Heyn/*Herms*, TzBfG, 5. Aufl. 2015, § 23 TzBfG, Rz. 61.

154 *Wohlgemuth*, ArbuR 2005, S. 241.

155 Soweit ersichtlich, wurde bislang noch keine Erhebung darüber getätigt, ob und – bejahendenfalls – inwieweit die mit der Reform angestrebten Ziele erreicht worden sind.

156 BAG, Urteil v. 13.3.2007, 9 AZR 494/06, AP Nr. 13 zu § 14 BBiG.

157 Däubler/Hjort/Schubert/Wolmerath/*Herrmann*, Arbeitsrecht, 3. Aufl. 2013, § 21 BBiG, Rz. 1.

des Auszubildenden in den laufenden Produktions- oder Dienstleistungsprozess kennzeichnend[158]. Vertragsverhältnisse mit **Anlernlingen, Volontären und Praktikanten** unterfallen also nur dann dem § 21 BBiG, wenn ihre Einstellung nicht aufgrund eines regulären Arbeitsvertrags, sondern aufgrund eines speziellen Ausbildungsvertrags erfolgt, der die Vermittlung von beruflichen Kenntnissen, Fertigkeiten und Erfahrungen zum Gegenstand hat.[159]

99 In **betrieblicher Hinsicht** gilt die Norm für Betriebe der Wirtschaft und vergleichbare Einrichtungen außerhalb der Wirtschaft, insbesondere des öffentlichen Dienstes sowie Angehörige freier Berufe und Haushalte sowie Berufsbildungseinrichtungen und berufsbildende Schulen, soweit sie nicht den Schulgesetzen der Länder unterliegen (§ 3 Abs. 1 BBiG). **Nicht erfasst** wird die Berufsausbildung für Personen, die in einem öffentlich-rechtlichen Dienstverhältnis stehen (Beamte, Richter, Soldaten).

100 **Mit Ablauf der Ausbildungszeit endet das Berufsausbildungsverhältnis**, wobei sich die Länge der Ausbildungszeit nach der für den jeweiligen Ausbildungsberuf einschlägigen Ausbildungsordnung (§ 4 BBiG, § 5 BBiG) oder nach dem zwischen den Parteien abgeschlossenen Ausbildungsvertrag richtet. Dieser muss sich hinsichtlich seiner Laufzeit wiederum an den Vorgaben der Ausbildungsordnung orientieren (§ 11 Abs. 1 BBiG). Die **Regelausbildungszeit beträgt 3 Jahre**, **verlängert sich** jedoch **um die Elternzeit**. Die in einer Berufsausbildung Beschäftigten werden im Hinblick auf die Elternzeit Arbeitnehmerinnen und Arbeitnehmern gleichgestellt (§ 20 Abs. 1 BEEG). Eine entsprechende Regelung für Beschäftigungsverbote nach dem MuSchG fehlt hingegen[160]. Die Regelausbildungszeit kann in einzelnen Fällen gekürzt oder verlängert werden (§ 8 BBiG). Die Ausfallzeiten des Mutterschutzes machen regelmäßig eine Verlängerung erforderlich. Aufgrund der EU-Gleichbehandlungsrichtlinie und Art. 3 Abs. 2, Art. 6 Abs. 4 GG ist hier eine Ermessensreduzierung auf Null anzunehmen[161]. Mit Ablauf der Ausbildungszeit tritt kraft Gesetzes die Beendigung des Ausbildungsverhältnisses ein.

101 Nach § 21 Abs. 2 BBiG endet das Ausbildungsverhältnis ausnahmsweise vor dem regelmäßigen oder vereinbarten Ende der Ausbildungszeit, sofern der Auszubildende vorzeitig die Abschlussprüfung ablegt. Der Beendigungszeitpunkt ist hiernach die verbindliche Mitteilung des Ergebnisses der Abschlussprüfung an den Auszubildenden; auf die Kenntnisnahme durch den Ausbilder kommt es nicht an[162].

102 Mit der **Weiterbeschäftigung** des Auszubildenden **nach bestandener Prüfung** kommt es nach § 24 BBiG zur Entstehung eines unbefristeten Arbeitsverhältnisses, sofern die Parteien im Ausbildungsvertrag nicht ausdrücklich eine abweichende Vereinbarung getroffen haben sollten[163].

---

[158] BAG, Beschluss v. 24.2.1999, 5 AZB 10/98, BB 1999, S. 748.
[159] Annuß/Thüsing/*Kühn*, TzBfG, 3. Aufl. 2012, § 23 TzBfG, Rz. 239.
[160] Däubler/Hjort/Schubert/Wolmerath/*Herrmann*, Arbeitsrecht, 3. Aufl. 2013, § 8 BBiG, Rz. 2.
[161] Däubler/Hjort/Schubert/Wolmerath/*Herrmann*, Arbeitsrecht, 3. Aufl. 2013, § 8 BBiG, Rz. 2.
[162] LAG Nürnberg, Urteil v. 4.5.1993, 5 Sa 396/93, BB 1993, S. 1951.
[163] LAG Düsseldorf, Urteil v. 22.10.1985, 8 Sa 1132/85, EzA BBiG § 17 Nr. 15.

103 Sollte der Auszubildende die **Abschlussprüfung nicht bestehen**, vermag er vom Ausbilder einseitig zu verlangen, dass die **Ausbildung bis** zur nächstmöglichen **Wiederholungsprüfung, längstens** jedoch um **1 Jahr**, verlängert wird (§ 21 Abs. 3 BBiG). Abzustellen ist auf den Zeitpunkt der dem Auszubildenden nächstmöglichen Wiederholungsprüfung. Die zeitliche Obergrenze bezieht sich auf das Kalenderjahr, nicht auf ein Ausbildungsjahr[164]. Auf den Grund des Nichtbestehens kommt es jedoch nicht an[165].

104 Ein vor **Ablauf der** im Berufsausbildungsvertrag vereinbarten **Ausbildungszeit** erklärtes **Fortsetzungsverlangen** verlängert das Berufsausbildungsverhältnis unabhängig davon, wie lange der Auszubildende bei der Geltendmachung des Anspruchs bereits Kenntnis vom Nichtbestehen der Abschlussprüfung hatte[166]. Wie § 14 Abs. 3 BBiG a. F. schließt auch § 21 BBiG eine Verlängerung des Berufsausbildungsverhältnisses aufgrund eines erst nach Ablauf der vereinbarten Ausbildungszeit erklärten Fortsetzungsverlangens nicht aus. In diesem Fall muss der Auszubildende die Verlängerung des Berufsausbildungsverhältnisses jedoch **unverzüglich nach dem vertraglich vorgesehenen Ende der Berufsausbildung** verlangen. Die Erklärung muss ohne schuldhaftes Zögern erfolgen. Nach der Auffassung des BAG kann ein unverzügliches Fortsetzungsverlangen auch dann noch vorliegen, wenn der Auszubildende die Verlängerung erst nach einer angemessenen Überlegungsfrist verlangt hat, um sich über seinen weiteren beruflichen Werdegang klar zu werden oder sich der Zugang seiner Erklärung aus von ihm nicht zu vertretenden Gründen verzögert hat[167].

105 Eine **Verlängerung durch Fortsetzung des Berufsausbildungsverhältnisses** kann aber nur dann in Erwägung gezogen werden, wenn der Ausbilder den Auszubildenden nach Ablauf der Ausbildungszeit beschäftigt oder das Ausbildungsverhältnis fortsetzt. Dies setzt voraus, dass der Auszubildende weiterhin an der Ausbildungsstätte erscheint und dort auch tätig wird. Diesem Erfordernis genügt der weitere Besuch der Berufsschule nach dem vereinbarten Ablauf der Ausbildungszeit nicht[168].

106 Das **Verlangen des Auszubildenden** setzt die Abgabe einer entsprechenden Willenserklärung voraus, die im Fall von Minderjährigen ungeachtet § 113 BGB der Einwilligung der Erziehungsberechtigten bedarf[169].

107 Der Auszubildende ist gehalten, **in angemessener Zeit** nach Kenntnisnahme von dem Nichtbestehen den **Ausbilder über** sein **Verlangen, die Ausbildung fortzusetzen**, zu **unterrichten**. Im Schrifttum bestehen insoweit differenzierte Auffassungen darüber, was als angemessen zu bezeichnen ist. Einvernehmen besteht jedoch darüber, dass im Interesse aller Beteiligten die Mitteilungsfrist nicht allzu lange bemessen werden sollte, um die Ausbildung zügig fortsetzen und die Maximalfrist von einem Kalenderjahr bestmöglich nutzen zu können. Sinnvoll erscheint es daher, die Mitteilung bis spätestens zum

[164] BAG, Urteil v. 7.10.1971, 5 AZR 265/71, BB 1972, S. 136.
[165] Annuß/Thüsing/*Kühn*, TzBfG, 3. Aufl. 2012, § 23 TzBfG, Rz. 244.
[166] BAG, Urteil v. 23.9.2004, 6 AZR 519/03, NZA 2005, S. 413 ff.
[167] BAG, Urteil v. 23.9.2004, 6 AZR 519/03, NZA 2005, S. 413 ff.
[168] BAG, Urteil v. 13.3.2007, 9 AZR 494/06, AP Nr. 13 zu § 14 BBiG.
[169] HK-TzBfG, TzBfG, 3. Aufl. 2012, § 21 BBiG, Rz. 2.

ursprünglich Ende des Ausbildungsverhältnisses zu verlangen, sofern nicht ausnahmsweise das Prüfungsergebnis erst nach diesem Zeitpunkt bekannt gegeben wird. In diesem Fall sollte der Auszubildende unverzüglich, d. h. ohne schuldhaftes Zögern, dem Ausbilder Klarheit über den Fortbestand des Ausbildungsverhältnisses verschaffen[170].

108 Im juristischen Schrifttum **umstritten** ist ferner die Frage, ob der Auszubildende auch nach **nochmals nicht bestandener Wiederholungsprüfung** die Fortsetzung des Ausbildungsverhältnisses verlangen kann, zumal die Abschlussprüfung insgesamt 2-mal wiederholt werden kann (§ 37 Abs. 1 Satz 2 BBiG). Dem Wortlaut und der Systematik von § 21 Abs. 3 BBiG entsprechend, erscheint es jedoch angemessen, den Ausbilder allenfalls zu verpflichten, den Auszubildenden unter Fortzahlung der Ausbildungsvergütung bis zum Abschluss der 1. Wiederholungsprüfung respektive der Bekanntgabe derer Ergebnisse zu beschäftigen. Die Jahresfrist ist in der Norm lediglich als absolute Endfrist benannt. Das **Verlangen des Auszubildenden auf Fortsetzung** des Ausbildungsverhältnisses ist nach dem Wortlaut daher **auf die Erstwiederholungsprüfung beschränkt**.

3.8 Weiterbildung als sachlicher Befristungsgrund (§ 231 SGB III)

109 In § 231 Abs. 1 SGB III war in der bis zum 31.12.2008 geltenden Gesetzesfassung[171] klargestellt, dass die Einstellung eines Vertreters für einen anderen Arbeitnehmer, der sich beruflich weiterbildet, einen sachlichen Grund für den Abschluss eines befristeten Arbeitsverhältnisses darstellt. Eine eigenständige rechtliche Bedeutung im befristungsrechtlichen Sinn kam der Vorschrift jedoch nicht zu. Die arbeitsrechtliche Regelung ist zum 1.1.2009 durch Art. 1 Nr. 42 Neuausrichtungsgesetz aufgehoben worden.

3.9 Vereinbarung einer Altersgrenze[172]

110 In einer Vielzahl von Arbeitsverträgen befinden sich häufig Regelungen betreffend das Ausscheiden eines Arbeitnehmers aus dem Arbeitsverhältnis bei Erreichen einer bestimmten Altersgrenze. Ebenso sehen auch häufig Betriebsvereinbarungen[173] und Tarifverträge[174] derartige Altersgrenzen vor. Nach früherer einhelliger Auffassung wurden

---

[170] Annuß/Thüsing/*Kühn*, TzBfG, 3. Aufl. 2012, § 23 TzBfG, Rz. 246.

[171] Vgl. im Einzelnen: *Körner*, NZA 2002, S. 241, 242 ff.

[172] Vgl. hierzu die Kommentierung von Gräfl zu § 14, Rz. 193 ff., welche ausführlich die jüngere Rechtsprechung des BAG zur Wirksamkeit von Altersgrenzen, auch unter Berücksichtigung von Unionsrecht darstellt.

[173] Altersgrenzen in Betriebsvereinbarungen, nach denen das Arbeitsverhältnis mit Ablauf des Monats endet, in dem der Arbeitnehmer die Regelaltersgrenze der gesetzlichen Rentenversicherung erreicht, sind wirksam (BAG, Urteil v. 5.3.2013, 1 AZR 417/12, DB 2013, S. 1852).

[174] Die tarifliche Regelung, welche eine Beendigung des Arbeitsverhältnisses zu einem Zeitpunkt vorsah, zu dem vom Arbeitnehmer eine abschlagsfreie Altersrente bezogen werden kann, wird jedoch wegen einer Umgehung von § 41 Satz 2 SGB VI jedenfalls dann als nichtig angesehen, wenn dies zu einer Beendigung des Arbeitsverhältnisses vor Erreichen der Regelaltersgrenze führen soll (LAG Baden-Württemberg, Beschluss v. 3.12.2014, 4 Sa 48/14, BeckRS 2015, 65165.

entsprechende Absprachen für zweckmäßig und rechtlich zulässig erachtet[175]. Zu Beginn dieses Jahrtausends wurde diese Einschätzung indes kritisch hinterfragt, weil zum einen die demografische Entwicklung in Deutschland die – inzwischen abgeschlossene – Diskussion darüber entfacht hatte, ob die Heraufsetzung der Regelaltersgrenze nicht zwingend geboten sei. Zum anderen wurde mit Recht darüber diskutiert, ob der europäische Gesetzgeber nicht durch Art. 13 EG-Vertrag und die hierauf beruhende Richtlinie 2000/78/EG vom 27.11.2000 zur Festlegung eines allgemeinen Rahmens für die Verwirklichung der Gleichbehandlung in Beschäftigung und Beruf, dessen Art. 2 Abs. 2 die Diskriminierung u. a. wegen des Alters verbietet, die Vereinbarung einer Altersgrenze in Arbeitsverträgen untersagt[176].

Der sich im Laufe der Zeit verändernde Diskussionsstand spiegelt sich unmittelbar wieder in der wechselvollen Geschichte von § 41 SGB VI. Das Rentenreformgesetz 1992 hatte in § 41 Abs. 4 Satz 3 SGB VI eine arbeitsrechtliche Regelung betreffend Altersgrenzen eingefügt, deren Untauglichkeit vom Gesetzgeber indes schnell erkannt wurde. Mit Wirkung zum 1.8.1994 wurde daher wieder zu der seit 1972 geltenden Rechtslage mit der Folge zurückgekehrt, dass sich die meisten der seinerzeit diskutierten Fragen erledigt haben. Auch die Übergangsschwierigkeiten dieses Änderungsgesetzes sind mittlerweile überwunden[177]. 111

§ 41 SGB VI lautete bis zur Einführung des RV-Altersgrenzenanpassungsgesetzes wie folgt: 112

„Der Anspruch des Versicherten auf eine Rente wegen Alters ist nicht als ein Grund anzusehen, der die Kündigung eines Arbeitsverhältnisses durch den Arbeitgeber nach dem Kündigungsschutzgesetz bedingen kann. Eine Vereinbarung, die die Beendigung des Arbeitsverhältnisses eines Arbeitnehmers ohne Kündigung zu einem Zeitpunkt vorsieht, zu dem der Arbeitnehmer vor Vollendung des 65. Lebensjahres eine Rente wegen Alters beantragen kann, gilt dem Arbeitnehmer gegenüber als auf die Vollendung des 65. Lebensjahres abgeschlossen, es sei denn, dass die Vereinbarung innerhalb der letzten drei Jahre vor diesem Zeitpunkt abgeschlossen oder von dem Arbeitnehmer bestätigt worden ist."

Gemäß Art. 1 Nr. 11 RVAgrAnpG ist § 41 Satz 2 SGB VI seit dem 1.7.2007 wie folgt gefasst[178]: 113

„Eine Vereinbarung, die die Beendigung des Arbeitsverhältnisses eines Arbeitnehmers ohne Kündigung zu einem Zeitpunkt vorsieht, zu dem der Arbeitnehmer vor Erreichen der Regelaltersgrenze eine Rente wegen Alters beantragen kann, gilt dem Arbeitnehmer gegenüber als auf das Erreichen der Regelaltersgrenze abgeschlossen, es sei denn, dass die Vereinbarung innerhalb der letzten drei Jahre vor diesem Zeitpunkt abgeschlossen

---

175 Vgl. *Hromadka*, DB 1985, Beilage 11, S. 1, 3.

176 Preis/*Rolfs*, Der Arbeitsvertrag, 5. Aufl. 2015, A 20, Rz. 1.

177 Vgl. hierzu *Baeck/Diller*, NZA 1995, S. 360; *Boecken*, NZA 1995, S. 145; BVerfG, Beschluss v. 30.3.1999, 1 BvR 1814/94, NZA 1999, S. 816 ff.; BAG, Urteil v. 11.6.1997, 7 AZR 186/96, AP SGB VI § 41 Nr. 7.

178 BGBl. I S. 554.

oder von dem Arbeitnehmer innerhalb der letzten drei Jahre vor diesem Zeitpunkt bestätigt worden ist."

Mit Wirkung zum 1.7.2014 ist mit dem RV-Leistungsverbesserungsgesetz schließlich folgender Satz 3 angefügt worden[179]:

„Sieht eine Vereinbarung die Beendigung des Arbeitsverhältnisses mit dem Erreichen der Regelaltersgrenze vor, können die Arbeitsvertragsparteien durch Vereinbarung während des Arbeitsverhältnisses den Beendigungszeitpunkt, gegebenenfalls auch mehrfach, hinausschieben."

114 Das **gesetzliche Renteneintrittsalter** steigt stufenweise an. Beginnend im Jahr 2012 beträgt für die ab 1947 Geborenen die Regelaltersgrenze 65 Jahre und einen Monat und steigert sich für jeden Jahrgang bis 1958 um einen Monat, sodass für die 1958 Geborenen die Regelaltersgrenze 66 gilt. Für die ab 1959 Geborenen erfolgt die Anhebung in 2-Monatsschritten. Demzufolge gilt für sämtliche nach 1963 Geborene die Regelaltersgrenze 67. Unmittelbare Konsequenz der sozialversicherungsrechtlichen Vorschrift ist, dass die Vereinbarung einer Altersgrenze in einem Anstellungsvertrag grundsätzlich möglich bleibt. Indes: Diese Vorschrift des § 41 SGB VI stellt keine Rechtfertigung einer arbeitsvertraglichen Klausel dar, wonach das Arbeitsverhältnis z. B. mit Erreichen der Regelaltersgrenze enden soll, ohne dass es einer Kündigung bedarf. Die **darin** nach ganz herrschender Auffassung **zu sehende Befristung** bedarf vielmehr einer sachlichen Rechtfertigung. Insoweit ist deshalb auf die Vorschriften des TzBfG zurückzugreifen[180].

115 Nach § 14 Abs. 1 TzBfG sind Befristungen regelmäßig nur dann zulässig, wenn ein sachlicher Grund sie rechtfertigt. Unter den gesetzlich ausdrücklich normierten Sachgründen liegt vorliegend die Ziffer 6 am nächsten, der eine Befristung aus **in der Person des Arbeitnehmers liegenden Gründen** legitimiert.[181] Die Rechtsprechung hat bereits zu § 620 BGB bestätigt, dass im Interesse des Arbeitgebers an einer voraussehbaren Personalplanung und einer ausgewogenen Personalstruktur, im Interesse jüngerer Arbeitnehmer an der Schaffung von Aufstiegsmöglichkeiten, wegen des Anspruchs des älteren Arbeitnehmers auf Altersrente aus der gesetzlichen Rentenversicherung und aufgrund der Üblichkeit im Arbeitsleben die Vereinbarung der Altersgrenze von 65 Jahren zulässig ist[182].

116 Neben der befristungsrechtlichen Zulässigkeit von Altersgrenzen sind insbesondere auch europarechtliche Aspekte zu bedenken[183]. Der Implementierung von Altersgrenzen in **Anstellungsverträgen oder Tarifverträgen** steht im Ergebnis aber auch das Europäische Recht nicht grundsätzlich entgegen. Die Richtlinie 2000/78/EG verbietet zwar jede

[179] BGBl. I S. 787.

[180] BAG, Urteil v. 13.10.2015, 1 AZR 853/13, NZA 2016, S. 54; BAG, Urteil v. 12.6.2013, 7 AZR 917/11, NZA 2013 S. 1428; BAG, Urteil v. 27.7.2005, 7 AZR 443/04, NZA 2006, S. 37; BAG, Urteil v. 19.11.2003, 7 AZR 296/03, NZA 2004, S. 1336; s. *Gräfl*, § 14, Rz. 193 ff.

[181] *Kliemt*, NZA 2001, S. 296, 298; *Preis/Gotthardt*, DB 2000, S. 2065, 2071.

[182] BAG, Urteil v. 20.11.1987, 2 AZR 284/86, AP BGB § 620 Altersgrenze Nr. 2; *Stahlhacke*, DB 1989, S. 2329 ff.

[183] Kritisch hierzu: *Preis*, NZA 2010, S. 1323.

unmittelbare oder mittelbare Benachteiligung beim Zugang zur selbstständigen oder unselbstständigen Erwerbstätigkeit einschließlich des beruflichen Aufstiegs sowie bei den Beschäftigungs- und Arbeitsbedingungen einschließlich der Entlassungsbedingungen (Art. 1, 2 Abs. 2, 3 Abs. 1 RL 200/78/EG). Jedoch betonen die Erwägungsgründe Nr. 14 und 25 zu der Richtlinie, dass die einzelstaatlichen Bestimmungen über die Festsetzung der Altersgrenzen für den Eintritt in den Ruhestand nicht berührt werden. Des Weiteren können Ungleichbehandlungen wegen des Alters unter Umständen durch anerkennenswerte Ziele im Bereich der Beschäftigungspolitik, des Arbeitsmarkts und der beruflichen Bildung gerechtfertigt sein[184]. Dementsprechend gestattet § 10 Abs. 1 Satz 3 Nr. 5 AGG die unterschiedliche Behandlung wegen des Alters durch Vereinbarung der Beendigung des Arbeitsverhältnisses zu einem Zeitpunkt, zu dem der Beschäftigte eine Rente wegen Alters beantragen kann.

Durchaus fraglich ist, wie sich die **Heraufsetzung des gesetzlichen Renteneintrittsalters** auf die **bestehenden Vertragsklauseln** auswirken, die im Sinne einer starren Regelung das Ausscheiden des Arbeitnehmers aus dem Arbeitsverhältnis bei Erreichen des 65. Lebensjahres stipulieren. Der Gesetzeswortlaut sowie die Gesetzesbegründung sprechen dafür, derartige Absprachen auszulegen und das automatische Ende des Arbeitsverhältnisses anstatt auf das 65. Lebensjahr, auf das tatsächliche Renteneintrittsalter des Betroffenen zu beziehen. Die Regelung des § 41 SGB VI schützt unverändert als arbeitsrechtliche Flankierung die sozialrechtliche Dispositionsmacht des Arbeitnehmers, vor Erreichen der Regelaltersgrenze von 67 Jahren frei über den Beginn des Ruhestandes entscheiden zu können. Es werden – so die Gesetzesbegründung – auch Vereinbarungen erfasst, die die Beendigung des Arbeitsverhältnisses zur Vollendung des 65. Lebensjahres vorsehen. Die Regelung stellt sicher, dass ein möglicher vorzeitiger Rentenanspruch nicht zur Auflösung des Arbeitsverhältnisses führt, wenn nicht der Arbeitnehmer einer solchen im rentennahen Alter zugestimmt hat. In **Betriebsvereinbarungen** enthaltene Altersgrenzenregelungen, wonach das Arbeitsverhältnis mit der „Vollendung des 65. Lebensjahres“ endet, sind nach Auffassung des BAG jedenfalls ohne Hinzutreten von besonderen Umständen dahingehend auszulegen, dass die Beendigung erst in dem Zeitpunkt eintritt, in dem der Arbeitnehmer das für den Bezug einer Regelaltersrente erforderliche Lebensjahr vollendet[185]. 117

Hieran schließt sich unmittelbar die Diskussion um die Vereinbarkeit vertraglicher Pensionsgrenzen mit den AGB-rechtlichen Vorschriften der §§ 305 ff. BGB. Grundsätzlich sind arbeitsvertragliche Altersgrenzen AGB-konform[186]. Sofern entsprechende Klauseln nicht in dem Vertragstext an unüblichen Stellen versteckt sind, ist das Verbot überraschender Klauseln nicht verletzt[187]. Diese Einschätzung dürfte im Zweifel auch für sog. 118

[184] Ebenso *Bauer*, NJW 2001, S. 2672, 2673 ff.; *Thüsing*, NZA 2001, S. 1061, 1063 ff; a. A. *Kamanabrou*, Beilage Nr. 3 zu NZA 2006, S. 138, 139 ff.

[185] BAG, Urteil v. 13.10.2015, 1 AZR 853/13, NZA 2016, S. 54

[186] BAG, Urteil v. 27.7.2005, 7 AZR 443/04, AP BGB § 620 Altersgrenze Nr. 27; LAG Niedersachsen, Urteil v. 20.6.2007, 15 Sa 1257/06, Juris.

[187] *Däubler*, Beilage Nr. 3 zu NZA 2006, S. 133, 138.

Altklauseln, also die Vereinbarung einer „starren" Altersgrenze zum 65. Lebensjahr, gelten. Nach ständiger Rechtsprechung sind Allgemeine Geschäftsbedingungen der **Auslegung** zugänglich. Diese hat losgelöst von der zufälligen Gestaltung des Einzelfalles und den individuellen Vorstellungen der Vertragsparteien zu erfolgen[188]. Die objektive Auslegung beschränkt sich folglich auf solche Auslegungsmittel, die dem typischen Kunden des jeweiligen Geschäftskreises zugänglich sind[189]. Jedem Arbeitnehmer in Deutschland dürfte die stufenweise Heraufsetzung der gesetzlichen Regelaltersgrenze nicht zuletzt wegen der in diesem Zusammenhang medienwirksam geführten öffentlichen Diskussionen bekannt sein. Deshalb vermag auch der rechtlich unkundige Normalbürger zu verstehen, dass die mit ihm ursprünglich vereinbarte starre Altersgrenze den veränderten Gesetzesvorschriften durch Auslegung anzupassen ist.

Hinweis

Im Zweifel ist dem Arbeitgeber indes anzuraten, mit den einzelnen Arbeitnehmern im Rahmen eines Nachtrags zum Arbeitsvertrag individuell klarzustellen, dass das Arbeitsverhältnis mit dem für den Arbeitnehmer tatsächlich einschlägigen Renteneintrittsalter endet.

119 Die Arbeitsvertragsparteien können durch Vereinbarung während des Arbeitsverhältnisses den Beendigungszeitpunkt gem. § 41 Satz 3 SGB VI – sogar mehrfach – hinausschieben. Voraussetzung ist, dass sich der neu vereinbarte Zeitraum des Arbeitsverhältnisses unmittelbar ohne Zäsur an das bisherige Arbeitsverhältnis anschließt[190]. Ob die Vereinbarung neben der Vertragslaufzeit auch andere Arbeitsbedingungen betreffen darf, ist jedoch bislang unklar[191]. Die Anwendung der Grundsätze zur „Verlängerung" eines sachgrundlos befristeten Arbeitsverhältnisses nach § 14 Abs. 2 TzBfG[192] ist nicht zwingend geboten, weil gute Argumente dafür sprechen, dass § 41 Satz 3 SGB VI gleichberechtigt neben § 14 Abs. 2 TzBfG steht und diese Vorschrift in seinem speziellen Anwendungsbereich verdrängt. § 41 Satz 3 SGB VI setzt – anders als § 14 Abs. 2 TzBfG – voraus, dass zuvor bereits ein (befristetes) Arbeitsverhältnis mit dem Arbeitgeber bestand[193].

3.10 Arbeitsplatzschutz (ArbPlSchG)

120 Im Mai 2011 wurde das Gesetz zur Änderung wehrrechtlicher Vorschriften 2011 sowie das Gesetz zur Einführung eines Bundesfreiwilligendienstes im Bundesgesetzblatt verkündet. Seit dem 1.7.2011 werden die Wehrpflicht durch den freiwilligen Wehrdienst

---

[188] BGH, Urteil v. 25.6.1992, IX ZR 24/92, NJW 1992, S. 2629.

[189] *Stoffels*, AGB-Recht, 3. Aufl. 2015, S. 161 m. w. N.

[190] *Kleinebrink*, DB 2014, S. 1490, 1493.

[191] *Poguntke*, NZA 2014, S. 1372, 1375; *Bader*, NZA 2014, S. 749, 751; *Bauer*, NZA 2014, S. 889, 890; ErfK/*Rolfs*, 16. Aufl. 2016, § 41 SGB VI, Rz. 23.

[192] Vgl. hierzu: ErfK/*Müller-Glöge*, 16. Aufl. 2016, § 14 TzBfG, Rz. 88 ff.

[193] *Bauer*, NZA 2014, S. 889, 890.

und der Zivildienst durch den Bundesfreiwilligendienst ersetzt. Für den **freiwilligen Wehrdienst**, der 6 Monate Probezeit und bis zu 17 Monate anschließendem, freiwilligen zusätzlichen Wehrdienst vorsieht, **gilt** wie beim bisherigen Wehrdienst das **Arbeitsplatzschutzgesetz** (ArbPlSchG). Infolgedessen gilt auch der entsprechende Sonderkündigungsschutz, auf dessen Basis der Wehrdienstleistende sein Arbeitsverhältnis ruhen lassen kann. Nach Ableistung des freiwilligen Wehrdienstes muss der frühere Arbeitgeber den Wehrdienstleistenden wieder einstellen. Die Vorschriften des ArbPlSchG gelten jedoch nicht beim neuen Bundesfreiwilligendienst. Nur bei Zivildienstleistenden, die nach den früher geltenden Regelungen ihren Dienst angetreten hatten, galt das ArbPlSchG noch bis zum 31.12.2011.

121 Das Gesetz über den Schutz des Arbeitsplatzes bei Einberufung zum Wehrdienst (ArbPlSchG) sowie das Gesetz über den Einfluss von Eignungsübungen der Streitkräfte auf Vertragsverhältnisse der Arbeitnehmer und Handelsvertreter sowie Beamtenverhältnisse (Eignungsübungsgesetz – EignÜG) stellen in § 1 Abs. 4 ArbPlSchG bzw. § 1 Abs. 1 EignÜG klar, dass ein **befristetes Arbeitsverhältnis im Falle der Einberufung zum Grundwehrdienst**, zu einer **Wehrübung** oder zu einer **Eignungsübung keinen besonderen Bestandschutz** genießt. Entsprechendes gilt für den Fall, dass die Vertragspartner unbefristeter Arbeitsverhältnisse eine Beendigungsabrede dahingehend getroffen haben, dass das verabredete Beendigungsdatum in die Zeit des Grundwehrdienstes, einer Wehrübung oder einer Eignungsprüfung fällt (§ 1 Abs. 4 Halbsatz 2 ArbPlSchG; § 1 Abs. 3 Halbsatz 2 EignÜG). Die vorgenannten Vorschriften sind dispositiv; die Vertragspartner sind berechtigt, eine abweichende vertragliche Regelung zu treffen[194].

122 Im Rahmen des ArbPlSchG ist die Ausnahmevorschrift des § 6 Abs. 3 ArbPlSchG zu beachten, die anordnet, dass sich **Probe- und Ausbildungszeiten** automatisch **um die Zeiten des Grundwehrdienstes oder einer Wehrübung verlängern**. Unter Ausbildung im Sinne dieser Vorschrift ist jede planmäßige, praktische und schulische Vermittlung von Kenntnissen zu verstehen[195]. Für § 1 Abs. 3 EignÜG fehlt eine entsprechende Ausnahmevorschrift.

123 Weitere gesetzliche Befristungstatbestände enthält § 3 EignÜG, auf die die Regelungen des TzBfG keine Anwendung finden[196]. Danach endet das Arbeitsverhältnis mit Ablauf der Eignungsübung, sofern der Arbeitnehmer im Anschluss an diese Übung als freiwilliger Soldat bei den Streitkräften verbleibt. Entsprechendes gilt, sofern der Arbeitnehmer die Eignungsübung über 4 Monate hinaus freiwillig fortsetzt. In diesem Fall endet das Arbeitsverhältnis mit Ablauf der 4 Monate.

---

[194] Vgl. ErfK/*Ascheid*, 16. Aufl. 2016, § 1 ArbPlSchG, Rz. 8.

[195] Berufsausbildungsverhältnis, Anlernverhältnis, Umschulungsverhältnis, Volontär- und Praktikantenverhältnis; vgl. Däubler/Hjort/Schubert/Wolmerath/*Herrmann*, Arbeitsrecht, 3. Aufl. 2013, § 6 ArbPlSchG, Rz. 6.

[196] KR/*Bader*, 11. Aufl. 2016, § 23 TzBfG, Rz. 15.

Teil 3: Kommentierung sonstiger Vorschriften

§ 11 TVöD/TV-L/TV-H – Teilzeitbeschäftigung

(1) Mit Beschäftigten soll auf Antrag eine geringere als die vertraglich festgelegte Arbeitszeit vereinbart werden, wenn sie
a) mindestens ein Kind unter 18 Jahren oder
b) einen nach ärztlichem Gutachten pflegebedürftigen sonstigen Angehörigen tatsächlich betreuen oder pflegen und dringende dienstliche bzw. betriebliche Belange nicht entgegenstehen. Die Teilzeitbeschäftigung nach Satz 1 ist auf Antrag auf bis zu fünf Jahre zu befristen. Sie kann verlängert werden; der Antrag ist spätestens sechs Monate vor Ablauf der vereinbarten Teilzeitbeschäftigung zu stellen. Bei der Gestaltung der Arbeitszeit hat der Arbeitgeber im Rahmen der dienstlichen bzw. betrieblichen Möglichkeiten der besonderen persönlichen Situation der/des Beschäftigten nach Satz 1 Rechnung zu tragen.
(2) Beschäftigte, die in anderen als den in Absatz 1 genannten Fällen eine Teilzeitbeschäftigung vereinbaren wollen, können von ihrem Arbeitgeber verlangen, dass er mit ihnen die Möglichkeit einer Teilzeitbeschäftigung mit dem Ziel erörtert, zu einer entsprechenden Vereinbarung zu gelangen.
(3) Ist mit früher Vollbeschäftigten auf ihren Wunsch eine nicht befristete Teilzeitbeschäftigung vereinbart worden, sollen sie bei späterer Besetzung eines Vollzeitarbeitsplatzes bei gleicher Eignung im Rahmen der dienstlichen bzw. betrieblichen Möglichkeiten bevorzugt berücksichtigt werden.

Übersicht **Rz.**

1. Allgemeines

1.1 Aufbau des TVöD

1 Der TVöD besteht aus **einem Allgemeinen Teil** mit 39 Paragrafen sowie **6 Besonderen Teilen** für die Sparten Verwaltung (BT-V), Krankenhäuser (BT-K), Pflege- und Betreuungseinrichtungen (BT-B), Sparkassen (BT-S), Flughäfen (BT-F) und Entsorgung (BT-E). Die Bestimmungen des Allgemeinen Teils sind quasi „vor die Klammer" gezogen und gelten für jeden der 6 Besonderen Teile gleichermaßen.

Mittlerweile gibt es in Umsetzung einer von den Tarifvertragsparteien geschlossenen Prozessvereinbarung im Bereich der Vereinigung der kommunalen Arbeitgeberverbände (VKA) für jede Sparte eine durchgeschriebene Fassung des TVöD. Die durchgeschriebenen Fassungen sind allerdings nicht die Grundlage für Tarifverhandlungen oder Kündigungen, denn Allgemeiner Teil und die Besonderen Teile bleiben rechtlich selbstständige Tarifverträge. Die durchgeschriebenen Fassungen enthalten ausschließlich Rechtsnormen für die Anwendungsebene im Außenverhältnis (Arbeitgeber, Beschäftigte, Gerichte, etc.). Jeder durchgeschriebenen Fassung wird eine Legende angefügt, aus der sich die Entsprechungen der Regelungen des jeweiligen Besonderen Teils zu den Bestimmungen des TVöD – Allgemeiner Teil – ergeben[1]. Tarifverhandlungen zur Änderung oder Ergänzung des Tarifrechts werden auf der Grundlage des Allgemeinen Teils und der 6 Besonderen Teile geführt. Etwaige Änderungen oder Ergänzungen ändern auch die durchgeschriebenen Fassungen[2].

---

1 Vorbemerkung Ziff. 4 der Durchgeschriebenen Fassung des TVöD für den Bereich Verwaltung im Bereich der Vereinigung der kommunalen Arbeitgeberverbände (TVöD-V) vom 7.2.2006.

2 Vorbemerkung Ziff. 5, a a. O. (Fn. 1).

1.2 Persönlicher Geltungsbereich des TVöD

Der TVöD gilt nach § 1 Abs. 1 TVöD grundsätzlich für Arbeitnehmerinnen und Arbeitnehmer („Beschäftigte"), die in einem Arbeitsverhältnis zum **Bund** oder zu einem Arbeitgeber stehen, der **Mitglied** eines Mitgliedverbandes der Vereinigung der kommunalen Arbeitgeberverbände (**VKA**) ist. Ausnahmen, d. h. vom Geltungsbereich ausgenommene Beschäftigtengruppen, sind im Katalog des § 1 Abs. 2 TVöD aufgeführt. 2

1.3 Persönlicher Geltungsbereich des TV-L und des TV-H

Der TV-L gilt nach § 1 Abs. 1 TV-L für alle Beschäftigten, die in einem Arbeitsverhältnis zu einem Arbeitgeber stehen, der Mitglied der Tarifgemeinschaft deutscher Länder (TdL) oder eines Mitgliedsverbands der TdL ist. Ausnahme, d.h. vom Geltungsbereich ausgenommene Beschäftigtengruppen, sind im Katalog des § 1 Abs. 2 TV-L aufgeführt. Für die Tarifbeschäftigten des Landes **Hessen** gilt der am 1.1.2010 in Kraft getretene **TV-H**. 3

§ 11 TVöD und die wortgleichen § 11 TV-L und § 11 TV-H entsprechen im Wesentlichen dem früheren § 15b BAT, der mit Wirkung vom 1.5.1994 in den BAT eingefügt wurde. Hintergrund der Einführung waren sowohl **familienpolitische** als auch **arbeitsmarktpolitische Zielsetzungen**. Die Vorschrift enthält in erster Linie eine Regelung über die **Reduzierung der Arbeitszeit aus familiären Gründen**. Sie ist insoweit **den beamtenrechtlichen Regelungen** über Teilzeitbeschäftigung aus familienpolitischen Gründen **nachgebildet**[3]. Während mit dem TVöD und TV-L allgemein eine Ablösung von der Orientierung des Öffentlichen Dienstrechts am Beamtenrecht beabsichtigt war und vollzogen wurde, trifft dies für den Bereich der familienbedingten Teilzeitarbeit nicht zu. 4

2. Verhältnis zu gesetzlichen Teilzeitvorschriften

§ 11 TVöD/TV-L/TV-H regeln die Teilzeitbeschäftigung für die Angestellten des öffentlichen Dienstes **nicht abschließend**. Die gesetzlich begründeten Verringerungsansprüche hindern die Tarifvertragsparteien nicht, hiervon abgekoppelt einen Anspruch des Arbeitnehmers auf Verringerung der Arbeitszeit zu begründen und den Inhalt dieses Anspruchs im Einzelnen auszugestalten[4]. 5

---

[3] Vgl. insoweit den fast wortgleichen § 92 BBG „Familienbedingte Teilzeit und Beurlaubung". Nach § 43 BeamStG ist Teilzeitbeschäftigung zu ermöglichen; dies beinhaltet eine Anweisung an die Landesgesetzgeber, mit einer landesrechtlichen Regelung der Voraussetzungen einer Teilzeitbeschäftigung dem Gebot des § 43 Rechnung zu tragen; Reich, BeamtStG, 2. Aufl. 2012, § 43 BeamtStG, Rz. 2.

[4] BAG, Urteil v. 21.11.2006, 9 AZR 138/06.

2.1 Verhältnis zu § 8 TzBfG

6 Das am 1.1.2001 in Kraft getretene Gesetz über die Teilzeitarbeit und befristete Arbeitsverträge (TzBfG) enthält neben der **Begriffsdefinition der Teilzeitarbeit** und dem **Verbot der Diskriminierung von Teilzeitkräften** (erstmals) auch einen gesetzlichen **Anspruch** für alle Arbeitnehmer **auf Reduzierung** ihrer persönlichen Arbeitszeit[5].
Von den Teilzeit-Regelungen des **TzBfG** können die Tarifvertragsparteien **nach § 22 TzBfG** nur bezüglich der Vorschriften über Arbeit auf Abruf (§ 12 TzBfG) sowie Arbeitsplatzteilung (§ 13 TzBfG) **zu Ungunsten des Arbeitnehmers abweichen**[6]. Außerdem hat der Gesetzgeber den Tarifparteien in **§ 8 Abs. 4 Satz 3 TzBfG** einen gewissen Gestaltungsspielraum zuerkannt. Die Vorschrift ermächtigt sie, die Gründe für die Ablehnung der Verringerung der Arbeitszeit zu konkretisieren und dabei den spezifischen Erfordernissen des jeweiligen Wirtschaftszweigs Rechnung zu tragen. In § 11 TVöD sind bislang allerdings keine weiteren, über § 8 Abs. 4 Satz 1 und 2 TzBfG hinausgehende bzw. diese konkretisierende Ablehnungsgründe aufgenommen worden, sieht man einmal davon ab, dass durch den Ablehnungsgrund der „dringenden“ dienstlichen bzw. betrieblichen Belange an eine Ablehnung höhere Anforderungen als „betriebliche Gründe“ gestellt werden.

7 **§ 11 TVöD wird nicht durch § 8 Abs. 4 TzBfG verdrängt**. Der in § 8 Abs. 4 TzBfG geregelte Anspruch des Arbeitnehmers auf Verringerung der Arbeitszeit und ihre Verteilung ist zwar zwingend und bindet auch die Tarifvertragsparteien (§ 22 Abs. 1 TzBfG). Auch sind tarifliche Regelungen, die dem gesetzlichen Verringerungsanspruch widersprechen, unwirksam (BAG, Urteil v. 16.12.2014, 9 AZR 915/13[7]).

8 **Günstigere Vereinbarungen** sind aber **nicht ausgeschlossen**. Hierzu gehört § 11 Abs. 1 TVöD. Abweichend von § 8 Abs. 4 TzBfG wird dem Arbeitnehmer ermöglicht, die Arbeitszeit **befristet** herabzusetzen[8]. Für den Anspruch nach § 8 Abs. 4 TzBfG gilt das nicht. Hätte der Gesetzgeber einen Anspruch des Arbeitnehmers auch auf eine nur vorübergehende Verringerung der Arbeitszeit einführen wollen, hätte das nach Auffassung des Bundesarbeitsgericht (BAG) (vergleichbar dem Anspruch von Eltern auf Elternzeit nach § 15 Abs. 7 BEEG) ausdrücklich bestimmt werden müssen (BAG, Urteil v. 18.3.2003, 9 AZR 126/02)[9].

> **Hinweis**
>
> Neben dem mit dem TzBfG eingeführten allgemeinen Anspruch auf Reduzierung der Arbeitszeit kommt § 11 TVöD/TV-L/TV-H durchaus eine **eigenständige Bedeutung** zu. So gibt es z. B. in den ersten 9 Monaten des Arbeitsverhältnisses nach § 8 TzBfG keinen Anspruch auf Reduzierung der Arbeitszeit (6 Monate Wartezeit und 3

[5] S. Lehnen, § 8 TzBfG, Rz. 8 ff.
[6] S. Rambach, § 22 TzBfG, insbes. Rz. 3-4.
[7] ZTR 2015, S. 327.
[8] So bereits zu § 15b BAT; BAG, Urteil v. 18.3.2003, 9 AZR 126/02.
[9] ZTR 2003, S. 227.

Monate Ankündigungsfrist). Außerdem kann im Anwendungsbereich des TVöD/TV-L/TV-H ein Antrag auf Reduzierung der Arbeitszeit nur aus „dringenden dienstlichen bzw. betrieblichen Belangen“ abgelehnt werden; nach § 8 Abs. 4 Satz 1 TzBfG reichen für die Ablehnung „betriebliche Gründe“ aus. Für den Teilzeitanspruch nach § 11 gilt auch die 2-jährige Sperrfrist des § 8 Abs. 6 TzBfG[10] nicht[11].

2.2 Verhältnis zu § 15 Abs. 4-7 BEEG

Mütter und Väter können **während der Elternzeit** mit ihren Arbeitgebern nach § 15 9
Abs. 4-7 BEEG (bzw. bis 31.12.2006 BErzGG) eine **Teilzeitbeschäftigung im Rahmen eines besonderen Arbeitsvertrags** vereinbaren, die die wöchentliche Arbeitszeit von 15 Stunden nicht unterschreitet und 30 Stunden nicht übersteigt[12]. Der Arbeitnehmer hat unter den Voraussetzungen des **§ 15 Abs. 7 BEEG** – begrenzt auf die Dauer der Elternzeit, d. h. längstens bis zur Vollendung des 3. Lebensjahrs des Kindes – einen **Anspruch auf Verringerung der Arbeitszeit** gegen seinen Arbeitgeber[13]. Im Verhältnis zu den Regelungen des BEEG **ist § 11 TVöD/TV-L/TV-H aus Sicht der Beschäftigten** deutlich **günstiger**; er gibt den Beschäftigten nicht nur einen Anspruch bis zur Vollendung des 3. Lebensjahres des Kindes, sondern bis zum 18. Lebensjahr. Außerdem ist im TVöD/TV-L/TV-H keine grundsätzliche Begrenzung der Arbeitszeit wie in § 15 Abs. 4 BEEG (nach unten mindestens 15 und nach oben maximal 30 Wochenstunden im Monatsdurchschnitt) vorgesehen. Soweit der Anspruch auf Verringerung der Arbeitszeit wegen Kindesbetreuung nach § 11 TVöD voraussetzt, dass dem Teilzeitverlangen **keine dringenden betrieblichen oder dienstlichen Belange entgegenstehen**, ist er allerdings an dieselben Voraussetzungen gebunden wie der gesetzliche Anspruch auf Elternteilzeit (BAG, Urteil v. 15.4.2008, 9 AZR 380/07).

2.3 Verhältnis zu § 81 Abs. 5 Satz 2 SGB IX

Als **schwerbehindert anerkannte Arbeitnehmer** haben nach § 81 Abs. 5 Satz 2 SGB 10
IX Anspruch auf Teilzeitbeschäftigung, wenn die kürzere Arbeitszeit wegen Art oder Schwere der Behinderung notwendig ist[14]. Dieser Anspruch ist unabhängig vom Anspruch aus familiären Gründen nach § 11 Abs. 1 TVöD/TV-L/TV-H und dem Erörterungsanspruch aus sonstigen Gründen nach § 11 Abs. 2 TVöD/TV-L/TV-H.

---

10 S. Vossen, § 8 TzBfG, Rz.163 ff.

11 Laux/Schlachter/*Laux*, TzBfG, 2. Aufl. 2011, § 23 TzBfG, Anhang 1, Rz. 27.

12 Zur alten, bis 31.12.2000 geltenden Fassung von § 15 Abs. 4 BErzG vertrat das LAG Bremen, Urteil v. 23.11.2000, DB 2001, S. 1203, die Auffassung, dass sich § 15 Abs. 4 BErzG und § 15b BAT nicht gegenseitig ausschlossen. Der vollbeschäftigte Angestellte, der wegen der tatsächlichen Betreuung eines Kindes seine Arbeitzeit reduzieren wollte, hatte deshalb einen Anspruch auf Reduzierung seiner Arbeitszeit auch während des Erziehungsurlaubs, wenn die Voraussetzungen des § 15b BAT vorlagen. Durch § 15 Abs. 7 BEEG handelt es sich beim Anspruch auf Teilzeit in der Elternzeit jetzt um einen gesetzlichen Anspruch.

13 S. Imping, § 23 TzBfG, Rz. 3 ff.

14 S. Imping, § 23 TzBfG, Rz. 49 ff.

2.4 Verhältnis zu den Frauenförder- und Gleichstellungsgesetzen

11 Zu beachten sind ferner die vom Anwendungsbereich des § 11 TVöD unabhängigen **Frauenförder- und Gleichstellungsgesetze** des Bundes und der Länder, welche ausnahmslos die Teilzeit fördernde Vorschriften haben[15] und die nach § 23 TzBfG neben dem TzBfG gelten[16].

3. Voraussetzungen für die Reduzierung der Arbeitszeit (Abs. 1)

3.1 Anspruchsberechtigter Personenkreis

12 Nach dem Wortlaut der Regelung des § 11 Abs. 1 TVöD gilt die Norm für „Beschäftigte"; **auf den Umfang der Beschäftigung** (Vollzeit- oder Teilzeit) **kommt es nicht an**. Damit haben die Tarifvertragsparteien die Konsequenzen aus der Rechtsprechung des BAG gezogen, wonach die in § 15b BAT vorgesehene Beschränkung auf Vollzeitbeschäftigte unwirksam war (BAG, Urteil v. 18.3.2003, 9 AZR 126/02)[17]. Tarifvertragliche Regelungen, die gegen das Verbot der unterschiedlichen Behandlung von Voll- und Teilzeitkräften nach § 4 TzBfG verstoßen, sind nichtig (BAG, Beschluss v. 29.8.1989, 3 AZR 370/88)[18]. Das heißt: **Auch bereits in Teilzeit beschäftigte Arbeitnehmer** können also eine (weitere) Reduzierung ihrer Arbeitszeit verlangen.

Unerheblich ist auch, ob ein Beschäftigter **befristet oder unbefristet** beschäftigt ist. D.h. auch Arbeitnehmer mit lediglich befristetem Arbeitsvertrag können von der Möglichkeit der Arbeitszeitreduzierung Gebrauch machen, wenn die sonstigen tariflichen Voraussetzungen gegeben sind[19].

3.2 Betreuung oder Pflege eines Kindes

13 Der/die Beschäftigte muss nach § 11 Abs. 1a TVöD/TV-L/TV-H zum **Zeitpunkt der Antragstellung mindestens ein Kind unter 18 Jahren** tatsächlich betreuen oder pflegen.

> **Hinweis**
>
> Der Teilzeitanspruch besteht nicht nur bis zur Vollendung des 18. Lebensjahres des Kindes[20]. Es ist lediglich erforderlich, dass der Antrag auf Verringerung der Arbeitszeit gestellt wird, bevor das Kind das 18. Lebensjahr vollendet. Grundsätzlich geht

---

[15] Vgl. stellvertretend §§ 16-18 Bundesgleichstellungsgesetz v. 24.4.2015, BGBl. I, S. 643 und § 14 Chancengleichheitsgesetz Baden-Württemberg v. 11.10.2005, GBl. S. 650. Zu den einzelnen Landesgesetzen Clemens/Scheuring/Steingen/Wiese, TV-L, Stand 1/2016, § 11 TV-L, Rz. 50.

[16] S. Imping, § 23 TzBfG, Rz. 57f..

[17] ZTR 2004, S. 143.

[18] NZA 1990, S. 37.

[19] So auch Laux/Schlachter/*Laux*, TzBfG, 2. Aufl. 2011, § 23 TzBfG, Anhang 1, Rz. 4.

[20] Laux/Schlachter/*Laux*, TzBfG, 2. Aufl. 2011, § 23 TzBfG, Anhang 1, Rz. 7.

> die tarifliche Regelung nämlich davon aus, dass die Teilzeit unbefristet gilt, wenn die Voraussetzungen des § 11 TVöD/TV-L/TV-H vorliegen.

§ 11 TVöD/TV-L/TV-H verlangt **nicht zwingend**, dass es sich um ein **eigenes, leibliches Kind des Beschäftigten** handeln muss. 14
Der Begriff „Kind" wird nicht näher definiert. Insoweit ist auf die Regelungen des Einkommensteuerrechts (§§ 32, 63 EStG) bzw. des Kindergeldrechts (§ 2 BKGG) abzustellen. Kinder sind danach

- eheliche Kinder,
- für ehelich erklärte Kinder,
- an Kindes Statt angenommene Kinder,
- nichteheliche Kinder,
- Stiefkinder,
- Pflegekinder,
- unter Umständen auch Enkel und Geschwister der Beschäftigten[21].

3.3 Betreuung oder Pflege eines sonstigen Angehörigen

Nach § 11 Abs. 1b TVöD/TV-L/TV-H besteht die Antragsberechtigung auch, wenn der Angestellte einen nach ärztlichem Gutachten pflegebedürftigen **sonstigen Angehörigen** tatsächlich pflegt. Der Begriff des „Angehörigen" wird im Tarifvertrag nicht definiert. Zu den **Angehörigen** gehören insbesondere 15

- die oben in Rz. 14 genannten Kinder, wenn sie das 18. Lebensjahr vollendet haben[22],
- der Ehegatte,
- die Eltern,
- die Großeltern,
- die Schwiegereltern,
- Geschwister, Schwäger, Schwägerin und deren Kinder.

Lebensgefährten sind keine Angehörigen i. S. v. § 11 TVöD/TV-L/TV-H[23], es sei denn, es handelt sich um Lebenspartner i. S. d. Lebenspartnerschaftsgesetzes[24].

3.4 Betreuung oder Pflege

Das „Kind" bzw. der „sonstige Angehörige" muss vom Beschäftigten **tatsächlich betreut oder gepflegt** werden. 16

---

21 Vgl. § 63 Abs. 1 Nr. 3 EStG; Laux/Schlachter/*Laux*, TzBfG, 2. Aufl. 2011, § 23 TzBfG, Anhang 1, Rz. 6.

22 S. zum Begriff des Kindes Rz. 14.

23 So zum (früheren) § 15 b BAT Clemens/Scheuring/Steingen/Wiese, BAT, Stand: 06/2006, § 15b BAT, Erl. 2; Dassau/Wiesend-Rothbrust, BAT 4. Aufl. 2004,§ 15b BAT, Rz. 4.

24 Vgl. § 11 Abs. 1 LPartG; Laux/Schlachter/*Laux*, TzBfG, 2. Aufl. 2011, § 23 TzBfG, Anhang 1, Rz. 10; Clemens/Scheuring/Steingen/Wiese, TV-L, Stand: 01/2016, § 11 TV-L, Rz. 55.

3.4.1 Tatsächliche Betreuung

17 Was unter „tatsächlicher Betreuung“ zu verstehen ist, ist zweifelhaft. Die Anforderungen dürfen nicht zu eng gesteckt werden, da tariflicher Regelfall auch die Betreuung eines 17-jährigen Kindes ist. Ein 17-jähriges „Kind“ muss aber nicht (mehr) im engeren Sinne betreut werden. Der/die Jugendliche wird häufig nicht einmal den Tag zu Hause verbringen. Demnach muss wohl auch die bloße Haushaltsführung als Betreuung gelten[25].

3.4.2 Pflegebedürftigkeit

18 Auch der Begriff der Pflegebedürftigkeit wird in § 11 TVöD/TV-L/TV-H nicht definiert. **Pflegebedürftig** sind nach **§ 14 SGB XI** Personen, die wegen einer körperlichen, geistigen oder seelischen Krankheit oder Behinderung für die gewöhnlichen und regelmäßig wiederkehrenden Verrichtungen im Ablauf des täglichen Lebens auf Dauer, voraussichtlich für mindestens 6 Monate, in erheblichem oder höherem Maße der Hilfe bedürfen. Die Pflegebedürftigkeit näher zu bestimmen, bleibt im Streitfall letztlich einem ärztlichen Gutachten vorbehalten.

Beispiel

Besteht für einen Angehörigen ein Pflegegeldanspruch, so wird der Pflege leistende Arbeitnehmer einen Anspruch auf Teilzeitarbeit haben. Die Einstufung in Pflegestufe I ist ausreichend. Auf die Stufe der Pflegebedürftigkeit kommt es nicht an.

19 Eine **häusliche Gemeinschaft** zwischen dem Beschäftigten und der gepflegten Person ist – ebenso wie beim (früheren) § 15b BAT - **nicht erforderlich**.

Hinweis

Für den Anspruch auf Arbeitszeitreduzierung ist **nicht** erforderlich, dass die Teilzeit tatsächlich notwendig ist, um die Pflege ausüben zu können[26]. Der Umfang der Reduzierung muss dem Umfang der notwendigen Pflege **nicht** entsprechen[27]. Die tatsächlichen Betreuungs- und Pflegeleistungen müssen deshalb auch nicht während der allgemein üblichen Dienstzeit notwendig sein[28].

3.5 Antrag

20 § 11 Abs. 1 TVöD/TV-L/TV-H setzt einen **Antrag** des Beschäftigten voraus. Der Antrag ist – wie nach § 8 Abs. 3 TzBfG - **formfrei** möglich.

---

[25] Bremecker/Hock/*Schwerdle*, Haufe TVöD-Lexikon Verwaltung, Stand: 03/2016, Teilzeit, Ziff. 2.2.1.1; *Riesenhuber*, NZA 1995, S. 57, 58.

[26] Laux/Schlachter/*Laux*, TzBfG, 2. Aufl. 2011, § 23 TzBfG, Anhang 1, Rz. 11.

[27] *Riesenhuber*, NZA 1995, S. 58.

[28] A. A. aber ohne Begründung Clemens/Scheuring/Steingen/Wiese, TV-L, Stand: 01/2016, § 11 TV-L, Rz. 56.

3.6 Keine entgegenstehenden dringenden dienstlichen bzw. betrieblichen Belange

21 Die Ablehnungsgründe aus Sicht des Arbeitgebers entsprechen der (früheren) Regelung des § 15b BAT. Der gewünschten Verringerung der Arbeitszeit dürfen **dringende dienstliche** bzw. **betriebliche Belange** nicht entgegenstehen. Sie sind zu berücksichtigen, wenn sie „dienstlich/betrieblich" sind, sich also auf die Verhältnisse der Dienststelle/des Betriebs beziehen. Dabei sind die Begriffe „dienstlich" und „betrieblich" in der Weise zu verstehen, dass dienstliche Gründe bei einer staatlichen Einrichtung als Arbeitgeberin und betriebliche Gründe bei einer privatrechtlich betriebenen Einrichtung als Arbeitgeberin vorliegen können (LAG München, Urteil v. 28.4.2009, 7 Sa 1093/08). Durch die Aufnahme des Begriffs „**dringend**" haben die Tarifparteien hohe Anforderungen an die Intensität der entgegenstehenden betrieblichen oder dienstlichen Abläufe gestellt, ohne ihn definiert zu haben. Aufgrund desselben Wortlauts können die zu § 15b BAT entwickelten Grundsätze herangezogen werden. Die Auslegung des unbestimmten Rechtsbegriffs bestimmt sich nach Auffassung des BAG (BAG, Urteil v. 18.3.2003, 9 AZR 126/02)[29] nach dem allgemeinen Sprachverständnis unter Berücksichtigung des mit der Vorschrift verfolgten Zwecks. Mit dem Begriff dringend wird ausgedrückt, dass eine Angelegenheit notwendig, erforderlich oder auch sehr wichtig ist. Die **entgegenstehenden betrieblichen Interessen** müssen mithin **von erheblichem Gewicht** sein. Sie müssen sich als zwingende „Hindernisse" für die beantragte Verkürzung der Arbeitszeit und deren Verteilung darstellen. Diese Auslegung wird nach Auffassung des BAG durch den mit der Vorschrift verfolgten familienpolitischen Zweck bestätigt. Die Tarifvertragsparteien messen der häuslichen Kinderbetreuung ersichtlich einen besonderen Wert bei.

„**Belange**" ist ein anderes Wort für Interessen. Etwas ist „belangt", wenn es „betroffen" ist. Das können Interessen jeglicher Art sein.

22 Auch nach Auffassung des LAG Baden-Württemberg (LAG Baden-Württemberg, Urteil v. 20.7.2000, 3 Sa 60/99) **reicht es nicht** aus, dass sich die **Umstände nur störend oder als Belästigung auf den betrieblichen Ablauf auswirken. Voraussetzung** in diesem Sinne sei vielmehr, dass **Umstände** vorlägen, **die den Betriebsablauf ganz gravierend störten und vom Arbeitgeber nicht mit zumutbaren Maßnahmen zu bewältigen seien**. Der Arbeitgeber könne insoweit nicht untätig auf die personelle Lücke verweisen, die die Teilzeitbeschäftigung des Arbeitnehmers aufreiße. Vielmehr müsse der Arbeitgeber alles ihm Zumutbare unternehmen, um die Teilzeittätigkeit zu ermöglichen. Es dürfe **kein Ausweg möglich** sein. In gewisser Weise seien auch Erschwernisse in Kauf zu nehmen. Die bei Umstellung auf Teilzeit üblichen Umstrukturierungen und damit verbundenen finanziellen Mehrbelastungen müssen vom Arbeitgeber hingenommen werden.

23 Ein dringender dienstlicher oder betrieblicher Belang ergibt sich **nicht** daraus, dass der Arbeitgeber bei Teilzeitbeschäftigten nach **§ 6 Abs. 5 TVöD/TV-L/TV-H** dazu verpflichtet ist, vor der Anordnung von Bereitschaftsdienst, Rufbereitschaft, Überstunden und Mehrarbeit eine arbeitsvertragliche Regelung oder eine Zustimmung im Einzelfall

[29] ZTR 2004, S. 143.

herbeizuführen (ArbG Darmstadt, Urteil v. 25.2.2010, 7 Ca 453/09). Das ergibt sich schon daraus, dass der Teilzeitanspruch nach § 11 Abs. 1 TVöD/TV-L/TV-H nach seinem klaren Wortlaut nicht davon abhängig gemacht wird, dass der Teilzeitbeschäftigte gleichzeitig Erklärungen über die in § 6 Abs. 5 TVöD/TV-L/TV-H genannten Dienste abgibt. Zum anderen ergibt sich bei Betrachtung der Systematik des tariflichen Regelwerks, dass § 6 Abs. 5 TVöD/TV-L/TV-H gerade dem Schutz Teilzeitbeschäftigter dient. Denn der Anspruch auf Teilzeitbeschäftigung würde faktisch entwertet werden, wenn der Arbeitgeber ohne Einverständnis des Arbeitnehmers beispielsweise Überstunden und Mehrarbeit anordnen könnte und somit die durch die Teilzeitvereinbarung gewonnenen Vorteile wieder zunichte gemacht würden (ArbG Darmstadt, Urteil v. 25.2.2010, 7 Ca 453/09).

24 Der Arbeitgeber darf den Arbeitszeitverkürzungswunsch eines Arbeitnehmers nur ablehnen, wenn dienstliche oder betriebliche Belange der Arbeitszeitverkürzung entgegenstehen. Nicht jedoch, wenn er **mit dem Abschluss des Änderungsvertrags noch andere Ziele verfolgt**, die nicht im Zusammenhang mit der durch eine Verringerung der Arbeitszeit geringeren zeitlichen Verfügbarkeit des Arbeitnehmers und den daraus entstehenden betrieblichen oder dienstlichen Problemen stehen; unbeachtlich ist z. B. der Wunsch des Arbeitgebers, bei Arbeitszeitverkürzung müsse ein von ihm formuliertes Änderungsvertragsformular verwendet werden, das noch andere Änderungen enthält, als der bisherige Vertrag (LAG München, Urteil v. 28.4.2009, 7 Sa 1093/08).

25 In der Niederschrifterklärung vom 25.4.1994 zur (Vorgänger-)Vorschrift des § 15b BAT bestimmten die Tarifvertragsparteien ausdrücklich, dass die Berufung auf **organisatorische Schwierigkeiten** für sich allein **nicht** zur Ablehnung ausreiche[30]. So heißt es u. a.: *„Im Einzelfall soll jeweils kreativ geprüft werden, ob eine Lösung gefunden werden kann, die den Wunsch des Arbeitnehmers auf Teilzeitbeschäftigung berücksichtigt und dabei gleichzeitig dringenden dienstlichen Belangen Rechnung trägt.“* Insoweit kann man – auch im Rahmen des § 11 Abs. 1 TVöD – **ergänzend auf** die sich **zu** den „betrieblichen Gründen“ i. S. v. **§ 8 Abs. 4 TzBfG entwickelnde Rechtsprechung zurückgreifen**[31]. „Betriebliche“ Gründe liegen nach § 8 Abs. 4 Satz 2 TzBfG insbesondere vor, „wenn die Verringerung der Arbeitszeit die **Organisation**, den **Arbeitsablauf** oder die **Sicherheit im Betrieb wesentlich beeinträchtigt** oder **unverhältnismäßige Kosten** verursacht[32].

3.7 Kein Entscheidungsspielraum des Arbeitgebers

26 Nach dem Wortlauf von § 11 Abs. 1 TVöD/TV-L/TV-H **„soll“** bei Vorliegen der Voraussetzungen eine geringere als die vertraglich festgelegte Arbeitszeit vereinbart werden. Mit dieser Gestaltung haben die Tarifvertragsparteien des TVöD/TV-L/TV-H – wie bereits bei § 15b BAT - das von ihnen gewollte Regel-/Ausnahmeverhältnis herausgestellt. **Liegen die tatbestandlichen Voraussetzungen des § 11 Abs. 1 TVöD/TV-**

30 Wiedergegeben z. B. bei Clemens/Scheuring/Steingen/Wiese, BAT, Stand: 06/2006, § 15b BAT, Erl. 3.

31 BAG, Urteil v. 16.10.2007, 9 AZR 321/06.

32 S. Vossen, § 8 TzBfG, Rz. 65 ff.“

L/TV-H vor, hat der Angestellte **Anspruch auf die Vereinbarung einer geringeren Arbeitszeit.** Dem Arbeitgeber ist insoweit **kein Ermessen** eingeräumt (so BAG, Urteil v. 18.3.2003, 9 AZR 126/02 zu § 15b BAT)[33]. Seine Interessen an der Beibehaltung der bisherigen Arbeitszeit und die **Interessen** des Angestellten an deren Veränderung sind **nicht abzuwägen**. Das wirkt sich andererseits auch auf die Rechtsstellung des Beschäftigten aus. Gibt es entgegenstehende Gründe i. S. v. § 11 Abs. 1 TVöD/TV-L/TV-H, kann er keine tarifliche Verringerung seiner Arbeitszeit beanspruchen, so nachvollziehbar und wichtig seine Gründe sein mögen. Dieses „**Alles oder Nichts**" bedingt zugleich, dass nur wirklich objektiv gewichtige Gründe des Arbeitgebers die Ablehnung des Antrags rechtfertigen können.

Beispiel

Das BAG hat im Rahmen von § 8 TzBfG anerkannt, dass pädagogische Gründe der Beschäftigung einer Erzieherin mit nur 10 Stunden in der Woche entgegenstehen können. Ein häufiger Wechsel der Bezugsperson und die damit verbundene fehlende Ansprechbarkeit für Kinder und Eltern kann sich pädagogisch nachteilig auf die Entwicklung der Kinder auswirken. Gerade bei Kindergartenkindern können konstante Bezugspersonen zu ihrer gedeihlichen Entwicklung beitragen. Für die Erziehung ist oftmals eine dauerhafte, auf einen längeren Zeitraum angelegte Beobachtung der Entwicklung und Verhaltensweisen erforderlich[34].

Zu respektieren ist auch das den anerkannten Grundsätzen der Heimerziehung entsprechende „Erzieherbezugssystem" und die daraus resultierende pädagogische Entscheidung des Arbeitgebers, in einer von ihm unterhaltenen Einrichtung der Kinder- und Jugendhilfe (§ 34 SGB VIII) den Kreis der Erzieher möglichst klein zu halten, um nicht die Beziehungsfähigkeit der aufgenommenen Kinder und Jugendlichen zu überfordern. Es dient zunächst der Überbrückung der Eingewöhnungsschwierigkeiten. Das Kind/der Jugendliche soll nicht mit einer Vielzahl ihm fremder Personen konfrontiert werden, sondern sich an eine Person aus dem Team halten können, die es/ihn auch in der Folgezeit im Alltag begleitet (BAG, Urteil v. 16.10.2007, 9 AZR 321/06)[35].

3.8 Gerichtliche Überprüfung

Ob ein vom Arbeitgeber behaupteter gewichtiger Grund tatsächlich besteht, ist von den 27
Arbeitsgerichten nicht ungeprüft hinzunehmen. Für die Prüfung ist das vom BAG zu den

33 ZTR 2004, S. 143. Im Ergebnis ebenso bereits LAG Bremen, Urteil v. 23.11.2000, 4 Sa 123/00, DB 2001, S. 1203, 1204.

34 BAG, Urteil v. 18.3.2003, 9 AZR 126/02, ZTR 2004, S. 143.

35 Zum gleichlautenden § 15b BAT-KF in kirchlicher Fassung v. 26.6.1986 für die Angestellten im Bereich der Evangelischen Kirche im Rheinland.

„betrieblichen“ Ablehnungsgründen i. S. v. § 8 TzBfG entwickelte **3-stufige Prüfschema** auch hier anzuwenden[36]. Nach der Rechtsprechung des BAG ist es ebenso auf Verringerungsansprüche anzuwenden, die auf tariflicher oder einzelvertraglicher Grundlage erhoben werden (BAG, Urteil v. 16.10.2007, 9 AZR 321/06; BAG, Urteil v. 18.5.2004, 9 AZR 319/03). Inhaltlich ergeben sich, abgesehen von dem unterschiedlichen Gewicht der Ablehnungsgründe, im Vergleich zu dem gesetzlichen Verringerungsanspruch keine Unterschiede.

Danach ist auf der **1. Stufe** zunächst festzustellen, welches betriebliche **Organisationskonzept** der vom Arbeitgeber als erforderlich angesehenen **Arbeitszeitregelung** zugrunde liegt. Organisationskonzept ist das Konzept, mit dem die unternehmerische Aufgabenstellung im Betrieb verwirklicht werden soll. Das Organisationskonzept muss die Arbeitszeitregelung bedingen.

In einer **2. Stufe** ist zu prüfen, inwieweit die **Arbeitszeitregelung dem Arbeitszeitverlangen des Arbeitnehmers tatsächlich entgegensteht**. Dabei ist regelmäßig auch der Frage nachzugehen, ob durch eine dem Arbeitgeber zumutbare Änderung von betrieblichen Abläufen oder des Personaleinsatzes die betrieblich erforderliche Arbeitszeitregelung unter Wahrung des Organisationskonzepts mit dem individuellen Arbeitszeitwunsch des Arbeitnehmers zur Deckung gebracht werden kann.

Können die beiderseitigen Interessen nicht in Einklang gebracht werden, so ist auf der **3. Stufe** das objektive **Gewicht der vom Arbeitgeber vorgetragenen Beeinträchtigung** zu prüfen (vgl. BAG, Urteil v. 16.10.2007, 9 AZR 321/06; BAG, Urteil v. 18.2.2003, 9 AZR 164/02).

28 Der **gerichtliche Kontrollmaßstab** ist **eingeschränkt**. Wie sich aus dem Vorrang der entgegenstehenden dringenden dienstlichen/betrieblichen Gründe ergibt, ist nach dem Willen der Tarifvertragsparteien der **Arbeitgeber frei** in der Festlegung der von ihm verfolgten Ziele. Das schließt regelmäßig die Entscheidung über das einem Betrieb zugrunde liegende **unternehmerische Konzept** ein.

Ob ein solches **Konzept besteht**, und ob es auch **tatsächlich durchgeführt** und nicht nur zur Abwehr des Verringerungsantrags des Arbeitnehmers „vorgeschoben“ wird, ist von den Arbeitsgerichten in vollem Umfang zu überprüfen. Dabei ist es eine Frage der dem Gericht nach § 286 ZPO obliegenden freien Beweiswürdigung, ob die Behauptung des Arbeitgebers als „wahr oder nicht wahr“ zu erachten ist. Gerichtlich überprüfbar ist auch, ob das betriebliche **Arbeitszeitmodell durch das behauptete Konzept „bedingt“** ist. Angesprochen ist damit die **Ursächlichkeit** der dienstlichen Entscheidung des Arbeitgebers für die hiervon abhängigen Folgeentscheidungen. Sie müssen nachvollziehbar und in sich schlüssig sein. Das beurteilt sich u. a. nach der dem Arbeitnehmer übertragenen Aufgabe und deren Einbindung in den dienstlichen/betrieblichen Ablauf.

Ob das vorgetragene **Konzept sinnvoll** ist, unterliegt dagegen nur einer **Missbrauchskontrolle**: Die Entscheidung des Arbeitgebers, welche Aufgaben er betrieblich verfolgt

---

[36] Im Ergebnis wohl auch Laux/Schlachter/*Laux*, TzBfG, 2. Aufl. 2011, § 23 TzBfG, Anhang 1, Rz. 12.

und die sich daraus ergebenden Folgeentscheidungen sind nur zu überprüfen, soweit sie **willkürlich** sind.
Die Darlegung des Arbeitgebers, seine Arbeitsabläufe „bestmöglich" und „effektiv" gestalten zu wollen, ist allerdings zu allgemein, um ein von den Arbeitsgerichten nur auf Willkür überprüfbares Organisationskonzept darstellen zu können (BAG, Urteil v. 18.5.2004, 9 AZR 319/03[37]). Dass ein Arbeitgeber effizient arbeiten, Reibungsverluste vermeiden und den Verwaltungsaufwand so gering wie möglich halten will, ist selbstverständliches Ziel jeder Planung von Arbeitsabläufen und der Einrichtung von Arbeitsplätzen. Stets gilt, den Anteil der nicht unmittelbar der Arbeitsaufgabe dienenden Tätigkeiten so gering wie möglich zu halten und sog. unproduktive Zeiten zu minimieren.
Eine andere Frage ist, ob das **Konzept tatsächlich dem Arbeitszeitwunsch des Arbeitnehmers entgegensteht**. Insoweit ist zu prüfen, ob ungeachtet der grundsätzlichen Entscheidung des Arbeitgebers eine Beschäftigungsmöglichkeit mit der vom Arbeitnehmer gewünschten veränderten Arbeitszeit besteht oder durch dem Arbeitgeber zumutbare Maßnahmen hergestellt werden kann.

3.9 Berücksichtigung der besonderen persönlichen Situation der/des Beschäftigen bei der Gestaltung der Arbeitszeit

Bei der Gestaltung der Arbeitszeit hat der Arbeitgeber nach § 11 Abs. 1 Satz 4 TVöD/TV-L/TV-H „im Rahmen der dienstlichen bzw. betrieblichen Möglichkeiten der besonderen persönlichen Situation der/des Beschäftigten (...) Rechnung zu tragen." Diese Verpflichtung des Arbeitgebers wurde neu in den TVöD/TV-L/TV-H aufgenommen, bringt allerdings keine wesentliche Änderung der Rechtslage im Vergleich zum (früheren) § 15b BAT. 29
Nach **§ 106 Satz 1 GewO** kann der Arbeitgeber Inhalt, Ort und Zeit der Arbeitsleistung **nach billigem Ermessen** bestimmen, soweit diese Arbeitsbedingungen nicht durch Arbeitsvertrag, Bestimmungen einer Betriebsvereinbarung, eines anwendbaren Tarifvertrags oder gesetzliche Vorschriften festgelegt sind. Diese gesetzliche Regelung des Weisungsrechts ist am 1.1.2003 in Kraft getreten.
In der **Rechtsprechung des BAG** war jedoch bereits zuvor anerkannt, dass das Direktionsrecht als Wesensmerkmal eines jeden Arbeitsverhältnisses es dem Arbeitgeber ermöglicht, die im Arbeitsvertrag nur rahmenmäßig umschriebene Leistungspflicht im Einzelnen nach Zeit, Art und Ort zu bestimmen und dass dieses Recht nur **nach billigem Ermessen** i. S. v. § 315 Abs. 3 BGB ausgeübt werden darf (vgl. nur BAG, Urteil v. 7.12.2000, 6 AZR 444/99)[38].
Die Grenzen billigen Ermessens sind nach Auffassung des BAG (nur) gewahrt, wenn der Arbeitgeber bei der Bestimmung der Zeit der Arbeitsleistung nicht nur eigene, sondern auch **berechtigte Interessen des Arbeitnehmers angemessen berücksichtigt** hat. Auf schutzwürdige familiäre Belange des Arbeitnehmers hat er Rücksicht zu nehmen, soweit

---

[37] Zur gleichlautenden Vorschrift des § 1a der Anlage 5 der AVR Caritas.
[38] NZA 2001, S. 780.

einer vom Arbeitnehmer gewünschten Verteilung der Arbeitszeit nicht betriebliche Gründe oder berechtigte Belange anderer Arbeitnehmer entgegenstehen[39].

> **Beispiel**
>
> (nach BAG, Urteil v. 7.12.2004, 6 AZR 567/03):
>
> Eine Altenpflegerin sollte nach der Rückkehr aus der Elternzeit zu Nachtwachen im 2-Tage-Rhythmus herangezogen werden. Sie hatte auf einen Einsatz im 7-Tage-Rhythmus im Nachtdienst geklagt. Die Arbeitnehmerin, deren ebenfalls im pflegerischen Bereich tätiger Ehemann nachts im 7-Tage-Rhythmus Rufbereitschaft leistete, wollte den Nachtdienst wie vor der Elternzeit im 7-Tage-Rhythmus verrichten. Nach dem Ende ihrer Elternzeit war bei ihrem Arbeitgeber jedoch nur ein Arbeitsplatz in einer Einrichtung frei, in der die Nachtwachen im 2-Tage-Rhythmus organisiert sind.
>
> Da keiner der im 7-Tage-Rhythmus im Nachtdienst beschäftigten Altenpfleger mit der Klägerin den Arbeitsplatz tauschen und in den 2-Tage-Rhythmus wechseln wollte und einem vom Beklagten angeordneten Arbeitsplatztausch berechtigte Belange der Betroffenen entgegengestanden hätten, konnte der Arbeitgeber den Antrag der Beschäftigten auf Einsatz in der 7-Tage-Woche zulässigerweise ablehnen. Die Entscheidung über die festgesetzte Zeit der Arbeitsleistung entsprach billigem Ermessen. Mit dem ausschließlichen Einsatz im Nachtdienst hatte der Beklagte die Interessen der Klägerin und ihre familiären Belange angemessen berücksichtigt.

§ 11 Abs. 1 TVöD/TV-L/TV-H gewährt Beschäftigten unter den genannten Voraussetzungen lediglich einen Anspruch auf Verringerung der vertraglich festgelegten Arbeitszeit. Die Vorschrift begründet jedoch **keine Verpflichtung des Arbeitgebers**, den Arbeitsvertrag hinsichtlich der **Verteilung der Arbeitszeit zu ändern**. Selbst wenn ein Beschäftigter aufgrund der Umstände des Einzelfalls zum Zeitpunkt, zu dem der Arbeitgeber das Weisungsrecht nach § 106 Satz 1 GewO ausübt, einen Anspruch auf eine bestimmte Entscheidung hat („Ermessensreduzierung auf Null"), führt dies nicht zu einer Änderung des Arbeitsvertrags (BAG, Urteil v. 16.12.2014, 9 AZR 915/13[40].

3.10 Umfang und Dauer der Teilzeitbeschäftigung

3.10.1 Unbefristete oder befristete Reduzierung

30 Grundsätzlich wird die Teilzeitbeschäftigung **unbefristet** vereinbart. **Auf Antrag des Beschäftigten** kann sie nach § 11 Abs. 1 Satz 2 TVöD/TV-L/TV-H jedoch **auf bis zu 5 Jahre befristet** werden.

Dabei ist tariflich lediglich bestimmt, dass der Arbeitgeber in gewissem Maße verpflichtet ist, auf ein befristetes Teilzeitverlangen der Beschäftigten einzugehen, wenn diese

[39] So wörtlich Leitsatz 1 in BAG, Urteil v. 7.12.2004, 6 AZR 567/03, AP BGB § 611 Nr. 61 Direktionsrecht.

[40] ZTR 2015, S. 327; a. A HK-TzBfG/*Boecken*, TzBfG, 3. Aufl. 2012, § 11 TVöD, Rz. 15.

dies wünschen. Damit ist allerdings lediglich eine Pflicht für den Arbeitgeber bestimmt. **Die Beschäftigten** können jedoch weiterhin frei entscheiden, ob sie unbefristete oder befristete Teilzeit wünschen. Sie sind nach dem TVöD/TV-L/TV-H **nicht gezwungen, in jedem Fall befristete Teilzeit zu beantragen** (LAG Mecklenburg-Vorpommern, Urteil v. 29.5.2015, 5 Sa 121/14[41].

Hinweis

Befristungen einzelner Bedingungen des Arbeitsvertrags unterliegen **nicht** der **Befristungskontrolle nach den §§ 14 ff. TzBfG.** Das Gesetz erfasst lediglich Befristungen und auflösende Bedingungen des gesamten Arbeitsverhältnisses (BAG, Urteil v. 14.1.2004, 7 AZR 213/03). Die Vereinbarung einer vorübergehenden Verringerung der Arbeitszeit auf der Grundlage des § 11 TVöD ist keine eigenständige individuelle Befristungsabrede; Arbeitnehmer und Arbeitgeber machen vielmehr von einer tariflichen Regelung Gebrauch.

Die Vereinbarung über die Befristung unterliegt **keiner Inhaltskontrolle nach §§ 305 ff BGB** (BAG, Urteil v. 21.11.2006, 9 AZR 138/06). Es bedarf auch nicht der Überprüfung, ob die Befristungsklausel eine Allgemeine Geschäftsbedingung ist, die nach § 307 Abs. 1 BGB dann unwirksam wäre, wenn sie den Arbeitnehmer entgegen den Geboten von Treu und Glauben unangemessen benachteiligte (vgl. BAG, Urteil v. 27.7.2005, 7 AZR 486/04). **Tarifverträge sind nach § 310 Abs. 4 BGB von der richterlichen Inhaltskontrolle ausgenommen**.

Der Arbeitgeber ist demgegenüber **verpflichtet**, die Befristung auf Antrag des Arbeitnehmers zu vereinbaren, wenn die Dauer nicht mehr als 5 Jahre beträgt. Eine Ablehnungsmöglichkeit besteht nicht[42]. Die 5-Jahresgrenze korrespondiert mit der Höchstgrenze für kalendermäßig befristete Arbeitsverträge mit Sachgrund nach § 30 Abs. 2 Satz 1 TVöD[43].

3.10.2 Verlängerung der Befristung

Die **Befristung** der Teilzeitbeschäftigung **kann verlängert werden**. Der **Antrag** ist spä- 31
testens **6 Monate vor Ablauf der vereinbarten Teilzeitbeschäftigung** zu stellen. Nur bei rechtzeitiger Antragstellung muss sich der Arbeitgeber auf das Verlangen einlassen (LAG Baden-Württemberg, Urteil v. 20.7.2000, 3 Sa 60/99).

Wird ein Verlängerungsantrag nicht rechtzeitig im Sinne von § 11 Abs. 1 Satz 3 TVöD/TV-L/TV-H gestellt, führt dies jedoch nicht automatisch zu einem Wegfall des Anspruchs. Vielmehr wirkt der Antrag erst zu dem Zeitpunkt, in dem die vorgeschriebene Frist eingehalten ist (ArbG Darmstadt, Urteil v. 25.2.2010, 7 Ca 453/09). Gegenstand des

---

41 öAT 2015, S. 194.

42 Dassau/Wiesend-Rothbrust, BAT, 4. Aufl. 2004, § 15b BAT, Rz. 13.

43 S. Rambach, § 30 TVöD, Rz. 8.

Anspruchs ist nicht (allein) die punktuelle Verlängerung, sondern die Verschaffung der Möglichkeit einer Teilzeitbeschäftigung für einen weiteren Zeitraum.

32 Die Verlängerungsmöglichkeit des § 11 Abs. 1 Satz 3 TVöD/TV-L/TV-H entspricht der (früheren) Regelung des § 15b Abs. 1 Unterabsatz 2 Satz 2, 1. Satzteil BAT. Zu dieser Tarifvorschrift wurde die Stellung des Arbeitgebers bei einem fristgemäßen Verlängerungsverlangen des Arbeitnehmers unterschiedlich eingeordnet.

Teilweise wurde angenommen, der Arbeitgeber müsse dem Verlängerungsverlangen (nur) nach seinem **Ermessen** nachkommen („**kann**"). Eine Begrenzung des Ermessens erfolge allein nach der Billigkeit i. S. d. § 315 BGB[44].

Nach der Auffassung des **LAG Baden-Württemberg** (LAG Baden-Württemberg, Urteil v. 20.7.2000, 3 Sa 60/99) handelte es sich bei § 15b Abs. 1 Unterabsatz 2 Satz 2, 1. Satzteil aber **nicht um eine sog. Kann-Bestimmung**, so dass der Arbeitgeber nicht unter weniger strengen Voraussetzungen, als sie von Abs. 1 vorgesehen sind, den Antrag des Angestellten ablehnen könne. Die Voraussetzungen seien vielmehr dieselben. Erhalte die Soll-Bestimmung in § 15b Abs. 1 BAT gerade ihre wesensgemäße Struktur dadurch, dass die Gründe genannt sind, die die Ablehnung des Antrags des Arbeitnehmers rechtfertigten, könnten sie im Rahmen der Entscheidung über die **Verlängerung** nicht plötzlich ein anderes Gewicht und einen anderen Inhalt erhalten. Wenn dringende Gründe nicht entgegenstünden, sei eben die Teilzeitbeschäftigung zuzulassen. Die Verlängerung als Gegenstand einer Kann-Bestimmung müsse dann die Erleichterungen für den Arbeitgeber benennen, wie dies in Abs. 2 auch geschehen sei. Die Vorschrift könne deshalb nur so gelesen werden, dass den Arbeitsvertragsparteien die rechtliche Möglichkeit eröffnet ist, unter identischen rechtlichen Bedingungen für einen weiteren Zeitraum Teilzeittätigkeit im Anschluss an eine bereits vereinbarte Teilzeittätigkeit zu vereinbaren und dem Arbeitnehmer hierauf im Rahmen der dienstlichen und betrieblichen Gegebenheiten einen weiteren Anspruch zu gewähren. Das Wort „kann" sei deshalb im Sinne des Wortes „**darf**" auszulegen. Es verschaffe den Parteien des Arbeitsvertrags die Rechtsmacht, erneut so zu verfahren wie beim Erstantrag. Die **Anforderungen an die Gründe**, die **die Ablehnung des Antrags** des Arbeitnehmers **rechtfertigten**, seien also deshalb **nicht geringer einzustufen als** beim **Erstantrag**.

Dem ist auch für § 11 Abs. 1 Satz 3 TVöD/TV-L/TV-H zuzustimmen (ArbG Darmstadt, Urteil v. 25.2.2010, 7 Ca 453/09[45]). Diese Auffassung ist auch deshalb zutreffend, weil die Verlängerung nicht anders beurteilt werden kann, als das kurz nach Wiederaufnahme der Vollzeitarbeit gestellte Neubegehren einer Teilzeitbeschäftigung[46].

---

[44] Dassau/Wiesend-Rothbrust, BAT, 4. Aufl. 2004, § 15b BAT, Rz. 14.

[45] A. A. aber Laux/Schlachter/*Laux*, TzBfG, 2. Aufl. 2011, § 23 TzBfG, Anhang 1, Rz. 18, die bei der Verlängerungsentscheidung auch die stärkere Berücksichtigung „personalwirtschaftlicher Aspekte" zulassen wollen.

[46] So zu Recht auch *Riesenhuber*, NZA 1995, S. 56, 60.

> **Hinweis** 33
>
> Die 5-Jahresgrenze gilt nur für die einzelne Vereinbarung. Bei einer oder mehreren Verlängerungen kann der 5-Jahreszeitraum überschritten werden. Vorgegeben ist nur, dass die einzelne Verlängerung – wie die Grundvereinbarung – die 5-Jahresgrenze nicht überschreitet.

Mit **Fristablauf** wird die **frühere Vollzeittätigkeit** des Arbeitnehmers in dem vor der Reduzierung der Arbeitszeit maßgeblichen Umfang, d. h. in Vollzeit fortgesetzt. 34

3.10.3 Hinweispflichten des Arbeitgebers?

In der Rechtsprechung des BAG ist anerkannt, dass der Arbeitgeber die **arbeitsvertragliche Nebenpflicht** hat, die im Zusammenhang mit dem Arbeitsverhältnis stehenden Interessen des Arbeitnehmers so zu wahren, wie dies unter Berücksichtigung seiner Belange, der des Betriebes und der Interessen der anderen Arbeitnehmer nach Treu und Glauben billigerweise verlangt werden kann (vgl. z. B. BAG, Urteil v. 21.11.2000, 3 AZR 13/00)[47]. Danach kann im Einzelfall auch ohne ausdrückliche vertragliche Regelung die Rechtspflicht des Arbeitgebers bestehen, den Arbeitnehmer unaufgefordert **über Tatsachen** und **rechtliche Zusammenhänge aufzuklären**, die **für** seine **Rechtsstellung von Bedeutung** sind. Solche insbesondere bei Beendigung des Arbeitsverhältnisses durch Aufhebungsvertrag in Betracht kommenden Aufklärungs- und Belehrungspflichten sind auch bei lediglich inhaltlichen Änderungen des Arbeitsvertrags nicht ausgeschlossen. 35

Nach Auffassung des BAG (BAG, Urteil v. 13.11.2001, 9 AZR 442/00)[48] war der Arbeitgeber nach dem vor Schaffung des § 11 Abs. 1 Satz 2 TVöD/TV-L/TV-H entsprechenden § 15b Abs. 1 Unterabsatz 2 BAT **nicht verpflichtet, den Arbeitnehmer über die Möglichkeit der Befristung der Arbeitszeitreduzierung aufzuklären**. Dies sollte auch dann gelten, wenn der Arbeitnehmer deutlich macht, dass er die Arbeitszeit verringern will, um sich der Betreuung eines Kindes zu widmen und der Betreuungsbedarf mit steigendem Alter des Kindes abnimmt. Zur Begründung stellte das BAG darauf ab, dass die Folgen, die sich aus einer auf unbestimmte Zeit vereinbarten Verringerung der Arbeitszeit ergeben, überschaubar seien. Ob sich aus § 15b BAT eine solche Hinweispflicht herleiten lässt, hat das BAG allerdings ausdrücklich offen gelassen[49]. Dies bleibt somit auch **für § 11 TVöD/TV-L/TV-H offen.**[50]

---

[47] ZTR 2001, S. 526.

[48] ZTR 2002, S. 378.

[49] BAG, Urteil v. 21.11.2000, 3 AZR 13/00, zu II. 1.b) bb) der Gründe, ZTR 2002, S. 378.

[50] Auch Clemens/Scheuring/Steingen/Wiese, TV-L, Stand 01/2016, § 11 TV-L, Rz. 63 verneinen unter Hinweis auf BAG, Urteil v. 13.6.1991, 8 AZR 330/90, ZTR 1992, S. 156 eine Hinweispflicht, außer der Arbeitgeber müsse erkennen, dass der Arbeitnehmer weiterer Informationen bedürfe und er selbst die Auskünfte unschwer erteilen oder beschaffen könne.

Hinweis

Würde man eine Hinweis- und Aufklärungspflicht des Arbeitgebers bejahen, haftete dieser bei schuldhafter Verletzung für den dadurch verursachten Schaden wegen positiver Vertragsverletzung. Er wäre dann wohl im Wege der Naturalrestitution verpflichtet, dem Angestellten den vor der Reduzierung geltenden Stundenumfang wieder einzuräumen.

Im Fall einer auf Vorschlag des Vorgesetzten geschlossenen unbefristeten Teilzeitvereinbarung mit einer Mutter hat das LAG Köln eine geschlechtsspezifische Benachteiligung angenommen; für eine unbefristete Vereinbarung bestand auf Seiten der Beschäftigten objektiv kein Bedürfnis und keinem Arbeitnehmer in der Anstellungsbehörde war jemals mit Rücksicht auf seine Vaterpflichten eine solche unbefristete Teilzeitvereinbarung nahegelegt oder eine solche Vereinbarung geschlossen worden (LAG Köln, Urteil v. 11.8.2011, 6 Sa 1561/10). Damit war die Teilzeitvereinbarung wegen des Verstoßes gegen ein gesetzliches Verbot nichtig (§ 134 BGB). Zwischen den Parteien bestand nach wie vor ein unbefristetes Vollzeitarbeitsverhältnis, weshalb die Klage der Beschäftigten, ihr wieder eine Vollzeitstelle zuzuweisen Erfolg hatte. Sofern eine Beschäftigte ausdrücklich eine unbefristete Teilzeitvereinbarung wünscht, sind allerdings **nicht** die vom BAG zu der Problematik des § 14 Abs. 1 Nr. 6 TzBfG entwickelten Grundsätze (vgl. BAG, Urteil v. 19.1.2005, 7 AZR 115/04[51]) entsprechend heranzuziehen. D. h. in einem solchen Fall ist nicht entscheidend, ob die Beschäftigte auch bei einem Angebot einer befristeten Teilzeitbeschäftigung eine unbefristete Vertragsänderung vereinbart hätte[52]. Der Arbeitgeber ist nicht verpflichtet, einen von der Beschäftigten geäußerten Wunsch auf unbefristete Teilzeit im Hinblick auf eine eventuelle spätere Rückkehr zur Vollzeit zu objektivieren. Der Arbeitgeber ist insoweit nicht zur Motiverforschung verpflichtet.

4. Teilzeitbeschäftigung aus anderen (nicht-familiären) Gründen (Abs. 2)

36 Eine Reduzierung der vertraglich vereinbarten Arbeitszeit aus anderen als den in § 11 Abs. 1 TVöD/TV-L/TV-H genannten familiären Gründen fällt unter § 11 Abs. 2 TVöD/TV-LTV-H. Dieser gewährt (lediglich) einen **Anspruch auf Erörterung der Möglichkeit einer Reduzierung** mit dem Ziel, zu einer entsprechenden Vereinbarung zu gelangen.

37 Die Regelung entspricht der (Vorgänger-)Vorschrift des § 15b Abs. 2 BAT. Seit Inkrafttreten des TzBfG hatte diese Regelung allerdings keine praktische Bedeutung mehr, da der Angestellte ohne familiäre Gründe den allgemeinen Teilzeitanspruch nach § 8 TzBfG

[51] Hierzu Gräfl, § 14 TzBfG, Rz. 186 ff.
[52] A. A. wohl LAG Köln, Urteil v. 11.8.2011, 6 Sa 1561/10.

geltend machen kann. Aus diesem Grund ist auch die **praktische Bedeutung** von § 11 Abs. 2 TVöD/TV-L/TV-H **gering**[53].

5. Bevorzugte Berücksichtigung für Vollzeitstellen (Abs. 3)

Nach § 11 Abs. 3 TVöD/TV-L/TV-H sollen Beschäftigte, mit denen auf ihren Wunsch 38
anstelle der früheren Vollzeitbeschäftigung eine nicht befristete Teilzeitbeschäftigung vereinbart wurde, bei späterer Besetzung eines Vollzeitarbeitsplatzes **bei gleicher Eignung** und **im Rahmen der dienstlichen bzw. betrieblichen Möglichkeiten bevorzugt berücksichtigt** werden. Dies war auch unter der Geltung von § 15b BAT in dessen Abs. 3 bereits vorgesehen.

Diesem tariflichen Anspruch **kommt aufgrund von § 9 TzBfG** allerdings **praktisch** 39
keine Bedeutung zu. Danach hat der Arbeitgeber einen teilzeitbeschäftigten Arbeitnehmer, der ihm den Wunsch nach einer Verlängerung seiner vertraglich vereinbarten Arbeitszeit angezeigt hat, bei der Besetzung eines entsprechenden freien Arbeitsplatzes bei gleicher Eignung bevorzugt zu berücksichtigen, es sei denn, dass dringende betriebliche Gründe oder Arbeitszeitwünsche anderer teilzeitbeschäftigter Arbeitnehmer entgegenstehen. Während es sich bei dem tariflichen Anspruch des § 11 Abs. 3 TVöD/TV-L/TV-H lediglich um eine Soll-Vorschrift handelt, hat der **gesetzliche Anspruch** auf Verlängerung der Arbeitszeit **verpflichtenden Charakter** und geht deshalb weiter. Darüber hinaus gilt **§ 9 TzBfG** für alle Teilzeitbeschäftigten; es ist nicht erforderlich, dass der Beschäftigte vor der Teilzeitbeschäftigung in Vollzeit beschäftigt war; es ist nicht einmal Voraussetzung, dass er seine Arbeitszeit zu einem früheren Zeitpunkt überhaupt einmal reduziert hat[54]. § 11 Abs. 3 TVöD/TV-L/TV-H gilt nach seinem Wortlaut dagegen nur für früher Vollzeitbeschäftigte, deren Arbeitszeit auf ihren Wunsch unbefristet reduziert worden ist. Insoweit ist er deutlich enger als § 9 TzBfG. Die beschränkte Anwendung auf unbefristete Teilzeitbeschäftigung dürfte aber eine Benachteiligung der befristet Teilzeitbeschäftigten darstellen, die gegen das Diskriminierungsverbot des § 4 Abs. 2 TzBfG verstößt[55].

In der Praxis wird der für den Anspruch auf bevorzugte Berücksichtigung notwendige 40
Nachweis (mindestens) „gleicher Eignung“ dem Arbeitnehmer aber nur schwer gelingen. Selbst der persönliche Eindruck im Vorstellungsgespräch beeinflusst die Eignung des Bewerbers. Dem Arbeitgeber bleiben damit zumeist ausreichend Möglichkeiten, die Stelle mit dem von ihm gewünschten Bewerber zu besetzen.

---

53 Nach Laux/Schlachter/*Laux*, TzBfG, 2. Aufl. 2011, § 23 TzBfG, Anhang 1, Rz. 26, hat sie seit Inkrafttreten des § 8 TzBfG „keine Bedeutung“ mehr. Nach Clemens/Scheuring/Steingen/Wiese, TV-L, Stand 01/2016, § 11 TV-L, Rz. 59 „läuft sie leer“.

54 S. Vossen, § 9 TzBfG, Rz. 7 ff.

55 So zu Recht auch Laux/Schlachter/*Laux*, TzBfG, 2. Aufl. 2011, § 23 TzBfG, Anhang 1, Rz. 30.

§ 30 TVöD/TV-L/TV-H – Befristete Arbeitsverträge

(1) Befristete Arbeitsverträge sind nach Maßgabe des Teilzeit- und Befristungsgesetzes sowie anderer gesetzlicher Vorschriften über die Befristung von Arbeitsverträgen zulässig. Für Beschäftigte, auf die die Regelungen des Tarifgebiets West Anwendung finden und deren Tätigkeit vor dem 1. Januar 2005 der Rentenversicherung der Angestellten unterlegen hätte, gelten die in den Absätzen 2 bis 5 geregelten Besonderheiten; dies gilt nicht für Arbeitsverhältnisse, für die die §§ 57a ff. HRG, das Gesetz über befristete Arbeitsverträge in der Wissenschaft (Wissenschaftszeitvertragsgesetz) oder gesetzliche Nachfolgeregelungen unmittelbar oder entsprechend gelten.
(2) Kalendermäßig befristete Arbeitsverträge mit sachlichem Grund sind nur zulässig, wenn die Dauer des einzelnen Vertrages fünf Jahre nicht übersteigt; weitergehende Regelungen im Sinne von § 23 TzBfG bleiben unberührt. Beschäftigte mit einem Arbeitsvertrag nach Satz 1 sind bei der Besetzung von Dauerarbeitsplätzen bevorzugt zu berücksichtigen, wenn die sachlichen und persönlichen Voraussetzungen erfüllt sind.
(3) Ein befristeter Arbeitsvertrag ohne sachlichen Grund soll in der Regel zwölf Monate nicht unterschreiten; die Vertragsdauer muss mindestens sechs Monate betragen. Vor Ablauf des Arbeitsvertrages hat der Arbeitgeber zu prüfen, ob eine unbefristete oder befristete Weiterbeschäftigung möglich ist.
(4) Bei befristeten Arbeitsverträgen ohne sachlichen Grund gelten die ersten sechs Wochen und bei befristeten Arbeitsverträgen mit sachlichem Grund die ersten sechs Monate als Probezeit. Innerhalb der Probezeit kann der Arbeitsvertrag mit einer Frist von zwei Wochen zum Monatsschluss gekündigt werden.
(5) Eine ordentliche Kündigung nach Ablauf der Probezeit ist nur zulässig, wenn die Vertragsdauer mindestens zwölf Monate beträgt. Nach Ablauf der Probezeit beträgt die Kündigungsfrist in einem oder mehreren aneinandergereihten Arbeitsverhältnissen bei demselben Arbeitgeber

von insgesamt mehr als sechs Monaten	**vier Wochen,**
von insgesamt mehr als einem Jahr	**sechs Wochen**
zum Schluss eines Kalendermonats,	
von insgesamt mehr als zwei Jahren	**drei Monate,**
von insgesamt mehr als drei Jahren	**vier Monate**
zum Schluss eines Kalendervierteljahres.	

Eine Unterbrechung bis zu drei Monaten ist unschädlich, es sei denn, dass das Ausscheiden von der/dem Beschäftigten verschuldet oder veranlasst war. Die Unterbrechungszeit bleibt unberücksichtigt.

Protokollerklärung zu Absatz 5:
Bei mehreren aneinandergereihten Arbeitsverhältnissen führen weitere vereinbarte Probezeiten nicht zu einer Verkürzung der Kündigungsfrist.
(6) Die §§ 31,32 bleiben von den Regelungen der Absätze 3 bis 5 unberührt.

Übersicht Rz.

1. Allgemeines

Der TVöD besteht aus **einem Allgemeinen Teil** mit 39 Paragrafen sowie **6 Besonderen Teilen** für die Sparten Verwaltung (BT-V), Krankenhäuser (BT-K), Pflege- und Betreuungseinrichtungen/BT-B), Sparkassen (BT-S), Flughäfen (BT-F) und Entsorgung (BT-E). Die Bestimmungen des Allgemeinen Teils sind quasi „vor die Klammer" gezogen und gelten für jeden der sechs Besonderen Teile gleichermaßen. 1

Mittlerweile gibt es in Umsetzung einer von den Tarifvertragsparteien geschlossenen Prozessvereinbarung im Bereich der Vereinigung der kommunalen Arbeitgeberverbände (VkA) für jede Sparte eine durchgeschriebene Fassung des TVöD. Die durchgeschriebenen Fassungen sind allerdings nicht die Grundlage für Tarifverhandlungen oder Kündigungen, denn Allgemeiner Teil und die Besonderen Teile bleiben rechtlich selbstständige Tarifverträge. Die durchgeschriebenen Fassungen enthalten ausschließlich Rechtsnormen für die Anwendungsebene im Außenverhältnis (Arbeitgeber, Beschäftigte, Gerichte etc.). Jeder durchgeschriebenen Fassung wird eine Legende angefügt, aus der sich die Entsprechungen der Regelungen des jeweiligen Besonderen Teils zu den Bestimmungen des TVöD – Allgemeiner Teil – ergeben. Tarifverhandlungen zur Änderung oder Ergänzung des Tarifrechts werden auf der Grundlage des Allgemeinen Teils und der 6 Besonderen Teile geführt. Etwaige Änderungen oder Ergänzungen ändern auch die durchge-

schriebenen Fassungen. Die Regelungen über befristete Arbeitsverträge befinden sich im Allgemeinen Teil und gelten damit für alle Sparten[1].
Für die Arbeitsverhältnisse mit den Bundesländern gilt der **Tarifvertrag der Länder** (TV-L), der in **§ 30 TV-L** eine zu § 30 TVöD **fast wortgleiche Regelung** enthält[2]. Für das Land Hessen gilt der **TV-H**; dieser enthält mit **§ 30 TV-H** eine § 30 TVöD/TV-L in weiten Teilen entsprechende Regelung.

2. Grundnorm des § 30 TVöD/TV-L/TV-H

2.1 Verhältnis zum TzBfG und anderen gesetzlichen Befristungsregelungen

2 Das **TzBfG** ist **die allgemeine gesetzliche Grundlage** für die Befristung von Arbeitsverträgen mit und ohne sachlichen Grund. **Seine Befristungsregelungen gelten** deshalb **auch im Geltungsbereich des TVöD**. § 30 Abs. 1 Satz 1 TVöD/TV-L/TV-H verweist hinsichtlich des Abschlusses befristeter Arbeitsverträge ausdrücklich auf die gesetzlichen Regelungen des TzBfG und andere gesetzliche Vorschriften über die Befristung von Arbeitsverträgen[3].
Die **tarifliche Verweisung oder Bezugnahme** auf das TzBfG und die anderen gesetzlichen Vorschriften ist keine eigenständige normative (konstitutive) Regelung; sie ist ein **(deklaratorischer) Hinweis** auf das geltende Gesetzesrecht. Bei einer konstitutiven Regelung machen die Tarifvertragsparteien von ihrer Normsetzungsbefugnis Gebrauch. Sie treffen eine eigenständige, in ihrer normativen Wirkung von der außertariflichen Norm unabhängige Regelung (BAG, Urteil v. 25.9.1987, 7 AZR 315/86). Verweisungen auf ohnehin anwendbare gesetzliche Vorschriften sind nach der ständigen Rechtsprechung des Bundesarbeitsgerichts (BAG) im Zweifel lediglich deklaratorisch. Eine konstitutive Regelung liegt nur vor, wenn der Wille zur Schaffung einer eigenständigen Norm im Tarifvertrag einen hinreichend erkennbaren Ausdruck gefunden hat (BAG, Urteil v. 10.2.1999, 5 AZR 698/98). Bei dem lediglich deklaratorischen Hinweis in § 30 Abs. 1 Satz 1 TVöD fehlt es dagegen an einem eigenständigen Normsetzungswillen der Tarifvertragsparteien. Sie wollten kein eigenständiges Regelungswerk schaffen, sondern nur einen Hinweis auf die ohnehin geltende Rechtslage geben (vgl. auch BAG, Urteil v. 27.9.2000, 7 AZR 390/99)[4].

3 Von den Vorschriften des TzBfG **darf** nach § 22 TzBfG **zuungunsten des Arbeitnehmers nicht** bzw. nur **in den besonders zugelassenen Fällen abgewichen werden**. In diesem Zusammenhang könnte insbesondere § 14 Abs. 2 Satz 3 TzBfG Bedeutung erlangen, der bei der Befristung ohne Sachgrund hinsichtlich der Höchstdauer der Befristung und der Anzahl der Verlängerungen eine Abweichung durch Tarifvertrag zulässt. Der TVöD/TV-L enthält - im Gegensatz zum (früheren) BAT - mit § 32 TVöD/TV-

---

1 Zum persönlichen Geltungsbereich s. Rambach, § 11 TVöD, Rz. 1 ff.

2 Zum persönlichen Geltungsbereich des TVöD s. außerdem Rambach § 11 TVöD, Rz. 1 ff.

3 Z. B. § 21 BEEG, § 6 PflegeZG, das WissZeitVG oder das Gesetz über befristete Arbeitsverträge mit Ärzten in der Weiterbildung.

4 Zur Protokollnotiz Nr. 6 Satz 1 zu Nr. 1 SR 2y BAT.

L/TV-H („Führung auf Zeit“) eine entsprechende Regelung, die bei Neueinstellungen in Führungspositionen (ab Entgeltgruppe 10) für die Dauer des befristeten Arbeitsverhältnisses tarifvertragliche Grenzen von 4, 8 bzw. 12 Jahren vorsieht[5].

Abweichungen zugunsten des Arbeitnehmers sind zulässig. Eine solche Abweichung stellt z. B. § 30 Abs. 2 TVöD/TV-L dar, wonach ein kalendermäßig befristeter Arbeitsvertrag mit Sachgrund nur zulässig ist, wenn die Dauer des einzelnen Vertrags 5 Jahre nicht übersteigt. Dies ist im Vergleich zu § 14 Abs. 1 TzBfG eine strengere, also arbeitnehmergünstigere und damit nach § 22 Abs. 1 TzBfG zulässige Vorgabe[6]. 4

§ 30 TVöD/TV-L/TV-H regelt – ebenso wie (früher) die SR 2y BAT - nicht, aus welchen **(Sach-)Gründen** eine Befristung gerechtfertigt ist. Insoweit ist deshalb **§ 14 Abs. 1 TzBfG** und die gesamte hierzu bzw. die bereits zum BeschFG und zum Sachgrunderfordernis ergangene arbeitsgerichtliche Rechtsprechung maßgebend[7]. 5

2.2 Besonderheiten für (frühere) Angestellte im Tarifgebiet West

Der TVöD/TV-L schafft ein **einheitliches Tarifrecht für Arbeiter und Angestellte** und ein **weitgehend einheitliches Tarifrecht Ost-West**. Die frühere Unterscheidung des BAT nach Arbeitern und Angestellten ist entfallen und durch die Kategorie der „Beschäftigten“ ersetzt worden. Für den Geltungsbereich des BAT war das Befristungsrecht in der Sonderregelung 2y (SR 2y) normiert. Im BAT-Ost ist die SR 2y nicht vereinbart worden. Auch im Bereich der Tarifverträge für Arbeiter (BMT-G II, MTArb) galt die SR 2y nicht. Diese Differenzierung im tariflichen Befristungsrecht behält der TVöD/TV-L insoweit bei, als die in § 30 Abs. 2-5 TVöD/TV-L vorgesehenen Besonderheiten nur für Beschäftigte gelten, auf die die Regelungen des Tarifgebiets West Anwendung finden und deren Tätigkeit vor dem 1.1.2005 der Rentenversicherung der Angestellten unterlegen hätte. Das heißt, nach dem Willen der Tarifvertragsparteien sollen die Regelungen der Absätze 2-5 des § 30 TVöD/TV-L ausschließlich für Arbeitsverhältnisses gelten, die bei Fortgeltung des BAT der SR 2y BAT unterfallen wären[8]. 6

Hinweis

Die in **§ 30 Abs. 2-5 TVöD/TV-L** vorgesehenen Einschränkungen und Besonderheiten sind keine Sonderregelungen für „Altfälle“. Vielmehr ist für jeden im Tarifgebiet West ohne Sachgrund eingestellten und einzustellenden TVöD/TV-L-Beschäftigten jeweils (fiktiv) zu prüfen, welchen Status er gehabt hätte, wenn er vor dem 1.1.2005

---

5 A. A. KR/*Bader*, 11. Aufl. 2016, § 32 TVöD, Rz. 4, der § 32 TVöD als neuartige Form der Sachgrundbefristung charakterisiert, weshalb keine Regelung im Sinne des § 14 Abs. 2 Satz 3 TzBfG vorliegen soll.

6 Wie hier Laux/Schlachter/*Schlachter*, TzBfG, 2. Aufl. 2011, § 23 TzBfG, Anhang 2, § 30 TVöD, Rz. 3; Clemens/Scheuring/Steingen/Wiese, TV-L, § 32 TV-L, Rz. 3, Stand: 1/2016; Burger/*Dick*, TVöD/TV-L, 1. Aufl. 2009, § 32 TVöD, Rz. 7.

7 S. Gräfl, § 14 TzBfG, Rz. 23 ff.

8 Clemens/Scheuring/Steingen/Wiese, TV-L, § 30 TVöD, Rz. 386, Stand: 1/2016.

eingestellt worden wäre (Arbeiter oder Angestellter). Für (frühere) Arbeiter in den Tarifgebieten Ost und West sowie für (frühere) Angestellte im Tarifgebiet Ost gelten allein die gesetzlichen Regelungen des **TzBfG** sowie die anderen gesetzlichen Vorschriften über befristete Arbeitsverträge. Das tarifliche Sonderrecht in **§ 30 Abs. 2-5 TVöD/TV-L** gilt nur für Beschäftigte des Tarifgebiets West, die aufgrund ihrer Tätigkeit früher (d. h. vor dem 1.1.2005) als Angestellte zu qualifizieren gewesen wären.

7 Der TVöD/TV-L/TV-H lässt in § 30 beide im TzBfG vorgesehenen Arten der Befristung zu, d. h. die **Befristung mit Sachgrund** und die **Befristung ohne Sachgrund**.
Die in SR 2y Nr. 1a bis Nr. 1c BAT vorgesehenen 3 Befristungsgrundformen (Zeitangestellte, Angestellte für Aufgaben von begrenzter Dauer und Aushilfsangestellte) sind nicht in den TVöD/TV-L/TV-H übernommen worden. Damit ist auch das Problem weggefallen, das sich häufig daraus ergab, dass nach Nr. 2 Abs. 1 SR 2y BAT bei einer Sachgrundbefristung von den Parteien vereinbart werden musste, welcher der 3 Befristungsgrundformen der Arbeitsvertrag zugeordnet werden soll[9].

3. Vertragslaufzeit (Abs. 2 Satz 1)

8 Nach § 30 Abs. 2 Satz 1 TVöD/TV-L ist der Abschluss eines **kalendermäßig befristeten** Vertrags (Zeitbefristung[10]) für die Dauer von **mehr als 5 Jahren unzulässig**. Diese Regelung entspricht der Protokollnotiz Nr. 2 zur früheren SR 2y Nr. 1 BAT. Sie gilt nur für Beschäftigte, auf die die Regelungen des Tarifgebiets West Anwendung finden und deren Tätigkeit vor dem 1.1.2005 der Rentenversicherung der Angestellten unterlegen hätte (s. oben Rz. 6).
Nach § 30 Abs. 2 Satz 1 2. Halbsatz TVöD/TV-L bleiben weiter gehende Regelungen i. S. v. § 23 TzBfG unberührt; d. h. z. B. bei Ärzten, die zum Facharzt ausgebildet werden, ist – wie in § 1 des Gesetzes über befristete Arbeitsverträge mit Ärzten in der Weiterbildung vorgesehen - eine Befristung von bis zu 8 Jahren zulässig[11].

9 Die **Höchstdauer** von 5 Jahren bezieht sich jeweils **auf den einzelnen Zeitvertrag**[12]. Die Aneinanderreihung mehrerer wirksam befristeter Arbeitsverträge, die insgesamt die

---

[9] S. Rambach, SR 2y BAT, Rz. 15-18.

[10] S. Gräfl, § 3 TzBfG, Rz. 6.

[11] Nach Protokollnotiz Nr. 2 zu SR 2y Nr. 1 BAT war für Ärzte, Zahnärzte und Tierärzte in der Facharztweiterbildung eine Befristung bis zu sieben Jahren zulässig. Im Bereich der Länder gilt für die von § 40 TV-L erfassten Beschäftigten an Hochschulen und Forschungseinrichtungen sowie für die von § 41 TV-L erfassten Ärzte an Universitätskliniken statt der 5-Jahresgrenze eine Grenze von 7 Jahren (§ 40 Nr. 8 und § 41 Nr. 19 Ziff. 1 TV-L), vorausgesetzt die Befristung erfolgt nicht auf der Grundlage des WissZeitVG. Vgl. § 30 Abs. 1 Satz 2 Halbsatz 2 TVöD/TV-L/TV-H.

[12] So auch KR-Bader, 11. Aufl. 2016, § 30 TVöD, Rz. 5.

Höchstdauer von 5 Jahren überschreiten ist zulässig und verstößt nicht gegen § 30 Abs. 2 Satz 1 TVöD/TV-L[13].

Aufgrund des eindeutigen Wortlauts gilt die 5-Jahresgrenze **nicht für zweckbefristete** 10
Arbeitsverträge[14] und auch **nicht für auflösende Bedingungen**[15].

Nach der Protokollnotiz Nr. 3 zu SR 2y Nr. 1 BAT durfte ein **Arbeitsvertrag für Aufgaben von begrenzter Dauer** nicht abgeschlossen werden, wenn im Zeitpunkt des Vertragsschlusses zu erwarten war, dass die Aufgaben nicht innerhalb der in der Protokollnotiz bestimmten Frist von5 Jahren endgültig beendet sein werden, wobei es für eine solche Prognose ausreichend konkrete Anhaltspunkte geben musste[16]. Zeigte sich (erst) während des befristeten Arbeitsverhältnisses, dass die vorgesehenen Aufgaben entgegen der bei Vertragsschluss gestellten Prognose nicht innerhalb von 5 Jahren seit Vertragsbeginn erledigt werden können, bedeutete dies keinen Verstoß gegen die Protokollnotiz Nr. 3. Mit der Befristungsgrundform der Erledigung von Aufgaben von begrenzter Dauer wurde der **vorübergehende Mehrbedarf an Arbeitskräften** erfasst, der nicht zur Aushilfe oder zur Vertretung benötigt wurde[17]. Darunter fiel z. B. die Mitarbeit an einem drittmittelfinanzierten Forschungsprojekt (BAG, Urteil v. 3.11.1999, 7 AZR 846/98[18]) oder die ärztliche Tätigkeit bis zur auf dem Landeskrankenhausplan beruhenden Schließung eines Krankenhauses (BAG, Urteil v. 28.11.1990, 7 AZR 467/89), sowie bei Mehrarbeiten, die aufgrund einer nach einem Behördenumzug notwendigen Umorganisation notwendig wurden (BAG, Urteil v. 11.12.1990, 7 AZR 621/89).

Da in § 30 TVöD nicht mehr zwischen den 3 Befristungsgrundformen der SR 2y unterschieden wird und damit auch der Grundform der Befristung zur Erledigung von Aufgaben von begrenzter Dauer keine eigenständige Bedeutung mehr zukommt, **gilt die 5-**

---

13 Laux/Schlachter/*Schlachter*, TzBfG, 2. Aufl. 2011, § 23 TzBfG, Anhang 2, Rz. 7; Burger/*Dick*, TVöD/TV-L, 1. Aufl. 2009, § 30 TzBfG, Rz. 68; vgl. insoweit zu Protokollnotiz Nr. 2 zu SR 2y Nr. 1 BAT BAG, Urteil v. 21.4.1993, 7 AZR 376/92, AP BGB § 620 Befristeter Arbeitsvertrag Nr. 149; vgl. auch BAG, Urteil v. 22.11.1995, 7 AZR 252/95, AP BGB § 620 Befristeter Arbeitsvertrag Nr. 178. Zur Problematik von Mehrfachbefristungen s. Gräfl, § 14 TzBfG, Rz. 35 ff.

14 So bereits zu Protokollnotiz Nr. 2 zu SR 2y Nr. 1 BAT: BAG, Urteil v. 26.3.1986, 7 AZR 599/84, AP BGB § 620 Befristeter Arbeitsvertrag Nr. 103.

15 So zur vergleichbaren Protokollnotiz Nr. 2 zu SR 2y Nr. 1 BAT: APS/*Schmidt*, 3. Aufl. 2007, BAT SR 2y, Rz. 5.

16 Vgl. BAG, Urteil v. 11.12.1991, 7 AZR 170/91, AP BGB § 620 Befristeter Arbeitsvertrag Nr. 145.

17 Die Befristung zur Vertretung fiel unter Nr. 1 c SR 2y BAT, BAG, Urteil v. 26.3.1986, 7 AZR 599/94, AP BGB § 620 Befristeter Arbeitsvertrag Nr. 103.

18 NZA 2000, S. 726.

Jahresgrenze nicht, sofern der jeweilige Arbeitsvertrag in Form der Zweckbefristung oder durch auflösende Bedingung, d. h. ohne Angabe eines konkreten Enddatums befristet wird[19].

4. Bevorzugte Berücksichtigung bei der Besetzung von Dauerarbeitsplätzen (Abs. 2 Satz 2)

11 Nach § 30 Abs. 2 Satz 2 TVöD sind Arbeitnehmer, die **mit Sachgrund** auf der Grundlage eines **kalendermäßig befristeten Arbeitsvertrags** beschäftigt werden, bei der Besetzung von Dauerarbeitsplätzen **bevorzugt zu berücksichtigen**, wenn die sachlichen und persönlichen Voraussetzungen erfüllt sind. Die Regelung entspricht der Protokollnotiz Nr. 4 zu Nr. 1 SR 2y BAT[20]. Sie gilt nur für Beschäftigte, auf die die Regelungen des Tarifgebiets West Anwendung finden und deren Tätigkeit vor dem 1.1.2005 der Rentenversicherung der Angestellten unterlegen hätte (s. Rz. 6). Die „Besetzung von Dauerarbeitsplätzen" ist als **Abschluss eines unbefristeten Vertrags** auszulegen (LAG Köln, Urteil v. 14.6.2013, 4 Sa 194/13[21]).

Sie gewährt dem befristet Beschäftigten **keinen Einstellungsanspruch** (LAG Hamm, Urteil v. 9.8.2007, 17 Sa 404/07)[22]. Sie schränkt nur das Ermessen des öffentlichen Arbeitgebers bei seiner Auswahlentscheidung ein. Der Beschäftigte hat insoweit **Anspruch auf ermessenfehlerfreie Entscheidung** (BAG, Urteil v. 6.4.2011, 7 AZR 716/09[23]). § 30 Abs. 2 Satz 2 TVöD hindert den Arbeitgeber jedoch nicht, die Stelle mit einem Bewerber zu besetzen, der ihm besser geeignet erscheint als der befristet Beschäftigte. Andernfalls verletzte der Arbeitgeber seine Verpflichtungen aus Art. 33 Abs. 2 GG gegenüber jenem Bewerber.

12 Ein Einstellungsanspruch des Gleich- oder Bestgeeigneten nach Art. 33 Abs. 2 GG i. V. m. § 30 Abs. 2 Satz 2 TVöD bestünde darüber hinaus nur, wenn die zu besetzende Stelle im Zeitpunkt der mündlichen Verhandlung noch frei ist. Ist sie zwischenzeitlich besetzt, kann der zu Unrecht übergangene Bewerber nur noch Schadensersatz in Geld verlangen (BAG, Urteil v. 2.7.2003, 7 AZR 529/02, a. a. O.).

13 § 30 Abs. 2 Satz 2 TVöD/TV-L betrifft nach seinem Sinn und Zweck nur Fälle der **Konkurrenz zwischen** einem **befristet Beschäftigten und** einem **externen Bewerber**. Be-

---

[19] Laux/Schlachter/*Schlachter*, TzBfG, 2. Aufl. 2011, § 23 TzBfG, Anhang 2, Rz. 6; Zur Möglichkeit der Kombination von Zweck- und Zeitbefristung (sog. Doppelbefristung) s. Gräfl, § 3 TzBfG, Rz. 22.

[20] S. Arnold/Gräfl/*Rambach*, TzBfG, 2. Aufl. 2007 SR 2y BAT, Rz. 35 ff.

[21] ZTR 2013, 625 zum wortgleichen § 33 Abs. 2 Satz 2 TV-BA.

[22] So auch schon zur vergleichbaren Protokollnotiz Nr. 4 zu Nr. 1 SR 2y BAT BAG, Urteil v. 2.7.2003, 7 AZR 529/02, NZA 2004, 1055. Ebenso KR-Bader, 11. Aufl. 2016, § 30 TVöD, Rz. 27; Görg/Guth, TVöD, 6. Aufl. 2015, § 30 TVöD, Rz. 23.

[23] NZA 2011, S. 905, Rz. 44. KR-*Bader*, 11. Aufl. 2016, § 30 TVöD, Rz. 7.

setzt der Arbeitgeber einen Dauerarbeitsplatz mit einem bei ihm bereits in einem Dauerarbeitsverhältnis stehenden Bewerber, geht es nicht um eine (zusätzliche) Einstellung[24]. Im Falle von Umsetzungen oder Versetzungen von internen, bereits unbefristet beschäftigten Bewerbern, gilt das Anstellungsgebot zugunsten eines befristet Beschäftigten deshalb nicht[25].

Soweit dem entgegen gehalten wird, dass der Anwendungsbereich der Norm dann so stark beschränkt würde, dass ihr keine Regelung von Gewicht mehr verbleibe[26], überzeugt dies nicht. Der bereits beim Arbeitgeber beschäftigte Arbeitnehmer steht in einem Näheverhältnis zum Arbeitgeber und der Arbeitgeber hat ihm gegenüber eine Fürsorgepflicht. Deshalb soll ihm gegenüber einem „fremden", d.h. externen Bewerber, tariflich ein Vorteil eingeräumt werden. Bei internen Konkurrenzbewerbern ist ein solcher Vorteil nicht gerechtfertigt, da der Arbeitgeber auch diesem gegenüber eine Fürsorgepflicht hat.

§ 30 Abs. 2 Satz 2 TVöD stellt – ebenso wie die (frühere) Protokollnotiz Nr. 4 zu Nr. 1 SR 2y BAT – auf die Besetzung von **Dauerarbeitsplätzen** ab. Eine **analoge Anwendung** bzw. eine erweiternde Auslegung auf die Situation bei der Besetzung eines anderweitigen befristeten Arbeitsplatzes ist aufgrund des Ausnahmetatbestands nicht möglich (vgl. BAG, Urteil v. 26.6.1996, 7 AZR 662/95)[27]. Hätten die Tarifvertragsparteien dies gewollt, hätten sie dies in den TVöD aufgenommen, da ihnen die entsprechende Streitfrage zur Protokollnotiz Nr. 4 zu Nr. 1 SR 2y BAT und die hierzu ergangene klare Rechtsprechung bekannt war. 14

5. Besonderheiten bei Befristungen ohne Sachgrund (Abs. 3)

Für Befristungen ohne Sachgrund gelten für Beschäftigte, auf die die Regelungen des Tarifgebiets West Anwendung finden und deren Tätigkeit vor dem 1.1.2005 der Rentenversicherung der Angestellten unterlegen hätte (s. oben Rz. 6), folgende Besonderheiten und Einschränkungen: 15

– Die **Dauer** des Arbeitsverhältnisses **muss mindestens 6 Monate** betragen (§ 30 Abs. 3 Satz 1 TVöD/TV-L: In Abweichung vom TzBfG gilt also im Anwendungsbereich des TVöD/TV-L – ebenso wie bei der (früheren) SR 2y BAT – zugunsten der Arbeitnehmer eine Mindestlaufzeit des sachgrundlos befristeten Vertrags von 6 Mo-

---

[24] Zur vergleichbaren Protokollnotiz Nr. 4 zu Nr. 1 SR 2y BAT offen gelassen in BAG, Urteil v. 14.11.2001, 7 AZR 568/00, NZA 2002, S. 392 und Urteil v. 2.7.2003, 7 AZR 529/02, NZA 2004, S. 1055.

[25] A.A. KR-Bader, 11. Aufl. 2016, § 30 TVöD, Rz. 7 unter Hinweis darauf, dass der Tarifwortlaut auf die „Besetzung" und nicht die „Einstellung" abstelle.

[26] Laux/Schlachter/*Schlachter*, TzBfG, 2. Aufl. 2011, § 23 TzBfG, Anhang 2, Rz. 9; a. A. auch KR/*Bader*, 11. Aufl 2016, § 30 TVöD, Rz. 7 ohne nähere Begründung; Burger/*Dick*, TVöD/TV-L, 1. Aufl. 2009, § 30 TVöD, Rz. 71 unter Berufung auf den Wortlaut („Besetzung" nicht „Einstellung").

[27] Zustimmend KR-Bader, 11. Aufl. 2016, § 30 TVöD, Rz. 27. Ebenso bereits BAG, Urteil v. 29.10.1986, 7 AZR 137/85 und LAG Niedersachsen, Urteil v. 27.1.1983, 11 Sa 106/82, jeweils zu Protokollnotiz Nr. 4 zu Nr. 1 SR 2y BAT.

naten. Eine Befristung mit einer **kürzeren Laufzeit** ist ohne Sachgrund **nicht wirksam**. Folge des Verstoßes wäre das Zustandekommen eines **unbefristeten** Arbeitsvertrags[28]. Teilweise wird jedoch angenommen, es gelte dann die tarifliche Mindestfrist von 6 Monaten[29].

- Die Mindestfrist von 6 Monaten **gilt nur für den ersten sachgrundlos befristeten Vertrag nicht** aber **für Verlängerungen**[30]; das Auslegungsergebnis des BAG zum wortgleichen § 33 Abs. 3 TV-BA ist insoweit übertragbar; danach sprechen Wortlaut, Systematik sowie Sinn und Zweck der tariflichen Regelungen dafür, dass sich die Mindestdauer nur auf den zuerst abgeschlossenen Grundarbeitsvertrag, nicht aber auf dessen Verlängerungen bezieht[31]
- Die Laufzeit „**soll in der Regel**" **12 Monate nicht unterschreiten**; ein **Verstoß** hiergegen ist aber **unbeachtlich**, solange die vereinbarte Laufzeit mindestens 6 Monate beträgt[32].
- In § 30 TVöD/TV-L ist das Zitiergebot der Protokollnotiz Nr. 6a zu Nr. 1 SR 2y BAT nicht übernommen worden; d. h. es muss im Arbeitsvertrag **nicht** angegeben werden, dass es sich um ein sachgrundlos befristetes Arbeitsverhältnis handelt (LAG München, Urteil v. 10.12.2008, 10 Sa 765/08).
- Vor Ablauf des Arbeitsvertrags hat der Arbeitgeber zu prüfen, ob der Beschäftigte auf Dauer oder befristet weiterbeschäftigt werden kann, § 30 Abs. 3 Satz 2 TVöD.

16 Aus der in § 30 Abs. 3 Satz 2 TVöD vorgesehenen Prüfpflicht folgt aber **kein Anspruch auf Weiterbeschäftigung**, schon gar nicht auf eine unterbrechungslose Anschlussbeschäftigung (LAG Hamm, Urteil v. 9.8.2007, 17 Sa 404/07)[33].

---

[28] So auch KR/*Bader*, 11. Aufl. 2016, § 30 TVöD, Rz. 8.

[29] ErfK/*Müller-Glöge*, 16. Aufl. 2016, § 14 TzBfG, Rz. 116 unter Hinweis auf die Andeutungsrechtsprechung des BGH, Urteil v. 12.7.1996, V ZR 202/95 und des BAG, Urteil v. 20.9.2006, 6 AZR 82/06, NZA 2007, S. 377. Ebenso a. A. Görg/Guth, TVöD, 6. Aufl. 2015, § 30 TVöD, Rz. 25, wonach die tarifvertraglich unzulässige Frist durch die tarifliche Mindestfrist ersetzt wird.

[30] Eine Geltung auch für Verlängerungen wurde in der Vorauflage allerdings noch bejaht. Bejahend noch KR-Bader, 11. Aufl. 2016, § 30 TVöD, Rz. 9; ebenfalls zur „Vorgängerregelung" Protokollnotiz Nr. 6b zu Nr. 1 SR 2y BAT APS/*Schmidt*, 3. Aufl. 2007, SR 2y BAT, Rz. 36; Sievers, TzBfG, 5. Aufl. 2015, § 22 TzBfG, Rz. 21

[31] BAG, Urteil v. 4.12.2014, 7 AZR 468/12, NZA 2014, S. 623, Rz. 23 - 29; bestätigt in BAG, Urteil v. 22.1.2014, 7 AZR 243/12, ZTR 2014, S. 282 und BAG, Urteil v. 19.3.2014, 7 AZR 828/12, NZA-RR 2014, S. 462. Ebenso LAG Berlin-Brandenburg, Urteil v. 8.12.2011, 14 Sa 1532/11; a.A. zu § 33 Abs. 3 TV-BA ArbG Berlin, Urteil v. 16.11.2011, 60 Ca 8266/11, Rz. 30. Auch nach Laux/Schlachter/Schlachter, TzBfG, 2. Aufl. 2011, § 23 TzBfG, Anhang 2, Rz. 11 bezieht sich die Mindestdauer nicht auf die Verlängerungen, weil es sich bei einer Verlängerung um die nahtlose Fortsetzung des bisherigen Vertrags handle, so dass beide nur als Einheit zu beurteilen seien.

[32] So auch KR-Bader 11. Aufl. 2016, § 30 TVöD, Rz. 8.

[33] Ebenso KR/*Bader*, 11. Aufl. 2016, § 30 TVöD, Rz. 10; Laux/Schlachter/*Schlachter*, TzBfG, 2. Aufl. 2011, § 23 TzBfG, Anhang 2 Rz. 11.

Ein anderes Ergebnis stünde mit Wortlaut, Sinn und Zweck, Tarifsystematik und Tarifgeschichte im Widerspruch (LAG München, Urteil v. 1.9.2010, 5 Sa 365/10). Der Wortlaut gibt dem Arbeitgeber lediglich auf, „zu prüfen", ob eine unbefristete oder befristete Weiterbeschäftigung möglich ist. § 30 Abs. 3 Satz 2 TVöD begründet keine materiellen Pflichten bei der Prüfung. Es handelt sich **ausschließlich** um eine **Verfahrensnorm** (BAG, Urteil v. 15.5.2012, 7 AZR 754/10[34]). Sinn und Zweck des § 30 TVöD ist es, den Abschluss befristeter Arbeitsverträge mit öffentlichen Arbeitgebern zu regeln. Dabei eröffnet § 30 Abs. 3 TVöD ausdrücklich auch die Möglichkeit des Abschlusses befristeter Arbeitsverträge ohne sachlichen Grund. Diese von den Tarifvertragsparteien gewollte Befristungsmöglichkeit wäre konterkariert, würde aus § 30 Abs. 2 Satz 2 TVöD ein Anspruch auf Weiterbeschäftigung abgeleitet[35].

Selbst zu § 30 Abs. 2 Satz 2 TVöD, der für mit Sachgrund befristet Beschäftigte vorsieht, dass sie bei der Besetzung von Dauerarbeitsplätzen bevorzugt zu berücksichtigen sind, wenn sie die sachlichen und persönlichen Voraussetzungen erfüllen, wird ein Anstellungsgebot abgelehnt (LAG Hamm, Urteil v. 9.8.2007, 17 Sa 404/07)[36]. Systematisch ist deshalb für § 30 Abs. 3 Satz 2 TVöD, der eine bloße Prüfpflicht vorsieht, ein Weiterbeschäftigungsanspruch abzulehnen. Schließlich wurde bereits zur nahezu wortgleichen Protokollnotiz Nr. 6 f zu Nr. 1 SR 2y BAT ein Anspruch auf Weiterbeschäftigung abgelehnt. In Kenntnis dessen haben die Tarifvertragsparteien des TVöD keinen Anlass gesehen, § 30 TVöD als Nachfolgeregelung anders zu fassen[37].

Ob sich der Arbeitgeber bei einem Verstoß gegen die in § 30 Abs. 3 Satz 2 TVöD vor- 17
gesehene Prüfungspflicht schadensersatzpflichtig macht, war bereits bei der vergleichbaren Regelung in der Protokollnotiz Nr. 6 S. 3 lit. f zu Nr. 1 SR 2y BAT streitig[38]. Dafür spricht, dass die Regelung ansonsten völlig sinnlos wäre[39].

Selbst wenn man eine Schadensersatzpflicht annähme, könnte diese sich aber nicht auf das sog. positive Interesse, also das Erfüllungsinteresse, richten, da andernfalls im Wege der Naturalrestitution hieraus wiederum ein von den Tarifvertragsparteien nicht gewollter Anspruch auf Einstellung abzuleiten wäre (LAG München, Urteil v. 1.9.2010, 5 Sa 365/10); vgl. auch LAG Köln, Urteil v. 26.3.2014, 5 Sa 819/13[40]. Es kommt allenfalls

---

34 ZTR 2012, S. 712.

35 So bereits zu SR 2y BAT APS/ Schmidt, 3. Aufl. 2007, SR 2y BAT Rz. 42.

36 S. Rz. 11.

37 So wohl auch BAG, Urteil v. 15.5.2012, 7 AZR 754/10, Rz. 30, ZTR 2012, S. 712.

38 Dafür APS/*Schmidt*, 3. Aufl. 2007, BAT SR 2y, Rz. 42; KR/*Bader*, 11. Aufl. 2016, § 30 TVöD, Rz. 10; dagegen Dörner, Der befristete Arbeitsvertrag, 2. Aufl. 2011, Rz. 470. Für einen Schadensersatzanspruch, wenn die Verletzung der Prüfpflicht des § 30 ursächlich für die unterbliebene Begründung eines unbefristeten oder befristeten Arbeitsverhältnisses ist, Döring/Kutzki/*Polzer*, TVöD, 1. Aufl. 2006, § 30 TVöD, Rz. 99.

39 Hierauf weist KR/*Bader*, 11. Aufl. 2016, § 30 TVöD, Rz. 10, zu Recht hin, wohingegen Dörner, Der befristete Arbeitsvertrag, 2. Aufl. 2011, Rz. 469, von einer „good-will-Bestimmung" ausgeht, die dem Arbeitnehmer keinerlei Rechte vermittelt.

40 NZA-RR 2014, S. 467, Rz. 43 zum wortgleichen § 33 Abs. 3 TV-BA, das einen Schadensersatzanspruch verneint, da der Arbeitgeber mangels materiellen Vorgaben für die Entscheidung über

ein Ausgleich des Vertrauensschadens in Betracht. Der betroffene Beschäftigte wäre dann so zu stellen, wie er stehen würde, wenn er auf die Prüfung einer Weiterbeschäftigungsmöglichkeit durch den Arbeitgeber vertraut hätte. Ein Schaden in diesem Sinne wäre z. B. denkbar, wenn der Arbeitgeber seiner Prüfobliegenheit nicht nachgekommen wäre, die Prüfung zur Einstellung geführt hätte und der Arbeitnehmer im Vertrauen darauf, dass der Arbeitgeber eine Prüfung nach § 30 Abs. 3 Satz 2 TVöD/TV-L/TV-H vornimmt, die Eingehung eines anderen Arbeitsverhältnisses ausgeschlagen hat. Da der Beschäftigte sowohl den Schaden als auch die Ursächlichkeit der Prüfpflichtverletzung nachweisen müsste, ist die praktische Bedeutung dieser Frage gering[41].

Hinweis

Kommt eine Weiterbeschäftigung nicht in Betracht, empfiehlt es sich für den Arbeitgeber, den Arbeitnehmer vor Auslaufen der Befristung schriftlich auf die Beendigung hinzuweisen, da damit auch der Nachweis der Erfüllung der Prüfungspflicht geführt werden kann.

18 In der Rechtsprechung des BAG war es anerkannt, dass dem Arbeitgeber die Berufung auf eine an sich wirksame Befristung verwehrt sein kann, wenn der befristet eingestellte Arbeitnehmer aufgrund des Verhaltens des Arbeitgebers damit rechnen konnte, im Anschluss an den Zeitvertrag weiterbeschäftigt zu werden (BAG, Urteil v. 26.4.1995, 7 AZR 936/94). Diese Rechtsprechung hat das BAG später dahingehend präzisiert, dass allein aus der Inanspruchnahme von Vertrauen kein Anspruch auf Weiterbeschäftigung hergeleitet werden kann, da ein zu Unrecht enttäuschtes Vertrauen lediglich zum Ersatz des Vertrauensschadens verpflichtet, aber keinen Erfüllungsanspruch gewährt (BAG, Urteil v. 26.4.2006, 7 AZR 190/05[42]). Allein das Vertrauen eines Vertragspartners auf den Neuabschluss des Vertrags verpflichtet seinen vormaligen Vertragspartner nicht zur Abgabe der zu einem neuen Vertragsschluss führenden Willenserklärung. Das Einstehen für ein beim Vertragspartner herbeigeführtes Vertrauen beruht letztlich auf dem Verbot des widersprüchlichen Verhaltens als Unterfall des Grundsatzes von Treu und Glauben (§ 242 BGB). Ein auf die Inanspruchnahme von Vertrauen gestützter Weiterbeschäftigungsanspruch muss letztlich auf einer entsprechenden Erklärung des Arbeitgebers gegenüber den begünstigten Arbeitnehmern beruhen, deren Inhalt durch Auslegung zu ermitteln ist (BAG, Urteil v. 26.4.2006, 7 AZR 190/05[43]). Es genügt jedoch nicht, dass der Arbeitnehmer subjektiv erwartet, der Arbeitgeber werde ihn nach Fristablauf schon weiterbe-

den Abschluss eines befristeten oder unbefristeten Arbeitsvertrags keine Rechtspflichten verletzt. Ebenso BAG, Urteil v. 15.5.2012, 7 AZR 754/10, ZTR 2012, S. 712.

41 So zu Recht Laux/Schlachter/*Schlachter*, TzBfG, 2. Aufl. 2011, § 23 TzBfG, Anhang 2, Rz. 12.

42 Rz. 17 zum Wiedereinstellungsanspruch im Frühjahr nach Kündigung im Winter, NZA 2007, S. 55.

43 NZA 2007, S. 55.

schäftigen, soweit die für die Befristung maßgeblichen sachlichen Gründe bis dahin bedeutungslos geworden sind (BAG, Urteil v.16.3.1989, 2 AZR 325/88). Erforderlich ist, dass der Arbeitgeber den Arbeitnehmer in dieser Erwartungshaltung durch sein Verhalten bei Vertragsschluss oder während der Dauer des Vertrages eindeutig bestärkt. Erfüllt dann der Arbeitgeber die selbstgesetzte Verpflichtung nicht, ist er nach Maßgabe der Grundsätze eines Verschuldens bei Vertragsschluss zum Schadenersatz verpflichtet. Er hat mit dem Arbeitnehmer einen unbefristeten Arbeitsvertrag zu schließen, weil der auszugleichende Schaden in dem unterbliebenen Abschluss eines Arbeitsverhältnisses liegt (BAG, Urteil v. 26.4.1995, 7 AZR 936/94). Allein als Folge eines Verstoßes gegen die Prüfpflicht des § 30 Abs. 3 Satz 2 TVöD kommt dies aber nicht in Betracht[44].
Auch der arbeitsrechtliche Gleichbehandlungsgrundsatz begründet keinen Anspruch eines Arbeitnehmers auf Verlängerung eines sachgrundlos befristeten Arbeitsvertrages (BAG, Urteil v. 31.8.2008, 7 AZR 513/07[45]).

6. Besonderheiten für Beschäftigte an Hochschulen und Forschungseinrichtungen der Länder sowie für Ärztinnen und Ärzte an Universitätskliniken

Für **Beschäftigte an Hochschulen und Forschungseinrichtungen der Länder** treffen 19
§ 40 TV-L/TV-H Sonderregelungen. Nr. 6 der Sonderregelungen des TV-L bzw. Nr. 8 der Sonderregelungen des TV-H modifiziert § 30 Abs. 2 TV-L. bzw. normiert einen zusätzlichen § 30 Abs. 2a TV-H für den Wissenschaftsbereich. Es gelten folgende **Grundsätze**:

- Kalendermäßig befristete Arbeitsverträge mit sachlichem Grund sind nur zulässig, wenn die **Dauer** des einzelnen Vertrags **7 Jahre** nicht übersteigt; weitergehende Regelungen im Sinne von § 23 TzBfG bleiben unberührt.
- Beschäftigte mit einer Zeitbefristung mit Sachgrund sind **bei der Besetzung von Dauerarbeitsplätzen bevorzugt zu berücksichtigen**, wenn die sachlichen und persönlichen Voraussetzungen erfüllt sind.

Bei der Anwendung dieser Sonderregelungen ist Folgendes zu beachten:

- Die Sonderregelung Nr. 6 zu § 40 TV-L gilt **nur** für Hochschulen und Forschungseinrichtungen **im Tarifgebiet West**; § 30 Abs. 1 Satz 2 TV-L schränkt die Geltung nämlich insoweit ein.
- Sofern für die Befristung von Arbeitsverträgen für Beschäftigte an Hochschulen und Forschungseinrichtungen der Länder das **WissZeitVG** gilt, **verdrängt** dieses wegen der darin enthaltenen Tarifsperre[46] die tariflichen Vorschriften des **§ 30 TV-L**, und

---

44 BAG, Urteil v. 15.5.2012, 7 AZR 754/10, ZTR 2012, S. 712 und LG Köln, Urteil v. 26.3.2014, 5 Sa 819/13, NZA-RR 2014, S. 467, jeweils zum wortgleichen § 33 Abs. 3 TV-BA.

45 NZA 2009, S. 27, Rz. nach § 14 Abs. 2 TzBfG.

46 S. Rambach, § 1 WissZeitVG, Rz. 23.

zwar sowohl für das wissenschaftliche und künstlerische Personal als auch im Bereich der Drittmittelbefristung für das akzessorische nichtwissenschaftliche Personal bei Verträgen bis 16.3.2016[47].

- Sofern ausnahmsweise im Einzelfall das WissZeitVG nicht gilt, gilt für ehemalige Angestellte im Tarifgebiet West (s. Rz. 6) im Hochschulbereich anstelle der Befristungshöchstdauer von 5 Jahren (s. Rz. 8) eine solche von 7 Jahren. Diese Abweichung ist nicht auf Wissenschaftler beschränkt, sondern erfasst an den Hochschulen und Forschungseinrichtungen alle (Angestellten-)Tätigkeiten.

20 Für **Ärztinnen und Ärzte an Universitätskliniken** trifft § 41 TV-L/TV-H Sonderregelungen. Nr. 19 der Sonderregelungen des TV-L bzw. Nr. 25 TV-H modifizieren § 30 Abs. 2 TV-L. Insoweit gelten die Ausführungen unter Rz. 19 entsprechend. Die zulässige Befristungsdauer von 7 Jahren entspricht der Regelung in der früheren Protokollnotiz Nr. 2 Satz 2 zu SR 2y BAT.
Zu beachten ist, dass § 30 ein zusätzlicher Abs. 7 angefügt wurde. Danach muss der Arbeitgeber beim Abschluss von befristeten Arbeitsverträgen „**mit besonders kurzen Vertragslaufzeiten**"[48] auch das Interesse der Beschäftigten an einer notwendigen Planungssicherheit berücksichtigen. Bei befristeten Beschäftigungen nach dem WissZeitVG mit dem Zweck der Weiterbildung zur Fachärztin beziehungsweise zum Facharzt oder nach dem Gesetz zur befristeten Beschäftigung von Ärzten in der Weiterbildung (ÄArbVtrG) soll der 1.Vertrag möglichst für eine Laufzeit von nicht weniger als 2 Jahren und der weitere Vertrag bis zum Ende der Mindestweiterbildungszeit geschlossen werden[49]. Sachliche Gründe können eine kürzere Vertragslaufzeit erfordern. Ein sachlicher Grund für eine kürzere Vertragslaufzeit ist z. B., dass die Weiterbildungsermächtigung der weiterbildenden Ärztin oder des weiterbildenden Arztes zeitlich nur kürzer erteilt ist[50].
Die praktische Bedeutung dieser Sonderregelungen ist angesichts der im Verhältnis zu den Ärztinnen und Ärzten an Universitätskliniken überwiegend zur Anwendung kommenden TV-Ärzte-TdL und TV-Ärzte-VkA sowie des für Universitätsklinken anwendbaren WissZeitVG eher gering.

7. Besonderheiten für Beschäftigte der Entsorgungsbetriebe

21 Die Tarifvertragsparteien des TVöD für den Bereich der Entsorgungsbetriebe haben im Besonderen Teil E des TVöD in § 42 TVöD BT-E von der Öffnungsklausel des § 14 Abs. 2 Satz 3 TzBfG Gebrauch gemacht. Danach kann unter anderem die Höchstdauer der Befristung durch Tarifvertrag abweichend vom Gesetz festgelegt werden. Nach § 42

---

47 S. Rambach, § 2 WissZeitVG, Rz. 50, 51.

48 In den Tarifverhandlungen wurden von den Tarifvertragsparteien insoweit Vertragslaufzeiten von 2 bis 3 Monaten als besonders kritisch angesehen.

49 Nach den Weiterbildungsordnungen der Ärztekammern dauern Facharztweiterbildungen in der Regel mindestens 5 Jahre, der 2. Vertrag sollte damit für eine Dauer von mindestens 3 Jahren geschlossen werden.

50 Protokollerklärung zu Nr. 25 Abs. 2 Satz 2 des § 41 TV-H.

Abs. 1 TVöD BT-E ist die kalendermäßige Befristung eines Arbeitsvertrages ohne Vorliegen eines sachlichen Grundes **bis zur Dauer von 4 Jahren** zulässig; bis zu dieser Gesamtdauer ist auch die höchstens 3-malige Verlängerung möglich. Für die sachgrundlose Befristung gelten alle Anforderungen, die für die „normale" Ersteinstellungsbefristung nach § 14 Abs. 2 Satz 2 TzBfG gelten[51]. Wenn davon Gebrauch gemacht wird, ist Folgendes zu beachten:

- Die Befristung über die Dauer von 2 Jahren hinaus bedarf nach § 42 Abs. 2 TVöD BT-E der vorherigen Zustimmung des Personalrats/Betriebsrats.
- Die Befristung über 2 Jahre hinaus ist unzulässig, wenn mit dem Abschluss des Arbeitsvertrags mehr als 40 v. H. der bei dem Arbeitgeber begründeten Arbeitsverhältnisse ohne Vorliegen eines sachlichen Grundes abgeschlossen wären, (§ 42 Abs. 3 TVöD BT-E).
- Soweit von der Befristung über die Dauer von 2 Jahren hinaus Gebrauch gemacht wird, ist die Beschäftigung von Leiharbeitnehmern nicht zulässig (§ 42 Abs. 4 TVöD BT-E). In begründeten Einzelfällen kann mit Zustimmung des Personalrats/Betriebsrats hiervon abgewichen werden.
- Beschäftigte, mit denen eine Befristung über die Dauer von 2 Jahren hinaus vereinbart ist, sind nach Ablauf der vereinbarten Zeit in ein unbefristetes Arbeitsverhältnis zu übernehmen, sofern im Fall des Ausscheidens dieser Beschäftigten für den betreffenden Funktionsbereich ein befristetes Arbeitsverhältnis mit anderen Beschäftigten begründet würde (§ 42 Abs. 5 TVöD BT-E).
- Beim Abschluss von entsprechenden befristeten Arbeitsverträgen über die Dauer von 2 Jahren hinaus sind Auszubildende, die bei demselben Arbeitgeber ausgebildet worden sind, nach erfolgreich abgeschlossener Abschlussprüfung bei gleicher Eignung und Befähigung vorrangig zu berücksichtigen (§ 42 Abs. 6 TVöD BT-E).

8. Probezeit (Abs. 4)

8.1 Befristungen ohne Sachgrund

Bei Befristungen ohne Sachgrund gelten für Beschäftigte, auf die die Regelungen des 22
Tarifgebiets West Anwendung finden und deren Tätigkeit vor dem 1.1.2005 der Rentenversicherung der Angestellten unterlegen hätte (s. Rz. 6) als Probezeit abweichend vom Grundsatz in § 2 Abs. 4 Satz 1 TVöD/TV-L (nur) die ersten **6 Wochen**(§ 30 Abs. 4 Satz 1 TVöD/TV-L). Diese kurze Frist ist zwingend, d. h. sie kann einzelvertraglich nicht verlängert werden[52]. Sie gilt auch bei der Übernahme von Auszubildenden im unmittelbaren Anschluss an ein Ausbildungsverhältnis. § 2 Abs. 4 Satz 2 TVöD gilt im Anwendungsbereich des § 30 Abs. 4 TVöD/TV-L nicht[53].

---

[51] S. Gräfl, § 14 TzBfG, Rz. 262 ff.

[52] So auch KR/*Bader*, 11. Aufl. 2016, § 30 TVöD, Rz. 11.

[53] Clemens/Scheuring/Steingen/Wiese, TV-L, Stand: 1/2016, § 30 TVöD, Rz. 398, die zu Recht darauf hinweisen, dass anderenfalls Verträge mit einer Vertragsdauer von weniger als 12 Monaten überhaupt nicht ordentlich gekündigt werden könnten.

Für die anderen Beschäftigten bleibt es bei den 6 Monaten des § 2 Abs. 4 TVöD/TV-L, soweit nicht eine kürzere Frist vereinbart ist. In Hessen gilt auch bei befristeten Arbeitsverträgen ohne Sachgrund nach § 30 Abs. 4 TV-H abweichend vom TV-L eine Probezeit von 6 Monaten.

8.2 Befristungen mit Sachgrund

23 Bei Befristungen mit Sachgrund gelten für Beschäftigte, auf die die Regelungen des Tarifgebiets West Anwendung finden und deren Tätigkeit vor dem 1.1.2005 der Rentenversicherung der Angestellten unterlegen hätte (s. Rz. 6) als Probezeit in Anlehnung an § 2 Abs. 4 Satz 1 TVöD/TV-L die ersten **6 Monate**. Diese Probezeitdauer ist auch anzunehmen, wenn sich aus dem Arbeitsvertrag oder den sonstigen Umständen nicht ergibt, ob es sich um eine sachgrundlose oder eine Befristung mit Sachgrund handelt, der Arbeitgeber im jeweiligen Einzelfall aber beide Möglichkeiten der Rechtfertigung der Befristung hat[54]. Auch in Hessen gilt bei befristeten Arbeitsverträgen mit Sachgrund nach § 30 Abs. 4 TV-H eine Probezeit von 6 Monaten.

8.3 Probezeitkündigungen

24 Innerhalb der Probezeit **kann** ein befristeter Arbeitsvertrag vom Arbeitgeber und vom Beschäftigten **ordentlich gekündigt** werden. Ob es sich um einen kalendermäßig befristeten oder einen zweckbefristeten Arbeitsvertrag handelt, ist ebenso gleichgültig wie die Frage, ob es sich um einen Vertrag mit Sachgrund oder ohne Sachgrund handelt.
Es gilt eine einheitliche **Kündigungsfrist** von **2 Wochen zum Monatsschluss**. Diese ergibt sich für Beschäftigte, auf die die Regelungen des Tarifgebiets West Anwendung finden und deren Tätigkeit vor dem 1.1.2005 der Rentenversicherung der Angestellten unterlegen hätte (s. Rz. 6) aus § 30 Abs. 4 Satz 2 TVöD/TV-L, für die anderen Beschäftigten aus § 34 Abs. 1 Satz 1 TVöD/TV-L; für Hessen ergibt sich die Kündigungsfrist aus § 30 Abs. 4 Satz 2 TV-H.

9. Beendigung des befristeten Arbeitsverhältnisses (Abs. 5)

9.1 Beendigung bei Zeitbefristung

25 Ein kalendermäßig befristetes Arbeitsverhältnis endet **mit Ablauf der im Vertrag angegebenen Befristung**. Dies gilt auch, wenn der Angestellte zwischenzeitlich einen Sonderkündigungsschutz erworben hat (z. B. nach dem Mutterschutzgesetz(MuSchG), dem Bundeselterngeld- und Elternzeitgesetz (BEEG) oder dem Betriebsverfassungsgesetz (BetrVG)[55].

---

[54] KR/*Bader*, 11. Aufl. 2016, § 30 TVöD, Rz. 11, der darauf hinweist, dass andernfalls eine Benachteiligung des Arbeitgebers einträte, der die Befristung doppelt rechtfertigen kann.

[55] S. Arnold, § 15 TzBfG, Rz. 10.

9.2 Beendigung bei Zweckbefristung

Das zweckbefristete Arbeitsverhältnis endet mit Eintritt des bestimmten Ereignisses oder durch Erreichen des Zwecks, **frühestens** jedoch **2 Wochen** nach **Zugang** der **schriftlichen** Unterrichtung des Arbeitnehmers durch den Arbeitgeber über den **Zeitpunkt der Zweckerreichung** (§ 15 Abs. 2 TzBfG). 26

> **Hinweis**
>
> Im TVöD wurde nicht die früher in Nr. 7 Abs. 4 SR 2y BAT vorgesehene Ankündigungsfrist (4 Wochen) übernommen. Mangels spezieller Regelung gilt deshalb die gesetzliche Regelung des TzBfG (2 Wochen)[56].

9.3 Beendigung vor Fristablauf

9.3.1 Grundsätzliche Kündigungsmöglichkeit

Befristete Arbeitsverträge können vor Vertragsablauf nicht ordentlich gekündigt werden, sofern nicht die Möglichkeit einer vorzeitigen Kündigung tarifvertraglich oder einzelvertraglich vereinbart ist (§ 15 Abs. 3 TzBfG). Der Kündigungsausschluss betrifft dabei **sowohl den Arbeitgeber als auch den Beschäftigten**[57]. Die Kündigungsmöglichkeit besteht auch dann, wenn ohne ausdrückliche Vereinbarung aus dem Vertrag oder den Einzelfallumständen der dahingehende beiderseitige Wille der Parteien eindeutig erkennbar ist (BAG, Urteil v. 4.7.2001, 2 AZR 88/00[58]). Bei beidseitiger Tarifgebundenheit wäre die einzelvertragliche Einräumung eines Kündigungsrechts nach § 4 Abs. 2 TVG ausgeschlossen[59]. 27

> **Hinweis**
>
> Die Möglichkeit einer außerordentlichen, in der Regel fristlosen Kündigung („aus wichtigen Grund") bleibt hiervon unberührt. Eine solche Kündigung ist (bei Vorliegen der Voraussetzungen) immer möglich. Die außerordentliche Kündigung kann auch nicht wirksam einzelvertraglich ausgeschlossen werden.

9.3.2 Kündigungsmöglichkeit innerhalb der Probezeit

§ 30 Abs. 4 Satz 2 TVöD/TV-L sieht für befristete Arbeitsverhältnisses mit Beschäftigten, auf die die Regelungen des Tarifgebiets West Anwendung finden und deren Tätigkeit vor dem 1.1.2005 der Rentenversicherung der Angestellten unterlegen hätte (s. Rz. 24) 28

[56] S. Arnold, § 15 TzBfG, Rz. 28 ff.
[57] So auch Laux/Schlachter/*Schlachter*, TzBfG, 2. Aufl. 2011, § 23 TzBfG, Anhang 2, Rz. 14.
[58] ZTR 2002, S. 288.
[59] Laux/Schlachter/*Schlachter*, TzBfG, 2. Aufl. 2011, § 23 TzBfG, Anhang 2, Rz. 14.

die Möglichkeit der Kündigung des befristeten Arbeitsverhältnisses innerhalb der Probezeit[60] ausdrücklich vor. Dabei gilt eine **Kündigungsfrist** von **2 Wochen zum Monatsschluss**. Für Hessen entspricht dem § 30 Abs. 4 TV-H. Für befristete Arbeitsverhältnisse mit anderen Beschäftigten ergibt sich diese Kündigungsmöglichkeit aus § 34 Abs. 1 Satz 1 TVöD/TV-L.

9.3.3 Kündigungsmöglichkeit nach Ablauf der Probezeit

29 **Verträge unter 12 Monaten**

Die ordentliche Kündigung eines befristeten Arbeitsverhältnisses mit Beschäftigten, auf die die Regelungen des Tarifgebiets West Anwendung finden und deren Tätigkeit vor dem 1.1.2005 der Rentenversicherung der Angestellten unterlegen hätte (s. Rz. 6) nach Ablauf der Probezeit ist nach § 30 Abs. 5 Satz 1 TVöD/TV-L **nur zulässig, wenn die Vertragsdauer mindestens 12 Monate** beträgt; für Hessen ergibt sich das aus § 30 Abs. 5 Satz 1 TV-H.

Unproblematisch bestimmbar ist dies bei einer kalendermäßigen Befristung. Ein Arbeitsverhältnis mit **kürzerer Laufzeit** ist **nicht vorzeitig ordentlich kündbar**, und zwar weder für den Arbeitgeber noch für den Arbeitnehmer. Entscheidend ist dabei die **vereinbarte Vertragsdauer**, nicht die bereits im Arbeitsverhältnis zurückgelegte Zeitdauer.

Bei zweckbefristeten Arbeitsverträgen wird man auf die Prognose der voraussichtlichen (Mindest-)Dauer abstellen müssen[61]. Ergibt die Prognose eine voraussichtliche Mindestdauer von 12 Monaten, ist eine Kündigung auch ohne einzelvertragliche Vereinbarung möglich, und zwar auch bereits bevor 12 Monate Vertragszeit zurückgelegt sind[62]. Ergibt die Prognose eine kürzere voraussichtliche Mindestdauer ist eine ordentliche Kündigung nur möglich, wenn sie einzelvertraglich vereinbart wurde. Darlegungs- und beweispflichtig für die Prognose der Mindestvertragsdauer ist der Arbeitgeber.

> **Hinweis**
>
> Darauf, ob es sich um eine Befristung mit Sachgrund handelt oder um eine sachgrundlose Befristung, kommt es für die Frage der ordentlichen Kündbarkeit ebenso wenig an, wie darauf, ob eine kalendermäßige Befristung oder eine Zweckbefristung vorliegt. Dies war unter der Geltung der Protokollnotiz Nr. 6 zu Nr. 1 SR 2y BAT[63] und der Nr. 7 Abs. 3 SR 2y BAT[64] noch anders.

---

[60] S. Rz. 22 und 23.

[61] A. A. aber KR/*Bader*, 11. Aufl. 2016, § 30 TVöD, Rz. 14 und 17, der bei der Zweckbefristung mangels einer festgelegten Vertragsdauer eine Kündigungsmöglichkeit nur zulassen möchte, wenn sie einzelvertraglich vereinbart ist; ebenso APS/*Greiner*, 4. Aufl. 2012, § 30 TVöD, Rz. 21.

[62] Nach Breier/Dassau/Kiefer/Lange/Langenbrinck., TVöD, Stand 2/2016,§ 30 TVöD, Rz. 218 soll eine Kündigung erst nach einer zurückgelegten Vertragszeit von 12 Monaten möglich sein.

[63] S. Arnold/Gräfl/*Rambach*, TzBfG, 2. Aufl. 2007, SR 2y BAT, Rz. 21 ff.

[64] S. Arnold/Gräfl/*Rambach*, TzBfG, 2. Aufl. 2007, SR 2y BAT, Rz. 42.

Aus Arbeitgebersicht kommt es bei einer Vertragslaufzeit von unter 12 Monaten entscheidend darauf an, die Eignung des Arbeitnehmers innerhalb der Probezeit möglichst verlässlich zu überprüfen und bei (vermeintlicher) Nichteignung die Möglichkeit der Probezeitkündigung[65] zu nutzen.

> **Beispiel**
>
> Eine Arbeitnehmerin beantragt und erhält (unbezahlten) Sonderurlaub (§ 28 TVöD/TV-L/TV-H) zur Betreuung ihrer pflegebedürftigen Mutter für die Dauer von 10 Monaten. Für diesen Zeitraum wird mit einem befristeten Arbeitsvertrag eine Vertreterin eingestellt. Nach 7 Monaten teilt der zuständige Abteilungsleiter der Personalabteilung mit, die Vertreterin sei fachlich nicht geeignet, der Vertretungsbedarf sei außerdem aufgrund einer vorgenommenen Umorganisation entfallen, der Vertreterin könne deshalb gekündigt werden. Die für die Restlaufzeit ersparten Personalkosten könnten in Sachmittel umgewidmet werden.
>
> Lösung
>
> Da der Arbeitsvertrag der Vertreterin weniger als 12 Monate beträgt und die Probezeit bereits abgelaufen ist, ist eine **ordentliche Kündigung** nicht möglich. Eine Kündigungsmöglichkeit für befristete Arbeitsverträge mit Beschäftigten aus dem Tarifgebiet Ost und den Beschäftigten, deren Tätigkeit vor dem 1.1.2005 nicht der Rentenversicherung der Angestellten unterlegen hätte (s. Rz. 6), ist tariflich nicht geregelt. § 30 Abs. 5 TVöD/TV-L/TV-H knüpft die Kündigung nach Ablauf der Probezeit an bestimmte Voraussetzungen und regelt besondere, nicht mit § 34 TVöD/TV-L/TV-H übereinstimmende Kündigungsfristen. Die Tarifvertragsparteien sind damit erkennbar nicht davon ausgegangen, dass jedes befristete Arbeitsverhältnis problemlos ordentlich gekündigt werden kann[66]. Sofern deshalb jeweils individuell einzelvertraglich keine Kündigungsmöglichkeit vorgesehen wird, ist eine Kündigung nicht möglich[67].

Verträge von 12 Monaten und mehr

Wenn die Vertragsdauer mindestens zwölf Monate beträgt, ist nach Ablauf der Probezeit 30
eine **ordentliche Kündigung** von befristeten Verträgen mit Beschäftigten, auf die die Regelungen des Tarifgebiets West Anwendung finden und deren Tätigkeit vor dem 1.1.2005 der Rentenversicherung der Angestellten unterlegen hätte (s. Rz. 6) auch vor dem eigentlichen Befristungsende **möglich**. Mit anderen Beschäftigten muss wegen § 15 Abs. 3 TzBfG individuell einzelvertraglich eine Kündigungsmöglichkeit vorgesehen

65 S. Rz. 24.

66 So zu Recht KR/*Bader*, 11. Aufl. 2016, § 30 TVöD, Rz 17.

67 Ebenso KR/*Bader*, 11. Aufl. 2016, § 30 TVöD, Rz 17; Clemens/Scheuring/Steingen/Wiese, TV-L, Stand: 1/2016, § 30 TVöD, Rz 400.

werden (s. Rz. 27). Zur Kündigungsmöglichkeit von zweckbefristeten Verträgen vor Erreichen des Zwecks kommt es auf die Prognose der voraussichtlichen Mindestdauer an (s. Rz. 26).

> **Hinweis**
>
> Die im Tarifvertrag vorgesehene grundsätzliche Kündigungsmöglichkeit befreit nicht von den Anforderungen und Voraussetzungen der Regelungen des allgemeinen Kündigungsschutzes nach dem KSchG oder etwaiger besonderer Kündigungsschutzregelungen.

31 Die für befristete Arbeitsverträge mit Beschäftigten, auf die die Regelungen des Tarifgebiets West Anwendung finden und deren Tätigkeit vor dem 1.1.2005 der Rentenversicherung der Angestellten unterlegen hätte (s. Rz. 6) nach § 30 Abs. 5 Satz 2 TVöD/TV-L geltenden **Kündigungsfristen sind nach der Beschäftigungsdauer gestaffelt**. In Hessen entspricht dem § 30 Abs. 5 Satz 2 TV-H. Nach Ablauf der Probezeit kommt es auf die bereits verstrichene Gesamtbeschäftigungsdauer bei dem(selben) Arbeitgeber an. Die Dauer mehrerer aneinandergereihter Arbeitsverhältnisse bei demselben Arbeitgeber wird dabei addiert. Die Kündigungsfrist beträgt in einem oder mehreren aneinandergereihten Arbeitsverhältnissen bei **demselben Arbeitgeber**

- von insgesamt mehr als 6 Monaten: 4 Wochen
- von insgesamt mehr als 1 Jahr: 6 Wochen

zum Schluss eines Kalendermonats,

- von insgesamt mehr als 2 Jahren: 3 Monate
- von insgesamt mehr als 3 Jahren: 4 Monate

zum Schluss eines Kalendervierteljahres.

Für eine einzelvertraglich vereinbarte Kündigungsmöglichkeit in Verträgen mit Beschäftigten des Tarifgebiets Ost und den Beschäftigten, deren Tätigkeit vor dem 1.1.2005 nicht der Rentenversicherung der Angestellten unterlegen hätte (s. Rz. 6), gelten die Kündigungsfristen des § 30 Abs. 5 TVöD/TV-L nicht. Für diese Kündigungen gelten die Fristen des § 34 TVöD/TV-L[68].

> **Hinweis**
>
> Für die Kündigungsfrist bei sachgrundlos befristeten Verträgen besteht eine Lücke. Einerseits gilt die Zweiwochenfrist nur während der Probezeit, die bei sachgrundlosen Befristungen sechs Wochen beträgt; andererseits soll die 4-Wochen-Frist nach § 30 Abs. 5 TVöD/TV-L erst nach einem sechsmonatigen Bestand des Arbeitsverhältnisses gelten. Mit welcher Frist bei einer sachgrundlosen Befristung nach Ablauf

[68] So auch KR/*Bader*, 11. Aufl. 2016, § 30 TVöD, Rz. 17; APS/*Greiner*, 4. Aufl. 2012, § 30 TVöD, Rz. 25.

der sechswöchigen Probezeit und bis zu einer Beschäftigungsdauer von sechs Monaten gekündigt werden kann, regelt der Tarifvertrag nicht ausdrücklich. Diese offensichtlich unbewusste Lücke ist dadurch zu schließen, dass nach Ablauf der Probezeit die **4-wöchige Kündigungsfrist** zum Monatsende des § 30 Abs. 5 TVöD/TV-L gilt, auch wenn die Beschäftigungsdauer noch unter 6 Monaten liegt oder das sachgrundlos befristete Arbeitsverhältnis für nicht mehr als 6 Monate abgeschlossen ist[69].

Eine **Unterbrechung bis zu 3 Monaten** ist nach § 30 Abs. 5 Satz 3 TVöD/TV-L/TV-H 32
grundsätzlich **unschädlich**; diese Unterbrechungszeit **bleibt für die Bestimmung der maßgeblichen Kündigungsfrist unberücksichtigt**. Eine **Ausnahme** gilt allerdings für den Fall, dass das (frühere) Ausscheiden **von dem/der Beschäftigten verschuldet** (z. B. im Fall einer fristlosen verhaltensbedingten Arbeitgeberkündigung) oder veranlasst (z. B. im Fall einer Eigenkündigung des Beschäftigten) war. Diese Regelung entspricht der (früheren) Nr. 7 Abs. 3 SR 2y.

Hinweis

Nach der Protokollerklärung zu § 30 Abs. 5 TVöD führen bei mehreren aneinandergereihten Arbeitsverhältnissen weitere vereinbarte Probezeiten nicht zu einer Verkürzung der Kündigungsfrist. Das heißt, die kürzere Kündigungsfrist während der Probezeit gilt nur während der ersten 6 Wochen bzw. 6 Monaten[70].

---

69 Ebenso GKÖD/Fieberg/Künzl, Bd. IV, Stand 12/2015, § 30 TVöD, Rz. 541, der zu Recht darauf hinweist, dass bei Annahme einer 2-Wochen-Frist die Probezeit bei sachgrundloser Befristung gegen den ausdrücklichen Tarifwortlaut auf 6 Monate verlängert würde. In Ergebnis auch KR/Bader, 11. Aufl. 2016, § 30 TVöD, Rz. 16; APS/Greiner, 4. Aufl. 2012, § 30 TVöD, Rz. 24. A.A Breier/Dassau/Kiefer/Lang/Langenbrinck, TVöD, Stand 2/2016, § 30 TVöD, Rn. 221, welche die Regelungslücke – ohne nähere Begründung - dahingehend schließen, dass auch bei der sachgrundlosen Befristung unabhängig von der Dauer der Probezeit in den ersten 6 Monaten die Kündigungsfrist 2 Wochen zum Monatsschluss betragen soll.

70 S. Rz. 22-23.

§ 1 WissZeitVG – Befristung von Arbeitsverträgen

(1) [1]Für den Abschluss von Arbeitsverträgen für eine bestimmte Zeit (befristete Arbeitsverträge) mit wissenschaftlichem und künstlerischem Personal mit Ausnahme der Hochschullehrerinnen und Hochschullehrer an Einrichtungen des Bildungswesens, die nach Landesrecht staatliche Hochschulen sind, gelten die §§ 2, 3 und 6 [Bis 16.3.2016: *§§ 2 und 3*]. [2]Von diesen Vorschriften kann durch Vereinbarung nicht abgewichen werden. [3]Durch Tarifvertrag kann für bestimmte Fachrichtungen und Forschungsbereiche von den in § 2 Abs. 1 vorgesehenen Fristen abgewichen und die Anzahl der zulässigen Verlängerungen befristeter Arbeitsverträge festgelegt werden. [4]Im Geltungsbereich eines solchen Tarifvertrages können nicht tarifgebundene Vertragsparteien die Anwendung der tariflichen Regelungen vereinbaren. [5]Die arbeitsrechtlichen Vorschriften und Grundsätze über befristete Arbeitsverträge und deren Kündigung sind anzuwenden, soweit sie den Vorschriften der §§ 2 bis 6 nicht widersprechen.

(2) Unberührt bleibt das Recht der Hochschulen, das in Absatz 1 Satz 1 bezeichnete Personal auch in unbefristeten oder nach Maßgabe des Teilzeit- und Befristungsgesetzes befristeten Arbeitsverhältnissen zu beschäftigen.

Übersicht — **Rz.**

1. Allgemeines

Kern des am **18.4.2007** in Kraft getretenen „**Gesetz zur Änderung arbeitsrechtlicher Vorschriften in der Wissenschaft**“[1] ist das in Art. 1 normierte „Gesetz über befristete Arbeitsverträge in der Wissenschaft (Wissenschaftszeitvertragsgesetz - WissZeitVG)“. Dieses regelt die **Befristung von Arbeitsverhältnissen an Hochschulen und außeruniversitären Forschungseinrichtungen**. Das Gesetz verfolgt 3 Hauptziele[2]: 1

- Das bis zum Inkrafttreten des Gesetzes in den §§ 57a bis 57f HRG geregelte Befristungsrecht wird fortgeführt. Dies wurde notwendig, weil durch die am 1.9.2007 in Kraft getretene Föderalismusreform die Rahmen-Gesetzgebungskompetenz des Bundes (Art. 75 Abs. 1 Satz 1 Nr. 1a GG) abgeschafft wurde. Damit ist die Kompetenzgrundlage für die bisherigen HRG-Regelungen als Rahmenrecht für die Gesetzgebung der Länder weggefallen.
- Außerdem wird neben einer Ergänzung um eine familienpolitische Komponente ein eigenständiges Befristungsrecht für drittmittelfinanzierte Arbeitsverträge geschaffen.
- Schließlich soll ein neuer Standort für die Regelungen der befristeten Beschäftigungsmöglichkeiten an den Hochschulen und außeruniversitären Forschungseinrichtungen in der Qualifizierungsphase gefunden werden.

Die bis zum 18.4.2007 im Hochschulrahmengesetz, §§ 57a ff. HRG, verankerten Sonderregelungen zur Befristung in der Qualifizierungsphase haben sich nach Auffassung des Gesetzgebers bewährt[3], weshalb sie größtenteils unverändert in das WissZeitVG überführt wurden.

Mit dem am **17.3.2016** in Kraft getretenen **Ersten Gesetz zur Änderung des Wissenschaftszeitvertragsgesetzes** vom 11.3.2016[4] wurde das WissZeitVG novelliert. Der Gesetzgebers will mit den Änderungen „Fehlentwicklungen in der Befristungspraxis junger Wissenschaftler entgegentreten, ohne die in der Wissenschaft erforderliche Flexibilität und Dynamik zu beeinträchtigen“ (BT-Drs. 18/6489, S. 1). Gegenwärtig sind über 80 % des wissenschaftlichen Personals an den Hochschulen befristet beschäftigt. Auch bei den Forschungsgemeinschaften verfügen fast 60 % aller wissenschaftlich Beschäftigten nur über einen befristeten Vertrag[5]. Die Befristungspraxis an den Hochschulen ist nach den Feststellungen der Bundesregierung durch einen hohen Anteil kurzer Beschäftigungsverhältnisse gekennzeichnet, Nachwuchswissenschaftler haben zu über 50 % nur 1-Jahres-Verträge. 2

---

1 BGBl. I S. 506 ff.; BT-Drucks. 16/3438 (Entwurf der Bundesregierung); BT-Drucks. 16/4043 (Beschlussempfehlung des Ausschusses für Bildung, Forschung und Technikfolgenabschätzung).

2 Zur Entstehungsgeschichte umfassend Preis, WissZeitVG, 1. Aufl. 2007, Einleitung, Rz. 6-38. Vgl. hierzu auch *Löwisch*, NZA 2007, S. 479 ff.; *Kortstock*, ZTR 2007, S. 2 ff.

3 BT-Drucks. 16/3438, S. 8.

4 BGBl I S. 442; BT-Drucks. 18/6489 (Entwurf der Bundesregierung); BT-Drucks. 18/7038 (Beschlussempfehlung und Bericht des Ausschusses für Bildung, Forschung und Technikfolgenabschätzung.

5 BT-Drucks. 18/7038, S. 2.

Die Änderungen im Überblick:

- Die Befristung soll nach § 2 Abs. 1 WissZeitVG nur noch zulässig sein, wenn sie zur Förderung der eigenen wissenschaftlichen oder künstlerischen Qualifizierung des Beschäftigten erfolgt. D. h., wissenschaftliche Mitarbeiter mit Daueraufgaben sind – soweit sie befristet beschäftigt werden sollen – künftig ausschließlich auf der Grundlage des TzBfG zu beschäftigen.
- Künftig muss sich die Dauer der Befristung an der angestrebten Qualifizierung orientieren - beispielsweise der Erlangung eines Doktortitels – wodurch unsachgemäße Kurzbefristungen für Wissenschaftler verhindert werden sollen.
- Im Rahmen der Drittmittelbefristung nach § 2 Abs. 2 WissZeitVG soll die Vertragslaufzeit künftig der Dauer der Mittelbewilligung entsprechen.
- Unterbrechungen der wissenschaftlichen oder künstlerischen Qualifizierung sollen sich nicht nachteilig auf den Befristungsrahmen für die sachgrundlose Qualifizierungsbefristung nach § 2 Abs. 1 WissZeitVG auswirken. Dies soll auch im Falle eines Arbeitsplatzwechsels nach der Unterbrechungszeit gelten.
- Die Befristung des sog. akzessorischen Personals eines Drittmittelprojektes auf der Basis des WissZeitVG ist nicht mehr möglich.
- Zeiten, die Beschäftigte zur Betreuung von Kindern aufwenden, werden nicht auf die Höchstbefristungsdauern des § 2 Abs. 1 Sätze 1 und 2 WissZeitVG angerechnet; außerdem gilt die familienpolitische Komponente künftig auch für Stief- und Pflegekinder.
- Die Höchstbefristungsdauer für behinderte Menschen und von Menschen mit einer schwerwiegenden chronischen Krankheit wird um 2 Jahre verlängert.
- Die Voraussetzungen der befristeten Beschäftigung studentischer Hilfskräfte werden im neuen § 6 WissZeitVG selbstständig geregelt.

2. Geltungsbereich

2.1 Betrieblicher Geltungsbereich

2.1.1 Staatliche Hochschulen und staatlich anerkannte Hochschulen

3 Das WissZeitVG gilt für Einrichtungen des Bildungswesens, die nach **Landesrecht staatliche Hochschulen** sind (§ 1 Abs. 1 Satz 1 WissZeitVG). Maßgebend sind also die Ländergesetze. Zu den staatlichen Hochschulen zählen insbesondere die Universitäten, die Fachhochschulen[6], die Pädagogischen Hochschulen, die Kunst- und Musikhochschulen und die Duale Hochschule Baden-Württemberg[7]. Voraussetzung der Anwendbarkeit der §§ 2, 3 WissZeitVG auf befristete Arbeitsverträge ist aber nicht, dass die staatliche Hochschule Vertragsarbeitgeber ist (BAG, Urteil v. 29.4.2015, 7 AZR 519/13, Rz. 16; BAG, Urteil v. 1.6.2011, 7 AZR 827/09). Ausreichend ist z.B. wenn Vertragsarbeitgeber das Land als Träger der Hochschule ist.

---

[6] BAG, Urteil v. 18.03.2009, 4 AZR 79/08, ZTR 2009, S. 421.

[7] Für Baden-Württemberg z. B. § 1 Abs. 2 Nr. 5 LHG.

Es gilt auch für die **nach Landesrecht staatlich anerkannten Hochschulen** (§ 4 Satz 1 WissZeitVG)[8]. Hierzu gehören die Hochschule der Bundeswehr, die Fachhochschule des Bundes für öffentliche Verwaltung und die kirchlichen Hochschulen. 4

Für **private Hochschulen** ohne staatliche Anerkennung gilt das WissZeitVG nicht. Für sie gilt das allgemeine Befristungsrecht, insbesondere die §§ 14 ff TzBfG[9]. 5

2.1.2 Staatliche Forschungseinrichtungen und staatlich finanzierte Forschungseinrichtungen

Das WissZeitVG gilt auch für **staatliche Forschungseinrichtungen** sowie für **überwiegend staatlich** oder auf der Grundlage von Art. 91b GG **finanzierte Forschungseinrichtungen** (§ 5 Satz 1 WissZeitVG[10]). 6

2.2 Persönlicher Geltungsbereich

2.2.1 Wissenschaftliches und künstlerisches Personal

Die Vorgängerregelungen der §§ 57a ff. HRG galten (nur) für „wissenschaftliche und künstlerische Mitarbeiter und Mitarbeiterinnen" sowie „für wissenschaftliche und künstlerische Hilfskräfte"[11]. Nach § 1 WissZeitVG erfasst der persönliche Anwendungsbereich jetzt das **„wissenschaftliche und künstlerische Personal" mit Ausnahme der Hochschullehrer/innen**. Diese Änderung geht auf den Ausschuss für Bildung, Forschung und Technologiefolgenabschätzung zurück. Nach dessen Begründung sollte das Gesetz unter Vermeidung von Begrifflichkeiten des HRG formuliert werden, die zwar der derzeit vorhandenen Personalstruktur der Hochschulen Rechnung tragen, jedoch einer zukünftigen Fortentwicklung in den Ländern entgegenstehen könnten[12]. Deshalb wurde bewusst auf die Perpetuierung der aus dem HRG bekannten Personalkategorien (studentische Hilfskräfte, wissenschaftliche Hilfskräfte, wissenschaftliche Mitarbeiterinnen und Mitarbeiter) verzichtet. Durch das **seit 17.3.2016** geltende Erste Änderungsgesetz zum WissZeitVG wurde **für studienbegleitende Beschäftigungen aber jetzt wieder ein eigenständiger Befristungstatbestand** (§ 6 WissZeitVG) geschaffen. Bereits im ursprünglichen Regierungsentwurf zum WissZeitVG war eine Sondervorschrift für studentische Hilfskräfte vorgesehen[13]. Diese wurde dann mit der Begründung gestrichen, dass studentische Hilfskräfte bei den Höchstfristen für Arbeitsverträge dem anderen Personal gleichgestellt werden und daher der allgemeinen Regelung des § 2 WissZeitVG für das wissenschaftliche Personal unterstehen sollen[14]. Die Frage, ob studentische Hilfs- 7

---

[8] Dies entspricht der früheren Regelung des § 70 Abs. 5 HRG, die mit Inkrafttreten des WissZeitVG aufgehoben wurde.

[9] ErfK/*Müller-Glöge*, 16. Aufl. 2016, § 1 WissZeitVG, Rz. 9.

[10] Dies entspricht dem früheren § 57d HRG.

[11] Hierzu s. Rambach, 2.Aufl. 2007, HRG, Rz. 7 ff.

[12] BT-Drucks. 16/4043, S. 9.

[13] BT-Drucks. 16/3438, S. 6.

[14] BR-Drucks. 16/4043, S. 9.

kräfte überhaupt unter den Begriff des „wissenschaftlichen Personals" subsumiert werden können, wird kontrovers diskutiert[15]. Durch die Novellierung werden eventuelle Zweifel ausgeräumt.

8 Im Schrifttum ist umstritten, ob das WissZeitVG den personellen Anwendungsbereich abschließend regelt. Nach einer Auffassung kommt den Bundesländern die Definitionszuständigkeit für die Personalkategorie des „wissenschaftlichen und künstlerischen Personals" zu mit der Folge, dass für die landesrechtlich konkretisierte Beschäftigtengruppe die Bestimmungen des WissZeitVG gelten würden[16]. Überwiegend wird die Auffassung vertreten, der Bundesgesetzgeber habe - auch ohne Legaldefinition des Begriffs „wissenschaftliches und künstlerisches Personal" nach § 1 Abs. 1 Satz 1 WissZeitVG - den Geltungsbereich des WissZeitVG im Rahmen seiner konkurrierenden Gesetzgebungskompetenz für das Arbeitsrecht[17] abschließend geregelt. Der Geltungsbereich könne durch hochschul(-organisations)rechtliche Regelungen von Beschäftigtengruppen oder Personalkategorien durch den Landesgesetzgeber deshalb nicht modifiziert oder erweitert werden[18].

Das BAG hat sich hierzu jetzt der überwiegenden Meinung in der Literatur angeschlossen. Der **Begriff** des „wissenschaftlichen und künstlerischen Personals" nach § 1 Abs. 1 Satz 1 WissZeitVG sei eigenständig und **abschließend**. Es komme nicht auf Begriffsbezeichnungen oder Zuordnungsdefinitionen nach den landeshochschulrechtlichen Regelungen an (BAG, Urteil v. 29.4.2015, 7 AZR 519/13). Dies ergebe eine am Wortlaut und an der Systematik sowie an Sinn und Zweck orientierte Auslegung des WissZeitVG. Aus der Entstehungsgeschichte der Vorschrift folge nichts anderes (BAG, Urteil v. 1.6.2011, 7 AZR 827/09[19]). Der 7. Senat teilt zwar die Auffassung, es liege infolge der Föderalismusreform in der Gesetzgebungsbefugnis der Länder, die Personalstrukturen im Hochschulbereich zu bestimmen. Dies beinhalte aber nicht zwingend die Aussage, es obliege allein den Ländern, den Umfang der arbeitsrechtlichen Befristungsmöglichkeiten in diesem Bereich festzulegen[20].

---

15 Vgl. *Stumpf*, NZA 2015, S. 326, 327 f.

16 Dornbusch/Fischermeier/Löwisch/*Löwisch*, Fachanwaltskommentar Arbeitsrecht, 7. Aufl. 2015, § 1 WissZeitVG, Rz. 1; *Rambach/Feldmann* ZTR 2009, S. 286, 288; Laux/Schlachter/*Schlachter*, TzBfG, 2. Aufl. 2011, § 1 WissZeitVG, Rz. 7; Hartmer/Detmer/*Löwisch/Wertheimer*, Hochschulrecht, 2. Aufl. 2011, Rz. 166; *Löwisch*, NZA 2007, S. 479.

17 Art. 74 Abs. 1 Nr. 12 GG.

18 ErfK/*Müller-Glöge*, 16. Aufl. 2016, § 1 WissZeitVG Rz. 10; APS/*Schmidt*, 4. Aufl. 2012, § 1 WissZeitVG, Rz. 5; Dörner, Der befristete Arbeitsvertrag, 2. Aufl. 2011, Rz. 534; KR/*Treber*, 11. Aufl. 2016, § 1 WissZeitVG, Rz. 39; MünchKomm/*Hesse*, Bd. 4, 6. Aufl. 2012, § 23 TzBfG, Rz. 30; Preis, WissZeitVG, 1. Aufl. 2007, § 1, Rz. 7; *Kortstock*, ZTR 2007, S. 350, 352.

19 A. A. noch LAG Baden-Württemberg, Urteil v. 16.7.2009, 10 Sa 2/09, ZTR 2010, S. 95; hierzu *Rambach/Feldmann*, ZTR 2010, S. 67.

20 BAG, Urteil v. 1.6.2011, 7 AZR 827/09, Rz. 31 unter Hinweis auf KR/*Treber*, 9. Aufl. 2009, § 1 WissZeitVG, Rz. 16, 37; Laux/Schlachter/*Schlachter*, TzBfG, 2. Aufl. 2011, § 1 WissZeitVG, Rz. 3.

§ 1 Abs. 1 Satz 1 WissZeitVG bezeichnet mit dem Ausdruck „wissenschaftliches Personal“ eine Beschäftigungsgruppe, ohne diese näher zu definieren. Welche Personen zum „wissenschaftlichen und künstlerischen Personal“ gehören, bestimmt sich nach dem BAG inhaltlich-aufgabenbezogen (BAG, Urteil v. 29.4.2015, 7 AZR 519/13; BAG, Urteil v. 1.6.2011, 7 AZR 827/09). Anknüpfungspunkt ist die Art der zu erbringenden Dienstleistung. Danach gehört zum „wissenschaftlichen Personal“ derjenige Arbeitnehmer, der **wissenschaftliche Dienstleistungen** erbringt. Auf die formelle Bezeichnung des Arbeitnehmers kommt es nicht an, sondern auf den wissenschaftlichen Zuschnitt der von ihm auszuführenden Tätigkeit (BAG, Urteil v. 1.6.2011, 7 AZR 827/09[21]). 9

Die für die Organisation der Hochschule oder einer ihrer Einrichtungen notwendige Verwaltungsarbeit gehört nicht dazu, auch wenn sie von einem wissenschaftlich ausgebildeten Mitarbeiter vorgenommen wird (LAG Hamm, Urteil v. 2.10.2014, 11 Sa 384/14). Bei **Mischtätigkeiten** ist erforderlich, dass die **wissenschaftlichen Dienstleistungen** zeitlich überwiegen oder zumindest das Arbeitsverhältnis prägen.

Das Adjektiv „**wissenschaftlich**“ bedeutet, „die Wissenschaft betreffend“ aufgabenbezogen (BAG, Urteil v. 29.4.2015, 7 AZR 519/13, Rz. 21, 22). Wissenschaftliche Tätigkeit ist alles, was nach Inhalt und Form als ernsthafter planmäßiger Versuch zur Ermittlung der Wahrheit anzusehen ist (BAG, Urteil v. 19.3.2008, 7 AZR 1100/06[22]). Sie ist nach Aufgabenstellung und anzuwendender Arbeitsmethode darauf angelegt, **neue Erkenntnisse** zu gewinnen und zu verarbeiten, um den Erkenntnisstand der jeweiligen wissenschaftlichen Disziplin zu sichern oder zu erweitern (BAG, Urteil v. 27.5.2004, 6 AZR 129/03[23]). 10

Zur wissenschaftlichen Dienstleistung kann auch die Vermittlung von Fachwissen und praktischen Fertigkeiten an Studierende und deren Unterweisung in der Anwendung wissenschaftlicher Methoden gehören[24]. Wissenschaftliche Betätigung ist eine Lehrtätigkeit aber nur dann, wenn dem Lehrenden die Möglichkeit zur eigenständigen Forschung und Reflexion verbleibt; die **wissenschaftliche Lehrtätigkeit** ist insofern von einer unterrichtenden **Lehrtätigkeit ohne Wissenschaftsbezug** abzugrenzen.

Das bedeutet allerdings **nicht**, dass wissenschaftliche Lehre i. S. v. § 1 Abs. 1 Satz 1 WissZeitVG das **Hervorbringen eigener Forschungsergebnisse** und deren Vermittlung an die Studierenden verlangt. Für eine wissenschaftliche Lehre ist es nicht erforderlich, dass sich der Lehrende um eigene, neue wissenschaftliche Erkenntnisse bemüht. Es kann vielmehr ausreichen, dass **wissenschaftliche Erkenntnisse Dritter** vermittelt werden (BAG, Urteil v. 29.4.2015, 7 AZR 519/13). Dem Schutzbereich der durch Art. 5 Abs. 3 GG gewährleisteten Wissenschaftsfreiheit unterfällt auch eine Lehre, die nicht auf eigenen, neuen Forschungserkenntnissen basiert, sondern allein die ständige Reflexion fremder wissenschaftlicher Ergebnisse verlangt. Entscheidend ist, dass der Lehrende For-

---

21 Rz. 35 der Gründe.

22 ZTR 2008, S. 506, Rz. 33.

23 ZTR 2005, S. 84, zu B II 4 der Gründe.

24 Preis, WissZeitVG, 1. Aufl. 2007, § 1, Rz. 14.

schungs- und Erkenntnisentwicklungen auf seinem jeweiligen Wissenschaftsgebiet permanent verfolgen, reflektieren und kritisch hinterfragen muss, um diese für seine Lehre didaktisch und methodisch zu verarbeiten. Würde man wissenschaftliche Lehre nur dann annehmen, wenn sie sich als Resultat eigener Forschung darstellt, wäre auch ein Großteil der Lehre an Universitäten nicht als wissenschaftlich zu qualifizieren, was dem Grundrechtsschutz für die Freiheit der Lehre nicht gerecht würde (BAG, Urteil v. 29.4.2015, 7 AZR 519/13 unter Verweis auf BVerfG, Urteil v. 13.4.2010, 1 BvR 216/07). Eine **wissenschaftsbasierte Lehre** liegt vor, wenn der Lehrende sich mit wissenschaftlichen Methoden und Inhalten eigenständig auseinandersetzt und Gegenstand der Lehrveranstaltung auch und gerade die Probleme des jeweiligen Fachgebietes sind (LAG Hamm, Urteil v. 17.9.2014, 5 Sa 341/14). Zum „wissenschaftlichen Personal" gehört dann auch derjenige Arbeitnehmer, der überwiegend mit Lehrtätigkeiten, die einen Wissenschaftsbezug aufweisen und den dazu gehörenden Prüfungsaufgaben, Korrekturen und Nachbereitungen betraut ist (LAG Hamm, Urteil v. 17.9.2014, 5 Sa 341/14).

11 Der 7. Senat des BAG hat der Einbeziehung von **Fremdsprachenlektoren** in das „wissenschaftliche Personal" nach § 1 Abs. 1 Satz 1 WissZeitVG eine Absage erteilt; jedenfalls soweit diese überwiegend mit der (bloßen) Vermittlung von Sprachkenntnissen betraut sind, sollen sie „in der Regel" nicht zum wissenschaftlichen Personal nach § 1 Satz 1 WissZeitVG gehören (BAG, Urteil v. 29.4.2015, 7 AZR 519/13)[25]. Gleiches müsste demnach auch für ausschließlich mit Lehraufgaben beauftragte **Lecturer** gelten[26]. Eine lediglich sprachvermittelnde Dienstleistung bzw. die Erfüllung entsprechender Lehraufgaben diene regelmäßig weder der eigenen Qualifikation des Lehrenden noch bedürfe es einer die Innovation der Forschung und Lehre sichernden Fluktuation der Lektoren, wenn diese rein sprachvermittelnd, also ohne eigenverantwortliches Einbringen eigener, neuer Erkenntnisse, tätig würden[27]. Die Tatsache, dass einige Landeshochschulgesetze gerade auch die Wahrnehmung von Aufgaben in der Lehre, zu der die Lektoren verpflichtet sind, zu den wissenschaftlichen Dienstleistungen zählen, hat das BAG unbeachtet gelassen[28].

---

[25] Ebenso APS/*Schmidt*, 4. Aufl. 2012, § 1 WissZeitVG, Rz. 20; KR/*Treber*, 11. Aufl. 2016, § 1 WissZeitVG, Rz. 57 f; MünchKomm/*Hesse*, Bd. 4, 6. Aufl. 2012, § 23 TzBfG, Rn. 30; *Kortstock* ZTR 2007, S. 350, 352. vgl. aber auch Reich HRG, 10. Aufl. 2007, § 1 WissZeitVG, Rz. 2 und ErfK/*Müller-Glöge* 16. Aufl. 2016, § 1 WissZeitVG, Rn. 15. A. A. *Rambach/Feldmann*, ZTR 2009, S. 286, 290 ff; HWK/*Schmalenberg*, 4. Aufl. 2010, § 23 TzBfG, Rz. 27; *Löwisch*, NZA 2007, S. 479.

[26] Laux/Schlachter/*Schlachter*, TzBfG, 2. Aufl. 2011, § 23 TzBfG, Anhang 2, G, § 1 WissZeitVG, Rz. 8.

[27] BAG, Urteil v. 1.6.2011, 7 AZR 827/09, Rz. 37.

[28] Zu den Regelungen in den einzelnen Bundesländern *Rambach/Feldmann*, ZTR 2009, S. 286, 290, Ziff. 2.6.1- 2.6.8.; vgl. auch *Löwisch*, NZA 2007, S. 479, nach dem Lektoren in den persönlichen Geltungsbereich des WissZeitVG fallen und der auf § 44 Abs. 1 BadWürttHG, § 92 Abs. 1 BerlHochschulG, § 21 Abs. 1 NdsHochschulG, Art. 24 BayHochschulG, § 54 NWHochschulG hinweist, welche die Teilkategorie der Lehrkräfte für besondere Aufgaben ausdrücklich dem wissenschaftlichen und künstlerischen Personal der Hochschulen zuordnen.

12 Diese Auffassung überzeugt nicht. So hat der 6. Senat in der Vergangenheit bereits anerkannt, dass Lektoren den Studierenden an einer Hochschule in bestimmten Fächern praktische Fertigkeiten und Kenntnisse vermitteln, dabei typischerweise in den semesterbezogenen Lehrbetrieb einer Hochschule einbezogen und damit dem Wissenschaftsbereich der Hochschulen funktional zugeordnet sind (BAG, Urteil v. 27.5.2004, 6 AZR 129/03). Ihre Lehrtätigkeit kann reichen von einem repetitionsartigen Unterricht oder einer praktischen Unterweisung in berufliche Fertigkeiten bis hin zu dem eigenverantwortlichen Einbringen eigener, neuer Erkenntnisse[29].

Soweit Lektoren im Rahmen ihrer Lehrtätigkeit an der Sicherung und Ausweitung des Erkenntnisstandes einer wissenschaftlichen Disziplin **mitwirken**, nehmen sie – vom BAG anerkannt - ihrerseits an der grundrechtlichen Gewährleistung der Wissenschaftsfreiheit durch Art. 5 Abs. 3 GG teil. Denn wissenschaftlich in diesem Sinne ist jede Tätigkeit, die nach Aufgabenstellung und anzuwendender Arbeitsmethode darauf angelegt ist, neue Erkenntnisse zu gewinnen und zu verarbeiten, um den Erkenntnisstand der jeweiligen wissenschaftlichen Disziplin zu sichern oder zu erweitern[30]. Das Freiheitsrecht des Art. 5 Abs. 3 GG steht jedem zu, der wissenschaftlich tätig ist oder tätig werden will. In der Regel üben Lektoren ihre Lehrtätigkeit im Einvernehmen mit dem für ihr Fach bestellten Hochschullehrer aus. Sie unterliegen dabei den Weisungen des verantwortlichen Wissenschaftlers und haben die von ihnen zu vermittelnden Lerninhalte an dem Inhalt seiner Lehrveranstaltungen auszurichten. Dementsprechend kommt ihrer beruflichen Tätigkeit eine **wesentliche inhaltliche Unterstützungsfunktion** in Bezug auf eine typische wissenschaftliche Lehrtätigkeit zu (so ausdrücklich BAG vom 27.05.2004, 6 AZR 129/03; ebenso BAG vom 12.10.2004, 3 AZR 571/03).

Die wissenschaftliche Tätigkeit erschöpft sich nicht in der Forschung. Sie ist zwar eine wesentliche wissenschaftliche Tätigkeit, aber nicht die ausschließliche[31]. Wenn die Lektoren mit der von ihnen ge-schuldeten Arbeitsleistung also grundsätzlich gerade sowohl strukturell, zeitlich als auch inhaltlich in einen durch Art. 5 Abs. 3 GG geschützten Bereich eingebunden sind, ist ihre Zuordnung zum wissenschaftlichen Personal völlig interessengerecht.

13 Das BAG hatte bereits unter der Geltung des früheren § 57b Abs. 3 HRG eine Befristung von Arbeitsverträgen mit Fremdsprachenlektoren für unwirksam erachtet. Der EuGH hat § 57b Abs. 3 a. F. mit der Entscheidung vom 20.10.1993[32] für europarechtswidrig erklärt. Danach stand Art. 48 Abs. 2 EWG-Vertrag einer Auslegung von § 57b Abs. 3 HRG a. F. entgegen, nach der die Beschäftigung von Fremdsprachenlektoren stets ein sachlicher Grund für die Befristung des Arbeitsvertrags war. Dem schloss sich der 7. Senat des BAG

---

29 Vgl. auch BVerfG, Urteil v. 29.5.1973, 1 BvR 424/71 und 325/72, BVerfGE 35, 79, 140.

30 So ausdrücklich BAG, Urteil v. 27.5.2004, 6 AZR 129/03; ebenso BAG, Urteil v. 12.10.2004, 3 AZR 571/03; vgl. auch BVerwG, Urteil v. 24.3.1988, 6 P 18/85, ZTR 1988, S. 362; BVerwG, Urteil v. 7.10.1988, 6 P 30/85, BVerwGE 80, 265.

31 BVerwG, Urteil v. 26.1.1968, VII P 8.67, BVerwGE 29, 77.

32 Rs. C-272/92 [Spotti] AP EWG-Vertrag Art. 48 Nr. 17 betreffend die bis 24.8.1998 geltende Fassung des HRG.

in ständiger Rechtsprechung an (z. B. BAG, Urteil v. 15.3.1995, 7 AZR 737/94[33]). Die Befristung eines Fremdsprachenlektors war nach Auffassung des BAG nur dann wirksam, wenn hierfür **im Einzelfall ein sachlicher Grund** vorlag. Die Begründung „Sicherung eines aktualitätsbezogenen Unterrichts" rechtfertigte die Befristung der Arbeitsverträge mit Fremdsprachenlektoren nicht. An dieser Rechtsprechung hat der 7. Senat auch nach dem Beschluss des BVerfG v. 24.4.1996, 1 BvR 712/86[34], wonach die Sicherung von aktualitätsbezogenem Unterricht ein verfassungsrechtlich gerechtfertigter Sachgrund sein kann, festgehalten.

Hinweis

Aufgrund des bei Lehrkräften (nur) die wissenschaftliche Lehre in Abgrenzung zur bloßen Unterrichtstätigkeit einbeziehenden, tätigkeitsbezogenen Verständnisses des Begriffs „wissenschaftliches Personal" des BAG, muss bei einer Befristung des Arbeitsvertrages nach dem WissZeitVG die das Arbeitsverhältnis prägende Vermittlung der Sprachkenntnisse immer an eine **eigenständige Forschung und Reflexion gekoppelt** sein. Dies könnte durch einen entsprechenden modifizierten Aufgabenzuschnitt sicher gestellt werden[35]. Die Lehrtätigkeit an Hochschulen ist nach Auffassung des BAG nicht „an sich" wissenschaftlich. Die auf den Unterricht in moderner japanischer Sprache in Wort und Schrift bezogenen Lehrveranstaltungen hat der 7. Senat als „repetierende Wissensvermittlung" angesehen und nicht als wissenschaftliche Dienstleistung.

Bei einer „Lehrkraft für besondere Aufgaben" muss nach dem 7. Senat geprüft werden, ob die Aufgabe die wissenschaftliche Aktualisierung der Lehrinhalte innerhalb der Unterrichtsmodule Module umfasst oder ob die zu vermittelnden Lehrinhalte von dem Lehrstuhlinhaber vorgegeben sowie weiterentwickelt werden und von der Lehrkraft nur unreflektiert vorgetragen werden müssen (BAG, Urteil v. 29.04.2015, 7 AZR 519/13).

2.2.2 Wissenschaftliche und studentische Hilfskräfte

14 Die aus dem HRG bekannte Personalkategorie der **wissenschaftlichen Hilfskräfte** fällt unter das wissenschaftliche Personal i. S. d. WissZeitVG[36]. Die frühere **unterschiedliche Behandlung** (§ 57b Abs. 1 Satz 3 HRG, **wurde im WissZeitVG nicht fortgeführt**; d. h. die unter dem HRG geltende zeitliche Beschränkung der Befristung auf 4 Jahre ist entfallen. Wissenschaftliche und studentische Hilfskräfte konnten seit Inkrafttreten des

---

33 AP BAT SR 2y § 2 Nr. 10; ebenso BAG, Urteil v. 20.9.1995, 7 AZR 70/95, AP HRG § 57b Nr. 4; BAG, Urteil v. 24.4.1996, 7 AZR 605/95, AP HRG § 57b Nr. 9.

34 BVerfGE 94, 268 = AP HRG § 57a Nr. 2.

35 Laux/Schlachter/*Schlachter*, TzBfG, 2. Aufl. 2011, § 23 TzBfG, Anhang 2, G., § 1 TzBfG, Rz. 8; Preis, WissZeitVG, 1. Aufl. 2007, § 1 WissZeitVG, Rz. 36.

36 ErfK/*Müller-Glöge*, 16. Aufl. 2016, § 1 WissZeitVG, Rz. 13; KR/*Treber*, 11. Aufl. 2016, § 1 WissZeitVG, Rz. 49.

WissZeitVG als Nichtpromovierte auch bis zu 6 Jahren befristet beschäftigt werden (§ 2 Abs. 1 Satz 1 WissZeitVG a. F.), wobei auch die Anrechnungsvorschriften galten (§ 2 Abs. 3 Satz 1 WissZeitVG a. F.); d. h. Zeiten eines befristeten Arbeitsverhältnisses, die „vor dem Abschluss des Studiums" lagen, sind nicht anzurechnen.

Seit der **seit 17.3.2016** geltenden Novellierung des WissZeitVG gibt es für die **studentischen Nebenbeschäftigungen** wieder einen **eigenständigen Befristungstatbestand** in einem eigenen Paragrafen (§ 6 WissZeitVG). Bereits im ursprünglichen Regierungsentwurf zum WissZeitVG war eine Sondervorschrift für studentische Hilfskräfte vorgesehen[37]. Diese wurde dann mit der Begründung gestrichen, dass studentische Hilfskräfte bei den Höchstfristen für Arbeitsverträge dem anderen Personal gleichgestellt werden und daher der allgemeinen Regelung des § 2 WissZeitVG für das wissenschaftliche Personal unterstehen sollen[38]. Die Frage, ob studentische Hilfskräfte überhaupt unter den Begriff des „wissenschaftlichen Personals" subsumiert werden können, wird kontrovers diskutiert[39]. Die bisherige Sonderregelung in § 2 Abs. 3 Satz 3 WissZeitVG, wonach Zeiten eines befristeten Arbeitsverhältnisses, die vor dem Abschluss des Studiums liegen, auf die Höchstbefristungsdauer des § 2 Abs. 1 WissZeitVG nicht anzurechnen sind, machte aber bereits deutlich, dass die studentischen Hilfskräfte zum wissenschaftlichen und künstlerischen Personal gerechnet werden können[40]. Durch die Novellierung ist diese Diskussion obsolet geworden[41]. 15

Studentische Hilfskräfte wurden bereits bis 16.3.2016 von dem Begriff des wissenschaftlichen Personals in § 1 WissZeitVG (nur) dann erfasst, wenn sie **mit wissenschaftlichen Dienstleistungen beschäftigt** wurden[42]. Während dies in bis zum 16.3.2016 abgeschlossenen Verträgen aus der für sie geltenden Befristungsgrundlage des § 2 Abs. 1 16

37 BT-Drucks. 16/3438, S. 6.

38 BR-Drucks. 16/4043, S. 9.

39 Vgl. *Stumpf*, NZA 2015, S. 326, 327 f.

40 ErfK/*Müller-Glöge*, 16. Aufl. 2016, § 1 WissZeitVG, Rz. 13; KR-*Treber*, 11. Aufl. 2016, § 1 WissZeitVG, Rz. 51; Geis/*Krause*, Hochschulrecht in Bund und Ländern, 12/2015, § 1 WissZeitVG, Rz. 15, 28.

41 Eine eigenständige Grundlage für studienbegleitende Arbeitsverhältnisse war auch deshalb notwendig, weil die durch die Novellierung in § 2 Abs.1 WissZeitVG eingeführte Ergänzung bewirkt, dass eine Befristung nach dieser Vorschrift nur noch bei Personal erfolgen kann, dessen befristete Beschäftigung zur Förderung der eigenen wissenschaftlichen oder künstlerischen Qualifizierung erfolgt. Dies aber trifft auf die Beschäftigung von Studierenden zur Erbringung wissenschaftlicher oder künstlerischer Hilfstätigkeiten nicht zu; darauf wird in der Gesetzesbegründung, BT-Drucks. 18/6489, S. 14, zurecht hingewiesen. Siehe auch *Rambach*, § 6 WissZeitVG, Rz. 6.

42 KR/*Treber*, 11. Aufl. 2016, § 1 WissZeitVG, Rz. 48; ErfK/*Müller-Glöge*, 16. Aufl. 2016, § 1 WissZeitVG, Rz. 13; Laux/Schlachter/*Schlachter*, TzBfG, 2. Aufl. 2011, § 23 TzBfG, Anhang 2, G, § 2 WissZeitVG, Rz. 6. Zum Begriff der studentischen Hilfskraft BAG, Urteil v. 18.9.2008, 2 AZR 976/06, NZA 2009, S. 425.

Satz 1 WissZeitVG folgte, ist dies seit 17.3.2016 in § 6 WissZeitVG ausdrücklich geregelt[43]. Etwas anderes gilt also bei reinen Organisations-, Sekretariats- oder Bibliotheksaufgaben[44]. Daran hat sich durch die Novellierung des WissZeitVG nichts geändert.

17 Beschäftigungsverhältnisse bis zu 1/4 der regelmäßigen Arbeitszeit zählen für die Berechnung der Befristungshöchstgrenzen des § 2 WissZeitVG nicht mit (§ 2 Abs. 3 Satz 1 WissZeitVG). Dies trifft auf Stellen für studentische Hilfskräfte in der Praxis häufig zu. Damit unterliegen viele dieser bis zum 16.3.2016 begründeten Arbeitsverhältnisse bereits aus diesem Grund überhaupt keiner Befristungshöchstgrenze[45], was teilweise als europarechtlich problematisch angesehen wird[46]. Das wird praktisch aber wohl keine oder nur in extremen Ausnahmefällen Auswirkungen haben; Entfristungsklagen von studentischen Hilfskräften spielen in der Personalpraxis keine Rolle. Seit 17.3.2016 spielt für studienbegleitende Beschäftigungen nach dem neuen § 6 WissZeitVG der Beschäftigungsumfang keine Rolle mehr; nach dem neugefassten § 2 Abs. 3 Satz 3 WissZeitVG gilt diese Nichtanrechnungsregelung für studentische Hilfskräfte nicht mehr.

18 Für die Arbeitsverhältnisse mit studentischen Hilfskräften gilt auch das **Zitiergebot** (§ 2 Abs. 4 WissZeitVG), und zwar unabhängig davon, ob Befristungsgrundlage § 2 Abs. 1 WissZeitVG (Verträge bis 16.3.2016) oder § 6 WissZeitVG (Verträge seit 17.3.2016) ist. Alternativ ist weiterhin eine Befristung von studentischen Hilfskräften nach dem TzBfG möglich.

Hinweis

Teilweise enthalten die Hochschulgesetze der Länder Regelungen, welche die Beschäftigung studentischer Hilfskräfte nur in einem zeitlich engeren Rahmen ermöglichen[47]. Im Verhältnis zum Land müssen sich die Hochschulen an diese Organisationsvorschriften halten, auch wenn sie die bundesrechtlichen Regelungen des WissZeitVG auf dem Gebiet des Arbeitsrechts nicht verdrängen können. Gleichwohl abgeschlossene längere Zeitverträge wären also wirksam[48].

2.2.3 Nicht-wissenschaftliches und nicht-künstlerisches Personal

19 Das WissZeitVG gilt auch für das nicht-wissenschaftliche und nicht-künstlerische Personal, allerdings nur für die Beschäftigung in **Drittmittelprojekten** und nur für bis zum

---

43 Siehe Rambach, § 6 WissZeitVG, Rz. 6

44 ErfK/*MüllerGlöge*, 16. Aufl. 2016, § 1 WissZeitVG, Rz. 13; HK-TzBfG/*Joussen*, 3. Aufl. 2012, § 1 WissZeitVG, Rz. 9.

45 Laux/Schlachter/*Schlachter*, TzBfG, 2. Aufl. 2011, § 23 TzBfG, Anhang 2, G, § 2 WisszeitVG, Rz. 19.

46 *Kortstock*, ZTR 2007, S. 350, 353; *Stumpf*, NZA 2015, S. 326, 329 hält eine auf § 2 Abs. 3 Satz 1 WissZeitVG gestützte Nichtanrechnung für unionsrechtswidrig.

47 Vgl. § 57 LHG B-W, § 121 Abs. 3 BerlHochschulG, § 87 Abs. 3 HessHochschulG.

48 *Löwisch*, NZA 2007, S. 479, 480.

16.3.2016 abgeschlossene Verträge[49]. Für die Befristungen in der Qualifizierungsphase hat diese Erweiterung keine Bedeutung.

2.2.4 Kein Sonderbefristungsrecht für Personal mit ärztlichen Aufgaben

Wie bereits im Gesetz zur Änderung dienst- und arbeitsrechtlicher Vorschriften im Hochschulbereich (HdaVÄndG) vom 27.12.2004 gibt es **keine Sonderregelung** für das früher in § 54 HRG bezeichnete **Personal mit klassischen ärztlichen/zahnärztlichen/tierärztlichen Aufgaben**. Die Befristungsmöglichkeiten des WissZeitVG gelten aber ohne weiteres für diejenigen **Ärzte/Zahnärzte/Tierärzte, die wissenschaftlich arbeiten**[50]. Wissenschaftliche Dienstleistungen im Medizinbereich sind auch solche der Krankenversorgung[51]. Die Facharztqualifikation von Ärzten oder Ärztinnen, die an einer Hochschule als wissenschaftliche Mitarbeiter oder Mitarbeiterinnen beschäftigt werden, kann innerhalb der in § 2 Abs. 1 WissZeitVG geregelten Grenzen erreicht werden. **Außerhalb der Universitäten** ist die Befristungsmöglichkeit im Gesetz über befristete Arbeitsverträge mit Ärzten in der Weiterbildung (ÄArbVtrG) geregelt. Sollten für Ärztinnen und Ärzte andere Befristungsgrenzen opportun erscheinen, besteht die Möglichkeit zur tarifvertraglichen Modifizierung der Befristungshöchstdauer. 20

2.2.5 Ausschluss der Hochschullehrerinnen und Hochschullehrer

Das Gesetz **gilt nicht für Hochschullehrerinnen und Hochschullehrer**. Diese wurden bereits bisher vom Wortlaut des § 57a HRG nicht erfasst[52]. Durch die ausdrückliche Herausnahme dieses Personenkreises aus dem Anwendungsbereich des WissZeitVG wird klargestellt, dass der Bund insoweit von seiner arbeitsrechtlichen Regelungskompetenz keinen Gebrauch macht[53]. Der Gesetzgeber des WissZeitVG wollte die Gesetzgebungszuständigkeit für das Befristungsrecht aller Hochschullehrerinnen und Hochschullehrer und damit auch der Professorinnen und Professoren nicht ausschöpfen, sondern vielmehr bei den Ländern belassen (BAG, Urteil v. 11.9.2013, 7 AZR 843/11). Der Landesgesetzgeber ist deshalb berechtigt, Voraussetzungen der Wirksamkeit der Befristung von Arbeitsverhältnissen angestellter Hochschulprofessoren zu regeln (BAG, Urteil v. 11.9.2013, 7 AZR 843/11). Die Bundesländer können für diese Beschäftigten spezielle Befristungsregelungen schaffen, also etwa wie bisher auch für angestellte Juniorprofessorinnen und -professoren die nähere Ausgestaltung des Dienstverhältnisses eigenständig regeln. Die Befristung der Beschäftigungsverhältnisse mit **Juniorprofessoren** unterliegt damit auch nicht § 14 TzBfG[54]. Arbeitsverträge mit Juniorprofessoren können damit 21

---

[49] S. Rambach, § 2, Rz. 50 ff.

[50] Dörner, Der befristete Arbeitsvertrag, 2. Aufl. 2011, Rz. 536.

[51] § 53 Abs. 1 Satz 2 HRG; Preis, WissZeitVG, 1. Aufl. 2007, § 1 WissZeitVG, Rz. 32.

[52] KR/*Lipke*, 9. Aufl. 2009, § 57a HRG, Rz. 29; ErfK/*Müller-Glöge*, 7. Aufl. 2007, § 57a HRG, Rz. 20.

[53] BT-Drucks. 16/4043, S. 9.

[54] *Löwisch*, NZA 2007, S. 479, 480; a. A. Preis, WissZeitVG, 1. Aufl. 2007, § 1 WissZeitVG, Rz. 33; KR/*Treber*, 11. Aufl. 2016, § 1 WissZeitVG, Rz. 54.

ohne Rücksicht auf § 14 TzBfG nach wie vor auf 3 Jahre befristet und im Laufe des 3. Jahres um weitere 3 Jahre verlängert werden[55].

2.3 Sachlicher Geltungsbereich

22 Das WissZeitVG gilt für den Abschluss von Arbeitsverträgen für eine bestimmte Zeit (= **Zeitbefristungen**). D. h. die Dauer der Befristung muss kalendermäßig bestimmt oder bestimmbar sein[56]. Zweckbefristungen und auflösend bedingte Verträge[57] sind ausgeschlossen (§ 2 Abs. 4 Satz 3 WissZeitVG). Etwas anderes gilt im Bereich der Drittmittelbefristungen, wo neben Zeit- auch Zweckbefristungen vereinbart werden dürfen[58]. Auch eine Doppelbefristung, d. h. die Kombination einer Zeitbefristung nach dem WissZeitVG mit einer Zweckbefristung, z. B. auf Grundlage des TzBfG, ist möglich und zulässig (BAG, Urteil v. 16.7.2008, 7 AZR 322/07[59]).

3. Grundsatz: Zwingende Individualvertrags- und Tarifvertragssperre

23 Das WissZeitVG hält - wie früher § 57a Abs. 1 Satz 2 HRG - an dem Grundprinzip des **2-seitig zwingenden Gesetzesrechts** fest[60]. Von dem Grundprinzip der befristeten Arbeitsverträge (Höchstbefristungsdauer, Verlängerungen, Anrechnungen) für den in § 1 Abs. 1 Satz 1 WissZeitVG erfassten Personenkreis kann weder zugunsten noch zu Ungunsten der Mitarbeiter abgewichen werden[61]. Dies gilt für Individualverträge und für Tarifverträge. Die Tarifvertragssperre hat das Bundesverfassungsgericht (BVerfG) im Hinblick auf die vom Gesetzgeber verfolgten Ziele gebilligt (BVerfG, Beschluss v. 24.4.1996, 1 BvR 712/96[62]). Der Eingriff in die Koalitionsfreiheit des Art. 9 Abs. 3 GG ist durch das den Hochschulen und Forschungseinrichtungen zukommende Grundrecht der **Wissenschaftsfreiheit** in, Art. 5 Abs. 3 GG gerechtfertigt. Die Tarifvertragssperre wurde auch in der novellierten, seit 17.3.2016 geltenden Fassung des WissZeitVG beibehalten[63].

> **Hinweis**
>
> Die Tarifsperre für bestehende und künftige Tarifverträge gilt für den gesamten vom WissZeitVG erfassten Personenkreis, d. h. bis 16.3.2016 auch für das akzessorische nicht-wissenschaftliche und nicht-künstlerischen Personal bei der Drittmittelbefris-

---

[55] Vgl. § 48 Abs. 3 Satz 2 HRG i. V. m. § 48 Abs. 1 HRG.

[56] Preis, WissZeitVG, 1. Aufl. 2007, § 1 WisZeitVG, Rz. 38.

[57] S. Rambach, § 21 TzBfG, Rz. 1 ff.

[58] ErfK/*Müller-Glöge*, 16. Aufl. 2016, § 1 WissZeitVG, Rz. 16.

[59] Zu § 57b HRG; ebenso ErfK/*Müller-Glöge*, 16. Aufl. 2016, § 1 WissZeitVG, Rz. 16.

[60] ErfK/*Müller-Glöge*, 16. Aufl. 2016, § 1 WissZeitVG, Rz. 18.

[61] HK-TzBfG/*Joussen*, 3. Aufl. 2012, § 1 WissZeitVG, Rz. 14.

[62] NZA 1996, S. 1157.

[63] Dies begrüßend *Blum/Vehling*, OdW 2015, S. 189, 195. Der Bundesrat hatte die Aufhebung der Tarifsperre gefordert, BR-Drucks. 395/15, S. 2.

tung (§ 2 Abs. 2 Satz 2 WissZeitVG).[64] Für die seit 17.3.2016 abgeschlossenen Verträge gibt es die Möglichkeit der Drittmittelbefristung von akzessorischem nicht-wissenschaftlichem und nicht-künstlerischem Personal nicht mehr. § 2 Abs. 2 Satz 2 WissZeitVG wurde ersatzlos gestrichen.

4. Ausnahme: Öffnungsklausel für Tarifverträge

Die unter dem Geltungsbereich des HRG bereits durch § 57a Abs. 1 Satz 3 HRG vorgesehene **Auflockerung der Tarifsperre** wird beibehalten. Von den in § 2 Abs. 1 WissZeitVG vorgesehenen **Fristen** kann **für bestimmte Fachrichtungen und Forschungsbereiche durch Tarifvertrag** abgewichen werden; außerdem soll die **Anzahl der zulässigen Verlängerungen** befristeter Arbeitsverträge festgelegt werden können (§ 1 Abs. 1 Satz 3 WissZeitVG). Damit soll nach der Gesetzesbegründung der in einem Teil der Literatur geäußerten Ansicht Rechnung getragen werden, dass es unverhältnismäßig sei, durch Gesetz auch zukünftige tarifvertragliche Regelungen zu sperren[65]. Der verfassungsrechtlich abgesicherte Zweck der Sonderbefristungsregelungen - nämlich die Qualifizierung des wissenschaftlichen und künstlerischen Nachwuchses sowie die Sicherung der Innovation in Forschung und Lehre - lässt nach Auffassung des Gesetzgebers kein anderes Mittel als den befristeten Arbeitsvertrag zu. Allerdings könne es bezogen auf einzelne Fachrichtungen oder Forschungsbereiche durchaus gerechtfertigt sein, im Einzelfall eine kürzere oder eine längere Befristungshöchstdauer zu statuieren oder die Zahl von Verlängerungen von befristeten Arbeitsverhältnissen zu beschränken. Insoweit werden den Tarifvertragsparteien Regelungskompetenzen übertragen. Im Wege des tarifvertraglichen Kompromisses gefundene Fristenregelungen erhielten dann aus verfassungsrechtlicher Sicht eine zusätzliche Legitimation[66]. 24

Inwieweit diese Regelung sich innerhalb der Gesetzgebungskompetenz des Bundes hält, ist zweifelhaft. Löwisch hält die Möglichkeit, Fachrichtungen und Forschungsbereiche zu bestimmen, in denen ein anderes Bedürfnis für Befristungsregelungen besteht als sie in § 2 Abs. 1 vorgesehen sind, für eine genuin hochschulrechtliche Frage, deren Beantwortung außerhalb des Regelungsbereichs von Art. 74 Abs. 1 Nr. 12 GG liege[67]. Da es bisher aber keine entsprechenden tarifvertraglichen Regelungen gibt, wirkt sich eine eventuelle Verfassungswidrigkeit praktisch nicht aus. § 30 TVöD und TV-L (Befristete

---

[64] Ebenso ErfK/*Müller-Glöge*, 16. Aufl. 2016, § 1 WissZeitVG, Rz. 18; Geis/*Krause*, Hochschulrecht in Bund und Ländern, 12/2015, § 1 WissZeitVG, Rz. 39; Laux/Schlachter/*Schlachter*, TzBfG, 2. Aufl. 2011, § 23 TzBfG, Anhang 2, G, § 1 WissZeitVG, Rz. 11; Dörner, Der befristete Arbeitsvertrag, 4. Aufl. 2012, Rz. 540; APS/*Schmidt*, 3. Aufl. 2007, § 1 WissZeitVG, Rz. 26; a. A. aber KR/*Treber*, 11. Aufl. 2016, § 1 WissZeitVG, Rz. 64; Preis, WissZeitVG, 1. Aufl. 2007, § 1 WissZeitVG, Rz. 44.

[65] BT-Drucks. 16/3438, S. 10, zu § 1 Satz 3. Vgl. auch die abweichende Meinung des Verfassungsrichters Kühling zu BVerfG Beschluss v. 24.4.1996, BVerfGE 94, 268, 294 ff.).

[66] BT-Drucks. 16/3438, S. 10, zu § 1 Satz 3.

[67] *Löwisch*, NZA 2007, S. 479, 483.

Arbeitsverträge) nehmen Arbeitsverhältnisse, für welche die §§ 57a ff. HRG oder gesetzliche Nachfolgeregelungen unmittelbar oder entsprechend gelten, nämlich ausdrücklich vom Anwendungsbereich aus. Zwar enthält nur § 30 TV-L eine explizite Verweisung auch auf gesetzliche Nachfolgeregelungen des HRG, dem TVöD wird man eine solche im Wege der Auslegung ebenfalls entnehmen können[68]. In einer Niederschrift zu Nr. 8 des § 40 TV-L (Sonderregelungen für Beschäftigte an Hochschulen und Forschungseinrichtungen) erklären die Tarifvertragsparteien, dass sie hinsichtlich der nicht auf diese Tarifregelungen gestützten Befristungen im Wissenschaftsbereich eine verantwortungsbewusste Handhabung erwarten[69].

25 **Nicht tarifgebundene Arbeitsvertragsparteien**, die dem Geltungsbereich eines nach Satz 3 abgeschlossenen Tarifvertrags unterfallen, können nach § 1 Abs. 1 Satz 4 die Anwendung der tarifvertraglichen Regelungen **einzelvertraglich vereinbaren**.

5. Verhältnis zu den allgemeinen arbeitsrechtlichen Befristungs- und Kündigungsregelungen

26 Ausweislich § 1 Abs. 1 Satz 5 WissZeitVG sind die §§ 2 bis 6 WissZeitVG arbeitsrechtliche **Spezialregelungen**, die den allgemeinen Regelungen vorgehen. Diese bleiben aber anwendbar, sofern sie nicht im Widerspruch mit den Regelungen des WissZeitVG stehen. Das heißt, mit dem unter den Geltungsbereich des WissZeitVG fallenden Personal können auch befristete Verträge nach den allgemeinen arbeitsrechtlichen Regelungen abgeschlossen werden, wie sie im TzBfG niedergelegt sind, worauf in § 1 Abs. 2 WissZeitVG ausdrücklich hingewiesen wird.

Hinweis

Nach § 14 Abs. 4 TzBfG bedarf die Befristung eines Arbeitsvertrags zur ihrer Wirksamkeit der **Schriftform**. Dies erfolgt nach § 126 Abs. 1 BGB eigenhändig vom Aussteller durch Namensunterschrift. Bei einem Vertrag muss nach § 126 Abs. 2 Satz 1 BGB die Unterzeichnung der Parteien auf derselben Urkunde erfolgen. Werden über den Vertrag mehrere gleichlautende Urkunden aufgenommen, genügt es, wenn jede Partei die für die andere Partei bestimmte Urkunde unterzeichnet (§ 126 Abs. 2 Satz 2 BGB; BAG, Urteil v. 25.3.2009, 7 AZR 59/08). Nach § 1 Abs. 1 Satz 5 WissZeitVG gilt dies auch, soweit eine Befristung allein oder zusätzlich auf das WissZeitVG gestützt wird.[70] Das gesetzliche Schriftformerfordernis ist eine arbeitsvertragliche Vorschrift über befristete Arbeitsverträge. Das WissZeitVG enthält keine gegenteiligen Regelungen (BAG, Urteil v. 20.8.2014, 7 AZR 924/12).

---

[68] So auch *Kortstock*, ZTR 2007, S. 2, 7; im Ergebnis auch *Löwisch*, NZA 2007, S. 479, 481.

[69] S. Rambach, § 30 TVöD/TV-L/TV-H, Rz. 19 ff.

[70] So auch ErfK/*Müller-Glöge*, 16. Aufl. 2016, § 1 WissZeitVG, Rz. 17.

6. Möglichkeit des Abschlusses unbefristeter Verträge

Nach § 1 Abs. 2 WissZeitVG steht es den Hochschulen arbeitsrechtlich frei, mit dem wissenschaftlichen Personal auch unbefristete Arbeitsverhältnisse zu begründen. Dies entspricht dem früheren § 57a Abs. 2 HRG. Insbesondere steht dem die durch § 1 Abs. 1 Satz 2 WissZeitVG angeordnete zweiseitig zwingende Natur der §§ 2 bis 6 nicht entgegen[71]. Beim Abschluss von sowohl befristeten als auch unbefristeten Verträgen im Bereich der Erledigung von Daueraufgaben ist allerdings zu beachten, dass das BAG zur Rechtfertigung der jeweiligen Befristung eine am Sachgrund der Befristung orientierte Konzeption verlangt, wonach die Zuordnung der Vertragsverhältnisse vorgenommen wird. Ohne nachvollziehbares Konzept soll eine nach allgemeinen arbeitsrechtlichen Regelungen (TzBfG) vereinbarte Sachgrundbefristung unwirksam sein (BAG, Urteil v. 12.9.1996, 7 AZR 64/96[72]). Die selbst gewählte Konzeption muss von dem Arbeitgeber bei der Stellenbesetzung auch befolgt werden. 27

71 S. Rz. 26.

72 NJW 1997, S. 1804.

§ 2 WissZeitVG – Befristungsdauer; Befristung wegen Drittmittelfinanzierung

Ab 17.3.2016:

(1)[1]Die Befristung von Arbeitsverträgen des in § 1 Absatz 1 Satz 1 genannten Personals, das nicht promoviert ist, ist bis zu einer Dauer von sechs Jahren zulässig, wenn die befristete Beschäftigung zur Förderung der eigenen wissenschaftlichen oder künstlerischen Qualifizierung erfolgt. [2]Nach abgeschlossener Promotion ist eine Befristung bis zu einer Dauer von sechs Jahren, im Bereich der Medizin bis zu einer Dauer von neun Jahren zulässig, wenn die befristete Beschäftigung zur Förderung der eigenen wissenschaftlichen oder künstlerischen Qualifizierung erfolgt; die zulässige Befristungsdauer verlängert sich in dem Umfang, in dem Zeiten einer befristeten Beschäftigung nach Satz 1 und Promotionszeiten ohne Beschäftigung nach Satz 1 zusammen weniger als sechs Jahre betragen haben. [3]Die vereinbarte Befristungsdauer ist jeweils so zu bemessen, dass sie der angestrebten Qualifizierung angemessen ist. [4]Die nach den Sätzen 1 und 2 insgesamt zulässige Befristungsdauer verlängert sich bei Betreuung eines oder mehrerer Kinder unter 18 Jahren um zwei Jahre je Kind. [5]Satz 4 gilt auch, wenn hinsichtlich des Kindes die Voraussetzungen des § 15 Absatz 1 Satz 1 des Bundeselterngeld- und Elternzeitgesetzes vorliegen. [6]Die nach den Sätzen 1 und 2 insgesamt zulässige Befristungsdauer verlängert sich bei Vorliegen einer Behinderung nach § 2 Absatz 1 des Neunten Buches Sozialgesetzbuch oder einer schwerwiegenden chronischen Erkrankung um zwei Jahre. [7]Innerhalb der jeweils zulässigen Befristungsdauer sind auch Verlängerungen eines befristeten Arbeitsvertrages möglich.

Bis 16.3.2016:

(1) [1]Die Befristung von Arbeitsverträgen des in § 1 Abs. 1 Satz 1 genannten Personals, das nicht promoviert ist, ist bis zu einer Dauer von sechs Jahren zulässig. [2]Nach abgeschlossener Promotion ist eine Befristung bis zu einer Dauer von sechs Jahren, im Bereich der Medizin bis zu einer Dauer von neun Jahren zulässig; die zulässige Befristungsdauer verlängert sich in dem Umfang, in dem Zeiten einer befristeten Beschäftigung nach Satz 1 und Promotionszeiten ohne Beschäftigung nach Satz 1 zusammen weniger als sechs Jahre betragen haben. [3]Die nach den Sätzen 1 und 2 insgesamt zulässige Befristungsdauer verlängert sich bei Betreuung eines oder mehrerer Kinder unter 18 Jahren um zwei Jahre je Kind. [4]Innerhalb der jeweils zulässigen Befristungsdauer sind auch Verlängerungen eines befristeten Arbeitsvertrages möglich.

Ab 17.3.2016:

(2) Die Befristung von Arbeitsverträgen des in § 1 Abs. 1 Satz 1 genannten Personals ist auch zulässig, wenn die Beschäftigung überwiegend aus Mitteln Dritter finanziert wird, die Finanzierung für eine bestimmte Aufgabe und Zeitdauer bewil-

ligt ist und die Mitarbeiterin oder der Mitarbeiter überwiegend der Zweckbestimmung dieser Mittel entsprechend beschäftigt wird; die vereinbarte Befristungsdauer soll dem bewilligten Projektzeitraum entsprechen.

Bis 16.3.2016:
(2) [1]Die Befristung von Arbeitsverträgen des in § 1 Abs. 1 Satz 1 genannten Personals ist auch zulässig, wenn die Beschäftigung überwiegend aus Mitteln Dritter finanziert wird, die Finanzierung für eine bestimmte Aufgabe und Zeitdauer bewilligt ist und die Mitarbeiterin oder der Mitarbeiter überwiegend der Zweckbestimmung dieser Mittel entsprechend beschäftigt wird. [2]Unter den Voraussetzungen des Satzes 1 ist auch die Befristung von Arbeitsverträgen des nichtwissenschaftlichen und nichtkünstlerischen Personals zulässig.

(3) [1]Auf die in Absatz 1 geregelte zulässige Befristungsdauer sind alle befristeten Arbeitsverhältnisse mit mehr als einem Viertel der regelmäßigen Arbeitszeit, die mit einer deutschen Hochschule oder einer Forschungseinrichtung im Sinne des § 5 abgeschlossen wurden, sowie entsprechende Beamtenverhältnisse auf Zeit und Privatdienstverträge nach § 3 anzurechnen. [2]Angerechnet werden auch befristete Arbeitsverhältnisse, die nach anderen Rechtsvorschriften abgeschlossen wurden. **[3]Die Sätze 1 und 2 gelten nicht für Arbeitsverhältnisse nach § 6 sowie vergleichbare studienbegleitende Beschäftigungen, die auf anderen Rechtsvorschriften beruhen.** [Bis 16.3.2016: *[3]Zeiten eines befristeten Arbeitsverhältnisses, die vor dem Abschluss des Studiums liegen, sind auf die nach Absatz 1 zulässige Befristungsdauer nicht anzurechnen.*]

(4) [1]Im Arbeitsvertrag ist anzugeben, ob die Befristung auf den Vorschriften dieses Gesetzes beruht. [2]Fehlt diese Angabe, kann die Befristung nicht auf Vorschriften dieses Gesetzes gestützt werden. [3]Die Dauer der Befristung muss bei Arbeitsverträgen nach Absatz 1 kalendermäßig bestimmt oder bestimmbar sein.

Ab 17.3.2016:

(5)[1]Die jeweilige Dauer eines befristeten Arbeitsvertrages nach Absatz 1 verlängert sich im Einverständnis mit der Mitarbeiterin oder dem Mitarbeiter um

1. **Zeiten einer Beurlaubung oder einer Ermäßigung der Arbeitszeit um mindestens ein Fünftel der regelmäßigen Arbeitszeit, die für die Betreuung oder Pflege eines oder mehrerer Kinder unter 18 Jahren, auch wenn hinsichtlich des Kindes die Voraussetzungen des § 15 Absatz 1 Satz 1 des Bundeselterngeld- und Elternzeitgesetzes vorliegen, oder pflegebedürftiger sonstiger Angehöriger gewährt worden sind,**
2. **Zeiten einer Beurlaubung für eine wissenschaftliche oder künstlerische Tätigkeit oder eine außerhalb des Hochschulbereichs oder im Ausland durchgeführte wissenschaftliche, künstlerische oder berufliche Aus-, Fort- oder Weiterbildung,**
3. **Zeiten einer Inanspruchnahme von Elternzeit nach dem Bundeselterngeld- und Elternzeitgesetz und Zeiten eines Beschäftigungsverbots nach den §§ 3, 4, 6 und**

8 des Mutterschutzgesetzes in dem Umfang, in dem eine Erwerbstätigkeit nicht erfolgt ist,

4. Zeiten des Grundwehr- und Zivildienstes,

5. Zeiten einer Freistellung im Umfang von mindestens einem Fünftel der regelmäßigen Arbeitszeit zur Wahrnehmung von Aufgaben in einer Personal- oder Schwerbehindertenvertretung, von Aufgaben eines oder einer Frauen- oder Gleichstellungsbeauftragten oder zur Ausübung eines mit dem Arbeitsverhältnis zu vereinbarenden Mandats und

6. Zeiten einer krankheitsbedingten Arbeitsunfähigkeit, in denen ein gesetzlicher oder tarifvertraglicher Anspruch auf Entgeltfortzahlung nicht besteht.

[2]In den Fällen des Satzes 1 Nummer 1, 2 und 5 soll die Verlängerung die Dauer von jeweils zwei Jahren nicht überschreiten. [3]Zeiten nach Satz 1 Nummer 1 bis 6 werden in dem Umfang, in dem sie zu einer Verlängerung eines befristeten Arbeitsvertrages führen können, nicht auf die nach Absatz 1 zulässige Befristungsdauer angerechnet.

Bis 16.3.2016:

(5) [1]Die jeweilige Dauer eines befristeten Arbeitsvertrages nach Absatz 1 verlängert sich im Einverständnis mit der Mitarbeiterin oder dem Mitarbeiter um

1. Zeiten einer Beurlaubung oder einer Ermäßigung der Arbeitszeit um mindestens ein Fünftel der regelmäßigen Arbeitszeit, die für die Betreuung oder Pflege eines oder mehrerer Kinder unter 18 Jahren oder pflegebedürftiger sonstiger Angehöriger gewährt worden sind,

2. Zeiten einer Beurlaubung für eine wissenschaftliche oder künstlerische Tätigkeit oder eine außerhalb des Hochschulbereichs oder im Ausland durchgeführte wissenschaftliche, künstlerische oder berufliche Aus-, Fort- oder Weiterbildung,

3. Zeiten einer Inanspruchnahme von Elternzeit nach dem Bundeselterngeld- und Elternzeitgesetz und Zeiten eines Beschäftigungsverbots nach den §§ 3, 4, 6 und 8 des Mutterschutzgesetzes in dem Umfang, in dem eine Erwerbstätigkeit nicht erfolgt ist,

4. Zeiten des Grundwehr- und Zivildienstes und

5. Zeiten einer Freistellung im Umfang von mindestens einem Fünftel der regelmäßigen Arbeitszeit zur Wahrnehmung von Aufgaben in einer Personal- oder Schwerbehindertenvertretung, von Aufgaben eines oder einer Frauen- oder Gleichstellungsbeauftragten oder zur Ausübung eines mit dem Arbeitsverhältnis zu vereinbarenden Mandats.

[2]Eine Verlängerung nach Satz 1 wird nicht auf die nach Absatz 1 zulässige Befristungsdauer angerechnet. [3]Sie soll in den Fällen des Satzes 1 Nr. 1, 2 und 5 die Dauer von jeweils zwei Jahren nicht überschreiten.

Übersicht **Rz.**

1. Allgemeines

Die Regelung der Befristungshöchstgrenzen ist der **Kern der Regelung des Verhältnisses von befristeter und unbefristeter Beschäftigung im Hochschulbereich für die Qualifizierungsphase**. Einerseits soll den Mitarbeitern und Mitarbeiterinnen ein hinreichender Zeitraum zur Qualifizierung und den Hochschulen zur Nachwuchsförderung offenstehen. Andererseits zwingt die Regelung Hochschulen sowie Nachwuchswissenschaftlerinnen und Nachwuchswissenschaftler dazu, die Qualifizierungsphase zügig voranzutreiben, wenn das Privileg der befristeten Beschäftigung genutzt werden soll[1]. 1

Bis auf den neuen Satz 3 (familienpolitische Komponente) entspricht § 2 Abs. 1 WissZeitVG - abgesehen von notwendigen redaktionellen Änderungen - dem früheren § 57b Abs. 1 HRG[2]. Die bis zum Inkrafttreten des WissZeitVG geltende Rechtslage wird insoweit nicht verändert.

---

[1] BT-Drucks. 16/3438, S. 11, zu § 2 Abs. 1.

[2] Hierzu ausführlich KR/*Treber*, 11. Aufl. 2016, § 2 WissZeitVG, Rz. 2-9.

2 Nachdem eine Gesetzesevaluation bereits im Jahr 2011[3] im Hochschulbereich Fehlentwicklungen insbesondere durch eine Vielzahl unsachgemäßer Kurzbefristungen der Arbeitsverträge von jungen Wissenschaftlern ergeben hat, sollen diese mit dem für Verträge ab dem 17.3.2016 geltenden novellierten Gesetz unterbunden werden. Auch im Bereich der Drittmittelbefristung wurde Kritik geäußert. Mit der Novelle wurde insbesondere § 2 WissZeitVG ergänzt.

2. Befristung ohne Sachgrund

2.1 Mitarbeiterinnen und Mitarbeiter ohne Promotion („Qualifizierungsphase“)

3 Mitarbeiterinnen und Mitarbeiter ohne Promotion können für **maximal 6 Jahre** befristet beschäftigt werden (§ 2 Abs. 1 Satz 1 WissZeitVG). Die 6-jährige Frist berücksichtigt, dass wissenschaftliche Mitarbeiterinnen und Mitarbeiter in einzelnen Bereichen erst einmal an die wissenschaftliche Arbeit herangeführt werden müssen, bevor sie beispielweise eine hinreichend qualifizierte Promotion zu erstellen in der Lage sind. Dieser Zeitraum beträgt nach Auffassung des Gesetzgebers etwa 1 bis 2 Jahre. Als Richtschnur für die Anfertigung der Doktorschrift und Abschluss des Promotionsverfahrens seien im Regelfall 3 bis 4 Jahre anzusetzen. Um hinreichenden Spielraum sowohl für die Hinführung zur Promotion als auch für den Abschluss des Verfahrens zu ermöglichen, ohne ein vorzeitiges Ausscheiden zu erzwingen, wird deshalb der Zeitraum von 6 Jahren als angemessen angesehen[4].

Eine befristete Beschäftigung von bis zu 6 Jahren von nicht promovierten wissenschaftlichen oder künstlerischen Mitarbeiterinnen und Mitarbeitern ist aber **auch dann möglich, wenn diese keine Promotion anstreben**[5], **oder die Tätigkeit keine Möglichkeit zur Promotion bietet**[6]. Entscheidend ist nur, dass der Mitarbeiter bzw. die Mitarbeiterin nicht promoviert ist und die Befristungshöchstgrenzen beachtet werden.

4 Seit dem 17.3.2016 gilt, dass die sachgrundlose Befristung eines Arbeitsvertrags von nicht promoviertem wissenschaftlichen Personal nur zulässig ist, „wenn die befristete Beschäftigung zur Förderung der eigenen wissenschaftlichen oder künstlerischen Qualifizierung erfolgt“, § 2 Abs. 1 Satz 1 WissZeitVG. Diese sprachliche Ergänzung schafft **keine neuen tatbestandlichen Anforderungen**. Es handelt sich nach dem Willen des Gesetzgebers um eine Klarstellung. Bereits bei der Schaffung des WissZeitVG wurden das Ziel und der Zweck der Sonderbefristungsregelungen betont, die Qualifizierung des wissenschaftlichen Nachwuchses an Hochschulen und außeruniversitären Forschungseinrichtungen sicherzustellen[7]. Aus dem WissZeitVG soll sich künftig klar ergeben, dass die sachgrundlose Befristung eines Arbeitsvertrags nur zulässig ist, wenn die befristete

---

[3] Jongmanns, Evaluation des Wissenschaftszeitvertragsgesetzes (WissZeitVG), Hannover 2011, HIS: Forum Hochschule 4/2011.

[4] BT-Drucks. 16/3438, S. 11, zu § 2 Abs. 1 Satz 1.

[5] ErfK/*Müller-Glöge*, 16. Aufl. 2016, § 2 WissZeitVG, Rz. 2.

[6] Laux/Schlachter/*Schlachter*, TzBfG, 2. Aufl. 2011, § 2 WissZeitVG, Rz. 2.

[7] BT-Drucks. 16/3438, S. 8 und S. 10.

Beschäftigung zur Förderung der eigenen wissenschaftlichen oder künstlerischen Qualifizierung erfolgt[8]. Das Kriterium der Förderung eigener wissenschaftlicher oder künstlerischer Qualifizierung bestand seit jeher[9]. Die als „typisierte Qualifizierungsphase“ konzipierte sachgrundlose Befristung wird damit jetzt insbesondere nicht zu einer Sachgrundbefristung. Innerhalb des Befristungsrahmens ist auch weiterhin für einzelne Befristungen **kein spezifischer Sachgrund erforderlich**[10]. Das Gesetz gibt unverändert **kein formales Qualifizierungsziel** vor; weder war es bislang so, noch ist dies für die Zukunft gewollt, dass im ersten Teil der Qualifizierungsphase das Anstreben einer Promotion als obligatorisches Element der wissenschaftlichen Qualifizierung festgeschrieben wird[11]. Wissenschaftliche Qualifikation erschöpft sich nach der Gesetzesbegründung nicht allein in der formalen Qualifizierung im Rahmen eines Promotions- oder Habilitationsvorhabens, sie kann in einer Vielzahl von Ausprägungen stattfinden, insbesondere auch in der Mitarbeit an Forschungsvorhaben oder in dem Erwerb von Fähigkeiten und Kenntnissen im wissenschaftlichen Projektmanagement, der wissenschaftlichen Akquisition und Mitarbeiterführung[12]. Innerhalb der Hochschule gehört dazu vor allem die Qualifikation für Managementaufgaben im Bereich des Wissenschaftssystems oder für die Übernahme von Leitungsverantwortung. Nach der Gesetzesbegründung muss Qualifizierung in der Wissenschaft zu einer erfolgreichen beruflichen Karriere auch und gerade außerhalb der Wissenschaft befähigen, sei es in der Wirtschaft oder in anderen gesellschaftlichen Lebens- und Arbeitsbereichen[13]. Dazu gehört auch die Vorbereitung auf selbstständige Tätigkeiten im Rahmen von forschungsbasierten Ausgründungen[14]. Befristetem Personal dürfen auch weiterhin Daueraufgaben übertragen werden, allerdings muss die Aufgabenwahrnehmung im Zusammenhang mit der persönlichen Qualifizierung des Einzelnen stehen[15].

Seit 17.3.2016 ist die vereinbarte Befristung nach dem neuen § 2 Abs. 1 Satz 3 „jeweils 5
so zu bemessen, dass sie der angestrebten Qualifizierung angemessen ist“. Nach der Gesetzesbegründung soll bei der Verfolgung eines formalen Qualifizierungsziels wie z. B. der Promotion eine Orientierung der Vertragslaufzeit „an der üblichen Dauer solcher

---

8 BT-Drucks. 18/6489, S. 8.

9 So zu Recht auch *Mandler/Meißner*, OdW 2016, S. 33, 39; ebenso die Gesetzesbegründung BT-Drucks. 18/6489, S. 10. Zur bisherigen Gesetzesfassung KR/*Treber*, 11. Aufl. 2016, § 2 WissZeitVG, Rz. 13; Geis/*Krause*, Hochschulrecht in Bund und Ländern, 12/2015, § 2 WissZeitVG, Rz. 10; Dornbusch/Fischermeier/Löwisch/*Löwisch*, 7. Aufl. 2015, § 2 WissZeitVG, Rz. 2.

10 BT-Drucks. 18/6489, S. 10.

11 BT-Drucks. 18/6489, S. 10.

12 So die Gesetzesbegründung, BT-Drucks. 18/6489, S. 10.

13 BT-Drucks. 18/6489, S. 10.

14 HRK-Orientierungsrahmen zur Förderung des wissenschaftlichen Nachwuchses nach der Promotion und akademischer Karrierewege neben der Professur, 2014, S. 9.

15 BT-Drucks. 18/6489, S. 8; *Blum/Vehling*, OdW 2015, S. 189, 194.

Qualifizierungsvorhaben" allgemein angemessen sein[16]. Ohne formales Qualifizierungsziel soll die Befristungsdauer funktional sein, d. h. sich daran orientieren, was für die Qualifizierung „sinnvoll" ist[17]. Organisation und Ausgestaltung der Qualifizierungsprozesse gehören nach der Gesetzesbegründung zu den ureigenen Aufgaben der Hochschulen und wissenschaftlichen Einrichtungen, weshalb sich die Frage der Angemessenheit vertraglicher Laufzeiten nach den von diesen jeweils erstellten Leitlinien und Grundsätzen für die Qualifizierung ihrer Nachwuchswissenschaftler richten soll[18]. Eine „übliche Dauer" wird sich aber in vielen Fällen nicht ermitteln lassen, jedenfalls dann nicht, wenn kein förmliches Qualifizierungsziel besteht. Die Sinnfrage schafft für die Praxis Rechtsunsicherheit, da es an einheitlichen Leitlinien fehlt. So muss nach den Kernthesen der HRK die Erstbefristung von Arbeitsverhältnissen des wissenschaftlichen Personals so bemessen sein, dass das Qualifikationsziel erreicht werden kann. Bei aus Haushaltsmitteln finanzierten Stellen mit dem Ziel Promotion sollen 24 Monate mit einer Verlängerungsoption von weiteren 12 Monaten in der Regel nicht unterschritten werden[19]. In der Max-Planck-Gesellschaft soll eine Doktorarbeit regelmäßig nicht länger als 4 Jahre in Anspruch nehmen[20]. Der Bundesrat hat im Gesetzgebungsverfahren eine grundsätzliche Erstbefristungsdauer von mindestens 24 Monaten gefordert[21]. Der Gesetzgeber hat sich aber letztlich gegen die Aufnahme einer von mehreren Seiten geforderten Mindestbefristungsdauer entschieden; diese hätte zwar Rechtssicherheit gebracht; man befürchtete aber, dass eine solche zu unflexibel wäre und der Vielfalt der Qualifizierungswege und -möglichkeiten nicht gerecht würde[22]. Bereits vor der Existenz des WissZeitVG hat das BAG – allerdings für die Sachgrundbefristung „Förderung des wissenschaftlichen Nachwuchses" – angenommen, dass sich auch die Dauer einer vereinbarten Befristung an dem Sachgrund orientieren und mit ihm im Einklang stehen müsse. Eine wirksame Nachwuchsförderung setze eine **nachhaltige Beschäftigung mit wissenschaftlichen Aufgaben und Methoden von einiger Dauer** voraus (BAG, Urteil v. 27.1.1988, 7 AZR 53/87[23]). Die Zeitspanne dürfe nicht so kurz bemessen sein, dass mit ihr eine ins Gewicht

---

16 BT-Drucks. 18/6489, S. 10.

17 BT-Drucks. 18/6489, S. 10, 11.

18 BT-Drucks. 18/6489, S. 11.

19 Kernthesen zum „Orientierungsrahmen zur Förderung des wissenschaftlichen Nachwuchses und akademischer Karrierewege neben der Professur", Empfehlung der 18. HRK-Mitgliederversammlung am 12.5.2015, Ziff. I.

20 Leitlinien für die Ausbildung von Doktorandinnen und Doktoranden in der Max-Planck-Gesellschaft 2015, Ziff. 7.

21 BT-Drucks. 395/15 (Beschluss v. 16.10.2015), S. 5. Hierzu positiv aus Gründen der Rechtssicherheit *Mandler/Meißner*, OdW 2016, S. 33, 41. Im Ausnahmefall sollen auch kürzere Befristungen möglich sein, die auch im Interesse der Beschäftigten im Einzelfall erforderlich sein können.

22 BT-Drucks. 18/6489, S. 11 und 26. Kritisch hierzu und eine Mindestbefristungsdauer befürwortend *Mandler/Meißner*, OdW 2016, S. 33, 41.

23 NZA 1988, S. 392 zu § 144 BerlHG v. 22.12.1979.

fallende Verbesserung der wissenschaftlichen Qualifikation des Mitarbeiters nicht erreicht werden könne. Welche Zeitspanne im jeweiligen Einzelfall angemessen ist, muss weitgehend der Beurteilung der dafür zuständigen Stellen der Hochschule überlassen bleiben, die insoweit einen nicht zu eng zu bemessenden Beurteilungsspielraum haben (vgl. BAG, Urteil v. 12.2.1986, 7 AZR 482/84[24]). Nicht erforderlich ist, dass die Befristung den gesamten zum Abschluss eines Qualifizierungsvorhabens erforderlichen Zeitraums umfasst (BAG, Urteil v. 27.1.1988, 7 AZR 53/87[25]). Es genügt ein Zeitraum, in dem dieses **Qualifizierungsvorhaben nachhaltig gefördert** werden kann. Die Gesamtlaufzeit kann **nicht beliebig gestückelt** werden[26]. Eine regelmäßig kurzfristig drohende Nichtverlängerung kann den Qualifikationszweck gefährden[27].

Bei der Evaluation des WissZeitVG fiel der hohe Anteil kurzfristiger Arbeitsverträge auf. 6
So hatte an den untersuchten Forschungseinrichtungen die Hälfte der abgeschlossenen Arbeitsverträge eine Laufzeit von weniger als einem Jahr; an den Hochschulen lag der Wert mit 53 % leicht darüber[28]. Die kurzfristigen Arbeitsverträge prägen die Situation in der ersten Qualifikationsphase in einem besonderen Maße. Längerfristige befristete Arbeitsverträge (2 Jahre und länger) sind insgesamt in der Minderheit und wurden an den Hochschulen in einem erkennbar geringeren Maße abgeschlossen. Den hohen Anteil von kurzen Vertragslaufzeiten hält der Gesetzgeber für unbefriedigend. **Kürzere Verträge** sollen nach der Gesetzesbegründung als **Ausnahme im Einzelfall** möglich bleiben, „wenn es gute Gründe gibt"[29]. Dem widerspricht aber die Konzeption als sachgrundlose Befristung. Während sich der Gesetzgeber bei der Altfassung des WissZeitVG (lediglich) für das Erfordernis einer Höchstbefristungsdauer entschieden hat, muss nach der Änderung die einzelne Befristungsdauer jetzt aber „angemessen" sein. Nach den Vorgaben für die bayerischen Hochschulen „soll" die Dauer der Erstbefristung im Regelfall mindestens 1 Jahr betragen, es sei denn, die Qualifikation kann in weniger als einem Jahr abgeschlossen werden[30]. Die Annahme einer **Muss-Mindestdauer von einem Jahr**[31] wäre aber weder mit dem Gesetzeswortlaut noch mit Sinn und Zweck der Regelung zu vereinbaren[32]. Orientiert am gesetzgeberischen Ziel und Zweck, insbesondere missbräuchliche Kurzbefristungen zu verhindern, kann eine Befristung nach den Grundsätzen der Rechtsmissbrauchs-, Vertragsgestaltungs- oder Umgehungskontrolle überprüft werden. Auch die Ausnutzung der durch WissZeitVG vorgesehenen Gestaltungsmöglichkeiten kann

---

24 BAGE 51, 119.

25 NZA 1988, S. 392.

26 APS/*Schmidt*, 4. Aufl. 2012, § 2 WissZeitVG, Rz. 25; KR/*Treber*, 11. Aufl. 2016, § 2 WissZeitVG, Rz. 38. A. A. wohl *Maschmann/Konertz*, NZA 2015, S. 257, 259, Fr. 19.

27 Preis, WisszeitVG, 1. Aufl. 2007, § 2 WissZeitVG, Rz. 12.

28 Jongmanns, Evaluation des WissZeitVG, HIS: Forum Hochschule 4/2011, S. 73

29 So wörtlich in BT-Drucks. 18/6489, S. 8, Ziff. II. 2.

30 „Grundsätze der staatlichen bayerischen Hochschulen zum Umgang mit dem WissZeitVG und zur Förderung von Karriereperspektiven für den wissenschaftlichen Nachwuchs", März 2015.

31 So vertreten von KDZ-Däubler/Nebe, 9. Aufl. 2014, § 2 WissZeitVG, Rz. 31.

32 Ebenso Geis/*Krause*, Hochschulrecht in Bund und Ländern, § 2 WissZeitVG, Rz. 13.

unter bestimmten Voraussetzungen rechtsmissbräuchlich sein. Als Orientierungshilfe kann die für den Bereich des öffentlichen Dienstes im Tarifgebiet West bei sachgrundlosen Befristungen für Tarifbeschäftigte geltende Soll-Mindestdauer von 12 Monaten und Muss-Mindestdauer von 6 Monaten dienen (§ 30 Abs. 3 TVöD/TV-L/TV-H[33]).
Nach der Rechtsprechung des BAG beschränkt der Grundsatz von Treu und Glauben (§ 242 BGB) als Gebot der Redlichkeit und allgemeine Schranke der Rechtsausübung sowohl subjektive Rechte als auch Rechtsinstitute und Normen. Die sich aus einem Rechtsinstitut oder einer Rechtsnorm an sich ergebenden Rechtsfolgen müssen zurücktreten, wenn sie zu einem mit Treu und Glauben unvereinbaren Ergebnis führen (BAG, Urteil v. 15.5.2013, 7 AZR 525/11[34]). Dies ist u. a. der Fall, wenn ein Vertragspartner eine an sich rechtlich mögliche Gestaltung in einer mit Treu und Glauben unvereinbaren Weise nur dazu verwendet, sich zum Nachteil des anderen Vertragspartners Vorteile zu verschaffen, die nach dem Zweck der Norm und des Rechtsinstituts nicht vorgesehen sind (BAG, Urteil v. 15.5.2013, 7 AZR 525/11[35]). Eine zusätzliche Prüfung der Wirksamkeit einer Befristung nach § 2 Abs. 1 WissZeitVG nach den vom BAG anerkannten Grundsätzen des **institutionellen Rechtsmissbrauchs**[36] ist allerdings **nicht** geboten. Diese Prüfung ist nach der im Anschluss an die Entscheidung des EuGH in der Rechtssache Kücük (EuGH, Urteil v. 26.1.2012, C-586/10[37]) entwickelten Rechtsprechung des 7. Senats (nur) vorzunehmen bei der Kontrolle einer **durch einen Sachgrund gerechtfertigten Befristung**, der mehrere befristete Arbeitsverträge vorausgegangen sind und die sich somit als das letzte Glied einer Befristungskette darstellt. Bei der Befristung nach § 2 Abs. 1 Satz 2 WissZeitVG handelt es sich nicht um eine Sachgrundbefristung, sondern um eine sachgrundlose Befristung, weshalb die Grundsätze des institutionellen Rechtsmissbrauchs nicht anwendbar sind (so ausdrücklich BAG, Urteil v. 9.12.2015, 7 AZR 117/14). Beim institutionellen Missbrauch ergibt sich der Vorwurf bereits aus Sinn und Zweck des Rechtsinstituts, beim individuellen Rechtsmissbrauch dagegen folgt er erst aus dem Verhalten. Bei der erforderlichen Gesamtwürdigung ist besonders die grundrechtlich garantierte Freiheit von Kunst und Wissenschaft zu beachten (vgl. BAG, Urteil v. 7.10.2015, 7 AZR 944/13[38]); daraus folgt ein großzügiger Beurteilungsspielraum der Hochschulen und außeruniversitären Forschungseinrichtungen[39]. Das BAG erkennt an, dass die Regelungen des „Sonderbefristungsrechts“ nach dem WissZeitVG insgesamt einen angemessenen Ausgleich der Interessen zwischen der Hochschule und deren wissenschaftlichem Personal bezwecken, für das wegen der schutzpflichtrechtlichen

---

33 Siehe hierzu Rambach, § 30 TVöD/TV-L/TV-H, Rz. 15.

34 Rz. 17, NZA 2013, S. 1214.

35 Rz. 17, NZA 2013, S. 1214.

36 Hierzu grundlegend BAG, Urteil v. 18.7.2012, 7 AZR 443/09, Rz. 38, NZA 2012, S. 1351.

37 NZA 2012, S. 135.

38 Rz. 15 der Gründe.

39 So zurecht *Mandler/Meißner*, OdW 2016, S. 33, 40. Auch das BAG, Urteil v. 18.7.2012, 7 AZR 443/09, NZA 2012, S. 1351, Rz. 47, erkennt diese als im Rahmen der Gesamtwürdigung relevant an.

Dimension des Art. 12 Abs. 1 GG ein Mindestmaß an arbeitsrechtlichem Bestandsschutz sicherzustellen ist (BAG, Urteil v. 24.8.2011, 7 AZR 228/10[40]).

Nach der Neuregelung liegt es nahe, die angestrebte Qualifizierung, d. h. **das konkrete Qualifizierungsziel** im Einzelfall zu **dokumentieren**[41]. Anhand der Festlegung kann dann die „angemessene" Vertragslaufzeit bestimmt werden[42]. Ausgehend vom gesetzgeberischen Ansatz, kurze Laufzeiten nur als Ausnahme zuzulassen, könnte zur Bestimmung der Schwelle einer rechtsmissbräuchlichen Gestaltung von sachgrundlosen Befristungen als Orientierungshilfe an die für den Bereich des öffentlichen Dienstes im Tarifgebiet West für Tarifbeschäftigte geltende Muss-Mindestdauer von 6 Monaten (§ 30 Abs. 3 TVöD/TV-L/TV-H[43]) angeknüpft werden. Bei Unterschreiten dieser Grenze müsste die Hochschule oder die außeruniversitäre Forschungseinrichtung zum Nachweis der „Angemessenheit" der Befristungsdauer dann besondere Umstände vortragen und nachweisen. Bei einer Erstbefristungsdauer von über 6 Monaten läge es am Beschäftigten, hierzu weitere Einzelheiten vorzutragen, wobei zugunsten der Einrichtung die Bedeutung der Wissenschaftsfreiheit, Art. 5 Abs. 3 GG, mit in die Abwägung einbezogen werden muss (vgl. für einen Fall der Projektbefristung an einer Universität BAG, Urteil v. 24.9.2014, 7 AZR 987/12[44]). Eine Erstbefristungsdauer von mindestens 24 Monaten dürfte dagegen im unproblematischen Bereich liegen.

In die Befristungshöchstdauer sind - wie schon im Rahmen von § 57b Abs. 1 HRG, aber 7
anders als bis 2002[45]- auch die **Beschäftigungszeiten als wissenschaftliche oder künstlerische Hilfskraft einzurechnen**, allerdings nur, soweit diese **nach Abschluss des Studiums** liegen[46]. Zeiten eines befristeten Arbeitsvertrags, die **vor Abschluss** des Studiums liegen, werden **nicht** auf die zulässige Befristungsdauer von 6 plus 6 Jahren nach Studienabschluss **angerechnet** (§ 2 Abs. 3 WissZeitVG). Das gilt für die vor dem 17.3.2016 abgeschlossenen (§ 2 Abs. 3 Satz 3 WissZeitVG a. F.) und auch die danach abgeschlossenen Verträge (§ 2 Abs. 3 Satz 3 i. V. m. § 6 WissZeitVG n. F.). Nicht angerechnet werden sowohl die Zeiten im **Bachelor-** als auch im **Master-Studium**[47]. Die für die Altfassung bestehende Unsicherheit wurde durch den neuen § 6 WissZeitVG beseitigt, in

---

40 Rz. 29, NZA 2012, S. 385.

41 Nach den im März 2015 veröffentlichten „Grundsätzen der staatlichen bayerischen Hochschulen zum Umgang mit dem WissZeitVG und zur Förderung von Karriereperspektiven für den wissenschaftlichen Nachwuchs" soll z. B. generell jeweils eine Betreuungsvereinbarung zum Qualifikationsziel und der dafür notwendigen Arbeitszeit geschlossen werden. Kritisch zu Betreuungsvereinbarungen im Promotionsverfahren *Löwisch/Würtenberger*, OdW 2014, S. 103 ff.

42 So auch *Maschmann/Konertz*, NZA 2016, S. 257, 263.

43 Siehe hierzu *Rambach*, § 30 TVöD/TV-L/TV-H, Rz. 15.

44 NZA 2015, S. 301, Rz. 38.

45 Vgl. § 57c Abs. 5 Satz 1 HRG in der bis 23.2.2002 geltenden Fassung.

46 Laux/Schlachter/*Schlachter*, TzBfG, 2. Aufl. 2011, § 2 WissZeitVG, Rz. 20. Zu den unionsrechtlichen Bedenken Preis, WissZeitVG, 1. Aufl. 2007, § 2 WissZeitVG, Rz. 109 und 104; außerdem Haratsch/Holljesiefken, „Studentische Hilfskraft auf Lebenszeit?" NZA 2008, S. 207; ohne Bedenken insoweit ErfK/*Müller-Glöge*, 16. Aufl. 2016, § 2 WissZeitVG, Rz. 13.

47 A. A. Boemke, jurisPR-ArbR 49/2015 Anm. 6.

dem jetzt sowohl ein Studium, das zu einem ersten als auch ein Studium, das zu einem weiteren berufsqualifizierenden Abschluss führt, genannt ist. Auch vor der Immatrikulation als Student liegende Arbeitsverhältnisse sind von der Anrechnung ausgeschlossen[48].

> **Hinweis**
>
> Die Anrechungsbestimmung gilt **nur für Tätigkeiten im Rahmen einer wissenschaftlichen oder künstlerischen Beschäftigung**. Andere Beschäftigungen - z. B. in der Bibliothek oder der Hochschulverwaltung - bleiben insoweit unberücksichtigt[49].

8 Die Möglichkeit einer befristeten Beschäftigung von nicht promoviertem Personal nach § 2 Abs. 1 Satz 1 endet mit Abschluss der Promotion. Die Vorschriften des WissZeitVG insbesondere § 2 WissZeitVG regeln – ebensowenig wie die Vorgängernorm § 57b Abs. 1 Satz 2 HRG – nicht, wann eine Promotion „abgeschlossen" ist. § 18 Abs. 2 Satz 1 HRG verweist hinsichtlich der Verleihung von Hochschulgraden auf das Landesrecht. Wann eine Promotion i. S. v. § 57b Abs. 1 Satz 2 HRG abgeschlossen ist, ist daher nach Auffassung des BAG **nach den landesrechtlichen Vorschriften und der jeweiligen Promotionsordnung zu beurteilen** (BAG, Urteil v. 20.1.2010, 7 AZR 753/08[50]; ebenso LAG Berlin-Brandenburg, Urteil v. 5.8.2014, 16 Sa 589/14[51]). Fehlt es an einer eigenständigen Regelung ist der maßgebliche Zeitpunkt streitig. In Betracht kommt die Annahme des Abschlusses, wenn das Prüfungsverfahren zur Promotion abgeschlossen ist[52]. Teilweise wird darauf abgestellt, dass promoviert ist, wer zur Führung eines Doktorgrades berechtigt ist, entscheidend ist dann die Verleihung des Doktorgrades und nicht das Rigorosum[53]. Im Interesse einer rechtssicheren Ermittlung des Abschlusses der Promotion kommt es auf das Rigorosum und die anschließende Verkündung des Ergebnisses an[54].

Dabei ist es unbeachtlich, ob die Promotion tatsächlich im Rahmen eines Beschäftigungsverhältnisses oder außerhalb eines solchen, oder ob sie vor, mit oder nach Abschluss eines Studiums absolviert wurde. Entscheidend ist vielmehr, dass es für einen Qualifika-

---

48 ErfK/*Müller-Glöge*, 16. Aufl. 2016, § 2 WissZeitVG, Rz. 13.

49 ErfK/*Müller-Glöge*, 16. Aufl. 2016, § 2 WissZeitVG, Rz. 13.

50 NZA 2010, S. 636; ebenso die herrschende Auffassung in der Literatur KR/Lipke 9. Aufl. 2009, § 57b HRG Rz. 28; ErfK/Müller-Glöge, 16. Aufl. 2016, § 2 WissZeitVG, Rz. 3; m. w. N.

51 Vgl. ergänzend Boemke, jurisPR-ArbR 16/2015 Anm. 6.

52 *Löwisch/Jantz*, Anmerkung zu BAG, Urteil v. 20.1.2010, 7 AZR 753/08, EzA § 620 BGB 2002 Hochschulen Nr. 6.

53 ErfK/Müller-Glöge, 16. Aufl. 2016, § 2 WissZeitVG, Rz. 3.

54 So auch KR/*Treber*, 11. Aufl. 2016, § 2 WissZeitVG, Rz. 21; APS/*Schmidt*, 4. Aufl. 2012, § 2 WissZeitVG Rz. 10.

tionsabschnitt, der absolviert wurde, nicht der Ermöglichung eines befristeten Beschäftigungsverhältnisses bedarf[55]. Ebenso ist es bei der Bemessung des für die wissenschaftliche Qualifizierung im Anschluss an die Promotion erforderlichen Zeitbedarfs grundsätzlich unbeachtlich, ob die Promotion im Rahmen eines Beschäftigungsverhältnisses oder außerhalb eines solchen absolviert wurde[56]. Gleichgültig ist auch, ob die Promotion im Inland oder im Ausland absolviert wurde.

Aus der Zielsetzung der Vorschrift ergibt sich zugleich, dass es bei der Berechnung der 9
Promotionszeiten ohne Beschäftigungsverhältnis auf eine formale Betrachtung dann nicht ankommen kann, wo diese zu offensichtlich sinnwidrigen Ergebnissen führen würde.

Hinweis

Während bei einem Promotionsstipendium (formale) Brutto- und (tatsächliche) Nettopromotionszeit im Zweifel identisch sind, ist dies etwa bei Promotionen im Bereich der Medizin regelmäßig nicht der Fall. Hier liegt es deshalb nahe, bei der Berechnung der Promotionszeiten ohne Beschäftigungsverhältnis solche Zeiten der medizinischen Ausbildung nicht zu berücksichtigen, die typischerweise nicht für die Promotion genutzt werden (können)[57].

Der Gesetzeswortlaut steht dem Abstellen auf eine Nettopromotionszeit, wenn diese aufgrund nachvollziehbarer Kriterien ermittelt wird, nicht entgegen.

2.2 Mitarbeiterinnen und Mitarbeiter mit Promotion („Post Doc-Phase")

Nach § 2 Abs. 1 Satz 2 gilt für den Abschluss befristeter Beschäftigungsverhältnisse 10
nach abgeschlossener Promotion - wie bereits im Rahmen des § 57b HRG - eine **Befristungshöchstgrenze von 6 Jahren**, im Bereich der **Medizin** von **9 Jahren**. Die entsprechenden Mitarbeiter können sich innerhalb von 6 Jahren durch Erbringung weiterer wissenschaftlicher Leistungen und Tätigkeiten in der Lehre für die Übernahme eines Professorenamts qualifizieren. Die 9-Jahres-Frist für den Bereich der Medizin soll den zusätzlichen Zeitbedarf der Medizinerinnen und Mediziner berücksichtigen, die neben Aufgaben in Forschung und Lehre auch mit Aufgaben in der Krankenversorgung betraut sind und die neben der wissenschaftlichen Qualifizierung eine Facharztausbildung oder eine vergleichbare medizinische Weiterbildung absolvieren müssen[58]. Nach dem Wortlaut der Vorschrift muss sich die Befristung nach § 2 Abs. 1 Satz 2 WissZeitVG nicht nahtlos an den Abschluss der Promotion oder den Ablauf der maximal zulässigen Vertragslaufzeit

---

55 BT-Drucks. 16/3438, S. 12.

56 BT-Drucks. 16/3438, S. 12, zu § 2 Abs. 1 Satz 2.

57 BT-Drucks. 16/3438, S. 12, zu § 2 Abs. 1 Satz 2. So auch KR/*Treber*, 11. Aufl. 2016, § 2 WissZeitVG, Rz. 26.

58 BT-Drucks. 16/3438, S. 12, zu § 2 Abs. 1 Satz 2.

gemäß § 2 Abs. 1 Satz 1 WissZeitVG anschließen. Da der Gesetzgeber auf eine altersmäßige Obergrenze für diesen zweiten Qualifikationsabschnitt verzichtet hat, ist auch eine sehr viel spätere Arbeitsaufnahme zulässig (BAG, Urteil v. 29.4.2015, 7 AZR 519/13).

11 Seit dem 17.3.2016 gilt auch für die Zeit nach abgeschlossener Promotion, dass die sachgrundlose Befristung eines Arbeitsvertrages nur zulässig ist, „wenn die befristete Beschäftigung zur Förderung der eigenen wissenschaftlichen oder künstlerischen Qualifizierung erfolgt", § 2 Abs. 1 Satz 2 WissZeitVG. Wie bei der Regelung für die Zeit bis zum Abschluss der Promotion (§ 2 Abs. 1 Satz 1 WissZeitVG) handelt es sich auch hier lediglich um eine sprachliche Ergänzung, die **keine neuen tatbestandlichen Anforderungen** schafft. Insoweit kann auf die Ausführungen oben unter Rz. 4 verwiesen werden.

12 Seit 17.3.2016 ist auch die Dauer der für die Zeit nach der abgeschlossenen Promotion vereinbarten Befristung „jeweils so zu bemessen, dass sie der angestrebten Qualifizierung angemessen ist", § 2 Abs. 1 Satz 3 WissZeitVG. Insoweit kann auf die Ausführungen oben unter Rz. 5 und Rz. 6 verwiesen werden.

13 Wesentlich ist die - unverändert gebliebene - **Verlängerungsregel** im 2. Halbsatz. Sie honoriert eine zügige Promotionsphase, gleichgültig ob sie innerhalb oder außerhalb eines Beschäftigungsverhältnisses nach Abs. 1 Satz 1 i. V. m. Abs. 2 Satz 1 absolviert wurde. Wer innerhalb oder außerhalb eines solchen Beschäftigungsverhältnisses schneller als in 6 Jahren zum Abschluss einer Promotion gelangt, der kann die **eingesparte Zeit** in der Post Doc-Phase **entsprechend anhängen**. Die Anrechnungsregelung stellt sicher, dass die insgesamt zulässige Höchstdauer von 12 Jahren (bei Medizinern 15 Jahre) nicht überschritten wird, andererseits aber auch ausgeschöpft werden kann.

Beispiel

Mitarbeiter A promoviert 18 Monate mit einem Chemie-Promotionsstipendium. Nach Auslaufen des Stipendiums erhält er bis zum Abschluss der Promotion an der Hochschule für 4 Jahre eine Stelle als wissenschaftlicher Mitarbeiter. Nach Abschluss der Promotion kann er damit nach § 2 Abs. 1 Satz 2 WissZeitVG weitere 6 Jahre plus 6 Monate (wegen Nichtausschöpfung der möglichen 6 Jahre vor Abschluss der Promotion) ohne sachlichen Grund befristet beschäftigt werden. Davon unabhängig wäre eine Drittmittelbefristung nach § 2 Abs. 2 WissZeitVG möglich[59].

14 Die Regelung stellt außerdem sicher, dass auch **Zeiten** einer befristeten Beschäftigung **vor dem Beginn eines Promotionsvorhabens** bei der Berechnung der zulässigen Befristungsdauer berücksichtigt werden[60].

---

[59] S. Rz. 40 ff.

[60] Dies entspricht der Berechnung der zulässigen Dauer der Promotions- und Beschäftigungsphase vor Beginn der Juniorprofessur in § 47 Satz 3 HRG und damit dem Zeitrahmen für die Neugestaltung des Wegs zur Professur, an dem bereits das Konzept für die Neuregelung der Befristungsregelungen des HRG orientiert war.

Beispiel

Nach Abschluss des Psychologie-Studiums wird Mitarbeiterin B für die Dauer von 2 Jahren in einem Drittmittelprojekt befristet beschäftigt. Sie findet Gefallen an der wissenschaftlichen Arbeit und entschließt sich, zu promovieren. Für eine weitere befristete Beschäftigung ohne Sachgrund nach § 2 Abs. 1 Satz 1 WissZeitVG stehen noch maximal 4 Jahre zur Verfügung. Davon unabhängig wäre eine Drittmittelbefristung nach § 2 Abs. 2 WissZeitVG möglich[61].

Auch **Promotionszeiten**, die **vor dem Abschluss der Erstausbildung** lagen, werden 15
berücksichtigt. Dies betrifft insbesondere Promovierende im Bereich der Medizin, die bislang in der Regel bereits während ihres Studiums promovieren, ferner Lehrer und Juristen, sofern sie während der Referendarzeit promovieren. Für den Beginn der Promotionsphase ist dabei zunächst auf eine etwaige Regelung des Landesrechts oder der jeweils maßgeblichen Promotionsordnung der Hochschule abzustellen[62]. Ohne entsprechende Regelung kommt es auf den Zeitpunkt der **Ausgabe und Zuweisung eines Promotionsthemas** durch den betreuenden Professor an[63], der vom Mitarbeiter nachzuweisen ist. Die Rückgabe oder ein **Wechsel des Themas** sind unbeachtlich, die bis dahin vergangene Zeit ist anzurechnen[64].

Die Berücksichtigung von **Promotionszeiten ohne Beschäftigungsverhältnis** bei der 16
Berechnung des nach der Promotion zur Verfügung stehenden Befristungsrahmens folgt aus dem Verständnis der nach § 2 Abs. 1 WissZeitVG eröffneten Möglichkeiten zum Abschluss befristeter Arbeitsverhältnisse als typisierte Qualifizierungsphase. Auch wenn demnach für einzelne Befristungen innerhalb des danach eröffneten Befristungsrahmens kein Sachgrund erforderlich ist, dienen die Befristungsmöglichkeiten nach ihrer Zwecksetzung ausschließlich der Qualifizierung des wissenschaftlichen Nachwuchses[65].

Beispiel

Die von ihren Eltern finanziell unterstützte Doktorandin C promoviert nach Abschluss des Biologie-Studiums 3 Jahre ohne in einem Arbeitsverhältnis zu stehen. Nach Abschluss der Promotion bewirbt sie sich auf eine Post-Doc Stelle. Es ist nach § 2 Abs. 1 Satz 2 WissZeitVG eine befristete Beschäftigung ohne Sachgrund für

---

61 S. Rz. 40 ff.

62 KR/*Treber*, 11. Aufl. 2016, § 2 WissZeitVG, Rz. 27.

63 Geis/*Krause*, Hochschulrecht in Bund und Ländern, Stand 12/2015, § 2 WissZeitVG, Rz. 35; Preis, WissZeitVG, 1. Aufl. 2007, § 2 WissZeitVG, Rz. 28; unklar APS/*Schmidt*, welche die Zuweisung des Themas und die Befassung mit dem Thema gleichsetzt.

64 Preis,WissZeitVG, 1. Aufl. 2007, § 2 WissZeitVG, Rz. 30; ErfK/*Müller-Glöge*, 16. Aufl. 2016, § 2 WissZeitVG, Rz. 5; KR/*Treber*, 11. Aufl. 2016, § 2 WissZeitVG, Rz. 33.

65 BT-Drucks. 16/3438, S. 12, zu § 2 Abs. 1 Satz 2.

6 Jahre plus 3 Jahre (da Promotion in nur 3 Jahren abgeschlossen) möglich. Die Promotionszeit wird aber auch ohne Bestehen eines Arbeitsverhältnisses angerechnet. Davon unabhängig wäre eine Drittmittelbefristung nach § 2 Abs. 2 WissZeitVG möglich[66].

2.3 Keine Sonderregelungen für wissenschaftliche oder künstlerische Hilfskräfte

17 Die **Regelungen** über die zulässige Befristungsdauer für wissenschaftliche und künstlerische Hilfskräfte von maximal 4 Jahren **sind** nicht in das WissZeitVG übernommen worden und **entfallen**. Für sie gelten damit dieselben Regelungen wie für alle Angehörigen des wissenschaftlichen und künstlerischen Personals[67].

18 Seit der seit 17.3.2016 geltenden Novellierung des WissZeitVG gibt es für die **studentischen Nebenbeschäftigungen** aber wieder einen **eigenständigen Befristungstatbestand** in einem eigenen Paragrafen (§ 6 WissZeitVG)[68].

2.4 Verlängerungen

2.4.1 Allgemeine Verlängerungen

19 Befristete Arbeitsverträge können auch mit kürzeren Fristen abgeschlossen und dann bis zum Erreichen der jeweils vorgesehenen Höchstfristen verlängert werden (§ 2 Abs.1 Satz 4 WissZeitVG a. F. bzw. § 2 Abs. 1 Satz 7 WissZeitVG n. F.). Zulässig ist auch eine **mehrmalige Verlängerung**[69].

Hinweis

Trotz gleicher Terminologie gelten für eine „Verlängerung" i. S. v. § 2 Abs. 1 Satz 4 WissZeitVG a. F. bzw. § 2 Abs. 1 Satz 7 WissZeitVG n. F. nicht dieselben Anforderungen wie an eine Verlängerung nach § 14 Abs. 2 TzBfG. Insbesondere verlangt § 2 Abs. 1 WissZeitVG keine Ersteinstellungsbefristung , d. h. eine „Verlängerung" im Sinne von § 2 Abs. 1 ist auch zulässig und möglich, wenn es sich um einen Neuabschluss eines Vertrags nach einer Unterbrechung des Arbeitsverhältnisses handelt (BAG, Urteil v. 9.12.2015, 7 AZR 117/14)[70].

---

[66] S. Rz. 44.

[67] Zur besonderen Problematik der Stellen mit einem Beschäftigungsumfang bis zu einem Viertel, vgl. unten Rz. 33.

[68] S. *Rambach*, § 1 WissZeitVG, Rz. 16 und § 6 WissZeitVG, Rz. 1 ff.

[69] KR/*Treber*, 11. Aufl. 2016, § 2 WissZeitVG, Rz. 35.

[70] S. o. Rambach, Rz. 5. Ebenso KR/*Treber*, 11. Aufl. 2016, § 2 WissZeitVG, Rz. 37.; ErfK/*Müller-Glöge*, 16. Aufl. 2016, § 2 WissZeitVG, Rz. 7; Geis/*Krause*, Hochschulrecht in Bund und Ländern, 12/2015, § 2 WissZeitVG, Rz. 14. Auch Kittner/Däubler/Zwanziger/*Däubler/Nebe*, 9. Aufl. 2014, § 2 WissZeitVG, Rz. 29, halten insoweit an ihrer früheren grundsätzlich ablehnenden Auffassung nicht mehr fest.

Zur alten Fassung des WissZeitVG hat der 7. Senat entschieden, dass dem Begriff der „Verlängerung“ keine gesonderte rechtliche Relevanz zukomme (BAG, Urteil v. 9.12.2015, 7 AZR 117/14, Rz. 40). Seit 17.3.2016 ist die vereinbarte Befristung nach dem neuen § 2 Abs. 1 Satz 3 aber „jeweils so zu bemessen, dass sie der angestrebten Qualifizierung angemessen ist“ (hierzu näher oben Rz. 5 und 6). Diese Voraussetzung gilt nach Sinn und Zweck nicht nur für die Erstbefristung, sondern grundsätzlich auch für die Verlängerungen. Die **Zulassung beliebig vieler Befristungen** innerhalb des 6-Jahreszeitraums wäre jedenfalls bereits **unter verfassungsrechtlichen Gesichtspunkten bedenklich**[71]. Die Gesamtlaufzeit kann **nicht beliebig gestückelt** werden[72]. Auch eine Verlängerung darf nicht so kurz bemessen sein, dass mit ihr eine sinnvolle Verbesserung der wissenschaftlichen Qualifikation des Mitarbeiters nicht erreicht werden kann und konkrete (Zwischen-)Ergebnisse nicht erreicht werden können,[73] wobei die bisherige Befristungsdauer nicht gänzlich unberücksichtigt bleiben kann. Die Beurteilung, was in diesem Zusammenhang „angemessen“ ist, obliegt – wie bei der Erstbefristung - in erster Linie der dafür zuständigen Stelle der Hochschule. 20

Orientiert am gesetzgeberischen Ziel und Zweck, insbesondere missbräuchliche Kurzbefristungen zu verhindern, können auch Verlängerungen nach den Grundsätzen der Rechtsmissbrauchs-, Vertragsgestaltungs- oder Umgehungskontrolle (§ 242 BGB) überprüft werden. Da nach der Neufassung des Gesetzes aber die Bemessung der „Befristung“ der angestrebten Qualifizierung angemessen sein muss, und nicht die der einzelnen „Verlängerung“, kommt es bei der Beurteilung einer Verlängerung auf die Gesamtdauer der Befristung an, d. h. auch die bereits zurückgelegte Beschäftigungszeit ist bei der anlässlich der Verlängerung anzustellenden Prognose zu berücksichtigen. Dabei sind die Anforderungen an die Prognose aber deutlich niedriger, als im Rahmen von § 14 Abs. 1 Nr. 1 TzBfG[74], denn auch nach der Änderung des WissZeitVG handelt es sich bei der Befristung nach § 2 Abs. 1 um eine sachgrundlose Befristung; deshalb können die vom BAG für die Prognose bei Befristungen mit Sachgrund entwickelten Grundsätze nur sehr eingeschränkt herangezogen werden. Auch bei Verlängerungen liegt es aber nahe, **das**

---

71 Vom BAG, Urteil v. 28.5.2014, 7 AZR 360/12, Rz. 38, NZA 2015, S. 1131, für die insoweit vergleichbare Befristung ältere Arbeitnehmer nach § 14 Abs. 3 TzBfG offengelassen.

72 APS/Schmidt, 4. Aufl. 2012, § 2 WissZeitVG, Rz. 25; KR/Treber, 11. Aufl. 2016, § 2 WissZeitVG, Rz. 38.

73 KR/Treber, 11. Aufl. 2016, § 2 WissZeitVG, Rz. 38; Geis/Krause, Hochschulrecht in Bund und Ländern, § 2 WissZeitVG, Rz. 13.

74 Hierzu Gräfl, § 14 TzBfG, Rz. 28 und Rz. 55 ff.

konkrete Qualifizierungsziel im Einzelfall zu **dokumentieren**.[75] Anhand der Festlegung kann dann die „angemessene" Laufzeit bestimmt werden[76]. Dabei können kurzfristige Verlängerungen für Abschlussarbeiten (z. B. an einer Dissertation) eventuell auch durch Gründe in der Person des Arbeitnehmers (§ 14 Abs. 1 Satz 2 Nr. 6 TzBfG) sachlich gerechtfertigt sein[77]. Dies, wenn das Interesse des Arbeitgebers, aus sozialen Erwägungen mit dem betreffenden Arbeitnehmer nur einen befristeten Arbeitsvertrag abzuschließen, auch angesichts des Interesses des Arbeitnehmers an einer unbefristeten Beschäftigung schutzwürdig ist. Das ist der Fall, wenn es ohne den in der Person des Arbeitnehmers begründeten sozialen Zweck überhaupt nicht zum Abschluss eines Arbeitsvertrags, auch nicht eines befristeten Arbeitsvertrags, gekommen wäre. In diesem Fall liegt es auch im objektiven Interesse des Arbeitnehmers, wenigstens für eine begrenzte Zeit bei diesem Arbeitgeber (noch) einen Arbeitsplatz zu erhalten. Die sozialen Erwägungen müssen dabei das überwiegende Motiv des Arbeitgebers sein. An einem sozialen Beweggrund für den Abschluss eines befristeten Arbeitsvertrags fehlt es, wenn die Interessen des Betriebs oder der Dienststelle und nicht die Berücksichtigung der sozialen Belange des Arbeitnehmers für den Abschluss des Arbeitsvertrags ausschlaggebend waren. Dazu bedarf es der Feststellung konkreter Anhaltspunkte (BAG, Urteil v. 24.8.2011, 7 AZR 368/10[78]). Den in der Person des Arbeitnehmers liegenden sozialen Zweck für den Abschluss eines befristeten Arbeitsvertrags muss der Arbeitgeber anhand nachprüfbarer Tatsachen darlegen und im Bestreitensfall beweisen (BAG, Urteil v. 21.1.2009, 7 AZR 630/07, Rz. 9[79]). Auch der Wunsch des Beschäftigten könnte – neben der sachgrundlos möglichen Verlängerung – einen Sachgrund für eine weitere Befristung darstellen. Allerdings müssen hierzu Tatsachen festgestellt werden, aus denen ein Interesse des Arbeitnehmers gerade an einer befristeten Beschäftigung folgt. Für das BAG ist insoweit entscheidend, ob der Arbeitnehmer auch bei einem Angebot auf Abschluss eines unbefristeten Vertrags nur ein befristetes Arbeitsverhältnis vereinbart hätte (BAG, Urteil v. 11.2.2015, 7 AZR 17/13[80]), was nur in seltenen Ausnahmefällen der Fall sein dürfte.

2.4.2 Verlängerung wegen Kindererziehung

21 Als Beitrag zur Verbesserung der Möglichkeiten zur Vereinbarkeit von Kindererziehung mit einer wissenschaftlichen Ausbildung wurde mit dem WissZeitVG eine sog. „**fami-**

---

[75] Nach den im März 2015 veröffentlichten „Grundsätzen der staatlichen bayerischen Hochschulen zum Umgang mit dem WissZeitVG und zur Förderung von Karriereperspektiven für den wissenschaftlichen Nachwuchs" soll z. B. generell jeweils eine Betreuungsvereinbarung zum Qualifikationsziel und der dafür notwendigen Arbeitszeit geschlossen werden. Kritisch zu Betreuungsvereinbarungen im Promotionsverfahren *Löwisch/Würtenberger*, OdW 2014, S. 103 ff.

[76] So auch *Maschmann/Konertz*, NZA 2016, S. 257, 263.

[77] Vgl. für einen solchen Fall LAG Berlin-Brandenburg, Urteil v.15.3.2013, 6 Sa 2102/12.

[78] EzTöD 100 § 30 Abs. 1 TVöD-AT Sachgrundbefristung Nr. 40.

[79] NZA 2009, S. 727.

[80] NZA 2015, S. 1066, Rz. 36. Hierzu auch Gräfl, § 14 TzBfG, Rz. 187.

lienpolitische Komponente" eingeführt. Danach kann die Gesamthöchstdauer befristeter Verträge von 12 Jahren um **je 2 Jahre je Kind unter 18 Jahren** überschritten werden. Die Regelung gilt für beide Elternteile. Befinden sich beide Elternteile in der Qualifizierungsphase, so verlängert sich bei beiden der zulässige Befristungsrahmen um 2 Jahre je Kind.

Voraussetzung ist, dass sich beide Elternteile der **Kinderbetreuung** widmen. Von einer Betreuung ist regelmäßig auszugehen, wenn Kind und betreuende Person in einem **gemeinsamen Haushalt** leben[81]. Auf die individuelle Ausgestaltung der Kinderbetreuung, insbesondere die Verteilung der Betreuungsaufgaben zwischen den Eltern, kommt es nicht an (LAG Sachsen-Anhalt, Urteil v. 17.9.2013, 6 Sa 107/12). Ausgehend von einer Halbtagsbetreuung ab der Geburt bis zum Ende des Grundschulalters erkennt der Gesetzgeber einen Halbtagsbetreuungsbedarf des Kindes in den ersten 10 Lebensjahren an. Dies rechtfertige eine Verlängerung des Befristungsrahmens bei beiden Elternteilen von zusammen 4 Jahren. Wie lange die Betreuung dauern oder gedauert haben muss, ist dem Gesetz nicht zu entnehmen. Wie der von dem vom Gesetzgeber offensichtlich in Bezug genommenen „Normalfall" abweichende Fall der unter 2-jährigen Betreuung eines Kindes zu beurteilen ist, z. B. weil sich die Eltern nach 6 Monaten trennen und das Kind nur noch von einem Elternteil betreut wird, bleibt offen. Da das Gesetz **keinen Mindestzeitraum** nennt, muss als Konsequenz der pauschalierenden Verlängerungsregelung wohl angenommen werden, dass nahezu **jeder Umfang** einer Betreuungstätigkeit ausreicht[82]. Auch hinsichtlich der Intensität der Betreuung (z. B. Betreuung durch den als Wissenschaftler tätigen Vater nur am Wochenende) macht das Gesetz keine Vorgaben. Auch hier dürften sich wegen der vom Gesetzgeber vorgenommenen **Pauschalierung** Unterscheidungen verbieten[83]. Es würde der Wertentscheidung des Art. 6 GG entgegenstehen, wenn die Verlängerungsoption von einer bestimmten Art der Ausübung des Sorgerechts abhängig gemacht würde (LAG Sachsen-Anhalt, Urteil v. 17.9.2013, 6 Sa 107/12).

Hinweis

Die Regelung gilt für jedes Kind. Sie führt daher bei 2 Kindern zu einer Verlängerung von 4 Jahren je Elternteil, und zwar unabhängig davon, ob die Kinder in kurzem Zeitabstand hintereinander geboren werden und der Zeitraum ihrer intensiven Betreuungsbedürftigkeit im Wesentlichen deckungsgleich ist[84].

---

81 BT-Drucks. 16/3438, S. 12, zu § 2 Abs. 1 Satz 3.

82 So im Ergebnis wohl auch *Kortstock*, ZTR 2007, S. 2, 8, der lediglich"minimale Zeiträume von einigen Tagen" ausschließen will.

83 So auch *Kortstock*, ZTR 2007, S. 2, 8.; *Löwisch*, NZA 2007, S. 479, 483, lehnt die tageweise Betreuung ohne Aufnahme in die häusliche Gemeinschaft, etwa durch eine Mitarbeiterin oder einen Mitarbeiter, die als Tagesmutter bzw. Tagesvater fungiert, unter Hinweis auf den Zweck der Vorschrift ab.

84 ErfK/*Müller-Glöge*, 16. Aufl. 2016, § 2 WissZeitVG, Rz. 6; Laux/Schlachter/*Schlachter*, TzBfG, 2. Aufl. 2011, § 23 TzBfG, Anhang 2, Rz.10, § 2 WissZeitVG, Rz. 11.

22 Da bereits § 2 Abs. 1 Satz 3 WissZeitVG a. F. (lediglich) auf die „Betreuung“ von Kindern abstellte, musste es sich bei den Kindern nicht wie im Falle des Anspruchs auf Elternzeit nach § 15 Abs. 1 BEEG um ein Kind handeln, für das der Mitarbeiterin oder dem Mitarbeiter die Personensorge zusteht. Insoweit genügt es, dass das Kind von der jeweiligen Person in häuslicher Gemeinschaft betreut wurde[85]. Damit wurden sowohl **leibliche Kinder** als auch **Stief-** oder **Pflegekinder** erfasst[86]. Dies wurde mit dem am 17.3.2016 in Kraft getretenen Ersten Änderungsgesetz zum WissZeitVG jetzt klargestellt, § 2 Abs. 1 Satz 5 WissZeitVG n. F. Damit wird einerseits der Kindbegriff im WissZeitVG vereinheitlicht und andererseits ein Gleichklang zu den Regelungen der Elternzeit im BEEG hergestellt[87].

23 Mit dem Abstellen auf die „insgesamt zulässige Befristungsdauer“ wird zum Ausdruck gebracht, dass sich nicht der jeweilige Befristungsrahmen vor der Promotion und nach der Promotion verlängert, sondern der in der Summe verfügbare Befristungsrahmen von 12 Jahren. Für ein vor und nach der Promotion erzogenes Kind verlängert sich der Gesamtbefristungsrahmen deshalb nur einmal um 2 Jahre. Eine Verlängerung wegen Kindererziehung kommt auch **erst** infrage, **wenn** die **insgesamt zulässige Dauer** der Befristung nach dem WissZeitVG **ausgeschöpft ist**.

Hinweis

Es gibt **keinen Rechtsanspruch auf Ausschöpfung der Höchstgrenzen** befristeter Verträge. Damit gibt es auch **keinen Anspruch auf Verlängerung wegen Kindererziehung**. Insbesondere verlängert sich ein befristeter Vertrag nach Erreichen der Höchstbefristungsdauer nicht automatisch um je 2 Jahre pro betreutem Kind unter 18 Jahren. Hierzu ist vielmehr das **Einverständnis des Arbeitgebers erforderlich**[88]. Dies wurde auch durch das Erste Änderungsgesetz zum WissZeitVG nicht geändert[89].

85 So zu Recht *Löwisch*, NZA 2007, S. 479, 483.

86 *Kortstock*, ZTR 2007, S. 2, 8,schlug für die Altfassung vor, auf die Definition des BEEG abzustellen. Einschränkend auf die Verwandtschaftsregeln des BGB abstellend KR/*Treber*, 11. Aufl. 2016, § 2 WissZeitVG, Rz. 30. Einschränkend auf „Angehörige“ Preis, WissZeitVG, 1. Aufl. 2007, § 2 WissZeitVG, Rz. 36.

87 BT-Drucks. 18/6489, S. 11.

88 So auch *Löwisch*, NZA 2007, S. 479, 483; *Kortstock*, ZTR 2007, S. 2, 8, bezeichnet die Verlängerungsmöglichkeit aus Sicht der Hochschule als „Option“.

89 Die praktische Bedeutung ist extrem gering. Die Forderung des Bundesrats, die familienpolitische Komponente als Rechtsanspruch auszugestalten (BR-Drucks. 395/15 v. 16.10.2015, Beschluss, S. 3), wurde vom Bundestag nicht umgesetzt. Nach dem im März 2011 vorgelegten Evaluationsbericht zum WissZeitVG stützen sich nur 1 bis 2 % der Arbeitsverträge auf diese Vorschrift.

Die Verlängerung der Gesamtdauer der nach Satz 1 und 2 zulässigen Befristungsdauer nach dem neuen Satz 3 ist unabhängig von den in Abs. 5 (Inanspruchnahme von Elternzeit, Beurlaubung oder Arbeitszeitreduzierung für Kinderbetreuung) vorgesehenen Verlängerungstatbeständen möglich. Der Gesetzgeber geht aber selbst davon aus, dass die Arbeitgeber in der Wissenschaft von der Verlängerung der Rahmenfrist nach Satz 3 kaum Gebrauch machen werden, wenn die Nachwuchswissenschaftlerin oder der Nachwuchswissenschaftler bereits die Möglichkeiten des Abs. 5 in nennenswertem Umfang genutzt hat[90]. 24

2.4.3 Verlängerung wegen Behinderung

Aufgrund des am 17.3.2016 in Kraft getretenen Ersten Änderungsgesetzes zum WissZeitVG verlängert sich die nach § 2 Abs. 1 Sätze 1 und 2 WissZeitVG zulässige Befristungsdauer bei **Vorliegen einer Behinderung nach** § 2 Abs. 1 SGB IX oder einer **schwerwiegenden chronischen Erkrankung** um 2 Jahre, § 2 Abs. 1 Satz 6 WissZeitVG n. F. Der neue Satz 6 soll dem Umstand Rechnung tragen, dass eine zunehmende Zahl von Wissenschaftlern mit einer Behinderung oder einer schwerwiegenden chronischen Erkrankung nach wissenschaftlicher oder künstlerischer Qualifizierung strebt[91]. Mit der Ausweitung der zeitlichen Höchstfristen für diese Personengruppe soll dem aus den Vorgaben der UN-Behindertenrechtskonvention abgeleiteten gleichberechtigten Zugang zu beruflicher Qualifizierung entsprochen und neben der Vereinbarkeit von Wissenschaft und Familie die Vereinbarkeit von Wissenschaft und Behinderung ermöglicht werden. 25

Die Neuregelung setzt lediglich eine „Behinderung" voraus. Der Arbeitnehmer muss **nicht schwerbehindert** im Sinne des § 2 Abs. 2 SGB IX **oder gleichgestellt** im Sinne des § 2 Abs. 3 SGB IX sein. Nach § 2 Abs. 1 SGB IX sind Menschen behindert, wenn ihre körperliche Funktion, geistige Fähigkeit oder seelische Gesundheit mit hoher Wahrscheinlichkeit länger als 6 Monate von dem für das Lebensalter typischen Zustand abweicht und ihre Teilhabe am Leben in der Gesellschaft deshalb beeinträchtigt wird. Um sich auf die Möglichkeit der Verlängerung berufen zu können, muss der Arbeitnehmer eine dauerhafte Beeinträchtigung seiner körperlichen und seelischen oder geistigen Gesundheit und die Beeinträchtigung bei der Teilhabe am gesellschaftlichen Leben konkret darlegen. Insoweit kann auf die Grundsätze zu § 1 AGG Bezug genommen werden, da insoweit ebenfalls an den Behinderungsbegriff des § 2 Abs. 1 SGB IX angeknüpft wird[92]. Auch § 106 Satz 3 GewO knüpft daran an[93]; wobei Arbeitnehmer mit Behinderung daraus keinen besonderen Schutz in Anspruch nehmen können, da der Arbeitgeber im Rah- 26

---

90 BT-Drucks. 16/3438, S. 13, zu § 2 Abs. 1 Satz 3.

91 BT-Drucks. 18/6489, S. 11.

92 Vgl. zu § 1 AGG BT-Drucks. 16/1780, S. 31.

93 HWK/*Lembke*, 6. Aufl. 2014, § 106 GewO, Rz. 130.

men des billigen Ermessens ohnehin bereits alle schutzwürdigen Interessen des Arbeitnehmers zu berücksichtigen hat[94]. Eine - auch gravierende – Einzelerkrankung erfüllt nicht schon ohne weiteres den Behinderungsbegriff[95].

27 Auch eine „schwerwiegende chronische Erkrankung" erweitert die zulässige Befristungsdauer um 2 Jahre. Für die Begriffsbestimmung kann auf die sog. Chroniker-Richtlinie des Gemeinsamen Bundesausschusses[96] zurückgegriffen werden. Nach § 2 Abs. 2 der Chroniker-Richtlinie ist eine Krankheit „schwerwiegend chronisch", „wenn sie wenigstens ein Jahr lang, mindestens einmal pro Quartal ärztlich behandelt wurde (Dauerbehandlung) und eines der folgenden Merkmale vorhanden ist: a) Es liegt eine Pflegebedürftigkeit der Pflegestufe 2 oder 3 nach dem zweiten Kapitel SGB XI vor. b) Es liegt ein Grad der Behinderung (GdB) von mindestens 60 oder eine Minderung der Erwerbsfähigkeit (MdE) von mindestens 60 % vor, wobei der GdB oder die MdE nach den Maßstäben des § 30 Abs. 1 BVG oder des § 56 Abs. 2 SGB VII festgestellt und zumindest auch durch die Krankheit nach Satz 1 begründet sein muss. c) Es ist eine kontinuierliche medizinische Versorgung (ärztliche oder psychotherapeutische Behandlung, Arzneimitteltherapie, Behandlungspflege, Versorgung mit Heil- und Hilfsmitteln) erforderlich, ohne die nach ärztlicher Einschätzung eine lebensbedrohliche Verschlimmerung, eine Verminderung der Lebenserwartung oder eine dauerhafte Beeinträchtigung der Lebensqualität durch die aufgrund der Krankheit nach Satz 1 verursachte Gesundheitsstörung zu erwarten ist." Damit dürfte jeder schwerwiegend chronisch Erkrankte auch behindert im Sinne von § 2 Abs. 1 SGB IX sein (vgl. BAG, Urteil v. 19.12.2013, 6 AZR 190/12[97]), sodass es dieser Ergänzung gar nicht bedurft hätte.

28 Es gibt auch für behinderte oder schwerwiegend chronisch erkrankte Wissenschaftler **keinen Rechtsanspruch auf Ausschöpfung der Höchstgrenzen** befristeter Verträge und damit auch **keinen Anspruch auf Verlängerung wegen dieser Merkmale**. Ein befristeter Vertrag verlängert sich nach Erreichen der Höchstbefristungsdauer auch bei Vorliegen der Voraussetzungen nicht automatisch um 2 Jahre. Hierzu ist vielmehr das **Einverständnis des Arbeitgebers erforderlich**. Wird eine Verlängerung vom Arbeitgeber aber **wegen** der Behinderung oder der schwerwiegenden chronischen Erkrankung abgelehnt, kommen Schadensersatz- und Entschädigungsansprüche nach § 15 Abs. 1 und 2 AGG in Betracht. Ein Anspruch auf Verlängerung resultiert daraus aber nicht.

2.4.4 Verlängerung/Nichtanrechnung wegen Beurlaubung, Elternzeit u.a.

29 Die Dauer von Arbeitsverträgen, die sich auf den Befristungstatbestand aus § 2 Abs. 1 WissZeitVG stützen, verlängert sich um die Nichtanrechnungszeiträume aus den Tatbe-

---

94 ErfK/*Preis*, 16. Aufl. 2016, § 106 GewO, Rz. 23.

95 Bauer/Göpfert/Krieger, AGG, 4. Aufl. 2015, § 1 AGG, Rz. 44.

96 Richtlinie des Gemeinsamen Bundesausschusses zur Umsetzung der Regelungen in § 62 für schwerwiegend chronisch Erkrankte v. 19.6.2008, BAnz Nr. 124 v. 19.8.2008, S. 3017.

97 NZA 2014, S. 372, Rz. 57 ff.

ständen des § 1 Abs. 5 Satz 1 Nr. 1 bis 6. Hierauf hat der Mitarbeiter bzw. die Mitarbeiterin einen **Anspruch**. Abgesehen von notwendigen redaktionellen Änderungen entspricht dies dem bisherigen § 57b Abs. 4 HRG.

Die Verlängerungsregelungen sind insbesondere **aus sozialen Gründen** gefordert. So würde es eine nicht zu rechtfertigende Benachteiligung insbesondere von Frauen darstellen, wenn Zeiten des Mutterschutzes oder der Elternzeit auf die Vertragslaufzeit angerechnet würden. Wenn während der Elternzeit eine Erwerbstätigkeit mit reduzierter Arbeitszeit fortgeführt wird, bemisst sich die Verlängerung nach dem Umfang der Arbeitszeitverminderung (Differenz zwischen ursprünglich vereinbarter Arbeitszeit und reduzierter Arbeitszeit). Die Erwägung der Nachteilsvermeidung gilt auch für die Berücksichtigung der Unterbrechungszeiten Nr. 1 (**Betreuungsurlaub**) und Nr. 4 (**Grundwehr-, Zivildienst**). In § 2 Abs. 5 Satz 1 Nr. 1 wird klargestellt, dass sich die Verlängerung auch auf einen Betreuungsurlaub für andere Kinder bezieht, soweit zu ihnen eine rechtlich verfestigte Familienbeziehung besteht, d. h. insbesondere auf Stief- und Pflegekinder (siehe oben Rz. 21).

Hinweis

Nach § 2 Abs. 5 Satz 1 Nr. 3 WissZeitVG „verlängert sich im Einverständnis mit der Mitarbeiterin oder dem Mitarbeiter" die „jeweilige Dauer eines befristeten Arbeitsvertrages nach Absatz 1" um „Zeiten einer **Inanspruchnahme von Elternzeit** nach dem Bundeselterngeld- und Elternzeitgesetz". Das führt nach Auffassung des BAG dazu, dass das befristete **Arbeitsverhältnis** über das vereinbarte Fristende hinaus **zunächst** für die in Anspruch genommene Elternzeit **fortdauert** und sich **danach noch** um die vor dem vereinbarten Fristende liegende Dauer der Elternzeit **verlängert** (BAG, Urteil v. 28.5.2014, 7 AZR 456/12).

Die Vorschrift soll „ersichtlich auch die Eltern unter den Nachwuchswissenschaftlern schützen". Es soll verhindert werden, dass diese ihren wissenschaftlichen Werdegang abbrechen (müssen). Deshalb wird die Beendigung des Arbeitsvertrags um die nicht anzurechnende Zeit hinausgeschoben. Es bedarf daher auch nicht etwa einer Neubegründung des Arbeitsvertrags. Zwar werden dadurch die Arbeitnehmerinnen und Arbeitnehmer besser gestellt als in sonstigen Fällen des Zusammentreffens von Befristung und Elternzeit. Nach Auslegung des 7. Senats ist dies aber ersichtlich die durchaus gewollte Folge aus § 2 Abs. 5 Satz 1 Nr. 3 WissZeitVG (BAG, Urteil v. 28.5.2014, 7 AZR 456/12). Das BAG erteilt damit der in der Fachliteratur vorherrschenden „Unterbrechungslösung" eine Absage.

Auch in den anderen Fällen (Nr. 1, 2 und 4 bis 6) dauert deshalb das Arbeitsverhältnis über das vereinbarte Fristende hinaus zunächst für die in Anspruch genommene Zeit fort und verlängert sich danach noch um die vor dem vereinbarten Fristende liegende Dauer der Auszeit[98].

[98] ErfK/*Müller-Glöge*, 16. Aufl. 2016, § 2 WissZeitVG, Rz. 17.

30 Nach der durch das Erste Änderungsgesetz zum WissZeitVG **neu eingeführten Regelung** des § 2 Abs. 5 Satz 1 Nr. 6 verlängert sich die jeweilige Dauer eines nach § 2 Abs. 1 WissZeitVG befristeten Arbeitsvertrags im Einverständnis mit dem Mitarbeiter auch um „Zeiten einer krankheitsbedingten Arbeitsunfähigkeit, in denen ein gesetzlicher oder tarifvertraglicher Anspruch auf Entgeltfortzahlung nicht besteht". Dies soll den betroffenen Mitarbeiterinnen und Mitarbeitern die Möglichkeit eröffnen, trotz längerer behinderungs-, krankheits- oder unfallbedingter Ausfallzeiten das angestrebte Qualifizierungsziel zu erreichen[99].

31 Die Verlängerung setzt das **Einverständnis** des Mitarbeiters voraus. Ohne Einverständnis kommt es nicht zu einer Verlängerung. Das Einverständnis kann und **muss bis zum Ende des befristeten Vertrags erklärt werden**.

Hinweis

Die Einverständniserklärung des Arbeitnehmers nach § 2 Abs. 5 WissZeitVG bedarf nicht der Schriftform nach § 14 Abs. 4 TzBfG[100]. Ob sie auch konkludent durch schlüssiges Handeln, z. B. durch Weiterarbeit abgegeben werden kann, ist streitig (dafür LAG Mecklenburg-Vorpommern, Urteil v. 26.2.2015, 5 Sa 166/14[101]). Zur Vermeidung einer Auseinandersetzung über die Anwendung von § 15 Abs. 5 TzBfG (Verlängerung als unbefristetes Arbeitsverhältnis) sollte jedoch vorsorglich das Einverständnis des Arbeitnehmers in schriftlicher Form verlangt werden[102], und zwar vor dem Datum, über welches hinaus das Arbeitsverhältnis verlängert werden soll.

32 Der **Umfang der Verlängerung** soll in den Fällen der Nr. 1, 2 und 5 **auf jeweils 2 Jahre begrenzt** bleiben. Dabei ist die Begrenzung der Höchstdauer der jeweiligen Verlängerung aber für die zulässige Dauer der Unterbrechung ohne Bedeutung. Die Unterbrechung kann über die 2 Jahre hinausgehen[103]. In begründeten Ausnahmefällen – z. B. bei längeren Auslandsaufenthalten – kann die Begrenzung auf 2 Jahre überschritten werden[104]. Wenn verschiedene Verlängerungsfälle des § 2 Abs. 5 Nr. 1, 2 und 5 nacheinander auftreten, sind die Unterbrechungszeiten zu addieren[105]; in diesen Fällen kann es zu einer Überschreitung der Verlängerungshöchstdauer von 2 Jahren kommen. Bestehen die Unterbrechungstatbestände zeitgleich, kommt es zu keiner Addition.

---

99 BT-Drucks. 18/6489, S. 12.
100 A. A. Boemke, jurisPR-ArbR 28/2015 Anm. 3.
101 A. A. Boemke, jurisPR-ArbR 28/2015 Anm. 3.
102 So zu Recht bereits zu § 57b HRG ErfK/*Müller-Glöge*, 16. Aufl. 2016, § 57b HRG, Rz. 26.
103 KR/*Treber*, 11. Aufl. 2016, § 2 WissZeitVG, Rz. 98.
104 BT-Drucks. 16/3438, S. 16.
105 KR/*Treber*, 11. Aufl. 2016, § 2 WissZeitVG, Rz. 98.

> **Beispiel**
>
> Mitarbeiter A nimmt zunächst 3 Jahre eine teilweise Freistellung als Personalratsmitglied (Nr. 5), anschließend 3 Jahre Betreuungsurlaub für sein 4-jähriges Kind (Nr. 1) in Anspruch. Die Verlängerungshöchstgrenze verlängert sich auf 4 Jahre.

Zeiten nach Satz 1 Nr. 1 bis 6 werden **in dem Umfang, in dem sie zu einer Verlängerung eines befristeten Arbeitsvertrages führen können, nicht** auf die nach § 2 Abs. 1 zulässige Befristungsdauer **angerechnet**. Die **Nichtanrechnung einer Beurlaubung** für eine wissenschaftliche oder künstlerische Tätigkeit oder eine **außerhalb des Hochschulbereichs oder im Ausland** durchgeführte wissenschaftliche, künstlerische oder berufliche Aus-, Fort- oder Weiterbildung (Nr. 2) ist nach Meinung des Gesetzgebers mit dem Zweck der zügigen Qualifikation vereinbar, weil sie insbesondere den Wissenstransfer fördert. Diese Nichtanrechnungsmöglichkeit sei geradezu eine Aufforderung für junge Wissenschaftler und Wissenschaftlerinnen, Erkenntnisse in der Praxis und im Ausland zu sammeln und diese wieder in ihre Tätigkeit im Hochschulbereich einfließen zu lassen[106]. 33

Beibehalten wird auch die Nichtanrechnung von Zeiten einer Freistellung zur Wahrnehmung von Aufgaben in einer Personal- oder Schwerbehindertenvertretung (Nr. 5).

2.5 Anrechnung von Beschäftigungszeiten

Auf die Befristungsdauer (6 plus 6 bzw. 9 Jahre ohne Sachgrund) werden nach § 2 Abs. 3 WissZeitVG angerechnet 34

- alle befristeten Arbeitsverträge von Angehörigen des wissenschaftlichen und künstlerischen Personals an einer deutschen Hochschule oder an einer staatlichen oder überwiegend öffentlich finanzierten Forschungseinrichtung, und zwar unabhängig davon, auf welcher Rechtsgrundlage diese Verträge befristet wurden,
- alle Zeiten in Privatdienstverträgen, z. B. mit Professorinnen und Professoren nach § 3,
- alle Dienstzeiten in Beamtenverhältnissen auf Zeit, z. B. wissenschaftliche Assistenten, Oberassistenten, Oberingenieure, Hochschuldozenten, Juniorprofessuren,
- alle Verträge als wissenschaftliche Hilfskraft nach Abschluss des Studiums,
- alle Arbeitsverträge im Drittmittelbereich nach § 2 Abs. 2 WissZeitVG.

> **Hinweis**
>
> Die Anrechnungsvorschrift des § 2 Abs. 3 WissZeitVG bezieht sich nach ihrem Satz 1 auf *„die in Absatz 1 geregelte zulässige Befristungsdauer"*. Dies meint nach dem Wortlaut **nicht** zwingend **die Summe** der für die Promotionsphase und für die

[106] BT-Drucks. 16/3438, S. 15, 16, zu § 2 Abs. 5.

> Postdoc-Phase geregelte (Gesamt-)Höchstbefristungsdauer. Sie ist vielmehr **bezogen auf die jeweilige Qualifikationsphase** zu verstehen; d. h., es ist zwischen den Zeiten vor und nach der Promotion zu differenzieren. Nach Sinn und Zweck der mit dem WissZeitVG eröffneten Befristungsmöglichkeit in der Postdoc-Qualifikationsphase sowie der Anrechnungsvorschrift des § 2 Abs. 3 WissZeitVG ist bei der zulässigen Höchstdauer des § 2 Abs. 1 Satz 2 WissZeitVG also beispielweise die Zeit einer befristeten Beschäftigung vor der Promotion, die die 6-Jahres-Höchstfrist nach § 2 Abs. 1 Satz 1 WissZeitVG übersteigt, nicht „verkürzend" zu berücksichtigen (BAG, Urteil v. 24.8.2011, 7 AZR 228/10).

35 Für alle anzurechnenden Beschäftigungszeiten gilt, dass die **Anrechnung** (nur) erfolgt, **wenn der Beschäftigungsumfang mehr als 1/4 der regelmäßigen Arbeitszeit** betrug (§ 2 Abs. 3 Satz 1 WissZeitVG). Das entspricht dem früheren § 57b Abs. 2 Satz 1 HRG. Damit sollten und sollen insbesondere **Nebenbeschäftigungen**, z. B. als Korrekturassistent oder als Referendar, **anrechnungsfrei** bleiben, die aufgrund des geringen zeitlichen Deputats für eine wissenschaftliche oder künstlerische Qualifikation nicht ausreichen[107]. Nachdem die frühere HRG-Höchstfrist von 4 Jahren für die befristete Beschäftigung von wissenschaftlichen Hilfskräften weggefallen ist, wird teilweise angenommen, dass „kleine" Stellen, d.h. Stellen bis zu einem Beschäftigungsumfang von 1/4 keiner Befristungsgrenze mehr unterliegen, was unionsrechtlich bedenklich wäre[108].

> **Beispiel**
>
> Mitarbeiter A promoviert 2 Jahre und wird von der Hochschule gleichzeitig als wissenschaftlicher Mitarbeiter auf einer halben Stelle beschäftigt. Nach Abschluss der Promotion wird er als wissenschaftlicher Assistent (Beamter auf Zeit) für 2-mal 3 Jahre beschäftigt. Durch die Anrechnung der 6 Jahre im Beamtenverhältnis ist die 6-jährige Befristungszeit nach abgeschlossener Promotion ausgeschöpft; möglich ist aber noch eine weitere befristete Beschäftigung von 4 Jahren, weil er die Promotion statt in den zur Verfügung stehenden 6 Jahren in nur 2 Jahren abgeschlossen hat. Unabhängig davon wäre eine Befristung wegen Drittmitteln möglich[109].

36 **Nicht angerechnet** werden **generell** auch **studentische Beschäftigungszeiten**, z. B. als studentische Hilfskraft vor Abschluss des Studiums. Dies gilt sowohl für die unter der Geltung der Erstfassung des WissZeitVG bis 16.3.2016 abgeschlossenen Verträge (§ 2 Abs. 3 Satz 3 WissZeitVG a. F.) als auch für die durch das Erste Änderungsgesetz novellierte WissZeitVG-Fassung (§ 2 Abs. 3 Satz 3 i. V. m. § 6 WissZeitVG n. F.). Die **bis**

[107] KR/*Lipke*, 9. Aufl. 2009, § 57b HRG, Rz. 33.

[108] *Stumpf*, NZA 2015, S. 326, der die Nichtanrechnungsklausel des § 2 Abs. 3 Satz 1 generell für unionsrechtswidrig hält; *Kortstock*, ZTR 2007, S. 350, 353.

[109] S. Rz. 38 ff.

16.3.2016 in § 2 Abs. 3 Satz 3 enthaltene Regelung zur Nichtanrechnung der Zeiten eines befristeten Arbeitsverhältnisses, die vor dem Abschluss des Studiums liegen, auf die nach § 2 Abs. 1 zulässige Befristungsdauer ist entfallen. Für studienbegleitende Beschäftigungen wurde in § 6 ein eigenständiger Befristungstatbestand geschaffen. Der für Verträge **seit 17.3.2016** geltende, neugefasste Satz 3 stellt klar, dass die nach dem neuen § 6 abgeschlossenen befristeten Arbeitsverträge nicht auf den Befristungsrahmen des § 2 Abs. 1 anzurechnen sind. Gleiches gilt für befristete Beschäftigungen von Studierenden, die wissenschaftliche und künstlerische Hilfstätigkeiten ausführen, aber nicht aufgrund von § 6 befristet sind; vergleichbare studienbegleitende Beschäftigungen, die auf anderen Rechtsvorschriften beruhen, z. B. auf dem TzBfG, führen ebenfalls nicht zu einer Anrechnung.

Beispiel

F war als Jura-Studentin 3 Jahre als ungeprüfte wissenschaftliche Hilfskraft am Lehrstuhl von Prof. Dr. L beschäftigt. Nach Abschluss des Studiums will sie bei Prof. Dr. L promovieren und parallel dazu an seinem Lehrstuhl weiter arbeiten. Es ist nach § 2 Abs. 1 Satz 1 WissZeitVG bis zum Abschluss der Promotion eine befristete Beschäftigung ohne Sachgrund von maximal 6 Jahren möglich. Die Vorbeschäftigungszeiten als studentische Hilfskraft sind anrechnungsfrei.

Nach der Klarstellung in den neuen §§ 2 Abs. 3 Satz 3, 6 WisszeitVG n. F. ist die in der Praxis aufgekommene Unsicherheit der Behandlung von Masterstudien beseitigt, sowohl Beschäftigungszeiten im Bachelor- als auch im Master-Studium bleiben anrechnungsfrei[110].

Hinweis

Die seit 17.3.2016 geltende Neuregelung entkoppelt die studentische Hilfskraftvon den sog. familienpolitischen Komponenten, die nach § 2 WissZeitVG gelten (siehe dazu oben Rz. 20 ff.). Insbesondere die bis 16.3.2016 abgeschlossenen Verträge auch für studentische Hilfskräfte noch zu berücksichtigenden Zeiten in § 2 Abs. 5 WissZeitVG sind nicht mehr verwertbar; nur in den Fällen des § 2 Abs. 1 WissZeitVG, nicht des § 6 WissZeitVG n. F. kann eine Verlängerung erzeugt werden.

2.6 Zitiergebot

Nach § 2 Abs. 4 ist im Arbeitsvertrag anzugeben, dass der Vertrag auf der Befristungsregelung des WissZeitVG beruht. Das BAG hat bereits zu der mit § 2 Abs. 4 Satz 1 WissZeitVG wortgleichen Vorschrift des § 57b Abs. 3 Satz 1 HRG in der bis 17.4.2007 geltenden Fassung entschieden, dass die Einhaltung des Zitiergebots nicht die Angabe der einzelnen Befristungsnormen erfordert (BAG, Urteil v. 21.6.2006, 7 AZR 234/05). 37

110 A. A. Boemke, jurisPR-ArbR 49/2015, Anm. 6.

Auch für das WissZeitVG ist die Bezugnahme darauf, dass „die Beschäftigung in der Qualifizierungsphase der eigenen Aus-, Fort- oder Weiterbildung dient (Wissenschaftszeitvertragsgesetz)“ ausreichend; dem Zitiergebot ist auch mit dem Hinweis Genüge getan, dass „für die Befristung des Arbeitsverhältnisses ... die Vorschriften des Wissenschaftszeitvertragsgesetztes“ gelten (BAG, Urteil v. 29.4.2015, 7 AZR 519/13). Eine Zitierung der einzelnen Befristungsnormen ist nicht erforderlich (BAG, Urteil v.1.6.2011, 7 AZR 827/09; BAG, Urteil v. 29.4.2015, 7 AZR 519/13). Allein der Hinweis auf eine Beschäftigung als „wissenschaftliches Personal“ ist allerdings unzureichend (LAG Köln, Urteil v. 23.1.2015, 4 Sa 773/14).

Hinweis

Wird das Zitiergebot verletzt, folgt hieraus nicht automatisch die Entfristung des Arbeitsverhältnisses. Vielmehr kann die Befristung in diesen Fällen nur nicht auf die Sondertatbestände des § 2 WissZeitVG gestützt werden. Die Befristung kann jedoch nach allgemeinen Grundsätzen, also nach Maßgabe des TzBfG gerechtfertigt sein (anderer Ansicht allerdings Sächsisches LAG, Urteil v. 21.7.2014, 5 Sa 504/13). Gelingt dies nicht, ergeben sich die Rechtsfolgen aus § 16 TzBfG[111].

Findet das WissZeitVG mangels Zitierung keine Anwendung, reicht zur Begründung der Befristung nach § 14 Abs. 1 Nr. 4 TzBfG allein der Hinweis auf eine wissenschaftliche Tätigkeit nicht aus (LAG Berlin-Brandenburg, Urteil v. 3.2.2015, 7 Sa 2009/14).

38 Der Hochschule bzw. den außeruniversitären Forschungseinrichtungen bleibt es ferner überlassen, befristete Arbeitsverhältnisse von vornherein auch auf **andere Befristungstatbestände** zu stützen. Allerdings werden auch solche Arbeitsverträge - außer bei studentischen Hilfskräften - in die Berechnung der Befristungshöchstgrenze einberechnet.

2.7 Ausschluss von Zweckbefristungen und auflösenden Bedingungen

39 Zum Schutze der Mitarbeiterinnen und Mitarbeiter schließt § 2 Abs. 4 Satz 3 WissZeitVG Zweckbefristungen und auflösende Bedingungen in der Qualifizierungsphase aus. Die Dauer der Befristung in der Qualifizierungsphase muss vielmehr kalendermäßig bestimmt oder bestimmbar sein. Diese Typisierung der Befristungsarten geht den allgemeinen Möglichkeiten des Abschlusses befristeter Arbeitsverträge vor.

3. Befristete Beschäftigung aufgrund von Drittmitteln

3.1 Allgemeines

40 Hochschulen und außeruniversitäre Forschungseinrichtungen finanzieren ihre zeitlich befristeten Forschungsprojekte häufig über Drittmittel. Daher sind sie in beträchtlichem Maße darauf angewiesen, das wissenschaftliche und künstlerische Personal, aber auch

111 S. Spinner, § 16 TzBfG, Rz. 6 ff.

das akzessorische Personal, also das nichtwissenschaftliche und nicht-künstlerische Personal, das für die Realisierung dieser Projekte benötigt wird, rechtssicher und für beide Seiten transparent befristet zu beschäftigen[112].

Der Bundesgesetzgeber hatte die über Drittmittel finanzierten Beschäftigungsverhältnisse an den Hochschulen und außeruniversitären Forschungseinrichtungen bisher nicht gesondert geregelt; dies wurde durch das WissZeitVG unter Hinweis auf den erheblich angestiegenen Drittmittelanteil an den Einnahmen der Hochschulen geändert[113]. Mit der ausdrücklichen gesetzlichen Regelung der Drittmittelfinanzierung als sachlich rechtfertigender Befristungsgrund soll nach dem Willen des Gesetzgebers ein wichtiger Beitrag zur Förderung der Drittmittelforschung und damit zur Pflege der freien Wissenschaft in Deutschland geleistet werden, nachdem sich das allgemeine Arbeitsrecht und insbesondere das TzBfG mit seinen Befristungsmöglichkeiten im Bereich der Wissenschaft nicht als sehr praxistauglich herausgestellt haben. Die sachgrundlose Befristung nach § 14 Abs. 2 TzBfG ist nicht zulässig, wenn mit demselben Arbeitgeber bereits ein Arbeitsverhältnis bestanden hat, und ist nur für 2 Jahre möglich. Zahlreiche Drittmittelprojekte haben aber eine längere Laufzeit.

Ein sachlicher Grund für den Abschluss eines befristeten Vertrags liegt nach § 14 Abs. 1 Satz 2 Nr. 1 TzBfG dann vor, wenn der betriebliche Bedarf an der Arbeitsleistung nur vorübergehend besteht. Diese Regelung ist nach der Rechtsprechung des BAG grundsätzlich auch auf die Fälle der Drittmittelfinanzierung der Wissenschaft anwendbar. Allerdings ist erforderlich, dass das Ende des Forschungsprojekts bzw. der **endgültige Wegfall der Drittmittel am Fristende** bei Vertragsabschluss hinreichend sicher prognostiziert werden kann[114]. Forschungsprojekte laufen aber vielfach über einen ersten Mittelbewilligungszeitraum hinaus und Anschlussbewilligungen können oftmals nicht von vornherein ausgeschlossen werden[115].

3.2 Voraussetzungen der Drittmittelbefristung

Für die befristete Beschäftigung bei Drittelmittelfinanzierung müssen **3 Voraussetzungen** erfüllt sein: 41

1. Die Beschäftigung muss überwiegend aus Drittmitteln finanziert sein.
2. Die Finanzierung muss für eine bestimmte Aufgabe und Zeitdauer bewilligt sein.
3. Die Mitarbeiterin oder der Mitarbeiter muss überwiegend der Zweckbestimmung der Drittmittel entsprechend beschäftigt werden.

---

112 So die Beschreibung der Problemlage im Gesetzentwurf der Bundesregierung, BT-Drucks. 16/3438, S. 1.

113 Allein zwischen 1995 und 2003 sollen die Drittmitteleinnahmen der Hochschulen von knapp 2,1 Mrd. EUR auf 3,4 Mrd. EUR, d. h. um über 60 % gestiegen sein; BT-Drucks. 16/3438, S. 8.

114 S. Gräfl, § 14 TzBfG, Rz. 236,, Rz. 245 ff.

115 BT-Drucks. 16/3438, S. 6, 7.

3.2.1 Überwiegende Drittmittelfinanzierung

42 Eine Finanzierung durch Drittmittel liegt nach der Rechtsprechung des BAG vor, wenn ein Projekt nicht aus den der Hochschule oder Forschungseinrichtung zur Verfügung stehenden regulären Haushaltsmitteln, sondern anderweitig finanziert wird (vgl. z. B. BAG, Urteil v. 15.1.1997, 7 AZR 158/96[116]). Die Beschäftigung ist „überwiegend aus Drittmitteln finanziert", wenn das Personal zu **mehr als 50 % aus Drittmitteln finanziert** wird[117]. So ist es durchaus zulässig, dass ein drittmittelfinanzierter Vertrag aus Haushaltsmitteln „aufgestockt" wird oder auch „gestreckt" wird. Das wissenschaftliche Personal ist bereits dann überwiegend aus Drittmitteln vergütet, wenn bei Vertragsabschluss mit hinreichender Sicherheit davon ausgegangen werden konnte, dass seine Vergütung nur für den geringeren Teil der Vertragsdauer aus laufenden Haushaltsmitteln bestritten werden muss (BAG, Urteil v. 22.11.1995, 7 AZR 248/95[118]; BAG, Urteil v. 31.1.1990, 7 AZR 125/89[119]).

Hinweis

Das Tatbestandsmerkmal „überwiegende Drittmittelfinanzierung" bezieht sich auf die Personalausgaben für den befristet beschäftigten Mitarbeiter oder die befristet beschäftigte Mitarbeiterin. Das Tatbestandsmerkmal bezieht sich dagegen nicht auf die Gesamtkosten des Projekts[120].

3.2.2 Bewilligung für eine bestimmte Aufgabe und Zeitdauer

43 Die Finanzierung aus Drittmitteln muss für eine bestimmte Aufgabe und Zeitdauer bewilligt sein. Diese Tatbestandsvoraussetzung knüpft an die Rechtsprechung des BAG an, wonach eine pauschale Bestimmung von Mitteln ohne konkrete und nachvollziehbare Zweckbindung nicht ausreicht (vgl. BAG Urteil v. 26.8.1988, 7 AZR 101/88[121]; BAG, Urteil v. 15.1.1997, 7 AZR 158/96[122]). Mit dem Tatbestandsmerkmal „Finanzierung für eine bestimmte Aufgabe und Zeitdauer bewilligt" ist das Erfordernis einer konkreten aufgaben- und zeitbezogenen Mittelzuweisung beschrieben. Das Attribut „bestimmte" bezieht sich sowohl auf die „Aufgabe" als auch auf die „Zeitdauer". Damit müssen die (Dritt-)Mittel einerseits hinreichend zweckgebunden und andererseits für eine von vornherein feststehende Zeitspanne zur Verfügung gestellt sein (BAG, Urteil v. 13.2.2013, 7 AZR 284/11). Allerdings verlangt der Wortlaut des Gesetzes nicht, dass die Finanzierung anschließend wegfallen soll (so aber z.B. BAG, Urteil v. 22.6.2005, 7 AZR 499/04). Auf-

[116] NZA 1998, S. 29.
[117] Sievers, TzBfG, 5. Aufl. 2015, § 23 TzBfG, Rz. 151.
[118] NZA 1996, S. 1092.
[119] ZTR 1990, S. 526.
[120] BT-Drucks. 16/3438, S. 14; Sievers, TzBfG, 5. Aufl. 2015, § 23 TzBfG, Rz. 152.
[121] ZTR 1989, S. 493
[122] NZA 1998, S. 29.

grund der Gesetzesbegründung wird man aber auch diese Voraussetzung verlangen müssen[123]. Die Regelung erfasst damit nur solche Finanzierungsbewilligungen, deren Endlichkeit hinreichend genau feststeht (so auch BAG, Urteil v. 13.2.2013, 7 AZR 284/11).

Nach der Gesetzesbegründung wollte der Gesetzgeber ursprünglich **2 Ziele** erreichen[124]: 44

1. Ist die Drittmittelfinanzierung für eine bestimmte Aufgabe und Zeitdauer bewilligt, steht fest, dass sich Arbeitgeber und Drittmittelgeber gerade mit den Verhältnissen des konkreten Arbeitsplatzes und der dort zu erledigenden Aufgabe befasst haben. Die allgemeine Ungewissheit über den weiteren Zufluss an Mitteln nach Ablauf eines vorgesehenen Bewilligungszeitraums reicht weiterhin nicht aus, um einen sachlichen Grund für die Befristung zu begründen. Stattdessen muss der für den Sachgrund konstitutive Bezug zwischen der Drittmittelfinanzierung und einer bestimmten und begrenzten Aufgabenerledigung hergestellt werden. Dieser Aufgabenerledigung wird durch das Element inhaltlicher Fremdbestimmung ihr Gepräge gegeben. Der Umstand, dass der Arbeitgeber möglicherweise beabsichtigte, das Vorhaben im Falle einer Anschlussförderung für einen weiteren befristeten Zeitraum fortzuführen, ist unschädlich. Zu klären ist lediglich, ob der Arbeitgeber bereits bei Vertragsschluss von einer Anschlussförderung ausgehen konnte. Dies ist nicht der Fall, wenn die Anschlussförderung z. B. von den bis dahin erzielten Forschungsergebnissen oder einer erneuten Antragstellung und damit von neu zu treffenden Entscheidungen des Drittmittelempfängers wie des Drittmittelgebers abhängig ist (vgl. dazu BAG, Urteil v. 15.2.2006, 7 AZR 241/05[125]).
2. Es wird eine solide Prognosegrundlage für den späteren Wegfall des Beschäftigungsbedarfs bei Vertragsschluss geschaffen. Dies mindert das Risiko für den Arbeitgeber, da er anhand konkreter Kriterien die Anforderungen, die an eine Befristung aufgrund einer Drittmittelfinanzierung gestellt werden, einschätzen kann. Gleichzeitig wird die gerichtliche Überprüfung erleichtert und für die Vertragsparteien transparenter.

Hinweis

Steht eine vereinbarte **Befristung der Drittmittelfinanzierung** unter der **Bedingung einer zuvor ausgesprochenen fristgerechten Kündigung** und verlängert sich der Vertrag andernfalls automatisch, liegt **keine** von vornherein feststehende zeitliche Begrenzung der Mittelbewilligung im Sinne des § 2 Abs. 2 Satz 1 WissZeitVG vor. Die bloße Ungewissheit über den weiteren Drittmittelzufluss genügt für die Befristung nach § 2 Abs. 2 Satz 1 WissZeitVG nicht (BAG, Urteil v. 13.2.2013, 7 AZR 284/11).

Ob bei Vertragsschluss Anhaltspunkte für die Annahme bestanden, dass nach Projektende ein **Einsatz in einem anderen Projekt** möglich sein könnte, ist **nicht von Bedeutung**. Die Prognose des Arbeitgebers muss sich nach der Rechtsprechung des BAG nur 45

[123] So auch Sievers, TzBfG, 5. Aufl. 2015, § 23 TzBfG, Rz. 155.
[124] BT-Drucks. 16/3438, S. 14.
[125] ZTR 2006, S. 509.

auf die Beendigung des konkreten Projekts beziehen. Allein daraus folgt der vorhersehbare Wegfall des zusätzlichen Arbeitsbedarfs für den befristet eingestellten Arbeitnehmer. Es ist deshalb unerheblich, ob der befristet beschäftigte Arbeitnehmer nach Fristablauf aufgrund seiner Qualifikation auf einem freien Arbeitsplatz in einem anderen Projekt befristet oder unbefristet beschäftigt werden könnte (BAG, Urteil v. 15.2.2006, 7 AZR 241/05[126]).

3.2.3 Überwiegende Beschäftigung entsprechend der Zweckbestimmung

46 Die Mitarbeiterin oder der Mitarbeiter muss auch überwiegend der Zweckbestimmung der Drittmittel entsprechend beschäftigt werden. Im Einzelfall ist daher hinsichtlich des Kriteriums der zweckentsprechenden Beschäftigung in Übereinstimmung mit der Rechtsprechung des BAG zu bewerten, ob die Arbeit im Drittmittelprojekt der Tätigkeit des wissenschaftlichen oder künstlerischen Mitarbeiters das **Gepräge** gibt, oder ob beispielsweise andere projektunabhängige Aufgaben, z. B. sonstige Verwaltungsaufgaben, dominieren[127]. Der Arbeitnehmer muss **nicht ausschließlich im Drittmittelprojekt** arbeiten (BAG, Urteil v. 15.4.1999, 7 AZR 645/97[128]). Die Befristung ist unwirksam, wenn bereits im Zeitpunkt des Vertragsschlusses absehbar ist, dass der Arbeitnehmer nicht überwiegend projektbezogen eingesetzt werden wird (BAG, Urteil v. 15.2.2006, 7 AZR 241/05[129]).

Die **Dauer** des befristeten Arbeitsvertrags muss auch **nicht mit** der **Laufzeit** der zur Verfügung gestellten Drittmittel **übereinstimmen** (BAG, Urteil v. 15.1.2003, 7 AZR 616/01[130]). Von der neuen Regelung sollen gerade auch die Fälle erfasst werden, in denen die Dauer der drittmittelfinanzierten Aufgabe und die Dauer der Bewilligung nicht übereinstimmen, weil die Bewilligung nur abschnittsweise erfolgt (z. B. bei Sonderforschungsbereichen der Deutschen Forschungsgemeinschaft (DFG) oder Forschungsprojekten im Rahmen der Fachprogramme des Bundesforschungsministeriums). Das Personal muss nicht für die Gesamtlaufzeit des Projekts beschäftigt werden, wenn projektierter Gesamtzeitraum und konkreter Bewilligungszeitraum auseinanderfallen[131].

Ob die Rechtsprechung dem folgen wird, erscheint zweifelhaft. Nach der Rechtsprechung des BAG bedarf die Befristungsdauer grundsätzlich keiner eigenen Rechtfertigung; dies gilt allerdings in erster Linie für die Fälle der Vertretung. Wenn man davon ausgeht, dass der Wegfall der Drittmittel zum Ende der Vertragslaufzeit für die Prognose bei Vertragsschluss erforderlich ist (BAG, Urteil v. 22.6.2005, 7 AZR 499/04), wäre die Befristungsdauer ein eigenständiger Prüfungspunkt[132].

---

126 ZTR 2006, S. 509.
127 BT-Drucks. 16/3438, S. 14.
128 NZA 2000, S. 93.
129 ZTR 2006, S. 509.
130 NZA 2003, S. 1167.
131 BT-Drucks. 16/3438, S. 14.
132 So auch Sievers, TzBfG, 5. Aufl. 2015, § 23 TzBfG, Rz. 157.

3.2.4 Kongruenz zwischen Befristungsdauer und bewilligter Projektlaufzeit

Durch des Erste Änderungsgesetz zum WissZeitVG wurde mit Wirkung zum 17.3.2016 neu eingefügt, dass sich die Laufzeit von Arbeitsverträgen, deren Befristung auf den Sachgrund der Drittmittelfinanzierung gestützt wird, **an der Dauer des bewilligten Projektzeitraums orientieren soll**, § 2 Abs. 2 zweiter Halbsatz. Dies ist Ausdruck des Ziels des Gesetzgebers, unsachgemäße Kurzbefristungen künftig zu unterbinden und entspricht dem Erfordernis der „Angemessenheit“ bei sachgrundlosen Befristungen nach § 2 Abs. 1 WissZeitVG. Insbesondere im Bereich der Drittmittelbefristungen hat die Rechtsprechung Befristungsvereinbarungen wegen Rechtsmissbrauchs für unwirksam erklärt[133]. Nach dem Gesetzgeber soll bei der Befristungsvereinbarung **nicht auf die konkrete haushaltsmäßige Mittelbereitstellung** abgestellt werden. Bei mehrjährigen Projekten, für die die konkrete Mittelbereitstellung aus haushaltsrechtlichen Gründen z. B. jährlich erfolgt, soll maßgeblicher Orientierungspunkt vielmehr der bewilligte Projektzeitraum sein. Bei Vertragsabschlüssen, die während eines schon laufenden Projekts, beispielsweise einer schon begonnenen Bewilligungsperiode, erfolgen, bildet nach der Gesetzesbegründung die verbleibende Projekt- oder Bewilligungsdauer den maßgeblichen Orientierungspunkt[134]. Insbesondere bei längeren Bewilligungszeiträumen kann aber auch eine beispielsweise an definierte Projektabschnitte anknüpfende Vereinbarung der Vertragslaufzeit angemessen und sinnvoll sein. Kürzere, d. h. hinter dem bewilligten Projektzeitraum zurückbleibende Laufzeiten bleiben also möglich, sollen aber die Ausnahme bilden. Dafür muss es nach der Gesetzesbegründung „gute Gründe“ geben, z. B. wenn ein Mitarbeiter nach einem 3-Jahresvertrag mit seiner Publikation, seiner Doktorarbeit oder seinem Projekt fast fertig ist oder wenn es darum geht, eine Überbrückung zu einer Anschlussbeschäftigung oder zwischen 2 Projekten zu ermöglichen[135]. Insbesondere die in der Begründung angeführte „Überbrückungsbefristung“ ist allerdings problematisch. In der Praxis werden zwar häufig Kurzbefristungen auf Drittmittelprojekte von wenigen Monaten im Interesse des Beschäftigten abgeschlossen; z. B. weil Anschlussfinanzierungen noch nicht bewilligt sind. Beschäftigte werden formal auf einem laufenden anderen Drittmittelprojekt befristet, bis das eigentliche Projekt beginnt. In dieser Konstellation fehlt es an einem Befristungsgrund. § 2 Abs. 2 WissZeitVG suspendiert das wirtschaftliche Risiko der Stellenfinanzierung nicht[136]. Bereits vor Inkrafttreten des WissZeitVG reichte nach der ständigen Rechtsprechung des BAG zu drittmittelbefristeten Arbeitsverträgen allein die Ungewissheit über die in Zukunft zur Verfügung stehenden Mittel als Sachgrund für die Befristung nicht aus. Die bloße Ungewissheit über den weiteren Drittmittelzufluss genügt auch für die Befristung nach § 2 Abs. 2 Satz 1 WissZeitVG nicht (BAG, Urteil v. 13.2.2013, 7 AZR 284/11[137]). 47

[133] Hierzu ausführlich *Mandler*, OdW 2015, S. 217 ff.

[134] BT-Drucks. 18/64/89, S. 12.

[135] So die Gesetzesbegründung, BT-Drucks. 18/6489, S. 8.

[136] So zurecht *Mandler*, OdW 2015, S. 217, 220.

[137] NZA 2013, S. 1271, Rz. 34.

48 In vielen Fällen besteht zwischen Befristungsdauer und bewilligtem Projektzeitraum kein Gleichlauf. Dies ist insbesondere dann der Fall, wenn das Projekt sich in verschiedene Abschnitte teilt oder bestimmte fachliche Fähigkeiten nicht während der gesamten Projektzeit benötigt werden. In diesen Fällen ist eine kürzere Befristung unschädlich[138].

3.3 Persönlicher Anwendungsbereich

3.3.1 Wissenschaftliches und künstlerisches Personal

49 Das WissZeitVG erlaubt die befristeten Drittmittel von wissenschaftlichem und künstlerischem Personal. Insoweit gibt es keine Unterschiede zur befristeten Beschäftigung in der Qualifizierungsphase (siehe oben Rz. 3 ff.).

3.3.2 Nicht-wissenschaftliches und nicht-künstlerisches Personal

50 Für die Realisierung von Drittmittelprojekten ist zum einen die Beschäftigung des wissenschaftlichen und künstlerischen Personals erforderlich. Zum anderen hängt der Erfolg ganz wesentlich von dem Unterstützungspersonal ab, das die Arbeit der Wissenschaftlerinnen und Wissenschaftler erst ermöglicht bzw. die notwendigen Rahmenbedingungen sicherstellt. Auch dieses **akzessorische Personal** (z. B. Technische Angestellte, Verwaltungsangestellte, Laborpersonal, Personal für das Projektmanagement, Bibliothekspersonal), das durch seine vorbereitende, aber auch projektbegleitende Tätigkeit im Regelfall maßgeblichen Anteil am Gelingen eines wissenschaftlichen oder künstlerischen Projekts hat, konnte in bis zum 16.3.2016 abgeschlossenen Verträgen nach § 2 Abs. 2 Satz 2 WissZeitVG a. F. ohne Weiteres durch Drittmittel für eine sachlich und zeitlich bestimmte Aufgabe und überwiegend der Zweckbestimmung der zur Verfügung gestellten Mittel entsprechend beschäftigt werden. Damit war dieses Personal auch nicht von vornherein deckungsgleich mit dem nicht-wissenschaftlichen und nicht-künstlerischen Personal, das an den Einrichtungen **für die Erfüllung von Daueraufgaben** in unbefristeten Beschäftigungsverhältnissen bereit steht.

51 Das Erste Änderungsgesetz zum WissZeitVG hat für **Verträge ab dem 17.3.2016** die bis dahin eröffnete Möglichkeit, auch nicht-wissenschaftliches und nicht-künstlerisches Personal auf der Grundlage der Drittmittelbefristung zu befristen, **gestrichen**. Begründet wird dies damit, dass einer der zentralen Begründungspfeiler für das wissenschaftsspezifische Sonderbefristungsrecht (Bedarf einer ständigen Fluktuation und des Zuflusses neuer Ideen um Exzellenz zu erzeugen) für diese Personengruppe nicht gleichermaßen gelte[139]. Befristungen des nicht-wissenschaftlichen und nicht-künstlerischen Personals sind deshalb künftig nur noch auf der Grundlage des allgemeinen Arbeitsrechts, also insbesondere nach dem TzBfG möglich.

---

[138] *Mandler*, OdW 2015, S. 217, 224.

[139] BT-Drucks. 18/6489, S. 12. Kritisch hierzu *Blum/Vehling*, OdW 2015, S. 189, 197.

Hinweis

In Betracht kommt für die befristete Beschäftigung des nicht-wissenschaftlichen Personals in Drittmittelprojekten insbesondere die **Projektbefristung,** § 14 Abs. 1 Satz 2 Nr. 1 TzBfG. Allerdings ist dazu eine **sorgfältige Prognose** erforderlich; es muss bereits im Zeitpunkt des Vertragsschlusses anhand konkreter Anhaltspunkte zu erwarten sein, dass die im Rahmen des Projekts durchgeführten Aufgaben nicht dauerhaft anfallen. Wenn es z. B. um den Einsatz von nicht-wissenschaftlichen Mitarbeitern mit speziellen, für das Projekt erforderlichen Kenntnissen geht, das in der Einrichtung anderweitig gar nicht ohne Weiteres einsetzbar ist, wird dies gelingen. Eine sachgrundlose Befristung nach § 14 Abs. 2 TzBfG wäre nur bei Neueinstellungen und nur bis zur Gesamtdauer von 2 Jahren möglich.

3.4 Institutioneller Anwendungsbereich

Hinsichtlich des institutionellen Anwendungsbereichs der Drittmittelbefristung gibt es 52
keine Besonderheiten im Vergleich zur Befristung in der Qualifizierungsphase. Insoweit wird auf die obigen Ausführungen[140] verwiesen. Das gilt auch für die Möglichkeit der Befristung von nicht-wissenschaftlichem und nicht-künstlerischem Personal.

3.5 Befristungsdauer

Die für Arbeitsverträge in der Qualifizierungsphase geltenden **Höchst-Befristungsdau-** 53
ern des § 2 Abs. 1 WissZeitVG[141] **gelten** für Drittmittelbefristungen **nicht**. Angesichts der jüngsten unionsrechtlichen Überlegungen des 7. Senats zur Häufigkeit und Dauer sowie zur Beschäftigungsprognose von sog. Kettenbefristungen (BAG, Vorlagebeschluss v. 17.11.2010, 7 AZR 443/09 (A)[142]) werden Bedenken hinsichtlich der Vereinbarkeit von § 2 Abs. 2 WissZeitVG mit dem Unionsrecht erhoben, wenn die Norm zur Aneinanderreihung mehrerer befristeter Verträge nach Drittmittelfinanzierung genutzt wird und bei Vertragsschluss zu prognostizieren ist, dass weitere Drittmittel akquiriert werden[143]. Problematisch ist die Rechtfertigungswirkung der Drittfinanzierung auch, wenn Daueraufgaben fremdfinanziert werden[144]. Die Finanzierung des Kerngeschäfts durch einen langfristigen Sponsorenvertrag rechtfertigt die Befristung der hierfür benötigten Personalstellen nicht. Bedenken bestanden in der Vergangenheit insoweit auch hinsichtlich der Befristung von Verträgen mit nicht-wissenschaftlichem, akzessorischen Personal, wenn es bei der Befristungsdauer keinen Gleichlauf gab, sodass die Vermutung nahe lag, dass die zur Unterstützung tätigen Personen andere als projektspezifische Aufgaben erfüllten. Das WissZeitVG wollte in der alten Fassung aber einen Gleichlauf zwi-

[140] S. Rambach, § 1 WissZeitVG, Rz. 2 ff.
[141] S. in Rz. 2 und 4.
[142] NZA 2011, S. 34.
[143] So Dörner, Der befristete Arbeitsvertrag, 2. Aufl. 2011, Rz. 529.
[144] So zu Recht Laux/Schlachter/*Schlachter*, TzBfG, 2. Aufl. 2011, § 2 WissZeitVG, Rz. 17.

schen wissenschaftlichen und nichtwissenschaftlichen Projektmitarbeitern ermöglichen[145]. Seit Inkrafttreten des Ersten Änderungsgesetzes zum WissZeitVG spielt dies keine Rolle mehr, da das nicht-wissenschaftliche akzessorische Personal nicht mehr nach dem WissZeitVG befristet werden kann.

3.6 Zitiergebot

54 Auch für Drittmittelbefristungen ist nach § 2 Abs. 4 Satz 1 WissZeitVG im Arbeitsvertrag anzugeben, dass der Vertrag auf der Befristungsregelung des WissZeitVG beruht (oben Rz. 37).

Hinweis

Wird das Zitiergebot verletzt, folgt hieraus nicht automatisch die Entfristung des Arbeitsverhältnisses. Vielmehr kann die Befristung in diesen Fällen nur nicht auf die Sondertatbestände des § 2 WissZeitVG gestützt werden. Die Befristung kann jedoch nach allgemeinen Grundsätzen, also nach Maßgabe des TzBfG gerechtfertigt sein. Gelingt dies nicht, ergeben sich die Rechtsfolgen aus § 16 TzBfG[146].

55 Der Hochschule bleibt es ferner überlassen, befristete Arbeitsverhältnisse von vornherein auch auf andere Befristungstatbestände zu stützen. Möglich ist es auch, einen mit Sachgrund befristeten Vertrag zeitlich „einzuschieben“ oder bei Überschreitung der Höchstfrist während der Laufzeit des letzten Vertrages zu schließen[147].

[145] Laux/Schlachter/*Schlachter*, TzBfG, 2. Aufl. 2011, § 2 WissZeitVG, Rz. 18

[146] S. Spinner, § 16 TzBfG, Rz. 6.

[147] ErfK/*Müller-Glöge*, 16. Aufl. 2016, § 2 WissZeitVG, Rz. 20.

§ 3 WissZeitVG – Privatdienstvertrag

Ab 17.3.2016:
Für einen befristeten Arbeitsvertrag, den ein Mitglied einer Hochschule, das Aufgaben seiner Hochschule selbständig wahrnimmt, zur Unterstützung bei der Erfüllung dieser Aufgaben mit überwiegend aus Mitteln Dritter vergütetem Personal im Sinne von § 1 Abs. 1 Satz 1 abschließt, gelten die Vorschriften der §§ 1, 2 und 6 entsprechend.

Bis 16.3.2016:
[1]Für einen befristeten Arbeitsvertrag, den ein Mitglied einer Hochschule, das Aufgaben seiner Hochschule selbständig wahrnimmt, zur Unterstützung bei der Erfüllung dieser Aufgaben mit überwiegend aus Mitteln Dritter vergütetem Personal im Sinne von § 1 Abs. 1 Satz 1 abschließt, gelten die Vorschriften der §§ 1, 2 und 6 entsprechend. [2]Für nichtwissenschaftliches und nichtkünstlerisches Personal gilt § 2 Abs. 2 Satz 2 und Abs. 4 Satz 1 und 2 entsprechend.

Das WissZeitVG gilt auch für Privatdienstverträge, die ein **Mitglied einer Hochschule**, das Aufgaben seiner Hochschule selbstständig wahrnimmt, zur Unterstützung bei der Erfüllung dieser Aufgabe **mit überwiegend aus Mitteln Dritter vergütetem** wissenschaftlichem und künstlerischem **Personal** abschließt (§ 3 Satz 1 WissZeitVG). Das HRG sieht in § 25 Abs. 1 sogar ausdrücklich vor, dass die in der Forschung tätigen Hochschulmitglieder berechtigt sind, im Rahmen ihrer dienstlichen Aufgaben auch solche Forschungsvorhaben durchzuführen, die gerade nicht aus den der Hochschule zur Verfügung stehenden Haushaltsmitteln, sondern aus Mitteln Dritter finanziert werden. Wer **Mitglied der Hochschule** ist, bestimmt das jeweilige Landeshochschulrecht. Nach dem LHG Baden-Württemberg sind z.B. auch Honorarprofessoren und Gastprofessoren Mitglieder der Hochschule, nicht aber Lehrbeauftragte[1]. 1

Voraussetzung für die wirksame Befristung ist, dass der Arbeitnehmer eingesetzt wird, um ein Hochschulmitglied bei der Erfüllung von **Aufgaben seiner Hochschule** zu unterstützen, die das Hochschulmitglied **selbstständig wahrnimmt**. Es geht also um die Unterstützung bei dessen Tätigkeit in Forschung und Lehre an der Hochschule; **für Nebentätigkeiten** und Tätigkeiten an Forschungseinrichtungen außerhalb der Hochschule gilt die Vorschrift **nicht**[2]. 2

---

1 § 9 Abs. 1 LHG B-W.

2 Hartmer/Detmer/Löwisch/Wertheimer, Hochschulrecht, 2. Aufl. 2011, Rz. 218; ErfK/*Müller-Glöge*, 16. Aufl. 2016, § 3 WissZeitVG, Rz. 2; Laux/Schlachter/*Schlachter*, TzBfG, 2. Aufl. 2011, § 23 TzBfG, Anhang 2, G, § 3 WissZeitVG, Rz. 2.

3 § 3 WissZeitVG entspricht in Bezug auf die Befristungsmöglichkeiten in der Qualifizierungsphase im Wesentlichen dem früheren § 57c HRG. Die Einbeziehung der Privatdienstverträge hat zur Folge, dass auch diese Befristungszeiten in die **Höchstgrenzenberechnung einfließen**[3]. Durch Wechsel der Arbeitgeber (Hochschule, Forschungseinrichtung und Privatdienstverträge mit Professoren) soll keine mehrfache Ausschöpfung der Befristungshöchstgrenzen möglich sein.

4 Es wird außerdem klargestellt, dass **auch bei Privatdienstverträgen** die neue Befristungsmöglichkeit der **Drittmittelfinanzierung** gilt, vorausgesetzt, das Personal wird überwiegend aus Drittmitteln finanziert. Dies gilt für bis 16.3.2016 abgeschlossene Verträge **auch für** sonstiges, d. h. nichtwissenschaftliches und nichtkünstlerisches **akzessorisches Personal** in Privatdienstverträgen mit einem Mitglied einer Hochschule (§ 3 Satz 2 WissZeitVG). Hierdurch sollte eine sinnvolle zeitabgestimmte Projekt- und Teamarbeit ermöglicht werden. Voraussetzung ist allerdings eine Vergütung aus Drittmitteln, d. h. zu mehr als 50 %. Seit dem Inkrafttreten des Ersten Änderungsgesetzes zum WissZeitVG am 17.3.2016 ist die bis dahin eröffnete Möglichkeit ersatzlos gestrichen worden, den Tatbestand einer Befristung wegen Drittmittelfinanzierung auch für nicht-wissenschaftliches und nicht-künstlerisches Personal anwenden zu können[4].

5 Unabhängig von § 3 WissZeitVG kann das Mitglied der Hochschule auf der Grundalge des allgemeinen Befristungsrechts Privatarbeitsverträge mit Mitarbeitern abschließen, z. B. auch einen sachgrundlos befristeten Vertrag nach § 14 Abs. 2 TzBfG. Da Hochschulmitglieder privat in der Regel nicht mehr als 10 Arbeitnehmer im Sinne des § 23 KSchG beschäftigen, spielt die von § 3 WissZeitVG eingeräumte Möglichkeit in der Praxis keine große Rolle. Mangels Anwendbarkeit des KSchG im Kleinbetrieb besteht häufig wenig Anlass für den Abschluss eines befristeten Arbeitsvertrags.

---

[3] S. Rambach, § 2, Rz. 34.

[4] S. Rambach, § 2, Rz. 51.

§ 4 WissZeitVG – Wissenschaftliches Personal an staatlich anerkannten Hochschulen

Ab 17.3.2016:
Für den Abschluss befristeter Arbeitsverträge mit wissenschaftlichem und künstlerischem Personal an nach Landesrecht staatlich anerkannten Hochschulen gelten die Vorschriften der §§ 1 bis 3 und 6 entsprechend.

Bis 16.3.2016:
[1]Für den Abschluss befristeter Arbeitsverträge mit wissenschaftlichem und künstlerischem Personal an nach Landesrecht staatlich anerkannten Hochschulen gelten die Vorschriften der §§ 1 bis 3 und 6 entsprechend. [2]Für nichtwissenschaftliches und nichtkünstlerisches Personal gilt § 2 Abs. 2 Satz 2 und Abs. 4 Satz 1 und 2 entsprechend.

Das WissZeitVG gilt für die nach Landesrecht staatlich anerkannten Hochschulen. Dies entspricht der früheren Regelung des § 70 Abs. 5 HRG, die mit Inkrafttreten des WissZeitVG aufgehoben wurde. Es soll ein Gleichlauf zwischen den staatlichen Hochschulen einerseits und den staatlich anerkannten Hochschulen andererseits hergestellt werden. **Die staatliche Anerkennung richtet sich nach dem jeweiligen Landesrecht.** In der Regel handelt es sich insbesondere um Hochschulen in kirchlicher Trägerschaft, die Fachhochschule des Bundes für öffentliche Verwaltung und die Hochschulen der Bundeswehr.

Hinweis

Der persönliche Geltungsbereich wird für staatlich anerkannte Hochschulen gegenüber § 1 WissZeitVG erweitert. An staatlich anerkannten Hochschulen können auch **Hochschullehrer** nach den Regelungen des WissZeitVG befristet werden[1]. Das akzessorische (nichtwissenschaftliche oder nichtkünstlerische) Personal wird allerdings nur noch bei bis 16.3.2016 abgeschlossenen Verträgen einbezogen, soweit es überwiegend aus Drittmitteln finanziert wird. Seit dem Inkrafttreten des Ersten Änderungsgesetzes zum WissZeitVG am 17.3.2016 ist die bis dahin eröffnete Möglichkeit ersatzlos gestrichen worden, den Tatbestand einer Befristung wegen Drittmittelfinanzierung auch für nicht-wissenschaftliches und nicht-künstlerisches Personal anwenden zu können[2].

---

1 KR/*Treber*, 11. Aufl. 2006, § 4 WissZeitVG, Rz. 3; ErfK/*Müller-Glöge*, 16. Aufl. 2016, § 4 WissZeitVG, Rz. 1.

2 S. Rambach, § 2 WissZeitVG, Rz. 51.

§ 5 WissZeitVG - Wissenschaftliches Personal an Forschungseinrichtungen

Ab 17.3.2016:
Für den Abschluss befristeter Arbeitsverträge mit wissenschaftlichem Personal an staatlichen Forschungseinrichtungen sowie an überwiegend staatlich, an institutionell überwiegend staatlich oder auf der Grundlage von Artikel 91b des Grundgesetzes finanzierten Forschungseinrichtungen gelten die Vorschriften der §§ 1 bis 3 und 6 entsprechend.

Bis 16.3.2016:
[1]Für den Abschluss befristeter Arbeitsverträge mit wissenschaftlichem Personal an staatlichen Forschungseinrichtungen sowie an überwiegend staatlich, an institutionell überwiegend staatlich oder auf der Grundlage von Artikel 91b des Grundgesetzes finanzierten Forschungseinrichtungen gelten die Vorschriften der §§ 1 bis 3 und 6 entsprechend. [2]Für nichtwissenschaftliches Personal gilt § 2 Abs. 2 Satz 2 und Abs. 4 Satz 1 und 2 entsprechend.

1 § 5 WissZeitVG erstreckt den Anwendungsbereich des Gesetzes auf den Abschluss befristeter Arbeitsverträge mit wissenschaftlichem Personal an staatlichen Forschungseinrichtungen[1] und an Bundes- und Landesforschungsanstalten. Auf die Rechtsform und Rechtsfähigkeit der Forschungsanstalt kommt es nicht an (BAG, Urteil v. 19.3.2008, 7 AZR 1100/06[2]).
Der Qualifizierung einer Tätigkeit als Forschung steht nicht entgegen, dass es sich um **Auftragsforschung** handelt. Werden Tätigkeiten nach den Kriterien der Wissenschaftlichkeit und mit wissenschaftlichen Methoden ausgeführt, unterfällt auch die Auftragsforschung dem Begriff der Forschung. Auch wenn die Fragestellung vom Auftraggeber vorgegeben ist, kann unter Anwendung wissenschaftlicher Methoden wissenschaftlich gearbeitet werden.
Sind eigenständige Erkenntnisoperationen und Methodenwahl gesichert, ist nach der Rechtsprechung des BAG auch die **Ressortforschung** Wissenschaft (BAG, Urteil v. 19.3.2008, 7 AZR 1100/06[3]). Der Ressortforschung kann nicht allein deshalb das Merkmal wissenschaftlicher Forschung abgesprochen werden, weil es sich wegen der Eingliederung der Forschungseinrichtung in die staatliche Behördenhierarchie um „Staatstätigkeit" handelt. Der Staat hat allerdings zur Gewährleistung der Freiheit der Wissenschaft und Forschung durch geeignete organisatorische Maßnahmen dafür zu sorgen, dass eine

---

1 Vgl. BAG, Urteil v. 19.3.2008, 7 AZR 1100/06, ZTR 2008, S. 506.
2 NZA 2009, S. 84, Rz. 40 noch zur Vorgängerregelung § 57d HRG.
3 NZA 2009, S. 84, Rz. 34.

freie wissenschaftliche Betätigung möglich ist. Der Kernbereich wissenschaftlicher Betätigung muss frei sein von staatlicher Einflussnahme. Wenn diesen vom Bundesverfassungsgericht (BVerfG, Urteil v. 26.10.2004,1 BvR 911/00[4]) für den Bereich der Hochschulen entwickelten Anforderungen genügt ist, kann auch eine in **die Behördenhierarchie eingegliederte Einrichtung** der Ressortforschung Forschung im Sinne von Art. 5 Abs. 3 GG betreiben. Das ist jedenfalls dann der Fall, wenn die Einrichtung über eine eigene Organisation verfügt, die erteilten Forschungsaufträge mit wissenschaftlichen Methoden und in freier Methodenwahl bearbeitet werden und die Publikation der Forschungsergebnisse für den Regelfall vorgesehen ist (BAG, Urteil v. 19.3.2008, 7 AZR 1100/06[5]).

Das WissZeitVG gilt auch für den Abschluss befristeter Arbeitsverträge mit wissen- 2
schaftlichem Personal an überwiegend staatlich, an institutionell überwiegend staatlich oder auf der Grundlage von Art. 91b GG finanzierten Forschungseinrichtungen.

> **Hinweis**
>
> Die einheitliche Regelung der Befristungsmöglichkeiten für Hochschulen und außeruniversitäre Forschungseinrichtungen hat zur Folge, dass die Höchstgrenzen in beiden Bereichen einheitlich beurteilt und die Befristungshöchstgrenzen nur einmal in Anspruch genommen werden können[6].

Es handelt sich dabei insbesondere um die Institute der Max-Planck-Gesellschaft und der Fraunhofer-Gesellschaft, sowie die in der Hermann von Helmholtz-Gemeinschaft Deutscher Forschungszentren und in der Wissensgemeinschaft Gottfried Wilhelm Leibniz zusammengeschlossenen Einrichtungen.

3

> **Hinweis**
>
> Soweit schon für die Vorgängerregelung des § 57d HRG angenommen wurde, dass sie auch das wissenschaftliche Leitungspersonal an solchen Forschungseinrichtungen erfasst, gilt dies im Rahmen von § 5 Satz 1, § 1 Abs. 1 Satz 1 WissZeitVG erst Recht. Der persönliche Geltungsbereich wird für staatliche Forschungseinrichtungen und die sonstigen genannten Einrichtungen gegenüber § 1 WissZeitVG erweitert. An ihnen können auch **Hochschullehrer** nach den Regelungen des WissZeitVG befristet werden[7].

---

4 BVerfGE 111, 333.

5 NZA 2009, S. 84, Rz. 34 für das dem Bundesverteidigungsministerium nachgeordnete Sozialwissenschaftliche Institut der Bundeswehr.

6 ErfK/*Müller-Glöge*, 16. Aufl. 2016, § 5 WissZeitVG, Rz. 3.

7 ErfK/*Müller-Glöge*, 16. Aufl. 2016, § 5 WissZeitVG, Rz. 1; Preis, WissZeitrVG, 1. Aufl. 2007, § 5 WissZeitVG, Rz. 9.

4 **Private** Forschungseinrichtungen und Einrichtungen der Industrieforschung werden **nicht** erfasst, und zwar auch dann nicht, wenn sie Drittmittel vom Bund oder einem Land erhalten.

5 Erfasst wird nicht nur das wissenschaftliche Personal, sondern für bis zum 16.3.2016 abgeschlossene Verträge auch das **nicht-wissenschaftliche Personal** im Zusammenhang mit der Befristung **im Rahmen der Drittmittelfinanzierung**. Seit dem Inkrafttreten des Ersten Änderungsgesetzes zum WissZeitVG am 17.3.2016 ist die bis dahin eröffnete Möglichkeit ersatzlos gestrichen worden, den Tatbestand einer Befristung wegen Drittmittelfinanzierung auch für nicht-wissenschaftliches und nicht-künstlerisches Personal anwenden zu können[8].

6 Das **Zitiergebot** (§ 2 Abs. 4 WissZeitVG) ist aufgrund der ausdrücklichen Verweisung zu beachten[9].

---

8 S. Rambach, § 2 WissZeitVG, Rz. 51.

9 ErfK/*Müller-Glöge*, 16. Aufl. 2016, § 5 WissZeitVG, Rz. 2.

§ 6 WissZeitVG – Wissenschaftliche und künstlerische Hilfstätigkeiten

Ab 17.3.2016:
[1]Befristete Arbeitsverträge zur Erbringung wissenschaftlicher oder künstlerischer Hilfstätigkeiten mit Studierenden, die an einer deutschen Hochschule für ein Studium, das zu einem ersten oder einem weiteren berufsqualifizierenden Abschluss führt, eingeschrieben sind, sind bis zur Dauer von insgesamt sechs Jahren zulässig. [2]Innerhalb der zulässigen Befristungsdauer sind auch Verlängerungen eines befristeten Arbeitsvertrages möglich.

Bis 16.3.2016:
§ 6 WissZeitVG: Rechtsgrundlage für bereits abgeschlossene Verträge; Übergangsregelung
(1) [1]Für die seit dem 23. Februar 2002 bis zum 17. April 2007 an staatlichen und staatlich anerkannten Hochschulen sowie an Forschungseinrichtungen im Sinne des § 5 abgeschlossenen Arbeitsverträge gelten die §§ 57a bis 57f des Hochschulrahmengesetzes in der ab 31. Dezember 2004 geltenden Fassung fort. [2]Für vor dem 23. Februar 2002 an staatlichen und staatlich anerkannten Hochschulen sowie an Forschungseinrichtungen im Sinne des § 5 abgeschlossene Arbeitsverträge gelten die §§ 57a bis 57e des Hochschulrahmengesetzes in der vor dem 23. Februar 2002 geltenden Fassung fort. [3]Satz 2 gilt entsprechend für Arbeitsverträge, die zwischen dem 27. Juli 2004 und dem 31. Dezember 2004 abgeschlossen wurden.
(2) [1]Der Abschluss befristeter Arbeitsverträge nach § 2 Abs. 1 Satz 1 und 2 mit Personen, die bereits vor dem 23. Februar 2002 in einem befristeten Arbeitsverhältnis zu einer Hochschule, einem Hochschulmitglied im Sinne von § 3 oder einer Forschungseinrichtung im Sinne von § 5 standen, ist auch nach Ablauf der in § 2 Abs. 1 Satz 1 und 2 geregelten jeweils zulässigen Befristungsdauer mit einer Laufzeit bis zum 29. Februar 2008 zulässig. [2]Satz 1 gilt entsprechend für Personen, die vor dem 23. Februar 2002 in einem Dienstverhältnis als wissenschaftlicher oder künstlerischer Assistent standen. [3]§ 2 Abs. 5 gilt entsprechend.

Übersicht Rz.

1. Allgemeines

1 Für die aus dem HRG bekannte Personalkategorie der wissenschaftlichen Hilfskräfte gab es im WissZeitVG keine eigene Regelung. Es bestand und besteht aber Einigkeit, dass die wissenschaftlichen und künstlerischen Hilfskräfte unter das wissenschaftliche Personal i. S. d. WissZeitVG fielen und fallen[1]. Die frühere unterschiedliche Behandlung (§ 57b Abs. 1 Satz 3 HRG) wurde im WissZeitVG nicht fortgeführt; d. h. die unter dem HRG geltende zeitliche Beschränkung der Befristung auf 4 Jahre ist entfallen. Wissenschaftliche und studentische Hilfskräfte konnten seit Inkrafttreten des WissZeitVG als Nichtpromovierte auch bis zu 6 Jahren befristet beschäftigt werden (§ 2 Abs. 1 Satz 1 WissZeitVG a. F.), wobei auch die Anrechnungsvorschriften galten (§ 2 Abs. 3 Satz 1 WissZeitVG a. F.); d. h. Zeiten eines befristeten Arbeitsverhältnisses, die „vor dem Abschluss des Studiums" lagen, sind nicht anzurechnen.

Eine eigenständige Rechtsgrundlage für studienbegleitende Arbeitsverhältnisse ist jetzt notwendig geworden, weil die in § 2 Abs. 1 Satz 1 eingefügte Ergänzung bewirkt, dass eine Befristung nach dieser Vorschrift künftig nur bei Personal erfolgen kann, dessen befristete Beschäftigung „zur Förderung der eigenen wissenschaftlichen oder künstlerischen Qualifizierung" erfolgt. Dies aber trifft auf die Beschäftigung von Studierenden zur Erbringung wissenschaftlicher oder künstlerischer Hilfstätigkeiten regelmäßig nicht zu[2].

2. Studierendenstatus

2.1 Einschreibung an einer deutschen Hochschule

2 Voraussetzung ist, dass die Hilfskraft an einer **deutschen Hochschule** für ein Studium eingeschrieben ist. Unter den Begriff Hochschule fallen alle Einrichtungen des Bildungswesens, die nach Landesrecht staatliche Hochschulen sind (vgl. § 1 WissZeitVG)[3]. Tätigkeiten eines Studierenden an einer ausländischen Hochschule, z. B. während eines Auslandssemesters, fallen nicht unter § 6[4].

3 Weitere Voraussetzung ist eine **wirksame Immatrikulation**. Maßgeblich ist der Zeitpunkt des Abschlusses des Arbeitsvertrags. Für die Wirksamkeit der Befristung eines Arbeitsvertrags ist die im Zeitpunkt ihrer Vereinbarung geltende Rechtslage maßgeblich (BAG, Urteil v. 29.4.2015, 7 AZR 519/13[5]). Ob diese Voraussetzung erfüllt ist, richtet sich nach dem jeweiligen Landesrecht[6]. Gleiches gilt für die Beurteilung von Urlaubssemestern oder sonstigen Unterbrechungen des Studiums[7].

---

1 ErfK/*Müller-Glöge*, 16. Aufl. 2016, § 1 WissZeitVG, Rz. 13; KR/Treber, 11. Aufl. 2016, § 1 WissZeitVG, Rz. 49.

2 BT-Drucks. 18/6489, S. 14.

3 Siehe dazu *Rambach*, § 1 WissZeitVG, Rz. 3.

4 Sie sind im Hinblick auf die Anrechnungsfreiheit nach § 2 Abs. 3 Satz 3 WissZeitVG n. F. (hierzu unten Rz. 12) auch nicht privilegiert.

5 ZTR 2015, S. 665, Rz. 15.

6 So bereits KR/*Lipke*, 7. Aufl. 2004, zu § 57e HRG.

7 *Maschmann/Konertz*, NZA 2016, S. 257, 266.

2.2 Berufsqualifizierender Abschluss

Der Studierende muss für ein Studium immatrikuliert sein, das zu **einem ersten oder einem weiteren berufsqualifizierenden Abschluss** führt. Unproblematisch sind die Bachelorstudiengänge, da der Bachelor ein „**erster berufsqualifizierender Abschluss**" ist; Gleiches gilt für **Diplom- oder Staatsexamensstudiengänge**. Durch die Formulierung des „**weiteren berufsqualifizierenden Abschlusses**" wird die in der Praxis hinsichtlich der Studierenden in **Masterstudiengängen** aufgekommene Unsicherheit beendet. Auch für studentische Hilfskräfte, die in einem **Masterstudiengang** immatrikuliert sind, gilt diese Befristungsmöglichkeit. Es wird insbesondere klargestellt, dass Zeiten studentischer Hilfskrafttätigkeiten nicht nur während eines Studiums, das zu einem ersten berufsqualifizierenden Abschluss führt, z. B. zum Bachelor, sondern auch während eines Masterstudiums nicht auf die Befristungsdauer des § 2 Abs. 1 WissZeitVG angerechnet werden (§ 6 i. V. m. § 2 Abs. 3 Satz 3 WissZeitVG n. F.)[8]. 4

Hinweis

Soweit die hochschulrechtlichen Regelungen der einzelnen Länder als Voraussetzung für eine Beschäftigung als wissenschaftliche Hilfskraft einen (ersten) Studienabschluss voraussetzen, kann dies auch ein Bachelorabschluss sein. Dies hat zur Folge, dass auch ohne ein Masterstudium eine Beschäftigung als wissenschaftliche Hilfskraft möglich ist. Dazu müssen dann aber die Voraussetzungen des § 2 Abs. 1 WissZeitVG („Förderung der eigenen wissenschaftlichen oder künstlerischen Qualifizierung") vorliegen. Allerdings bleibt eine Beschäftigung als wissenschaftliche Hilfskraft anrechnungsfrei, wenn sie nicht mehr als ein Viertel der regelmäßigen Arbeitszeit ausmacht[9].

Promotionsstudenten können regelmäßig nicht auf der Grundalge von § 6 als studentische Hilfskräfte beschäftigt werden, da der Promotionsstudiengang in der Regel keinen berufsqualifizierenden Charakter hat[10]; Gleiches gilt für Weiterbildungsstudiengänge (z. B. zum LL.M.), die bereits vorhandene berufliche Kenntnisse vertiefen, aber keine neuen Berufsfelder eröffnen[11]. Besteht der erste berufsqualifizierende Abschluss aus einem universitären und einem staatlichen Teil, wie z. B. bei den Juristen, ist die Ausbildung erst mit erfolgreichem Abschluss beider Teile beendet[12], bis dahin ist also eine Beschäftigung nach § 6 möglich. Die Beschäftigung als Hilfskraft neben dem **Rechtsreferendariat** bei Juristen oder **Studienreferendariat** bei Lehramtskandidaten fällt bereits deshalb nicht unter § 6, weil die Referendare während des Referendariats nicht (mehr) 5

8 Siehe hierzu *Rambach*, § 2 WissZeitVG, Rz. 34; BT-Drucks. 18/6489, S. 14.

9 Hierzu *Rambach*, § 2 WissZeitVG, Rz. 35.

10 *Preis*, WissZeitVG, 1. Aufl. 2007, § 2, Rz. 114.

11 *Maschmann/Konertz*, NZA 2016, S. 257, 265.

12 *Maschmann/Konertz*, NZA 2016, S. 257, 265.

immatrikuliert sind; darüber hinaus wird der Vorbereitungsdienst nicht an der Hochschule absolviert, sodass ein das Referendariat abschließendes (zweites) Staatsexamen kein berufsqualifizierendes Examen im Sinne des § 6 ist[13].

3. Wissenschaftliche oder künstlerische Hilfstätigkeit

6 Studentische Hilfskräfte wurden bereits bis 16.3.2016 von dem Begriff des wissenschaftlichen und künstlerischen Personals in § 1 WissZeitVG (nur) dann erfasst, wenn sie zeitlich überwiegend mit wissenschaftlichen oder künstlerischen Dienstleistungen beschäftigt wurden[14]. Seit der Änderung des WisszeitVG wird in § 1 Abs. 1 Satz 1 klargestellt, dass auch studienbegleitende Hilfstätigkeiten nach § 6 wissenschaftliche Dienstleistungen sein können.

Hinweis

Auch nach der Neuregelung ist die Beschäftigung von studentischen Hilfskräften mit **reinen Organisations-, Sekretariats- oder Bibliotheksaufgaben** problematisch. Auch bloße Verwaltungsarbeiten, z. B. als studentische Aufsicht in einer Bibliothek, reine Kopieraufgaben, das ausschließliche Nachsortieren von Loseblattsammlungen oder das Ausleihen von Büchern erfüllen die Voraussetzung der „wissenschaftlichen Hilfstätigkeit" nicht[15].

4. Befristungsdauer

4.1 Höchstdauer 6 Jahre

7 Studentische Hilfskräfte können für **maximal 6 Jahre** befristet beschäftigt werden (§ 6 Satz 1 WissZeitVG). Der Regierungsentwurf sah zunächst lediglich eine 4-jährige Befristungsdauer vor. Auf Anregung des Bundesrats[16] wurde die Höchstdauer auf 6 Jahre angehoben. Der Zeitrahmen von 6 Jahren soll den kumulierten maximalen Regelstudienzeiten eines Bachelor- und eines Masterstudiums entsprechen. Die Erhöhung der Befristungsdauer soll dazu führen, dass Studierende nicht ausgerechnet in der Endphase ihres Studiums eine Beendigung ihres studienbegleitenden Beschäftigungsverhältnisses befürchten müssen[17]. Die Höchstfrist benachteiligt allerdings Studierende, die z. B. aus persönlichen Gründen ihr Studium nicht schneller absolvieren können; Gleiches gilt für Studierende, die das Erststudium abbrechen und das Fach wechseln oder parallel ein Zweitstudium aufgenommen haben; außerdem Studierende mit chronischen Erkrankungen oder sonstigen Einschränkungen, die sich auf die Studiendauer auswirken[18]. Die ausdrückliche Höchstgrenze lässt insoweit aber keinen Auslegungsspielraum.

---

[13] *Preis*, WissZeitVG, 1. Aufl. 2007, § 2, Rz. 115; *Maschmann/Konertz*, NZA 2016, S. 257, 265.

[14] *Stumpf*, NZA 2015, S. 326, 328.

[15] *Maschmann/Konertz*, NZA 2016, S. 257, 266 m. w. N.

[16] BR-Drucks. 395/15 (Beschluss), S. 7; bereits im Referentenentwurf waren 6 Jahre vorgesehen.

[17] BT-Drucks. 18/7038, S. 12.

[18] Hierauf weisen *Mandler/Meißner*, OdW 2016, S. 33, 36 zu Recht kritisch hin.

> **Hinweis**
>
> Die seit 17.3.2016 geltende Neureglung entkoppelt die studentische Hilfskraft von den sog. familienpolitischen Komponenten, die nach § 2 WissZeitVG gelten[19]. Insbesondere die in bis 16.3.2016 abgeschlossenen Verträge auch für studentische Hilfskräfte noch zu berücksichtigenden Zeiten in § 2 Abs. 5 WissZeitVG sind nicht mehr verwertbar; nur in den Fällen des § 2 Abs. 1 WissZeitVG, nicht des § 6 WissZeitVG n. F. kann eine Verlängerung erzeugt werden[20].

Mit der Festlegung einer Höchstgrenze für auf § 6 beruhende Befristungen wollte der Gesetzgeber auch den seit Geltung des WissZeitVG geäußerten Zweifeln an der Vereinbarkeit mit dem Unionsrecht Rechnung tragen[21]. Bis zum 16.3.2016 ist Grundlage einer Befristung für studienbegleitende Beschäftigungen § 2 Abs. 1; dieser regelt zwar eine Höchstfrist für Befristungen, ist also für sich genommen europarechtskonform (BAG, Urteil v. 9.12.2015, 7 AZR 117/14, Rz. 41); die bisherige Nichtanrechnungsregelung des § 2 Abs. 3 Satz 3 führt jedoch im praktischen Ergebnis dazu, dass für befristete Arbeitsverhältnisse vor Abschluss des Studiums die Höchstfrist nicht gilt. Mit dem neuen § 6 soll nach der Gesetzesbegründung deshalb auch ein höheres Maß an Rechtssicherheit für den Abschluss befristeter Arbeitsverträge mit Studierenden erreicht werden[22]. 8

Anders als bei der sachgrundlosen Befristung nach § 2 Abs. 1 hat der Gesetzgeber in § 6 hinsichtlich der Länge der einzelnen Befristung keine Vorgaben gemacht; insbesondere muss diese nicht so bemessen sein, „dass sie der angestrebten Qualifizierung angemessen ist“ (so die Vorgabe in § 2 Abs. 1 Satz 3)[23]. Eine absolute **Untergrenze** der Länge einer vereinbaren Befristung gibt es nicht[24]. Eine vereinbarte Befristung muss aber der nach nationalem Recht gebotenen Rechtsmissbrauchs-, Vertragsgestaltungs- oder Umgehungskontrolle (§ 242 BGB) Stand halten (BAG, Urteil v. 9.12.2015, 7 AZR 117/14, Rz. 43). Denkbar wäre, eine Gestaltung als unzulässig anzusehen, bei der eine wissenschaftliche Hilfstätigkeit nicht mehr sinnvoll angenommen werden kann. Dies kann aber nur auf extreme Ausnahmefälle beschränkt sein (vgl. BAG, Urteil v. 15.5.2013, 7 AZR 525/11[25]). In der Praxis können auch bereits kurze Tätigkeiten eine Forschungstätigkeit unterstützen und damit als wissenschaftliche Hilfstätigkeit sinnvoll sein. 9

[19] Siehe dazu *Rambach*, § 2 WissZeitVG, Rz. 20 ff.

[20] Hierauf weisen Mandler/Meißner, OdW 2016, S. 33, 38, zurecht hin und kritisieren dies als willkürlich.

[21] Hierzu umfassend *Stumpf*, NZA 2015, S. 326 ff.

[22] BT-Drucks. 18/6489, S. 14.

[23] Hierzu näher *Rambach*, § 2 WissZeitVG, Rz, 5 und 6.

[24] So wohl auch *Maschmann/Konertz*, NZA 2016, S. 257, 266.

[25] NZA 2013, S. 1214.

4.2 Verlängerungen

10 Innerhalb der zulässigen Befristungsdauer von 6 Jahren sind auch Verlängerungen eines befristeten Arbeitsvertrags möglich, § 6 Satz 2. D. h., befristete Arbeitsverträge mit studentischen Hilfskräften können auch mit kürzeren Fristen abgeschlossen und dann bis zum Erreichen der vorgesehenen Höchstfrist verlängert werden. Dies entspricht der Situation bei sachgrundlosen Befristungen nach § 2 Abs. 1 WissZeitVG. Zulässig ist auch eine **mehrmalige Verlängerung**[26].

> **Hinweis**
>
> Trotz gleicher Terminologie gelten für eine „Verlängerung" i. S. v. § 6 nicht dieselben Anforderungen wie an eine Verlängerung nach § 14 Abs. 2 TzBfG. Insbesondere verlangt § 6 WissZeitVG keine Ersteinstellungsbefristung[27], d. h. eine „Verlängerung" im Sinne von § 6 ist auch zulässig und möglich, wenn es sich um einen Neuabschluss eines Vertrags nach einer Unterbrechung des Arbeitsverhältnisses handelt[28]. Das WissZeitVG verbietet nicht den erneuten Abschluss eines nach den Bestimmungen des WissZeitVG befristeten Vertrags, sondern ermöglicht ihn. Dem Begriff der „Verlängerung" kommt deshalb keine gesonderte rechtliche Relevanz zu. Entscheidend ist insoweit allein die Einhaltung der gesetzlichen Höchstgrenzen[29].

11 Da es bereits für die Erstbefristung keine Mindestlaufzeit gibt (s. Rz. 9), gibt es diese auch nicht für Verlängerungen. Die **Zulassung beliebig vieler Befristungen** innerhalb des 6-Jahreszeitraums wäre allerdings bereits **unter verfassungsrechtlichen Gesichtspunkten bedenklich**[30]. Für studentische Hilfskräfte kann grundsätzlich nichts anderes gelten als für die sachgrundlose Befristung nach § 2 Abs. 1, d. h. die Gesamtlaufzeit kann **nicht beliebig gestückelt** werden[31]. Die Grenze bildet der Grundsatz von Treu und Glauben, § 242 BGB; dieser beschränkt als Gebot der Redlichkeit und allgemeine Schranke der Rechtsausübung sowohl subjektive Rechte als auch Rechtsinstitute und Normen. Die sich aus einem Rechtsinstitut oder einer Rechtsnorm an sich ergebenden Rechtsfolgen

---

[26] KR/*Treber*, 11. Aufl. 2016, § 2 WissZeitVG, Rz. 35.

[27] Siehe dazu *Gräfl*, § 14 TzBfG, Rz. 282.

[28] *Maschmann*/Konertz, NZA 2016, S. 257, 266; so zu § 2 Abs. 1 Satz 4 WissZeitVG a. F. bzw. § 2 Abs. 1 Satz 7 WissZeitVG n. F. auch KR/*Treber*, 11. Aufl. 2016, § 2 WissZeitVG, Rz. 37; ErfK/*Müller-Glöge*, 16. Aufl. 2016, § 2 WissZeitVG, Rz. 7; Geis/*Krause*, Hochschulrecht in Bund und Ländern, § 2 WissZeitVG, Rz. 14. Auch Kittner/Däubler/Zwanziger/*Däubler/Nebe*, 9. Aufl. 2014, § 2 WissZeitVG, Rz. 29 halten insoweit an ihrer früheren grundsätzlich ablehnenden Auffassung nicht mehr fest.

[29] So zu dem gleichlautenden § 2 Abs. 1 Satz 4 WissZeitVG a. F. BAG, Urteil v. 9.12.2015, 7 AZR 117/14.

[30] Vom BAG, Urteil v. 28.5.2014, 7 AZR 360/12, Rz. 38, NZA 2015, S. 1131, für die insoweit vergleichbare Befristung ältere Arbeitnehmer nach § 14 Abs. 3 TzBfG offengelassen.

[31] *Maschmann*/Konertz, NZA 2016, S. 257, 266. So zu § 2 Abs. 1 auch APS-*Schmidt*, 4. Aufl. 2012, § 2 WissZeitVG, Rz. 25; KR/*Treber*, 11. Aufl. 2016, § 2 WissZeitVG, Rz. 38.

müssen zurücktreten, wenn sie zu einem mit Treu und Glauben unvereinbaren Ergebnis führen. Dies ist u. a. der Fall, wenn ein Vertragspartner eine an sich rechtlich mögliche Gestaltung in einer mit Treu und Glauben unvereinbaren Weise nur dazu verwendet, sich zum Nachteil des anderen Vertragspartners Vorteile zu verschaffen, die nach dem Zweck der Norm und des Rechtsinstituts nicht vorgesehen sind (BAG, Urteil v. 15.5.2013, 7 AZR 525/11[32]).

5. Keine Anrechnung der Beschäftigungszeiten

Beschäftigungszeiten als studentische Hilfskraft an einer deutschen Hochschule werden 12 generell nicht auf die nach § 2 Abs. 1 WissZeitVG zulässige Befristungsdauer angerechnet. Studienbegleitende Tätigkeiten an einer ausländischen Hochschule, z. B. während eines Auslandssemesters, sind insoweit nicht privilegiert[33]. Dies gilt sowohl für die unter der Geltung der Erstfassung des WissZeitVG bis 16.3.2016 abgeschlossenen Verträge (§ 2 Abs. 3 Satz 3 WissZeitVG a. F.) als auch für die durch das Erste Änderungsgesetz novellierte WissZeitVG-Fassung (§ 2 Abs. 3 Satz 3 i. V. m. § 6 WissZeitVG n. F.). Der für Verträge **seit 17.3.2016** geltende, neugefasste § 2 Abs. 3 Satz 3 WissZeitVG stellt klar, dass die nach dem neuen § 6 abgeschlossenen befristeten Arbeitsverträge nicht auf den Befristungsrahmen des § 2 Abs. 1 anzurechnen sind. Gleiches gilt für befristete Beschäftigungen von Studierenden, die wissenschaftliche und künstlerische Hilfstätigkeiten ausführen, aber nicht aufgrund von § 6 befristet sind. Vergleichbare studienbegleitende Beschäftigungen, die auf anderen Rechtsvorschriften beruhen, z. B. auf dem TzBfG, führen ebenfalls nicht zu einer Anrechnung.

6. Zitiergebot

Nach § 2 Abs. 4 ist im Arbeitsvertrag anzugeben, dass der Vertrag auf der Befristungs- 13 regelung des WissZeitVG beruht. Dies gilt auch für Befristungen von studentischen Hilfskräften nach § 6. Die Einhaltung des Zitiergebots erfordert nicht die Angabe der einzelnen Befristungsnormen (BAG, Urteil v. 9.12.2015, 7 AZR 117/14[34]). Dem Zitiergebot ist entsprochen, wenn sich aus der Befristungsvereinbarung ergibt, auf welche gesetzliche Vorschrift sich die Befristung stützt. Dabei genügt es, wenn sich anhand des schriftlichen Vertragstextes durch Auslegung ermitteln lässt, dass die Befristung auf dem WissZeitVG beruhen soll (BAG, Urteil v. 1.6.2011, 7 AZR 827/09[35]). Allein der Hinweis auf eine „Beschäftigung zur Erbringung wissenschaftlicher Hilfstätigkeiten“ dürfte allerdings unzureichend sein[36].

---

32 NZA 2013, S. 1214, Rz. 17.

33 *Maschmann*/Konertz, NZA 2016, S. 257, 267; ebenso wohl KR/*Treber*, 11. Aufl. 2016, § 2 WissZeitVG, Rz. 60; a. A. ErfK/*Müller-Glöge*, 16. Aufl. 2016, § 2 WissZeitVG, Rz. 13, der unter Hinweis auf Art. 3 GG eine analoge Anwendung befürwortet.

34 Rz. 20 m. w. N. auf die ständige Rechtsprechung.

35 NZA 2011, S. 1280, Rz. 13.

36 So zum Hinweis auf die Beschäftigung „als wissenschaftliches Personal“ LAG Köln, Urteil v. 23.1.2015, 4 Sa 773/14.

Hinweis

Wird das Zitiergebot verletzt, folgt hieraus nicht automatisch die Entfristung des Arbeitsverhältnisses. Vielmehr kann die Befristung in diesen Fällen nur nicht auf den Sondertatbestand des § 6 WissZeitVG gestützt werden. Die Befristung kann jedoch nach allgemeinen Grundsätzen, also nach Maßgabe des Teilzeit- und Befristungsgesetzes (TzBfG) gerechtfertigt sein (anderer Ansicht allerdings Sächsisches LAG, Urteil v. 21.7.2014, 5 Sa 504/13). Gelingt dies nicht, ergeben sich die Rechtsfolgen aus § 16 TzBfG[37].

[37] S. Spinner, § 16 TzBfG, Rz. 6 ff.

§ 7 WissZeitVG – Rechtsgrundlage für bereits abgeschlossene Verträge; Übergangsregelung

Ab 17.3.2016:

(1) [1]Für die seit dem 23. Februar 2002 bis zum 17. April 2007 an staatlichen und staatlich anerkannten Hochschulen sowie an Forschungseinrichtungen im Sinne des § 5 abgeschlossenen Arbeitsverträge gelten die §§ 57a bis 57f des Hochschulrahmengesetzes in der ab 31. Dezember 2004 geltenden Fassung fort. [2]Für vor dem 23. Februar 2002 an staatlichen und staatlich anerkannten Hochschulen sowie an Forschungseinrichtungen im Sinne des § 5 abgeschlossene Arbeitsverträge gelten die §§ 57a bis 57e des Hochschulrahmengesetzes in der vor dem 23. Februar 2002 geltenden Fassung fort. [3]Satz 2 gilt entsprechend für Arbeitsverträge, die zwischen dem 27. Juli 2004 und dem 31. Dezember 2004 abgeschlossen wurden.

(2) [1]Der Abschluss befristeter Arbeitsverträge nach § 2 Abs. 1 Satz 1 und 2 mit Personen, die bereits vor dem 23. Februar 2002 in einem befristeten Arbeitsverhältnis zu einer Hochschule, einem Hochschulmitglied im Sinne von § 3 oder einer Forschungseinrichtung im Sinne von § 5 standen, ist auch nach Ablauf der in § 2 Abs. 1 Satz 1 und 2 geregelten jeweils zulässigen Befristungsdauer mit einer Laufzeit bis zum 29. Februar 2008 zulässig. [2]Satz 1 gilt entsprechend für Personen, die vor dem 23. Februar 2002 in einem Dienstverhältnis als wissenschaftlicher oder künstlerischer Assistent standen. [3]§ 2 Abs. 5 gilt entsprechend.

Die zunächst in § 6 WissZeitVG a. F. enthaltene umfangreiche Übergangsregelung ist 1
aufgrund des neu eingefügten § 6 WissZeitVG n. F. jetzt in § 7 WissZeitVG n. F. Eine inhaltliche Änderung ist damit nicht verbunden. Das WissZeitVG gilt für **alle Arbeitsverträge, die ab dem 18.4.2007 abgeschlossen** wurden: d. h. auf die Arbeitsaufnahme kommt es nicht an[1]. Für die davor bereits abgeschlossenen Arbeitsverträge bleibt es bei der zum Zeitpunkt des Vertragsschlusses jeweils geltenden Rechtsgrundlage (§ 6 Abs. 1 WissZeitVG). Die Befristung eines Arbeitsvertrags mit einem wissenschaftlichen Mitarbeiter kann nur auf § 57b Abs. 1 Satz 2 HRG in der bis zum 17. April 2007 geltenden Fassung gestützt werden, wenn die Befristung nach Abschluss der Promotion vereinbart wurde (BAG, Urteil v. 20.1.2010, 7 AZR 753/08). Wann eine Promotion i. S. v. § 57b Abs. 1 Satz 2 HRG abgeschlossen ist, bestimmt sich nach den landesrechtlichen Vorschriften und der einschlägigen Promotionsordnung[2]. Wer bereits vor dem 23.2.2002 in einer Hochschule, Forschungseinrichtung oder mit Privatdienstvertrag befristet beschäftigt war, konnte übergangsweise bis zum 29.2.2008 weitere befristete Verträge ohne Sachgrund erhalten, wenn die Höchstgrenzen von 6 plus 6 Jahren bereits ausgeschöpft waren (§ 6 Abs. 2 WissZeitVG). Dies galt auch, wenn vor dem 23.2.2002 bereits ein

1 ErfK/*Müller-Glöge*, 16. Aufl. 2016 § 6 WissZeitVG, Rz. 1

2 Hierzu *Rambach*, § 2 WissZeitVG, Rz. 8.

Beamtenverhältnis auf Zeit als wissenschaftlicher oder künstlerischer Assistent bestand. Unabhängig davon ist es möglich, befristete Arbeitsverträge mit dem Sachgrund „Drittmittelbeschäftigung" zu schließen (§ 2 Abs. 2 WissZeitVG).

2 Das Bundesverfassungsgericht (BVerfG) hat das 5. HRGÄndG zwar wegen fehlender Gesetzgebungskompetenz des Bundes für die Neuregelungen der Personalkategorien, insbesondere der Juniorprofessur, insgesamt für nichtig erklärt (BVerfG, Urteil v. 27.7.2004, 2 BvF 2/02[3]). Die Regelungen wurden aber durch das HdaVÄndG rückwirkend und gleichlautend wieder in Kraft gesetzt. Sie galten daher mit demselben Inhalt wie zuvor (BAG, Urteil v. 2.9.2009, 7 AZR 291/08[4]). § 6 WissZeitVG trägt der durch die Verwerfung und anschließenden rückwirkenden Wieder-Inkraftsetzung entstandenen unübersichtlichen Rechtslage Rechnung.

Die Regelung hat aber zwischenzeitlich durch Zeitablauf stark an praktischer Relevanz verloren, weil die Verlängerung von Altverträgen – ebenso wie der Abschluss von Neuverträgen – heute ausschließlich nach neuem Recht zu beurteilen ist[5].

---

[3] BVerfGE 111, S. 226.

[4] ZTR 2010, S. 94.

[5] Laux/Schlachter/*Schlachter*, TzBfG, 2. Aufl. 2011, § 23 TzBfG, Anhang 2, G. § 6 WissZeitVG, Rz. 1; HK-TzBfG/*Joussen*, 3. Aufl. 2012, § 6 WissZeitVG, Rz. 2.

§ 8 WissZeitVG – Evaluation

Ab 17.3.2016:
Die Auswirkungen dieses Gesetzes werden im Jahr 2020 evaluiert.

Bereits in der ersten Gesetzesbegründung des WissZeitVG ist die Absicht enthalten, die über die Vorgängerregelungen des HRG hinausgehenden Vorschriften insbesondere mit Bezug auf die familienpolitische Komponente als auch mit Bezug auf die Drittmittelbefristung zu evaluieren[1]. Die Evaluation wurde in der Folge auf das Befristungsrecht im Wissenschaftsbereich als Ganzes einschließlich der Sonderregelungen für die Qualifizierungsphase erstreckt, insbesondere um möglichen Fehlentwicklungen in den Bereichen familienpolitische Komponente, Tarifsperre sowie der Einbeziehung des nicht-wissenschaftlichen Personals nachzugehen[2]. Diese Evaluation erfolgte im Jahr 2011 auf der Grundlage einer Datenerhebung aus dem Jahr 2009[3]. 1

Im Ersten Änderungsgesetz zum WissZeitVG wurde jetzt im Gesetz festgelegt, dass 4 Jahre nach Inkrafttreten der ersten Novelle des WissZeitVG die Zielerreichung (erneut) überprüft werden soll. 2

[1] BT-Drucks. 16/3438, S. 10.

[2] BT-Drucks. 16/4043, S. 9 f.

[3] *Jongmanns*, Evaluation des Wissenschaftszeitvertragsgesetzes (WissZeitVG), HIS: Forum Hochschule 4/2011.

Stichwortverzeichnis

Hinweis:
Fette Zahlen verweisen auf Paragraphen des Teilzeit- und Befristungsgesetzes, **magere** auf Randziffern.
Stichwörter, die sich auf Paragraphen außerhalb des Teilzeit- und Befristungsgesetzes beziehen, sind zusätzlich mit dem entsprechenden Gesetzeskürzel (halbfett) versehen: z. B. **11 TVöD, 6 WissZeitVG**. Magere Zahlen verweisen auch hier auf Randziffern.